忽必烈会见八思巴(萨迦寺壁画)

元朝敕封的白兰王印(印文为八思巴字)

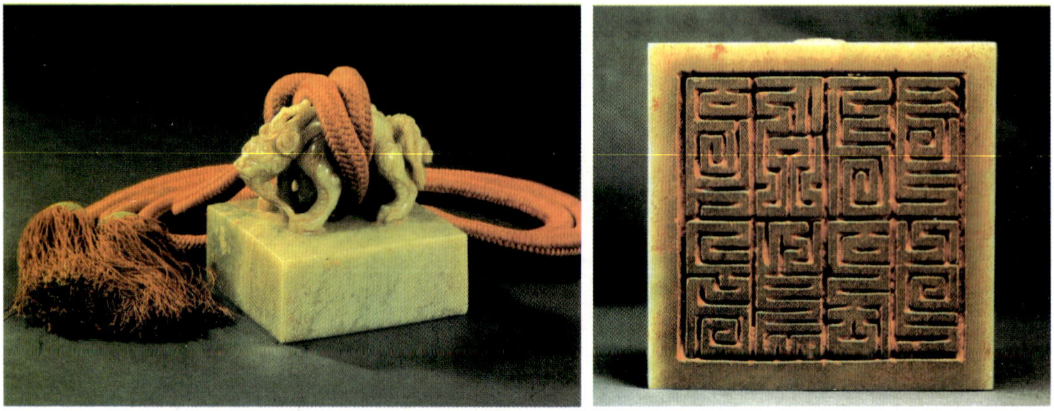

元朝颁给萨迦派僧人的“统领释教大元国师”玉印(印文为八思巴字)

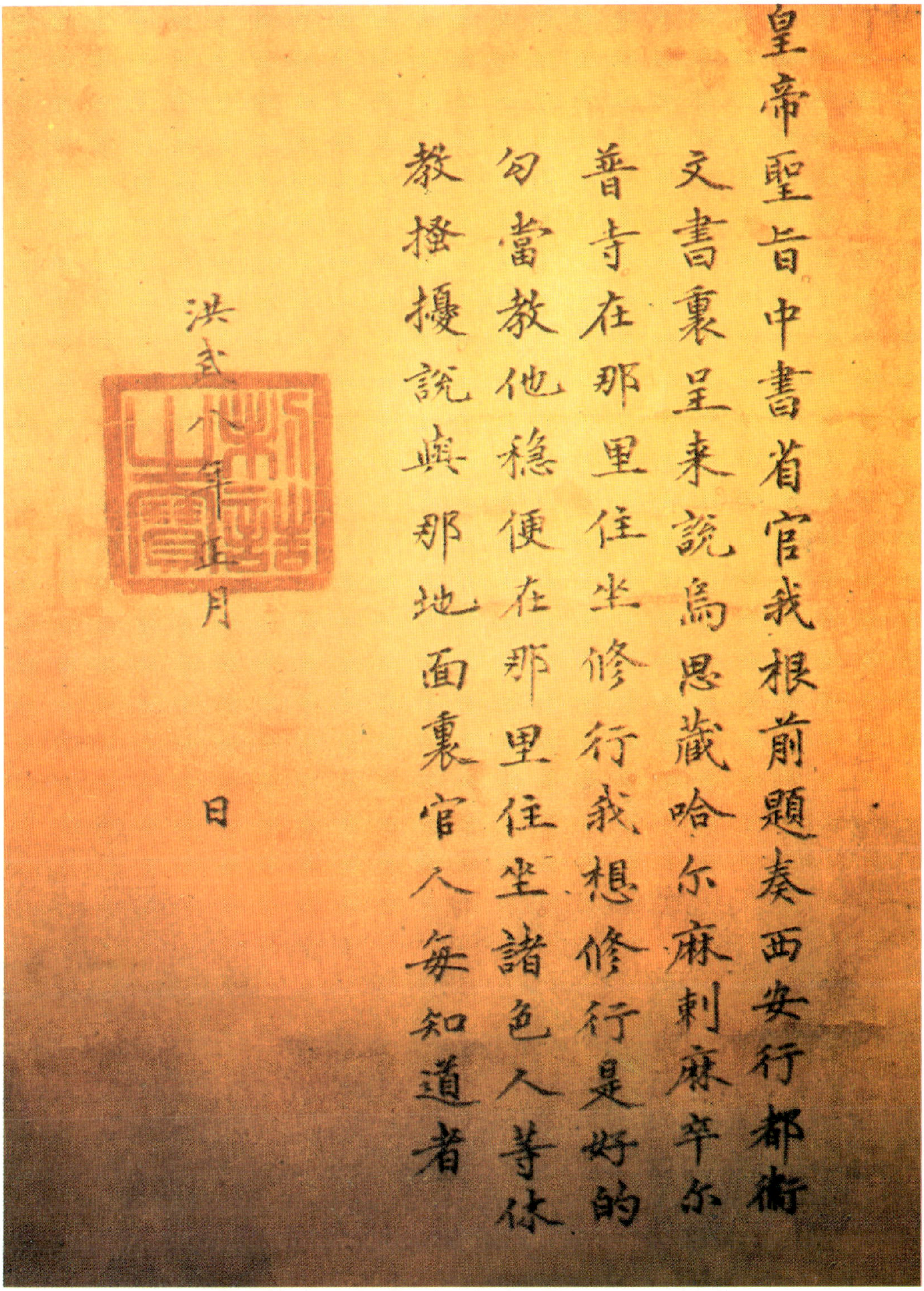
皇帝聖旨中書省官我根前題奏西安行都衛
文書裏呈来說烏思藏哈尔麻剌麻卒尔
普寺在那里住坐修行我想修行是好的
勾當教他穩便在那里住坐諸色人等休
教搔擾說與那地面裏官人每知道者
洪武八年正月 日

明太祖洪武八年赐给哈尔麻剌麻卒尔普寺之圣旨

明代赐灌顶国师阐化王象牙印(印文为汉文篆刻)

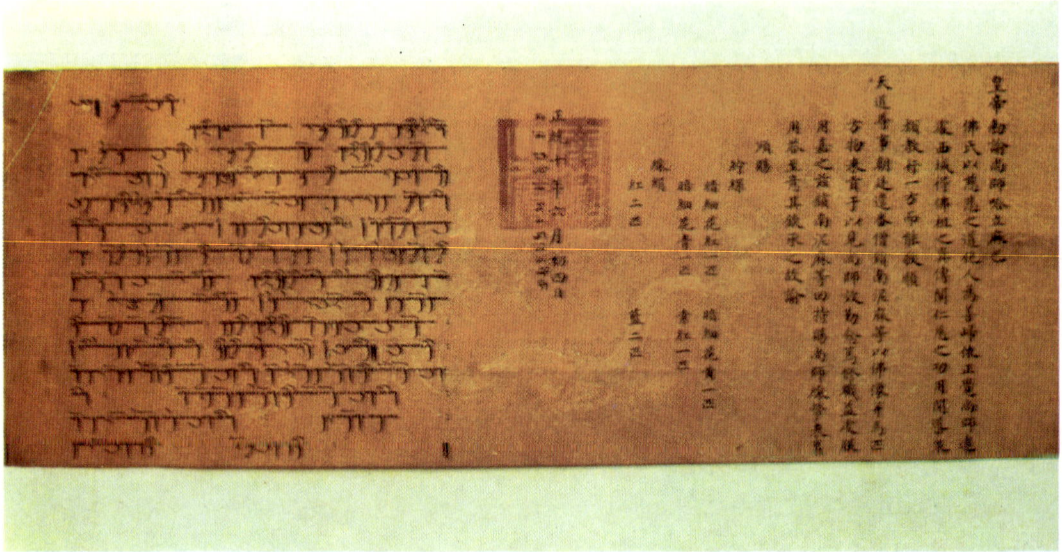

明英宗正统十年六月赏赐尚师哈立麻巴敕谕

钦定二十九条章程(局部)

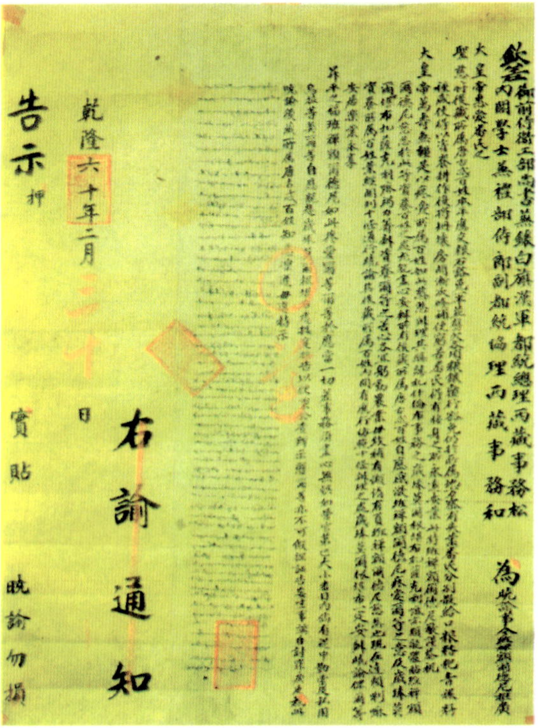

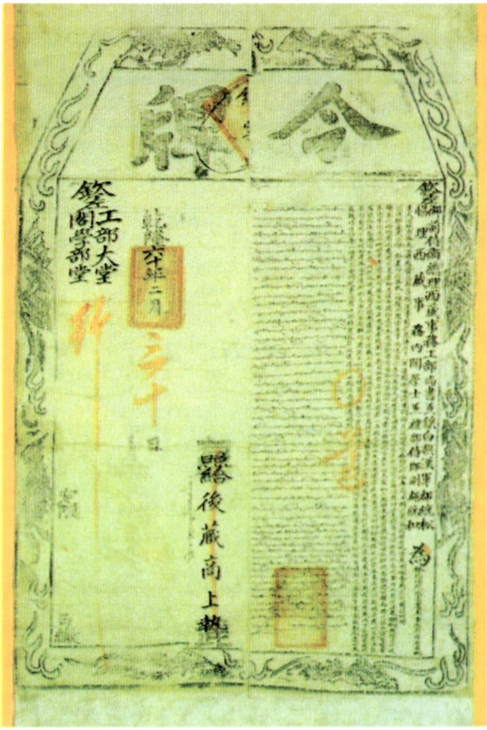

驻藏大臣告示和令牌

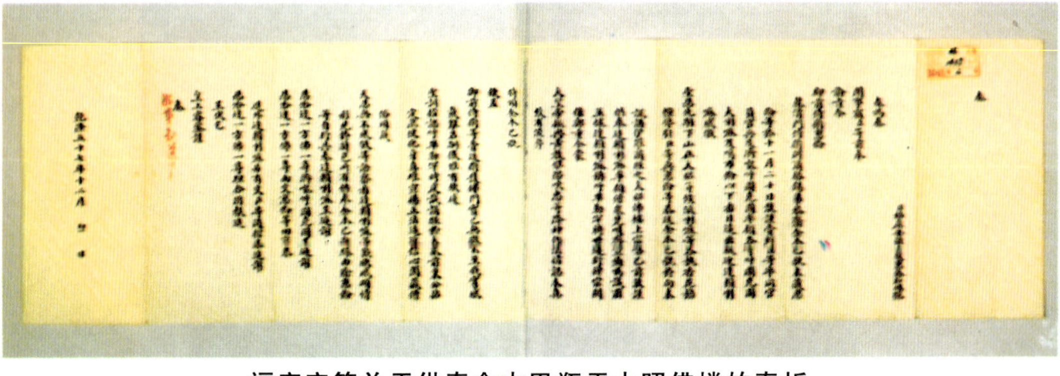

福康安等关于供奉金本巴瓶于大昭佛楼的奏折

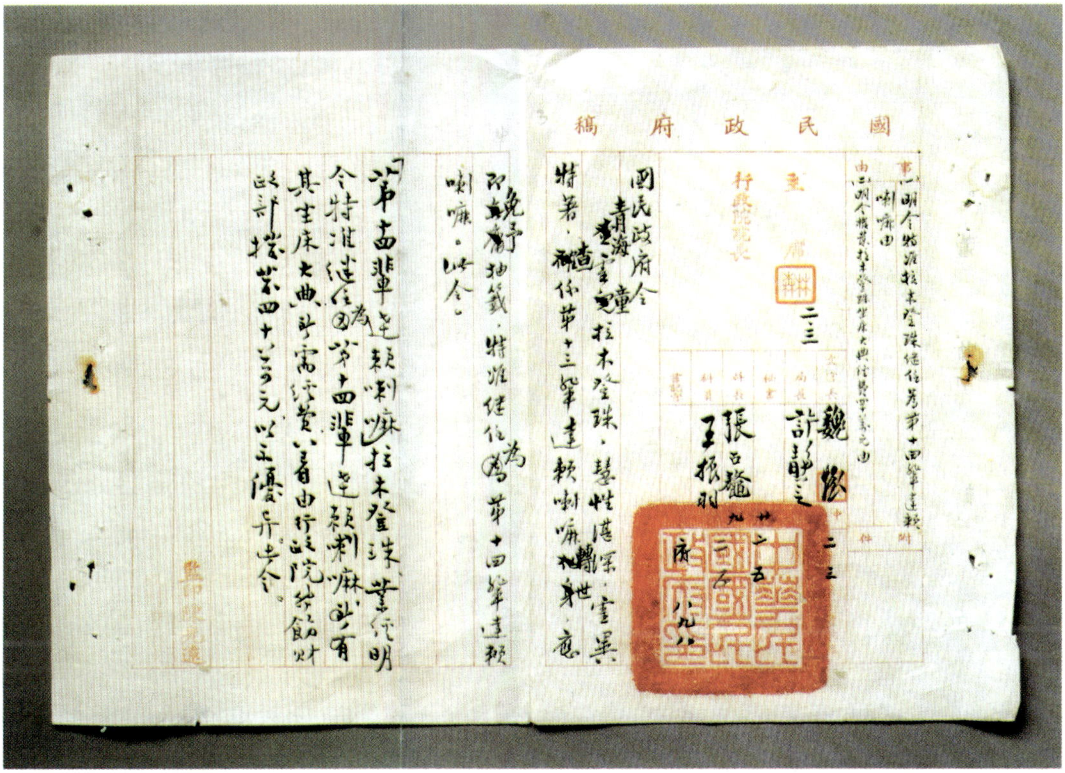

國民政府稿

事由：明令特准拉木登珠繼任為第十四輩達賴喇嘛由

國民政府令

青海靈童拉木登珠，慧性湛深，靈異特著，查系第十三輩達賴喇嘛轉世，應即免予抽籤，特准繼任為第十四輩達賴喇嘛。此令。

「第十四輩達賴喇嘛拉木登珠，業經明令特准繼任為第十四輩達賴喇嘛，所有其坐床大典所需經費，著由行政院飭財政部撥發四十萬元，以示優異。此令。」

中华民国国民政府就认定拉木登珠为第十四世达赖喇嘛事发布的命令

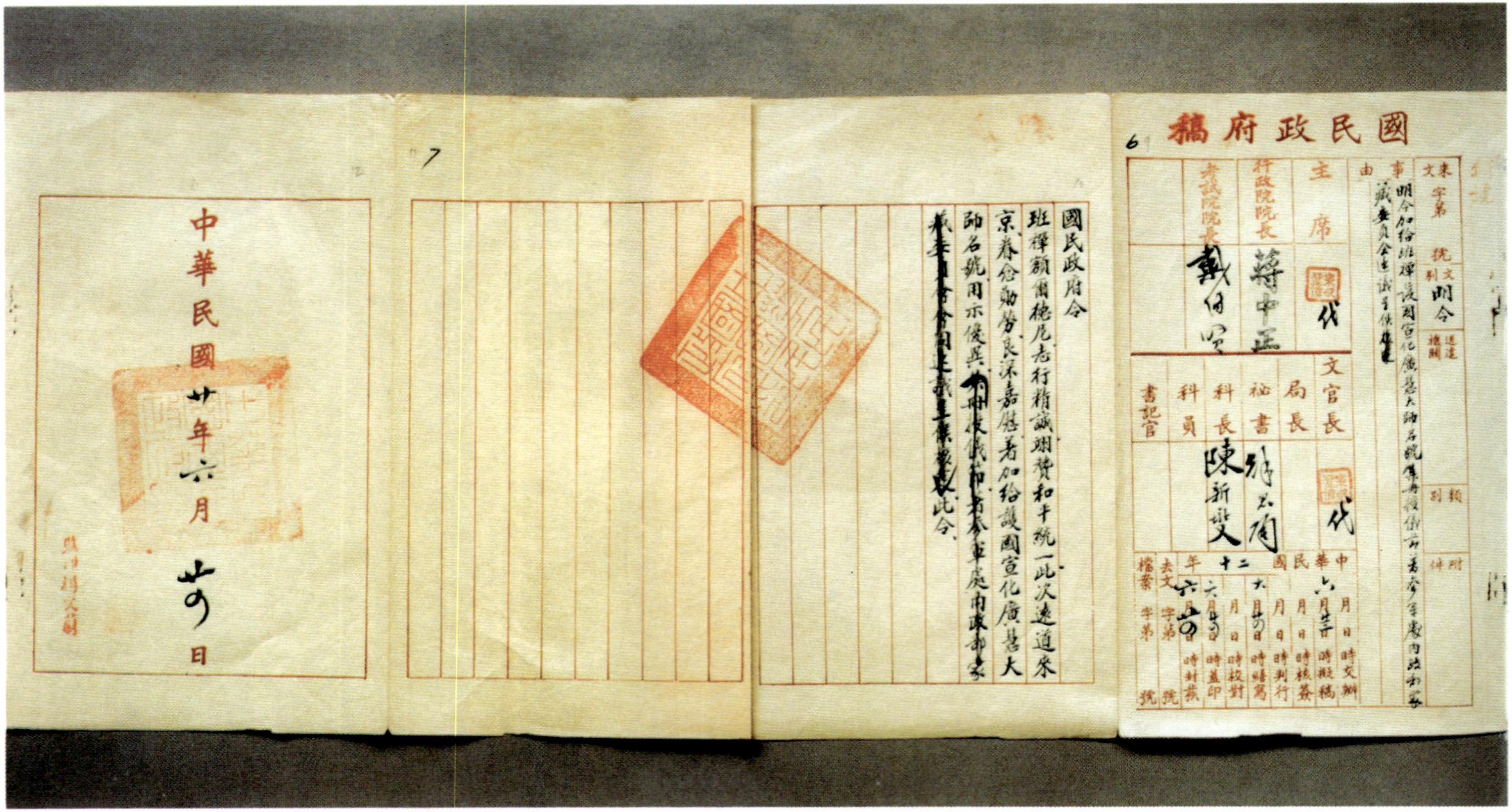

中华民国国民政府为授予九世班禅额尔德尼名号事颁发的命令

国务院发展研究中心民族发展研究所系列丛书

元代至民国治藏政策法规汇要

上

学术顾问　赵曙青　张　皓　张羽新

张双智　编著

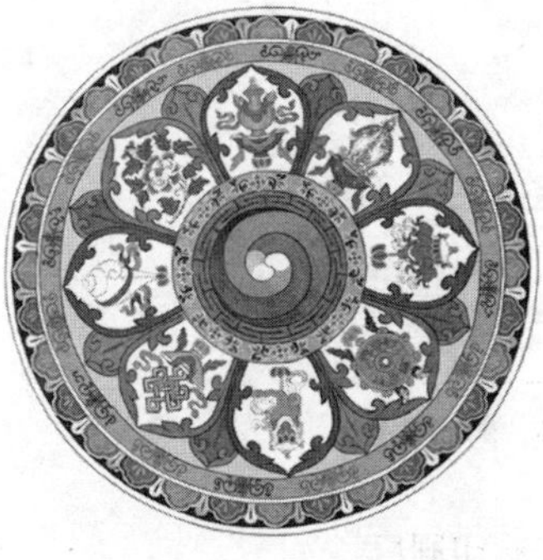

學苑出版社

图书在版编目（CIP）数据

元代至民国治藏政策法规汇要 / 张双智编著. 一北京：学苑出版社，2010.6

ISBN 978-7-5077-3589-5

Ⅰ.①元… Ⅱ.①张… Ⅲ.①中央政府一治理一西藏一法规一汇编 Ⅳ.①D929.6

中国版本图书馆 CIP 数据核字（2010）第 107543 号

出 版 人：孟 白
责任编辑：洪文雄
装帧设计：徐徐书装
出版发行：学苑出版社
社　　址：北京市丰台区南方庄 2 号院 1 号楼
邮政编码：100079
网　　址：www.book001.com
电子信箱：xueyuan@public.bta.net.cn
销售电话：010— 67675512、67678944、67601101
经　　销：新华书店
印 刷 厂：河北三河灵山红旗印刷厂
开本尺寸：720×980　1/16
印　　张：74
字　　数：1100 千字
版　　次：2010 年 6 月北京第 1 版
印　　次：2010 年 6 月第 1 次印刷
定　　价：590.00 元（上、下）

目 录

（上）

（下）

前　　言

藏族是中华民族的重要成员，西藏地区自古就是中国领土不可分割的重要组成部分。13 世纪，西藏归附元朝，从此和其他边疆地区各少数民族一样，纳入中央王朝的统一管理。从元朝开始，历代中央政权在加强对西藏管理的同时，都制定了一系列相应政策法规。今天，它们虽然已经失去了政治、法律的社会约束力和强制力，化为尘封的历史档案和文献，但其作为历史发展的见证和先人智慧的结晶，我们应该认真总结，继承这份珍贵的历史文化遗产，以为史鉴。

正是受这种想法的驱动，我们花费了十余年的时间，从浩如烟海的历史档案和文献中，选辑近二千种（条），大体参照我国传统史书“会要”① 的体例编撰成书。所谓“参照”，就是略仿其例而多有变通。主要是为了适应现代读者需要，采用了一些现代书刊编撰惯例。例如，以朝代为序，分为元、明、清、民国四章，大体囊括了近七百年间，历代中央政权治藏政策法规的主要内容。每章前面有简述，是笔者根据多年研究心得体会，概述本章主要内容及其各种政策法规的得失和历史意义。对研究者来说，这只是一家之言，引玉之砖；对于一般读者来说，算是导读。之后，便是按问题分类编选的各朝代有关政策法规原文。通常是全文照录，只有个别冗长的才略加删节。目的是保留原汁原味，方便研究利用。同时，为适应专家以外的广大读者，书名题为“汇要”。

世间任何事物都有产生、发展和演变的规律，历史研究就是找出这些规律并加以记述。我们现在做的就是这样的事。研究，需要尽可能掌握全

---

① “会要”是我国历代所修史书的一种体裁。历代所修各项经济、政治制度的汇编，称为“会要”。《唐会要》创修以后，代有编修。《元典章》和明、清所修会典，是历史上著名的官修“会要”，但在体例上又有创新，略书经济，主要写政治典章制度，但不详述史实。各典之前，均有提纲挈领案语（提要）。本书多参照其例。书之所以题名“汇要”，是便于广大读者的理解。这也是编写的初衷。

部资料（实际上这是很难做到的），了解全过程，找出规律。而记述则是要首尾俱备，条分缕析，脉络清楚，这样才能让人了解事物的本来面目。这是我们开展这项专题研究之前给自己设定的“框框”。现在研究工作暂告一段落，需要做的是记述——将研究成果整理成书。

记述通常是从头说起。谈到历代治藏政策法规，当然需要从元代（1271—1368）说起。13世纪，蒙古汗国在统一全国的过程中，通过凉州会谈统一了吐蕃（当时把今西藏地区和藏族统称吐蕃）。蒙古汗国建立元朝，上升为全国政权，在吐蕃设治建政，开创了中央政权治理西藏地区的历史，从而历史上才有了治藏政策法规。这些政策主要是：通过会谈和平统一吐蕃；“因其俗而柔其人”——尊奉和保护藏传佛教；建立帝师制度，以萨迦派僧人任之；“帝师之命与诏敕并行于西土”——以教辅政；联姻封王——以亲谊与西藏上层僧俗缔结政治联盟；蒙古宗王受命领吐蕃等地；设立宣政院作为管理吐蕃及全国佛教事务的中央机构；中央政府直接处理吐蕃重大事务；设治建政，委派官吏；帅臣以下，僧俗并用，军民通摄——推行政教合一制度；将吐蕃封授八思巴作为香火地，同时又清查编户纳入国家统一管理；免除赋税差徭并予赈济与赏赐；设置驿站并予补助。历史已经证明，元朝首倡和制订的治藏政策法规取得了成功。其基本原则多为后代所镜鉴。当然，它的产生不是偶然的，而是中国历史发展的必然结果。从7世纪开始，生活在青藏高原的吐蕃就与中原王朝联姻，形成“合同一家”的密切关系，后来虽经历数百年风风雨雨，政治、经济、文化的联系与交流不仅没有中断，反而更加亲密无间。13世纪时，吐蕃归附蒙元，正是这种历史发展的必然结果。这也正是元代治藏政策法规之所以能够产生的历史渊源。元代治藏政策之所以适宜，并能取得成功，也有当时特定的历史环境和条件。建立元朝的蒙古族，也是我国的边疆少数民族之一，其生活的蒙古高原与藏族生活的青藏高原，自然条件有许多相似之处，其社会生活和心理素质也有许多相近处，容易互相沟通理解（例如，蒙古族很快就接受了吐蕃的宗教文化），所以元朝提出的一些治藏政策能够比较适宜吐蕃情况，吐蕃也容易接受。另外，作为元朝治藏（吐蕃）政策的首倡者和主要制订者的元世祖忽必烈，早在“创立国号”、正式建立大元王朝之前，就已经崇奉藏传佛教，接受了藏族文化，并吸收八思巴等藏族高僧参加国家政权，为治理全国（包括吐蕃）出谋划策，所以有吐蕃僧俗上层人物参与提出和制定的有关政策，比较适宜吐蕃，并卓见成效。

1368年建立的明朝取代元朝成为全国政权，自然也就顺理成章地接管了中央政府对西藏的管辖权。因此，太祖洪武帝朱元璋及其政治继承人成祖永乐帝，连续推出了一系列加强西藏管理的政策措施。

立国之初，洪武二年（1369），从刚刚平定陕西开始，朱元璋即多次遣使招抚，起用前元旧官，建立行政管理机构，任命官吏，稳定社会秩序。这是汲取前元通过凉州会谈统一吐蕃的历史经验，避免武力，利用和平手段统一西藏，同时参考前元郡县吐蕃、设治建政的成功经验，在西藏及甘青川滇藏区建立各级行政管理机构，共设置都指挥使司二、指挥使司一、宣慰使司三、招讨司六、万户府四、千户所十七，各设官抚治。大量起用前元旧官和当地僧俗首领，以避免因改朝换代引发社会动荡，尽快稳定社会秩序。对于西藏宗教，明朝和前代一样采取尊崇扶植政策，但不再独尊萨迦派，而是对各教派一视同仁，“多封众建”——册封三大法王和五王，保持各教派势力均衡，使之共同尊奉朝廷。同时，敕赠各种荣誉封号，崇奖“化导”藏族有功绩的藏传佛教僧人。其实，这也是明朝对西藏宗教政策的重要内容。当时藏族各部落之间矛盾很多，经常发生冲突，一些高僧则常常利用自己的社会影响和特殊身份，往返协调，使之和解。而对刚刚建立的大明王朝心存疑虑观望的，则进行说服、疏导，使之归顺新生的中央政权。经查有实绩的，敕赠法王荣誉封号（与前所述实封不同），以及西天佛子、大国师、国师、禅师、都纲等封号（其中，也有的同时封授领地或部落）。目的在于充分利用藏传佛教僧人的社会地位和影响，调动其积极性，为巩固政权服务。

建立朝贡制度——“贡有定期，人有定数，物有定品，印信有定据”。这是明王朝利用行政立法的方式，对于各藏族部落和大喇嘛朝贡期限、贡使人数、进贡物品和公文凭证等做出制度规定，是利用经济手段体现政治隶属关系的特殊方式。贡品一般都是数量有限的土特产品，而赏赐则是西藏生活必需的茶叶、绸缎、布匹等，其实质则是对西藏的经济支持。

“差发”制度（计户纳马充赋）与茶马互市的建立，是明太祖朱元璋创立的政策，当时统一全国的战争仍很频繁，急需大量战马，于是规定甘青川边等产马藏族部落，以户为单位，每年交纳一定数量的马匹，充作应向国家交纳的租赋，然后，国家按马匹时价赏给一定数量的茶叶。良马为朝廷急用，茶叶为藏族生活必不可少，需求量很大。交易的利润很高，自然会引起逐利者蜂拥蚁聚，这就妨碍了朝廷利益，所以伴随“差发”制度的是官家对茶马互市的垄断，并采取了许多相应的限制措施。但是，禁令被不断冲破，势难禁止，国家又不得不承认民间茶马互市，这是明代经营西藏的一个突出特点。

设置僧录司、四夷馆、驿传，分别掌理涉藏事宜。其中，僧录司管理藏传佛教事务，四夷馆负责涉藏公文翻译，驿传管理贡使接待、转运贡品和传递公文等，都是一些保证治藏政策贯彻执行的制度措施。

清代（1644—1911），是我国历史上最后一个封建王朝，它在汲取元、明两代经验教训的基础上又因时变通制定的治藏政策，比起前两代来都要系统而完备。

最主要的是订立章程，治藏立法。朝隆时期曾将前代和本朝治理西藏的成功经验，汇编成“治藏章程”，以国家行政法的形式颁行，使之法制化，意在行之久远，不致因人事或历史变迁等原因而发生变乱。第一部治藏章程是乾隆十六年（1751）颁布的《西藏善后章程十三条》。后来，又陆续颁布一些。其中，最著名的是乾隆五十八年（1793）颁行的《二十九条章程》，它以行政立法的形式，将西藏的行政体制、职官和军事制度，以及经济、宗教、涉外等社会的方方面面，规范为法律条款，因此，有的专家将其称为清代的“西藏基本法”。它不仅在当时中央政权强化对西藏的治理有着重大意义，而其基本原则也多为后来所遵循。

法定行政区划，设置理藩院主管藏政，钦差驻藏办事大臣主持藏政，改革行政管理体制和整顿并法定官制，建立朝贡与赏赐制度。这是清朝比起元、明两代来说，进一步强化对西藏地方主权管理的几项主要政策措施，把西藏地方与中央政府的隶属关系提高到一个历史新水平。法定行政区划，这是近代国家行政才有的，反映了中央政府管理西藏地方的历史发展进步。设置理藩院和驻藏大臣，是中央政府（或通过其派驻代表）直接掌理西藏重大事务的行政管理体制，目的在于加强中央政府的权威。

敕封达赖和班禅，尊崇扶植藏传佛教并加强管理，创立金瓶掣签制度。这几项关于西藏宗教的主要政策，出发点和基本精神是继承了元、明两代的，但做法不同。它不沿袭元代独尊萨迦派、明代“多封众建”的做法，而是尊崇新兴的、势力强大的格鲁派，并敕封两大宗教首领，暗寓双强并峙，合为我用。创立金瓶掣签制度的实质，是由中央政府掌控西藏宗教首领的选任权，有着重要的历史意义，并形成历史定制，为后世沿用。

派驻官兵，整编藏军并将其纳入国家正规军序列，辟治交通和加强台站建设，整顿和加强财政经济管理、减轻乌拉与租赋，严守国门与加强边政建设。这几项政策措施是清朝根据当时的历史环境提出来的。乾隆末年，廓尔喀（尼泊尔）曾两次入境武装抢掠，鸦片战争期间森巴侵扰，清末英国两次大规模武装入侵。虽然，我爱国军民进行了英勇的抵抗，但也付出了惨重代价。历史给清中央政府敲响了警钟：西藏地方是西南国门，关系国家的安危，这是历史给清朝提出的新课题。所以，清朝提出和推行的上述几项政策措施，主旨都是巩固边防，建设边疆，维护国家主权和领土完整。

民国时期（1912—1949年9月），时间虽短，但在历史上有划时代意义，这就是，它结束了两千年封建君主专制制度，开辟了通向新中国的历史道路。民国时期可以大体分为两个阶段：1927年前的北洋政府时期，之后直至1949年9月的国民政府时期。前期的历史特点是政局动荡，政权更替频繁；后期除了内战之外，主要是强敌入侵，从九·一八事变到日本宣布投降，前后十几年，战争几乎贯穿了整个国民政府时期，但就西藏而言，最危险的则是来自英国的干涉侵略，及其煽动、支持下西藏地方当局的分裂独立活动。所以总的来说，民国时期的治藏政策，主要包括两方面的内容，一是维护中央政府管理西藏地方的权威和国家的统一与领土完整，二是抵制英国的干涉侵略，同时制止西藏地方当局的分裂活动。这两者又是相辅相成的。

1912年元旦，孙中山先生宣誓就任临时大总统，庄严宣布：中华民国是“民族之统一”、“领土之统一”的汉、满、蒙、回、藏五族共和国，明确回答了举世关注的清朝灭亡之后，中国向何处去、建立一个什么样国家的历史大课题。它说明了新生民国的国家性质，规定了建国纲领和治国基本政治理论基础和指导思想。之后，民国颁行的国家根本大法——宪法（包括初期的具有宪法性质的《临时约法》、《约法》，以及后来的各种临时宪法），都明确规定五族共和的国家性质，西藏和蒙古地区为中华民国领土组成部分，这当然也就成为民国时期历届中央政府制定治藏政策法规的基本指导思想和政治原则。

任命驻藏办事长官，设立管理藏务中央机构；选举立法，西藏代表参加国会及国家权力机构；制订管理西藏事务的规章制度；坚持中央政府对西藏摄政册封权等等。这些，都是在借鉴元、明、清各朝治藏政策的基础民族地区、独具特色的地方行政系统；对于西藏宗教，虽然元代独尊萨迦派，明代“多封众建”，清代尊崇格鲁派，但主旨是一样的，即尊崇扶植，利用其传统的社会影响力作为稳定西藏社会秩序和维护中央政权的权威辅佐力量，但同时又无一例外，各代中央政权都制订了加强藏传佛教管理的政策措施，以遏制和防止其有害于社会的一面，总的来说，都是“以教辅政”；历代制订治藏政策法规的指导思想和基本原则，都是“从俗从宜”、“因俗习为治”，充分考虑、照顾到西藏自然地理、社会历史、文化传统、宗教信仰等各方面的特点，不与其他地方强求一律；鸦片战争前后，作为西南国门的西藏，国家安危所系，在国家发展中的地位日益提高，因此，加强边疆建设、巩固国防，应对英国侵略干涉和西藏地方当局的分裂活动，维护国家主权和领土完整，成为晚清，特别是民国政府治理西藏的重中之重，其有关的政策法规也突出地显现着这个时代特点。还有其他一些。总之，把它作为传统政治文化来研究，开掘越深，收获就会越大。①

① 需要说明的是，本书旨在汇编元代至民国时期重要的治藏政策法规，而不是对其进行全面的历史评价。另外，对历史文献，除必要的节录外，不作任何文字更动（包括其中一些不尊重少数民族的文字），以保持原汁原味，有利于全面、深入地解读它所蕴含的历史信息。这些，读者自能鉴察。

第一章　元代（1271—1368）

13 世纪，元朝通过协商，和平统一吐蕃，在历史上第一次将西藏地方和其他边疆民族地区一样，纳入中央政权的统一管理。将源远流长的藏族和汉族以及其他兄弟民族的血肉关系，提高到了一个新的历史阶段。这对于我国统一多民族国家的巩固和发展，有着重大历史意义，同时，对于西藏来说，自吐蕃王朝崩溃以后四百余年分裂割据、混乱纷争的局面得以结束，对其政治、经济、文化的发展进步，有着极其重要的积极促进意义。

为加强对吐蕃的治理，元朝在历史上第一次制订和推行治理西藏地方的政策法规。从历史发展的角度看，元朝的治藏政策是颇具成效的、成功的。虽然，由于历史的原因，元朝没有将治藏政策形成系统的法律条文，但是我们仍然可根据大量文献典籍和历史事实，梳理出一个纲要。

其实，早在 14 世纪，明朝就曾对元朝治藏政策的得失，进行过认真、系统的总结，以为巩固中央政权、加强国家统一的历史借鉴。宋濂等奉敕撰修《元史》时，对此做了概略说明：

“元起朔方，固已崇尚释教。及得西域，世祖以其地广而险远，民犷而好斗，思有以因其俗而柔其人，乃郡县土番之地，设官分职，而领之于帝师。乃立宣政院，其为使位居第二者，必以僧为之，出帝师所辟举，而总其政于内外者，帅臣以下，亦必僧俗并用，而军民通摄。于是帝师之命，与诏敕并行于西土。百年之间，朝廷所以敬礼而尊信之者，无所不用其至。”（《元史》卷二〇二，列传八十九，释老传）

这是历史上第一次系统地阐述元代的治藏政策。应该说，这是从历史发展的高度，对元朝治藏政策言简意赅的深刻总结。

它说明，广泛吸收各民族文化和尊重其宗教信仰，因时因地制宜制订政策和策略，是元朝统一和治理政策取得成功的关键。13 世纪初，蒙古部首领铁木真崛起于大漠南北，兼并群雄，统一诸部，于 1206 年建立蒙古汗国，被尊为成吉思汗。蒙古兴起的历史比较短，没有治国治军的方略可以继承，主要是依靠强大的铁骑劲旅，向地域辽阔的西域扩展，并与势力强大的西夏、金和南宋争雄。世间的事情，往往是利弊互依共存。由于缺乏深厚传统文化，同时就不存在文化、思想的负担，有着宽广的创新空间，生存、发展就成了唯一的思想主导和行动准则。因此，成吉思汗及其事业的继承者们，创造性被充分调动起来，如饥似渴地吸收一切有利于发展的各民族文化。初期，主要是广泛的、大量地吸收维吾尔族和汉族文化，对于佛教、道教、伊斯兰教等各种宗教，兼收并蓄，与各宗教首领，都建立了良好的政治关系。

正是在这特定的历史背景下，通过会谈，和平统一吐蕃。1239 年，驻守凉州（今甘肃武威市）的蒙古宗王阔端派出一支军队，进入西藏地区，为统一西藏探路，并为制订有关政策搜集情报。翌年，这支军队的将领多达那波返回后，向阔端报告了武装统一西藏的各种困难，建议联合、任用各派宗教首领完成和平统一西藏的战略任务。根据对西藏社会、政治、自然环境、宗教信仰等多方面考察，阔端接受了这个建议，向西藏各方面发出了和平商谈的信号，西藏各政治、宗教派别，经过协商，一致推举“学富五明”的藏传佛教萨迦派首领萨班·贡噶坚赞作为与蒙古王室谈判代表。1244 年，阔端命使者携带令旨，邀请萨班赴凉州商谈西藏全区归顺蒙古汗国事宜。是年，萨班携侄八思巴和恰那多吉，从后藏萨迦寺启程应召赴凉州，并于 1246 年抵达。此时正在和林参加推选蒙古大汗会议的阔端闻讯后，一俟政治活动结束，即刻起身返程。1247 年正月，征尘未洗的阔端立即与萨班商妥西藏归顺蒙古汗国的条件。随后，萨班写信通告西藏各政治集团、宗教派别首领，说明蒙古汗国尊重西藏习俗和宗教，尊重各僧俗首领的既有地位和既得利益，以及蒙古管理西藏的各项政策措施，如设官授职、编户纳税等。就这样，西藏地区归顺了蒙古汗国。蒙古汗国完成了统一西藏的战略任务，西藏地方也进入了一个新的历史纪元，和其他的边疆民族地区一样，正式成为中央政权（在蒙古汗国基础上建立的全国性中央政权——元朝）直接管辖下的一个行政区。

蒙古是“以弧矢定天下”的，即以武力统一全国各地，只有西藏是通过和平商谈归顺的，这算是个例外。但从历史发展的大视角来看，它是政治大智慧，体现了蒙元王朝政治战略的高度灵活性，在历史上具有创造性的典型意义，之后，历代中央政权的更替，都以其为历史借鉴，通过和平谈判统一西藏，几乎无一例外。凉州会谈的重大历史意义即在于此。

凉州会谈之所以取得历史的成功，有两个最重要的历史前提和政治基础：一是，势力强大的蒙古汗国，在政治上具有绝对优势，在商谈中处于主导地位，其政治态度和政策、策略，决定着商谈的成败。由于阔端代表的蒙古王室始终坚持成吉思汗制订、推行的尊重各民族习俗、对各种宗教兼收并蓄政策，才有可能在武力征服的同时，提出与宗教领袖人物和平商谈的政治战略，并取得成功。没有这一点，就不可能有凉州会谈，更不可能达成双赢协议；二是，早在七八世纪，唐朝与吐蕃就建立了亲密的甥舅关系，藏族和汉族以及各兄弟民族政治、经济、文化的密切联系，血肉难分。吐蕃王朝崩溃后四百余年，政治上分裂割据，宗教上派别林立，严重影响了社会发展，但没有一种力量能够完成统一全地区的历史任务。势力强大、即将统一全国的蒙古汗国，使西藏各政治集团、各宗教派别看到了希望，所以，才一致推举萨班代表全地区与阔端会谈，并全部接受了归顺蒙古的条件。没有这些，当然也没有凉州会谈的成功。

从蒙古汗国的角度来说，这当然是其民族宗教政策的巨大成功。至元八年（1271），元世祖忽必烈在蒙古汗国基础上宣布正式建立“大元”王朝，为巩固、发展统一全国大业，继续推行成吉思汗制定的民族宗教政策。经过皇室内部与藏传佛教各派斗争、整合，忽必烈与萨迦派的新首领、萨班之侄八思巴建立了密切的政治关系，他在包容、尊重藏传佛教各派别的同时，独尊萨迦派，因之建立帝师制度，并由萨迦派僧人独领其职，由帝师管领吐蕃事务。其下设萨迦本钦，具体管理西藏地方事务，其性质类似西藏地方政府。同时任命许多萨迦派僧人担任中央和地方各级僧俗职官，形成中央政权联合、利用萨迦派共同治藏的政治体制。这项治藏基本政策，一直延续到元朝灭亡，大体不变。

尊奉和保护藏传佛教，即《元史·释老传》所说“*崇尚释教*”，“*因其俗而柔其人*”，正是从上述许许多多历史事实中总结出来的。这是元朝治藏的基本政策，也是制订各项有关政策措施的指导思想和理论基础。

建立帝师制度，历任帝师都由萨迦派僧人担任，这不但是元朝的一项重要治藏政策，也是一项重要治国方略，是古代“古之天子必有师”这一儒家治国思想的继承，和在新的历史条件下的创造性应用，它的意义不仅在于联合、利用萨迦派治理西藏，还在于通过国家任命的帝师管理吐蕃和全国佛教事务，将具有巨大社会影响和传统势力的佛教，纳入国家管理体

制，以利社会稳定。因之，“帝师之命与诏敕并行于西土”。其目的是“以教辅政”，即力图将宗教作为政治的辅佐力量。

设置宣政院作为管理西藏事务与全国佛教事务的中央机构，在历史上是第一次。元初，曾仿照历代设置管理佛教事务机构的先例，设置释教总制院管理全国佛教事务。至元二十五年（1288）改为宣政院，将原有的职权扩大到管理西藏地方的军政事务。机构的性质也有重大改变，即由单纯的宗教管理机构变为行政机构，具有了重要的行政权，其政治地位与枢密院、中书省、御史台等中央政府中枢机构并列。主管官和重要官员，不通过管理官员的中书省而由皇帝直接任命，宣政院使（主管官）往往由丞相兼任，副使则由帝师举荐的僧人担任。说明它直接对皇帝负责，并由帝师实际掌控。必要时还可在西藏设分院，由中央授权直接处理西藏问题。其实质是将西藏有关问题，置于国家政治战略高度。

联姻封王，以亲谊与西藏僧俗上层缔结政治联盟。这是汉唐国势强盛时，处置边疆民族问题时的一种柔性政治方略。元朝加以继承，并将其转化为治藏政策。

元朝在西藏推行的是多元行政管理体制：封授宗王分领吐蕃，又由中央政府直接处理吐蕃重大事务，同时在西藏地方设治建政，委派官吏。这是元朝首创，也是中央政权对西藏地方行使主权管理的主要标志，以及最重要的政治保证。元朝曾遵循蒙古汗国分封宗王的传统做法，将西藏分封为宗王领地。同时，又建立、健全各地军政管理机构：设乌思、藏、纳里速古鲁孙等三路宣慰使司都元帅府，管辖乌思、藏、纳里速古鲁孙（今西藏和拉达克地区）。设乌思藏管蒙古军都元帅二员，管理当地蒙古驻军；设转运使一员，管理驿站交通事宜，并设纳里速古鲁孙元帅二员，统辖今阿里等边境地区的军务；又在乌思藏地区设了十三个万户府和若干个千户所，封授西藏地方首领管理民政或者兼管军务。

特别需要说明的是，元朝在西藏历史上，首创性地推行，由八思巴倡导、在中央政权领导下的“政教合一”、“人王（诸侯王）兼法王”的政教管理制度，由萨迦教主兼管理地方事务行政长官。这个职务通常是由帝师兼任，其下设由13个随侍官组成的“拉章”（秘书厅性质），以保证帝师意志的贯彻执行。同时，设萨迦本钦（意为大官人）根据帝师意旨，负责处理西藏地方政权事务。又设萨迦朗钦（意为大管家），负责萨迦内部事务。这是历代中央政权设置西藏地方政府的滥觞。所以，本书将其作为元朝治藏的一项重要政策加以说明。

元代西藏地方各级军政管理机构的设置及其官员的任免、奖惩等，均听命于中央政府。重要的高级官吏须由宣政院或帝师举荐，皇帝任命。其实质是由中央政府掌控国家权力杠杆。地方各级官员的任用，僧俗兼顾，有的允许其依例承袭，目的在于扩大政权的社会基础，以利稳固。以上这些，正是《元史·释老传》所说于西藏地方“设官分职而领之于帝师”，“帅臣以下，亦必僧俗并用，军民通摄。”

元朝将吐蕃封授八思巴作为香火地，同时又清查编户纳入国家统一管理，在历史上首次清查西藏地方户口。大的行动有三次：中统元年（1260），忽必烈继承汗位建年号的当年，即派员进藏清查户口，规定赋额。至元五年（1268），至元二十四年（1287）又两次派员进藏核查，确定各万户应交纳的贡赋数额。这是历代王朝都要推行的编户齐民政策，是不可或缺的国家制度。它标志着元朝对西藏地方国家行政管理的强化。

元朝还根据实际情况免除吐蕃赋税并根据需要，在西藏设置“甲姆”（驿站）和“马甲姆”（兵站）并建立了相应制度，以保证公文的传递、军政人员往来和物资运转的畅通。客观上促进了西藏与内地政治、经济、文化的交流与发展，有利于西藏社会的进步。

虽然制度规定西藏地方应向中央政府缴纳贡赋并供应驿站、兵站日常需要，这是明确地方向中央政府应尽的义务，但在实际上，元朝经常利用各种名义对西藏免征赋税，并补贴驿站、兵站各项费用。这实际上是中央政府扶助西藏地方经济的特殊形式。

总的来看，元朝虽然没有制订系统的治藏政策法规，但它推行的一系列治藏规章制度，成龙配套，涵盖了中央与西藏地方隶属关系以及西藏社会方方面面。这使“西藏自古就是中国领土不可分割的重要组成部分”的历史，从法律和国家制度上确定下来。这对于我国多民族统一国家巩固和发展，以及西藏地方的社会发展进步，都有里程碑意义。

另外，我们仔细研究就会发现，元代的治藏政策是在其统一全国和不断加强中央集权的过程中，在广泛吸取历代王朝治国治边经验教训的基础上，充分考虑、照顾了西藏地方社会历史发展、自然地理条件，以及宗教信仰等诸方面的特点，因而所制订的各项政策适用于当时的西藏，成效比较显著。其基本原则多为后来历代中央政权制订治藏政策所借鉴，主要原因也在这里。

一、通过会谈和平统一吐蕃

凉州会谈

阔端召请萨迦班智达令旨

长生天气力里

大福荫护助里

皇帝圣旨

晓谕萨迦班智达贡噶坚赞贝桑布：朕为报答父母及天地之恩，需要一位能指示道路取舍之喇嘛，在选择之时选中汝萨班，故望汝不辞道路艰难前来。若是汝以年迈（而推辞），那么，往昔佛陀为众生而舍身无数，此又如何？汝是否欲与汝所通晓之教法之誓言相违？吾今已将各地大权在握，如果吾指挥大军（前来），伤害众生，汝岂不惧乎？故今汝体念佛教和众生，尽快前来！吾将令汝管领西方众僧。

赏赐之物有：白银五大升，镶缀有六千二百粒珍珠之珍珠袈裟，硫磺色锦缎长坎肩，靴子，整幅花绸二匹，整幅彩缎二匹，五色锦缎二十匹等。着多尔斯衮和本觉达尔玛二人赍送。

龙年八月三十日写就。

（《萨迦世系史》第80～81页，西藏人民出版社1989年版。后引本书均据此版本，不俱注。）

萨迦班智达贡噶坚赞致吐蕃各善知识大德及诸施主信

其后，法王萨班见驻锡凉州较返回吐蕃更有益于佛法，故安心住于此地[①]。他给蕃土各寺院及弟子捎去许多布施和礼品，作为教法的礼品捎去《入菩提道次第论》，并吩咐说："在卫、藏、康三处各法会上讲说此经文。

① 指凉州。——原注

我之弟子俱受过教诲，可命彼等阅读此信，照此行事。”与此口信一起带给众弟子的信件全文如下：

“祈愿吉祥利乐！向上师及尊者文殊菩萨顶礼！

具吉祥萨迦班智达致书卫、藏、阿里各地善知识大德及诸施主：

吾为利益于佛法及众生，尤为操吐蕃语之众，前来蒙古之地。召我前来之大施主[①]甚喜，曰：‘汝，汝携带如此幼小之八思巴兄弟与侍从一起前来，是眷顾于我。汝以头来归顺，他人以脚来归顺，汝系因我召请而来，他人则是因恐惧而来，此情吾岂能不知！八思巴兄弟先前已习知吐蕃教法，可仍着八思巴学习之，着恰那多杰学习蒙古语言。若吾以世间法护持，汝以出世间法护持，释迦牟尼之教法岂有不遍弘于海内者欤！’

此菩萨汗王敬奉佛教，尤崇三宝。以良善之法度护持臣下，对我之关怀更胜于他人。汗王曾对我云：‘汝可安心说法，汝子〔之〕所需，吾俱可供给。汝作善行，吾知之；吾之所为善否，天知之。’彼对八思巴兄弟尤为喜爱。彼有‘为政者善知执法，定有益于所有国土’之善愿，曾曰：‘汝可教导汝吐蕃之部众习知法度，吾当使安乐！’故众人俱应努力为汗王与王室诸人之长寿而祈祷祝愿之！

当今之势，此蒙古之军队多至不可胜数，窃以为赡部洲已全部入于彼之治下。与彼同心者，则苦乐应与彼相共。彼等性情果决，故不准口称归顺而不遵彼之命令者，对此必加摧灭。畏兀儿之境未遭涂炭且较前昌盛，人民财富皆归其自有，必阇赤、库吏及别乞均由彼等自任之。汉地、西夏、阻卜等，于未灭亡之前，将彼等与蒙古一样看待，但彼等不遵命令，攻灭之后，别无出路，只得归降。其后，因彼等悉遵命令，故现在各处地方亦多有委任其贵人充当别乞、库吏、军官、必阇赤者。我等吐蕃部民愚顽，或期望以种种方法逃脱，或期望蒙古因路远而不来，或期望与之交战而能获胜，凡以谄、诳、诡谲三种办法对待蒙古者，最终必遭毁灭。各处投降蒙古之人甚多，因吐蕃众人愚顽之故，恐只堪被驱为奴仆贱役，能被委为官吏者，恐百人中不到数人。吐蕃归顺者虽众，然贡物微薄，故其贵人们心中颇为不悦，此情至关重要。

前此数年，蒙古兵未至上部地方，由我率白利归顺，因见此归顺甚佳，故上部阿里、卫、藏等部亦归顺，复又使白利诸部输诚，故至今蒙古

---

① 指阔端。——原注

未遣军旅前来，亦已受益矣，然吐蕃之上部诸人有不知此情者。其时有口称归降，但所献贡品不多，未能取信而遭兵祸，致使人财尽失，此事想尔等亦有所闻。与蒙古交兵者，欲想以其地险、人勇、兵众、甲坚和娴熟箭法等而能获胜，终遭覆亡。

众人或以为：蒙古本部乌拉及兵差轻微，他部乌拉及兵差甚重，殊不知与他部相比，蒙古本身之乌拉及兵差甚重。两相对比，他部之负担反较轻焉。

（汗王）又谓：若能唯命是听，则汝等地方及各地之部众原有之官员俱可委任官职，对于由萨迦之金字使和银字使召来彼等，任命为我之达鲁花赤①等官。为举荐官员，汝等可派遣干练使者前来，将该处官员姓名、百姓数目、贡品数量缮写三份，一份送来我处，一份存放萨迦，一份由各自长官收执。另需绘制一幅标明某处已归降及某处未归降之地图，若不区分清楚，恐已降者受未降者之牵累，遭到毁灭。萨迦金字使者应与各地官员商议行事，除利益众生之外，不可擅作威福。地方官员亦不得在不与萨迦金字使商议的情况下擅权自主。不经商议而擅自妄行是目无法度，若获罪谴，我在此亦难求情，惟望汝等众人同心协力。奉行蒙古法度，则必有好处。

对于金字使者应好生迎送，殷勤服侍。盖因金字使者至，（汗王）必先问彼等众人：'有逃遁者乎？遇拒战者乎？对金字使者殷勤服侍乎？有乌拉供应乎？归降者坚诚乎？'若有对金字使者不敬，彼必进危害之言；若恭敬承事，彼亦能福佑之。若不听从金字使者之言，补救甚难。

此间对各地贵人及携贡物而来者俱善礼待之。若我等亦愿受到礼遇，那么我等之所有官员则应携带丰盛贡物，差人与萨迦之人同来，商议进献何种贡物为好，我亦可在此计议。然后返回自已地方，对已对他俱有裨益。总之，去年我亦曾遣人告知汝等：'若如此而行则为上策'，然未见汝等照此行事者，岂汝等愿在败灭之余方俯首听命耶？汝等今日不听我言，将来不可谓：'萨迦人至蒙古地方后，对我等并无利益。'我怀舍已身利他人之心，为利益所有操蕃语之众而来蒙古地方。如听我之言，必有好处。汝等未曾目睹此间情形，故对耳闻又难以相信。那种欲凭实力而行事者，正如'安逸之余突遭魔鬼压〔魇〕'之谚，在受此压抑之后，则恐卫、藏

① 达鲁花赤，蒙古管理军民事务的高级行政官员。——原注

子弟及生民等等仍将被驱来蒙古之土。我无论遭祸得福均不后悔。凭藉上师三宝之加持恩德，仍可得福也，汝等亦应敬奉三宝。

汗王对我关切逾于他人，故汉地、吐蕃、畏兀儿、西夏等地之善知识大德及官员百姓均感奇异，前来听经，极为崇敬。无需顾虑蒙古如何对待我等来此地之众人，均甚为关切，待之优厚。至于我之各方面，众人自可放心为是。

贡物以金、银、象牙、大粒珍珠、银硃、藏红花、木香、牛黄、虎（皮）、豹（皮）、草豹（皮）、水獭（皮）、蕃呢、卫地上等氆氇等物为佳，此间甚为喜爱。此间对于一般财物颇不屑顾，然各地当以最佳财物进贡可也。

'有金能如所愿'，其深思焉！

愿佛教遍弘于各方！愿一切皆吉祥！"

（《萨迦世系史》第91～94页）

阔端派多达等进兵西藏与西藏归附蒙古

太宗七年（1235）

皇子阔端征秦、巩。……八年（1236）冬十月，阔端入成都，诏招谕秦、巩等二十余州皆降。……十一年（1239）皇子阔端军至自西川。

（《元史》卷二，本纪第二，太宗）

宪宗元年（1251）

以和里䚟统土蕃等处蒙古汉军，皆仍前征进。

（《元史》卷三，本纪第三，宪宗）

编者按：藏文史料言阔端自凉州遣大将朵尔达于己亥年（1239）攻土蕃，进至热振寺、甲拉康。次年还师。阔端从朵尔达等议，招萨迦第四祖萨班来见。甲辰年（1244），萨班见阔端于西凉。此皆元史所不载者。然《史史》宪宗元年（1251）既有和里䚟之记事，则知藏史所记可信，藏史朵尔达或即和里䚟之讹，或其部将。

至于一统汉地及木雅（西夏）疆土者，厥为那摩阿伦受日月光华所感生之子孛端叉儿也。孛所繁衍之后裔，即奉天承命，统领大地之元朝皇帝成吉思汗。汗有子嗣多人，一子名阿阔台。台有二子名贵由和阔端。阔端皇子曾遣多达那布西征入藏，其攻战之术，虽大自（在）天亦生畏惧，而

忽必烈赐给僧人的珍珠诏书①

长生天气力里

大福荫护助里

皇帝圣旨

晓谕众僧人及俗民等：

此世间之完满，是由成吉思汗之法度而生，后世之福德，须依佛法而积聚，明察于此，即可对释迦牟尼之道生起正见。朕善知此意，已向明白无误之上师八思巴请授灌顶，封彼为国师，任命其为所有僧众之统领。上师亦已对敬奉佛法、管理僧众、讲经、听法、修习等项明降法旨。僧人们不可违了上师之法旨，佛教最根本的是善于讲论佛法，年轻心诚者学法，懂得教法而不能讲经听法者可依律修习。如此行事，方合乎佛陀之教法，亦合乎朕担任施主、敬奉三宝之意愿。汝僧人们如不依律讲经、听法、修习，则佛法何在？佛陀曾谓，吾之教法犹如兽王狮子，体内不生损害，外敌不能毁坏。朕驻于宽阔大道之上，对遵依朕之圣旨、善知教法之僧人，不分教派一律尊重服事。如此，对依律而行的僧人，无论军官、军人、守城官、达鲁花赤、金字使者皆不准欺凌，不准摊派兵差、赋税和劳役，使彼等遵照释迦牟尼之教法，为朕告天祝祷。并已颁发圣旨使彼等收执。僧人之佛殿及僧舍，金字使者不可住宿，不可索取饮食及乌拉差役。寺庙所有之土地、河流和水磨等，无论如何不可夺占、收取，不可强迫售卖。僧人们亦不可因有了圣旨而做出违背释迦牟尼教律之事。朕之诏书于鼠年②夏五月初一日在上都写就。

（《萨迦世系史》第112～113页）

---

① 元朝历代皇帝登极，均向西藏颁诏书，其式样，《南村辍耕录》第二卷有如下记载：“累朝皇帝于践祚之始，必布告天下，使咸知之。惟诏西番者，以粉书诏文于青缯，而绣以白绒，网以真珠，至御宝处，则用珊瑚，遣使赍至彼国，张于帝师所居处。”

② 此鼠年为藏历第四饶迥阳木鼠年，公元1264年。是年八月，忽必烈改燕京为中都，改年号为至元。而八思巴也在接受这份诏书后，于是年夏离中都启程回萨迦。——原注

三、建立帝师制度，以萨迦派僧人任之

八思巴与帝师制度的建立

帝师八思巴

帝师八思巴者，土蕃萨斯迦人，族款氏也。……八思巴生七岁，诵经数十万言，能约通其大义，国人号之圣童，故名曰“八思巴”。少长，学富五明，故又称曰“班弥怛”。岁癸丑，年十有五，谒世祖于潜邸，与语大悦，日见亲礼。

中统元年（1260），世祖即位，尊为国师，授以玉印。命制蒙古新字，字成上之。……至元六年（1269），诏颁行于天下。诏曰：“朕惟字以书言，言以纪事，此古今之通制。我国家肇基朔方，俗尚简古，未遑制作，凡施用文字，因用汉楷及畏吾字，以达本朝之言。考诸辽、金，以及遐方诸国，例各有字，今文治寖兴，而字书有阙，于一代制度，实为未备。故特命国师八思巴创为蒙古新字，译写一切文字，期于顺言达事而已。自今以往，凡有玺书颁降者，并用蒙古新字，仍各以其国字副之。”遂升号八思巴曰“大宝法王”，更赐玉印。

（至元）十一年（1274），请告西还，留之不可，乃以其弟亦怜真嗣焉。十六年（1279），八思巴卒，讣闻，赙赠有加，赐号：皇天之下一人之上〔开教〕宣文辅治大圣至德普觉真智佑国如意大宝法王，西天佛子，大元帝师。至治间（1321—1323），特诏郡县建庙通祀。泰定元年（1324），又以绘像十一，颁各行省，为之塑像云。

（《元史》卷二〇二，列传第八九，释老传）

忽必烈命八思巴为帝师并授玉印

中统元年（1260）十二月乙巳，以梵僧八合思八为帝师[①]，授以玉

① 注：“帝师”当为“国师”之误。见前条。

印，统释教。

（《元史》卷四，本纪第四，世祖一）

忽必烈封赠八思巴帝师名号

其后，八思巴到达朝廷后，在他三十六岁的阳铁马年①，当皇帝再次请求八思巴传授灌顶之时，改西夏甲郭王的玉印为六棱玉印，连同诏书一并赐给，封八思巴为“皇天之下、大地之上、西天佛子、化身佛陀、创制文字、辅治国政、五明班智达八思巴帝师。”

（《萨迦世系史》第 147 页）

八思巴封号并敕命各行省塑像祀之

帕克斯巴（八思巴）帝师法号曰：皇天之下一人之上开教宣文辅治大圣至德普觉真智祐国如意大宝法王，西天佛子，大元帝师班第达帕克（斯）巴巴克实。

（《南村辍耕录》卷一二）

元西域胡僧八思麻（八思巴）知纬候，佐世祖定天下，制蒙古字书，以七音为本，特定一代之文，尊为帝师。诏尊之曰：“一人之下、万人之上、西方佛子，大元帝师。”卒葬于京。其墓上天雨宝花。令天下郡国皆立帝师殿，其制一同文庙。

（《草木子》卷三）

仁宗诏各地建八思巴殿

延祐七年（1320）十一月丁酉

诏各郡建帝师八思巴殿，其制视孔子庙有加。

（《元史》卷三七，本纪第二七，英宗一）

至治元年（1321）三月丙子

建帝师八思巴寺于京师。

（《元史》卷二七，本纪第二七，英宗一）

---

①　此年为庚午年，公元 1270 年，元世祖忽必烈至元七年。——原注

泰定元年（1324）八月辛未

绘帝师八思巴像十一，颁各行省，俾塑祀之。

（《元史》卷二九，本纪第二九，泰定帝一）

英宗诏令各路立帝师殿并敕撰碑铭

至治元年（1321），诏各路立帝师殿，释源宗主法洪奉敕撰碑。其略曰：

皇元启运北天，奄荒区夏，奋神武之威，致混一之绩。思所以去杀胜残，跻生民于仁寿者，莫大释氏，故崇其教，以敦其化本。以帝师拔思发，有圣人之道，屈万乘之尊，尽师敬之节。咨诹至道之要，以施于仁政，是以德加于四海，泽洽于万邦，实赖帝师之助。铭略曰：

佛道弘大，洋海无际。滔天沃日，并育万类。于彼将圣，象罔得一。推厥绪余，以匡王国。烈烈皇祖，草昧天造。奠是南纪，功格苍昊。云云。追谥：皇天之下，一人之上，云云。

赵孟頫书丹，元明善篆额。

（《释氏稽古略续集一》）

八思巴后历任帝师

（八思巴辞归西藏，以其弟）亦怜真嗣为帝师，凡六岁，至元十九年（1282）卒。答儿麻巴剌（乞列）〔剌吉塔〕嗣，二十三年（1286）卒。亦摄思连真嗣，三十一年（1294）卒。乞剌斯八斡节儿嗣，成宗特造宝玉五方佛冠赐之。元贞元年（1295），又更赐双龙盘纽白玉印，文曰：“大元帝师统领诸国僧尼中兴释教之印”。大德七年（1303）卒。明年（1304），以辇真监藏嗣，又明年（1305）卒。（都）〔相〕家班嗣，皇庆二年（1313）卒。相儿加思〔巴〕嗣，延祐元年（1314）卒。二年（1315），以公哥罗古罗思监藏班藏卜嗣，至治三年（1323）卒。旺出儿监藏嗣，泰定二年（1325）卒。公哥列思八冲纳思监藏班藏卜嗣，赐玉印，降玺书谕天下，其年[①]卒。天历二年（1329），以辇真吃剌失思嗣。

（《元史》卷二〇二，列传第八九，释老传）

亦怜真

至元十一年（1274）三月癸巳

帝师八合思八归土番国，以其弟亦邻真袭位。

（《元史》卷八，本纪第八，世祖五）

至元十三年（1276）九月壬辰朔

命国师益怜真作佛事于太庙。

（《元史》卷九，本纪第九，世祖六）

答耳麻八剌剌吉塔

至元十九年（1282）十二月癸卯

诏立帝师答耳麻八剌剌吉塔，掌玉印，统领诸国释教。造帝师八合思八舍利塔。

（《元史》卷一二，纪第一二，世祖九）

也怜八合失甲

至元二十二年（1285）十二月

命帝师也怜八合失甲自罗二思八等递藏佛事于万安、兴教、庆寿等寺，凡一十九会。

（《元史》卷一三，本纪第一三，世祖一〇）

亦摄思真

至元二十三年（1286）

是岁，以亦摄思怜〔真〕为帝师。

（《元史》卷一四，本纪第一四，世祖一一）

吃剌思八斡节儿

至元二十八年（1291）十二月辛卯

① 《元史》卷三〇，本纪第三〇，泰定帝二：泰定四年夏四月“甲午，以西僧公哥列思巴冲纳思监藏班藏卜为帝师”，其年，当为泰定四年，公元1327年。

授吃剌思八斡节儿为帝师，统领诸国僧尼释教事。

（《元史》卷一六，本纪第一六，世祖一三）

合剌思八斡节而

至元三十一年（1294）六月戊申

以合剌思八斡节而为帝师，赐玉印。

（《元史》卷一八，本纪第一八，成宗一）

元贞元年（1295）十二月庚子朔

赐帝师双龙纽玉印。

（《元史》卷一八，本纪第一八，成宗一）

辇真监藏

大德八年（1304）春正月庚午

以辇真监藏为帝师。

（《元史》卷二一，本纪第二一，成宗四）

大德九年（1305）春正月戊午

帝师辇真监藏卒，赙金五百两、银千两、币帛万匹、钞三千锭，仍建塔寺。

（《元史》卷二一，纪第二一，成宗四）

相加班

大德九年（1305）三月庚戌

以吃剌（八思）〔思八〕斡节儿侄相加班为帝师。

（《元史》卷二四，本纪第二一，成宗四）

相儿加思巴

皇庆二年（1313）九月

以相儿加思巴为帝师。

（《元史》卷二四，本纪第二四，仁宗一）

公哥罗古罗思监藏班藏卜

延祐二年（1315）二月庚子

诏以公哥罗古罗思监藏班藏卜为帝师，赐玉印，仍诏天下。

（《元史》卷二五，本纪第二五，仁宗二）

至治元年（1321）十二月甲子

命帝师公哥罗古罗思监藏班藏卜诣西番受具足戒，赐金千三百五十两、银四千五十两。币帛万匹、钞五十万贯。

（《元史》卷二七，本纪第二七，英宗一）

泰定元年（1324）夏四月己未

以珠字诏赐帝师所居撒思加部。

（《元史》卷二九，本纪第二九，泰定帝一）

公哥列思巴冲纳思监藏班藏卜

泰定四年（1327）夏四月甲午

以西僧公哥列思巴冲纳思监藏班藏卜为帝师，赐玉印，仍诏谕天下僧。

（《元史》卷三〇，本纪第三〇，泰定帝二）

天历二年（1329）十二月己亥

遣使驿致故帝师舍利还其国，给以金五百两、银二千五百两、钞千五百锭、币五百匹。

（《元史》卷三三，本纪第三三，文宗二）

辇真吃剌思

天历二年（1329）十二月甲申

以西僧辇真吃剌思为帝师。

（《元史》卷三三，本纪第三三，文宗二）

公哥儿监藏班藏卜

（顺帝）礼请公哥儿监藏班藏卜为帝师。

（《释氏稽古略续集一》）

索南洛追坚赞①

索南洛追坚赞三十岁的牛年（辛丑，1361），妥欢帖睦耳皇帝派金字使臣达玛格底和额布院使先后前来，在吐蕃封索南洛追坚赞为帝师，封其弟为白兰王，并赐给管辖达仓宗和曲弥万户属下各地的诏书。索南洛追坚赞应邀前去朝廷，担任皇帝的上师，于三十一岁的阳水虎年（壬寅，1362）三月十日，在大都梅朵热哇去世。

（《汉藏史集》第214页，西藏人民出版社1986年版。此后所引本书，均据此版本，不俱注。）

仁宗追封胆巴帝师名号

八思巴时，又有国师胆巴者，一名功嘉葛剌思，西番突甘斯旦麻人。幼从西天竺古达麻失利传习梵秘，得其法要。中统间，帝师八思巴荐之。……至元末，以不容于时相桑哥，力请西归。既复召还，谪之潮州。……

元贞间，海都犯西番界，成宗命祷于摩诃葛剌神，已而捷书果至；又为成宗祷疾，遄愈，赐与甚厚，且诏分御前校尉十人为之导从。成宗北巡，命胆巴以象舆前导。……大德七年（1303）夏，卒。皇庆间（1312—1313），追号大觉普惠广照无上胆巴帝师。

（《元史》卷二〇二，列传第八九，释老传）

四、“帝师之命与诏敕并行于西土”——以教辅政

帝师之命与皇帝圣旨并行西藏

《元史》有关记载

于是，帝师之命，与诏敕并行于西土。

（《元史》卷二〇二，列传八九，释老传）

① 此人在元代汉文史料中未见记载。

累朝皇帝于践祚之始，必布告天下，使咸知之。惟诏西番者，以粉书诏文于青缯，而绣以白绒，网以真珠，至御宝处，则用珊瑚，遣使赍至彼国，张于帝师所居处。

（《南村辍耕录》卷二）

颁行于西藏的帝师法旨

帝师辇真监藏颁给乌思藏宣慰司等官员的法旨

（一）

奉皇帝圣旨

仁钦坚赞[①]帝师法旨

乌思藏宣慰司的官人、军官、军人、地方守卫、断事官、来往收检者、万户长、驿站的人们、牛马牧养者、传令官、僧俗百姓们一体知晓：

遵照先前诏书规定，对多吉旺秋管辖的两加错地方所属的僧俗百姓、地方官吏、牒巴[②]、牧户、部落官长们，不得仗势欺骗，不得征收先前未征之差、食物、乌拉；不得任意强令饲养牛马；不得骗取僧俗百姓的庄稼据为己有，过去占有的要交还；不得挑拨和制造纠纷。遵照圣旨，不得追究旧差、旧案、旧诉讼。执把行的法旨给与了，如违背法旨，令其详细追查。这里的人们亦不要因有法旨行违法之事。

龙年[③]五月二十三日，书于上都。

（中国社科院民研所、西藏档案馆编：
《西藏社会历史藏文档案资料译文集》
第15页。中国藏学出版社1997年版）

（二）

奉皇帝圣旨

① 仁钦坚赞，《元史》写作辇真监藏，生于1256年。元世祖曾命他为萨迦寺细脱喇让（后分四大喇让）的座主。元成宗召至京，嗣为帝师，《元史》卷二一成宗本纪四载：大德八年（1304）正月庚午，以辇真监藏为帝师。在他任帝师后，为了保护乌思藏的僧人、官员、百姓的权益，曾于大德八、九年先后两次由大都颁于乌思藏法旨。卒于大德九年（1305）二月二十四日发布此法旨以后。

② 牒巴亦作第巴，西藏地方或地区首领均以是称。此处系指地区首领。

③ 龙年，为甲辰，元成宗大德八年，公元1304年，藏历为阳木龙年。

仁钦坚赞帝师法旨

乌斯藏地方的宣慰司[①]官人、军官、军人、地方守卫、断事官、来往收检者、驿站的人们、牛马牧养者、霍尔扎[②]、地方官员以及世俗的百姓们一体知晓：

轨范师昆顿和轨范师仁钦贝桑波管辖之艾巴所属的寺院豁卡、寺院豁卡的僧众、施主弟子们，讲听佛经，端与上位祝延圣寿，依体例住坐，遵照皇帝圣旨，彼等领有的田园、土地、河水、草场三者无论什么，不得强取豪夺；不得在寺院铺设帐幕；不得索取商业税；不得以诱惑和散布放债等事，随意借口挑衅、制造纠纷；不得强令饲养牛马；不得拿稼穑用具和驮驴做抵押物；不得群攫牛羊；不得迫使驮马支乌拉；勿要权势。执把行的法旨给与了，如见法旨仍逆行，予以详细追查。这里的人们亦勿行违法之事。

蛇儿年[③]二月二十四日，书于大都安乐宫御花园。

（《西藏社会历史藏文档案资料译文集》第16～17页）

帝师相儿加思颁给沙鲁寺法旨

奉皇帝圣旨

帝师相儿加思[④]法旨

军官、军人、司法官、金字使、头人、地方守卫、大驿站头目、来往税务及运输人员、世俗百姓等，晓谕：

沙鲁寺[⑤]西寺所属处僧人忠顺天子，安分守法。奉圣旨：对于沙鲁寺西寺，不得征收兵差、食物、乌拉，不得征派差役赋税，不得收敛商税、粮税，不得住入佛堂、僧舍，不得征派牛马、乘畜、驮畜，不得抢夺牲口，不得强迫借贷及役雇，不得以农具什物作抵押。原归其所有之田、地、水、草等，不得侵占、抽调，不得仗势欺凌或挟嫌诬告。为使安稳住坐，特颁此法旨。如敢违背，定奏朝廷查处。彼寺亦不得持此法旨而行违法之事。

---

① 宣慰司，元朝在西藏设置、由中央统一管理的地方行政机构之一。
② 霍尔扎，藏语译音，元朝派遣入藏的使者。
③ 蛇儿年，为乙巳年，元成宗大德九年，公元1305年，藏历为阴木蛇年。
④ 帝师相儿加思（1276—1314），《元史》作“相儿加思巴”，皇庆二年（1313）封为帝师。
⑤ 沙鲁，在日喀则东南，元代为沙鲁万户府住地。

羊年[①]十月十九日，写于大都大寺。

（译自藏文原件，转录自《西藏地方是中国不可分割的一部分》第65页）

帝师公哥罗古罗思监藏班藏卜颁给吐蕃各级官员的法旨

（一）

奉皇帝圣旨

帝师公哥罗古罗思监藏班藏卜[②]法旨

军官、军人、断事官、金字使、万户长、千户长、地方官、守土官、来往收检者、驿站官、官人百姓等，晓谕：

搴真衮经师属辖之波东艾地方，原有秋桑、卡瓦龙、羊域、若错热雄之寺属庄园，寺僧、弟子，土、水、草三者，牧场牲畜等，勿论什么，应依此先圣旨，不得增收前所未有之差发、食物、乌拉，不得放牧牛马，不得强派驮畜支应乌拉，不得损害寺属庄园或强行买卖，不得侵夺。为使安居乐业，颁此法旨。若见此法旨仍逆行事。岂不害怕圣旨。承法旨者，亦不得有违。

羊儿年[③]十一月初八日，颁于大都之大寺。

（《西藏地方是中国不可分割的一部分》第65～66页）

（二）

奉皇帝圣旨

衮噶罗追坚赞贝桑波[④]帝师法旨

宣慰司官人、军官、军人、内务管家、断事官、金字使、地方守卫、收差官和来往经商的僧俗、万户长、驿站的人们，办事者们，一体知晓：

先前，夏鲁寺管辖之门卓、结却、甲巴、如擦、两加措、卓、云、门卡、错德、奥斯、衮噶日瓦、才擦在布、谢粗、屯布达、粗布、多衮巴等地方的僧俗百姓、如本[⑤]部落等，遵照皇帝诏书规定，不得收先前未征的

---

① 羊年，即元成宗大德十一年丁未（1307）。

② 公哥罗古罗思监藏班藏卜（1299—1327），八思巴侄孙，1315—1327年任帝师。

③ 羊儿年，即元仁宗延祐年己未（1319）。——原注

④ 衮噶罗追坚赞贝桑波，公哥罗古罗思监藏班藏卜的藏文名。

⑤ 如本，旧日牧区一个帐围的头人。

差、食物、乌拉，不得以气力夺要；不得借口挑起纠纷；不得群攫牛羊；不得强令饲养牛马；不得催派炒磨青稞。遵照皇帝圣旨，不得追究旧差、旧案、旧诉讼。要保护本地之僧俗百姓，不得明争暗夺仆从，据为己有，过去占有的应退还；不得分散百户、千户；不得强权欺人，寻衅肇事。为使安稳地住坐，执把行的法旨给与了，若见法旨仍逆行，岂不畏惧。这里的人们亦不得违法。

鸡年①四月十二日，书于大都御花园。

（《西藏社会历史藏文档案资料译文集》第21～22页）

（三）

奉皇帝圣旨

衮噶罗追坚赞贝桑波帝师法旨

宣慰司官人、军官、军人、西夏鲁寺管辖的热擦玛阿、门卡路塘卓、错当玛、加班、卓、热索、吉灵、姜若、卡布、衮噶日瓦、如擦、克德甲瓦、粗布、才擦在布等地之千户长、百户长②、什长③及世俗百姓们，一体知晓：

皇帝御赐多吉旺秋重要的金册和诏书。遵照规定，委派其任你们之首领，我业已委派，法定之一切大小事宜，应听从多吉旺秋之言，按时完成。此外，多吉旺秋亦不得因是吾委任而行违法之事，要保护僧俗百姓，执把行的法旨给与了，若逆行，岂不畏惧。

牛年④三月初十日，于大都大殿书写。

（《西藏社会历史藏文档案资料译文集》第22页）

帝师公哥儿监藏班藏卜颁给乌思藏宣慰使等官员的法旨

（一）

奉皇帝圣旨

帝师公哥儿监藏班藏卜⑤法旨

---

① 鸡年，为辛酉，元英宗至治六年，公元1321年，藏历为阴铁鸡。
② 百户长，亦作百夫长，旧时管辖一百名人丁或一百户人家的首领。
③ 什长，十户或十人的首领。
④ 牛年，为乙丑，元泰定二年，公元1325年，藏历为阴木牛。
⑤ 公哥儿监藏班藏卜（1310—1358），1333—1358年任帝师。

乌思藏宣慰使司宣慰使，内政官，各寺侍从，招讨使，大臣，司法官，金字使，往来收拣僧俗，税吏，万户长，寺庙堪布、僧众，千户长，一切官员等，晓谕：

两个加措地方之寺辖领地，已发后领予圣旨，赐予沙鲁寺，为祝圣寿诵经及交纳贡物之用，现依比先规定，任何人不得侵占、抽调，不得挑衅争夺，以为祈祷圣寿，故颁此法旨，不得有违。

鼠年[①]四月十六日，颁于大都大寺。

（译自藏文原件照片，转录自《西藏地方是中国不可分割的一部分》第68页）

(二)

奉皇帝圣旨

帝师贡噶坚赞贝桑布[②]法旨

西夏鲁寺所属百姓、然萨、玛、贾、门卓、如仓、然所、且林、江然以上所属百姓之千户长、百户长、什长等知晓：

钦奉赐给益西贡噶敕谕、金册，尔等一体周知。吾亦封他为官。尔等须听从其管束，待兵和气，严管库房。各头领以法治理，凡事皆应及时处理。切切遵行。若有违背，将依法严惩。此法旨令益西贡噶知之。倘益西贡噶遇事不与宣慰使等商议，至以罪及无辜，扰累伤害百姓等事，亦应警忌之。

牛年[③]四月十一日，书于大都皇宫。

（原件藏文，西藏档案馆藏）

---

① 鼠年，即元顺帝后至元二年丙子（1336）。
② 贡噶坚赞贝桑布，即帝师公哥儿坚藏班藏卜。
③ 牛年，为已丑，元顺帝至正九年，公元1349年。

五、联姻封王——以亲谊与西藏僧俗上层缔结政治联盟

世祖封恰那多吉为白兰王并赐婚公主

〈萨班之侄、八思巴同母弟恰那多吉至凉州后〉汗王阔端让他穿蒙古服装，并把公主墨卡顿嫁给他。他朝见薛禅皇帝（元世祖忽必烈）后，薛禅皇帝封他为白兰王，赐给金印，并为他设置左右衙署，委派他治理整个吐蕃地区。在整个吐蕃和萨迦派中，他是最早得到王的封号和职位的人。

（《汉藏史集》第 206 页）

恰那多吉于六岁时随法主萨迦班智达前往蒙古地方。……蒙古薛禅皇帝封他为白兰王，赐金印及左右同知两部衙署，并将公主墨麦卡顿嫁给他。此外，还让他穿蒙古服装，任命他为藏地三区法官。

（《萨迦世系史》第 170～171 页）

仁宗封索南桑波为白兰王并赐婚公主

达尼钦波……娶有六妻。……六妻中的第一个妻子是皇帝的妹妹门达干公主，她生子索南桑波兄妹二人。王索南桑波年轻时去汉地，皇帝育八达①封他为白兰王，并将公主布达干嫁给他。

（《萨迦世系史》第 181 页）

泰定帝封锁南藏卜为白兰王并赐婚公主

泰定三年（1326）五月乙卯，以帝师兄锁南藏卜领西番三道宣慰司事，尚公主，锡王爵。

（《元史》卷三〇，本纪第三〇，泰定帝二）

① 皇帝育八达，即元仁宗爱育黎拔力八达——原注。按：此处所记索南桑波疑与以下所引《元史》所说琐南藏卜为同一人。待详考。

泰定间，以帝师弟公哥亦思监将至，诏中书持羊酒郊劳；而其兄琐南藏卜遂尚公主，封白兰王，赐金印，给圆符。

（《元史》卷二〇二，列传八九，释老传）

六、蒙古宗王受命领吐蕃等地

蒙哥汗将西藏分封给诸王子作为领地

多达那波来西藏大概是在成吉思汗之子窝阔台之时期。当窝阔台和贵由汗升天时王室兄弟们集中在一起，磋商由谁继位，一致认为蒙哥汗（即宪宗）合宜，于是拥立蒙哥汗登位。

此时，西藏由在凉州的王子阔端治理，由阔端阿哈（蒙古语对兄长的称呼）那里迎取应供〔养〕喇嘛，蒙哥汗管理止贡派；忽必烈管领蔡巴噶举，王子旭烈兀管理帕木竹巴派；王子阿里不哥管领达陇噶举派。四位王子分别管辖各万户。

嗣后，在蒙哥汗升天后忽必烈承袭汉地王位时，撤退了警卫西藏地方的所有蒙古军队。因为忽必烈和旭烈兀兄弟之间特别亲密，所以守卫我们地方的蒙古军队全部留驻。王子旭烈兀管领的地方是：门鲁果丁以内、上下部聂地、菊徐、洛若噶那、加波、叶切哇地区中炯巴——在今哥甲地区内。叶琼诸部归我们领有。为消除萨多吉贝的罪孽，作为酥油供灯的香火费用，（旭烈兀）把羊卓三岗和雅拉香波王山（在穷结县境）周围的牧户、察叶康烈雪山周围的牧户、曲登林、堆村和甲孜直古的诸村落献给邓萨替寺扎西卧巴灵塔前。现在羊卓人唱歌时总是说，若油灯昏暗不亮，就当（邓萨替寺的）属民。

王了旭烈兀还领辖下列地方：塘波且、穷结、厥、门嘎尔青、喀答多渥、扎德、魏纳或霞阿、桑耶东边的郭佟以上地方、洛扎东边的雄泊和巴西、博卓两地、阿里的郭润砣以下的地方、和波日拉山口以上诸地。

（《朗氏家族史》第70页，西藏人民出版社2002年版。后引本书，均据此版本，不俱注。）

（窝阔台）第二子阔端，蒙哥合罕以唐兀之境为其份地，且遣军送之。……其后窝阔台合罕及贵由汗二人之后王谋抗蒙哥合罕，阔端后王独早附蒙哥罕，诸王既得罪，兵悉夺，分以他属，而阔端之后王无罪，仍掌所属兵，保有唐兀份地。忽必烈合罕及其子铁木儿合罕仍以此地畀阔端之子孙。（《刺失德丁史集》）

（转引自《西藏地方历史资料选辑》第44页）

奥鲁赤世系受命领吐蕃等地

（忽必烈）第七子奥鲁赤，朵儿别真可敦所出。合罕以吐蕃之地委付之。有二子，长曰铁木儿不花，生一子曰搠思班。（奥鲁赤）死，铁木儿不花袭吐蕃封地。（《刺失德丁史集》）

（转引自《西藏地方历史资料选辑》第45页）

薛禅皇帝之次妃所生之子奥鲁赤，[①]“受命管辖西土之事，驻于汉藏交界之处。亦曾前来乌斯藏，多次镇压反叛。奥鲁赤之子铁木儿不花[②]也服事萨迦大寺，做了许多利益教法之事。铁木儿不花之子为老的[③]，承袭其父的爵位，未到乌思藏。铁木儿不花的次妃所生之子搠思班，受封为〔镇西武〕靖王，前来乌斯藏，在江孜的山脚下击溃西蒙古的军队，并将止贡派的“官巴”处以死刑。

（《汉藏史集》第161～162页）

至元六年（1269）冬十月庚子

赐诸王奥鲁赤驼钮金镀银印。

（《元史》卷六，本纪第六，世祖三）

① 《元史》卷六世祖纪记载：奥鲁赤至元六年（1269）封为西平王。
② 《元史》卷一九、本纪一九记载：铁木儿不花大德元年（1297）三月封为镇西武靖王。
③ 《元史》卷一〇八诸王表记载：老的至大二年（1309）封为云南王。

西平王奥鲁赤世系表

奥鲁赤	镇西武靖王铁木儿不花	云南王老的罕	豫王阿（忒纳）〔纳忒〕纳失里①
		武靖王搠思班	乞八大王
			亦只班大王②
	西平王八的麻的加	贡哥班大王	

（《元史》卷一〇七，表第二，宗室世系表）

七、设立宣政院作为管理吐蕃及全国佛教事务的中央机构

宣政院的设立与职掌

元世祖设立宣政院

元起朔方，固已崇尚释教。及得西域，世祖以其地广而险远，民犷而好斗，思有以因其俗而柔其人，乃郡县土番之地，设官分职，而领之于帝师。乃立宣政院，其为使位居第二者，必以僧为之，出帝师所辟举，而总其政于内外者，帅臣以下，亦必僧俗并用，而军民通摄。于是，帝师之命与诏敕并行于西土。

（《元史》卷二〇二，列传八九，释老传）

宣政院沿革及其职掌与职官

宣政院，秩从一品，掌释教僧徒及吐蕃之境而隶治之。遇吐蕃有事，则为分院往镇，亦别有印。如大征伐，则会枢府议。其用人则自为选。其

① 《元史》多处称"豫王阿喇忒纳失里"。

② 《元史》卷三五、三六文宗纪作"亦失班"，或"也失班"，疑此处"只"当作"失"。

为选则军民通摄，僧俗并用。至元初，立总制院[1]，而领以国师。二十五年（1288），因唐制吐蕃来朝见于宣政殿之故，更名宣政院，置院使二员、同知二员、副使二员、参议二员、经历二员、都事四员、管勾一员、照磨一员。二十六年（1289），置断事官四员。二十八年（1291），增佥院、同佥各一员。元贞元年（1295），增院判一员。大德四年（1300）罢断事官。至大初，省院使一员。至治三年（1323），置院使六员。天历二年（1329），罢功德使司归宣政[2]，定置院使一十员，从一品；同知二员，正二品；副使二员，从二品；佥院二员，正三品；同佥三员，正四品；院判三员，正五品；参议二员，正五品；经历二员，从五品；都事三员，从七品；照磨一员、管勾一员，并正八品；掾史十五人，蒙古必阇赤二人，回回掾史二人，怯里马赤四人，知印二人，宣使十五人，典吏有差。

（《元史》卷八七，志三七，百官志三）

宣政院：院使，俸一百一十八贯六钱六分，米一十二石。同知，俸一百六贯，米一十一石。副使，俸九十五贯三钱三分，米九石五斗。佥院，俸九十贯一钱八分，米九石五斗。同佥，俸五十九贯三钱三分，米六石。院判，俸四十二贯，米四石五斗。参议，俸三十九贯三钱三分，米三石五斗。经历，俸三十四贯六钱六分，米三石五斗。都事，俸二十八贯，米三石。照磨，俸二十二贯，米二石；管勾同。断事官、客省使并同太禧宗禋院例。宣徽院同。

（《元史》卷九六，食货志四）

总制院者，掌浮图氏之教，兼治吐蕃之事。

（《元史》卷二〇五，列传第九二，奸臣桑哥传）

至元十七年（1280）三月乙卯

立都功德使司，从二品，掌奏帝师所统僧人并吐蕃军民等事。

（《元史》卷一一，本纪第一一，世祖八）

---

① 《元史》卷一六，本纪第一六，世祖一三："至元二十八年（1291）夏四月庚寅，并总制院入宣政院。"

② 《元史》卷一一，本纪第一一，世祖八："（至元）十七年（1280）三月乙卯，立都功德使司，从二品掌帝师所统僧人并吐蕃军民等事。"初不隶总制院，天历二年（1329）罢归宣政院。《元史》卷三三，本纪第三三，文宗二记载：十一月丙寅"罢功德使司，以所掌事归宣政院"。

至元二十年（1283）七月丁丑

命按察司照刷吐蕃宣慰司文卷。

（《元史》卷一二，本纪第一二，世祖九）

至元二十四年（1287）十一月壬辰

以桑哥为金紫光禄大夫，尚书右丞相，兼总制院使，领功德使司事。

（《元史》卷一四，本纪第一四，世祖一一）

〈至元〉二十五年（1288）十一月甲辰

改释教总制院为宣政院，秩从一品，印用三台，以尚书右丞相桑哥兼宣政使。

（《元史》卷一五，本纪第一五，世祖一二）

桑哥又以总制院所统西蕃诸宣慰司，军民财谷，事体甚重，宜有以崇异之，奏改为宣政院，秩从一品，用三台银印。世祖问所用何人，对曰："臣与脱因。"于是命桑哥以开府仪同三司、尚书右丞相，兼宣政使，领功德使司事，脱因同为使。

（《元史》卷二〇五，列传第九二，奸臣桑哥传）

至元二十八年（1291）夏四月庚寅

并总制院入宣政院。

（《元史》卷一六，本纪第一六，世祖一三）

大德六年（1302）春正月庚戌

诏自今僧官、僧人犯罪，御史台与内外宣政院同鞫，宣政院官徇情不公者，听御史台治之。

（《元史》卷二〇，本纪第二〇，成宗三）

至大四年（1311）二月

改延庆司①为都功德使司。

（《元史》卷二四，本纪第二四，仁宗一）

---

① 延庆司原为徽政院下属机构，改都功德使司后掌佛寺兴建及寺产、法事等。

至大四年（1311）六月癸卯

敕宣政院："凡西番军务，必移文枢密院同议以闻。"吐蕃犯永福镇，敕宣政院与枢密院遣兵讨之。

（《元史》卷二四，本纪第二四，仁宗一）

至大四年（1311）八月丙戌

敕西番军务隶宣政院。

（《元史》卷二十四，本纪第二十四，仁宗一）

至大四年（1311）九月丙寅

罢西番茶提举司。……冬十月辛巳，罢宣政院理问僧人词讼。

（《元史》卷二四，本纪第二四，仁宗一）

天历元年（1328）

是年，革行宣政院，设立十六处广教总管府以摄僧。

（《佛祖历代通载》卷三六）

天历二年（1329）十二月丁未

罢土番巡捕都元帅府。①

（《元史》卷三三，本纪第三三，文宗二）

元统二年（1334）三月癸巳

复立西番巡捕都元帅府。

（《元史》卷三八，本纪第三八，顺帝一）

至元二年（1336）五月

西番寇起，置行宣政院，以也先帖木儿为院使往讨之。

（《元史》卷九二，志第四一，百官志八）

① "土番巡捕都元帅府"不见《元史·百官志》记载，亦不见于藏文典籍。当时，吐蕃词讼、军事等均由宣政院掌理，故疑其为宣政院派出机构。故暂列于此。待详考。

宣政院历任院使

桑　哥

至元二十四年（1287）十一月壬辰

以桑哥为金紫光禄大夫，尚书右丞相，兼（统）〔总〕制院使，领功德使司事。

（《元史》卷一四，本纪第四，世祖一一）

至元二十五年（1288）十一月甲辰

改释教总制院为宣政院，秩从一品，印用三台，以尚书右丞相桑哥兼宣政使。

（《元史》卷一五，本纪第一五，世祖一二）

桑哥，胆巴国师之弟子也，能通诸国言语，故尝为西蕃译史。为人狡黠豪横，好言财利事，世祖喜之。及后贵幸，乃讳言师事胆巴而背之。至元中，擢为总制院使。总制院者，掌浮图氏之教，兼治吐蕃之事。……桑哥又以总制院所统西蕃诸宣慰司，军民财谷，事体甚重，宜有以崇异之，奏改为宣政院，秩从一品，用三台银印。世祖问所用何人，对曰："臣与脱因。"于是命桑哥以开府仪同三司、尚书右丞相，兼宣政〔院〕使，领功德使司事，脱因同为使。

（《元史》卷二〇五，列传第九二，奸臣桑哥传）

答失蛮

元贞二年（1296）三月壬申

治书侍御史万僧受赇，命御史台与宣政院使答失蛮杂治之。

（《元史》卷一九，本纪第一九，成宗二）

沙　的

大德十年（1306）十二月乙卯

帝有疾，禁天下屠宰四十二日。丙辰，遣宣政院使沙的等祷于太庙。

（《元史》卷二一，本纪第二一，成宗四）

脱虎脱

大德十一年（1307）十一月己巳

诏：“中书省官十二员，脱虎脱仍领宣政院，教化留京师，其余各任以职。”

（《元史》卷二二，本纪第二二，武宗一）

铁木迭儿

延祐二年（1315）秋七月癸酉

命铁木迭儿总宣政院事，诏谕中外。

（《元史》卷二五，本纪第二五，仁宗二）

八思吉思

至治二年（1322）十二月甲戌

铁木迭儿子宣政院使八思吉思，坐受刘夔冒献田地伏诛，仍籍其家。

（《元史》卷二八，本纪第二八，英宗二）

钦察台

至治二年（1322）十二月庚辰

以知枢密院事钦察台为宣政院使。

（《元史》卷二八，本纪第二八，英宗二）

旭迈杰

泰定帝至治三年（1323）九月甲午

旭迈杰为宣政院使。

（《元史》卷二九，本纪第二九，泰定帝一）

锁 秃

至治三年（1323）十二月丁亥

议赏讨逆功，赐旭迈杰金十锭、银三十锭、钞七千锭……宣政院使锁秃并加授光禄大夫，仍赐金、银、钞有差。

（《元史》卷二九，本纪第二九，泰定帝一）

囊加台

泰定元年（1324）三月

以四川行中书省平章政事囊加台兼宣政院使，往征西番寇参卜郎。

（《元史》卷二九，本纪第二九，泰定帝一）

沙剌班

（阿邻帖木儿子曰沙剌班）沙剌班，累拜中书平章政事、大司徒、宣政院使。

（《元史》卷一二四，列传第一一，哈剌亦哈赤北鲁附阿邻帖木儿传）

回回

（巎巎兄回回）文宗立（1328），除宣政院使。上言乞沙汰僧道，其所有田宜同民间征输。

（《元史》卷一四三，列传第三〇，巎巎附回回传）

伯　颜

伯颜……元统二年（1334）十一月

进封秦王。继领太禧宗禋院、中政院、宣政院、隆祥使司、宫相诸内府，总领蒙古、钦察、斡罗思诸卫亲军都指挥使。

（《元史》卷一三八，列传第二五，伯颜传）

末　吉

（后）至元元年（1335）十二月乙丑

命宣政院使末吉以司徒就第。

（《元史》卷三八，本纪第三八，顺帝一）

汪家奴

（后）至元二年（1336）三月甲戌

以汪家奴为宣政院使，加金紫光禄大夫。

（《元史》卷三九，本纪第三九，顺帝二）

脱　脱

脱脱……〈至正〉四年（1344）闰月，领宣政院事。

（《元史》卷一三八，列传第二五，脱脱传）

亦怜真班

亦怜真班，西夏人。……

至正六年（1346）①，拜光禄大夫、御史大夫，尽选中外廉能之官置诸风宪，一时号称得人。迁宣政院使，出为甘肃行省平章政事，设法弭西羌之寇，民赖以安，立石颂之。

（《元史》卷一四五，列传第三二，亦怜真班传）

韩家讷

至正九年（1349）秋七月庚寅〔朔〕

韩家讷为宣政院使。

（《元史》卷四二，本纪第四二，顺帝五）

月鲁不花

至正九年（1349）八月甲辰

以集贤大学士柏颜为中书平章政事，河南行省平章政事月鲁不花为宣政院使。

（《元史》卷四二，本纪第四二，顺帝五）

笃怜帖木儿

至正十三年（1353）二月壬戌

以宣政院使笃怜帖木儿知经筵事。

（《元史》卷四三，本纪第四三，顺帝六）

哈　麻

至正十四年（1354）十二月丙申

① 据《西藏地方是中国不可分割的一部分》第53页于摘用此条后出注："至正六年拜光禄大夫"，按《元史》卷四十顺帝纪至元六年（1340）七月己未条有'以亦怜真班为御史大夫'，疑'至正'为（后）'至元'之误。"

宣政院使哈麻、永昌宣慰锁南班并为中书平章政事，进阶光禄大夫。

（《元史》卷四三，本纪第四三，顺帝六）

搠思监

至正十七年（1357）秋七月乙酉

命右丞相搠思监领宣政院事。

（《元史》卷四五，本纪第四五，顺帝八）

八、中央政府直接处理吐蕃重大事务

桑哥领兵入藏处死本钦贡噶桑波

当桑哥重新被委任为宣政院官员时，上师返回萨迦，由于本钦①贡噶桑布作了背信弃义之事，有人将此情奏报到朝廷。皇帝因为朝廷与萨迦派的关系特别重大，决定加以帮助，遂派大臣桑哥为首，领蒙古大军前往查究。桑哥启奏道："吐蕃乌斯藏地方山谷险峻，难容大军。"皇帝说："以蒙古军七万，再加朵甘思，朵思麻之军，总共十万，可否?"桑哥答道："足可使其驯服，请照此颁诏。"皇帝遂依此下诏。讨伐之军启程，至伍由梅朵垅时，欲选择地势开阔处，取道拉襄进军。至恰米仲时，有名叫洛本洛追桑布的上师八思巴的司茶侍从，是大臣桑哥的好友，前来军营中慰劳，赠送礼品。他提议大军绕道朗卓，故蒙古军改变进军方向，先攻下朗卓康玛土城，然后以炮火猛攻吉祥甲若仓之城，使贡噶桑布伏法，大军之任务完成。

（《汉藏史集》第 180 页）

桑哥在西藏留下蒙古军驻守

（在桑哥处死贡噶桑波后）讨伐大军返回。在蚌波岗，由尼玛衮和达尔格为首，抽调精兵留下，一百六十名兵士，担任达玛巴拉大师的警卫队。又从七个蒙古千户中的军队，抽调七百人，担任警戒西路蒙古的哨所

① 本钦，藏语为长官或大官之意，贡噶桑布为萨迦第二任本钦。

的驻军。在南木官萨地方，留下以乌玛尔恰克为首的蒙古军四百。以多台为首的巴拉克军留驻塞日绒地方。卫普尔的军队留驻甲孜、哲古、羊卓等地方，镇慑冬仁部落。多尔班土绵的军队留驻当雄那玛尔、朗绒等藏北草地，以保障各个寺庙的安全，这也是桑哥的恩德。

（《汉藏史集》第180～181页）

元廷派司徒达玛坚赞等进藏巡视审理案件①

阴木鸡年（1345年），司徒达玛坚赞、多杰江副使和阿山薄卡知院等人带着判案任务，为建立夏绛木稳定直至阿里地区的局势和清查藏地三区的户口与贡赋而莅临西藏。我打算在达木地方诉讼，他们说："不宜撬开前藏人红色马尸的腹腔，等巡视后藏完毕后，才可以受理诉讼。"没有管前藏人（即绛求本人）的要求。其后，我在充都古木地方起诉，他们说；"在后藏地方出售前藏人的神是无谓之举，等巡视阿里地区后才可以受理诉讼。"

嗣后，当司徒刚巡视阿里完毕，我立即邀请他们一行至雅隆，在南杰（即前文之帝释厦），我把以薛禅皇帝颁发的封赐帕竹领有直拉山以内地方之封诰为代表的圣谕、令旨、命令、劄付、文件和封地文书等呈献于司徒座前，供其审查，以便对证。司徒瓦郎、巡使和译师等人惊愕地说道："有如此完整的封诰、文件，岂容争辩。（雅桑）应退还直拉山以内的领地"。经前藏人们商议后，（司徒达玛坚赞）将热木藏谢、修地及秋斯等地判给雅桑，我们保持直地、策崩、赛卡等地以及纳木、哲木、由宣政院颁发劄付，前藏诸首领签订了和解书，今后不再争夺有争议的诸属民，谁不遵守和解书，违犯甘结，就要交纳金子五升、银子十升和交付驿站的马一百匹，等等。

（《朗氏家族》第108～109页，西藏人民出版社2002年版）

---

① 《元史》卷四一，顺帝本纪四记载，至正五年（1345）十月，"命奉使宣抚巡行天下"，诏书中说："遣官分道奉使宣抚，布朕德意，询民疾苦，疏涤冤滞，蠲除烦苛。体察官吏贤否，明加黜陟，有罪者，四品以上停职申请，五品以下就便处决。民间一切兴利除害之事，悉听举行。"当时派遣重臣分路巡行的地区有两浙江东道、江西福建道、江南湖广道、河南江北道、燕南山东道、河东陕西道、山北辽东道、云南省、甘肃永昌道、四川省、京畿道、海北海南广东道等。《大司徒绛曲坚赞自传》所记司徒达玛坚赞等巡行前后藏及阿里等地，可能与这次全国性的派官宣抚巡行天下有关。

皇帝直接受理吐蕃重大政治案件

于是帝师·衮噶坚赞，洛本·索南罗朱亚桑万户长，蔡巴万户长等上控皇帝，言司徒兵毁萨迦寺，逐走其他万户司等。由于多次诬告，为释帝疑，司徒遣仲钦·协饶扎西携白狮子皮四蹄俱全者一张，暨其他贡物，如京敬献帝前，反而获赐子孙可以世袭之诰敕。

（《西藏王臣记》第 89 页，西藏人民出版社 1991 年版，后引本书，均据此版本，不俱注。）

司徒随即亲率大军，取扎其、琼结等雅砻南部诸地之大半宗豀。又经先后数次战斗，敌军全数就歼。此后，本钦·旺尊虽又厉兵秣马，而喇嘛当巴则命令停战言和，其他居间调停之人亦多。然本钦以受他人怂恿，致和议未成。即此纷乱之中，司徒又取贡噶。本钦出兵反扑，或杀或虏，情至惨烈，而司徒终获胜利。直至卡热以内，凡后藏上游所属拉主等地皆于得胜马蹄之下而收归治下。当司徒拜见元巴时，渠劝司徒："汝应亲朝帝京，或遣使入贡，方为得体。"乃遵示派旺曲及协饶多吉二人往朝。匪特使者平安返梓，且成〔承〕办万户长职守所需之银印及扎符等物。

（《西藏王臣记》第 87 页）

九、设治建政，委派官吏

郡县吐蕃之地

元世祖始郡县吐蕃

西番，古番地。本羌属，凡百余种。散处河湟江岷间。至唐时，并吐谷浑始盛。唐末复衰。宋入贡不绝。元世祖始郡县其地，以八思巴为大宝法王、帝师领之。嗣世弟子号司空、司徒、国公，佩金玉印。

（明·叶向高：《四夷考》）

郡县吐蕃之地

乃郡县土番之地，设官分职，而领之于帝师。

（《元史》卷二〇二，列传八九，释老传）

宁远府

至元十三年（1276）九月乙卯

以吐蕃合答城为宁远府。

（《元史》卷九，本纪第九，世祖六）

镇西府

至元十六年（1279）秋七月己未

以朵哥麻思地之算木多城为镇西府。

（《元史》卷一〇，本纪第一〇，世祖七）

建立行政管理机构　委派官吏

至于各级官职，有十夫长、五十夫长、百户、千户、万户、路达鲁花赤。若管辖三个路，则称为路军民万户，赐给水晶印。在吐蕃，此官职曾封给本钦释迦桑布。对其他大多数本钦，赐给的是“等三路宣慰司都万户”的官职、六棱银印、虎头牌等。“本钦”这个名词，是吐蕃人对上师（当指帝师）的近侍所起的专门名称。“却喀”这个词，是对蒙古皇帝作为接受灌顶的供养而奉献给上师的朵甘思、脱思麻、乌斯藏三个地区的称呼。在汉地和蒙古地方，除了行省、万户、千户以外，没有“却喀”这个称呼。足够一个行省时，则为诸王、皇子、驸马委任行省的米本钦波（似为行省丞相），赐给诸王、皇子、驸马以“王”的号、金印、金符、银符等。对此，按诸王的亲疏贵显分为三等，用王的封号高低、衙署的多少分为三等加以封赐。

（《汉藏史集》第166页）

设立吐蕃等处宣慰司都元帅府等
行政管理机构并委任官吏

吐蕃等处宣慰司都元帅府，秩从二品，宣慰使五员，经历二员，都事二员，照磨一员，捕盗官二员，儒学教授一员，镇抚二员。其属二：

脱思麻路军民万户府，秩正三品，达鲁花赤一员，万户一员，副达鲁花赤一员，副万户一员，经历一员，知事一员，镇抚一员。

西夏中兴河州等处军民总管府，秩正三品，达鲁花赤一员，总管一员，同知一员，治中一员，府判一员，经历一员，知事一员。属官：税务提领，宁河县官，宁河脱脱禾孙五员，宁河弓甲匠达鲁花赤。

洮州元帅府，秩从三品，达鲁花赤一员，元帅二员，知事一员。

十八族元帅府，秩从三品。达鲁花赤一员，元帅一员，同知一员，知事一员。

积石州元帅府，达鲁花赤一员，元帅一员，同知一员，知事一员，脱脱禾孙一员。

礼店文州蒙古汉军西番军民元帅府，秩正三品。达鲁花赤一员，元帅一员，同知一员，经历、知事各一员，镇抚二员，蒙古奥鲁官一员，蒙古奥鲁相副官一员。

礼店文州蒙古汉军奥鲁军民千户所，秩从五品。达鲁花赤一员，千户一员，副千户一员，总把五员，百户八员。

礼店文州蒙古汉军西番军民上千户所，秩正四品。达鲁花赤一员，千户一员，百户一员，新附千户二员。

礼店阶州西水蒙古汉军西番军民总把二员。

吐蕃等处招讨使司，秩正三品。招讨使二员，知事一员，镇抚一员。其属附：

脱思麻探马军四万户府，秩正三品。万户五员，千户八员，经历一员，镇抚一员。

脱思麻路新附军千户所，秩从五品。达鲁花赤一员，千户一员，副千户一员。

文扶州西路南路底牙等处万户府，秩从三品。达鲁花赤一员，万户二员。

凤翔等处千户所，秩从五品。达鲁花赤一员，千户一员，百户二员。

庆阳宁环等处管军总把一员。

文州课程仓粮官一员。

岷州十八族周回捕盗官二员。

常阳帖城阿不笼等处万户府，秩从三品。达鲁花赤一员，千户一员。

阶文扶州等处番汉军上千户所，秩正五品，达鲁花赤一员，千户二员。

贵德州，达鲁花赤、知州各一员，同知、州判各一员，脱脱禾孙一员，捕盗官一员。

必呈万户府，达鲁花赤二员，万户四员。

松潘宕迭威茂州等处军民安抚使司，秩正三品。达鲁花赤一员，安抚使一员，同知一员，佥事一员，经历、知事、照磨各一员，镇抚一员。威州保宁县，茂州汶山县、汶川县皆隶焉。

静州茶上必里溪安乡等二十六族军民千户所，达鲁花赤一员，千户一员。

龙木头都留等一十二族军民千户所，达鲁花赤一员，千户一员。

岳希蓬萝卜村等处二十二族军民千户所，达鲁花赤一员，千户一员。

折藏万户府，达鲁花赤一员，万户一员。

吐蕃等路宣慰使司都元帅府，宣慰使四员。同知二员，副使一员，经历、都事各二员，捕盗官三员，镇抚二员。

朵甘思田地里管军民都元帅府，都元帅一员，经历一员，镇抚一员。

剌马儿刚等处招讨使司，达鲁花赤一员，招讨使一员，经历一员。

奔不田地里招讨使司，招讨使一员，经历一员，镇抚一员。

奔不儿亦思刚百姓，达鲁花赤一员。

碉门鱼通黎雅长河西宁远等处军民安抚使司，秩正三品。达鲁花赤一员，安抚使一员，同知一员，副使一员，佥事一员，经历、知事、照磨各一员，镇抚二员。

六番招讨使司，达鲁花赤一员，招讨使一员，经历一员，知事一员。雅州严道县、名山县隶之。

天全招讨使司，达鲁花赤一员，招讨一员，经历、知事各一员。

鱼通路万户府，达鲁花赤一员，万户二员，经历、知事各一员。黎州隶之。

碉门鱼通等处管军守镇万户府，达鲁花赤一员，万户二员，经历、知事各一员，镇抚二员，千户人员，百户二十员，弹压四员。

长河西管军万户府，达鲁花赤一员，万户二员。

长河西里管军招讨使司，招讨使二员，经历一员。

朵甘思招讨使一员。

朵甘思哈答李唐鱼通等处钱粮总管府，达鲁花赤一员，总管一员，副总管一员，答剌答脱脱禾孙一员，哈里脱脱禾孙一员，朵甘思瓮吉剌灭吉思千户一员。

亦思马儿甘万户府，达鲁花赤一员，万户二员。

（《元史》卷八七，百官志三）

〈至元〉二十九年（1292）九月丁亥，从宣政院言，置乌思藏纳里速古儿孙等三路宣慰使司都元帅。

（《元史》卷一七，本纪第一七，世祖一四）

乌思藏纳里速古鲁孙等三路宣慰使司都元帅府，宣慰使五员，同知二员，副使一员，经历一员，镇抚一员，捕盗司官一员。其属附见：

纳里速古儿孙元帅二员。

乌思藏管蒙古军都元帅二员。

担里管军招讨使一员。

乌思藏等处转运一员。

沙鲁（思）〔田〕地里管民万户一员。

搽里八田地里管民万户一员。

乌思藏田地里管民万户一员。

速儿麻加瓦田地里管民官一员。

撒剌田地里管民官一员。

出蜜万户一员。

嗸笼答剌万户一员。

思答笼剌万户一员。

伯木古鲁万户一员。

汤卜赤八千户四员。

加麻瓦万户一员。

札由瓦万户一员。

牙里不藏思八万户府，达鲁花赤一员，万户一员，千户一员，担里脱脱禾孙一员。

迷儿军万户府，达鲁花赤一员，万户一员，初厚江八千户一员，卜儿八官一员。

（《元史》卷八七，百官志三）

乌思藏纳里速古鲁孙等三路宣慰使司都元帅府。

乌思藏管蒙古军都元帅府。

纳里〔速〕古鲁孙元帅府。

担里管军招讨使司。

沙鲁思〔田〕管民万户。

搽里巴管民万户。

速儿麻加瓦管民官。

撒剌管民官。

出迷万户府。

礬笼答剌万户府。

思答笼剌万户府。

伯木古鲁万户府。

汤卜赤八千户所。

加麻瓦万户府。

扎由瓦万户府。

牙里不藏思八万户府。

迷儿军万户府。

（《新元史》卷四八，地理志三）

附：有关职官制度

宣慰司，掌军民之务，分道以总郡县，行省有政令则布于下，郡县有请则为达于省。有边陲军旅之事，则兼都元帅府，其次则止为元帅府。其在远服，又有招讨、安抚、宣抚等使，品秩员数，各有差等。

宣慰使司，秩从二品。每司宣慰使三员，从二品；同知一员，从三品；副使一员，正四品；经历一员，从六品；都事一员，从七品；照磨兼架阁管勾一员，正九品。……

宣慰使司都元帅府，秩从二品。使三员，同知二员，副使二员，经历二员，知事二员，照磨兼架阁管勾一员。……

宣慰使兼管军万户府，每府宣慰使三员，同知、副使各一员，经历一员，都事二员，照磨兼管勾一员。……

都元帅府，都元帅二员，副元帅二员，经历、知事各一员。

北庭、隶土番宣慰司。……

元帅府，秩正三品。达鲁花赤一员，元帅一员，经历、知事各一员。

李店文州，帖城河里洋脱，朵甘思，常阳，岷州，积石州，洮州路，脱思马路，十八族。

右九府，唯李店文州增置同知、元帅各一员；其余八府，隶土蕃宣慰司，设官并同。

宣抚司，秩正三品。每司达鲁花赤一员，宣抚一员，同知、副使各二员，佥事一员，计议、经历、知事各一员，提控案牍架阁一员。损益不同者，各附见于后（略）。

安抚司，秩正三品。每司达鲁花赤一员，安抚使一员，同知、副使、佥事各一员，经历、知事各一员。损益不同者，各附见于后（略）。

招讨司，秩正三品。达鲁花赤一员，招讨使一员，经历一员。

土番，剌马刚等处，天全，脟不思，沿边溪洞，以下各置副使一员，无达鲁花赤。唆尼，诸番，征沔，长河西里管军，檐〔担〕里管军，脱思马田地。

诸路万户府：

上万户府，管军七千之上。达鲁花赤一员，万户一员，俱正三品，虎符；副万户一员，从三品，虎符。

中万户府，管军五千之上。达鲁花赤一员，万户一员，俱从三品，虎符；副万户一员，正四品，金牌。

下万户府，管军三千之上。达鲁花赤一员，万户一员，俱从三品，虎符；副万户一员，从四品，金牌。其官皆世袭，有功则升之。每府设经历一员，从七品；知事一员，从八品；提控案牍一员。

镇抚司，镇抚二员，蒙古、汉人参用。上万户府正五品，中万户府从五品，俱金牌；下万户府正六品，银牌。

上千户所，管军七百之上。达鲁花赤一员，千户一员，俱从四品，金牌；副千户一员，正五品，金牌。

中千户所，管军五百之上。达鲁花赤一员，千户一员，俱正五品，金牌；副千户一员，从五品，金牌。

下千户所，管军三百之上。达鲁花赤一员，千户一员，俱从五品，金牌；副千户一员，正六品，银牌。

弹压二员，蒙古、汉人参用。上千户从八品，中下二所正九从九品内铨注。

上百户所，百户二员，蒙古一员，汉人一员，俱从六品，银牌。

下百户所，百户一员，从七品，银牌。

（《元史》卷九一，百官志七）

任免萨迦寺本钦与朗钦——组建西藏地方政权

历任本钦与朗钦

历任本钦依次是：释迦桑布、贡噶桑布、尚尊、岗噶哇、强仁、贡宣、宣旺、强多、阿迦仑、宣旺（再任）、勒巴贝、僧格贝、俄色僧格、贡仁、顿月贝、云尊、俄色僧格（再任）、甲哇桑布、旺秋贝、索南贝、甲哇桑布（再任）、旺尊、扎巴坚赞、洛追坚赞、贝本、扎旺阿木噶，以上共二十四人，加上三次重任，共计有二十七任乌斯藏本钦。他们依照上师的法旨和皇帝的圣旨，从政教两方面护持，使得国土安宁，教法兴隆。同样，在朵甘思的馆觉和朵思麻的临羌，每个却喀都有一名本钦。

萨迦派的历任朗钦，最先是朗钦贡噶桑布，他任本钦后，由本宣努贝接任朗钦。此后依次是：本顿珠贝、本洛、夏鲁本西、敦巴仁钦贝，他是由圣旨任命的。以后是敦巴仁莫、觉尊贡西、近侍贡噶培、本云尊扎巴达，他是由圣旨任命的，得到珊瑚印，并重新任命一次。以后是仁山都元帅，是由圣旨任命的。以后是近侍南喀坚赞，是由圣旨任命的。以后是本贡仁、近侍本嘉布、南喀贝都元帅、近侍桑波贝、温波曲嘉、本僧格坚赞、喜饶俄色都元帅。其后依次是温波官却仁钦、朗巴・帕巴贝桑布、朗巴・贡噶本，朗钦贡噶帕、朗钦热觉帕等。以上历任朗钦共计二十九人，加上有两人重任一次，共计有三十一任朗钦。

（《汉藏史集》第226～227页）

萨迦派的本勤（钦）最早是释迦桑波，当喇嘛法王（萨班）去凉州时，任命他代摄法位，并让除喇嘛伍由巴、喇嘛协迥以外的善知识大德都向他敬礼叩拜。到八思巴的时候，薛禅皇帝下令，赐给他卫藏三路管民万户的印信，任命他为本勤，他修建萨迦康赛大殿，并修建萨迦大殿的内外围墙，运来木料还未上房梁时，即逝世。由任近侍的贡噶桑波继任本勤，他修建了仁钦岗、拉康拉章，完成了拉康的围墙。以后贡噶桑波将本勤的职务依次交给本勤尚尊、秋波岗噶哇、强仁等，他们由喇嘛（八思巴）的援引，担任本勤之职。又因喇嘛（八思巴）不喜欢贡噶桑波，由薛禅皇帝下令将贡噶桑波杀死。强仁之时，得到薛禅皇帝的喜爱，赐给宣慰使印及水晶石印信。以后，在本勤究宣、本勤宣旺二人之时为大清查①时，卫藏的详细法律②大都制定。

（《红史》第48页，西藏人民出版社1988年版）

本钦统治西藏各地万户

总其萨迦昆族珍贵之血裔与一切显密教法，迄今犹住世未替。至若世间权力受用堪称圆满者，亦惟卓贡・八思巴至卓贡・法王索南巴之世耳。其间，本钦中有：一二为诏令授职与复任者共二十余人。彼等乃统领卫藏法区，朵堆人区，朵麦马区等大藏三区之地；且为吐蕃十三万户③赏善罚

---

① 大清查：萨迦派第二任本钦贡噶桑波时，元朝为征派军差和赋税，划分各级驿站，并根据地方的好坏和人口的多少决定征派差税的多少。——原注

② 卫藏的详细法律：元代西藏执行的法律实际是元朝的法律，元朝法律因未见资料，不在此叙述。——原注

③ 十三万户中，拉堆南北二部、香、雅尔卓，《元史》阙载；《元史》中，古尔穆作古尔，加麻作加麻瓦，曲弥作出密，夏鲁作沙鲁，止贡作必里公，蔡巴作搽里八，汤布切巴作汤卜赤八，帕木竹巴作伯木古鲁，雅桑巴作牙里不藏思巴。

恶，执行法令之人。十三万户者有拉堆洛、拉堆绛、古尔摩、曲米、香、霞鲁等为藏之六万户；嘉玛、止贡、蔡巴、塘布齐、帕竹、亚桑等为卫之六万户；卫藏之间，尚有羊卓一万户。如上所述，本钦·释迦桑布与衮噶桑布等二人之后，则有向尊与班噶瓦二人，担任此职。嗣后委任绛仁为宣慰使，并赐〔水〕晶印。绛仁住香之冻莫塘时，为其仆从所杀。乃以衮噶迅鲁与迅鲁旺秋二人继之。此二人时，曾造卫藏户口清查详册，并制定明细法规。彼后为本钦·绛曲多吉，再后为阿迦伦。阿迦伦修筑萨迦寺外城墙，本波日山寺墙，与及修建康萨林寺等。时萨迦与止贡突起内讧，阿迦伦率十三万户兵力进犯止贡，焚毁殿堂，造成所谓之“止贡寺变”。大军所经达布等处，于地界岩山之上，遍书阿迦伦名。众本钦中，强悍勇猛者，此人为最。

（《西藏王臣记》第 67 页）

编者按：萨迦本钦，元代西藏萨迦地方政权的首席执政官。至元二年(1265)，八思巴返回西藏建立西藏行政管理机构时设立。“本钦”意为大官，当是仿照蒙古汗国早期设置的“大断事官”（汉文典籍中有时称为“大官人”）而设立的。本钦由帝师举荐，皇帝任命，颁给印信、诏书。掌管乌思藏十三万户的划分、民户的分配等地方事务；二、萨迦朗钦，元代西藏萨迦地方政权的职官之一，主管萨迦派内部行政事务，为萨迦地方政权的重要官员，由帝师举荐，皇帝任命，颁给印章、诏书，有的同时兼元帅等官职。从元朝授予萨迦寺本钦和朗钦的职权看，萨迦政权就是当时的西藏地方政权。

创设“拉章”，帝师直接行使政教管辖权

由于萨迦政权是以佛教僧人为最高首领，在行使职权时又与藏传佛教各教派密切相连，而且这种行政体制得到元朝皇室的承认和支持，因此八思巴为便于行使自己的政教管辖权力，创设了一个叫做“拉章”（bla - brang）的机构。拉章由 13 种侍从官员组成，这些职位是：

一、索本（gsol - dpon），按字面意思是管理八思巴饮食的侍从官员。

二、森本（gzims - dpon），字面意思是管理卧室和被褥服装的官员。

三、却本（mchold - dpon），字面意思是管理供佛祭神等宗教仪式的

官员。

四、皆本（mjal - dpon），管理接见招待的官员。

五、仲译（drung - dpon），管理文书档案等事务的官员。

六、佐本（mdzod - dpon），管理财务的官员，后世称为襄佐（phyag - mdzod）

七、塔本（thab - dpon），管理厨房事务的官员。

八、真本（vdren - dpon），负责引见的官员。

九、丹本（gdan - dpon），负责安排座次的官员。

十、迦本（skya - dpon），管理驮畜、搬迁的官员。

十一、达本（rta - dpon），管理乘骑的官员。

十二、作本（mdzo - dpon），管理犏牛、奶牛的官员。

十三、其本（khyi - dpon），管理狗的官员。

从拉章的组织和执事看，它与元代蒙古诸王的怯薛组织有许多类似之处。

（《元朝帝师八思巴》第122～123页，
中国藏学出版社1992年版）

其后，八思巴三十三岁的阴火兔年时，大皇帝派遣金字使臣前来盛情迎请八思巴前往朝廷。当时，八思巴设置了十三种侍从官员，随即启程。迥丹热智寄诗嘲讽说：

“佛陀教法被衙署乌云所遮，
众生幸福被官长一手夺去，
浊世僧人正贪图官爵富贵，
不懂这三条就不成为圣者。”

法王八思巴对此作诗回答说：

“教法有兴衰为佛陀所言，
众生之幸福由业缘而定。
教化一切要按情势指导，
不懂这三条就不是贤者。”

关于八思巴所设置的十三种侍从官员，《贤者口饰》一书记载：“附带述及内外官职之名称为，索、森、却三者；可宾、仲译、司库三者；司厨、引见、营帐三者；管鞍具、管马匹、管牛、管狗四者。此是伟人应有的十三种侍从官员，这十三种侍从官员是从萨迦派法王八思巴时开始设置的。”他将〔侍〕从官员分为三个一组的三组，二个一组的二组。三个一组的三组即索本、森本和却本三个一组；司宾、仲译和司库三个一组；司厨、引见和营帐三个一组。二个一组的二组即管鞍具和管马匹二者一组；管牛和管狗二者一组。现今有各种按各人意见划分之说法，但本书记载的采自可靠史料。

（《萨迦世系史》第123页）

十、帅臣以下，僧俗并用，军民通摄——推行政教合一制度

《元史》有关记载

（吐蕃地方）帅臣以以，亦必僧俗并用，而军民通摄。

（《元史》卷二〇二，列传八九，释老传）

敕封赵阿哥潘

赵阿哥潘，土波思乌思臧掇族氏。始附宋，赐姓赵氏。……

宪宗出蜀，以阿哥潘为选锋①，攻西安，下之，赐金符，授临洮府元帅。帝驻钓鱼山，合州守将王坚夜来斫营，阿哥潘率壮士逆战，手杀数十百人，坚遂引去，明日陛见，帝喜曰：“有臣如此，朕复何忧。”赐黄金五十两，名曰拔都。中统建元，诏还镇临洮。岁饥，发私廪以赈贫乏。给民农种粟二千余石、芜青子百石，人赖不饥。郡当孔道，传置旁午，有司敝于供给。阿哥潘以私马百匹充驿骑，羊千口代民输。帝闻而嘉之，诏京兆行省酬其直。阿哥潘曰：“我岂以私惠而邀公赏耶。”卒不受。以军事赴青居山，道为宋兵所邀，遂死于敌。

阿哥潘好畜良马，常千蹄，岁择其上骥五驷贡于朝，子孙遵之不替。

① 原文如此。“选锋”是否“先锋”之误，待考。

先是勋臣子孙为祖父请谥者，帝每靳之，至是敕大臣以美谥谥之，谥曰桓勇。

（《元史》卷一二三，列传第一〇）

世祖诏封夏鲁万户并予赏赐

上师达玛巴拉合吉塔到朝廷后朝见蒙古完泽笃皇帝（按：应是忽必烈薛禅皇帝）时，向皇帝奏请说："在吐蕃乌斯藏，有我的舅舅夏鲁万户家，请下诏褒封。"皇帝说："既是上师的舅舅，也就与我的舅舅一般。应当特别照应。"赐给夏鲁家世代掌管万户的诏书，并且作为对待皇帝施主与上师的舅家的礼遇，赐给了金银制成的三尊佛像，以及修建寺院房舍用的黄金百锭、白银五百锭为主的大量布施。

（《汉藏史集》第 231 页）

封授绛巴王家族

绛巴王者①，乃奉天命，继登圆满众德所成东方中原皇帝大位之木雅色乌王之裔也。色乌王传七代，有木雅·甲郭者出。以后次第相承，为木雅·僧格达。僧格子多吉白。白〔自〕依止萨迦吉尊·扎巴坚赞，始与具德萨迦巴缔结施供之缘。彼子名衮乔。乔有三子，三子中绷第，承侍萨班，极为诚敬。绷第六子中，一子名扎巴达，得薛禅皇帝敕封为司徒，赐宝印，建立绛昂仁大寺。本钦·扎巴达，别名云尊，颇有声誉。彼子多吉贡布兼任萨迦之本钦，对于僧伽四众极为恭敬承传。

多吉贡布有六子，其中南喀丹巴朝元廷，获封为"国公"，赐虎头纽水晶宝印及封册。后又加封为大元国师，并给〔水〕晶印。虔诚供养具德萨迦及昂仁为首诸寺，宣教辅政，颇著劳勋。南喀丹巴有二子，长子仁钦坚赞，次子南喀仁钦。兄袭父要职，有观世音菩萨化身之称。仁钦坚赞前妻子子国公·却扎白桑，获授司徒靖国〔公〕之封号。后妻生有达瓦坚赞与及昆敦·索南巴之母等人。其弟名绛央巴，能回忆前生曾为萨班侍者等事。天资颖悟，精研学术，博通诸明，袭灌顶国师之职。遵从父兄之命，舍比丘戒，还俗娶妻，共生子女二人。

国公却扎白长子达钦·朗杰扎桑袭大司徒之职。其弟衮乔勒巴继承世

① 绛巴，即拉堆绛，乌斯藏十三万户之一。其他在今日喀则专区昂仁县一带。

袭都指挥使司职。

（《西藏王臣记》第74页）

帕竹万户司徒锋曲坚赞获世代敕封

为欲依照扎撒规章进行查办，主公司徒又亲率大军至尼查时，适自拉孜来息，言本钦旺尊之军已包围萨迦大寺，闻讯后又从尼查直驱萨迦，交战之下，斩获甚多，生擒本钦，遂置四百余人于刑戮。于是帝师·衮噶坚赞①，洛本·索南罗朱②亚桑万户长，蔡巴万户长等上控皇帝，言司徒兵毁萨迦寺，逐走其他万户司等。由于多次诬告，为释帝疑，司徒遣仲钦·协饶扎西③携白狮子皮四蹄俱全者一张，暨其他贡物，如京敬献帝前，反而获赐子孙可以世袭之诰敕。

（《西藏王臣记》第89页）

惠宗封绛求坚赞为大司徒封号

藏历火鸡年（至正十七年、1357）

阴火鸡年（1357）新春时，我拜托喇嘛年梅巴为头领，在贡噶过新年。新年刚结束，我遂前往乃乌接驾。宣政院长官伊劳亦在贡塘过年。我从乃乌派遣拔希楚尚前往迎接，我本人亦前往布瓦佟迎迓。按照世俗礼节在河畔下马前往对岸，伊劳骑马从河中过来，他立于马镫上说：“司徒止步，辛苦了!”一过河他就下马，互赠哈达，他以蒙古的风俗习惯拥抱我④，说：“皇帝降旨，赏给你大司徒的封号和印章，（封诰和印信）由温布杰仁赍着，本来他要同我一起前来，但是他同迎请大阿阇黎索洛瓦的宣旨钦差鲁杰道使衮二人滞留在地方上。”说罢，送给我大司徒封号和印信，我在那里设宴款待他。其后，宣政院长官前往拉萨，同本钦一起前往萨迦迎请大阿阇黎拉康巴⑤。喇嘛当巴对我说：“请前往桑耶寺举行隆重的开光典礼吧?”我遂前往。开光仪式刚结束就传来皇帝的圣谕：不勉强迎请

① 兖噶坚赞，全名兖噶坚赞贝桑波，《元史》作公哥儿监藏班藏卜。
② 据《萨迦世系史》载，此人曾任元帝师。
③ 仲钦，职官名，全称作仲译钦波。
④ 原文硬译是“胸对胸”之义。此即蒙古之“抱见礼”。
⑤ 拉康巴，疑指萨迦拉康拉章的洛追坚赞（1332—1364年）。此人曾受封大元国师。

(索南洛追)[①] 至大都，就在萨迦古刹承袭喇嘛八思巴的名号[②]。

（《朗氏家族史》第 182 页）

封绛求坚赞之侄释迦仁钦为帕竹万户长

藏历土猪年（至正十九年、1359）

我派遣喜饶扎西等人进京，在途中院使达磨格底给予他们以严重的危害，致使出现巨大的艰难困苦。在朝廷，院使达磨格底、仁钦坚赞和大喇嘛的属下年扎之流，向皇帝禀奏了各种不实之辞，说我们背叛，进攻萨迦，拆除萨迦大殿做马厩，夺取了秋玛院的法庭等等。

不久，喜饶扎西一行抵达朝廷。经向喇嘛杰仁巴和班智达等人禀报后，他俩面奏皇帝陛下，谒见情况很好，我得到皇帝的圣谕、美好的赏赐和奖赏，等等。释迦仁钦被封为万户长，赐给封诰、虎钮印章和辖地的地名等，迎请得规定以贡噶、仁蚌为代表的我们在卫藏的谿卡和势力范围的美好封诰、有利于百姓的圣谕等。（喜饶扎西等人）完成上述事情后返回西藏。在旬杰都元帅和宣慰使司等长老齐聚雅隆之时，举行了宣读封诰的仪式，按照以前要在邓萨替寺挥动虎钮印章（意为开启印章时将印章挥动出示给众人观看）和宣读封诰的旧规，我让喜饶扎西前来邓萨替寺，众僧列队欢迎，隆重地献哈达，张华盖。初二日宣读封诰。是日，亦是向灵塔抛撒花朵的（仪轨）主体部分，所以我从他手中接过虎钮印章。

（《朗氏家族史》第 217 页）

蔡巴万户长及其子嗣受封赐

杰瓦炯乃与向大师结为施供之缘。师曾为其预言，彼将得一子，美妙如意。果然应验，生子本·桑结欧珠，后被任为万户长，彼始奠定蔡巴之基。欧珠子本·仁坚袭万户长职。曾朝元廷，得薛禅皇帝赐予晓谕百姓之诏书，令其统领机雪上下部、堆隆、扎多、琼布、杰门，以及艾、达、涅三区等修缮寺庙之属民。旋回贡塘，修建东寝殿及大殿回廊。彼生三子，长子名尼玛协饶，曾随侍卓贡八思巴至大都，得元帝封诰。次子本·噶德

---

① 一些研究元代帝师制度的文章说喇钦索南洛追任帝师始自 1358 年。据《朗氏家族史》记载来看，他们根据的是 1358 年索南洛追进京的年代。

② 此谓索南洛追任帝师一事。

贡布，传其为鸦面明王之化身，为蔡巴寺宇及属民之事，彼曾七赴帝都。时有豪门桑喀拉巴之从人不幸身亡，曾数度来本·噶德处查问。噶德暗诉于元帝。帝赐五爪金龙黄袍与之，乃衣于身内。桑喀将其带到法庭，去其外衣时，始见皇上所赐龙袍，桑喀大惧，不久，则因罪受惩，噶德为之称快。

（《西藏王臣记》第70页）

章阳释迦坚赞受封为大司徒等职

司徒逝世后，继起者为章阳大国师，乃本·索南桑布之子也。索南桑布有二妇，大妇尼如玛，生绛央国师及本·释迦仁巴二人。二妇名芒娘生本·仁多。绛央国师幼时依止喇嘛鲁隆扎巴学诵读，继于泽细扎巴坚赞前受优婆塞戒。从洛本·迅鲁尊追出家，法名释迦坚赞。[①] 曾于丹莎提寺讲“喜金刚二品续”，于泽当大寺讲四部经论，得善巧之名。随布敦大师听受金刚密乘续部之讲解、灌顶、传经等最多。布敦大师曾夸语曰：“自贡布栋山以下，至雅砻之间，若于每一田中起一不同部类之坛城。恐亦能将其地覆盖之也。”又于喇嘛当巴之前受具足戒。曾住持拉萨却柯林寺和泽当寺长达十三年之久。未几，即继登乃邬东孜王宫宝座。元朝皇帝敕封其为大司徒[②]，靖国公，灌顶国师等名号，并赐诰印。令其继任统御全藏三区之职位，世袭罔替。诚为悉补野吐蕃境中最为尊荣者。

（《西藏王臣记》第91页）

惠宗封赏噶玛巴攘迥多吉名号及玉印

藏历木狗年（元统二年、1334）

狗年正月时，他（攘迥多吉）听到观音菩萨对他说：“你回西藏去，会对有情众生有益。”皇帝也对他说：“你是教法自在，请赐给我持明莲花生大师的长寿泉水。”他说：“这样的话，就需要到桑耶去开掘（长寿泉水）。”于是皇帝赐给他“圆通诸法性空之佛陀噶玛巴”的名号及玉印、金字牌符、诏书等，对他的亲传弟子康区的定增桑布、蔡巴格迥钦

---

① 绛央释迦坚赞，《明史》作章阳沙加监藏，亦称章阳国师。卒于明洪武六年（1373）。

② 释迦坚赞受封大司徒、灌顶国师事，《元史》、《明史》及藏文史籍中多有记载。他前在1365年受元朝之封，后又在1372年受明廷之封。

波等人也赐给司徒的印章及官职等。对咱日新旧寺院等赐给金锭等众多物品，并下令在粗浦寺修建扎牙笃皇帝（文宗）的影堂，在粗浦河谷设置（管理噶玛噶举派属民的）“达鲁花赤”。他于狗年五月月初启程（返回西藏）。

（《智者喜宴》，转引自《元以来西藏地方与中央政府关系史料汇编》第51页）

敕封其他僧俗官员

至大元年（1308）冬十月甲辰

从帝师请，以释教都总管朵儿只八兼领囊八地产钱物，为都总管府达鲁花赤总其财赋。以两番僧教瓦班为翰林承旨。

（《元史》卷二二，本纪第二二，武宗一）

至大二年（1309）十二月壬戌

封西僧迷不韵子为宁国公，赐金印。

（《元史》卷二三，本纪第二三，武宗二）

至大三年（1310）冬十月甲寅

封僧亦怜真乞烈思为文国公，赐金印。

（《元史》卷二三，本纪第二三，武宗二）

至大四年（1311）闰七月辛亥

以西僧藏不班八为国师，赐玉印。

（《元史》卷二十四，本纪第二十四，仁宗一）

至大四年（1311）闰七月戊申

命亦怜真乞剌思为司徒。

（《元史》卷二四，本纪第二四，仁宗一）

至和元年（1328）

礼公哥卜文国公为师，设广教总管府，统摄僧众。

（《释氏稽古略续集一》）

至顺二年（1331）三月戊子
以西僧旭你迭八答剌班的为三藏国师，赐金印。
（《元史》卷三五，本纪第三五，文宗四）

至元三年（1337）
是岁，征西域僧加剌麻至京师，号灌顶国师，赐玉印。
（《元史》卷三九，本纪第三九，顺帝二）

至正十三年（1353）
诏以西番僧为国师，伽璘真为大元国师。
（《释氏稽古略续集一》）

十一、将吐蕃封授八思巴作为香火地，同时又清查编户纳入国家统一管理

将吐蕃封授八思巴作为香火地

忽必烈封授八思巴吐蕃十三万户及三区作为香火地

八思巴十岁时，作为法主萨迦班智达的随从前去凉州，在路过苏浦时，由萨迦班智达任堪布、苏浦堪布却吉绛曲任阿阇黎，受戒出家，继承了他们的增上戒学的传承。此后，当萨迦班智达伯侄到达凉州以后，蒙古薛禅王传令说："听说有殊胜的萨迦喇嘛到了凉州，他应该当我供养的上师。"萨迦班智达因年老未去，上师八思巴与凉州的王子蒙哥都①一起，前去汉地，与住在六盘山的薛禅王忽必烈会见。薛禅王大喜，给了凉州一百名蒙古骑兵，留下了八思巴，结成施主与福田的关系。此后，八思巴为学习教法、担任上师以及在凉州为萨迦班智达的圆寂做超荐法事等，在汉地和蒙古地方住了许多年。在八思巴二十一岁的阴木兔年（乙卯，公元

① 为驻守凉州的阔端汗之子。——原注

1255年）五月十一日，他在汉地河州附近的地方由恰巴·却吉僧格、藏那巴·尊追僧格、楚·宣努僧格、堪布札巴僧格等人任堪布，由羌塘巴·党敦索南坚赞、乃巴堪布洛追札等人任阿阇黎，由雅隆巴·喇嘛绛曲坚赞担任密教师，与具信比丘喇嘛叶巴、堪布喜饶意希、仁波且涅官等严守戒律之二十一名比丘一起在僧伽大众之中接受了比丘戒律。其后，八思巴到了大都宫殿，为薛禅皇帝及其皇后、皇子传授了三续①大灌顶，受封为帝师。薛禅皇帝向他奉献了乌斯藏十三万户及难以计数的为接受灌顶而奉献的供养。蒙古和萨迦派结为施主与福田的关系，吐蕃地方纳入了忽必烈皇帝的统治之下。忽必烈派遣大臣答失蛮到吐蕃，从萨迦以下的地方都设立了驿站，他是薛禅皇帝派来吐蕃的第一位金字使臣。

（《汉藏史集》第202～203页）

据说，汗王为第一次灌顶所献的供养是十三万户。每一万户有拉德②四千户、米德③六千户。汗王为第二次灌顶奉献了以大白法螺为首的（法器）以及吐蕃三区之僧众及属民。据说此时把吐蕃三区算作是一个行省。此即：从上部阿里三围④至索拉甲波以上为圣教法区；索拉甲波以下至黄河河曲以上为黑头人区；自黄河河曲以下至汉地白塔以上为良骥马区⑤。行省一词的意义如下：有六根柱子地面的房屋，夫妻二人、子女二人、男女仆人二人，共计六人，牲畜有马、驴二种以及黄牛、绵羊等，有可下十二蒙古克⑥种子的耕地，此为一个“堆穷”⑦，二十五个“堆穷”为一个堆钦⑧，两个“堆钦”为一个“达果”⑨，两个“达果”为一个百户，十

---

① 萨迦派正修道果时，总集密咒金刚乘中诸基、道、果成为三续。基位为因续，持生死涅槃无二无别之见；体位为方便续，修四灌顶相属之道；究竟位为果续，现五身五智之德。——原注

② 拉德，指受佛教寺院所管辖的属民。——原注

③ 米德，指受世俗封建主管辖的属民。

④ 上部阿里三围：古代藏文典籍中分原青藏地方为上中下三区、上区阿里，中区前后藏，下区青康。阿里一带，自南到北，今为三围。南围阿里，在今普兰县至昂仁县一带；中围阿里，在今札达县一带；北围阿里，在今新疆交界西端与克什米尔接壤一带。——原住

⑤ 此处所说的吐蕃三区，似指元朝在藏族地区设置的三个宣慰使司，即乌思藏纳里速古鲁孙宣慰使司、吐蕃等处宣慰使司、吐蕃等路宣慰使司的辖区。——原注

⑥ 克，亦称藏克，藏制度量衡单位名称。一克种子一般为约合二十八市斤，然各地也有差异。

⑦ 堆穷，意为小户。元代堆穷与西藏民主改革之前的堆穷概念不同，后者指没有差地的农奴，其经济地位低于有地差民。

⑧ 堆钦，意为大户。——原注

⑨ 达果，意为马头。——原注

个百户为一个千户，十个千户为一个万户，十个万户为一个“路”，十“路”为一个行省。蒙古薛禅汗治下共有十一个行省，吐蕃三区虽不足一个行省，因为是上师之驻地及教法弘扬之区，故算作一个行省奉献。

（《萨迦世系史》第108～109页）

八思巴为通报萨迦班智达去世，蒙哥继位宣诏免除僧人差赋，遣使入藏清查户口等情，致西藏地区僧众信

祝愿吉祥！

向三世善逝佛之法身、佛法不坏甘露之源泉、抚育诸菩萨之慈母、无与伦比之上师顶礼！

此信寄乌思藏地方皈依于一切喜庆之源泉、具吉祥萨迦寺诸善知识大德之首领、上师法主脚下之各位弟子：

上师法主以无边大悲护持有情众生，此具足殊胜智慧、对知识坛城了达无余之大自在者，以不可思议之神变作大有利于众生之伟业。彼又见于他处世界作利益众生事业之时机已至，为使持常见这部分弟子明白诸行无常之理，使怠惰者于正道努力求取，故显示大地摇动、发出巨声、天空充满光明之无数神幻，使诸有情众生聚集。上师谕示曰：‘吾亦是三辈肉躯之身，当证得佛陀如来对众阿罗汉所说之无垢正等觉之福德而入于寂静。’上师又明白告诫于我等：‘汝等诚心诚意对我所发之誓愿，不论何人何时均须谨记！’如是，上师于猪年（1251）十一月十四日显示与无数天神相同之相，入于涅槃。对此，具善知之人当弃却世俗凡人之悲戚伤痛。今后，吾等如以纯正之诚心向大法主祈愿，因彼具有诸佛菩萨之无遮蔽智慧，无论何时对利益众生之事业不生倦怠之心，定会以真实之智慧看顾吾等。

虽在此大自在者去世之后，因法主本身慈悲之法力，吾等众人俱得享安乐。皇子蒙哥现已即位，对吾等甚为关怀。蒙哥汗即位之诏书已向各方宣布，境内各处平安。尤其是向各地方宣布了‘对僧人免除兵差、劳役、贡赋，使臣们不得在僧舍住宿，不得向僧人们摊派乌拉，使僧人们依照教法为朕告天祝祷，所有僧人之事俱由萨迦派掌领’之良善诏书。皇帝并宣谕于我：‘已派金字使臣去吐蕃各处清查户口，划分地界，汝可遣僧人同

往。’为此，我已派遣格西多吉周与格西松巴等率领随从前往，详细情形可询问彼等。对此事虽有各种流言传播，汝等不必惊惧，各地都将获得安乐。汝等众人有大甲胄保护，当努力敬奉上师。

阳水鼠年（1252）春二月五日于凉州王宫之佛殿内写就。

（原信载于《萨迦五祖全集》，
德格木刻版，第一五函，第三二〇页。
译文录自《元朝帝师八思巴》第50～51页）

元朝在西藏清查户口

当初，蒙古与萨迦派结为施主与上师的关系，在乌斯藏地方清查人口户籍时，乌斯地方是由金字使臣司徒阿什吉清查的。帕竹万户自身的民户总共二千四百三十八户，在此之上，加上拉巴的六百户和达垅的五百户，构成一个万户。当蒙古的驿路经过北方地区时，帕竹万户承担支应孜巴驿站的任务。

（《汉藏史集》第316页）

最初，蒙古成吉思汗皇帝，取得汉地之皇位，镇伏广大国土，将土地分封给他的儿子们，其后的历代皇帝，亦对教民、俗民清查人口、丈量地亩。当时在吐蕃乌斯藏统计户口的办法有如下述：当蒙古皇帝妥欢贴睦尔即位后，派遣和肃阿努汗、格洽达平章，在宣努旺秋重任乌斯藏本钦之时，清查人口，统计户籍。当时统计户籍的办法是：有六根柱子面积的房子，有能下十二蒙古克种子的土地，有夫妻、子女、仆人共计六人，牲畜有乘畜、耕畜、乳畜等三种，山羊、绵羊等，计有二十四头只，这样一户人家称为一个蒙古户，五十个蒙古户称为一个达果（马头），两个达果称为一个百户，十个百户为一个千户，十个千户为一个万户。按照规定建立的万户，都划分出六个千户为教民。十个万户，称为一个路，十个路，称为一个行省。

按照以上计算法，蒙古薛禅皇帝之时，其治下有十一个行省。各行省的名称是：大都城之中有中书省，在外地有河南省、岭北省、甘肃省、四川省、云南省、江浙省、江西省、湖广省、辽阳省。吐蕃三个却喀不足一个行省，但由于是上师的住地和佛教教法兴盛之区，所以也算作一个行省，总计十一个行省。

（《汉藏史集》第165～166页）

薛禅皇帝之时，在对吐蕃广大地面清查人口户籍时，是从朵思麻开始清查的。在河州的热布卡地方，有属于囊索管辖的庄园，在城墙根有叫做拉哇城的，再往下有叫做典康谿的庄园，这些是按照圣旨奉献给上师八思巴的份地，不负担府库及驿站等汉地、吐蕃的任何税赋差役，不在编籍之内。据说有可下五百蒙古克种子的土地。吉祥！

蒙古与萨迦派结为施主与福田的关系，众生依怙法王八思巴曾三次前往汉地的大都宫廷，向薛禅皇帝及后妃、皇子等三次传授萨迦派特有的三密宗大灌顶。作为第一次灌顶的供养，奉献了乌斯藏十三个万户。这十三个万户是：从阿里宗卡以下的洛、达、罗三个宗为一个万户，拉堆南、拉堆北、曲弥、夏鲁各为一个万户，札、白尔、穹三处为一个万户，羊卓、蔡巴各为一个万户，甲哇、止贡、雅桑、帕竹各为一个万户，另外有一个组合起来的万户，由嘉玉地方的一千户人家、主巴地方的九百五十户人家共计一千九百五十户人家组成一个万户，这些加在一起共计十三个万户。作为第二次灌顶的供养，奉献了三个却喀。这三个却喀是：由嘉玉阿里贡塘以下到索拉甲沃以上为正教法区，自索拉甲沃以下到黄河河曲以上为黑头人区，自黄河河曲以下到汉地大白塔以上为俯行马区。人、马、法三却喀虽是按照奉献供养的例规奉献的，但各个却喀都有一位本钦，是按照皇帝与上师商议决定而任命的

（《汉藏史集》第170～171页）

为了安定乌斯藏及纳里速古鲁孙等地方，也为了使此转大力法轮皇帝之师驻锡之具吉祥萨迦寺之下的各个万户为大皇帝效力，在皇帝迎请上师之后的十年，即阳土龙年①年初，由朝廷派来的金字使臣阿衮与迷林二人，对俗民、土地以及冠以大蒙古之名的根本户数进行了清查，此年之后二十年，即火猪年②，由大衙署派来的和肃与乌努汗二人，与本钦宣努旺秋一起，按照大清查的规定，统计了户口。为使聪慧者喜乐，将此数字编成口诀，请记住此珍宝之串珠。

① 此阳土龙年（戊辰）应为公元1268年。
② 此火猪年（丁亥）应为公元1287年。

上部纳里速古鲁孙（即阿里三围），普兰是被雪山围绕，古格是被石山围绕，芒域是被河流围绕，这几处总算起来，有二千六百三十五户。在领主管辖下的在纳里速的人户，为六百七十六户。拉堆洛万户的户数，为一千零八十九户。拉堆绛万户的户数，为二千二百五十户。属于教民（拉德）的户口附后。曲弥万户的户数为三千零三户。夏鲁万户的户数为三千八百九十二户。襄卓万户是后来才有的。羊卓万户比较特殊，据说它由十六个部分组成。下面谈属于教民的户口，茫卡和止钦两地，有一百二十户，藏巴地方有八十七户，博东日塞有七十七户，多比玛尔哇有一百二十五户，仲垅、热萨、卡什岗有七十五户，觉沃赤窝三十五户，热萨朗噶三十户，玛尔拉塘十户，以上共计六百零六户。还有直接为寺院干活的一百三十一户。此外，还有不属于教民、俗民的任何一个万户的，在如参木有三百六十户，嘉哇农牧民一百五十户，塘察地方一百五十户，春堆地方一百四十户，在属于萨迦管辖的格如地方以及属于耕种土地的仆役，分散在拉堆洛及萨迦周围、果则、卓穷右方、当拉、乃达、木雅，共计三十户。在格如洛东有四十户，在察查阿赞有四十六户。共有三千六百三十户不属于万户府的人家。以上是藏地方、纳里速地方的情况。以下再讲乌斯地方的户口情况，请静听。止贡万户农牧民共三千六百三十户，蔡巴万户三千七百零二户，帕木竹巴万户有二千四百三十八户，雅桑万户有三千户，甲玛与嘉域两地共五千九百五十户，达垅万户有五百户。在桑耶普达有六十二户，在青浦有八户，在多普达有七十户，在贡喀和昌巴两地，有七十大户，属于拉巴管辖的人户，有六百大户。此外，还有由藏地方管辖的朱固岗地方的二百三十二户，喀热地方八十八户，热尊地方九十户，主巴二百二十五户，汤卜赤地方的一百五十户。以上是乌斯地方的户口。

当蒙古与萨迦派结为施主与上师的关系后，首次在乌斯藏清查土地户口，从上部纳里速古鲁孙到夏鲁万户的辖地以上，是由阿衮与迷林二人清查的，从这以下到止贡万户辖地以上，是由司徒阿什杰等清查的。清查的结果，纳里速古鲁孙与乌斯藏四如的户口计三万六千四百五十三户。分开来说，纳里速及藏地方共有一万五千六百九十户，乌斯地方共有二万七百六十三户。此外，还有不属于藏地方和乌斯地方的羊卓万户的十六部分，计七百五十户。以上数字，是按照萨迦本钦、三路军民万户释迦桑布登记册得来的。

赞曰：

各地清查户口之情形，
就像白昼那样地显明，
俗世和教法两个方面，
各个问题都大致说清。
读者若想寻根究底，
请看先前各种典籍。

（《汉藏史集》第185～187页）

往昔的文献中说："阿衮和弥林来到西藏，清查平民户口和土地，以大霍尔都（藏语意为烟，指帐房，即一个家庭单位）为单位，上部西藏的阿里三围，以及南部诸地等，不在诸千、万户属下的农牧民，不在清查统计之列。前后藏及各万户，清查民户如下：

南部拉堆之户数，一千九百九十户；

北部拉堆有二千二百五十户；

曲弥万户有三千零三户；

夏鲁万户有三千八百九十二户；

其次是绛卓和羊卓万户，通称十六个勒卜，共有七百五十户；

至于前藏的调查，止贡万户合计农牧民，共有三千六百三十户；

蔡巴万户有三千七百户、帕竹万户有二千四百三十八户；

雅桑万户有三千户；

嘉莫和甲域万户共有五千八百五十户；

达垅巴只有五十户，还有洛主等散居人口一千四百户。

这就是蒙古人与萨迦派结成供施关系后，在前后藏进行人口清查的开始。从阿里以下到夏鲁，由阿衮和弥林负责清查，由此以下至止贡，由苏图阿吉主持清查。[①] 因此，萨迦本钦释迦桑波获得了'三路军民万户'之头衔。按照他的卷子中的记载，万户制度在卫藏就是这样建立的。"

（《五世达赖喇嘛传》第43页，中国藏学出版社1997年版）

① 这是指1268年元朝在西藏进行的第一次人口普查，标志着西藏正式纳入大元帝国的版图。

十二、免除赋税差徭并予赈济与赏赐

免除差徭与赋税

〔僧道税〕和尚休纳税粮：大德七年（1303）正月十七日，钦奉圣旨：在先诸路里有的众和尚每之上，都交管领者么道，薛禅皇帝巴吉思八师父根底，与了帝师名分圣旨，玉印委付了来。如今，巴吉思八师父替头里管著众和尚者么道，辇真监藏根底，与了帝师名分圣旨、玉印。也〔又〕凭众和尚每休别了辇其监藏帝思〔师〕的言语。经文并教门的勾当里谨慎行者。这般宣谕了。不谨慎行的和尚并呪师般〔每〕不思您每，不怕那，不羞那甚么。与那上头交凭差拨发税粮休著〔当〕者么道，交行了圣旨来。钦此。

（《大元圣政国朝典章》典章二四，户部一〇）

特别是他（指公哥罗古罗思监藏班藏卜）在朝廷时曾向皇帝奏准，免除卫藏地区几年的差税，使雪域众生得到了幸福。

（《萨迦世系史》第 182 页）

赈济与赏赐

皇庆元年（1312）二月壬申

遣使赐西僧金五千两，银二万五千两，币帛三万九千九百匹。

（《元史》卷二四，本纪第二四，仁宗一）

延祐二年（1315）

（孛术鲁翀）擢河东道廉访司经历，迁陕西行台监察御史，赈济吐蕃，多所建白。

（《元史》卷一八三，列传第七〇，孛术鲁翀传）

至治元年（1321）三月辛巳

遣使赐西番撒思加地僧金二百五十两，银二千二百两，袈裟二万，币帛、幡、茶各有差。

（《元史》卷二七，本纪第二七，英宗一）

至治元年（1321）十二月甲子

命帝师公哥罗古罗思监藏班藏卜诣西番受具足戒，赐金千三百五十两，银四千五十两，币帛万匹，钞五十万贯。

（《元史》卷二七，本纪第二七，英宗一）

天历二年（1329）十二月己亥

遣使驿致故帝师舍利还其国，给以金五百两，银二千五百两，钞千五百锭，币五千匹。

（《元史》卷三三，本纪第三三，文宗二）

至顺三年（1332）五月戊子

遣使往帝师所居撒思吉牙之地，以珠织制书直谕其属，仍给钞四千锭，币帛各五千匹，分赐之。

（《元史》卷三六，本纪第三六，文宗五）

十三、设置驿站并予补助

元代驿站的设立

站　赤

元制站赤者，驿传之译名也。盖以通达边情，布宣号令，古人所谓置邮而传命，未有重于此者焉。凡站，陆则以马以牛，或以驴，或以车，而水则以舟。其给驿传玺书，谓之铺马圣旨。遇军务之急，则又以金字圆符为信，银字者次之；内则掌之天府，外则国人之为长官者主之。其官有驿令，有提领，又置脱脱禾孙于关会之地，以司辨诘，皆总之于通政院及中书兵部。而站户阙乏逃亡，则又以时签补，且加赈恤焉。于是四方往来之使，止则有馆舍，顿则有供帐，饥渴则有饮食，而梯航毕达，海宇会同，元之天下，视前代所以为极盛也。……

太宗元年十一月，敕："诸牛铺马站，每一百户置汉车一十具。各站俱置米仓，站户每年一牌内纳米一石，令百户一人掌之。北使臣每日支肉一斤、面一斤、米一升、酒一瓶。"

四年五月，谕随路官员并站赤人等："使臣无牌面文字，始给马之驿官及元差官，皆罪之。有文字牌面，而不给驿马者，亦论罪。若系军情急速，及送纳颜色、丝线、酒食、米粟、缎匹、鹰隼，但系御用诸物，虽无牌面文字，亦验数应付车牛。"

世祖中统四年三月，中书省定议乘坐驿马，长行马使臣、从人及下文字曳剌、解字人等分例。乘驿使臣换马处，正使臣支粥食、解渴酒，从人支粥。宿顿处，正使臣白米一升，面一斤，酒一升，油盐杂支钞一十文，冬月一行日支炭五斤，十月一日为始，正月三十日终住支；从人白米一升，面一斤。长行马使臣赍圣旨、令旨及省部文字，干当官事者，其一二居长人员，支宿顿分例，次人与粥饭，仍支给马一匹、草一十二斤、料五升，十月为始，至三月三十日终止，白米一升，面一斤，油盐杂用钞一十文。投呈公文曳剌、解字，依部拟宿顿处批支。五月，云州设站户，取迤南州城站户籍内，选堪中上户应当。马站户，马一匹，牛站户，牛二只，于各户选堪当站役之人，不问亲躯，每户取二丁，及家属于立站去处安置。

五年八月，诏："站户贫富不等，每户限四顷，除免税石，以供铺马祗应；已上地亩，全纳地税。"

至元六年二月，诏："各道宪司，如总管府例，每道给铺马札子三道。"……

八年正月，中书省议："铺马札子，初用蒙古字，各处站赤未能尽识，宜绘画马匹数目，复以省印覆之，庶无疑惑。"因命今后各处取给铺马标附文籍，其马匹数付译史房书写毕，就左右司用墨印，印给马数目，省印印讫，别行附籍发行墨印，左右司封掌。……

十三年正月，改诸站都统领使司为通政院，命降铸印信。

（《元史》卷一〇一，志第四九，兵四）

全国驿站的中心——大都东西馆马步站

钦惟圣朝一统天下，龙节虎符之分遣，蛮陌骏奔之贡奉，四方万里，使节往来，可计日而至者，驿马之力也。本驿，上隶朝省，下达万邦，乃车书辐凑之所。供亿丛剧，驰传实繁。服役者，有罄家之忧。居贫者，有逃家之苦，无能伸诉，亦云久矣云云。

国初，驿站有诸都统领使司。寻改升通政院。皇庆初，院革属夏官，亲站则有驿令、提领之职。较站赤于军民鼎峙而不可漏废也。然宣朝廷之政，速边徼之警报，俾天下流通而无滞，惟驿为重。至元七年，裕宗之在东宫也，谕诸路如前规。大德五年，通政院奉令旨，各路收地造籍，诸人毋得争夺云云。

（元・熊梦祥：《析津志辑佚》第120页，北京出版社1983年版）

西藏驿站的建立与有关规定

答失蛮前往西藏并建立通往西藏大驿站二十七处

答失蛮接受了上师的法旨、皇帝的札撒（诏书）等，带领许多随从，携带来往路上所需物品，以及从大小御库领出的对吐蕃各级僧俗首领赏赐所需的物品，前来吐蕃。首先，他到了吐蕃地方佛教再弘的发源地——朵思麻的丹底水晶佛殿，依次经过朵堆（即朵甘思）、卓多桑珠、藏，最后到了具吉祥萨迦寺。一路上在各地召集民众，颁发堆积如山的赏赐品，宣读诏书和法旨。从汉藏交界之处起，直到萨迦以下，总计设置了二十七个大驿站。若分别叙述，由朵思麻站户（支应的）七个大站，在朵甘思设立了九个大站，在乌斯藏设置了十一个大站。乌思藏的大站中，由乌斯地方（前藏）的人支应的大站有索、夏克、孜巴、夏颇、贡、官萨、甲哇等七个，由藏地方（后藏）之人支应的大驿站有：达、春堆、达尔垅、仲达等四个。并规定了各个万户支应驿站的办法。答失蛮向吐蕃强悍民众宣布了皇帝施主与上师的诏敕法旨，绕拜了萨迦寺，考察了整个吐蕃地方的风俗民情。答失蛮返回皇帝驾前，将经办情形奏明。皇帝认可所办之事，并赐宴赐物，并任命他为宣政院衙署的主要负责官员。

（《汉藏史集》第168～169页）

藏北驿站由驻藏军队负责，由乌斯地方供应物资

在此之前，在藏北的驿站，如索、夏克、孜巴、夏颇、贡、官萨、甲哇等大站，由吐蕃乌斯地方各个万户的站户连续驻站支应，十分艰苦费力，乌斯地方的人又不适应藏北气候条件，故一再逃亡。驿站所在之地奇寒难忍，蒙藏来往使臣、商客，沿途得不到乌拉供应，需得自己照料，按照众人的请求，大臣桑哥命令卫普尔、巴、拉克等军留驻藏北的部队，拨出一部分人负责驿站事务。并规定乌斯地方各个万户，以达果为单位，将马匹、驮畜、乳畜、肉羊，供给驿站的青稞、褐布、帐篷、马鞍、坐垫、绳具、炉子、卧具、医药费以及人员，统统交给蒙古人。从此，乌斯地方之人不必在藏北驻站，而是每年派人把应交付给驿站的物资运送到藏北交给蒙古军，驿站常有乌拉供应，对众人俱有利益，这也是桑哥的恩德。

（《汉藏史集》第 181 页）

当阿衮和迷林在后藏地方，司徒阿什杰在乌斯地方清查户口之时，确定的各驿站的支应办法如下所述。

藏地方的人户再加纳里速地方的人户，支应四个大驿站，每站有一百人。其中，拉堆洛、拉堆绛和纳里速①的人户，支应萨迦大站。拉堆洛万户还要支应玛尔拉塘地方的一个小站，纳里速的民户还要支应夏喀地方的一个小站、江仁（疑是昂仁之误）地方的一个小站、蚌兰地方的兵站。玛法木地方的小站由普兰人支应，古格②南北两路的小站，由梅朵色如人支应管理。曲弥万户的三千零三户人家，支应达尔垅的大站，夏鲁万户的三千八百九十二户，再加甲若仓的人户中除去八百三十二户后剩下的三千零六十户，负责支应春堆大站。羊卓万户全部的十六个达果和甲若仓的二十八个达果，以及襄万户在江边的十一个达果，负责支应达克大站。在雅鲁藏布江河阴，有一个小站，由羊卓万户的人支应。以上是藏地方的情形。

乌斯地方的人户支应驿站的办法，原先与现在不一样，这里说的是原先的办法：止贡万户三千户人家支应果白驿站；嘉玉万户二千六百五十户人家，再加蔡巴万户轮值的三百五十户，共计三千户人家支应噶热驿站；

① 这里的纳里速似用其本意，指直属于萨迦的人户，并非专指阿里地区。——原注。

② 古格之辖地包括今西藏阿里专区的札达、噶尔两县和日土、革吉两县之一部。——原注。

甲玛万户的二千六百五十户人家，加上蔡巴万户拨出的三百五十户，共计三千户人家支应索地方的驿站；帕竹万户的二千四百三十八户人家，加上被称为萨达的达垅万户的五百户人家、拉巴的六百户人家，支应孜巴驿站；朱固岗、喀热、主巴等地的民户以及扎玛塘地方的二百户、沃卡地方的四户（疑为四百户之误）和总称为拉达的人户，支应夏颇驿站；拉达以上的达垅万户的人户，被称为萨达，加在藏地方的人户中。雅桑万户的三千户人家支应贡地方的驿站。

以上驿站支应办法，是萨迦的朗钦、都元帅宣努衮根据文册写录的。

（《汉藏史集》第187～188页）

驿站铺马文书规制

至元十六年（1279）五月二十日

一言：土钵地差去使臣，除元来铺马定数外，复将大王国师，铺马文书物件以行。臣等议得：元铺马文书已上，不令增给。

（《永乐大典》卷一九四一七，站赤二，中华书局1986年版）

赈赐乌思藏各驿站马牛羊及银两，禁给驿太繁

至元十九年（1282）夏四月丙辰

禁吐蕃僧给驿太繁，扰害于民，自今非奉旨勿给。

（《元史》卷一二，本纪第一二，世祖九）

至元二十五年（1288）冬十月庚申

乌思藏宣慰使软奴汪术赈其管内兵站饥户，桑哥请赏之，赐银二千五百两。

（《元史》卷一五，本纪第一五，世祖一二）

至元二十九年（1292）九月甲申

乌思藏宣慰司言：由必里公反后，站驿遂绝，民贫无可供亿。命给乌思藏五驿各马百、牛二百、羊五百，皆以银；军七百三十六户，户银百五十两。

（《元史》卷一七，本纪第一七，世祖一四）

至元二十九年（1292）十二月壬子

敕中书省用乌思藏站例，给合里、忽必二站马牛羊，凡为银九千五百两。

（《元史》卷一七，本纪第一七，世祖一四）

元贞三年（1296）秋七月辛未

以钞十一万八千锭治西蕃诸驿。

（《元史》卷一九，本纪第一九，成宗二）

大德元年（1297）六月丙辰

赐诸王也里干等从者钞二万锭，朵思麻一十三站贫民五千余锭。……冬十月戊午，以朵甘思十九站贫乏，赐马牛羊有差。

（《元史》卷一九，本纪第一九，成宗二）

自大德九年（1305）至十年（1306）正月

西番节续差来西僧八百五十余人，计乘铺马一千五百四十七匹，至甚频数。

（《永乐大典》卷一九四二〇，站赤五）

至大四年（1311）二月丁卯

命西番僧非奉玺书驿券及无西蕃宣慰司文牒者，勿辄至京师，仍戒黄河津吏验问禁止。

（《元史》卷二四，本纪第二四，仁宗一）

延祐元年（1314）四月三日

中书省奏给中统宝钞一万锭赈济西番站赤。初，皇庆二年（1313）十二月，搠思班武靖王令旨，言于宣政院，谓乌思藏、朵甘思、朵思麻三路站赤，近年以来，马匹病死，人户贫乏，请奏闻赈济事。本院启奉皇太后懿旨，令于都省同议赈济之宜，检会得至元二十九年（1292）〔九月〕、元贞二年（1296）〔七月〕，小只爱亦伯、朵甘思、乌思藏等站，经值寇攘，中书亦尝给降马、牛、宝钞，差官接济，今乌思藏等，除小站七所勿论，其大站二十八处，递送西番布施，来往之使实繁，人户数少，驿程近者不下三五百里，年深未曾给惠。省院公议，依例接济，又为在京钱物不敷，定拟：二十八站，各给中统钞三百锭，总计八千四百锭，若或不足，就于宣政院所辖西番课程钱物内斟酌增给。都省官启，奉皇太后懿旨，宣政院官暗普等言，前站重困，非增多赈济不可，宜支钞一万锭以与之，至如西蕃出产物货及供奉于我者，亦可增与整治站赤。敬此，奏，奉圣旨，准上给降赈济去讫。

（《永乐大典》卷一九四二一，站赤六）

延祐六年（1319）正月十日，宣政院使月鲁帖木儿、八剌、脱因、答儿麻失里等奏：乌思藏纳怜速古儿赤宣慰司言：往者，乌思藏等站赤消乏，尝奉上命，每站与马一百二十匹，准支价钱，今来，各站消乏犹甚，虽议于鲁瓦富民之家，抽分马匹应副〔付〕，恐不能济，乞津济物力。又奉帝师法旨：乌思藏撒思加，答笼，宋都思，亦思答四站无营盘，数年田禾不收，头匹例死，至甚消乏。藏卜八国师等并宣慰司数次移文上言：在先，世祖皇帝、成宗皇帝时，以此数站消乏，曾令官给物力，今宜依先例济之。臣等议，今不赈济，直至断绝。却行，刱立愈见费力，乞依先例赈给。奉旨，准钦此。本院具呈都省，于三月四日奏，四站各与五十匹马价，每匹六锭。从上之。总计：乌思藏撒思加等四站，每站马五十匹，该价钱中统钞三百锭，计一千二百锭整。撤思加，答笼，宋都思，亦思答。

（《永乐大典》卷一九四二一，站赤六）

延祐六年（1319）三月乙〔己〕未
给钞赈济上都、西番诸驿。

（《元史》卷二六，本纪第二六，仁宗三）

延祐六年（1319）夏四月丙午
命宣政院赈给西番诸驿。

（《元史》卷二六，本纪第二六，仁宗三）

延祐七年（1320）五月己卯朔
禁僧驰驿，仍收元给玺书。

（《元史》卷二七，本纪第二七，英宗一）

至治二年（1322）御史台承奉中书省札付。今后但凡遣使，驰驿前去西番地面宣召官员，取大师父巴哈失西番和尚，合作铺马，照依钦赉御宝圣旨圆牌别里哥内马数依上应付。其乌思藏等三路宣慰司公干，并凭准诸正令旨大师父印信文字差使人员，别无钦赉御宝圣旨圆牌依例禁约。如违，钦依圣旨事意取判署正官首领官并驰驿人员招伏断罪。拘该脱脱禾孙不为用心盘诘亦合究问，监察廉访司严加纠治。

（《永乐大典》卷一九四二五，站赤九）

土钵田地里，差得去的，使臣根脚铺马之上，大王每根底、国师根底、官人每根底，得了铺马文书。来底物件将着行有么道、奏有这底根脚里，铺马以上不着添着这般。商量了也么道。奏呵，那般者么道。圣旨了也。

（《永乐大典》卷一九四二五，站赤九）

第二章　明代（1368—1644）

1368年，古城南京。在举城欢度戊申年新春佳节的日子里，南征北战多年的朱元璋，脱下戎装换龙袍，登上皇帝宝座（被后人尊为太祖）宣布国号为“明”，建元“洪武”。从此，代替已经溃败的元朝成为统治全国的中央政权，从而也就顺理成章地接替元朝对西藏地方（明代文献称之为乌思藏。明初，有时也沿用元代旧称“吐蕃”。本书从之）实行国家主权管理。朱元璋死后四年，在激烈的皇权斗争中，燕王朱棣依仗强大的军事力量夺取了建文帝皇位，于1403年面南称帝，建元“永乐”（被后人尊为成祖）。为巩固皇权，又于永乐十九年（1421）正月将国都迁至其统治基础雄厚的北平（后改称北京），南京成为陪都。（本书引用的明代史料中涉及京城的，此前指南京，此后指北京。）

大体而言，明代的治藏政策是借鉴元代的经验教训，同时根据已经变化了的历史条件而加以补充、修订和创新，从而形成了显著的历史特点。其指导思想和基本政策的提出和制订是太祖朱元璋，将其补充完善和系统化的是成祖朱棣。以后历朝大体都是因循旧章，或稍加变通。

一、遣使招抚，起用前元旧官，建立行政管理机构，授官镇抚，稳定社会秩序。

这是明朝刚刚建立，朱元璋审时度势提出和制订的治藏基本政策。他虽然出身农民，但经过多年残酷军事、政治斗争的考验与历练，成为一个颇富政治谋略的开国皇帝。他深知，在即将完成统一全国大业的紧要关头，尽快统一西藏、稳定藏族地区社会秩序，是关系到大明中央政权稳固与发展壮大的重大战略任务。因此，反复权衡利弊、周密筹划，确定了以招抚为主统一西藏的战略决策：派员入藏向藏族僧俗上层说明中央德意，即不派军队入藏，只要他们脱离蒙元，归顺大明王朝，就会加官晋爵，保证其固有的政治、社会地位，尊重其宗教信仰。这不仅是朱元璋汲取了元朝通过会谈统一西藏的历史经验，也是当时全国的政治形势决定的。西藏地区自然环境比较险恶，派军队攻取难以取胜，更重要的是当时逃往蒙古草原的北元势力还比较强大，西北地区和西南一些地区尚未平定，不可能抽调大批军队。因此，招抚也是明智的不二决策。

为此，朱元璋进行了不懈的努力。洪武二年（1369）五月，明军平定陕西，开辟了通往吐蕃通道。刚刚从繁杂的开国典礼中脱身的朱元璋，立即派大员捧持诏书远赴西藏高原，宣示替代元朝"为天下主，国号大明，建元洪武"，说明"惟尔吐蕃，邦居国土，今中国一统，恐尚未闻，故兹昭示"。初闻巨变，吐蕃难免犹疑，"未即归命"，朱元璋复遣陕西行省员外郎许允德持诏前往。未等回报，第二年，再遣归诚的藏族人、通事舍人（职官名，职责翻译）巩哥锁南前往。与此同时，左副副将军邓愈自临洮进克河州（今甘肃夏河市），扫荡残余的元朝势力。元朝封授的吐蕃宣慰使何锁南普等一大批藏族部落首领归降，邓愈随即再遣使持诏赴吐蕃招抚。

何锁南普归降后，立即联合一批归降的前元旧官晋京朝贡。朱元璋大喜，立即敕命封授他们相当于原有职权的新官职：何锁南普为河州卫指挥同知，前元吐蕃院使马梅为河州卫指挥佥事，前元宗王孛罗罕和右丞朵立只答儿为正千户，以及一批副千户、百户等。这种做法产生了深远的政治影响，大批的前元旧官和吐蕃政教首领纷纷归降，因而明朝顺利的完成统一西藏地区的历史任务，这也说明招抚政策的卓有成效。

同时，这也促使明朝另一项重要治藏政策的形成，即大量起用前元旧官，设置行政管理机构。藏族居住的青藏高原地广人稀，自然条件比较恶劣，社会、历史、宗教信仰都有特殊性。刚刚建立、百事待兴的明王朝不可能抽派大批官员进驻，因而大量起用前元旧官，就成了最佳选择。与此同时，有官就要有封地，划分行政区域、设置行政管理机构必须同步进行，对此，太祖朱元璋、成祖朱棣都长期不懈地大力推行。

洪武四年（1371），在封授何锁南普等人的同时，设置朵甘卫指挥使司并下设千户所等，以安置归降的前元旧官。洪武六年（1373），诏置乌思藏、朵甘卫指挥使司，以及宣慰司二、元帅府一、招讨司四、万户府十三、千户所四，大体确定了吐蕃等处行政划界和行政管理机构的设置。同时，以故元国公南哥思丹巴亦监藏等为指挥同知、佥事、宣慰使同知、副使、元帅、招讨、万户等官，凡六十人。以摄帝师喃加巴藏卜为炽盛佛宝国师。洪武七年（1374）七月，又诏置西安行都指挥使司于河州，总辖河州、朵甘、乌思藏三卫，升朵甘、乌思藏二卫为行都指挥使司。其实质是建立总领藏区的行政机构，便于明朝统一管理西藏事务和封授的大批前元旧官，以强化中央政府的权威。对此，太祖朱元璋特别颁发敕谕做了说明："朕自布衣开创鸿业，荷天地眷佑，将士宣劳，不数年间，削平群雄，混一海宇。惟尔西番朵甘、乌思藏各族部属，闻我声教，委身纳款，已尝颁赏授职，建立武卫俾安军民。迩使者还言，各官公勤乃职，军民乐业，朕甚嘉焉。尚虑彼方地广人稠，不立重镇治之，何以宣布恩威。兹命立西安行都指挥使司于河州，其朵甘、乌思藏亦升为行都指挥使司，颁授银印，仍赐各官衣物。"（《明太祖实录》卷九一）

洪武八年（1375）正月，又诏设置俄力思军民元帅府、帕木竹巴万户府、乌思藏笼答千户所，设官十三人。洪武十二年（1379），据朵甘都指挥同知赏竺监藏等奏举荐，诏授前元藏族旧官十六人为宣慰、招讨等官。洪武十六年（1383），诏置长河西等处军民安抚使司，以故元右丞剌瓦蒙为安抚使。洪武十八年（1385），定朵甘思宣慰使、万户府、招讨司、千户所等官品秩（分别为三品、四品、五品），正式纳入国家职官序列。永乐十一年（1413），置陇卜卫，以其头目为指挥使，并置乌思藏卫牛儿宗寨行都指挥司，又授当地一些头人以司徒。同时，特别说明，这是因俗授官，"司徒者，其俗头目之旧号，因而授之"。

至此，明朝基本完成了统一藏族地区之后的设治建政。在确定行政区域的基础上，建立了相应的行政管理机构，计设置：都指挥使司二、指挥使司一、宣慰使司三、招讨司六、万户府四、千户所十七。其任用官吏，主要是起用前元旧官和选任当地僧俗头人（而且都可世袭）。这有助于减缓因政权交替引发的社会震荡，最大限度地调动当地传统的社会力量，有利于扩大新生政权的社会基础和藏区社会秩序的稳定。

需要附带说明的是，明朝在推行上述治藏政策的同时，还曾将一些要求居京效力的藏族贡使和僧俗头人授官安置于京师，这对于加强中央政府与藏族地区的联系是有利的。另外，明朝对一些违法犯罪的藏族僧俗头人依法进行了处置，其实质是中央政府充分行使官吏任免权，牢牢掌握了西藏地方权力的杠杆。

二、"多封众建"——册封三大法王和五王。

这是明代治藏政策的一个突出特点，也是继承元代尊崇和利用藏传佛教，即利用西藏宗教"以化导愚顽，镇抚荒服"的基本国策，同时又根据新的历史环境，特别是西藏地方政治宗教的发展变化（主要表现在元朝末年随着元中央政权的衰败，萨迦派势力逐渐式微，其他各教派兴起，成为各据一方的宗教和政治力量，萨迦派已不能总领西藏地方政权），明朝制订和推行了一套有别于元代、独具特点的藏传佛教政策，即“多封众建”——与元朝独尊萨迦派并任命萨迦派教主任帝师总领天下释教和西藏地方事务的做法不同，明朝不独尊某一教派，而是对各教派同样尊奉均予封赠，也不敕封某教派教主担任帝师之类的中央政权要职（防止其干预国家政治），只赐予宗教尊号和地方性的宗教行政职官封号（其职权和社会活动影响仅限于宗教和地方事务）。

上述这些，集中体现在册封三大法王和五王。

三大法王是：大宝法王（噶玛噶举派，永乐五年敕封）、大乘法王（萨迦派，永乐十一年敕封）、大慈法王（格鲁派创始人宗喀巴弟子，永乐十二年封为西天佛子大国师，宣德九年敕封为大慈法王）。

五王是：阐化王（帕木竹巴噶举派，永乐四年敕封）、辅教王（萨迦派，永乐十一年敕封）、阐教王（止贡噶举派，永乐十一年敕封）、护教王（永乐五年敕封）、赞善王（永乐五年敕封）。

首倡“多封众建”政策的是太祖洪武帝，大力推行的是成祖永乐帝。《明史》说：“成祖封阐化等五王，各有分地”，大体覆盖了西藏各地区和萨迦、噶举、格鲁等藏传佛教各主要派别，是利用宗教首领兼管地方事务的“政教合一”统治方式。同时，防止其形成统一的地方势力。

三、敕赠各种荣誉封号，崇奖“化导”藏族有功绩的藏传佛教僧人。

为了充分调动、利用宗教安抚藏区群众、稳定社会秩序的社会功能，除封授上述五王和三大法王之外，明朝还敕赠各种荣誉称号，崇奖“化导”藏族有功绩的藏传佛教僧人。这些荣誉称号，按等级分别为：法王、西天佛子、大国师、国师、禅师、都纲、喇嘛（明代文献中写作“剌麻”）。

其中，以法王的封号最为尊贵。与前述实授乌思藏三大法王不同，这些法王都是居住于京师各皇家喇嘛庙的藏族高僧，他们或是奉命赴乌思藏办理事务，或是在京城为皇帝服务受到赏识而赐予的最高荣誉封号。得到这种封号的，有十几个人。景泰三年（1452）封班丹札失为“大智法王”，景泰七年（1457）封沙加为“大善法王”，天顺四年（1460）追封智光为“大通法王”，成化四年（1468）封札巴坚参为“大悟法王”，成化十七年

（1482）封领占竹为“大济法王”，成化二十二年（1486）追封端竹领占为法王，弘治五年（1492）追封乳奴班丹为法王，正德十年（1515）封绰吉我些儿为“大德法王”。另外，正德十年（1515）曾赐祭葬“大善法王”星吉班丹（封授时间不明），武宗迷恋密宗修炼，曾自称大庆法王。

这些获得荣誉封号的法王，都是京城皇家喇嘛庙的大喇嘛，既没有领地和部众，也没有向朝廷定期进贡的义务。其中将近一半是追封，武宗又自封法王，更彰显了其封号的荣誉性质。

西天佛子、大国师是仅次于法王的封号，西天佛子是永乐帝时开始封授的，后来各朝也有封赠（前述各法王都是由西天佛子晋升的），但数量不太多。大国师则是太祖洪武帝时开始封授的，最初主要是封赠故元帝师的后裔。后来范围扩大，历朝都有封授。

国师、禅师、都纲、喇嘛等的封号，最初是太祖洪武帝时据前元旧有封号改封的，一般是赐予归顺明朝和招抚各藏族部落有功的。以后各朝都有封赠，范围也变得非常宽泛。需要说明的是，都纲既是荣誉封号，也是一种僧官。当时在甘青川藏区都设都纲一职管理藏传佛教事务，也纳入国家职官系列，有相应品级。

除法王之外，西天佛子至喇嘛各级封号，情况比较复杂，其受封者既有在京城的，也有在藏区的，有的只是一种荣誉封号，有的则有领地兼辖部众（这些都有定期朝贡义务），有的还要考绩黜陟。通常都是家族内传承（由子或侄世袭）。

明朝设置这些荣誉封号的初衷，是奖励这些“化导”藏族，为治理西藏奔走效劳的喇嘛僧。但日久法坏，滥封和冒领的情况日益严重。明代中期，仅在京城有这种封号的喇嘛僧就多达几千，如果算上藏区，数量之多很难统计。宪宗（1465—1487）时做过一次清理整顿，据统计，当时京城各皇家喇嘛庙法王至禅师 437 人，喇嘛 789 人，而且生活奢华，动如官府，严重影响了京城社会生活秩序。因此，敕令降等，法王、西天佛子降为国师、禅师、都纲，追夺诰敕、印章、仪仗法物等，很多则遣还藏区。后来，世宗嘉靖朝也进行了整肃，但实效甚微。

四、建立朝贡制度——“贡有定期，人有定数，物有定品，印信有定据”。

交纳赋税是地方向中央政权应尽的义务。就中央政权而言，则是国家行使主权管理的重要内容，即使对边远的西藏当然也不例外。只不过是明朝汲取了元朝经验教训，照顾到西藏的特殊情况，不令其像别的地方一样交纳繁重的赋税，而是规定向朝廷进贡一定数量的土特产品，作为交纳赋税的象征，表示向中央政府的臣服。因此，明朝逐步建立并形成一套与此相适应的朝贡制度，其主要内容是定期、定数、定品、定据。

明朝初建，太祖多次遣使往乌思藏招抚，各部头领和大喇嘛纷纷以朝贡名义晋京朝觐，表示归服。朝廷都给与丰厚的赏赐。于是，来者日众，朝廷难以应付，所以规定乌思藏三年一贡，惟二法王（大宝、大乘）系游僧，不常厥居，故其贡期不在三年之列。甘青川边藏族部落和大喇嘛则有的一年或二年一贡。由于赏赐所带来的巨大利益，使三年之贡规定，常被打破，洪武之后，又曾多次重申三年一贡之制。

所谓“人有定数”，是指对乌思藏各部所派遣晋京朝贡人数的规定。明朝初建，为尽快招抚乌思藏，对其朝贡人数并无限定，而且是据来朝人数加以赏赐，以至进贡人数激增，先是一二百，到明代中期，有时一次就是一二千或二三千。朝廷感到接待和赏赐有很多困难，不得不做出相应的制度规定，限定各部每次进贡人数，但各部仍然以种种理由增加进贡人数。后来，不得不采取硬性规定，限制进京人数，最多时一半进京一半留边。进京者给全赏，留边者给半赏。

所谓“物有定品”是指对各部贡品做制度规定，乌思藏各部的贡品是：画佛、铜佛、舍利、氆氇、酥油等一些土特产品。其他甘青川边各藏族部落也都有具体的规定。

所谓“印信有定据”，是指乌思藏各部遣使进贡时必须持有朝廷颁给的印信公文等作为凭证。贡使要按朝廷规定的贡道进京，阐化王、阐教王、辅教王和川边藏族部落首领和大喇嘛贡使由四川雅州、黎州、天全入，赞善王和甘青各藏族部落首领和大喇嘛贡使，由陕西洮州或河州入，返回亦由原路。

同时，为保证这些制度的贯彻执行，还制定了一些相应的政策性规定。

赏赐：洪武、永乐间给赐没有固定标准，后来做了统一规定，正使、副使、随从各有标准，从四川出入或从陕西出入的也不相同，进京或留边的也不一致，各部落、各王贡使也不尽相同。

贡使进京，礼部会同馆要设筵宴款待，朔望朝觐及陛辞要招待酒饭。

贡使留京住会同馆，由光禄寺供应食用。

贡使返回，由礼部给与印信文簿，注明贡使人数、经过驿站，并应付马驴、车辆、廪给、口粮等由沿途各驿站供给，并条记盖章依次驿递，在边送巡抚衙门稽考。同时，根据远近规定在途日程和食用标准。

这些，都作为制度性措施，写入《大明会典》，保证了朝贡制度的政策连续性。

从历史发展的角度看，作为明代重要的治藏政策，朝贡制度对于维系中央政府与西藏地方的隶属关系，曾起过重要的历史作用。

五、建立“差发”制度（计户纳马充赋）与茶马互市。

中原地区与藏区的茶马交易，史书一般记载始于唐宋，实际上在此以前早就存在于社会生活中，到了明代，则作为重要的治藏政策，由中央政府垄断官办，称为“茶法”、“马政”或统称“以茶易马法”。

明朝立国之初，蒙古草原的北元势力仍然很强大，西北、西南等边疆地区也尚未归服，战争频繁，急需大批战马。太祖朱元璋借鉴历史经验，决定以茶易马，解决战事亟需。洪武四年（1371），于西北的秦州（今甘肃天水市）、洮州（今甘肃临潭县）、河州（今甘肃夏河市）、四川的雅州（今四川雅安市）等地设茶马司，管理茶马贸易。又制金牌信符（时制金牌信符四十一面，篆文上书“皇帝圣旨”；左书“合当差发”，右书“不信者斩”。每牌剖分为二，一存内廷，一存有关藏族部落。用时合符为证），命朝廷重臣持之赴甘青、川边与藏族各部落凭符以茶易马。

为了强化国家对茶马贸易的垄断，洪武十六年（1383），敕松州卫指挥，令州边藏族“计户出马充赋，名为‘差发’”。洪武二十五年（1392），又敕命陕西河州等卫所属（时朵甘、乌思藏等卫均属河州行都司管辖）各藏族部落纳马充赋。这种“差发”制度，就明朝而言，是“普天之下莫非王土，率土之滨莫非王臣”治国理念的体现，要求藏族像其他民族一样，要尽向国家交纳赋税的义务。但又照顾了藏族地区的特殊情况，给与差发马等价茶叶（就本来意义而言，交纳赋税是国民应尽义务，国家不返还报酬），所以，这又是国家统制茶马贸易的一种特殊方式和手段。正如弘治朝督理马政、都察院左副都御史杨一清所说：“至我朝纳马，谓之差发。如田之有赋，身之有庸，必不可少，彼既纳马而酬以茶斤，我体既尊，彼欲亦遂”。

因为战马关系到政权的安危，而作为藏族生活必需品的茶叶，影响着人心向背和藏区的社会稳定，所以明朝对此极为重视，将其提高到国家战略的高度，立法极严，既规定了各部应交纳差发马的数额，又规定了以茶易马的价值；既有金牌信符制度，又派官员巡察，防止民间交易，称为茶禁。

经济的发展有自身规律，它经常是突破政治禁令开辟前进道路的。茶马互市的巨大利润，刺激了民间贸易的开展，进而商贾贩运贸迁渐成规模，势难禁止，因而洪武末年，不得不明令在不影响“差发”的前提下允许民间茶马互市。但是，禁令稍弛，非官方的茶马互市发展迅猛，极大地影响了官方利益，而且乌思藏贡使也不顾禁令，私下以赐品易茶谋利，更为严重的是，不少官员甘冒杀头风险，违禁贩卖茶叶。在利益严重受损的情况下，朝廷不得不多次以严刑峻法推行禁令，力图垄断，但是收效甚微。到明朝中期以后，实际情况是，禁令经常颁发，民间茶马贸易规模越来越大，到明朝晚期，朝廷甚至将“差发”的马易茶都委托商贾运营，这实际上是放弃了官方垄断，承认了茶马互市民营的合法性，政治禁令被经济的发展突破了。这也说明，西藏和中原地区的经济互补性，反映了历史发展的相互需求，是政治禁令难以阻挡的历史必然。

六、设置僧录司、四夷馆、会同馆、驿传，分别掌理涉藏事宜。

为了保证上述治藏政策的贯彻执行，明朝还在中央政府设置了一些专责行政管理机构，并制订了许多相应的制度。

为加强佛教（包括藏传佛教）事务管理，明初设置善世院。洪武十五年（1382）改称僧录司，隶礼部，正六品衙门，职官设左右善世、左右阐教、左右讲经、左右觉义，以精通经典、戒行端洁僧人充当。其衙署南京建于天界寺，永乐迁都后，于北京建于大兴隆寺，其寺毁后，建于大隆善寺（喇嘛庙）。外地僧人（包括喇嘛僧）府属僧纲司，州属僧正司，县属僧会司，皆统于僧纲司。从现有史料来看，甘青川边藏区分别按府、州、县的规制设置，并由喇嘛僧充主管官，管理辖区内的藏传佛教事务。至于乌思藏五王和三大法王领属区内如何设置，尚待进一步考证。

在翰林院内设置四夷馆，作为少数民族语言文字的翻译机构，是我国统一多民族国家巩固和发展的历史产物。太祖初定国基即高度重视民族文字的翻译问题，并将其与政权的巩固联系起来。洪武十五年（1382），即命翰林侍讲火原洁等编撰蒙语和汉语对照的简明词典，名《华夷译语》。当时北元势力还很强大，双方交往多。明朝派出使臣携来此书“往来朔漠，皆能得其情”。

永乐帝基本完成了统一全国的历史任务，边疆各少数民族前来朝贡的络绎不绝，但因言语文字不通，麻烦事很多。因此，永乐五年（1407）敕命礼部选国子生38人隶翰林院学习民族文字翻译，并建四夷馆，作为专门机构，内分“鞑靼”、“西番”等八馆，其中，西番馆就是专门学习藏文翻译的。后来随着与境外交流的加强，正德六年（1511）增设八百馆，万历六年（1578）增设暹罗馆。总共十馆。

历朝对四夷馆都非常重视，选年轻聪慧的太学生并兼选官民子弟，委官为教师，命翰林学士稽考课程。设提督、太常寺少卿等官进行日常管理，并颁给关防（印信），制订了严格的考选和任用制度。就明朝历史来说，四夷馆在沟通明朝中央政府与边疆少数民族和境外一些民族联系和政治往来方面，都起到了应有的作用。现存明代典籍中，有数十件汉藏文合璧皇帝圣旨（主要内容是敕封藏族僧俗首领）和《西番馆来文》（主要内容是藏族僧俗朝贡或请封）。它们当是出自西番馆。由此可以管窥明代治藏政策实际运作以及西番馆在明代治藏中不可或缺的沟通和联系作用。

由于西藏地处边远，中央政权不可或缺的公文和消息传递、人员往来、物资和军队的运送等等，都是至关重要的。因此，明朝借鉴元代经验，特别重视西藏和其他边疆民族地区的交通联系，在南京和北京，都设置驿站。在京名“会同馆”，在外名“递运所”或“水马驿”，负责道路整治，以及公文传送、公差人员往来、物资和军队的转运等接待事务，并制订了相应的规章制度。洪武十六年（1383），太祖敕命在川边设置驿站，保证通往乌思藏道路的畅通。成祖永乐帝更为重视，多次下令恢复和新置通往乌思藏驿站。

南京和北京的会同馆分别称为“南馆”和“北馆”，南馆三所，北馆六所。设大使一员、副使二员（其中副使一员分管南馆），并有礼部主客司主事一员提督主持。馆内有馆夫（负责餐饮等）、翻译、医生等。公差和贡使往来经过驿站要有勘合（证明文书）。藏区和边疆民族地区朝贡人员至京都由会同馆接待，而且住宿、饮食、返回等制订了供给标准，使之制度化。这些虽然都是一些行政管理性的制度措施，但是对于保证明朝治藏政策的贯彻执行，还是起到了重要作用。

总的来说，明代是在借鉴元代经验教训的基础上，根据当时的社会历史条件，增删损益，将中央政权治理西藏的政策措施更加规范化、制度化。其基本点仍然是因俗而治和加强中央政权对西藏地方的主权管理。

〔**附记**：为读者研读本章方便，仅将本章所使用的主要第一手史料——《明实录》略作介绍。《明实录》在历史上未曾刊印，仅以抄本传世。而各种抄本，无论是卷帙或内容、文字，都不尽相同。其中，重要的有两种：一是，前南京江苏图书馆藏抄本（简称“南本”）：二是前北平图书馆藏红格抄本，是清初为纂修《明史》而抄录的（简称“北本”）。“南本”曾于1940年影印出版，“北本”也于1968年影印问世，两者都有错讹，但比较而言，“南本”错讹之处更多些。因此，本书主要依据“北本”，所标卷数，也以“北本”为准。同时，与西藏人民出版社1982年出版的《明实录藏族史料》互校，择优而从。

又，明代十七朝、十六帝（英宗分为“正统”、“天顺”两朝）。光宗泰昌朝甚为短暂，“南本”无光宗实录，北本《光宗实录》内无藏族史料。明代皇权斗争激烈，也影响到《实录》的编修。由于永乐帝不承认建文帝，惠帝建文朝实录附于《太祖实录》。英宗失权复夺权，其间的代宗景泰朝附于《英宗实录》。所有这些，都请研读时注意。〕

一、遣使招抚，起用前元旧官，建立行政管理机构，授官镇抚，稳定社会秩序

《明史》所记统一乌思藏简要经过

洪武二年（1369），太祖定陕西，即遣官赍诏招抚，又遣员外郎许允德谕其酋长，举元故官赴京。摄帝师喃加巴藏卜及故国公南哥思丹八亦监藏等于六年（1373）春入朝，上所举六十人名。帝喜，置指挥使司二：曰朵甘、曰乌斯藏；宣慰司二，元帅府一，招讨司四，万户府十三，千户所四，即以所举官任之。廷臣言："来朝者授职，不来者宜弗予"。帝曰："吾以诚心待人，彼不诚，曲在彼矣。万里来朝，俟其再请，岂不负远人归向之心。"遂皆授之。降诏曰："我国家受天明命，统御万方，恩抚善良，武威不服。凡在幅员之内，咸推一视之仁。乃者，摄帝师喃加巴藏卜率所举故国公、司徒、宣慰、招讨、元帅、万户诸人，自远入朝。朕嘉其识天命，不劳师旅，共效职方之贡，已授国师及故国公等为指挥同知等官，皆给诰印。自今为官者务遵朝廷法，抚安一方。僧务敦教化导之诚，率民为善，共享太平，永绥福祉，岂不休哉。"并宴赍遣还。初，元尊番僧为帝师，授其徒国公等秩，故降者袭旧号。

锁南兀即尔者归朝，授朵甘卫指挥佥事，以元司徒银印来上，命进指挥同知。已而朵甘宣慰使赏竹监藏举首领可为指挥、宣慰、万户、千户者二十二人。诏从其请，铸分司印予之。乃改朵甘、乌斯藏二卫为行都指挥使司，以锁南兀即尔为朵甘都指挥同知，管招兀即尔为乌斯藏都指挥同知，并赐银印。又设西安行都指挥使司于河州，兼辖二都司。已，佛宝国师锁南兀即尔等遣使来朝，奏举故官赏竹监藏等五十六人。命增置朵甘思宣慰司及招讨等司。招讨司六：曰朵甘思、曰朵甘陇答、曰朵甘丹、曰朵甘仓溏、曰朵甘川、曰磨儿勘。万户府四：曰沙儿可、曰乃竹、曰罗思端、曰列思麻。千户所十七。以赏竹监藏为朵甘都指挥同知，余授职有

差。自是，诸番修贡惟谨。

八年（1375）置俄力思军民元帅府。寻置陇答卫指挥使司。十八年（1385）以班竹儿藏卜为乌斯藏都指挥使。乃更定品秩，自都指挥以下皆令世袭。未几，又改乌斯藏俺不罗卫为行都指挥使司。二十六年（1393），西番思曩日等族遣使贡马，命赐金铜信符、文绮、袭衣，许之朝贡。

永乐元年（1403）改必里千户所为卫，后置乌斯藏牛儿宗寨行都指挥使司，又置上邛部卫，皆以番人官之。十八年（1420），帝以西番悉入职方，其最远白勒等百余寨犹未归附，遣使往招，亦多入贡。帝以番俗惟僧言是听，乃宠以国师诸美号，赐诰印，令岁朝。由是诸番僧来者日多，迄宣德朝，礼之益厚。

（《明史》卷三三一，列传第二一九，西域三，朵甘）

招抚、起用前元旧官与设治建政

太祖招抚吐蕃诏书

洪武二年（1369）五月甲午

遣使持诏谕吐蕃。诏曰："昔我帝王之治中国，以至德要道民用和睦，推及四夷，莫不安靖。向者胡人窃据华夏百有余年，冠履倒置，凡百有心，孰不兴愤。比岁以来，胡君失政，四方云扰，群雄分争，生灵涂炭。朕乃命将率师，悉平海内。臣民推戴为天下主，国号"大明"，建元"洪武"。式我前王之道，用康黎庶。惟尔吐蕃，邦居西土，今中国一统，恐尚未闻，故兹诏示。"使者至吐蕃，吐蕃未即归命，寻复遣陕西行省员外郎许允德往招谕之。

（《太祖实录》卷四二）

太祖遣巩哥锁南往西藏招谕吐蕃

洪武三年（1370）八月庚申

遣通事舍人巩哥锁南等往西藏招谕吐蕃①。

（《太祖实录》卷五五）

---

①　洪武九年七月，巩哥锁南等招谕吐蕃返回途中，行至川藏朵工地方皆遇害。

左副副将军邓愈遣人招抚吐蕃诸酋

洪武三年（1370）五月辛亥

左副副将军邓愈自临洮进克河州，遣人招谕吐蕃诸酋。

（《太祖实录》卷五二）

洪武三年（1370）

以征虏左副副将军从大将军出定西……分兵自临洮进克河州，招谕吐蕃诸酋长，宣慰使何锁南普等，皆纳印请降。……河州以西朵甘、乌斯藏诸部悉归附。

（《明史》卷一二六，列传第一四，邓愈传）

洪武十年（1377）十一月癸未

卫国公邓愈卒。……（洪武）三年，（邓愈）为征虏左副副将军从大将军（徐）达平陇右，大破扩廓帖木尔之兵于定西，诏谕河州吐蕃诸酋，阿琐南普、朵儿只汪家奴等皆降，而河州以西朵甘、乌思藏等部来归者甚众。

（《太祖实录》卷一一六）

明初起用前朝旧官

乌思藏：西番，古吐番地，元时为郡县。洪武初，因其旧职。

（《大明会典》卷一〇八，礼部六六）

太祖令举前元旧官

洪武六年（1373）

令诸酋举故官授职。以摄帝师喃加巴藏卜为炽盛佛宝国师，元国公南哥思丹八亦监藏等为都指挥同知①、宣慰使、元帅、招讨等官。自是，番僧有封灌顶国师及赞善王、阐化王、正觉大乘法王、如来大法宝王者，俱赐印诰，令比岁或间岁朝贡。

（明·汪俊：《四夷馆考》②）

① 据《明太祖实录》卷七九，以元国公南哥思丹八亦监藏等为指挥同知……等官。

② 本书现流行清刻本题“佚名撰”。罗振玉先生考订为明朝汪俊撰，本书从其说。

授原吐蕃宣慰使何锁南普为河州卫指挥同知

洪武三年（1370）十二月辛巳

吐蕃宣慰使何锁南普等一十三人来朝进马及方物。

（《太祖实录》卷五九）

洪武四年（1371）正月辛卯

以何锁南普为河州卫指挥同知……仍令何锁南普子孙世袭其职。

（《太祖实录》卷六〇）

命中书劳西番指挥何锁南往乌思宣慰之功[1]

君子守信，以义从仁，所以仁者盛，义者兴，此道理之行者也。

今西番指挥何锁南，自附以来，信义甚坚。前岁命往乌思宣布朕命，远涉万里，不惮劳苦，至乌思，所言朕命如敕。今年以家小来京，合加礼待，使足养其亲，下程米三十石，麦如之。

其镇抚刘温，人职虽微，心亦怀诚，眷属亦也至京，下程米一十石，麦如之。

（《明太祖集》卷八）

授吐蕃来降院使马梅为河州卫指挥佥事

洪武四年（1371）六月戊子

以吐蕃来降院使马梅为河州卫指挥佥事，故元宗王孛罗罕、右丞朵立只答儿为正千户，元帅克失巴卜、同知卜颜歹为副千户，同知管不失结等为镇抚百户，及其部属以下各赐袭衣、文绮有差。先是，三年冬马梅遣官不失结等贡马及方物，至是偕孛罗罕等来朝，复贡马及铁甲、刀、箭。上嘉其诚，故有是命，且谕礼部臣曰："时方隆暑，马梅等远来，宜早遣赴卫。"于是复赐文绮及帛各十匹，其部属以下各二匹，而遣之。

（《太祖实录》卷六六）

① 此件原书未注明年月。何锁南与前件何锁南普是否为一人，待考。

设朵甘卫指挥使司

洪武四年（1371）十月乙未

置朵甘卫指挥使司

（《太祖实录》卷六八）

置必里千户所并任命世袭千户

洪武四年（1371）十一月丁丑

置必里千户所，属河州卫，以朵儿只星吉为世袭千户。必里在吐番朵甘思界，故元设必里万户府，朵儿只星吉为万户。至是来降，河州卫指挥使韦正遣送至京，故有是命。

（《太祖实录》卷六九）

设置都指挥使司等机构及敕封官员

洪武六年（1373年）二月癸酉

诏置乌思藏、朵甘卫指挥使司，宣慰司二、元帅府一、招讨司四、万户府十三、千户所四，以故元国公南哥思丹八亦监藏等为指挥同知、佥事，宣慰使同知、副使、元帅、招讨、万户等官，凡六十人。以摄帝师喃加巴藏卜为炽盛佛宝国师。先是，遣员外郎许允德使土番，令各族酋长举故官至京授职。至是，喃加巴藏卜以所举故元国公南哥思丹八亦监藏等来朝贡，乞授职名。

省台臣言：来朝者宜与官职，未来者宜勿与。上曰："吾以诚心待人，彼若不诚，曲在彼矣。况此人万里来朝，若俟其再请，岂不负远人归向之心。"遂皆授职名，赐衣帽、钞锭有差。仍遣〔使〕诏谕朵甘、乌思藏等处曰："我国家受天明命，统驭万方，恩抚善良，武威不服，凡在幅员之内，咸推一视之仁。近者摄帝师喃加巴藏卜以所举乌思藏、朵甘思地面故元国公、司徒、各宣慰司、招讨司、元帅府、万户、千户等官，自远来朝，陈请职名，以安各族。朕嘉其识达天命，慕义来庭，不劳师旅之征，俱效职方之贡，宜从所请，以绥远人。以摄帝师喃加巴藏卜为炽盛佛宝国师，给赐玉印；南哥思丹八亦监藏等为朵甘、乌思藏武卫诸司等官，镇抚军民，皆给诰印。自今为官者务遵朝廷之法，抚安一方；为僧者，务敦教化导之诚，率民为善，以共乐太平。"

初，玉人造赐喃加巴藏卜印既成，以进，上观其玉未美，亟命工易之。其制，兽纽、涂金、银印池。仍加赐喃加巴藏卜彩缎表里二十匹。未几，喃加巴藏卜等辞归，命河州卫镇抚韩加里麻等持敕同至西番，招谕未附土酋。

（《太祖实录》卷七九）

太祖封俄力思军民元帅府元帅诏书

奉天承运皇帝圣旨：

朕君天下，凡四方慕义来归者，皆待之以礼，授之以官。尔搠思公失监，久居西土，闻我声教，能委心效顺，保安境土，朕用嘉之。今设俄力思军民元帅府，命尔以元帅之职，尔尚思尽乃心，谨遵纪律，抚其部众，使疆土靖安，庶副朕委任之意。可怀远将军俄力思军民元帅府元帅，宜令搠思公失监。准此。

洪武六年（1373）二月　日

（原件。转引自《西藏地方是中国不可分割的一部分》第 93 页）

太祖诏准赏竺监藏所举西域头目为朵甘卫指挥同知等官

洪武六年（1373）十月甲申

河州卫言：朵甘思宣慰赏竺监藏举西域头目可为朵甘卫指挥同知、宣抚司、万户、千户者二十二人。诏从其请，命铸分司印与之。

（《太祖实录》卷八五）

太祖命琐南兀即尔为指挥同知

洪武六年（1373）十月己卯

升朵甘卫指挥佥事琐南兀即尔为指挥同知。初，琐南兀即尔仕元为司徒，镇守朵思麻、朵甘思两界，及归本朝，授朵甘卫指挥佥事。至是，来上言："影堂寺并昔兀扎束之地，请如旧管辖，及禁边人，勿侵扰哑卜伦等地，俱乞护持"。诏从之。遂升为卫同知，给以分司印。于是，琐南兀即尔遣人上其所受元司徒银印，命以文绮赐之。

（《太祖实录》卷八五）

太祖赏赐宣慰朵甘、乌思藏还朝的许允德

洪武七年（1374）三月癸巳

陕西行省员外郎许允德自西番朵甘、乌思藏使还，赐冠带、罗衣及钱。

（《太祖实录》卷八八）

诏置西安行都指挥使司并辖河州、朵甘、乌思藏三卫

洪武七年（1374）七月己卯

诏置西安行都指挥使司于河州。升河州卫指挥司韦正为都指挥使，总辖河州、朵甘、乌思藏三卫。升朵甘、乌思藏二卫为行都指挥使司，以朵甘卫指挥同知锁南兀即尔、管招兀即儿〔各〕为都指挥同知。诏谕之曰："朕自布衣，开创鸿业，荷天地眷佑，将士宣劳，不数年间，削平群雄，混一海宇。惟尔西番朵甘、乌思藏各族部属，闻我声教，委身纳款，已颁赏授职，建立武卫，俾安军民。迩使者还言，各官公勤乃职，军民乐业。朕甚嘉焉。尚虑彼方地广民稠，不立重镇治之，何以宣布恩威。兹命立西安行都指挥使司于河州，其朵甘、乌思藏亦升为行都指挥使司，颁授银印，仍赐各官衣物。呜呼！劝赏者，国家之大法；报效者，臣子所当为。宜体朕心，益遵纪律。"

（《太祖实录》卷九一）

太祖命许允德再次使朵甘乌思藏

洪武七年（1374）十二月甲午

上以员外郎许允德①使朵甘、乌思藏，命给其家常俸外，月增米三石赡之。

（《太祖实录》卷九五）

太祖命河南卫镇抚韩加里麻同国师喃加巴藏卜持敕赴乌思藏招抚

洪武七年（1374）十二月甲寅

---

① 许允德此次未及赴藏，于同月己未卒于河州。

先是，命河南卫镇抚韩加里麻同国师喃加巴藏卜持敕至乌思藏，招谕未附番酋，并以文绮赐之。至是，来谢。

（《太祖实录》卷九五）

诏增朵甘思宣慰司及招讨等司行政管理机构

洪武七年（1374）十二月壬辰

炽盛佛宝国师喃加巴藏卜及朵甘行都指挥同知锁南兀即尔等遣使来朝，奏举土官赏竺监藏等五十六人，诏增置朵甘思宣慰司及招讨等司。招讨司六：曰朵甘思、曰朵甘笼答、曰朵甘丹、曰朵甘仓溏、曰朵甘川、曰磨儿勘；万户府四；曰沙儿可、曰乃竹、曰罗思端、曰列思麻；千户所十七：曰朵甘思、曰剌宗、曰孛里加、曰长河西、曰朵甘思多八参孙等处，曰加巴、曰兆日、曰纳竹、曰伦答、曰沙里可哈思的、曰孛里加思东、曰果由、曰参卜郎、曰剌错牙、曰泄里坝、曰阔侧鲁孙、曰撒里土儿干。改故元伦卜卒曰四族，达鲁花赤为都管，朵甘捕盗司为巡检司。以赏竺监藏等七人为朵甘都指挥司同知，南哥思丹八亦监藏等三人为乌思藏都指挥司同知，星吉监藏等十一人为朵甘宣慰司使，川捌藏卜等八人为朵甘思等六招讨司官，管者藏卜等五人为沙儿可等万户府万户，管卜儿监藏等十八人为朵甘思等一十七千户所千户，速令一人为伦卜卒曰四族都管，监藏令占等三人为朵甘巡检司巡检。遣员外郎许允德赍诏及诰印往赐之。来使哈石监藏等赐衣袭、帽靴遣还。

〔赐〕赏竺监藏等诰文曰："朕受天明命，君主华夷。凡诸施设，期在安民。是以四夷之长，有能抚其众而悦天心者，莫不因其慕义，与之爵赏，以福斯民。曩者，西番效顺，为置乌思藏行都指挥使司，以官其长，使绥镇一方，安辑众庶。今复遣使修贡请官。朕如其请，特以赏竺监藏等为某官。尔其恪修厥职，毋怠"。

（《太祖实录》卷九五）

诏置军民元帅府等并委任官员

洪武八年（1375）正月庚午

诏置俄力思军民元帅府、怕木竹巴万户府、乌思藏笼答千户所，设官一十三人。

（《太祖实录》卷九六）

太祖遣僧宗泐宣抚乌思藏

洪武十一年（1378）十二月

是月，遣僧宗泐等使西域。

（《太祖实录》卷一二一）

诏前元旧官为宣慰、招讨等官

洪武十二年（1379）正月甲申

朵甘都指挥同知赏竺监藏、灌顶国师答力麻巴剌，遣使奏举西番故官十六人为宣慰、招讨等官。从之。

（《太祖实录》卷一二二）

俄力思元帅府等遣使随宗泐朝贡

洪武十四年（1381）十二月乙卯

僧宗泐还自西域，俄力思军民元帅府、巴者万户府遣使随宗泐来朝，表贡方物。

（《太祖实录》卷一四〇）

智光奉命宣抚乌思藏

智光，武定人。洪武时，奉命两使乌思藏诸国。永乐时，又使乌思藏，迎尚师哈立麻，遂通番国诸经，多所译解。

（《明史》卷二九九，列传一八七，方伎·智光传）

置长河西等处军民安抚使司以剌瓦蒙为安抚使

洪武十六年（1383）四月戊寅

置长河西等处军民安抚使司，以故元右丞剌瓦蒙为安抚使，赐文绮四十八匹、钞二百锭。

（《太祖实录》卷一五三）

太祖授班竹儿为乌思藏都指挥使

洪武十八年（1385）正月丙寅

以西番班竹儿为乌思藏都指挥使。

（《太祖实录》卷一七〇）

定朵甘思宣慰使万户府等品秩

洪武十八年（1385）正月丁卯

定朵甘思宣慰使秩正三品，朵甘万户府、朵甘招讨司、朵甘东道万户府、乌思藏必力公瓦万户府①，秩皆正四品；朵甘塔尔千户所、乌思藏葛剌汤千户所②，秩皆正五品。

（《太祖实录》卷一七〇）

授乌思藏卫俺不罗行都指挥使司指挥佥事

洪武十八年（1385）正月壬午

以乌思藏俺不罗卫指挥使古鲁监藏为乌思藏卫俺不罗行都指挥使司指挥佥事。

（《太祖实录》卷一七〇）

成祖任命剌麻失加等为指挥佥事

永乐元年（1403）五月辛巳

升必里千户所为必里卫，以故千户哈即尔加弟剌麻失加、千户阿卜束男结束为指挥佥事；设川卜簇千户所，隶河州卫，以头目令真奔等为千户、百户，给印、诰，赐冠带织金文绮袭衣。

（《太宗实录》卷一九）

成祖遣使授扎思木头目等为朵甘卫都指挥使同知等

永乐四年（1406）三月壬寅

---

① 必力公瓦万户府辖地在今年西藏墨竹工卡县直孔区一带。

② 葛剌汤千户所辖地在今西藏札囊县境内。

遣使……授扎思木头目撒力加监藏为朵甘卫行都司都指挥使，切禄、奔薛儿加俱为都指挥同知。各赐诰命、袭衣、锦绮。

命……陇答头目结失古加之子巴鲁为陇答卫指挥使。赐诰命、银、币。

（《太宗实录》卷五二）

成祖任命馆觉头目南葛监藏等官职

永乐五年（1407）三月丁卯

命馆觉[①]头目南葛监藏、阿屑领占俱为朵甘行都指挥使司都指挥使；阿卓南葛领占及灵藏头目锁南斡屑为都指挥佥事；玉隆监藏、沙加藏卜、玉隆星吉为指挥佥事；且汪加为卫镇抚，赐都指挥使撒力加监藏、都指挥同知奔薛儿加、陇答卫指挥使巴鲁亦印、诰、白金、彩币、袭衣及茶各有差。南葛监藏者，剌兀监藏之子也。剌兀监藏，洪武中，率先朝贡，授朵甘卫都指挥使，及卒，以弟着思巴儿监藏暂领其职。至是，南葛监藏并诸头目亦各遣人来朝贡马，故有是命。

（《太宗实录》卷四八）

成祖遣杨三保赍敕赴乌思藏并置陇卜卫赐印诰

永乐十一年（1413）二月己未

中官杨三保等使乌思藏等处还。乌思藏怕木竹巴灌顶国师阐化王吉剌思巴监藏巴里藏卜，遣侄札结等，与三保偕来朝贡。命礼部复遣中官赍敕赐之锦、币，并赐其下头目剌麻有差。置乌思藏卫牛儿宗寨行都指挥使司，以喃葛监藏为都指挥佥事。授锁巴头目剌昝〔咎〕肖、掌巴头目札巴、八儿土官锁南巴、仰思都巴头目公葛巴等，俱为司徒，各赐银印、诰命、锦、币。司徒者，其俗头目之旧号，因而授之。以擦巴头目巴儿藏卜继其兄葛谛藏卜、挫失吉继其父冷真监藏并管著烈思巴簇林监藏，俱为乌思藏都指挥使司都指挥佥事。喃噶烈思巴继其父损竹监藏为乌思藏俺卜罗行都指挥使司都指挥佥事，各赐诰命、彩币。时灵藏灌顶国师赞善王著思巴儿监藏、管觉灌顶国师护教王宗巴干〔斡〕即南哥巴藏卜、必力工瓦国师端竹监藏俱遣人贡方物，亦赐锦绮、彩币等物。

---

① 馆觉即今西藏昌都地区所辖之贡觉县。

置陇卜卫，以头目锁南斡些儿为指挥使，赐印、诰、锦绮。

（《太宗实录》卷一三七）

成祖命朵甘卫指挥使阿屑领占子袭职

永乐十三年（1415）五月丙辰

设上邛部卫。命头目掌巴伯为指挥使。时朵甘卫都指挥使阿屑领占卒，命其子斡些儿伦竹嗣职；复命斡些儿锁南继其叔南葛领占为本卫都指挥佥事，俱赐诰命。

（《太宗实录》卷九六）

成祖封仁蚌巴南喀杰波为都指挥佥事

永乐十四年（1416）五月庚申

设西番领司奔寨行都指挥使司，以头目喃葛加儿卜[①]为都指挥佥事，遣使给诰命。

（《太宗实录》卷八八）

必力工瓦阐教王遣使贡方物封使为千户

永乐十六年（1418）三月丁巳

必力工瓦阐教王领真巴儿吉监藏，遣使汪速他贡方物。命汪速他为千户，赐之诰命。

（《太宗实录》卷一九八）

宣宗敕封指挥使各官

宣德元年（1426）三月庚子

（命乌思藏）公哥扎〔乩〕为指挥使；锁南端竹为指挥佥事，赐银印、诰命、金带。结藏为正千户，赐诰命、银带。

（《宣宗实录》卷 -五）

---

① 五世达赖喇嘛《西藏王臣记》载，仁蚌巴·南喀坚赞为阐化王扎巴坚赞的重臣，任仁蚌宗宗本、曲弥万户长、萨迦大寺的本钦，其子为仁蚌巴南喀杰波，即喃葛加儿卜。

宣宗升乌思藏等处指挥佥事等官并赐印诰

宣德元年（1426）十月丙寅

升乌思藏公哥儿寨官忍昝巴、札葛尔卜寨官领占巴、头目昝卜巴俱为都指挥佥事，给赐银印、诰命。

（《宣宗实录》卷二二）

宣德元年（1426）十月壬申

赐朵甘都司都指挥使锁南监藏、乌思藏都司都指挥佥事公哥监藏那儿卜藏卜、牛儿宗寨行都司指挥佥事喃葛班绰儿、朵垄指挥佥事锁南监剉、必力工瓦都指挥佥事朵而只搭儿诰命。

（《宣宗实录》卷二二）

宣宗命造朵甘卫千户所印

宣德二年（1427）二月癸酉

造朵甘卫千户所印。

（《宣宗实录》卷二五）

宣宗准朵甘卫行都司都指挥使年老致仕以其子代之

宣德五年（1430）五月庚戌

朵甘卫行都司都指挥使撒力加监藏奏年老乞致仕，以其子星吉儿监藏代。从之。

（《宣宗实录》卷六六）

宣宗命阐化王使臣为都指挥佥事

宣德五年（1430）九月戊申

命阐化王使臣伴剌麻为都指挥佥事，赐之冠带。

（《宣宗实录》卷七〇）

英宗命汪束袭父必里卫指挥佥事职

正统六年（1441）六月壬申

命故必里卫指挥佥事俺奔子汪束袭职。

（《英宗（正统）实录》卷八〇）

英宗令朵甘乌思藏头目升袭指挥佥事

正统十二年（1447）二月丙申

升乌思藏头目札失坚锉藏卜为都指挥佥事。

（《英宗（正统）实录》卷一五〇）

英宗敕命故列思麻万户府万户剌麻坚藏卜之子等各袭父职

正统十四年（1449）九月戊寅

令故列思麻万户府万户剌麻坚藏卜子完卜绰思吉坚粲袭为指挥佥事，朵甘思宣慰司宣慰使汪束藏卜子完卜绰思吉札巴袭为指挥佥事。

（《英宗（正统）实录》卷一八二）

代宗赐朵甘地面宣慰使绰吉札巴银印

景泰三年（1452）九月己亥

赐朵甘地面宣慰使绰吉札巴银印。从灌顶国师赞善王班丹坚剉请也。

（《英宗附代宗实录》卷二二〇）

英宗敕命朵甘思宣慰使绰思吉劄思巴从子袭职

天顺二年（1458）三月己亥

命故四川朵甘思宣慰使绰思吉劄思巴从子银敦劄叭袭职。

（《英宗（天顺）实录》卷二八九）

英宗敕命乌思藏故都指挥佥事昝卜巴之子袭父职

天顺四年（1460）九月癸未

命乌思藏故都指挥佥事昝卜巴子安聘袭其父职。

（《英宗（天顺）实录》卷三一九）

英宗赐朵甘思宣慰使司宣慰使银印

天顺七年（1463）九月庚辰

给朵甘思宣慰使司宣慰使银敦劄八诰命。

（《英宗（天顺）实录》卷三五七）

宪宗敕命乌思藏故都指挥佥事巴哈思家儿家之子袭父职

成化元年（1465）十月戊戌

命乌思藏故〔都〕指挥佥事巴哈思家儿家子卓嵬袭其父原职，给敕谕，照旧抚御番夷。

（《宪宗实录》卷二二）

宪宗敕命升西番剌旺藏卜为指挥佥事

成化四年（1468）四月庚戌

升西番剌旺藏卜为指挥佥事，因其遣使入贡求请也。

（《宪宗实录》卷五三）

宪宗命公葛坚粲巴藏卜袭其父朵干卫都指挥使职

成化十八年（1482）七月己巳

朵干卫都指挥使蓝葛监藏死，命其子公葛坚粲巴藏卜袭职。其入贡番僧又言："本境求请有时与女直〔真〕不同，恳求旧敕。"许之。

（《宪宗实录》卷二二九）

朵甘思直管招讨司以袭职朝贡，孝宗赐宴并赏赐如例

弘治六年（1493）正月辛卯

四川朵甘思直管招讨司袭职番舍阿答儿等来贡。赐宴并彩缎，衣服等物如例。

（《孝宗实录》卷七一）

孝宗命阿朵儿袭其父四川乌思藏朵甘都指挥使职

弘治十二年（1499）十一月甲戌

命四川乌思藏朵甘卫都指挥使司都指挥使阿肩领占子阿朵儿袭原职都指挥使。

（《孝宗实录》卷一五六）

武宗命朵甘卫都指挥佥事等各世袭其祖职

正德二年（1507）正月己亥

命朵甘卫都指挥佥事阿卓孙星吉藏、乌斯藏都指挥佥事昝卜巴孙叁〔参〕呆〔保〕藏、朵陇指挥佥事锁南坚剉孙锁南卧些儿、正千户思东剌瓦儿结孙也舍坚剉，各袭其曾祖、祖原职。

（《武宗实录》卷二一）

武宗命朵甘思宣慰使司副使及列思麻万户等世袭

正德四年（1509）十二月戊子

命朵甘思宣慰使司副使答儿麻坚粲孙锁南叫、列思麻（万户府）万户剌麻监藏重孙板麻藏俱袭其祖职。

（《武宗实录》卷五八）

明朝在乌思藏等处设治建政概况

西番，即古土番种类。洪武初，遣人招谕。又令各族举旧有官职者至京，授以国师及都指挥、宣慰使、元帅、招讨等官，俾因俗以治。自是，番僧有封灌顶国师及赞善、阐化等王，大乘、大宝法王者，俱给以印诰，传以为信。其所设有都指挥使司、指挥司等处，今具录于后：

都指挥使司二

乌思藏都指挥使司　朵甘卫都指挥使司

指挥使司一

陇答卫指挥使司

宣慰使司三

朵甘宣慰使司　董卜韩胡宣慰使司

长河西鱼通宁远宣慰使司

招讨司六

朵甘思招讨司　朵甘陇答招讨司

朵甘丹招讨司　朵甘仓溏招讨司

朵甘川招讨司　磨儿勘招讨司

万户府四

沙儿可万户府　乃竹万户府

罗思端万户府　　别思麻万户府

千户所十七

朵甘思千户所　　刺宗千户所

孛里加千户所　　长河西千户所

多八三孙千户所　加八千户所

兆日千户所　　　纳竹千户所

伦答千户所　　　果由千户所

沙里可哈忽的千户所

孛里加思千户所　撒里土儿千户所

参卜郎千户所　　刺错牙千户所

泄里坝千户所　　阔则鲁孙千户所

（《大明会典》卷一二五；《明史》卷九〇）

附一　自愿在京效力任职的藏族官员

太祖命剌麻僧连贡隆为西番通事舍人

洪武七年（1374）十二月乙巳

以西番僧连贡隆为西番通事舍人，赐文绮、袭衣、靴、帽。

（《太祖实录》卷九五）

宣宗准乌思藏阐教王头目朵令居京效力

宣德五年（1430）四月壬午

乌思藏阐教王头目朵令遣来锁扎失思奏："愿居京自效。"命为所镇抚，赐冠带、金织袭衣、彩币、钞、布，仍命有司给房屋、器皿等物如例。

（《宣宗实录》卷六五）

阐化王所部朝贡使愿居京自效，宣宗命为所镇抚

宣德五年（1430）六月丁酉

乌思藏阐化王所部养卜鲁都指挥佥事工哥尔监藏遣来番人三札思皆奏："愿居京自效。"命为所镇抚，赐冠带、金织袭衣、彩币、银钞、鞍

马，仍命有司给房屋等物如例。

（《宣宗实录》卷六七）

阐化王朝贡使孙竹愿居京自效，宣宗命为所镇抚

宣德五年（1430）九月癸亥

乌思藏阐化王遣来使臣孙竹奏："愿居京自效。"命为所镇抚，赐金织袭衣、彩币、钞、布，仍命有司给房屋、器皿等物如例。

（《宣宗实录》卷七〇）

赞善王所遣朝贡使劄失坚藏等愿居京
自效宣宗敕命为副千户、所镇抚等官

宣德八年（1433）八月己酉

灵藏赞善王遣番人劄失监藏来朝……皆奏："愿居京自效"。命为副千户、所镇抚等官，赐……如例。

（《宣宗实录》卷一〇四）

附二　明廷对乌思藏违法犯罪官员的处理

太宗命藏族各部落各守疆界不准
劫掠，执迷不悟发兵征讨

永乐十九年（1421）九月壬申

西番马儿藏等簇头目阿束〔东〕等劫掠沙剌簇，事闻。命都指挥〔使〕李达遣人谕之，令悉还所掠，各守疆界；如执迷不悛，发兵征之。

（《太宗实录》卷一二一）

宣宗宥阐化王贡使死罪谕令改过

宣德二年（1427）十二月丁丑

宥喃哈监剉死罪。喃哈监剉者，乌思藏帕木竹巴灌顶国师阐化王所遣使也，初，归至西宁，与驿丞子斗争，杀其子。事闻，上以其远人，特宥之，遣还。仍敕阐化王，谕令改过。

（《宣宗实录》卷三四）

宣宗命将西番千户阿失吉之弟工噶以杀兄之罪斩首示众

宣德六年（1431）六月己亥

镇守河州都督同知刘昭奏：“罗思囊簇西番千户阿失吉为亲弟工噶所杀，而据其地，按问已引服，当斩。”上曰：“杀兄非常罪，斩之，枭其首以徇，使远人知有法。”

（《宣宗实录》卷八〇）

英宗命发遣不法刺麻辽东戍边

正统十四年（1449）六月丙辰

能仁寺番僧朵儿只星吉、乌答麻室星二人相诬奏以不法。刑部论赎徒。上命发戍辽东铁岭卫。

（《英宗（正统）实录》卷一七九）

英宗严命藏传佛教僧人册封使不许科敛害民

天顺元年（1457）五月癸未

初，景泰七年遣灌顶国师葛藏、右觉义桑加巴等为正、副使，同答苍地面所遣剌麻沙加星吉等，往封辅教王。光禄寺署丞祁全伴送至四川，买办牛、马等物驮载。指此为由，以一科十，伤财害民。上闻之，命四川三司同巡按御史将原给敕书奏缴。其正副使脚力等项，照例减半。仍将官库收有之物，估计时价给与两平，易买货物，不许科敛害民。

（《英宗（天顺）实录》卷二七八）

宪宗时国师结卜以罪诛

成化元年（1465）八月戊戌

命番僧且答儿黑巴为精勤善行国师。先是，且答儿黑巴兄国师结卜以罪诛；至是，番簇为请于朝，故有是命。

（《宪宗实录》卷二〇）

宪宗处分僧官锁南桑尔结并宥孙鉴罪

成化十一年（1475）正月己卯

宥陕西都指挥孙鉴等罪。先是，乌斯藏阐化王遣番僧锁南桑尔结等进贡，还至西宁，留丹等寺不复归，又冒名进贡，得朝廷敕谕并赐物皆匿之。阐化王令其下三人者来趣之归，锁南桑尔结闭之室中，率其党缚二人手足，剜去其目，尽夺所赍器物。一人得逸去诣鉴告，鉴执诸为恶者置之狱。其徒行赂〔贿〕于鉴及西宁卫镇抚罗英,求缓其事。鉴等受之,而竟以闻。下巡按御史会官鞫实,锁南桑尔结等四人罪皆当死。其徒因发鉴等受赂〔贿〕事,御史请并逮鉴等治之。都察院复奏,且言事在赦前。命俱宥之。

（《宪宗实录》卷一三七）

宪宗命逮究藏僧锁南班著儿等伪造阐化王公文

成化二十二年（1486）正月戊辰

上命锦衣卫逮究番僧锁南班著儿并通事人等原赍敕书、勘合。班著儿者，瞿昙寺灌顶大国师班卓儿藏卜之徒也。先奉命赍敕书、勘合付乌思藏阐教王，伪为王印信番文复命，故命逮究以闻。

（《宪宗实录》卷二七四）

刑部请治乌思藏阐化王贡使回途伤众罪

弘治八年（1495）六月己巳

乌思藏阐化王贡使锁南短竹等回至扬州广陵驿，遇大乘法王贡使锁南札进北上，相与杀牲饮酒，三日不去，见他使舟至，则以石投之，不容泊。知府唐恺呼其舟人来驿中戒之。锁南短竹等持兵仗拥入驿，恺避去，郡民力格斗，乃免，民为所伤者其众。巡抚都御史李蕙等以闻。刑部请治通事柰显、伴送百户杨相等罪，仍请榜示沿途驿递，严加禁约。别遣通事谕其王，令各治贡使之罪。从之。

（《孝宗实录》卷一〇一）

孝宗特免擅封阐化王之藏僧死罪令充军

弘治十年（1497）十二月壬午

初，乌思藏阐化王死，其子班阿吉汪束札巴乞袭封阐化王。上命番僧剌麻参曼答实哩为正使，锁南窝资尔副之，同剌麻札失坚参等十八人，共赍诰敕并赏赐彩缎、衣服、食茶等物往封之。行三年至其地。时新王亦已死，其子阿汪扎失札巴坚参巴班藏卜即欲受封，并领所赍诰敕诸物。参曼答实哩等不得已授之，遂具谢恩方物并其父原领礼部勘合、印信、图书番本付参曼答实哩等赍回为左验。至四川，巡抚官劾其擅封之罪，逮至京坐斩。至是，屡奏乞贷死。上以为番人不足深治，特免死，发陕西平凉卫充军，副使以下宥之。

（《孝宗实录》卷一三二）

二、“多封众建”——册封三大法王和五王

有关制度规定

《明史》有关记载

初，成祖封阐化等五王，各有分地，惟二法王（大宝、大乘）以游僧不常厥居，故其贡期不在三年之例。然终明世，奉贡不绝云。

（《明史》卷三三一，列传第二一九，西域三，大乘法王传）

颁给乌思藏各法王等诰敕印信

凡番夷诰敕：初，哈密等七卫俱有，如朵颜、海西诸卫例，后乃没于土鲁番。而乌思藏、长河西等处阐教、阐化、辅教、赞善、护教五王，大乘、大宝二法王，各处国师，俱诰命；禅师，敕命，都纲、剌麻、都指挥、指挥等俱敕谕。其阐教、阐化、辅教、赞善仍给勘合。护教自称原有勘合，毁于火，累年请给，未与。二法王及长河西、朵甘思、董卜韩胡俱不给勘合。其金川、杂谷等处，止赉印信番文，亦无勘合。

嘉靖二十八年题准，各处番僧到京袭职进贡，礼部置立文簿一扇，将各僧赍到旧给诰敕所载师僧职名，颁给年月及见〔现〕今袭替僧徒名字，住坐地方，分别已未领有新诰、新敕逐一登记，备行布政司，照式置造。以后，如遇应贡年分，将文册查对。如系年代久远，果有退老病故情节，方许照例起送承袭。其有已袭而未领新诰敕者，照已赏未袭职例，许起送

一二人。如有捏作入番化夷，在番病故者，不许滥放。如违，听本部通将三司等官参究治罪。各番应领诰敕，新者既给与，旧者即令销缴。其新给诰敕，俱要开载住坐地方。如随护教王进贡袭职者，即称系护教王地方住坐某师某名，其余地方准此。

计有诰敕夷人番僧

朵颜卫　福余卫　泰宁卫　海西女直　建州女直

乌思藏　长河西等处

（《大明会典》卷一〇八）

世宗旨令嗣后乌思藏请封诸王不再遣京师藏僧前往而由来人赍诰敕还封

嘉靖四十二年（1563）十月癸丑

乌思藏阐化等王请封。上以故事，遣番僧远丹班麻等二十二人为正、副使，以通事序班朱廷对监之。比至中途，班麻等肆为骚扰，不受廷对约束。廷对还白其状。礼部因请自后诸藏请封，即以诰敕付来人赍还，罢番僧勿遣。无已，则下附近藩司，选近边僧人赍赐之。上以为然，令著为例。封诸藏之不遣京寺番僧，自此始也。

（《世宗实录》卷五二六）

大宝法王（噶玛噶举派）

《明史》大宝法王传

有僧哈立麻者，国人以其有道术，称之为尚师。成祖为燕王时，知其名。……（永乐五年，1407）遂封哈立麻为“万行具足十方最胜圆觉妙智慧善普应佑国演教如来大宝法王西天大善自在佛”①领天下释教。赐印诰及金、银、钞、彩币、织金珠袈裟、金银器、鞍马。命其徒孛隆逋瓦桑儿加领真为“灌顶圆修净慧大国师”，高日瓦禅伯为“灌顶通悟弘济大国师”，果栾罗葛罗监藏巴卜藏卜为“灌顶弘智净戒大国师，”并赐印、诰、银、钞、彩币。已，命哈立麻赴五台山建大斋，再为高帝后荐福，赐予优

① 简称大宝法王，为噶玛噶举派黑帽系第五世转世活佛却贝桑波（1334—1415），永乐帝赐名如来，藏译为得协银巴，后以得协银巴名传世。

厚。六年四月辞归，复赐金币、佛像，命中官护行。自是，迄正统末，入贡者八。已，法王卒，久不奉贡。弘治八年（1495），王葛哩麻巴始遣使来贡。十二年两贡，礼官以一岁再贡非制，请裁其赐赉。从之。正德元年（1506）来贡，十年（1515）复来贡。……嘉靖中，法王犹数入贡，迄神宗朝不绝。

（《明史》卷三三一，列传第二一九，
西域三，乌思藏大宝法王传）

太祖赐噶玛噶举教派楚布寺诏书①

皇帝圣旨

中书省官我根前题奏，西安行都卫文书里呈来说乌思藏哈尔麻②剌麻卒尔普寺③在那里住坐修行。我想修行是好的勾当，教他稳便在那里住坐，诸色人等休教搔〔骚〕扰，说与那地面里官人每知道者。

洪武八年正月　日

（转引自《西藏地方是中国不可分割的一部分》第124页）

太祖时答力麻巴剌（哈立麻）进贡

洪武十二年（1379）正月丙申

朵甘、乌思藏灌顶国师答力麻巴剌，遣酋长汝奴藏卜等，表贡方物。赐衣服、绮帛有差。

（《太祖实录》卷一二二）

成祖遣侯显进藏邀请尚师哈立麻

永乐元年（1403）二月乙丑

遣司礼监少监侯显赍书、币往乌思藏，征尚师哈立麻，盖上在藩邸时，素闻其道行卓异，至是遣人征之。

（《太宗实录》卷一七）

---

①　标题为编者所加。诏书印文为“制诰之宝”。

②　哈尔麻，《明实录》、《明史》所载哈立麻，与葛理麻巴、答力麻巴、噶湼麻巴等皆为噶玛巴之汉译异写。

③　卒尔普寺即楚布寺，在今拉萨市西堆龙德庆县境。明太祖洪武八年（1375）正月下达宣谕诏书的时候，楚布寺的寺主为黑帽系第四世转世活佛乳必多吉（1340—1383）。

成祖邀请哈立麻诏

尚师卿通达如来深奥教法，使西方一切有情均沾利益，一切生灵均皈依敬奉，犹如世尊现身世间。若尚师未得方便智慧功德之殊胜成就，焉能为一切群生作如是之广大利益？朕往日居北方时，即闻尚师令名，亟思一晤。今即大位，中土宇内，悉已绥定。久怀愿念，若涤去翳障，顿得朗悟，俾功德利益，溥及凡庶。昔我释迦牟尼佛以大慈悲心，利益一切有情。卿以修得佛法甚深成就故，与佛心无二，望秉此慈心，来此中土以弘扬世尊教法；朕当轸念邦国利乐，依从往昔心愿，随奉尚师。尚师务必莅临。先帝安邦经国于中土，于世尊教法，先前即怀敬信。皇考太〔祖〕皇帝既笃信佛法，皇妣高皇后薨逝已久，朕思报恩，罔得其方，尚师卿于方便智慧功德等，修得无上之成就，即具佛之本性矣，切望速来为已薨逝者修成解脱仪轨，故此即遣司礼监少监侯显等赍信物来请，愿尚师以慈悯喜乐为怀，尽速前来为要。压函信物：银大锭三，共百五十两；诸色表里缎绢各十匹；栴檀木一段；白香十斤；苏和香一斤；白茶一百五十斤等共六种。

永乐元年二月十八日书于大宫殿。

（《智者喜宴》，民族出版社 1986 年藏文版。
译文据《元以来西藏地方与中央政府
关系档案史料汇编》第 1 册第 95 页）

遣驸马都尉沐昕迎尚师哈立麻

永乐四年（1406）十二月戊子

遣驸马都尉沐昕迎尚师哈立麻。先是，命中官侯显等往乌思藏征哈立麻。至是，显遣人驰奏已入境，故遣昕迎之。

（《太宗实录》卷六二）

尚师哈立麻入觐成祖赐宴及金银等物

永乐四年（1406）十二月乙〔己〕酉

尚师哈立麻至京入见，上御奉天殿。

（《太宗实录》卷六二）

永乐四年（1406）十二月庚戌

宴尚师哈立麻于华盖殿，赐金百两、银千两、钞二万贯、彩币四十五表里及法器、茵褥、鞍马、香果、米、茶等物，并赐其徒众白金、彩币等物有差。

（《太宗实录》卷六二）

成祖赐尚师哈立麻仪仗

永乐五年（1407）正月甲戌

赐尚师哈立麻仪仗：牙仗二、爪二、骨朵二、幡幢二十四对、香盒二、拂子二、手炉三对、红纱灯笼二、魫灯二、伞一、银交椅一、银脚踏一、银水罐一、银盒一、诞马四、鞍马二、银杌一、青圆扇一、红圆扇一、帐房一、红纻丝拜褥一。

（《太宗实录》卷六三）

尚师哈立麻率僧为太祖帝后建普度大斋赐金银等物

永乐五年（1407）二月庚寅

尚师哈立麻奉命率僧于灵谷寺建普度大斋，资福太祖高皇帝、孝慈高皇后。竣事，赐哈立麻金百两、银千两、钞二千锭、彩币表里百二十、马九匹。灌顶圆通善慧大国师哈〔答〕师巴啰噶啰思等各银二百两、钞二百锭、彩币十、马三匹。余徒众赐赉有差。

（《太宗实录》卷六四）

封尚师哈立麻大宝法王并赐印诰等物

永乐五年（1407）三月丁巳

封尚师哈立麻为“万行具足十方最胜圆觉妙智慧善普应佑国演教如来大宝法王西天大善自在佛”，领天下释教，赐印、诰及金、银、钞、彩币、织金珠袈裟、金银器皿、鞍马；命其徒孛隆逋瓦桑儿加领真为灌顶圆修净慧大国师，高日瓦领禅伯为灌顶通悟弘济大国师，果栾罗葛罗监藏己〔巴〕里藏卜为灌顶弘智净戒大国师，皆赐印、诰、银、钞、彩币等物。宴于华盖殿。

（《太宗实录》卷六五）

永乐五年（1407）十一月丙辰

赐如来大宝法王哈立麻彩币、法器、香果等物，及赐大国师果栾罗葛啰监藏巴里藏卜等彩币表里有差。

（《太宗实录》卷七三）

大宝法王哈立麻陛辞赐予白金等物

永乐六年（1408）四月庚子

如来太〔大〕宝法王哈立麻辞归。赐白金、彩币、佛像等物，仍遣中官护送。

（《太宗实录》卷七八）

成祖致如来大宝法王书及赏单

永乐六年（1408）正月初一日

大明皇帝致书如来大宝法王西天大善自在佛：

兹维正旦，特以香币等物专致履端之庆，如来其亮之。

檀香一炷，计四十五斤，长四尺八寸；

乳香五斤；

寿字八吉祥御罗手帕一条，长一丈；

吉祥手帕一条，长一丈，阔三尺；

宝石珠翠金牌宝相花一朵：用青鸦鹘石一块，重二分；红马斯肯的石一块，重二分；黄鸦鹘石一块，重一分；大样窠嵌珠一颗，重五分；二样珠一百颗，重四钱五分；三样珠二百颗，重六钱一分八厘，金垒丝六字真言花牌一个，用金二钱五分；金厢〔镶〕宝石碗儿五个，用金三钱，金脚一根，用金四钱，大红熟绢花蓝一个；

镀金铜铃杵九副，每副四件，镀用金四钱，共三两六钱，计三十六钱，黑斜皮骰全；

白海螺九个，大红线圆条、五色线结子全；

银九锭，每锭二十五两，计二百五十钱，共二百二十五两，计二千二百五十钱；

钞五千贯；

绒锦三段：牡丹花大红一段，如意葵花柏枝绿一段，纹深青一段；

纻丝一十五匹：织金细花三匹（四宝四季花大红一匹、八宝云翠蓝一匹、宝相牡丹花柏枝绿一匹），暗细花六匹（大红一匹、深桃红一匹、翠蓝一匹、官绿一匹、柳青一匹、福青一匹），素六匹（大红一匹、黑绿一匹、深桃红一匹、肉红一匹、福青一匹、翠蓝一匹）；

彩绢一十八匹；

纻丝袈裟并衣服一套，计七件：大红织金缠枝宝相花龟纹嵌优彩罗花二十五条相〔镶〕边栏夹袈裟一领，大红素袈裟一领，大红织金缠枝宝相花夹禅衣一件，大红暗花缠枝牡丹花绵赏古麻一件（□□□□□□），大红织金龟纹花夹氅哈利一件，深桃红暗花八宝云夹贴里一件，大红天花云嵌八宝夹禅裙一件（□□□□□□）；

红麂皮靴一双，袜全；

白磁八吉祥茶瓶三个，银索全；

白磁茶钟九个，红油斜皮骰手全：五龙五个，双龙四个；

马九匹；

鞍一副：垒漆韂，大红暗花纻丝座，蓝斜皮鞧辔，红缨花大红线条缰，□金银八吉祥事件，朱红揭金麒麟□，大红素纻丝护衣蓝斜皮如意云边盖红毡鞍笼，青纻丝白线刺菱草心、西番莲花边青纻丝白线刺香草边汗□，大红纻丝包把鞭子。

（原件。西藏档案馆藏）

成祖赐大宝法王诏书①

大明皇帝致书万行具足十方最胜圆觉妙智慈善普应佑国演教如来大宝法王西天大善自在佛：

朕尝静夜端坐宫廷，见圆光数枚，如虚空月，如大明镜，朗然洞彻，内一大圆光，现菩提宝树，种种妙花，枝柯交映，中见释迦牟尼佛像，具三十二种相，八十种好，瞪视逾时，愈加显耀，心生欢喜。自惟德之凉薄，弗足以致此。惟佛法兴隆，阴翊皇度，贶兹灵异，亦如来摄授功致，有是嘉征。乃命工用黄金范为所见之像，命灌顶大国师班丹藏卜等颂祝庆贺。

朕曩闻僧伽罗国，古之狮子国，又曰无忧国，即南印度。其地多奇宝，又名曰宝清，今之锡兰山是也。其他有佛牙，累世敬祀不衰。前遣中

① 钤“广运之宝”。题为编者所加。

使太监郑和奉香花诣彼国供养。其国王阿烈苦奈儿，锁里人也，崇礼外道，不敬佛法，暴虐凶悖，靡恤国人，亵慢佛牙。太监郑和劝其敬崇佛教，远离外道。王怒，即欲谋害使臣。郑和知其谋，遂去。后复遣郑和往赐诸番，并赐锡兰山王。王益慢不恭，欲图害使者，以兵五万人刊木塞道，分兵以劫海舟。会其下泄其机，和等觉，亟回舟，路已阨绝，潜遣人出舟师拒之。和以兵三千，夜由间道攻入王城，守之。其劫海舟番兵，乃与其国内番兵，四面来攻，合围数重。攻战六日，和等执其王，凌晨开门，伐木取道，且战且行，凡二十余里，抵暮始达舟。当就礼请佛牙至舟，灵异非常，宝光遥烛，如星灿空，如月炫宵，如太阳丽昼，訇霆震惊，远见稳避，历涉巨海，凡数万里，风涛不惊，如履平地，狞龙恶鱼纷出乎前，恬不为害，舟中之人皆安稳安乐。永乐九年七月九日至京。

考求礼请佛牙之日，正朕所见圆光佛像之日也。遂命工庄严旃檀金刚宝座，以贮佛牙于皇城内，式修供养，利益有情，祈福民庶，作无量功德。

今特遣内官候显等致所铸黄金佛像于如来，以此无量之因，用作众生之果，吉祥如意，如来其觉之。

永乐十一年二月初十日

（《明朝皇帝赐给西藏楚布寺噶玛巴活佛的两件诏书》，原载《文物》1981年第11期）

大乘法王（萨迦派）

《明史》大乘法王传

大乘法王者，乌思藏僧昆泽思巴也。其徒亦称为尚师。永乐时，成祖既封哈立麻，又闻昆泽思巴有道术，命中官赍玺书银币征之。其僧先遣人贡舍利、佛像，遂偕使者入朝。十一年（1413）二月至京，帝即延见，赐藏经、银钞、彩币、鞍马、茶果诸物，封为“万行圆融妙法最胜真如慧智弘慈广济护国演教正觉大乘法王西天上善金刚普应大光明佛”，领天下释教，赐印诰、袈裟、幡幢、鞍马、伞器诸物。礼之，亚于大宝法王。明年辞归，赐加于前，命中官护行。后数入贡，帝亦先后命中官乔来喜、杨三保赍赐佛像、法器、袈裟、禅衣、绒锦、彩币诸物。洪熙（1425），宣德（1426—1435）间，并来贡。

成化四年（1468），其王完卜遣使来贡，礼官言："无法王印文，且从洮州入，非制，宜减其赐物。"使者言："所居去乌思藏二十余程，涉五年方达京师，且所进马多，乞给全赐。"乃命量增。十七年（1481）来贡。

弘治元年（1488）其王桑加瓦遣使来贡。故事，法王卒，其徒自相继承，不由朝命。三年（1490），辅教王遣使奉贡，奏举大乘法王袭职。帝但纳其贡，赐赉遣还，不命袭职。

正德五年（1510），遣其徒绰吉我些儿等从河州卫入贡，礼官以其非贡道，请减其赏，并治指挥徐经罪，从之。已，绰吉我些儿有宠于帝，亦封大德法王。十年（1515）僧完卜锁南坚参巴尔藏卜遣使来贡，乞袭大乘法王，礼官失于稽考，竟许之。嘉靖十五年（1536）偕辅教、阐教诸王来贡，使者至四千余人。帝以人数逾额，减其赏，并治四川三司官滥送之罪。

（《明史》卷三三一，列传第二一九，西域三，大乘法王传）

明朝封萨迦派拉康喇章贡噶扎西为大乘法王

大乘法王·贡噶札西坚赞贝桑波，于其父十八岁时即阴土牛年（1349）在怙主文殊菩萨不逝化现之圣地萨迦大殿东面示现诸种吉祥预兆而降生。……住在北方大国转动大力法轮的国王大明皇帝，从心里产生大敬仰，两次专门遣金字使者前来迎请。〔大师〕虑及在先世即与此皇帝有誓愿，如去该地，对佛教和众生皆有大利益。于是大师于六十岁的龙年（1412）的四月离开萨迦大寺。当时，该寺僧众认为诸位先祖担任皇帝的帝师，大多未能返回本寺，大师年事已高，此去很可能不能返回本寺因而心情异常悲痛，有人甚至痛哭流涕。大师说：我在你们未睡醒之前即可返回，我会身体非常健康地与你们晤面，你们不要悲伤。……蛇年（1413）二月，来到大宫殿南台即南京之地，觐见皇帝大法王，并为之讲授诸多佛法，大皇帝复又产生信仰，毛发耸动，请求给予深奥之密宗甚深道灌顶。大师首先传给吉祥喜金刚坛城深奥成熟灌顶，大黑护法神加持等诸多深奥之法，使其如愿以偿。此后，用船只从水站驿路迎至大都宫中，新建名叫法坪寺的一座大寺院，作为暂时驻锡之所。大皇帝还像以前给孤独长者供养释迦牟尼那样对法主恭敬服事，把他奉为所有福田中最尊胜者，并对上师说："你要像以前萨迦派历代上师传承那样，作贯通显密教法的大自在者，使无数众生得以成熟解脱。"皇帝封上师为西天万行圆融妙法最胜真如慧智弘慈广济护国演教正觉大乘法王西天上善金刚普应大光明佛，并锡管领僧众，护持释迦牟尼教法之金册、金印及用各种珍宝镶嵌之千幅金轮等难以计数瑰宝。

……此后，上师又返回宫殿，为皇帝传授灌顶和经咒加持、教诫、随许等诸多佛法传授，使其心满意足。〔大师〕曾向皇帝请求，使成千上万名罪犯得以释放。此后皇帝赐予银制喜金刚九尊，晶木制大威德，双身宝帐怙主，金刚橛诸尊等无数三所依；还赐给了供器、毡帽、服饰、绸缎、大小帐篷、茶器、茯茶等物品和金器、银器许多各种珍宝以及马、牛、骡等牲畜，品种繁多，不计其数。

如是，上师在这个语言不同的广大国土中，为皇帝、臣民等传授无上解脱悉地。于马年（1414）离开皇宫，对沿途所有众生授以佛法，施舍财物，给予满足。逐渐来到雪域法轮拉萨大昭寺，在以释迦牟尼佛像为主的殊胜三所依前，供奉许多用金液、敬神哈达各种珍宝等制作的奇异的三十七曼茶罗供等，为自己和他人进行大祈祷。此后启程离开拉萨，于马年十二月抵达吉祥萨迦大寺。

（《萨迦世系史》第231～239页）

成祖遣内官赴藏邀请昆泽思巴

永乐八年（1410）九月壬辰

遣内官关僧赍书及白金、彩币往西土征尚师昆泽思巴。

（《太宗实录》卷一〇八）

昆泽思巴来朝前遣人进舍利佛像

永乐十年（1412）十二月丙寅

乌思藏尚师昆泽思巴来朝，先遣人进舍利、佛像。

（《太宗实录》卷一三五）

成祖封尚师昆泽思巴为大乘法王并赏赐

永乐十一年（1413）二月戊午

尚思〔师〕昆泽思巴入见，赐藏经、银钞、彩币、鞍马、茶、米等物。

（《太宗实录》卷一三七）

永乐十一年（1413）五月辛巳

命尚思〔师〕昆泽思巴为“万竹〔行〕圆融妙法最胜真如慧智弘慈广济护国宣教正觉大乘法王西天上善金刚普应大光明佛”，领天下释教。赐诰、印并袈裟、幡幢、鞍马、伞盖、法器等物。

（《太宗实录》卷一四〇）

大乘法王昆泽思巴陛辞赐予佛经法器等物

永乐十二年（1414）正月壬午

正觉大乘法王昆泽思巴陛辞，赐图书及佛像、佛经、法器、衣服、文绮、仪仗、鞍马、金银器皿等物，命中官护送。

（《太宗实录》卷一四七）

故大乘法王洛竹坚参巴藏卜之侄请袭王职并贡方物

正德九年（1514）正月己丑

乌思藏萨释〔思〕迦巴故大乘法王洛竹坚参巴藏卜侄完卜锁南坚参巴尔藏卜，差使臣班蓝端竹〔巴、洛竹〕列思巴求袭职，及灵藏赞善王端竹坚参、剌麻赏竹巴等赍保勘承袭番文，各来京贡马匹、渗金佛、氆氇方物。赐彩缎等物有差。

（《武宗实录》卷一〇八）

大慈法王（格鲁派）

《明史》大慈法王传

大慈法王，名释迦也失，亦乌思藏僧称为尚师者也。永乐中，既封二法王，其徒争欲见天子邀恩宠，于是，来者趾相接。释迦也失亦以十二年（1414）入朝，礼亚大乘法王。明年（1415）命为“妙觉圆通慈慧普应辅国显教灌顶弘善西天佛子大国师”，赐之印诰。十四年（1416）辞归，赐佛经、佛像、法仗、僧衣、绮帛、金银器，且御制赞词赐之，其徒益以为荣。明年遣使来贡。十七年（1419）命中官杨三保赍佛像、衣币往赐。二十一年（1423）复来贡。宣德九年（1434）入朝，帝留之京师，命成国公朱勇、礼部尚书胡濙持节，册封为：“万行妙明真如上胜清净般若弘照普慧辅国显数至善大慈法王西天正觉如来自在大圆通佛。”宣宗崩，英宗嗣位，礼官先奏汰番僧六百九十人，正统元年（1436）复以为请，命大慈法王及西天佛子如故，余遣还。

（《明史》卷三三一，列传第二一九，西域三，大慈法王传）

藏文典籍有关成祖遣使迎请宗喀巴的记述

在那时候，这位大师名闻四方。中国（指中原。下同）大明皇帝从前虽几次征召，因为大师只在深山中打坐修习，不入凡世，所以未去。这一次听说他正向大众说法，〔大明皇帝〕乃修了一封金书，预备了几件礼物，打发王哲保等四位大人，带了几百随员来请他到中国去。他们按程前进，到了潘余的时候趁着夜色赶向前去，在黎明时赶到了色拉曲顶。因为他们听说大师曾接见众人，就先通知了一声说：“我们的皇帝〔打发我们〕献礼物来了。”通知了以后就一拥而至。〔那时候有好多〕闭关修道的僧人都出了关。大师的左右都说：“大师不在此处众人之间，他在深山岩穴中静坐修习呢。”可是那几位大人都不肯相信。以后耨县县吏出来作见证，他们才表示满意。大师最初为什么不把这事告诉人呢？因为他若是不说实话，他就是犯了妄语戒。他若是把中国使臣要来的事如实告诉别人呢，他底弟子和施主们都要心中不安，外人要说他有意躲避〔中国底使臣〕；再者他所去的地方要有好多人去。有这几层原因，所以他没有说。大师于神通力的应用，真可谓方便善巧变通无碍啊！

大师既在深山中没有和使臣相见，中国使臣因倾诚仰慕，不觉涕泣。〔于是〕乃托地方官誉幢和僧官空贤去替他们说项。因为他们两位底请求，大师乃到色拉曲顶和使臣们相见。这几位使臣，乃将中国大明永乐皇帝底信和礼物都献了上去，很恳切地说，为使中国皇帝及一切众生普沾法惠，故前来敦请。大师就说，到中国去有许多障碍，例如路程很远，他的身体不能耐〔路途的劳顿〕。即使能去，于佛法和众生也没有多大的利益，所以没有去的必要。他用这样的理由，向他们详细地解释了一番，没有到中国去，只写了一封上大明皇帝书，并且预备了几件礼物，交给了使臣。使臣们于六月十九日就回去了。

大师为什么不到中国去呢？因为他知道即便到那里去，也没有什么利益。他若留在西藏，他底教义一定能传诸久远，那么西藏、蒙古和中国一定能得到很大的实惠。

（选自于道泉：《译注明成祖遣使召宗喀巴纪事及宗喀巴复成祖书》，国立中央研究院历史语言研究所集刊外编第一种《庆祝蔡元培先生六十五岁论文集》第943页。1933年1月）

宗喀巴复成祖书

唵，愿安乐吉祥之来临。

以如大海波涛之功德威力，如法守护以四海为境之国土者大皇帝陛下：

住于西方雪山国中部之释迦比丘善意称吉祥上书。

大法王之功德，高如须弥。臣民安乐，有如天国之圆满无缺。政令严明，为诸王所悦服。乃于此时，为增长三宝威力故，遣使赐书，并赐：

（一）有花卉云纹之红丝绸一匹；

（二）绿丝绸一匹；

（三）无花纹之丝绸三匹（一红、一蓝、一绿）；

（四）彩绫七匹；

（五）纻丝绸法衣一件；

（六）御制〔佛像一尊?〕；

（七）上衣一件；

（八）垫毡一件；

（九）装潢佛像用绫绢一件；

（十）水晶念珠一串；

（十一）金刚杵及铜铃各两份；

（十二）磁杯一对；

（十三）佛像罩两件；

（十四）手巾三条；

（十五）绣有曼荼罗纹饰之围裙三件；

（十六）腰带一条；

（十七）鋥两份；

（十八）鞋袜等物；

（十九）茶五十斤；

（二十）檀香木一块。

余实深感激。余已知使臣及王大人于近中兼程前来，乃颁布皇帝敕谕，命〔余〕一度前往〔中国〕。陛下爱护佛法之至意，〔余〕非不了解。于陛下敕谕，亦非不尊敬悦服。惟余每与众人相遇，辄疾病大作，故不能从命。陛下思虑之深，拟诸大海；〔度量〕之弘，犹如太空，若不因此而不悦，则感激靡既矣。

夫〔利益〕今生为世间法。〔利益〕来生为出世法。古昔诸大法王俱以〔宣扬世间出世法，使〕传诸万方为已任。常闻当今大皇帝陛下即遵〔古昔法王之遗〕训，以精诚之心思，作希有之伟业，使天人世间皆欢喜〔赞叹〕。余等得此好音，即在此地，常与僧中之胜者，以至诚之念，为陛下祈祷，愿陛下圣寿绵长，皇图永固。敢以奏闻。至于治国平天下事，为陛下所自知，非〔微末〕如余等所能冒昧〔进言〕。

谨　上

无以为敬，谨奉上：

（一）自和阗国请来之观自在像一尊；

（二）释迦牟尼佛金像一尊；

（三）文殊师利如来金像一尊；

（四）如来自增舍利，三颗相连者一件；

（五）如来舍利一颗；

（六）于振兴印度、西藏两地佛法最有功德之印度大师大主殿下之骨舍利一颗。

鼠年（1408）六月十九日自（西藏）中部上书。

（同前第945～947页）

尚师释迦也失来朝成祖封为大国师

永乐十二年（1414）十二月癸巳

乌思藏尚师释迦也失来朝。

（《太宗实录》卷一五九）

永乐十三年（1415）四月庚午

命尚司〔师〕释迦也失为“妙觉圆通慧慈普应辅国显教灌顶弘善西天

佛子大国师，”赐之诰命。

（《太宗实录》卷一六三）

大国师释迦也失辞归成祖厚赏

永乐十四年（1416）五月辛丑

妙觉圆通慧慈辅〔普〕应辅国显教灌顶弘善西天佛子大国师释迦地〔也〕失辞归。御制赞赐之，并赐佛像、佛经、法器、衣服、文绮、金银器皿。

（《太宗实录》卷一七六）

大国师释迦也失遣人朝贡

永乐十五年（1417）二月戊午

乌思藏大国师释迦也失遣人贡马。赐佛像、法器、彩币等物。

（《太宗实录》卷一八五）

成祖遣中官杨三保赍敕往赐释迦也失

永乐十七年（1419）十月癸未

遣中官杨三保等赍敕往赐乌思藏……灌顶弘善西天佛子大国师释迦也失等佛像、法器、袈裟、禅衣及绒锦、彩币表里有差，盖答其遣使朝贡之诚也。

（《太宗实录》卷二一）

宣宗遣朱勇等持节封释迦也失为大慈法王

宣德九年（1434）六月庚申

遣成国公朱勇、礼部尚书胡濙持节封释迦也失为“万行妙明真如上胜清净般若弘照普应辅国显教至善大慈法王西天正觉如来自在大圆通佛。”

（《宣宗实录》卷一一一）

英宗赐地大慈法王释迦也失建造佛寺

正统七年（1442）八月辛亥

敕谕河州、西宁等处官员军民人等曰：“朕惟佛氏之道以空寂为

〔宗〕，以普度为用，西土之人久事崇信。今以黑城子厂房地赐大慈法王释迦也失盖造佛寺，赐名弘化，颁敕护特〔持〕。本寺田地、山场、园林、财产、孳畜之类，所在官军人等不许侵占骚扰侮慢。若非本寺原有田地、山场等项，亦不许因而侵占扰害。军民敢有不遵命者，必论之以法。”

（《英宗（正统）实录》卷九五）

英宗敕书护持大慈法王佛寺并赐金字经等

天顺四年（1460）五月辛丑

敕河州西宁镇守内外官员人等曰：“朕惟佛氏之兴，其来已远，西土之人率多崇信。其教以空寂为宗，以慈悲为用，阴翊皇度，化导群迷，良足嘉尚。河州弘化寺颁赐金字华严经六部并仪从等物及大慈法王等写完金字经二〔三〕藏、朱墨字语录经一〔二〕藏，安置于内。今特赐敕护持。尔河州、西宁镇守内外官员并诸色人等，各宜尊崇虔敬，不许私借观玩，轻慢亵渎，致有损坏遗失。敢有不遵朕命，治之以法。尔等其慎之，毋忽。”

（《英宗（天顺）实录》卷三一五）

宪宗敕命整修大慈法王塔院

成化九年（1473）七月癸巳

（北京大慈恩寺）崇化大应法王劄实〔巴〕复奏：“陕西弘化寺乃至善大慈法王塔院，岁久损坏，乞敕镇守等官修筑城堡，如（西宁）瞿昙寺制。”……（宪宗）复允之。

（《宪宗实录》卷一一八）

阐化王（帕木竹巴噶举派）

《明史》阐化王传

阐化王者，乌斯藏僧也。初，洪武五年（1372），河州卫言：“乌斯藏怕木竹巴之地，有僧曰章阳沙加监藏，元时封灌顶国师，为番人推服。今朵甘酋赏竹监藏与管兀儿构兵，若遣此僧抚谕，朵甘必内附。”帝如其言，仍封灌顶国师，遣使赐玉印、彩币。明年，其僧使酋长锁南藏卜贡佛像、佛书、舍利。是时方命佛宝国师招谕番人，于是怕木竹巴僧等自称辇卜阇，遣使进表及方物。帝厚赐之。辇卜阇者，其地首僧之称也。八年（1375）正月，设怕木竹巴万户府，以番酋为之。已而章阳沙加卒，授其徒锁南扎思巴噫监藏卜为灌顶国师。二十一年（1388）上表称病，举弟吉剌思巴监藏巴藏卜自代，遂授灌顶国师。自是三年一贡。

成祖嗣位，遣僧智光往赐。永乐元年（1403）遣使入贡。四年（1406）封为“灌顶国师阐化王”，赐螭纽玉印，白金五百两，绣衣三袭，锦帛五十匹，巴茶二百斤。明年命与护教、赞善二王，必力工瓦国师及必里、朵甘、陇答诸卫，川藏诸族，复置驿站，通道往来。十一年（1413），中官杨三保使乌斯藏还，其王遣从子札结等随之入贡。明年复命三保使其地，令与阐教、护教、赞善三王及川卜、川藏等共修驿站，诸未复者尽复之。自是道路毕通，使臣往还数万里，无虞寇盗矣。其后贡益频数。帝嘉其诚，复命三保赍佛像、法器、袈裟、禅衣及绒锦、彩币往劳之。已，又命中官戴兴往赐彩币。

宣德二年（1427）命中官侯显往赐绒锦、彩币。其贡使尝殴杀驿官子，帝以其无知，遣还，敕王戒饬而已。九年（1434），贡使归，以赐物易茶。至临洮，有司没入之，羁其使，请命。诏释之，还其茶。

正统五年（1440），王卒。遣禅师二人为正副使，封其从子吉剌思巴永耐监藏巴藏卜为阐化王。使臣私市茶、彩〔绢〕数万，令有司运致。礼官请禁之，帝念其远人，但令自僦舟车。已，王卒，以桑儿结坚昝巴藏卜嗣。

成化元年（1465），礼部言：“宣正间，诸贡不过三四十人，景泰时十倍，天顺间百倍。今贡使方至，乞敕谕阐化王，令如洪武旧制，三年一贡。”从之。五年（1469），王卒，命其子公葛列思巴中柰领占坚参巴儿藏卜嗣。遣僧进贡，还至西宁，留寺中不去，又冒名入贡，隐匿所赐玺书、币物。王使其下三人来趣，其僧闭之室中，剜二人目。一人逸，诉于都指挥孙鉴。鉴捕置之狱，受其徒贿，而复以闻。下四川巡按鞫治，坐僧四人死，鉴将逮治，会赦悉免。

十七年（1481），以长河西诸番多假番王名朝贡，命给阐化、赞善、阐教、辅教四王敕书勘合，以防奸伪。二十二年（1486），遣使四百六十人来贡，守臣遵新例，但纳一百五十人。礼官以使者已入境，难固拒，请顺其情概纳之，为后日两贡之数，从之。

弘治八年（1495），遣僧来贡，还至扬州广陵驿，遇大乘法王贡使，相与杀牲纵酒，三日不去。见他使舟至，则以石投之，不容近陆。知府唐恺诣驿呼其舟子戒之，诸僧持兵仗呼噪拥而入。恺走避，隶卒力格斗乃免，为所伤者甚众。事闻，命治通事及伴送者罪，遣人谕王令自治其使者。其时王卒，子班阿吉江东札巴请袭，命番僧二人为正副使往封。比至，新王亦死，其子阿往札失札巴坚参即欲受封，二人不得已授之，遂具谢恩仪物，并献其父所领勘合、印章为左验。至四川，守臣劾其擅封，逮治论斩，减死戍边，副使以下悉宥。

正德三年（1508），礼官以贡使逾额，令为后年应贡之数。嘉靖三年（1524），偕铺教王及大小三十六番请入贡。礼官以诸番不具地名、族氏，令守臣核实以闻。四十二年（1563），阐化诸王遣使入贡请封。礼官循故事，遣番僧二十二人为正副使，序班朱廷对监之。至中途，大骚扰，不受廷对约束。廷对还白其状，礼官请自后封番王，即以诰敕付使者赍还，或下守臣，择近边僧人赍赐。封诸藏之不遣京寺番僧，自此始也。番人素以入贡为利，虽屡申约束，而来者日增。隆庆三年（1569）再定令阐化、阐教、辅教三王，俱三岁一贡，贡使各千人，半全赏，半减赏。全赏者遣八人赴京，余留边上。遂为定例。

万历七年（1579），贡使言阐化王长子札释藏卜乞嗣职，如其请。久之卒，其子请袭。神宗许之，而制书但称阐化王，用阁臣沈一贯言，加称“乌斯藏怕木竹巴灌顶国师阐化王”。其后奉贡不替。所贡物有画佛、铜佛、铜塔、珊瑚、犀角、氆氇、左髻毛缨、足力麻、铁力麻、刀剑、明甲胄之属，诸王所贡亦如之。

（《明史》卷三三一，列传第二一九，西域三，阐化王传）

封授阐化王前招抚帕木竹巴噶举派

洪武五年（1372）四月丁酉

河州卫言：“乌思藏怕木竹巴故元灌顶国师章阳沙加，人所信服。今朵甘赏竹监藏与管兀儿相仇杀，朝廷若以章阳沙加招抚之，则朵甘必内附矣。”中书省以闻。诏章阳沙加仍灌顶国师之号，遣使赐玉印及彩缎表里，俾居报恩寺，化导其民。

（《太祖实录》卷七三）

洪武六年（1373）正月己巳

乌思藏怕木竹巴灌顶国师章阳沙加监藏遣酋长锁南藏卜，以佛像、佛书、舍利来贡。诏置佛寺，赐使者文绮袭衣有差。

（《太祖实录》卷七八）

洪武七年（1374）十二月甲寅

乌思藏怕木竹巴辇卜阇吉剌思巴、赏竺监藏巴藏卜等遣使进表及方物。先是，命河南卫镇抚韩加里麻同国师喃加巴藏卜持敕至乌思藏，招谕未附番酋，并以文绮赐之；至是来谢。诏赐文绮、禅衣及织金文绮有差。辇卜阇者，是其首僧之尊称也。

（《太祖实录》卷九五）

洪武二十一年（1388）正月己亥

赐尼八剌国王及乌思藏等都司都指挥诰七道，敕旨一道，符验三道，银印、玉图书各二，及幡幢彩缎有差。其使者并仆从七十余人各赐袭衣、钞锭。怕木竹巴灌顶国师锁南扎思巴噫监藏上表称病，举弟吉剌思巴监藏巴藏卜代职，许之。

（《太祖实录》卷一八八）

洪武二十七年（1394）正月甲子

乌思藏灌顶国师吉剌思巴监藏巴藏卜等各遣使来朝，献甲胄阘缨等物。

（《太祖实录》卷二三一）

永乐四年（1406）二月丙寅

乌思藏怕木竹巴灌顶国师吉剌思巴监藏巴里藏卜并必力工瓦国师端竹监藏等各遣使贡〔方〕物。赐赉有差。

（《太宗实录》卷五一）

成祖遣使赍诏封乌思藏巴里藏卜
为灌项国师阐化王并赐诰印衣物

永乐四年（1406）三月壬辰

遣使赍诏封乌思藏〔怕木竹巴吉剌思巴监藏〕巴里藏卜为灌顶国师阐化王，赐螭纽玉印、诰命，仍赐白金五百两、绮衣三袭、锦绮五十匹、彩绢百匹，茶二百斤。其所隶头目并必力工瓦国师大板的达律师锁南藏卜，颁赐彩币、衣服有差。

（《太宗实录》卷五二）

成祖赏赐阐化王

永乐七年（1409）二月乙亥

赐怕木竹巴灌顶国师阐化王吉剌思巴监藏巴里藏卜使臣果失结等六十一人钞、帛有差。

（《太宗实录》卷八八）

英宗赏赐阐化王

正统四年（1439）十二月丙申

乌思藏指挥端岳竹巴等陛辞。命赍敕及彩币等物归赐其灌顶国师吉剌思巴永耐坚藏巴藏卜，并赐乌思藏三崖结吉寺住持班丹劄等，宣慰司经历、指挥、寨官、管事人、千户、戒师等织金文绮、彩绢有差。

（《英宗（正统）实录》卷六二）

英宗诰封吉剌思巴永耐监藏巴藏卜嗣其父职为阐化王并赐梵器等物

正统五年（1440）四月壬午

遣禅师葛藏、昆令为正、副使，封怕木竹巴灌顶国师吉剌思已〔巴〕永耐监藏已〔巴〕藏卜嗣其世父为阐化王，赐之诰命、锦绮、梵器、僧服等物，并赐葛藏等道里费。葛藏等复私易茶、彩绢数万以往，乞官为运送至乌思藏。礼部言：“茶、彩绢出境有禁。”上以远人特许之，但令其自僦舟车。

（《英宗（正统）实录》卷六六）

英宗遣使赐阐化王

正统五年（1440）五月庚申

行在户部奏："禅师葛藏奉命带剌麻僧徒共二十名赍诰命、敕书往乌思藏封阐化王等官。给与锣锅、帐房等物并马、骡、犏牛驮载食用。自出境日为始，给与本色粮料一月。其余以官库之物折充，悉取结于四川布政司及行都司。"从之。

（《英宗（正统）实录》卷六七）

英宗命礼部遣官赍敕往赐阐化王

正统十一年（1446）六月庚子

故阐化王吉剌思把永耐监藏巴藏卜父桑儿结监藏巴藏卜借袭阐化王，命礼部遣官赍敕及彩币等物，同来使绰思恭巴等，往给赐之。

（《英宗（正统）实录》卷一四二）

宪宗敕命阐化王之子袭父职

成化五年（1469）正月辛巳

命灌顶国师阐化王桑儿结坚参叭儿藏卜男公葛列思巴中奈领占坚参巴儿藏卜……各袭其父王爵。

（《宪宗实录》卷六二）

世宗敕命近边藩司差僧人赉敕书往封阐化王并著为例

嘉靖四十二年（1563）十月癸丑

乌思藏阐化等王请封。……礼部因请自后诸藏请封，即以诰敕付来人赍还，罢番僧勿遣。无已，则下附近藩司，选近边僧人赉赐之。上以为然，令著为例。

（《世宗实录》卷五二六）

神宗时阐化王长男差剌麻请敕封

万历六年（1578）二月甲辰

乌思藏阐化王长男札释藏卜差番僧来西海……因托顺义王俺答代贡方物，请敕封。

（《神宗实录》卷七二）

神宗命先赏乌思藏自称阐化王
长男札释藏卜等并候查核

万历七年（1579）二月癸巳

赐贡夷乌思藏自称阐化王长男札释藏卜、次男札释坚参、藏僧锁南坚参、星吉藏卜等封授、赏赉有差，并给代乞顺义王俺答之赏。札释藏卜称系阐化王长男，然不知其父何名，袭封何年。又所称与前王通贡年月互异，宜候查核。但以其慕义来王，化虏有功，姑先赏赉，以慰夷情耳。

（《神宗实录》卷八四）

辅教王（萨迦派）

《明史》辅教王传

辅教王者，思达藏僧也。其地视乌思藏尤远。成祖即位，命僧智光持诏招谕，赐以银币。永乐十一年（1413）封其僧南渴烈思巴为辅教王，赐诰印、彩币，数通贡使。杨三保、侯显皆往赐其国，与诸法王等。景泰七年（1456），使来贡，自陈年老，乞令其子喃葛坚粲巴藏卜代。帝从之，封为辅教王，赐诰敕、金印、彩币、袈裟、法器。以灌顶国师葛藏、右觉义桑加巴充正、副使往封。至四川，多雇牛马，任载私物。礼官请治其罪，英宗方复辟，命收其敕书，减供应之半。

成化五年（1469），王卒，命其子喃葛札失坚参叭藏卜嗣。六年（1470），申旧制，三年一贡，多不过百五十人，由四川雅州入。国师以下不许贡。弘治十二年（1499），辅教等四王及长河西宣慰司并时入贡，使者至二千八百余人。礼官以供费不赀，请敕四川守臣遵制遣送，违者却还，从之。历正德、嘉靖世，奉贡不绝。

（《明史》卷三三一，列传第二一九，西域三，辅教王传）

成祖敕封南渴烈思巴为辅教王

永乐十一年（1413）五月丙戌

封……南渴烈思巴为思达藏辅教王，俱赐印、诰、彩币。

（《太宗实录》卷一四〇）

代宗封喃噶坚粲巴藏卜袭辅教王赐诰敕等物

景泰七年（1456）六月癸丑

封答仓地面王子喃噶坚粲巴藏卜袭为辅教王，赐诰敕、金印、彩币、僧帽、袈裟、法器等物。

（《英宗（附代宗）实录》卷二六七）

英宗遣使入藏敕封辅教王并赐阐化王等宝石等物

天顺元年（1457）九月辛巳

遣正使灌顶国师葛藏、副使右觉义桑加巴等，赍敕诰并彩币、僧俗衣帽、铃杵等物，封答苍喃葛坚粲巴藏卜袭为辅教王，以其父喃葛列思巴罗竹坚粲巴藏卜奏年老不能视事故也。仍命葛藏等顺赍敕并彩币、宝石、伞幢等物，赐所经乌思藏等处阐化王昆葛列思巴中耐坚参巴藏卜等，俾其护送使臣，不许下人生事阻滞。

（《英宗（天顺）实录》卷二八二）

宪宗命辅教王等子各袭其父王爵

成化五年（1469）正月辛巳

命……辅教王南葛坚参巴藏卜男南葛札失坚参叭藏卜，各袭其父王爵。

（《宪宗实录》卷六二）

阐教王（止贡噶举派）

《明史》阐教王传

阐教王者，必力工瓦僧也。成祖初，僧智光赍敕入番，其国师端竹监藏遣使入贡。永乐元年（1403）至京，帝喜，宴赉遣还。四年（1406）又贡，帝优赐，并赐其国师大板的达、律师锁南藏卜衣、币。十一年（1413）乃加号灌顶慈慧净戒大国师，又封其僧领真巴儿吉监藏为阐教王，赐印诰、彩币。后比年一贡。杨三保、戴兴、侯显之使，皆赍金币、佛像、法器赐焉。

宣德五年（1430），王卒，命其子绰儿加监巴领占嗣。久之卒，命其子领占叭儿结坚参嗣。成化四年（1468），从礼官言，申三岁一贡之制。明年，王卒，命其子领占坚参叭儿藏卜袭。二十年（1484），帝遣番僧班著儿赍玺书勘合往赐。其僧惮行，至半道，伪为王印信番文复命，诏逮治。

正德十三年（1518）遣番僧领占札巴等封其新王。札巴等乞马、快船三十艘载食盐，为入番买路之资。户科、户部并疏争，不听。札巴等在途科索无厌，至吕梁，殴管洪主事李瑜几毙，恣横如此。

迄嘉靖世，阐教王修贡不辍。

（《明史》卷三三一，列传第二一九，西域三，阐教王传）

敕封阐教王前的招抚与赏赐

洪武二十四年（1391）正月己丑朔

乌思藏必力公（即必力工瓦）尚师輦卜阇捌思吉结卜遣使坚敦〔郭〕真等，以所获故元云南行省银印来献，及黑胜等寺僧吉剌思巴星吉等遣喃哥等来贡马及方物。诏赐使者文绮衣各一袭，钞二十五锭。

（《太宗实录》卷二〇七）

永乐四年（1406）二月丙寅

必力工瓦国师端竹监藏等各遣使贡〔方〕物。赐赍有差。

（《太宗实录》卷五一）

永乐四年（1406）三月壬辰

（遣使诏封）必力工瓦国师大板的达、律师锁南藏卜，颁赐彩币衣服有差。

（《太宗实录》卷五二）

成祖封领真巴儿吉监藏等为阐教王

永乐十一年（1413）五月丙戌

封领真巴儿吉监藏为必力工瓦阐教王，……俱赐印、诰、彩币。

（《太宗实录》卷一四〇）

宣宗命阐教王之子袭爵

宣德五年（1430）五月庚戌

命故必力工瓦阐教王领真巴儿监藏之子绰儿加监巴领占袭爵。

（《宣宗实录》卷六六）

宪宗命阐化王之子袭父王爵

成化五年（1469）正月辛巳

命……阐教王领占叭儿结坚参男领占坚参叭儿藏卜……各袭其父王爵。

（《宪宗实录》卷六二）

宪宗著公哈领占着即坚参巴藏卜袭封阐教王敕谕

成化五年（1469）正月辛巳

皇帝敕谕乌思藏阐教王领占坚参叭儿藏卜男公哈领占着即坚参巴藏卜：

朕承祖宗大位，主宰天下。凡四方万国，必因俗择人，以抚其众。其能忠事朝廷，众心悦服者，必命继承其爵，以光厥世，所以推仁恩而安远人也。

乌思藏地方，邈在西域。尔父在朕先朝临御之时封袭王爵，化导一方，恭修职贡，于兹有年。今既云亡，尔公哈领占着即坚参巴藏卜，乃其亲男，克承梵教，恪守毗尼，多人信服，请袭其职。朕今特允其请，命正使右觉义藏卜坚参、副使都纲领占藏卜，赍捧敕谕、诰命前去，封尔公哈领占着即坚参巴藏卜为乌思藏阐教王，代尔父掌管印章，抚治番人。并颁赐尔锦段表里、僧帽、袈裟、法器等件。尔尚益坚乃心，益懋乃行，忠事朝廷，恪修职贡，广扬佛教，化导群迷，俾尔一方之人，咸起为善之心，永享太平之福，庶克振尔宗风，亦不负朝廷宠命，尔惟敬哉。故谕。

颁赐：绒锦三段，纻丝、青织金胸背麒麟一匹。

（原件。西藏档案馆藏）

武宗遣使入乌思藏封阐教王

正德十三年（1518）七月丙午

遣大护国保安寺番僧觉义领占札巴等充正、副使，率其徒二十七人入乌思藏，封其酋为阐教王。

（《武宗实录》卷一六四）

乌思藏阐教等王差国师贡方物袭职宴赏

嘉靖十八年（1539）六月辛丑

乌思藏阐教等王差国师短竹札失等贡方物，袭职。宴赏如例。

（《世宗实录》卷二二五）

护教王

《明史》护教王传

护教王者，名宗巴斡[①]即南哥巴藏卜，馆觉僧也。成祖初，僧智光使其地。永乐四年（1406），遣使入贡，诏授灌顶国师，赐之诰。明年（1407），遣使入谢，封为护教王，赐金印、诰命，国师如故，遂频岁入贡。十二年（1414）卒，命其从子斡些儿吉剌思巴藏卜嗣。洪熙、宣德中并入贡，已而卒，无嗣，其爵遂绝。[②]

（《明史》卷三三一，列传第二一九，西域三，护教王传）

成祖诰封宗巴斡为护教王

永乐四年（1406）三月壬寅

命馆觉宗巴斡即南哥巴藏卜为馆觉灌顶国师，……赐诰命、银、币。

（《太宗实录》卷五二）

永乐五年（1407）三月丁卯

封馆觉灌顶国师宗巴斡即南哥巴藏卜为护教王……国师号悉如故，俱赐金印、诰命。

（《太宗实录》卷六五）

成祖赏赐护教王贡使

永乐六年（1408）四月丁未

① 原作“幹”，据中华书局点校本改。下同。

② 领地在今西藏自治区贡觉县。

馆觉灌顶国师护教王宗巴斡即南哥〔巴〕藏卜遣其徒端竹巴等贡方物。赐端竹巴白金三十两、钞八十锭、彩币三、表里、茶三十斤，赐其从人钞币及茶有差。

（《太实宗录》卷七八）

成祖遣使赍敕诰命
斡些儿吉剌思巴藏卜袭为灌顶国师护教王

永乐十三年（1415）五月丙辰

以馆觉灌顶国师护教王宗巴斡即南哥〔巴〕藏卜卒，遣使赍敕诰，命其侄斡些儿吉剌思巴藏卜袭为灌顶国师护教王。

（《太宗实录》卷一六四）

赞善王

《明史》赞善王传

赞善王者①，灵藏僧也。其地在四川徼外，视乌思藏为近。成祖践阼，命僧智光往使。永乐四年（1406），其僧著思巴儿监藏遣使入贡，命为灌顶国师。明年封赞善王，国师如故，赐金印、诰命。十七年（1419），中官杨三保往使。洪熙元年（1425），王卒，从子喃葛监藏袭。宣德二年（1427），中官侯显往使。正统五年（1440）奏称年老，请以长子班丹监剉代。帝不从其请，而授其子为都指挥使。

初，入贡无定期，自永乐迄正统，或间岁一来，或一岁再至。而历朝遣使往赐者，金币、宝钞、佛像、法器、袈裟、禅服，不一而足。至成化元年（1465）始定三岁一贡之例。

三年（1467），命塔儿把坚粲袭封。故事，封番王诰敕及币帛遣官赍赐。至是西陲多事，礼官乞付使者赍回，从之。

五年（1469），四川都司言："赞善诸王不遵定制，遣使率各寺番僧百三十二人入贡，且无番王印文，今止留十余人守贡物，余已遣还。"礼官言："番地广远，番王亦多，若遵例并时入贡，则内郡疲供亿。莫若令诸

① 赞善王辖地具体地望尚有争议。据《藏族大辞典》的说法："赞善王，明朝封给康区灵藏僧人首领的封号，灵藏又译为林仓。在今四川甘孜藏族自治州德格附近。"

王于应贡之岁，各具印文，取次而来。今贡使已至，难拂其情。乞许作明年应贡之数。”报可。

十八年（1482），礼官言：“番王三岁一贡，贡使百五十人，定制也。近赞善王连贡者再，已遣四百十三人。今请封请袭，又遣千五百五十人，违制，宜却。乞许其请封袭者，以三百人为后来两贡之数，余悉遣还。”亦报可。遂封喃葛坚粲巴藏卜为赞善王。弘治十六年（1503）卒，命其弟端竹坚昝嗣。嘉靖后犹入贡如制。

（《明史》卷三三一，列传第二一九，西域三赞善王传）

成祖敕封着思巴儿坚藏为国师

永乐四年（1406）三月壬寅

遣使命灵藏着思巴儿监藏为灵藏灌顶国师。

（《太宗实录》卷五二）

成祖敕封着思巴儿坚藏为赞善王

永乐五年（1407）三月丁卯

封……灵藏灌顶国师着思巴儿坚藏为赞善王，国师号悉如故，俱赐金印、诰命。

（《太宗实录》卷六五）

成祖以赞善王遣使贡马赏赐钞币

永乐二十年（1422）三月辛酉

灵藏赞善王吉刺〔剌〕思巴监藏巴藏卜，遣使汝奴星吉等贡马。赐之钞、币。

（《太宗实录》卷二四七）

英宗敕谕赞善王喃噶坚藏
欲使长子袭王爵可复奏请旨

正统六年（1441）四月辛卯

敕谕灵藏灌顶国师赞善王喃葛监藏及朵甘卫都指挥使司大小头目人等曰：“昔我皇曾祖太宗文皇帝临御之日。念尔喃葛监藏父祖远处西徼，能忠事朝廷，特封尔叔着思巴儿监藏为灵藏灌顶国师赞善王。逮我皇考宣宗章皇帝嗣位之初，俾尔袭封王爵，已有年矣。今尔遣永隆监藏、锁南端竹前来朝贡，并奏：‘见今年老，欲令长子班丹监刿嗣封赞善王；次子巴思恭藏卜为都指挥。’。盖帝王为治，无间远迩，推恩锡命，必徇舆情。令授班丹监刿为都指挥使，代父管本部司事；巴思恭藏卜为指挥佥事，协赞兄管束本处人民。如果尔喃葛监藏年老，必欲尔长子袭封王爵，则尔与众人复共奏来，朕不尔吝。”

（《英宗（正统）实录》卷七八）

英宗敕命班丹坚刿袭赞善王

正统十年（1445）六月庚申

敕谕灵藏灌顶国师赞善王喃葛监藏巴藏卜侄班丹监刿曰：“尔灵藏地方邈在西域，尔叔喃葛监藏巴藏卜封袭王爵，化导一方，恭修职贡，于兹有年。今尔叔奏称年老不能管事，尔班丹监刿乃其亲侄，克承梵教，恪守毘尼，多人信服，请代其职。特允其请，命正使禅师锁南藏卜、副使剌麻札什班丹等同指挥斡些儿藏卜赍捧敕谕诰命，封尔班丹坚刿为灵藏灌顶国师赞善王，代尔叔掌印章，抚治番人；并颁赐尔锦段表里、僧帽、袈裟、法器等件。尔尚益坚乃心，益懋乃行，广宣佛教，化导群迷，俾尔一方之人，咸起为善之心，永享太平之福，庶克振尔宗风，亦不负朝廷宠命。尔敬钦哉。”

（《英宗（正统）实录》卷一三〇）

代宗允礼部奏敕谕赞善王
班丹坚刿安守礼法勿以为非

景泰六年（1455）七月壬寅

礼部奏：“灌顶国师赞善王班丹坚刿等言：‘守获〔护〕边方，盗贼宁息，屡遣人〔使〕臣入贡，求食茶、坐船、廪给，未蒙允赐。近日鞑贼屡寄书相诱为恶，（臣）不肯从。朝廷若允所求，则仍朝贡护边；若不允，则边民为恶，臣难以禁阻。’〔窃〕维班丹坚刿本以蕞尔小夷僻处遐壤，过蒙朝廷厚恩，封以王号，正宜敬修臣职，抚允〔化〕番夷，以图报称。今乃蔑弃礼法，大肆狂言，欲结连丑虏以开边衅，请移文陕西、四川镇守总兵等官，务要整饬边备，防其奸宄。仍赐敕开谕祸福，俾其安守礼法，毋听小人诱惑为非。”从之。

（《英宗（附代宗）宗录》卷二五六）

宪宗敕命塔尔巴坚灿袭封赞善王

成化三年（1467）七月丁亥

命灵藏僧塔儿巴坚灿袭封为赞善王。旧例，番僧封王者，赐诰敕锦绮、衣帽诸物甚备，又遣官护送至彼给授。礼部以今西事未宁，事宜从省，乞降敕一道，惟赐袈裟、禅衣、僧帽各一，顺付来朝番僧，赍回灵藏给授。从之。

（《宪宗实录》卷四四）

宪宗以赞善王请封请袭使入贡
非例命减其进贡人数

成化十八年（1482）二月甲寅

礼部奏：“……赞善王……今又以请封请袭，差一千五百五十七人〔进贡〕，俱非例。……乞量准其请封请袭各一百五十人，仍准其三百人为成化二十年并二十三年之数。勿得再至。所司亦宜以礼省谕其退回者。”从之。

（《宪宗实录》卷二二四）

赞善王遣使入贡违例赏赐减半并移文令知之

成化二十一年（1485）六月壬寅

灵藏赞善王数遣番僧入贡。礼部言其违例，赏宜从减，仍请移文赞善王使知之。诏可。

（《宪宗实录》卷二六七）

赞善王遣使进贡赏赐如例

弘治七年（1494）二月癸亥

灵藏赞善王喃葛坚参巴藏卜、赞善王下都督指挥公哈坚参巴藏卜各遣番僧远丹等、加渴瓦寺国师容中罗落思等及达思蛮长官司剌麻（番）僧册肯等各来朝谢恩，进贡方物。赐宴并衣服、彩缎等物有差，仍回赐赞善王及都指挥彩缎如例。

（《孝宗实录》卷八五）

孝宗从端竹坚昝之请命其袭封赞善王

弘治十六年（1503）九月辛卯

西番故灵藏寺赞善王（喃葛坚灿巴藏卜）之弟端竹坚昝遣番僧阿完等来贡，因请袭职。从之。回赐端竹坚昝彩缎等物。赐阿完等宴并彩缎表里、衣服有差。

（《孝宗实录》卷二〇三）

正德二年（1507）闰正月癸酉

故灵藏赞善王喃葛坚灿巴藏卜之弟端竹坚昝乞袭兄爵。许之。

（《武宗实录》卷二二）

武宗遣专使册封赞善王

正德二年（1507）八月乙亥

遣大慈恩寺都纲札巴也失充正使，大能仁寺都纲锁南短竹充副使，赍诰敕、赏物，往封灵藏赞善王端竹坚昝，以其徒剌麻十人与俱。而差来使臣剌麻星吉等复奏："远赍赏赐，徒从稀少，不便防护，乞更容徒二十人以行。"礼部复奏。上以其累请，仍添与十人。

（《武宗实录》卷二九）

附　敕封三世、四世达赖喇嘛

蒙古土默特俺答汗崇佛沟通明
中央政府与三世达赖联系渠道

隆庆六年（1572）十月庚申

（宣大）总督、尚书王崇古奏："顺义王俺答纳款之初，即求印信、互市。之后，累求经、僧，节蒙朝廷允给。……虏众既知奉佛敬僧，后将痛戒弑戮，自求福果，不敢复事凶残。……其剌麻西番等僧开导虏众，易暴为良，功不在斩获下。宜各授僧录司官，仍给禅衣、僧帽、坐具等物，以忻虏众。……”礼部复：“从崇古请，惟无经典可给。”

（《神宗实录》卷六）

万历元年（1573）十一月癸未

给虏酋顺义王俺答佛像、番经；赏前传经番僧二人禅衣、坐具、纻丝番僧衣并靴袜；授在虏番僧九人官。仍给禅衣、坐具、僧帽；及给其番官四人彩缎二表里、木绵布四匹。礼部复王崇古请也。

（《神宗实录》卷一九）

万历二年（1574）十月甲子

山西巡抚方逢时称；“虏王年来奉佛诵经，忏悔戒杀，既坚从善之心，当施因俗之治。番僧觉义札巴、都纲班麻等四名及番官马你卜剌出塞传经，颇效勤劳。请陞觉义札巴等各为禅师，职在觉义上；都纲班麻等各为觉义，职在都纲上；番官马你卜剌麻班，乞量能给彩缎、木棉等物。”从之。

（《神宗实录》卷三〇）

万历三年（1575）二月乙未

顺义王俺答奏讨剌麻番僧。遣通事官一员送原差番僧坚参札巴等四名以往。

（《神宗实录》卷三五）

万历三年（1575）十月丙子

顺义王俺答遣夷使乞佛像、经文、蟒缎等物；所盖城寺乞赐城名。……赐城名“归化”（按：即今呼和浩特）；佛经佛像，许该镇量写铸给与。

（《神宗实录》卷四三）

万历五年（1577）四月癸亥

顺义王俺答建寺西海岸（按：在青海察布齐雅勒），以寺额请。赐名“仰华”。

（《神宗实录》卷六一）

三世达赖于西海说法托顺义王代请敕封其徒

万历六年（1578）二月甲辰

乌思藏阐化王男札释藏卜差番僧来西海，见其师〔番〕僧活佛①在西海与顺义王子孙等说法，劝化众达子为善，因托顺义王俺答代贡方物，请敕封。……上谓："番僧向化抚虏，恭顺可嘉。"因各授大觉禅师及都纲等职，赐僧帽、袈裟及表里、食茶、彩缎有差。

（《神宗实录》卷七二）

张居正题奏三世达赖等
求贡馈赠礼物不敢私受请旨遵行

臣近者接得巡抚甘肃兵部右侍郎兼都察院右佥都御史侯东莱差人赍到乌思藏僧人番书一纸，译称："释迦摩尼比丘锁南坚错贤吉祥，合掌顶礼朝廷钦封干大国事阁下张：知道你的名，显如日月，天下皆知有你，身体甚好。我保佑皇上，昼夜念经。有甘州二堂地方上，我到城中，为地方事，先与朝廷进本，马匹物件到了，我和阐化王执事赏赐，乞照以前好例与我。我与皇上和大臣昼夜念经，祝赞天下太平，是我的好心。压书礼物：四臂观世音一尊、氆氇二段、金刚结子一方。有阁下分付顺义王早早回家，我就分付他回去。虎年（1578）十二月初头写。"等因。并虏酋顺义王俺答亦有禀贴，为本僧转乞通贡，俱投到臣。臣看得乌思藏僧人锁南坚错，即虏酋俺答所称活佛者也。去年虏酋西行以迎见活佛为名，实欲西抢瓦剌，比时臣窃料虏酋此行必致败衄，待其既败而后抚之，则彼之感德愈深，而款贡可以坚久，乃授策边臣，使之随宜操纵。因机劝诱阴修内治，以待其变。今闻套虏连遭丧败，俺答部下番夷悉皆离叛，势甚窘蹙，遂托言活佛，教以作善戒杀，阻其西掠，劝之回巢。又因而连合西僧，向风慕义，交臂请贡，献琛来王，自此虏款必当益坚，边患可以永息。此皆天地祖宗洪庇，皇上威德所及，而臣以浅薄谬当枢轴，躬逢太平有道之盛，诚不胜欢庆，不胜仰戴。除求贡一事，已奉旨下礼、兵二部议处，惟本僧所馈臣礼物，虽远人向化之诚，难以峻拒，但臣系辅弼近臣，参预密勿，义不得与外夷相通。查得国初，翰林学士宋濂因朝鲜国王馈礼求文却

① 即三世达赖喇嘛索南嘉措。

而不受，曰“天朝之臣岂可受小夷之礼。”高皇帝闻而深喜之。其能守义自重如此，况臣列职帷幄，与词臣不同，而通贡大事又非求文之比，缘是不敢私受，谨略具其事本末，仰乞圣明俯赐裁夺，敕下臣愚遵行，庶不孤远夷归向之诚，亦以见人臣不敢自专之义。为此，谨具题知，伏候敕旨。

奉圣旨：卿辅理勋猷，宣播遐迩，戎狄咸宾，朕得以垂拱受成，深用嘉悦。览奏具见忠慎，宜勉纳所馈，以慰远人向风慕义之诚。礼部知道。钦此。

（《张太岳集》卷四十三，番夷求贡疏）

神宗命张居正勉纳三世达赖等文书及馈物

万历七年（1579）二月辛卯

命辅臣居正勉纳贡夷乌思藏僧人锁南坚错等馈物。僧锁南坚错，即虏酋顺义王俺答所称活佛者也。去年虏酋以迎见活佛为名，意图西抢，因教以作善戒杀，阻其西掠，劝之回巢。又因而连合西僧，向风请贡，且以番书一纸并压书礼物遗居正。居正上言；臣系辅弼近臣，参预密勿，义不与外夷私通，不敢私受。上以居正辅理勋猷，宣播遐迩，戎狄宾服，宜勉纳所馈，以慰远人向风慕义之诚。

（《神宗实录》卷八四）

神宗封赏三世达赖

万历七年（1579）二月癸巳

赐贡夷乌思藏自称阐化王长男札释藏卜、次男札释坚参、僧锁南坚参〔错〕、星吉藏卜等封授赏赉有差，并给代乞顺义王俺答之赏。

（《神宗实录》卷八四）

神宗诏给三世达赖“朵儿只唱”及其僧徒敕命图书

万历九年（1581）五月甲子

诏给番僧朵儿只唱与僧徒歹鬼骨儿，各敕命、图书，从总督郑雒疏称顺义王俺答陈乞也。

（《神宗实录》卷一一二）

神宗准顺义王请赏达赖等表文鞍马

万历十三年（1586）十一月丙寅

北虏顺义王乞庆哈及西僧答赖等表文、鞍马、弓矢、方物至自边。……俱给赏如例。

（《神宗实录》卷一六八）

神宗封授三世达赖索南嘉措“朵儿只唱”名号

万历十五年（1587）十月丁卯

番僧答赖准升“朵儿只唱”名号，仍给敕命、图书；僧徒把汉忽同兔等三名各量授都纲，仍各给敕命一道。

（《神宗实录》卷一九一）

神宗封四世达赖为普持金刚佛并赐印

火龙年（1616）三月，汉地皇帝万历皇帝大王派来了以喇嘛索南罗追为首的许多汉人，封给〈达赖喇嘛〉普持金刚佛的官职和官帽、官服及印章。迎请〈达赖喇嘛〉到哲蚌寺的嘉吉康（汉人公所），奉献了礼品，表演了许多奇特精彩的戏要节目，并邀请（达赖喇嘛）到汉地去。（达赖喇嘛）为建立缘起，接受了邀请。

（《中国西藏地方历史资料选辑》第334页）

三、敕赠各种荣誉称号，崇奖“化导”藏族有功绩的藏传佛教僧人

有关政策规定

敕赠封号——“崇奖番僧之有化导番夷功绩者”

天顺七年（1463）九月己巳

思答藏辅教王南葛坚粲巴藏卜等奏举剌麻沙迦星吉为禅师。事下礼部议，尚书姚夔等以为禅师乃朝廷崇奖番僧之有化导番夷功绩者，今沙迦星

吉未知其果能然否，宜行四川布政司、按察司复实奏闻处分①。从之。

（《英宗（天顺）实录》卷三五七）

敕赠藏传佛教僧人各种封号

番僧数等，曰大慈法王、曰西天佛子、曰大国师、曰国师、曰禅师、曰都纲、曰剌麻。

（《英宗（天顺）实录》卷一七）

西藏大剌麻争相朝觐邀封

永乐中，既封二法王，其徒争欲见天子，邀恩宠，于是来者趾相接。

（《明史》卷三三一，西域三）

孝宗清理整顿藏传佛教各级僧官

帝（宪宗，1465—1487）初即位，即以道士孙道玉为真人。其后，西番僧札巴坚参封“万行庄严功德最胜智慧圆明能仁感应显国光教弘妙大悟法王西天至善金刚普济大智慧佛”。其徒札实巴、锁南坚参、端竹也失皆为国师，赐诰命，服食器用，僭拟王者。出入乘棕舆，卫卒执金吾仗前导，锦衣玉食几千人。取荒塚顶骨为数珠，髑髅为法器，给事中魏元等切谏，不纳。寻进札实巴为法王，班卓儿藏卜为国师，又封领占竹为“万行清修真如自在广善普慧弘度妙应掌教翊国正觉大济法王西天圆智大慈悲佛”，又封西天佛子札失藏卜、札失坚参、乳奴班丹、锁南坚参、法领占五人为法王，其他授西天佛子、大国师、国师、禅师者，不可胜计。……

孝宗初，诏礼官议汰，礼官言：诸寺法王至禅师四百三十七人，剌麻诸僧七百八十九人，……请俱贬黜。诏：法王、佛子递降国师、禅师、都纲，余悉落职为僧，遣还本土，追夺诰敕、印章、仪仗诸法物。

（《明史》卷三〇七，列传一九五，佞倖传，继晓传）

世宗整肃藏传佛教各级僧官袭职制度，禁止假借冒顶

嘉靖二十八年（1549）五月壬辰，以乌思藏等处番僧领占坚参等三十

① 这里说明了明朝关于藏传佛教的一项重要政策：敕赠藏传佛教僧人“禅师”等称号，是“崇奖番僧之有化导番夷功绩者”（而且要经过考绩），以激励他们更加奋力为明朝治理西藏奔走效劳。

八名，各袭国师、禅师、都纲、剌麻职事；驳回查勘喃哈坚参等三十一名。礼部因奏："今岁入贡番僧中，多去年已赏，今次复来；或同一师僧，而袭职异名；或同一职衔，而往来异地。请以后新袭诰敕，俱开住坐地方及某师某名，不得混冒。又诸番节年袭职，守候诰敕日久，辄令带原赍诰敕回番，待后入贡之年，赴京补给，以故诸番得假借冒顶，夤缘行私。及今不处，则旧诰旧敕终无销缴之期，非但夷情怠玩；抑且国体未尊。请以后番僧袭职，令将原赍诰敕纳还内府。不得如故赍回；其新给诰敕速与关领，庶绝弊端。又，各处番僧袭职、进贡，本部立文簿一扇，将各僧赍到旧给诰敕所载师僧职名，颁给年月及今袭替僧徒名字、住坐地方，分别已未领有新诰、新敕，逐一登记，备行布政司，照式置造。如系应贡年分，即以前册查对。如系年代久远，果有老病，方得起送承袭。如已袭未领诰敕，许起送一二人。其余无得滥放。"报可。

（《世宗实录》卷三四八）

三大法王之外的荣誉称号法王

景泰（1450—1456）中，封番僧沙加为"弘慈大善法王"，班卓儿藏人为灌顶大国师。英宗复辟，务反景帝之政，降法王为大国师，大国师为国师。成化初，宪宗复好番僧，至者日众；札巴坚参、札实巴、领占竹等，以秘密教得幸，并封法王。其次为西天佛子，他授大国师、国师、禅师者不可胜纪。……孝宗践阼，清汰番僧，法王、佛子以下，皆递降，驱还本土，夺其印诰。……（武宗）封那卜坚参及札巴藏卜为法王，那卜领占及绰即罗竹为西天佛子。已，封领占班丹为大庆法王……或言大庆法王，即帝自号也。绰吉我些儿者，乌斯藏使臣，留豹房有宠，封大德法王。……世宗立，复汰番僧，法王以下悉被斥。

（《明史》卷三三一，列传第二一九，西域三，大慈法王传）

代宗册封班丹札失为大智法王

景泰三年（1452）十月壬子

封西天佛子大国师班丹札释为大智法王，赐以诰命。

（《英宗（附代宗）实录》卷二二二）

代宗册封沙加为大善法王

景泰七年（1456）七月辛巳

命西番净修弘智灌顶大国师锁南舍剌为净修弘智灌顶大国师西天佛子，广通精修妙慧阐教西天佛子大国师沙加为广通精修妙慧阐教弘慈大喜〔善〕法王，剌麻占巴失念为崇修善道国师。加弘善妙济国师舍剌巴为灌顶弘善妙智国师。俱赐诰命。

（《英宗（附代宗）实录》卷二六八）

天顺元年（1457）二月癸卯

命郕王所封弘慈大善法王沙加复为灌顶大国师。其灌顶大国师班卓儿藏卜等皆复为国师。

（《英宗（天顺）实录》卷二七五）

英宗追封智光为大通法王

天顺四年（1460）二月庚申

追封圆融妙慧净觉弘济辅国光范衍教灌顶广善大国师智光为大通法王，遣官赐祭。

（《英宗（天顺）实录》卷三一二）

宪宗册封札巴坚参为大悟法王

成化四年（1468）四月庚戌

封西僧札巴坚参为“万行庄严功德最胜智慧圆明能仁感应显国光教弘妙大悟法王西天至善金刚普济大智慧佛”，札实巴为清修正觉妙慈普济护国衍教灌顶弘善西天佛子大国师，锁南坚参为静修弘善国师，端竹也失为净慈普济国师，俱赐诰命。西僧以秘密教得幸，服食器用僭拟王者，出入乘棕舆，卫卒执金吾杖前导，达官贵人莫敢不避路。每召入大内诵经咒，撒花米赞吉祥，赐予骈蕃，日给大官酒馔牲饩至再，锦衣玉食者几千人。中贵人见辄跪拜，坐而受之。法王封号有至累数十字者。

（《宪宗实录》卷五三）

宪宗册封领占竹为大济法王

成化十七年（1481）十二月壬戌

赐番僧万行清修真如自在广善普慧弘度妙应掌教翊国正觉大济法王西天圆智大慈悲佛领占竹等十四人诰命。

（《宪宗实录》卷二二二）

宪宗追封端竹领占为法王

成化二十二年（1486）十一月丁卯

太监韦泰传奉圣旨：追封已故西天佛子端竹领占为法王，赐祭一坛。

（《宪宗实录》卷二八四）

孝宗特赠乳奴班丹为法王

弘治五年（1492）十一月甲申

大慈恩寺番僧国师乳奴班丹死，其侄都纲完卜沙加坚参奏乞袭职，并建塔祭葬。上特赠乳奴班丹为法王，余不允。

（《孝宗实录》卷六九）

武宗时封绰吉我些儿为大德法王

正德十年（1515）二月戊戌

保安寺大德法王绰吉我些儿，本乌思藏使也，上留之得幸。至是，欲遣其徒领占绰节儿、绰供札失为正副使，还居乌思藏，比大乘法王例入贡，且为两人请国师诰命及入番熬设广茶。下礼部、尚书刘春议不可，且为〔谓〕沮坏茶法，骚扰道路。有旨令复议。春执奏："乌思藏远在西方，性极顽犷，虽设四王抚化，而其来贡必为之节制，务令各安其所，不为边患而已。若遣僧赍茶以往，给之诰敕，万一假上旨以诱羌胡，妄有所请求，欲因〔因欲〕以自利，不从便为失异俗意，从之则无益事兴，其害有不可胜言者。"诏仍与诰命，而罢设茶敕。是时，上诵习番经，崇尚其教，常〔尝〕被服如番僧，演法内厂，绰吉我些儿辈出入豹房，与诸权贵杂处。及两人乘传归，辎重相属于道。所过烦费，行道避之，无贵贱皆称两人国师云。

（《武宗实录》卷一二一）

武宗赐祭葬星吉班丹大善法王

正德十年（1515）五月辛亥

大护国保安寺右觉义班丹伦竹，为其祖师大善法王星吉班丹乞祭葬。礼部执奏无例。上特许之，命工部给葬价二千两。

（《武宗实录》卷一二五）

西天佛子　大国师

西天佛子

成祖封赠日托巴罗噶坚粲为西天佛子

永乐十一年（1413）五月丙戌

命……日托巴罗噶罗坚粲为“西天佛子灌顶净慈弘智广慧大国师”，赐以诰、印。

（《太宗实录》卷八八）

成祖封赠释迦也失为西天佛子

永乐十三年（1415）四月庚午

命尚师释迦也失为“妙觉圆通慧慈普应辅国显教灌顶弘善西天佛子大国师”，赐之诰命。

（《太宗实录》卷九六）

太祖封公哥坚藏巴藏卜等
大国师、国师名号并赐玉印诰命

洪武七年（1374）七月己卯

朵甘乌思藏僧答力麻八剌及故元帝师八思巴之后公哥坚藏〔巴藏〕卜遣使来朝请师号。诏以答力麻八剌为“灌顶国师”，赐玉印海兽纽。俾居昝多桑古鲁寺，给护持十五道；公哥坚藏巴藏卜为“圆智妙觉弘教大国师”，玉印狮纽。赐诏曰：“佛教兴于西土，善因溥及华夷，虽无律以绳顽，惟仁心而是则。迩来西番入贡有僧公哥坚藏巴藏卜、答力麻八剌，乃昔元八思巴帝师之后，深通奥典，笃志尤坚，化顽愚以从善，起仁心以涤愆。虽曰遥闻，特加尔号，其公哥坚藏巴藏卜为‘圆智妙觉弘教大国师’，答力麻八剌为‘灌顶国师’，统治僧徒，名当时之善〔人〕，为教中之称首。于戏，寂寞山房，俦青灯而侣影，跏趺盘石，对皓月以忘情，随缘于

锡杖、芒鞋，安分于草衣、木食，广施妙利，方契善符。”

（《太祖实录》卷九一）

太祖赐西番大国师诏

佛教兴于西土，善因博被华夷，虽无律以绳顽，惟仁心而是则，大矣哉，妙觉难穷。昔从斯道者顿悟三空，脱尘轮而出苦趣，永离幽冥，使生者怀而死者慕，岂不圣人者欤！

迩来西番入贡，有僧公哥监藏巴藏卜，乃昔元八思八帝师之后。人云：踵师之道，深通奥典，独志尤坚，化愚顽以从善，起仁心以涤衍。虽是遥闻，特加尔圆智妙觉弘教大国师，统治僧民，名当时之善人，永为教中之称首。

呜呼：寂寞山房，俦青灯而读诵，观皓月以吟风，叠膝盘陀之上，草衣木食，方契善符。

（《明太祖集》卷二）

成祖敕命哈思巴葛罗思为大国师

永乐四年（1406）十二月辛卯

命乌思藏僧哈思巴罗葛罗思为“灌顶圆通善慧大国师”，赐之诰、印。

（《太宗实录》卷四七）

成祖敕命大宝法王之徒等为大国师

永乐五年（1407）三月丁巳

命其徒（大宝法王哈立麻徒）孛隆逋瓦桑儿加领真为“灌顶圆修净慧大国师”；高日瓦领禅伯为“灌顶通悟弘济大国师”；果栾罗葛罗监藏巴里藏卜为“灌顶弘智净戒大国师”，皆赐印、诰、银、钞、彩币等物。宴于华盖殿。

（《太宗实录》卷四八）

成祖敕命哲尊巴为大国师

永乐十一年（1413）五月丙戌

命哲尊巴为“灌顶圆通慈济大国师”；必力工瓦端竹监藏为“灌顶慧

慈净戒大国师”；……赐以诰、印。

（《太宗实录》卷八八）

成祖敕命妥巴阿摩葛为大国师

永乐十二年（1414）正月丙申

命妥巴阿摩葛为“灌顶圆通慈济大国师”，赐之诰命。妥巴阿摩葛者，故国师哲尊巴父也。

（《太宗实录》卷九一）

成祖以故大国师端岳藏卜之侄嗣领其事

永乐二十二年（1424）二月丁卯

灌顶净觉弘济大国师〔班丹藏卜、弘济净觉国师〕端岳藏卜卒。命班丹藏卜侄三丹藏卜，端岳藏卜侄锁南监藏各嗣领其事。净觉洪〔弘〕慈国师锁竹监藏年老，〔命〕其侄端岳监藏代之。皆赐诰命。

（《太宗实录》卷二六八）

宣宗敕命宛卜格剌思巴坚藏升号大国师

宣德元年（1426）二月戊寅

论征曲先、安定功，加国师宛卜格剌思巴坚藏号为“净慈普应大国师”；仑奔宛卜查失儿监藏为“弘慈广智大国师”；吒思巴领占为“普觉净修大国师”；失迦思端宛卜为“慧〔慈〕善增修大国师”；达巴儿坚参为“妙慈通慧大国师”，皆秩四品，给诰命、银印。剌麻着星为普善禅师；……朵只里监藏为清净禅师，皆秩六品，给敕命、银印。

（《宣宗实录》卷一四）

英宗以通慧大国师打巴儿监藏年老命其侄署掌大国师印

正统元年（1436）十二月丙寅

以加儿即簇妙慈通慧大国师打巴儿监藏年老，命其侄完卜散丹星吉代为国师，署掌大国师印，管束所部番民。

（《英宗（正统）实录》卷二五）

英宗敕命喃噶藏卜袭其父为大国师

正统六年（1441）八月辛未

命灌顶广智弘善国师喃葛藏卜袭其世父为“灌顶净觉弘济大国师”，赐之诰命。

（《英宗（正统）实录》卷八二）

英宗敕封加沙等为大国师

正统十年（1445）二月乙巳

加封国师沙加为“灌顶净觉佑善大国师”，禅师班绰儿藏卜为“清心戒行国师”，锁南藏卜为“私〔弘〕慈广善国师”，俱赐诰命。

（《英宗（正统）实录》卷一二六）

英宗敕命绰吉坚粲为大国师

正统十三年（1448）五月丁酉

礼部奏：“乌思藏灌顶国师赞善王遣人奏保番僧绰吉坚粲为“灌顶弘慈妙觉大国师”，及求大藏经并护持敕。”上从之。寻赐绰吉坚粲诰命及镀金银印、僧帽、袈裟。

（《英宗（正统）实录》卷一六六）

代宗敕命沙加为西天佛子大国师

景泰四年（1453）四月庚戌

命灌顶大国师沙加为“西天佛子大国师”，灌顶国师锁南释剌为“灌顶大国师”，赐之诰命。

（《英宗（附代宗）实录》卷二二八）

宪宗封札失藏卜领占等为大国师等名号

成化二十一年（1485）九月甲戌

以乌思藏法王差来剌麻札失藏卜领占五人为灌顶大国师、灌顶国师、禅师、都纲，赐诰敕、印、帽、袈裟等物。

（《宪宗实录》卷二七〇）

宪宗封赠完卜锁南坚剉为大国师

成化二十二年（1486）十一月丁卯

（太监韦泰传奉圣旨）升乌思藏萨嘉寺完卜锁南坚剉为灌顶大国师。

（《宪宗实录》卷二八四）

大国师领占藏乞请诰命

灌顶弘慈广善大国师臣领占藏谨奏：为乞请诰命事。蒙大皇帝陞臣前职，臣感戴不尽，今差徒弟锁南领占赴京，奏请诰命。望朝廷可怜见，作急给与回还。便益。

（《西番馆来文》① 二三）

国师　禅师　都纲　剌麻

太祖诏章阳沙加仍灌项国师之号

洪武五年（1372）四月丁酉

河州卫言："乌思藏怕木竹巴故元灌顶国师章阳沙加②，人所信服。今朵甘赏竺监藏与管兀〔元〕儿相仇杀，朝廷若以章阳沙加招抚之，则朵甘必内附矣。"中书省以闻。诏章阳沙加仍灌顶国师之号，遣使赐玉印及彩缎表里，俾居报恩寺，化导其民。

（《太祖实录》卷七三）

太祖诏以摄帝师喃加巴藏卜为国师

洪武六年（1373）二月癸酉

（诏）以摄帝师喃加巴藏卜为"炽盛佛宝国师"，给赐玉印。

（《太祖实录》卷七九）

---

① 明朝在翰林院设四夷馆，职掌边疆少数民族和外国与明中央政府来往官文书的翻译。共设十馆，西番馆是其中之一，掌理西番（今西藏与甘青川滇藏区）与朝廷往来官文书的翻译。"来文"是西番馆所存藏汉合璧官文书底档，有清刻本传世。近人研究成果较多。例如，（日）西田龙雄《西番绾译语研究》，我国近代著名藏学家吴燕绍编著的《西藏史大纲》（第九章）都比较有名。本书所引《西番馆来文》，据任小波《明代〈西番馆来文〉研究释例》。（原载达力扎布主编：《中国边疆民族研究（第一辑）》中央民族大学出版社 2008 年版）。

② 章阳沙加，即帕木竹巴政权第二任第司释迦坚赞。

太祖谕准帕木竹巴灌顶国师
锁南札思巴噫监藏卜之弟代职

洪武二十一年（1388）正月己亥

帕木竹巴灌顶国师锁南札思巴噫监藏卜上表称病，举弟吉剌思巴监藏巴藏卜代职。许之。

（《太祖实录》卷一八八）

太祖谕善世禅师板的达敕

禅师自西而来，朝夕慕道，务在利人济物。朕观禅师之立志也，努力甚坚，其岁之行也甚深，故得诸方施供，善者顶礼，恶者欢心。前者东达沧海而礼补陀，旋锡钱塘而暂禅天目，西游庐岳，中国之名山，遂禅师之意已达，复来京师，驻锡钟山之阳，日禅岩穴。禅师之所以玄中，仰观俯察，志在神游八极，惟神天照鉴。

迩者，朕建陵山前，闻禅师欲徙禅他往，被无知者所惑，乃曰："非旨不前，是致踌躇。"朕今敕禅师：凡欲所向，毋自猜疑，当飞锡而进，锡止而禅，乐自然之天地，快清静之神魂，岂不道成也哉！

（《明太祖集》卷七）

成祖命绰思吉监藏等为国师赐诰印

永乐十一年（1413）二月己未

命哈立麻寺绰思吉监藏为"灌顶圆通妙济国师"，簇尔卜掌寺端竹斡薛儿巴里藏卜为"灌顶净慈通慧国师"，俱赐诰、印及彩币、表里。

（《太宗实录》卷一三七）

宣宗敕赠乌思藏朝贡僧人国师、禅师等封号

宣德元年（1426）三月庚子

升乌思藏大宝、大乘、阐化、阐教、赞善五王及大国师（西天佛子）释迦也失差来使臣阿木葛为"灌顶净修弘智国师"、锁南星吉为"灌顶国师"，俱赐二品镀金银印。领占端竹桑、结巴高竹斡升国师，赐五品银印及诰命。领占班竹儿、端竹乩藏袭国师，赐诰命；坚端监藏、锁南失赖、

领着领占札思巴、锁巴列升禅师，赐敕命，皆赐六品银印。

（《宣宗实录》卷一五）

锁南劄以捕盗寇功封授禅师，物故后英宗准其弟袭职

宣德十年（1435）四月乙巳

敕陕西西宁卫巴哇簇拾剌竹曰："昔尔兄锁南劄以捕盗寇功，授善智禅师，副本簇指挥佥事锁南儿监藏抚绥军民。每三年进纳金牌茶马、犏牛。尔兄物故，特命尔为头目，归代其任。尔宜同锁南儿监藏协心共修职贡，抚安民人。如强愎肆虐，罪不尔贷。"

（《英宗（正统）实录》卷四）

英宗敕命剌麻札巴坚参为禅师

正统二年（1437）九月甲午

命剌麻札巴坚参为坚修禅师，给赐敕命。

（《英宗（正统）实录》卷三四）

正统二年（1437）十月甲戌

给赐乌思藏禅师札巴坚参银印并僧帽、袈裟。

（《英宗（正统）实录》卷三五）

英宗敕封远丹坚剉等为都纲

正统七年（1442）八月乙未

命乌思藏剌麻远丹坚剉，老呃藏卜等为都纲，赐敕护持。

（《英宗（正统）实录》卷九五）

英宗敕命端竹等为禅师、都纲、剌麻

正统十年（1445）三月己卯

命番僧端竹为禅师；答儿麻失里为都纲；竺儿坚粲为剌麻，俱赐敕命、图书，以其在边有招抚番人向化之功也。

（《英宗（正统）实录》卷一二七）

英宗敕命剌麻赏思隆为禅师

正统十年（1445）四月庚申

命剌麻赏思隆为崇教禅师，给银印、敕命，赐彩币，以其有预征回回之功，故加旌擢，令其协助头目抚治人民也。

（《英宗（正统）实录》卷一二八）

英宗命禅师锁南藏卜和
剌麻剳失班丹分别升授国师与禅师

正统十三年（1448）五月丁未

妙胜禅师锁南藏卜及剌麻札失班丹出使灵藏等处地面还，以灵藏赞善王班丹坚剉所遣南嘉寺剌麻桑儿结巴等朝见，贡马及氆氇、佛像等物。诏升锁南藏卜为国师；劄失班丹为都纲，给诰命、敕谕、银印。赐宴并钞、彩缎表里、僧衣、靴袜有差。以桑儿结巴为本寺都纲，给敕谕、印信。从赞善王班丹坚剉奏请也。

（《英宗（正统）实录》卷一六六）

代宗命升葛藏为国师

景泰三年（1452）十月丙申

净修禅师葛藏往乌思藏公干回还，并其徒剌麻列巴禄竹等各贡方物。升葛藏为国师，赐彩币、僧衣等物有差。

（《英宗（附代宗）实录》卷二二二）

代宗敕命劄思巴藏卜袭其兄国师之职

景泰六年（1455）三月丙午

命西番净戒寺国师弟劄思巴藏卜袭灌顶弘教翊善国师，瞿昙寺完卜班竹儿藏卜袭灌顶广智弘善国师，皆赐之诰命。

（《英宗（附代宗）实录》卷二五一）

宪宗敕命禅师远丹藏卜和
都纲子瑺分别升任国师与禅师

成化二年（1466）十月丁未

〔以〕西番禅师远丹藏卜为国师；都纲子瑺为禅师。时阿惜洞等簇土官王儿者等称："我西番大小二姓为恶，杀之不惧，醢之不惧，唯国师、剌麻在中劝化，则革心信服崇善，从善演教国师知中老且病，禅师远丹藏卜、都纲子瑺戒行精专，番蛮信服，乞令抚谕劝化。"遂有是命。

（《宪宗实录》卷三五）

宪宗敕命绰竹藏卜袭其伯父国师之职

成化十年（1474）三月庚寅

命〔隆〕卜簇土尔干沟正宗寺弘修妙悟国师剳失巴舍剌侄番僧绰竹藏卜袭其伯父原职。

（《宪宗实录》卷一二六）

乌思藏都纲沙加星吉等奏请封禅师都纲之职

成化十五年（1479）正月①

乌思藏辅教王差使臣都纲沙加星吉等奏：上位金体安然，圣意公平，无间远迩。我乌思藏僧俗人等，时常祝延圣寿万万岁。今赴京进贡，望朝廷可怜见，给与全赏赐。都纲沙加星吉乞与禅师职事，领占扎、远丹罗竹二人乞与都纲职事。便益。

（《西番馆来文》一七）

孝宗敕命桑儿结俄些儿等六人各袭其师原职

弘治八年（1495）十二月甲戌

乌思藏大宝法王葛里麻巴遣国师剳失藏卜领占等来贡，因为番僧桑儿结俄些儿等六人请袭其师原职。许之。

（《孝宗实录》卷一〇七）

孝宗敕命藏卜坚参等七人各袭其师原职

弘治十二年（1499）十月丁未

乌思藏萨剌达哈等寺番僧藏卜坚参等七人，宁佗等寺番僧星吉坚剉等

---

①　时间为编者考定。

三人，请各袭其师国师、禅师、都纲等职。从之。

（《孝宗实录》卷一五五）

孝宗敕命喃哈星吉藏卜等五人袭禅师等职

弘治十二年（1499）十二月己丑

乌思藏遣禅师桑儿结吒巴等来贡，并为日莫等寺番僧喃哈星吉藏卜等五人请各袭其师禅师、都纲等职。从之。

（《孝宗实录》卷一五七）

世宗敕命领占坚参等三十八名各袭国师等职

嘉靖二十八年（1549）五月壬辰

以乌思藏等处番僧领占坚参等三十八名，各袭国师、禅师、都纲、剌麻职事；驳回查勘喃哈坚参等三十一名。

（《世宗实录》卷三四八）

四、建立朝贡制度——“贡有定期，人有定数，物有定品，印信有定据”

朝贡制度的逐步建立

朝贡制度的主要内容——定期、定数、定品、定据

万历三十七年（1609）四月丙寅，议复乌思藏等八番入贡。先是，四川巡按御史以番人混冒，方物滥恶，所奉敕书洗补可疑，而通使岁诱为奸，于是尽革乌思藏大乘、大宝、长河西、护教、董卜等八番，而止存阐教、辅教二番。抚按乔璧星等复言：“各藏〔番〕王皆以不得贡为辱，呶呶苦辨〔辩〕，实兹疑畏。但令贡有定期，人有定数，物有定品，印信有定据，毋失祖宗羁縻之意，而十番不至于阻化。”礼部复上之。

（《神宗实录》卷四五七）

五王三法王贡例

阐化、阐教、辅教三王贡使自四川入；赞善王自陕西入。每贡百人，多不过百五十人。大乘、大宝二法王贡无。每贡僧徒十人。凡诸王嗣封赐诰、袈裟、僧帽、数珠、铃杵。以大慈恩寺剌麻僧二人充正副使，四川自黎州或天全，陕西自洮州，出境。宣德元年，封大宝、大乘、阐教、阐化、赞善五王。九月，阐化王贡使乩藏等还，以赐物易茶。

（明·汪俊：《四夷馆考》）

五王三法王及藏族部落与剌麻贡例述略

阐化、阐教、辅教三王，贡使自四川入；赞善王自陕西入。每贡百人，多不过五十人。大乘、大宝二法王贡无。每贡僧徒十人。凡诸王嗣封，赐诰、袈裟、僧帽、数珠、铃杵。以大慈恩寺剌麻僧二人充正副使。四川自黎州或天全、陕西自洮州，出境。宣德元年，封大宝、大乘、阐教、阐化、赞善五王。九年，阐化王贡使乩藏等还，以赐物易茶，至临洮，没入茶，并留乩藏等，闻上命释之，还其茶。成化五年，封阐教、辅教二王。十六年，封阐化王，皆厚赏。长河西、鱼通、宁远，岁一贡。贡止五六十人，多不过百人，自雅州入。正统初，来贡赏甚厚。五年，剌麻僧贡马。十年，番僧亦贡马。景泰四年，入贡赏稍减。天顺元年，贡赏如故。三年，尊胜寺清修翊善大国师获印遣人贡舍利。成化初，番僧入贡。十二年，贡使九百人，赏少减。弘治二年，贡使千三百人，减赏。朵甘思，洪武十八年令岁一贡，自雅州入。天顺七年，宣慰使来贡，厚赏。董卜韩胡亦一贡，如朵甘思。四川威茂、松潘、金川、杂谷、达思蛮诸番皆三岁一贡，〔每〕贡百人，多不过百五十人，或岁一贡，〔每〕贡三十人，多不过五十人。洮岷番寺岁一贡，〔每〕贡，一寺四五人。番簇二年一贡，大簇四五人，小簇一二人至京，余留塞上。

（明·郑晓：《皇明四夷考》）

宪宗定乌思藏僧三年一贡例

成化元年（1465）九月戊辰

定乌思藏番僧三年一贡例。礼部奏："宣德、正统间，番僧入贡，不过三四十人，景泰间，起数渐多，然亦不过三百人，天顺间，遂至二三千人，及今前后络绎不绝，赏赐不赀，而后来者又不可量，且其野性暴横奸诈。今乌思藏剌麻蜡叭言千等来朝贡方物，乞降之敕谕，使三年一贡。”上从其请。因蜡叭言千等归，敕谕阐化王曰：“尔父祖以来，世修职贡。洪武年间，三年一贡，来朝不过三四十人，往来道途亦守礼法。近年以来，增加渐多，络绎不绝，恃朝廷柔远之意，所至骚扰。察其所以，多有四川等处不逞之徒买求印信冒作番僧，贪图财利，坏尔声名。尔居遐僻，何由得知？兹特敕谕尔，今后仍照洪武旧例，三年一贡，自成化三年为始。所遣之人必须本类，不许过多。所给文书，钤以王印，其余国师、禅师等印皆不许行。惟袭替谢恩者不在三年之限。仍戒来人，毋得夹带投托之人。朝廷已敕经过关隘官司盘诘辨验，如有伪冒，就便拿问。如此则事有定规，人无冒滥，庶不失尔敬事朝廷之意。”

（《宪宗实录》卷二一）

宪宗命违例进贡减赏

成化三年（1467）二月壬子

乌思藏木目等寺番僧三丹坚昝等来朝贡佛像、马匹等物。礼部奏其故违三年一贡之限，辄由它道以来，所给彩缎等物宜减常例以示戒。从之。

（《宪宗实录》卷三九）

宪宗命陕西抚按等三司详议藏僧进贡应有节制事宜

成化三年（1467）五月丙子

命陕西镇守巡抚、巡按及都布按三司等官详议番僧进贡事宜。先是，陕西按察司副使郑安言：“进贡番僧，其自乌思藏来者，大率三分之一，余皆洮、岷近境寺僧、番民诡名希赏。所进羸马，辄获厚值。本以羁縻之，而益致寇攘。彼得吾所赐彩币，制为脑包、战袍，以抗拒官军，是虚国费而为盗资也。今宜有以限节之。”事下礼部会官议：“请行陕西镇巡等计议，定与年限、人数及存留起送若干名，及凡赏与宝钞、食茶、布褐等件（物），审于夷情事体有无相当，一一议处，经久利便，具奏以闻。”从之。

（《宪宗实录》卷四二）

宪宗准礼都奏请降敕切责四川三司放入阐教王等所遣违例进贡藏僧

成化四年（1468）三月戊辰

礼部奏："长河西、鱼通、宁远等处头目剌麻番僧南合并乌思藏阐教王遣剌麻领卜车等，违例朝贡，巡抚四川右副都御史汪浩失于禁止，宜降敕切责及责都布按三司罪状。以后乌思藏番僧人等进贡，务遵原定三年一次限期、额数，审有番王印信文凭，方许存留起送。其国师、禅师关文不得徇情滥收，所进方物仍须封记。及长河西、鱼通、宁远等处每年亦须量数放入。务在抚驭开谕得宜，毋得因而激变生患。"从之。

（《宪宗实录》卷五二）

宪宗准礼部议敕命各处朝贡务遵敕书榜例不得故违

成化五年（1469）四月庚午

乌思藏答藏王南渴坚粲遣番僧南伦竹等由陕西洮州入贡。至是，连章乞如四川入贡例赏赐。奏下礼部，以乌思藏经陕西入者，赐例从轻，若从所请，恐乖禁例，失信外夷。合量加到京番僧衣一袭、钞五十锭、茶五十斤；存留番僧有马者，纻丝一匹、茶二十斤。移文彼处镇守等官，省令各夷今后务遵敕书榜例，不得仍前故违。从之。

（《宪宗实录》卷六六）

宪宗准四川都司奏请乌思藏各王于应贡年分各具印信文书来贡

成化五年（1469）七月丁酉

四川都司奏："乌思藏赞善王等遣舍人阿别等率各寺寨番僧一百三十二起，不依年例入贡，兼无番王正印文书，今已量留十数名在被〔彼〕守视方物，余皆遣回。乞定议令各照年例进贡，或〔令〕各具印信文书会同进贡。"礼部言："乌思藏地方广远，番王数多。若令各照年例进贡，则往来频繁，驿递不息；若令会同进贡，则地方有远近，难以齐一。宜令各王各具印信文书于应贡年分，陆续来贡，不许人数过多，仍请敕各番王知会，令其永远遵守。所贡方物既至，宜令四川三司遣人省谕，准作成化六年分进贡，起送赴京，或以礼发遣，令其依限前来。务在处置得宜，以尽怀柔之意。”从之。

（《宪宗实录》卷六九）

宪宗准工部奏请乌思藏各王及国师等入贡定例验具印信文书

成化六年（1470）四月乙丑

西番国师都纲剌麻〔班〕著尔藏卜等，使灵藏封赞善王还，各贡马。赐宴，并赐袭衣、彩缎等物有差。工部奏：“四夷朝贡人数日增，岁造衣币，赏赉不敷。”上命礼部议减各夷入贡之数，尚书邹干等具例以闻。上曰：“其移文各边，令如已定年数入贡，不得违越。”干等以乌思藏原无定立则例，议请：“乌思藏赞善、阐教、阐化、辅教四王，三年一贡，每王遣使百人，多不过百五十人，由四川路入，国师以下不许贡。其长河西、董卜韩胡二处，一年一贡或二年一贡，遣人不许过百。松、茂州地方住坐番僧，每年亦许三五十人来贡。其附近乌思藏地方，入贡年例如乌思藏，亦不许〔过〕五六十人。乞行四川镇守等官，俱要委官审辨有印信文字者方许放入。仍乞降敕各番王谕以番僧入贡定数，至期各王将番僧姓名及所贡方物各具印信番文，以凭验入。”从之。

（《宪宗实录》卷七八）

宪宗特准乌思藏禅师锁南坚粲因升职遣人来贡不为例

成化十年（1474）二月甲戌

乌思藏答都寺佑善禅师锁南坚粲，以朝廷颁赐诰印升职事，欲遣其徒诣阙谢恩并贡方物。事下礼部，尚书邹干等言：“旧有敕乌思藏三年一朝贡，而禅师不得径遣，但夷人之情亦宜俯顺，取旨裁决。”诏令五七人来，不为例。

（《宪宗实录》卷一二五）

礼部奏发给乌思藏诸王等敕书勘合

成化十七年（1481）九月辛卯

给乌思藏诸番王及长河西、鱼通、宁远等宣慰司敕书、勘合。礼部奏："乌思藏地方在长河西之西，长河西在松潘、越嶲之南，三处地界相连，易于混淆，难以辨别。乌思藏大乘法王、阐化、辅教、赞善番王，旧例三年差人一朝贡。彼因道险少来，而长河西番僧往往伪作印信番书，以冒赏赐。乞立为定制，除大乘法王无地土外，阐教等四王，人各赐敕一道、勘合二十道。该贡之年，道经四川、陕西，比号既同，仍有王印奏本，方许放入。其长河西、鱼通、宁远等处、朵干〔甘〕及董卜韩胡诸宣慰司，亦各给勘合六十道。其入贡道经四川，比号验放一如例。若该贡之年偶值道梗不通，后不许补贡。其四川松、茂州土着〔著〕番僧来朝者，边官亦照例验放，不许过多。"从之。

（《宪宗实录》卷二一九）

宪宗准礼部奏乌思藏诸王请封请袭进贡定人数

成化十八年（1482）二月甲寅

礼部奏："乌思藏番王进贡定期必以三年，定数僧不过一百五十。近赞善王连二次已差僧四百一十三人，今又以请封、请袭差一千五百五十七人，俱非例，宜尽阻回。但念化外远夷，乞量准其请封、请袭各一百五十人，仍准其三百人为成化二十年并二十三年两贡之数。毋得再至，所司亦宜以礼省谕其退回者。"从之。

（《宪宗实录》卷二二四）

宪宗准礼部请朵甘思宣慰司照乌思藏例三年一贡

成化二十一年（1485）闰四月壬寅

朵甘思宣慰司以道远不能如新例一年一贡，乞如乌斯藏例三年一贡。礼部请顺夷情。从之。

（《宪宗实录》卷二六五）

宪宗准礼部奏乌思藏大宝法王等进贡留边人员减赏

成化二十一年（1485）十一月甲戌

礼部奏："四川起送乌思藏如来大宝法王、国师并牛耳寨寨官进贡、谢恩、招抚、袭替各项，共一千四百七十员名。除回赐国〔法〕王等官并到京番僧外，其存留在边者，若一例赏之，共该彩缎一千四百七十表里、纻丝僧衣二千九百二十二袭件，折绢一万一百六十四匹，钞一十四万七千锭、食茶八万八千二百斤，其数太滥。除法王、国师及正贡来京者照例给赏，其余在边一千八名，欲量以该赏衣二件，共折彩缎一表里与之；食茶令四川茶马司照数给散。”从之。

（《宪宗实录》卷二七二）

孝宗准礼部奏请规定乌思藏阐化王与辅教王入贡年限人数及手续

成化二十三年（1487）十月戊寅

礼部请量给乌思藏阐化王及辅教王所遣入贡番僧扎失罗竹等口粮、脚力，仍令今后每三年一贡，差人不许过百五十名，仍填写原给勘合，至各该官司比号。如无番王印信番字奏本、咨文及贡期烦数、来人过多者，俱却回，并裁减给赐之数。从之。

（《孝宗实录》卷四）

孝宗准礼部议大乘法王袭职入贡仍按乌思藏僧三年一贡例审验印信勘合

弘治三年（1490）正月丙子

近例乌思藏番僧三年一贡，令四川布政司比号相同，并有番王印信、番字奏启，方许。其法王卒，止用本处僧徒袭职，不由廷授。至是，辅教王遣番僧锁巴等，保送大乘法王袭职入贡，乃欲自洮州而入。洮州守备官据例阻回，以其事闻。下礼部议，谓：“有前例，宜行洮州守备官，于锁巴内令四五人赍执勘合前往四川布政司比号，果系原降辅教王处勘合，字号相同，本司宜即差人具奏，并给与印信文书，仍令回至洮州，守备官再行审验。其大乘法王处所差者，许令入贡，然不许其奏请袭职。若辅教王处所差者，准作弘治三年一贡，沿途量起人夫护送方物至京；如其字号不同，及有诈冒别情，宜从四川镇巡官并洮州守备官径自奏闻，以凭区处。”从之。

（《孝宗实录》卷三四）

孝宗准礼部奏议乌思藏阐教王遣僧从洮州四川两路入贡

弘治五年（1492）五月壬申

乌思藏阐教王遣番僧来贡，一从洮州路，一从四川路。礼部议谓："乌思藏例该三年一贡。今来自洮州者，是弘治四年该贡之数；其来自四川者，请准作七年贡数，至七年免来。其回赐王彩缎表里及给赐二起番僧纻丝、食茶等物，并请如例。"从之。

（《孝宗实录》卷六三）

孝宗准礼部奏四川镇巡等官不许滥送过境贡僧

弘治十二年（1499）九月丙子

礼部以乌思藏并长河西宣慰使司各遣人来贡，一时至者凡二〔三〕千八百余人，俱应给赏，所费不赀，请行四川镇巡等官，以后不许滥送，务查先年敕旨及本部勘合事例。有碍者径自阻回，无碍者奏请定夺。其今次滥起送官吏，请令巡按监察御史逮问。从之。

（《孝宗实录》卷一五四）

武宗准礼部奏乌思藏·阐化王进贡遣人过多令嗣后违例进贡之人俱留在边

正德四年（1509）九月己亥，

礼部言："乌思藏袭封阐化王阿吉汪束札失札巴坚参巴藏卜〔阿吉汪束扎巴坚参巴藏卜〕及袭职完渴都指挥煖精藏卜进贡方物，及遣人数多出于例外，意图厚赏。今宜准其多者为次年贡数，如例给赏。指挥无年贡者，裁其赏赉之半。其陕西河州卫指挥使王锦等违例起送，俱当究治。"诏从之，仍令今后违例进贡夷人俱拘留在边，不许滥放，违者治罪。

（《武宗实录》卷五四）

大乘法王入贡违例命治不行审验官员之罪

正德五年（1510）三月癸未

乌思藏大乘法王差剌麻绰吉我些儿等八百人从陕西河州卫入贡。礼部以其违例，宜减赏，及究河州卫指挥使徐经不行审验之罪。上命巡按御使逮经治之；仍令是后宜加审验，不许重冒起送。

（《武宗实录》卷六一）

世宗准礼部议藏僧入贡赏赐可折解价银

嘉靖六年（1527）十月丙辰

礼部言："番僧及女直夷人例应一岁及三岁入贡者，不下五千四百人，赏赐彩币不下五千五百余匹。诸番既以近例愿给币值，而江西、湖广、河南三省不善织造，若折解价银，数足相当，诚令银、币兼给，则夷人各得所欲，且可使三省之民无带征起解之费。"上从之。

（《世宗实录》卷八一）

世宗准礼部议乌思藏进贡人数
超例应减赏并治验放官之罪

嘉靖十二年（1533）八月丙戌

四川乌思藏、朵甘〔思〕番僧七领札失等千余人来贡。礼部以旧例每贡不过百人，今数太多，该边并三司等官朦胧起送，通属有罪。七领札失等应薄示惩戒，其到京者每名量减茶十斤，存留者每名量减绢二匹、茶十斤；仍行巡按御史逮治验放官罪，以戒来者。从之。

（《世宗实录》卷一五三）

乌思藏辅教等王及长河西等处贡僧逾额
诏减赏并治四川三司官违例验进罪

嘉靖十五年（1536）正月庚午

乌斯藏辅教、阐教、大乘各王差国师短竹札失等，长河西、鱼通、宁远等处军民宣慰使司差寨官桑保短竹等，各进贡，凡四千一百七十余人。诏以人数逾额，如例减赏。并下四川巡按御史速治都、布、按三司官违例验进之罪。

（《世宗实录》卷一八三）

乌思藏阐化王等贡物粗恶
诏谕边臣有违贡式者不得验入

嘉靖四十年（1561）十一月癸丑

乌思藏阐化王差剌麻锁南板著等、护教王差国师班丹监参等、朵甘思直管招讨司差国师捨蜡藏卜等，各来朝贡方物。宴赉有差。以阐化王方物粗恶，不以国师领贡；招讨司宣慰部落不附本司进贡，皆裁其赏；仍申谕边臣，自后各番进贡有违式者，不得验入。

（《世宗实录》卷五〇三）

工部奏议赏赉入贡太滥请酌议定数

隆庆三年（1569）七月庚辰

工部言："入贡番僧给赉太滥，请如先朝故事，酌议定数，以省浮费。"报可。

（《穆宗实录》卷三五）

穆宗定三年一贡及每处进京人数

贡道由四川、陕西，屡违约多人，且不如期至。隆庆三年，俱限三年一贡，定名数。每处赴京毋过十人，余留边候命。赏赐有全、有减。著为令。

（明·叶向高：《四夷考》）

工部以节慎库空虚，请将入贡例赏移四川藩司，诏仍由工部给之

万历十三年（1585）十二月辛巳

乌思藏大乘法王及长河宣慰使司番僧吧蜡领真等入贡，例赏约九千三百两有奇。工部以节慎库空虚，议移之四川藩司。僧番诉于礼部，引万历六年奉旨事例为言。诏仍于工部给之。

（《神宗实录》卷一六九）

乌思藏等朝贡和赏赐制度规定

贡期、贡差、印信、贡品等的规定

乌思藏

西番，古吐番地。元时为郡县，洪武初，因其旧职。于是，乌思藏番僧，有阐教王、阐化王、辅教王、赞善王，统化番民；又有护教王、大乘

法王。大宝法王，凡七王，俱赐银印，令比岁或间岁朝贡。成化十七年题准，每三年一贡，各番王差人填写原降勘合。阐化、阐教、辅教三王差来人，从四川布政司比号；赞善王差来人，从陕西布政司比号：并赍有印信番本咨文，方许入贡。每贡各一百人，多不过一百五十人。大乘、大宝二法王，原系游僧，无定所，不管束番民。不给勘合，亦无进贡年例，止听其欲来。许差僧徒十人，赍印信番本。随四王贡使赴京。护教王，弘治以后来贡，例与辅教王同。其后入贡人数益多。隆庆三年奏定，阐教、阐化、辅教三王，大乘、大宝二法王，俱三年一贡。每贡各一千人，内五百人全赏（在京题给），五百人减赏（本省给与）。于全赏内起送八人赴京，余留边听赏。护教王三年一贡。每贡七百七十五人，内三百八十七人全赏，三百八十八人减赏。于全赏内起送六人赴京，余留边听赏。

贡物

画佛　铜佛　铜塔　舍利　各色足力麻
各色铁力麻　各色氆氇　珊瑚　犀角　左髻
毛缨　酥油　明盔　明甲　刀　剑

附　长河西、鱼通、宁远等处〔杂道长官司附〕

洪武十六年，置长河西等处军民安抚使司。每年一贡，给予勘合，于四川比号，雅州入境。每贡止许五六十人，多不过一百人。方物该守关官员辨验，申送都、布、按三司审实，起送。后改升宣慰司，弘治以来，人数渐多。嘉靖二年题，用弘治以前例。不许过一千人。隆庆三年定，三年一贡，每贡一千人，内五百人全赏，五百人减赏。于全赏内起送八人赴京，余留边听赏。

杂道长官司，本长河西宣慰司部落，初附本司年例进贡，每贡差僧徒百人。成化十六年，乃另行起贡。隆庆三年定，三年一贡，每贡三百三十六人，内一百六十八人全赏，一百六十八人减赏。于全赏内起送四人赴京，余留边听赏。

贡物

画佛　舍利　各色足力麻　各色铁力麻　各色氆氇
珊瑚　犀角　左髻　明盔　刀　毛缨

朵甘思〔朵甘直管招讨司附〕

洪武七年，升朵甘卫为西安行都指挥使司，给银印。十八年，改朵甘思宣慰使司及万户府招讨司、东道万户府、塔尔千户所每年一贡，给与勘合。于四川比号，雅州入境。每贡止许五六十人，多不过一百人。后三年一贡，每贡一百人，多不过一百五十人。

直管招讨司本朵甘思宣慰司部落，初附本司进贡袭职。成化以后，乃分为二，贡期、人数与本司等。后因人数渐多，隆庆三年定，俱三年一贡。每贡各一千人，内五百人全赏，五百人减赏。于全赏内起送八人赴京，余留边听赏。

贡物

各色足力麻　各色铁力麻　各色氆氇　左髻　明盔
长刀

董卜韩胡〔别思寨安抚司　加渴瓦寺附〕

旧每年一贡，后三年一贡，于四川比对勘合。人数照朵甘思例。嘉靖二年题，用弘治以前例，不许过一千人。其部落别思寨安抚司、加渴瓦寺，弘治以后另贡。

加渴瓦寺，茂州汶川县地方。成化六年，奉敕本处住坐。隆庆三年定，俱三年一贡。董卜韩胡、别思寨，每贡共一千七百三十五人。内八百六十七人全赏，八百六十八人减赏。于全赏内起送八人赴京。余留边听赏。

加渴瓦寺，每贡七百六十四人。内三百八十二人全赏，三百八十二人减赏。于全赏内起送六人赴京，余留边听赏。

贡物

各色氆氇　各色足力麻　各色铁力麻　珊瑚　明盔
铁甲　遮甲麻衣　白毛缨　红毛缨　黑毛缨　黄左髻

金川寺番僧

四川威州保县地方。旧三年一贡，每贡许一百人，多不过一百五十人。正德以来，人数渐多。隆庆三年定，每贡五百五十人，内二百七十五人全赏，二百七十五人减赏。于全赏内起送八人赴京，余留边听赏。

贡物

珊瑚　　胡黄连　　木香　　氆氇　　足力麻　　左髻　　毛衣

杂谷安抚司

旧三年一贡。每贡许一百人，多不过一百五十人。后人数渐多。隆庆三年定，每贡一千二百七十四人，内六百三十七人全赏，六百三十七人减赏。于全赏内起送八人赴京，余留边听赏。弘治、正德中，又有新招抚上草坡克州等寺寨附属本司。

贡物

珊瑚　　胡黄连　　木香　　茜草　　海螺　　左髻

毛衣　　氆氇　　足力麻

打喇儿寨

四川威州地方。正德四年招抚。奉敕为冠带头目。议准三年一贡，每贡许二百五十人。隆庆三年定，一百二十五人全赏，一百二十五人减赏。于全赏内起送四人赴京，余留边听赏。

贡物

珊瑚　　氆氇

达思蛮长官司

旧来朝贡，至正统十年以后止。弘治二年复来。嘉靖五年题，用正德中例，以三百九十人为正额。后渐次增多。隆庆三年定，三年一贡，每贡四百三十八人，内二百一十九人全赏，二百一十九人减赏。于全赏内起送四人赴京，余留边听赏。

贡物

珊瑚　　犀牛角　　硼砂　　木香

长宁安抚司　韩胡碉怯列寺

二项番僧在四川松潘、茂州等处地方。旧每年朝贡，许三十人，多不过五十人。附近乌思藏地面者照乌思藏例，三年一贡，每贡许二三十人，多不过五六十人。嘉靖八年，长宁以宣德中例为请，遂准三百人为正额。隆庆三年定，长宁安抚司三年一贡。每贡三百人。内一百五十人全赏，一百五十人减赏。于全赏内起送四人赴京，余留边听赏；

韩胡碉怯列寺三年一贡，每贡一百五十人。内七十五人全赏，七十五人减赏。全赏内起送四人赴京，余留边听赏。

贡物

珊瑚　明盔　明甲　刀　乾松　氆氇

洮岷等处番僧

每寺许四五人，每年终遇大节，一次赴京朝贡。

洮岷等处番族

旧二年一贡，后三年一贡。大族起送为首者四五人，小族起送一二人。留边听赏者，大族不过十五人，小族不过七八人。

贡物

铜佛	画佛	舍利子	马	驼	酥油
青盐	青木香	足力麻	铁力麻	氆氇	左髻
毛缨	明盔	明甲	腰刀		

（《大明会典》卷一〇八，礼部六六，朝贡四，西戎下）

乌思藏等进贡给赐规定

西番乌思藏。洪武、永乐以来，给赐不等。复定：剌麻番僧人等，从四川起送来者到京，每人彩缎一表里，纻丝衣一套，俱本色。留边，赏同。其彩缎一表里，折阔生绢四疋，纻丝衣一套，内二件给本色衣一件，折生绢三疋。俱赏钞五十锭。折靴袜钞五十锭。食茶六十斤；从洮、河州起送来者到京，每人折衣彩缎（后加表里），纻丝并绫贴里衣二件。留边赏同。其彩缎一表里，折生绢四疋。俱食茶五十斤，靴袜钞五十锭。进过给军中等马，每匹纻丝一疋，钞三百锭。氆氇等物，例不给价。带进方物，回赐彩缎四表里。

凡各番违例多差人数，每人减绢二疋，或　疋，或三疋，或减绫贴里衣。正德以后，二法王违例进贡，多至千人，并从减赏。到京者彩缎一表里；留边者绢三疋。

嘉靖六年题准：乌思藏、长河西、朵甘思、董卜韩胡、金川、杂谷达思蛮、加渴瓦寺、松潘、洮岷等处番人番僧，正赏折衣彩缎俱与一疋折给。有进马者，计马数与折。

赐封，礼部行吏部请给诰命。

内府各衙门关造，锦二缎、纻丝十表里，袈裟僧衣一套，高顶僧帽一顶，水晶数珠一串，响钹二副，铃杵二副，白瓷茶盅二个，满答剌一个连带鸾带一条，靴袜各一双，食茶一百斤，檀香一炷。请敕令大慈恩寺推剌麻二人为正副使，带领剌麻十名，同原来请封麻剌赍奉前去番地授封。差通事一员，伴送至四川布政司交割。从黎州或天全出境。差去正副使，每人赏钞八十锭、剌麻六十锭。俱与番僧衣一套，靴袜各一双。赞善王授封，从陕西洮州出境；阐化等三王从四川出境。成化五年，授封阐化、辅教二王差去正使人等，自带买路物件，食茶二万五千斤，纻丝三百疋，罗一百疋，绢一千疋，青红布三千五百疋，金箔一万贴，胡椒一百斤。十六年，赏授封阐化王回还，剌麻、觉义等三十员名，正使禅师、觉义每人钞八十锭，彩缎三表里，绢二疋；副使都纲钞六十锭、二表里；差去剌麻每名钞四十锭，一表里，俱与纻丝。番僧衣一套，靴袜各一双；带去徒众，每人钞二十锭，一表里。进过氆氇等物，不给价。

附　长河西等

长河西。正统初，赏赐宣慰司自来进贡者：宣慰使，钞一百五十锭，彩缎四表里；指挥佥事，钞一百锭，彩缎二表里，俱纻丝衣一套，靴袜各一双。袭职进贡赏同。国师并国师侄男进贡到京者，照宣慰使例。都纲、剌麻、番僧人等，进贡到京者，每人钞五十锭、彩缎一表里、纻丝番僧衣一套，靴袜各一双，食茶六十斤。留边赏同。

五年，剌麻番僧进马到京，每人钞五十锭、彩缎一表里、折衣彩缎二表里、靴袜各一双。进过马不分等第，每匹钞一百锭。

十年，长河西招抚生番，照本处进贡番僧例。每人赏钞五十锭、彩缎一表里、折衣彩缎二表里、靴袜各一双，仍加赏折衣彩缎一表里。

景泰四年，每人钞五十锭，彩缎一表里，不与衣服、靴袜。

天顺元年，照旧给赏。三年，尊胜寺国师护印带进舍利等物，照先年乌思藏地方都指挥使等事例，量给彩缎二表里。

成化初，番僧人等到京，每人阔生绢二疋、钞五十锭，折靴袜钞五十锭，折衣彩缎二表里。留边赏同。其折衣彩缎内一表里，折阔生绢四疋。氆氇等物，例不给价。带进国师方物，给赐彩缎二表里。十二年，番人、番僧九百名来贡，以无勘合，到京并留边者，每人俱减绢二疋。

弘治二年，留边者减三疋。

贡回市茶。弘治十四年题准，剌思冈、尊胜等寺寨到京番僧，每人许买食茶二百斤。嘉靖二十二年题准，如董卜韩胡例。

朵甘思。天顺七年，宣慰使进贡到京，赏钞一百五十锭，彩缎四表里，纻丝衣一套，靴袜各一双；其贡使赏例：禅师、番僧人等到京，每人赏钞五十锭，彩缎一表里，纻丝衣一套。留边每人钞五十锭，折表里阔生绢四疋，纻丝衣一套内二件给本色衣一件折阔生绢三疋。俱与折靴袜钞五十锭，食茶六十斤；氆氇等物，例不给价；指挥佥事例加绢四疋；国师比禅师加绢二疋；新招抚来贡者到京每人钞五十锭，绢二疋，折衣采彩缎二表里。留边，每人钞五十锭，绢二疋，折衣彩缎一表里，阔生绢四疋，各折靴袜钞五十锭。方物，俱不给价。弘治十七年，以人数过多，惟进贡及已赏未袭职，再来到京者，全赏。其留边者，每人减绢二疋。

董卜韩胡。差来国师、禅师、都纲、道官、剌麻、番僧、头目、寨官人等到京，每人彩缎一表里。留边，每人折表里阔生绢四疋，俱与折钞绢二锭，靴袜钞五十锭。番僧每人纻丝绫贴里僧衣一套。头目人等每人纻丝绫贴里俗衣一套。氆氇等物，例不给价。

回赐：土官彩缎十表里，妻彩缎四表里。嘉靖二年，以差来人数过多，惟正额到京者全赏。其留边，应给折钞绢二锭，令与绢一疋，钞十锭。三年，减原给折钞表里绢三疋。

贡回市茶：嘉靖八年题准，到京并留边番僧，每人许自买食茶一百斤，行移右府出给勘合，填写人数、茶斤，仍行湖广布政司著落该府。许令照数收买，自雇船只载回，沿途关隘验放出境。如有夹带就彼盘验入官。

加渴瓦等寺。剌麻番僧、头目、寨首到京，每人彩缎一表里，折衣二表里。留边赏同。折衣每一表里，与绢四疋。俱赏钞六十锭，折靴袜钞五十锭。氆氇等物，不给价。

金川寺。进贡剌麻番僧到京，每人赏彩缎一表里，折衣彩缎二表里。留边，每人彩缎一表里，其折衣彩缎二表里内，一表里折生绢四疋，一表里折食茶一百斤。俱与钞六十锭，折靴袜钞五十锭。氆氇等物，不给价。弘治十七年，以人数过多，惟年例进贡及袭职到京者，全赏。其留边，应给折衣绢，每人减三疋。

杂谷安抚司。与金川寺例同。弘治十七年，留边每人减折衣绢二疋。嘉靖六年，照旧给赏，每人量加食茶二十五斤。其所属上草坡克州等寺寨。嘉靖六年题准，留边番僧，每人减绢二疋，加食茶二十五斤。

打喇儿寨。番僧到京，每人彩缎一表里，内一疋给价银三两，折衣彩缎二表里，与本色。留边，每人彩缎一表里，内一疋如前给价。折衣彩缎二表里，每一表里折给阔生绢四疋，共八疋。俱赏钞六十锭，折靴袜钞五十锭。方物例不给价。

达思蛮长官司。正统中，进贡到京并留边番僧人等，每人钞四十锭，彩缎一表里，折衣二表里，靴袜各一双。弘治二年，照前赏例，各减折衣一表里；留边，折衣与生绢四疋、靴袜俱折钞十锭。

长宁及韩胡碉。由松潘起送番僧，赏例与达思蛮同。其松潘、茂州等处进贡到京，马每匹赏钞一百锭。铁甲、氆氇等物，不给价。

陕西洮岷等处番僧。到京并存留，每人赏折衣彩缎一表里，折靴袜钞五十锭。马，每匹纻丝一疋，钞三百锭。上等马，加绢一疋。驼，每只彩缎三表里，绢四疋；内，瞿昙寺到京禅师，加番僧衣一套。不由所在官司给文起送，私自来京谢恩等项进贡者，止给马驼价，不赏。

嘉靖十七年，慧济扯巴寺番僧进贡到京八名，每名彩缎一表里，折衣彩缎一表里。留边七名，每名折彩缎一表里，折与阔生绢四疋。俱各与绫贴里衣二件，靴袜钞五十锭，食茶五十斤。进过马，每匹纻丝一疋，钞三百锭，方物例不给赏。二十七年，到京并留边，加至一百八十七名，以人数过多，议将到京十五名照例给赏。留边六十七名，照洮州番僧例，每人赏折衣彩缎一表里，折靴袜钞五十锭，食茶五十斤。其新增一百五名，每名给与阔生绢二疋，食茶四十斤。进过马匹，照前给赏。经该起送官员，以违例参治。

洮岷等处番族。到京并存留番人，每人赏彩缎二表里，绢二疋，钞二十锭，折靴袜钞五十锭。进马每匹纻丝一疋，钞三百锭。盔甲、腰刀，例不给赏。嘉靖六年奏准，折衣彩缎并马价，彩缎每疋折银三两。以上俱许开市三日。

（《大明会典》卷一一二，礼部七〇，给赐三，外夷下）

给赐番夷通例

凡给赏缎绢等物。万历六年题准，各织造去处，抚按官痛革克减冒破奸弊，有仍将粗恶不堪之物解进，该部科将抚按等官一体查参，其给赐衣服靴袜等件，该衙门成造务要精好，如有不堪，听礼部具实参奏重治。其留边给赏，赉去人员，有将赏物抵换勒掯者，督抚官查参重治。至于各夷所得赐物，不许于开市之日货卖，或愿折价，礼部题照原价折给。

凡赉发贡夷赏赐。万历七年题准，各贡夷庆贺事完，即行颁给赏赐，赉发回还。毋令稽留久住，致惹事端。

又议准，每夷人到馆，该馆官先将各夷数目，一体报知户、工衙门。该司一面知会内府衙门，俱各预为整理赐物。候礼部咨文到日，即照数检点，及回咨挂号，各须上紧定限半月以里，通行关领。礼部一面题给，一面知会兵部查发勘合，速令起程。其该边奏报并礼部题行各衙门关领日期，即于散赏奏内题知，以便稽考。

凡赐物折价。嘉靖六年议准，女直夷人及番僧番人，给赐彩缎。自愿折银者，织金每疋折给银三两八钱，素者三两五钱。

隆庆三年议准，西番贡夷全赏者，礼部照例分别题请颁给。减赏者，每名给银三两，绢二疋，每疋折银三钱，于本布政司库贮银内支给。

万历六年题准，各夷来京应赏人数，凡折衣折缎银两，行工部俱给以见〔现〕贮银两，不必转行该省。其支茶勘合及在边半赏人数、银两，礼部先咨巡抚衙门转行布政司，仍另给夷人为照。待到日，将夷人领去勘合，与礼部先发咨文对同，方准支给。其存留在边全赏人数银两，礼部验封明白，亦咨巡抚衙门，与夷人所执公文，查对相同，给发。仍将各项银缎及食茶数目，行都督府填入过关勘合，以便互校。差去通事官，令守取巡抚回咨，备开散过赉去存留银缎若干，支过食茶及半赏银两若干，以免诓骗、沉匿等弊。如咨内数目不合及无回咨，将通事从重参问。

凡贡夷病故。在中途者，例不给赏。万历六年题准，各镇清查病故夷人赏物，留充下年给赏之数。

凡投降夷人。每名，赏素纻丝衣一套，绵布十疋，钞一百锭，米三石、牛二只，羊五只，柴五百斤。随来妇人，每口绵布三疋，钞十锭。

凡入官货物。洪武二十六年定，凡远夷之人，或有长行头匹及诸般物货，不系贡献之数，附带到京，愿入官者，照依官例具奏，关给钞锭，酬其价值。

（《大明会典》卷一一三，礼部七一，给赐四，土官）

贡使晋京及返回的有关规定

凡夷人入关。嘉靖十二年，令边方一应该管官员务要盘验明白，方许放进。若敕书内有洗改诈伪字样，即便省谕阻回。不许一概朦胧验放。

凡夷人番本。嘉靖二十六年题准，该边官审明封进。若于理法不通，即省谕退还，不必渎奏。到京后，如有番本不系边官封奏者，不与准理。

凡夷使往回。嘉靖二十六年，令经该巡抚衙门给与印信文簿。事毕回还者，礼部给与印信文簿。令所过驿递将夷使名数并应付马驴、车辆、廪给、口粮各数目，初到及起身各日时，逐一登记，就用本驿递条记钤盖，仍付伴送人员赍往前路驿递，一体填写。事完之日，伴送人员，将前簿在内送本部。在边送巡抚衙门稽考。礼部仍咨各该巡抚，凡伴送夷人，务选平昔畏法谙熟夷情者差遣，不得滥委，扰害地方。

凡译待夷使。成化间题准，迤北小王子来贡，礼部差该司官一员，前往大同，会同镇巡等官，将差来使臣逐一译审、分豁：使臣若干，随来男妇若干，赴京若干，存留若干，使臣自进并带进某头目下，马骡、方物、皮张数目，俱要辨别毛齿等第，编成字号，填写勘合，用印钤盖，给付各使臣收照。仍著落山西行都司备造黄册奏缴。清册，先行送部，以凭给赏。其在彼茶饭，并沿途供应及榆河驿汤饭，一听本官提督。

凡贡夷限制。成化十九年题准，乌思藏、长河西、朵甘思等处国师、禅师，在本地方住坐者，与各寺寨轮流进贡，凑满每年百人之数，不许各另差人，如有退老事故，许令的亲儿徒因袭职赴京进贡，国师起送一百人，禅师、都指挥五十人。已赏未袭者再来袭职，止许一二人。其都纲、指挥以下来袭者，止本身随同年例贡使赴京。

二十一年奏准，各处招抚生番进贡，行本处镇巡等官，止许寨首一人前来，如五寨五人、十寨十人，不许过多。……（嘉靖）二十八年题准，都纲、刺麻、指挥人等，亦准带二十五人。

隆庆三年议准，国师、禅师、都指挥等袭职差人总在年例数内，不许另外增加。袭职之后，亦不许假以谢恩，差人另贡方物。各地方遇番僧进贡，务将各番所赍原给诰敕、勘合及印信、番本逐一查验明白，果无冒伪影射情弊，方许具本起送。各番地方远近不齐，贡期不必拘以三年，但未及三年，不许来贡，不愿者不强。

凡诸番贡不如期及年例外多贡者，参作下次例贡之数。

凡夷使病故。如系陪臣未到京者，本部题请翰林院撰祭文，所在布政司备祭品遣本司堂上官致祭，仍置地营葬，立石封识。到京病故者，行顺天府给棺，祠祭司谕祭，兵部应付车辆人夫。各该赏衣服、彩缎，俱付同来使臣领回颁给。

嘉靖八年题准，在馆未经领赏病故者，行顺天府转行宛、大二县，预解无碍官银三十两发馆。每名给与棺木银五钱，支尽之日，造册缴部，再行取用。领赏以后病故者，听其自行葬埋。……

凡交通禁令。各处夷人朝贡领赏之后，许于会同馆开市三或五日。惟朝鲜、琉球不拘期限。俱主客司出给告示，于馆门首张挂，禁戢收买史书及玄黄、紫皂、大花、西番莲、缎疋，并一应违禁器物。各铺行人等，将物入馆，两平交易。染作布绢等项，立限交还。如赊买及故意拖延骗勒，夷人久候不得起程，并私相交易者，问罪，仍于馆前枷号一个月。若各夷故违，潜入人家交易者，私货入官，未给赏者量为递减。通行守边官员，不许将曾经违犯夷人起送赴京。

凡会同馆内外四邻军民人等代替夷人收买违禁货物者，问罪，枷号一个月，发边卫充军。

弘治十一年，令迤北小王子等使人朝贡赴京，官员、军民人等交易，止许光素纻丝、绢、布、衣服等件，不许将一应兵器并违禁铜铁等物。有违犯者处以极刑。

又奏准，私将应禁军器卖与夷人图利者，比依将军器出境因而走泄事情者律，各斩，为首者仍枭首示众。……

隆庆三年议准，西番乌思藏等处，若有近边奸民出外勾引，希图冒赏者，听抚按等衙门访拿，治以交通外夷重罪。

凡贡回定限。万历七年议准分为三等。……陕西大崇教、大能仁、崇隆、慧济、扯巴等寺，岷洮及庄浪等处，四川金川寺、加渴瓦寺、长河西、杂谷、长宁、达思蛮等处各番僧、番族，限一个月零二十日。四川、乌思藏番王，董卜韩胡番僧、寨官人等，陕西赞善王，弘化、净宁等寺番僧，土鲁番、天方国、鲁迷、哈密等夷，罕东等卫限两个月。

（《大明会典》卷一〇八，礼部六六，朝贡四，西戎下）

宴赏贡使的有关规定

筵宴番夷土官桌面

洪武二十六年，每正一桌，果子五色，按酒五色，汤三品。小割正饭用羊。

永乐元年，上桌按酒五盘，果子五盘，烧碟五盘，茶食、汤三品，双下大馒头，羊肉饭，酒七钟；中桌按酒、果子各四盘，汤二品，双下馒头，牛马羊肉饭，酒五钟。

天顺元年，上桌高顶茶食，云子麻叶，大银锭油酥八个，棒子骨二块，凤鹅一只，小银锭笑靥二碟，茶食果子、按酒各五盘，米糕二碟，小馒头三碟，菜四色，花头二个，汤三品，大馒头一分，羊背皮一个，添换小馒头一碟，按酒一盘，茶食一碟，酒七钟；中桌：宝粧茶食，云子麻叶二碟，甘露饼四个，鲊鱼二块，大银锭油酥八个，小银锭笑靥二碟，果子、按酒各五盘，菜四色，花头二个，汤三品，马肉饭一块，大馒头一分，添换小馒头一碟，羊肉一碟，茶食一碟，酒七钟；下桌：宝粧茶食，大银锭油酥八个，炸鱼二尾，果子、按酒各四盘，菜四色，汤三品，马肉饭二块，大馒头二分，酒七钟。

弘治十年，令会同馆宴待夷人。礼部属官一员、光禄寺正官一员巡看。务要桌面丰腆，酒味真正。宴毕，待宴大臣宣布朝廷优待至意。回还之后，各守恭顺，管束部落，毋得生事扰边，自取灭亡。……

番夷人等朔望朝及见辞酒饭

上桌：按酒用牛羊等肉共五碟，每碟生肉一斤八两。茶食五碟，每碟一斤。果五碟，核桃、红枣、榛子，每碟一斤。胶枣、柿饼，每碟一斤八两；中桌：按酒用羊牛肉四碟，每碟生肉一斤。茶食四碟，每碟十两，果四碟，核桃、榛子、红枣每碟十两，胶枣十二两，酒三钟，汤饭各一碗。

成化十一年，迤北使臣朝见，令中桌按酒每碟加四两。茶食每碟加二两，果品内，核桃、榛子、红枣各加二两，胶枣一碟，加四两。余同常例。

番夷人等领宴

嘉靖二十八年，建州左等卫女真都指挥佥事，并乌思藏、朵甘思宣慰使司、国师、番僧进贡，值皇太子丧，题准领宴。

隆庆元年，朝鲜国差陪臣谢恩，加渴瓦寺、达思蛮长官司、法藏等六寺番僧，各进贡到京，值世宗皇帝丧，俱免宴。礼部行辽东都司并各该布政司，候其回还，各照宴例管待。令总兵等官待宴。

（《大明会典》卷一一四，礼部七二，精膳清吏司）

钦赐贡使返还下程

番夷土官使臣下程

凡诸番国及四夷土官使臣人等进贡等项，到会同馆，俱有常例，并钦赐下程。礼部奏准，通行光禄寺支送。其钦赐下程一次者，仍支常例下程。或五日、十日一次者，常例下程住支。若已经给赏两月之外不行回还者，住支下程。

凡送夷人下程，光禄寺差属官一员管押至会同馆主事处验给。

隆庆元年题难，凡四夷贡使领赏五日后迟留不行者，光禄寺住支下程。本部将伴送人员参治。

常例下程

洪武二十六年，五日，每正一名，猪肉二斤八两，干鱼一斤四两，酒一瓶，面二斤，盐、酱各二两，茶、油各一两，花椒二钱五分。烛，每房五枝。以上下程，若奉旨优待，不拘此例。又，每人日支肉半斤，酒半瓶，米一升，蔬菜厨料。

（《大明会典》卷一一五，礼部七三，膳羞）

附　朝贡与赏赐纪略

洪武五年（1372）十二月庚子

乌思藏摄帝师喃加巴藏卜等遣使来贡方物。诏赐红绮禅衣及靴帽、钱物有差。

（《太祖实录》卷七七）

洪武六年（1373）正月己巳

乌思藏怕木水竹巴灌顶国师章阳沙加监藏遣酋长锁南藏卜，以佛像、佛书、舍利来贡。诏置佛寺，赐使者文绮、袭衣有差。

（《太祖实录》卷七八）

洪武六年（1373）十月己卯

故元帝师之裔琐南监藏巴藏卜乞名号、玉印；国〔师〕公哥列思监藏巴藏卜乞玉印、护持。廷臣言："已尝给降，不宜复与。"诏以文绮赐之。

（《太祖实录》卷八五）

洪武七年（1374）四月丁酉

炽盛佛宝国师喃加巴藏卜遣僧辇真藏卜等来朝，贡方物。

（《太祖实录》卷八八）

洪武七年（1374）十一月乙丑

乌思藏土酋思纳儿党瓦勘卜遣僧搠南巴尔加瓦等七人来朝，贡方物。诏赐钞及文绮、禅衣。

（《太祖实录》卷九四）

洪武七年（1374）十二月甲寅

乌思藏怕木竹巴辇卜阇吉剌思巴、赏竺监藏巴藏卜等遣使进表及方物。先是，命河南卫镇抚韩加里麻同国师喃加巴藏卜持敕至乌思藏招谕未附番酋，并以文绮赐之；至是来谢。诏赐文绮、禅衣及织金文锦有差。〔辇〕卜阇者，是其首僧之尊称也。

（《太祖实录》卷九五）

洪武九年（1376）五月己卯

朵甘、乌思藏灌顶国师答力麻巴剌遣僧藏卜巴，及朵甘都指挥司同知赏竺监藏等遣其子搠兀儿监藏等，各进表、贡方物，谢颁印及赏赐恩也。

（《太祖实录》卷一〇六）

洪武十一年（1378）八月壬戌

乌思藏故元赏司巴司徒公哥列思监藏巴藏卜等遣酋长阿由来朝，贡方物。

（《太祖实录》卷一一九）

洪武十一年（1378）十二月丁巳

朵甘、乌思藏灌顶国师答力麻巴剌遣使进表贡方物，诏赐文绮、缯帛。

（《太祖实录》卷一二一）

洪武十二年（1379）二月丁巳

朵甘、乌思藏灌顶国师答力麻巴剌及怕木竹巴万户府等官遣使贡方物。

（《太祖实录》卷一二二）

洪武十四年（1381）十一月丁未

朵甘、乌思藏灌顶国师答力麻巴剌及都指挥使班竹儿藏卜等，遣使表贡方物。

（《太祖实录》卷一四〇）

洪武十四年（1381）十二月乙卯

僧宗泐还自西域，俄力思军民元帅府、巴者万户府遣使，随宗泐来朝，表贡方物。

（《太祖实录》卷一四〇）

洪武十五年（1382）二月丙寅

乌思藏指挥同知监藏巴藏卜、宣慰司官朵儿只令真、前都元帅锁南藏卜赏巴、前司徒罗古监藏、仰思多万户公哥怕，遣镇抚汝奴藏卜、僧哈麻剌来朝，贡兜罗帽、铁骊绵等物。诏赐汝奴藏卜等文绮、袭衣、钞有差及乌茶二百斤；僧哈麻剌等文绮及禅衣各一袭。

（《太祖实录》卷一四二）

洪武二十三年（1390）十二月庚辰

西番诸夷……曰灌顶国师吉剌思巴监藏巴藏卜、曰乌思藏卫俺不罗行都指挥使司、曰仰思多前司徒公哥巴思、曰乌思藏卫都指挥使司佥事班竹儿藏卜、曰分司佥事管卜儿监、曰辇思寨官喃儿加、曰哑力巴辇卜阁、曰扎唐千户端竹藏卜、曰宣慰使列思巴端竹、曰乌思藏卫镇抚朵儿只藏卜、曰班竹儿藏卜、曰汝奴藏卜、曰的瓦占寺僧星吉旦遣使札撒巴鲁等，表贡方物，贺明年正旦。

（《太祖实录》卷二〇六）

洪武二十四年（1391）正月己丑

乌思藏必力公尚师辇卜阁搠思吉结卜遣使坚敦〔郭〕真等，以所获故元云南行省银印来献，及黑胜等寺僧吉剌思巴星吉等遣喃哥等来贡马及方物。诏赐使者文绮衣各一袭、钞二十五锭。

（《太祖实录》卷二〇七）

洪武二十五年（1392）十二月甲寅

朵甘都指挥使司遣指挥锁南监藏卜奉表笺来贡马。

（《太祖实录》卷二二三）

洪武二十七年（1394）正月甲子

乌思藏灌顶国师吉剌思巴监藏巴藏卜等，各遣使来朝，献甲胄、罽缨等物。

（《太祖实录》卷二三一）

洪武二十九年（1396）十二月己酉

乌思藏都指挥答里巴等遣僧琐南里监藏、卫镇抚班竹儿藏卜等，贡剑及甲胄等物。

（《太祖实录》卷二四八）

洪武三十年（1397）正月辛未

乌思藏都指挥司灌顶国师及尼八剌国各遣使贡方物。诏赐灌顶国师及尼八剌国王银各一百五十两，文绮、帛各十〔匹〕；乩列工国师察里巴、乌思藏都指挥仰卜罗、沙鲁万户列思巴端竹、都指挥答里巴远毋尔监卒银各一百两，文绮、帛各二匹；并赐其使人衣钞有差。

（《太祖实录》卷二四九）

洪武三十五年（1402）[①] 八月戊午

遣僧智光[②]赍诏谕馆觉、灵藏、乌思藏、必力工瓦、思达藏、朵思、尼八剌等处，并以白金、彩币颁赐灌顶国师等，凡白银二千二百两，彩币百一十表里。

（《太宗实录》卷一一）

永乐元年（1403）正月庚辰

梁耳[③]、乌思藏、必力工瓦等国师并土官遣人来朝，贡马及方物。赐赉有差。

（《太宗实录》卷五一）

永乐四年（1406）二月丙寅

乌思藏怕木竹巴灌顶国师吉剌思巴监藏巴里藏卜，并必力工瓦国师端竹监藏等，各遣使贡〔方〕物。赐赉有差。

（《太宗实录》卷五一）

永乐五年（1407）二月壬子

馆觉灌顶国师宗巴干〔斡〕即南哥巴藏卜及札思木都指挥使撒力加监藏等，遣札思巴儿监藏等六十一人贡马。赐札思巴儿监藏等钞一〔二〕千二百锭、白金五百两、彩币九十五表里及纻丝、绸绢衣有差。

（《太宗实录》卷六四）

① 洪武三十五年，应为建文四年，明成祖“靖难”后不承认建文帝，故取消建文年号。

② 据《明史》记载，智光，武定人。洪武时，奉命两使乌思藏。永乐时，又使藏迎尚师哈立麻，遂通诸藏经，并多所译解。

③ 梁耳，即朵甘。

永乐六年（1408）四月丁未

馆觉灌顶国师护教王宗巴干〔斡〕即南哥藏卜遣其徒端竹巴等贡方物。赐端竹巴白金三十两、钞八十锭、彩币三表里、茶三十斤。赐其从人钞、币及茶有差。

（《太宗实录》卷七八）

永乐六年（1408）十二月辛丑

乌思藏帕木竹巴灌顶国师阐化王言〔吉〕剌司巴监藏巴里藏卜、丹萨替里大剌麻锁南藏卜、牛儿宗塞〔寨〕官喃哥藏卜、军官板竹儿藏卜、剌思巴促儿加、三竹节塞〔寨〕官桑里结失夹、节竹古塞〔寨〕官卓札、摄公堂剌麻擦力巴俄即儿藏卜、擦力巴都指挥葛谛藏卜、都指挥吞竹监藏、乃宁寺剌麻令真监藏等，各遣使来朝，贡马及方物。赐钞、币有差。

（《太宗实录》卷八六）

永乐七年（1409）二月甲戌

必力工瓦国师端行〔竹〕监藏并都指挥使札巴里监藏、加麻都指挥佥事搠里吉朵尔只、朵陇都指挥佥事锁南领占，着由万户搠巴星吉冲〔卫〕阿儿的占、剌麻赏巴儿监藏、思答节寨官三夺儿三竹朵尔只，各遣使贡马及方物。悉赐钞、币、袭衣。

（《太宗实录》卷八八）

永乐七年（1409）二月庚辰

如来大宝法王哈立麻遣其徒辍藏等来朝。赐之钞、币。

（《太宗实录》卷八八）

永乐七年（1409）十二月辛亥

乌思藏必力工瓦国师端竹监藏及尼八剌国遣使锁南监藏等贡马。赐钞、币有差。

（《太宗实录》卷九九）

永乐八年（1410）正月甲午

如来大宝法王哈立麻、赞善王吉剌思巴监藏巴里藏卜等，各遣使来朝。赐钞、币、衣服等物。

（《太宗实录》卷一〇〇）

永乐九年（1411）四月乙未

如来大宝法王哈立麻及馆觉护教王宗巴干〔斡〕即南哥巴藏卜等各遣使贡马。赐钞及彩币。

（《太宗实录》卷一一五）

永乐十年（1412）五月丙戌

如来大宝法王哈立麻遣其徒杨班丹等贡方物。赐钞、币有差。

（《太宗实录》卷一二八）

永乐十三年（1415）正月丙午

正觉大乘法王昆泽思巴遣使贡马。赐之彩币等物。

（《太宗实录》卷一六〇）

永乐十三年（1415）十二月丁亥

乌思藏大国师濶尊巴、完卜汪束监藏、结失查巳〔巴〕遣人贡马。俱赐钞、币。

（《太宗实录》卷一七一）

永乐十五年（1417）二月戊午

遣内官乔来喜等赍佛像、佛经、金银法器、彩币等物往乌思藏，赐正觉大乘法王昆泽思巴。

乌思藏大国师释迦也失遣人贡马。赐佛像、法器、彩币等物。

（《太宗实录》卷一八五）

永乐十五年（1417）十二月甲辰

乌思藏帕木竹巴灌顶国师阐化王吉剌〔刺〕思巴监藏巴里藏卜、必力工瓦阐教王领直〔真〕巴儿吉监藏及正觉大乘法王昆泽思巴、净慈弘智广慧大国师日托巴、灌顶慧慈净戒大国师端竹监藏等，遣使公哥乩等贡佛像、舍利并方物。赐钞、币等物。

（《太宗实录》卷一九五）

永乐十六年（1418）正月戊午

如来大宝法王哈立麻遣使贡马。赐之钞、币。

（《太宗实录》卷一九六）

永乐十六年（1418）八月戊寅

尼八剌国王沙的新葛遣人贡方物。上遣中官邓诚赍敕往赐之锦绮、纱罗，与其贡使偕行。凡所经罕东、灵藏、必力工瓦、乌思藏、野兰可般卜纳等处，头目皆有赐赉。

（《太宗实录》卷二〇三）

永乐十七年（1419）十月癸未

遣中官杨三保等赍敕往赐乌思藏正觉大乘法王昆泽思巴、怕木竹巴灌顶国师阐化王吉剌思巴监藏巴里藏卜、必力工瓦阐教王领真巴儿吉〔监〕藏、思〔达藏〕辅教王喃渴烈思巴、灵藏灌顶国师赞善王著思巴儿监藏、灌顶弘善西天佛子大国师释迦也失等佛像、法器、袈裟、禅衣及绒锦、彩币表里有差，盖答其遣使朝贡之诚也。

（《太宗实录》卷二一七）

永乐二十年（1422）闰十二月癸酉

正觉大乘法王昆泽思巴等遣国师班丹札等三百十四人朝贡。命礼部赐宴。

（《太宗实录》卷二五四）

永乐二十一年（1423）二月乙卯

乌思藏怕木竹巴灌顶国师阐化王吉剌思巴监藏巴里藏卜遣指挥端岳竹巴、必力工瓦阐教王领真巴儿吉监藏遣使汪束监粲、思达藏辅教王喃渴烈思巴遣使结摄端竹监藏、灵藏赞善王吉剌思巴监藏巴藏卜遣使汝奴星吉等，及灌顶弘善太（大）国师释迦也失并各部大小头目，皆遣人贡方物。命礼部赐宴，仍赐端岳竹巴等织金约〔纻〕丝袭衣及钞、币有差。

（《太宗实录》卷二五六）

永乐二十一年（1423）四月己巳

乌思藏帕木竹巴灌顶国师阐化王吉剌思巴监藏巴里藏卜等使臣端岳竹巴

等辞还。遣中官戴兴等赍敕与俱往，赐吉剌思巴监藏巴里藏卜等锦绮等物。

（《太宗实录》卷二五八）

永乐二十二年（1424）十二月庚午

乌思藏葛里麻寺剌麻三竹朵尔只等、陇答卫镇抚三竹藏、馆觉剌笼番僧沙加端竹等贡马。赐之钞、币。

（《仁宗实录》卷五）

洪熙元年（1425）二月壬寅

乌思藏哈里麻等寺剌麻高僧葛竹瓦沙加藏卜等五十九人来朝贡〔马〕。赐钞、币、表里有差。

（《仁宗实录》卷七）

洪熙元年（1425）十二月甲午

（前略）四川松潘祈命族番僧勺失结林证……及乌思藏大乘法王昆泽思巴遣使臣桑结巴等贡马及方物。上谕行在礼部臣曰："正旦朝会，远夷俱集。凡宴赐皆宜丰厚，毋简于礼。"

（《宣宗实录》卷一二）

宣德元年（1426）九月壬寅

乌思藏大乘法王昆泽思巴遣国师阿木葛……等来朝贡马及方物。

（《宣宗实录》卷二一）

宣德二年（1427）四月辛酉

遣太监侯显赍敕往乌思藏等处谕怕木竹巴灌顶国师阐化王吉剌思巴监藏巴里藏卜，必力工瓦阐教王领真巴吉监藏，灵藏赞善王喃葛监藏，尼八剌国王沙的新葛地涌塔、王子可猷〔般〕，辅教王喃葛烈思巴罗葛罗监藏巴藏卜等，各赐之绒绵〔锦〕、纻丝有差。

（《宣宗实录》卷二七）

宣德二年（1427）四月甲子

以遣太监侯显往乌思藏、尼八剌等处抚谕给赐，遣人赍敕驰谕都督佥事刘昭、领指挥后广等原调洮州等六卫官军护送出境。仍敕川卜、川藏、陇答、罕东、灵藏、上笼卜、下笼卜、管牒、上邛部、下邛部、乌思藏怕木竹巴、必力工瓦等处及万户、寨官、大小头目、军民人等，给道里费，且遣人防护。

（《宣宗实录》卷二七）

宣德二年（1427）八月己巳

乌思藏剌麻锁南相竹等来朝贡马。

（《宣宗实录》卷三〇）

宣德三年（1428）十月乙酉

乌思藏剌麻高僧答哩麻星吉等来朝贡马。

（《宣宗实录》卷四七）

宣德三年（1428）十月戊子

乌思藏番僧剌麻巴节等来朝贡马及方物。

（《宣宗实录》卷四七）

宣德三年（1428）十月丙申

乌思藏等处高僧朵儿只藏卜来朝贡马。

（《宣宗实录》卷四七）

宣德三年（1428）十月乙巳

乌思藏及剌卜等簇番僧札宗等来朝贡马。

（《宣宗实录》卷四七）

宣德三年（1428）十一月壬子

赐乌思藏等处高僧朵儿只藏卜等四百五十六人彩币、表里有差。

（《宣宗实录》卷四八）

宣德三年（1428）十一月乙卯

乌思藏花言城等簇剌麻簇头南哈亦什、土官百户札巴星吉、马巴簇番僧宗竹札等来朝贡马。

（《宣宗实录》卷四八）

宣德四年（1429）四月丙戌

太监侯显等归自乌思藏，以乌思藏所遣朝贡剌麻僧人入见。命行在礼部供给如例。其留止河州者，敕都督同知刘昭如例给之。

（《宣宗实录》卷五三）

宣德四年（1429）四月乙未

赐乌思藏管觉护教王使臣番僧什占千等……钞、彩币、表里及纻丝、袭衣有差。

（《宣宗实录》卷五三）

宣德四年（1429）十二月乙未

乌思藏国师领占端竹、阿木葛，大国师释迦也失并大乘法王、辅教王、阐化王使臣锁南领占等五百四十二人贡马及方物。

（《宣宗实录》卷六〇）

宣德四年（1429）十二月己亥

乌思藏合〔哈〕立麻尚师等来朝贡马及方物。

（《宣宗实录》卷六〇）

宣德五年（1430）正月甲子

乌思藏必力工瓦等处剌麻高僧南〔高〕哥监藏、灵藏都指挥桑尔结监藏……等来朝贡马。

（《宣宗实录》卷六二）

宣德五年（1430）十二月壬申

乌思藏必立〔力〕工瓦番僧剌麻桑竹阿些儿等来朝贡马。……

戊寅，赐乌思藏必立〔力〕工瓦番僧剌麻桑竹阿些儿等彩币、表里、丝、绢布、袭衣等物有差。

（《宣宗实录》卷七三）

宣德六年（1431）二月辛亥

乌思藏大国师释迦也失之徒剌麻罗卓促密等来朝贡方物。

（《宣宗实录》卷七六）

宣德七年（1432）正月己卯

乌思藏束藏剌麻锁南藏卜等来朝贡马。

（《宣宗实录》卷八六）

宣德八年（1433）十月丁丑

乌思藏国师乃尔丹答、你麻结的等来朝贡马。

（《宣宗实录》卷一〇六）

宣德九年（1434）正月丙申

乌思藏剌麻朵只监藏等来朝贡马。

（《宣宗实录》卷一〇八）

宣德九年（1434）三月戊寅

遣中官宋成等赍敕往乌思藏等处给赐，敕都督赵安率兵一千五百人送之毕力术江①。

（《宣宗实录》卷一〇九）

宣德九年（1434）十一月戊寅

乌思藏剌麻锁竹乩……等来朝贡马。

（《宣宗实录》卷一一四）

正统元年（1436）五月癸酉

乌思藏大宝法王遣剌麻锁南札等来朝贡马及方物。赐宴并赐彩币〔等物〕有差。

（《英宗（正统）实录》卷一七）

正统四年（1439）十二月丙申

乌思藏指挥端岳竹巴等陛辞。命赍敕及彩币等物归赐其灌顶国师吉剌思巴永耐坚藏巴藏卜，并赐乌思藏三崖结吉寺住持班丹札等、宣慰司经

① 毕力术江，在藏语中为整个长江，此处指今青海省玉树州的通天河，是年四月设毕力术江卫指挥使司。

历、指挥、寨官、管事人、千户、戒师等织金文绮、彩绢有差。

（《英宗（正统）实录》卷六二）

正统五年（1440）五月丙寅

乌思藏铁禅等寺剌麻远丹坚错等俱来朝贡马驼、佛像、铜塔、舍利。赐彩币等物有差。

（《英宗（正统）实录》卷六七）

正统五年（1440）八月辛巳

乌思藏剌麻锁南兀些儿等俱来朝贡马及方物。赐彩币、袭衣等物有差。

（《英宗（正统）实录》卷七〇）

正统七年（1442）八月乙卯

乌思藏大宝法王哈立麻等遣剌麻锁南札等贡马及方物。赐彩币、表里有差。仍命锁南札赍敕并金织纻丝表里等物，归赐哈立麻。

（《英宗（正统）实录》卷九五）

正统七年（1442）八月丁巳

乌思藏禅师乐藏遣剌麻星吉藏等贡马及方物。赐钞、彩缎、表里、袭衣、靴袜有差。

（《英宗（正统）实录》卷九五）

正统九年（1444）十月戊申

乌思藏大宝法王遣剌麻锁南杰等献马及佛像、舍利等物。赐之彩币。

（《英宗（正统）实录》卷一二二）

正统十年（1445）六月乙巳

西番尚师哈立麻巴遣番僧锁南泥麻，灵藏灌顶国师赞善王喃葛监藏巴藏卜遣番僧斡些儿，乌思藏灌顶国师阐化王吉剌思巴永耐监藏巴藏卜遣番僧札实星吉，崇教弘善国师班卓儿端竹遣番僧锁南监粲，〔比丘僧伽沙监粲〕遣番僧锁南班竹儿等，来朝贡马及方物。赐宴并彩币、表里有差。命札实吉星等赍敕归赐阐化王等。

（《英宗（正统）实录》卷一三〇）

正统十一年（1446）五月壬申

乌思藏禅师葛藏、剌麻札实端竹，普应禅师领占……等贡马、驼及方物。赐彩币、表里、纻丝、袭衣有差。

（《英宗（正统）实录》卷一四一）

正统十一年（1446）九月甲戌

乌思藏剌麻表殊言千等来朝，贡马及金银器皿、土锦、氆氇、刀甲等物。赐宴并彩币、表里等物有差。

（《英宗（正统）实录》卷一四五）

正统十一年（1446）十一月甲申

乌思藏等处番僧剌麻三旦令占……等来朝贡马及方物。赐宴及彩币、表里、钞、绢有差。

（《英宗（正统）实录》卷一四七）

正统十一年（1446）十二月戊午

乌思藏答隆地面剌麻泥麻札失、想初领占等各遣人贡马、驼、方物。赐宴及彩币等物有差。

（《英宗（正统）实录》卷一四八）

正统十二年（1447）六月己丑

乌思藏里歪甘霖等寺番僧剌麻沙加思那……等来朝贡马及铁甲等物。赐宴并彩币、表里有差。

（《英宗（正统）实录》卷一五五）

正统十二年（1447）十二月己未

乌思藏剌麻覃玘等贡马及方物。赐宴并彩币有差。

（《英宗（正统）实录》卷一六一）

正统十三年（1448）六月丁丑

乌思藏番僧札巴藏卜等贡马。赐钞、彩币、表里有差。

（《英宗（正统）实录》卷一六七）

正统十四年（1449）六月辛酉

乌思藏星吉官等寺剌麻锁南伯……等俱来朝贡马及方物。赐宴及彩币、表里等物有差。

（《英宗（正统）实录》卷一七九）

正统十四年（1449）六月丙子

乌思藏领绰等寺番僧剌麻颜千……等贡渗金铜佛、舍利、珊瑚、氆氇、铁甲等物。赐宴及彩币、表里。

（《英宗（正统）实录》卷一七九）

正统十四年（1449）七月丁亥

朵甘思宣慰司剌麻武些、灵藏赞善王总菩咼地方加儿等四寺剌麻偏竹朵儿只等、护教王地方蒙儿等二寺番僧春孟等来朝贡佛像、舍利、盔甲及方物。赐钞、币等物如例。

（《英宗（正统）实录》卷一八〇）

正统十四年（1449）八月甲戌

乌思藏那南等寺都纲朵儿只坚参……等来朝贡马及方物。赐彩缎、绢纱、僧衣、靴袜有差。

（《英宗（正统）实录》卷一八一）

景泰元年（1450）四月戊戌

乌思藏贡堂川阔宁等寺番僧都纲〔剌〕麻阿立押革、番僧桑亚的古罗古罗等贡氆氇、〔铁〕甲、佛像、舍利子。赐宴，并赐彩币等物。

（《英宗（附代宗）实录》卷一九一）

景泰二年（1451）六月辛未

四川朵甘思宣慰司宣慰使绰思吉吒思巴、答思麻地面指挥佥事绰思吉监粲、乌思藏些蜡寺绰吉监粲，各遣人来朝贡马。赐僧衣、钞、币、食茶。

（《英宗（附代宗）实录》卷二〇五）

景泰二年（1451）七月甲辰

乌思藏等处灌顶国师阐化王并都指挥佥事冋〔同〕加里坚粲巴藏卜，

遣番僧剌麻札实新吉等……贡马及方物。赐钞、衣服、彩缎等物有差。

（《英宗（附代宗）实录》卷二〇六）

景泰三年（1452）正月辛酉

乌思藏阐化玉〔王〕遣番僧完卜锁南领占等来朝贡马及貂鼠皮。赐宴并彩币、表里、钞锭、食茶等物。

（《英宗（附代宗）实录》卷二一二）

景泰三年（1452）三月辛丑

乌思藏等处番僧公葛卒陆等，来朝贡马及方物等。赐宴并衣服〔彩币〕等物有差。

（《英宗（附代宗）实录》卷二一四）

景泰三年（1452）闰九月庚申

乌思藏剌麻番僧锁南藏卜等来朝贡马骡、方物。赐宴及衣服、钞币等物有差。

（《英宗（附代宗）实录》卷二二一）

景泰三年（1452）闰九月丁卯

乌思藏妙印禅师办〔辨〕觉冷真朵鲁只并尔能寺指挥佥事畜吉坚粲、剌麻锁南藏卜及董卜韩胡宣慰司生番头目领占德正等，来朝贡马、驼、方物。俱宴赐之。

（《英宗（附代宗）实录》卷二二一）

景泰三年（1452）十月丁未

乌思藏等处番僧剌麻簇克也失等，来朝贡马及方物。赐彩币等物有差。

（《英宗（附代宗）实录》卷二二二）

景泰四年（1453）三月丁卯

乌思藏南林吒等寺剌麻番僧班丹领占，来朝贡马。赐宴并彩币等物有差。

（《英宗（附代宗）实录》卷二二七）

景泰四年（1453）五月己巳

乌思藏尊胜等寺剌麻观音朵鲁只等来朝贡佛像、舍利、方物。赐茶、钞等物有差。

（《英宗（附代宗）实录》卷二二九）

景泰四年（1453）七月甲申

乌思藏剌麻番僧绰札等来朝贡马。赐彩币、钞锭有差。

（《英宗（附代宗）实录》卷二三一）

景泰五年（1454）八月戊申

乌思藏番僧桑儿结星吉等贡方物。赐钞、彩币、表里等物。

（《英宗（附代宗）实录》卷二四四）

景泰六年（1455）正月乙丑

乌思藏地面果加等寺剌麻番僧班麻坚等来朝贡甲、氆氇等物。赐宴，及彩币、表里、食茶、钞锭有差。

（《英宗（附代宗）实录》卷二四九）

景泰七年（1456）七月壬申

乌思藏剌麻坚千星吉……等来朝贡方物。赐钞、彩币、表里有差。

（《英宗（附代宗）实录》卷二六八）

景泰七年（1456）八月癸卯

乌思藏剌麻沙甲等俱来朝贡马。赐宴并彩币、表里、纻丝、袭衣有差。

（《英宗（附代宗）实录》卷二六九）

景泰七年（1456）八月丁巳

四川、乌思藏土官、番僧绰思加等贡马。赐钞、彩币、表里等物。

（《英宗（附代宗）实录》卷二六九）

天顺元年（1457）二月甲寅

乌思藏白当等寺禅师、剌麻班竹领占等来朝贡马、驼、方物。赐宴并钞币等物如例。

（《英宗（天顺）实录》卷二七五）

天顺元年（1457）三月癸未

乌思藏怕木竹巴灌顶国师阐化王桑尔结坚昝巴藏卜等……来朝贡马及方物。赐宴并赐彩币、表里等物有差。

（《英宗（天顺）实录》卷二七六）

天顺元年（1457）六月甲午

乌思藏南连查等寺剌麻番僧庵配等来朝贡氆氇等物。赐宴并彩币、衣服有差。

（《英宗（天顺）实录》卷二七九）

天顺元年（1457）七月戊辰

四川、乌思藏剌麻木牙、温卜言粲等……俱来朝贡马及方物。赐钞、彩币、表里、袈衣有差。

（《英宗（天顺）实录》卷二八〇）

天顺元年（1457）九月丁丑

乌思藏等处剌麻番僧温卜圆全等来朝贡马及方物。赐宴并彩缎、表里等物有差。

（《英宗（天顺）实录》卷二八二）

天顺二年（1458）正月癸未

乌思藏等处剌麻番僧藏完等……来朝贡铜佛、方物。赐宴并彩币、表里等物有差。

（《英宗（天顺）宗录》卷二八六）

天顺二年（1458）二月乙未

乌思藏铁占令等寺剌麻番僧瓦秀歪等，各来朝贡马及方物。赐宴并赐彩币、表里有差。

（《英宗（天顺）实录》卷二八七）

天顺二年（1458）三月壬子

乌思藏剌麻三禄等来朝贡马及方物。赐宴并钞币等物。

（《英宗（天顺）实录》卷二八九）

天顺二年（1458）十二月乙丑

乌思藏番僧南剌师等献佛像等物。赐宴及彩币有差。

（《英宗（天顺）实录》卷二九八）

天顺三年（1459）正月戊戌

乌思藏并朵甘宣慰使司等处簇卜等寺剌麻、头目、舍人观畜等来朝贡马及珊瑚、氆氇等物。赐宴，并彩币、表里、袭衣等物有差。

（《英宗（天顺）实录》卷二九九）

天顺三年（1459）五月庚寅

乌思藏等处番僧桑加藏卜等……贡马及方物。赐宴并彩缎等物有差。

（《英宗（天顺）实录》卷三〇三）

天顺三年（1459）十月丙子

乌思藏剌麻番僧锁南坚参……等来朝贡马、象及金银器皿等物。赐宴并钞币有差。

（《英宗（天顺）实录》卷三〇八）

天顺四年（1460）三月辛丑

乌思藏等地方里仁等寺番僧洛般等来朝贡铜物〔佛〕及方物。赐彩币等物有差。

（《英宗（天顺）实录》卷三一三）

天顺四年（1460）五月乙未

乌思藏并董卜韩胡地方番僧头目姑儿迦斡等……贡马及方物。赐宴并彩币等物有差。

（《英宗（天顺）实录》卷三一五）

天顺四年（1460）六月癸亥

乌思藏地方萨加等寺都纲剌麻番僧锁南言千等……贡马及方物。赐彩币等物有差。

（《英宗（天顺）实录》卷三一六）

天顺六年（1462）八月辛巳

乌思藏地方都纲剌麻番僧以失藏卜等奉表贡马及方物。赐宴及彩币等物有差。

（《英宗（天顺）实录》卷三四三）

天顺六年（1462）八月庚寅

乌思藏地方都纲剌麻番僧朵日言千等……贡马及方物。赐彩币等物有差。

（《英宗（天顺）实录》卷三四三）

天顺六年（1462）十一月戊申

乌思藏剌麻官绰领占藏卜等……贡马。赐彩币等物。

（《英宗（天顺）实录》卷三四六）

天顺七年（1463）四月辛未

〔乌思〕藏朵甘卫番官星吉藏卜等……贡马及方物。赐宴并彩币等物有差。

（《英宗（天顺）实录》卷三五一）

天顺七年（1463）闰七月癸亥

乌思藏剌麻番僧锁南坚参等来朝，各贡马、驼、方物。赐宴并赐彩币等物。

（《英宗（天顺）实录》卷三五五）

天顺七年（1463）八月戊申

乌思藏地方剌麻僧人等沙加星吉等贡方物。赐彩币等物有差。

（《英宗（天顺）实录》卷三五六）

天顺七年（1463）九月辛酉

乌思藏剌麻番僧罗旦藏卜等来朝贡马及方物。赐宴并金织袭衣、彩币、表里等物有差。

（《英宗（天顺）实录》卷三五七）

天顺七年（1463）十月庚寅

乌思藏街舟〔丹〕等寺剌麻番僧簇生领占等来朝贡马及方物。赐宴并金织袭衣、彩币等物有差。

（《英宗（天顺）实录》卷三五八）

天顺七年（1463）十二月己酉

乌思藏剌麻闰内伯……等来朝贡马及佛像、貂鼠皮、氆氇、香。赐彩币等物。

（《英宗（天顺）实录》卷三六〇）

天顺八年（1464）六月乙酉

乌思藏剌麻〔番〕僧桑儿结巴等来朝贡氆氇、铁力麻等物。赐衣服、彩缎等物有差。

（《宪宗实录》卷六）

天顺八年（1464）十二月戊戌

乌思藏辅教王喃葛坚参巴藏卜遣番僧占禄竹等来朝贡氆氇等物。赐衣服、彩缎等物如例。

（《宪宗实录》卷一二）

成化二年（1466）八月己未

乌思藏桑卜等番〔寺〕剌麻番僧昆各伯等、南林吒等寺剌麻番僧头目汪四巴等，各贡氆氇方物。赐衣服、彩缎、食茶等物有差。

（《宪宗实录》卷三三）

成化四年（1468）三月乙亥

乌思藏阐教王遣番僧楚芹坚剉等、阐化等王遣番僧领占把藏等各来朝贡马及氆氇、佛像、舍利等物。赐衣服、彩缎等物有差。

（《宪宗实录》卷五二）

成化四年（1468）五月庚辰

礼都奏："洮州起送藏撒下大乘法王完卜遣番僧葛竹瓦班绰等来朝贡马及方物，查无番王印信文书，且从洮州入境，其赏赐亦宜从洮州例。"葛竹瓦班绰等乃自陈所居地方远过乌思藏二十余程，在途五年之上方至京师，及称进马数多，乞给全赏。礼部复请以各僧到京者，仍各赐僧衣一袭，以慰远人之意。从之。

（《宪宗实录》卷五四）

成化五年（1469）三月乙未

乌思藏辅教王下萨藏等寺番僧锁南伦竹等来朝贡马及佛像等物。赐彩缎、钞锭有差。

（《宪宗实录》卷六五）

成化十年（1474）四月庚午

乌思藏如来大宝法王葛哩麻巴奏，成化五年遣人朝贡，蒙回赐彩缎表里等物过厚，欲遣其徒进贡谢恩。礼部议拟取旨。诏许遣四五人来京。

（《宪宗实录》卷一二七）

成化十五年（1479）正月甲戌

四川乌思藏辅教王南渴坚粲巴藏卜遣都纲沙加星吉等三百六十三人来朝贡氆氇、方物。宴赉如例。辅教王乞升沙加星吉等职，不允。沙加星吉等乞将赐赉物于湖广荆州境内市茶，人六十斤。许之。

（《宪宗实录》卷一八六）

成化十五年（1479）闰十月庚午

乌思藏辅教王、阐化王并牛儿寨行都司指挥佥事班卓儿坚参等，以朝廷遣僧录司觉义绰吉坚参往赐诰敕、礼物，各备佛像等物，遣剌麻掌结等，附绰吉坚参入贡。各赐衣服、彩缎、钞有差。

（《宪宗实录》卷一九六）

成化二十一年（1485）四月癸亥

乌思藏阐化王遣番僧远丹等来朝，贡氆氇等方物。宴赉如例。时来朝者四百六十二人，四川守臣格以新例，但纳其一百五十六人。礼部言；“夷人已在途，难固拒，宜顺夷情概纳之，而准为后两贡之数。”制可。

（《宪宗实录》卷二六四）

弘治元年（1488）六月辛亥

乌思藏阐化王遣番僧绰旺等来朝贡佛像、马匹等物。赐宴并彩缎、钞锭等物有差。其留住洮州该赏者，亦付给之。

（《孝宗实录》卷一五）

弘治元年（1488）十月辛丑

乌思藏阐化王遣番僧丹叭坚参等、朵甘思宣慰使司遣禅师剌麻头目阿达等来朝贡氆氇、足力麻等物。赐宴并衣服、彩缎、钞锭有差。其回赐阐化王表里，令丹叭坚参领回给与。

（《孝宗实录》卷一九）

弘治十一年（1498）十二月丙午

乌思藏番僧三竹札失等来贡。赐宴并彩缎等物如例。

（《孝宗实录》卷一四五）

弘治十三年（1500）四月己酉

乌思藏朵甘思宣慰使司并杂谷安抚司及直管招讨司，各遣使来贡。赐宴并彩缎、衣服等物如例。

（《孝宗实录》卷一六一）

弘治十七年（1504）十一月戊戌

乌思藏大乘法王并护教、辅教、阐教等王，各遣人来贡。赐宴并彩缎、衣服等物有差。

（《孝宗实录》卷二一八）

正德九年（1514）八月己亥

乌思藏阐教王遣禅师昆各札失等、辅教王遣禅师镇〔锁〕南班丹等各来朝贡氆氇、盔、刀等物。赐彩缎、钞锭如例。

（《武宗实录》卷一一五）

正德九年（1514）九月丁亥

乌思藏阐化王遣番僧宗竹坚昝各〔及〕端岳藏等、车陆族番人头目坚墩陆竹等各来朝贡方物、马。赐彩币等物有差。

（《武宗实录》卷一一六）

正德十二年（1517）闰十二月戊戌

乌思藏辅教王遣番僧领占吒失巴藏等、阐化王遣番僧端竹札失等、韩胡碉列寺番僧寨首小和尚等各贡方物、马匹。各赐宴并赏彩缎等物有差。

（《武宗实录》卷一五七）

正德十三年（1518）正月壬子

乌思藏大乘法王差使臣锁南札失等来朝贡方物。赐宴，赏如例。

（《武宗实录》卷一五八）

正德十六年（1521）七月乙丑

乌思藏大乘法王差番僧失劳陆竹等、弘化寺番僧著巴藏卜等……俱入贡方物。诏赐文绮、靴袜有差。

（《世宗实录》卷四）

嘉靖四年（1525）八月戊申

乌恩〔思〕藏阐教王遣国师舍〔拾〕剌班丹等，长河西、鱼迩〔通〕、宁远等宣慰使司遣禅师都纲札失星吉等，长宁安抚司遣头目番僧方保等各贡方物。

（《世宗实录》卷五四）

嘉靖二十二年（1543）六月辛卯

乌思藏护教王、朵甘思宣慰、招讨等司，各遣使朝贡。赐宴有差。

（《世宗实录》卷二七五）

嘉靖二十四年（1545）二月丁酉

乌思藏辅教〔等〕王差使臣国师番僧坚剉等入贡。宴赏如例。

（《世宗实录》卷二九六）

嘉靖二十四年（1545）五月己卯

乌思藏辅教〔王〕、大宝法王、阐教〔王〕、大乘法王，各差国师坚剉等入贡。宴赏如例。

（《世宗实录》卷二九九）

嘉靖三十三年（1554）五月丁未

乌思藏辅教王、阐化王、阐教王、大乘法王、大宝法王各差国师番僧札吧坚参等，来朝贡方物，宴赉如例。

（《世宗实录》卷四一〇）

万历二年（1574）四月乙丑

宴赏乌思藏大乘法王并法藏等六寺、鲁班等七寺差来进贡国师乌竹笑等、剌麻番僧相竹领占、领上端木等如例。

（《神宗实录》卷二四）

万历四年（1576）三月壬戌

乌思藏大宝法王差国师喃哈镇〔锁〕南等贡铜佛等物。赏赉如例。

（《神宗实录》卷四八）

万历九年（1581）四月癸丑

乌思藏、朵甘思宣慰等司国师喃哈孟、剌麻温等进贡方物。宴赉如例。

（《神宗实录》卷一一一）

万历十年（1582）六月乙巳

乌思藏辅教王、大乘法王差国王〔师〕札失班旺修、藏卜坚参，各以铜佛、珊瑚等物入贡。赏缎、钞有差。

（《神宗实录》卷一二五）

万历十二年（1584）八月丙午

乌思藏获〔护〕教王番徒喃哈坚参等五起进贡。

（《神宗实录》卷一五二）

万历十五年（1587）十二月戊寅

乌思藏阐化王差番僧领真等六百名进〔贡〕方物。给赏如例。

（《神宗实录》卷一九三）

万历十六年（1588）正月癸巳

乌思藏阐化王遣使真朵尔只等千人贡方物。

（《神宗实录》卷一九四）

万历十七年（1589）七月庚申

乌思藏、长河西、鱼通、宁远等处宣慰司，各遣人贡方物。赏赉如例。

（《神宗实录》卷二一三）

万历十七年（1589）七月丙寅

宴乌思藏辅教等王遣来入贡国师琐喃远丹等四十员名如例。

（《神宗实录》卷二一三）

万历二十一年（1593）五月丙辰

四川都指挥使司起送乌思藏护教王并董卜韩胡宣慰使司、别思寨安抚司及朵甘思直管招讨司宣慰使司，各差国师进贡方物。

（《神宗实录》卷二六〇）

万历二十二年（1594）二月辛未

乌思藏辅教等〈王〉及长河〔西宣慰使〕等司差国师剌麻藏等三十二名进贡。各赏给，并回赐四王。

（《神宗实录》卷二七〇）

万历二十二年（1594）四月辛未

乌思藏护教王并董卜韩胡宣慰〔使司〕等各进贡。给赏有差。

（《神宗实录》卷二七二）

万历二十五年（1597）八月甲子

宴乌思藏阐化王进贡番僧朵尔等一十五名，〔永康〕侯徐文炜待。

（《神宗实录》卷三一三）

万历三十二年（1604）七月辛酉

宴乌思藏进贡番僧呵喃坚参等三十名，永康侯徐文炜待。

（《神宗实录》卷三九八）

万历三十八年（1610）十二月己亥

四川乌思藏阐教、辅教、大乘、大宝、长河西等处遣番徒蓄竹坚参等，及年久未贡杂道长官司遣番徒叱吧坚剉等，各备珊瑚、方物来贡。赐宴赉如例。

（《神宗实录》卷四七八）

万历三十九年（1611）五月己未

颁给乌思藏阐化王贡使坚剉朵尔等十五名，各缎、绢、银、纱〔钞〕。

（《神宗实录》卷四八三）

万历四十一年（1613）二月乙巳

赐乌思藏护教主〔王〕、董卜韩胡宣慰司、别思寨安抚司、朵甘司〔思〕宣慰司、直管招讨司国师阿折孟等三十名织金文绮、钞锭有差。

（《神宗实录》卷五〇五）

万历四十五年（1617）四月戊戌

乌思藏阐化王差国师锁南坚参等一千名进献珊瑚、氆氇等物。给赴京并在边番僧各贡〔者〕赏绢、钞。

（《神宗实录》卷五五六）

万历四十六年（1618）五月戊申

乌思藏阐化王差番僧三旦朵儿只等一十五名进献珊瑚、犀角、氆氇等物。

（《神宗实录》卷五七〇）

天启元年（1621）二月丁未

灵藏赞善王端岳坚昝遣使臣番僧进马匹、方物。宴赉如例。

（《熹宗实录》卷六）

天启元年（1621）五月癸卯

乌思藏阐教王等及长河西宣慰使司等各贡方物如例。

（《熹宗实录》卷一〇）

天启六年（1626）七月丁酉

陕西外夷灵藏赞善王端岳坚昝遣使进贡方物。赏赉如例。

（《熹宗实录》卷六九）

天启六年（1626）八月丙辰

四川乌思藏护教王及董卜韩胡宣慰使司等进贡方物。

（《熹宗实录》卷七五）

崇祯三年（1630）四月壬戌

乌思藏僧来贡。

（《崇祯实录》卷三）

五、建立“差发”（计户纳马充赋）制度与茶马互市

《明史》“以茶易马法”概述

番人嗜乳酪，不得茶，则困以病。故唐、宋以来，行以茶易马法，用制羌、戎，而明制尤密。有官茶，有商茶，皆贮边易马。官茶间徵课钞，商茶输课略如盐制。

初，太祖令商人于产茶地买茶，纳钱请引。引茶百斤，输钱二百，不及引曰“畸零”，别置由帖给之。无由、引及茶引相离者，人得告捕。置茶局批验所，称较茶引不相当，即为私茶。凡犯私茶者，与私盐同罪。私

茶出境，与关隘不讥者，并论死。后又定茶引一道，输钱千，照茶百斤，茶由一道，输钱六百，照茶六十斤。既，又令纳钞，每引由一道，纳钞一贯。

洪武初，定令：凡卖茶之地，令宣课司三十取一。四年，户部言："陕西汉中、金州、石泉、汉阴、平利、西乡诸县，茶园四十五顷，茶八十六万余株。四川巴茶三百十五户，茶二百三十八万余株。宜定令每十株官取其一。无主茶园，令军士薅采，十取其八，以易番马。"从之。于是诸产茶地设茶课司，定税额，陕西二万六千斤有奇，四川一百万斤。设茶马司于秦、洮、河、雅诸州，自碉门、黎、雅抵朵甘、乌思藏，行茶之地五千余里。山后归德诸州，西方诸部落，无不以马售者。

碉门、永宁、筠、辖所产茶，名曰"剪刀麄〔粗〕叶"，惟西番用之，而商贩未尝出境。四川茶盐都转运使言："宜别立茶局，徵其税，易红缨、毡衫、米、布、椒、蜡以资国用。而居民所收之茶，依江南给引贩卖法，公私两便。"于是永宁、成都、筠、连皆设茶局矣。

川人故以茶易毛布、毛缨诸物以偿茶课。自定课额，立仓收贮，专用以市马，民不敢私采，课额每亏，民多赔纳。四川布政司以为言，乃听民采摘，与番易货。又诏天全六番司民，免其徭役，专令蒸乌茶易马。

初制，长河西等番商以马入雅州易茶，由四川巖州卫入黎州始达。茶马司定价，马一匹，茶千八百斤，于碉门茶课司给之。番商往复迂远，而给茶太多。巖州卫以为言，请置茶马司于巖州，而改贮碉门茶于其地，且验马高下以为茶数。诏茶马司仍旧，而定上马一匹，给茶百二十斤，中七十斤，驹五十斤。

三十年，改设秦州茶马司于西宁，敕右军都督曰："近者私茶出境，互市者少，马日贵而茶日贱，启番人玩侮之心。檄秦、蜀二府，发都司官军于松潘、碉门、黎、雅、河州、临洮及入西番关口外，巡禁私茶之出境者。"又遣驸马都尉谢达谕蜀王椿曰："国家榷茶，本资易马。边吏失讥，私贩出境，惟易红缨杂物。使番人坐收其利，而马入中国（指中原地区。下同）者少，岂所以制戎狄哉！尔其谕布政司、都司，严为防禁，毋致失利。"

当是时，帝绸缪边防，用茶易马，固番人心，且以强中国。尝谓户部尚书郁新："用陕西汉中茶三百万斤，可得马三万匹，四川松、茂茶如之。贩鬻之禁，不可不严。"以故遣佥都御史邓文铿等察川、陕私茶；驸马都尉欧阳伦以私茶坐死。又制金牌信符，命曹国公李景隆赍入番，与诸番要约，篆文上曰“皇帝圣旨”，左曰“合当差发”，右曰“不信者斩”。凡四十一面：洮州火把、藏思、囊日等族，牌四面，纳马三千五十匹；河州必里卫西番二十九族，牌二十一面，纳马七千七百五匹；西宁曲先、阿端、罕东、安定四卫，巴哇、申中、申藏等族，牌十六面，纳马三千五十匹。下号金牌降诸番，上号藏内府以为契，三岁一遣官合符。其通道有二，一出河州，一出碉门，运茶五十余万斤，获马万三千八百匹。太祖之驭番如此。

永乐中，帝怀柔远人，递增茶斤。由是市马者多，而茶不足、茶禁亦稍弛，多私出境。碉门茶马司至用茶八万余斤，仅易马七十匹，又多瘦损。乃申严茶禁，设洮州茶马司，又设甘肃茶马司于陕西行都司地。十三年特遣三御史巡督陕西茶马。

太祖之禁私茶也，自三月至九月，月遣行人四员，巡视河州、临洮、碉门、黎、雅。半年以内，遣二十四员，往来旁午。宣德十年，乃定三月一遣。自永乐时停止金牌信符，至是复给。未几，番人为北狄所侵掠，徙居内地，金牌散失。而茶司亦以茶少，止以汉中茶易马，且不给金牌，听其以马入贡而已。

先是，洪武末，置成都、重庆、保宁、播州茶仓四所，令商人纳米中茶。宣德中，定官茶百斤，加耗什一。中茶者，自遣人赴甘州、西宁，而支盐于淮、浙以偿费。商人恃文凭恣私贩，官课数年不完。正统初，都御史罗亨信言其弊，乃罢运茶支盐例，令官运如故，以京官总理之。

景泰中，罢遣行人。成化三年命御史巡茶陕西。番人不乐御史，马至日少。乃取回御史，仍遣行人，且令按察司巡察。已而巡察不专，兵部言其害，乃复遣御史，岁一更，著为令。又以岁饥待振〔赈〕，复令商纳粟中茶，且令茶百斤折银五钱。商课折色自此始。

弘治三年，御史李鸾言：“茶马司所积渐少，各边马耗，而陕西诸郡岁稔，无事易粟。请于西宁、河西、洮州三茶马司召商中茶，每引不过百斤，每商不过三十引，官收其十之四，余者始令货卖，可得茶四十万斤，易马四千匹，数足而止。”从之。十二年，御史王宪又言：“自中茶禁开，遂令私茶莫遏，而易马不利。请停粮茶之例。异时，或兵荒，乃更图之。”部覆从其请。四川茶课司旧徵数十万斤易马。永乐以后，番马悉由陕西道，川茶多浥烂。乃令以三分为率，一分收本色，二分折银，粮茶停二年。延绥饥，复召商纳粮草，中四百万斤。寻以御史王绍言，复禁止，并罢正额外召商开中之例。

十六年取回御史，以督理马政都御史杨一清兼理之。一清复议开中，言："召商买茶，官贸其三之一，每岁茶五六十万斤，可得马万匹。"帝从所请。正德元年。一清又建议，商人不愿领价者，以半与商，令自卖。遂著为例永行焉。一清又言金牌信符之制当复，且请复设巡茶御史兼理马政。乃复遣御史，而金牌以久废，卒不能复。后武宗宠番僧，许西域人例外带私茶。自是茶法遂坏。

番人之市马也，不能辨权衡，止订篦中马。篦大，则官亏其直〔值〕；小，则商病其繁。十年，巡茶御史王汝舟酌为中制，每千斤为三百三十蓖。

嘉靖三年，御史陈讲以商茶低伪，悉徵黑茶，地产有限，乃第茶为上中二品，印烙篦上，书商名而考之。旋定四川茶引五万道，二万六千道为腹引，二万四千道为边引。芽茶引三钱，叶茶引二钱。中茶至八十万斤而止，不得太滥。

十五年，御史刘良卿言："律例：'私茶出境与关隘失察者，并凌迟处死。'盖西陲藩篱，莫切于诸番。番人恃茶以生，故严法以禁之，易马以酬之，以制番人之死命，壮中国之藩篱，断匈奴之右臂，非可以常法论也。洪武初例，民间蓄茶不得过一月之用。弘治中，召商中茶，或以备振〔赈〕，或以储边，然未尝禁内地之民使不得食茶也。今减通番之罪，止于充军，禁内地之茶，使不得食，又使商私课茶，悉聚于三茶马司。夫茶司与番为邻，私贩易通，而禁复严于内郡，是驱民为私贩而授之资也。以故大姦阑出而漏网，小民负升斗而罹法，今计三茶马司所贮，洮河足三年，西宁足二年，而商、私、课茶又日益增，积久腐烂而无所用。茶法之弊如此。番地多马而无所市，吾茶有禁而不得通，其势必相求，而制之之机在我。今茶司居民，窃易番马以待商贩，岁无虚日，及官易时，而马反耗矣。请敕三茶马司，止留二年之用，每年易马当发若干。正茶之外，分毫毋得夹带。令茶价踊贵，番人受制，良马将不可胜用。且多开商茶，通行内地，官榷其半以备军饷，而河、兰、阶、岷诸近番地，禁卖如故，更重通番之刑如律例。洮、岷、河责边备道，临洮、兰州责陇右分巡，西宁责兵备，各选官防守。失察者以罢软论。"奏上，报可。於是茶法稍饬矣。

御史刘仑、总督尚书王以旂等，请复给诸番金牌信符。兵部议，番族变诈不常，北狄抄掠无已，金牌亟给亟失，殊损国体。番人纳马，意在得茶，严私贩之禁，则番人自顺，虽不给金牌，马可集也。若私贩盛行，吾无以系其心制其命，虽给金牌，马亦不至。乃定议发勘合予之。

其后陕西岁饥，茶户无所资，颇逋课额。三十六年，户部以全陕灾震，边饷告急，国用大绌，上言："先时，正额茶易马之外，多开中以佐公家，有至五百万斤者。近者御史刘良卿亦开百万，后止开正额八十万斤，并课茶、私茶通计仅九十余万。宜下巡茶御史议，召商多中。"御史杨美益言："岁祲民贫，即正额尚多亏损，安有赢羡。今第宜守每年九十万斤招番易马之规。凡通内地以息私贩，增开中以备振〔赈〕荒，悉从停罢，毋使与马分利。"户部以帑藏方匮，诸如弘治六年例，易马外仍开百万斤，召纳边镇以备军饷。诏从之。末年，御史潘一桂言："增中商茶，颇壅滞，宜裁减十四五。"又言："松潘与洮河近，私茶往往阑出，宜停松潘引目，申严入番之禁。"皆报可。

四川茶引之分边腹也，边茶少而易行，腹茶多而常滞。隆庆三年裁引万二千，以三万引属黎、雅，四千引属松潘诸边，四千引留内地，税银共万四千余两，解部济边以为常。

五年，令甘州仿洮河、西宁事例，岁以六月开中，两月内中马八百匹。立赏罚例，商引一二年销完者赏有差，踰三年者罪之，没其附带茶。

万历五年，俺答欵塞，请开茶市。御史李时成言："番以茶为命。北狄若得，藉以制番，番必从狄，贻患匪细。部议给百余篦，而勿许其市易。自刘良卿弛内地之禁，杨美益以为非，其后复禁止。十三年，以西安、凤翔、汉中不与番邻，开其禁，招商给引，抽十三入官，余听自卖。御史锺化民以私茶之阑出多也，请分任责成。陕之汉中，关南道督之，府佐一人专驻鱼渡坝；川之保宁，川北道督之，府佐一人专驻鸡猴坝。率州、县官兵防守。"从之。

中茶易马，惟汉中、保宁，而湖南产茶，其直〔值〕贱，商人率越境私贩，中汉中、保宁者，仅一二十引。茶户欲办本课，辄私贩出边，番族利私茶之贱，因不肯纳马。二十三年，御史李楠请禁湖茶，言："湖茶行，茶法、马政两弊，宜令巡茶御史召商给引，愿报汉、兴、保、夔者，准中。越境下湖南者，禁止。且湖南多假茶，食之刺口破腹，番人亦受其害。"既而御史徐侨言："汉、川茶少而直〔值〕高，湖南茶多而直〔值〕下。湖茶之行，无妨汉中。汉茶味甘而薄，湖茶味苦，于酥酪为宜，亦利番也。但宜立法严覈，以遏假茶。”户部折衷其议，以汉茶为主，湖茶佐之。各商中引，先给汉、川毕，乃给湖南。如汉引不足，则补以湖引。报可。

二十九年，陕西巡按御史毕三才言：“课茶徵输，岁有定额。先因茶多余积，园户解纳艰难，以此改折。今商人绝迹，五司茶空。请令汉中五州县仍输本色，每岁招商中五百引，可得马万一千九百余匹。”部议，西宁、河、洮、岷、甘、庄浪六茶司共易马九千六百匹，著为令。天启时，增中马二千四百匹。

明初严禁私贩，久而姦弊日生。洎乎末造，商人正引之外，多给赏由票，使得私行。番人上驷尽入姦商，茶司所市者乃其中下也。番得茶，叛服自由；而将吏又以私马窜番马，冒支上茶。茶法、马政、边防于是俱坏矣。

其他产茶之地，南直隶常、庐、池、徽，浙江湖、严、衢、绍，江西南昌、饶州、南康、九江、吉安，湖广武昌、荆州、长沙、宝庆，四川成都、重庆、嘉定、夔、泸，商人中引则于应天、宜兴、杭州三批验所，徵茶课则于应天之江东瓜埠。自苏、常、镇、徽、广德及浙江、河南、广西、贵州皆徵钞，云南则徵银。

其上供茶，天下贡额四千有奇，福建建宁所贡最为上品，有探春、先春、次春、紫笋及荐新等号。旧皆采而碾之，压以银板，为大小龙团。太祖以其劳民，罢造，惟令采茶芽以进，复上供户五百家。凡贡茶，第按额以供，不具载。

（《明史》卷八〇，志第五六，食货四）

有关制度的形成与互市的开展

太祖始命设茶课司

初，太祖以西番地广，人犷悍，欲分其势而杀其力，使不为边患，故来者辄授官。又以其地皆食肉，倚中国茶为命，故设茶课司于天全六番，令以马市，而入贡者，又优以茶、布。诸番恋贡市之利，且欲保世官，不敢为变。迨成祖，益封法王及大国师、西天佛子等，俾转相化导，以共尊中国，以故西陲晏然，终明世，无番寇之患。

（《明史》卷三三一，列传第二一九，
西域三，朵甘乌斯藏行都指挥使司。）

太祖著令以蜀茶易番马

西番故饶马，而仰给中国茶饮以去疾。太祖著令，以蜀茶易番马资军中用。久而寖驰，奸人多挟私茶阑出为利，番马不时至。一清严为禁，尽笼茶利于官，以服致诸番，番马大集。

（《明史》卷一九八，列传第八六，杨一清传）

太祖敕命藏族出马充赋名为“差发”

洪武十五年（1382），敕松州卫指挥耿忠，令番人计户出马充赋，名为“差发”。

（明·汪俊：《四夷馆考》）

太祖命制茶马贸易专用金牌信符

洪武四年（1371）始制用宝金牌。……尝遣官赍金牌、信符诣西番，以茶易马。其牌四十一，上号藏内府，下号降各番，篆文曰“皇帝圣旨”，左曰“合当差发”，右曰“不信者斩”。二十二年又颁西番金牌、信符。其后番官款塞，皆赍原降牌符而至。

（《明史》卷六八，志第四四，舆服四）

太祖制金牌信符茶法大行

明年，制金牌信符，遣使颁给诸番。谕之曰：“往者，朝廷有需于尔，必以茶货赏之，未尝暴有徵也。闻边将多假朝命渔猎尔等，朕甚恶之。今后遇有差发，必合符乃应，不者械至京罪之。”随立茶马司于洮、河二州，听番人以马易茶。民勿得私市，违者死。遣曹国公李景隆至番市马，以茶五千余斤，得马一万三千五百余匹，分给卫士。夏令礼部檄长河西、打箭炉番酋，责以纳马修贡，诸番咸稽首奉约。茶法大行。

（明·叶向高：《四夷考》）

设立茶马司

洪武四年（1371），置洮州卫军民指挥使司。永乐九年，置洮州茶马司。火把、藏思、囊日诸簇，岁纳马三千五十匹。洪武初，置河州卫，改河州卫军民指挥使司。七年，置河州茶马司。必里卫二州七站西番二十九簇岁纳马七千七百五匹。洪武十一年，置岷州卫军民指挥使司，又置西宁卫西宁茶司马，岁纳马三千五百匹。市法：上马茶百二十斤，中马七十斤，下马五十斤。

（明·郑晓：《皇明四夷考》）

正统——弘治间整顿茶政

（正统）十四年（1449），停西番金牌。岁遣行人四人视茶政。景泰间，西番黑楼等三十一处，男妇一百余人朝贡。诸番柔服，独董卜韩胡都指挥使克罗俄监粲稍桀黠悖慢，屡诏让之，未几死。天顺五年，番寇凉州，围都督毛忠，总兵宣城伯卫颖战却之。八年，西宁番族把沙作乱，颖与巡抚都御史吴琛率众讨破之。初，番僧入贡，不过三四十人，景泰渐增。至天顺，遂至二三千人。前后络绎，赏赐不赀，所至骚动。成化元年，礼臣以为言，诏谕阐化王，令遵贡期，三岁一至，毋多人，毋杂用国师、禅师等印。未几，番僧劄巴坚参等以秘密法进，天子爱幸之。法王封号，累至数十字，道从用执金吾杖，赐予骈蕃。其徒锦衣玉食至数千人矣。九年，岷州番入寇，千户包景御之，被害。十七年，给乌思藏诸番王及长河西、鱼通、宁远等宣慰司敕书、勘合，令贡时，四川、陕西验入。十九年，以都御史阮勤言，岁运四川茶十万斤至陕，给赐番僧。二十四年，罢行人巡茶，以御史一人代之。自景泰后，茶政稍弛，番马多不至，非复国初时矣。弘治末，命都御史杨一清理其事。一清请复金牌信符旧制，疏曰："臣考前代，自唐时回纥入贡，已以马易茶。宋熙宁间行之。所谓摘山之产，易厩之良，无害而有利，计之得者。我朝纳马，谓之差发，如田之有赋，身之有庸，必不可缺，非虐使于番也。因纳马而酬茶，体尊名顺，非互市交易之比也，且非独以马故也。盖西番之为中国藩离久矣，自汉武帝表河西列四郡，断匈奴右臂而漠南无王庭。今金城之西，绵亘数千里，北有狄南有羌。狄终不敢越羌而南者，以羌为世仇，恐议其后也。不然，则河洮岷陇之区，能无戎马之迹乎。夫羌夷之人，本非孝子顺孙，徒以资茶于我。绝之则死，故俯首服从，此制番控虏之上策。前代略之而我朝独得之者也。顷自金牌制废，私贩盛行，虽有巡茶之官，卒莫能禁，坐失重利。垂六十年，岂徒边方乏骑乘之用？将来远夷无资与我，跳梁自肆，将生意外之忧，撤藩篱之固，甚非计也。请下所司，申明旧制，昭示番族，使知朝廷修复信符，各供差发，其不受约束者，征兵问罪，以警其余”。奏上，议行之。

（明·叶向高：《四夷考》）

杨一清有关茶马奏议

〔弘治十七年（1504），督理马政、都察院左副都御史杨一清奏〕臣受命督理茶马，亲诣西宁、洮州等卫地方，〔督同兵备守备等官、陕西按察司副使萧翀、署都指挥佥事蒋昂等〕，选差抚夷官员，带领通事，分投抚调各族番夷，中纳茶马。随据差去人员陆续抚调各族番官〔指挥、千百户、镇抚、驿丞〕，偕其国师、禅师，各赍捧原降金牌信符而至，臣得拜观焉。其额上篆文曰“皇帝圣旨”；其下，左曰“合当差发”；右曰“不信者死〔斩〕”。臣奉宣皇上恩威，抚且谕之，责其近年不肯输纳茶马之罪。彼皆北向稽首云：“这是我西番认定的差发，合当纳办。近年并不曾赍金牌来调，止是一年一次，着我每将马来换茶。今后来调时，天皇帝大法度在，我西番每怎敢违了。”……至我朝纳马，谓之差发，如田之有赋，身之有庸，必不可少。彼既纳马，而酬以茶斤。我体既尊，彼欲亦遂。……国初散处降夷，各分部落，随所指拨地方，安置住劄。授之官秩，联络相承，以马为科差，从茶为价，使知虽远外小夷，皆王官、王民，志向中国，不敢背叛。……顷自金牌制废，私贩盛行，虽有抚谕巡察之官，卒莫之能禁，坐失茶马之利。……臣乃申严禁令，严督所司，缉捕私贩。……茶徒稍稍敛迹，茶价顿增。已而招调番人。远近毕集，稔恶如朵工黑章咂者，亦如期而至。……谨条陈五事于后。伏惟圣明省览，〔乞敕户、兵二部，议其可否，复奏行之。〕计开：一、复金牌之制。窃照洪武年间钦降金牌数目。各卫典籍磨灭，多无的据。查得：河州地方原设必里卫二州七站、西番二十九族，原额金牌二十一面，认纳差发马七千七百五匹。西宁卫地方曲先、阿端、罕东、安定四卫，巴哇、申冲、申藏等族，金牌一十六面。该纳差发马三千二百九十六匹。洮州卫地方火把哈、藏思、囊日等族，金牌四面，该纳差发马三千五十匹。上号在于内府收贮。每三年一次，钦遣近臣，赍捧前来，公同镇守三司等官，统领官军。深入番境劄营，调聚番夷。比对金牌字号。收纳差发马匹，给与价茶。如有拖欠之数，次年〔前去〕催收。……一、专巡禁之。……严私茶之禁。……

〔(弘治十七年十二月，兵部题复）前件看得都御史杨一清奏言，钦降金牌与各番认纳差发茶焉，深为有见。……合无本部行移内府印绶监，清查各番族原额上号金牌面数及番族名目、马匹数目，备细明白，转行杨一清，再加审处，谕令番族知会。约至弘治二十年为招番之期，每三年一次。至期，本部差行人一员，赍捧前项金牌，会同彼处督理马政并各该巡抚都御史，督同三司官，悉依所拟次第举行。……中间二年，抚谕各番，有原将马换茶者，听从其来，亦照所拟定夺。本部仍行各官，转行兵备、守备等官，将原额番官指挥、千、百户、镇抚、驿丞等官年久不曾袭替者，逐一查出，保勘明白，奏行本部，行令就彼袭替，统领番族，认纳差发。〕

（杨一清：《为修复茶马旧制以抚驭番夷安靖地方事》①）

世宗命严茶马之禁给与勘合

（嘉靖）十二年（1533），乌都鹁鸽番为乱，四川巡抚杨守礼讨破之。是时金牌为海虏所掠，尽散失。二十八年，刘仑以为言，兵部议："番族变诈不常，北虏抄掠无已，脱给而再失，失而又给，而又失之，如国礼何。夫番人纳马，欲得茶耳。诚严阑出之禁，虽无金牌，马将自集，不然终无益也。宜给勘合，如成化故事。"从之。

（明·叶向高：《四夷考》）

《大明会典》所载茶马贸易有关制度

以茶易马通例

收买

国初，各处土官衙门秋粮各依原认数目，折纳马匹。有粮二十五石有余，折马一匹者；有五十余石，折马一匹者。起解到部，令医兽辨验明白具奏，送御马监交收。马或不堪，责令差来土官赔纳。后土官粮马多就近输纳，或以折色无复解京者。其四夷进贡马匹，即于各卫所俵给缺马官军骑操。此外惟取给于收买。收买之法，或以茶，或以盐，或以互市，或以价银。洪武间，官给价钞，于各处收买，并茶易到马匹，或就彼给军，或

① 引文据《杨石淙（一清）文集》，见《明经世文编》卷一一五，中华书局1962年影印本第1071～1076页。又，此疏又载杨一清《关中奏议全集》卷三，文字略有不同，以〔〕标示。

解京交纳，令驾部知其数。及永乐初，乃开市于辽东。正统初，又中盐于灵州。其流渐广，今茶法通行，而互市亦不止辽东矣。

凡西番茶易

洪武中，立茶马司于陕西、四川等处，听西番纳马易茶。降金牌信符赐番族，以防诈伪。（洮、河、西宁三卫番族，金牌四十一面。该纳差发马一万四千五十一匹。上号在内府收贮，易时赍验）每三年一遣廷臣，召各番合符，以应纳差发马，交纳易茶。有以私茶出境者斩。关隘不觉察者，处极刑。民间蓄茶，不得过一月之用。茶户私鬻者，籍其园入官。

二十三年，定茶易马例。上等马每匹一百二十斤，中等马每匹七十斤，下等马每匹五十斤。

三十年，令朵干、乌思藏、长河西一带西番，依旧将马出来换茶。仍出榜禁约。通接西番经行关隘偏僻小路。著都司差拨官军三四层严谨把守巡视，但有将茶私出外境，就便拿解赴官治罪，不许受财放过。必须穷究何处官军地方放过，治以重罪。

永乐十三年，遣御史三员，巡督陕西茶马。

正统十四年，停止茶马金牌。后每岁遣行人四员巡察私贩。自潼关以西，至甘肃等处，通行禁革。

成化十四年奏准，定差御史一员领敕专理茶马，每岁一代，遂为定例。其易马须四岁以上、六岁以下，高大堪中者，方准收买。儿骟马就彼给各边骑操，骒马送苑马寺孳牧。如有纵容军民通同中卖老病马匹者，御史同兵备及苑马寺官验视退回，仍指实参究。

十五年，令巡茶御史招番易马，不拘年例，愿来者听。

弘治五年奏准，每年招易，毋多增马数，坐派军卫逼令汉人代纳，及收买不堪，以致倒死负累，解送官舍补赔。

八年议准，招易马匹，儿骟马要四岁以上，不必解寺，就给与各卫领养。骒马亦要高大，发苑马寺作种。瘦损倒失者比较追赔。

十年奏准，茶易马除就彼给军外，其余差官陆续解赴苑马寺，交割俵养。

正德十年议准，领马官军，每年册限三月以里，赍赴巡茶御史验拨。军限八月以里，到彼交兑。违者，行该卫径申巡抚都御史究治。限外册，过两月、军一月，不到，听巡茶御史参究。各经该官吏，其洮、河、延、宁马匹，亦要随时斟酌，通融派拨。

嘉靖十一年议准，西宁、洮、河三茶马司，贮库商课茶斤。及西安等卫并徽、阶等州，收贮私茶，俱送三茶马司，不拘常例，粗细搭配，招易膘壮马匹，开送总制衙门，给军骑操。事完造册奏缴。仍造青〔清〕册送部，查考。

三十年题准，改造勘合分给诸番。每岁依期赍执前来，比号纳马，酬以茶斤。如有背违，调军征剿。

又题准，年例马完，番有余马，司有余茶，许其增中解牧。洮州增至一千二百五十匹，河州增至一千七百四十匹，西宁增至二千四百三十匹。

三十一年题准，马政、茶法二事相须，准令巡茶御史，兼管马政，督理二寺事务。

三十七年议，令茶商收买民马，抽税给票，许其贩卖，禁其夹带。至四十年，仍禁止茶商贩卖。民间马匹，官为买用。

四十一年议推，甘州建置茶马司一所，照例招商中茶，招番易马，仍将西宁旧额茶马，甘州新开茶马，俱招中，酌量地方远近，通融给军骑操。仍将四川折色课茶，改征本色运用。

四十三年题准，以后每年开茶，仍止五六十万斤。商人以一百五十名为上，勒限买茶报中。

又题准，禁约洮、岷私马，临、巩马暂许通卖。

隆庆三年题准，将四川课茶改征折色解苑马寺，易买种马，于兰州招商中茶运赴甘州茶马司，招陕西各茶马司，中纳官茶。

又题准。四川巴州、通江、南江、广元四州县茶课，节年拖欠，及未征者，以后照例改折，无分芽叶，每斤通征银一分八厘，类解陕西巩昌府贮库，听甘肃巡抚衙门差官支取，买马骑操。

四年议准，以后各茶司中马除年例马数外，尽其调到番族好马。以茶司见在茶篦通融招易。毋拘定数，以病商番。

又题准，将洮、河、西宁三茶司商人，照旧令其阄分完报，于内择节年完茶之多者，不拘名数，各报甘州茶一引，运至兰州，责令税课局官吏带管经收。就令管河、临、洮府同知监收盘验。查照三茶司事例，阄分贮库，立簿登报。其茶篦应该易马者，量助脚价，递运甘州茶司交割。应该给商者，令本商运至西宁等茶司货卖，不许越境。

五年议准，招商茶引，定限一年，完者厚赏，二年量赏，三年免究，四年问罪。抽附茶一半入官。五年问罪，附茶尽数入官，不准再报。六年老引，照例问遣。

凡各处银易。

嘉靖十九年题准，各该抚按遇太仆寺委官解到买马银两，坐委各该产马地方掌印官，协同本寺委官，照原议价值，给散殷实人户。其马匹，看验毛齿膘息堪用，即便收买。若承委官员通同作弊刁难勒措者，许被害之人，径赴该管上司陈告。一应积年揽头经纪人等，有夤缘冒名领银，将老弱瘦马欺隐验看等项情弊，许所在官司，径自拿问治罪，枷号二个月，豪强势要之家，乘机挟要和买者，抚按并差去寺丞，参究重治。

二十年议准，陕西三边重地，所产马匹，宜备本处防虏，以后发银买马，不许分派该省。

（《大明会典》卷一五三，兵部三六，马政四）

凡盐池开中。正统三年题准，灵州盐课招商纳马，每上马一匹，盐一百引；中马八十引，马给军骑征。

四年议准，灵州盐课照例收马，候马够用，照依马价折粮。

天顺四年奏准，延、宁二镇，轮年循环中纳马匹。

成化二十三年奏准，庆阳府每岁委佐贰官一员，监支商人纳马官盐。

弘治九年奏准，每引一百道，折银十五两，给军买马。

十八年奏准，陕西茶盐易马备边，系是旧制，今后再不许别项奏讨。

正德元年题准，灵州大盐池增课一万五千引，小池增课三万引。新旧共五万九千三百三十七引，每引纳银二钱五分及收卧引银一钱。共银二万七百六十余两，送固原、庆阳收贮买马支用。

（《大明会典》卷一五三，兵部三六，马政四）

以茶易马的有关规定

凡易马。洪武初，令陕西洮州、河州、西宁各该茶马司收贮官茶。每三年一次，差在京官选调边军，赍捧金牌信符，往附近蕃族，将运去茶易马。原额牌四十一面，上号藏内府，下号降各蕃。篆文曰："皇帝圣旨"；左曰"合当差发"，右曰"不信者斩"。

洮河火把藏思曩日等族牌六面，纳马三千五十匹；河州、必理卫二州七站西蕃二十九族，牌二十一面，纳马七千七百五匹；西宁曲先、阿端、罕东、安定四卫，巴哇、申中、申藏等族一十六面，纳马三千五十匹。先期于四川征茶一百万斤，官军转运各茶马司。

二十二年定，茶易马，上等马每匹一百二十斤，中等马每匹七十斤，下等马每匹五十斤。

三十年，令四川成都、重庆、保宁三府及播州宣慰使司，各置茶仓贮茶，以待客商纳米中买及与西蕃易马。各设官掌管。

永乐十四年，停止茶马金牌。

洪熙元年，令四川保宁等府所属原额官茶照例办纳。罢买民茶。若官仓见〔现〕积茶堪中换马者，仍留支用。芽茶依当地时价，作官吏俸给支销。不堪换马叶茶，具奏覆验烧毁。

成化十五年，令陕西巡茶御史招蕃易马，不拘年例，愿来者听。

弘治三年，以各边缺马，令招商报茶，西宁、河州各四十万斤，洮州二十万斤，运赴原拨茶马司，以茶百斤易上马一匹，八十斤易中马一匹。

正德十年，以每年招易蕃人不辨秤衡。止订篦中马，篦大则官亏，小则商病。令酌为中制，每一千斤定三百三十篦，以六斤四两为准，作正茶三斤，篦绳三斤。

嘉靖二十六年，令洮州、河州、西宁各处军民人等，凡遇招蕃易马之时，但有将老弱不堪马匹冒顶蕃名中纳支茶，三匹以下，官军调别处极边卫所，带俸食粮差操。民并舍余人等，发附近卫分充军。止终本身，茶马俱入官。医兽、通事、土民人等通同作弊者，枷号一个月，发落。若参守等官自行冒中二匹以下者，参问，降一级，调边卫带俸差操。纵容子弟军伴人等，冒中二匹以下者，调边卫带俸，有赃者从重论，不知者照常发落。三匹以上及将茶斤辗转兴贩通蕃者，各照地方斤数问拟发遣。其参守抚夷等官不行通调远蕃，坐索土人贿赂听其中马者，参问，降一级，调边卫带俸差操。计赃犯该徒罪以上者，照例问发，立功。索取蕃人财物者，照例发边卫充军。各该承委易马文职官员和同纵容者，一体参提究治罢黜。有赃者从重论，失于觉察者量情发落。

凡关运。正统七年议准，夔州、保宁二府所属茶，洪武间径运至秦州。永乐间将保宁茶课置仓收贮，今令夔州茶课亦运赴保宁仓，一体令军夫关运。

八年奏准，金州芽茶一斤，收叶茶二斤，运西宁茶马司收贮易马。

九年题准，起倩四川军夫，给与口粮，将减半茶四十二万一千五百三十斤，陆续运赴陕西接界褒城县茶厂。

又议准，将减运茶斤，陕西都司运三分半，布政司运六分半，除都司所属延安等八卫、延安所属葭州等六州县，不起军夫外，其余有司军卫，酌量起倩军夫给口粮有差。俱直抵褒城县茶厂。

成化十九年，令四川保宁等府茶课每岁运十万斤，至陕西接界交收，转运各茶司支用。

（《大明会典》卷三七，户部二四，课程六）

差官巡查马政茶法

凡差官。洪武三十年，令自三月至九月，每月差行人一员，于陕西河州、临洮，四川碉门、黎雅等处，省谕把隘关口头目，禁约私茶出境。

永乐十三年，差御史三员，巡督陕西茶马。

景泰二年，令陕西、四川二布政司，各委官巡视关隘，禁约私茶出境，暂罢差行人。

四年，复差行人于陕西、四川禁约私茶。

成化三年，令差御史一员，于陕西巡茶，一年更代。

七年，罢差行人四川巡茶，令按察司分巡官往来禁约。

十一年，令取回陕西巡茶御史，仍差行人。

十四年，仍差御史于陕西巡茶。

弘治九年，令经该茶马司官吏遇有考满事故，申巡茶御史委官盘点见〔现〕数，方离职役。若有侵欺及虽不侵欺收置无法致有损折原数者，依律究治追赔。

十六年，令取回巡茶御史。凡一应茶法，悉听督理马政都御史兼理。

十七年，令陕西每年于按察司拣宪臣一员，驻劄临洮府，巡禁私茶。一年满日，择一员交代。

又将建昌、松潘、碉门、黎雅远处行抚按稽查。夔州、东乡、保宁、利州附近陕西，听督理马政都御史带〔代〕管。

正德二年，仍设巡茶御史一员。请敕兼理马政、茶法二事。

嘉靖三十一年奏准，四川茶法并入水利道兼理。令重夔兵备道禁朔茶监收买，下川南安绵兵备道监秤验，建昌首潘兵备道监蕃易。各该委官悉听茶法道选差。

（《大明会典》卷三七，户部二四，课程六）

茶马禁令

凡禁约

洪武三十年诏，榜示通接西蕃经行关隘并偏僻处所，著拨官军严谨把守巡视。但有将私茶出境即拿解赴官治罪。不许受财放过，仍究何处官军地方放过者，治以重罪。

永乐六年，令谕各关把关头目军士，务设法巡捕，不许透漏缎疋、布绢、私茶、青纸出境。若有仍前私贩，拿获到官，将犯人与把关头目各凌迟处死，家迁化外，货物入官。有能自首免罪。

景泰五年，令各处军民人等，官民马快等船并车辆、头匹、挑担驮载私茶者，各该官司盘获茶货、车船、头匹入官，引领牙行及停藏之家。俱依律治罪。巡捕人员受财纵放者一体究问。

天顺二年奏准，凡蕃僧夹带奸人并军器、私茶违禁等物，许沿途官司盘检，茶货等物入官，伴送夹带人，送所在官司问罪。若蕃僧所至之处，各该衙门不即应付，纵容收买茶货及私受馈送、增改关文者，听巡按御史、按察司官体察究治。

成化七年，令禁进贡回回、蕃僧人等于在京及沿途收买私茶。

十八年，令私茶有兴贩夹带五百斤者，照见〔现〕行私盐例押发充军。

弘治元年奏准，凡军卫有司，果无私茶，不许分派下人买纳作数。

三年，令今后进贡蕃僧该赏食茶，给领勘合，行令四川布政司拨发有茶仓分照数支放，不许于湖广等处收买私茶，违者尽数入官。

十七年，令四川抚按官行碉门、黎州、建昌、松潘、夔州、保宁等处各该兵备分巡，申明茶禁。利州卫选委指挥一员专管巡茶，通江、巴县、广元、东乡等处就委巡捕官管理。各督应捕人等把隘缉访军民人等，敢有仍前私贩及该管官司不行用心捕获，一体重治。

十八年题准，各处行茶地方，但有将私茶潜住边境与贩交易，及在腹里贩卖与进贡回还夷人者，不拘斤数，事发并知情歇家、牙保，俱问发南方烟瘴地面卫所永远充军。其在西宁，甘肃河州、洮州贩卖者，一百斤以上，问发附近卫分充军，三百斤以上，发边卫永远充军。若在腹里兴贩者，照例“五百斤以上押发附近卫分充军”，止终本身。不及前数者，俱依律拟断，腹里仍枷号一个月，在边方伽号两个月。有力纳米赎罪，无力解五百里之外摆站守哨。但有逃回，仍前兴贩者，事发，不拘多寡，问发附近卫分充军。若军官、将官知情纵容弟男子侄伴当兴贩，及守备、把关、巡捕官知情故纵者，事发参问降一级，原卫带俸差操。有赃者从重论，不知者照常发落。若守备、把关、巡捕官自出资本，兴贩私茶，但通蕃者问发边卫充军。在西宁、洮河、甘肃地方发卖者，三百斤以上，发附近卫分充军，不及数及在腹里发卖者，降一级调边卫带俸差操。

嘉靖十四年题准，四川夔州、东乡、保宁、利江一带附近陕西通茶地方，不论军卫有司，凡事干茶法者，悉听陕西巡茶御史管理。各该分巡兵备等官，务严禁私茶，按季将捉提人犯数目，开报查考。俱听本官举劾。

十五年题准，今后陕西三茶马司积茶，止留二年之用，每年易马计该正茶外，分毫不许夹带。

又题准，今后凡遇行茶道路，如有兴贩蕃马入境者，拿获马匹入官。犯人以通蕃例论罪。

二十六年议准，各处茶商有原无资本，混报茶批入山，通同园户蒸造假茶，及将验过真茶盗卖，沿途采取草茶纳官，各至五百斤以上者，商人、园户及知情转卖之人，民发附近卫分、军发边卫，各充军。止终本身，茶价入官，不及前数者，依私盐法论罪，仍枷号两个月发落。窝顿店户知情者从重论。至一千斤以上，本犯发极边卫分永远充军。店户不问知与不知，一体治罪。其官司开报茶引，令各商互相保结，中间若有前项之徒，听其首发。通同妄保者，一并治罪。不知者不坐。各处行茶地方，但有豪强茶徒出本雇觅十人以上挑贩私茶者，事发审实，悉照弘治十八年题准事例问发。若拿获雇觅之人，隐护首恶及妄攀平人者，不分茶斤多少，问发烟瘴地面，在边者永远，在内者止终本身，各充军。巡捕官兵通同茶徒卖放首恶，及挟诈良民者，事发，官参问，降一级，应捕人役枷号两个月。有赃者各从重论。

三十一年议准，今后进贡蕃僧，凡有援例陈乞顺买茶斤者，一切据法通行查革。其有该赏食茶，照例拨给回还。经过关隘，一一盘验。如有夹带私茶，不拘多寡，即没入官，仍将伴送人员通把依律问罪。

（《大明会典》卷三七，户部二四，课程六）

官仓收茶折支官员俸给

凡折给。正统六年奏准，甘肃仓所收茶自宣德及正统元年以前者，按月准给陕西行都司并甘州左等卫所官员折俸布绢，每茶一斤，折米一斗，自后所积茶多，悉照此例挨陈折给。

八年，令陕西、甘肃仓所收茶折支军官俸给，每斤折米一斗五升。

景泰五年，令四川界首茶课司于南京户部印给茶引收贮在库，遇有官军折支俸粮茶课，给与引由执照，依例易卖。

弘治三年，令四川递年拖欠茶斤，每芽茶一斤追银二分，叶茶一斤，追银一分五厘，类解布政司发松潘缺粮关堡，接济官军支用。

嘉靖二十五年，令将见〔现〕在不堪易马茶斤，减价三分之二，差好者量估价二钱二分，次一钱八分。遇各军支放折色月分，每军量给一二篦，即于本军应支折色银内，照茶篦数目扣银在官。类解陕西行太仆寺贮库，听候买马。

（《大明会典》卷三七，户部二四，课程六）

附　“差发”和茶马贸易运行纪略

太祖遣内使往河州市马

洪武八年（1375）五月戊辰

遣内使赵成往河州市马。初，上以西番素产马，其所用泉货与中国异，自更钱币，马之至者益少。至是，乃命成以罗绮绫帛并巴茶往市之。仍命河州守将善加抚循，以通互市。马稍来集，率厚其直〔值〕偿之。成又宣谕德意。自是番酋感悦，相率诣阙谢恩，而山后归德等州西番诸部落皆以马来售矣。

（《太祖实录》卷一〇〇）

洪武初兵部奏市马之数

洪武九年（1376）十二月己卯

兵部奏市马之数：秦州、河州茶马司市马一百七十一匹；庆远裕民司市马二百九十四匹，顺龙〔茶〕盐马司市马四百三匹。

（《太祖实录》卷一一〇）

洪武十一年（1378）十二月戊午

兵部奏市马之数：秦、河二州及庆远、顺龙茶盐马司所易马六百八十六匹。

（《太祖实录》卷一二一）

洪武十二年（1379）十二月壬辰

兵部奏市马之数：秦、河二州茶马司以茶市马一千六百九十一匹；庆远裕民司以银、盐市马一百九十二匹。

（《太祖实录》卷一二八）

洪武十三年（1380）九月戊戌

兵部奏：河州茶马司市马，用茶五万八千八百九十二斤、牛九十八头，得马二千五十匹。

（《太祖实录》卷一三三）

洪武十四年（1381）十月甲子

四川威、松、茂州三卫以茶、绢、布、纸易马，送京师。

（《太祖实录》卷一三九）

洪武十四年（1381）十二月庚辰

兵部奏茶、盐、银、布易马之数：秦、河二州以茶易一百八十一匹；纳溪、白渡二盐马司以盐、布易二百匹；洮州卫以盐易一百三十五匹；庆远裕民司以银、盐易一百八十一匹，凡得马六百九十七匹。

（《太祖实录》卷一四〇）

洪武十五年（1382）十二月辛丑

兵部奏市马之数：秦、河、洮三州茶马司及庆远裕民司，市马五百八十五匹。

（《太祖实录》卷一五〇）

太祖敕谕松州卫指挥佥事命西番之民以马为贡赋

洪武十六年（1383）正月辛酉

敕谕松州卫指挥佥事耿忠曰："西番之民归附已久，而未尝责其贡赋。闻其地多马，宜计其地之多寡以出赋。如三千户，则三户共出马一匹；四千户，则四户共出马一匹。定为土赋。庶使其知尊君亲上奉朝廷之礼也。"

（《太祖实录》卷一五一）

兵部奏定永宁茶马司以茶易马之价

洪武十六年（1383）八月壬午

兵部奏："定永宁茶马司以茶易马之价，宜如河州茶马司例：凡上马每匹给茶四十斤，中马三十斤，下马二十斤"。从之。

（《太祖实录》卷一五六）

太祖诏命秦州河州茶马司以所市马分给陕西骑士

洪武十七年（1384）十一月癸未

诏命秦州、河州茶马司以所市马五百六十匹，分给陕西骑士。

（《太祖实录》卷一六八）

洪武十七——二十年四川、陕西等地以茶易马之数

洪武十七年（1384）十二月辛酉

是岁四川碉门茶马司以茶易马、骡五百九十六匹。

（《太祖实录》卷一六九）

洪武十八年（1385）十二月丁巳

秦州、河州茶马司及叙南、贵州乌撒、宁川、毕节等卫市马六千七百二十九匹。

（《太祖实录》卷一七六）

洪武十九年（1386）九月癸亥

行人冀忠往陕西市马还，得马二千八百七匹。

（同年）十二月甲申

遣虎贲左卫指挥佥事姜观、右卫千户沈成、行人任俊，以钞三十九万三千六百九十锭，往陕西河州等处市马，给骑士操练。

（《太祖实录》卷一七九）

洪武二十年（1387）六月壬午

四川雅州碉门茶马司以茶一十六万三千六百斤，易驼、马、骡、驹百

七十余匹。

（《太祖实录》卷一八二）

太祖诏准民间茶马交易

洪武二十一年（1388）二月庚申

四川天全六番招讨司副招讨杨藏卜言："本司茶户常以茶与西番蛮人贸易毛缨、茜等物。商旅往来鬻贩，每岁课额所收一万四千余贯。近者茶株取勘在官，所收之茶，复给官价买之，收贮官库，以备易马。由是商旅不行，课额遂亏，多令应役之人陪〔赔〕纳。不便。乞差人从实闸办。"从之。

（年月同前）壬戌

四川布政司奏："川中产茶，曩者西番诸羌以毛布、毛缨之类，相与贸易，以故岁课不亏。近者，朝廷颁定课额官自立仓收贮专用市马，民不敢私采。每岁课程，民皆陪〔赔〕纳。请仍令民间采摘，与羌人交易。如此，则非惟民得其便，抑且官课不亏"。诏从之。

（《太祖实录》卷一八八）

太祖诏茶马司仍旧并核定茶马交易价

洪武二十二年（1389）六月丙寅

四川巖州卫奏："每岁长河西等处番商以马于雅州茶马司易茶。其路由本卫经黎州始达茶马司。茶马司定价：每堪中马一匹，给茶一千八百斤，命于碉门茶课司支给。不惟番商往复路远；实且给茶太多。今宜量减马价，移置茶马司于巖州，将碉门茶课司所贮茶运至于此。马至，则验马之高下，以茶给之"诏茶马司仍旧，惟定其价：上马一匹与茶一百二十斤；中马七十斤；驹马五十斤。番商有不愿者听。

（《太祖实录》卷一九六）

太祖遣使陕西甘肃等地谕令各藏族部落输马给茶

洪武二十五年（1392）三月己丑

遣尚膳太监而聂、司礼太监庆童，赍敕往谕陕西河州等卫所属番族

（时朵甘、乌思藏等卫属河州行都司管辖），令其输马，以茶给之。

（同年）五月甲辰

尚膳太监而聂等至河州，召必理诸番族，以敕谕之。诸族皆感恩意，争出马以献。于是得马三百四十余匹，以茶三十余万斤给之。诸族大悦。而聂遣使入奏，命以马分给河南、山西、陕西卫所骑士。

（《太祖实录》卷二一七）

太祖命定西宁卫所属番族纳马常赋

洪武二十五年（1392）八月戊午

西宁卫所属西番土酋亦令真奔言："诸番族皆野居散聚，射猎为食，请岁输马二百匹为常赋。"从之。

（《太祖实录》卷二二〇）

太祖颁给陕甘缘边藏族各部茶马金铜信符

洪武二十六年（1393）二月癸未

遣使往西凉、永昌，甘肃山丹、西宁、临洮、河州、洮州、岷州、巩昌缘边诸番，颁给金铜信符；敕谕各族部落曰："往者朝廷或有所需于尔，必以茶货酬之，未常暴有征也。近闻边将无状，多假朝命，扰害尔等，使不获宁居。今特制金铜信符，族颁一符，遇有使者征发，比对相合，始许承命。否者，械至京师罪之。"

（《太祖实录》卷二二五）

太祖谕令除官印马匹
不许私售外各部落自有马匹听其自行售易

洪武二十六年（1393）十二月己亥

命右军都督府榜谕河州等处，禁民勿鬻官马。先是，朝廷以言者谓："陕西各处军民往往有过河贩鬻马匹，既遣使往甘肃西凉、西宁，印烙系官之马，宜俾关吏禁绝过河私贩之弊。"既又有言："西人所赖者畜牧为生，旧常以马过河鬻售；今既禁遏之，恐妨其生计。"上然其言，乃命右军都督府给榜谕守关者：今后止禁官印马匹不许私有自贩鬻；其西番之人自己马无印者及牛羊杂畜之类，不问多寡，一听渡河售易。关吏阻者罪之。

（《太祖实录》卷二三〇）

雅州碉门等处茶马司年市马数

洪武二十七年（1394）十二月癸巳

兵部奏：是岁雅州碉门及秦、河二州茶马司市马，得二百四十余匹。

（《太祖实录》卷二三五）

太祖敕令官军巡禁私茶出境

洪武三十年（1397）二月丁酉

敕右军都督府曰："……今朵甘、乌思藏、长河西一带西番自昔以马入中国易茶，所谓懋迁有无者也。迩因私茶出境，马之入互市者少，于是彼马日贵中国之茶日贱，而彼玩侮之心渐生矣。尔右军即移文秦、蜀二府长史司，启王发都司官军，于松〔潘〕、碉门、黎、雅、河州、临洮及入西番关口，巡禁私茶之出境者。朕岂为利哉，制驭夷狄不得不然也。"

（《太祖实录》卷二五〇）

太祖命右军都督遣员往西番市马

洪武三十年（1397）四月戊子

命右军都督府遣镇抚刘正，于泸州市棉布，往西番易马，凡用布九万九千余匹，得马一千五百六十匹。命分给建昌、盐井二卫军士操养。

（《太祖实录》卷二五二）

驸马都尉欧阳伦坐贩私茶罪赐死

洪武三十年（1397）六月己酉

驸马都尉欧阳伦坐贩私茶事觉，赐死。

（《太祖实录》卷二五三）

太祖以朵甘、乌思藏贡使携私茶出境自用勿论罪

洪武三十年（1397）八月丁酉

兰州奏："朵甘、乌思藏使臣以私茶出境，守关者执之，请置于法。"上曰："禁令以防闲关吏及贩鬻者，其远人将以自用，一时冒禁。勿论。"

（《太祖实录》卷二五四）

曹国公李景隆以茶易马命分给京卫骑士操养

洪武三十一年（1398）二月戊寅

曹国公李景隆还自番。先是，〔上〕命景隆赍金符往西番，以茶易马。凡用茶五十余万斤，得马一万三千五百一十八匹。至是还。命分给京卫骑士操养。

（《太祖实录》卷二五六）

太祖命于成都等地置茶仓四所
收贮岁输茶课听商人茶马交易

洪武三十一年（1398）五月庚申

置成都、重庆、宝宁三府及播州宣慰司茶仓四所。命四川布政使司移文天全六番招讨司，将岁输茶课仍输碉门茶课司；余地方就近悉送新仓收贮，听商人交易及与西番市马。

（《太祖实录》卷二五七）

成祖命遣行人往四川陕西等地禁约私茶

永乐元年（1403）五月戊戌

遣行人往四川碉门、黎雅，陕西河州、临洮诸处，禁约私茶。遵旧制也。

（《太宗实录》卷二〇）

成祖命边关互市番商夹带私茶等听之勿禁

永乐三年（1405）二月乙丑

四川布政司言："诸番以马易茶者，例禁夹带私茶、布帛、青纸等物出关。今番商往往以马易茶；及以他货易布〔帛〕，〔有〕司遵禁例，又虑杜绝远人。"上曰："边关立互市，所以资国用，来远人也，其听之。"

（《太祖实录》卷三九）

成祖命户部严边关茶禁

永乐七年（1409）正月辛亥

命户部严边关茶禁。先是，洪武中，以茶易马：上马给茶八十斤；中马六十斤；下马四十斤。永乐初，上怀柔远夷，递增其数。由是市马者多，而茶禁少弛。碉门茶马司用茶八万三千五十斤，止易马七十匹，又多损瘦，故有是命。

（《太宗实录》卷八七）

都指挥同知刘昭奏报河州卫茶马交易情形

永乐八年（1410）十一月己丑

镇守河州卫陕西都指挥同知刘昭奏："陆续收到河州卫各番簇马七千七百一十四匹。上马每匹茶六十斤，中马四十斤，下马递减之，共给茶二十七万八千四百六十斤。已选配牝马千四百三十四匹，发陕西、甘肃二处苑马寺孳牧。今以马六千二百八十匹送北京，命太仆寺牧养。"

（《太宗实录》卷一一〇）

成祖命解除茶马禁约仍开市

永乐十三年（1415）二月戊戌

四川长河西、鱼通、宁远等处军民宣慰司言："西方无他土产，惟以马易茶为业。近年禁约之后，生理甚艰，乞仍开中，庶〔几〕民有所养。"从之。

（《太宗实录》卷一六一）

永乐十三年（1415）

贡使言："西番无他土产，惟以马易茶，近年禁约，生理实艰，乞仍许开中。"从之。

（《明史》卷三三一，列传第二一九，
西域三，长河西鱼通宁远宣慰司）

宣宗命河州军卫有司官库所贮物资
用以易犏牛以备乌思藏等处使臣往来之用

宣德六年（1431）二月庚子

镇守河州都督刘昭奏："今乌思藏等处使臣往来者，多用脚力犏牛，缺茶买办，乞令四川运茶三十万斤分贮河州三茶马司，以备支用。"上谕行在户部臣曰："闻四川民贫，近时茶课多不足。今欲运茶三十万斤，民不堪命，但令近河州军卫有司官库所贮物货从昭用以易牛，庶几少甦蜀民。"

（《宣宗实录》卷七六）

宣宗命阿吉族藏民遣还本土并遣官抚谕

宣德六年（1431）六月己亥

行在兵部奏："昨陕西行都司土官都指挥佥事李文言：'西番阿吉簇头目果若儿等番民八百帐旧驻野马川，岁纳马三百匹。永乐间，逃往甘州白城山。岁纳之马，皆本簇之民代纳。……乞遣还本土。'今请令都督史昭、刘昭及陕西行都司各遣官抚谕，俾复业。仍禁其为非。"从之。

（《宣宗实录》卷八〇）

都督同知刘昭奏报河州卫等处以茶易马情形

宣德七年（1432）十二月丁亥

镇守河州、西宁都督同知刘昭言："所征河州卫各番簇茶马七千七百余匹，已征六千五百余匹，给与陕西官军操练。其未到者乃必里卫（必里千户所，永乐时升为卫）诸簇。缘今年畜牧多疫死，且西番苦寒，请俟来年征之，就给各卫"。又奏；"西宁等卫所属番族茶马三千二百九十六匹，已征二千三百余匹给军；安定、罕东二卫路远未纳，亦请候明年征之。"上悉从之。

（《宣宗实录》卷九七）

宣宗命释以赐物易茶的阐化王贡使

宣德九年（1434）十二月辛亥

镇守河州、西宁都督刘昭奏："比乌思藏阐化王所遣贡使乩藏等以朝廷赐物易茶，至临洮。临洮卫疑为私茶，拘留乩藏等，收茶于库。请释乩藏等，还其茶。"上命行在户部，悉如昭所奏，庶不失远人之心。

（《宣宗实录》卷一一五）

英宗初年陕甘洮州等地藏民逃避贡献马牛赋役

正统元年（1436）四月丁巳

行在户部尚书胡濙等奏："西番禅师结瓦端竹星吉言：本地听差进贡人户逃移异地，以避赋役。"上赐敕谕，赦其逃避之罪，俾各复业。

（《英宗（正统）实录》卷一六）

（同年）六月丁未

洮州卫剌麻僧人也失班丹奏："比者九簇内宗塔儿、锁南肖等逃居异地。请赐谕，俾各向化。"上赐之敕曰："尔等昔能识达天命，来归朝廷，贡献马牛，未尝有违。朝廷亦隆恩典，命尔等于本地畜牧，不许守边将士及别簇番人侵犯，随尔安居乐业。比闻尔宗塔儿、锁南肖等六家擅自移去大帐房星吉户下潜住。今特遣剌麻僧人也失班丹赍册〔敕〕往谕。尔等即回本处居住，仍听原头目管属。凡在边官军人等敢有擅自差人来尔簇中科扰者，许尔等指实赴京面奏，治以罪，不宥。"

（《英宗（正统）实录》卷一八）

英宗初年许客商自备脚力运官茶至西宁给与官盐

正统元年（1436）六月辛丑

罢运茶支盐例。时右佥都御史罗亨信奏："茶课本以利中国便番民，近许客商自备脚力，关运官茶，往甘州、西宁交纳，给与淮、浙官盐。客商恃有执照文凭，惟贩私茶，茶课经五七年不完，遂至官茶价低，买马不便。……"事下行在户部，复奏。上以茶禁不可不严，边军所当优恤。俱如其〔所〕言。

（《英宗（正统）实录》卷一八）

英宗命茶不可过与但令人市三百斤

正统六年（1441）二月丙戌

河西般思播儿地面纳儿哥等寺星吉坚粲等六人奏市茶二万斤；摄剌星吉等十三人市一万三千斤。上谕行在礼部臣曰："茶不可过与，第令人市三百斤。”

（《英宗（正统）实录》卷七六）

镇守洮州都指挥佥事李信征茶马受贿被治罪

正统七年（1442）四月己未

镇守洮州都指挥〔佥事〕李信率所部征茶马，受番人赂〔贿〕，且私有所货。诸簇由是多负所征。镇守陕西都督郑铭请治信及所部罪。上曰：“然。选逮信所部鞫治。如涉信，更处之。”

（《英宗（正统）实录》卷九一）

英宗命对西宁等处藏民例应三年一贡差发马以茶偿其价

正统九年（1444）五月丁卯

命刑部右侍郎丁铉、光禄寺丞吕〔李〕泰往四川攒运茶课。时户部奏：“陕西西宁、河州、洮州等卫所属各番簇番民，例应三年一次纳差发马一万四千五十余匹。合用茶偿其价。宜预遣官往四川保宁等府，攒运茶赴陕西西宁等茶马司交收以俟。”故有是命。

（《英宗（正统）实录》卷一一六）

巡按陕西监察御史冯靖奏报茶马交易情形

正统十二年（1447）四月丙午

巡按陕西监察御史冯靖奏：征收西宁、罕东、安定、阿端、曲先五卫番民马二千九百四十六匹，给茶一十二万五千四百三十斤。

（《英宗（正统）实录》卷一五二）

英宗命应赏乌思藏等食茶于碉门茶马司支给不许军民等私自卖与

天顺二年（1458）五月戊子

命礼部移文四川布政司，今后乌思藏地方该赏食茶，于碉门茶马司支给。仍行湖广布按二司，如有番僧经过，不许官员、军民人等将茶私自卖与。沿途官司把隘去处，务要搜检，若有夹带私茶，通追入官。就将各犯依律问罪。从四川按察司佥事刘福奏请也。

（《英宗（天顺）实录》卷二九一）

宪宗特许辅教王贡使
将赏赐物品于湖广荆州境内市茶

成化十五年（1479）正月甲戌

四川乌思藏辅教王南渴坚粲巴藏卜遣都纲沙加里吉等三百六十三人来朝，贡氆氇、方物。宴赍如例。辅教王乞升沙加星吉等职，不允。沙加星古等乞将赐赍物于湖广荆州境内市茶，人六十斤。许之。

（《宪宗实录》卷一八六）

宪宗特准陕西广积库
茶价银易茶给赞善王贡使

成化十八年（1482）正月丙子

以陕西广积〔济〕库茶价银易茶给番僧。时灵藏灌顶国师赞善王下番僧章牙札巴等二百六十三人，札巴坚昝等一百四十九人，每人茶五十斤，共二万六百斤，例给赐于陕西茶马司，而所司无存积者，故布政司请以茶价易茶给之。

（《宪宗实录》卷二二三）

武宗特许来朝剌麻于
茶马禁例之外许带茶六千斤下不为例

正德十三年（1518）五月乙丑

赐西域来朝剌麻及存留〔番僧〕食茶八万九千九百斤。每〔人〕许带六千斤为下番利，不为例。是时，两番〔僧〕得幸豹房，又遣中官刘允往西域取佛。而西域阐化王遣使臣端竹札失火儿〔只藏〕〔来〕奏请例外茶斤，礼部议〔复〕，谓：“茶马禁例至重。今必欲敛而货之，以为下番之利，损民居之资，拥税商之法，妨易马之政，弊源一开，恐不可〔复〕止。”诏特与之。

（《武宗实录》卷一六二）

巡茶御史刘良卿奏陕西等地民间茶马交易

嘉靖十五年（1536）六月乙未

巡茶御史刘良卿言："陕西设立三茶马司，收茶易马。……夫茶〔马〕司与番为邻，私贩易通。……今茶〔马〕司居民窃易番马，以待商贩，岁无虚日。及官易时，而马反耗矣。……马政之弊如此，臣谨条上六事：

一、量积边境之茶，以防私通。三茶马司止留二年之用，每年易马计该若干，正茶之外，分毫毋得夹带。令茶价涌贵，番人受制，良马将不可胜用。

二、通行内郡之茶，以息私贩。多开固〔商〕茶，通行郡内〔内郡〕，除盘验解司外，其余量派各府，而官榷其半，以时定直〔值〕。商茶给商自卖，不得出所属州县境。官茶及所获私茶分散舖行卖之，其价银计除养马解茶费外，余问〔开〕抚院以备军储。而河、兰、阶、岷诸近番地，禁卖如故。

三、重通番之刑，以杜轻玩。河、岷、洮责之边备道，临洮、兰州责陇右分巡，西宁责兵备，各选官防守。悬法如律例，失察参劾以罢软论。

四、严贩马之禁，以便招易。分责各道察捕私贩马者，论如通番。

五、公养茶马，以苏民困。三茶马司各择闲空地立厂畜草料，委官督同医兽牧养，毋累贫军。

六、审处牧马，以便操牧。苑马司所牧马，岁一清查，籍其齿力堪用者，俟操军倒死给领。系征战者全给抵补，系槽下者给马一匹，仍追偿都指挥七两、指挥六两、千百户、镇抚五两、旗军四两；走失被盗各加一两、四〔而〕免征桩银。仍岁籍所倒死马，以备稽考。"

下户、兵二部，复："可。独立牧厂、变桩银二事，似涉分〔纷〕更。"诏如部议。

（《世宗实录》卷一八八）

六、设置僧录司、四夷馆、驿传，分别掌理涉藏事宜

置僧录司职专释教之事

僧录司

国初置善世院。洪武十五年，改僧录司，正六品衙门。设左右善世，左右阐教，左右讲经，左右觉义。职专释教之事，属礼部。其衙门，南京建于天界寺。永乐后，北京建于大兴隆寺。今大兴隆寺毁，徙于大隆善寺。凡本司官，俱选精通经典，戒行端洁者为之，不支俸。如有文移，以僧人掌行，仆从以佃户充役。凡僧有三等，曰“禅”、曰“讲”、曰“教”。在外僧人，府属僧纲司，州属僧正司，县属僧会司管领，皆统于本司。

（《大明会典》卷二二六，僧录司）

设置四夷馆掌翻译

太祖敕命编纂《华夷译语》

洪武十五年（1382）正月，上以前元素无文字，发号施令，但借高昌书制蒙古字行天下，乃令翰林院侍讲火原洁与编修马懿赤黑等，以华言译其语，凡天文、地理、人事、物类、服食、器用，靡不具载。复取《元秘史》参考，名《华夷译语》①，既成，诏刊行之。自是使臣往来朔漠，皆能得其情。

（《四译（夷）馆增订馆则》② 卷一）

---

① 清刻本作“华彝译语”，据明刻本恢复原题作《华夷译语》。

② 清刻本题（明）吕维祺撰、（清）曹溶增补。这是清人对明代《四夷馆馆则》的增订本。为避文字狱，当时文人窜改古书的情况很多。本书即将“四夷馆”改作“四译馆”（本书标明原名，两者并存）。原书中明代文献的“夷”字，通改为“彝”字。本书所有引文，均恢复明代文献原貌，以便于研究利用。

四夷馆的设置及馆则（摘要）

永乐五年（1407）三月，因四夷朝贡言语文字不通，命礼部选国子生蒋礼等三十八人隶翰林院，习译书，遇开科，仍令就试，置馆于东安右门外，分八馆，曰“鞑靼”、“女直”、“西番”、“西天”、“回回”、“百夷”、“高昌”、“缅甸”。

十年（1412）六月，增建习译书馆二十楹。

十九年（1421）八月，上谓：诸番字，中国宜解其义，因选太学生聪明者习之。诸生多不悦，辄生谤议，上怒，将罪之。学士杨荣救免，遂命掌其事。荣训迪得宜，帖服有成。有官至五六品者。

宣德元年（1426），兼选官民子弟，委官为教师，命翰林学士稽考课程。

弘治七年（1494）内阁题请设太常卿一员、少卿一员提督。

正德六年（1511），增设八百馆。

万历六年（1578），因暹罗国王委差进贡所有金叶表文无从审译，礼部题：“奉钦依：令该国起送通晓番字人员。据广东布政司查取夷使握闷辣等三员。”该大学士张居正等题，添设暹罗国一馆，收世业子弟教习，仍增笔墨公费。奉“钦依”，下部覆行。连前共十馆矣。

万历二十六年（1598）六月，提督少卿傅好礼请给关防。奉神宗皇帝圣旨：“礼部知道。”随该礼部请相应铸给。奉神宗皇帝圣旨：“与做提督四夷馆关防。钦此。”

（《四译（夷）馆增订馆则》卷一）

英宗谕令整顿四夷馆学习纪律

正统九年（1444）六月十八日，奉圣谕：“朝廷怀抚四夷，因其言语文字不通，所以授译字官以达其情。比先选监生、官民家子弟，习学有成效的，都与他职事。近闻，有等不遵礼法之徒，全不用心习学，惟务出外游荡，甚至抗拒师长，不服教训。历年已久，学无进益，好生怠慢废弛。今著寺副姚本、主事于礼提督，同教师每，专心训诲，敢有仍蹈前非的，提督官同教师责罚记过。屡犯不悛的，具奏处治。翰林院堂上官时常点闸考校，务求成效，以资任使。提督官、教师不许纵容怠慢，习字官子弟人等果有愚顽不知改悔不堪教训的，来说，黜退他。已除官的，待考满时，还着实考他，以凭黜陟。钦此。”

（《四译（夷）馆增订馆则》卷一）

孝宗御定四夷馆弟子考试任用制度

弘治三年（1490）五月二十五日该礼部尚书耿等题：“奉钦依：四夷馆弟子，务要专工习学本等艺业，精通夷语，兼晓番文，以备应用。不许假以写字习举为由别图出身，不务本等番〔翻〕译。俟三年后，本院行移礼部会官考试。中者，作食粮子弟，月给米一石。习学又过三年后，仍照前例，会考中优等者，与冠带作译字官，仍给米一石。又过三年后，会考中优等者，授以序班职事。其初试不中者，许过三年再试。不中者，许过六年三试，不中者黜退为民。中者，照例食粮、冠带，除授监生。初入馆者，照坐监例食粮习学。俟三年后，考中者，与粮一石，家小粮俱仍旧。又过三年再考，中者，与冠带。俟至九年，考中优等者，授以从八品职事，习译备用。其初试不中及再试中否，俱照子弟例施行三试，不中者，送回本监别用。其有曾习举业者，非精通本等番〔翻〕译，纵堪入试，亦不准理。钦此。”

（《四译（夷）馆增订馆则》卷一）

礼部奉旨核准四夷馆四项章程

嘉靖元年（1522）礼部尚书毛题：“覆提督杨一渶题：博收取以求真才，严岁参以治顽懒，陟贤能以励后学，处不才以杜倖位四事。因本馆缺人，题本礼部会官考收。又称，给假三月里查勘，是实准作日期。其三个月之上，不论真假开粮仕俸不准实历。又称，不待年限升官，原非旧制。又称，今后三年考不中者，径黜为民。六年不中，给以冠带荣身。九年不中，回籍闲住，其资禀年岁相应量终有成者，听翰林院酌量方准再试，等因。奉世宗皇帝圣旨‘是。钦此’。”

（《四译（夷）馆增订馆则》卷一）

翰林院申明圣谕查举旧规以励人心便教习

翰林院为申明圣谕查举旧规以励人心以便教习事。该内阁大学士李、夏批：“据提督四夷馆太常寺少卿王守呈：‘窃惟国家怀柔四夷，因其言语文字不通，建立四夷馆，设提督、太常卿少卿、九馆教师等官，专一教习译字官、监生子弟人等，令其专工本等艺业，精通夷语，谙晓番文，以备任使。其关系者甚重。选取之数，指食之制，授官之期，具有章程。节年钦奉圣谕，丁宁告戒，昭如日星。屡该提督官议立教规，严明详切。但法久人玩，肆无忌惮，罔知遵守，若不呈请申明，严行戒谕，职恐放纵日甚，成效难期。上负朝廷作养之恩，卑职亦莫逃瘝旷之罪矣。为此职督同鞑靼等馆教师、署正等官马廷祯等，谨会议酌处，理合开坐具呈。如蒙乞赐详定，准行翰林院帖，仰本馆师生一体著实遵行，庶法有定守，人知警畏矣。

一、本馆旧规，会习举业者非精通本等番〔翻〕译，不准应试。今监生子弟以习举为名，不务本等番〔翻〕译。职等谨议得：若止习举业监生自该由国子监、子弟自该由府州县学应举，缘何藉名本馆冒费官钱，观望两途。合该每月习本等番〔翻〕译，兼作举业文字六篇，掣签月考校验二样书课，许其三六九日赴馆受业，每月终通查。三卯不到者，量行责治。六卯不到者，照例将旷业日月记簿，扣除月粮饭米案。候三年、六年、九年考选之时查等，习业月日不满数者，不准送考。’具呈，等因。

批：准查照旧规遵行，速送到院看得。夷语番文，上国所以通知远情，必须习学专工，方得精晓谙练。我神宗设置九馆以待外番，选立教师以授后学，其法至精且备。奈何法立既久，玩愒日生，教者视为末务，学者藉此出身，放纵怠荒。诚有如提督、少卿所呈者。若不严行振饬驯，致译业失传，关系匪轻。事当豫虑，合再申明戒谕。为此帖仰本馆，着落官吏遵照帖文由事理，即便转行九馆教师，务要常川严督各该译字监生人等，一体著实遵行。敢有仍前故违恣骄者，许即呈院以凭参送施行。须至帖者。嘉靖十七年五月二十一日。”

翰林院为严督劝以图成译学事。该提督四夷馆太常寺卿沈冬魁等呈前事：“照得四夷字学传授有年，徒相沿而不广。各馆官生勤惰不一，虽备数而不精。盖不能严督劝之方，故无以收作新之效。自今若不立法督劝，第恐玩愒因循，终难□拔。为此，今将督劝事宜开具，呈乞施行。”等因。

看得四夷馆属官考满及生徒考试，委有因循怠弛之弊，提督所呈深为有见。合行备帖该馆。以后各属教师并已授职译字官，考满须要先呈提督官，考其勤惰，于具有无称职缘由到院，以凭考核。其译字官会考授职、译字生会考食粮，亦经提督查算在馆日期有无虚旷。若三年之内无故旷过三个月之上，已食粮者住支，未食粮者令补足日期，方许送考。仍开具虚旷缘由，以凭简别。须至帖者。正德十一年十月二十九日。

会考进馆

一、国初译学缺人，选太学年幼俊秀坚实监生充之。近年专选世业子弟，间亦有选监生及凡民俊秀者，如遇译字生缺人太多者，本堂呈阁题请下礼部会考试题、选补，如嘉靖四十五年二月选取世业子弟田东作等七十五名，万历三十二年六月选取马尚礼等九十四名，天启六年三月选取韩永祯等九十四名例。

收补定期

嘉靖四十五年题请内一款，定补合无每六年一次收考，每考止取二三十人。已奉“钦依”。但近年非缺乏之甚不准收考，有二十余年方收考者。

院帖收译

一、世业子孙有“奏奉钦依”送馆肄业者，不论会考继习，俱准翰林院移文，即将发下生徒收译，仍将收到日期具由报院。

继习译业

一、本馆年深教师在任病故，子孙通译无过者，为世业子弟，比例陈请送馆继业。

访取补译

一、先年各馆缺人教译，具呈内阁行礼部，请敕各边访取谙晓番〔翻〕译人员，赴部考验，授以官职，送馆教译。行工部给与官房，光禄寺拨厨役一名供役。仍日给酒饭。如路远无家小者，许自陈奏准在京相应军民之家为婚。病故者，许宛、大二县荒地葬埋。子孙陈情存恤，送馆习译。

会考食粮

一、凡生徒入馆肄业三年，例该起送赴部会考食粮。据呈帖，仰各馆官遵照先今事例，即查各生于某年月日及有无公私无犯等情，应否起送，取具结状一样二本，呈阁批院转行礼部，题请。若候考日久，事故不一，该部再行查勘，仍行各馆将查过缘由并各生见〔现〕在数目，备开花名手册回报送考。若三年内无故旷三个月之上者，行令改过自新，补足前旷日期，方许另行送考。

去留规则

一、弘治三年礼部题准，四夷馆子弟三年后，本院移礼部会官考试。中者，月给米一石。初试不中，许三年再试。嘉靖元年礼部题准：今后三年考不中者，径黜为民。其资禀年岁相应，量终有成，听翰林院酌量，方许再试。

（严禁私自教习）

天顺间，礼部左侍郎邹干等奏：永乐间，翰林院译写番字，俱于国子监选取监生习用。近年以来，官员、军民、匠作、厨役子弟，投托教师，私自习学，滥求进用。况番字文书多关边务，教习既滥，不免透漏夷情。乞敕翰林院，今后各馆有缺，仍照永乐间例，选取年幼俊秀监生送馆习学之。教师不许擅留各家子弟教习及徇私举保。

上命今后敢有私自教习，走漏夷情者，皆重罪不宥。

时诏求通夷字者，大学士李贤以太仆寺卿韩定应诏入奏夷音译字之说，上悦，赐宝钞锦绮。定家京师。正统初，以儒生送入翰林习学夷字，精于业，授鸿胪序班。景泰初，选入内阁办事，以精楷书，升中书舍人，历吏部员外郎中，提督四夷馆事，至太仆卿。定事亲孝、处兄弟友爱，天性俭约，居官四十余年，在内阁书制诰，朝入暮出，无或少怠，处僚众以义，待生徒以礼，一时入馆习夷字者，无不谙晓。

天顺三年（1459）四月，礼部奏，四夷馆译字官生见〔现〕有一百五十四员名，而教师马铭又违例私收弟子一百三十六名，以希进用。上命礼部会官考选精通者量留，余送吏部改用。子弟俱遣宁家，后有私自教习者，必罪不赦。

（节录《四译（夷）馆增订馆则》卷一、卷二、卷一五）

孝宗敕准四夷馆应行事宜

成化四年（1468）七月丙戌

太子少保兵部尚书兼文渊阁大学士彭时等言：“翰林院所属四夷馆，

教习译写番字。事体虽轻而干系重，凡朝廷颁下抚谕四夷诰敕，及各处〔进到〕番文，若译写不精，或名物不对，非惟于夷情有失，且于国体有损。今在馆人员固多，新〔进〕者志不专一，年深者业或荒疏，若不预为作兴，岂不临期误事。今将合行事宜，条具以闻。

一、教习番〔翻〕译，全凭教师。先时，每馆有三四员或五六员，即今事故数多，惟回回馆见〔现〕有教师四员，其余多缺。今宜于达达、女直、西番三馆文书繁冗，各设教师三员，百夷等三馆各设教师二员，〔西天馆教师一员〕，令提督本馆郎中等官推访，不容滥举。

一、译字官陞迁俱有常例。自景泰年来〔间〕，因序班王琼等善楷书，取入内阁写诰敕、揭帖，九年考满皆得越次陞授。其同类不由此陞者，反怨淹滞，〔而〕怠于翻译。今后不许取入内阁贴写。设或用人帖写，至考满陞授，止循常例。庶使人无舍此慕彼之心，本业可精矣。

一、永乐年间，俱于监生、举人内选取译字。以此凡遇开科不妨入试，许写番字于〔试〕卷后以别。提调官将三场卷封进内阁，委官考试。中否，仍送科场，照依批语去取。近年译字人员俱出身民间子弟，仍前考试，事有未当。〔盖〕既开倖门以示人，孰不假此出身？其间固有文学宜在中列者，而人亦概视为侥幸。贤否混淆，亦复何益？今后子弟入馆，俱令专习本业。如有志科举者，宜如科场例告试，不必仍写番字送内阁。如此，庶〔使〕译者不必〔以〕习举而分其志；中举者不必〔以〕兼译〔而〕损其名。译书、科目两无所误。若系监生、举人选充者，仍如前例。”从之〔上是其言，下所司行之〕。

（《宪宗实录》卷五六）

置驿传掌理接待贡使与递送公文等事宜

驿　传

自京师达于四方设有驿传。在京曰“会同馆”，在外曰“水马驿”，并“递运所”，以便公差人员往来。其间有军情重务，必给符验以防诈伪。至于公文递送，又置舖舍以免稽迟，及应役人等，各有事例。

（《大明会典》卷一四五，兵部二八，驿传一）

会同馆

国初改南京公馆为会同馆，永乐初，设会同馆于北京。三年，并乌蛮驿入本馆。正统六年，定为南北二馆。北馆六所，南馆三所。设大使一员，副使二员。内以副使一员分管南馆。弘治中，照旧添设礼部主客司主事一员，专一提督。

凡馆夫，额设四百名。南馆一百名，北馆三百名，专造饭食，以供使客。内，顺天府所属佥充三百四十七名，俱三年一代。直隶真、保等七府佥充五十三名，俱一年一代。其法司囚人问充馆夫，逃者就发本馆，永远充役。

弘治十三年奏准，会同馆夫供役三年，转发该管有司收当民差。另佥解补，不许过役，更易姓名，捏故佥补。违者，官吏一体坐罪。若五年以上不行替役，及近馆无籍军民人等用强揽当者，俱问发边卫充军。凡库子七名，俱大兴、宛平二县佥充。

（《大明会典》卷一四五，兵部二八，驿传一）

会同馆职掌

旧设南北两会同馆，接待番夷使客。遇有各处贡夷到京，主客司员外郎、主事，轮赴会同馆，点视方物，讥防出入。贡夷去，复回部视事。弘治五年，各夷来贡者众，始添设提督会同馆主事一员，专一在馆提督事务。

凡贡使至馆。洪武二十六年定：凡四夷归化人员及朝贡使客，初至会同馆，主客部官随即到彼点视正从，定其高下房舍铺陈，一切处分安妥，仍加抚绥，使知朝廷恩泽。

一、下程。分豁正从人数，劄付膳部，五日一次，照例支送酒肉、茶面、饮食之物。

一、管待。量其来人重轻，合与茶饭者，定拟食品桌数，劄付膳部造办。主客部官一员，或主席或分左右，随其高下序坐，以礼管待，仍令教坊司供应。凡番王至京，洪武二年令礼部官于会同馆礼待。永乐以后，四夷来朝贡者，钦命中官与文武大臣或学士等官待宴，不拘员数。成化初，北虏、东夷、西番以武职大臣待。朝鲜、安南、日本等国并土官，以礼部官待。嘉靖三十九年……又泰宁等夷人头目，命总督戎政勋臣待。自后夷使到京俱照例。

凡会同馆医生。遇四夷及伴送人等有疾，即与医药。年终，具用药若干、活人若干，开送提督主事处，核实呈部，以稽勤惰，考满升授，乃留本馆办事。其药材，太医院关给。

凡两馆事物夫役。嘉靖十年，令俱属提督官管理。兵部该司不许侵挠干预。其大使等官及别衙门，敢有占用夫役及脱逃、负欠情弊，都听提督官查究。

（《大明会典》卷一〇九，礼部六七，宾客）

洪武、永乐以来，设立御前答应大通事。有都督、都指挥、指挥等官，统属一十八处小通事，总理来贡四夷，并来降夷人，及走回人口。凡有一应夷情译审奏闻。嘉靖初，革去大通事，其小通事悉属提督官。凡在馆钤束夷人，入馆引领，回还伴送，皆通事专职。

凡通事额员。成化五年奏定，小通事额数总不过六十名。遇有病故及为事等项革去职役者，照缺选补。若事繁去处、丁忧有过三名者，量补一名。

计四夷一十八处，额设通事六十员名。……

西番五员名。成化十九年添一名。（余略）

（《大明会典》卷一〇九，礼部六七，宾客）

太祖谕允四川松番等处设置驿站

洪武十六年（1383）四月丁丑

松州卫指挥佥事耿忠言："臣所辖松、潘等处安抚司、各簇长官司，宜以其户口之数，量其民力，岁令纳马置驿，而藉其民充驿夫，以供徭役。"从之。

（《太祖实录》卷一五三）

成祖谕各卫所复置驿站

永乐五年（1407）三月丁卯

……并谕怕木竹巴灌顶国师阐化王吉剌思巴监藏巴里藏卜同护教王，赞善王，必力工瓦国师，川卜千户所，必里、朵甘、陇答三卫，川藏等簇，复置驿站，以通西域之使。令洮州、河州、西宁三卫，以官军马匹给之。仍赐阐化王等锦绮衣服。

（《太宗实录》卷六五）

成祖命刘昭等往乌思藏等处设置驿站

永乐五年（1407）三月辛未

敕都指挥同知刘昭、何铭等，往西番、朵甘、乌思藏等处设立站赤，抚安军民。

（《太宗实录》卷六五）

永乐七年（1409）年二月辛巳

陕西都指挥同知何铭等六十人往乌思藏等处分置驿站，还奏。赐钞币、衣服有差。

（《太宗实录》卷八八）

成祖遣官敕谕乌思藏各地恢复驿站设置以通使命

永乐十二年（1414）正月己卯

遣中官杨三保赍敕往谕乌思藏怕木竹巴灌顶国师阐化王吉剌思巴监藏巴里藏卜、必力工瓦阐教王领真巴儿吉监藏、管〔馆〕觉灌顶国师护教王宗巴干〔斡〕即南哥巴藏卜、灵藏〔灌〕顶国师赞善王著思巴儿监藏巴藏卜及川卜、川藏、陇答、朵甘、答笼、匝常、剌恰、广迭，上下邛部、陇卜诸处大小头目，令所辖地方驿站有未复旧者，悉如旧设置，以通使命。

（《太宗实录》卷一四七）

驿站应付通例

国初，公差人员应合给驿及应付脚力，各有等差。

累朝以来，给驿渐广，事例不一。嘉靖中，申明旧制，公差俱改给勘合，具应给勘合及拨夫俱有则例。今首载洪武初制，及嘉靖间定例，而累朝事例，以次列焉。

应合给驿例。洪武二十六年定：

一、赍擎诏旨制谕。

一、飞报军务重事。

一、奉特旨差遣给驿者。

……

应付脚力例。洪武二十六年定：

一、在京差办事官、行人、舍人，往各处催摄公事，水路应付顺便船只，陆路远者应付脚力或车辆驴匹。

一、四夷番使、各处土官来朝并回还，水路递运船，陆路脚力。（余略）

（《大明会典》卷一四八，兵部三七，驿传四）

勘合——驿站供应进贡人员的官府凭证

勘合，惟兵部最重。中有调军、勾军，及出关之号。洪武二十六年定，凡兵部应有行移并催摄一应公务，须将出事缘由，开写手本，赴内府关填勘合。照会各布政司，劄付直隶府州，务要将坐去事件施行，作急回报。每遇年终查理。

（《大明会典》卷一五六，兵部三九，勘合）

凡勘合。旧例，公差往回填行，会同馆起关应付。在外者皆以符验分关。嘉靖三十七年，改设内外勘合。部中给者为内号，该应付者，兵部填给编发。南京兵部、各处抚按等衙门者为外号，各照地方大小酌量多寡编发收贮。遇有公差员役及境内大小衙门差人例该应付者，许给一道。填用将尽，先期开报差人姓名、公差缘由，缴部酌量再给。

万历三年，改用大小勘合。公差官员例该应付廪给夫马、车船者照旧填用六勘合，仍给长单。此外如赍敕及部差舍人，各衙门奏带书吏与监生，当该赍奏舍人吏承、南京天文生、各陵坟等役、远方杂职等官，俱另立一式，比旧差小，不开人夫、廪粮，随宜给发，俱付兵科，及经由衙门挂号，外号者亦如之。

又题准，公差勘合俱填实职、实名，不许假借。

又题准，禁革假勘合。行厂卫五城，严加缉访。兵部仍悬赏格。首实者，给之。复设小票，预发良乡，涿州、通州各驿收照。比对勘合相同，如无小票及数目不同，即将勘合缴回，以凭查究。

凡关领勘合。嘉靖九年奏准，在外各衙门差来奏事、进贡等项人员赴该衙门告领印信手本，内府差遣人员给与兵部原编送内府兵字号半印勘合，或印信揭帖，及赴部查照应付。若奉黑字传帖，兵部遵例应付，仍具本奏缴。

（《大明会典》卷一四九，兵部三二，驿传五）

贡使回还兵部出给勘合并限定驿站程限

凡番夷勘合。正德十二年议准，各处番夷进贡回还，兵部出给俭字勘合，付伴送人等。定与每站程，限二日经过，驿递查同应付，不许稽迟。勘合到原差衙门交割。查验有无违限及改添等弊。就将到彼日期注写明白，每年终同岁用马骡文册，差人缴送本管都司，类总造册送部收查。前项有违，将伴送人提问。

又议准，今后夷人入贡，务要预呈巡抚选差甘州左等卫汉人官舍，量数多寡，分批起送，不许错乱顶换。其批文由巡抚衙门挂号定限，若有违改添易等弊，将伴送人员提问。

陕西都司，陆路二千六百五十里，计四十三站，限八十六日。

秦州卫，陆路三千三百二十里，计五十五站，限一百一十日。

岷州卫，陆路四千一百里，计六十一站，限一百二十日。

河州卫，陆路四千二百里，计六十三站，限一百二十六日。

洮州卫，陆路四千二百二十里，计六十三站，限一百二十七日。

阶州守御千户所，陆路三千七百里，计五十九站，限一百一十八日。

文县守御千户所，陆路四千二百四十里，计六十七站，限一百三十四日。

西固城，陆路四千五百里，计六十一站，限一百二十日。

陕西行都司并甘州后卫，陆路五千四百里，计八十七站，限一百七十四日。

西宁卫，陆路四千五百七十里。计七十五站，限一百五十日。

庄浪卫，陆路四千四百六十里，计七十站，限一百四十日。

四川都司，陆路五千一百八十五里，计八十六站，限一百七十二日。

松潘，陆路五千七百六十五里，计九十八站，限一百九十二日。

（《大明会典》卷一四九，兵部三二，驿传五）

第三章　清代 (1644—1911)

1644年，崛起于东北白山黑水间的后金（清）攻占北京，取代明朝而成为统治全国的中央政权。自然而然，也就代替明朝与西藏确立了中央与地方的隶属关系，开始推行独具历史特点的治藏政策。

清朝与以前历代王朝相比，有很显著的特点：一、它是中国历史上的最后一个王朝，因而可以吸取历代王朝的治国经验，特别是全面、系统地吸取元、明两代的治藏经验教训；二、清朝统治者出身于边疆少数民族，比起明朝等汉族王朝来说，更能体会、理解藏民族的心理和需求，因而较稳妥地推行“从俗从宜”的治藏政策；三、几乎与清朝入主中原的同时，1640年的英国工业革命，标志着世界进入了资本主义，古老的中国成为西方殖民者侵略的大目标。特别是从1840年的鸦片战争开始，西方殖民势力大规模武装侵略我国，作为西南国门的西藏关系到国家的安危，因而清朝的治藏政策，内容多与领土主权、外交与边防等相关，这是元、明两代不可能有的。也正因为如此，清代的治策政策对近现代（乃至当代）都有着重要历史影响。

清代的治藏政策主要形成于顺治、康熙、雍正、乾隆时期，后来各朝虽小有修补，但大多“率由旧章”，所以本书的有关史料也以其政策的形成为主。另外，需要说明一点，清朝末年，驻藏大臣张荫棠、联豫曾在西藏推行新政，推出了一些筹藏政策，但时间仅几年，且没有实际成效，本书从略。清朝末年，清朝与英国签订了几个涉藏条约，从历史研究的角度来说，这是清朝治藏政策的延伸，但涉及的问题非常复杂，需要专门论述，限于篇幅，本书也从略。

下面，结合本章内容，将清朝的治藏政策，略为简述，以为导读。

*订立章程，治藏立法。*既是清朝治藏的基本政策，也是清代中央政府对西藏地方行使主权的关键措施和重要政治保证。

清朝借鉴元、明两代治藏得失，将本朝行之有效的治藏方针、政策、规章制度，汇编成行政法规，使之系统化、法律化、制度化，名之曰“治藏章程”，“期于久远而便遵守也”。章程经皇帝批准，并以中央政府命令颁发，运用国家权力贯彻执行，在当时具有至高无上的权威。

清朝第一个重要的治藏章程，是乾隆十六年（1751）颁行的《西藏善后章程十三条》。它总结了清初顺治、康熙、雍正三朝百年以来的治藏得失，废除了在西藏封授郡王（俗称藏王）的制度，确立了驻藏大臣与达赖喇嘛共同主持藏政的行政管理体制，法定了驻藏大臣作为钦差大臣兼西藏地方最高军政长官的政治地位和职权，以及达赖喇嘛兼管西藏地方政教两权的政治地位。这个章程，对于维护西藏政局的稳定和国家的统一，加强中央政权对西藏地方的行政管理等，都起到了重要的历史作用。

此后，乾隆五十八年（1793）颁布的《钦定藏内善后章程二十九条》（俗称“二十九条章程”），是西藏地方与中央政府关系史上，同时也是中华民族发展史上，具有里程碑意义的行政法规。

这个章程对西藏的各种制度作了明确、具体的规定，将此前施行的各种行之有效的治藏政策措施，以法律的形式规定下来。它对于稳定西藏政局、安定边疆、维护国家对西藏的主权、加强中央政府与西藏的关系，都有着重要的历史意义。其中一些重要措施，例如金瓶掣签等，形成了历史定制，为后世所遵循。之后，直到1911年清朝灭亡，乃至民国时期，历届中央政府处理西藏地方事务时，大都遵循这个章程所规定的基本原则。

道光二十四年（1844），驻藏大臣琦善等拟定的《酌拟裁禁商上积弊章程》，是鸦片战争之后经清中央政府批准的最后一个治藏章程。这个章程重申了“二十九条章程”的基本精神，维护了法定的驻藏大臣的政治地位和职权等重要政治原则。对于“二十九条章程”的某些具体规定（例如，关于驻藏大臣审核、监管西藏地方政府的收支等），作了相应调整。总的来说，这个章程是“二十九条章程”基本精神的肯定和重申，这在第一次鸦片战争刚刚结束不久，西方殖民主义大规模武装入侵、中国逐步沦为半殖民地的特殊的历史条件下，对于维护中国对西藏地方的主权、加强中央政府对西藏地方的权威，有着积极的历史意义。

法定行政区划。这是清朝稳定西藏社会秩序，加强对西藏行政管理的一项重要政策措施。

将全国划分若干行政单位，法定其管辖范围，设立相应行政管理机构，派官治理——这是古今中外所有主权国家的惯例。

清朝也通过行政命令（主要是以皇帝谕旨的形式），法定了西藏的行政区域，明确了达赖、班禅各自管辖范围并根据历史传统、自然地理环境、生产和生活特点等，将西藏周边藏区分别划归四川、云南、青海、甘肃管理。

康熙五十二年（1713）册封五世班禅时，正式划定了班禅属地，法定前后藏行政区划。康熙五十八年（1719），清军乘进军西藏驱逐准噶尔扰藏势力之机，招抚巴塘、里塘，以及中甸地区的头人、大喇嘛。翌年，云贵总督奏请将中甸及里塘、巴塘仍归云南丽江土知府管辖。四川总督年羹尧则奏请仍将巴塘、里塘划归四川管辖，获准。雍正二年（1724），平定罗卜藏丹津之乱以后，年羹尧奏请将青海、甘肃、四川的藏族地区，设置道、厅、卫、所等行政机构进行管理，使其摆脱青海蒙古贵族的羁绊，防止西藏地方统治集团强行占据。清朝中央政府允其所奏，在这些地方设官治理。通过这种方式，再次明确了西藏与甘青川滇藏区的行政区界。

雍正三年（1725），川陕总督岳钟琪奏请正式划定西藏与四川、云南的地界，清中央政府很快就批准了这项建议，并派员正式划定了西藏与四川、云南行政区界：中甸等处属云南；在宁静山树界碑，其西属西藏，其东之巴塘、里塘属四川。

乾隆末年，击退廓尔喀的入侵后，清朝派员与廓尔喀划定了我国西藏与之相邻的边界。同时，以行政法的形式，正式确定了前后藏各营寨（也称为“宗”，相当于内地的县级行政单位），并将其法定为驻藏大臣辖属。这些，都正式载入了清朝各有关的行政法规。清代官修地理总志《嘉庆重修大清一统志》，按照统一的编修体例，将西藏的行政区域、山川城镇等，和其他各行省一样，考实编入，并公布于世。同时，正式载入作为清朝行政法规汇编的《钦定大清会典》、《钦定大清会典事例》，以及《钦定理藩院则例》等，这是以行政法的形式，正式确定了西藏的行政辖区。总之，清代西藏的行政区域，虽然在不同的历史时期略有变化，但和其他行省行政区域一样都是由中央政府以行政法确定的。

设立理藩院主管藏政，是清朝强化对西藏行政管理的重要措施。

入关以前，后金（清）政权即设有蒙古衙门，专门管理蒙古事务。在即将夺取全国政权的前夕，崇德三年（1638），由于边疆民族事务日益纷繁，参照元朝设置宣政院和历代中央政权治理边疆的历史经验，改蒙古衙门为理藩院，作为管理边疆民族（特别是蒙古与西藏）事务的中央机构。

初设时属礼部，顺治元年（1644）清朝入主中原之后，暂仍其旧，十八年（1661）升格，与吏、户、礼、兵、刑、工六部平等，设尚书以及左、右侍郎和额外侍郎各一名。之后，其内设机构和职权不断调整、充实，逐渐完备。有旗籍、王会、典属、柔远、徕远、理刑六个清吏司作为内设办事机构，另有木兰围场、喇嘛印务处、则例馆等附属机构。

理藩院对于有关西藏地区和藏族事务的处理，直接请示皇帝，对皇帝负责。从这个意义上说，理藩院是清朝中央政府管理西藏事务的枢纽。其对藏政的管理，主要体现在以下一些方面：

第一，理藩院尚书和侍郎等主管官员，都由皇帝亲信的满蒙大臣担任，遇有重大藏政，多由他们以钦差大臣的身份前往处理。

第二，理藩院秉承皇帝旨意，草拟有关西藏和藏族事务的谕旨，办理达赖和班禅的册封、致祭，以及其他重要藏政。

第三，受理有关西藏和藏族事务奏章，并将其译为满文或汉文，供皇帝批阅。同时，提出有关藏政处理的建议，供皇帝决策参考。理藩院所属的唐古忒学，设教习、助教等职，选八旗子弟入学学习藏文，将皇帝颁给西藏的谕旨翻译为藏文，或将西藏地方政府和达赖、班禅呈报皇帝的例行公文等翻译为汉文或满文。

第四，根据皇帝的有关谕旨和已颁行的治藏章程，制订有关西藏地方和藏族的规章制度，作为中央政府处理藏政的根据。作为清代处理边疆民族事务典章制度汇编的《理藩院则例》中就有《西藏通制》二卷、《喇嘛事例》五卷，都是有关西藏地区行政和宗教管理的规章制度。

第五，根据有关行政法规和规章制度，办理西藏行政区域划分及其与周围邻近省区有关的事务，以及西藏地方僧俗官吏的设置、品级、任免、俸禄等事宜；西藏地方政府和达赖、班禅的朝贡、赏赐与接待事宜；皇帝临时交办的其他与西藏地方和藏族有关的事宜。

第六，办理应由中央政府管理的西藏和甘青川滇藏区，以及蒙古、新疆、京师等地的藏传佛教事务，例如，制订有关藏传佛教的行政管理制度，大喇嘛封赠名号和犯法的处罚；呼图克图转世的金瓶掣签事宜；发放额定喇嘛的钱粮，以及度牒、札付等。

第七，派员作为驻藏大臣衙门的组成人员，常川驻藏，办理具体事宜。例如，委派司员一人管理达木蒙古官兵、三十九族事务，以及承办驻藏大臣衙门的满文档案和有关公文文书。另有笔贴式一员，专司驻藏大臣衙门藏文往来文稿，将其译为满文或汉文等。

此外，还管理其他一些应由中央政府负责的西藏事务，例如，处理西藏与川、滇、甘、青藏区行政或民事纠纷等。

光绪三十二年（1906），理藩院更名理藩部，但其职责、权限仍旧，其处理边疆民族事务典章制度汇编的《理藩院则例》也随之更名《理藩部则例》，但其内容仍旧。本章选录其中的《西藏通制》（它是清朝有关西藏事务的行政法令和规章制度汇编，也是理藩院主管藏政的法律依据和对西藏施政的行为准则。）以及相关的一些史料。

设置钦差驻藏办事大臣（简称“驻藏大臣”）主持藏政，是清朝中央政府对西藏地方行使主权和加强行政管理的重要措施，也是清朝治藏政策的核心和关键。

参照历史上的军府制，以满、蒙亲信大臣统兵镇守，并兼最高行政长官，治理边疆民族地区，是清朝为强化中央政权，巩固和加强多民族国家的统一，维护边疆和国门的安宁所采取的一项传统政策，正如《清史稿》所说：“自畿辅达各直省，东则奉、吉、黑，西（则）回、藏，北包内外蒙古，分列将军、都统及大臣镇抚之”。驻藏大臣的设置，是这项政策在西藏的具体实施。

清朝入关之初，主要是依靠当地宗教首领和拥兵雪域的青海蒙古汗王统治西藏。到康熙后期，西藏社会长期动荡，这种统治方式，已经很难控制混乱的局势。于是，康熙四十八年（1709），派遣侍郎赫寿作为钦差，长期驻藏，监督藏政，这是设置驻藏大臣的滥觞。雍正五年（1727），西藏上层统治集团发生变乱，清朝中央政府派遣僧格、马喇以钦差大臣的身分“总理西藏事务”，并且有了“驻藏大臣”的名义。学术界一般认为，这就是正式设置驻藏大臣之始。这个时期的驻藏大臣无固定职数，亦无定期。

乾隆十六年（1751）正式颁行的《西藏善后章程十三条》，宣布取消封授西藏郡王制度，实行驻藏大臣与达赖喇嘛共同主持藏政的行政管理体制。其实质是提高驻藏大臣职权，使其具备钦差大臣兼西藏最高行政长官的政治地位和权力。

乾隆五十八年（1793）“二十九条章程”的颁布，开始了由驻藏大臣主持、总揽藏政的时期。章程规定了驻藏大臣与达赖、班禅在西藏平等的社会、政治地位，噶伦和各级军政、僧俗官员均为“属员”，“事无大小，均应禀命驻藏大臣办理”，举凡达赖、班禅转世灵童的寻认与坐床，各级军政、僧俗官员的任免，以及行政、财政、军事、涉外事宜等重大事务，均由驻藏大臣统筹办理，法定驻藏钦差大臣兼西藏地方最高行政长官的政治地位和主持藏政的行政管理体制。这种体制，直到清朝灭亡，始终未变。

敕封达赖、班禅，结好在西藏地方占统治地位的藏传佛教格鲁派的首领人物，通过他们统一、治理西藏，是清朝治藏的又一项传统的基本政策。

明崇祯十五年（1642），五世达赖、四世班禅密召青海和硕特蒙古固始汗率兵入藏，夺取了西藏地方政权，建立了以五世达赖为法王、第巴桑结总理政务的噶丹颇章政权。数年之后，布达拉宫扩建竣工，五世达赖即由哲蚌寺迁居布达拉宫，以后历世达赖均驻锡于此。五世达赖、四世班禅取得西藏地方政教大权后，即派人到盛京（今沈阳）与尚未入主中原的后金（清）建立了密切联系。

皇太极隆重接待了达赖、班禅派来的喇嘛僧，与之建立了密切的政治联系。同时，确定了在对西藏各教派一视同仁、同样尊崇的前提下，重点扶植、利用格鲁派的基本政策，借以巩固和加强与信奉藏传佛教的蒙古各部的政治联盟，扩大夺取全国政权的社会基础和政治、军事力量。夺取了全国政权后的清朝，继续推行这项基本政策，并经过顺治、康熙、雍正、乾隆四朝的实践，使之逐步系统化、法制化，成为治理蒙藏地区、加强全国统一的一项基本国策，其核心是敕封达赖、班禅，目的是借助于达赖、班禅在藏传佛教中的领袖地位及其巨大社会影响，安抚、统治蒙藏僧俗群众，加强其对中央政府的向心力。顺治元年（1644）清朝夺取全国政权之后不久，即派专使到拉萨看望五世达赖，并在各大寺熬茶发放布施，又多次邀请五世达赖晋京。顺治九年（1652），五世达赖到达北京，受到清帝的隆重礼遇。翌年，五世达赖返藏途中，顺治皇帝派礼部尚书觉罗郎球、理藩院侍郎席达礼为册封使，册封他为“西天大善自在佛所领天下释教普通瓦赤喇怛喇达赖喇嘛”，并赐金册、金印。从此，历世达赖喇嘛必须经中央政府册封才为合法成为定制，正式建立了册封达赖喇嘛的制度。

在五世达赖联合固始汗夺取西藏地方政权的激烈政治斗争中，四世班禅罗桑却吉是实际的决策人物。由于他的功绩和社会威望，顺治二年（1645），固始汗赠给他“班禅博克多”的称号（“班”为梵语“班智达”

的简称，意为精通佛教五明之学的贤哲；“禅”为藏语“钦波”的简称，意为“巨大”；“博克多”是蒙语对睿智英武圣明之人的尊称）。从此，“班禅”成为这一转世活佛系统的专称，而且札什伦布寺的寺主都由历代班禅大师担任。康熙五十二年（1713），为安定西藏政局，清朝正式册封五世班禅罗桑益西为“班禅额尔德尼”（“额尔德尼”为满语“宝贝”之意），并依照册封五世达赖之例，赐金册、金印。从此，正式建立了册封班禅额尔德尼的制度，法定了其在西藏与达赖喇嘛大体平等的政教地位。

乾隆五十八年（1793）颁布的“二十九条章程”，规定了通过金瓶掣签选认达赖、班禅转世灵童的法律程序，把册封达赖、班禅纳入了法制轨道。同时，法定了达赖、班禅在西藏的社会、政治地位。在册封达赖、班禅的同时，清朝中央政府还牢牢掌握着对达赖、班禅的罢免权。废黜六世达赖仓央嘉措、两次革除十三世达赖的名号，就是这种罢免权的具体运用，其实质是清朝对西藏地方行使主权的体现。

尊崇、扶植藏传佛教（俗称喇嘛教）并加强管理，是清朝一项重要的传统政策，[①] 也是清朝在夺取全国政权、加强多民族国家统一的历史过程中，逐步形成的一项重要的治藏政策。提出和倡导这项政策的是清朝的开创者努尔哈赤，将其法律化和制度化的是其事业的继承者皇太极。把它补充、修订并使之逐步趋于完备和系统化的，是清朝入主中原后的顺治、康熙、雍正、乾隆统治时期

清朝对藏传佛教的政策，主要包括两方面的内容，一是尊崇、扶植，二是管理、限制。

敕封和优礼达赖、班禅；对于一些有传统社会地位和影响的大喇嘛，令袭旧封、制定等级、赏给名号，使其享有崇高的社会地位和一定的世俗行政权力；免除喇嘛的差徭、赋税；对于国家编制定额之内的喇嘛，给予优厚的物质待遇；由国家出资大量建造喇嘛庙等，这些都是尊崇、扶植政策的具体内容。

以理藩院作为统管喇嘛教事务的中央机构；建立年班朝贡制和颁发度牒制；对于“妨害国政”的喇嘛，“按律治罪”；“多封众建”，以分大喇嘛

① 从历史研究的角度来说，敕封达赖、班禅和金瓶掣签，都是清朝藏传佛教政策的重要内容。由于本书对上述问题有专门论述，本节着重于藏传佛教管理，故引用清代历史文献，主要是有关藏传佛教管理规章制度方面的。个别地方有重复现象，也有不少涉及到西藏以外其他地区的藏传佛教，为保持历史文献的原始性和完整性，一仍原貌，不做删节。附此说明。

之势；限制喇嘛庙规模，控制喇嘛庙经济，规定喇嘛庙额缺；掌握对大喇嘛的选认、封赠和废黜权，削弱大喇嘛的世俗行政权力，等等，这些都是管理、限制政策的基本内容。

清朝对西藏的上述宗教政策，在历史上曾产生过广泛而深远的影响：由于这些政策保证了西藏宗教上层固有的社会、政治地位和特权，最大限度地照顾了西藏地方利益，清朝赢得了西藏上层宗教人物的倾心与拥戴，通过册封上层僧俗人物的办法以和平方式统一了西藏，使西藏僧俗群众避免了刀兵之苦，加快了清代前期多民族国家统一的历史进程；密切了与西藏上层僧俗人物的关系，使清朝中央政府对西藏地方行使主权的各项政策、措施，得以顺利贯彻执行，中央政府与西藏地方的隶属关系得以稳定发展，这在客观上有利于藏族与汉族和其他各兄弟民族经济、文化的交流，有利于多民族统一国家的巩固与发展；坚定了西藏僧俗上层人物和广大信众的内向之心，在维护边疆安定、反对外来侵略的斗争中，有着积极的历史意义。但是，清朝的上述政策，也付出了沉重的历史代价，严重阻碍了西藏地区经济、文化的发展。

创立金瓶掣签制度，是乾隆末年为改革藏传佛教大活佛转世（实质上是通过这种形式，选择宗教首领继承人，实现宗教权的再分配）办法，而建立的一项重要宗教管理制度。

藏传佛教转世制度的形成和发展经历了漫长的历史，但是，这种活佛转世办法行之既久，弊病丛生。蒙藏地区的上层僧俗贵族，往往利用活佛转世谋取巨大的政治和经济利益。

这是造成蒙藏地区社会动荡、纷争不已的一个重要原因，也在一定程度上影响着国家的安定、统一和清朝中央政权的巩固，因此，乾隆皇帝权衡利弊，决定利用反击廓尔喀侵藏战争胜利后整顿藏政之机，革除其积弊，参照明代以来吏部抽签任用官吏的办法，建立了金瓶掣签制度，并在乾隆五十八年（1793）颁布的“二十九条章程”中，以法律的形式规定下来。

金瓶掣签的具体办法是：

遇有达赖喇嘛、班禅额尔德尼和其他大活佛圆寂需要选认转世灵童时，按照宗教仪轨选定三名候选灵童，将其姓名、出生年月，各用满、汉、藏三种文字分别写在象牙签牌上（如果只有一名候选灵童，则同时置入空白签牌），放在由清朝皇帝颁发的金瓶内，供奉大昭寺释迦牟尼佛像前，由喇嘛诵经七天，然后在驻藏大臣主持下，当众掣出一签，将签牌上书写的幼童作为转世灵童正式候选人（如果抽出空白签，则要再寻候选转世灵童，重新掣签），报经皇帝批准后，正式认定为转世灵童；同时，在北京雍和宫也供奉一个金瓶，遇有蒙古地区大活佛圆寂需要选认转世灵童时，按同样办法，由理藩院尚书主持，当众抽签选定。

自金瓶掣签制度颁行直至清朝灭亡的一百多年时间里，除九世和十三世达赖喇嘛是作为特例，经皇帝批准后免于掣签直接认定外，十世、十一世、十二世达赖喇嘛和八世、九世班禅额尔德尼，都是经过金瓶掣签认定的。

金瓶掣签制度在历史上有着积极意义和深远历史影响。首先，它是通过立法的形式，将选认达赖、班禅和大活佛宗教职务继承人的问题，正式纳入了国家行政管理轨道，体现了国家对西藏地方的主权，强化了中央政府对藏传佛教的行政管理；其次，从宗教上来说，金瓶掣签是按照藏传佛教仪轨进行的，符合藏传佛教信仰和传统习惯（金瓶掣签和吹忠作法选认转世灵童，从宗教和民俗的角度来说，都是佛祖神断，只是具体表现方式不同），因而易于被西藏僧俗群众所认同、接受。通过这种改革，极大地加强了清朝中央政府对藏传佛教管理的权威性；第三，通过金瓶掣签的施行，将选认达赖、班禅和大活佛转世灵童的权力，从蒙藏上层僧俗贵族的手中，集中到中央政府，有利于防止蒙藏上层僧俗贵族通过争夺宗教权膨胀政治势力，也有利于克服地方政治势力与和宗教派别之间为争夺转世灵童而造成的矛盾和斗争，从而有利于蒙藏地区的安定和藏传佛教的发展。

改革行政管理体制和整顿并法定官制，这是清朝对西藏地方实施国家主权管理的关键措施。

设官治土、任免官吏——这是国家行使主权的关键环节，也是实施统治权的杠杆。清朝为加强对西藏地方的统一和行政管理，曾对西藏地方的行政管理体制进行过数次改革，并牢牢把握了官员任免这个国家权力的杠杆。

明末清初，青海和硕特蒙古固始汗在五世达赖、四世班禅支持下，拥兵占据西藏，掌握了西藏地方的军政大权。康熙末年，清朝派大军入藏，驱逐了准噶尔的扰藏势力，废除了由蒙古汗王掌握西藏军政大权的行政管理体制，改由清朝中央政府册封的俗官管理日常行政。雍正时期又令在安定西藏政局中立有战功的颇罗鼐“统管前藏、后藏”，后颁发“办理危

(卫)藏噶隆事务多罗贝勒”银印一颗，后来，颇罗鼐又晋升郡王(俗称藏王)。这标志着从康熙后期开始推行的以俗官总领噶厦办理西藏地方事务的行政管理制度完全确立。

乾隆执政时期，鉴于藏王珠尔墨特那木扎勒之乱的惨痛教训。乾隆十六年(1751)颁布的“善后章程十三条”明确规定，废除封授郡王制度，实行由驻藏大臣和达赖喇嘛共同管理藏政的行政管理体制。在其下，设置噶伦四人，组成噶厦(西藏地方政府)，共同处理西藏地方事务。又在达赖之下设立译仓，置僧官四人，负责审核噶厦的一切公文，并加钤印，以使僧俗贵族在政务活动中互相制约。噶厦和藏王比较起来，权力要小得多：藏王是一人专制，噶厦是四人共办政务；藏王有决定权，而噶厦只是承办驻藏大臣和达赖交办的事件，不能独立决策；藏王对西藏各项事务，包括军队、宗教等都有管理权，而噶厦只管行政事务，不管喇嘛事务，更无权直接指挥军队。

乾隆二十二年(1757)，七世达赖圆寂后，清朝又在西藏建立了摄政制度。从此，在达赖喇嘛圆寂后，其转世灵童十八岁亲政以前，由中央政府任命一名大喇嘛代行达赖喇嘛职权(俗称摄政)。

乾隆晚年大力整顿西藏官吏制度，主要是法定职位和员缺，严格任免权限和程序，明确职权，力图防止西藏官场混乱、提高行政效率，遏制上层僧俗权力过于膨胀。

乾隆五十八年(1793)颁布“二十九条章程”，进一步完善了西藏的行政管理制度，法定了驻藏大臣主持藏政的行政管理体制，对于西藏地方各级僧俗官员的任免权限和程序做了具体规定。制订相应法规，防止达赖、班禅家族和贵族世家控制、操纵西藏地方政权。总之，其核心是由中央政府(通过驻藏大臣)牢牢掌握各级僧俗官吏的任免权。

建立朝贡与赏赐制度，这是清朝治藏的又一项重要政策。

清朝对西藏地方实行免征赋税的特殊优惠政策，但同时又建立了西藏地方向中央政府朝贡的制度，即用贡献方物的形式表明西藏地方对清朝中央政府的臣属关系。

清初，西藏达赖、班禅和固始汗进贡无定制。康熙在总结三藩之乱的教训时说：“边疆提镇、将军久握兵权，常来朝见则心生敬畏。如吴三桂、耿精忠辈皆以久不朝觐，遂生骄妄”(魏源：《圣武记》卷三)。有鉴于此，清朝逐步建立了各地封疆大吏的定期朝觐制度，同时也把这种制度逐步推广于边疆少数民族地区。在西藏则建立了定期朝贡制度。雍正六年（1729）“颇罗鼐统管前藏、后藏”时，“达赖喇嘛、班禅额尔德尼每年轮班遣使进呈方物，郡王颇罗鼐俱遣使同来”。乾隆二年（1737），因五世班禅圆寂，乾隆以“达赖喇嘛、王颇罗鼐每年遣使未免劳苦，定以隔年遣使一次”。乾隆七年（1742）正式规定，达赖、班禅轮流隔年一次遣使进贡，如遇班禅年班，颇罗鼐不再“遣使为副”，如遇达赖年班，“著（颇罗鼐）仍遣使为副”。乾隆十六年（1751）珠尔墨特那木扎勒之乱以后，取消了西藏封授郡王制度，清朝规定，达赖年班的正副使均由达赖派遣。之后，西藏地方向中央政府年班朝贡形成历史定制。

对于达赖、班禅的年班朝贡，清中央政府均以赏赐的名义给予经济回报。这种赏赐，从顺治时期开始，也逐渐形成了历史定制。另外，清中央政府还用赏赐的名义，给予西藏地方大量财政补助。雍正二年（1724），清政府决定，每年“赏给达赖喇嘛茶叶五千斤，班禅喇嘛减半赏给”。乾隆时又决定，“打箭炉所收税课内，每年拨银五千两，赏给达赖喇嘛，作为养赡僧俗之费，于每年遣人于打箭炉领取茶叶之便，抵领带往”。乾隆末年又决定，每年由驻藏大臣衙门的办公费划拨白银一千两资助达赖。遇有达赖、班禅圆寂或转世灵童坐床等重大事件，清中央政府都予大量赏赐。这些也都形成了历史定制。除去政治上的意义之外，这也是当时中央对西藏地方的一种财政补助形式。

朝贡和赏赐的实质是用经济表达的政治隶属关系，在当时对于维护中央政府与西藏地方隶属关系的稳定发展和国家的统一，有一定的积极意义。

派驻官兵，是清朝治藏政策的重要组成部分，也是抵御外来侵略、保卫西南边疆安全，以及对西藏地方行使主权的重要措施。这项政策始于康熙末年，雍正、乾隆时期逐渐形成定制，终清之世始终贯彻执行。

康熙末年，清中央政府派军队驱逐准噶尔的扰藏势力之后，为稳定西藏局势，筹议在西藏派驻军队。康熙六十年（1721）三月，清中央政府决定再由云南、四川各调五百名兵丁入藏，连同公策旺诺尔布统领之兵，共计四千名，在西藏长期驻防。这是清朝在西藏派驻官兵的开始。

由于西藏政局基本稳定，仅一年左右，这支四千余人的驻防军又奉命内撤，仅在察木多等处留兵一千驻防。雍正五年（1727），发生阿尔布巴之乱，清朝派万余军队入藏。局势基本稳定之后，翌年，留兵二千驻藏，其余内撤。雍正九年（1733），因驻藏兵丁供应浩繁，决定留兵五百，其余内撤。从此，在西藏常驻官兵五百，三年瓜代，形成惯例。

乾隆初年，西藏局势稳定，为减少开支，乾隆十四年（1749）复将驻藏官兵大部内撤，仅留百余名护卫驻藏大臣。第二年，藏王珠尔墨特那木扎勒谋乱，两名驻藏大臣均遭杀害，鉴于这个严重教训，清中央政府决定仍复驻兵旧制。乾隆十六年（1751），经统兵入藏的四川总督策楞奏准，藏内仍驻兵五百，另派兵千名驻守四川至西藏沿途所设军台、粮站。乾隆五十四年（1789），第一次反击廓尔喀入侵战争胜利后，为加强边防，清中央政府决定抽调百五十名官兵，驻防后藏要隘。乾隆五十七年（1792），夺取廓尔喀第二次侵藏战争胜利之后，为加强边防、稳定政局，清中央政府决定在边防要隘、交通枢纽、重要城镇，以及川边至拉萨的台站，均派兵驻防，总计一千三百余名。这些，作为历史定制，直到清朝末年，始终坚持不变，其对于巩固和加强清代多民族国家的统一，维护国家对西藏的主权、巩固西南边防所发挥的重要作用，早已为历史所证明。

整编藏军，将其纳入国家正规军序列。清代以前，西藏没有正规藏军。清朝初年，名义上有五六万藏军，但这是一支没有正规建制、兵民不分、缺乏粮饷和组织纪律、毫无训练和战斗力的散兵游勇。乾隆末年，两次反击廓尔喀入侵的战斗中，这支负有守土之责的地方部队，“乘间即逃，遇敌即退，不能守御出力”。鉴于这一严重教训，大将军福康安等奏请乾隆皇帝批准，对藏军加以整编，并将其主要内容列入“二十九条章程”，使其法制化。

整编藏军的主要内容，包括以下几个方面：一、额定编制三千名，明确防守任务。前、后藏各驻一千，江孜、定日各驻五百。造具名册存驻藏大臣衙门、噶厦各一份，缺额随时补齐；二、法定建制序列，以及各级军官职级、职责。藏军共设代本六名（各管兵五百）、如本十二名（各管兵二百五十名）、甲本二十四名（各管兵百二十五名）、定本百二十名（各管兵二十五名）。官兵均以材技、军功按等晋升；三、官兵分别发给口粮、钱粮，既给予生活上的保证，又不许恃权强占；四、发给武器、认真操练、明示赏罚，以提高其应战能力，激励其战斗精神；五、建立、健全指挥系统。各处驻防藏军，均由驻防当地的绿营将弁督率管束、操演训练，由驻藏大臣统帅、指挥。通过这些，将藏军改编为正规军，纳入国家军队的正式建制，使之成为清朝边防军的重要组成部分。

藏军整编不仅大大加强了西南国防力量，更重要的是，从政治上加强了国家的统一。

辟治交通与加强军台驿站建设，是清朝稳定西藏巩固边防的一项重要政策，并为此而采取了一系列相应措施。西藏边陲，距京师遥远，且高山重阻，峻岭难通，因而整治道路、设立兵站粮台，对于保证消息迅速传递、公文及时往来，以及官员的进出、军队的调动等，都极为重要。乾隆十五年（1750），珠尔墨特那木扎勒作乱时，就是把破坏粮台兵站、切断西藏与内地交通、阻止塘报消息传递作为实现其分裂阴谋的重要手段。所以，乾隆多次指出，“藏地关系最要者尤在台站，此乃往来枢纽所在”。对此，清朝一直苦心经营。

顺治、康熙时，官员往来、军队调动等，基本上是以青海至拉萨的唐蕃古道为主要通道。康熙末年，清军由青海、四川、云南进藏，沿途均安设军台驿站，以满足军事需要。后经雍正、乾隆两朝刻意经营，逐渐形成了以川藏道路为主，由四川、青海、云南入藏的三条大道。在这三条入藏大道上，都安设有军台粮站，并派官兵看守，由驻藏大臣统一调动、管理。这些，对于西藏的社会安定、西南边防的巩固都发挥了重要的历史作用，同时，对于加强西藏与中原地区的经济、文化交流也有着积极的促进作用。

整顿和强化财政经济管理，减轻乌拉与租赋，是清朝为稳定西藏社会秩序，安定西南边疆而推行的一系列重大举措。由于各种历史、社会的原因，清代西藏地方一直被落后的封建农奴制所桎梏。官府、贵族、寺院对农（牧）奴残酷的政治压迫和经济剥削，造成劳动人民极端贫困化，突出地表现在乌拉和租赋两方面。

乌拉是一种强制性的无偿劳役。官府、贵族、寺院一切公私事务都随意滥派乌拉，例如，耕田种地、贸易运输、背水割草、牧放牲畜、洒扫寺庙等，劳动人民几乎常年处于无偿劳役之中。同时，又毫无限制地滥收租赋；借故预征——子年预征丑年、寅年，甚至数年租赋，屡见不鲜；随意提高数额，任意多索——无限制地以各种名目加租、加税，强行勒索钱财；强征空额租赋——由于战争或不堪忍受残酷的压迫剥削，劳动人民大量逃亡，但仍按原定租赋征收。这些，不仅造成农（牧）奴的极端贫困化，也造成了西藏社会的长期停滞落后，激化了社会矛盾，从根本上来说这也不利于封建统治。

针对这种情况，清朝对西藏地方的乌拉和租赋制度进行了一些改革。乾隆十六年（1751）颁布的《西藏善后章程十三条》，针对贵族滥行免差和私用乌拉做了一些限制性规定。但是，即使这些仅属皮毛的改革，也未得到贯彻执行。因此，乾隆五十八年（1793）颁布的“二十九条章程”，仍把它列为一项重要内容，明令规定贵族、寺院不准私用乌拉，“如遇因公差遣，有必须乌拉之处”，以及“免差照票”，必须经过达赖喇嘛、驻藏大臣核准。同时，针对滥征赋税问题，明确规定：僧俗官员及宗本等只准催征当年赋税，不得提前催收来年赋税。各村逃亡户之负担应予减免，俟该逃亡户还乡后照旧负担。

针对西藏地方政府和布达拉宫、札什伦布寺财物混乱的状况，“二十九条章程”还明确规定布达拉宫和札什伦布寺的财政收支，由驻藏大臣稽察、核准。

为了克服西藏长期使用廓尔喀钱所造成的社会问题，乾隆末年还对西藏的币制进行了整顿和改革，停止使用廓尔喀钱，按清朝制钱样式，在西藏开炉铸钱，这对于维护国家统一、保护西藏经济起了重要的历史作用。

针对西藏地方经济凋弊、民不聊生的极端困苦状况，清朝还采取了一些减免租赋和其他抚恤措施。例如，采取给予口粮、籽种、招集流亡，开荒垦种，以恢复遭到严重破坏的经济。

所有这些措施，当然不可能触动封建农奴制的基础——官府、贵族、寺院对耕地和牧场等生产资料的几乎全部占有。但是，在当时特定的历史条件下，这些改革措施，有利于减轻农（牧）奴的沉重负担，以及经济的恢复，从而也就有利于西藏的稳定和国家的统一。

严守国门与加强边政建设，这是清朝从国家安危的战略高度做出的一项重大治藏决策。其中，首要的是严守国门，反击外来武装侵略。乾隆末年，清朝两次击退了廓尔喀（尼泊尔）对我西藏地方的入侵。

道光二十一至二十二年（1841—1842），在中国西藏的阿里，爆发了一场中国军民抵抗从拉达克窜入的道格拉（即森巴）侵略军的战争，这就是历史上著名的西藏森巴战争。当时，虽然因鸦片战争而焦头烂额的清王朝无力西顾，但守边爱国军民，呈请清政府同意，仍然坚持严守国门、抗击外来侵略，夺取了反侵略战争胜利。

但是，鸦片战争之后，英国继续大规模武装侵犯我东南沿海的同时，也把侵吞西藏作为其宰割中国的重大战略目标。清朝末年，英国曾两次大规模武装入侵我西藏，遭到当地爱国军民的英勇顽强抵抗。但是，腐朽没落的清王朝为挽救即将灭亡的命运，却对外妥协投降，在英国武力威逼下与之签订丧失大量权益的不平等条约。这样，清初始终坚持的严守国门、反击外来侵略的重大政策，就被无形中抛在一边了。

在严守国门的同时，清朝大力整顿和加强边政，首要是与邻国“画界分疆”，即正式划定边界，借以保证边疆的安全与领土完整。乾隆五十七年（1792）八月，第二次反击廓尔喀入侵的战争刚刚结束，乾隆皇帝即谕令清军统帅福康安等，迅速与廓尔喀划定边界，经过两次划界，西藏地方与廓尔喀等地边界划分清楚，并堆有鄂博作为界标，形成了我国与尼泊尔等国家的传统边界线，这对于维护我国西藏地方与周边国家的睦邻友好关系，维护国家的主权与领土完整，都有着重要的历史意义。

防止西方殖民主义者利用传教、通商、游历等为掩护，对我西藏地方进行侵略，是清朝加强西藏地方边政的又一重要政策。

从18世纪中叶开始，英国强占印度，并逐步侵入与之相邻的尼泊尔，以及原为西藏藩属的锡金、不丹，对西藏实行战略包围，图谋进一步武装打开西藏大门，凿通由西藏高原侵入我国内地的通道。为此，它曾多次以通商、游历等为名，向中国提出派员入藏，俄国、法国等也群起效尤。中国政府严词拒绝，并驱逐了披着宗教外衣潜入西藏的西方殖民主义者。（直至中英《烟台条约》签订后，清朝才被迫允许英人进藏游历、通商）。

清朝的上述政策和措施，对于维护西藏地方的安定和多民族国家的统一，特别是，对于鸦片战争之后我国各族人民反击英国等西方殖民主义国家对西藏的大规模武装侵略，维护国家对西藏地方的主权和领土完整的作用，都应该给予历史地肯定。①

① 征得原作者同意，本章史料主要取材于《清朝治藏典章研究》。

一、订立章程，治藏立法

西藏善后章程十三条

《清高宗实录》所载“西藏善后章程”

乾隆十六年（1751）三月乙丑

四川总督策楞等奏：“酌定西藏善后章程：

一、西藏办事噶隆，向例四人。噶隆布隆簪失明，被珠尔默特那木扎勒革退，现存班第达、策楞旺扎勒、色裕特塞布腾三人。班第达奉特旨以公职办噶隆事，策楞旺扎勒、色裕特塞布腾，查无党逆情形，且系奉旨原放噶隆，并赏有扎萨克头等台吉职衔，应仍留办噶隆事。布隆簪缺，选放深于黄教喇嘛一人，赏给扎隆克大喇嘛名色。

一、噶隆会办事件，旧于噶沙公所会办，自颇罗鼐后，各噶隆俱办事私宅，舍官放之员不用，添用私人。嗣后应仍赴公所会办，私放之员裁革。

一、各处喋巴等官，有管理地方、教养百姓之责。珠尔默特那木扎勒各放私人，其人又不亲往，差家奴赴办，扰害地方。嗣后噶隆等应公同禀报达赖喇嘛并驻藏大臣补放，家奴代办者撤回，人地不相宜者换补。至各寺堪布喇嘛，并照旧由达赖喇嘛选派。

一、卓呢尔、商卓特巴、曾本、随本各官名色，惟达赖喇嘛前有。颇罗鼐封王后，亦照添设，应查革。只于公所设立卓呢尔二人，兼领原设之仲意、笔七格等办公。

一、噶隆向只办地方事，兵马卡隘，俱责成代奔。后藏地小，且设代奔三人；卫地大，仅代奔一人。遇差假，无人弹压地方护卫达赖喇嘛。应添设一员，与现有代奔于补放时一体颁敕。

一、全藏人民向属达赖喇嘛，按地方大小、人户多寡均定差徭。颇罗鼐等任意侵占，或市私滥赏，甚至擅给免差文书，于所憎则加派。嗣后噶隆、代奔等，应公查旧档。除因功劝赏，毋庸撤回外，私赏滥免者，并查禀达赖喇嘛撤缴，加派者减。

一、达赖喇嘛差务，向由地方百姓供应。自颇罗鼐等任事后，凡噶隆、代奔等差人往西宁、打箭炉、巴尔喀马、阿里克等处交易，亦私出牌票，致乌拉派累百姓，嗣后应禁止。遇公事，禀明达赖喇嘛，发给印票遵行。

一、达赖喇嘛仓库，向系仓储巴专管。公事动用，噶隆等禀明达赖喇嘛代理，启闭俱以达赖喇嘛印封为凭。颇罗鼐等始行擅取，嗣后应仍照旧办理。

一、哈拉乌苏接壤青海，阿里克接壤准噶尔，应令达赖喇嘛选员驻扎，并咨部奏给号纸。

一、达木蒙古，前经颇罗鼐奏，由该王差遣。珠尔默特那木扎勒被诛后，潜回达木。查该蒙古等皆无罪之人，既愿归达木候差，自宜妥为安顿。其现有头目八人，名号或称宰桑，或称台吉，均系颇罗鼐等妄加，应改为固山达。所属择授佐领骁骑校各八人，给顶戴，归驻藏大臣统辖。仍令每佐领各派十人，驻藏备差。至向驻藏地餬口之蒙古数十户，查明存案，准其留藏。”

得旨：“著照所定行，下部知之。”

谕军机大臣等：“策楞等所奏办理藏地事宜，朕已批照所奏允行。但藏地关系最要者，尤在台站，此乃往来枢纽所在。观从前珠尔默特那木扎勒不令塘站递送文书，即至驿递断绝，及班第达传令递送，始复通行，皆由伊等主持。而驻藏大臣不能制其行止，操纵何以得其要领？此处最宜留心办理。朕前亦谆谆降旨，何以策楞等此奏内，于此条反致未经议及？但此时甫经定议，又因此条有所更张，反致藏中诸人启疑。只可令班第、那木扎勒留心，俟一二年后，再办理请旨可矣。又，现议内‘补放喋巴等官，有管理地方、教养百姓之责。以后补放其权皆归达赖喇嘛、驻藏大臣’等语。此种喋巴头目，所管何事、何处地方？其里塘、巴塘一带塘站，是否亦系此等头目所管？若即系此等头目所管，则权已归达赖喇嘛、驻藏大臣，不致复有塘站阻隔之事。此旨所问，即不必办理。再，兆惠由京中特遣前往，原为办理藏地一切机宜，自应俟诸事奏定准行，接旨后奏闻，即日回京方是。乃甫经立议，不待批览，一面具摺，即一面奏明起程，且有欲速之意。若云彼处情形，则早已悉知，不待兆惠面奏，不知京中有何事，迫不及待若此耶？去时星速，是为志切急公；来复遄行，则心存内顾耳。著传旨申饬。”

（《清高宗实录》卷三八五）

《清代藏事辑要》所录“西藏善后章程”

乾隆十六年（1751）三月乙丑

（四川总督）策楞等奏：“酌定西藏善后章程：

一、应查照旧例，添放噶隆。查西藏向例，办事噶隆，原系四人。内除噶隆布隆赞双目失明，又被珠尔默特那木札勒革退，现存者系班第达、策楞旺札勒、色裕特塞布腾三人。班第达业已钦奉特旨，仍以公职办噶隆事务，毋庸另议外，其策楞旺札勒、色裕特塞布腾，于逆党变乱之前，均为珠尔默特那木札勒故为调遣他处，并未在藏。不但平日并无过犯，不知叛逆情形，且原系奉旨所放之噶隆，仍应照旧留办噶隆事务。所有布隆赞一缺，应选放深晓黄教一人，公同办理一切，庶于僧俗均有裨益。但查得现在噶隆内，班第达系公爵，其余均系奉旨赏有扎萨克头等台吉职衔。今添设喇嘛一名，若不赏给名号，似于体制未符。应奏恳天恩，一体赏给扎萨克大喇嘛名色，庶得以公同办理。

一、噶隆办理事务，应在公所。查旧例噶隆会办事件，原有噶沙之公所衙门，自颇罗鼐后，各噶隆竟不赴公所，俱于私宅办事。又舍官放之卓呢尔、笔七格齐等员不用，各将私人任意添放卓呢尔等种种官员，故致罗布藏札什等得以专擅，任意纠合。今噶隆业已照例补放，自应遵照旧例，遇有应办事件，俱赴公所会办。所有私行添放之官，尽行裁革，仍应用官放之卓呢尔等员办事。凡地方之些小事务，众噶隆秉公会商，妥协办理外，其具折奏事重务，并驿站紧要事件，务须遵旨请示达赖喇嘛并驻藏大臣酌定办理，钤用达赖喇嘛印信、钦差大臣关防遵行。倘嗣后噶隆内，仍有各怀私见，并不遵照章程办理者，准各噶隆公同举报，以凭参奏治罪。

一、补放碟巴头目等官，不得任意私放。查各处碟巴等官，有管理地方、教养百姓之责。自珠尔默特那木札勒乖张用事以来，各将私人指名，混行补放，并不前往，仅差一家奴，赴彼代办，扰害地方者甚多，于民生大属无益。嗣后凡遇补放碟巴头目等官，噶隆等务须秉公查办，公同禀报达赖喇嘛并驻藏大臣酌定，俟奉有达赖喇嘛并钦差大臣印信文书遵行。其现任内，如有家奴代办者，概为撤回，另行补放。至珠尔默特那木札勒被诛后，凡属逆党，均经公班第达遣人换回，但系一时仓猝，暂行补放。如有人地不宜，应行调换者，亦秉公举出，禀明达赖喇嘛并驻藏大臣，另为选放。

一、官员革除治罪，应酌定章程。查旧例凡选放碟巴等官，均系择其根基深厚，明白妥协之人，如有不能办理事务，或任意犯法者，自应秉公治罪。乃珠尔默特那木札勒，妄作威福，不论贤愚，擅将无辜之旧人，抄没革除，以致是非颠倒，怨声载道。嗣后凡碟巴头目等官，遇有犯法，或应抄没，或应革除，噶隆、代奔等务须秉公查明，分别定拟，请示达赖喇嘛并驻藏大臣指示遵行。

一、选派坐床堪布喇嘛，应照旧例遵行。查旧例各寺堪布喇嘛，均由达赖喇嘛查看庙宇之大小，选择喇嘛之贤能，酌量派往。自珠尔默特那木札勒任事以来，竟任意私自补放调换，不容达赖喇嘛主持，甚属不合。嗣后各寺之堪布喇嘛，或遇缺出，拣选派往；或人不妥协，应行调回；均应由达赖喇嘛酌行，噶隆等不得仍照陋规，专擅办理。其喇嘛中遇有犯法者，噶隆等亦应秉公禀明达赖喇嘛，请示遵行。

一、冗员宜行沙汰。查旧例，达赖喇嘛前始有卓呢尔、商卓特巴、曾本、随本各官名色。续因颇罗鼐封王以后，亦照达赖喇嘛，添设各官名色。今噶隆并非王爵，若仍照此添放多官，不但非分，亦属僭越不合，应查明革除，只应于公所设立卓呢尔二人率领原设之仲意、笔七格齐等办理公务。

一、代奔应添设一员。查旧例，噶隆办理地方事务，代奔管理兵马，防范卡隘，今应仍旧，各专责成。但后藏地方甚小，而原设代奔三名；卫地甚大，而仅设代奔一人，一遇差遣病假，则地方各兵，无人管束。即如代奔达里札达什，被珠尔默特那木札勒差往哈拉乌苏去后，卫地无管兵之人，以致逆党罗布藏札什，得以畅肆纠合，扰乱地方。今应再行添设一员，共为管理，即或遇有差遣，卫地尚可存留一人，弹压地方，护卫达赖喇嘛。嗣后凡遇调遣兵马，防御卡隘，均应遵旨，听候达赖喇嘛并驻藏大臣印信文书遵行。代奔等仍不时留心地方，如遇有应行防范事宜，亦即禀明钦差大臣指示遵行。至后藏之原代奔章罗金巴，查系无辜，被珠尔默特那木札勒意欲侵害，私行革除之人，应仍调取管理后藏代奔事务，以示昭雪。

一、噶隆、代奔应请颁给敕书。查噶隆、代奔，均系护卫达赖喇嘛，办理兵马之大员，责任甚重，应各请颁敕书一道，以昭信守，以重体统。

除现有并添设之噶隆、代奔，均查取花名，造册送部，奏请颁发外，嗣后遇有缺出，驻藏大臣商同达赖喇嘛拣选应放之人，请旨补放，仍报部一并颁给敕书。将来或有不遵奉达赖喇嘛，并犯法不能办理地方，应行革除者，亦由达赖喇嘛会同驻藏大臣参奏，革除后，原颁之敕书，一体撤回缴部。

一、藏属人民，应禁止私占。查旧例，全藏人民，均属达赖喇嘛所属，按地方之大小，人户之多寡，各有一定差徭，以供黄教佛事，并备众僧熬茶之用。自颇罗鼐、珠尔默特那木札勒父子办事以来，不但任意妄为侵占，又复市恩于私人，滥行赏赉者甚多。遇有偏爱者竟擅给免差文书，偏憎者则种种加派，以致百姓苦乐不均。噶隆、代奔等，应即公同查照旧档，如实因有功于地方而功赏者，毋庸撤回外，其自珠尔默特那木札勒办事以来，任意无故私赏之人民，均应秉公查出，禀明达赖喇嘛，撤回仍归公用。其滥行给发之免差文书，亦应查明撤回，仍令其照旧当差。凡一切加派之差役，亦应禀明达赖，概行减免，俾百姓苦乐得均。倘遇有出力有功，应行酌赏之人，噶隆、代奔等，即秉公禀明达赖喇嘛并驻藏大臣，酌定赏给遵行。

一、乌拉牌票，应禀请达赖喇嘛颁给。查旧例，所有达赖喇嘛差务，均由地方百姓供应。自颇罗鼐、珠尔默特那木札勒任事以来，旧例废弛。凡噶隆、代奔人等，差人前往西宁、打箭炉、巴尔喀马、阿里等处地方买卖交易，均私出牌票，一切食用乌拉，均取资于各该地方。以致百姓差役加倍，苦累不堪，因此而致流离失所者甚多。此风亟应革除。嗣后噶布伦、代奔等买卖差遣，不得擅行私出牌票，即遇公事有必需乌拉之处，务禀明达赖喇嘛发给印信遵行。其随时在附近处应役者，仍著噶隆出票办理。

一、达赖喇嘛仓库存贮物件，应禁止私动。查旧例，原系仓储巴专管，遇有公事动用，噶隆等禀明达赖喇嘛，代为经理，开取封闭，俱以达赖喇嘛印信封皮为凭。自颇罗鼐、珠尔默特那木札勒父子任事以来，任意私行取用，不但并不禀明达赖喇嘛，竟至达赖喇嘛取用一哈达等物，亦不能主持，甚属不合。嗣后应查照旧例，仓储巴仍遵奉达赖喇嘛印信封皮办理。其零星日用物件，仍令仓储巴经理外，遇有公事动用，噶隆等必须公同请示达赖喇嘛遵行，私行动用，永行禁止。

一、阿里、哈拉乌苏等处地方，甚关紧要。查哈拉乌苏接连青海，阿里与准噶尔接壤，派往驻扎之员，必须拣选妥协可信之人，庶于地方有益。且向系选择根基深厚，素有名望之人派往，应请达赖喇嘛选择遣派，仍将所派之员咨部，奏恳圣恩，赏给号纸，以资弹压，以昭信守。

一、达木蒙古，应遵旨安插。查该蒙古，前经颇罗鼐奏请，由该王差遣管属。自珠尔默特那木札勒被诛后，伊等因无人管辖，竟尔潜回达木。该蒙古等原属无罪之人，向系游牧为生，与唐古忒情形迥异，即遵旨询及本人，亦情愿归回达木，听候差遣，自应仰体皇仁，善为安顿。从前原系编为八个佐领，惟是该头目等所有名号，或称宰桑、或称台吉，均系颇罗鼐、珠尔默特那木札勒混行加给职衔，于体制亦有不符，应酌定将现有之头目八人，均授为固山达名色。属下仍选择八人授为佐领，再选八人授为骁骑校，俱照例给以顶戴，递相管束，俱归驻藏钦差大臣统辖。每佐领派人十名，共八十名，驻藏以备差遣，并护卫达赖喇嘛。其食用口粮，仍照旧例，向达赖喇嘛仓上支取。一切调拨，均依钦差大臣印信文书遵行，噶隆、代奔等不得私自差遣。一切革除补放，俱由钦差大臣商明达赖喇嘛施行。每年查察该蒙古内如有勤劳恭顺者，酌加奖赏，倘有不遵法度者，严加惩责。至现在藏地蒙古，因本地毫无牲口养赡，向住藏内以资餬口之数十户，应查明存案，准其留藏，以资养生，庶各蒙古有所约束，均得仰沐天恩矣。”

奏入，未交军机大臣议，即得旨：“览奏俱悉，著照所定行，该部知道。”

（《清代藏事辑要》卷二）

藏文“西藏善后章程”译稿

钦差大臣、太子太保、兵部尚书、都察院右都御史、总督四川等处地方军务、监理粮饷巡抚、司库依松（?）纪录军功加二级额尔其策楞；户部左侍郎、副都统襄督（?）大臣兆惠；驻藏大臣、御前侍卫、护军统领、工部左侍郎舒赉；户部大臣那木扎勒；西藏事务总理副都统班第；刑部郎中巴哈达；理藩院主事介布；笔帖式富郎阿；钦差噶伦公班第达：

遵循大皇帝之命，订立完善的良规事。据查，前珠尔穆特纳木扎勒，性情乖张，不敬并仇视达赖喇嘛，欺压属下番众，杀害伊兄软禁伊姊，残暴行径狂虐日甚，目无法纪，犯上作乱。种种不法行为，为二大臣所目睹，藏地番众，人人憎恨，恐危及达赖喇嘛，无奈采取最后决策，曾向大皇帝禀报，唤其本人至冲司康依法剪除。大皇帝从达赖喇嘛和驻藏大臣的奏折中获悉，不法之人业已剪除，虑及各项善后事宜，钦命驻藏大臣等赴藏，会同达赖喇嘛，公班第达，周密磋商，决定保持旧制。尤其要使西藏地区安定，并使所有众生更加信奉达赖喇嘛，人人各得其所，共享安乐。藏地所有僧俗人等，应晓皇帝之隆恩，今后，应遵守皇帝为关照藏地百姓所颁发的一切命令。

我等会聚一堂，经充分磋商，参照旧制，特制定如下章程：

一、依照旧制，添放噶隆。查西藏向例，办事噶隆，原系四人。其间噶隆布隆占（宗扎娃）因双目失明，以前已被珠尔默特纳木扎勒革退，现存噶隆班第达、策楞旺扎勒、色裕特塞布腾三人，班第达业已钦奉特旨仍以公职办噶隆事务，毋需另议外，策楞旺扎勒（次仁旺吉）和色裕特塞布腾（色绝次登）此二人，于洛桑扎西逆党叛乱之前，均为珠尔默特纳木扎勒故意调遣他处，未在拉萨。此二人不但平日无过错，其后也不明了叛乱之情，且原系奉旨所放之噶隆，仍应照旧留办噶隆事务。所有布隆占（宗扎娃）一缺，应选放深晓黄教的喇嘛一名充当噶隆，共同办理一切事务，以于僧俗均有裨益。现有噶隆内班第达系公爵，其余均系奉旨赏有扎萨克头等台吉职衔。今添设喇嘛一名，若不赏给名号，似与体制不符。应奏恳天恩，一体赏给扎萨克大喇嘛名号，而与其他噶隆公同办事。

二、噶隆办理事务时，应在公所。查旧例噶隆办理事务原有噶厦之公所衙门，自颇罗鼐后，各噶隆竟不赴公所噶厦，俱于私宅办事。又舍官放之卓呢尔、笔七格齐等员不用，各将私人随从任意添放为卓呢尔、笔七格齐等新的官员。因而造成卓呢尔罗布藏扎什（洛桑扎西）等得以专擅，任意纠合。今噶隆业已照例补放自应遵照旧例，遇有应办事件，俱赴公所噶厦会同办理。所有私行添放之官，尽行裁革，仍应用官放之卓呢尔等员办事，凡地方之些小事务，众噶隆秉公会商，妥善办理外，其具折奏事重务，并驿站紧要事件，务须遵旨请示达赖喇嘛并驻藏大臣酌定办理。钤用达赖喇嘛印信、钦差大臣关防，遵照执行。倘今后噶隆内，仍各怀私见，并不遵照此章程办理者，准各噶隆公同检举揭发，以凭参奏治罪。

三、补放碟巴头目（宗本、庄园总管）等官，各噶隆不能任意私放。查各处碟巴等官，有管理地方、教养百姓之责。自珠尔默特纳木扎勒乖张用事以来，将其心腹指名补放，并不前往，仅差一家奴，赴彼代办，扰害地方者甚多，于民生毫无补益。嗣后凡遇补放碟巴头目等官，噶隆等务须秉公查办，公同禀报达赖喇嘛并驻藏大臣酌定。俟奉有达赖喇嘛并钦差大臣印信文书遵行。其现任碟巴内，如有家奴代办者，概为撤回，另行补放。至珠尔默特纳木扎勒被诛之后，凡属逆党，均经公班第达遣人换回，但系一时仓促，暂时补放，如有人地不宜，应行调换者，亦秉公举出，禀明达赖喇嘛并驻藏大臣，另行选放。

四、官员革除治罪，应酌定章程。查旧例，凡选放碟巴等官，均系择其根基深厚，明白妥协之人，如有不能办理事务，或任意犯法者，自应秉公治罪。乃珠尔默特纳木扎勒，妄作威福，不论贤愚，擅将无辜之旧人，抄没革除，以致是非颠倒，怨声载道。嗣后碟巴头目等官，遇有轻微犯罪，应以鞭笞，犯有偷盗等重罪者，应挖眼、断肢等，依法查办，噶隆应秉公处理。喇嘛、贵族仲科尔等人犯罪，应抄没家产，犯有杀头罪者，噶隆、代本等务须秉公查明，分别定拟，请示达赖喇嘛并驻藏大臣指示遵行。

五、选派坐床喇嘛、堪布等，应照旧例遵行。查旧例各寺堪布喇嘛，均由达赖喇嘛查看庙宇之大小，选择喇嘛之贤能，酌量派往。自珠尔默特纳木扎勒任事以来。竟任意私自补放调换，不容达赖喇嘛主持，甚属不合。嗣后各寺之堪布喇嘛，或遇缺出，拣选派往；或人不妥协，应行调换，均应由达赖喇嘛酌行。噶隆等不得仍照陋规，专擅办理。其喇嘛中遇有犯法者，噶隆等亦应秉公禀明达赖喇嘛，请示遵行。

六、冗员应行淘汰。查旧例，达赖喇嘛前始有卓呢尔、商卓特巴（强佐）、森本、随本等各色官员。后因颇罗鼐封王以后，亦照达赖喇嘛，将自己的亲友，添设各官名色，占据重要职位。今噶隆非王爵，若仍照此添官占据要职，不但冗杂，亦属僭越不合，应查明革除，只应于噶厦公所设立卓呢尔二人和笔七格齐等官员办理公务。

七、代本应添设一员。查旧例，噶隆办理地方事务，代本管理兵马，防范卡隘，今应照旧，各负其责。但后藏地方甚小，而原设代本三人；卫藏地方甚大，只设代本一人，一遇差遣病假，则兵马无人管束。例如，代本达里扎达什（达吉扎西）被珠尔默特纳木扎勒差往哈拉乌苏（那曲）去后，卫地无管兵之人，以致逆党罗布藏扎什，得以畅肆纠合，扰乱地方。今应再行添设一员，共为管理，即或遇有差遣，卫地尚可存留一人，弹压地方，护卫达赖喇嘛。嗣后凡遇调遣兵马，防御卡隘，均应遵旨，听候达赖喇嘛并驻藏大臣印信文书遵行。代本等仍应不时留心地方，遇有应行防范事务，亦即禀明钦差大臣指示遵行。至后藏原代本江罗金巴，查系无辜，被珠尔默特纳木扎勒意欲侵害，私行革除之人，应仍调取管理后藏代本事务，以示昭雪。

八、噶隆、代本应请颁给敕书。查噶隆、代本均系护卫达赖喇嘛，办理地方、兵马事务之大员，责任甚重，应各请颁发敕书一道，以示重用，除现有及新添之噶隆、代本均查取花名，造册送部，奏请颁发外，嗣后遇有缺出，驻藏大臣商同达赖喇嘛，拣选应放之人，请旨补放，仍报部一并颁给敕书。以后若有不尊奉达赖喇嘛，并犯法不能办理地方事务，应行革除者，亦由达赖喇嘛会同驻藏大臣参奏革除后，原颁布之敕书一体退回缴部。

九、百姓等应禁止任意私占。查旧例，西藏所有百姓，均属达赖所有，按地方之大小、人户之多少各有一定差徭，以供黄教佛事并众僧熬茶之用。自颇罗鼐、珠尔默特纳木扎勒父子办事以来，不但任意占为私有，而且对他所爱之人滥行赏赐者甚多，并擅自发给免差文书；对其所恶之人，却加派种种差税，以致百姓苦乐不均。噶隆代本等应立即公同郑重查照旧档，除实因有功于政教者，毋需撤回赏赐外，其他自珠尔默特纳木扎勒办事以来，所有一切任意无事私赏之百姓，均应秉公追究，禀明达赖喇嘛撤回，仍归公用。其滥发之免差文书，亦应查明退回，仍令其照旧支差。凡新增派之差役，亦应禀明达赖，概行减免。俾所有百姓苦乐得均。此后若遇服务有功应酌赏之人，噶隆、代本等即秉公禀明达赖喇嘛并驻藏大臣，酌定赏给遵行。

十、乌拉等牌票，应禀请达赖喇嘛颁给。查旧例，所有达赖喇嘛差务，均由地方百姓供给。自颇罗鼐、珠尔默特纳木扎勒父子办事以来旧例废弛，凡噶隆、代本等人，差人前往西宁、打箭炉、巴尔喀马、阿里等地方，买卖交易，均私出牌票，一切食用乌拉，均取资于各该地方，以致百姓差役加倍，苦累不堪。因此，百姓流离失所者甚多。此风极应革除。嗣后噶隆、代本等买卖差遣，不得擅行私出牌票，即遇公事需派乌拉之处，务禀明达赖喇嘛发给印信遵行。其随时于近处应役者，仍著噶隆发给牌票。

十一、达赖喇嘛仓库存贮之物品，应禁止任意乱动。查旧例，原由管家管理，因公需动用时，噶隆等务需禀明达赖喇嘛方能动用，开取封闭等均应有达赖喇嘛之印信。自颇罗鼐、珠尔默特纳木扎勒父子任事以来，任意私行取用，不但从不禀报达赖喇嘛，甚而达赖喇嘛竟无权动用一条哈达，此甚为不当，嗣后应查照旧例，开闭门等均应有达赖喇嘛印信，其零星日用物件，管家可自行办理外，遇有公事需动用时，诸噶隆应商讨之后请示达赖喇嘛遵行，严禁私自动用。

十二、阿里、那曲等地甚关紧要。查那曲联接青海、阿里与准噶尔接壤。派往该地之头目，应拣选根基深厚，素有名望之人，应请达赖喇嘛选择派遣，所派之人员名单，应报部奏恳圣恩，赏给号纸，以利防范边卡。

十三、达木地方之蒙古人，应遵旨安插。据查，该地之蒙古人系颇罗鼐为派遣侦探，请旨安设。自珠尔默特纳木扎勒被诛之后，彼等因无人管辖，竟跑回达木。该蒙古等原系无罪之人，向以游牧为主，和西藏之风俗不同，最近遵旨讯问，彼等情愿归回达木，听候差遣，自应仰体皇仁，妥善安顿。以前原系编为八个佐领，众头人均有一定名号，或称宰桑（切朗）或称台吉，均系颇罗鼐、珠尔默特纳木扎勒混行加给职衔，于体制根本不符。应酌定现有之头目八人，均授为固山达名号，属下仍拣选八人，授予佐领章京名号，再选八人授予骁骑校名号，俱照例给予顶戴，递相管束，俱归驻藏大臣统辖。每佐领派人十名，共八十人，驻藏以备差遣，并护卫达赖喇嘛。其食用口粮，仍照旧制，向达赖仓上支取。一切调拨，均依驻藏大臣印信文书遵行，噶隆、代本不得任意差遣，一切革除补放，俱由钦差大臣商明达赖喇嘛定夺。每年查察该蒙古内如有勤劳恭顺者，酌加奖赏。如有不遵法度者，严加惩责。现有藏地蒙古人中，因本地无牲口饲养，生活无依无靠，以前在藏之数十户，应查明存案，依照旧例，仍可留住西藏，以资养生，庶各蒙古有所约束，均得仰沐天恩矣。

以上各款均遵圣旨，为藏地所有僧俗百姓永远安乐计，经驻藏大臣，会同达赖喇嘛，依照旧例，得民众和公班第达之赞同制定而成。

尔噶隆、代本、丁本、头人，一切僧俗人等，均应遵奉圣旨，无限敬奉达赖喇嘛。现在西藏得以安居乐业，不但自身有享用不尽之福德资粮，以后子孙后代，亦可终身享用自身份内之所得，在达赖喇嘛之保护下，永远仰沐皇恩。

如有违背上款者，轻者降职，重者革退。为此，制定此长久法制，务使广大地区之百姓一体知晓，照章遵行，不得有违。

（以下是参加会议的人员名单）

哲蚌寺：郭芒扎仓喇嘛桑吉多吉、罗色林扎仓喇嘛加央彭措、德央扎仓喇嘛格桑德青、阿巴喇嘛阿旺勒巴、堆瓦喇嘛阿旺扎西、厦郭喇嘛洛桑加央、节巴喇嘛顿珠江措。

色拉寺：埋扎仓喇嘛洛桑坚才、切扎仓喇嘛洛桑克曲、阿巴扎仓喇嘛洛桑穷角、堆巴扎仓喇嘛班角江措。

噶丹寺：强子喇嘛洛桑池林、娘雍喇嘛强巴仁真。

达赖喇嘛的膳食堪布差巴塔依，管家云登勒珠、译师喇嘛阿旺通珠。

哲蚌寺吉索（管寺庙公共财物之机构）：洛桑罗布、桑珠江措。

色拉寺吉索：洛桑白登、洛桑池林。

噶丹寺首席管家：典巴坦吉。

噶隆公班第达（多仁）、噶隆次仁旺吉（热噶夏）、噶隆四角才登（吞巴）、噶隆尼玛坚才。

公滚噶典真、公角美旺吉、扎萨台吉旺堆。

前藏代本：达吉扎西、四农多吉。

后藏代本：江罗金巴阿四、白才·次仁朗吉、然巴娃·柔典。

孜本：克丹彭措。

拉萨拉让强佐：白西·才旺扎西、达莫·巩西吉保，协邦波热娃·阿旺。

拉萨涅仓曲让·才仁扎西，守门官白登次仁，雪涅克多帕珠、拉龙孜·次仁多吉，密本让则·才旺通珠、则柔·多吉彭措，马倌底拿·才伯、麦莫·旺堆多吉，噶厦秘书茶吹·欧珠白班、加扎·才伯、索康·拉旺达吉，出纳员仲堆康沙·通珠、波热子·才登郎吉，草官厦郭·才旺朗吉、德庆·索朗旺吉，管柴官劲玛·哈桑柔典等。

乾隆十六年（1751）三月三日

（郭冠忠等根据《藏文历史档案选》相关内容翻译。本书收录时个别文字有修订。）

驻藏大臣为颁布善后章程晓谕全藏告示

乾隆十六年（1751）

查，珠尔默特那木扎勒倒行逆施，于达赖喇嘛，无尊信恭顺之意；虐使其下，戕杀伊兄，监禁伊姊，暴戾不训，日甚一日，谋为不轨，逆迹昭著。经驻藏大臣详查，察看得藏地民众对伊人人愤恨，尤恐将来加害于达赖喇嘛，于是一面奏请皇上从速处治，一面在通司岗将伊诛戮。皇上御览达赖喇嘛与贵族奏书后谕曰："凶暴之人已诛，嗣后诸事需妥善办理。著派大臣前往西藏，会同达赖喇嘛会商，与公班智达共同商拟西藏事务章程。凡事应推诚相见，悉心查究，参酌旧例，俾地方永远宁谧，敬奉达赖喇嘛，享受安乐，务使西藏一切僧俗人等咸知朕对伊等怜爱施恩之意。钦此。"遵奉大皇帝怜爱西藏民众之旨意，经吾等妥议，拟订十三条章程，告谕全藏僧俗人等遵行。

一、查照旧例，西藏办事噶伦原系四人。噶伦布隆簪双目失明，又被珠尔默特那木扎勒革退，现存噶伦公班智达、策楞旺扎勒、色裕特塞布腾三人。除班智达已奉特旨，仍以公爵办理噶伦事务，毋需另议外，其余两人于逆党变乱之前，均被珠尔默特那木扎勒派往他处，不在拉萨。此二人不仅原无过错，对后来发生叛乱亦不知情，且原系奉旨所放噶伦，仍应照旧留办噶伦事务。噶伦布隆簪一缺，应选放深晓黄教一人充任，公同办理事务，庶于僧俗均有裨益。其余三噶伦均已授有职衔，今新选之喇嘛亦应奏请皇上授予扎萨克大喇嘛名色，与诸噶伦共同办理事务。

一、噶伦会办事件，原有噶厦公所衙门。自颇罗鼐后，各噶伦均不赴噶厦公所，俱于私宅办事。又舍官放之卓尼尔、仲译等员不用，却任意添放私人亲信为卓尼尔、仲译等员，故卓尼尔罗卜藏扎什等得以肆意专擅，任意凌虐众百姓。嗣后，凡遇应办事件，各噶伦俱赴噶厦公所会办。所有任意私行添放之官员尽行裁革，仍应用官放之卓尼尔等员办事。凡地方之细小事务由众噶伦秉公会商妥协办理外，其重大事务及驿站紧要事件，务需呈请达赖喇嘛及驻藏大臣酌定办理，钤用达赖喇嘛印信与驻藏大臣关防遵行。倘嗣后噶伦内仍有不遵章程办事者，准其余噶伦查明缘由，如实举报，以凭参奏治罪。

一、补放宗谿头目等官，众噶伦不得任意私放。查各地勒参有管理地方、教养百姓之责。珠尔默特那木扎勒任意指名，混行补放，其人又不亲往，仅差一家奴赴彼代办，扰害地方百姓，于民毫无裨益。嗣后，凡遇补放第巴头目等官，众噶伦等务须秉公查办，公同禀报达赖喇嘛并驻藏大臣酌定，俟奉钤印文书遵行。其现任勒参内如有家奴代办者，概为撤回，另行补放。至珠尔默特那木扎勒被诛后，凡属逆党同伙，均经班智达遣人换回。在此期间，如有因人地不宜、应行调换者，亦应秉公举出，禀明另行补放。

一、查旧例，凡选放第巴等官，均系择其根基深厚、明白妥协之人，如有不能办理事务或任意犯法者，自应秉公治罪。乃珠尔默特那木扎勒妄作威福，不论贤愚，擅将无辜之旧人，抄没革除，以致是非颠倒，怨声载道。嗣后，凡第巴等官有犯法轻者应予棍鞭惩罚，对需治罪者与违法盗窃他人财物者，需处剜眼、断肢等刑时，应由噶伦等秉公处理。对喇嘛、贵族、仲科等官没收财产及处极刑者，噶伦与代本等务须秉公查明其缘由后，分别定拟，请示达赖喇嘛并驻藏大臣指示遵行。

一、查旧例，各寺庙之堪布喇嘛，均由达赖喇嘛选放派往。自珠尔默特那木扎勒任事以来，竟任意私自补放调换，不容达赖喇嘛主持，甚属不合。嗣后各寺堪布喇嘛，或遇有缺出，或需调换，均应由达赖喇嘛酌行，噶伦等不得仍照陋规，专擅办理。其喇嘛中遇有犯法者，噶伦等亦应秉公禀明达赖喇嘛，请示遵行。

一、查旧例，达赖喇嘛之侍从有索本、森本、卓尼尔、恰佐等官，自颇罗鼐封王后，亦照达赖喇嘛之例，添设选放各官名色。今噶伦并非王爵，嗣后只应于噶厦公所设卓尼尔二人与仲译等官办理事务。

一、查旧例，噶伦办理地方事务，代本管理兵马，防范卡隘，今应仍旧，各专责成。后藏地方甚小，而原设代本三名，卫地甚大，而仅设代本一人，一遇差遣病假，无人管束兵马。如珠尔默特那木扎勒差遣代本塔杰扎西去那曲后，卫地无管兵之人，以致逆党罗卜藏札什得以畅肆纠合，扰乱地方。今应再行添设代本一名，共同管理，即或遇有差遣，一人仍可留守卫地，防范地方，护卫达赖喇嘛。嗣后凡遇调遣兵马，防御卡隘，均应遵照达赖喇嘛并驻藏大臣之印信文书行事。代本等仍不时留心地方防务，若遇有应行防范事宜，亦应禀明钦差大臣指示遵行。至后藏代本江乐坚巴，查系无辜被珠尔默特那木扎勒意欲侵害私行革除之人，应仍调取管理后藏代本事务，以示昭雪。

一、查噶伦、代本均系护卫达赖喇嘛、办理地方事务，管束兵马之要员，责任甚重，应各予敕书一道，以昭信守，而重体统。除现有并添设之噶伦、代本，均查取职名，造册送理藩院，奏请颁发外，嗣后遇有出缺，由达赖喇嘛、驻藏大臣会商拣选应放之人，奏请补放，仍须报请理藩院转奏颁给敕书。将来或有不遵奉达赖喇嘛，并犯法不能办理事务应行革职者，亦由达赖喇嘛会同驻藏大臣参奏革除，原颁之敕书，一并撤回缴理藩院。

一、查旧例，全藏人民均属达赖喇嘛，按地方大小、人户多寡，各有一定差徭，以供黄教佛事，并备众僧熬茶之用。自颇罗鼐、珠尔默特那木扎勒父子办事以来，不但任意私为侵占，又复市恩于私人，滥行赏赉者甚多。遇有偏爱者，竟擅给免差文书；偏憎者，则加派名目繁多之差税，以致百姓苦乐不均。嗣后噶伦、代本等，应公同查照旧档，如实因有功于政教而劝赏者，毋庸缴回外，其无故私赏之属民，均应秉公查出，禀明达赖喇嘛，撤回仍归公用；其滥行发给之免差盖印文书，亦应查明缴回，仍令其照旧当差；凡一切加派之差徭，亦应禀明达赖喇嘛，概行减免，使百姓苦乐均匀。倘遇有出力有功应行酌赏者，噶伦、代本等秉公禀明达赖喇嘛并驻藏大臣，酌定赏项遵行。

一、查旧例，所有达赖喇嘛差役，均由地方百姓供应。自颇罗鼐、珠尔默特那木扎勒任事以来，旧例废弛，凡噶伦、代本等差人前往西宁、打箭炉、巴尔喀马、阿里等处地方买卖交易，均私出牌票。一切食用、乌拉，均取资于各该地方，以致百姓差徭倍加，苦累不堪，因而流离失所者甚多，此风亟应革除。嗣后噶伦、代本等买卖差遣，不得擅行私出牌票，即遇公事有必需乌拉之处，则务必禀明达赖喇嘛，发给印票遵行。其随时在附近处应役者，仍著噶伦出票办理。

一、查旧例，达赖喇嘛仓存物件，原系恰佐专管，遇有公事动用，噶伦等禀明达赖喇嘛，代为经理，开取封闭，俱以达赖喇嘛印信封皮为凭。自颇罗鼐、珠尔默特那木扎勒任事以来，任意私自取用，不但不禀明达赖喇嘛，竟致达赖喇嘛无取用一方哈达之权，甚属不合。嗣后零星日用物件仍由恰佐处理外，开取封闭仍以达赖喇嘛印信封皮为凭。遇有公事动用，必须经噶伦等商定，请示达赖喇嘛遵行，不得私行动用。

一、阿里、那曲等处地方，甚关紧要。查那曲接近青海、阿里与准噶尔接壤，派往驻扎之员，必须拣选妥协可信者，庶于地方有益。且向系选择根底深厚、素有名望之人充任。应请达赖喇嘛遴选遣派，仍将所派人员咨理藩院，奏恳赏给号纸，以昭信守。

一、查达木蒙古，前经颇罗鼐奏请，由该王差遣管属。自珠尔默特那木扎勒被诛后，伊等因无人管辖，竟尔潜回达木。该蒙古等皆属无罪之人，向系游牧为生，与唐古特情形迥异。近遵旨询及其头目，亦情愿归回达木，听候差遣。自应仰体皇仁，善为安顿。该蒙古原系编为八个头目，惟该头目等所有名号，或称宰桑、或称台吉，均系颇罗鼐、珠尔默特那木扎勒混行加给职衔，于体制亦有不符。应酌定，现有之头目八人，均授为固山达名色，属下仍选择八人授为佐领，再选八人授为骁骑校，俱照例给以顶戴，递相管束，俱归驻藏大臣统辖。每佐领各派十名，共八十名，驻拉萨以备差遣，并护卫达赖喇嘛。其食用口粮，仍照旧例由达赖喇嘛仓上供应。一切调拨，均依驻藏大臣印信文书遵行，噶伦、代本等不得私自差遣。一切官员之革除补授，俱由驻藏大臣商明达赖喇嘛施行。每年查察该蒙古内如有勤劳恭顺者，酌加奖赏；倘有不遵法度者，严加惩责。至蒙古人中，向住拉萨以资餬口之少数人，应查明存案，准其留住拉萨，以资养生。庶各蒙古均得仰沐天恩矣。

上述各条章程，乃系本大臣会同达赖喇嘛，查照旧例，与公班智达会商拟定。噶伦、代本、第巴、头目等所有僧俗大小官员，均应仰体皇恩，恭敬达赖喇嘛，俾西藏众百姓不仅可享安乐，亦可济福子孙。对此若有违犯，则据情节轻重给予惩治，罪重者必予诛之。今特派各头目前去，立章定制，晓谕阖藏众百姓，遵照执行，不得有违。

（原件藏文　西藏档案馆藏）

二十九条章程订立前，两次反击廓尔喀侵藏期间所订章程以及有关奏折和谕旨

谕鄂辉等事竣之后应订立章程

乾隆五十四年（1789）二月十七日

大学士领侍卫内大臣诚谋英勇公、大学士领侍卫内大臣忠勇伯字寄钦差成都将军、参赞大臣提督、御前侍卫侍郎副都统、驻藏办事副都统。

乾隆五十四年二月十七日奉上谕：“鄂辉曾将收复宗喀地方及巴勒布起衅情由查奏。巴勒布乃小藩，断不敢无故滋生事端，必为藏地人众逼迫所致。等因。业经降旨。今据鄂辉奏称，唐古特之众不用巴勒布人等所铸新钱，又卖给彼等次盐，增收税课，再已故噶伦索诺木旺札勒勒揹巴勒布商贾，巴勒布心怀不平，无可雪愤，遂入侵藏界。等因。果不出朕旨。鄂辉等已往聂拉木、济咙，巴勒布贼众不敢妄抗，此时如已收复聂拉木、济咙，朕之屡次所降训谕，相应亦已祗领。若将此寄信鄂辉、成德、巴忠，克复聂拉木等地后，即遵朕之节次所降谕旨，明白开示巴勒布等，妥办定边事宜，撤回兵弁。

兹虽事竣，撤兵后藏内诸务，倘不订立章程，复有贼匪入侵，无所防

备，又需大张办理，藏众亦不得长享安宁。以前补放藏地噶伦、戴本、第巴，均由达赖喇嘛专办，驻藏大臣竟不与闻。倘达赖喇嘛明理，择优补放，于事犹有裨益。现在达赖喇嘛朴实无能，不能掌事，仅仗近侍喇嘛办事，凡有噶伦、戴本、第巴缺出，未免轻听属下人等情面补放，譬如噶伦索诺木旺扎勒、第巴桑干等，即为明证也。（朱批：肆意妄行，招致此端。）兹新疆回部补放大小伯克，即由驻扎办事大臣等拣选补放，嗣后当照补放回部伯克之例，专责驻藏大臣拣选藏地噶伦、戴本、第巴（朱批：袭其旧例亦该如此。）拣选（朱批：优者。）请补，方为于事有益。（朱批：亦为达赖喇嘛矣。）并著驻藏大臣等，平素先将众噶伦、戴本、第巴，或优或劣，悉心查察，俟缺出拟补时，更自有主见，不为属众所惑，而于偶遇紧急事件差遣，亦可期得力。驻藏大臣内或有不肖者，每年达赖喇嘛、班禅额尔德尼遣使呈进丹书〔克〕，顺便将驻藏大臣错谬之处据实陈奏，亦无不可，朕即重治其罪，决不宽恕。自平定回部以来，派令大臣等前往驻扎办事，近三十年，亦只有素诚、高朴、格绷额三人，其案一经查实，朕即正法，并未稍有姑息，众所周知，嗣后藏内噶伦、戴本、第巴等缺出，驻藏大臣等务必秉公择优请补，断不可徇私，自贻伊戚。

再，藏内地广人稀，界连外藩，平素虽有弁兵之名，而于如何操练，如何防守，如何给予口粮之处，并未定条规。此时巴勒布忽然滋扰，竟至不能调遣。且因俱系未经战事、训练无素之众，纵贼猖獗，劫掠聂拉木、济咙、宗喀地方，以致调发内地大兵办理。此事甚关紧要，亦应订立章程，永远遵行。嗣后，藏内挑取兵丁一二千名，每年应于何时操演，各隘口如何防守，边界地方如何安设台站，务须妥协定议。但彼等皆以种地、牧放为主，宜将藏内各地方气候寒暑及与外藩相距远近详晰查明，务必不误唐古特之众生计、农耕，牧放之期，而又能实力操阵，酌定何时当于何处设兵驻防，何时降雪不需设防，可撤回兵弁，令其休养，或于永远防守如何轮番驻守之处，妥为核定。此项兵丁，务须酌给口粮。今所以大加整顿者，将为保护达赖喇嘛、班禅额尔德尼，并全藏地方起见。所需各项，由达赖喇嘛、班禅额尔德尼商上内均匀支给，亦属合宜。惟达赖喇嘛、班禅额尔德尼商上内能否敷发，亦当核计，将达赖喇嘛、班禅额尔德尼商上内如何支给，如何均取于众之处，熟议筹划办理。著传谕巴忠，将朕怜悯阖藏人众，谋其长治久安之策，详悉晓谕达赖喇嘛等知之。

此时普福尚不能抵达，舒濂谅已到彼，鄂辉、成德、巴忠可即与舒濂会同妥议，俾日后遵循妥办，得有主持也。著将此均寄给鄂辉等遵行。此谕六百里加急传递。钦此。”

遵旨寄信前来。

将此缮写四份，分装钤印封套，交兵部日驰六百里加急递交鄂辉、成德、巴忠、舒濂。

（一史馆藏军机处满文巴勒布档）

鄂辉等奏酌筹西藏善后章程

乾隆五十四年（1789）六月十三日

鄂辉、成德、巴忠、舒濂、普福同奏言：窃惟巴勒布震慑天威，现已畏罪输诚，设誓定界。自此藏地敉宁，边疆永靖，皆赖圣天子德威远播，故能使从古未经向化之番夷，倾心归服。臣等不胜庆幸之至。惟藏地噶布伦等素安苟简，诸事废弛，自当亟为整顿。臣等谨遵皇上节次训谕，酌定善后事宜，分晰条款，开列于后：

一、后藏应酌拨绿营官兵以资防卫而壮兵威也。

查，札什伦布为班禅额尔德尼驻锡之地，其西南一带，毗连巴勒布等部落，相距前藏千有余里，风气悬殊，自应因时制宜，量移官兵驻扎。查，前藏向驻绿营官兵五百十员名，该处人烟辐辏，且有驻藏大臣弹压稽查，尽足以资重镇。若于札什伦布地方酌派官兵驻防，不惟足资保障，而于前藏声势益觉联络，臣等公同酌议，东台察木多及江卡、硕板多三处，原设之兵为数本多，而硕板多驻有都司一员，此一带极为宁谧，该处所驻官兵不过防范地方、接送文报之用，似可无需多兵。今拟于察木多抽拨外委一员、兵丁六十名，江卡抽拨兵丁三十名，硕板多抽拨都司一员、兵丁二十名，前藏抽拨兵丁四十名，以上四处共抽拨兵丁一百五十名，即令抽拨之都司、外委管领，移驻后藏。再于马兵内拨拔二人作为军功外委，随同管束兵丁，如果始终勤慎，遇有缺出，即行坐补。所有各兵应得之项，俱照西藏向例支给。至官兵钱粮应在西藏粮员处按月支领，饬令该都司分散。所有加增之项，为数亦无多，统归西藏台费项下造报，以昭画一。再，后藏既经移驻官兵，由彼至前藏一路，亦应添设塘汛，以通声势。计前藏至后藏一千余里，酌分安塘汛十二处，每塘挑选附近番兵四五名，就地添设，并交噶布伦等办给口粮，均令驻防后藏都司随时稽查管束，以专责成。至官兵所需房屋，现在札什伦布有空闲寨落一处，极为宽敞，足敷官兵居住，毋庸另为添盖。

一、后藏之拉子、萨喀、胁噶尔一带，应设唐古忒番兵防戍，并宗喀、济咙、聂拉木等处，均宜修筑战碉，以资防范也。

查，自后藏至巴勒布番界尚有一千数百里，其拉子、萨喀、胁噶尔三处，地势最为扼要，必当添设唐古忒防兵，方足以壮声势。应于拉子地方添设精壮唐古忒番兵二百名，并派第巴二名管领，按一年一次更换。查，胁噶尔地势险峻，原建喇嘛寺、官寨、碉房，均在山冈，极为巩固，是以前经巴勒布贼番攻围月余，未能得手。第该处水土恶劣，不便添设多兵，且附近番民，尚能防守，今拟于拉子防兵内拨出三十名，安置胁噶尔地方，协同本寨番众互相防守。其萨喀一处，相距拉子不远，亦即于防兵内拨出三十名轮赴该处以资巡哨。至所需口粮盐菜，应于藏内自行支给，在伊等噶沙克公所税羡内开销，仍报明驻藏大臣查核。再，宗喀、聂拉木、济咙等处，远在极边，冬春雪大冰坚，行人每致阻遏。此一带寨落无多，无须添兵防戍。其紧要处所，须令修砌卡隘、坚碉，以资瞭望而严防守。所有现设拉子等处防兵，均交驻防札什伦布之都司暨管辖之戴绷时加训练，仍于驻藏大臣巡查之便，亲加查阅，分别劝惩，庶操防两有裨益。

一、全藏唐古忒兵丁，应遵旨酌定操演技艺以资防护也。

查，西藏番兵，皆以耕牧为生，不便令其照官兵常川操练。但不定期演习，竟致武备不修，殊非体制。臣等现饬噶布伦、戴绷等按其寨落多寡，编定数目，前藏应派唐古忒兵丁八百名，后藏应派唐古忒兵丁四百名，均于每岁九月望后操至十月底止，随同驻防绿营兵丁一体练习，事毕令其各回本寨，照常安业。如此更番教演，年复一年，既可造就成材，以资防御，亦不致有妨农事，实于藏地有裨。至操演枪箭之法，必得指教之人。查前后藏现皆设有绿营官兵，即于此内挑取技艺纯熟之千、把、弁兵数十名，充为教习，令其分领唐古忒番兵逐日操练。每年令驻藏大臣亲为校阅，择其学习纯熟者，酌加奖赏，其教习之弁兵，亦察其所教之番兵材技优劣，分别劝惩。惟唐古忒兵向无钱粮，今定于派出操演日起，至散操日止，令噶布伦于伊等办事噶沙克公所，酌量按日给予口粮，并令驻藏大臣时加查察，毋许短发。又，达木之兵向驻达木角地方，离藏较远，未便调来操演，又不可听其自便。查前藏本有轮派应差达木兵八十名，向系随时换班，今应改为一年两次更换，归入操演番兵数内，一体教习。此项应差之兵，向在达赖喇嘛商上支给口粮，应仍照旧供支。至胁噶尔现拟添驻番兵，又宗喀、济咙、聂拉木原有番兵，应交该处戴绷等遵照前后藏之例，一体按时操演。仍令后藏都司就近稽查，以收实效。再，番兵等操演器械，率多未备。查达赖喇嘛商上暨噶布伦公所，尚有存贮枪刀器械，应令噶布伦等随时修整，凡遇操演之期，即行按名给领。操演事毕，仍缴该噶布伦等收贮。所需药弹，查此次派调官兵除施放外尚有余存，应即于此项内如数借给，并酌定工料价值，令噶布伦等于公项内照数缴还驻藏游击衙门，遇便解省代为配制，随同驻藏官兵应用药弹搭解来藏，随时发给应用。又，查达赖喇嘛山上存有大小铁炮二十余位，应择其堪用者，编定号数，嗣后凡遇操兵之期，令绿营官兵带领番兵试演准头，学习施放，演毕仍即妥为收贮，以期武备修明。

一、西藏粮产应建仓备贮以济缓急也。

查，内地州县皆有仓储，诚属有备无患之计。今西藏远在极边，处处毗连外番，凡兵粮武备，所关尤为紧要。臣等悉心筹酌，藏地稞麦，价值亦不甚昂，应请即于今岁秋收后，查明实在时值，动项发交噶布伦等在附近各处公平采买米麦三千石，交驻藏粮员于札什城内建立仓廒，妥为收贮。俟采买二年后，即按年出陈稞麦一千五，分散兵丁作为口食，由各兵应关饷银内照原价值作扣，总以六千石常贮为额。至拉里、察木多、巴塘、里塘四处粮台，亦皆各有粮员，且系通藏大道，而察木多尤为川藏适中之地，亦请一体贮备，各按该处地方情形，不拘米谷、稞麦，按照市价，每年采买五六百石积贮。俟买足二千石后，亦当设法出陈易新，以免霉变之患。应交该处第巴、土司按二三年一次出易，仍责成驻藏大臣暨该管各土司留心稽察。如有不肖粮员短价勒买，侵渔滋弊者，即予严参治罪。至所需粮价及修建仓廒之费，应请即于台费项下核实支销，毋许稍有浮冒。至察木多迤西两台库贮及每年采买粮石，交驻藏大臣按年派出熟悉夷情之司员等，轮班前往稽查一次。其巴塘迤东两台，交四川总督按年派打箭炉附近丞倅官员前赴该处稽查一次，以昭慎重。

一、驻藏大臣与达赖喇嘛办理事件，应酌定章程，并补放第巴，无论缺之美恶，均当亲往办事，以杜规避而重责成也。

查，西藏旧规，凡补放堪布喇嘛，系在众喇嘛中挑取熟习经典者补放，本与政体无关，原可不必与驻藏大臣商办，似应听其照旧办理外，至差遣堪布囊素赴京进贡，并赴打箭炉购办茶包，皆系经行内地，往返需时，且有夹带货物之弊，应请嗣后凡遇差使进京及赴内地购办物件，均由驻藏大臣会同达赖喇嘛及噶布伦等拣选体面妥人，给与护牌，将需用夫马酌定数目，注明牌内，沿途照牌支给，以杜需索骚扰。再，西藏所属寨落，设立第巴管理，缺分甚多。其间美恶不齐，然皆地方应办之事。访询从前陋弊，若遇好缺，则所放之人，亲往办理。设其地苦寒，或系偏僻之处，则令家丁代往照料，而本人竟自安居在藏。此等规避积习，实为误事之由。臣等公同商定，饬令噶布伦等，嗣后无论缺分美恶，一经补放之后，即令该第巴亲往办事，毋许逗留不前，更不许擅派家丁代理。臣舒濂、普福仍随时查访，倘有复蹈前辙，规避误事，立予黜革，另行补放。倘该噶布伦等徇情弊混，查出一并治罪。

一、驻藏大臣应每年亲历后藏一带巡查，并将该处防兵就便查察。其噶布伦等亦当按年亲往各处巡查一次，以重地方也。

查，后藏系班禅驻锡之地，现拟于该处添设官兵防戍，必须驻藏大臣随时稽查弹压，方为有益。臣等公同商酌，嗣后应于驻藏大臣二人内，按年分为两次，轮赴后藏，就使前至各处巡查，亲加操演，分别劝惩，用昭体制而示威严。再，查前后藏番众散居各处，向设大小第巴不下二三百名，分管地方，皆归噶布伦等总理。其在近藏之区，尚易稽查，而相距窎远之处，耳目难周，遇有事件惟据该管第巴所报之信，即便听从。该第巴等贤愚不一，平日能否管束番民，与夫声名美恶，亦皆置之不问，遂致因循成习，日见废弛，自应亟为整理，以挽颓风。且该噶布伦等身为领袖，总管地方，乃平日安居住藏，从不亲往各处巡查，即如此次巴勒布侵犯济咙、聂拉木等处，询之该噶布伦等，均不知该处地理情形。复查询戴绷等，亦佥称从未到过。可见历来无人经理之明验。请嗣后饬令噶布伦等，于四人内每年轮派一人，择春秋农隙之时，亲往各处巡查一次。春间赴后藏宗喀、济咙、聂拉木等处查看界址，并稽查收税盐务等事，秋间赴迤东一带周历访查，遇有番民事务，随处查办。如第巴等或有贪苛不法之事，即行禀明革究，另选妥人更换。倘该噶布伦等有回护隐饰及挟嫌诬捏情弊，仍令驻藏大臣查出创惩。如此，则一切地方情形，皆可周知。即不肖之第巴头人，知有驻藏大臣暨噶布伦等轮流巡察，亦不敢任性妄为，实与藏地大为有益。

一、驻藏大臣应同居一处，遇事商同办理，以期公务有裨也。

查，从前驻藏大臣二人，原系同居一处，自珠尔默特纳木札勒滋事以后，将伊房屋入官，该大臣等始行分居两处，实于办理公事，未为周妥。

查，前藏之撒穆珠康撒尔住房即系从前珠尔默特纳木札勒旧居，房屋甚为宽敞，足敷驻藏大臣二人分住，且同居一处，凡有公事，即可随时商办，尤为慎密，而于管束家人跟役，互相稽查，均属有益。现在臣舒濂、普福即同居撒穆珠康撒尔院内，诸事和衷妥办。嗣后，驻藏大臣，均应钦遵谕旨同住，毋许私自迁移。至前此所占河渠地方，已经砌墙隔出，仍交商上归还原业主经营。

一、西藏贸易外番，应令噶布伦等公举妥实第巴，协同该处派来头目善为抚驭，以备稽查也。

查，西藏市集多系卡契番回并巴勒布之人，向来贸易佣工任听往来，从不加以查考。该处虽派有头人在藏管束，而番夷杂处，奸良莫辨，藏地之人，又复性多贪鄙，往往逢强则畏，遇弱则欺。如巴勒布在藏佣工贸易之人，竟有被已故噶布伦索诺木旺札尔勒取强买情事。自宜专委妥人，协同经管，庶可永久相安。应请嗣后公举体面老诚第巴一人，协同该处派来头目专管卡契回民暨巴勒布二项，平日善为抚驭，不许互相欺压。设有口角竞争之事，即便秉公调处。一切买卖务须公平交易，并于季底将外番在藏去来之人，密为查报，仍责令噶布伦等随时访察，倘有第巴头人及官弁兵役倚势勒买，苦累外番者，即据实回禀驻藏大臣，严拿究治。如此阳为抚驭，隐寓稽查，则内外番夷，均知感畏矣。

一、汉番争讼，应酌定条规，以昭公慎也。

查，西藏遇有鼠牙争讼之事，向设有管理刑法头人，番语呼为郎仔辖。凡犯罪者俱照夷例分别重轻，罚以金银、牛、羊，即行减免。查，唐古忒番人自相构讼，原不妨听其照夷例完结，若事有关系，亦当究办，不可听其罚赎了事。至番人与汉民并外番、西宁等处回民争讼，尤当秉公剖断，方为允当，若概交朗仔辖照本处番例议以罚赎，难保无偏护高下情弊。或办理稍有不公，必致滋生事端。是以臣等告知达赖喇嘛暨噶布伦等，嗣后除唐古忒番人所犯私罪，仍照旧发交朗仔辖按情妥办外，至有关涉汉、回、外番及别项公罪之事，无论大小重轻，均令该朗仔辖呈报驻藏大臣拣派妥干文武，会同审理，秉公剖结存案，毋许仍听郎仔辖任意议罚，致滋枉纵。

一、后藏抽收巴勒市税项，应量为酌减，毋得任意苛索也。

查，聂拉木、济咙、绒峡三处，均与巴勒布连界，为往来贸易冲衢，其抽税之事，非独藏地为然，即藏民营贩至彼，亦皆按货抽收。现在巴勒布来藏买卖匠工人等，亦有该处头人在藏收取税银。迩来贩运日多，巴勒布驮载货物来藏贸易者，第巴等收税加至十分之一，遂至互相争执，酿成衅端。臣等督饬众噶布伦，并查询巴勒布头人，详加晓谕，嗣后止准减半收取，如贩运番布一百疋，只许抽税五疋，余皆仿此，不许过于多收。仍令噶布伦等译出唐古忒及巴勒布两处番字立牌界所，永远遵循，并令驻藏大臣不时留心密加察访，倘有不肖第巴阳奉阴违，仍前多取滋事者，即行拿究，严行惩治。

一、藏地销售盐斤应分别高低，酌定价值，并拣派妥人经理，毋使掺杂滋弊也。

查，巴勒布地方素不产盐，全赖西藏札野元登卡擦噶所出盐斤，易回食用。其盐系于山谷砂土之中刨出，穷番随处挖得，背负行销，本不洁净，其中更有掺假朦混者，亦皆事之所有。今臣等督饬噶布伦等，并查询巴勒布头人，将前项情节，逐加开导，嗣后发运盐斤，务于小番等挖出之时，即交该处第巴查验盐斤成色，分别上、中、下三等，酌示定价。倘系易换粮食货物，亦须按照定价售卖，不许于定数之外故昂其价。如该第巴等敢于勒买勒卖，一经查出，或被告发，即严行究治。仍于交界处所立碑晓示，永远遵循。

一、台藏官兵应酌定听差应役数目，以实操防，并严禁弁兵雇役番妇以肃军纪也。

查，西藏防兵本为镇守番地而设，理应勤加操练，以壮军容，至于各衙门差遣应役之兵，亦须酌定数目，庶免藉故偷安。驻藏大臣衙门向来挑取官兵应役，均无定额，若上司衙门使令多兵，则将备以下亦皆从而效尤。边防戍守，较之内地营伍，尤为紧要，不可不限以定制。臣等遵旨公同酌定，嗣后驻藏大臣衙门，每处官役字识人等不得过四十名之数，游击衙门不得过二十名，都司不得过十五名，守备不得过十名，司员衙门酌定兵丁八名，笔贴式酌定六名，千总每员酌定跟役字识兵丁四名，把总每员酌定跟役兵丁二名，粮员衙门酌定看库兵丁十名，均令按期更换，轮班操演。再，驻藏大臣向有差遣官兵赴省制办赏号之例，往返动需数月，亦属有旷操防。而不肖官兵，每有多索乌拉，夹带货物，以致番民生怨，殊有关系。查，驻藏大臣赏需本可毋庸专差赴省制办，请嗣后按年咨明本省总督，饬司代为制办，凡遇解饷之便，顺带赴藏，既省弁兵往返之烦，亦不致有误操防，似觉两有裨益。又，查藏地雇役番妇之禁，久经奉行有案，惟是西藏唐古忒番妇向以服役谋生，兵民各有雇倩喂马、樵汲之事，相习成风，究非体制。臣等复严行出示禁止，并令该管将备时刻稽查，倘兵丁内仍敢雇役番妇，定即革退重责示惩，以除陋习。

一、噶布伦、戴绷暨第巴等缺，应慎选承充，以资治理而重地方也。

查，西藏向设噶布伦四人，总理全藏地方事务，其戴绷系管领番兵之员，第巴为守土之官，均关紧要。请嗣后均着驻藏大臣督同拣选，商之达赖喇嘛，必须端正勤能，明白晓事者，方克胜任。遇有缺出，亦应于诚实勤妥之子弟中，慎选承充。若年幼无能，当令先行学习，然后酌补，不得因其父兄所遗之缺，遽令承充，以致误事。其业经拣补者，仍须留心查访，如有狃于安逸，始勤终怠，以及行止不端之处，立即革退惩治，另为挑补。再，查西藏第巴、营官、商卓特巴等不下二三百缺，若俱逐一拣拔奏补，未免过繁，而驻藏大臣亦不能尽知优劣。应请嗣后凡于紧要地方第巴营官缺出，臣舒濂、普福于噶布伦等保送人员内查验才具，商之达赖喇嘛拣选补放，其偏僻远处第巴等缺，仍令达赖喇嘛自行选择妥人，令噶布伦等出具保结补放，以省纷纷调取之繁。

一、驻藏理藩院司员专司藏地番务，驻藏游击亦系三品大员，应请给予关防以昭信守也。

查，西藏由理藩院派来司官一员，承办达木额鲁特及三十九族番子事务，其游击统领弁兵五六百名驻藏。自派设以来，向未议给关防，凡遇行调催征支领，若无印篆，难以凭信，仰恳圣恩敕部铸给办理西藏番务章京关防一颗、驻藏游击关防一颗，俾办事呼应较灵，于一切缓急公务，实有裨益。

一、胁噶尔新设戴绷，其缺甚为紧要，请援例赏给号纸，以专责成也。

查，宗喀、济咙、聂拉木等处，远在胁噶尔数百里以外，地处极边，为巴勒布往来门户，其收税行盐等事，均关紧要，现在饬令噶布伦等拣派妥干第巴三人，分头安设。又选老成能事戴绷驻扎胁噶尔地方，统辖宗喀、济咙、聂拉木三处，令其就近稽查。第思统辖该三处之戴绷一缺，较他处实为繁重。从前西藏阿哩地方之第巴，因缺分紧要，经班第奏准，由部颁给号纸承领收执在案。今胁噶尔戴绷经理边防，尤为要任，应请照阿哩第巴之例，由部发给号纸，以专责成。该戴绷三年之内，如果勤慎办公，边防安帖，由驻藏大臣加以奖励，俟有噶布伦缺出，即行奏请升补，以示优异，倘敢疏懈废弛，立即革退治罪。所有给发号纸应缴回驻藏大臣处，交新任戴绷收执，以重职守。

一、内地拨解西藏军饷，请照旧改用元宝，以免沿途滋弊而利行使也。

查，从前解赴打箭炉口外兵饷，皆系整锭元宝，装鞘起运，番地行使，较为贵重。迨后止解散碎银两，虽有该藩司印花封固，但自省至藏，几及万里，山路崎岖，艰险异常，重物驮载，行走数月之久，难免碰跌遗失，各站互相推卸，殊非慎重之道。更查打箭炉口外至西藏一带番地，均以元宝成色为足，买卖交易，彼此争趋，若将散碎之银购买物件，番民每以银色平常，率相拣择，压估成色，深为未便。应请嗣后凡有应解打箭炉口外银两，俱以整锭元宝起运，不惟途间可免损失之弊，而于兵番利用，均有裨益。

一、请酌添赏需，策励各兵以昭激劝也。

查，西藏向有赏需一项，系蒙皇上轸念达木官兵素无钱粮，令将三十九族每年所交例马银三百九十余两，买办缎疋烟茶银牌，按年奖赏达木官兵一次，此外再无别款，今既添设唐古忒番兵，按期操演，而驻藏大臣每年应亲历巡查，若不量加奖赏，未足以示鼓励。应请于例赏达木官兵银两之外，再于川省闲款内每年加给银五百两，交与总督衙门饬办缎布、烟茶、银牌等项，遇便搭解赴藏，随时赏用，仍令据实造册，按年咨送总督衙门报部查核。至此等赏需物件，内地承办官兵倘有偷减冒销，混以不堪之物搪塞，准驻藏大臣随时查验，移咨总督查参。

一、东西台站应划分内外经理，以速公务也。

查，自打箭炉出口，以至西藏一切事务，向归驻藏大臣管理，但里塘、巴塘与川省较近，而于西藏甚远，遇事往返批行，实属鞭长莫及，况巴、里二塘皆有土司管理，原非西藏所属，似应就近划分综理，俾免耽延。臣等酌议，嗣后自南墩迤西一路，凡届西藏所管之地，仍照旧归驻藏大臣管理，其巴塘以东土司所管地方事务，均归川省将军、督提衙门就近办理。至江卡、乍丫、察木多，并移驻后藏各营汛台站官兵，统归驻藏大臣总理。其巴、里二塘安设塘汛官兵，就近归川省阜和协副将兼辖。此后凡有地方事件，在南墩迤西者，禀报驻藏大臣听候核办，在南墩以东者，由打箭炉文武各官禀报川省将军、督提衙门办理。如此各有攸司，则内外皆得随时整饬军务，咸归妥速矣。

一、派驻台藏文武官员三年期满，请援两金川屯员边俸之例，量予升擢，用示鼓励。其换班官员，应拣派干练之人以重地方也。

查，自打箭炉出口以至西藏，向于川省文职内派委州县丞倅分管里塘、巴塘、察木多、拉里、前藏粮饷事务，武职内派拨游击、都司、守备、千把带兵分驻巡防，均按三年一次更换，向未定有边俸升迁之例。查，自打箭炉以外，在在冰山雪径，路绕羊肠，且有弹压番民巡防夹坝之责，该文武等官，远役三年，往返几及四载，其中不乏抚驭有方、任劳出力之人，向来期满回住，并无保题升转之途，似与鼓励之道不无稍缺。伏查，两金川营屯各员，三年报满，仰蒙圣恩，均准保题升用，是以人知踊跃，而松潘及打箭炉沿边各缺，亦有五年推升之例。今西藏台站文武各官奉差远戍，程途远倍金川，地方更为寒苦，且经理尤关紧要，若不量予升迁，未免向隅。仰恳皇上天恩，嗣后驻防台藏文武等官，请照金川营屯之例，果能抚辑番众，勤慎操防，急公任事者，亦于三年期满更换加任时，由驻藏大臣出具考语，奏明咨送本省将军、督提考察，准予保题，照边俸报满之例，一体升用。其循分供职者，照旧撤回本任。倘有懈于操防，废弛不振，甚或纵令兵役滋扰苦累番民者，即行参办，以昭炯戒。至把总、外委微末员弁，如有勤慎出力者，亦须酌量奖拔，怠玩者随时责革。如此明立劝惩，则凡有志向上之员，自必情殷报效，奋勉争先。而文武同心协力，共相整饬，洵于台藏边防均有裨益。再，此等驻防台藏官员兵丁，皆为管理粮饷弹压地方而设，自应选派妥人，始为有裨。并请嗣后交该省将军、督提等，凡遇应换之期，务须留心拣派，勿以庸劣老弱之辈，滥行充数，以收实效。

以上整饬西藏各款，臣等遵旨悉心筹酌，共议得十九条，并逐一告知达赖喇嘛、班禅额尔德尼，极为感激，统俟圣明训示到日，即行缮写番文，晓谕卫藏人等，一体恪守，妥为经理。

奏入，上命军机大臣议奏。旋经军机大臣逐款照覆。惟所称藏地采挖盐斤，交该处第巴查验，分别高下，定价售卖之处。查藏内穷番挖盐，俱系随时零星售卖，若概令赴第巴处呈验定价，该番等销售稍迟，于食用殊多未便。应请嗣后藏地番民自相交易，仍听其自便外，惟与巴勒布易售盐斤须令该第巴查验成色，分别上、中、下三等，酌定价值，以归公允。又，严禁弁兵雇役番妇一节，查番俗因男番大半为僧，妇女闲寡者不少，唐古忒番妇向以服役谋生，且兵民等多有雇倩樵汲缝纫之事，若概行严禁，该番妇等养赡无资，势必穷蹙无归，不得不与兵民私相来往，明为禁革，而暗中仍行雇觅，转恐致有奸宿情事，一经犯出，均当从重问拟，是欲惠番而转增一治罪之条，亦多未便，应请嗣后仍准其照旧服役，但必须该管将备晓谕严明，随时稽察，毋许有奸情等事，倘有犯者，即将该兵丁斥革惩治。并将不能查察之将备，一并议处。庶番妇不致艰于谋生，而兵丁等亦各知敬畏。奏入，上命如议速行。

（《钦定巴勒布纪略》卷二二）

和珅等遵旨议覆鄂辉等奏西藏善后事宜十九条折

乾隆五十四年（1789）六月二十七日

臣和珅等谨奏，为遵旨议奏事。

鄂辉等奏，巴勒布侵占藏地全行收复，现在设誓定界，酌筹善后事宜一折。乾隆五十四年六月十三日奉朱批："军机大臣议奏。钦此。"臣等谨将该将军等所奏各条，悉心核议，伏候圣裁。

一、后藏应酌拨绿营官兵以资防御一款。

据称，前藏向驻绿营官兵本有五百十员名，该处人烟辐辏，且有驻藏大臣弹压稽查，尽足以资镇守。若于扎什伦布地方，酌派官兵分驻，不惟足资保障，而于前藏声势益昭联络。请于察木多抽拨外委一员、兵丁六十名；江卡抽拨兵丁三十名；硕板多抽拨都司一员、兵丁二十名；前藏抽拨兵丁四十名，以上四处，共抽拨兵丁一百五十名，即令抽撤之都司、外委管领，移驻后藏。再于马兵内挑拔二人，作为军功外委，管束兵丁。所有官兵应得各项，俱令照西藏官兵一例支给。至官兵钱粮，请在西藏粮员处按月支领，饬令该都司分散。再，后藏既经移驻官兵，由后藏至前藏一路，亦应添设塘汛。请分安塘汛十二处，以唐古忒番兵安设，每塘挑选附近番兵四五名，并交噶布伦等办给口粮，均令驻防后藏都司随时稽查管束。等语。

查，扎什伦布为班禅额尔德尼住锡之地，其西南一带，毗连巴勒布等外番部落，相距前藏千有余里，道路遥远，声气不甚联络，自应因时制宜，量移官兵驻扎。该将军等所奏，东台察木多及江卡、硕板多三处，原设之兵本不过防范地方，接送文报之用，原可无需多兵，致令闲旷。自系该处实在情形。应准其按处抽拨兵丁共一百五十名，即令抽撤之都司、外委管领，移驻后藏，以归实用。其官兵钱粮，即在西藏粮员处按月支领，饬令该都司分散，统归西藏台费项下造报。至添设塘汛，以达邮传，安设番兵，以省繁费，自为保护藏地起见，均应如所奏办理。所有官兵移驻之处需用房屋，该将军等奏，扎什伦布现有空闲寨落一处，极为宽厂〔敞〕，足敷驻用。亦应照所请，即令官兵驻用，毋庸另为添建。

一、后藏之拉子、萨喀、胁噶尔一带应设唐古忒番兵，并宗喀、济咙、聂拉木等处均宜修筑战碉以资防范一款。

据称，拉子、萨喀、胁噶尔三处，地势扼要。拉子地方，请添设唐古忒番兵二百名，并添第巴二名管领，按一年一次更换。胁噶尔虽有附近番民防守，请于拉子防兵内拨出三十名安置胁噶尔地方。其萨喀一处，距拉子不远，亦即于防兵内拨出三十名轮赴该处，以资巡哨。所需口粮盐菜，即于藏内自行支给，在伊等噶沙克公所税羡内开销，仍报明驻藏大臣查核。再，宗喀、聂拉木、济咙等处，远在极边，寨落无多，虽无需添兵防守，其紧要处所须令修砌卡隘坚碉，以资瞭望而严防守。等语。

查，自后藏以至巴勒布番界，倘有一千数百里，其拉子、萨喀、胁噶尔三处，地势最为险要，自应添设唐古忒防兵，以壮声威。所有拉子地方，应如该将军等所奏，准其添设唐古忒番兵二百名，并派第巴二名管领，按一年一次更换。至所称胁噶尔地势险峻，官寨碉房极为巩固，又水土恶劣，不便添设多兵。其萨喀一处，亦相距拉子不远，拟于拉子防兵内拨出安置。等语。自系该处实在情形。应如所奏，准其于拉子防兵内拨出三十名，安置胁噶尔地方，协同本寨番众互相防守。其萨喀一处，亦准于防兵内拨出三十名轮赴该处，以资巡哨。所需口粮盐菜，即饬令噶布伦等俱于藏内按月给予，即在伊等噶沙克公所税羡内开销，毋得丝毫克扣；再，宗喀、聂拉木、济咙等处，虽寨落无多，无须添兵防守，其紧要地方仍应修砌卡隘坚碉，预为整备。所有现设拉子等处防兵，均交驻防扎什伦布之都司暨管辖之戴绷，时加训练。该驻藏大臣仍应于巡查之便，亲加查阅，分别劝惩，庶于操防两有裨益。

一、全藏唐古忒兵丁宜酌定操演以资防护一款。

据称，西藏官兵皆以耕牧为生，若不定期操演，竟致武备不修。现饬噶布伦等，按其寨落多寡，编定数目。前藏派唐古忒兵丁八百名，后藏派唐古忒兵丁四百名，于每岁九月望后操至十月底止，随同绿营驻防一体练习。至操演枪箭之法，于绿营内挑取技艺纯熟之千把弁兵数十名充为教习，令其分领番兵，逐日练习。惟唐古忒之兵向无钱粮，今定于派出操演日起至散操日止，令噶布伦等酌定按日给予口粮。又，达木之兵向住达木角地方换班应差，今一并归入操演番兵数内，一体教习，仍照旧令达赖喇嘛按月支给口粮。所有操演器械，查达赖喇嘛商上暨噶布伦公所尚有存贮枪刀器械，应令噶布伦查出修整，操演之期按名给领。所需药弹，此次派调官兵，除施放外尚有余存收贮，即于此项内扣数借给，并酌定工料价值，令噶布伦等于公项内照数缴还，驻藏游击衙门代为配制，随同驻藏官兵应用药弹搭解来藏，随时发给应用。又，查达赖喇嘛山上旧存大小铁炮二十余位，其堪用者编定号数，令绿营官兵带领番兵试演准头，学习施放，演毕仍即妥为收贮。等语。

查，藏内虽有唐古忒兵丁之名，向不操演，以致临事毫无纪律。今据该将军等奏请派令唐古忒兵更番教演，一体练习，自为造就兵丁以资防御起见。应如所奏。前藏派唐古忒兵八百名，后藏派四百名，均于每岁秋收后，自九月望后操至十月底止。并准其于前后藏绿营官兵内，挑取技艺纯熟之千把弁兵分领番兵充为教习。每年仍令驻藏大臣择其学习纯熟者，酌加奖赏。其教习之弁兵，亦视所教番兵材技之优劣，分别劝惩、其所需口粮，应令噶布伦等，即于操演日起至散操日止，于伊等办事噶沙克公所酌令按日给予，并令驻藏大臣时加查察，毋许短发。至达木之兵，原系额鲁特支派，自青海拨来，向住达木角地方，前藏本有轮派应差达木兵八十名，向系随时换班应差。今即以此项差兵改为一年两次更换，交绿营将备，一并归入操演番兵数内，轮流操演，而按月口粮，仍令达赖喇嘛商上照旧供支。至宗喀、济咙、聂拉木原有番兵，仍交该处戴绷等按时操演，后藏都司就近稽查。所有操演器械及演放药弹，并旧存炮位，均照所议办理，以期武备修明。

一、西藏粮台应建仓备贮以济缓急一款。

据称，内地州县皆有仓储，西藏远在极边，处处毗连外番，凡兵粮武备，尤关紧要。奴才等悉心筹酌，藏地稞麦亦不甚昂，请于今岁秋收后，查明实在时值，动项发交该噶布伦等，在于附近各处公平采买米稞麦三千石，交驻藏粮员，于扎什城内建立仓廒，妥为收贮。俟采买二年后，即按年出陈易新，总以六千石常贮为额。至拉里、察木多、巴塘、里塘四处粮台，皆各有粮员，而察木多尤为川藏适中之地，亦请一体储备。所需粮价及修建仓廒之费，应请即于台费项下核实支销。等语。

查，西藏安设边防，原为保护前后藏番民而设。既有官兵驻扎，自宜备贮口粮，方足以资缓急。且藏内既有粮员，饬交经理，亦属便易。如此次巴勒布滋扰后藏边界，调派内地官兵前往，该噶布伦等不能先事预筹，以致上烦圣虑，若非谕旨指示详明，则办理难免贻误。嗣后应如该将军等所奏，动项发交该噶布伦等，于每岁秋收后在附近公平采买米稞麦三千石，交驻藏粮员。于扎什城内酌建仓廒，妥为收贮。俟采买二年后，即按年出陈稞麦一千石，分散兵丁，作为口食，由各兵应关饷银内照原买价银坐扣。总以六千石常贮为额，倘遇有夷务边情，足可以资接济。至拉里、察木多、巴塘、里塘四处粮台，亦皆各有粮员，而察木多尤为川藏适中之地，向设将弁兵丁在彼驻扎，凡遇官兵经行，尤须按站支给裹带，若由内地运送，需费较多，亦准其交各该粮员，按各该处地方情形，不拘米谷稞麦，各按市价，每年采买五六百石积贮。俟买足二千石后，亦当设法出陈易新，以免霉变。应交该处第巴、土司，按二三年一次出易，仍责成驻藏大臣暨该管各上司留心稽察。如有不肖粮员短价勒买侵渔等弊，即予严参治罪。其所需粮价及修建仓廒之费，自应于台费项下核实支销，不得稍有浮冒。所有察木多迤西两台库贮及每年采买粮食，交驻藏大臣按年派出办理夷情司员等，轮班前往稽查一次。其巴塘迤东两台，交四川总督按年派打箭炉附近丞佐官员，前往该处稽查一次，从此台藏俱有备贮，不独于兵食有裨，而于边务益昭慎重矣。

一、驻藏大臣与达赖喇嘛公办事件宜酌定章程，并补放第巴无论缺之美恶均当亲往办事以杜规避一款。

据称，西藏所属寨落，设立第巴管理，缺分甚多，其间美恶不齐，然皆有地方应办之事。请饬令噶布伦等，嗣后无论缺分美恶，一经补放之后，即令该第巴务须亲往管事，毋许逗留不前，更不许擅自差派家丁代理。至差遣堪布囊素赴京进贡，并赴打箭炉购办茶包，皆系经行内地，往返需时。嗣后凡遇差使进京及赴内地购办物件，均由驻藏大臣会同达赖喇嘛暨噶布伦等，拣选体面妥人，给与护牌，将需用夫马，酌定数目，注明牌内，沿途照牌交给，以杜需索骚扰。等语。

查，西藏旧规，凡补放堪布喇嘛，向系在于众喇嘛中挑取熟习经典者补放，原可不必与驻藏大臣商办。至差遣堪布囊素，由驻藏大臣会同达赖喇嘛等拣选。给与护牌之处，应如该将军等所奏，拣选体面妥当者，给予护牌，以杜沿途需索骚扰之弊。再，西藏所属寨落设立第巴管理，访询从前陋弊，若遇好缺，则所放之人亲往办理；若其地苦寒，或系偏僻之处，则令家丁代往照料，而本人竟自安居在藏。此等规避积习，实为误事之由。今据该将军等所奏，嗣后无论美恶缺分，一经补放，该第巴即须亲往管事，毋许逗遛，自为整理公务，革除积习，均应如所奏办理。仍令驻藏大臣随时查访，倘有复蹈前辙规避误公者，立即斥革，另行补放；若该噶布伦等有徇情弊混者，亦一并治罪。

一、驻藏大臣应每年亲历后藏一带巡查并将该处防兵就便查阅，其噶布伦等亦当按年亲往巡查一款。

据称，驻藏大臣应于二人内按年分为两次，轮赴后藏，并即于各处巡查之便，亲加操演，分别劝惩。至前后藏番众散居各处，耳目难周，该噶布伦等总管地方事务，乃平日安居在藏，从不亲往各处巡查，以致该处地理情形全然不知。嗣后请饬令噶布伦，于四人内每年轮派一人，于春秋农隙时亲往各处稽查。等语。

查，后藏系班禅住锡之地，既拟于该处添设官兵防戍，必须驻藏大臣随时稽查弹压，方为有益。今该将军等奏请，嗣后于驻藏大臣二人内按年分为两次，轮赴后藏，就便于各处巡查之后，亲加操演，自为保护后藏地方起见。应如所奏，按年分为两次轮往，以示严威。至前后藏番众杂处各处，向设大小第巴不下二三百名分管，皆归噶布伦等总理。其近藏之区，尚易稽查，而相距窎远之处，耳目难周，遇有事件，惟听从该管第巴之夷信。该第巴贤愚不一，平日能否管束番民，与夫声名美恶，亦皆置之不问，遂致因循成习，日见废弛，自应亟为整理。嗣后准令噶布伦等，于四人内每年轮派一人，于春秋农隙时，亲往各处巡查一次。春间赴后藏宗喀、济咙、聂拉木等处查看界地，稽查收税盐务等事；秋间赴迤东一带，周历访查。遇有番民事务，随处查办，该第巴等，或有贪苛不法之事，准令噶布伦禀明革究，另选妥人更换；倘该噶布伦有回护隐饰，或有挟嫌诬捏等弊，仍令驻藏大臣即行查办，以示创惩。

一、驻藏大臣应同居一处，遇事商同办理一款。

据称，从前驻藏大臣二人原系同居一处，凡有公事，即可随时商办，而于管束家人跟役，互相稽查，均属有益，嗣后毋许私相迁移。等语。

查，自珠尔墨特纳木扎勒滋事以后，将伊之房屋入官，该处驻藏大臣始行分驻两处。今前藏之撒穆珠康撒尔住房，即系从前珠尔墨特纳木扎勒旧居，其地房屋宽广，足敷驻藏大臣二人分驻。且同居一处，凡有公事，即可随时商办，尤为慎密。所奏自为慎重公事起见，应如所请。嗣后驻藏大臣均应遵照同住，毋许私自迁移。倘日久再有分住，一经查出，即行究治。至前此所占河渠地方，已经砌墙隔出，均应照所奏，仍交商上归还原业主经管。

一、西藏贸易外番应着噶布伦等公举妥实第巴协同该处派来头目善为抚驭一款。

据称，西藏贸易外番，番夷杂处，奸良莫辨，必须老成体面之第巴，协同该处派来头目，专管卡契回民暨巴勒布二项，平日善为抚驭，不许互相欺压。设有争竞之事，以便秉公调处，务使公平交易。仍责令噶布伦等随时访察，倘有第巴头人及官弁兵役倚势勒买，苦累外番，即据实回禀驻藏大臣严拿究治。等语。

查，西藏市集，多系卡契番回并巴勒布之人，向来贸易佣工，任听往来，从不加以查考。该处虽派有头人在藏管束，而番夷杂处，奸良莫辨，藏地之人又复性情贪鄙，往往逢凶则惧，遇软则欺。如巴勒布在藏佣工贸易之人，竟有被已故噶布伦索诺木旺扎尔勒取强买情事。自宜专委妥人，协同经管。该将军等所奏，自为抚驭外夷起见，应如所请。准其公举体面老成第巴一人，协同该处头人，善为抚驭，不许互相欺压，一切买卖务须公平交易，并于季底将外番在藏去来人数据实查报。仍责令噶布伦等随时访查，毋许第巴头人以及官弁兵役倚势勒买，苦累外番。庶于抚驭之中隐寓稽查，而内外番夷均知感畏矣。

一、汉番争讼应酌定条规不得仍听朗仔辖议罚一款。

据称，向来西藏遇有争讼之事，系归管理刑法头人朗仔辖听断，俱照夷例分别重轻，罚以金银、牛羊，减免完结，恐有偏护高下等弊。现在告知达赖喇嘛暨噶布伦等，凡有关涉汉、回、外番等事，均令朗仔辖呈报，拣员会同审理。等语。

查，唐古忒番人自相构讼，原不妨听其循照夷例罚赎完案。但有番人与汉民、外番及西宁等处回民争讼之事，自应秉公剖断，方为平允。若概交朗仔辖照本处番例议以罚赎，其中难保无偏袒情弊。应如该将军等所奏，嗣后除唐古忒番人所犯私罪，仍照旧发交朗仔辖照夷例办理外，至有关涉汉、回及外番情事，无论大小轻重，均令朗仔辖呈报驻藏大臣，拣派干员，会同秉公审理，俾听断不致枉纵，而讼狱悉归平允。

一、后藏抽收巴勒布税项应量为酌减一款。

据称，聂拉木、济咙、绒峡三处，均与巴勒布连界，为往来贸易冲衢。其抽税之事，非独藏地为然，即藏民营贩至彼，亦皆按货抽收。现在巴勒布来藏买卖匠工人等，亦有该处头人在藏收取税银。迩来贩运日多，巴勒布驮载货物来藏贸易者，第巴等收税竟至十分之一，易致争执。以后止准减半收取，并令勒碑界所，永远遵循。等语。

查，抽收税银，自应按贸易多寡，量为薄征，岂容任意加增。前因巴勒布以第巴等多索税银，致起衅端，经巴忠参奏，将第巴治罪在案。嗣后应如该将军等所奏，凡有巴勒布来藏贸易者，其应征税货，如贩运番布一百匹，只许抽税五匹，以此类推，比前减半收取。仍令噶布伦等译出唐古忒、巴勒布两处番字，勒碑于交界处所，永远奉行，以示天朝厚施薄敛加惠番夷至意。倘有不肖第巴等阳奉阴违、仍前多取滋事者，应令驻藏大臣随时察访，拿究严惩。

一、藏地销售盐斤应分别高低酌定价值一款。

据称，西藏盐斤俱出山谷砂土之中，刨出本不洁净，应即于挖出之时交该处第巴查验盐斤成色，酌中定价，毋许故昂价值，任意勒买。等语。

查，巴勒布地方素不产盐，全赖西藏扎野元登卡擦噶等处所产盐斤，易回食用。穷番等随处挖得，即背负行销，或卖银钱，或换粮食，并无屯贩商店。其盐斤多从砂土中挖出，本难洁净，岂可再有搀杂。今既据该将军等督饬噶布伦，将前项情节向巴勒布逐加开导。嗣后务须严饬小番等，于挖出之时毋许再有搀假，交该处第巴查验盐斤成色，分为上、中、下三等，酌定售卖银钱数目。若系易换粮食、货物，亦按照价值公平交易，不得于定数之外有所加增。自应如所奏办理。惟是穷番刨挖盐斤，俱系随时零星售卖，若概令赴第巴处查验定价，小番等未免销售稍迟，于食用殊多未便。臣等公同酌议，除藏地番民自相交易，仍听其自便外，惟与巴勒布交易盐斤，须令赴第巴处查验成色，分为上、中、下三等，酌定价值，公平交易。若与本处番民贸易，仍听照旧，随时售卖，似于穷番较为便益。如该第巴等敢于勒买勒卖，或有意留难，一经查出或被告发，即严行究治。仍于交界处所勒碑晓示，永远遵行。

一、台藏官兵应酌定听差应役数目并严禁弁兵雇役番妇一款。

据称，驻藏大臣衙门向来挑取官兵应役均无定额，而将备以下亦皆从而效尤，应公同酌定名数按期更换。至驻藏大臣差遣官兵赴省制办赏号之事，亦属有旷操防，应咨明本省总督饬司代为制办，遇便带藏。并饬禁兵丁雇役番妇，以肃营伍。等语。

查，西藏防兵本为镇守番地而设，若各衙门皆令其听差服役，则兵丁等托故偷安，何以慎操防而肃营制。今既据该将军等酌定额数，驻藏大臣衙门每处官役字识人等不得过四十名；游击不得过二十名；都司不得过十五名；守备不得过十名；司员衙门酌定兵丁八名；笔帖式酌定六名；千总每员兵丁四名；把总每员二名；粮员衙门看库酌定十名，按期更替，轮流操演。亦应如所奏，作为定额，毋许滥行挑取，庶弁兵等得以随时练习，而营伍益资整肃。至驻藏大臣向有差遣官兵赴省制办赏号之例，往返动需数月，不但有旷操防，而不肖官兵往往多索乌拉，夹带货物，易滋弊混。应如该将军等所奏，嗣后驻藏大臣毋庸专差赴省，只须按年咨明本省总督饬司代为制办，遇有解饷之便，顺带赴藏。既可省弁兵往返之劳，而于操防事务亦不致有贻误。至西藏唐古忒番妇，向以服役谋生，兵民多有雇倩喂马樵汲缝补之事，相沿已久。该番俗男番为僧者多，妇女闲旷者不少，若一经严禁，该番妇等乏人养赡，穷蹙无归，不能不与兵丁私相往来，是明为禁革而暗中仍行雇觅，转恐从此有奸情等事。一经犯出，奸妇奸民均当从重问拟，是欲惠番而转添一治罪之条，于番俗殊多未便。嗣后仍准其照旧雇觅服役，但必须该管将备晓谕严明，随时稽察，止准服役，毋许有奸情等事。倘被犯出，应将该兵丁斥革惩治，并将不能查察之将备一并议处。庶番妇不至艰于谋生，而兵丁亦各知所儆畏矣。

一、噶布伦、戴绷暨第巴等缺应慎选承充一款。

据称，西藏噶布伦、戴绷、第巴等缺，办理地方，管束兵民，均关紧要，必须明白晓事者方克胜任。遇有缺出，亦应于诚实勤妥之子弟中慎选承充。至第巴、营官、商卓特巴等，不下二三百缺，若逐一拣拔奏补，未免过繁。应请将大处紧要地方缺出，调验补放，其偏僻远处第巴等缺出，仍令达赖喇嘛自行选择。等语。

查，西藏向设噶布伦四人，总理全藏事务，戴绷系管领番兵，第巴为守土之官，皆属紧要之缺。今既据该将军等奏称，令驻藏大臣慎选端正勤能、明白晓事者，会同达赖喇嘛酌定奏补，并查出缺之子弟中果系诚实勤妥之人，方准补放。若年幼无能，亦当令其先行学习，然后酌补，不得因父兄所遗之缺，遽令承充，以致误事。等语。系为慎重藏地起见，应如所奏办理。嗣后该驻藏大臣务须会同达赖喇嘛虚衷衡量，取具众噶布伦暨各戴绷等悦服保结存案，仍留心查访，如有始勤终怠、行止不端者，立即革退惩治，另为拣补。至西藏第巴、营官、商卓特巴等缺甚多，驻藏大臣亦不能尽知其优劣，而于远途纷纷调取查验，徒致伊等跋涉之累。亦应如该将军等所奏，嗣后凡于大处紧要地方第巴等项缺出，令驻藏大臣于噶布伦等保送人内，核其才具，商之达赖喇嘛拣选补放；其偏僻窵远地方第巴等缺出，仍令达赖喇嘛自行选择妥人，令噶布伦等出具保结补放，以省调取之繁〔烦〕，而于紧要之缺，亦昭慎重。

一、驻藏理藩院司员并驻藏游击应请给予关防以昭信守一款。

据称，理藩院派出司员并驻藏游击向未议给关防，凡遇行调、催征、支领等事，竟无印信，难以取凭，仰恳圣恩敕部铸给办理西藏番务章京关防一颗。驻藏游击关防一颗，俾办事呼应较灵。等语。

查，西藏由理藩院派出司官一员承办达木额鲁特及三十九族番子事务，其游击统领弁兵五六百名，若无印篆，似不足以昭信守。该将军等所奏，自为慎重边务起见，应请旨敕部铸给办理西藏番务章京关防一颗、驻藏游击关防一颗，庶征调一切缓急公务均有裨益。

一、胁噶尔新设戴绷缺甚紧要请援例赏给号纸一款。

据称，宗喀、济咙、聂拉木等处，地处极边，为巴勒布往来门户，收税、行盐等事均关紧要。现在噶布伦等拣派第巴三人分头安设，又选老成能事戴绷驻扎胁噶尔地方，统辖宗喀、济咙、聂拉木三处，就近稽查，其缺较为繁重，请照阿哩第巴之例，由部发给号纸，以专责成。等语。

查，宗喀、济咙、聂拉木三处，在胁噶尔数百里以外，地处边远，一切收税行盐等事，在在均关紧要，既拣派第巴三人，分头安设，又选戴绷一人统辖三处，就近稽查，其缺实属紧要。从前西藏阿哩第巴之缺，经班第奏准部颁号纸给领收执。今该将军等请照此例，由部给发号纸，亦为慎重地方起见，应如所奏，给发该戴绷收执，以重责成。三年之内如果勤慎办公，边防安贴，准令驻藏大臣遇有噶布伦缺出，奏请升用，以示优奖；所有给发号纸，即应缴回驻藏大臣，交予新调戴绷收执，以重职守。

一、内地拨解西藏军饷请照旧改用元宝一款。

据称，从前解赴打箭炉口外兵饷，皆系整锭元宝，迨后只解散碎银两。但自省至藏，几及万里，山路崎岖，倘有碰跌遗失，各站易得互相推卸，殊非慎重之道。况口外至西藏一带，番地买卖交易，均以元宝成色为足。请嗣后仍以整锭元宝起运，以免损失而利行使。等语。

查，内地拨解西藏军饷，向系整锭元宝装鞘起运，后用散碎银两，既于山路险远，难免跌损遗失之事；又于番民交易物件，拣估成色，有所未便。亦应如该将军等所奏，嗣后凡有应解打箭炉口外银两，仍以整锭元宝起运，不惟长途可免损失零散之弊，而于兵番利用实有裨益。

一、请酌添赏需策励各兵一款。

据称，西藏向有赏需一项，系蒙皇上轸念达木官兵素无钱粮，将三十九族每年所交例马银三百九十余两，买办缎匹、烟、茶、银牌，按年奖赏一次，此外并无别款。今既添设唐古忒番兵，按期操演，经驻藏大臣亲历巡查，自当分别奖赏，以示鼓励，请于例赏达木官兵银两之外，再于川省闲款内加给银五百两，饬办缎、布、烟、茶、银牌等项，以备赏用。等语。

查，西藏赏需一项，向来止赏达木官兵，所有例马银三百九十余两，置买物件，按年奖赏一次，足敷所用。今既议添设唐古忒番兵，按期操练，驻藏大臣亲历巡查，若不量加奖劝，以示策励，何足以鼓舞番众，自当另筹款项，以备奖赏之用。亦应如该将军等所奏，于川省闲款内加拨银五百两，置办缎、布、烟、茶、银牌，遇便搭解赴藏，随时赏用，仍令按年造册咨部，并咨督臣，以凭查核。

一、东西台站划分内外经理一款。

据称，口外至西藏一切事务，向归驻藏大臣管理，但里塘、巴塘与川省较近，皆有土司管理，原非西藏所属，应划分综理，以免耽延。请自南墩迤西一路，凡属西藏所管之地，照旧仍归驻藏大臣管理；其巴塘迤东上司地方，均归川省将军、督提衙门就近管理。至江卡、乍丫、察木多并移驻后藏各营汛台站，统归驻藏大臣总理。其巴、里二塘，安设塘汛官兵，就近归川省阜和协副将兼辖。等语。

查，打箭炉出口至西藏，地方辽远，里塘、巴塘距省较近，而于西藏甚远，遇有事件，若于驻藏大臣处往返批行，实属鞭长莫及，自当酌量划分内外综理，两有便益。亦应如该将军所奏，嗣后以南墩分别程途，其自南墩迤西一路，凡有地方事件，均令禀报驻藏大臣，听候核办；其自南墩以东地方事件，由打箭炉文武禀报川省将军、督提衙门办理。如此划分内外，各有攸司，一切事件咸归妥速矣。

一、派驻台站文武官员三年期满，请援两金川屯员边俸之例量予升擢，并拣干练官兵换班驻防一款。

据称，打箭炉出口以至西藏，向于文职内派委州、县、丞、倅，武职内派拨游击、都司、守备、千总，分驻巡防，办理事务，均按三年一次更换。该文武等官远役三年，往返几及四载，向来期满并无保题升转之途，请嗣后驻防文武等官照金川营屯各员三年期满更换回任时，由驻藏大臣出具考语奏明，咨送本省将军、督提，考察保题，仿照边俸报满之例一体升用；其驻防官兵遇应换之期，亦须选派妥干，以资防守。等语。

查，打箭炉出口以至西藏，文武各员，分驻地方，俱有弹压番民、巡防夹坝之责，职守繁重。该员弁等三年远役期满，例不升转，似于鼓励之道缺如。查两金川营屯各员三年报满，均蒙恩准保题升用，况打箭炉沿边各缺，亦有五年推升之例。今西藏台站文武各官驻守地方，远倍金川，经理尤关紧要，自当量予升迁，以示奖励。应如该将军等所奏，照金川营屯各员，有能抚辑番民、勤慎操防、急公任事者，于三年期满更换回任时，由驻藏大臣奏明，咨送本省将军、督提保题，一体升用。至把总、外委微末员弁，亦须量加奖拔。其应换官兵，届期自应拣派干练并勇健之人换班驻守，毋得以庸劣老弱充数。如此则各员及弁兵等倍知奋勉，益加整饬，于台藏边防均收实效。

以上十九条，臣等详加查核，公同酌议，谨缮折具奏。是否有当，伏候训示遵行。谨奏。请旨。

朱批：依议速行。

（一史馆藏宫中朱批奏折）

附　《清高宗实录》关于
军机大臣遵旨议覆鄂辉等奏折的记载

乾隆五十四年（1789）六月辛巳

军机大臣等议覆四川成都将军鄂辉等条奏收复巴勒布侵占藏地，设站定界事宜：

一、前藏向驻绿营官兵五百十员名，现有驻藏大臣管辖。其札什伦布地方，亦应酌拨绿营官兵分驻，请于察木多抽拨外委一员、兵六十名，江卡抽拨兵三十名，硕板多抽拨都司一员、兵二十名，前藏抽拨兵四十名。以上四处共抽拨兵一百五十名，即令抽撤之都司、外委管领，移驻后藏。再，于马兵内抽拨二人，作为军功外委，管束兵丁。再，后藏既移驻官兵，由后藏至前藏一路，应分立塘汛十二处，以唐古忒番兵安设，每塘挑选附近番兵四五名，并交噶布伦等办给口粮，均令驻防后藏都司随时稽查管束。

一、拉子地方，请添设唐古忒番兵二百名，并添第巴二名管领，按年一次更换。至胁噶尔番兵，亦不敷防守，请于拉子防兵内，拨出三十名，安置胁噶尔地方，其萨喀一处距拉子不远，亦即于防兵内拨出三十名，轮赴该处巡哨。再，宗喀、聂拉木、济咙等处，远在极边，其紧要处所仍须修砌卡碉，以资瞭望而严防守。

一、西藏官兵以耕牧为生，现饬噶布伦等，按寨落多寡，编定数目，前藏添唐古忒兵八百名，后藏四百名，于每岁九月望后操演，至十月底止，随同绿营驻防一体练习，至操演枪箭，于绿营内挑取千把弁兵数十名，充为教习，令其分领番兵逐日操演。惟唐古忒兵，向无钱粮，今定于派出操演日期，至散操日止，令噶布伦等酌给口粮。又达木兵向住达木角地方，换班应差，今并归操演番兵内，一体教习，仍照旧令达赖喇嘛月给口粮。又，查达赖喇嘛山上，旧存大小铁炮二十余位，请编定号数，令绿营兵带领番兵，演习施放。

一、请于今岁秋收后，查明稞麦时值，动项发交该噶布伦等，在附近各处买米稞麦三千石，交驻藏粮员于扎什伦布城内建仓收贮。俟采买二年后，按年出陈易新，以六千石常贮为额，至拉里、察木多、巴塘、里塘四处粮台，皆有粮员，而察木多尤为川藏适中之地，亦请一体储备。

一、西藏所属寨落，设立第巴管理，缺分甚多，其间美恶不齐，然皆有应办事件。请令噶布伦等，嗣后无论缺分美恶，一体补放，务令该第巴亲往照料，不许擅差家丁代理。至差遣堪布囊苏，赴京进贡，并赴打箭炉办茶，皆系经行内地，往返需时，请嗣后均由驻藏大臣，会同达赖喇嘛及噶布伦等，拣选妥人，给予护牌，将需用马夫酌定数目注明牌内，沿途照给，以杜需索。

一、驻藏大臣，应于二人内，按年分为两次轮赴后藏巡查之便，亲加操演，分别劝惩。至藏众散居各处，耳目难周。该处设有噶布伦四人，管理地方事务，嗣后请于四人内，每年轮派一人，于春秋农隙时，亲往稽察。

一、从前驻藏大臣二员，同居一处，自珠尔默特那木扎勒滋事后，房屋入官，始行分驻。查前藏之撒木珠康撒尔住房，即系从前珠尔默特纳木扎勒旧居，其地房屋宽敞，足敷驻藏大臣二人分驻。且同居一处，遇有公事，即可随时商办。

一、西藏贸易外番，必须老成谨慎之第巴协同该处头目专管卡契回民及巴勒布，平日悉心抚驭。不许互相欺压争竞，以便秉公调处。仍责令噶布伦等，随时访察，倘有第巴头人，及官弁兵役，倚势勒买，苦累外番，即禀驻藏大臣拿究。

一、向来西藏遇有讼事，系归管理刑法头人郎仔辖听断，俱照夷例，分别重轻，罚以金银牛羊，减免完结，恐有高下等弊。现在告知达赖喇嘛及噶布伦等，凡有关涉汉、回、外番等事，均令郎仔辖呈报，拣员会同审理。

一、聂拉木、济咙、绒峡三处，均与巴勒布连界，迩来贩运日多，巴勒布驮载货物来藏贸易者，第巴收税加至十分之一，易致争执，以后止准减半收取。并令勒碑界所，长远遵循。

一、西藏盐斤，于砂土中刨出，本不洁净。应即于挖出时，交该处第巴，查验盐斤成色，酌中定价，毋许故昂，任意勒买。

一、驻藏大臣衙门，向挑官兵应役，均无定额，将备以下，从而效尤。应酌定名数，按期更换。至驻藏大臣差遣官兵，赴省制办赏号之事，有旷操防，应咨明本省总督，饬有司代办，遇便带藏，并饬禁兵丁雇役番妇，以肃营伍。

一、西藏噶布伦、戴绷、第巴等缺，办理地方、管束兵丁，均关紧要。遇有缺出，应于诚实勤妥之子弟中，慎选承充。至第巴、营官、商卓特巴等，不下二三百缺，逐一奏补，未免过繁，应请将大处紧要地方缺出，调验补放。其偏远第巴等缺出，仍令达赖喇嘛自行选择。

一、理藩院司员，并驻藏游击，向未议给关防。恳敕部铸给办理藏番事务章京关防一颗、驻藏游击关防一颗，俾办事呼应较灵。

一、宗喀、济咙、聂拉木等处，为巴勒布往来门户，收税、行盐等事，均关紧要。现在噶布伦等，拣派第巴三人，分头安设，又选老成能事戴绷，驻劄胁噶尔地方，统辖宗喀、济咙、聂拉木三处，就近稽查，其缺较为繁重。请照阿哩第巴之例，由部发给号纸，以专责成。

一、从前解赴打箭炉口外兵饷，皆系元宝，迨后祇解碎银。但自省至藏，万里崎岖，倘有碰失，各站易于推卸。况番地买卖交易，均以元宝成色为足，请嗣后仍照旧以元宝起运。

一、西藏向有赏需一项，系蒙皇上轸念达木官兵，素无钱粮，将三十九族每年所交例马银三百九十余两，买办缎布烟茶银牌，按年奖赏一次，此外并无别款，今既添设唐古忒番兵，按期操演，经驻藏大臣亲查，自当照例奖赏。请于川省闲款内加给银五百两，饬办缎、布、烟、茶、银牌等项备赏。

一、口外至西藏，一切事务，向归驻藏大臣管理。但里塘、巴塘与川省较近，皆有土司管理，原非西藏所属，应划分综理。请自南墩迤西一路，凡属西藏所管之地，照旧归驻藏大臣管理，其巴塘迤东土司地方，归川省将军、督提衙门，就近管理。至江卡、乍丫、察木多，并移驻后藏各营汛台站，统归驻藏大臣总理。其巴塘、里塘，安设塘汛官兵，就近归阜和协副将兼辖。

一、打箭炉出口，以至西藏，向于文职内，派委州县丞倅，武职内拣派游击、都司、守备、千总，分驻办理，均三年一次更换。该文武等官员，远役三年，往返将及四载，向来期满，并无保题升转之途。嗣后请令驻藏大臣，照金川营屯各员，三年期满，出具考语，奏明咨送本省将军、督提考察保题，仿照边俸报满之例，一体升用。其驻防官兵，遇换班之期，亦须选派妥干，以资防守。

得旨："依议速行。"

（《高宗实录》卷一三三三）

军机大臣会同理落院议覆鄂辉等奏藏中各事宜

乾隆五十五年（1790）九月乙酉

军机大臣会同理藩院议覆鄂辉等酌议藏中各事宜：

"一、藏中旧例，凡唐古忒事务，俱系噶布伦等查办，禀知达赖喇嘛裁定。自噶勒丹锡呼图禅师进京后，诸务交噶布伦办理者甚少，以致唐古忒生怨。嗣后凡补放戴绷第巴头目，俱令四噶布伦拣选保送，达赖喇嘛、驻藏大臣验看后，仍由达赖喇嘛处发给执照。其一切应得田产及入官抄产，并因公免差，每年佥差征收钱粮等事，俱令四噶布伦缮备执照，噶勒丹锡呼图禅师亲用钤记，再用达赖喇嘛印信。如有需用驻藏大臣印信之处，亦令一体印用发行。

一、凡第巴内，如有办理地方事务扰害属下者，噶布伦等查出，即禀明驻藏大臣、济咙呼图克图黜革，仍禀达赖喇嘛外，其所遗员缺，俱交噶布伦等拣选人品端方、办事妥协者保送，与济咙呼图克图商定人数，选送驻藏大臣验看，再禀达赖喇嘛验放。此虽系慎重地方起见，但应行拣放之人，其贤否，恐驻藏大臣究难深知。嗣后噶布伦等保送之人，先令驻藏大臣与噶勒丹锡呼图禅师，公同酌定，再送达赖喇嘛验放，其执照仍旧办给。

一、凡拣放庙内堪布，请济咙呼图克图，会同罗布藏根敦，遴选熟悉经卷喇嘛二三人，送达赖喇嘛验放，仍禀知驻藏大臣，其应给执照，令济咙呼图克图于达赖喇嘛印照纸尾，亲用钤记发给。

一、唐古忒等旧例，无论僧俗，凡有劳绩者，达赖喇嘛发给免差印照，但达赖喇嘛为人长厚，属下人等有私用达赖喇嘛印信免差等事，唐古忒等颇有怨言。请嗣后全行清查，其实有劳绩应行发给者，仍用达赖喇嘛印信，补用济咙呼图克图、噶布伦钤记，另行换给外，其不应发给及贿嘱者，概行彻〔撤〕毁。嗣后赏给田庐、蠲免差务等事。应给照执者，务令噶布伦等，与济咙呼图克图商定后，再禀达赖喇嘛发给，仍禀知驻藏大臣。再，达赖喇嘛商上，恐有夺人田产赏人、入官等事，现交济咙呼图克图、噶布伦等清查，禀知达赖喇嘛，内有应行退还原业者，令达赖喇嘛、济咙呼图克图发给执照退还；其不应退还者，入于达赖喇嘛商上，以为公用。其从前所给免差执照，以及有无夺产、赏人等事，即交噶布伦等先行查办，俟噶勒丹锡呼图禅师抵藏后，再行详查，与驻藏大臣酌定，再禀知达赖喇嘛给与执照。

一、旧例抄没田产什物，一并交达赖喇嘛商上，赏人田产，亦听达赖喇嘛所指，噶布伦等无凭稽查。请嗣后达赖喇嘛赏人田产，俱令噶布伦等查其情理给与。如有不合，即令劝止。其应治罪者，亦交噶布伦详查，果罪应抄没，再行回明达赖喇嘛查抄，仍交噶布伦存案。但必须先回明驻藏大臣，酌定是否，然后再办。再达赖喇嘛父母兄弟势不能不给养赡之资，请一并交鄂辉等会同噶勒丹锡呼图禅师详细拟定奏闻。

一、达赖喇嘛商上仓库，向系商卓特巴专管，出入俱用达赖喇嘛印封。请嗣后零用物件，仍交商卓特巴支用。所用数目，按季呈明济咙呼图克图查察外，凡开闭仓库，请由达赖喇嘛、济咙呼图克图派人会同噶布伦监视，仍按季详察，核对出入总数。

一、从前来藏熬茶蒙古、番子俱自到日满支口粮。今商卓特巴等私自减半支给，请嗣后俱交噶布伦等按人满支，其赏赐熬茶人等物件，亦交噶布伦登记转给，以免从中侵换之弊。

一、跟随达赖喇嘛之孜仲，旧例一百五十余名，今近三百名，恐一时碍难褫革，请陆续裁汰至一百六十名而止。所奏虽属可行，但三百人内，难保无奸诈之人，著交驻藏大臣，俟噶勒丹锡呼图禅师抵藏后，噶布伦等公同详察，如有奸恶之徒，即行褫革。

一、商卓特巴、孜仲、绥绷等，人数过多，最易生弊，罗布藏根敦为人公正诚实，现管达赖喇嘛私事。请嗣后自商卓特巴以下，俱令罗布藏根敦管辖。

一、凡藏中公事，请令噶布伦等俱向济咙呼图克图公商，再禀达赖喇嘛酌定。济咙呼图克图私谒达赖喇嘛，请执师弟礼，其行礼会集坐位与臣等对面，令其退逊一席。布达拉、大昭二处，自商卓特巴以下，内而令罗布藏根敦管辖，外而令济咙呼图克图管辖。如有滋弊，令内外公同查察，禀知达赖喇嘛严办。若事有关系，令济咙呼图克图与臣等面商。济咙呼图克图现在令其来京，已遣噶勒丹锡呼图禅师赴藏。其济咙呼图克图坐次与谒见达赖喇嘛之处，俱毋庸议外，噶勒丹锡呼图禅师坐次，谒见达赖喇嘛仪注，俱照从前驻藏时行。”从之。

（《高宗实录》卷一三六二）

谕军机大臣传谕福康安等
将善后各条详酌妥办

乾隆五十七年（1792）八月二十七日

上命军机大臣传谕福康安、孙士毅、惠龄、和琳曰：“昨已明降谕旨，令福康安等受降蒇事，并将善后各条令福康安等公同详酌妥为筹办矣。但撤兵之后，该处应行定立章程，更改积弊，事务繁多，前降谕旨内尚有未经详尽之处，今因思虑所及，特为逐条开列，再行详示。著福康安于撤兵之后，即令海兰察带领巴图鲁、侍卫、章京等分起先行回京，所有打仗官兵俱各令回伍；福康安、孙士毅、惠龄、和琳四人将所指各款熟筹妥办，另立章程，务期经久无弊，一劳永逸。伊等皆系晓事之人，自能悉心详酌妥协办理也。

一、前后藏为达赖喇嘛、班禅额尔德尼驻锡之地，各蒙古以及番众人等前往熬茶瞻拜，皈依佛法，必其化身的确，方足以衍禅教而惬众心。今藏内达赖喇嘛、班禅额尔德尼等呼毕勒罕示寂后，俱令拉穆吹忠作法降神，俟神附伊体，指明呼毕勒罕所在。拉穆吹忠既不能认真降神，往往受人嘱求，任意妄指，是以达赖喇嘛、班禅额尔德尼、哲卜尊丹巴呼图克图等，以亲族姻娅递相传袭，近数十年来总出一家，竟与蒙古王公世职无异。甚至丹津班珠尔之子亦出有呼图克图之呼毕勒罕者，以致蒙古番众物议沸腾，均怀不平。即仲巴与沙玛尔巴同为前辈班禅弟兄，仲巴系扎什伦布商卓忒巴，坐享丰厚，沙玛尔巴居住廓尔喀，未能分润，遂而借口生心，唆使贼匪前来抢掠。此即呼毕勒罕不真，族属传袭之弊所由起也。嗣后应令拉穆吹忠四人认真作法降神指出，务寻实在根基呼毕勒罕姓名若干，将其生年月日各写一签，贮于由京发去金奔巴瓶内，令达赖喇嘛等会同驻藏大臣公同念经，对众拈定具奏，作为呼毕勒罕。不得听其仍前任意妄指，私相传袭，以除积弊而服人心。

一、前后藏所出租赋，向归达赖喇嘛，班禅收用，又众蒙古素崇信佛教，乐施喜舍，是以布达拉、扎什伦布两处商上蓄积饶裕。驻藏大臣向不过问，其商卓忒巴、噶布伦等任意侵蚀。如各商卓忒巴及丹津巴珠尔、扎什敦珠布等，皆家计富足，若非侵渔积累，何由各拥厚货？嗣后不特拣放商卓忒巴、噶布伦等缺，应归驻藏大臣秉公拣选，即其商上收支一切，亦应令驻藏大臣综核。凡换班官兵以及驻藏大臣官用己用，皆不得于商上稍有侵挪。其两处商上出息，除养赡喇嘛番众外，或有赢余，不妨为唐古忒兵丁添补养赡之用。福康安等当向达赖喇嘛等面为劝谕，以大皇帝统属万方，受其贡赋，除每年赏给官员廉俸、兵丁钱粮外，遇有水旱遍灾，赈恤蠲贷，并建筑海塘河堤各工程，所费不下亿万万，从无靳惜；又普免天下钱粮四次、漕粮二次，亦不下亿万，断无将天下贡赋悉入内帑不养天下百姓之理。尔达赖喇嘛统辖卫藏，虽不比大皇帝统辖万方，但即小可以见大，亦不可不似此存心。譬如前辈班禅于四十五年进京，蒙大皇帝赏赐骈蕃，在京沿途所得及各蒙古布施又复不赀，总计不下百余万，若回藏后于所得羡余酌为施济，何至为贼匪垂涎？乃呼毕勒罕年幼，仲巴等又知聚而不知散，以致沙玛尔巴闻而生心，唆使贼匪前至扎什伦布抢掠一空，可见多藏厚亡，盈虚消息理有固然。即以佛法而论，亦当以施舍为心，钱财货币皆系身外之物，在俗家尚不容吝惜，况出家人以空寂为务者乎？当知六波罗密中施舍为第一。此后商上若有羡余，达赖喇嘛、班禅额尔德尼不可作为己有，并不得专给喇嘛，务须普及番众，俾僧俗联为一体，以其同心保护卫藏。或计算商上支用之外再有羡余，不妨亦免卫藏番众赋纳，则人心更为悦服，倍资得力。

一、向来大臣内才堪办事之人多留京供职，其从前派往驻藏办事者多系中才谨饬之员。该大员等前往居住，不过迁延岁月，冀图班满回京，是以藏中诸事任听达赖喇嘛及噶布伦等率意径行，大臣等不但不能照管，亦并不预闻，是驻藏大臣竟成虚设。嗣后藏中诸事，皆当隶驻藏大臣管束料理。如遇出有噶布伦、商卓忒巴、第巴、戴绷等缺，皆归驻藏大臣秉公拣选奏补，自当妥立章程，俾资经久，不得仍前任听达赖喇嘛及噶布伦等专擅，以致滋生弊端。至驻藏大臣办理一切繁剧，不比从前事简，原设之章京、笔帖式等员数不敷，亦当酌量增设，以资差委。

一、撒迦沟红帽喇嘛，于上年贼匪路过时曾经递送哈达，前有旨令福康安等乘大兵撤回之便，慑以军威，将该喇嘛等移至内地，酌量安插，庶不致滋生事端。今思该喇嘛人户众多，万一实有难移之处，或交驻藏大臣严加管束，不许该喇嘛与黄教构衅，亦不得令其在外滋事，不必拘泥前旨，勒令移徙。所有红教喇嘛商上赀产，驻藏大臣自不必搀越，亦不必照达赖喇嘛等商上之例代为经理。

一、廓尔喀抢掠扎什伦布物件，前据成德等奏，有贼匪途次遗失镶嵌之语。彼时庙内喇嘛人等纷纷逃避，孰为贼匪抢去，亦无可考。且贼众抢得后未必悉行交出送往阳布，或为手下人等私相隐匿，亦事之所有。倘贼匪送出时，其中稍有短缺，无庸复问讯究。但喇嘛等人素性见小，所有贼匪送回物件，福康安等不可以之入官，当给还扎什伦布商上，并告之班禅额尔德尼及商卓忒巴、岁琫堪布等，以扎什伦布物件尔等不能保护，被贼匪抢去，蒙大皇帝指派将军、大臣带领官兵前来剿办，今贼匪畏惧送出，仍给尔等领回，使知大兵此番全力保护黄教之意，方为妥善。

一、撤兵后查明藏内边界，一一设立鄂博，毋许私行越界。将来驻藏大臣按四季二人轮流前往实力稽查，凡济咙、聂拉木、宗喀等处，务须遍行稽查，并于稽查之便，将各该处所驻兵丁勤加操演，以期熟练。

一、布达拉，扎什伦布两处商上，向不归驻藏大臣经管，达赖喇嘛、班禅额尔德尼平素自奉，以及例需应用各项，俱听其自便。今改隶驻藏大臣综理，亦不可过于严切。应为在京派令经管阿哥家务大臣相似，不过代具稽查出纳，不致如从前为达赖喇嘛、班禅额尔德尼弟兄亲族暨噶布伦、商卓忒巴等藉端侵渔。至达赖喇嘛、班禅额尔德尼自用以及公用各项，仍照旧听其自行支用，不可管束太过，以示体恤。

（《钦定廓尔喀纪略》卷四〇）

福康安等奏酌拟卫藏善后章程六款折

乾隆五十七年（1792）十一月二十一日

臣福康安、孙士毅、惠龄、和琳跪奏，为遵旨筹议具奏，仰祈圣鉴事：

窃照卫藏善后章程，屡奉圣明训示，条分缕晰，巨细靡遗，于边隅永靖之方，实已至周极备，臣等敬谨寻绎，并将上年发交臣福康安带来朱笔改定条款，及从前奉到谕旨内有与善后事宜关涉者，逐条参酌，悉心筹议，反复讲求，所有添设汛防、训练番兵、鼓铸银钱、稽查贸易、综核商上收支、酌免番众赋纳，以及设立金本巴瓶，指定呼毕勒罕等事，俱已详悉会议，分折具奏在案。其余节次指示章程，敬谨遵照酌定，按款分列于后：

一、藏内诸事应统归驻藏大臣管理也。

卫藏一切事务，本应驻藏大臣管理，乃向来驻藏大臣惟资坐镇，不复预闻，积习相沿，已非一日。噶布伦等因达赖喇嘛清静焚修，不能留心公事，遂假借达赖喇嘛声势营私舞弊，诸事擅专；前此驻藏大臣又复不谙大体，一切委之达赖喇嘛转付噶布伦等，任所欲为，以致藏务日就废弛。今当严定章程之时，必须革除积弊，方可大加整饬。查回疆驻扎大臣办理事务，一切皆归衡夺，其阿奇木伯克等遵照奉行。驻藏大臣与驻扎回疆大臣职分相同，嗣后驻藏大臣除上山瞻礼外，其督办藏内事务，应与达赖喇嘛、班禅额尔德尼平等，自噶布伦以下番目及管事喇嘛分系属员，事无大小，均应禀命驻藏大臣办理，以肃纪纲。至札什伦布诸务，现因班禅额尔德尼年幼，系岁琫堪布代管，凡遇一切公事，亦令一体察知驻藏大臣办理，并于巡边之便，就近稽查管束，庶卫藏事权归一，积弊可以永除矣。

一、藏内大小番目缺出，应行定立等级，统归驻藏大臣会同达赖喇嘛秉公拣选也。

查，噶布伦、戴琫等缺，向虽由驻藏大臣奏补，然只系达赖喇嘛酌量补放，交驻藏大臣具奏。至其余商上仔琫、商卓特巴、业尔仓、协尔帮、希约第巴、朗仔辖密本、第巴，噶厦中译、小中泽、卓尼尔，及各寨落大小营官，系噶布伦等酌拟数人，由达赖喇嘛挑定，驻藏大臣并不过问。大缺营官，尚由达赖喇嘛与驻藏大臣发给执照，小缺营宫，并无驻藏大臣给照之例。是以向来大小番目迁转补放，毫无等级。即如商卓特巴、营官等缺出，或于布达拉商上及噶厦公所当差之人挑补，或以并未当差之闲散人等补放。至噶布伦之缺，本应以戴琫升补，或有径由大族子弟补放者。戴琫之缺，本应以营官升补，亦有将戴琫年齿幼小之子弟径行补放者。杂乱参差，不成体制，甚或营求贿嘱，其弊无穷。查噶布伦办理一切事务，戴琫管领番兵，商上仔琫、商卓特巴系总司出纳，以上各缺，尤关紧要，不可越次补放，启躐等幸进之弊。即大缺、边缺营官，管理地方番民，事务较繁，亦不应以未经历练之人充补。今请核定等级层次：遇有噶布伦缺出，于戴琫及商上仔琫、商卓特巴内，择其才具优长、著有劳绩者，驻藏大臣会同达赖喇嘛拣选二员，拟定正陪，奏请补用，内有喇嘛噶布伦一缺，于大堪布喇嘛内拣选正陪奏补；戴琫缺出，先尽新设管领番兵之如琫内拣选，如一时不得其人，再以边缺营官内拣选，亦会同拟定正陪二员，奏请补用，候旨遵行，不得仍沿旧习，率用本不管兵之番目，致误操防；商上仔琫、商卓特巴缺出，以管放众番目口粮业尔仓，管理刑名之协尔帮，噶厦办事之大中译，及济仲喇嘛升补；其业尔仓、协尔帮缺出，以管理布达拉一带番民之希约第巴，管理拉萨番民之朗仔辖密本，管达赖喇嘛马厂之达本升补；其希约第巴、密本、达本缺出，以大缺、边缺营官及噶厦卓尼尔升补。查业尔仓、布约第巴两项，向有喇嘛者，亦准挑选喇嘛补用；大中译缺出，以小中译、噶厦卓尼尔升补；大缺、边缺营官缺出，以小缺营官调补及小中译补放；其管兵甲琫番目，亦准调补边缺营官，惟小缺各营官，始准于东科尔及喇嘛内拣选补用。所有营官缺分，应行详悉查明大缺、边缺、小缺，写立册档存案，以便遵守。其喇嘛补放营官者，多系达赖喇嘛随侍之人，因其勤劳年久，不能远离左右，酌量派管地方，借资养赡，虽难一概禁绝，然亦须由驻藏大臣另派妥干之人前往署理，该喇嘛营官不得私行派人前往代办，致滋弊端。噶厦小中译、卓尼尔虽系小番目，但随同噶布伦办理事务，亦关紧要，应拣选东科尔心地明敏者挑补。现在前藏商上新铸银钱，应专派铸钱仔琫二名、济仲喇嘛二名，以专责成。以上各缺，均由驻藏大臣会同达赖喇嘛挑选。如达赖喇嘛徇私不公，准驻藏大臣驳正，秉公拣补。除噶布伦、戴琫奏明补用外，其余若一一请旨，不免繁琐，应请由驻藏大臣会同达赖喇嘛，发给清汉字、番字印照为据。所有噶布伦、戴琫以下管事各头目，管地方各营官，均系会同按等补放，已足以杜绝弊端。此外若管草、管门、管糌粑、管帐房第巴，及管牛羊厂头人等缺，俱属无关紧要，应听达赖喇嘛自行拣补。至札什伦布管事者，皆系喇嘛，向来升转亦无等级。嗣后商卓特巴缺出，以岁琫喇嘛、森本喇嘛升补；岁琫缺出，以济仲喇嘛升补；森本缺出，以传事之卓尼尔升补，不准越次补放。札什伦布所属寨落较少，并无边界紧要之缺，俱仍照向例挑补。所有后藏之商卓特巴、岁琫、森本各大缺，及管地方营官，均照前藏之例，由驻藏大臣会同班禅额尔德尼补放给照。其余各缺，不过管理茶叶、柴草等事，极为琐屑，俱非紧要，应听自行补放。如此明定等差，秉公拔补，以次升转，庶大小番目皆能得人，营求贿嘱之弊，均可不杜自绝。

一、达赖喇嘛、班禅额尔德尼族属一概不准管事，以杜弊端也。

向来达赖喇嘛等亲属人等，每多亲近管事。即如前此达赖喇嘛之叔阿古拉，班禅额尔德尼之父巴勒丹敦珠布，私行定议说和。而达赖喇嘛弟兄罗布藏根敦札克巴等，倚借声势，妄为滋事，均属不安本分，弊窦丛生。嗣后大小番目及前后藏管事喇嘛需人，均不得以达赖喇嘛、班禅额尔德尼族属挑补，搀越管事。应俟达赖喇嘛、班禅额尔德尼转世后，仍准将前辈亲族量材录用，以杜弊端，以昭公允。

一、驻藏大臣每年应亲身巡查边境以重地方也。

查，驻藏大臣同在前藏，其驻扎相近之处，尚易稽查，而前藏迤西直至边界一带，地方辽阔，耳目难周，后藏江孜、定日又有新设番兵，与该二汛之绿营官兵，均应驻藏大臣亲加校阅，核其勤惰，以示劝惩。济咙、聂拉木等处边界。现已定立界址，亦须周历巡查，方可谙悉情形，遇事庶有把握。本拟驻藏大臣二人按季轮流前往，但藏地入夏以后农事正忙，甫交冬令冰雪已盛，且边界距前藏甚远，往返约须两月有余，若驻藏大臣四季轮往，计算程期，此往彼回，竟不能在前藏会同办事，未免诸多窒碍。应请于春秋两季，奏明轮流前往后藏巡查边界，顺便操演番兵。经过地方，如有驻防官员、营官等苦累兵丁、番民者，准其呈控驻藏大臣随地查办惩治。至驻藏大臣所用乌拉、人夫，俱令自行给与价值，不得扰累番民，以示体恤。

一、驻藏文员应请添设也。

查，驻藏大臣衙门，向设理藩院司员一员、笔帖式一员，尚敷差委，毋庸另议增添，致糜廪给。惟前藏向来仅设粮务一员，后藏地方并无文员。今改定一切章程，需员稽查；添设前后藏番兵，亦均有支放口粮等事；而前藏鼓铸银钱，尤关紧要。应请于前藏再添粮务一员，于同知、知州、知县内派来，专管监造银钱事务；后藏亦添县丞等官一员，支放番兵口粮，俱由四川总督拣选明白勤慎之员，赴藏佐理。所有后藏管粮佐贰应得份例，及更换年限，并边俸报满保题之处，俱照向例办理、惟前藏添设粮员，以到藏日起，一年一换，以便按年稽查银钱成色。如果勤慎出力，由驻藏大臣保奏；倘敢徇私舞弊，即行劾参办理。又驻藏大臣衙门缮写清字满兵，向来只有四名，分派两衙门，未免不敷，应于成都驻防满兵内再添派四名来藏，其应得钱粮份例、换班年分，俱照向例办理。仍于前藏汉兵内裁去四名，以符额数。

一、驻藏大臣衙门及文武各员酌定听差兵丁数目以实操防也。

查，西藏戍兵原因镇守地方而设，若大臣官员等多挑兵丁使唤应差，必致操演乏人，殊属不成事体。此等应差兵丁原无定数，乾隆五十四年鄂辉等筹议善后章程时，酌定名数，以示限制。今将各处应差兵丁，复遵旨再加裁减，庶在藏兵丁皆归实用，不致有名无实。应请嗣后驻藏大臣衙门应差兵丁，每人三十名；游击八名，都司六名，守备二员每员四名；驻藏司员四名；笔帖式二名，千总、把总每员一名；前藏粮员，酌定看库兵丁八名；其新设之前后藏文员，毋庸给与兵丁。统计应差兵丁，不过百余名而止。每遇操演日期，仍着一体操演，毋许借口应差，致有旷废。如此则边地营伍制度愈昭整肃矣。

以上各条，臣等钦遵先后所奉训示，体察情形，逐一悉心核议，公同酌定具奏。除臣等遵旨敬抒下见，酌拟条款，续行会奏，恭请训示外，所有钦遵谕旨交议缘由，理合缮折分晰具奏，伏乞皇上训示，谨奏。

朱批：军机大臣议奏。

（一史馆藏宫中朱批奏折）

军机处议覆福康安等所拟西藏善后章程

乾隆五十七年（1792）十二月二十七日

福康安、孙士毅、惠龄、和琳奏言：“窃照卫藏善后章程，屡奉圣明训示，条分缕晰，巨细靡遗，于边隅永靖之方，实已全周极备。”臣等敬谨寻绎，并将上年发交臣福康安带来朱笔改定条款，及从前奉到谕旨内有与善后事宜关涉者，逐条参酌，悉心筹议，反复讲求，所有添设汛防、训练番兵、鼓铸银钱、稽查贸易、综核商上收支、酌免番众赋纳，以及设立金本巴瓶指定呼毕勒罕等事，俱已详悉会议，分折具奏在案。其余节次指示章程，谨遵照酌定条款，分列于后。（全文见前件，此处从略）

以上各条，臣等钦遵先后所奉训示，体察情形，逐一悉心核议，公同酌定具奏。奏入，上命军机大臣议奏。旋经议复，应如所奏办理。惟所称喇嘛噶布伦一缺于大堪布喇嘛内拣选正陪奏补一款，查藏内设立噶布伦四缺，原俱系从番民内挑补，嗣经班第奏明，参用喇嘛一人，此后相沿办理。本年十一月内，钦奉谕旨："此等喇嘛噶布伦不过管理达赖喇嘛零星事件，其藏内应办事务，俱番子噶布伦管理。是噶布伦内喇嘛一缺，并不得力。而该喇嘛与达赖喇嘛亲近，易于怂恿。遇有缺出，即可将伊亲族徇私充补，诸弊丛生。将来喇嘛噶布伦出缺时，当于番民内挑补，将喇嘛充当噶布伦之例停止。钦此。"福康安等尚未接奉谕旨，是以奏请将喇嘛噶布伦一缺于大堪布喇嘛内拣选奏补。今应令其遵照前奉谕旨办理，所有将喇嘛补用噶布伦之处应毋庸议。奏入，上从之。

（《钦定廓尔喀纪略》卷四八）

附　朱批奏折及《清高宗实录》有关记载

乾隆五十七年（1792）十二月二十八日①

臣阿桂等谨奏，为遵旨议奏事。

福康安等条奏，酌定善后事宜各款一折。乾隆五十七年十二月二十七日奉朱批：军机大臣议奏。钦此。臣等钦遵训示，悉心筹议，谨将逐条开列于后：

一、藏内诸事应归驻藏大臣管理以除积弊一款。

据福康安等称：向来驻藏大臣唯知坐镇，诸事不复预闻，以致藏务废弛。请嗣后自噶布伦以下番目及管事喇嘛等，事无大小，均应禀命驻藏大臣办理：至札什伦布诸务，向系岁琫堪布代管，凡遇一切公事，亦令一体禀知驻藏大臣办理。等语。

查，回疆驻扎大臣办理一切皆归衡夺，其阿奇木伯克等遵照奉行。今驻藏大臣与驻扎回疆大臣职分相同，乃向来藏中诸事任听达赖喇嘛率意径行，噶布伦等又因达赖喇嘛清静梵修不能留心公事，遂假借达赖喇嘛声势营私舞弊，诸事擅权。驻藏大臣等不但不能照管，亦并不预闻，是驻藏大臣竟成虚设，殊非整饬藏务之道。应如福康安等所奏，嗣后驻藏大臣上山瞻礼一节，应听其自行酌量不必勉强外，其督办藏内事务，应与达赖喇

① 朱批日期。

嘛、班禅额尔德尼平等，自噶布伦以下番目及管事喇嘛，份系属员，无论大小事务，俱禀命驻藏大臣核办。至札什伦布诸务，亦一体禀知驻藏大臣办理，毋得仍令岁琫堪布代管，以致滋生弊端；并令驻藏大臣于巡边之便，就近稽查管束，以除积弊。

一、藏内大小番目缺出应定立等级，统归驻藏大臣会同达赖喇嘛秉公拣放一款。

据福康安等称：向来大小番目迁转补放，毫无等级，弊窦丛生。请嗣后噶布伦缺出，于戴琫及商上仔琫、商卓特巴内择其才具优长，著有劳绩者，驻藏大臣会同达赖喇嘛拣选二员，拟定正陪，奏请补用；其喇嘛噶布伦一缺，于大堪布喇嘛内拣选正陪奏补；戴琫缺出，先尽新设管领番兵之如琫内拣选，如一时不得其人，再以边缺营官内拣选奏补；其商上仔琫、商卓特巴缺出，以业尔仓、协尔帮、大中译及济仲喇嘛升补；业尔仓、协尔帮缺出，以希约第巴、朗仔辖密本、达本升补；其希约第巴、密本、达本缺出，以大缺、边缺营官及噶厦卓尼尔升补；查业尔仓，希约第巴两项向有喇嘛者，亦准挑选喇嘛补用，大中译缺出，以小中译、噶厦卓尼尔升补；大缺、边缺营官缺出，以小缺营官调补及小中译补放；其管兵甲琫番目，亦准调补边缺营官，惟小缺各营官始准于东科尔及喇嘛内练选补用。等语。

查，藏内设立噶布伦四缺，原俱系从黑人内挑补，嗣经班第奏明添用喇嘛一人，由商上毕七克齐四人内择其有才具者充补，此后俱相沿办理。本年十一月内钦奉谕旨，此等喇嘛噶布伦，讯据丹津班珠尔称，不过管理达赖喇嘛跟前零星事件，其藏内应办事务俱系黑人噶布伦管理，是噶布伦内喇嘛一缺并不得力，而该喇嘛与达赖喇嘛亲近，易于怂恿，遇有缺出，即可将伊亲族徇私充补，诸弊丛生，于藏务无益。现在喇嘛噶布伦一缺，前已据孙士毅、和琳奏明，照例将扎萨克喇嘛坚巴多布丹补授，此时无庸更换，俟将来该喇嘛噶布伦出缺时，当于黑人内挑补，将喇嘛充当噶布伦之例停止，并著福康安等于善后章程内一并议入。现在福康安等具奏时尚未接到前奉谕旨，是以奏请将喇嘛噶布伦一缺于大堪布喇嘛内拣选奏补，今应令其遵前奉谕旨办理。所有福康安等奏请将喇嘛补用噶布伦之处，应毋庸议。其余大小番目缺出，定立等级，统归驻藏大臣会同达赖喇嘛秉公拣选、奏请补放之处，均应如福康安等所奏办理。又据福康安等奏：营官缺分，应令驻藏大臣详悉查明大缺、边缺、小缺，写立册档存案，以便遵守。其喇嘛补放营官者，多系达赖喇嘛随侍之人，因其勤劳年久，不能远离左右，酌量派管地方，藉资养赡，仍须由驻藏大臣另派妥干之人前往署理，该喇嘛营官不得私行派人前往代办。噶厦小中译、卓尼尔随同噶布伦办事，亦关紧要，应拣选东科尔心地明白者挑补。现在前藏商上新铸银钱，应专派铸钱仔琫二名、济仲喇嘛二名，以专责成。等语。亦应如福康安等所奏办理。其大小各缺，均应由驻藏大臣会同达赖喇嘛挑选。如达赖喇嘛徇私不公，准驻藏大臣驳正，秉公拣补。除噶布伦、戴琫奏明补用外，其余各缺，应由驻藏大臣会同达赖喇嘛发给清汉字、番字印照为据、至管草、管门、管糌粑、管帐房第巴及管牛羊厂头人等缺，应听达赖喇嘛自行拣补。又，扎什伦布管事者，皆系喇嘛，向来升转亦无等级。嗣后商卓特巴缺出，以岁琫喇嘛、森本喇嘛升补；岁琫缺出，以济仲喇嘛升补；森本缺出，以传事之卓尼尔升补，不准越次补放。札什伦布所属寨落较少，并无边界紧要之缺，俱仍照向例挑补。所有后藏之商卓特巴、岁琫、森本各大缺，及管地方营官，均照前藏之例，由驻藏大臣会同班禅额尔德尼补放给照，其余各缺不过管理茶叶、柴草等事，并非紧要，应听自行补放，仍禀知驻藏大臣注册存档，以凭考核。均应如所奏办理。

一、达赖喇嘛、班禅额尔德尼族属一概不准管事一款。

据福康安等奏，向来达赖喇嘛、班禅额尔德尼亲属人等，每多亲近管事，倚势妄为，均属不安本分，弊窦丛生。嗣后大小番目及前后藏管事喇嘛需人，均不得以达赖喇嘛、班禅额尔德尼族属挑补，搀越管事。等语。

查，大小番目及前后藏管事喇嘛，均有弹压稽查之责，若听达赖喇嘛、班禅额尔德尼族属挑补，难保无倚势妄为情事。从前阿古拉、巴勒丹敦珠布及罗布藏根敦札克巴等滋生事端，即其明证。应如所奏，嗣后大小番目及管事喇嘛，均不得于达赖喇嘛、班禅额尔德尼族属内挑补，以杜弊端。至所称达赖喇嘛、班禅额尔德尼转世后仍准将前辈亲族量材录用之处，亦应如所奏办理，临时再交驻藏大臣看其才具酌量录用，以昭平允。

一、驻藏大臣每年应亲身巡查边境以重地方一款。

据福康安等折内称，驻藏大臣同在前藏，向〔而〕迤西边界辽阔，耳目难周；后藏新设官兵，济咙、聂拉木边界定立界址，均须亲历巡查。本拟驻藏大臣二人按季轮流前往，但藏地人夏后农事正忙，甫交冬令冰雪已盛，且边界距藏甚远，往返须两月有余，若驻藏大臣四季轮往，此往彼回，竟不能在前藏会同办事，诸多窒碍。应请于春秋两季，奏明轮流前往后藏巡查边界，顺便操演、查办。等语。

查，驻藏大臣向在前藏驻扎，所辖地方本属辽阔，稽查边界耳目难周，且现在甫经底定，济咙、聂拉木等处边界，定立疆址，设立鄂博。其江孜、定日两处，前据福康安等奏明添设番兵并绿营官兵以资防守，经臣等议复奉旨准行在案。是前后藏一带，巡查界址，校阅营伍，在在均关紧要。自应令驻藏大臣亲往稽察，方能熟悉情形，遇事得有把握。前经奉旨，令驻藏大臣每年分作四季轮流前往，原为慎重边防起见。今据福康安等奏，边界距藏甚远，往返程期须两月有余，若四季轮往，此往被回，竟不能在前藏会同办事等语，自系实在情形。现在藏内各项事宜统归驻藏大臣管理，一切稽查核办正资会同商榷，若轮流在途行走，未免转多窒碍。应如福康安等所奏，每年于春秋两季，奏明轮往巡查，顺便操演，分别劝惩；如番兵及绿营兵内有不谙纪律、滋生弊端，其驻防官员、营官等有废弛营伍及苦累番民者，俱应随时随地查明，奏请治罪，则边防既可永靖，而于会办事件，亦不至窒碍稽延，于藏务较有裨益。余俱如所奏办理。

一、驻藏文员应请添设一款。

据福康安等折内称：前藏向来仅设粮务一员，后藏地方并无文员，今改定一切章程，前藏鼓铸银钱，尤关紧要，请于前藏再添粮务一员，于同知、知州、知县内派来，专管监造银钱事务，以到藏之日为始，一年一换；后藏添设番兵，亦有支放口粮等事，应添县丞等官一员专司其事，俱由四川总督拣选赴藏。其后藏管粮官，应得分例及更换年限，并边俸报满保题之外，俱照向例办理。等语。

查，前后藏地方向来仅设粮务文员一员，现在前藏鼓铸银钱，稽查成色，关系紧要。自应添设专员以司监造；后藏添设官兵，需放口粮，亦应设员专管。均应如福康安等所奏，于前藏再添粮务官一员，于同知、知州、知县内派出赴藏：后藏添县丞等官一员，支放番兵口粮，俱应令四川总督务选明白勤慎之员，前往办理，不得率派充数，致有误公。其前藏监铸银钱粮员， 年 换，后藏管粮佐贰，应得份例及更换年限，并边俸报满，俱照向例办理之外，均应如所奏办理。但银钱成色最关紧要，应令驻藏大臣随时查验，如有低潮搀杂，立即将该管粮员奏明治罪。仍令驻藏大臣于每年春秋轮往边界时分别严查，如监铸、监放官或有营私舞弊以及办理不善者，俱应奏明分别惩治；如实系勤慎出力者，亦令驻藏大臣奏明保题，以示奖励。至驻藏大臣衙门缮写清字满兵，向来只有四名，分派两衙门，未免不敷，请于成都驻防满兵内再添派四名来藏，其应得钱粮分例、换班年分，俱照向例办理。仍于前藏汉兵内裁去四名，以符额数之处，均应如福康安等所奏办理。

一、驻藏大臣衙门及文武各员酌定听差兵丁数目以实操防一款。

据福康安等折内称：大臣官员等应差兵丁原无定数。乾隆五十四年鄂辉等奏定名数，以示限制。今请再加裁减，驻藏大臣衙门每人应差兵丁三十名，游击八名，都司六名，守备四名，驻藏司员四名，笔帖式二名，千总、把总每员一名，前后粮员看库兵丁各八名，其新设之前后藏文员毋庸给予兵丁。等语。

查，西藏戍兵原为镇守地方而设，多挑应差不予限制，必致操演乏人。前经奉有谕旨，令福康安等酌量减定名数奏闻。今据福康安等奏称，驻藏大臣衙门每处设立应差兵丁三十名，自游击以下分别递减，统计不过百余名，尚属减少，自应如所奏办理。其余兵丁仍令勤加操演，以收实效。

以上各条，臣等悉心酌核，逐款定议，是否有当，伏候训示。俟发下后，即行知驻藏大臣等遵照办理。谨奏。

乾隆五十七年十二月二十八日奉朱批：诸凡妥协。永以为例行。钦此。

（一史馆藏宫中朱批奏折）

乾隆五十七年（1792）十二月辛卯

军机大臣等议覆："大学士两广总督公福康安等奏：'筹酌善后章程'：

一、驻藏大臣除上山瞻礼外，其督办事务应与达赖喇嘛、班禅额尔德尼平等。自噶布伦以下番目及管事喇嘛等，事无大小，均应禀知办理。

一、大小番目，应立定等级拣放。查，噶布伦办理一切事务，戴绷管领番兵，商上孜绷、商卓特巴总司出纳，缺关紧要，不可越次补放。既各缺营官，管理番民，亦应拣选充补。请嗣后噶布伦缺出，于戴绷及商上孜绷、商卓特巴内，由驻藏大臣会同达赖喇嘛拣选正陪奏补。商上孜绷、商卓特巴缺出，以管放口粮之业尔仓、管理刑名之协尔帮、噶厦办事之大中译及孜仲喇嘛升补。业尔仓、协尔帮缺出，以管理布达拉番民希约第巴、管拉萨番民朗仔辖密本、管达赖喇嘛马厂达本升补。希约第巴、密本、达本缺出，以大缺、边缺及噶厦卓尼尔升补。大中译缺出，以小中译、噶厦卓尼尔升补。大缺、边缺营官，以小缺营官调补及小中译补放。唯小缺各营官，始准于东科尔及喇嘛内拣补。其业尔仓、希约第巴两项，向有喇嘛者，仍准挑补。前藏商上铸钱，应专派铸钱孜绷、孜仲喇嘛各二名办理。均由驻藏大臣会同达赖喇嘛挑选，发给清汉字、番字印照。至扎什伦布管事皆系喇嘛，其商卓特巴缺出，以绥绷喇嘛、森本喇嘛升补。绥绷缺出，以孜仲喇嘛升补。森本缺出，以传事卓尼尔升补。其余寨落小缺，仍照向例。所有后藏商卓特巴缺出、森本各大缺及管地方营官，均照前藏例，由驻藏大臣会同班禅额尔德尼补放。

一、大小番目及前后藏管事喇嘛，均不得以达赖喇嘛、班禅额尔德尼族属挑补。

一、驻藏大臣二人同在前藏，应春秋两季轮流前往后藏，巡查边界，顺便操兵。所用乌拉人夫，自行给价，不得扰累番民。

一、驻藏大臣衙门，向设理藩院司员一、笔帖式一，应仍照旧例。惟前藏仅设粮务一员，后藏并无文员，稽察难周。应于前藏再添粮务一员，于同知州县内派往。后藏添县丞佐贰官一员，俱由川督拣派更换，边俸报满，照例办理。

一、驻藏大臣衙门及文武各员听差兵丁，应酌定数目。大臣衙门各三十名，游击八名，都司六名，守备每员四名，驻藏司员四名，笔帖式二名，千把总每员一名，前藏粮员看库兵八名。遇操演日期，仍著一体训练。均应如所请。”

从之。

（《高宗实录》卷一四一九）

军机大臣等遵旨议覆福康安等奏除谕旨指出条款外尚有应办章程十八条

乾隆五十八年（1793）正月十七日

福康安、孙士毅、惠龄、和琳奏言：藏内一切善后章程，仰蒙皇上于万余里外烛照情形，指示详尽，并谕以指出条款之外，尚有应行办理者，亦著一并奏闻。臣等自到藏以来，随事随时留心咨访，体察番情，除遵旨议奏各条前已陆续具奏外，尚有应办理章程十八条，逐一悉心筹议，公同酌定，敬为我皇上陈之：

一、达赖喇嘛、班禅额尔德尼与外番通信，应告知驻藏大臣，详细商酌也。

查，西藏地方与外番之廓尔喀、布鲁克巴、哲孟雄、宗木等处部落皆系接壤，向来外番人等，或系来藏布施，或系讲论事务，达赖喇嘛发给书信，原无禁例，但立言不能得体，易为外番所轻。即如廓尔喀上次滋事之前，曾寄信与达赖喇嘛讲论银钱，办理不能妥协，致使藉词寻衅。今廓尔喀业已悔罪归诚，将来遇有禀请之事，均应由驻藏大臣主持，与达赖喇嘛等商同妥办。即将来廓尔喀部长欲专人来藏于达赖喇嘛、班禅额尔德尼前呈送土物谢过，亦应令驻藏大臣代为酌定回谕，方可发给，以昭体制。平日如有关系地方事件，俱应听驻藏大臣办理。其余通问、布施、书信，亦应报明驻藏大臣查验。又，布鲁克巴曾受天朝封号，该部落素信红教，每年遣人来藏向达赖喇嘛等呈递布施。哲孟雄、宗木、洛敏达等小部落，半属外番，半属藏内羁縻。各外番部落差人赴藏至达赖喇嘛、班禅额尔德尼处布施通问，虽不必概为禁绝，仍应立法稽查。嗣后各外番部落差人来藏者，由边界营官查明人数，禀报驻藏大臣，验放进口，并令江孜、定日驻扎备弁实力稽查。到藏瞻礼后，所有各该部落禀达驻藏大臣者，由驻藏大臣给谕。其呈达赖喇嘛等禀帖，俱应呈送驻藏大臣译出查验，由驻藏大臣与达赖喇嘛将谕帖酌定发给，查点人数，再行遣回。至噶布伦系达赖喇嘛管事之人，不准与各部落私行通信。即各部落有寄信噶布伦者，亦呈送驻藏大臣与达赖喇嘛商同给谕。噶布伦等不准私行发信，庶内外之防益昭严密。

一、各处边境，均应设立鄂博，以清疆界也。

西藏边界如济咙、聂拉木、绒辖等处，向无界址，各该处均与廓尔喀道路相通。臣福康安等于济咙外之热索桥、聂拉木外之铁索桥，及绒辖边界，均已设立鄂博，厘定疆域。将来巴勒布贸易之人，及边界唐古忒番民零星负贩，现已奏明立法稽查，不许私相往来，应交与驻藏大臣于巡视之便，认真查察所立鄂博，随时派人堆砌石块，不得日久懈弛，致有偷越。

一、边界营官应拣选妥干之人补放，并照内地边俸之例，酌定年限升推，以示鼓励也。

查，边界地方与外番接壤，约束番民，稽查出入，最关紧要，必须精明强干之员，方足胜任。向来稍能办事营官，因边界气候恶劣，冰雪较早，皆愿在前藏当差，惮于远涉。率将阘冗无能者，滥行派往，以致办理诸事，每多弊窦。嗣后，补放边缺营官，于小缺营官及管兵之甲琫番目内，择其谙练者调补。如果到任三年办理妥善，驾驭得宜，即行更换调回，记名以戴琫等缺升用。如有办理不善之处，立即革退，不可稍事姑容。如此惩劝有方，番目皆知奋勉，边隅亦永资绥靖矣。

一、严禁袭充番目之弊，以励人材也。

查，西藏世家子弟称为东科尔。凡遇挑取大小番目，必于东科尔中通书算者补放。其余番民中，即有妥干之人，并无进身之路，间或拔补定琫小头目，亦不能再有升迁。虽番民积习相沿，悉皆推重世家，各安本分，尚无觖望，而若辈以门第相高，彼此援引躐等超迁，势将无所底止。臣等查，该东科尔子弟不下数千人，势难一时更张旧制，转致人心未协。前已酌定章程，如充当兵丁之番民，果能奋勇出力，技艺娴熟，即非东科尔出身，亦准由定琫洊擢升至戴琫。其余办事之番目等，仍于东科尔内择其端谨之人，按等补用，但不准袭充伊祖、父职分，以致冒滥过甚。即挑取小中译、噶厦卓尼尔、小缺营官等番目，亦须年至十八岁以上，方准当差，不得以幼小之人应名充数，稍滋冒滥。

一、各大寺坐床堪布，应令达赖喇嘛会同驻藏大臣秉公补放也。

查，堪布乃一寺首领，必须熟悉经典，人品端方，始可为众僧领袖。近年以来，喇嘛等以大寺堪布为人倚奉，可得布施，寺内庄田归其管理，皆思营求此缺，所放不能尽公。嗣后，凡有各大寺坐床堪布喇嘛缺出，达赖喇嘛亦应会同驻藏大臣、济咙呼图克图秉公拣选，给予会印执照，派往住持。其余小寺堪布喇嘛，仍令达赖喇嘛自行拣补。

一、商上银钱出入，应照新定数目画一收放也。

查，商上现铸银钱，不准丝毫掺杂，成色较高，业经臣等定议，每纹银一两易换新铸银钱六圆，易换商上旧钱文及巴勒布旧钱八圆，通行使用。询之商人等，悉皆称便。惟查番寨租赋，有以银钱折交物件者，若商上收纳不公，势必苦累番民。嗣后，商上收纳银钱数目及采买各物，亦照所定兑换之数，按新铸、旧铸，分别折收，不得稍有浮多，以致人心不服。商上为收放总汇之地，若无出轻入重等事，则民间货币流通，自可永远遵行无弊。

一、济咙、聂拉木边界抽收税课，勿庸酌减也。

查，边界地方，惟济咙、聂拉木抽收税课尚属无多。向来收税则例，凡巴勒布商民运米在边界售卖者，每米一包取一木碗，每年约收放米一百数十石，俱运交大昭，以备攒昭念经之用。唐古忒番民零星贩出边界盐斤，每包亦抽取一木碗，该营官复将所收盐斤，向巴勒布商人易换制办藏香之香料及纸张、果品等物，运交商上。至巴勒布商民贩运来藏各物，除米石外，其余并不在边界纳税，只由该营官记明包数，禀知商上，货物到藏，不论粗细，每包只纳银钱一圆。即金花、缎疋、珊瑚、珠子、蜜蜡、细软之物，皆系按包纳税，惟红花不记包数，每包纳银钱一圆。详核所收税课，为数有限，日久相安，并无争竞。今查明贸易一事，实非起衅根由，蒙恩仍准通市。所有抽收税课一项，若将往例议减，转似布惠外番，有意裁抑唐古忒，于体制殊有关系。应请将济咙、聂拉木两处抽收米石、盐斤及货物到藏按包纳税之处，悉照向例办理，但须告知驻藏大臣，稽核商上，不得稍有加增，以示平允。

一、严禁私给免差照票，以均徭役也。

查，藏内各寨番众供应乌拉、人夫、牛马，穷民最为苦累，而富户大族，每恳求达赖喇嘛、班禅额尔德尼给与免差照票，不令当差。即从前达赖喇嘛等用事亲族及大呼图克图等亦多听从嘱托，率行给票。又有噶布伦、戴琫及大喇嘛等所管之庄佃人户，多恳求达赖喇嘛牌票，或免差徭或免租赋，毫无限制。贫者力役不遑，富者藉有声势转得安享坐视，所办实属不公。臣等到藏后，即仰体皇上抚育番黎之意，一应乌拉人夫饬行粮员等优给雇值。凡大族人户及大寺喇嘛皆令各出羊马受雇应差，不得以原有免差照票，规避不前。嗣后，应请将各处免票撤销，务使阖藏徭役均平，不得专派穷番，致滋苦累。如实有劳绩者，达赖喇嘛告知驻藏大臣，方准给票。惟有新设番兵，均应由驻藏大臣及达赖喇嘛于挑兵时发给照票，填写住址名字，免其门户差使，俾得专心操演，该兵如有事故，仍将原票缴销。

一、卫藏僧俗户口应行造册稽查也。

查，各寨落地方，虽统属于达赖喇嘛，而各呼图克图、堪布喇嘛、营官第巴等官，多系各食其地，是以户口作何增减，人民曾否流亡，达赖喇嘛无从查核，驻藏大臣更难过问，而于各部落有无私来藏地藏匿之人，亦不能得其踪迹。恭查前奉谕旨，嗣后往来人众，皆须驻藏大臣衙门给与路票。臣和琳即遵旨办理，颇有效验。应请嗣后令达赖喇嘛将所管大小庙宇内喇嘛名数，开造清册，并令噶布伦将卫藏所管地方，及各呼图克图等所管寨落入户，一体造具花名清册，于驻藏大臣衙门及达赖喇嘛处各存一分（份），以备稽查。设有未请路票私往各处者，一经查出，将该管之番目等，从严究治。

一、蒙古延请喇嘛诵经，应由驻藏大臣给照前往，以资查考也。

向来青海蒙古王公等差人赴藏，延请通习经典喇嘛赴该游牧地方诵经教经，有禀知驻藏大臣者，亦有私行前往者，漫无稽考。在青海蒙古王公等久涵圣泽，备位藩封，与内地臣仆无异，原不必限制，但经过三十九族番地，即与各外番相通，若任其私相往来，不严定以稽查之法，殊多未便。嗣后，凡遇蒙古王公等延请喇嘛诵经者，俱应令西宁办事大臣行文来藏，再由驻藏大臣给与执照，并咨明西宁办事大臣，以资查考。

一、严禁私用乌拉，以恤番民也。

查，旧例，乌拉牌票系由达赖喇嘛给发，日久渐已废弛。凡噶布伦、戴琫等及从前达赖喇嘛用事族属，竟有私用乌拉之事，一切供应食用，又多取给番民。嗣后，喇嘛、番目人等私事往来，一概不得擅用乌拉，亦不许私发信票，即遇公事差遣，有必须乌拉之处，须禀明驻藏大臣及达赖喇嘛发给用印乌拉牌票，编定号数，沿途方准应用。

一、罚赎不公及私行抄没家产之弊，应行严禁也。

查，唐古忒番民争讼及犯人命窃盗等事，多系罚赎减免，虽卫藏番俗相沿，一切案件不能按照内地律例，但罚赎多少，番俗自有定例，亦应按其罪名轻重议罚若干，方可以服人心而平狱讼。近年以来，该管之噶布伦、朗仔辖密本等剖断不公，并向来番例意为高下，遇有家道殷实之人，于议罚本例之外，加至数倍，而所罚金银、牛羊本无一定，亦未全数归公，侵渔肥橐，势所必至。又，噶布伦等每多怀挟私嫌，擅作威福，或竟将偶犯小过之番目人等，捏辞回明达赖喇嘛，辄行抄没家产，尤属贻害无穷。嗣后，应请将罚赎多寡，按照向来旧例，译写一本，交驻藏大臣衙门存案，以归画一。如有应议罪名，总须回明驻藏大臣核拟办理。其查抄家产之例，除婪索赃数过多者，应回明驻藏大臣酌办外，其余公私罪犯，俱令其凭公处治，严禁私议查抄。如噶布伦等胆敢无故私抄家产者，即行革职，仍抄没该噶布伦等家产，给与被害之人，以示惩儆。

一、西藏官兵所需火药，应就地配造，以节糜费也。

查，驻藏官兵每年操演，共需火药二千余斤，向由内地各营配造运送来藏，虽工料自有定价，而自打箭炉运至前藏，需用脚价甚多，经过番地亦不免有偷窃情弊。臣福康安到藏时，查得工布地方产磺，布达拉现存火药即系该处配造，随即差弁前往制造。兹查工布制造火药，每百斤共工价银二十三两有零，所用工料较内地定例昂贵，而所用脚价较之内地运来节省至三十余倍之多，两相比较，仍系在藏配制大有节省。所有军需案内运来火药已到西藏者，除军营用去外，尚有余存，现在饬查银数，令各粮员运回，分贮前后藏，择高燥地方收贮，尽足供数年操演之用，尚可无庸配制，应俟将现存火药将次用竣，只敷两年备用之时，再行在藏配造。若由驻藏游击派人前往工布，恐所遣之人未妥，或致扰累番民，并虑有私造透漏之弊，应核定每年操演火药数目，由驻藏大臣衙门发给印票，交噶布伦差派诚实番目前赴工布地方制造解送来藏。至藏地产铅甚少，现有军营存剩铅丸，堪以备用，俟将用完时，再由川省运解。又，内地解来弓箭，除军营应用外，亦有赢余，应并存留前后藏，拨给官兵作为操演之用。又，后藏向无炮位，现于臣福康安进兵时所铸铜炮十三尊内拨给二尊，令于操演时试验准头，其徐俱交布达拉存贮。

一、达赖喇嘛赏给噶布伦、戴琫等房屋、庄田，不得私行占据也。

查，藏内噶布伦、戴琫向由达赖喇嘛拨给房屋、庄田，为养家办公之费，如有事故出缺，自应交与接任者管理，乃该噶布伦、戴琫等竟私行据为己有。商上庄田、房屋有限，岂能更换一人即须另拨。现在臣和琳与济咙呼图克图确切查明，嗣后凡噶布伦、戴琫等应得官房、官田随任交代接替，勿许私占。

一、商上喇嘛透支钱粮之弊，应行禁绝也。查喇嘛等支食钱粮，例应按期领支，近年以来，每多先期透领，易致浮支弊混。嗣后，应令按期支食，均不准预领，交济咙呼图克图随时查核，若因严禁预领支放或致短少克扣，即将支放之人查明究治。

一、各寨租赋，应按年征收，清交商上，并查明逃亡绝户，随时豁免，以恤番民也。

查，藏地各寨应交租赋物件，距前藏较近者，系济仲第巴往征，远处寨落均由各该处营官征收，送交商上，而不肖之济仲第巴、营官等，将所收租赋拖延不交，致启侵渔之弊。甚或将本年租赋收清，复将明年租赋开征。逃亡人户，亦不豁免，番民颇形苦累。嗣后，应令商卓忒巴立限严催，征收之济仲第巴、营官等，年清年款，不得违限拖延，亦不准先一年预征租赋。其各寨逃亡绝户，实在田亩抛荒，即将该户租赋豁免，俟有佃种之人，再行照例升科。如此，则经手征收之人，无从侵蚀，而番民等输纳从容，得免追呼之扰矣。

一、驻藏大臣衙门应设译写廓尔喀番字通事人役也。

查，驻藏大臣衙门向设译字房通事各一名，只有译写唐古忒字之人，从不通晓廓尔喀字迹、言语。即唐古忒番民内，亦惟近边一带尚通廓尔喀言语，竟无一人能识番字者。查巴勒布与廓尔喀言语、字迹虽殊，尚有兼通之人。臣等进兵时，奏明于巴勒布商人中，择其诚朴可信者，带往军营备译番禀，其谙悉廓尔喀言语之边界番民，亦酌带数人作为通事传译语言，俱令互相比对，以免舛误。今廓尔喀投诚向化，按期入贡，自有呈递驻藏大臣禀帖，请添设认识廓尔喀字迹人役一名、通晓廓尔喀语言通事一名，并另派唐古忒番民三四名，令其学习廓尔喀番语、字迹，以备将来充补应役。查向例通事译字二名，每名日支口粮银六分四厘三丝九毫，仍请照例一体支给。

一、廓尔喀贡使往来应酌派文武官员护送也。

廓尔喀震慑天威，倾心向化，自请五年一贡，差大头目赍贡赴京瞻觐，仰蒙圣恩允准。嗣后，每遇贡期，廓尔喀酋长将贡使跟役人数，由何路进口之处，预行禀报驻藏大臣，即委粮务文职一员，会同定日守备，亲赴边界点明人数，预备乌拉，送至前藏。驻藏大臣酌加赏犒，一面奏明，一面飞咨四川总督派差文武在打箭炉等候，贡使自前藏起身，即于前藏游击及前藏粮务内差委一员，护送至察木多，即令察木多游击及该处粮务轮派一员接护前进，行至打箭炉，再交川省所派文武护送赴京。如此逐段护送有人，而藏内官员送至察木多，即可回藏，于本任公事，亦可无虞贻误。

以上各条就臣等管见所及，详加商榷，公同定议，合词具奏，伏乞皇上睿鉴训示。……均奏入。上命军机大臣会同大学士、九卿详议具奏。旋经议覆，应如所奏办理。上从之。

（《钦定廓尔喀纪略》卷四九）

附　《清高宗实录》相关记载

乾隆五十八年（1793）正月乙卯

军机大臣会同大学士九卿议覆钦差大学士、公、管两广总督福康安等奏酌筹藏内善后章程：

一、接壤藏地各番部落差人来藏，令边界营官禀明驻藏大臣验放。有禀驻藏大臣者，由驻藏大臣给谕。有呈达赖喇嘛者，俱禀送驻藏大臣译验，商发谕帖。其寄信噶布伦等，亦令呈驻藏大臣与达赖喇嘛商给回谕，不准噶布伦等私通信息，违者革退。

一、藏地边界，如济咙、聂拉木、绒辖等处，道通廓尔喀，向无界址，现各设鄂博，厘定疆域，不准私越。

一、边界地方向能办事营官，因该处气候恶劣，俱愿在前藏当差，滥派无能冗员往办，致滋弊端。请嗣后择干练之小缺营官及管兵之甲琫番目调补，三年换回，记名以戴绷等缺升用，不胜任者革退。

一、西藏世家子弟称为东科尔，凡大小番目，均由达赖喇嘛挑补东科尔之通书算而家殷实者。其余番民，无进身之路，且不告知驻藏大臣。请嗣后令驻藏大臣与达赖喇嘛公选，其非东科尔而技熟力勉之当地兵丁番民，亦准由定琫洊升戴琫。其余办事番目，仍选东科尔，按等补用。不准袭祖、父职，以杜冒滥。至挑取小中译、噶厦卓尼尔、小缺营官等番目，须核明年十八以上，不准幼小滥充。

一、堪布喇嘛系一寺首领，向多营求补放，请嗣后各大寺坐床堪布缺出，达赖喇嘛会同驻藏大臣拣补。小寺堪布仍专令达赖喇嘛拣补。

一、藏内各寨番众，供应乌拉夫马，达赖喇嘛等向多滥给免差照票。又噶布伦、戴琫及大喇嘛等庄户，亦多求免差税牌票。请嗣后概行撤销，惟实著劳绩者，令达赖喇嘛告知驻藏大臣给票。其番民挑定额兵，亦由驻藏大臣及达赖喇嘛给票免差，事故革退缴销。

一、卫藏各寨地方，虽统于达赖喇嘛，而户民增减去留，无从稽覈。请嗣后令达赖喇嘛将所管大小庙喇嘛造册，并令噶布伦将卫藏所管地方及呼图克图等所管寨落户口，一体造册，于驻藏大臣衙门及达赖喇嘛处，各存一分（份）备查。

一、青海、蒙古王公等差人赴藏延喇嘛诵经，向不尽禀知驻藏大臣。请嗣后令西宁办事大臣行文到藏，由驻藏大臣给照，咨明西宁办事大臣，互相稽覈。

一、喇嘛、番目人等，向多私用乌拉，请嗣后惟公事差遣，准禀明驻藏大臣及达赖喇嘛，给以印票，标定号数，沿途照用。

一、卫藏旧制，犯罪罚赎，近年噶布伦等意为高下，赔罚肥私，甚至挟嫌捏怂达赖喇嘛，抄没番目人等家产。请嗣后译写罚赎旧例一本，交驻藏大臣酌覈拟办。

一、西藏官兵所需火药，工布地方产磺，制造火药，较运从内地费省。请就近制运。其铅丸火绳，由川省运解。

一、达赖喇嘛赏给噶布伦、戴绷等官房在田，向有事故缺出，不交后任者。请查明随任交代，不准私占。

一、喇嘛支领钱粮，向多先期透领。请嗣后按期支放，违者究治。

一、各寨征收租赋，向多牵混。请嗣后令商卓特巴按年立限严催，清交商上，并查实绝户荒田，随时豁赋。

一、驻藏大臣衙门，向设译字房通事，不谙廓尔喀字迹言语，请添设识廓尔喀字人役一名，通廓尔喀语通事一名，并另派唐古忒番民三四名，学习备充。

一、廓尔喀贡使进京道长，请每遇贡期，令该酋长预禀驻藏大臣，以便驻藏大臣及四川总督派员接替护送。

均应如所请。

从之。

（《高宗实录》卷一四二一）

钦定藏内善后章程二十九条

藏文二十九条章程译稿

（一）关于寻找活佛及呼图克图的灵童问题，依照藏人例俗，确认灵童必问卜于四大护法，这样就难免发生弊端。大皇帝为求黄教得到兴隆，特赐一金瓶，今后遇到寻认灵童时，邀集四大护法，将灵童的名字及出生年月，用满、汉、藏三种文字写于签牌上，放进瓶内，选派真正有学问的活佛，祈祷七日，然后由各呼图克图和驻藏大臣在大昭寺释迦佛像前正式认定。假若找到灵童仅只一名，亦须将一个有灵童名字的签牌，和一个没有名字的签牌，共同放进瓶内，假若抽出没有名字的签牌，就不能认定已寻得的儿童，而要另外寻找。达赖喇嘛和班禅额尔德尼象父子一样，认定他们的灵童时，亦须将他们的名字用满、汉、藏三种文字写在签牌上，同样进行，这些都是大皇帝为了黄教的兴隆和不使护法弄假作弊。这个金瓶平时放在宗喀巴佛像前，需要保护净洁，并进行供养。

（二）为求西藏永远安乐计，今后由邻近各国来西藏的旅客和商人，需要进行管理，如果他们安分守己，遵守地方例俗，可以准其照旧经营商业，但是所有来往商人，必须进行登记，造具名册呈报驻藏大臣衙门备案。准许尼泊尔商人每年来藏三次，克什米尔商人每年来藏一次，各该商人无论前往何地，须由该管主脑呈报驻藏大臣衙门，按照该商人所经过的路线签发路证，并在江孜和定日两地新派官兵驻扎，各该商人经过时，须将路证拿出检验。如有外人要求到拉萨者，须向各边境宗本进行呈报，并由驻江孜和定日的汉官进行调查，将人数呈报驻藏大臣衙门批准。该外人到拉萨后，需要进行登记并受检查。派驻各地的汉官及文书等人员，如有贪污受贿等行为，一经发现即予惩办。由不丹、哲孟雄前来拉萨办理朝佛等事的人员，也同样需要呈报。外人返回本国时，也由各地宗本加以管理并进行检查。达赖喇嘛派往尼泊尔修建佛像或去朝塔的人员，由驻藏大臣签发路证，如逾期不能返回，由驻藏大臣另外行文给廓尔喀王。这样办理既可澄清边务，也对西藏有利。

（三）西藏章卡（市场所流行的一种硬币）历来掺假很多，今后政府应以纯粹汉银铸造，不得掺假。并依旧制，每一章卡重一钱五分，以纯银的六枚章卡换一两汉银。本来六枚章卡只等于九钱银子，所差一钱银子即算为铸造费用。章卡正面铸“乾隆宝藏”字样，边缘铸年号，背面铸藏文。驻藏大臣派汉官会同噶伦对所铸造之章卡进行检查，以求质量纯真。以前尼泊尔铸有假章卡，藏政府也铸有假章卡，现规定其比价一律为汉银一两换一百〔疑为“十八”之误〕枚，并决定以后不得再私自铸造。凡尼泊尔及西藏所铸章卡之没有掺假者，一律以上述比价为标准，以后不得非议。所铸新章卡如掺杂锡、铁等假料而被发觉时，所有汉官及噶伦委派之孜本、孜仲（僧官）等管理人员及工匠人等，一律依法应受严厉处分，并依所铸假币数目加倍罚款。

（四）以前前后藏都没有正规军队，用时临时征调，不仅缺乏作战能力，并且造扰人民，为害很大。这次呈请大皇帝批准，成立三千名正规军队：前后藏各驻一千名，江孜驻五百名，定日驻五百名，以上兵员由各主要地区征调，每五百名兵员委一代本管理。以前西藏只有五个代本职位，这次增加兵额，应依新增人数，增加代本名额。前藏代本即由驻拉萨游击统辖，日喀则、江孜、定日各地代本，由日喀则都司统辖。所有征调的兵员，应填造两份名册，一份存驻藏大臣衙门，一份存噶厦，以后如果发生缺额，即依名册补充。以上兵员统为达赖喇嘛和班禅额尔德尼的警卫。

（五）关于军官的职位，按照这次的编制，代本以下设十二个如本，每一如本管二百五十名兵员，如本以下设二十四名甲本，每一甲本管一百二十五名兵员，甲本以下设五名定本，每一定本管二十五名兵员。以上人员由驻藏大臣和达赖喇嘛挑选年轻有为者充任，并发给执照。代本出缺时，由如本中升补；如本出缺时，从甲本中升补，以下类推。贵族出身的军职人员，也要从定本、甲本逐级提升，不得任意升迁。按照旧例，平民只能升任定本，不能再升，今后应依照其学识技能及战功逐级升迁，不得歧视。如有违犯军纪的事情发生，即予严惩。

（六）以前征调兵丁，不发粮饷武器，系由各兵丁自备，所带的东西一旦用完，即行潜逃。今后每年每人应发粮食二石五斗，总共为七千五百石，上述粮食仅靠前后藏的田赋收入不够支付，故以沙玛尔巴、仲巴呼图克图的田产，以及丹津班珠尔之子目居索南班觉所呈缴的五个庄园，总共收入青稞三千一百七十石，作为补充。如还不够支付，即将沙玛尔巴桑坚班的什物尽行变卖，以补不足，这样每年就可收入青稞七千五百石，用以发给各兵员应发的粮饷。另外受征调的兵员，由达赖喇嘛发给减免差役的执照，这样更可使各兵员知道对他们的照顾，以增进他们的战斗情绪。各代本因为已经有了达赖喇嘛拨给他们的庄园，就无须另发薪饷。各如本每年应发三十六两银子，各甲本二十两，各定本十四两八钱，总共二千六百八十八两银子，由藏政府交给驻藏大臣，分春秋两季发给。兵员的粮饷也分春秋两季发给，由甲本和代本负责，不得短少。

（七）关于军队装备：十分之五用火枪，十分之三用弓箭，十分之二用刀矛。前后藏各寺院如有剩余武器，给价予以收买，其费用由前被没收的沙玛尔巴牧场收入的酥油价值五百五十两中开支。弓箭、火药由政府每年派人前往工布及边坝制造。各兵丁也要经常操演。

（八）达赖喇嘛和班禅额尔德尼的收入及开支，以前不经过驻藏大臣审核。由于达赖喇嘛和班禅额尔德尼全副精力贯注于宗教，不加细察，零星事务完全由他的亲属及随员等负责管理，难免不发生中饱舞弊等情事，所以这次大皇帝特命驻藏大臣进厅审核，每年在春秋两季各汇报一次。一有隐瞒舞弊等情事发生，应即加以惩罚。

（九）此次廓尔喀侵犯藏地，西藏许多村落夷为废墟，人民饱尝痛苦，因此对于所属人民应大发慈悲，予以爱护，最近决定济咙、绒夏、聂拉木等三个地方免去两年的一切大小差徭，宗喀、定日、喀达、丛堆等地方各免去一年的一切差徭。并免去前后藏所有人民铁猪年以前所欠的一切税收。政府僧俗官员、各宗豁负责人等，所有欠交税收也都减免一半。以上各项措施符合大皇帝爱护西藏众生的意志，对于前后藏人民造福不浅。

（十）驻藏大臣督办藏内事务，应与达赖喇嘛、班禅额尔德尼平等，共同协商处理政事，所有噶伦以下的首脑及办事人员以至活佛，皆是隶属关系，无论大小都得服从驻藏大臣。扎什伦布的一切事务，在班禅额尔德尼年幼时，由索本堪布负责处理，但为求得公平合理，应将一切特殊事务，事先呈报驻藏大臣，以便驻藏大臣出巡到该地时加以处理。

（十一）噶伦发生缺额需要补任时，从代本、孜本、强佐中考察各人的技能及工作成绩，由驻藏大臣和达赖喇嘛共同提出两个名单，呈报大皇帝选择任命。噶伦喇嘛之缺额，从大堪布中提名呈请委任。代本之缺额从如本中升迁，或从边界宗本中提出两个名单，呈请选择委任。孜本和强佐之缺额，由业仓巴、协邦（管理刑事者）、噶厦大秘书、孜仲喇嘛（僧官）中选任。业仓巴和协邦之缺额，由雪第巴、拉萨米本、达本中选任。雪第巴、拉萨米本、达本之缺额，由各地宗本及噶厦仲尼（交际人员）中委任。业仓巴和雪第巴之僧官缺额，从各大寺喇嘛中挑选委任。大秘书之缺额，由小秘书及噶厦仲尼中委任。大宗及边宗宗本之缺额，由小宗宗本中委任。小秘书之缺额，由武官甲本及其他适当人员中委任。各边宗及小宗宗本之缺额，由普通职员中委任。过去各宗之僧官宗本，都由达赖喇嘛的随从中委任，他们多不能亲自到宗任职，而派代理人前往，这些代理人难免不发生贪污敲诈情事，因此今后所有代理人均由驻藏大臣选派，不能由孜仲喇嘛私自委派。噶厦的小秘书及仲尼，其职位虽小，但经常和噶伦一处工作，不谓不重要，所以须从俗官中挑选能力较强者充任之。最近改组造币厂，委任两个孜本和两个孜仲为管理人，如该人员发生缺额时，须由达赖喇嘛和驻藏大臣协商选任。所有以上人员，除噶伦和代本须呈请大皇帝任命外，其余人员可由驻藏大臣和达赖喇嘛委任，并发给满、汉、藏三种文字的执照。噶伦、代本以下人员和各个宗本，今后均按上述规定逐级升迁，不得逾规乱为。至于草官、卫士、糌粑管理人，帐篷管理人等，无关重要，可由达赖喇嘛自行委派。

扎什伦布的工作人员，都是僧人，过去没有规定品级，多少也不一定。今后强佐出缺时，须由索本喇嘛（管饮食者）和森本喇嘛（管寝室者）中补任，索本出缺时，从孜仲中补任，森本出缺时，从仲尼中补任，不得随意升迁。扎什伦布辖区内村落较少，各边地亦无重要之宗豁。所有强佐、索本、森本及宗本等，须依前藏之制度，由班禅额尔德尼和驻藏大臣协商委任。至于管理酥油、糌粑、柴火等零碎事务之无关重要人员，可依其技能之优劣，由班禅额尔德尼自行选任。关于乌拉等之派遣可依照旧例行之。

（十二）达赖喇嘛和班禅额尔德尼周围的随从官员，过去都是他们的亲属，如达赖喇嘛的叔父和班禅额尔德尼的父亲班丹团主，都是私人升任，又如达赖喇嘛之胞兄洛桑格登主巴，依仗势力多行不法。今后应依西藏各阶层及扎什伦布僧俗人民之愿望，在达赖喇嘛和班禅额尔德尼在世时，其亲属人员不准参预政事。达赖、班禅圆寂后，如果还有亲属，可以根据他们的技能给予适当的职务。

（十三）驻藏大臣每年分春秋两季出巡前后藏各地和检阅军队。各地汉官和宗本等，如有欺压和剥削人民情事，即可报告驻藏大臣，予以查究。驻藏大臣出巡时，所用民间乌拉等，都得发给脚价，不能扰累番民，以示体恤。

（十四）西藏和廓尔喀、不丹、锡金等疆界相连，以前这些地方来人呈献贡物和处理公务，达赖喇嘛写回信时，曾因格式不合及其他原因而发生纠葛，例如廓尔喀前此行文交涉章卡一事，西藏方面没有谨慎从事，以致引起战争。现廓尔喀方面虽然表示悔改前非，归顺投降，但以后无论何种行文，都须以驻藏大臣为主，和达赖喇嘛协商处理。今后廓尔喀派人来见达赖喇嘛和驻藏大臣，其回文必须按照驻藏大臣之指示缮写，关于边界的重大事务，更要根据驻藏大臣的指示处理。外方所献的贡物，也须请驻藏大臣查阅。不丹，以前皇帝曾加过封号，其宗教虽然不同，但每年派人向达赖喇嘛呈献贡物；同时锡金、宗巴、孟唐等藩属，每年也派人向达赖喇嘛和班禅额尔德尼献贡，均不要加以阻挠，而应详细检查。外方人员来藏时，各边宗宗本须将人数登记，报告驻藏大臣，由江孜和定日的汉官进行检查后，准其前往拉萨。各藩属给达赖喇嘛等人的来文，须译呈驻藏大臣查看，并代为酌定回书，交来人带回。所有噶伦都不得私自向外方藩属通信，即或由外方藩邦行文给噶伦时，也得呈交驻藏大臣和达赖喇嘛审阅处理，不得由噶伦私自缮写回信。以上有关涉外事务的规定，应严格遵守。

（十五）西藏的济咙、聂拉木、绒夏、喀达，萨噶、昆布等地区和廓尔喀疆土相连，又为交通要道，须在济咙的日班桥、聂拉木的潘瞻铁桥、绒夏的边界等处树立界碑，阻止廓商和藏人随意越界出入。驻藏大臣出巡时必须予以检查。所有尚未树立界碑之处，亦须迅速树立，不得因迟延而引起纠葛。

（十六）边界地区与外方连接，对于当地人民之管理，来往行人之检查，都属重要事务。过去知能较强之宗本多留拉萨供职，而派知能较弱之宗本前去边界，难免耽误事情。今后边宗宗本均由小宗本及军队头目中选派，任满三年后考查成绩，如果办理妥善，驾驭得宜，记名以代本等缺升用；倘办理不善，立即革退。

（十七）西藏过去委任大小职务，均在贵族中选任，平民完全无份。自今新立规章，凡普通士兵如有知能较强并有战斗能力者，虽非贵族亦得升任定本甚至逐级升至代本。其他一切官职，可依旧例从贵族中派任，但如年龄过幼，亦不宜担任官职。因此规定小秘书、噶厦仲尼、小宗本等，年满十八岁之贵族子弟始可派任。

（十八）堪布为各寺院之主脑，应选学问渊博、品德良好者充任之。近查各大寺之活佛，拥有很多庄园，并因享有群众信仰，所献贡物者很多，再加经商谋利，贪财好货，甚不称职。现规定今后各大寺堪布活佛人选，得由达赖喇嘛、驻藏大臣及济咙呼图克图等协商决定，并发给加盖以上三人印章的执照。至于各小寺堪布活佛之人选，可依原例由达赖喇嘛决定。

（十九）政府之所有税收，有以银两折交物品者，即照所定新旧章卡兑换之数，按新铸旧铸，分别折收，不得稍有浮多。至采买各物，亦须公平交易，不得苦累商民。

（二十）在济咙、聂拉木两地方抽收大米、食盐及各种物品之进出口税。可依原例办理，除非请示驻藏大臣同意，政府不得私自增加税额。

（二十一）西藏之税收、乌拉等各种差役，一般贫苦人民负担苛重，富有人家向达赖喇嘛和班禅额尔德尼领得免役执照，达赖喇嘛之亲属及各大呼图克图亦领有免役执照。各噶伦、代本、大活佛之庄民也多领得免役执照。今后所有免役执照一律收回，使所有差役平均负担。其因实有劳绩，需要优待者，由达赖喇嘛和驻藏大臣协商发给免役执照。对新成立之兵员，由驻藏大臣和达赖喇嘛依照名册一律发给免役执照。兵员出缺时，须将所发免役执照收回。

（二十二）达赖喇嘛所辖寺庙之活佛及喇嘛，一律详造名册，并由噶伦负责将全藏各呼图克图所属寨落人户详细填造名册，于驻藏大臣衙门和达赖喇嘛处各存一份，以便检查。以后各寺喇嘛如有不领护照而私行外出者，一经查出，即惩办该管堪布及札萨（克）等主脑人员。

（二十三）青海蒙古王公派人来藏，迎请有学问之活佛到家念经祈祷，有些固然是通过驻藏大臣，但有些是私自前往，因而不易查考。以后青海蒙古王公前来迎请西藏活佛，须由西宁大臣行文驻藏大臣，由驻藏大臣发给通行护照，并行文西宁大臣，以便查考。到外方朝佛之活佛，亦得领取护照，始得通行。如若私行前往，一经查出，即惩罚该管堪布及主脑人员。

（二十四）依照旧例，来往派遣人伕乌拉，皆由达赖喇嘛发给执照，流弊很大，噶伦、代本以及达赖喇嘛之亲属，都有私派乌拉用以运输粮食用物，今后各活佛头目等因私外出时，一律不得派用乌拉。因公外出时，由驻藏大臣和达赖喇嘛发给加盖印章之执照，沿途按照执照派用乌拉。

（二十五）对于打架、命案及偷盗等案件之处理，可以缘〔援〕依旧规，但须分清罪行之大小轻重，秉公办理。近年来噶伦及郎仔辖密本（拉萨市长）等，对案件之处理不惟不公，并额外罚款，还将所罚金银牛羊等不交政府，而纳入私囊。噶伦中还有利用权势，对于地位低下之人，随便加以罪名，呈报达赖刺嘛，没收其财产者屡见不鲜。今后规定对犯人所罚款项，必须登记，呈缴驻藏大臣衙门。对犯罪者的处罚，都须经过驻藏大臣审批。没收财产者，亦应呈报驻藏大臣，经过批准始能处理。今后无论公私人员，如有诉讼事务，均须依法公平处理，噶伦中如有依仗权势，无端侵占人民财产者，一经查出，除将噶伦职务革除及没收其财产外，并将所侵占的财产，全部退还本人，以儆效尤。

（二十六）每年操演军队所需用之弹药，由噶厦派妥员携带驻藏大臣衙门之公文，前去工布地方制造，运至拉萨发给部队，以前后藏番兵没有火炮，现从新造十四〔三〕门火炮中调两门给后藏，以便在军队操演时试验射击，其余都交给达赖喇嘛。

（二十七）过去噶伦及代本上任时，达赖喇嘛照例拨给公馆及庄园，卸任时交回。近查有噶伦及代本已经卸任，而公馆及庄园仍由家属承受不交，政府又另外拨给。今后所有卸任之噶伦及代本，应将公馆及庄园移交新任，不得据为私有。

（二十八）依照原例，应该发给活佛及喇嘛之俸银，均有定时，近来多有提前发放情事。今后应按规定时间发放，绝对不得提前。希济咙呼图克图立即进行调查，如发现提前发放俸银，或未全部发放者，对负责人员予以处分。

（二十九）西藏各村落应交政府之赋税、地租以及物品，邻近各地多派僧官催缴，较远者多派俗官催缴，近查僧俗官员和宗本中有少数坏人，将所收赋税地租不交政府而入私囊，致逐年积欠者甚多。甚有催收本年各项赋税时，预将明年各项赋税提前催收情事。还有逃亡户应该负担之赋税，强加给住地户负担者，以致苛捐繁重，民不聊生。以后强佐派人催缴赋税时，应按规定期限办理。僧俗官员及宗本等只准催清当年赋税，不得提前催收来年赋税。各村逃亡户之负担应予减免，俟该逃亡户还乡后照旧负担。

〔附注：《钦定藏内善后章程二十九条》汉文原底至今尚未见到，这里选用的是牙含章在《达赖喇嘛传》（人民出版社 1984 年出版）一书中所载的汉文译稿。〕

附　关于“二十九条章程”的咨文[①]

钦命太子（太保）、禄〔武〕[②] 英殿大学士、一等嘉勇公、大将军福（康安），钦命文渊殿〔阁〕大学士、礼部尚书孙（士毅），钦命军机处司员、四川总督兑〔惠〕（龄），钦命西藏办事大臣、工部尚书和（琳）来函称：

近日，我大将军等会奏新订西藏章程二十九条，奏报圣聪之底稿，已渐次抄送，有如册中译载。恐日久遗失，致碍于事，故今再次咨会。俾达赖喇嘛并济咙呼图克图即据章程之意，宣谕所有噶布伦、代本、宗（本）、谿（堆）等永远遵行。如仍有轻慢悖逆者，定严惩不贷。专此奉达。并送上新订章程二十九条。

乾隆五十八年　月　日

福康安等奉旨为贯彻执行
二十九条章程致班禅函

（乾隆五十八年、藏历阴水牛年、1793）

钦命太子太保、武英殿大学士、头等嘉勇公、大将军福（康安），钦

① 这是西藏档案馆保存的《水牛年文书》内一个文件的译稿，是咨达二十九条章程的公文。时值藏历阴水牛年，故又称为《水牛年文书》。疑系下件“致班禅函”同一文件的致噶厦抄本。

② 藏文人名抄、译有误者，校正于〔　〕内。

命文渊阁大学士礼部尚书孙（士毅），钦命军机处大臣四川总督惠（龄），钦命驻藏办事大臣工部尚书和（琳），钦命驻藏帮办大臣成（德）等已奏明皇上：

近日，本大将军已遵照圣旨，将新订的西藏章程二十九条按原文逐一抄录送上，因顾虑时间久远，难免遗漏丢失，而给今后工作带来困难，故今再次将此抄件送上，即命班禅额尔德尼根据章程各条精神，迅即向各噶伦、代本、宗本、谿堆宣谕，仰一体永远遵行，如有照旧违背者，定严惩法办，特告。谨派人将此信连同新订二十九条章程一并送上。

乾隆五十八年　月　日

（张国英　译）

附　《卫藏通志》所载“条例”（原目作章程）

镇抚

一、驻藏大臣督办藏内事务，应与达赖喇嘛、班禅额尔德尼平等，自噶布伦以下番目及管事喇嘛，分〔份〕系属员，事无大小，均应禀命驻藏大臣办理。至札什伦布诸务，亦俱一体禀知驻藏大臣办理。仍于巡边之便，就近稽查管束。

一、达赖喇嘛，班禅额尔德尼之呼毕勒罕，以及前后藏大小呼图克图之呼毕勒罕，察木多、类乌齐、乍丫、萨喀、西宁等处呼图克图之呼毕勒罕，一经呈报出世，指出数名，均由驻藏大臣，将其姓名生年月日，用清、汉、唐古忒三样字缮写牙签，贮于钦颁金本巴瓶内，先期传唤喇嘛齐集大昭诵经七日，届期驻藏大臣亲往监同抽掣。

一、前后藏遇有噶布伦、戴琫、商卓特巴以下大小番目等缺，统归驻藏大臣会同达赖喇嘛拣选，分别奏补拣放，其达赖喇嘛、班禅额尔德尼之亲族人等，概不准干预公事。

一、大寺坐床堪布喇嘛缺出，俱由驻藏大臣会同达赖喇嘛秉公拣选，给与会印执照，派往住持。其余小寺堪布喇嘛，听达赖喇嘛自行拣补。

一，达赖喇嘛所管大小庙宇喇嘛名数，开造清册，及噶布伦所管卫藏地方各呼图克图所管寨落人户，一体造具花名清册，于驻藏大臣衙门及达赖喇嘛处各存一分，以备稽查。

一、藏内喇嘛前往各外番朝山礼塔者，由驻藏大臣给与照票，限以往还日期，回藏之日，仍将照票缴销，不得逗留边外，如有潜行私越者，即行究治。

一、外番人等来藏布施瞻礼者，由边界营官查明人数，禀明驻藏大臣验放进口，事毕后查点人数，发给照票，再行遣回。

一、廓尔喀、布鲁克巴、哲孟雄、宗木等外番部落，如有禀商地方事件，俱由驻藏大臣主持。其与达赖喇嘛、班禅额尔德尼通问布施书信，俱报明驻藏大臣译出查验，并代为酌定回书，方可发给。至噶布伦等，不得与外番私行发信。

一、青海蒙古王公等，差人赴藏延请诵习经典喇嘛，赴该游牧地方诵经教经者，俱由西宁等处大臣行文来藏，再由驻藏大臣给与执照，并咨明西宁办事大臣，以资查考。

一、驻藏大臣每年五六月间奏明，轮流一人，前往后藏巡视边界，操阅番兵，所用乌拉人夫，俱自行给与价值，不得扰累番民，以示体恤。

一、驻藏大臣衙门，向例设有唐古忒通事译字二名，今增设廓尔喀通事译字二名，共四名，每名每日给支口粮银六分四厘三丝九毫，另派唐古忒番民三四名，令其学习廓尔喀番语字迹，以备将来充补。

一、廓尔喀在藏学习汉字学生四名，每人每月支给口粮银五两，由商上发给。

职掌

一、理藩院司员一员，管理达木蒙古八旗官兵、三十九族番民事务，承办驻藏大臣衙门清文稿案，三年更换。

一、达木蒙古官兵共五百三十八户，在藏当差官兵八十三员名，每月商上发给钱粮，其余俱在达木地方游牧，听候调遣。

一、达木八旗固山达八员，佐领八员，骁骑校八员。

一、三十九族总百户一员，百户十三员，百长五十三员。

一、三十九族共四千八百八十九户，每户每年征收贡马银八分，共征收银三百九十一两一钱二分，交纳商上。

一、理藩院笔帖式一员，专司驻藏大臣衙门文移翻清译汉，三年更换。

一、前藏粮务一员，管理仓库粮饷，承办驻藏大臣委审案件，三年更换。

一、应支驻藏大臣两衙门每月丰折加增及通译口粮，共银四百四十三两零；又应支司员笔帖式二员每月丰折、通事口粮，共银八十五两九钱零；又应支前藏粮务一员每月折色月费及通译口粮，共银一百三十六两八钱零；又应支副粮务一员每月折色月费及通译口粮，共银七十一两三钱；又应支游击一员每月折色盐菜及通事口粮，共银四十二两一钱零；又应支守备一员每月折色盐菜，共银三十两四钱零；又应支千总二员每月折色盐菜，共银三十六两八钱；又应支把总二员每月折色盐菜，共银三十四两四钱；又应支外委五员每月折色盐菜，共银四十四两五钱；又应支兵丁四百五十五名每月饷银，共二千二百二十九两五钱，又应支仓夫六名每月口粮，共银十七两六钱。以上俱小建扣除。

一、应支关帝庙春秋祭祀银十六两。又达赖喇嘛每年承领恩赏银一千两，俱年终造报。

一、前藏仓额贮青稞二千七百石，小麦三百石，共三千石。

一、后藏江孜、定日分驻官兵二百零八员名，每年共应发月费口粮等项银一万二千两。

一、副粮务一员，专司监造银钱，一年更换。

一、后藏粮务一员，专司监放番兵口粮及驻藏大臣委查事务。三年更换。

一、拉里粮务一员，管理支放兵饷，承办该处委审案件，三年更换。

一、拉里各塘汛弁兵三年共需月费口粮银三万六千两零。

一、拉里仓额贮稞麦一千二百石。

一、察木多粮务一员，管理支放兵饷，承办该处委审案件，三年更换。

一、察木多暨所属各塘汛官兵三年共需月费口粮银三万四千七百两零。

一、察木多仓额贮稞麦一千二百石。

番目（详后。此处从略）

营官缺分（详后。此处从略）

绿营

一、驻扎前藏游击一员、守备一员、千总二员、把总二员、外委五员、汉兵四百五十名；后藏都司一员、把总一员、外委一员，汉兵一百四十名。

一、驻扎江孜守备一员、外委一员、汉兵二十名；定日守备一员、把总一员、外委一员，汉兵四十名。

一、驻扎察木多游击一员、千总一员、把总一员、外委一员；江卡汛守备一员、把总一员；梨树汛外委一员；石板沟汛把总一员、外委一员；昂地汛把总一员；硕板多汛千总一员、外委一员；拉里汛把总一员、外委一员；江达汛外委一员。共兵六百八十名。

一、驻藏大臣衙门应差兵丁每处三十名，游击八名，都司六名，守备二员每员四名。驻藏司员四名，笔帖式二名，千总、把总每员一名。前藏粮员看库兵丁八名，每遇操演日期操演，勿许藉口应差致有旷废。

番营（详后。此处从略）

马政

一、前藏听差营马六十四，后藏听差营马二十四。

一、自南墩迤西百里之江卡起，至江达底塘止，四十三塘，共塘马二百二十四。

一、前藏迤西底塘起，至后藏定日止，新设番塘二十四处，共番马九十八匹。

贸易

一、在藏居住贸易之巴勒布、克什米尔等，准其常川兴贩，查明该番回商头等名数若干，造具清册，交驻藏衙门存案备查。

一、巴勒布每年准贸易三次，克什米尔每年准贸易一次，于前赴外番营贩货物时，该商头呈明驻藏大臣，由何路行走，发给执照，以便稽查出入。

一、凡在藏贸易之外番商民，请领驻藏大臣照票出口，过江孜、定日，由该备弁查验明确，始准放行；其自外番来藏者，亦由该备弁查明人数，报明驻藏大臣，一体按名注册，以备查考。

一、唐古忒边界番民与接壤居住之巴勒布番民，就近易换盐米，饬令各该管地方备弁营官，就近约束稽查，勿许私越。

一、济咙、聂拉木两处抽收米石、盐斤及货物到藏后按包纳税，俱照旧例办理，毋得稍有加增。

一、在藏商民等，或有争占便宜，不安本分等事，听驻藏大臣随时查办，如驻藏大臣衙门及各文武员弁衙门书吏、通事人等，有借端需索等弊，一经查出，即行从严参究惩治。

一、江孜、定日驻防备弁，如有借端需索外番，及扰累商民，并或得钱纵容出入等弊，一经查出，立即从严参革治罪。

钱法

一、铸造银钱，正面用汉字铸“乾隆宝藏”四字，背面用唐古忒字铸“乾隆宝藏”四字。

一、银钱以重一钱、重五分两项搭配铸造。每纹银一两，准兑换一钱重新钱九圆，五分重新钱十八圆，其旧钱系一钱五分重者，亦一例兑换九圆，作为定价。

一、铸钱银两由商上支发，该局铸出钱文，易换银两，即将所换之银，改铸银钱，每钱九圆，易银一两，所余一钱，作为炭火倾销之费。

一、番寨租赋，有以银钱折交物件者，商上收纳时，即照所定兑换之数，按新铸旧铸分别折收，不得稍有浮多，至采买各物，亦须公平交易，不得苦累商民。

一、铸钱局内专派仔琫二名，济仲喇嘛二名，以专责成。

一、监铸局员，如果勤慎出力，由驻藏大臣保奏，倘敢徇私舞弊，即行严参办理。

租赋（略）

差徭（略）

边防（略）

（《卫藏通志》卷一二）

〔附注：“钦定藏内善后章程二十九条”的汉文原稿，迄今尚未找到。有的学者认为，《卫藏通志》卷十二“条例”（原做“章程”）即是根据二十九条章程编写的。故移录于此，供做研究参考。〕

裁禁商上积弊章程二十八条

琦善等奏酌拟裁禁商上积弊章程二十八条折

道光二十四年（1844）九月二十六日

奴才琦善、钟方跪奏，为酌拟裁禁商上积弊章程，敬缮清单，恭折具奏，仰祈圣鉴事。

窃查西藏辟处极边，为喇嘛住锡之地。我皇上振兴黄教，抚育众生，既设驻藏大臣统率官兵，为之防卫；复因达赖喇嘛幼小，又择喇嘛为之掌办，恩施稠迭，有加无已。膺兹宠命者，宜如何感激图报。乃现查诺们罕被控各款，其贪黩妄为，有出乎情理之外者。推原其故，盖缘科条未备，遂得高下其手。而藏番素信佛教，牢不可破，见其为掌办喇嘛，一言一动，咸疑例或应然，惟恐逢迎之落后；该喇嘛夜郎自大，妄谓权由己出，竟似无事不可为。大臣等语言不通，文字不识，商上之出纳全从夷俗，势不能代为转筹。喇嘛之贤愚，尽凭经典，更无由悉其通否。与其逐事查询，徒滋纷繁，曷若明定章程，俾知遵守。奴才等悉心筹计，博采群论，不揣冒昧，酌拟章程，敬缮清单，恭呈御览。

应请嗣后除事关外番及六品以上番目，与有关地方之七品营官升调，无论僧俗，均应会同拣放外，其余悉令遵照章程，自行秉公办理，攸关黜陟者，按季呈报，以备考核。如有改易弊混，分别查参。并拟俟奉到谕旨准行后，各公所及三大寺，均令印译发一份，俾众咸知，凛遵法守，庶以后按册可稽，无虞弊混，而僧俗就范，益加畏怀，地方更臻静谧，仰副我皇上抚绥番夷、保卫黄教之至意。

谨将酌拟缘由，会同班禅额尔德尼恭折具奏。是否可行，伏乞皇上圣鉴，训示遵行。谨奏。

道光二十四年十一月初四日奉朱批：该部议奏，单并发。钦此。

附　酌拟唐古特商上裁禁章程

谨将掌办商上事务积弊酌拟裁禁章程，恭呈御览。

一、乾隆五十七年奉上谕："闻向来驻藏大臣不谙大体，往往过于谦逊，授人以柄，致为所轻，诸事擅专。鄂辉、和琳均系钦差大臣，其办事原应与达赖喇嘛、班禅额尔德尼平等。等因。钦此。"著有成例。嘉庆十九年又经前大臣瑚图礼以办事大臣与达赖喇嘛平等，非与代办事之呼图克图平等，奏明在案。诚以大臣有考核之责，代办之人非达赖喇嘛可比，使知如敢营私舞弊，立可参奏，有所惮而不敢妄为，初非争此礼节。迨后只知谦抑沽名，渐致趋承恐后，遂使夜郎自大，诸事擅专，妄作威福，肆行无忌。应请嗣后仍钦遵特旨，驻藏大臣与达赖喇嘛、班禅额尔德尼平等，其掌办之呼图克图，大臣照旧案仍用札行，不准联络交接，以肃政体。

一、西藏地方与廓尔喀、布鲁克巴、哲孟雄、洛敏达、拉达克各部落接壤，该外番人等或来藏布施，或遣人通问，事所常有。应请悉遵定例，无论事之大小，均呈明驻藏大臣代为酌定发给，不准私相授受，违者参革，以重边疆。

一、地方遇有不靖，无论唐古特所属及外番构难，均先详查起衅根由，是否由于官民偾事激成，严行惩办，再行核定。不准如前率先用兵，冀图冒功。违者参革，以慎军旅。

一、达赖喇嘛正、副师傅，乾隆年间并未动辄保奏。应请嗣后如果教授多年，俟达赖喇嘛任事之时，仰候恩出自上，不准驻藏大臣如前滥行保奏，以崇体制。

一、达赖喇嘛年至十八岁，应请仿照八旗世职之例，由驻藏大臣具奏请旨即行任事，其掌办之人立予撤退。所有掌办印信，或照成案送京，或封贮商上，请旨遵行；不得仍前捺压，专为掌办之人，以杜结纳。

一、达赖喇嘛之父母，向由商上拨给庄田、房屋，用资养赡。其父策旺登柱本属贫寒，于道光二十一年随侍赴藏，荷蒙圣恩，赏赐公爵，仰见锡类推仁，至优极渥，而商上应给庄房，诺们罕延搁三年，致令待哺嗷嗷。屡次呈恳，于上冬始行拨给，仍系碱薄。及查达赖喇嘛商上班垫孜地土四十余岗，早经诺们罕私给其侄婿萨迦呼图克图为业。两相比较，无怪群情愤怒，众怨沸腾。应请嗣后达赖喇嘛呼毕勒罕出世，一经入瓶掣定奉旨准作呼毕勒罕，其父母应得庄房，即由商上拨给，不准借故推延，以示体恤。

一、掌办印务威权已重，而一兼师傅，达赖喇嘛即须推让，其噶勒丹池巴又系喇嘛中最尊职份，权要并于一人，易滋舞弊，而莫敢谁何。应请嗣后掌办商上事务之人，不准保充正、副师傅及噶勒丹池巴，以昭限制。

一、噶勒丹池巴请照后开旧规，于年久苦修、深通经典喇嘛中保充，不准以呼图克图诺们罕充补，致滋但计职衔大小不论品行高低之弊。

一、掌办事务手下之札萨克喇嘛、达喇嘛，只准管其本寺事务，不准丝毫干预商上公事；同其余喇嘛，均只准补其本寺之缺，不准补商上之缺，与占他寺差使；其商上当差之人，亦不准补掌办事务寺中之缺，庶界限得以划清。

一、掌办事务之人，各有庄田、百姓，尽可役使，不准再用商上乌拉，以苏民困。其熬茶布施，应自出己资办理，不准交商上番目代办，以免商上贴补。

一、掌办印信存掌办之人寺中，其钥匙照旧交总堪布佩带，遇有文书，公同钤用；其商上办事中译，仍住公所，不准移赴掌办之人私寺，以免滋弊。

一、掌办之人不准将商上田地、人民擅行给与寺院及送与亲友。各寺院亦不准向掌办之人私行呈请，将商上庄田赏作香火养赡。违者将掌办参革，分别追还商上，以儆专擅。

一、达赖喇嘛从前赏给世家及百姓田地，不准私行呈送及典卖与掌办寺院。违者追出归还商上，以杜贪营。

一、商上仔仲喇嘛，应照嘉庆十一年奏定一百六十名定额，不准再有增益。刻下达赖喇嘛尚幼，无需多人，即以现在一百四十名为度，俟年至十八岁任事时，再行照额挑补。该仔仲系闲散喇嘛，并无品职，未便如乾隆年间福康安所奏，骤补四五品大缺，应请俟该仔仲充当三年后，以七品执事及七品喇嘛营官补用。

一、商上仔仲乏人，从无向外寺挑取旧规。自诺们罕掌事以来，方行创始，而各寺静修者均非情愿，噶布伦曾经劝阻不听。今查商上原有拉木结札仓寺一所，现有学经喇嘛，应请嗣后仍循旧观，不准向外寺挑取，倘商上人数不敷，只准向拉木结札仓寺内挑取。以商上寺中之人当商上之差，既符旧现，且杜流弊。

一、僧俗番目，除营官、番弁外，等第额数，率多牵混。现今按旧章详加考订：总堪布统管商上僧官，秩三品，与噶布伦相等。其四品者，系僧官岁琫、森琫、曲琫各一员，近身服侍达赖喇嘛之大堪布五名，小堪布内缮书中译四名，俗人仔琫三名，商上，大昭商卓特巴各二名，又俗人商卓特巴各一名，小岁琫一名，管理番兵生息颇琫僧俗各一名，商上大卓尼尔一名，大医生一名，又近身服侍之小堪布八名。其五品者，商上仔仲、卓尼尔十名，翻话罗藏娃四名，小医生一名，商上业尔仓巴三名，大昭一名，又俗人业尔仓巴二名，俗人协尔帮二名，僧俗硕第巴三名，俗人密琫二名。其六品者，噶厦俗人大中译二名，俗人卓尼尔三名，俗人管马达琫二名，仔仲管理经卷二名，管理彩缎二名，德垫溪庙宇堪师一名。其七品者，噶厦俗人小中译三名，管门第巴三名，柴斤、草束、糌粑第巴僧俗各一名，俗人管帐房第巴二名，牛羊厂第巴三名，仔仲商上管门第巴四名，经管铸佛等项匠役第巴二名，管理成衣第巴一名，管理造香及经理供献第巴各一名，看守大昭及洛尔布岭岗房屋康尼尔各一名。

一、喇嘛升转向无一定，即福康安当日原奏亦未分晰清楚。应请嗣后总堪布缺出，以大岁琫、森琫、曲琫及大堪布五名内拣选升补。大岁琫缺出，以小岁琫升补。森琫缺出，以大堪布调补，如不得其人，于小堪布内升补。曲琫缺出，以深通经典法事大堪布调补及小堪布升补。其大堪布缺出，以小堪市升补。至小堪布内之商上、大昭商卓特巴、管理番兵生息之颇琫、商上卓尼尔缺出，以小堪布调补及五品执事、五品营官内升补，五品执事及五品营官缺出，以六品各员升补。六品缺出，以七品各员升补。七品执事及七品营官缺出，方准以闲散仔仲喇嘛拣选补用。不准先给虚衔及越级升调委署，违者查参。

一、福康安原定条例内载：仔琫、商卓特巴缺出，以业尔仓巴、协尔帮、大中译及济仲喇嘛升补。今查仔琫、商卓特巴系四品之缺，大中译系六品，即升四品，已觉过优；且前藏并无济仲喇嘛，只有仔仲，乃未经授职之人，骤升四品，更属躐等。应请嗣后仔琫、商卓特巴缺出，以五品之业尔仓巴、协尔帮、硕第巴、密琫升补。

又载：硕第巴、密琫、达琫缺出，以边缺、大缺营官升补。今查达琫系六品管马之官，其边缺、大缺营官，均系五品，以五品转升六品，又似太抑。应请嗣后硕第巴等项缺出，以五品人员调补及六品人员升补。其达琫缺出，以六品人员调补及七品人员升用。

又载：边缺、大缺营官缺出，以小缺营官调补及小中译补放。今查边缺、大缺营官系五品，其小缺营官与小中译均系七品，骤予调补、升补，亦似过优。应请嗣后边缺、大缺营官缺出，以六品中缺营官及六品执事人员升补。其中缺营官缺出，以小缺营官及七品人员升用。

又载：代办噶厦小中译、卓尼尔随同噶布伦办事，关系紧要，由东科尔挑补。今查噶厦小中译本有实缺三名，无庸代办。其卓尼尔系属六品，骤以东科尔挑补，亦与例载东科尔只准补七品小缺营官之例矛盾。应请嗣后噶厦卓尼尔缺出，以七品人员升补，其东科尔仍照例补七品之缺，不准越级挑用，与喇嘛升调之阶，庶归一律。

一、商上缮书中译缺出，应以深通夷文、心行端方之小堪布调补及五品执事、五品营官内升用。其大医生须明白医理药性，惟只许加至小堪布虚衔，不准升用别缺。小医生亦只准兼五品执事，一俟升至大医生而止，不准升调别缺。传话之罗藏娃，原属差使，与实任不同，应以熟悉各语、品行老成之人充当，不必拘定六品、七品及闲散仔仲。惟既得罗藏娃后，仍应视其原挑品级升转，不得即照五品之例升调。以上僧俗各缺，凡六品以上及有关地方之七品营官升调，均应呈请大臣会同拣放外，其余悉遵照章程，自行秉公办理，按季报查，违者查参。

一、商上厨房供差人等，向由闲散仔仲层次拔擢，升至小岁琫而止。

原取其调和适口，冀如达赖喇嘛之意，应请照旧办理。其管门第巴，须高大有力者，只系微职，难拘资格，亦听其便。

一、僧俗营官，各应归还本缺，不准互相侵占。其有从前将喇嘛营官作为寺院香火养赡者，即作为占一僧缺，不准又以俗缺令喇嘛管理。

一、各寺补放堪布，大寺拣拟五名至七名，小寺拣拟三四名至五名不等，以及拣补、调补、轮署等项，各寺均向有成规，应仍其旧外，应请嗣后必须查其出家实在已逾二十余年，确系经典深通，攒大、小昭时曾经考取格昔蓝占巴名色者，方准开单呈请补放。不准以年轻资浅、经典欠深、并未考取格昔蓝占巴者越次补放，致启夤缘之弊。其充当堪布缘事具辞者，或回籍，或静居本寺，不准擅行他往营谋升调。违者斥革，逐出寺院，将掌办之人参奏，以肃清规。

一、补放布赉绷寺、色拉寺、噶勒丹寺格斯贵之缺，向由各寺内拣拟僧人三名、五名至七名不等，或以本寺之人补放，或以他寺之人轮流充当，均向有成规，应仍其旧外，应请嗣后必须查其出家实逾二十余年，确系通晓清规，众心悦服，曾经管事无误，及充业尔巴，较量卸事日期先后，或博窝、贡茹二班轮充者，方准秉公开单呈送补放。不准如前不计年分浅深，曾否通晓清规，贿买贿卖，越次补放，致坏清规。违者革去喇嘛，逐出寺院，将掌办之人参奏，以肃清规。

一、补放噶勒丹池巴，应请照旧。先择其自幼曾在布赉绷、色拉、噶勒丹三大寺为僧，安静焚修二十余年，攒大、小昭时考取蓝占巴名色，再入上、下温都逊寺内学习，法事深通之后充补格昔，推次已深至七八年，方准入选。属上温都逊寺者，选放掌教喇嘛翁则，由翁则拣升该寺堪布，由堪布升补辖尔孜曲结，再轮升噶勒丹池巴。属下温都逊寺者，由格昔推次年久轮充格斯贵，由格斯贵年满选放掌教喇嘛翁则，由翁则选该寺堪布，由堪布升补降孜曲结，再轮升噶勒丹池巴。不准越次超升，以杜夤谋。致坏清规之弊。

一、嗣后建修寺院，无论职分大小，一遵理藩院定例，不准有碍民地、民房。违者许被害之人告发，处分退还。其喇嘛只准在寺焚修，不准如前干预公事，动辄联名具呈，或代人乞恩，或代人报复，效讼棍所为。违者将该寺堪布及掌教之喇嘛斥革，仍查明起意之人，严行治罪。

一、《理藩院（则）例》载：番民争讼，分别罚赎，不得私议抄没。等语。自诺们罕掌事以来，任情爱憎，借事查抄，莫能禁阻，与其逐案矫正，曷若明定规条。应请嗣后唐古特议罚之案，自一两至二十两，但期示惩而止。即至重之案，番民所罚，连什物各项，至多不得逾番平三十两；番目所罚，连什物各项，至多不得逾番平三百两。其查抄家产，除婪索赃数过多确有实据者，方准籍没外，其余公私罪犯辄议查抄者，永行禁止，以符定例。不准借称商上曾经赏过田房，以抄没为追缴，违者治罪。

一、乌拉出自番民，最为困苦。福康安原议但禁番目，未及掌办之人，亦未定有数目。且弁兵、番目均散处汛地，有相距二三千里内外者，势不能尽由大臣给照，致有延滞。除掌办之人自有田土、人民，不准仍用商上乌拉，及紧急事件，本非常有外，应请嗣后驻防官兵应用乌拉，照嘉庆二十三年玉麟等所定，按品级应付章程办理，不准逾额；番目应用乌拉，照嘉庆二年松筠等所拟，按照官职大小定数应付，毋许增添；其番目族戚及跟役等，均不准擅用乌拉，以苏民困。违者分别斥革处分。

一、唐古特番兵应照额挑补足数，以重操防。除老弱兵丁，业俱查出更换外，应请嗣后责成该管各员，认真训练，不得稍形短少苦累。其有相沿各处当差出资雇替者，均责成戴琫查明撤退归伍。违者照例治罪，以实兵额。其来藏贸易之外番，应抽收税课，现在悉令噶布伦等查照旧章，毋许增添勒索，以示怀徕而免争端。

朱批：览。

（一史馆藏军机处录副奏折）

理藩院遵旨议覆琦善等奏酌拟裁禁商上积弊章程

道光二十四年（1844）十一月丙申

理藩院遵旨议覆驻藏办事大臣琦善、锺方等奏，酌拟裁禁商上积弊章程：

一、琦善等奏："乾隆五十七年奉上谕：闻向来驻藏大臣，不谙大体，往往过于谦逊，授人以柄，致为所轻，诸事专擅。鄂辉、和琳均系钦差大臣，其办事应与达赖喇嘛、班禅额尔德尼平等，等因，钦此。著有成例。嘉庆十九年又经大臣瑚图礼以办事大臣与达赖喇嘛平等，非与代办事之呼图克图平等，奏明在案。诚以大臣有考核之责，代办之人，非达赖喇嘛可比，使知如敢营私舞弊，立可奏参，有所惮而不敢妄为。初非争此礼节，迨后祇知谦抑沽名，渐至趋承恐后，遂使夜郎自大，诸事专擅，妄作威福，肆行无忌。应请嗣后仍钦遵特旨，驻藏大臣与达赖喇嘛、班禅额尔德尼平等，其掌办之呼图克图，大臣照旧案仍用礼行，不准联络交接，以肃政体”一条。臣等查臣院《西藏通制》载：“驻藏大臣总办阖藏事务，与达赖喇嘛、班禅额尔德尼平行。噶布伦以下番目及管事喇嘛，分〔份〕系属员，无论大小事务，但禀明驻藏大臣核办。至札什伦布诸务，亦一体禀知驻藏大臣办理，不准岁本堪布等代办，该大臣巡边之便，稽查管束”等语。今核该大臣等所奏，系属申明旧典，慎肃官方，为整饬卫藏体制起见，应如所请。

一、琦善等奏：“西藏地方，与廓尔喀、布鲁克巴、哲孟雄、洛敏达、拉达克各部落接壤，外番人等或来藏布施，或遣人通问，事所常有。应请悉遵定例，无论事之大小，均呈明驻藏大臣代为酌定发给，不准私自接受，违者参革，以重边疆”一条。臣等查《西藏通制》载：“西藏地方遇有廓尔喀禀请之事，均由驻藏大臣总理，其呈送达赖喇嘛、班禅额尔德尼土物，应给谢礼回谕，亦由驻藏大臣代为酌定给发。如有关系地方事件及通问布施，均报明驻藏大臣听候办理。其布鲁克巴素信红教，每年遣人来藏，向达赖喇嘛呈递布施。哲孟雄、宗木、洛敏达等小部落差人来藏，均由边界营官查明人数，禀明驻藏大臣验放进口，并令江孜、定日驻札备弁，实行稽查。其到藏瞻礼后，该部落差人禀明驻藏大臣，由驻藏大臣给谕。其呈达赖喇嘛等禀启，俱应呈递驻藏大臣译出查验，由驻藏大臣与达赖喇嘛将谕帖酌定给发，查点人数，再行遣回。其噶布伦虽系达赖喇嘛管事之人，不准与各部落私行通信。即各部落有寄信噶布伦者，亦令呈送驻藏大臣与达赖喇嘛商同给谕，仍不准噶布伦等私行发给。倘有私行往来，暗通信息之事，驻藏大臣即将噶布伦革退。”今核该大臣所奏，意在控制外番，肃清边界，可期杜绝流弊，亦正符合旧章，应如所请。

一、琦善等奏：“地方遇有不靖，无论唐古特所属及外番构难，均先详查起衅根由，是否由于官民偾事激成，严行惩办，再行拟定，不准如前先用兵，冀图冒功，违者参革，以慎军旅”一条。臣等查西藏为黄教清净修持之地，无论大小僧众，首在安常守分，不应好大喜功。近年已革诺们罕掌办事务以来，偶遇藏中不靖，无不藉端邀恩，我皇上不忍没其微劳，该诺们罕遂得售其冀幸。嗣后自应如该大臣等所请，先查起衅根由，公同详慎核办，不得遇事冒功。以昭核实而慎军旅。

一、琦善等奏：“达赖喇嘛正、副师傅，乾隆年间，并未动辄保奏，应请嗣后如果教授多年，俟达赖喇嘛任事之时，仰候恩出自上。不准驻藏大臣如前滥行保奏，以崇体制”一条。臣等查达赖喇嘛正副师傅，教授达赖喇嘛经卷，是否精通，即驻藏大臣亦无从深悉，既不深悉即无由保奏。该大臣所奏，系为杜冒滥起见，应如所请。

一、琦善等奏：“达赖喇嘛年至十八岁，应请仿照八旗世职之例，由驻藏大臣具奏请旨，即行任事。其掌办之人，立予撤退。所有掌办印信，或照成案送京，或封贮商上，请旨遵行，不得仍有捺压，专为掌办之人，以杜结纳”一条。臣等查臣院《蒙古〔律〕例》载：“呼图克图涅槃后，如徒众过五百名，而庙宇相距该旗在五百里以内者，责成该盟长于徒众内择其明干一人，赏给札萨克喇嘛职衔，督率徒众。如徒众过五百名，而庙宇相距该旗在五百里以外者，并准其给与印信，以资弹压，俟该呼图克图转世成立后，督率有人，仍行撤销。”是蒙古地方呼图克图等转世成立，接印任事，尚有定限。达赖喇嘛为西方阐教正宗，其转世任事，自应限以定制，本不应任听掌办之人捺压滋弊。今核该大臣等所奏，请俟达赖喇嘛至十八岁，即由驻藏大臣具奏请旨任事，其掌办之人，立予撤退，系为慎事权而杜结纳起见，应如所请。至所遗掌办之印信，西藏距京窎远，请毋庸送京，即由该大臣等会同达赖喇嘛加封存贮商库，仍奏明并知照理藩院存案备查。

一、琦善等奏：“达赖喇嘛之父母，向由商上拨给庄田房屋，用资养赡，其父策旺登柱本属贫寒，于道光二十一年随同赴藏，荷蒙圣恩，赏赐公爵。而商上应给庄房，诺们罕延搁三年，致令待哺嗷嗷，屡次呈请，于上年冬始行拨给，仍系硗薄。及查达赖喇嘛商上班垫孜地土四十余岗，早经诺们罕私给其侄婿萨迦呼图克图为业。两相比较，无怪群情愤怒，众怨沸腾。应请嗣后达赖喇嘛呼毕勒罕出世，一经入瓶掣定，奉旨准作呼毕勒罕，其父母应得庄房，即由商上拨给，不准藉故推延，以示体恤”一条。臣等查达赖喇嘛之父母，准其随同赴藏，拨给庄田，以资养赡，诚属我皇上振兴黄教，锡类推仁至意。乃该已革诺们罕不即拨给，迟至三年。而所拨给者，仍系硗薄庄田，转以商上班势孜四十余岗地亩，早经私给伊侄婿为业，除该诺们罕应得罪名，归入结案办理外，所有前拨给达赖喇嘛之父母硗薄庄田，应如何另行换给？已革诺们罕私给伊侄婿班垫孜地亩应如何撤回？请敕下该大臣等归入应办事宜内，妥为清理。并请嗣后达赖喇嘛呼毕勒罕一经出世入瓶掣定，奉旨准行，即将其父母应得庄房，向商上妥为拨给，俾沾实惠。

一、琦善等奏："掌办印务威权已重，而一兼师傅，达赖喇嘛即须推让，其噶勒丹池巴又系喇嘛中最尊职分，权要并于一人，易滋舞弊而莫敢谁何。应请嗣后掌办商上事务之人，不准保充正、副师傅及噶勒丹池巴，以昭限制"一条。臣等查掌办印务，握总理藏务之权，正副师傅任教授达赖喇嘛经典之重，噶勒丹池巴具管束僧众坐床开讲之威仪，公务禅规，权要归一，在笃实自爱者，尚能恪守成规，其贪鄙性成者，易致无所顾忌，不惟无益，适以滋弊。今核该大臣等所奏，请嗣后三项不得兼充，务在分事权而孚名实，应如所请。

一、琦善等奏："噶勒丹池巴请照后开旧规，于年久苦修深通经典喇嘛中保充，不准以呼图克图诺们罕充补，致滋但论职衔大小不论品行高低之弊"一条。臣等查噶勒丹池巴既有坐床开讲之责，自应以深通经典，明晰觉范，清静潜修，年高望重者充当。今核该大臣等所请，洵为核实办法，嗣后缺出，当视年齿戒行之高低，不必计职衔、名号之大小，慎选补放，以免滋弊。

一、琦善等奏："掌办事务手下之札萨克喇嘛，衹准其管本寺事务，不准丝毫干预商上公事。同其余喇嘛，均衹准其补本寺之缺，不准补商上之缺与占他事差使。其商上当差之人，亦不准补掌办事务寺中之缺，庶界限得以划清"一条。臣等查各寺庙事务繁简不同，喇嘛缺分，大小亦异。各司各事，责有攸归，不惟藏中当然，即在京及蒙古番子地方各庙，无不一体遵照办理。今核该大臣等所奏，请嗣后掌办事务所属之札萨克喇嘛、大喇嘛、喇嘛等衹准管本寺事，占本寺缺，不得干预他寺事占商上缺。其商上当差之人，于掌办事务寺中也如之，既可明专责成，且可暗杜勾串，洵为有益，应如所请。

一、琦善等奏："掌办事务之人，各有庄田百姓，尽可役使，不准再用商上乌拉，以苏民困。其熬茶布施，应自出资办理，不准交商上番目代办，以免商上贴补"一条。臣等查公田、私田，各专承应公项、私项，不得牵缠该掌办事务之人，虽不无事，既有庄田百姓役使，自不得再用商上乌拉。至布施熬茶，系属私事，尤不得擅交商上代办，以致苦累番民。今核该大臣所奏，系为革除近年流弊，节省商上津贴，应如所请。

一、琦善等奏："掌办印信，存掌办之人寺中，其钥匙照旧交总堪布佩带，遇有文书，公同钤用。其商上办事中译仍驻公所，不准移赴掌办之人私寺，以免滋弊"一条。臣等查收贮印信之所，与佩带印钥之人，及缮写公事中译，自应各有专司，仍归公所，以昭慎重。乃自近年已革诺们罕为便于弊混，遂任意妄为。今核该大臣等所奏，请嗣后印信存掌办寺中，印钥交总堪布佩带，仍似不足以昭慎密。查在京总理各寺庙喇嘛班第札萨克大喇嘛印信，以前即随该掌印呼图克图本庙存贮，后经章嘉呼图克图请立公所，作为印务处，专人看守。其印钥由该呼图克图自行佩带，每遇用印，凡在印务处之人，公同钤用，甚合体制。所有前藏掌办印信，应请嗣后于商上就近拣择清净房间，作为印务公所，无庸另行建造，即于属僧内视其职衔相当、老成懂事者，派令分班看守，其印钥由该掌办之人自行佩带，印信启闭钤用，交总堪布专司监视，其中译有饬令公所居住，以杜弊窦而专责成。

一、琦善等奏："掌办之人，不准将商上田地人民，擅行给与寺院，又送与亲友，各寺院亦不准向掌办之人私行呈请，将商上庄田赏作香火养赡。违者将掌办参革，分别退还商上，以儆专擅"一条。

一、琦善等奏：'达赖喇嘛从前赏给世家及百姓田地，不准私行呈送及典卖与掌办寺院，违者追出归还商上，以杜贪营"一条。

臣等核以上二条，该大臣等所奏，系为慎重商上产业，清厘商上赋役起见，均应如所请。

一、琦善等奏："商上仔仲喇嘛，应照嘉庆十一年奏定一百六十名定额，不准再有增益，刻下达赖喇嘛尚幼，无须多人，即用现在一百四十人为度，俟年至十八岁任事时，再行照额挑补。该仔仲系闲散喇嘛，并无品职，未便如乾隆年间福康安所奏，骤补四五品大缺。应请俟该仔仲充当三年后，以七品执事及七品喇嘛营官补用"一条。臣等查仔仲一项，系何职分？并额设若干？《西藏通制》内未经载明。今核该大臣等所奏，声称嘉庆十一年奏定一百六十名。现在一百四十名，俟达赖喇嘛年至十八挑补足数。并称仔仲系属闲散，未便如前骤升四五品大缺，请俟充当三年，以七品执事及喇嘛营官补。用示限制而禁躐等，洵足以去滥幸之弊，应如所请。

一、琦善等奏；"商上仔仲之人，从无向外寺挑取旧规。自诺们罕掌事以来，方行创始，而各寺静修者，均非情愿，噶布伦曾经劝阻不听。查商上原有拉木结札仓寺一所，现有学经喇嘛，应请嗣后仍循旧规，不准向外寺挑取，倘商上人数不敷，祇准向拉木结札仓寺内挑取。以商上寺中之人当商上之差，既符旧规，且杜流弊"一条。臣等查，既据该大臣声称，外寺挑取仔仲，各寺喇嘛均非情愿，嗣后缺出，倘商上人数不敷，请祇准向拉木结札仓寺内挑取，仍以商上人当商上差，既符旧章，且免流弊，洵为公允，应如所请。

一、琦善等奏："僧俗番目除营官番弁外，等第额数，率多牵混，现今按旧章，详加考订，总堪布统管商上僧官秩三品，与噶布伦相等。其四品者，系僧官岁本、森本、曲本各一员，近身服侍达赖喇嘛之大堪布五名，小堪布内缮书中译四名，俗人仔本三名，商上、大昭商卓特巴各二名，俗人商卓特巴各一名，小岁本一名，管理番兵生息颇本僧俗各一名，商上大卓尼尔一名，大医生一名，又近身服侍之小堪布八名。其五品者，商上仔仲卓尼尔十名，繙话罗藏娃四名，小医生一名，商上业尔仓巴三名，大昭一名，又俗人业尔仓巴三名，协尔邦二名，僧俗硕第巴二名，俗人密本二名。其六品者，噶厦俗人大中译二名，卓尼尔三名，俗人管马达本二名，仔仲管理经卷二名，管理彩缎二名，德垫溪庙宇堪师一名。其七品者，噶厦俗人小中译三名，管门第巴三名，柴斤、草束、糌粑第巴僧俗各一名，俗人管帐房第巴二名，牛羊厂第巴三名，仔仲商人第巴四名，经管造佛等项匠役第巴二名，管理成衣第巴一名，管理造香及经理供献第巴各一名，看守大昭及昭〔洛〕尔布岭冈房屋康尼尔各一名"一条。臣等详阅原奏，并核之臣院现行《西藏通制》，如折内所称，大堪布、小堪布为通制所载，查无总堪布名目。又岁本、仔本、达本为通制所载，查无森本、曲本、颇本、密本等名目。又商卓特巴、业尔仓巴，管门、柴草、牛羊、糌粑第巴，为通制所载，查无硕第巴、铸佛、造香、成衣第巴名目。又噶布伦、协尔邦、大小中译、卓尼尔为通制所载，查无罗藏娃、仔仲、大小医生等名目。而通制内开之戴本、如本、甲本、定本、希约第巴、朗仔辖、济仲、密本等名目，又为该大臣等原奏内所无。至于品级虽有条例，而不能全备，孰为番官？孰为僧目？某项系属职任？某项系属差使？尤未分晰。推缘其故，盖西藏事宜，向由该大臣奏奉谕旨遵办。臣院通制一书，但备考订，无可援引，其历届改订者，或未准历任该大臣等专案咨明，即无凭更改，即如现在该大臣原奏内，亦称僧俗番目，除营官番弁人等第额数率各牵混等情，一时自难期例案相符。惟既据该大臣按照旧章，详加考订，系为更正画一，因时制宜起见，应如所请。并请嗣后即遵照此次奉旨新定章程，以昭法守。

一、琦善等奏："喇嘛升转，向无一定，即福康安当日原奏，亦未分晰清楚，应请嗣后总堪布缺出，以大岁本、森本、曲本及大堪布五人内拣选升补。大岁本缺出，以小岁本升补。森本缺出，以大堪布调补。如不得其人，以小堪布内升补。曲本缺出，以深通经典法事大堪布调补，及小堪布升补。其大堪布缺出，以小堪布升补。至小堪布内之商上大昭商卓特巴、管理番兵生息之颇本、商上大卓尼尔缺出，以小堪布调补，及五品执事、五品营官内升补。五品执事及五品营官缺出，以六品各员升补。六品缺出，以七品各员开补。七品执事及七品营官缺出，方准以闲散仔仲喇嘛拣选补用，不准先给虚衔，及越级升调委署，违者查参”一条。

一、琦善等奏：“原定条例内载；仔本、商卓特巴缺出，以业尔仓巴、协尔邦、大中译，及济仲喇嘛升补。今查仔本、商卓特巴系四品，大中译系六品，即升四品已觉过优，且前藏并无济仲喇嘛，祇有仔仲乃未经受职之人，骤升四品，更属躐等。应请嗣后仔本、商卓特巴缺出，以五品之业尔仓巴、协尔邦、硕第巴、密本升补。又载：硕第巴、密本、达本缺出，以边缺大缺营官升补。今查达本系六品管马之官，其边缺营官均系五品，以五品转升六品，又似太抑。应请嗣后硕第巴等项缺出，以五品人员调补，及六品人员升补，其达本缺出，以六品人员调补，及七品人员升用。又载：边缺、大缺营官缺出，以小缺营官调补，及小中译补放。今查边缺、大缺营官系五品，其小缺营官，与小中译，均系七品，骤与调补升补，亦似过优。应请嗣后边缺、大缺营官缺出，以六品中缺营官及六品执事人员升补。其中缺营官缺出，以小缺营官及七品人员升用。又载：代办噶厦小中译、卓尼尔，随同噶布伦办事，关系紧要，由东科尔挑补。今查噶厦小中译本有实缺三名，无庸代办，其卓尼尔系属六品，骤以东科尔挑补，亦与例载东科尔祇准补七品营官之例矛盾。应请嗣后噶厦卓尼尔缺出，以七品人员升补，其东科尔仍照例补七品之缺，不准越级挑用，与喇嘛升调之阶庶归一律”一条。

一、琦善等奏：“商上缮书中译缺出，应以深通夷文、心行端方之小堪布调补，及五品执事、五品营官内升用。其大医生须明白医理药性，惟祇许加至小堪布虚衔，不准升用别缺。小医生亦祇准兼五品执事，一俟升至大医生而止，不准升调别缺。传话之罗藏娃，原属差使，与实任不同，应以熟悉各语、品行老成之人充当，不必拘定六品、七品及闲散仔仲，惟既得罗藏娃后，仍应视其原挑品级升转，不得即照五品之例升调。以上僧俗各缺，凡六品以上及有关地方之七品营官升调，均应呈请大臣会同拣放外，其余悉遵照章程，自行秉公办理，按季报查，违者查参”一条。

一、琦善等奏：“商上厨房供差人等，向由闲散仔仲，层次拔擢，升至小岁本而止，取其调和适口，冀如达赖喇嘛之意，应照旧办理。其管门第巴须高大有力者，祇系微职难拘资格，亦听其便”一条。

臣等查《西藏通制》载：“噶布伦缺出，驻藏大臣会同达赖喇嘛，于戴本及商上仔本、商卓特巴内择其才具优长，著有劳绩者，拟定正陪，奏请补放。戴本缺出，先尽新设管领番兵之如本内拣选，如一时不得其人再以边缺营官内拣选奏补。商上仔本、商卓特巴缺出，以业尔仓巴、协尔邦、大中译及济仲喇嘛升补。希约第巴、密本、达本缺出，以大缺、边缺营官及噶厦卓尼尔升补。其业尔仓巴、希约第巴两项，向有喇嘛者，亦准挑选喇嘛补用。大中译缺出，以小中译、噶厦卓尼尔升补。大缺、边缺营官缺出，以小缺营官调补及小中译补放。其管理兵丁甲本番目，亦准调补边缺营官。惟小缺营官始准于东科尔及喇嘛内拣选补用。所有营官缺分，分别大缺、边缺、小缺，详细造具册档，驻藏大臣存案办理。其喇嘛补放营官者，多系达赖喇嘛随侍之人，因其勤劳年久，不能远离左右，酌量派管地方，藉资养赡，由驻藏大臣另派妥协明干之人前往署理，该喇嘛营官不得私行派人代办。噶厦小中译、卓尼尔随同噶布伦办事，关系紧要，由东科尔拣选心地明白者挑补。至前藏商上铸造银钱，专派铸钱仔本二名、济仲二名，责成办理。凡大小各缺，均由驻藏大臣会同达赖喇嘛挑选。如达赖喇嘛徇私不公，准驻藏大臣驳正，秉公拣补。除噶布伦、戴本奏明补用外，其余各缺，由驻藏大臣会同达赖喇嘛发给清、汉、西番字印照为据。至管理柴草、门户、糌粑、帐房第巴及管理牛羊、草厂头人等缺，悉听达赖喇嘛自行拣选。又藏内管兵番目，向设戴本五人，于乾隆五十七年添设戴本一人，仍照旧例，设立大小番目逐层管束，于戴本之下，设立如本十二人，每人管兵二百五十名。如本之下设立甲本二十四人，每人管兵一百二十五名，甲本之下设立定本一百二十人，每人管兵二十五名，与绿营兵丁一例，均由驻藏大臣会同达赖喇嘛拣选年力精壮之人充补，给发委牌，倘敢废弛军律，即行革退，并将本管番目从严惩治。遇有戴本缺出，以如本拔补。其余各缺，均择技艺娴熟，操防认真者，以次递升。至世家东科尔有情愿充当番兵及定本兵目者，准其充伍按次升用，不许躐等超越。番兵中如有材技出众之人，亦准按次擢用，升至戴本，不得以非东科尔世家阻其上进之路。又后藏扎什伦布旧设商卓特巴一人，增设四品虚衔业尔仓巴一人、四品虚衔小商卓特巴一人、五品虚衔管马达本一名，作为定额，由驻藏大臣发给执照，出缺时查照旧章拣选补放，不准私行挑补”各等语。臣等以该大臣原奏四条参阅，与臣院《西藏通制》多不相符。查西藏历届放官，均系奏放，其官职较小者，竟由藏拟放，非如蒙古、索伦等缺，向归臣院查核。即《西藏通制》，亦由远年照案纂记备考。现据该大臣等声明喇嘛升转，向无一定，即臣福康安原奏，亦未分晰清楚。是其折内所请，系属现在按品重定，自难执与旧例相衡。复核该大臣所请四条内，叙阶升调，均属公允，应如所请。惟例须画一，嗣后遇有缺出，即请遵照此次奉旨新定章程办理，以免歧误。

一、琦善等奏；“僧俗营官，各应归还本缺，不准互相侵占，其有从前将喇嘛营官，作为寺院香火养赡者，即作为占一僧缺，不准又以俗缺令喇嘛管理”一条。臣等查臣院《西藏通制》内载，“江卡等处营官一百二十六员，”何营为俗人，何营为喇嘛，分晰尚清。惟近年有无更改，无凭考核。今核该大臣等所奏，各应归还本缺，不得互相侵占，系为整饬营制，应如所请。其余（与）《西藏通制》是否相符，应俟该大臣将章程册档移送到时，察核办理。

一、琦善等奏：“各寺补放堪布，大寺拣拟五名至七名，小寺拣拟三四名至五名不等，以及拣补调补轮署等项，各寺均尚有成规，应仍其旧外，应请嗣后必须查其出家，实在已逾二十年，确系经典深通，攒大、小招时，曾经考取格西兰占巴名色者方准开单呈请补放，不得以年轻资浅、经典欠深，并未考取格西兰占巴者，越次补放，致启夤缘之弊。其充当堪布缘事具辞者，或回籍或静居本寺，不准擅行他往，营谋升调。违者斥革逐出本寺，将掌办之人参奏，以肃清规”一条。

一、琦善等奏：“补放布赉绷寺、色拉寺、噶勒丹寺格斯贵之缺，向由各寺院内拣拟三五名至六名、七名，或以本寺之人补放，或以他寺之人轮流充当，均向有成规，应仍其旧外，应请嗣后必须查其出家逾二十余年，确系通晓清规，众心悦服，曾经管事无误，及曾充业尔仓巴，较量卸事日期先后，或博窝、贡茹二班轮流者，方准秉公开单呈送补放。不准如前不计年分浅深，曾否通晓清规，贿买贿卖，越次补放，致坏清规。违者革去喇嘛，逐出寺院，将掌办之人参奏，以肃清规”一条。

一、琦善等奏：“补放噶勒丹地巴应请照旧，先择其自幼曾在布赉绷、色拉、噶勒丹三大寺为僧，安静焚修二十余年，攒大、小昭时，考取兰占巴名色，再入下温都逊寺内学习法事，深通之后，先补格西堆次已深至七八年，方准入选。属上温都逊寺者，选放掌教喇嘛翁则，由翁则拣升该寺堪布，由堪布升补辖尔孜曲结，再轮升噶勒丹池巴。属下温都逊寺者，由格西堆次年久，轮充格斯贵，由格斯贵年满选放掌教喇嘛翁则，由翁则选该寺堪布，由堪布升补降孜曲结，再轮升噶勒丹池巴。不准越次超升，以杜营谋，致坏清规之弊”一条。

臣等查以上三条，核之臣院则例《西藏通制》，均未备载，即各项名目亦多为例中所无，惟既称向有成规，藏中自有一定办法，其请各寺拣放堪布，务须资深业精，曾经考取格西兰占巴名号者；三大寺拣放格斯贵，务须年高望重，曾经管事者；拣放噶勒丹池巴务须三大寺出身，考取名号，经历各学资格应升者。均不外为有阶可循，无路可幸，以期克遵功令，不坏清修起见，应如所请。

一、琦善等奏：“嗣后修建寺院，无论职分大小，一遵理藩院定例，不准有碍民地民房，违者许被害之人告发，处分退还。其喇嘛祇准在寺焚修，不准如前干预公事，动辄联名具呈，或代人乞恩，或代人报复，效讼棍所为。违者将该寺堪布及掌教之喇嘛斥革。仍查明起意之人，严行治罪”一条。臣等查《蒙古则例》载：“修造庙宇，有碍民地者，永行禁止”等语。今核该大臣等所奏，系虑构衅涉讼，易起刁风，严科条以清讼蔓，于藏卫地方，殊为有益，应如所请。

一、琦善等奏：“《理藩院则例》载：‘番民争讼分别罚赎，不准私议抄没’等语。自诺们罕掌事以来，任情爱憎，藉事查抄，莫能禁止，与其逐案驳正，曷若明定规条。应请嗣后唐古特议罚之案，自一两至二十两，但期示惩而止，即至重之案，番民所罚连什物各项，至多不得逾番平三十两。番目所罚连什物各项，至多不得逾番平三百两。其查抄家产，除婪索赃数过多，确有实据者，方准籍没外，其余公私罪犯，辄议查抄者，永行禁止，以符定例。不准籍〔藉〕称商上曾经赏过田房，以抄没为追缴，违者治罪”一条。臣等查《西藏通制》载：“卫藏唐古特番民争讼，分别罚赎，将多寡数目，造册呈驻藏大臣存案。如有应议罪名，总须禀明驻藏大臣核议办理。其查抄家产之例，除婪索赃款过多，应禀明驻藏大臣酌办外，其余公私罪犯凭公处治，严禁私议查抄。”各等语。今核该大臣等所奏，系申明成例，厘定罚款，可期禁私抄而免滥罚，亦体恤番众，杜绝弊端之意，应如所请。

一、琦善等奏："乌拉出自番民，最为困苦，福康安原奏但禁番目，未及掌办之人，亦未定有数目，且弁兵番目均散处汛地，有相距二三千里内外者，势不能尽由大臣给照，致有延滞。除掌办之人，自有田土百姓，不准仍用商上乌拉，及紧急事件，本非常有外，应请嗣后驻防弁兵应用乌拉，照嘉庆二十三年玉麟等所定，按品级应付章程办理，不准逾额。番目应用乌拉，照嘉庆二年松筠等所拟，按官职大小，定数应付，勿许增添。其番目族戚及跟役等，均不准擅用乌拉，以苏民困，违者分别斥革处分"一条。

臣等查番地番民，率多疾苦，本不能滥供乌拉，从前臣松筠、臣玉麟，屡次厘定条规，自为体恤番民起见，倘一一由驻藏大臣给照，番目散处各汛，相距远近不一，势又有所不能。今核该大臣等所奏，自系实在情形，除驻防官员以及番目应用乌拉照案办理外，其掌办事务之人，并番目戚族跟役人等，一概不准擅用之处，应如所请。

一、琦善等奏："唐古特番兵应照额挑补足数，以重操防，除老弱兵丁，业俱查出更换外，应请嗣后责成该管各员，认真训练，不得稍形短少苦累，其有相沿各处当差，出资雇替者，均责成戴本查明撤退归伍，违者照例治罪，以实兵额。其来藏贸易之外番，应行抽办税课，现在悉令噶布伦等查照旧章，毋许增添勒索，以示怀徕，而免争端"一条。

臣等查，设兵所以卫民，况卫藏重地，尤须一兵得一兵之用，不特不容雇替应差，亦不得老弱充数。今核该大臣等所奏，老弱者业已查出另挑，各处当差者，并已撤回归伍，以前废弛之由，官非一任，请免深究，嗣后务当操之以渐，持之以恒，以重操防，而巩藏卫，应请敕下该大臣恪遵实行。其抽办税课，并应如所请办理。

抑臣等更有请者。所有臣等拟议该大臣所定以上章程二十八条，如蒙谕允，所有臣院《西藏通制》所载条款，多与章程不符，且多未备，请即将不符条款删除，自奉旨后，统以新定各章为断。所有此次新章，并该大臣折内所称旧有成规各事宜，及前、后藏一切现行规则，请旨敕下驻藏大臣琦善等造具汉字清册一份，钤盖印信，移咨臣院，以便稽核，而备考订。余均如所请办理。"

得旨"依议。"

（《清代藏事辑要》卷六）

二、法定行政区划

册封五世班禅额尔德尼名号的同时，敕赏班禅属地，法定前后藏行政辖区及西藏与川滇甘青藏族行政划界

康熙敕命将札什伦布与属寺以及附近地方划为班禅辖区

第五辈班禅洛布藏夷喜巴勒桑布在时，于康熙五十二年内，蒙派钦差赴藏赏赐金册内注明，将札什伦布各庙宇地方赏与班禅管理，不许别人侵占。又于康熙五十二年正月二十二日，蒙赏赐金册、金印。

（《卫藏通志》卷五）

奉天承运皇帝敕曰：

朕抚临环宇，慈爱众生。凡恪守戒律循规，为人安静、勤奋修道者，将颁赐封号，以示朕嘉奖之至意。尔班禅历辈遵奉法教，为人安静，熟谙经典，勤修贡职，初终不倦，致使佛教得以弘扬，甚属可嘉。尔出于心悦至诚，遣使前来请安进贡。故朕特赐尔敕谕，颁金册、金印，封赐班禅额尔德尼名号。札什伦布寺所属各寺、庄园为尔静养之地，他人不可借口滋事。尔应勤奋净修佛法，悉心教诲僧侣，修行正果。特谕。

康熙五十二年（1713）正月二十二日

（原件藏文　西藏档案馆藏）

西藏与滇川甘青藏区划界经过

丽江划归云南及详查滇川、甘青藏区有关情况

康熙五十八年（1719）二月辛未

议政大臣等议复：“都统法喇等疏言：‘里塘地方与打箭炉甚近，若遣官招抚，自当归顺。巴塘民心亦与里塘相似。遣官一员，先至里塘宣示威

德，彼若倾心向化，即令开造地方户口清册。继至巴塘，亦照此行。若有观望不前者，于青草发时，以兵临之，必不敢相抗。应挑选成都满兵五百名，令协领等带领；绿旗提标兵一千名，化林、永宁兵五百名，令永宁副将等带领，一同深入。虽巴塘以外，亦可传檄而定。若叉木多地方亦来归顺，则离藏甚近。其会兵取藏之处，一面知会西宁、云南领兵大臣，仍一面星夜请旨。'应如所奏，令法喇领兵赴打箭炉驻扎，遣人招抚。如观望不前，令法喇留兵在打箭炉，带领官兵前进，攻取里塘、巴塘，即驻扎巴塘。其护军统领温普应调取回京。成都既有满洲兵丁，应自京城派大臣一员前往成都，令其管领。"得旨："军前大臣甚多，著派护军统领噶尔弼就彼驰驿，作速前赴四川，与年羹尧一同办理军务。法喇离打箭炉切近，即令领兵前往。余依议。"

（《圣祖实录》卷二八三）

康熙五十九年（1720）二月甲子

议政大臣等议复："云南贵州总督蒋陈锡疏言：'中甸地方原系云南丽江土府所属，吴逆背叛时，割赂〔贿〕西藏。今巴塘、里塘虽经四川招抚，而中甸一带，距蜀甚远，附滇最近，尚有钱粮在丽江完纳，非四川旧属也。兹据丽江土知府木兴详报，中甸等处番目及喇嘛营官到丽江投诚，愿仍归云南管辖。'应如所请，将附近中甸地方及巴塘、里塘仍归丽江土府管辖。"从之。

（《圣祖实录》卷二八七）

康熙五十九年（1720）四月壬寅

议政大臣等议复："四川总督年羹尧疏言：'巴塘、里塘地方，近经云贵督臣蒋陈锡奏请归丽江土知府管辖。臣查巴塘、里塘向为西藏侵占，臣宣示圣主恩威，招抚投顺，虽归蜀归滇，莫非王土。但四川现在用兵，一切运粮调遣之事，道经巴塘、里塘，关系紧要。拨归土司，则呼之不应；移咨滇省，则往返迟延。请仍归四川管辖，有济军务。又准都统武格咨称：云南进藏兵丁须接运三月口粮，云南山高路狭，艰于运送，请以四川所运之米支给。'查滇、蜀两省俱各进兵，而蜀省进兵七千，滇省进兵三千，多寡悬殊。恐蜀省所运之粮不足供滇省之用，应如年羹尧所奏，行文云南督、抚，将云南进藏兵粮速行趱运。如武格等所领之兵与噶尔弼兵会后，或云南运米未到，仍暂拨四川余粮支给，即于云南所运米内照数补还。其巴塘、里塘地方应暂归四川统辖，俟事平之日，再照原议，改隶云南。”从之。

（《圣祖实录》卷二八七）

康熙五十九年（1720）十一月辛巳

谕大学士、学士、九卿等：“朕于地理，从幼留心。凡古今山川名号，无论边徼遐荒，必详考图籍，广询方言，务得其正。故遣使臣至昆仑、西番诸处，凡大江、黄河、黑水、金沙、澜沧诸水发源之地，皆目击详求，载入舆图。今大兵得藏，边外诸番悉心归化，三藏、阿里之地俱入版图，其山川名号番汉异同，当于此时考证明核，庶可传信于后。……尔等将山川地名，详细考明具奏。”

（《圣祖实录》卷二九〇）

雍正二年（1724）二月丙寅

云贵总督高其倬疏报：“中甸地方，原系丽江所属，后为青海占去，领逆贼罗卜藏丹津伪札。臣遵旨令提臣郝玉麟带兵驻扎中甸，其番夷人等随即投缴伪札归诚纳土。现在详细安抚，清理疆界。”得旨：“郝玉麟遵旨率兵至中甸，扬威驻扎，宣布德意。中甸番夷头目欢忭感激，率众三千五百户、男妇一万七千五百名、喇嘛一千十四人，投诚纳土。高其倬复遣官安抚，殊属可嘉。俟青海事竣之日，议叙具奏。”

（《世宗实录》卷一六）

雍正二年（1724）五月戊辰

总理事务王大臣等遵旨议复：“抚远大将军年羹尧条奏青海善后事宜十三条（节略）：

一、奏称：‘西番人等宜属内地管辖也。查陕西之甘州、凉州、庄浪、西宁、河州，四川之松潘、打箭炉、里塘、巴塘，云南之中甸等处，皆系西番人等居住、牧养之地。自明以来，失其抚治之道，或为喇嘛耕地，或为青海属人，交纳租税，惟知有蒙古，而不知有厅、卫、营伍官员。今西番人等尽归仁化，即系内地之良民，应相度地方，添设卫所，以便抚治。将番人心服之头目给与土司千百户、土司巡检等职衔分管，仍令附近道、厅及添设卫所官员管辖。其应纳粮草，较从前数目请略为减少，以示宽大。至近边居住帐房、逐水草游牧者，仍准伊等照旧游牧。”均应如所请。

……

一、奏称：“打箭炉等处亦宜添设官弁也。查青海既已平定，应将巴尔喀木处人等悉行收集，除罗隆宗之东叉木多、乍丫地方俱隶胡土克图管辖外，其余番众头目等俱应给与印信执照，与内地土司一体保障。打箭炉之外木雅吉达地方应设总兵、游、守、千、把等官，兵二千名；雅龙江中渡处设守备一员、千总二员、兵五百名；里塘、巴塘之吹音等处设守备一员、兵二百名，里塘地处四冲，应设副将一员、都司一员、兵一千二百名；鄂洛地方，各路咽喉，应设参将一员、兵六百名；巴塘系形胜要地，应设游击一员、兵五百名；宗都地当云南孔道，应设参将一员、兵一千名。俱令新设之总兵统辖，以为云南、四川两省声援。又，青海所属左格等处番人，应亟移于内地；再，阿巴之土司头目墨丹住等，带兵进剿，屡次建功，应给与安抚司职衔，不隶青海管辖；又，黄胜关外潘州旧城，应设游击一员、兵六百名；河巴地方山河围绕，应设副将一员、都司一员、兵一千五百名；黄河两边渡口应设守备一员、兵三百名。悉隶松潘总兵统辖。里塘添设同知一员，令其管理兵粮，收纳番民贡赋，则南至滇省，北至陕省，俱可援助。”均应如所请。

（《世宗实录》卷二〇）

议政大臣等议覆赏给达赖喇嘛地方

雍正三年（1725）十一月初一日

议政王大臣等议复：“川陕总督岳钟琪奏称：‘打箭炉界外之里塘、巴塘、乍丫、叉木多，云南之中甸，又叉木多之外罗隆宗、喀哇、坐尔刚、桑噶、吹宗、衮卓等部落，虽非达赖喇嘛所管地方，但罗隆宗离打箭炉甚远，若归并内地，难以遥制。应将原系内地土司所属之中甸、里塘、巴塘，再沿边之得尔格特、瓦舒霍耳地方，俱归内地，择其头目，给与土司官衔，令其管辖；其罗隆宗等部落，请赏给达赖喇嘛管理，特遣大臣前往西藏，将赏给各部落之处，晓谕达赖喇嘛知悉。再，康济鼐、阿尔布巴既封为贝子，管理西藏事务，请令康济鼐总理，阿尔布巴协理，颁给敕谕，晓谕唐古特人等，尽令遵奉二人约束，庶免扰乱之患。至从前年羹尧奏请噶达地方设立总兵官驻扎，今若将罗隆宗等处赏给达赖喇嘛，则噶达地方设立总兵官之处请行停止。’俱应如所请。”

得旨：“划定内地疆界，给与达赖喇嘛地方，晓谕番人之事，著遣副都统宗室鄂齐、学士班第、扎萨克大喇嘛格勒克绰尔济前往，会同提督周瑛，详细办理。”

（《世宗实录》卷三八）

谕达赖喇嘛赏赐土地及委任噶伦

（雍正三年（1725）十一月[①]）

奉天承运皇帝敕谕西天大善自在佛所领天下释教普通瓦赤喇怛喇达赖喇嘛：

朕抚育十方，统御天下，惟希诸方众生安乐，社稷永固，国运昌隆。仰赖天恩，朕躬甚安。想尔喇嘛广弘释教，导风育俗，勤于经典，善为劝导。尔喇嘛之前世五世达赖遣使向太宗皇帝恭献方物，友好往来。自太宗皇帝始，政教合一，历经四代，始终扶植黄教，和睦相处，迄今已近百年。

次旺热丹[②]遽然率军侵占拉萨，据卫藏康域为已有，抢劫村落寺院，毁灭黄教，扰害藏众之时，〔圣祖〕眷念皇祖与前世达赖喇嘛亲密相处之情，佛法圣地，不忍无故遭受抢劫，故遣师两路驱逐次仁顿珠[③]之徒，安定藏域，扶植尔喇嘛坐床，复兴黄教。大军所经，沿途藏众一体期盼内附，地方第巴等亦呈请纳服。为裨益于卫藏守军之辎重起运及过往行人起见，暂准其内附。皇考遣兵征剿完毕后，原拟详查地情，封赐尔喇嘛。然因防守卫藏之将士凯归，未及详查。继而青海罗卜藏丹津叛乱，故悬宕至今。兹西部诸事业已办毕，朕作为大施主，既为释教不惜遣师数万名、赐银数〔百〕万两，焉能收回尔等为释教服务之寺庙庄园乎？且今吾等乃一家之人，拉萨叛乱，既属朕域，朕绝无内外亲疏之意。惟念仅卫藏赋税，不敷尔喇嘛之费用，故应赐尔之地域，经详查后随即赏赐。

再，里塘、巴塘、中甸，原系内属地域，仍归原属。嗣后诸班固逆叛

---

① 此件原无月日。据《清世宗实录》卷三八、雍正三年十一月初一日上谕所载，此件当为“特遣大臣前往西藏，将赏给各部落之处晓谕达赖喇嘛知悉”而颁给达赖的敕谕，故其时间应在十一月初一日之后。

② 次旺热丹，即汉文文献所称之策旺阿拉布坦。

③ 次仁顿珠，即汉文文献所称之策凌敦多布。

起，始归青海管辖，然仍有属彼等之地域，亦似有属尔喇嘛之地域，后被准噶尔次仁顿珠所占据，现已遣师收回。该地域离关[①]较近，据史籍载，该地属内地，故复为内辖。

另，昌都和乍丫二地世世归帕巴拉、罗藏南结活佛管辖，皇考恩准二地区仍归帕、罗管辖。昌都对面之洛隆宗、嚓哇、坐尔刚、桑噶、吹宗、衮卓等部族，欲赏赉尔喇嘛，以援例征税。

又，据闻尔等从里塘、巴塘之藏商中，原有征收驮畜税之例。今该域已内属，但为裨益于释教寺庙起见，将赏给比尔等每岁征收税额更多之钱。等情。特遣内大臣副都统宗室鄂齐暨内阁学士班第、呼和浩特札萨大喇嘛格勒克绰尔济、扎尔果齐诺布等，赍敕往谕。

贝子康济鼐暨阿尔布巴、公隆布鼐、札萨头等台吉颇罗鼐、札尔鼐等五人，原无噶伦职衔，然因竭力效劳，地位高，为区别于别人，特简授贝子康济鼐为总理，噶伦阿尔布巴为协理，着二人掌办藏事。钦此。

随谕赐：六十两重银镶鎏金箍茶桶一个、镶金图案银鹅颈瓶一个、银盏一个、缎子三十四、大哈达五方、小哈达四十方、五宝各二份，遣员赍往。

（原件藏文　西藏档案馆藏）

岳钟琪奏为赏给七世达赖喇嘛地方应令周瑛再加确勘折

雍正四年（1726）二月初一日

四川陕西总督臣岳钟琪谨奏，为奏闻事。

窃查赏给达赖喇嘛地方一事，除臣与钦差面议，应请旨者，已经具折奏请外，今臣复查周瑛册内所开，应给达赖喇嘛地方内，如切近叉木道、喳丫等处零星人户，尤恐有与各处呼图克兔并青海各台吉所属地方犬牙相错之处，应令周瑛此番到彼，逐一再加确勘明白，然后会同钦差，应给达赖喇嘛者给达赖喇嘛，应归原主者给还原主。务必细心勘酌，毋得草率完事。

除一面咨移周瑛外，理合缮折奏闻，伏乞睿鉴。谨奏。

（一史馆藏宫中朱批奏折）

---

① 关，当指康定（即打箭炉，清代称出康定为“出关”）。

周瑛奏报与钦差鄂齐赴藏宣旨指授疆界折

雍正四年（1726）二月二十八日

提督四川总兵官左都督拜他拉布勒哈番记余功三次臣周瑛谨奏，为钦奉上谕事。

雍正四年二月初十日，臣接承理藩院咨开，议政王大臣会议赏给达赖喇嘛地方，特遣天使降发旨意。等因具奏。已遣副都统宗室鄂齐、学士班第等前往在案。今提督周瑛既称巴尔喀木以及西藏俱系身亲经历，愿请同往，应照周瑛所请，随同敕使，一同到指授疆界地方，将应作内地、应赏达赖喇嘛地方之疆界、明白指授。再，提督周瑛在藏时，招抚纳克树、余树、霍耳、锁戎等处，以为应归达赖喇嘛等语。查此数部落地方，俱系自西宁进藏必由之路，不可视为寻常。此等情由，此地无凭，灼见难于揣议，相应著周瑛一同鄂齐等前往，将纳克树、余树、霍耳、锁戎等处地方形势，或应令其自立，或应作如何料理管辖，务俾日后不致纷扰等处，会同详议，具奏之日商议。等因启奏。奉旨：这事情著依议，提督周瑛既行前往指授地方，四川提督事务不可无署理之人，交与岳钟琪、周瑛，著伊等会同将应署理之员，好生拣选保奏署理。钦此。钦遵。该提督查照奉旨内事理，钦遵施行。等因到臣。钦此。钦遵。

窃臣查于雍正三年十月内，接理藩院咨内，据督臣岳钟琪条议内，将察木多以外之洛隆宗、擦哇、作岗等处，及云南提督臣郝玉麟所招之南称、巴卡等处启奏，蒙圣恩将此等地方，特沛恩旨赏给达赖喇嘛。臣识见短浅，因此一时愚昧，以为纳克树、余树等处，系臣于雍正二年驻防西藏时，会同学士鄂赖遣发参将赵儒，带领汉土官兵剿捕罗卜藏丹尽时所招抚者。其地在木鲁乌苏、哈喇乌苏两河之中，与图尔古特济农丹仲所属之霍耳、锁戎犬牙相错，且与南称等处地界相联，离四川内地甚属辽远，是以臣遂将此等地方冒昧造入赏给达赖喇嘛册内，咨商督臣。今经议政议以纳克树、余树、霍耳、锁戎等处数部落，乃自西宁进藏必由之路，不可视为寻常。等语。但臣实未经亲历其地，谬以己见擅越，仰荷皇恩高厚，臣清夜扪心，冒昧之愆，无以自逭。于本年二月二十五日，钦差散秩大臣兼副都统宗室臣鄂齐等已抵四川成都府，除一面会商出口事宜，俟起程之日另疏具奏外，窃臣悉心细察，往纳克树、余树等处地方，必至察木多，始由类五齐前往。而此种番部人民，多系以黑帐房为住牧之所，且番性素属狡悍，罔知遵守法纪，虽经招抚内附，实犹未化诲驯良。今臣同天使前去，随从骑驼约计数百，此类番民一时骤见，必然惊惶逃遁，致滋衅端，均不可定。且较之由洛隆宗大道赴藏，又迂远二千余里。计算臣等到彼，正值五六月之间，沿途河水阻隔，势所不免。伏思钦差赍有下与达赖喇嘛并贝子康济鼐等旨意，以及恩赐物件，暨沿途恩赏抚驭事宜，甚属紧要。若一同前往，不独途中雨水阻滞，倘或稍有疏虞，则臣负罪更为深重矣。是以臣谨冒昧仰恳圣恩，臣同钦差各员至察木多时，将界址指明，天使即由洛隆宗、硕版多一路宣布皇仁，直赴西藏。臣量带随从，由类五齐至纳克树、余树、霍耳、锁戎等处宣播皇恩，将此一带地方形势察看详细，绘画舆图，由得尔革、霍耳一路查明户口，抚绥番部，即行回任。统俟天使事竣回川，臣等会同详议具奏，并将舆图恭呈御览，伏候圣裁。

窃臣因此番钦差进藏事关重大，臣等一面会同前进，谨缮折专差家人张璘赍捧请旨，伏乞皇上睿鉴施行。

（一史馆藏宫中朱批奏折）

划定西藏与滇川行政区界

雍正四年（1726）年四月癸亥

议政王大臣等议复："据川陕总督岳钟琪奏称：'巴塘系打箭炉之门户，久入川省版图，至中甸贴近滇省，久入滇省版图。附近中甸之奔杂拉、祁宗、喇普、维西等处，虽系巴塘所属之地，向归四川，而其界紧接滇省汛防，总通于阿墩子，阿墩子乃中甸之门户。请改归滇省管辖，设官防汛，与川省之里塘、打箭炉彼此犄角，足以各收臂指，控制番民矣。'应如所请。"从之。

（《世宗实录》卷四三）

乾隆三年（1739）五月庚午

大学士仍管川陕总督查郎阿遵旨议覆，"章嘉呼图克图奏请将里塘、巴塘，佳塘等处地方仍给达赖喇嘛管辖。无论各番人众果否乐从，即伊等情愿，竟令赴藏纳差，此后内地差役，必致呼应不灵。且官兵撤后，倘有番夷叵测，声息不能即通。而打箭炉、松潘以外，沿途不无阻梗，恐非所以柔远之道。想因喇嘛日用不敷起见，并非恳请地土、番民。查里塘、巴塘、佳塘，每年所纳，不及万金。若于打箭炉商税内，按数赏给，则伊等日用既敷，而里塘等处地方，仍属内地，可以联大昭之声息，杜远人之觊觎。已密咨云督，俟妥议到日，另行具奏。”得旨：“允行。”

（《高宗实录》卷六九）

乾隆三年（1739）十一月戊寅

大学士仍管川陕总督查郎阿遵旨复奏：“章嘉胡图克图奏请将里塘、巴塘、佳塘等处地方赏给达赖喇嘛。经议政大臣会同部臣密议，可否给还或有无不便情节，令臣悉心筹画，并咨商云南总督庆复，妥议具奏。本年五月，谨就微臣意见，将不便之处具奏。蒙颁谕旨，达赖喇嘛用度不敷，著于打箭炉所征税银内，每年给银五千两在案。兹据庆复议覆：‘滇省所属中甸与川省里塘、巴塘、佳塘等处情势相同。从前未归内地之时颇多不便；归滇以后，设弁管辖，迄今宁谧。应将里塘、巴塘、佳塘并中甸等处，照旧各归川滇，未便仍给达赖喇嘛管理。’与臣前奏意见相符。”得旨：“所议是。知道了。”

（《高宗实录》卷八一）

乾隆二十一年（1756）五月乙未

吏部议覆：“原署云贵总督爱必达等奏称：‘滇省中甸地方，自内附三十余载，地辟民聚。原设州判一员，管理词讼、钱粮等事。稍涉疑难，必赴府州请示，往返千里。更因夷寨众多，设有土守备、千把，分地稽查，统听州判管辖，而微员究难弹压。查楚雄府同知与知府同城，并无专司，请改为中甸同知，将州判缺裁，即将旧署作为同知衙署，俸工书役，照旧设立。再，中甸、维西地界接壤丽江，向系丽江府所辖。嗣因将鹤庆府通判移驻维西，后将中甸州判隶剑川州，遂均属鹤庆府。第自鹤庆以至中甸、维西，必由丽江取道，窎隔殊难遥制。应将维西通判及现设中甸同知，俱改隶丽江府管辖。至中甸同知、维西通判俱以极边要缺注册，缺出在外拣调。’均应如所请。”从之。

（《高宗实录》卷五一三）

《卫藏通志》“疆域”条有关记载（节略）

（原编者）谨按：卫藏疆域，旧志所载，东至巴塘之南墩，东南至类伍齐番族，北至青海属之纳木称巴颜番族，南至珞瑜茹巴怒江，西南至布鲁克巴部落，北至草地通回部沙雅尔，西北通回部和阗，仍照旧编纂。唯后藏极西边界，壬子秋，廓尔喀投诚，遵照新定界址设立鄂博地方编纂。

……

西界

西至廓尔喀部落为界，由前藏西行经聂党楮过铁锁桥，至于坝拜尔吉，过于布拉（即西昆仑）至羊卓白地，沿海行走。由仁蚌至日盖子，即札什伦布乃仲宁翁结巴寺后山。自札什伦布西行十日至三桑，乃阿哩界。由三桑过岗得寨大阿哩噶尔渡界。一由三桑墨雨拉经协噶尔至聂拉木交巴尔布界（此系旧志所载）。按新定界址：自札什伦布西行，由拉孜至协噶尔、定日、宗喀、萨喀，通狭巴岭山、锅拉纳山、毕都纳山、朗古山顶、纳汝克喀山顶、朗杂山顶，均设立鄂博，此内为唐古忒境，此外为洛敏汤、作木朗二部落境。又自宗喀通济咙至热索桥，设立鄂博，此内为西藏境，此外为廓尔喀境。又自定日通聂拉木至铁锁桥，设立鄂博，此内为西藏境，此外为廓尔喀境。又自定日通聂拉木至铁锁桥，设立鄂博，此内为西藏境，此外为廓尔喀境。又自拉孜通绒辖至波底山顶，设立鄂博，此内为西藏境，此外为哲孟雄境。又自定结至萨热喀山顶、卧龙支达山顶、羊玛山顶，设立鄂博，此内为西藏境，此外为哲孟雄境。又自干坝至洛纳山顶、丈结山顶、雅纳山顶，设立鄂博，此内为西藏境，此外为哲孟雄境。又自帕克哩至支木山顶、臧猛谷山顶、日纳宗官寨，设立鄂博，此内为西藏境，此外为哲孟雄、布噜克巴二部落境。又臧曲大河南本系哲孟雄地界，被廓尔喀侵占已久，臧曲大河以外俱系廓尔喀境。

西南界

西南至布噜克巴、巴勒布二部落为界（巴勒布今属廓尔喀）：一、由纳格尔行八日至帕尔与布噜克巴交界，山川险阻，难以出入；一、由业尔奇木样纳山业朗地方至结隆与哲孟雄宗里口交界；一、由业尔斯卡禄纳山业朗寨尔交廓尔喀界。俱系险道。

（《卫藏通志》卷二）

《卫藏通志》所载西藏与四川等省区行政区界

东南界

东南由前藏朗陆山转出达则，经珠贡寺及沙金塘草地、古树边卡，至春奔色，接类乌齐界，通察木多大道。

东界

东至巴塘之南墩宁静山为界。雍正三年，松潘镇总兵周瑛勘定疆址始定，于南墩宁静山岭上建立界牌，岭东之巴塘、里塘属四川，岭西属西藏。其中，察卡、中甸由前藏东行十里许，过机楮河（即藏江）至墨竹工，路皆平坦。自此经拉哩、硕板多、察木多、乍丫、江卡，至南墩，跬步皆山，崎岖险仄，计程三千五百零五里。

东北界

东北至西宁所管之那木称巴彦等番族为界。由前藏北行十五里，向色拉山东，过锅拉山至浪宕，由隆竹松过彭多河，有铁锁桥。过河由角孜拉山、呼正寺、增顶工至木噜乌苏，通西宁大道，又由玉树接西宁、松潘、泰宁三处大道，又通洛隆宗、类乌齐地方。

北界

北至草地为界。由前藏西行，出羊巴井口，至新桥，即平川。西通后藏，东接噶勒丹，北行草地至木噜乌苏噶尔藏骨岔，交青海界。

西北界

西北亦系草地，有克哩野大山纳克产隘口。北通哈具得卜特尔，又北直至木噜乌苏渡口，仍交西宁大道。其东接玉树界。又羊巴井至桑沱洛海，过红塔尔小山、过拉纳根山，即腾格哩诺尔（即天池也）。达木地方系每年出防处，由吉札卜至僧格物角隘口，东北至噶尔藏骨岔阿尔坦诺尔一带，俱通沙雅尔、和阗回疆地方。

（《卫藏通志》卷二）

乾隆《理藩院则例》及历朝《大清会典》所载西藏政区

乾隆《理藩院则例》所记

西藏，其地在四川、云南徼外，东西距六千四百余里，南北距六千五百余里，东至四川界，东南至云南界。南至功布部落，西至大沙海，北至青海界。其地有四：曰卫、曰藏、曰喀木、曰阿里，共辖城六十余（互市在四川西徼打箭炉之地）。卫在四川打箭炉西北，即乌斯藏，居诸藏之中，又名中藏，东自木鲁乌苏西岸西海部落界，西至噶木巴岭，南自鄂木拉刚冲岭，北至牙尔佳藏布河，至京万有二千余里。藏在卫西南，东自噶木巴岭卫界，西至麻尔岳木岭阿里界，南自巴里城之巴木岭，北至赭巴部落之北达鲁克雨木撮地，至京万有三千余里。喀木，在卫东南，近云南丽江府之北，东自雅龙江西岸，西至努卜公岭，南自噶克拉雪山，北至木鲁乌苏南岸，东南自云南塔城关，西北至索克城青海部落界，东北自青海部落界阿克达穆岭，西南至塞勒木雪山，至京九千余里。阿里，东自藏界麻尔岳木岭，西至巴第和木布岭，南自匝木萨喇岭，北至乌巴岭，为西藏极西边鄙，至京万有四千余里。

西藏，分藏、卫、喀木、阿里四部落，不设旗。

（乾隆朝内务府抄本《理藩院则例》）

乾隆《大清会典》所记

西藏之地有四：曰“卫”、曰“藏”、曰“喀木”、曰“阿里”，辖六十余城。东至四川边境，西至大沙海，南至云南边境，北至青海。东西六千四百余里、南北六千五百余里，至京万四千余里。

（乾隆《大清会典·理藩院》）

嘉庆《大清会典》所记

达赖喇嘛所居曰“布达拉”，是为前藏；班禅额尔德尼所居曰“扎什伦布”，在布达拉西南，包于前藏境内，是为后藏。前藏东与四川边外土司接，东北与西宁大臣所属土司接，北与卓书特部落为界，西北逾戈壁与和阗、叶尔羌接，西与拉达克汗部落为界，西南与廓尔喀为界，南与哲孟雄部落为界，东南与云南维西厅接。其余各喇嘛皆属于达赖喇嘛，东起乍雅，东与四川边外土司接。其西为察木多，又西为硕般多，又西为类乌齐。硕般多、类乌齐之北皆与西藏大臣所属土司接。硕般多之南为八所，又南为工布硕卡。类乌齐之西为墨竹宫，又西为噶勒丹。类乌齐之西北为赞垫，介居西藏大臣所属土司各族之间。其西为呼征。噶勒丹之西为色拉，西与布达拉接。噶勒丹之南为琼科尔结。琼科尔结之西为文扎卡，又西为松热岭，又西为邦仁曲第，又西为乃东，北与布达拉接。乃东之西为琼结。布达拉之西北为布勒绷，又西北为羊八井。羊八井之西为朗岭，西与扎什伦布接。朗岭之南为仁本，其西南为江孜，又西南为冈坚。冈坚之西为协噶尔。协噶尔之西南为聂拉木。郎岭之西逾后藏境为撒噶，又西为杂仁。

（嘉庆《大清会典·理藩院》）

光绪《钦定大清会典事例》所记

西藏达赖喇嘛所居曰“布达拉”，是为前藏；班禅额尔德尼所居曰“札什伦布”，在布达拉西南，包于前藏境内，是为后藏。前藏东与四川边外土司接界，东北与西宁大臣所属土司接界，北与卓书特部落接界，西北逾戈壁，与和阗、叶尔羌接界，西与拉达克汗部落接界，西南与廓尔喀接界，南与哲孟雄部落接界，东南与云南维西厅接接界。其余各喇嘛，皆属于达赖喇嘛。东起乍雅达呼图克图，与四川边外上司接界，其西为察木多帕克巴拉呼图克图，又西为硕般多喇嘛，又西为类乌齐呼图克图，硕般多、类乌齐之北皆与西藏大臣所属土司接界。硕般多之南为八所喇嘛，又南为工布硕卡喇嘛，类乌齐之西为墨竹宫喇嘛，又西为噶勒丹喇嘛，类乌齐之西为赞垫喇嘛，介居西藏大臣所属土司各族之间。其西为呼征喇嘛、噶勒丹之西为色拉喇嘛，西与布达拉接界。噶勒丹之南为琼科尔结喇嘛，琼科尔结之西为文札卡喇嘛。又西为松热岭喇嘛，又西为邦仁曲第喇嘛，又西为乃东喇嘛。北与布达拉接界，乃东之西为琼结喇嘛。布达拉之西北为布勒绷喇嘛，又西北为羊八井喇嘛，羊八井之西为朗岭喇嘛，西与扎什伦布接界，朗岭之南为仁本喇嘛，其西南为江孜喇嘛，又西南为岗坚喇嘛。岗坚之西为协噶尔喇嘛，胁噶尔之西为聂拉木喇嘛，朗岭之西逾后藏为撒噶喇嘛。又西为杂仁喇嘛。

（《钦定大清会典事例》卷九六六）

《嘉庆重修大清一统志》关于西藏行政建制的记载

西藏在四川、云南徼外。东西六千四百余里，南北六千五百余里。东至四川界，东南至云南界，西至西域回部大沙海界，北至青海及回部界。其贡道由西宁以达于京师，一万四千余里。……

其地有四：曰卫、曰藏，其东境曰喀木，其西境曰阿里，共辖城六十余，一切赋税，俱献之达赖喇嘛等。其进贡二年一次，贡道由西宁入。其互市在四川西徼打箭炉之地。

卫，在四川打箭炉西北三千余里，即乌斯藏也。番字乌加斯字，切音作卫，盖彼时尚有微识西番字者，而不知切音之为卫也。居诸藏之中，故亦名中藏。东自木鲁乌苏西岸西海部落界，西至噶木巴拉岭藏界，一千五百三十三里；南自鄂木拉冈冲岭，北至牙尔佳藏布河，二千二百余里。

藏，在卫西南五百余里。东自噶穆巴拉岭卫界，西至麻尔岳木岭阿里界，一千八百八十二里；南自帕里宗城之毕木拉岭，北至者巴部落之北打鲁克雨木撮池，一千三百余里。

喀木，在卫东南八百三十二里，近云南丽江府之北。东自鸦龙江西岸，西至努卜公拉岭卫界，一千四百里；南自噶克拉冈里山，北至木鲁乌苏南岸，一千七百里；东南自云南塔城关，西北至索克宗城西海部落界，一千八百五十里；东北自西海部落界阿克多穆拉山，西南至塞勒麻冈里山，一千五百里。

阿里，为西藏之极西边境。东自藏界麻尔岳木岭，西至巴第和木布岭，二千一百余里；南自匝木萨喇岭，北至乌巴拉岭，一千三百余里。

卫地诸城：首曰喇萨，在四川打箭炉西北三千四百八十里。本无城，有大庙，土人共传唐文成公主所建，今达赖喇嘛居此，有五千余户。所居多二三层楼，遇有事即保守此地，其余凡有官舍民居之处，于山上造楼居，依山为堑，即谓之城。曰得秦城，在喇萨东南三十八里。奈布东城，在喇萨东南二百二十里。桑里城，在喇萨东南二百五十一里。垂佳普郎城，在喇萨东南二百六十里。野而古城，在喇萨东南三百十里。达克匝城，在喇萨东南三百三十七里。则库城，在喇萨东南三百四十里。满撮纳城，在喇萨东南四百四十里。拉巴随城，在喇萨东南四百四十里。扎木达城，在喇萨东南五百四十四里。达喇马宗城，在喇萨东南五百六十里。古鲁纳木吉牙城，在喇萨东南六百二十里。硕噶城，在喇萨东南六百四十里。朱木宗城，在喇萨东南七百五十里。东顺城，在喇萨东南七百七十里。则布拉冈城，在喇萨东南八百七十里。纳城，在喇萨东南九百六十里。吉尼城，在喇萨东南九百八十里。日噶牛城，在喇萨西南三十里。楚舒尔城，在喇萨西南一百十五里。日喀尔公喀尔城，在喇萨西南一百四十里，有番民二万余家，为卫地最大之城。岳吉牙来杂城，在喇萨西南三百三十里。多宗城，在喇萨西南四百二十里。僧格宗城，在喇萨西南四百三十里。董郭尔城，在喇萨西二十五里。第巴达克匝城，在喇萨东北九十二里。伦朱布宗城，在喇萨东北一百二十里。墨鲁恭噶城，在喇萨东北一百五十里。蓬多城，在喇萨东北一百七十里。已上凡三十城，量地大小、人之多寡，各设宗布木一二人，管理民事。凡五户出一兵，每马兵二十五名，步兵二十五名，设一丁布木辖之。其兵多之地，丁布木一城有至数十人者。凡人马糗粮器械，皆按户均派，有用时传集，事毕仍为民。又卫地东北，与青海诸部接界处，哈喇乌苏，设一堪布喇嘛；木鲁乌苏，设一蒙古寨桑，以供应往来使者马匹向导，及文移邮递之处。

藏地诸城：首曰日喀则城，在喇萨西南五百三十三里，其先藏巴汗居此，今为班禅喇嘛所居，户二万三千余，兵五千三百余。其余曰林奔城，在日喀则城东一百九十一里。纳噶拉则城，在日喀则城东二百五十里。拜的城，在日喀则城东三百三十二里。拜纳木城，在日喀则城东南七十里。季阳则城，在日喀则城东南一百二十里，户三万余，兵七千五百余。乌雨克灵喀城，在日喀则城东南三百七十里。丁吉牙城，在日喀则城西南四百十里。罗西噶尔城，在日喀则城西南五百四十里。帕尔宗城，在日喀则城西南六百四十里。盆苏克灵城，在日喀则城西南七百二十三里。济隆城，在日喀则城西南七百四十里。阿里宗城，在日喀则城西南七百六十里。尼牙拉木宗城，在日喀则城西南七百八十里。尚纳木林城，在日喀则城西北一百十里。章拉则城，在日喀则城西北八百十里。章阿布林城，在日喀则城西北九百七里。已上凡十七城，惟日喀则、季阳则二城最大，其俗制与卫略同。

喀木诸城：首曰巴塘城，在喇萨东南二千五百里。又节达穆城，在巴塘城东南五百八十里，其地旧名中甸。桑阿充宗城，在巴塘城西南六百里。匝坐里冈城，在巴塘城西北三百五十里。薄宗城，在巴塘城西北六百里。苏尔莽城，在巴塘城西北八百里。罗隆宗城，在巴塘城西北八百五十里。解冻城，在巴塘城西北九百五十里。舒班多城，在巴塘城西北一千一百五十五里。达尔宗城、索克宗城，俱在巴塘城西北一千二百二十里。滚卓克宗城，在巴塘城北二百八十里。里塘城，在巴塘城东北三百里。本朝康熙五十年，以巴塘、里塘隶四川，中甸隶云南，并设官兵驻防。

阿里诸城：布拉木达克喇城，在布拉木之地，距喇萨西南二千五百余里，其所属有喀尔多木、日底二城。又古格扎什鲁木布则城，在喇萨西南二千四百九十余里，其所属有冲龙、则布龙、楚木尔的三城。拉达克城，在喇萨西南三千七百五十余里，其所属有扎石刚、丁木刚、喀式三城。毕底城，在喇萨西南三千八百余里，鲁多克城，在喇萨西北二千九百三十余里。以上诸城，每户出兵一名，但设宗布木，无丁布木官。

（《嘉庆重修大清一统志》卷五四七，西藏）

《清朝通志》所记西藏政区

西藏

东至四川界，西至大沙海，南至云南界，北至青海及回部界，延袤六千余里。其地有四：曰卫、曰藏、曰喀木、曰阿里，其辖六十余城，互市在四川西徼打箭炉之地。国初崇德七年，番僧遣使归诚。顺治十年，爰封其国称图伯特，即唐古忒。最尊者曰达赖喇嘛、班禅喇嘛，代喇嘛理事者曰第巴。又有汗，则青海蒙古部长为之。康熙三十二年，有第巴潜通厄鲁特为乱，拉藏汗诛之，诏遣使安抚其地。五十三年，准噶尔策妄阿喇布坦兴师侵藏，灭坏喇嘛，戕拉藏汗。诏遣大兵讨平之，此后不复设汗。雍正五年，噶卜伦阿尔布巴等构乱，后藏噶卜伦颇罗鼐走避以闻，遣兵进剿。阿尔布巴等伏诛，颇罗鼐由台吉封多罗贝勒，总理卫藏噶卜伦事务。乾隆四年，晋封多罗郡王。子珠尔默特纳木扎勒嗣，寻阴谋叛逆，驻藏都统傅清、左都御史拉布敦诛之。十六年，设噶卜伦四、代赍五、第巴三、堪布一，分理藏务，均受驻藏大臣及达赖喇嘛统辖。

卫，地居诸藏之中，亦名中藏。

藏，地在卫西南。

喀木，地在卫东南。

阿里，地在藏地极西。

（《清朝通志》卷三一）

《清朝文献通考》所记西藏政区

西藏

臣等（原编者，下同）谨按：吐蕃之部，通自唐时，史称其国西南与波罗门接壤，则其俗之信奉释教固宜也。元时，西藏之地皆领于番僧，若大宝法王、帝师之号尊礼特殊。明代因之。自宗喀巴肇兴黄教，数传之后，为诸番所尊信。于是，有达赖喇嘛、班禅喇嘛，更在各番王之上。自本朝崇德年间，谓东土有圣人，即遣使经数国之地，逾年而至。当大统之方集，识归化之独先。国家以其恭顺有年，锡之封号，俾得以世次相继。逮康熙年间，为准夷侵扰，经王师平定以来，藏地诸番皆登乐土。于焉阐扬善教，同我太平，所谓“因其教不易其俗，齐其政不易其宜”者。盖怀柔抚驭之道，即于是寓焉矣。

西藏在四川、云南徼外，东西六千四百余里，南北六千五百余里。东至四川界，东南至云南界，西至大沙海，北至青海界，至京师一万四千余里。古西南徼外诸羌戎地，两汉魏晋间，种落无闻。自吐善始祖鹘提勃窣野居析支水西，并诸羌据其地，历周及隋，犹未通中国。其君长称为赞布，唐贞观八年始遣使来朝，十五年妻以宗室女文成公主。既而灭吐谷浑，尽臣羊同、党项诸羌，幅员万余里。唐末渐衰弱，宋时亦号吐番，朝贡不绝。元宪宗始于河州置吐蕃宣慰司都元帅府，又于四川徼外置碉门、鱼通、黎雅、长河西、宁〔远〕等处宣抚司；世祖时，置乌思藏，以吐蕃僧帕克斯巴为大宝法王、帝师，领之。嗣者数世，其弟子号司空、司徒、国公，皆佩金玉印。明洪武六年，以摄帝师拉木监巴藏卜为炽盛佛宝国师，给玉印，置乌思藏、朵甘二指挥司，又置宣慰司三、招讨司六、万户府四、千户所十七，以元国公那木喀思丹巴监藏等为都指挥、同知、宣慰使、元帅、招讨等官。永乐中，复封番僧为大宝法王、大乘法王、大慈法王、阐化王、赞善王、阐教王、辅教王、护教王，凡八王，并给印诰，比岁或间岁朝贡。其徒以次封西天佛子、大国师、国师、禅师诸号者，不可胜纪。明之中叶，有宗喀巴者，居拉萨，始兴黄帽之教，相传其二世始立第巴，以治国事，其三世始称达赖喇嘛。有异术，能知三生事，诸番莫不从其教。正德时，遣中使至其地往迎所谓活佛者，所费以巨万计。其僧卒匿不出见，所携宝货器械皆为番人所夺。其后达赖喇嘛与班禅喇嘛并为诸番所奉，凡大宝法王及阐化诸王亦俯首称弟子。

本朝崇德七年，达赖喇嘛首先入贡，至顺治九年来朝，十年，世祖章皇帝赐以金印，遣使封为西天大善自在佛所领天下释教普通斡齐喇达喇达赖喇嘛。嗣后，与班禅喇嘛各遣使贡献。其部落号图伯特。前藏则达赖喇嘛主之，后藏则班禅喇嘛主之。其代喇嘛理事者曰第巴，又有汗则蒙古部长为之。康熙初年，有藏地之藏巴汗威虐部下，第巴乞师于青海，顾实汗击破之，遂留其长子达赖为汗。三十二年，封第巴为图伯特国王，赐金印。时达赖喇嘛已殁，第巴匿不以闻，潜与厄鲁特噶尔丹相通。及召班禅喇嘛来京，第巴又阻之，不至。四十四年，达赖汗之子拉藏诛第巴以闻，圣祖嘉之，赐金册印，封为辅教恭顺汗。遣大臣安抚其地，复立第六世达赖喇嘛。五十二年，封班禅胡图克图为班禅额尔德尼，依达赖喇嘛之例，锡以册印。五十三年，准噶尔策妄阿喇布坦兴师侵藏，害拉藏汗，焚毁寺庙，迫逐僧众。五十八年，遣大兵讨平之。世宗宪皇帝嗣位，撤回官兵，封康济鼐为贝子，总理其地。雍正五年，西藏噶隆阿尔布巴等叛，杀康济鼐，后藏办理噶隆事务之扎萨克台吉颇罗鼐走避以闻，遣兵进剿。明年，颇罗鼐率众部落入藏，阿尔布巴等伏诛，藏地安辑如故。封颇罗鼐为固山贝子，九年晋封多罗贝勒，办理卫藏噶隆事务。乾隆四年，晋封多罗郡王，给印，辖卫藏等处。十二年，其子珠尔默特那木扎尔袭封，十五年，以谋逆伏诛。今设辅国公三人、一等台吉一人，并因其俗设噶隆、第巴等职。

其地有四：曰卫、曰藏，其东境曰喀木，其西境曰阿里。共辖城六十余。卫与喀木诸城皆统属于达赖喇嘛，藏与阿里诸城皆统属于班禅喇嘛。别设驻藏大臣二人镇抚其地。封爵承袭及入贡之事，隶于理藩院之典属司及柔远司。置互市于四川西徼打箭炉之地。其贡道由打箭炉，分为二班。凡喇嘛道行最高者曰胡土克图，转世者曰呼毕尔罕。其秩之贵者曰国师、曰禅师，次曰扎萨克大喇嘛、曰扎萨克喇嘛，又次曰大喇嘛、曰副（达）喇嘛。自扎萨克喇嘛以上，皆颁给印信。其徒之分处喀尔喀及内扎萨克部落，皆为蒙古所尊奉，仍遥属于达赖喇嘛、班禅喇嘛。……

卫在四川打箭炉西北三千余里，即乌思藏。居诸藏之中，亦曰中藏。东自穆鲁乌苏西岸青海部落界，西至噶木巴拉岭。藏界一千五百三十三里，南自鄂木拉冈冲岭，北至崖鲁藏博江，二千二百余里。

卫地所属诸城

拉萨城在打箭炉西北三千四百八十里，即唐吐蕃建牙之所，今为达赖喇嘛所居。

德沁城在拉萨东南三十八里

耨东城在拉萨东南二百二十里

桑里城在拉萨东南二百五十一里

吹扎尔普朗城在拉萨东南二百六十里

恪噶尔城在拉萨东南三百里

里古城在拉萨东南三百十里

裕勒佳阿杂城在拉萨东南三百三十里

济古城在拉萨东南三百四十里

扪磋纳城在拉萨东南四百四十里

拉巴隋城在拉萨东南四百四十里

佳木达城在拉萨东五百四十里

达木城在拉萨东南五百六十里

衮米纳木佳勒城在拉萨东南六百二十里

硕勒噶城在拉萨东南六百四十里

卓莫城在拉萨东南七百五十里

多木纯城在拉萨东南七百七十里

则布拉冈城在拉萨东南八百七十里

达克博奈城在拉萨东南九百六十里

德摩城在拉萨东南九百八十里

东噶尔城在拉萨西二十五里

日噶努布城在拉萨西南三十里

楚舒尔城在拉萨西南一百十五里

日噶公噶尔城在拉萨西南一百四十里

雅尔博罗克勒巴底城在拉萨西南三百里

多城在拉萨西四百二十里

僧格城在拉萨西南四百三十里

得巴达克则城在拉萨东北九十二里

伦珠布城在拉萨东北一百二十里

萨木珠布公喀尔城在拉萨东北一百五十里

盆多城在拉萨东北一百五十里

臣等谨按：西藏之俗，凡有官舍民居之处，建造楼居，依山为堑，即谓之城。量地之大小，人之多寡，各设宗布木管理民事，设丁布木管理兵丁。

藏在卫西南五百余里，东自噶木巴拉岭卫界，西至玛尔岳木岭阿里界，一千八百八十二里。南自坡巴朗城之扎木拉岭，北至扪巴部落之北达鲁克裕木磋淖尔，一千三百余里。

藏地所属诸城：

扎什伦博城在拉萨西南五百六十里，其先藏巴汗居此，今为班禅喇嘛所居。

日喀资城在扎什伦博东三十里

林绷城在扎什伦博东二百里

纳噶尔城在扎什伦博东二百八十里

堆朋城在扎什伦博东三百六十里

巴纳木城在扎什伦博东八十五里

佳勒则城在扎什伦博东南一百二十里

乌裕克林噶城在扎什伦博东南三百八十五里

定集城在扎什伦博西南三百九十里

罗噶尔城在扎什伦博西南五百二十里

坡巴朗城在扎什伦博西南六百二十里

喷磋克凌城在扎什伦博西南七百里

济隆城在扎什伦博西南七百二十里

济特城在扎什伦博西南七百六十里

叶尔摩城在扎什伦博西南七百六十里

乌穆城在扎什伦博西二百里

将罗尖城在扎什伦博西三百里

鄂摩城在扎什伦博西北九十里

将阿木凌城在扎什伦博西北四百八十里

喀木在卫东南八百三十二里，近云南丽江府之北，东自雅龙江西岸，西至努卜公拉岭卫界，一千四百里，南自噶克拉冈里山，北至穆鲁乌苏南岸，一千七百里。

喀木所属诸城：

达尔城在拉萨东南一千二百七十五里

桑阿克吹城在拉萨东南一千三百里

硕班多城在拉萨东南一千三百四十五里

罗龙城在拉萨东南一千六百五十里

苏尔东城在拉萨东南一千六百五十里

衮珠城在拉萨东南一千九百里

匝坐里冈城在拉萨东南二千一百五十里

塘噶尔城在拉萨东北二千二百里

索克城在拉萨东北一千三百里

努布尔城在拉萨东北一千三百里

臣等谨按：自塘噶尔城之东南，则为巴塘。巴塘之东北为里塘，巴塘之东南为中甸，西南为维西，各有属地。接四川打箭炉及云南丽江府、鹤庆府。边外界旧皆为喀木地，分置堪布喇嘛管理，隶于西藏。自康熙五十年大兵定藏，其众皆内附。雍正五年，设分治厅员驻中甸、维西地方，属云南省管辖。七年，设立巴塘、里塘二宣抚使司，并增置各土司，属四川省管辖。

阿里为西藏之极西边境，东自藏界玛尔岳木岭，西至得巴堪布岭，二千一百余里，南自匝木萨喇岭，北至乌巴拉岭，一千二百余里。

阿里所属诸城：

布朗达克喀尔城在扎什伦博西南二千二百余里

噶尔东城在扎什伦博西南二千三百里

什德城在扎什伦博西南二千三百里

古格扎什伦博城在扎什伦博西南二千四百里

冲隆城在扎什伦博西南二千四百余里

则布朗城在扎什伦博西南二千四百余里

楚玛尔德城在扎什伦博西南二千六百余里

扎什冈城在扎什伦博西二千七百余里

罗多克喀尔城在扎什伦博西二千八百里

底木冈城在扎什伦博西二千八百余里

喀什城在扎什伦博西二千八百里

毕底城在扎什伦博西三千余里

臣等谨按：西藏诸城之外，又有附近部落。在卫地拉萨东南者曰噶克卜部落，居卫与喀木边界之间。其相近为恭布部落。在藏地扎什伦布西南者曰萨噶部落，其西为卓书特部落、们巴部落，乃藏之西界。阿里之东界至阿里之西北有拉达克部落。其在喀木西北界者，有拉塔部落、舒布伦巴部落、格尔济部落、塞尔匝纳尔噶鲁部落、瓦舒部落，与青海接界，并附属于西藏云。

（《清朝文献通考》卷二九二）

《清朝续文献通考》所记西藏政区

舆地考二十六　西藏

（前略）西藏本康、卫、藏三部之总称。今康已改为内地，则藏地当缩于旧，东西距约三千余里，南北距一千五百里，东越鹿马岭至江达，接川边西康界；西至阿哩之泽布隆，接北印度之喀蒙界，南越须弥山至布鲁克巴（今讹称布丹）、哲孟雄（一称锡金）二部界，北及东北至唐古拉山（一作通拉木山）接青海玉树番及新疆托古斯山界；东南至珞瑜野番，接缅甸及印度阿萨密界；西南至聂拉木，接泥波罗（即廓尔喀）；西北抵喀喇昆仑山，接新疆和阗州界。自前藏至京师一万九百二十里。今存二部，曰卫、曰藏，而极西北之阿哩附焉。

卫，即乌斯之合音，今称前藏，亦曰中藏，在四川省城西六千一百七十里，（打箭炉西北五千二百五里）在甘肃西宁府西南三千五百六十里。东至冈噶拉山，接喀木所属江达界；西至卓谟哈拉山，（一作卓尔冈哩）接后藏所属商河界；南至谟尔冈克山、奈楚河，接布鲁克巴界；北至巴萨通木拉山，接青海所属中坝番地。境内万山环抱，形势绝高，雅鲁藏布河贯其中，西北有腾格里湖、布喀池。西南有牙母鲁克湖，水甘草茂。会城曰拉萨，《唐书》所谓逻娑也。背负布达拉山，犹言普陀也。寺踞山巅，重累十三层，达赖喇嘛驻锡此寺，僧徒以万计。驻藏大臣正副二人，同建牙焉。属邑三十：

拉萨一称布达拉，前藏之都，有峻宇高墙，无城，北极高二十九度四十五分，西经二十五度三十分。

德沁《一统志》作德秦，在拉萨东南三十八里，极高二十九度四十分，西经二十五度十六分

耨东《一统志》及鄂刻舆图作奈布东，在拉萨东南二百二十里，极高二十九度七分，西经二丨五度丨五分。

桑里在拉萨东南二百五十一里，极高二十九度十五分，西经二十四度四十分。

吹札尔普朗《一统志》作垂佳普朗，鄂刻舆图作吹夹坡朗，在拉萨东南二百六十里，极高二十九度七分，西经二十四度四十分

恪噶尔恪或作哈，在拉萨东南三百里，极高二十九度十分，西经二十四度三十分。

哩古一作野尔古也勒库，在拉萨东南三百一十里。极高二十九度，西经二十四度二十分。

裕勒佳阿杂一作裕佳朗杂，在拉萨东南三百三十里。极高二十八度三十五分，西经二十四度十五分。

济古一作则库，在拉萨南三百四十里。极高二十八度三十二分，西经二十四度三十分。

扪磋纳一作满撮纳，在拉萨南四百四十里。极高二十八度三分，西经二十四度三十分。

拉巴隋在拉萨东南四百四十里，极高二十八度，西经二十三度。

达木一作达喇马宗，在拉萨东南五百六十里奈楚河。西极高二十七度五十分，西经二十三度五十分。

衮拉纳马佳勒一作古鲁纳木吉牙，在拉萨东南六百二十里。极高二十八度四十分，西经二十三度三十分。

硕勒噶一作公布硕格，在拉萨东南六百四十里。极高二十九度三十分，西经二十二度四十五分。

卓莫一作朱木宗，或作公布珠穆，在拉萨东南七百五十里。极高二十九度十分，西经二十二度三十五分。

多木纯一作东顺，或作达克布冬顺，在拉萨东南七百七十里。极高二十八度二十五分，西经二十二度五十分。

则布拉冈则一作泽，在拉萨东南八百七十里。极高二十八度四十分，西经二十二度。

达克博奈一作达克布拉，在拉萨东南九百六十里。极高二十八度二十分，西经二十一度五十分。

德摩一作吉尼，或作底穆宗地母，在拉萨东南九百八十里。极高二十九度十五分，西经二十一度四十分。

东噶尔一作董郭尔、洞噶尔，在拉萨南二十五里。极高二十九度三十分，西经二十五度四十分。

日噶努布一作日噶牛，在拉萨西南三十里。极高二十九度二十分，西经二十五度四十二分。

楚舒尔《卫藏通志》作曲水，鄂图作绰树尔或作楚苏拉，在拉萨西南一百十五里。极高二十九度二十五分，西经二十五度四十分

日噶公噶尔噶或作喀，在拉萨西南一百四十里。极高二十九度十分，西经二十六度。

雅尔博罗克勒巴底一作牙木鲁克，或作岳吉牙来杂，在拉萨西南三百里。极高二十八度五十分，西经二十五度三十分。

多宗在拉萨南少西四百三十里。极高二十八度十分，西经二十五度四十五分。

僧格宗或作森额总，在拉萨南四百二十里。极高二十八度十四分，西经二十五度四十分。

得巴达克则一作地巴达克匝，在拉萨东北九十二里。极高二十九度五十分，西经二十五度。

伦珠布一作伦朱卜宗，在拉萨东北一百二十里。极高三十度，西经二十五度二十八分。

萨木珠布公喀尔一作墨鲁恭噶，或作默尔公噶、墨竹工卡，在拉萨东北一百五十里。极高二十九度五发，西经二十五度。

盆多一作蓬多，在拉萨北一百五十里。极高三十度十五分，西经二十五度二十八分。

藏，一曰喀齐，在卫西九百里，东至卓谟哈拉山，接卫界；西至玛尔岳木岭，接阿里界；南至春丕，踰匝利山，接布丹及哲孟雄二部界；北至讷谟浑巴什山，接新疆诺羌县界，西南至济隆热索桥，接廓尔喀界；西北至托古斯山，接新疆于阗县界。全境右枕冈底斯，南望须弥山，雅鲁藏布江导源其间。梵经所谓冈底斯向东马口所出之泉也。前明，蒙古人唐古特汗所居。本朝康雍间，勘定后，始为班禅喇嘛所辖。其会城曰日喀则。永乐中，黄教徒根敦珠巴建大寺曰札什伦布，壮丽亚于喇萨，历世班禅于此焚修。……属邑二十六。

札什伦布原名赛尔，一称日喀资。资，或作则。今以札什伦布庙名其地。庙在邑西二里都布山，班禅所居。极高二十九度十五分，西经二十七度四十分。

日喀则在札什伦布东三十里，极高二十九度十七分，西经二十七度三十分。

林绷一作林奔仁蚌，或作里穆和布屯，在日喀则东一百九十里，极高二十九度二十分，西经二十六度四十分。

纳噶尔泽一作浪噶子，在日喀则东二白五十里，极高二十九度五分，西经二十六度二十分。

朋堆一作拜的、白地，在日喀则东三百三十里，极高二十九度八分，西经二十六度十分。

巴纳木一作白浪，在日喀则东南七十里，极高二十九度十分，西经二十七度三十分。

佳勒则一作季阳则，或作江孜、江则、蒋泽，在日喀则东南一百二十里，设守备营汛，今为英人商埠，极高二十九度，西经二十七度。

乌裕克林噶一作乌雨克灵哈，在日喀则东三百五十里，极高二十九度二十五分，西经二十六度三十分。

定集一作丁吉牙，或作定结、丁寨，在日喀则西南四百二十里。极高二十八度二十分，西经二十八度三十分。南通哲孟雄，其西属地曰喀尔达。

罗西噶尔一作协噶尔，或作罗锡哈尔，或误作失喀，在日喀则西南五百四十里，极高二十八度四十分，西经二十九度三十分。又西二程曰定日，有营汛。

坡巴朗即帕尔宗，在日喀则南六百四十里。极高二十七度三十二分，西经二十七度三十分。

喷嵯克凌一作盆苏克灵，或作彭错岭，在日喀则西一百五十里。极高二十九度二十分，西经二十八度三十二分。

桑札宗在日喀则北七百里达克宰勒湖西。极高三十一度，西经二十八度。迤北沙碛，统名托克产。

济隆在日喀则西南七百四十里，其南热索桥，为往廓尔喀之要隘。极高二十八度二十分，西经三十一度十五分。东南往聂拉木之中途，有要隘曰绒辖。

阿里宗在日喀则西南七百六十里。按前通考，济隆之下有济特，惟新旧图籍皆无此名。《一统志》济隆之次为阿里宗，今从之。极高二十九虔，西经三十一虔三十分。

叶尔摩一作尼牙拉木年尔木，即聂拉木，在日喀则西南八百里，南过铁锁桥为廓尔喀境。极高二十八度十分，西经三十度二十分。

乌穆即额谟喀穆，在日喀则东北一百里。极高二十九度二十分，西经二十七度十分。

尚纳木林一作商纳穆林，在日喀则东北一百十里。极高二十九度四十分，西经二十七度四十五分。

将罗尖一作章拉则或作拉孜，在日喀则西少南三百里。极高二十九度十分，西经二十九度。

将阿木凌一作章阿布林，在日喀则西南六百里。极高二十九度十分，西经三十度。

春丕或作春碑，在日喀则南六百四十里，今设靖西厅，于其东南五里之卑卑塘，又东南二十七里至亚东关。介居布丹、哲孟雄二部之间。极高二十七度三十分，西经二十七度四十分。

萨噶哈拉在章阿布林西北、哲隆山之南、萨噶藏布河下流。极高二十九度三十分，西经三十一度三十二分。

宗喀在萨噶哈拉西南藏布江南。极高二十九度五分，西经三十二度。南通泥波罗。

大屯或作大丹，在宗喀西，佳布拉尔河下流入藏布江处。极高二十九度四十分，西经三十二度二十八分。

罗和在卓书特部南，古纳尔冈阡山南。极高二十九度十五分，西经三十二度四十五分。

东朗池在极西北，巴哈池北札克安巴山下，东抵阿哩之巴和，北通于阗。极高三十四度八分，西经三十六度。

（前略）阿哩为全藏之西鄙，东至僧格哈巴布山及玛尔岳木岭（即冈底斯之北干、东干），皆接后藏卓书特部界：西至留巴日雅勒山，接拉达克部界；南至阳里山、喀雷克山（皆须弥山之支干），接北印度喀蒙界；北至拉布齐岭（即喀喇昆仑之东干），接新疆和阗州界；东南至玛楚河下流之喀瓦力噶，接泥波罗界；西南至泽布隆，接北印度之旁遮普界；东北至阿林冈里山，接后藏之西北（重非爱勒等）界；西北踰札噶哩山，接拉达克（楚纳克河）界。境内据有冈底斯山及阿耨达池，四水分驶，梵书所谓马象狮雀四口各出大川。藏布江、印度河、克伽河（即冈噶江）皆发源于此，洵宇内绝高之区域也。属地一十：

布朗达克喀尔《一统志》作布拉木达克喇，鄂刊舆图作布尔玛达克拉尔，或作达克喇。旧以此为阿哩部首邑，在后藏日喀则城西少北二千二百余里。极高三十度十五分，西经三十五度四十五分。

噶尔东一作喀尔多木，或作噶尔多穆哈尔，当在达克喇之北百余里。极高三十度二十分，西经三十五度四十分。

什德或作日底，在达克喇之南一百里。极高三十度八分，西经三十五度三十五分。以上三邑皆在玛楚河之西。

古格扎什伦博一作古格札什鲁木布，在后藏西北二千四百余里，朗楚河北。极高三十一度二十八分，西经三十六度十六分。

冲隆一作冲龙，在后藏西北二千四百里古格札什之东。极高三十一度五分，西经三十五度五十分。

则布朗一作则布龙，或作由布鲁、泽布隆，在后藏西北二千五百余里，古格札什之西南。极高三十一度，西经三十七度三十分。东北附近有地名托林。

札什冈一作札石刚、札锡冈，在后藏西北二千七百余里，拉楚河之西。极高三十二度三十分，西经三十七度二十分。东南有地名来吉雅令。

罗多克喀尔一作鲁多克，在后藏西北二千九百里，诺和湖南。极高三十三度二十六分。西经三十七度十分。东北有诺和、巴和二小邑。

桑巴即札伦，在僧格哈巴布山北、阿林冈哩山西、旷地，统名朋卓勒。极高自三十一度五十分至三十二度五十分，西经自三十四度半至三十六度，皆是。

噶大克一作噶尔波，或作加托，番语称噶尔根萨夷翁，前《通考》、及《会典》、《一统志》皆无此地名，而近人目为阿哩部之首邑，英人索开商埠。其地有那古河、加托克河合流，西北出境，即印度河之上流也。在后藏西北约二千六百余里。极高三十一度五十分，西经三十六度三十分。（后略）

附属诸部

噶克卜在拉萨东南八百四十里　恭布在卫与喀木之间　萨噶在后藏西八百里　卓书特在萨噶西北四百二十里　们巴在阿哩东　拉塔在喀木西北　舒布伦巴格尔济　塞尔匝纳噶鲁　瓦舒接青海界。以上见前《通考》

者巴在日喀则西四百二十里　罗在日喀则西南一千一百十里　噶尔道荣在喇萨西北二千五百余里。以上见《一统志》

达木蒙古八佐领在前藏之北。当明季五辈达赖时，青海蒙古入藏护卫，留五百三十八户住牧达木地方。

三十九族土司雍正初，安抚青海番民七十九族，以四十族分属西宁，以三十九族属西藏。住牧前藏东北喀喇乌苏河，设千户长一员、百户长十三员。由兵部给劄世袭。

纳书克贡巴　毕鲁　瑧盆　达格鲁　拉克　色尔札　札麻尔　阿札克上下二族　夥尔川木桑　夥尔札麻苏他尔二族　只多　瓦拉　夥尔　麻鲁　宁塔　尼札尔　参麻布玛　尼牙木札　利松麻巴　勒达克　多麻巴　羊巴　夥尔在押马达南　依戎　夥尔二族　彭他麻　夥尔拉赛　刚噶鲁上下二族　琼布拉克鲁　噶鲁　多尔树上下二族　三札　三纳拉巴　朴族以上见《卫藏通志》

（《清朝续文献通考》卷三〇三〇）

三、设置理藩院主管藏政

历朝《大清会典》有关理藩院主管藏政条款

康 熙 朝

理藩院

我朝始兴，威德渐立，声教所暨，莫不来庭。凡蒙古部落之率先归附者悉隶版籍，视犹一体。及后至者弥众，皆倾国举部乐输厥诚，既地广人繁矣，乃令各守其地，朝岁时，奉职贡焉。户口蕃殖，幅员辽远，前古以来，未之有也。始于六部之外，设理藩院，置尚书、左右侍郎，董其黜陟、赏罚、朝会、往来之事。其属四清吏司，曰录勋、曰宾客、曰柔远、曰理刑，各设郎中、员外郎、主事；又设司务、汉院判、知事、副使，其增设裁减，具载吏部。

录勋清吏司

（顺治十三年）又题准，遣往达赖喇嘛使者，精奇尼哈番给驿马十三匹，车七辆。阿思哈尼哈番给驿马十匹，车四辆。郎中、员外郎马各五匹，车各二辆。笔贴式马各三匹，车各一辆。护军拨什库等，马各三匹，每二人共车一辆。

柔远清吏司

外藩四十九旗，虽各异其名，视内八旗无异也。蒙古诸部有喇嘛，厄鲁忒、喀尔喀，视四十九旗又为外矣。喇嘛之人，率宗释教，厄鲁忒、喀尔喀，亦以时朝贡，奉职惟谨。国家以羁縻之意，溥怀柔之仁。其所及者远矣。（本）司盖专司其事焉。

喇嘛

顺治九年题准，后黄寺每岁正月初八日至十五日，集喇嘛、班第诵经，凡需用物，俱由该部取给。

十年，给达赖喇嘛金册、金印。又给厄鲁忒顾实汗金册、金印。

十四年题准，每旗各选三人学习汤古忒字义，给教习人六品俸。

又题准，京师设四札萨克喇嘛。盛京、西勒图库伦、归化城等处，各设首领喇嘛。其下各设德木齐一名。

又题准，后黄寺每年诵经喇嘛、班第定为四百名。

（康熙）五年题准，喇嘛等出使向达赖喇嘛处，擅带彼处喇嘛、班第来者，从重治罪。

十年题准，汤古忒处喇嘛，非奉旨不许辄来。

十一年题准，由内王等取充后黄寺班第一百八名。有逃走死亡者，将墨尔根绰尔济额外册内有名班第顶补。若无额外册内有名班第，仍行礼部于各主下取人补充。逃走自归者，革去班第，交还原主。

赏给

（顺治）十四年题准，后黄寺诵经喇嘛，每年赏银一千两，由户部取给

雍 正 朝

理藩院

我朝定鼎以来，德威远播，声教所暨，莫不来庭。凡蒙古部落之率先归附者悉隶版籍，视犹一体。及后至者弥众，皆倾国举部乐输厥诚，既地广人繁矣，乃令各守其地，朝岁时，奉职贡焉。户口蕃殖，幅员辽远，前古以来，未之有也。爰于六部之外，设理藩院，置尚书、左右侍郎，董其黜陟、赏罚、朝会、往来之事。其属四清吏司，曰录勋、曰宾客、曰柔远、曰理刑，各设郎中、员外郎、主事，又设司务、汉院判、知事、副使，其增设裁减，具载吏部。

录勋清吏司

驿递

（顺治十三年）又题准，达赖喇嘛处使者，精奇尼哈番给驿马十三匹、车七辆。阿思哈尼哈番给驿马十匹、车四辆，郎中、员外郎马俱五匹、车

俱二辆。笔贴式马三匹、车一辆。护军领催等，马各三匹，每二人共车一辆。

康熙三年题准，往会大臣，随从郎中、员外郎共六员，主事一员，笔贴式七员，领催六名，俱带帐房粮米，在野外行宿，尚书、侍郎等，各带本身执事。尚书准骑马二十匹，驼七匹。侍郎马十八匹，驼六匹。郎中马八匹，驼二匹。员外郎、主事马各七匹，驼各二匹。有品级笔贴式各马六匹。无品级笔贴式各马五匹。领催各马三匹。兵丁各马一匹。

（康熙）九年题准，凡奉旨特遣，及本院往各旗遍传事务紧急差遣，或巡察斥堠送诏等事，自内地驰驿外，仍给信牌，许乘边外驿马。往会所历之旗地方遥远，亦给信牌，乘边外驿马。余惟遣往札赖忒、杜尔伯特、郭尔罗斯、席北、索伦、达固尔、宁古塔、卦尔察等处者，给本院印文，照内地所乘驿马数，乘边外驿马。遣往科尔沁、乌朱穆秦、蒿齐忒、吴喇忒、鄂尔多斯等处者，冬春给院文，乘边外马，夏秋各乘自备马匹。遣往喀喇沁、土默特、敖汉、奈曼、翁牛特、巴林、札鲁特、克西克腾、苏尼特、阿鲁科尔沁、喀尔喀、阿霸垓、阿霸哈纳尔、四子、毛明安、归化城、盛京、西勒图库伦等处者，概令自备马匹。其达赖喇嘛峨齐尔汗之使，给驿至西宁。遣往喀尔喀、厄鲁特之使，自归化城给与马驼。

柔远清吏司

外藩四十九旗，比内八旗。至蒙古诸部喇嘛，厄鲁特、喀尔喀视四十九旗为外。国家溥柔怀之仁，所及者远矣。本司专掌其事焉。

喇嘛

顺治九年题准，后黄寺每岁正月初八日至十五日，集喇嘛、班第诵经，凡需用物，俱由该部取给。

十年，给达赖喇嘛金册印。又给厄鲁特顾实罕金册印。

十四年题准，每旗各选三人学习汤古忒字义，给教习人六品俸。

又题准，京城设四扎萨克喇嘛。盛京、西勒图库伦、归化城等处，各设首领喇嘛。首领之下各设德木齐一名。

又题准，后黄寺每年诵经喇嘛、班第定为四百名。

（康熙）五年题准，喇嘛等使往达赖喇嘛处，擅带彼处喇嘛班第来者，从重治罪。

十年题准，汤古忒处喇嘛，非奉旨不许辄来。

十一年题准，内王等取充后黄寺班第一百八名额缺，将墨尔根绰尔济额外册内有名班第顶补。若无额外册内有名班第，仍行礼部于各主下取人补充。逃走自归者，革去班第，交还原主。

三十二年覆准，达赖喇嘛〔按：应为达赖汗〕自伊祖顾实罕以来，敬谨纳贡，今达赖喇嘛〔按：应为达赖汗〕复来进贡，给与敕书。

朝贡

（顺治）十三年题准，厄鲁特达赖汗等使人还者，给驿马二十五匹，马车十二辆，其带来马驼，每宿处给与草料，至西宁止。

（康熙）三十二年覆准，达赖喇嘛历年来使从人多至数百名，嗣后使人至西宁关口时，令西宁总兵官查明人数，注册报部。其本处差往喇嘛人役亦应裁减。倘有隐瞒数目多带人来往者治罪。

赏给

（顺治）十四年题准，后黄寺诵经喇嘛，每年赏银一千两，由户部取给。

理刑清吏司

国家之待外藩也，立制分条，期于宽简，不易其俗，而归于仁厚，功令如左（下）：

刑例

（康熙十三年）又题准：喀尔喀、厄鲁特、汤古忒、巴尔虎等处，私遣往贸易、遣人探亲，出斥堠迎往贸易、招揽贸易者，系王罚马一百匹；贝勒、贝子、公等罚马七十匹；台吉等罚马五十匹；都统、副都统革职，罚五九；参领、佐领革职，罚三九；骁骑校革职，罚二九；领催、什家长鞭一百、罚一九、资财入官。为首贸易之人绞，籍其家，余各鞭一百、罚三九、贡资入官；如斥堠人不行缉获，被人首发者，官员革职籍其家，兵丁鞭一百、罚三九，半入官，半给出首人，令赴愿往旗分。

（康熙二十六年）又题准：王以下至闲散人等违禁与喀尔喀、厄鲁特、汤古特、巴尔虎等贸易、结亲，照定例治罪。其四十九旗协理旗务人等，及归化城二旗都统等，至闲散人等，量其品级治罪。归化城都统、副都统，管理索伦总管等，各罚马五十匹，副总管等各罚五九牲畜，尽行入官。佐领以下至小领催等什家长有乱行者，俱照外藩蒙古例治罪。

乾　隆　朝

理藩院

尚书一人，左、右侍郎各一人（均满洲，或以蒙古补授），额外侍郎一人（特简蒙古贝勒、贝子之贤能者任之），掌内外藩蒙古、回部之政令，控驭抚绥，以固邦翰。所属有旗籍、王会、典属、柔远、徕远、理刑六司。

旗籍清吏司，郎中满二人、蒙古一人，员外郎满三人、蒙古四人。主事，蒙古一人，掌蒙古科尔沁等诸部落封爵、会盟，及归化城索伦除授官校之事。

王会清吏司，郎中满洲、蒙古各一人，员外郎满三人、蒙古二人；主事满洲、蒙古各一人，掌科尔沁等诸部落朝贡禄赐之事。

典属清吏司，郎中满洲、蒙古各一人，员外郎满五人、蒙古四人，主事满洲、蒙古各一人，掌喀尔喀及西徼蒙古厄鲁特诸部落封爵、会盟，准疆屯田游牧、察哈尔喇嘛番僧承袭之事。

柔远清吏司，郎中满一人，员外郎满二人、蒙古三人。主事，蒙古一人，掌喀尔喀等部落及喇嘛番僧朝贡禄赐之事。

徕远清吏司，郎中蒙古一人，员外郎满洲、蒙古各二人。主事，满洲、蒙古各一人，掌哈密、吐鲁番及回部诸城爵禄贡赋，并移驻回民耕牧之事。

理刑清吏司，郎中满洲、蒙古各一人，员外郎满洲、蒙古各三人。主事，满一人，掌蒙古及番回刑罚之事。

银库，司官二人（于本院司官内奏委），司库满一人，笔贴式满二人，库使满二人，掌帑金出纳。

蒙古翻译房，员外郎、主事各一人（于本院司官内简委）。

唐古忒学，司业、助教各一人，笔贴式蒙古四人。

稽察内馆外馆二人（由科道各部司官内奏委）。

堂主事，满二人，蒙古三人，汉军一人。译书汉文堂主事，满洲、汉军各一人。校正汉文官二人（于内阁、翰林院、侍读学士、侍读内奏委，每三年更代）。

司务，满洲、蒙古各一人。

笔贴式，满三十六人，蒙古五十五人，汉军六人，分隶各司，视事之繁简以为额。

旗籍清吏司

国家肇基东土，威德远播，漠南蒙古诸部落，或谊属戚畹，或著有勋绩，或率先归附，咸奉其土地人民，比于内臣。设官分职，编户比丁，与八旗无异。

定鼎以来，屏藩攸寄，带砺之封，爰及苗裔，录功存旧，事属所司。

典属清吏司

国初，蒙古北部喀尔喀三汗同时纳贡。厥后朔漠荡平，庇我宇下，与漠南诸部落等。承平以来，怀柔益远，北逾瀚海，西绝羌荒。青海、厄鲁特、西藏、准噶尔之地，咸入版图。其封爵、会盟、屯防、游牧诸政事，厥有专司。

西藏之地有四，曰卫、曰藏、曰喀木、曰阿里，辖六十余城。东至四川边境，西至大沙海，南至云南边境，北至青海，东西六千四百余里，南北六千五百余里，至京万四千余里。

凡封爵……西藏，辅国公三人，一等台吉一人，噶卜伦四人（内一人即以辅国公为之），代赉五人，第巴三人，堪布一人。

凡驻扎……西藏，大臣二人，司官一人，笔贴式二人。

凡庆祝礼（即丹舒克），西藏达赖喇嘛暨班臣〔禅〕额尔德尼，间年一进。喀尔喀哲卜尊丹巴胡图克图凡国家有大庆典则进，贡物有佛像、金经、银塔、五色帕、八吉祥之属，各具奏书，遣使以闻。达赖喇嘛、班臣〔禅〕额尔德尼于庆祝之外，另具寿帕、珊瑚、琥珀、数珠、藏香、氆氇以贡。贡使还国，均降敕慰问赐金币有差。

柔远清吏司

国家声教所被，无远弗届，大漠以北，流沙以西，诸部君长，稽首偕来，画疆置吏，有如郡县。其来朝述职诸政事，分隶本司。

凡朝觐……都尔伯特、西藏不分班，阅数年奏请，得旨则来觐。

凡贡期。喀尔喀、厄鲁特、土尔古特、青海，各如其朝觐之班。西藏间年一贡，附达赖刺嘛以进。贡道，喀尔喀、厄鲁特、土尔古特，由张家口、独石口、喜峰口。青海由西宁。西藏由四川之打箭炉。贡物，喀尔喀、厄鲁特，以驼马汤羊。土尔古特、青海以藏香、氆氇、马。西藏贡与达赖喇嘛同。

嘉庆朝

理藩院　尚书，满洲一人；左侍郎，满洲一人；右侍郎，满洲一人；额外侍郎，蒙古一人（额外侍郎，以蒙古贝勒、贝子之贤能者任之）。掌外藩之政令，制其爵禄，定其朝会，正其刑罚。尚书、侍郎率其属以定议，大事上之，小事则行，以布国之威德。

凡喇嘛之辖众者，令治其事如扎萨克焉。（喇嘛之众曰沙毕那尔，其治即统于喇嘛。内蒙古有锡呼图库伦扎萨克喇嘛。喀尔喀有哲布尊丹巴呼图克图，额尔德尼班第达呼图克图，扎牙班第达呼图克图，青苏珠克图诺们罕，那鲁班禅呼图克图。青海有察汗诺们罕。西藏有达赖喇嘛，班禅额尔德尼，察木多帕克巴拉呼图克图，乍雅达呼图克图，类乌齐呼图克图，八所喇嘛，硕般多喇嘛，琼科尔结喇嘛，墨竹宫喇嘛，工布硕卡喇嘛，邦仁曲第喇嘛，噶勒丹喇嘛，赞垫喇嘛，琼结喇嘛，仁本喇嘛，江孜喇嘛，冈坚喇嘛，协噶尔喇嘛，聂拉木喇嘛，杂仁喇嘛，撒噶喇嘛，朗岭喇嘛，乃东喇嘛，松热岭喇嘛，文扎卡喇嘛，羊八井喇嘛，呼征喇嘛，布勒绷喇嘛，色拉喇嘛。锡呼图库伦，当盛京法库边外，北与奈曼旗接，西南与土默特左翼旗接。哲布尊丹巴呼图克图所居曰库伦，当汗山之北，在土谢图汗部中旗境内。额尔德尼班第达呼图克图，扎牙班第达呼图克图，青苏珠克图诺们罕，附于三音诺颜部游牧。那鲁班禅呼图克图，附于扎萨克图汗部游牧。察汗诺们罕，附于青海蒙古游牧。达赖喇嘛所居曰布达拉，是为前藏，班禅额尔德尼所居曰扎什伦布，在布达拉西南，包于前藏境内，是为后藏。前藏东与四川边外土司接，东北与西宁大臣所属土司接，北与卓书特部落为界，西北逾戈壁与和阗、叶尔羌接，西与拉达克汗部落为界，西南与廓尔喀为界，南与哲孟雄部落为界，东南与云南维西厅接。其余各喇嘛皆属于达赖喇嘛，东起乍雅，东与四川边外土司接。其西为察木多，又西为硕般多，又西为类乌齐。硕般多、类乌齐之北皆与西藏大臣所属土司接。硕般多之南为八所，又南为工布硕卡。类乌齐之西为墨竹官，又西为噶勒丹。类乌齐之西北为赞垫，介居西藏大臣所属土司各族之间。其西为呼征。噶勒丹之西为色拉，西与布达拉接。噶勒丹之南为琼科尔结。琼科尔结之西为文扎卡，又西为松热岭，又西为邦仁曲第，又西为乃东，北与布达拉接。乃东之西为琼结。布达拉之西北为布勒绷，又西北为羊八井。羊八井之西为朗岭，西与扎什伦布接。朗岭之南为仁本，其西南为江孜，又西南为冈坚。冈坚之西为协噶尔。协噶尔之西南为聂拉木。郎岭之西逾后藏境为撒噶，又西为杂仁。）

满档房，堂主事，满洲一人，蒙古三人，掌本衙门题缺出差之政令。（本院郎中、员外郎、主事应题各缺，满档房开列衔名，由堂拟定正陪引见。差往各处驻扎之员。管驿：喜峰口司官一人、笔贴式一人，古北口司官一人、笔帖式一人，独石口司官一人、笔贴式一人，张家口司官一人、笔贴式一人，赛尔乌苏司官一人、笔贴式一人，杀虎口司官一人、笔贴式一人；掌理事：热河司官一人，八沟司官一人，塔子沟司官一人，乌兰哈达司官一人，三座塔司官一人，神木司官一人，宁夏司官一人；掌随同将军、大臣办事：张家口笔贴式一人，陕甘总督衙门笔贴式一人，四川总督衙门笔贴式一人，乌里雅苏台司官一人，科布多司官一人，西宁司官一人、笔贴式三人，西藏司官一人、笔贴式一人，库伦司官一人、笔贴式二人。掌互市：库伦司官一人，恰克图官司一人。热河、乌里雅苏台、科布多三处司官，陕甘总督衙门笔贴式，由院保送，交吏部引见。其余各差司差，四川总督衙门，西藏笔贴式，由院引见钦派。西宁司官，其余各差笔贴式，由堂官委派。）

汉档房，堂主事，满洲一人、汉军一人，校正汉文官二人，（于满洲蒙古内阁侍读学士。侍读翰林，院侍读学士、侍讲学士、侍读侍讲内奏派，二年更代）掌缮题本，译其档案而藏之。有汉字汉义之未协者，校正官更定焉。

司务厅，司务，满洲一人、蒙古一人，掌治吏役，收外衙门之文书。

当月处，（郎中、员外郎、主事轮值）掌监堂印，抄事于内阁，收在京衙门之文书。

旗籍清吏司，郎中，满洲一人、蒙古二人；员外郎，宗室一人、满洲一人、蒙古二人；主事，满洲一人。掌考内扎萨克之疆理，叙其封爵与其谱系，凡官属、部众、会盟、军旅、邮传之事皆掌之，掌游牧之内属者。

凡疆理，各识其山河之名而表以图，以定其游牧，无山河则树之鄂博，（各游牧交界之所无山河为志者，或平原，或沙碛，皆垒石为志，曰鄂博）禁其越境者。（游牧分定地界，如别〔旗〕王公、台吉、平人有侵入界内者，皆论罚。如越过所分地界另行游牧者，王公、台吉皆论罚，平人将本人并畜产同给见知之人）

典属清吏司，郎中，满洲一人，蒙古一人；员外郎，满洲二人，蒙古六人；主事，满洲一人，蒙古一人，掌核外扎萨克部旗之事。治其邮驿互市则颁其禁令，凡内外之喇嘛皆掌之，掌游牧之内属者。

凡封爵……西藏，有扎萨克衔辅国公一人……西藏，有扎萨克衔一等台吉一人。……外扎萨克之爵，旧例不世袭，出缺时或降袭或否，奏闻定夺。惟雍正九年封唐古特闲散辅国公一人，诏世袭罔替。……唐古特扎萨克衔一等台吉，于雍正六年封今爵。唐古特扎萨克衔辅国公，先于雍正八年封扎萨克一等台吉，九年晋封今爵……西藏扎萨克衔辅国公一人，始封曰珠尔默特策布登，为颇罗鼐子，又扎萨克衔台吉一人，始封曰诺颜和硕齐，为颇罗鼐弟，又闲散辅国公一人，始封曰噶锡巴纳木扎勒色布腾，为康济鼐从子，皆唐古特人，其世系均未详。每届十年奏修家谱一次，撤旧册进新册，如内扎萨克。）

（其余有关喇嘛及驻藏大臣等内容与光绪朝《大清会典》以及本书有

关章节基本相同，从略）

光　绪　朝（略）

〔说明：光绪《大清会典》有关理藩院主管藏政的内容与其他各朝基本相同，且在本书有关章节分别引用，为避免重复，此处从略〕

《理藩院则例》有关主管藏政规定

乾隆内府抄本《理藩院则例》

录勋清吏司上

一、疆理　内札萨克蒙古诸部落，壤地相错，形势相联，东接盛京、黑龙江，西邻厄鲁特，南至长城，北逾绝漠，袤延万余里。

西藏，其地在四川、云南徼外，东西距六千四百余里，南北距六千五百余里，东至四川界，东南至云南界。南至功布部落，西至大沙海，北至青海界。其地有四，曰卫、曰藏、曰喀木、曰阿里，共辖城六十余（互市在四川西徼打箭炉之地）。卫在四川打箭炉西北，即乌斯藏，居诸藏之中，又名中藏，东自木鲁乌苏西岸，西海部落界，西噶木巴岭，南自鄂木拉刚冲岭，北至牙尔佳藏布河，至京万有二千余里。藏在卫西南，东自噶木巴岭卫界，西至麻尔岳木岭阿里界，南自巴里城之巴木岭，北至赭巴部落之北达鲁克雨木撮池，至京万有三千余里。喀木，在卫东南，近云南丽江府之北，东自雅龙江西岸，西至努卜公岭，南自噶克拉雪山，北至木鲁乌苏南岸，东南自云南塔城关，西北至索克城青海部落界，东北自青海部落界阿克达穆岭，西南至塞勒木雪山，至京九千余里。阿里，东自藏界麻尔岳木岭，西至巴第和木布岭，南自匝木萨喇岭，北至乌巴岭，为西藏极西边鄙，至京万有四千余里。

西藏分藏、卫、喀木、阿里四部落，不设旗。

肇封

……西藏（唐宋为吐番，元明为乌思藏）：崇德七年，番僧遣使归诚。

顺治十年来朝，赐以金册、金印，授为西天大善自在佛领天下释教普通瓦赤喇怛喇达赖喇嘛。俗称其国（部）曰图伯特，又曰唐古忒。最尊者曰达赖喇嘛、班陈〔禅〕喇嘛。代喇嘛理事者曰第巴。又有汗，则蒙古部长为之。康熙三十二年，封第巴为图伯特国（部）王，赐金印。后与厄鲁特噶尔丹通。达赖汗之子拉藏，诛第巴以闻。四十五年，封拉藏为辅教恭顺汗，赐金册、金印。四十九年，允拉藏所请，封伊西札穆苏为六世达赖喇嘛，赐金册、金印。五十三年，准噶尔侵藏，杀拉藏，旋即平定。六十年，封康济鼐、阿尔布巴为贝子，隆布鼎为公，总理其地。雍正五年，阿尔布巴等杀康济鼎以叛，后藏办理噶卜隆事务之札萨克台吉颇罗鼐，走避以闻。六年，阿尔布巴等伏诛，封颇罗鼎为固山贝子。七年，封达赖喇嘛之父索诺穆达尔札为辅国公。九年，封颇罗鼐为多罗贝勒，给册印，辖卫藏噶卜伦事务，封颇罗鼐之长子珠尔玛特车卜登为辅国公，封噶锡巴纳穆札尔塞卜腾为辅国公。十二年，封颇罗鼎之弟诺颜和绍齐为札萨克台台。乾隆四年，晋封颇罗鼐为多罗郡王。十二年，以颇罗鼐之次子珠尔默特纳穆札尔袭封多罗郡王。十五年，珠尔默特纳穆扎尔以罪伏诛。十六年，议设噶卜伦四人，代赍五人，各颁给敕谕，第巴三人，堪布一人，均给本院执照，分辖藏务，受驻藏大臣及达赖喇嘛管辖。

设官

（雍正四年）又议准，西藏事务，以贝子康济鼐为正，以贝子阿尔布巴佐之，原令其会同众噶卜伦等和衷办公而设。若伊等不睦，后起衅端，亦有关系。应遣大臣前往，驻扎照看。其大臣更换皆由特简。

（乾隆）四年议准，驻扎西藏办事司官笔贴式，照驻扎哈密、瓜州司官笔贴式例，定为二年一换，不必交错更替，俟新去之司官笔贴式到后，旧驻扎之人留住三月，将旧事交代明白，再令回京。

十年议准，驻扎西藏大臣司官笔贴式，均一体定为三年更换。

顺治十年，给厄鲁特顾实汗金册印。

（康熙）三十二年覆准，达赖汗自伊祖以来敬谨纳贡，应给敕书。

柔远清吏左（前）司下

一、唐古忒学 顺治十四年题准，每旗各选入学习唐古忒字义，给教习人六品俸。

乾隆五年议准，唐古忒学助教，原为教训学生，及翻译所降达赖喇嘛之旨，并西藏送到一应文书而设。八旗满洲蒙古各学舍，皆有额设助教，嗣后唐古忒学助教，亦定为额设之官。

一、敕封喇嘛 顺治十年，前藏五世达赖喇嘛来朝，赐以金册、金印，授为西天大善自在佛〔所〕领天下释教普通瓦赤喇怛喇达赖喇嘛。

康熙十五年，后藏班陈〔禅〕胡图克图遣使来京进贡。

四十九年，封前藏伊西札穆苏为六世达赖剌嘛，给金印金册，后废。

五十二年议准，班陈〔禅〕胡图克图勤修释教，敬谨纳贡，应照达赖喇嘛之例，给与金册金印敕书，封班陈〔禅〕额尔德尼。

五十八年议准，拉牙、察木道两处首领喇嘛罗卜藏纳木札尔胡图克图、帕克巴拉丹拜尼玛胡图克图，从前因遣往雪山之使，预备乌拉，敬谨奉行，今呈请名号，赐拉牙胡图克图为阐扬黄教诺门汗，察木道胡图克图为大阐黄教额尔德尼诺门汗，均给与封号、敕印。

五十九年，封前藏噶尔藏坚错为兴教度众六世达赖喇嘛，给金印册。

雍正元年议准，达赖喇嘛印册，照五世达赖喇嘛之衔换给，并增蒙古字，别给敕书，令其办理噶卜伦事务。

五年具奏，达锡吹品尔托音奉使西域，赍回班陈〔禅〕、达赖喇嘛之文，称泽卜尊丹巴胡图克图再生，众喀尔喀遣使请封，应将额驸敦多卜多尔济之子，准为泽卜尊丹巴胡图克图之胡毕尔汗。奉旨：理藩院奏请敕封泽卜尊丹巴胡图克图之后身，泽卜尊丹巴胡图克图，其钟灵原有根源，乃与达赖喇嘛、班陈额尔德尼相等之大喇嘛也，众喀尔喀，皆尊敬供奉。且其所居库伦弟子甚众，著动用帑银十万两修建大刹，封伊后身。

乾隆五年议准，班陈〔禅〕额尔德尼之胡毕尔汗，经达赖喇嘛等验明是实，应送往后藏坐床。

一、喇嘛进贡　达赖喇嘛、班陈〔禅〕额尔德尼，间年轮班遣使进贡，贡道由西宁，至京寓居西黄寺。贡物有寿帕、铜佛、舍利子、珊瑚、琥珀、数珠、藏香、氆氇之属。来使各附进佛、寿帕、藏香、氆氇有差。又贡庆祝礼（番名丹舒克），有五色帕、银满达、七珍、八宝、八吉祥、佛像、金字经、银塔、红花诸物。除照例折赏外，回时均奉旨慰问，加赐达赖喇嘛，重六十两镀金银茶筒一，金银瓶一，银钟一，各色缎三十，大寿帕五，小寿帕四十，五色寿帕十。正使，二等雕鞍一，重三十两银茶筒一，茶盆一，缎三十，毛青布四百，豹皮一，虎皮三，江獭皮五。副使，三等蟒缎一，方补缎一，大缎一，三梭布二十四。从人，彭缎各一，三梭布各八；加赐班陈〔禅〕额尔德尼，重三十两银茶筒一，瓶一、钟一，各色大缎二十，大小寿帕各十。来使，金黄蟒袍一，重三十两银茶筒一，缎一，毛青布六十二。从人，缎各二，毛青布各二十。从役，缎各一，毛青布各十；日给正使银二钱，副使银一钱五分，从人各一钱，核给四十日路费，送至西宁。

康熙二十三年覆准，达赖喇嘛来使从人，多至数百名，嗣后使人至西宁关口时，令西宁总兵官，察明人数，造册报院。至奉使差往喇嘛人役，亦应裁减。倘有隐瞒数目，多带人来往者，罪之。

雍正三年议准，达赖喇嘛、班陈〔禅〕额尔德尼向例每年遣人在打箭炉等处征收番人贸易税银应永行停止。按其年得之分加赠，每年折给达赖喇嘛茶叶五千斤，班陈〔禅〕额尔德尼二千五百斤，均由四川雅州荥经县，办运至打箭炉赏给。

四年议准，达赖喇嘛来使，令在西安候旨，其所奏事件，着驻扎西宁办理青海事务之大臣承接转奏，奉旨后再行遣回。

六年议准，从前班〔禅〕陈额尔德尼遣人来贡，至西宁地方，由院差官迎接，驰驿来京。今班陈〔禅〕额尔德尼遣人请安，驻扎西宁办理蒙古事务处，见有司官笔贴式，本院毋庸别差人员。应令司官笔贴式就近迎接，雇觅骑驮，由关口进京，不必动用驿站。

乾隆二年议准，恭按雍正六年谕：达赖喇嘛、班陈〔禅〕额尔德尼来使堪布，著间年一次，贝勒颇罗鼐之囊素，著每年一次，钦此。今班陈〔禅〕额尔德尼圆寂，暂不遣人，应令颇罗鼐与达赖喇嘛，间年一次遣使前来。

三年谕：闻西藏大小寺庙约有千数，各寺庙费用，养赡众喇嘛及往来行走喇嘛，并送布施人等费用，皆达赖喇嘛给与，所费甚多，用度不敷。从前皇祖、皇考，皆眷顾达赖喇嘛，不时加恩赏赉。今达赖喇嘛费用不敷，著于打箭炉所收税银内，每年拨给五千两，于达赖喇嘛遣人至打箭炉领取茶叶之便，将此项银一并带往。钦此。

五年奏准，自康熙年间至雍正六年，西藏达赖喇嘛等遣使进贡，均令驰驿，后因军兴，值班陈〔禅〕额尔德尼遣使进贡，由院奏准，停止驰驿，照依时价雇骡在案。今应将累年办给骡数奏闻。奉旨：知道了。嗣后骡数，著详细核减，不得过二百。

七年谕：从前达赖喇嘛、班陈〔禅〕额尔德尼，每年轮班遣使请安，进献方物，郡王颇罗鼐亦遣使相伴同来。嗣因班陈〔禅〕额尔德尼圆寂，朕念达赖喇嘛、颇罗鼐每年遣使，殊属劳苦，曾经降旨，定为间年一次。去年适值达赖喇嘛、颇罗鼐遣使之班，班陈〔禅〕额尔德尼胡毕尔汗因伊坐床亦遣使进献丹舒克请安前来。若照前例轮班遣使，则今年又值班陈〔禅〕额尔德尼遣使之班，如屡次遣使，其办理牲畜口粮起程等事，唐古忒民人未免劳苦。班陈〔禅〕额尔德尼胡毕尔汗之使甫经前来，今年不必按班差遣，下次再照从前轮班遣使。再，郡王颇罗鼐之使，原系每年相伴同来，嗣后达赖喇嘛遣使之班，著照旧相伴同来，班陈〔禅〕额尔德尼胡毕尔汗之班，颇罗鼐不必遣使同来。钦此。

八年奏准，西藏公班第达等七人隔年进贡，向例贡物，均交达赖喇嘛等来使赴京代进。今达赖喇嘛等遣使入京，骑驮之骡已定额数，公班第达等贡物，难以附进，应增给驮骡三十头，著为定例。

十六年奏准，向例达赖喇嘛正副使入贡，续因颇罗鼐进贡，将副使改为伊遣之使。今仍照旧例，堪布囊索，均由达赖喇嘛差遣。所有前定二百骑驮骡内，应减去四十。

又议准，察木道帕克巴拉丹拜尼玛胡图克图遣使来朝，进贡金碗、黄连，照例折赏外，赐帕克巴拉丹拜尼玛胡图克图，重三十两银茶筒一，各色大缎十有二，大小素帕各七。正使三等蟒缎一，缎二，布二十四。副使，缎二，布十有二。从人，布六。回时，本院差领催一名照看，照例雇给骑驮之骡。正使日给银二钱，副使一钱五分，从人一钱，核给四十日路费，由西安一路送至四川，至四川界，由总督遣人伴送至打箭炉，令其自回。嗣后帕克巴拉胡图克图遣使来朝，该督即照例办给骑驮之骡。如私带贸易货物，令其自办，不在官给之例。至京后，照泽卜尊丹巴胡图克图来使之例，给与廪给四十日，事竣即令起程。

一、喇嘛册碟

……（雍正十二年）又覈准，封西藏达赖喇嘛之师道都温都逊堪布为阐扬黄教阿齐图诺门汗，给以敕印。

一、喇嘛禁例

……（康熙）五年题准，在京喇嘛等奉使达赖喇嘛地方，擅带彼处班第等回来者罪之。

十年题准，唐古忒处喇嘛徒众，非奉旨不许私来。

柔远清吏右（后）司

一、贡道　青海由西宁；喀尔喀、厄鲁特、土尔古特由张家口、喜峰口；哈密、土鲁番由肃州之嘉峪关；西藏由四川之打箭炉。

一、赏赉

（康熙）五十四年覈准，西藏拉藏汗、青海厄鲁特等外藩请安进贡，照伊来使品级赏给诸物，交与内务府、武备院制造，俟起程时颁给。

（雍正十年）又议准，西藏办事之噶卜隆俸银，照札萨克一等台吉例，每年给银百两。

一、俸币

……乾隆十八年奉旨，藏内噶卜伦尼玛加穆赞已照札萨克喇嘛等第赏给，因喇嘛无俸可支，不给俸银，但尼玛加穆赞与公班第达一同办理噶卜伦事务，京城喇嘛等既有支给口粮之例，噶卜伦尼玛加穆赞著每年赏给口粮银百两。

（乾隆内府抄本《理藩院则例》）

光绪《钦定理藩部则例·西藏通制》（略）

（说明：光绪《钦定理藩部则例·西藏通制》是理藩院更名理藩部后

主管藏政时所遵循的军政法规和制度措施，例如，驻藏大臣职权与西藏的官制、兵制等，内容与有关各章节重复。故此处从略）

四、钦差驻藏办事大臣主持藏政

驻藏大臣与达赖喇嘛共同主持藏政体制的确立

策楞奏商办藏内善后事宜务
使达赖喇嘛同驻藏大臣专主折

乾隆十六年（1751）二月二十一日

四川总督臣策楞谨奏，为敬陈下悃，仰恳天恩事。

乾隆十六年二月十三日，钦差侍郎臣兆惠等抵藏，转谕传旨，命臣“将藏内善后事宜会商办定后，即与侍郎臣兆惠先回。钦此。”

窃查藏地虽经珠尔默特那木扎尔暨罗布藏扎什之扰乱，然自达赖喇嘛以及噶隆、代奔、喋巴人等，无不感仰皇恩宽大，为藏卫僧俗多费圣心。察其情词，均各出于至诚。即众番人等，亦共幸珠尔默特那木扎尔之死，番情欢畅，卫地安宁。乘此机会，诸事甚易办理。臣抵藏后，博采舆情，查察旧例，始知一切废弛，权移于下。嗣后必须达赖喇嘛得以主持，钦差大臣有所操纵，而噶隆不致擅权，实为永辑藏地之要旨。惟有公同诸臣，钦遵圣训，事无巨细，彻底熟筹。凡补放大小官员，以及革除、治罪，并兵马、驿递事宜，务使归于达赖喇嘛同驻藏钦差大臣专主而后可，然措词定例亦必须有以服人，并维系大小番众之心，庶为万全。类此现已酌定十有余条，一一与达赖喇嘛商酌，亦甚为欣喜，……复详示公班第达，亦俱情愿遵从。但尚须传齐现任噶隆、代奔、喋巴以及老年旧人，并卓呢尔大喇嘛等，再为公同面商，令其各抒己见。一俟定局后，即行奏闻，并宣示全藏僧俗人等共为遵奉，仍饬镌刻碑石，以垂久远。其余料理叛产等事，亦现在查办，月内可以全定。臣与侍郎臣兆惠，约于三月初十前后即可起程复命。

惟是臣猥蒙圣恩委任四川以来，不但隆恩异数稠叠有加，且臣屡蹈陨越之愆，皆仰荷恩赐矜全。臣每扪心自问，虽捐糜顶踵，不足以言报称。

曾于乾隆十四年具折恭请陛见，冀得瞻仰天颜，叩谢圣恩，未蒙俞允，续即值有预备西藏之事，故未敢再行渎奏。今藏地业已安全，川省事务现有督臣尹继善驻扎办理，合亟仰恳圣恩，由成都赏臣驰驿赴京，趋觐天颜，回奏藏内一切情形事宜，更获匍匐叩谢天恩，跪聆圣训，庶犬马依恋之忱得以少抒。臣谨缮折奏恳，伏乞皇上睿鉴。臣不胜激切待命之至。谨奏。

朱批：且不必来。

（一史馆藏宫中朱批奏折）

西藏善后章程十三条的有关规定

乾隆十六年（1751）三月乙丑

（四川总督）策楞等奏酌定西藏善后章程（节录）：

凡地方之些小事务，众噶隆秉公会商，妥协办理外，其具折奏事重务，并驿站紧要事件，务须遵旨请示达赖喇嘛并驻藏大臣酌定办理，钤用达赖喇嘛印信、钦差大臣关防遵行。倘嗣后噶隆内，仍有各怀私见，并不遵照章程办理者，准各噶隆公同举报，以凭参奏治罪。……

嗣后凡遇补放喋巴头目等官，噶隆等务须秉公查办，公同禀报达赖喇嘛并驻藏大臣酌定，俟奉有达赖喇嘛并钦差大臣印信文书遵行。

（《清代藏事辑要》卷二。全文见前）

法定驻藏大臣主持藏政

鄂辉、福康安等关于提高驻藏大臣政治地位和职权的奏折

乾隆五十四年（1789）六月辛巳

军机大臣等议覆四川成都将军鄂辉等条奏收复巴勒布侵占藏地设站定界事宜。（节略）

一、驻藏大臣，应于二人内，按年分为两次轮赴后藏巡查之便，亲加操演，分别劝惩。至藏众散居各处，耳目难周。该处设有噶布伦四人，管理地方事务，嗣后请于四人内，每年轮派一人，于春秋农隙时，亲往稽察。

一、从前驻藏大臣二员，同居一处，自珠尔默特那木扎勒滋事后，房屋入官，始行分驻。查前藏之撒木珠康撒尔住房，即系从前珠尔默特纳木

扎勒旧居，其地房屋宽敞，足敷驻藏大臣二人分驻。且同居一处，遇有公事，即可随时商办。……

一、理藩院司员，并驻藏游击，向未议给关防。恳敕部铸给办理藏番事务章京关防一颗、驻藏游击关防一颗，俾办事呼应较灵。……

一、口外至西藏，一切事务，向归驻藏大臣管理。但里塘、巴塘与川省较近，皆有土司管理，原非西藏所属，应划分综理。请自南墩迤西一路，凡属西藏所管之地，照旧归驻藏大臣管理，其巴塘迤东土司地方，归川省将军、督提衙门，就近管理。至江卡、乍丫、察木多，并移驻后藏各营汛台站，统归驻藏大臣总理。其巴塘、里塘，安设塘汛官兵，就近归阜和协副将兼辖。

一、打箭炉出口，以至西藏，向于文职内，派委州县丞倅，武职内拣派游击、都司、守备、千总，分驻办理，均三年一次更换。该文武等官员，远役三年，往返将及四载，向来期满，并无保题升转之途。嗣后请令驻藏大臣，照金川营屯各员，三年期满，出具考语，奏明咨送，本省将军督提，考察保题，仿照边俸报满之例，一体升用，其驻防官兵，遇换班之期，亦须选派妥干，以资防守。

（《高宗实录》卷一三三三）

乾隆五十四年（1789）六月二十七日

和珅等遵旨议覆藏地善后事宜十九条折（节略）

一、驻藏大臣应同居一处，遇事商同办理一款。

据称，从前驻藏大臣二人原系同居一处，凡有公事，即可随时商办，而于管束家人跟役，互相稽查，均属有益，嗣后毋许私相迁移。等语。

查，自珠尔玛特纳木扎勒滋事以后，将伊之房屋入官，该处驻藏大臣始行分驻两处。今前藏之撒穆珠康撒尔住房，即系从前珠尔玛特纳木扎勒旧居，其地房屋宽厂〔敞〕，足敷驻藏大臣二人分驻。且同居一处，凡有公事，即可随时商办，尤为慎密。所奏自为慎重公事起见，应如所请。嗣后驻藏大臣均应遵照同住，毋许私自迁移。倘日久再有分住，一经查出，即行究治。至前此所占河渠地方，已经砌墙隔出，均应照所奏，仍交商上归还原业主经管。……

一、驻藏大臣应每年亲历后藏一带巡查并将该处防兵就便查阅，其噶布伦等亦当按年亲往巡查一款。

据称，驻藏大臣应于二人内按年分为两次，轮赴后藏，并即于各处巡查之便，亲加操演，分别劝惩。至前后藏番众散居各处，耳目难周，该噶布伦等总管地方事务，乃平日安居在藏，从不亲往各处巡查，以致该处地理情形全然不知。嗣后请饬令噶布伦，于四人内每年轮派一人，于春秋农隙时亲往各处稽查。等语。

查，后藏系班禅住锡之地，既拟于该处添设官兵防戍，必须驻藏大臣随时稽查弹压，方为有益。今该将军等奏请，嗣后于驻藏大臣二人内按年分为两次，轮赴后藏，就便于各处巡查之后，亲加操演，自为保护后藏地方起见。应如所奏，按年分为两次轮往，以示严威。至前后藏番众杂处各处，向设大小第巴不下二三百名分管，皆归噶布伦等总理。其近藏之区，尚易稽查，而相距窎远之处，耳目难周，遇有事件，惟听从该管第巴之夷信。该第巴贤愚不一，平日能否管束番民，与夫声名美恶，亦皆置之不问，遂致因循成习，日见废弛，自应亟为整理。嗣后准令噶布伦等，于四人内每年轮派一人，于春秋农隙时，亲往各处巡查一次。春间赴后藏宗喀、济咙、聂拉木等处查看界地，并稽查收税盐务等事；秋间赴迤东一带，周历访查。遇有番民事务，随处查办，该第巴等，或有贪苛不法之事，准令噶布伦禀明革究，另选妥人更换；倘该噶布伦有回护隐饰，或有挟嫌诬捏等弊，仍令驻藏大臣即行查办，以示创惩。……

一、驻藏理藩院司员并驻藏游击应请给予关防以昭信守一款。

据称，理藩院派出司员并驻藏游击向未议给关防，凡遇行调、催征、支领等事，竟无印信，难以取凭，仰恳圣恩敕部铸给办理西藏番务章京关防一颗、驻藏游击关防一颗，俾办事呼应较灵。等语。

查，西藏由理藩院派出司官一员承办达木额鲁特及三十九族番子事务，其游击统领弁兵五六百名，若无印篆，似不足以昭信守。该将军等所奏，自为慎重边务起见，应请旨敕部铸给办理西藏番务章京关防一颗、驻藏游击关防一颗，庶征调一切缓急公务均有裨益。

（一史馆藏宫中朱批奏折。全文见前）

乾隆五十四年（1789）九月癸巳

又谕："前经降旨，驻藏大臣等，如有办事乖谬。任意妄行者，每年达赖喇嘛、班禅额尔德尼遣使呈递丹书（克），不妨将在藏办事大臣指名参奏。此特因庆麟等不能善理事务，竟被噶布伦索诺木旺扎灿欺朦，以致诸事错误，始降此旨。今舒濂、普福均系受朕重恩，伊等尚属晓事，谅不致如庆麟等种种错谬。倘因有旨，将一切事宜竟令达赖喇嘛、众噶布伦等得操权势，动多掣肘，亦非慎重办公之道。著传谕舒濂、普福嗣后办理庶务，必须酌量清理。如达赖喇嘛所言，合理则行，不合则止。断不可惧其控告，以致诸事畏缩。要之，舒濂、普福等，若果持身清正，凡事循理而行，伊等自能畏服也。

（《高宗实录》卷一三三八）

乾隆五十七年（1792）九月丙午

谕军机大臣曰："又据福康安奏：'撒迦呼图克图采办糌粑五万斤，分运济咙、聂拉木，运脚自捐，并捐牛五百头'等语。前因撒迦喇嘛于贼匪上年路过时，递送哈达，曾令福康安等于撤兵后，勒令改归黄教。今该呼图克图既有捐办糌粑、牛只之事，尚知畏法奉公。此等红教流传日久，且人户众多，福康安等不必拘泥前旨，当晓谕该喇嘛等以'前此递送哈达，俱干重罪，大皇帝念尔等愚昧无知，不行严办。又因尔等捐办糌粑、牛只，急公效顺，本将军业为奏闻，仍准尔等照旧焚修安业。此后宜倍加感激，约束徒众，安静焚诵，方可永安乐利。'并交驻藏大臣严切约束，不准仍前越界滋事，免与黄教争竞，庶为妥善。再，金册系前辈班禅进京时，经朕特赏。该喇嘛等不能协力防护，为贼抢去，致烦天兵远涉，代为剿捕，贼匪因震慑声威，知金册为天朝所赐，不敢销毁，兹据检出送缴。福康安等宜向达赖喇嘛、班禅及戴绷、堪布等详谕以'尔等不能保守金册，本有应得重罪，大皇帝施恩，免其究治，仍将金册赏给班禅，俾在札什伦布安奉。嗣后宜加意保护，勿得再有疏虞。'至后藏仲巴、戴绷等向来惟知封殖营私，因唐古忒兵丁等系达赖喇嘛之人，视为膜外，无怪贼匪滋扰，兵丁等亦各不相顾。福康安等宜剀切晓谕，以唐古忒兵丁，亦系达赖喇嘛派往，伊等驻守后藏，即为保护班禅而设。况扎什伦布商上，素称丰裕，嗣后如有赢余，务分给前藏兵丁等，俾沾余润，伊等自必同心协力，固守无虞。再，布达拉商上，前有旨令驻藏大臣兼管，所有扎什伦布商上，班禅年幼，恐戴绷、堪布等从中舞弊，嗣后亦归驻藏大臣稽覈，以归画一。"

（《高宗实录》卷一四一二）

乾隆五十七年（1792）十月丙子

又谕曰："……至此次藏内用兵，乌拉一切，皆系发帑给价，并未丝毫累及商上。而各番寨经兵燹之后，元气未能骤复。福康安请将应纳钱粮酌免一、两年，所见甚是。但向来驻藏大臣类多阘冗，一切置之不问，不过三年闲住，得润囊橐，班满即可回京，惟听达赖喇嘛亲近及噶布伦等专擅辄行，并不关白驻藏大臣，以致任意妄为，屡滋衅端。今经和琳到彼实力整顿，诸事日有起色，并将噶布伦俱由驻藏大臣从公拣选奏请补放。是藏内要务，尽听驻藏大臣主持，一整从前积习。今酌免钱粮，修葺官寨二事，俱关紧要，自亦应驻藏大臣督办，若仅告知达赖喇嘛，恐其见小糊涂，难保其必能遵行妥办。此二事均交和琳等查明办理，俾事权益归画一，更足以收实效而资整理。"

（《高宗实录》卷一四一四）

乾隆五十七年（1792）十一月二十一日

福康安等奏酌拟卫藏善后章程六款折（节略）

一、藏内诸事应统归驻藏大臣管理也。

卫藏一切事务，本应驻藏大臣管理，乃向来驻藏大臣惟资坐镇，不复预闻，积习相沿，已非一日。噶布伦等因达赖喇嘛清静焚修，不能留心公事，遂假借达赖喇嘛声势营私舞弊，诸事擅专。前此驻藏大臣又复不谙大体，一切委之达赖喇嘛转付噶布伦等，任所欲为，以致藏务日就废弛。今当严定章程之时，必须革除积弊，方可大加整饬。查回疆驻扎大臣办理事务，一切皆归衡夺，其阿奇木伯克等遵照奉行。驻藏大臣与驻扎回疆大臣职分相同，嗣后驻藏大臣除上山瞻礼外，其督办藏内事务，应与达赖喇嘛、班禅额尔德尼平等，自噶布伦以下番目及管事喇嘛份系属员，事无大小，均应禀命驻藏大臣办理，以肃纪纲。至札什伦布诸务，现因班禅额尔德尼年幼，系岁琫堪布代管，凡遇一切公事，亦令一体禀知驻藏大臣办理，并于巡边之便，就近稽查管束，庶卫藏事权归一，积弊可以永除矣。……

一、驻藏大臣每年应亲身巡查边境以重地方也。

查，驻藏大臣同在前藏，其驻扎相近之处，尚易稽查，而前藏迤西直至边界一带，地方辽阔，耳目难周，后藏江孜、定日又有新设番兵，与该二汛之绿营官兵，均应驻藏大臣亲加校阅，核其勤惰，以示劝惩。济咙、聂拉木等处边界，现已定立界址，亦须周历巡查，方可谙悉情形，遇事庶有把握。本拟驻藏大臣二人按季轮流前往，但藏地入夏以后农事正忙，甫交冬令冰雪已盛，且边界距前藏甚远，往返约须两月有余，若驻藏大臣四季轮往，计算程期，此往彼回，竟不能在前藏会同办事，未免诸多窒碍。应请于春秋两季，奏明轮流前往后藏巡查边界，顺便操演番兵。经过地方，如有驻防官员、营官等苦累兵丁、番民者，准其呈控驻藏大臣随地查办惩治。至驻藏大臣所用乌拉、人夫，俱令自行给与价值，不得扰累番民，以示体恤。

一、驻藏文员应请添设也。

查，驻藏大臣衙门，向设理藩院司员一员，笔帖式一员，尚敷差委，毋庸另议增添，致糜廪给。惟前藏向来仅设粮务一员，后藏地方并无文员。今改定一切章程，需员稽查；添设前后藏番兵，亦均有支放口粮等事；而前藏鼓铸银钱，尤关紧要。应请于前藏再添粮务一员，于同知、知州、知县内派来，专管监造银钱事务；后藏亦添县丞等官一员，支放番兵口粮，俱由四川总督拣选明白勤慎之员，赴藏佐理。所有后藏管粮佐贰应得份例，及更换年限，并边俸报满保题之处，俱照问例办理。惟前藏添设粮员，以到藏日起，一年一换，以便按年稽查银钱成色。如果勤慎出力，由驻藏大臣保奏；倘敢徇私舞弊，即行劾参办理。又驻藏大臣衙门缮写清字满兵，向来只有四名，分派两衙门，未免不敷，应于成都驻防满兵内再添派四名来藏，其应得钱粮份例、换班年分，俱照向例办理。仍于前藏汉兵内裁去四名，以符额数。

（一史馆藏宫中奏折。全文见前）

乾隆五十七年（1792）十二月二十七日

军机处议覆福康安等所拟西藏善后章程（节略）

一、藏内诸事应统归驻藏大臣管理也。卫藏一切事务本应驻藏大臣管理，乃向来驻藏大臣惟资坐镇，不复预闻。积习相沿，已非一日。噶布伦等因达赖喇嘛清净焚修，不能留心公事，遂假借达赖喇嘛声势，营私舞弊，诸事擅专。前此驻藏大臣又复不谙大体，一切委之达赖喇嘛，转付噶布伦等，任所欲为，以致藏务日就废弛。今当严定章程之时，必须革除积弊，方可大加整饬。嗣后，驻藏大臣除上山瞻礼外，其督办藏内事务，应与达赖喇嘛、班禅额尔德尼平等。自噶布伦以下番目及管事喇嘛等，份系属员，事无大小，均应禀命驻藏大臣办理，以肃纪纲。至札什伦布诸务，现因班禅额尔德尼年幼，系岁琫堪布代管，凡遇一切公事，亦令一体禀知驻藏大臣办理，并于巡边之便，就近稽查管束，庶卫藏事权归一，积弊可以永除。……

一、驻藏大臣每年应亲身巡查边境，以重地方也。查驻藏大臣同在前藏，其驻札相近之处，尚易稽查，而前藏迤西直至边界一带地方辽阔，耳目难周，后藏江孜、定日又有新设番兵，与该二汛之绿营官兵，均应驻藏大臣亲加校阅，核其勤惰，以示劝惩。济咙、聂拉木等处边界，现已定立界址，亦须周历巡查，方可谙悉情形，遇事庶有把握。本拟驻藏大臣二人按季轮流前往，但藏地入夏以来，农事正忙，甫交冬令，冰雪已盛，且边界距前藏甚远，往返约须两月有余，若驻藏大臣四季轮往，计算程期，此往彼回，竟不能在前藏会同办事，未免诸多窒碍。应请于春秋两季，奏明轮流前往后藏巡查边界，顺便操演番兵，经过地方，如有驻防官员、营官等苦累兵丁、番民者，准其呈控，驻藏大臣随地查办惩治。至驻藏大臣所用乌拉人夫，俱令自行给与价值，不得扰累番民，以示体恤。

（《钦定廓尔喀纪略》卷四八）

乾隆五十七年（1792）十二月二十八日

阿桂等奏遵旨议奏福康安等酌定西藏善后事宜各款折（节略）

一、藏内诸事应归驻藏大臣管理以除积弊一款。

据福康安等称：向来驻藏大臣惟知坐镇，诸事不复预闻，以致藏务废弛。请嗣后自噶布伦以下番目及管事喇嘛等，事无大小，均应禀命驻藏大臣办理；至札什伦布诸务，向系岁琫堪布代管，凡遇一切公事，亦令一体禀知驻藏大臣办理。等语。

查，回疆驻扎大臣办理一切，皆归衡夺，其阿奇木伯克等遵照奉行。今驻藏大臣与驻扎回疆大臣职分相同，乃向来藏中诸事任听达赖喇嘛率意径行，噶布伦等又因达赖喇嘛清静焚修不能留心公事，遂假借达赖喇嘛声势营私舞弊，诸事擅权。驻藏大臣等不但不能照管，亦并不预闻，是驻藏大臣竟成虚设，殊非整饬藏务之道。应如福康安等所奏，嗣后驻藏大臣上山瞻礼一节，应听其自行酌量不必勉强外，其督办藏内事务，应与达赖喇嘛、班禅额尔德尼平等，自噶布伦以下番目及管事喇嘛，份系属员，无论大小事务，俱禀命驻藏大臣核办。至札什伦布诸务，亦一体禀知驻藏大臣办理，毋得仍令岁琫堪布代管，以致滋生弊端；并令驻藏大臣于巡边之便，就近稽查管束，以除积弊。……

一、驻藏大臣每年应亲身巡查边境以重地方一款。

据福康安等折内称，驻藏大臣同在前藏，向（而）迤西边界辽阔，耳目难周；后藏新设官兵，济咙、聂拉木边界定立界址，均须亲历巡查。本拟驻藏大臣二人按季轮流前往，但藏地入夏后农事正忙，甫交冬令冰雪已盛，且边界距藏甚远，往返须两月有余，若驻藏大臣四季轮往此往彼回，竟不能在前藏会同办事，诸多窒碍。应请于春秋两季，奏明轮流前往后藏巡查边界，顺便操演、查办。等语。

查，驻藏大臣向在前藏驻扎，所辖地方本属辽阔，稽查边界耳目难周，且现在甫经底定，济咙、聂拉木等处边界，定立疆址，设立鄂博。其江孜、定日两处，前据福康安等奏明添设番兵并绿营官兵以资防守，经臣等议复奉旨准行在案。是前后藏一带，巡查界址，校阅营伍，在在均关紧要，自应令驻藏大臣亲往稽察，方能熟悉情形，遇事得有把握。前经奉旨，令驻藏大臣每年分作四季轮流前往，原为慎重边防起见。今据福康安等奏，边界距藏甚远，往返程期须两月有余，若四季轮往，此往彼回，竟不能在前藏会同办事等语，自系实在情形。现在藏内各项事宜统归驻藏大臣管理，一切稽查核办正资会同商榷，若轮流在途行走，未免转多窒碍。应如福康安等所奏，每年于春秋两季，奏明轮往巡查，顺便操演，分别劝惩；如番兵及绿营兵内有不谙纪律、滋生弊端，其驻防官员、营官等有废弛营伍及苦累番民者，俱应随时随地查明，奏请治罪，则边防既可永靖，而于会办事件，亦不至窒碍稽延，于藏务较有裨益。余俱如所奏办理。

（一史馆藏宫中朱批奏折。参见本书“订立章程”）

二十九条章程的有关条款

（十）驻藏大臣督办藏内事务，应与达赖喇嘛、班禅额尔德尼平等，共同协商处理政事，所有噶伦以下的首脑及办事人员以至活佛，皆是隶属关系，无论大小都得服从驻藏大臣。扎什伦布的一切事务，在班禅额尔德尼年幼时，由索本堪布负责处理，但为求得公平合理，应将一切特殊事务，事先呈报驻藏大臣，以便驻藏大臣出巡到该地时加以处理。

（十三）驻藏大臣每年分春秋两季出巡前后藏各地和检阅军队。各地汉官和宗本等，如有欺压和剥削人民情事，即可报告驻藏大臣，予以查究。驻藏大臣出巡时，所用民间乌拉等，都得发给脚价，不能扰累番民，以示体恤。

（全文见前）

《卫藏通志》的有关记载

镇　抚

一、驻藏大臣督办藏内事务，应与达赖喇嘛、班禅额尔德尼平等，自噶布伦以下番目及管事喇嘛，分〔份〕系属员，事无大小，均应禀命驻藏大臣办理。至札什伦布诸务，亦俱一体禀知驻藏大臣办理。仍于巡边之便，就近稽查管束。

一、达赖喇嘛、班禅额尔德尼之呼毕勒罕，以及前后藏大小呼图克图之呼毕勒罕，察木多、类乌齐、乍丫、萨喀、西宁等处呼图克图之呼毕勒罕，一经呈报出世，指出数名，均由驻藏大臣，将其姓名生年月日，用清、汉、唐古忒三样字缮写牙签，贮于钦颁金本巴瓶内，先期传唤喇嘛齐集大昭诵经七日，届期驻藏大臣亲往监同抽掣。

一、前后藏遇有噶布伦、戴琫、商卓特巴以下大小番目等缺，统归驻藏大臣会同达赖喇嘛拣选，分别奏补拣放，其达赖喇嘛、班禅额尔德尼之亲族人等，概不准干预公事。

一、大寺坐床堪布喇嘛缺出，俱由驻藏大臣会同达赖喇嘛秉公拣选，给与会印执照，派往住持。其余小寺堪布喇嘛，听达赖喇嘛自行拣补。

一、达赖喇嘛所管大小庙宇喇嘛名数，开造清册，及噶布伦所管卫藏地方各呼图克图所管寨落人户，一体造具花名清册，于驻藏大臣衙门及达赖喇嘛处各存一分，以备稽查。

一、藏内喇嘛前往各外番地朝山礼塔者，由驻藏大臣给与照票，限以往还日期，回藏之日，仍将照票缴销，不得逗留边外，如有潜行私越者，即行究治。

一、外番人等来藏布施瞻礼者，由边界营官查明人数，禀明驻藏大臣验放进口，事毕后查点人数，发给照票，再行遣回。

一、廓尔喀、布鲁克巴、哲孟雄，宗木等外番部落，如有禀商地方事件，俱由驻藏大臣主持。其与达赖喇嘛、班禅额尔德尼通问布施书信，俱报明驻藏大臣译出查验，并代为酌定回书，方可发给。至噶布伦等，不得与外番私行发信。

一、青海蒙古王公等，差人赴藏延请诵习经典喇嘛，赴该游牧地方诵经教经者，俱由西宁等处大臣行文来藏，再由驻藏大臣给与执照，并咨明西宁办事大臣，以资查考。

一、驻藏大臣每年五六月间奏明，轮流一人，前往后藏巡视边界，操阅番兵，所用乌拉人夫，俱自行给与价值，不得扰累番民，以示体恤。

一、驻藏大臣衙门，向例设有唐古忒通事译字二名，今增设廓尔喀通事译字二名，共四名，每名每日给支口粮银六分四厘三丝九毫，另派唐古忒番民三四名，令其学习廓尔喀番语字迹，以备将来充补。

一、廓尔喀在藏学习汉字学生四名，每人每月支给口粮银五两，由商上发给。

职　掌

一、理藩院司员一员，管理达木蒙古八旗官兵、三十九族番民事务，承办驻藏大臣衙门清字档案，三年更换。

一、达木蒙古官兵共五百三十八户，在藏当差官兵八十三员名，每月商上发给钱粮，其余俱在达木地方游牧，听候调遣。

一、达木八旗固山达八员，佐领八员，骁骑校八员。

一、三十九族总百户二员，百户十三员，百长五十三员。

一、三十九族共四千八百八十九户，每户每年征收贡马银八分，共征收银三百九十一两一钱二分，交纳商上。

一、理藩院笔帖式一员，专司驻藏大臣衙门文移翻清译汉，三年更换。

一、前藏粮务一员，管理仓库粮饷，承办驻藏大臣委审案件，三年更换。……

一、副粮务一员，专司监造银钱，一年更换。

一、后藏粮务一员，专司监放番兵口粮及驻藏大臣委查事务，三年更换。

一、拉里粮务一员，管理支放兵饷，承办该处委审案件，三年更换。

一、拉里各塘汛弁兵三年共需月费口粮银三万六千两零。

一、拉里仓额贮稞麦一千二百石。

一、察木多粮务一员，管理支放兵饷，承办该处委审案件，三年更换。

一、察木多暨所属各塘汛官兵三年共需月费口粮银三万四千七百两零。

一、察木多仓额贮稞麦一千二百石。

（《卫藏通志》卷一二。全文见前）

光绪《大清会典》的有关规定

置驻藏大臣，以统前藏后藏，而理喇嘛之事。（驻藏大臣二人，所属本院司官一人，笔贴式一人，又于四川省同知、通判、知县、县丞内派粮员三人，成都驻防内派书清字马甲八人，又于唐古特内派识廓尔喀字帖写一人，晓廓尔喀话通事一人，以办理藏务。又于四川省绿营内，派游击一人，都司一人，守备三人，千总二人，把总四人，外委八人，兵六百四十六人，以分驻前藏、后藏、定日、江孜。又游击一人，都司一人，守备三人，千总二人，把总七人，外委九人，兵七百八十二人，以分驻由打箭炉至前藏一带粮台。）

乃正其官族（前后藏唐古特官、喇嘛官，初由达赖喇嘛、班禅额尔德尼自署。其大者如噶布伦，亦由达赖喇嘛选定后，始移交驻藏大臣具奏。乾隆五十九年乃定官制，自三品至七品给与顶戴，前藏官缺出，驻藏大臣会同达赖喇嘛选补，后藏官缺出，会同班禅额尔德尼选补。前藏唐古特官，三品噶布伦四人，四品仔琫三人、商卓特巴二人，五品业尔仓巴二人、朗仔辖二人，协尔帮二人、硕第巴二人，六品达琫一人、大中译二人、卓尼尔三人，七品小中译三人、司门第巴三人、司糌粑第巴二人、司草第巴一人、司薪第巴二人、司帐第巴二人、司牛羊第巴三人。噶布伦为总办藏务之官，仔琫、商卓特巴为商上办事之官，凡喇嘛谓库藏出纳之所曰商上。业尔仓巴为管粮之官，朗仔辖为管街道之官，协尔帮为管刑名之官，硕第巴为管理布达拉一带番民之官，达琫为司马厂之官，大中译、卓尼尔、小中译为噶厦办事之官。噶布伦议事之所曰噶厦。又管兵之官，四品戴琫六人，五品如琫十二人，六品甲琫二十四人，七品定琫一百二十人。又分理地方之官，五品边营官二十三人，大营官十九人，六品中营官五十九人，七品小营官二十五人。后藏唐古特官，有五品大营官四人，六品中营官十七人，七品小营官十六人。以上各唐古特官内，亦有以喇嘛充补者，则不给顶戴。喇嘛官，前藏有商上及噶厦办事之济仲喇嘛，后藏有岁琫喇嘛、森本喇嘛、济仲喇嘛、卓尼尔喇嘛等缺，皆不给顶戴。西藏称唐古特世家子弟曰东科尔。先是唐古特官皆用东科尔，率以稚齿躐等登进，其余唐古特除拔补定琫之外，不能再有升转。乾隆五十八年乃定制，非东科尔出身者，亦准由定琫升至戴琫。其东科尔年十八以上，始准选用卓尼尔、小中译、小营官等缺，视其才能再加擢用。道光年间，赏给业尔仓巴四品顶戴，达琫五品顶戴，著为定额。又增设曲木多寺等处四品番目营官一人，六品番目营官、七品番目营官各三人。）

治其营寨（前藏：乃东营、琼结营、贡噶尔营、仑孜营、桑昂曲宗营、工布则冈营、江孜营、昔孜营、协噶尔营、纳仓营，凡十营，为大营。洛隆宗营、角木宗营、打孜营、桑叶营、巴浪营、仁本营、仁孜营、朗岭营、宗喀营、撒噶营、作冈营、达尔宗营、江达营、古浪营、沃卡营、冷竹宗营、曲水营、突宗营、僧宗营、杂仁营、茹拖营、锁庄子营、夺营、结登营、直谷营、硕般多营、拉里营、朗营、沃隆营、墨竹宫营、卡尔孜营、文扎卡营、辖鲁营、策堆得营、达尔玛营、聂母营、拉噶孜营、岭营、纳布营、岭喀尔营、错朗营、羊八井管、麻尔江营，凡四十三营，为中营。雅尔堆营、金东营、拉岁营、撤拉营、浪荡营、颇章营、扎溪营、色营、堆冲营、汪垫营、甲错营、拉康营、琼科尔结营、蔡里营、曲隆营、扎称营、折布岭营、扎什营、洛美营、嘉尔布营、朗茹营、里乌营、降营、业党营、工布塘营，凡二十五营，为小营。江卡营、堆噶尔本营、喀喇乌苏营、错拉营、帕克里营、定结营、聂拉木营、济咙营、官觉营、补人营、博窝营、工布硕卡营、绒辖尔营、达巴喀尔营，凡十四营，为边营。后藏：拉孜营、练营、金龙营，凡三营，为大营。昂忍营、仁侵孜营、结侵孜营、帕克仲营、翁贡营、干殿热布结营、托布甲营、里卜营、德庆热布结营、央营、绒错营、葱堆营、胁营、干坝营，凡十四营，为中营。彭错岭营、伦珠子营、拉耳塘营、达尔结营、甲冲营、哲宗营、擦耳营、晤欲营、碌洞营、科朗营、扎喜孜营、波多营、达木牛厂营、冻噶尔营、扎苦营，凡十五营，为小营。每营设营官或一人或二人，以分理各寨番民。）

练其兵队（西藏额设番兵三千，前藏后藏各驻一千，定日、江孜各驻五百，制以十之五习鸟枪，十之三习弓箭，十之二习刀矛。兵皆剃发。鸟枪兵服红褐背心，弓箭兵服白褐背心，刀矛兵服红镶白褐背心，各书“番兵”二字。每兵二十五入，辖以定琫，五定琫，辖以甲琫一人，二甲琫，辖以如琫一人，二如琫，辖以戴琫一人，各按期操演。驻藏大臣，每岁丁五六月农隙之时，亲巡查阅一次。其操演所用火药，由驻藏大臣委千总、把总等，并令噶布伦派出番目，同赴工布地方制配，铅丸、火绳由四川省解送，并于前藏贮炮十三位，后藏贮炮二位。）

固其边隘（西藏西南，与布鲁克巴、哲孟雄、作木朗、洛敏汤、廓尔喀各部落接界，自萨迦、宗喀、聂拉木、绒辖、定结、帕克里一带，皆堆设鄂博。定日、江孜二处，为外番各部落来藏要隘，皆特设汛防。驻藏大臣每岁于阅兵之便亲加巡察。）

核其财赋（番赋，或征粮，或征氆氇、藏香、木棉、盐茶、酥油、奶渣、羊腔，其远处寨落，各以藏钱折交。又有牛群、羊群者，每牛二交藏钱一，羊十亦交藏钱一。又番民身故者，例交服饰物件一半。其布施罚赎等项无定数。前藏所属交达赖喇嘛，后藏所属交班禅额尔德尼。其公用，及达赖喇嘛、班禅额尔德尼自奉，前藏以商上商卓特巴经理，后藏以岁琫喇嘛经理。其出入皆由驻藏大臣总核。西藏商上初不铸钱，番民易换廓尔喀银钱行用。乾隆五十八年定制，于前藏商上铸藏钱，皆铸以银，大钱重一钱，小钱半之，每银一两，易大钱九文，小钱十八文。济咙、聂拉木税课，入口之米，每一包抽税米一木碗，出口之盐，每一包抽税盐一木碗。其巴勒布各货，皆于入口时营官报知商上，及运货到藏之时，不论精粗，每货一包纳藏钱一文。）

平其刑罚（番民犯罪，仍依其俗论罚，按罪名轻重，以定纳赎多寡，译写定例，存驻藏大臣处。凡罪经协尔帮、朗仔辖、噶布伦剖断后，皆呈驻藏大臣核定。除婪赃至多者，仍籍家产示惩，其余犯公私罪者，不准辄议查抄。）

定其法制（达赖喇嘛、班禅额尔德尼族属，不准挑取大小官目及办事喇嘛。各寺庙坐床堪布，令达赖喇嘛会同驻藏大臣，及遣往西藏办事之在京喇嘛公同挑选。各寺庙喇嘛名数、寨落人户及各营户口，均造名册，于驻藏大臣、达赖喇嘛处各存一册，其喇嘛番民往来，皆令请领路票，如无路票私行往来者，交各该管番官究治。达赖喇嘛、班禅额尔德尼及噶布伦、戴琫、各大呼图克图等，均不准擅给番户免差照票。如实有劳绩者，令达赖喇嘛告知驻藏大臣，方准给票。惟挑充番兵者，给与照票，免其门户差使，事故革退仍令缴销。喇嘛番官私自往来，不准擅用乌拉私发信票，如公事差遣，呈明驻藏大臣、达赖喇嘛给发印票，沿途始准应付。蒙古各部落赴藏熬茶者，十人以上概令请领路引，十人以下听其自便。青海蒙古延请喇嘛赴该游牧诵经教经者，令呈明西宁办事大臣行文，再由驻藏大臣给与执照听往。其私相往来者查禁。廓尔喀、布鲁克巴、哲孟雄、宗木等，或因事商请，或布施通问来藏者，由边界营官禀明驻藏大臣验放进口，至江孜、定日再令驻扎备弁稽查。到藏后，其各部落禀驻藏大臣者，由驻藏大臣给谕。呈达赖喇嘛者，亦由驻藏大臣与达赖喇嘛商同给谕遣回。噶布伦等，不准与各部落私行通信，各部落有寄信噶布伦者，亦呈送驻藏大臣、达赖喇嘛商同给谕。喇嘛寺院不得收留蒙古施舍人口，不得设立棚厂肆店。哲孟雄部长赴藏熬茶者，届八年不至听，如未及期即予斥驳，其请卓木避暑者亦驳。）

以安唐古特。

（光绪《大清会典·理藩院》）

光绪《钦定理藩部则例》的有关规定

增　纂

西藏设驻札大臣

西藏设驻札大臣二员，办理前后藏一切事务，其大臣更代，均由特简。

增　纂

西藏诸处事务均隶驻藏大臣核办

驻藏大臣总办阖藏事务，与达赖喇嘛、班禅额尔德尼平行。噶布伦以下番目及管事喇嘛，份系属员，无论大小事务，俱禀明驻藏大臣核办。至扎什伦布诸务，亦一体禀知驻藏大臣办理，不准岁琫堪布等代办，该大臣巡边之便稽察管束。

增　纂

稽查商上公用

每年番民交纳，各以粮石或氆氇、藏香、大棉、盐斤、酥油、奶渣、羊腔、茶叶等项作为租赋。其远处寨落难以运送者，各以银钱折交。番民家有牛群、羊群者，每牛二头每年交银钱一圆，每羊十只每年亦交银钱一圆。其随时布施物件银两，并无定数。除交各项本色物件外，约计每年所入银两共十二万七千有零。凡有交纳物件银钱，俱收存大昭库内，设商卓特巴三名管理。其氆氇、藏香及税课罚赎等项、各处布施之物，并番民故后例交一半服饰物件，均交商上库内，另设商卓特巴二名管理。达赖喇嘛公用日费等项，皆出于此。计算用项：每年正月内，布达拉与各处大寺庙大小众喇嘛及前后藏各处喇嘛数万人，会集大昭念经二十日，二月内复集大昭念经八日，按喇嘛名数赏给银钱哈达，支给酥油、茶叶、糌粑，共需银七万九百余两。又，每日念经需用酥油茶叶及各项赏赉，共需银三万九千二百余两。又，每年采买布达拉众喇嘛食用及各种物料并酬答布施物件，共需银二万四千四百余两。所入尚不敷所出。又，色拉等大寺喇嘛均须养赡。青稞丰收之年，并布施较多年分，始有盈余。商上又有小库一处，另派商卓特巴一名管理，每年出入如有余剩物件银两，归入小库存贮。如遇不敷支用之年，即将小库银物使用。一切用度，商卓特巴总司出纳，亦同噶布伦，呈报驻藏大臣。噶布伦、商卓特巴等缺，均归驻藏大臣会同达赖喇嘛秉公拣选，不许达赖喇嘛亲族管事。其商上一切公用，悉责成驻藏大臣会同济咙胡图克图实力稽核出纳，如有侵渔舞弊之人，济咙胡图克图即告知驻藏大臣查办，照例治罪。至扎什伦布所管番民应交商上粮赋，多系交纳物件，统计折色、本色、约合银六万六千九百余两，计每年用度约需银七万四千六百余两。从前各处布施较多，每年总有余盈。经廓尔喀抢掠后，每年出入连布施核计，仅敷用度。亦交驻藏大臣及济咙胡图克图实力稽查，以归划一。其达赖喇嘛、班禅额尔德尼平素自奉以及例应需用各项，仍听其自便。

增　纂

稽查商上收支

达赖喇嘛、班禅额尔德尼商上得项，除养赡喇嘛番众外，如有盈余，作为唐古忒兵丁养赡之用，一切收支，悉责成驻藏大臣稽查。凡换班官兵以及驻藏大臣公私费用，不准于商上侵挪。

增　纂

稽查外番差人来藏

西藏地方遇有廓尔喀禀请之事，均由驻藏大臣总理。其呈送达赖喇嘛、班禅额尔德尼土物，应给谢礼回谕，亦由驻藏大臣代为酌定给发。如有关系地方事件及通问布施，均报明驻藏大臣，听候办理。

其布鲁克巴素信红教，每年遣人来藏向达赖喇嘛呈递布施，哲孟雄、宗木、洛敏达等小部落差人来藏，均由边界营官查明人数，禀明驻藏大臣验放进口，并令江孜、定日驻札备弁实力稽查。其到藏瞻礼后，该部落差人禀明驻藏大臣，由驻藏大臣给谕。其呈达赖喇嘛等禀启，俱应呈送驻藏大臣译出查验，由驻藏大臣与达赖喇嘛将谕帖酌定给发，查点人数，再行遣回，噶布伦虽系达赖喇嘛管事之人，不准与各部落私行通信，即各部落有写信噶布伦者，亦令呈送驻藏大臣，与达赖喇嘛商同给谕，仍不准噶布伦等私行发给。倘有私行来往暗通信息之事，驻藏大臣即将噶布伦等革退。

（卷六一）

五、敕封达赖和班禅

敕封历辈达赖喇嘛

五世达赖喇嘛

延聘达赖喇嘛

崇德二年（1637）八月庚戌

上御大清门。文武陞转各官谢恩，次喀尔喀部落土谢图汗朝贡使臣上表行礼，表曰："土谢图汗敬奉表于宽温仁圣皇帝陛下，恭候万安。近闻欲延致达赖喇嘛，反复思之诚是。喀尔喀七固山及厄鲁特四部落皆有同心，若遣使延致，乞同往何如？凡所议悉与皇上无异，谨随表文献黄弓二张、马三匹……。"

（《太宗实录》卷三八）

崇德四年（1639）十月庚寅

遣察汉喇嘛等致书于图白忒汗。书曰："大清国宽温仁圣皇帝致书于图白忒汗。自古释氏所制经典宜于流布，朕不欲其泯绝不传，故特遣使，延致高僧，宣扬法教。尔乃图白忒之主，振兴三宝，是所乐闻，倘即敦遣前来，朕心嘉悦。至所以延请之意，俱令所遣额尔德尼达尔汗格隆、察汉格隆、玉噶扎礼格隆、盆绰克额木齐、巴喇衮噶尔格隆、喇克巴格隆、伊思谈巴达尔扎、准雷俄木布，根敦班第等使臣口述。”又与喇嘛书曰：“大清国宽温仁圣皇帝致书于掌佛法大喇嘛。朕不忍古来经典泯绝不传，故特遣使延致高僧，宣扬佛教，利益众生，唯尔意所愿耳。其所以延请之意，俱令使臣口述。”

（《太宗实录》卷四九）

崇德五年（1640）二月辛酉

以延请圣僧，遣官赍敕，往谕额尔德尼达尔汉喇嘛等曰：“尔等不可在归化城久居牧马，现今青草方长之时，随路可以喂养，宜即前往圣僧喇嘛处，以达延请之意。所过之处，谅无人拦阻，可遣同去之人一半及土默特之人，先往马哈撒嘛谛塞臣汗、土谢图汗、查萨克图汗处，嘱之曰：‘因汝等曾言请圣僧喇嘛甚善，故我等奉命来请，汝等亦宜遣人同往，’约至彼国附近地方相会。尔喇嘛等，若至约会之地，附近国主有召见者，即往见之；如不召见，即于约会处相会前行。”

（《太宗实录》卷五一）

崇德七年（1642）十月己亥

图白忒部落达赖喇嘛遣伊拉古克三胡土克图、戴青绰尔济等至盛京，上亲率诸王、贝勒、大臣出怀远门迎之。还至马馆前，上率众拜天，行三跪九叩头礼毕，进马馆。上御座，伊拉古克三胡土克图等朝见，上起迎。伊拉古克三胡土克图等，以达赖喇嘛书进上，上立受之，遇以优礼。上陞御榻坐，设二座于榻右，命两喇嘛坐。其同来徒众，行三跪九叩头礼，次与喇嘛同来之厄鲁特部落使臣及其从役，行三跪九叩头礼。于是命古式安布宣读达赖喇嘛及图白忒部落臧巴汗来书。赐茶，喇嘛等诵经一遍方饮。设大宴宴之。伊拉古克三胡上克图及同来喇嘛等各献驼马、番菩提数珠、黑狐皮、绒单、绒褐、花毯、茶叶、狐腋裘、狼皮等物，酌纳之。

（《太宗实录》卷六三）

崇德八年（1643）五月丁酉

先是，图白忒部落达赖喇嘛遣伊拉古克三胡土克图及厄鲁特部落戴青绰尔济等至，赐大宴于崇政殿。仍命八旗诸王、贝勒各具宴，每五日一宴之，凡八阅月。至是遣还，赐伊拉古克三胡土克图喇嘛及偕来喇嘛等银器、缎朝衣等物有差。又赐厄鲁特部落和尼图巴克式、阿巴赖达赖、都喇尔和硕齐下额尔德尼巴图鲁、奇尔三下土尔噶图、阿巴赖山津等朝衣、帽靴等物。上率诸王，贝勒等送至演武场，设大宴饯之。复以鞍马、银壶等物赐伊拉古克三胡土克图喇嘛。仍命和硕睿亲王多尔衮，多罗武英郡王阿济格、辅国公硕托、满达海率梅勒章京参政以上各官送至永定桥，复设宴饯之。遣察干格隆、巴喇衮噶尔格隆、喇克巴格隆、诺木齐格隆、诺莫干格隆、萨木谭格隆、衮格垂尔扎尔格隆等同伊拉古克三胡土克图喇嘛前往达赖喇嘛、班禅胡土克图、红帽喇嘛噶尔马、昂邦萨斯下、济东胡土克图、鲁克巴胡土克图、达克龙胡土克图、臧巴汗、顾实汗处，致书各一函。

与达赖喇嘛书曰："大清国宽温仁圣皇帝致书于大持金刚达赖喇嘛。今承喇嘛有拯济众生之念，欲兴扶佛法，遣使通书，朕心甚悦。兹特恭候安吉。凡所欲言，俱令察干格隆、巴喇衮噶尔格隆、喇克巴格隆、诺木齐格隆、诺莫干格隆、萨木谭格隆、衮格垂尔扎尔格隆等口悉。外附奉金碗一、银盆二、银茶桶三、玛瑙杯一、水晶杯二、玉杯六、玉壶一、镀金甲二、玲珑撒袋二、雕鞍二、金镶玉带一、镀金银带一、玲珑刀二、锦缎四、特以侑缄。"

又与班禅胡土克图书一，书词与附送礼物同。

又与噶尔马书曰："大清国宽温仁圣皇帝致书于红帽喇嘛噶尔马。朕思自古帝王创业垂统，每令佛法流传，未尝断绝，今将敦礼高僧，以普济群生，故遣察干格隆、巴喇衮噶尔格隆、喇克巴格隆、诺木齐格隆、诺莫干格隆、萨木谭格隆、衮格垂尔扎尔格隆等前往。凡所欲言，俱令口悉。附奉银茶桶二、银盆二、玛瑙杯一、水晶杯二、玉杯五、玉壶一、镀金甲一、玲珑撒袋二、雕鞍二，金镶玉带一、镀金银带一、玲珑刀二、锦缎二，特以侑缄。"

又与昂邦萨斯下书曰："大清国宽温仁圣皇帝致书于昂邦萨斯下。朕思自古帝王创业垂统，每令佛法流传，未尝断绝，今将敦礼高僧，兴扶释教，以普济群生，故遣察干格隆、巴喇衮噶尔格隆、喇克巴格隆、诺木齐格隆、诺莫干格隆、萨木谭格隆、衮格垂尔扎尔格隆等前往。凡所欲言，俱令口悉。附奉银盆一、银茶桶一、玛瑙杯一、水晶杯一、玉杯三、玉壶

一、镀金甲一、玲珑撒袋一、雕鞍一、金镶玉带一、玲珑刀一、锦缎一，特以侑缄。”

又与济东胡土克图书一、鲁克巴胡土克图书一、达克龙胡土克图书一，书词及附送礼物俱同。。

又敕谕臧巴汗曰：“大清国宽温仁圣皇帝谕臧巴汗。尔书云：‘佛法裨益我国，遣使致书。’近闻尔为厄鲁特部落顾实贝勒所败，未详其实，因遗一函相询。自此以后修好勿绝。凡尔应用之物，自当馈遗。今赐银一百两，锦缎三疋。”

又与顾实汗书曰：“大清国宽温仁圣皇帝致书于顾实汗。朕闻有违道悖法而行者，尔已惩创之矣。朕思自古圣王致治，佛法未尝断绝，今欲于图白忒部落敦礼高僧，故遣使与伊拉古克三胡土克图偕行，不分服色红黄，随处谘访，以宏佛教，以护国祚。尔其知之。附具甲胄全副，特以侑缄。”

（《太宗实录》卷六四）

顺治九年（1652）九月壬申

谕诸王、贝勒、大臣、九卿、科道曰：“当太宗皇帝时，尚有喀尔喀一隅未服，以外藩蒙古惟喇嘛之言是听，因往召达赖喇嘛。其使未至，太宗皇帝晏驾。后睿王摄政时往请，达赖喇嘛许于辰年前来。及朕亲政后召之，达赖喇嘛即启行前来，从者三千人。今朕欲亲至边外迎之，令喇嘛即住边外。外藩蒙古贝子欲见喇嘛者，即令在外相见。若令喇嘛入内地，今年岁收甚歉，喇嘛从者又众，恐于我无益。倘不往迎喇嘛，以我既召之来又不往迎，必至中途而返，恐喀尔喀亦因之不来归顺。其应否往迎之处，尔等各抒所见以奏。”满洲诸臣议：“我等往请，喇嘛即来，上亲至边外迎之，令喇嘛住于边外。喇嘛欲入内地，可令少带随从入内，如欲在外，听喇嘛自便。上若亲往迎之，喀尔喀亦从之来归，大有裨益也。若请而不迎，恐于理未当。我以礼敬喇嘛，而不入喇嘛之教，又何妨乎?”众汉臣议：“皇上为天下国家之主，不当往迎喇嘛。喇嘛从者三千余人，又遇岁歉不可令入内地。若以特请之故，可于诸王、大臣中遣一人代迎。其喇嘛令住边外，遗之金银等物，亦所以敬喇嘛也。”两议具奏，上曰：“朕当裁之。”

（《世祖实录》卷六八）

顺治九年（1652）九月庚辰

谕达赖喇嘛曰："尔奏边内多疾疫，边外相见为便，今朕至边外代噶地方俟尔可也。"

（《世祖实录》卷六八）

顺治九年（1652）九月戊戌

大学士洪承畴、陈之遴奏言："……今年南方苦旱，北方苦涝，岁饥寇警，处处入告，宗社重大，非圣躬远幸之时。虽百神呵护，六军扈从，自无他虞，然边外不如宫中为固，游幸不若静息为安。达赖喇嘛自远方来，遣一大臣迎接，已足见优待之意，亦可服蒙古之心，又何劳圣驾亲往为也……。"疏入。得旨："此奏甚是，朕行即停止。"

（《世祖实录》卷六八）

顺治九年（1652）十月庚戌

命和硕承泽亲王硕塞等，往迎达赖喇嘛。并谕达赖喇嘛曰："前者朕降谕欲亲往迎迓。近以盗贼间发，羽檄时闻，国家重务难以轻置，是以不能前往。特遣和硕承泽亲王及内大臣代迎。当悉朕不能亲行之意。故谕。"

（《世祖实录》卷六九）

顺治九年（1952）十二月癸丑

达赖喇嘛至，谒上于南苑。上赐坐，赐宴。达赖喇嘛进马匹、方物，并纳之。

（《世祖实录》卷七〇）

顺治十年（1653）正月戊寅

上御太和殿，赐达赖喇嘛等宴。

（《世祖实录》卷七一）

顺治十年（1653）正月癸未

宴达赖喇嘛等于太和殿，赐金器、彩缎、鞍马等物有差。

（《世祖实录》卷七一）

顺治十年（1653）正月甲申

礼部奏言："凡外藩部长客臣初次来京，间有奉旨令亲王、郡王筵宴者，今达赖喇嘛初次来京，诸王应否筵宴？"得旨："达赖喇嘛一行，诸王依次设宴，就彼馆舍款之。"

（《世祖实录》卷七一）

册封五世达赖

顺治十年（1653）四月丁巳

遣礼部尚书觉罗朗球、理藩院侍郎席达礼等，赍送封达赖喇嘛金册、金印于代噶地方。……册文曰："朕闻兼善独善，开宗之义不同；世出世间，设教之途亦异。然而明心见性，淑世觉民，其归一也。兹尔罗布藏札卜素达赖喇嘛，襟怀贞朗，德量渊泓；定慧偕修，色空俱泯，以能宣扬释教，诲导愚蒙，因而化被西方，名驰东土。我皇考太宗文皇帝闻而欣尚，特遣使迎聘。尔早识天心，许以辰年来见。朕荷皇天眷命，抚有天下，果如期应聘而至。仪范可亲，语默有度，臻般若圆通之境，扩慈悲摄受之门，诚觉路梯航，禅林山斗，朕甚嘉焉。兹以金册印，封尔为'西天大善自在佛所领天下释教普通瓦赤喇怛喇达赖喇嘛'。应劫现身，兴隆佛化，随机说法，利济群生，不亦庥哉。"印文曰："西天大善自在佛所领天下释教普通瓦赤喇怛喇达赖喇嘛之印。"

（《世祖实录》卷七四）

赐达赖喇嘛金册册文

顺治十年（1653）三月初三日

奉天承运皇帝敕谕：

朕闻兼善独善，开宗之义不同；世出世间，设教之道亦异。然而明心见性，淑世觉民，其归于一也。兹尔罗布藏扎卜素达赖喇嘛，襟怀贞朗，德量渊泓，定慧偕修，色空俱泯，以能宣扬释教，诲导愚蒙，因而化被西方，名驰东土。我皇考太宗文皇帝闻而欣尚，特遣使迎聘。尔早识天心，许以辰年来见。朕荷皇天眷命，抚有天下，果如期应聘而至。仪范可亲，语默有度，臻般若圆通之境，扩慈悲于摄受之门。诚觉路梯航，禅林山斗，朕甚嘉焉。兹以金册印封尔为'西天大善自在佛所领天下释教普通瓦赤喇怛喇达赖喇嘛’。应劫现身，兴隆佛化，随机说法，利济众生，不亦庥哉！

（一史馆藏蒙文老档）

六世达赖喇嘛

谕主事保住等看视达赖呼毕勒罕

康熙三十六年（1697）闰三月初四日

召回奉使第巴主事保住等至。上谕之曰："朕遣尔等传致第巴敕文及口谕俱无庸更改。但以第巴致书于噶尔亶多尔济及差人阻止策妄阿喇布坦之兵，又，英古归奏达赖喇嘛身故之事，俱已传播，是以追回尔等，问之尼麻唐。又，第巴所献达赖喇嘛像及奏章，朕于原封上在伊等前加封。今著此地诸喇嘛同尼麻唐拆视，乃泥塑达赖喇嘛之像，其头已断。此项情由，尔等可宣问第巴，并将转生之小达赖喇嘛看明回奏。达赖喇嘛身故，策妄阿喇布坦诸人已悉闻之。可将此项始末，凡途中所遇之人皆晓谕之。"

（《圣祖实录》卷一八二）

谕马齐等执解六世达赖喇嘛
仓央嘉措系防其为策旺阿拉布坦迎去

康熙四十五年（1706）十月二十一日

又谕马齐等曰："前遣护军都统西住等往擒假达赖喇嘛及第巴妻子时，皇太子、诸皇子及诸大臣俱言，'一假达赖喇嘛擒之何为？'朕意以众蒙古俱倾服达赖喇嘛，此虽假达赖喇嘛，而有达赖喇嘛之名，众蒙古皆服之，本朝若不遣人往擒，如策旺喇卜滩迎去，则西域、蒙古皆向策旺喇卜滩矣，故差西住前去。而西住等到其地未久，果策旺喇卜滩亦遣人往迎。以此观之，本朝若不先遣人往，则假达赖喇嘛等已归策旺喇卜滩去。如归策旺喇卜滩，则事有难焉者矣。……

此项情事，马齐俱知之，而汉大学士、九卿诸臣想俱未洞悉。尔等可将假达赖喇嘛、第巴等情事明谕九卿。"

（一史馆藏内阁起居注）

马齐奏为诏执六世
达赖喇嘛等事传旨晓谕九卿记注

康熙四十五年（1706）十月二十二日

马齐等奏白："……至往擒假达赖喇嘛、第巴妻子一事，皇上预先筹画，差护军统领西住到其地未久，随有策旺喇卜滩所差往迎假达赖喇嘛、第巴妻子之人亦到。倘皇上不预遣西住，而假达赖喇嘛、第巴妻子归于策旺喇卜滩，则大有关系。皇上筹画此事，迥出非常，非臣等意料之所及。蒙皇上明谕，臣等始得悉知之。但臣等居处京师，尚不及知，况外省大小官员军民人等，何由得知？应俟学士拉都浑往擒假达赖喇嘛事竣回京之日，将皇上远见命擒假达赖喇嘛预筹独断诸事，臣等具本称贺，命下布告天下。"

上曰："朕不但悉知达赖喇嘛、回子、边外蒙古始末，其祖宗名字俱知之。视昔之达赖喇嘛，不知其他，但其身存日，六十年来，塞外不生一事，俱各安静，即此可知其素行不凡，不可轻视也。后达赖喇嘛身故，第巴虽隐讳不言，观其奏中所言，非昔日达赖喇嘛语气，朕是以知其已殁。遣使细访，果如朕之所料，两年内尽知其诈。达赖喇嘛身故，至于第巴遂教噶尔丹各处生事矣。"

（一史馆藏内阁起居注）

仓央嘉措解京途中病逝

康熙四十五年（1706）十月乙巳

谕大学士等："前遣护军统领席柱等往擒假达赖喇嘛及第巴妻子时，诸皇子及诸大臣俱言：'一假达赖喇嘛擒之何为？'朕意以众蒙古俱倾心皈向达赖喇嘛，此虽系假达赖喇嘛，而有达赖喇嘛之名，众蒙古皆服之，傥不以朝命遣人往擒，若为策妄阿喇布坦迎去，则西藏、蒙古皆向策妄阿喇布坦矣，故特遣席柱等前去。席柱等方到其地，策妄阿喇布坦果令人来迎。……此等情事，汉大学士及九卿等想俱未深悉，尔等可将朕谕示之。"

（《圣祖实录》卷二二七）

康熙四十五年（1706）十二月丁亥

先是，达赖喇嘛身故，第巴匿其事，构使喀尔喀、厄鲁特互相仇杀，扰害生灵，又立假达赖喇嘛[1]，以惑众人，且曾毒拉藏，因其未死，后复逐之。是以拉藏蓄恨兴兵，执第巴而杀之，陈奏假达赖喇嘛情由。爰命护军统领席柱、学士舒兰为使，往封拉藏为“翊法恭顺汗”，令拘假达赖赴京。拉藏以为执送达赖喇嘛，则众喇嘛必至离散，不从。席柱等奏闻，上谕诸大臣曰：“拉藏今虽不从，后必自执之来献”。至是驻劄西宁喇嘛商南多尔济，果报拉藏起解假达赖喇嘛赴京，一如圣算，众皆惊异。

（《圣祖实录》卷二二七）

康熙四十五年（1706）十二月庚戌

理藩院题：“驻劄西宁喇嘛商南多尔济报称：拉藏送来假达赖喇嘛，行至西宁口外病故。假达赖喇嘛，行事悖乱，今既在途病故，应行文商南多尔济，将其尸骸抛弃。”

（《圣祖实录》卷二二七）

商南多尔济奏报拉藏汗
遣人解送六世达赖喇嘛来京事记注

康熙四十五年（1706）十二月初三日

初三日丁亥。上驻跸八沟里。

驻扎西宁喇嘛商南多尔济奏报，拉臧遣人起解假达赖喇嘛。

先是，达赖喇嘛身故，第巴匿其事，包藏祸心，构斗喀尔喀、厄鲁特，互相仇杀，扰害生灵，又立伪达赖喇嘛以惑众人，且毒拉臧而逐之，是以拉臧蓄恨兴兵，执第巴而杀之，陈奏伪达赖喇嘛情由。授命护军统领席住、学士舒兰为使，往封拉臧为护法恭顺汗。又恐伪达赖喇嘛留其地，坏法生事，令尽拘伪达赖喇嘛等众赴京。拉臧以为执伪达赖喇嘛，则众喇嘛必至离散，不从。上谓诸臣曰：拉臧今虽不从，后必自执之来献。至是，果如圣旨所云，众皆惊异曰：皇上神算，事事吻合，威德加于四海矣。

（一史馆藏内阁起居注）

---

① 第巴桑结嘉措在康熙三十五年（1696）受责后，次年迎十五岁的仓央嘉措（1683—1706）正式坐床，是为六世达赖。1706年拉藏汗杀第巴后废仓央嘉措另立达赖喇嘛，故此处称其为假达赖。

谕意喜嘉措暂缓册封并著赫寿前往西藏协同拉藏汗办理事务

康熙四十八年（1709）正月二十七日

先是，拉臧立波克塔胡必尔汗为达赖喇嘛，青海众台吉等未辨虚实，彼此争论讦奏。上命内阁学士拉都浑率青海众台吉之使人赴西藏看验。至是，拉都浑回奏："臣遵旨会同青海众台吉之使前往西藏，至噶木地方见拉臧，问以所立达赖喇嘛情由。据云，'前将假达赖喇嘛解京时，曾奉谕旨令寻真达赖喇嘛，今访闻得波克塔胡必尔汗系真达赖喇嘛，亦不能信，又问班禅胡土克图，据云：波克塔胡必尔汗实系达赖喇嘛。我始为之安置禅榻，非敢专擅。'"

奏入，命议政大臣等议。寻议："拉臧所立达赖喇嘛，既问之班禅胡土克图，确知真实，应无庸议。但达赖喇嘛例有封号，今波克塔胡必尔汗年幼，请再阅数年，始议给封。又青海众台吉等与拉臧不睦，西藏事务不便令拉臧独理，应遣官一员前往西藏协同拉臧办理事务。"

得旨："依议。其管理西藏事务著侍郎赫寿去。"

（《圣祖实录》卷二三六）

赫寿奏拉藏汗获知准其所立达赖坐床后态度及藏地情形折

康熙四十八年（1709）十一月十一日

奴才赫寿谨奏，为遵旨奏闻事：

"奴才请训旨时奉上谕：'如有可密之事，命奴才汉字奏闻。钦此。'奴才到藏，看喇藏情景，深感圣恩，甚畏天威。且今年奴才等此来，皇上照伊所请，准达赖喇嘛坐床，又将巴尔喀木差役依旧给还。皇上重赏之外，又赐盔甲、弓箭、海青等物，喇藏见所未见，喜不自胜，感恩颂德，似出自本心。然而，伊疏内有不敢违旨留奴才等居住等语。细窥其心，此疏往返，奴才等一年将满，并非为奴才等住一年起见，惟恐不册封达赖喇嘛，年年有人久住，皇上耳目咫尺，伊不得自如，又怕旁人疑议，以此深为忧虑。达瓦曾奏，差人协理，于伊主大有裨益。等语。今年入京，不差达瓦而差别人者，恐达瓦难于奏对之意。奴才庸陋愚昧，谨据所见奏闻，仗祈圣明乾断。

又闻喇藏于策望阿尔布坦，每年彼此有人往来。今年策望阿尔布坦于哈克萨争斗，所以至今尚未有人到藏。喇藏旧年差去之人亦尚未回。原有迪巴时，土白忒人强而额鲁得弱，今看额鲁得最强而土白忒最弱，然土白忒人情风俗无耻下流，弱懦不堪。

又闻额鲁忒原在藏有五千余人，其所居单地方于人不相宜，生育者少，即生育亦难于长成，所以人丁比先渐减。为此一并奏闻。”

（一史馆藏宫中朱批奏折）

谕准册封意喜嘉措为六世达赖喇嘛[1]

康熙四十九年（1710）三月十三日

议政大臣等议：“拉藏及班禅胡土克图、西藏诸寺喇嘛等，会同管理西藏事务侍郎赫寿，疏请颁赐波克塔胡必尔汗以达赖喇嘛之封号。查波克塔胡必尔汗因年幼，奉旨俟数年后授封，今既熟谙经典，为青海诸众所重，应如所请，给以印册，封为六世达赖喇嘛。”从之。

（《圣祖实录》卷二四一）

七世达赖喇嘛[2]

为迁里塘呼毕勒罕事令阿齐图驻扎西宁侦探信息

康熙五十四年（1715）四月初六日

命迁里塘瑚毕勒罕。先是，青海右翼贝勒戴青和硕齐、察罕丹津等奏称，里塘地方新出瑚毕勒罕，实系达赖喇嘛转世[3]，求予册封，其从前班禅胡土克图及拉藏汗题请安置禅榻之瑚毕勒罕非实。奏入，上以伊等皆顾实汗子孙，欲使共相和睦，若留此瑚毕勒罕住青海，恐其弟兄或起争端，特遣侍卫阿齐图等往谕，令送里塘之瑚毕勒罕至京，又遣主事众佛保往班

---

① 拉藏汗所立的达赖，名叫意喜嘉措，青海、蒙古及西藏一些势力对此争议很大。当时清朝因不承认仓央嘉措，故称此为六世达赖。1717年额鲁特蒙古准噶尔部袭入拉萨时废意喜嘉措，后世不再把他计入达赖世系。

② 关于六世达赖喇嘛与七世达赖喇嘛的区分，历史上曾有过分歧，产生过真假达赖之争，格桑嘉措被选任之初，被视为六世达赖，但是，他于乾隆四十三年（1778）圆寂后，乾隆皇帝封他的转世灵童强白嘉措为八世达赖，这意味着清朝正式默认了格桑嘉措为七世达赖，仓央嘉措为六世达赖。

③ 此呼毕勒罕即后来的七世达赖格桑嘉措，文中所说“实系达赖喇嘛转世”，是指当时青海厄鲁特王公认为他是五世达赖喇嘛转世（即真正的六世达赖）。

禅处，问彼瑚毕勒罕之真伪。寻，戴青和硕齐、察罕丹津等奏请俟来秋送至京师。上命将里塘瑚毕勒罕留住西宁口内寺庙。

至是，侍卫阿齐图疏言："主事众佛保回称，据班禅以里塘瑚毕勒罕为假，而戴青和硕齐、察罕丹津等坚求亲往班禅处询问真伪。"奏入，得旨："下所司议。"理藩院议曰："应令阿齐图等传集青海两翼诸贝勒、台吉等于会盟处，宣布皇上德意，并以班禅所赍印文示之，令迁瑚毕勒罕住红山寺。"

寻，侍卫阿齐图奏言，"臣等至会盟处，传集青海两翼诸贝勒、台吉等宣谕上意，贝勒塞卜腾扎尔等，皆言应如圣旨，而贝勒戴青和硕齐、察罕丹津等仍诿云瑚毕勒罕年幼，未出疹痘，且今岁不宜远行。奏入，上命议政大臣等议奏，随议复应行文阿齐图暂驻西宁，侦探信息。"上从之。

（《平定准噶尔方略》卷一）

康熙五十四年（1715）四月辛未

理藩院题："先经青海右翼贝勒戴青和硕齐、察汉丹津等奏称：'里塘地方新出胡必尔汗，实系达赖喇嘛转世，恳求册封。其从前班禅胡土克图及拉藏汗题请安置禅榻之胡必尔汗是假，等语。蒙皇上睿鉴，以伊等俱顾实汗子孙，欲使共相和睦，若将此胡必尔汗留住青海，恐其弟兄内或起争端，特遣侍卫阿齐图等，前往谕令将里塘之胡必尔汗送京亲看。又遣主事众佛保往班禅处，问此胡必尔汗之真假。续经戴青和硕齐等奏请俟来秋送至京师，奉旨著将里塘胡必尔汗暂于西宁口内寺庙居住。今侍卫阿齐图疏言：'主事众佛保自班禅处回，据班禅称：里塘胡必尔汗是假。'而戴青和硕齐等坚求亲往班禅处问其真假。'应令阿齐图等传集青海两翼诸贝勒、台吉等于会盟处，宣示皇上仁爱之意及班禅送来印文，令将胡必尔汗送至红山寺居住。"从之。

（《圣祖实录》卷二六三）

康熙五十四年（1715）十二月壬午

议政大臣等议覆："侍卫阿齐图疏言：'据青海贝勒色卜腾扎尔来称，贝勒察罕丹津等，因去年胡必尔汗之事，贝勒阿喇布坦鄂木布、盆苏克汪扎尔、色卜腾扎尔、台吉达颜、苏尔杂等遵旨不与同心，今欲与罗卜臧丹津等盟誓，先攻取五家，将胡必尔汗送往西地。请会同西宁总兵官王以谦，严整兵马，预为之备。’查去年里塘地方新出胡必尔汗以来，皇上睿鉴洞彻，此胡必尔汗若在彼处，则青海诸台吉兄弟必致互相争竞，特降敕旨，遣侍卫阿齐图等前往调取，欲其彼此和睦。今察罕丹津欲将胡必尔汗送往西地，恐色卜腾扎尔等尾击其后，遂欲先攻伊等，亦未可定。应派出西安满洲兵一千，命大臣一员，统领前往西宁，并令总兵官王以谦派标兵三千预备。若察罕丹津果肆猖狂，即领兵征剿，或色卜腾扎尔等被攻来奔，即收入边内安插。再，察罕丹津所居地方去松潘止四五日程，应令四川提督康泰、松潘总兵官程正李预备兵马，如有送胡必尔汗西往之信，即从后追剿。”得旨：“依议。著护军统领晏布前往。”

（《圣祖实录》卷二六六）

阿齐图奏里塘呼毕勒罕已移至塔尔寺并请令罗卜藏丹津等分别管理青海两翼事务

康熙五十五年（1716）闰三月十九日

侍卫阿齐图疏言：青海台吉等初言送瑚毕勒罕往红山寺，继又请送往宗喀巴寺，始终推诿，不令起程。自奉旨令护军统领晏布统兵驻扎西宁，四川提督康泰、松潘总兵官程正李等整兵预备，复屡谕青海台吉等，若等始惧，于三月十五日送瑚毕勒罕至宗喀巴寺。但青海二翼台吉今虽和睦，恐不能久。请令罗卜藏丹津、察罕丹津、达颜管理右翼事务，额尔德尼额尔克托克托鼐、阿喇卜坦鄂木布管理左翼事务，再派大臣同郎中长受、主事巴特玛至青海会盟，令其永远和睦。

议政大臣议覆如所请。

得旨：依议。著公策旺诺尔布、侍卫布达理前往。

（《平定准噶尔方略》卷三）

清军入藏平定准噶尔之乱护送七世达赖入藏坐床

康熙五十七年（1718）二月庚寅

议政大臣等议复：“据拉藏奏称：‘臣世受圣主洪恩，不意恶逆策妄阿喇布坦发兵六千，与我土伯特兵交战两月，虽并无胜负，而敌兵复又入招，臣现在率兵守护招地，但土伯特兵少，甚属可虑。若将喀木、危、藏之地被伊踞去，将使黄教殄灭。为此恳求皇上圣鉴，速发救兵并青海之兵，即来策应’等语。查拉藏系顾实汗后裔，维持黄教。今恳求救援，应令西宁、松潘、打箭炉、噶斯等处各预备兵马，并土司杨如松属下兵丁一同前往。现今青海王、台吉等派兵六千，在正月初十日起程，但非有满洲兵丁不可。应令侍卫色楞、侍读学士查礼浑，在西宁满洲兵内选二百名，绿旗兵内选二百名，及土司之兵一千，带至青海地方，会同青海王、台吉等商酌行事。其青海王、台吉等，发兵去后，伊等家口无人看守。应行文公策旺诺尔布、总督额伦特与青海王、台吉等妥议，于屯兵形胜之处，用心守护。”从之。

（《圣祖实录》卷二七七）

谕议政大臣等册封里塘呼毕勒罕（格桑嘉措）为达赖喇嘛派兵护送西藏坐床等事

康熙五十八年（1719）九月乙未

谕议政大臣等：“此次差往西边胡毕图等前来回称，‘策零敦多卜等及土伯特众喇嘛民人，俱言在西宁见有新胡必尔汗实系达赖喇嘛之胡必尔汗。天朝圣主将新胡必尔汗安置在达赖喇嘛禅榻上座，广施法教，实与众人相望之意允协。且土伯特处时有瘴气，厄鲁特之子孙不能滋生，多生疾病，有何贪恋之处？惟恳天朝圣主将法教速为广施。’观此情形，似乎易结。今将新胡必尔汗封为达赖喇嘛，给与册印，于明年青草发时，送往藏地，令登达赖喇嘛之座。送往时，著大臣带满洲兵一千名、蒙古兵一千名、土番兵二千名、绿旗马兵一千名、步兵一千名前去，其行粮牲畜接续之处，令大将军办理。再由巴尔喀木带四川满洲兵一千名、绿旗兵一千名，土番兵酌量派往，其行粮牲畜接续之处，令年羹尧办理。青海王、贝勒、贝子、公等亦带领属兵，或一万，或五六千，送往前去。策零敦多卜等若实为法教，自必俟达赖喇嘛登禅榻后然后前去；若不行等候遁走，即为无耻之贼。此行大将军带领兵马，在梭罗木周围水草佳处驻扎，兼令其照管青海家属。四川兵二千名出口驻扎，兼照管王察罕丹津行装。事关甚大，将此旨传谕大将军处，令伊等公同确议具奏。又，青海王、台吉等，令大将军传集一处晓谕：‘唐古特国内达赖喇嘛、班禅法教，原系尔祖上设立，今策妄阿喇布坦无故将拉藏杀害，令寺庙喇嘛各自散去，将众鄂里格一路截断，令达赖喇嘛禅榻空虚。从前尔将此新胡必尔汗称为达赖喇嘛之胡必尔汗，若安置在达赖喇嘛禅榻为法教广施之事，我等愿舍命效力。业经保奏土伯特之喇嘛民人及阿木岛地方喇嘛等，俱亦称为达赖喇嘛之胡必尔汗。皇上将此胡必尔汗特封为达赖喇嘛，于明年一同送往藏地，令登禅榻，将法教广施，放开众鄂里格一路，令其贩卖茶布。此正宜效力之时，尔等应各带兵丁，与送去之大臣会同一处前去。尔等之意如何？'令伊等各陈己意，会盟画一具奏。俟会盟完时，令都统延信、楚宗、公策旺诺尔布、侍读学士常授等由固关前来京师具奏。"

（《圣祖实录》卷二八五）

康熙五十八年（1719）十二月丙辰

议政大臣、军前召至大臣、九卿等公同议奏进藏一事。得旨："此议尚未周详，只议西地进兵，并未议及阿尔泰、巴尔库尔两路之兵。两路兵会合取吐鲁番，若乌鲁木齐难以堵塞看守，应将两路之兵会合袭击，或各减骑进入震慑，从呼尔达拉之处袭击，则彼必畏惧，自然弃此牧放牲畜之处而去。再闻知西地大兵进剿，并两路兵袭击，不但惊惶无措，亦且首尾不能相顾矣。额驸阿宝所属厄鲁特兵五百名、察哈尔兵四百名，令带往取藏，此柴旦木所有之兵，亦令前往取藏。大将军留驻穆鲁乌苏三千兵内，令派兵一千前进。大将军处之兵若少，将京师每佐领下派出护军二名、马兵一名，于二月内起程前往西宁。今新胡必尔汗奏称：'各处俱有禅床，皆可安设，若为我兴兵，实关系众生。'此或是新胡必尔汗之意，或是青海台吉等畏惧策妄阿喇布坦密嘱新胡必尔汗奏，亦难预知。倘新胡必尔汗与青海台吉等意同，此新胡必尔汗不可送往。青海台吉等若无此意，必将新胡必尔汗送往，安设禅床，广施法教，令土伯特之众诚心归向，则策零敦多卜自畏势逃遁。我师进藏定立法教之后，或留兵一二千，暂行看守，或久住，则土伯特之众，即如我兵。纵策妄阿喇布坦、策零敦多卜发兵前来，伊系劳苦之兵，我则安逸之兵，即可剿灭。朕意如此，事关重大，不可急迫，从容周详定议为是。今若照众大臣议，惟行看守，自西宁至四川、云南内外土番杂居一处，西藏之人皆系土番，伊等俱是一类，倘藏地被策零敦多卜占据，则藏兵即是彼之兵丁，而边疆土番岂能保全！尔等暂且看守之议，不合，著另行周详定议具奏。"

（《圣祖实录》卷二八六）

议政大臣等遵旨议覆护送七世达赖进藏方略及再命允禵与青海台吉等议奏

康熙五十八年（1719）十二月辛酉

议政大臣、军前召至大臣、九卿等遵旨议复："送往新胡必尔汗兵八千，为势稍弱，应再添兵四千。令额驸阿宝亲身带厄鲁特兵五百名，副都统常龄带察哈尔兵四百名同往；其柴旦木驻防之都统阿尔纳处二千兵内，派一千五百名，令侍卫阿齐图等带领前往；大将军留驻穆鲁斯乌苏三千兵内，拨派一千六百名。此进藏之兵共一万二千名，派大臣一员，授为将军，给与印敕，令其统理。新胡必尔汗封为达赖喇嘛，应给印敕、名号等项，令各该处议奏，都统延信、楚宗、公策旺诺尔布、侍读学士常授等回时，令与大将军商酌。青海台吉等若实心送去，即将新胡必尔汗与兵马一同前往。若俟事定之日送去，令暂住衮穆布木庙内，先遣大兵将藏地攻取，令阿宝所领之五百兵并察哈尔四百兵、满汉二千兵、青海二千兵俱驻扎看守。再令都统法喇等酌量带兵，由巴尔喀木一路前进。噶尔弼、年羹尧亦派兵二千名，发往法喇军前。都统武格带往兵内，挑选满兵一千、绿旗兵二千，满兵令都统武格、副都统吴纳哈统领，绿旗兵令总兵官赵坤、马会伯统领，前往与法喇之兵会合。应于何日起程，何地会合之处，令大将军咨行商酌，约会一同前进。再将阿尔泰二万兵内，挑选一万五千，令裹带三月口粮，于六月下旬自布喇罕、布鲁尔两处前进。若策旺阿喇布坦不行防备，即深入袭击；若知觉防备，将兵速行带回。巴尔库尔一万三千兵内挑选一万，令三千兵轻骑袭击吐鲁番，二千兵轻骑袭击乌鲁木齐，所余五千兵，令其徐徐前进，接济袭击乌鲁木齐之后。此袭击之兵，俱令裹带两月口粮，于七月初旬与阿尔泰之兵约定前进。其袭击之兵及驻扎之兵令何人统领，进藏之兵于军前大臣内派何人为将军，及西宁等处提督总兵官内将何人派往之处，伏候谕旨。"

得旨："此议甚详。事务关系重大，著行令大将军等与青海台吉等公同定议具奏。"

（《圣祖实录》卷二八六）

康熙五十九年（1720）二月癸丑

寻年羹尧覆奏："四川总督印务，一时无可署理之人。定西将军之印，请交与噶尔弼管理，授为将军，率领兵丁进藏。并调都统法喇于打箭炉地方驻扎防守。"从之。

先是，抚远大将军允禵覆奏："臣遵旨传集青海王、台吉等会议进兵安藏及送新胡必尔汗往藏之事，其青海王、台吉等皆同心协力，情愿派兵随征，并请封新胡必尔汗掌持黄教。”至是，命封新胡必尔汗为弘法觉众第六世达赖喇嘛。派满汉官兵及青海之兵，送往西藏，其四十九旗扎萨克并喀尔喀泽卜尊丹巴胡土克图等，亦令遣使会送。

（《圣祖实录》卷二八七）

册封里塘呼毕勒罕（格桑嘉措）为七世达赖喇嘛

康熙五十九年（1720）二月二十七日

敕封弘法觉众第六辈达赖喇嘛之册文。

奉天承运皇帝诏曰：

朕经略万邦，不分内外，一视同仁，尚以化导，抚育众生。诚若秉持净意，恪谨王业，则必旌赐名号，以示褒赏。昔日达赖喇嘛弘扬道统，推兴西土之正教，表彰于禹甸，故蒙册封。尔自幼继承前业，恪勤戒律，钻研经典，深得各部落之信赖，是以特降慈旨，颁给册印，封尔为弘法觉众第六辈达赖喇嘛。[①] 著尔阐扬佛教，辅朕大业，勤于训导，恪遵勿怠。敬之。

（一史馆藏军机处满文录副奏折）

康熙皇帝敕封七世达赖金册[②]

奉天承运，当今大皇帝圣旨。

朕抚驭寰区，利益众生，凡内外人民皆不分彼此，视同一体，以平等仁慈相待。若真诚敬守，虔信佛法者，朕必嘉赏，优加崇封。是故先世各辈达赖喇嘛，即因宏扬西天佛法，而得中土崇高之敕封。现汝年幼，即接续前规，勤习经戒，精研三乘要义，笃奉圣教，特传谕嘉勉。赐予诏书、册印，加封汝为“弘法觉众六世达赖喇嘛”。望汝弘扬佛法，效忠朝政，勤习经典，精进不懈。

康熙五十九年（1720）二月吉日（金册以藏、蒙、满三种文字书写）

（郭冠忠等译自《历史档案选（藏文）》）

---

① 后称为七世达赖。

② 此系敕封格桑嘉措金册的藏文汉译稿。

抚远大将军允禵为护送
达赖喇嘛入藏坐床致班禅书

康熙五十九年（1720）三月

抚远大将军王致书班禅额尔德尼：“策妄阿喇布坦无故授给策零敦多布二枝兵队，袭取招地，扰乱佛法，全藏民众闻之，俱不心服。夫黄教者，总领蒙古图伯特阿木道之法礼大主，向来敬谨归服满珠舍利大圣汗，为万国所共仰瞻。乃策妄阿喇布坦者，准噶尔一平常台吉耳，与拉藏不合，私行戕害拉藏，并将各寺庙喇嘛等经典教化、熬茶唪经，俱行旷废，毁灭法源。我皇父不忍漠视图伯特遭受扰害，俞允青海哲布尊丹巴呼图克图、多尔济扎萨克、喀尔喀七旗各主官奏请，以呼必尔罕为真实达赖喇嘛，并颁给金册、金印，封为达赖喇嘛，送往招地坐床。班禅等得此，法统攸归，亦当为一代之大事，著班禅留坐高床，以师礼教训经典，俾使黄教广敷，众生安乐等大事，谕令本爵咨送等因。是以本爵、大臣等，及青海哲布尊丹巴呼图克图、多尔济扎萨克、喀尔喀七旗各主官众喇嘛等，共将达赖喇嘛送往招地坐床，以为广敷黄教，安乐众生。先已遣使，命与策零敦多布会同商议，谕以佛法道统安乐众生事大，兵戎事小，并不必付于战阵之间，若策零敦多布诚意维护佛法，则在招地等候本爵之大臣喇嘛等，和衷共议，以求完善广敷黄教；若策零敦多布意图反目，则当如何，已致书策零敦多布，举出此等缘由。再蟒缎二匹，绸四匹，已交本爵所遣使人携去，为此特咨。”

（原件藏一史馆）

为告知达赖喇嘛返藏坐床并
尊其为达赖喇嘛经师事谕五世班禅

康熙五十九年（1720）三月初四日

皇帝敕谕班禅额尔德尼：

朕临治天下，率土之民，各安生业，弘扬道统，垂诸久远。尔班禅额尔德尼前世与五世达赖喇嘛，自皇祖太宗皇帝始，遣使请安不绝，道统归一，洵属太平。直至尔代，阐扬释教，共遵道统。但策妄阿拉布坦潜行发兵，杀害拉藏汗，毁坏寺庙，驱散喇嘛，杀尔信任之仲科尔二人，贻误寺庙喇嘛行教，扰害土伯特民众，诸事不令尔作主。朕惧佛法将毁，土伯特民众遭殃，特命皇子为大将军，率军征讨准噶尔，拯救土伯特众民，阐扬道统。乃蒙古、青海、土伯特、藏、卫、喀木等地所有人等一致认定塔尔寺之灵童为达赖喇嘛之呼毕勒罕，朕鉴所有施主心愿，俯允所请，认定新呼毕勒罕为达赖喇嘛，派遣大军护送前来坐床。达赖喇嘛即便坐床，但年龄尚幼，经典未谙，知识甚浅，尔班禅额尔德尼承嗣释教，安辑众生，年份已久，年高德劭，今尊尔为达赖喇嘛之经师，引导经书，照先世达赖喇嘛之例，广兴黄教，朕有赖焉。

今特颁敕书，遣土观呼图克图，达喇嘛罗桑次成、噶久等赍往。并赐各色缎十匹，尔其祇领。

（原件满蒙藏文　西藏档案馆藏）

颁赐七世达赖喇嘛名号及金册金印诏

雍正元年（1723）六月二十二日

奉天承运皇帝敕谕达赖喇嘛：

朕抚临社稷，率土之民，得以安宁。因尔诚心扶持佛道，妙策广训，严守教法，引渡众生于善果，著袭上世封号。达赖喇嘛功德圆满，三昧之灯常明，在西域藏地弘扬释教密典，享大地之主恩泽，使圣祖皇帝之威名遍于卫藏。圣祖皇帝广赏西藏臣民，对尔更甚，朕闻尔睿智聪慧，心善意净，坐床之后，应广衍黄教，部众崇敬，众生信服，故敕封尔西天大善自在佛所领天下释教普通瓦赤喇怛喇达赖喇嘛名号，并赐金册、金印。尔应仰怀朕恩，推广佛道，引渡众生，所求如愿，使边陲土民安乐，以副朕怜爱之至意。特谕。

（原件藏文　西藏档案馆藏）

八世达赖喇嘛

为颁赐金印敕谕达赖喇嘛呼毕勒罕

乾隆四十五年（1780）十月乙卯

谕达赖喇嘛呼毕勒罕曰：“班禅额尔德尼因朕七旬万寿祝嘏来京，经朕问及，据奏尔年渐长成，深明经典，可兴黄教。闻奏不胜欣喜。朕俯临亿兆，中外视为一体，尔能奉持法律，普度群生，宜加优奖。尔前世荷蒙圣祖仁皇帝厚恩赏给金印敕封，今尔勤习经典，亦宜锡以金印敕封，俾大兴黄教，祝国裕民，以绵我大清亿万年无疆之景运。其图伯特事宜，仍照前世率领属下妥协办理。尔宜仰体朕心，始终勿怠。所有金册、银缎等物，俱交副都统乌尔图纳逊等前往赏赉。”

（《高宗实录》卷一一一六）

册封八世达赖喇嘛并改授册命制书

乾隆四十六年（1781）正月吉日

奉天承运皇帝制曰：

咨尔达赖喇嘛之瑚碧勒汗。昨班禅额尔德尼来自后藏庆祝七旬万寿，朕乃询尔年岁、学业。据奏，尔年已及岁，经文该博，夙慧圆成。志心利众生，继承法教，深惬朕怀。朕抚临寰宇，中外一家，亦赖梵教广宣，能仁普济。其能广布宗乘、使群心皈依者，宜颁封号，以彰懋奖。尔前身蒙圣祖恩眷，特封圆满教乘导引群生达赖喇嘛。今以尔慧性光明，该洽经典，爰自龆龀，承袭法教，志心利益，坚持戒律，使群部皈依释教，朕甚嘉之。兹特依前七辈达赖喇嘛之例，封尔为西天大善自在佛所领天下释教普通瓦赤拉呾喇达赖喇嘛，改授册命。尔尚宏宣法教，益广善缘，护国福民，以光我国家亿万年之休命。图伯特事务，悉依前辈达赖喇嘛之例，董率噶布隆等妥协商办，报明驻藏大臣转奏，俾图伯特阖境安宁，众生蒙福。

随册赍往银满达一、镀金银茶筒一、镀金银壶一、银杯一、五色哈达十、大小哈达五十、珊瑚朝珠一、蟒袍料一、靠背坐褥各一、黄缎九、红缎九、漳绒九、玻璃器十、瓷器十。遣副都统乌尔图那逊、果莽呼图克图、侍卫等赍往，其敬承无大公无斁。钦哉。

（一史馆藏宫中朱批奏折）

敕赐八世达赖玉册玉印

乾隆四十八年（1783）八月庚午

赐达赖喇嘛玉册玉宝。敕曰：“国家海宇清晏，民物敉宁，抚育中外，振兴黄教。自宗喀巴崇阐宗风，宣扬梵律，尔达赖喇嘛乃宗喀巴之法嗣，根敦噜布八转世身也。夙慧圆成，性身常住。十方供养，华夏皈依。先是，顺治年间，五转世达赖喇嘛，来京瞻觐，恩礼崇隆。自兹四世，咸倾心依向，广布教乘，宠渥有加焉。尔达赖喇嘛，教演禅宗，诚殷嗪祝，普天福寿，永世吉祥，诚国家道洽重熙，休和之盛事也。以尔性体纯全，法源广布，朕甚嘉焉。兹特加殊礼，锡之玉册玉宝。尔其祗领，供奉于普陀宗乘之庙（按：指布达拉宫），永镇法门，逢国庆典，用之章奏。其余奏书文移，仍用原印。尔膺兹宠锡，其益励清修，宏宣宗乘，副朕阐扬梵教，福佑群生至意，以广布尔前世达赖喇嘛之善缘。寿世福民，用光我国家亿万年之休命。钦哉。”

（《高宗实录》卷一一八六）

九世达赖喇嘛

准免达赖转世灵童金瓶签掣

嘉庆十三年（1808）二月乙亥

谕军机大臣等：“特清额奏途次接奉谕旨，驰赴西藏颁赐达赖喇嘛等赏件，并遵旨明白宣示一摺。所论俱是。此次呼毕勒罕出世，诸多征验，实为吉事有祥，殊堪嘉慰。特清额驰抵西藏后，当晓谕班禅额尔德尼、济咙呼图克图等，以从前指称呼毕勒罕出世，率多牵合附会，或仅小著灵验，不足凭信。仰蒙高宗纯皇帝特赏金奔巴瓶，饬令书名封贮，诵经签掣，以防弊混。今达赖喇嘛甫逾二岁，异常聪慧，早悟前身。似此信而有征，洵为从来所未有。设当高宗纯皇帝时，亦必立沛恩施，无须复令贮瓶签掣。但此系仅见之事，且征验确凿，毫无疑义，嗣后自应仍照旧章，不得援以为例。倘因稍有端倪，即附会妄指，一经查明，必当治以虚捏之罪。并著驻藏大臣等将此旨敬谨存记，一体钦遵办理。仍著特清额于颁赏达赖喇嘛呼毕勒罕时，令通事询问试验，如何灵敏出众之处，将实在情形详细复奏。”

（《仁宗实录》卷一五二）

玉宁等转奏达赖喇嘛
呼毕勒罕谢赏黄轿折

嘉庆十三年（1808）七月初一日①

奴才玉宁、文弼谨奏，为叩谢天恩，代为奏闻事。

① 朱批时间

顷奉圣上恩赏达赖喇嘛呼毕勒罕黄轿慈旨，奴才等恭宣达赖喇嘛呼毕勒罕。达赖喇嘛呼毕勒罕合掌跪聆，极为欣悦，当即望阙行九叩礼，告称：大圣皇帝之恩，小僧感激不尽，敬备谢恩哈达一方、佛一尊，请大臣等转奏。等语。谨将达赖喇嘛呼毕勒罕所献哈达、佛尊之匣复行加封，恭呈御览。为此谨奏。

嘉庆十三年七月初一日奉朱批：知道了。钦此。

（一史馆藏军机处满文月折档）

玉宁等转奏达赖喇嘛为恭奉圣旨择定师傅谢恩折

嘉庆十三年（1808）七月十二日[①]

奴才玉宁、文弼谨奏，为叩谢天恩，代为奏闻事。

奴才等恭奉圣主加恩以嘉勒萨来呼图克图为达赖喇嘛正师傅，赏诺门罕名号，第穆呼图克图为达赖喇嘛副师傅之慈旨，即传谕达赖喇嘛、嘉勒萨来呼图克图、第穆呼图克图。达赖喇嘛率嘉勒萨来呼图克图、第穆呼图克图，望阙叩谢天恩，合掌跪称：大圣皇帝之恩，委实感激不尽，别无奏言，惟有专心研习经典，以仰副大圣皇帝振兴黄教之至意，敬献哈达一方、佛一尊，请大臣等代为转奏。等语。谨将达赖喇嘛、嘉勒萨来呼图克图、第穆呼图克图所献佛尊贴签加封，恭呈御览，伏乞圣鉴。谨奏。

嘉庆十三年七月十二日奉朱批：知道了。钦此。

（一史馆藏军机处满文月折档）

谕七世班禅教导达赖喇嘛呼毕勒罕佛法

嘉庆十三年（1808）八月十三日

奉天承运皇帝诏曰：

谕班禅额尔德尼。适才据喇嘛尔、济隆呼图克图等共同奏请：丹增吹钟之子自降生以来，多有吉祥佳兆，可作为达赖喇嘛之呼毕勒罕等情。朕特逾格施恩照尔等所请将丹增吹钟之子免予掣签，即定为达赖喇嘛之呼毕勒罕矣。故此喇嘛尔进奏表叩恩，恭献佛尊哈达等礼物，并奏请朕安。朕览之，甚为嘉悦。此前已派遣喀喇沁亲王衔杜楞郡王曼珠巴扎尔前往藏

① 朱批时间

地，于今年九月二十二日看视达赖喇嘛之呼毕勒罕坐床。惟达赖喇嘛之呼毕勒罕甚年少，仍须喇嘛尔护佑指教，喇嘛尔仰副朕兴扶佛教之至意，经常指导达赖喇嘛之呼毕勒罕，勤习经艺，以期照前世达赖喇嘛弘扬黄教，永沐朕恩。勉之勿怠。今使者堪布返回，特问候喇嘛尔好，随敕赏尔蓝宝石佛珠一串，漆碗四只、妆缎一匹、大八丝缎一匹、小八丝缎一匹、小五丝缎一匹、大荷包一对、小荷包二对，交付使者堪布炊诚朋楚克携回。至时祗领。特谕。

（西藏档案馆藏）

十世达赖喇嘛

谕令九世达赖喇嘛
转世灵童依制掣签认定

嘉庆二十四年（1819）三月戊申

谕军机大臣等："玉麟等奏，藏中僧俗人等求定达喇嘛呼毕勒罕一摺，甚属非是。从前各处呈报呼毕勒罕出世，每多附会，争端渐起，弊窦丛生。皇考高宗纯皇帝洞烛其情，设金奔巴瓶缄名掣定之制，睿谟深远，自当万世遵行。今里塘所报幼孩，其所述灵异，何足征信？若遽听其言，与从前指定一人者何异？玉麟等不严行驳饬，实为错误，著传旨申饬。此次里塘幼孩，即作为入瓶签掣之一。俟续有报者，再得其二，方可将三人之名，一同缄封入瓶，照定制对众讽经，掣签。著将此旨明白传谕第穆呼图克图，毋许再渎。若来京求请，即查拿治罪。将此传谕知之。"

（《仁宗实录》卷三五五）

文干等奏拟定达赖喇嘛呼毕勒罕坐床日期请旨遵办折

道光二年（1822）二月二十五日

奴才文干、灵海跪奏，为拟定达赖喇嘛呼毕勒罕坐床吉期，请旨遵办事。

窃奴才等准噶勒丹锡呼图萨玛第巴克什咨称：达赖喇嘛为唐古特僧俗、蒙古各部落及附边番夷素所崇信，年来盼望呼毕勒罕出世，众意甚殷。今经恪遵谕旨签掣得达赖喇嘛之呼毕勒罕，群情悦服，诸事吉祥，应请及早坐床，阐扬黄教。溯查九辈达赖喇嘛坐床时年甫四岁，此次掣定之呼毕勒罕年已七岁，则坐床尤不可迟。兹班禅额尔德尼会同选择，八月初八日接达赖喇嘛呼毕勒罕至布达拉坐床最为上吉。等情。咨请代奏前来。

奴才等查嘉庆十三年二月九辈达赖喇嘛出世，系九月间坐床，维时年甫四岁。此次达赖喇嘛呼毕勒罕年已七岁，灵敏异常，可否即准坐床，以纾唐古特僧俗人等皈依之诚悃，出自圣主天恩。再查上届（掣）定呼毕勒罕时，曾钦派成都将军特清额颁赏来藏，班禅额尔德尼及办理商上事务济咙呼图克图均沾恩赐。迨坐床时又赏银物，交照料达赖喇嘛坐床之王、大臣等顺赍来藏。此次达赖喇嘛之呼毕勒罕系照例写签入瓶掣定，如亦仰蒙天恩赏赉，或俟照料坐床之王、大臣并赍来藏，分别颁赐，以归简易之处，恭候圣裁。

谨将上届办理达赖喇嘛坐床事宜节次钦奉谕旨及颁赏银物数目清单，恭录咨送军机处备查外，所有拟定达赖喇嘛坐床吉期，理合据咨恭折具奏，伏乞皇上圣鉴，训示遵行。谨奏。

朱批：另有旨。

（一史馆藏宫中朱批奏折）

谕令文干等看视十世达赖坐床

道光二年（1822）三月乙亥

又谕：“达赖喇嘛之呼毕勒罕于八月初八日坐床。届期即派文干会同成都副都统苏冲阿及章嘉呼图克图看视。章嘉呼图克图由京驰往，著由广储司赏银三百两制办行装。所有颁赏达赖喇嘛等之敕书、例赏等件，著理藩院拣派司员二人，一同照料，驰驿赍往分赏。”

（《宣宗实录》卷三一）

谕准达赖、班禅更换金册

道光十五年（1835）七月初七日

文蔚等奏，查明达赖喇嘛、班禅额尔德尼请换金册一折。前因理藩院修办喇嘛事例，奏请饬查呼图克图印信册敕事宜。兹据该大臣等奏称：达赖喇嘛现已及岁，受戒坐床，与早经受戒坐床之班禅额尔德尼均只有金印，未经赏给金册。达赖喇嘛、班禅额尔德尼俱著赏给金册，该衙门照例颁给。

（《清代藏事辑要》卷六）

长龄等奏达赖、班禅更换金册请按旧例办理折

道光十七年（1837）四月初九日

管理理藩院事务大学士威勇公臣长龄等谨奏，为请旨事。

据驻藏大臣文蔚等奏，遵照新例，应行填写此辈达赖喇嘛、班禅额尔德尼金册，送院呈请填写。等因前来。查历次达赖喇嘛、班禅额尔德尼转世坐床后，即将赐伊前辈之金册送京，更换另錾现在第几辈字样，钦派大臣、呼土克图前往颁给。其前辈旧册，即交造办处溶化备用之处，于乾隆四十五年由军机处查明具奏在案。前于道光十四年新定则例，维时该堂司各员未经查明旧案，率请嗣后凡遇应行更换金册之时，无庸另造，即在旧册后添錾第几辈字样，拟定奏明颁行亦在案。

臣等今查达赖喇嘛始自第五辈，彼时金册久已更换溶化。若以现在送到之第八辈金册为始，不但于体制未符，且更改旧章，恐致达赖喇嘛及西藏各番众转生疑惧，殊未妥协。相应请旨，所有此次颁赏达赖喇嘛、班禅额尔德尼金册，仍遵旧制办理，以期周备。

再，理藩院所存档案内，溯查自乾隆四十五年起，至道光二年止，每遇达赖喇嘛、班禅额尔德尼坐床并圆寂后，均钦派大臣、呼图克图前往照料及颁赏布彦银两，并无一定章程，亦无一定人数。即此次送到第八辈达赖喇嘛金册内，錾有赏给银曼达、金银茶筒、珊瑚朝珠、蟒袍、漳绒、玻璃器等物。而班禅额尔德尼金册内，又无颁赏物件。现在理藩院详查，并无此案。

查，历次奏派大臣颁赏物件，皆由军机处开单请旨，奏准后，应理藩院办理者交臣院办理，其余均在军机处存案，臣院不能周知。谨将现在理藩院所存档案开写略节呈览，相应请旨，嗣后仍照旧章，由军机处随时查照前案办理，庶免遗漏。其道光十四年新定则例内，此条应即销除。所有十四年改办新例，未经查明旧制之理藩院堂司各员，应请旨交部查取职名，照例议处。是否有当，伏祈皇上训示遵行。谨奏。

（一史馆藏军机处录副奏折）

十一世达赖喇嘛

孟保等奏为达赖喇嘛转世灵童现已访得四名拣派藏员查验折

道光二十年（1840）十月二十三日

奴才孟保、海朴跪奏：为达赖喇嘛之呼毕勒罕出世，现有幼子四名，拣派番目前往查验缘由，先行恭折奏闻，仰祈圣鉴事。

窃查达赖喇嘛之呼毕勒罕未经出世，已逾三年，唐古特僧俗仰望甚殷，奴才等曾经咨催噶勒丹锡呼图萨玛第巴克什派人作速访查去后。兹据报称：西藏所属之桑昂曲宗及打箭炉所属孔萨等处，于道光十八、十九两年，先后出有幼子四名，均有吉祥佳兆。等情。据报前来。奴才等现经咨行萨玛第巴克什差派商上之番目仔仲等，已于七月十九日分起前往查验。俟查有切实灵异禀复到日，奴才等再行恭折具奏办理外，所有达喇嘛之呼毕勒罕出世，现有幼子四名，业经前往查验缘由，先行恭折具奏，伏乞皇上圣鉴。谨奏。

朱批：知道了。

（一史馆藏宫中朱批奏折）

孟保等奏择定达赖喇嘛呼毕勒罕坐床日期请旨折

道光二十一年（1841）六月初八日

奴才孟保、海朴跪奏：为据咨拟择达赖喇嘛呼毕勒罕坐床吉期，请旨遵办事。

窃奴才等据噶勒丹锡呼图萨玛第巴克什咨称：达赖喇嘛为唐古特僧俗、蒙古各部落及附边番夷素所崇信。今经掣得达赖喇嘛之呼毕勒罕，群情悦服，诸事吉祥，现在前藏迤东之口甲寺居住，应请及早坐床，阐扬黄教。兹班禅额尔德尼会同选择来年四月十六日接达赖喇嘛至布达拉山坐床最为上吉。等情。咨请代奏前来。

奴才等溯查嘉庆十三年，其九辈达赖喇嘛之呼毕勒罕四岁时即已坐床，此次达赖喇嘛呼毕勒罕年亦四岁，灵敏异常，可否即准坐床之处，出自圣主天恩。

所有据咨拟择达赖喇嘛呼毕勒罕坐床吉期，理合恭折具奏，伏乞皇上圣鉴，训示遵行。谨奏。

朱批：另有旨。

（一史馆藏宫中朱批奏折）

关于十一世达赖坐床事谕内阁

道光二十一年（1841）七月丁卯

谕内阁："达赖喇嘛呼毕勒罕于明年四月十六日坐床。所有颁给敕书赏赉等件，著理藩院拣派司员二人，驰驿赍往。沿途经过直隶，山西、陕西、四川等处地方著各该督抚派委道、府、副、参大员妥为护送。并著宝兴于司库提银一万两，俟该司员等到省时，交给带往，一并赏给达赖喇嘛。至打箭炉以西，著该督知会前途，照例豫备马匹，勿致迟误。"

（《宣宗实录》卷三五四）

册封十一世达赖喇嘛敕书

道光二十一年（1841）八月吉日

奉天承运皇帝制曰：

咨尔达赖喇嘛。

朕抚临环宇，敷锡兆民，期一道以同风，冀九垓之遍德，亦赖洪宣梵义，普结善缘，导引群生，同参胜果，其有能通上乘、继阐正宗，使诸部愚蒙悉资开悟者，宜加懋奖，允沛宠封。兹以尔慧性深沉，经文谙习，既著灵于龆岁，益坚戒律于壮年。承袭以来，皈依者众，朕甚嘉之。特依前辈达赖喇嘛之例，封尔为西天大善自在佛所领天下释教普通瓦赤拉怛喇达赖喇嘛，改授金册。尔尚振修黄教，主持乌斯，本利济以佑民，迓庥祥而护国。所有图伯特事务，其悉依例，董率噶布伦等妥协商办，报明驻藏大臣转奏，俾图伯特阖境延厘，众生蒙福，弥勤启迪，用副绥怀。

兹随册赍往银满达一、镀金银茶筒一，镀金银执壶一、银钟一、珊瑚朝珠一、绣蟒袍面一、黄妆缎靠背、坐褥各一、大小哈达五十、五色哈达十、黄缎九、红缎九、漳绒九、玻璃器十、瓷器十。尔其敬承，以光我国家亿万年无疆之休命。钦哉。

（西藏档案馆藏）

为坐床事敕谕达赖喇嘛呼毕勒罕

道光二十一年（1841）八月十七日

奉天承运皇帝诏曰：

谕达赖喇嘛之呼毕勒罕。朕抚驭天下，惟期率土之民，各安生业，推兴政教。顷据驻藏大臣奏称：呼毕勒罕尔自降生以来，均有吉祥佳兆，容貌端庄，举止大方，熟谙经典，能辨识前世达赖喇嘛所供佛尊用物，全藏僧俗之所见所闻，皆倾心悦服，故择于五月二十五日，著布达拉宫之众呼图克图预先诵经七日，班禅额尔德尼等虔诚祝祷诵经之后，与驻藏大臣一同于布达拉宫供奉之高宗纯皇帝圣像前叩拜，由金奔巴瓶内掣出尔名等情。朕览奏，甚为愉悦，即降谕著尔作为达赖喇嘛之呼毕勒罕，又降谕特遣驻藏首席办事大臣孟保、成都副都统席孟格、章嘉呼图克图等于道光二十二年四月十六日共同看视，著呼毕勒罕尔于布达拉宫坐床等因咨文。仍将赏尔诸项什物交付理藩院司员携往以外，又逐项缮写汉字清单，交付孟保等带往，至时呼毕勒罕尔祗领之。今呼毕勒罕正值聪明长进之时，理宜感戴朕施鸿恩，专心学习所有经典，弘扬黄教，俾僧俗众人安居，勿得怠惰。特谕。

（西藏档案馆藏）

十二世达赖喇嘛

内阁奉上谕著遵成例掣签
认定达赖喇嘛呼毕勒罕

咸丰七年（1857）十一月十七日

（内阁）又奉谕旨：满庆奏请达赖喇嘛呼毕拉罕颖悟三幼童一折。自达赖喇嘛涅槃已及二年，兹据满庆奏称，其颖悟异常显著瑞灵三幼童，实属祥瑞之事，朕心悦慕。著照所请，即遵成例将此三幼童之名附入金桶〔瓶〕唪经，敬谨掣签，□〔掣〕定呼毕勒罕。嗣经掣定后，由驿奏闻。余著照所奏。

（一史馆藏内阁起居注）

内阁奉上谕允准掣定达赖喇嘛呼毕勒罕及命名

咸丰八年（1858）三月初一日

（内阁）又奉谕旨：满庆奏查验达赖喇嘛之呼毕尔罕出世之幼子掣定奏闻一折。本年正月十三日，驻藏大臣会同呼征阿奇图呼图克图、堪布喇嘛率同众喇嘛唪经，由金瓶将番民朋错测旺之子明珠尔丹测加木错之名掣出。〔掣〕定呼毕尔罕之时，因班禅额尔德尼之呼毕尔罕尚未及岁，不能命名，是以呼征阿奇图呼图克图按佛道伊师达赖喇嘛之呼毕尔罕，即以阿旺洛布桑丹巴加木赞琛呼加木错命名。此甚属吉祥，朕心不胜欣悦。惟该呼毕尔罕年甫三岁，居住（布）达拉山附近寺内，著呼征阿奇图呼图克图留心善事，俟及岁后，应坐床之一切事务，著满庆妥为办理，照例具奏。

（一史馆藏内阁起居住）

内阁奉上谕著派满庆、恩庆赴藏看视十二世达赖喇嘛坐床

咸丰九年（1859）十月初三日

（内阁）又奉谕旨：达赖喇嘛呼毕勒罕于明年七月初三日坐床，著派满庆、恩庆前往看视，所有颁给敕书、赏赉等件，著理藩院拣派司员二人驰驿赍往。其沿途经过直隶、山西、陕西、四川等处地方，著各该督抚派委道、府、副、参大员，妥为护送。并著有凤于司库提银一万两，俟该司员等到省时交给带往，一并赏给达赖喇嘛。至打箭炉以西，著该督知会前途，照例预备马匹，勿致迟误。

（一史馆藏内阁起居注）

敕谕达赖喇嘛呼毕勒罕特派驻藏大臣看视坐床

咸丰九年（1859）十月十一日

奉天承运皇帝敕谕达赖喇嘛之呼毕勒罕：

朕抚临大下，率土之民，各安生业，弘扬道统。顷据驻藏大臣满庆奏称，尔呼毕勒罕自出世以来，吉兆祥瑞，慧性湛深，举止端庄，谙习经典，稔知前辈达赖喇嘛祭佛用物。全藏僧俗所见所闻，皆倾心向化。择正

月十三日，热振呼图克图等虔诚祝祷诵经之后，会同驻藏大臣于布达拉寺供奉高宗纯皇帝圣像前叩拜，由金本巴瓶抽中尔名，等情。朕甚愉悦。即降旨将尔作为达赖喇嘛之呼毕勒罕，特遣驻藏办事大臣满庆、恩庆于咸丰十年七月初三日共同看视，扶尔呼毕勒罕于布达拉寺坐床。随敕赐尔各项什物，除着理藩院司员置办以外，并遣使缮汉文清单交满庆等赍往，至时祗领。今呼毕勒罕适值聪慧抚育之际，理应感戴朕之鸿恩，所有经典，善自研习，以推兴黄教，安抚僧俗众生。勉之勿怠。特谕。

（原件满蒙藏文　西藏档案馆藏）

为坐床事敕谕达赖喇嘛呼毕勒罕

奉天承运皇帝诏曰：

谕达赖喇嘛之呼毕勒罕。朕统驭天下，惟期率土之民，各享安居之福，推兴政教。顷据驻藏大臣奏称：呼毕勒罕尔降生以来，均有吉祥佳兆，性貌端庄，举止大方，熟谙经典，能辨识前世达赖喇嘛所供佛尊用器，卫藏僧俗众人之所见所闻，皆倾心归顺，故择正月十三日，令布达拉宫众呼图克图预先诵经七日，热振呼图克图等虔诚祝祷诵经之后，与驻藏大臣一同于布达拉宫高宗纯皇帝圣像之前掣签，由金奔巴瓶掣出尔名等情。朕览奏，甚为嘉悦，即降谕令尔为达赖喇嘛之呼毕勒罕。且又降谕特遣驻藏办事大臣满庆、恩庆令呼毕勒罕尔于布达拉宫坐床等因咨文。将赏尔之诸项物件交付理藩院司员携往以外，并逐项缮写汉字清单咨呈，满庆抵达之后，呼毕勒罕尔祗领之。今呼毕勒罕正值聪慧长进之时，理宜感戴朕施鸿恩，专心学习所有经典，弘扬黄教，俾僧俗众人均获安康太平，勿得怠惰。特谕。

咸丰十年（1860）十月十一日

（西藏档案馆藏）

景纹为协理商上事务呼图克图等请准达赖喇嘛坐床后仍用前辈金册代奏折

同治六年（1867）七月初三日

奴才景纹跪奏，为据情代奏，仰祈圣鉴事。

窃据协理商上事务呼图克图罗布藏青饶汪曲率同噶布伦、总堪布并三大寺各领袖及商上供职大小番目等公同禀称：历辈达赖喇嘛坐床后，应将大皇帝原赏金册缴存驻藏大臣衙门，由藏专差赍送四川，由四川派员赍送进京更换，始请颁赏新册十三页或十六页不等。兹现在达赖喇嘛已于咸丰十一年七月初三日坐床，应即按照旧章办理。但现值内地军务未靖，道路多阻，辗转羁迟，途次或有疏虞，深恐有负大皇帝重恩。复查第十辈达赖喇嘛阿旺洛桑甲木巴勒丹增楚称甲错，原有九辈达赖喇嘛金册、金印，曾经前任驻藏大臣奏明，准其照旧钤用，未经请换。今现在达赖喇嘛领有十一辈达赖喇嘛金册十三页，以此，商上同三大寺僧俗供职大小番目等公同合词仰恳天恩，逾格赏将前辈达赖喇嘛阿旺洛桑丹贝卓密凯珠甲木磋原领金册十三页，自此辈达赖喇嘛起，照旧掌管，嗣后接辈，均请免其更换，俾免往返。如蒙俞允，则阖藏僧俗顶戴无既。各等情。据此，奴才查该商上因现在内地军务未靖，道路梗阻，恐专差往返羁迟，或途次稍有疏虞，致负皇上天恩。奴才复〔查〕与十辈达赖喇嘛未经请换金册成案相符，是以据情代奏。是否有当，伏乞两宫皇太后、皇上圣鉴训示。谨奏。

军机大臣奉旨：著照所请。该衙门知道。钦此。

（一史馆藏宫中朱批奏折）

十三世达赖喇嘛

松溎奏据情代奏达赖喇嘛呼毕勒罕免予掣签折

光绪三年（1877）五月十一日

奴才松溎跪奏，为据情代陈叩恳天恩，仰祈圣鉴事。

窃据掌办商上事务通善济咙呼图克图阿旺班垫曲吉坚参率领阖藏大众公同禀称：虔心卜算，认真念经，访获达赖喇嘛之真正呼毕勒罕出世地方灵异幼子仅止一处，其余报出两处，均无足凭。恭递夷禀大众切结异兆清单，祈为代奏，叩恳天恩，准其将灵兆异常之真正呼毕勒罕幼子接来，照例驻藏大臣会同班禅额尔德尼验看明确，即作为达赖喇嘛之呼毕勒罕，再行奏明，定期披剃、坐床，专此叩恳恩施，可否免其掣瓶，以孚众望，庶其无甚灵异之辈不能混淆。等因前来。

奴才伏查，该呼图克图所称俱系实情，诚恐藏属福薄，以致以假惑真，而失众望。可否之处，出自逾格鸿慈，奴才未敢擅便，据情直陈，谨将原禀切结灵异清单，译缮妥协，送军机处，以备察核。此系因时制宜，嗣后不得援以为例。伏乞皇太后、皇上圣鉴训示遵行。谨奏。

军机大臣奉旨：另有旨。钦此。

（一史馆藏宫中朱批奏折）

敕命十二世达赖转世灵童免予掣签

光绪三年（1877）六月戊子

驻藏办事大臣松溎奏请将访获灵异幼童可否免其掣瓶，即作为达赖喇嘛之呼毕勒罕一摺。得旨："工噶仁青之子罗布藏塔布克甲木错即作为达赖喇嘛之呼毕勒罕，毋庸掣瓶。"

（《德宗实录》卷五二）

松溎等为传谕达赖喇嘛转世灵童免予掣签事致摄政札

光绪三年（1877）八月二十九日

本大臣已于五月十一日奏请确认达赖喇嘛转世灵童事在案。八月二十九日奉到光绪三年六月二十九日朱批谕旨：驻藏大臣松溎奏请将访获灵异幼童可否免其掣瓶即作为达赖喇嘛之呼毕勒罕一折，得旨：工噶仁青之子罗布藏塔布克甲木错即作为达赖喇嘛之呼毕勒罕，毋庸掣瓶。钦此。

恭录圣旨并译行呼图克图遵照执行，并将尔等执行情况，及时呈报本衙门。

（原件藏文　西藏档案馆藏）

松溎奏陈商上拟定十三世
达赖喇嘛坐床日期请旨遵办折

光绪五年（1879）二月初九日

奴才松溎跪奏，为商上拟定达赖喇嘛之呼毕勒罕坐床日期，恭折驰陈，请旨遵办，仰祈圣鉴事。

窃据掌办商上事务通善济咙呼图克图阿旺班垫曲吉坚参禀称：恭照向章，达赖喇嘛之呼毕勒罕均于四岁坐床。此次第十二辈达赖喇嘛之呼毕勒罕已及四岁，灵敏异常，僧俗番众，盼望至切。兹特敬谨求神问佛，诚心占卜，惟有六月十三日最为上吉，拟于是日迎接达赖喇嘛之呼毕勒罕至布达拉山坐床，以符〔孚〕众望，恳请代奏，仰邀恩旨。等情前来。

奴才查达赖喇嘛坐床乃阖藏吉祥佳事，自应倍加慎重，可否准如商上所请之处，出自逾格鸿慈。

所有拟定坐床日期，恭折据情代奏，伏乞皇太后、皇上圣鉴，训示遵行。谨奏。

军机大臣奉旨：另有旨。钦此。

（一史馆藏宫中朱批奏折）

松淮奏请达赖喇嘛坐床后免换金册片

光绪五年（1879）二月初九日

再，据禀称历辈达赖喇嘛坐床后，应将原赏金册缴还，经前大臣景纹据情代奏，恳请自第十二辈达赖喇嘛起，所有金册照旧遵用，嗣后接辈，均免更换。奉旨：著照所请，该衙门知道。钦此。钦遵在案。此次仍恳恩施，毋庸更换。等情前来。可否之处，据情附片，谨奏请旨。

军机大臣奉旨：著照所请。该衙门知道。钦此。

（一史馆藏宫中朱批奏折）

附　关于褫革和开复十三世达赖喇嘛名号

有泰为达赖喇嘛潜逃乞代奏暂行褫革其名号班禅暂来拉萨主持黄教致外务部电

光绪三十年（1904）七月十一日

外务部。洪密。王爷、大人钧鉴：

炉递艳、冬二电，计已入览。英人所约八条，经督饬委员苦口开导，该番众虽未能全行遵照，却稍有头绪。惟达赖喇嘛于前月十五昏夜潜逃，询及商上僧俗番官，佥云不知去向。查本年战事，该达赖实为罪魁，背旨丧师，拂谏违众，及至事机逼迫，不思挽回，及复遁迹远扬，弃土地而不顾，致使外人藉口，振振有词。且布达拉山上供有圣容，该达赖亦不敬谨保护，辜恩种种，未便姑容，相应电陈，乞代奏请旨，将达赖喇嘛名号暂行褫革，以肃藩服而谢邻封。并请旨饬令班禅额尔德尼暂来前（藏）主持黄教，兼办交涉事务。是否有当，伏候钧裁。除将该达赖劣迹再恭折详陈外（原文如此，似有误。）

有泰叩。真。印

（《有泰奏牍》，见《清季筹藏奏牍》）

谕军机大臣著将达赖喇嘛名号暂革由班禅暂摄

光绪三十年（1904）七月十六日

又谕：电寄有泰。电奏悉，著即将达赖喇嘛名号暂行革去，并著班禅额尔德尼暂摄。

（《德宗实录》卷五三三）

有泰为遵旨革除十三世达赖喇嘛名号暂由九世班禅代理事给甘丹池巴札

光绪三十年（1904）七月二十五日

钦差驻藏大臣有泰为译行事。

光绪三十年七月二十五日奉电旨：有泰电奏悉。著将达赖喇嘛名号暂行革去，并著班禅额尔德尼暂摄，余著照所议办理。钦此。合亟恭录译行，除传谕班禅额尔德尼外，特译行尔摄政甘丹池巴，遵旨即刻遣派西藏僧俗官员前往日喀则，将班禅额尔德尼迎至拉萨，暂摄怙主达赖喇嘛之职，以便商榷重大事宜。并将遣派迎请班禅额尔德尼之僧俗官员职衔具册呈报，以备核查。

特此译行甘丹池巴。

（原件藏文　西藏档案馆藏）

关于十三世达赖潜逃事谕旨

光绪三十年（1904）九月丁丑

驻藏办事大臣有泰奏："藏番与英兵开衅，达赖喇嘛平日跋扈妄为，临事潜逃无踪。请褫革达赖喇嘛名号。"

《（德宗实录》卷五三五）

光绪三十年（1904）九月已亥

又谕："电寄德麟。电悉。达赖喇嘛被难逃出求救，请为代奏等语。著德麟迅即派员，迎护到库，优加安抚，以示朝廷德意。"

（《德宗实录》卷五三五）

光绪三十年（1904）九月辛丑

谕军机大臣等："电寄德麟。昨据电奏，达赖喇嘛求救，已有旨谕令优加安抚。现派延祉前往库伦迎护。延祉未到任以前，仍著德麟妥为照料。"

（《德宗实录》卷五三五）

光绪三十年（1904）十一月甲申

又谕："电寄延祉，电悉。据称天气太寒，行路不便，著准该喇嘛在库伦过冬，以示体恤。一俟春融，仍著延祉偕同前往西宁，毋稍迟缓。"

（《德宗实录》卷五三七）

关于开复十三世达赖名号、晋京觐见等谕旨

光绪三十年（1905）七月壬申

谕军机大臣等："电寄延祉。延祉现已补授库伦办事大臣。所有达赖喇嘛回藏即著该大臣遴派廉干妥员，沿途护送。仍著切催该达赖喇嘛一俟病痊，及早启程，毋再延缓。"

（《德宗实录》卷五四七）

光绪三十一年（1905）七月己丑

驻藏办事大臣有泰奏："请开复达赖名号以顺番情。"得旨："著俟达赖喇嘛由库伦起程后，再降谕旨。"

（《德宗实录》卷五四七）

光绪三十一年（1905）十月丁巳

又谕："电寄延祉，电悉。现在天气已寒，达赖喇嘛著准其在喀尔喀暂住过冬。一俟春融，仍著前往西宁。并著该将军大臣等，妥为羁縻，毋令他往。"

（《德宗实录》卷五五〇）

理藩部奏为令达赖预先
赴塔尔寺恭候受封折

光绪三十四年（1908）十一月初十日

谨奏为达赖喇嘛受封，拟请变通办理，恭折具陈仰祈圣鉴事。窃查达赖喇嘛蒙恩加封“诚顺赞化西天大善自在佛”，经礼部会同臣部声明定例，应由内阁撰拟敕书，恭请钦派正副使各一员，持节往封等因，议复奏明在案。惟查现值大行太皇太后、大行皇帝大事，加封达赖喇嘛礼节于百日内未便奉行，而达赖喇嘛在京不服水土，若令其久候，转不足以示体恤。臣等公同商酌，拟请变通办理，令达赖喇嘛先行起程，至西宁塔尔寺恭候受封。俟敕书缮齐呈览后，交臣部由驿递送交西宁办事大臣，就近赴塔尔寺往封。达赖喇嘛于受封后，即遵前旨回藏。可否之处，恭候钦定。一俟命下，再由臣部会同礼部，恭拟敕封礼节，奏明办理。所有达赖喇嘛受封拟请变通办理缘由，理合恭折具陈，伏乞皇上圣鉴训示。谨奏。

（原件藏一史馆）

孙家鼎等奏内阁遵旨撰拟加封达赖喇嘛封号敕谕文底进呈请旨折

光绪三十四年（1908）十二月十三日

大学士臣孙家鼐等谨奏，为恭折奏闻，仰祈圣鉴事。

准礼部文称：本部议奏，本年十月初十日内阁奉上谕，朕钦奉慈禧端佑康颐昭豫庄诚寿恭钦献崇熙皇太后懿旨，达赖喇嘛上月来京陛见，本日率徒祝嘏，备抒悃忱，殊堪嘉尚，允宜特加封号，以昭优异。达赖喇嘛业经循照旧制封为西天大善自在佛，兹特加封为诚顺赞化西天大善自在佛。其敕封仪节，著礼部、理藩部会同速议具奏。等因。钦此。钦遵抄出到部。臣等查敕封定例，由部请颁诏敕，差正、副使各一员，持节往封；得旨：移内阁撰诏敕，行执事各衙门预备各项事宜；又达赖喇嘛册文用满、汉、蒙古、唐古忒四体。各等语。今敕封达赖喇嘛，拟请酌照办理，恭候命下，行内阁撰拟敕书，缮写满、汉、蒙古、唐古忒四体文字，等因前来。

臣等查照礼部来文，当即敬谨撰拟敕谕文底一道，缮单恭呈御览。伏候命下，照例缮写敕书一道，知会交泰殿，请用御宝后颁发。理合恭折具奏，伏乞圣鉴。谨奏。

附　加封十三世达赖为顺诚赞化西天大善自在佛敕谕文

皇帝谕达赖喇嘛：朕维锡之恩礼，九经夙重怀柔，属在方舆。五服咸殷拱向。聿彰黄教，特沛丹纶。尔达赖喇嘛，道衍西方，忱倾北阙。献琛自远，奉万系之皇图，祝嘏维虔，效三呼于灵岳。是以降敕，加封尔为诚顺赞化西天大善自在佛。尔其永持戒律，益阐宗风，怀信义于中朝，遵典章于主国，辑和番俗，慎固边陲，用副嘉名，允应洪贶。钦哉。特敕。

（一史馆藏内阁敕谕）

庆恕奏敕封达赖喇嘛名号礼成折

宣统元年（1909）二月二十一日

全（衔）庆（恕）奏，为敕封达赖礼成复命，恭折仰祈圣鉴事。

前准理藩部咨称，准礼部如照本部会奏敕封达赖喇嘛礼节一折，于本年十二月初三日具奏，奉旨：依议。钦此。钦遵。抄出到部。相应抄录原奏，咨行西宁办事大臣遵照办理。等因。查原奏内称，谨拟俟奉到敕书，即由理藩部饬驿递至西宁，交西宁办事大臣就近奉敕往封。等语。钦此。奴才自应遵照办理。

查，奴才于上年十二月三十日奉到部文，达赖于本年正月二十九日始行抵西宁，在宁小住数日，于二月初七日即驰赴塔尔寺住坐。奴才择于十三日敬赍敕书往封，先行知照达赖预备。届期奴才率同道府，按照礼部所议礼节，前往塔尔寺敬谨敕封。达赖受封后，即恭设香案，望阙叩谢天恩，欢喜之忱，形于颜色，即请代进佛一座、哈达一方，以伸诚敬。礼毕，奴才即率官回署。

所有奴才敕封礼成复命及达赖感激下忱，理合恭折具奏，伏乞皇上圣鉴。谨奏。

（一史馆藏会议政务处档）

敕封历辈班禅额尔德尼

五世班禅额尔德尼

“班禅额尔德尼”名号的确定

康熙五十二年（1713）正月戊申

谕理藩院：“班禅胡土克图为人安静，熟谙经典，勤修贡职，初终不倦，甚属可嘉。著照封达赖喇嘛之例，给以印册，封为班禅额尔德尼[①]。

（《圣祖实录》卷二五三）

册封五世班禅额尔德尼名号敕谕

康熙五十二年（1713）正月二十二日

奉天承运皇帝敕曰：

朕抚临环宇，慈爱众生。凡恪守戒律循规，为人安静、勤奋修道者，将颁赐封号，以示朕嘉奖之至意。尔班禅历辈遵奉法教，为人安静，熟谙经典，勤修贡职，初终不倦，致使佛教得以弘扬，甚属可嘉。尔出于心悦至诚，遣使前来请安进贡。故朕特赐尔敕谕，颁金册、金印，封赐班禅额尔德尼名号。札什伦布寺所属各寺，庄园为尔静养之地，他人不可借口滋事。尔应勤奋净修佛法，悉心教诲僧侣，修行正果。特谕。

（原件藏文　西藏档案馆藏）

册封五世班禅额尔德尼
名号并颁金印金册敕谕

康熙五十二年（1713）

皇帝敕谕班禅呼图克图：

尔利裨众生，阐扬释教，身安无恙。荷天眷佑，朕躬康安。朕临治天下，务期率土之民，各安生业，弘扬道统。据呼图克图奏称：“札什伦布所属寺庙地方虽仍前宁谧，然若荷蒙颁降敕书，札什伦布所属寺庙地方将永无争端，且可利法，小僧及众喇嘛皆倾心向化，世代安逸。伏乞钤宝颁

① 受封的是五世班禅罗桑益喜。从此，正式确定了班禅额尔德尼这一封号。

敕。”等语。昔因第巴匿报五世达赖圆寂，统揽西土大权，欺众行恶，破坏黄教，扰累土伯特之众，拉藏诛杀第巴奏陈情由。朕以拉藏奋勉于黄教，封为“翊法恭顺汗”。嗣后拉藏奏称达赖喇嘛呼毕勒罕已转世，朕为振兴黄教，封此达赖喇嘛为第六辈达赖喇嘛，给予金印金册。又因拉藏奏请派遣大臣赴藏办事于民大有裨益，朕派大臣会同拉藏办事以来，西藏土伯特人众宁谧无事，均安居乐业。班禅呼图克图世代勤勉宗喀巴教，静心恪守喇嘛法规，仰副朕兴广黄教、逸乐众生之至意，不趋附横逆之事，每年恭派使臣请安进贡，自始至终，虔诚如一，甚属可嘉。兹又为札什伦布所属寺庙地方永无争端，笃诚奏请，相应为保障札什伦布所属寺庙原征赋税永不为他人侵占，兹封班禅呼图克图为班禅额尔德尼，颁给金印金册。特此颁册，派一等侍卫策楞、达喇嘛佐特巴林沁格隆、郎中鄂赖等赍往。并以颁敕礼赍往：三十两重银茶筒一个、银瓶一个、银杯一只、大哈达十方、小哈达十方、各色缎二十匹。

（一史馆藏军机处满文录副奏折）

六世班禅额尔德尼

纪山代奏七世达赖喇嘛为六世班禅坐床并照例敕赏事谢恩折

乾隆五年（1740）十二月二十二日

正红旗满洲副都统降二级留任臣纪山谨奏，为恭叩天恩，代为奏闻事。

本年十二月初十日，达赖喇嘛派其□□……前来告称，达赖喇嘛叩谢天恩之唐古特奏书，请大臣等转奏。等因具呈。经臣译奏书内曰：“谨奏于文殊菩萨大皇帝圣明陛下，文殊菩萨大皇帝登极以来，屡施隆恩于我西土众生，不胜尽数。现闻将转世班禅额尔德尼呼毕勒罕坐床之处，即行照准小僧等所请施行，并特遣侍卫、喇嘛、官员，命赏给缎匹银两，看视坐床，诵经，散给布施者，诚为大皇帝佑眷小僧等之至意；且又乘便施恩，仍照前例颁给小僧敕谕，赏给物品，不仅小僧感激不尽，我西土所有人等亦皆感恩不尽。小僧惟为我大恩主莲座之牢固，国运之长久，诵经祈祷外，别无报答。是以敬备叩谢天恩奏书、福运哈达，于本月吉日谨奏。”等语。

臣纪山谨将达赖喇嘛叩谢天恩唐古特奏书、哈达，与折一并驿递。为此谨具折奏闻。

乾隆六年二月初三日奉朱批：知道了。钦此。

（一史馆藏军机处满文录副奏折）

工部为造办六世班禅金册领用金两致内务府咨

乾隆三十一年（1766年）三月十三日

工部为奏请金两事。

制造库案呈，办造册封班臣〔禅〕额尔德尼金册一分，相应抄录原奏，移咨内务府，照数给发办造可也。须至咨者

右咨内务府

计粘原奏一纸

附 工部原奏

工部谨奏，为奏请金两事。

先经理藩院行文臣部，遵旨办造册封班臣〔禅〕额尔德尼金册一分。臣部因康熙五十二年原封事例未经记档，其所需页数、分两、成色当经奏明请旨，交理藩院行文驻藏大臣详查去后。今据理藩院咨称；据驻藏大臣处查得班臣〔禅〕额尔德尼原封金册，计十三页，每页用七八色金十八两成造，镌刻满、汉、西番三项字样，并造具黄纸册式一份，一并咨送前来。臣部照送到式样核算，金册十三页，每页重十八两，计重二百三十四两。每两例给耗金七厘计，耗金一两六钱三分八厘，共需用七八色金二百三十五两六钱三分八厘，理合缮折奏闻。俟命下之日，臣部照例行文内务府，照数支领办造可也。为此，谨奏请旨。等因。于乾隆三十一年三月初八日奏。

本日奉旨：知道了。钦此。

（一史馆藏内务府来文）

敕谕班禅颁赐玉册玉印

乾隆四十五年（1780年）仲秋吉日

奉天承运皇帝敕谕班禅额尔德尼：

社稷百年民福乐，扬佛育众世安谧。宗喀巴乃至上弘扬释教者，为黄

教之主。尔班禅额尔德尼为宗喀巴之高徒凯珠·格勒贝桑布之六世矣。因前世福资，即天资聪敏，心性沉静，为内外众生所尊赞。朕七十寿辰吉庆之时，尔不远万里来京朝贺。特仿照扎什伦布寺建造避暑之殿，任尔用之。今普天众生一体祈福，乃社稷之幸，朕甚喜悦。因尔喇嘛精于佛典，致力宏扬释教，特赏尔玉册、玉印，俟返回扎什伦布寺时赍往。惟政教大事方可启用，凡私事及寻常信函，仍用旧印。嗣后尔喇嘛应仰体朕恩，为宏扬黄教，造福众生，尤为大清国万古长青，事佛祈祷不懈。特谕。

（原件藏文　西藏档案馆藏）

七世班禅额尔德尼

谕内阁认定六世班禅转世灵童著博清额传旨颁赏

乾隆四十八年（1783）正月二十三日

内阁奉上谕：据博清额奏称，为寻访班禅转世灵童，今寻得灵异幼童四名。司膳堪布令班禅大师侍从等面认。该侍从等公认四月初八日所生幼童为真身灵童，达赖喇嘛并护法神亦以为该幼童为班禅大师之转世灵童，等语。朕甚欣慰。前世班禅恭顺谦和，远途觐见，谨行佛事，不幸圆寂，已逾两载，朕随时盼望灵童早见。今不负朕意，不违再再祝祷之愿，如期寻得灵童，幸甚佳甚。足见班禅大师修法得道。留去自如，朕不胜欢喜。朕将此情转告章嘉呼图克图，亦不胜欢喜，称颂曰：达赖喇嘛及护法神认定之灵童甚佳。等语。再，接仲巴呼图克图暨司膳堪布认定班禅灵童之奏书，并转告京师各寺，各寺僧众无不欢悦。朕当即下旨，于各寺进供三巡，为已故班禅大师供奉祈祷。至达赖喇嘛特以静修，为早见灵童祝福，甚合朕意。堪布额尔德尼诺门罕阿旺赤成为确定灵童，适时禀报达赖喇嘛，甚佳。特赏赐达赖喇嘛暨阿旺赤成御库大哈达各一方、玉如意各一柄；赏赐班禅大师灵童御库大哈达一方、珍珠一串，玉如意一柄；赏赐仲巴呼图克图暨司膳堪布御库哈达各一方、王如意各一柄。着派使传谕赍赐达赖喇嘛及阿旺赤成。赏赐班禅转世灵童之御库哈达、珍珠念珠及玉如意等亦由专使亲往扎什伦布交仲巴呼图克图暨司膳堪布前去灵童处转赐。传谕呼图克图暨侍膳堪布，按照向例，速将灵童迎至扎什伦布。在未迎请之前，灵童暂住锡〔扎〕什伦布近处之清静处，由尔等二人轮流护卫，尔等自当感念朕之隆恩，虔心侍奉灵童。再，章嘉呼图克图敬献灵童之卷函及饬命仲巴呼图克图并侍膳堪布之卷函等一并发去。钦此。

（原件藏文　西藏档案馆藏）

敕封七世班禅额尔德尼册文

道光二十五年（1845）二月吉日

奉天承运皇帝制曰：

朕抚临函夏，亿兆登春，敷宏化于寰中，广善缘于方外。其有阐明黄教，矢励清修者，胜果既彰，新纶宣沛。惟尔妙宣今觉，慧本前生，译奥义于名经，衍灵机于内典，溯自化身示现，迄今净业坚持。用示懋嘉，特颁册命，仍封尔为宣化绥疆班禅额尔德尼，主持札什伦布一带寺宇。尔其督兹部众，秉乃宗传，严戒律于兑方，普沾利济；辑庥祥于震旦，共乐皈依。兹随册赍往哈达一、鹅黄辫绿松石豆花大荷包二、花小荷包二、玉罐一、牙丝宫扇一、铜胎珐琅碗二、铜胎珐琅五寸碟二、铜胎珐琅鼻烟壶一、鹅黄蟒缎一、鹅黄妆缎一、花锦二、红漳绒二，尚其祗受，无懈恭勤。钦哉。

（一史馆藏内阁杂档）

道光二十五年（1845）二月丁酉

谕内阁："理藩院奏，请换赏班禅额尔德尼[①]金册一折。所有班禅额尔德尼应换金册，著各该衙门于本年三月内赶办完竣，即交该堪布等敬谨赍回，由驻藏大臣转交祗领。至应换金印，著琦善等传知班禅额尔德尼，于下届后藏年班堪布进京时，将现用金印交该堪布赍京，以便照式铸造，仍发给该堪布等领回转给开用。"

（《宣宗实录》卷四一四）

八世班禅额尔德尼

谕内阁班禅转世灵童现访得二名著准掣签选定呼毕勒罕

咸丰六年（1856）九月初一日

① 七世班禅额尔德尼丹白尼玛

谕内阁：赫特贺等奏“班禅额尔德尼呼毕勒罕现访得灵秀二童，”等语。呼毕勒罕涅槃将及四载，今据赫特贺等奏称访得知觉异常灵妙二童，实属祥瑞，朕心快悦。著照所奏，即照定例将此二童之名入于金瓶内，唪经敬谨掣签，以定呼毕勒罕。俟掣定后由驿驰奏。

（《文宗实录》卷二〇七）

谕内阁认定已掣得拉木结旺堆嘉木参为班禅呼毕勒罕著妥为护持

咸丰六年（1856）十二月十九日

又谕：赫特贺等奏“详查班禅额尔德尼呼毕勒罕所遗幼子等签掣定拟奏闻”一折。本年十一月二十三日驻藏大臣等亲往布达拉山会同呼征阿齐图呼图克图、色呼本诺们罕，率僧俗人等唪经，由金瓶内掣出番民丹择旺结之子拉木结旺堆嘉木参之名签，拟定为呼毕勒罕。是日天气清和，诸事祥瑞，阖藏僧俗人等皆大欢喜。呼征阿齐图呼图克图等按经理称为罗布藏班第衍垂济扎克巴丹贝旺序。实为祥瑞之事，朕心实深嘉悦。著赏给该呼毕勒罕大哈达一幅、珊瑚数珠一串、玉如意一柄；呼征阿齐图呼图克图哈达一幅、嵌玉如意一柄；色呼本诺们罕哈达一幅，嵌玉如意一柄，交该大臣等转行晓谕该呼征阿齐图呼图克图等及阖藏喇嘛，著该呼毕勒罕妥为护持，以副朕广兴黄教之至意。

（《文宗实录》卷二一五）

谕内阁著派恩庆会同扎萨克喇嘛朗结曲批看视八世班禅坐床并赏银一万两

咸丰十年（1860）二月二十二日

又奉谕旨：班禅额尔德尼呼毕勒罕于本年十月初二日坐床，著派恩庆会同色呼本诺们罕前往看视。所有颁给敕书赏赍等件，著理藩院拣派司员二人驰驿赍往。其沿途经过直隶、山西、陕西、四川等处地方，著各该督抚派委道、府、副、参大员妥为护送。并著曾望颜于司库提银一万两，俟该司员等到省时交给带往，一并赏给班禅额尔德尼。至打箭炉以西，著该督知会前途照例预备马匹，勿致迟误。

（一史馆藏内阁起居注）

谕内阁著派热振呼图克图赴札什伦布照料八世班禅坐床受戒

咸丰十年（1860）三月初一日

又奉谕旨：满庆等奏“班禅额尔德尼坐床受戒请派员照料”一折。

班禅额尔德尼呼毕勒罕现届坐床，又值受戒之期，达赖喇嘛尚属年幼，未能前往。前班禅额尔德尼披剃更取法名时，经呼征阿齐图呼图克图前往办理，甚属吉祥，仍著派令前赴札什伦布照料坐床受戒，以示朕振兴黄教至意。

（一史馆藏内阁起居注）

九世班禅额尔德尼

谕内阁著照文硕所奏将灵童三名入于金瓶掣签

光绪十三年（1887）十一月壬戌

谕内阁：“文硕奏‘访获班禅额尔德尼之呼毕勒罕聪颖幼童三名请旨’一摺。班禅额尔德尼转世已届五年。兹据文硕奏称，访获聪颖异常、有灵根之幼童三名，洵为嘉祥，朕心悦览。著照所奏，即遵定例将三幼童之名，入于奔巴金瓶内唪经，敬谨掣签定为呼毕勒罕。俟掣定后，由驿奏闻。”

（《德宗实录》卷二四九）

文硕奏为诹吉掣瓶先行奏闻折

光绪十四年（1888）正月十二日

奴才文硕跪奏，为诹吉掣瓶先行奏闻事。

窃奴才前奏后藏苏呼诺们罕罗布藏顿柱呈报访得班禅额尔德尼转世之呼毕勒罕灵异幼童三人等因一折，光绪十三年十二月二十八日奉到朱批：“另有旨。钦此。”同日又奉上谕：“文硕奏访获班禅额尔德尼之呼毕勒罕聪慧幼子三名请旨入于金瓶签掣一折。班禅额尔德尼圆寂将及五载，今据文硕奏称访获聪慧异常灵异幼子三名，诚为吉祥好事，览奏朕心欣悦。著照所奏，循例将此三幼子名目入于金瓶，诵经敬谨签掣，定为呼毕勒罕。

掣定后由驿奏闻。钦此。”其时该诺们罕已照料三幼童亲来前藏，祇候谕旨，奴才当即恭录译行掌办商上事务第穆胡图克图阿旺洛桑称勒拉普结转饬钦遵，并诹吉于本年正月十五日午刻遵例掣瓶。先期于初九日恭请金瓶至布达拉供奉圣容前，一面饬令喇嘛唪经，一面督同第穆胡图克图面试灵异。

除俟掣得其人再行复奏外，谨将掣瓶吉期先行奏闻。为此谨奏。

朱批：知道了。

（一史馆藏宫中朱批奏折）

文硕奏掣定班禅转世灵童遵旨由驿驰陈折

光绪十四年（1888）正月二十八日

奴才文硕跪奏，为掣定班禅额尔德尼之呼毕勒罕遵旨驰陈事。

窃奴才前奉上谕：“文硕奏访获班禅额尔德尼之呼毕勒罕聪慧幼子三名请旨入于金瓶签掣一折，诚为吉祥好事，览奏朕心欣悦。著照所奏，循例将此三幼子名目入于金瓶，诵经敬谨签掣，定为呼毕勒罕。掣定后由驿奏闻。钦此。”钦遵。诹吉于本年正月十五日循例掣瓶，业经奏明在案。

自正月初九日起，由达赖喇嘛董率众僧诵经七日；初十日，奴才率同第穆胡图克图阿旺洛桑称勒拉普结，验看得访获幼子三名，虽年皆童稚，而端庄凝重，迥异常人；十五日午刻，奴才率同随印司员理藩院员外郎裕钢，恭诣布达拉山高宗纯皇帝圣容前行礼，缮签入瓶，诵经祈祷，一切如仪。既而奴才跪向金瓶掣得原报琼科尔结所属达布地方幼子仑珠甲错，母名阿杼，是为仲巴腔子期美汪波之甥孙。奴才当将掣出名签遍示达赖喇嘛、第穆胡图克图以及苏呼诺们罕并各执事番官喇嘛人等，仍将其余顿宇缴苠、丹增坚参二签拆封传看。其时，自达赖喇嘛以下僧俗诸人莫不欢欣鼓舞，感戴鸿慈，将该幼子仑珠甲错定为班禅额尔德尼呼毕勒罕。达赖喇嘛即于十六日申刻，按依佛典，为该呼毕勒罕披剃，取法名曰罗布藏吐卜丹取吉宜玛格勒克纳木结。

伏查咸丰六年第七辈班禅额尔德尼掣定呼毕勒罕后，奏奉上谕：“赫特贺等奏试验班禅额尔德尼之呼毕勒罕出世幼子掣定奏闻一折，本年十月二十三日，驻藏大臣等亲诣布达拉山，率同呼征阿齐图胡图克图、色呼本诺们罕朗结曲丕，带领僧俗诵经，由金瓶掣得番民丹增汪阶之子拉木阶汪堆甲木参名目，定为呼毕勒罕。是日天气晴和，诸事吉祥，阖藏僧俗莫不欢欣感戴，呼征阿齐图胡图克图依释典，为取法名罗布藏班垫吹吉札克巴丹贝汪曲，诚为吉祥好事，朕深欣悦。著加恩赏给该呼毕勒罕大哈达一方、珊瑚珠一串、玉如意一柄；呼征阿齐图胡图克图哈达一方、嵌玉如意一柄；色呼本诺们罕哈达一方、嵌玉如意一柄。著该大臣等传谕该呼征阿齐图胡图克图等暨阖藏众僧，妥为照料该呼毕勒罕，以仰副朕振兴黄教之至意。钦此。”钦遵在案。

今第八辈班禅额尔德尼之呼毕勒罕既经掣定，遵旨由驿驰陈，伏祈圣鉴。谨奏。

朱批：另有旨。

（一史馆藏宫中朱批奏折）

谕军机大臣颁赏掣定班禅呼毕勒罕并妥为照料

光绪十四年（1888）三月十五日

又谕：文硕奏班禅额尔德尼之呼毕勒罕所出幼童察验属实，掣定奏闻一折。本年正月十五日由驻藏大臣亲往布达拉山，会同第穆呼图克图，苏勒挪们罕罗普藏敦珠，率领喇嘛徒众唪经，由奔巴瓶掣出仑珠甲错之名，定为呼毕勒罕。当日天气晴和，诸事吉祥，阖藏众僧不胜欢感。第穆呼图克图等取名诺们多罗罗普藏图普单曲吉依木格勒克拉木捷。甚属吉祥，朕心实深嘉悦。著加恩赏给呼毕勒罕大哈达一方、珊瑚珠一串、玉如意一柄；第穆呼图克图哈达一方、嵌玉如意一柄；苏呼诺们〔罕〕哈达一方、嵌玉如意一柄，交该大臣传谕该第穆呼图克图等并阖藏众喇嘛等，将该呼毕勒罕妥为照料，以副朕振兴黄教之至意。

（《德宗实录》卷二五三）

升泰奏择定班禅呼毕勒罕坐床吉期请旨遵办折

光绪十七年（1891）八月二十八日

奴才升泰跪奏，为据禀班禅额尔德尼之呼毕勒罕坐床吉期，请旨遵办，仰祈圣鉴事。

窃奴才据札什伦布札萨克喇嘛汪曲楚称禀称：班禅额尔德尼之呼毕勒罕于光绪十四年掣定后，现在德青颇章庙内居住，年已九岁，举动端严，僧俗番众欢心悦服，均望即早坐床，得以阐扬黄教，谨择吉于光绪十八年正月初三日迎请该呼毕勒罕回札什伦布山上坐床，最为上吉，禀请代奏前来。奴才溯查历辈班禅额尔德尼之呼毕勒罕，或三四岁，或五六岁即请坐床。此次班禅额尔德尼之呼毕勒罕年已九岁，灵敏异常，前因边务未靖，遂令吉期久延。刻幸边方无事，蒙古藏番人众系望尤殷，可否即准坐床之处，出自圣主天恩。

所有据禀拟择班禅额尔德尼之呼毕勒罕坐床吉期缘由，理合恭折具奏，伏乞皇上圣鉴训示遵行。谨奏。

朱批：著照所请。该衙门知道。

（一史馆藏宫中朱批奏折）

谕内阁著派升泰等看视班禅呼毕勒罕坐床并颁敕书赏银

光绪十七年（1891）十月二十二日

又奉谕旨：班禅额尔德尼呼毕勒罕于明年正月初三日坐床，著派升泰会同苏呼诺们罕前往看视，所有颁发敕书赏赉等件，著由驿驰递，其沿途经过地方妥为护送。并著刘秉璋于司库提银一万两，派员迅速解往，一并赏给班禅额尔德尼祇领。

（一史馆藏内阁起居注）

光绪十七年（1891）十月壬寅

驻藏办事大臣升泰奏："班禅额尔德尼之呼毕勒罕坐床吉期，例颁敕书，请由驿驰递，其恩赐各物，请饬各省派员接换护送，以期迅速。"又奏："扎萨克请遵照佛规，饬令第穆呼图克图依期赴扎什伦布寺院，照料呼毕勒罕坐床、受戒、传经。"均如所请行。

又奏："班禅额尔德尼之呼毕勒罕请援照封亲之例，移封外祖父期美汪布爵衔、顶戴、花翎。"下所司议。寻理藩院奏："历届呼毕勒罕之父蒙恩赏给爵衔、顶翎，非专指坐床荣亲而论，未便援例。应否援照达赖喇嘛请封懿亲之案，赏给公衔或头等台吉之职，只授本身，毋庸袭替。"得旨："期美旺布著加恩赏给本身辅国公衔。"

（《德宗实录》卷三〇三）

为坐床事敕谕班禅呼毕勒罕

光绪十七年（1891）十一月

奉天承运皇帝敕谕班禅额尔德尼呼毕勒罕：

朕抚临天下，薄海内外，安享太平，弘扬黄教。前据驻藏大臣奏称，尔呼毕勒罕自降生起，吉兆祥瑞，慧性深沉，行止端庄，灵异特著，全藏僧俗，皆欢乐焉。光绪十四年正月十五吉日，由驻藏大臣与第穆呼图克图、苏呼诺门罕率同布达拉各寺庙喇嘛，前往高宗纯皇帝圣像前，照例祈祷念经，由金本巴瓶中抽出尔名等情，朕览阅之，甚为嘉悦，即敕命尔为班禅额尔德尼之呼毕勒罕。特遣驻藏办事大臣升泰于光绪十八年正月初三日公同看视，令尔呼毕勒罕于札什伦布寺坐床，并赐尔诸项赏件，由驿递往，又逐项缮写汉字清单，交寄升泰。至时尔呼毕勒罕祗领。今尔呼毕勒罕适值聪慧培育之际，理应感戴朕施鸿恩，勤习经典，推兴黄教，僧俗安居，勉之勿怠。特谕。

（原件满蒙藏文　西藏档案馆藏）

升泰代奏请颁发班禅呼毕勒罕坐床敕书与赏物请旨片

光绪十七年（1891）①

再，据札萨克喇嘛汪曲楚称禀称：从前历辈班禅额尔德尼之呼毕勒罕在札什伦布寺院坐床，均由京特派钦差官员、喇嘛等赍送御赐各物，赴藏照料，抑或奉旨钦派驻藏大臣亲赴后藏，督饬照料，所有恩赐敕书、赏物，叠蒙逾格优眷，仰邀天恩各在案。惟查藏卫年来〔与〕印度构兵，瞻番不靖，沿途番民供亿烦苛，疲于奔命，几至十室九空，近复牛瘟盛行，支应伕马万属不易。此次班禅额尔德尼之呼毕勒罕坐床吉期，委因蒙古、藏番延望久殷，择吉过促，所有此次敕书，请即由驿驰递，以应吉期，其恩赐各物，请由各省派员接换护送，以期迅速而昭慎重。查坐床旧例，向应钦派喇嘛照料。兹有因病卸任商卓特巴诺们罕办事谙练，刻下病已痊愈，并恳可否奏请赏派，抑或仍由京钦派。等情。恳乞代奏前来。奴才查此次班禅额尔德尼之呼毕勒罕坐床，择吉过促，若一切照章办理，为时过久，有误吉期，该札萨克喇嘛所请各节，意在迅速简易，俾该呼毕勒罕即早坐床，以慰众望而恤番情。奴才未敢擅专，是否有当，理合附片代陈，伏乞圣鉴训示。谨奏请旨。

① 时间为编者考订

朱批：著照所请。该衙门知道。

（一史馆藏宫中朱批奏折）

升泰奏遵旨看视班禅呼毕勒罕坐床礼成折

光绪十八年（1892）正月二十六日

奴才升泰跪奏，为奴才遵旨看视班禅额尔德尼之呼毕勒罕坐床礼成，恭折奏闻，仰祈圣鉴事。

窃奴才准户部咨开，内阁钞出光绪十七年十月二十二日奉上谕："班禅额尔德尼之呼毕勒罕于明年正月初三日坐床，著派升泰会同苏呼诺们罕前往看视。所有颁给敕书、赏赉等件，著由驿驰递，其沿途经过地方，妥为护送，并著刘秉璋于司库内提银一万两，派员迅速解往，一并赏给班禅额尔德尼祗领。钦此。"当经恭录札知札萨克喇嘛钦遵去后。即于本年正月初三日，率领第穆呼图克图、札萨克喇嘛等，将班禅额尔德尼之呼毕勒罕由广佑寺奉迎札什伦布山，奴才照例先期拣派文武员弁，会同番兵，一体照护。是日该呼毕勒罕出寺，复派汉番弁兵列队相迓，直至札什伦布山下，复由奴才恭录谕旨安放黄亭内，是日亲往送赴山上。该呼毕勒罕到时，随同敬诣高宗纯皇帝圣容前，行三跪九叩礼毕，随至大殿内，饬令委笔帖式等敬谨宣读谕旨，该呼毕勒罕望阙叩谢天恩，随即饬令扶持升床。奴才复与互换哈达贺喜，僧俗大众挨次行礼，该呼毕勒罕率同僧众敬诵吉祥经典毕，例设筵宴，坐床礼成。时值天朗气清，诸事吉祥。坐床后，奴才宣示朝廷德意。该呼毕勒罕神采隐秀，心性莹通，酬对始终均无失礼，年未一旬，而有成人之度。阖藏僧俗及汉番蒙古来朝佛瞻礼者，无不欢心鼓舞，共诧神奇。

除俟敕书、恩赏银两等件颁发到日，再由奴才转交该班禅额尔德尼祗领，另折代谢天恩外，所有班禅额尔德尼之呼毕勒罕坐床礼成缘由，理合恭折奏闻，伏乞皇上圣鉴。

再，班禅额尔德尼之呼毕勒罕现已坐床，应请照例将呼毕勒罕字样撤去，合并声明。谨奏。

朱批：该衙门知道。

（一史馆藏宫中朱批奏折）

六、尊崇扶植藏传佛教并加强管理

乾隆：《喇嘛说》

佛法始自天竺（即厄纳特阿克部，其地曰痕都斯坦），东流而至西番（即唐古特部，其地曰三藏），其番僧又相传称为喇嘛。喇嘛之字，汉书不载，元明史中，或讹书为刺马，（陶宗仪《辍耕录》载，元朝称帝师为刺（读作拉，下同）马。毛奇龄《明武宗外纪》又作刺麻，皆系随意对音，故其字不同。）予细思其义，盖西番语谓上曰喇，谓无曰嘛，喇嘛者谓无上，即汉语称僧为上人之意耳。喇嘛又称黄教，盖自西番高僧帕克巴（旧作八思巴），始盛于元，沿及于明，封帝师、国师者皆有之。（元世祖初封帕克巴为国师，后复封为大宝法王，并尊之曰帝师。同时又有丹巴者亦封帝师，其封国师者不一而足。明洪武初，封国师、大国师不过四五人，至永乐中，封法王、西天佛子者各二，此外封灌顶大国师者九、灌顶国师者十有八，及景泰、成化间，益不可胜记。）我朝惟康熙年间，只封一章嘉国师，相袭至今。（我朝虽兴黄教，而并无加崇帝师封号者，惟康熙四十五年，敕封章嘉呼图克图为灌顶国师，示寂后，雍正十二年，仍照前袭号为国师。）其达赖喇嘛、班禅额尔德尼之号，不过沿元明之旧，换其袭敕耳。（黄教之兴，始于明，番僧宗喀巴，生于永乐十五年丁酉，至成化十四年戊戌示寂。其二大弟子曰达赖喇嘛、曰班禅喇嘛。达赖喇嘛位居首，其名曰罗伦嘉穆错，世以化身掌黄教。一世曰根敦珠巴，二世曰根敦嘉穆错，三世曰索诺木嘉穆错，即明时所称活佛锁南坚错也，四世曰云丹嘉穆错，五世曰阿旺罗卜藏嘉穆错。我朝崇德七年，达赖喇嘛、班禅喇嘛遣使贡方物。八年，赐书达赖喇嘛及班禅呼图克图，盖仍沿元明旧号。及定鼎后，始颁给敕印，命统领中外黄教焉。）盖中外黄教总司以此二人，各部蒙古一心归之，兴黄教，即所以安众蒙古。所系非小，故不可不保护之，而非若元朝之曲庇谄敬番僧也。（元朝尊重喇嘛有妨政事之弊，至不可问。如帝师之命与诏敕并行，政衙朝会百官班列而帝师亦专席于坐隅，其弟子之号司空、司徒、国公，佩金玉印章者，前后相望，怙势恣睢，气焰薰灼，为害四方，不可胜言。甚至强市民物，捽捶留守，与王妃争道，拉殴随车者，皆释不问，并有民殴西僧者截手，詈之者断舌之律。若我朝之兴黄教，则大不然，盖以蒙古奉佛，最信喇嘛，不可不保护之，以为怀柔之道也。）其呼图克图之相袭，乃以僧家无子，授之徒，与子何异，故必觅一聪慧有福相者，俾为呼必勒罕（即汉语转世化生人之义）。幼而习之，长成，乃称呼图克图，此亦无可如何中之权巧方便耳，其来已久，不可殚述。孰意近世其风日下，所生之呼必勒罕，率出一族，斯则与世袭爵禄何异。予意以为大不然。盖佛本无生，岂有转世？但使今无转世之呼图克图，则数万番僧，无所皈依，不得不如此耳。（从前达赖喇嘛示寂后转生为呼必勒罕，一世在后藏沙卜多特地方，二世在后藏大那特多尔济丹地方，三世在前藏对咙地方，四世在蒙古阿勒坦汗家，五世在前藏崇寨地方，六世在里塘地方，现在之七世达赖喇嘛，在后藏托卜札勒拉里岗地方。其出世且非一地，何况一族乎。自前辈班禅额尔德尼示寂后，现在之达赖喇嘛与班禅额尔德尼之呼必勒罕，及喀尔喀四部落供奉之哲布尊丹巴呼图克图，皆以兄弟叔侄姻娅递相传袭，似此掌教之大喇嘛呼必勒罕，皆出一家亲族，几与封爵世职无异。即蒙古内外各札萨克供奉之大呼必勒罕，近亦有各就王公家子弟内转世化身者，即如锡哷图呼图克图即系喀尔喀亲王固伦额驸拉旺多尔济之叔；达克巴呼图克图即系阿拉善亲王罗卜藏多尔济之子；诺木绰尔济呼图克图即系四子部落郡王拉什燕丕勒之子；堪布诺们汗札木巴勒多尔济之呼必勒罕即系图舍图汗车登多尔济之子，似此者难以枚举。又，从前哲布尊丹巴呼图克图圆寂后，因图舍图汗之福晋有娠，众即指以为哲布尊丹巴呼图克图之呼必勒罕，及弥月，竟生一女，更属可笑，蒙古资为谈柄，以致物议沸腾，不能诚心皈信。甚至红帽喇嘛沙玛尔巴垂涎札什伦布财产，自谓与前辈班禅额尔德尼及仲巴呼图克图同系弟兄，皆属有分，唆使廓尔喀滋扰边界，抢掠后藏。今虽大振兵威，廓尔喀畏罪降顺，匍匐乞命，若不为之剔除积弊，将来私相授受，必致黄教不能振兴，蒙古番众猜疑轻视，或致生事。是以降旨藏中，如有大喇嘛出呼必勒罕之事，仍随其俗，令拉穆吹忠四人降神诵经，将各行指出呼必勒罕之名，书签贮于由京发去之金奔巴瓶内，对佛念经，令达赖喇嘛或班禅额尔德尼同驻藏大臣公同签掣一人，定为呼必勒罕，虽不能尽除其弊，较之从前各任私意指定者，大有间矣。又，各蒙古之大呼必勒罕，亦令理藩院行文，如新定藏中之例，将所报呼必勒罕之名，贮于雍和宫佛前，理藩院堂官会同掌印之札萨克达喇嘛等公同签掣，或得真传，以息纷竞。）去岁廓尔喀之听沙玛尔巴之语，劫掠藏地，已其明验，虽兴兵进剿，彼即畏罪请降，藏地以安。然转生之呼必勒罕出于一族，是乃为私，佛岂有私，故不可不禁。兹余制一金瓶，送往西藏，于凡转世之呼必勒罕，众所举数人，各书其名置瓶中，掣签以定，虽不能尽去其弊，较之从前一人之授意者或略公矣。夫定其事之是非者，必习其事而又明其理，然后可。予若不习番经不能为此言，始习之时，或有议为过兴黄教者，使予徒泥沙汰之虚誉，则今之新旧蒙古畏威怀德，太平数十年，可得乎？且后藏煽乱之喇嘛即正以法。（上年廓尔喀之侵掠后藏，时仲巴呼图克图既先期逃避，而大喇嘛济仲札苍等，遂托占词为不可守，以致众喇嘛纷纷逃散，于是贼匪始敢肆行抢掠，因即令将为首之济仲拿至前藏，对众剥黄正法，其余札苍及仲巴呼图克图，俱拿解至京治罪安插，较元朝之于喇嘛，方且崇奉之不暇，致使妨害国政，况敢执之以法乎？我朝虽护黄教，正合于《王制》所谓“修其教不易其俗，齐其政不易其宜”。而惑众乱法者，仍以王法治之，与内地齐民无异。试问自帕克巴创教以来，历元明至今五百年，几见有将大喇嘛剥黄正法及治罪者。天下后世，岂能以予过兴黄教为讥议乎。）元朝曾有是乎？盖举大事者，必有其时与其会，而更在乎公与明，时会至而无公与明以断之，不能也；有公明之断而非其时与会，亦望洋而不能成。兹之降廓尔喀、定呼必勒罕，适逢时会，不动声色以成之。去转生一族之私，合内外蒙古之愿，当耄近归政之年，复成此事；辑藏安边，定国家清平之基于永久，予幸在兹，予敬益在兹矣。

朝隆五十有七年岁次壬子孟冬月之上瀚御笔

（此为乾隆亲撰碑文，藏北京雍和宫）

历朝《大清会典》有关喇嘛事务管理制度

康熙朝

柔远清吏司：

外藩四十九旗，虽各异其名，视内八旗无异也。蒙古诸部有喇嘛，厄鲁忒、喀尔喀，视四十九旗又为外矣。喇嘛之人，率宗释教，厄鲁忒、喀尔喀，亦以时朝贡，奉职惟谨。国家以羁縻之意，溥怀柔之仁。其所及者远矣。（本）司盖专司其事焉。

喇嘛：

顺治九年题准，后黄寺每岁正月初八日至十五日，集喇嘛、班第诵经，凡需用物，俱由该部取给。

十年，给达赖喇嘛金册、金印，又给厄鲁忒顾实汗金册、金印。

十四年题准，每旗各选三人学习汤古忒字义，给教习人六品俸。

又题准，京师设四札萨克喇嘛。盛京、西勒图库伦、归化城等处，各设首领喇嘛。其下各设德木齐一名。

又题准，后黄寺每年诵经喇嘛、班第定为四百名。

又题准，喇嘛、班第等为人所召诵经治病，必向首领言明，限定日期。若私往及违限，或擅宿人家，或借端留妇女于庙者，照律治罪。除院册有名喇嘛外，不许添设。外来私行喇嘛、班第等，亦不得擅留，违者治罪。

十七年题准，归化城喇嘛等有事往厄鲁忒、喀尔喀处去者，俱具题而往，都统不时稽察，不许妄为。厄鲁忒、喀尔喀往来人及喇嘛、班第等，不许擅留，违者治罪。

十八年，给喀尔喀丹津喇嘛敕印。

康熙元年题准，外藩蒙古、察哈尔游牧蒙古诸人，欲令家人为喇嘛、班第，及留各处所来喇嘛、班第，皆开写数目送院注册，违者治罪。凡隐喇嘛、班第不载入册者，以隐丁论。

三年题准，盛京四塔各设首领喇嘛一员，格隆、班第各十七名。

五年题准，喇嘛等出使往达赖喇嘛处，擅带彼处喇嘛、班第来者，从重治罪。

六年题准，喇嘛、格龙等许服金黄、鹅黄、大红等色，班第等许服大红色，此下人不许擅服。曾被上赐者，各色俱准服。若违禁服用者，大喇嘛罚一九牲畜。班第以下鞭一百。

十年题准，汤古忒处喇嘛，非奉旨不许辄来。

十一年题准，由内王等取充后黄寺班第一百八名，有逃走死亡者，将墨尔根绰尔济额外册内有名班第顶补。若无额外册内有名班第，仍行礼部于各主下取人补充。逃走自归者，革去班第，交还原主。

十三年，给喀尔喀扎萨克阿海代青台吉敕印。

十六年题准，扎萨克首领喇嘛，给与印信，其余喇嘛、班第等，给与禁条、度蝶。盛京、西勒图库伦、归化城首领喇嘛，亦给印信。部册有名喇嘛、班第，给与度牒。外藩四十九旗，每旗各设首领喇嘛一员，给与度牒。

（康熙《大清会典·理藩院》）

雍正朝

柔远清吏司：

外藩四十九旗，比内八旗。至蒙古诸部落喇嘛，厄鲁特、喀尔喀视四十九旗为外。国家溥怀柔之仁，所及者远矣。本司专掌其事焉。……

顺治九年题准，后黄寺每岁正月初八日至十五日，集喇嘛、班第诵经，凡需用物，俱由该部取给。

十年，给达赖喇嘛金册印。又给厄鲁特顾实罕金册印。

十四年题准，每旗各选三人学习汤古忒字义，给教习人六品俸。

又题准，京城设四扎萨克喇嘛。盛京、西勒图库伦、归化城等处，各设首领喇嘛。首领之下各设德木齐一名。

又题准，后黄寺每年诵经喇嘛、班第定为四百名。

又题准，喇嘛、班第等为人所召诵经治病，必向首领言明，限定日期。若私往及违限，或擅宿人家，或借端留妇女于庙者，照律治罪。除院册有名喇嘛外，不许添设。外来私行喇嘛、班第等，亦不得擅留，违者治罪。

十七年题准，归化城喇嘛等有事往厄鲁特、喀尔喀处去者，俱具题请往，都统不时稽察，不许妄为。厄鲁特、喀尔喀往来人及喇嘛、班第等，不许擅留，违者治罪。

十八年，给喀尔喀丹津喇嘛敕印。

康熙元年题准，外藩蒙古、察哈尔游牧蒙古诸人，欲令家人为喇嘛、班第，及留各处所来喇嘛、班第，皆开写数目送院注册，违者治罪。凡隐喇嘛、班第不载入册者，以隐丁论。

三年题准，盛京四塔各设首领喇嘛一员，格隆、班第各十七名。

五年题准，喇嘛等使往达赖喇嘛处，擅带彼处喇嘛、班第来者，从重治罪。

六年题准，喇嘛、格隆等许服金黄、鹅黄、大红等色，班第等许服大红色，余人不许擅服。曾被上赐者，各色具准服。若违禁服用者，大喇嘛罚牲畜一九，班第以下鞭一百。

十年题准，汤古忒处喇嘛，非奉旨不许辄来。

十一年题准，内王等取充后黄寺班第一百八名额缺，将墨尔根绰尔济额外册内有名班第顶补。若无额外册内有名班第，仍行礼部于各主下取人补充。逃走自归者，革去班第，交还原主。

十三年，给喀尔喀扎萨克阿海代青台吉敕印。

十六年题准，扎萨克首领喇嘛，给与印信，其余喇嘛、班第等，给与禁条、度牒。盛京、西勒图库伦、归化城首领喇嘛，亦给印信。部册有名喇嘛、班第，给与度牒。外藩四十九旗，每旗各设首领喇嘛一员，给与度牒。

二十八年议准，喇嘛库土克图资送班第十名，准照后黄寺班第例，三年给衣一套，每月给与米肉茶油等物。

又覆准，番经场太监，除年五十以上、七十以下者，仍准容留外，年少太监永行裁革。其庙拨学诵经格隆、班第等二十名居住，拣选一名为首领，俱令隆善寺大喇嘛管理，钱米衣服等项照妙应寺例赏给。

三十二年覆准，达赖喇嘛〔按：应为达赖汗〕自伊祖顾实罕以来，敬谨纳贡，今达赖喇嘛〔按：应为达赖汗〕复来进贡，给与敕书。

四十二年，扎萨克大喇嘛奏请原籍巩昌、洮州卫所属卓鼐克忒庙改建大寺，以便集众诵经，其庙东有官地，每年交粮六石者，恳祈恩赐。奉旨：以民田展修庙宇，有关民生。嗣后凡修庙碍民房地者，著永行停止。

四十八年谕：喇嘛每说念经可救生灵，凡为尔等念经杀牲供食者，岂非生灵。尔等若能不食，并传内外寺庙众喇嘛俱照此例，一年可活二三十万生灵，如此乃合喇嘛之道，尔等会议具奏。京城喇嘛张家库土克图、阿王巴尔柱尔库土克图、阿王札木素格隆等，遵旨议准，嗣后凡进内廷念经，及佛生日、朔望等日，与凡往人家念经，俱停止食肉，传知盛京、五台山、归化城、察哈尔八旗、西安等处众寺庙住持喇嘛一体遵行。

五十一年谕：闻鄂尔多斯六旗阿木岛及桑额斯巴等处，行劣之喇嘛甚多，欺诱蒙古，侵占产业。该王、台吉等供养，伊等行邪左道，不念下人穷苦。差大臣二员往查，将此等喇嘛缉拿至京，发给江南杭州等处驻防兵为奴。即用六旗穷人缉拿。如能拿获，将所拿喇嘛牲畜赏给穷人。恐喇嘛闻知逃进口内，著理藩院知会宁夏横城等处有出入边口者，即令拿获，交与往查官员。

六十年覆准，京城喇嘛自扎萨克大喇嘛以下，格苏尔、班第以上共九百三十八名，每日应给茶、油、盐、柴、面、煤炭等项，以各物时价折算，一年共银一万三千一百七十五两有奇。移咨户部，照前给衣服折银之例，每两扣银一钱，每十两扣银一两，按小建闰月增减给与。

六十一年议准，喇嘛讽经时，设立大格斯奎四人为主规，秩比副首领。

雍正元年议准，里野乌齐喇嘛阿王查布陈勒库土克图，给予封号敕印。

三年题准，洮岷地方阿木岛喇嘛等，以治病消灾为名，诓骗蒙古，行文该扎萨克严查。如果治病有益者，该扎萨克保留，其余一概逐回原籍。嗣后若有隐藏事发，将扎萨克一并议处。

（雍正《大清会典·理藩院》）

乾隆朝

凡喇嘛，道行至高者曰“胡图克图”，转世者曰“胡毕尔汗”。其秩之贵者曰“国师”、曰“禅师”，次曰“扎萨克大喇嘛”、“副扎萨克大喇嘛”、“扎萨克喇嘛”，又次曰“大喇嘛”、“副大喇嘛”、“闲散喇嘛”。扎萨克喇嘛以上给印，余给札付。其徒有德木齐、格思规、格隆、班第之差。陕甘洮岷诸寺住持番僧曰“都纲”、曰“僧纲”，曰“僧正”，各给札付。有不守戒规者，论如法。京师总管喇嘛、班第扎萨克大喇嘛一人，副扎萨克大喇嘛一人，扎萨克喇嘛四人，大喇嘛十有八人，副大喇嘛七人，闲散喇嘛十人。归化城扎萨克大喇嘛一人，副扎萨克大喇嘛一人，扎萨克喇嘛六人。多伦诺尔扎萨克大喇嘛一人，大喇嘛二人，副大喇嘛一人。盛京实胜寺大喇嘛一人，永安寺大喇嘛一人，玛哈噶喇楼大喇嘛二人，东西南北四塔大喇嘛各一人。西勒图库伦扎萨克大喇嘛一人，扎萨克喇嘛四人。西安广仁寺大喇嘛一人。五台山扎萨克喇嘛一人。射虎川台麓寺喇嘛一人（属五台山扎萨克喇嘛管辖）。科尔沁以下二十四部落，大喇嘛各一人。西宁大喇嘛察汉诺门汗一人。松山报恩寺大喇嘛达克隆胡图克图一人。红山堡报恩寺都纲一人。河州普纲寺、灵庆寺、弘化寺都纲各一人。西宁县西那寺、塔尔寺、扎萨寺、元觉寺、沙冲寺、仙密寺、佑宁寺，僧纲各一人。碾伯县瞿昙寺、弘通寺、羊尔贯寺、普化寺，僧纲各一人。大通卫广化寺僧纲一人。归德所二叠阐寺僧纲一人。洮州卫禅定寺国师一人（停袭），垂巴庙、玛尼寺著落族，僧纲各一人。阎家寺、龙元寺、圆成寺，僧正各一人。

凡庆祝礼（即丹舒克）。西藏达赖喇嘛暨班臣（禅）额尔德尼，间年一进。喀尔喀哲卜尊丹巴胡图克图遇国家有大庆典则进，贡物有佛像、金经、银塔、五色帕、八吉祥之属，各具奏书遣使以闻。达赖喇嘛、班臣（禅）额尔德尼于庆祝之外，别具有寿帕、珊瑚、琥珀、数珠、藏香、氆氇以贡。贡使还国，均降敕慰问，赐金币有差。

（乾隆《大清会典·理藩院》）

附 乾隆《理藩院则例》“喇嘛”条

一、敕封喇嘛

顺治十年，前藏五世达赖喇嘛来朝，赐以金册、金印，授为西天大善自在佛（所）领天下释教普通瓦赤喇怛喇达赖喇嘛。

康熙十五年，后藏班陈（禅）胡图克图，遣使来京进贡。

三十年，喀尔喀库伦泽卜尊丹巴胡图克图率领喀尔喀七旗，于多伦诺尔地方朝觐。

三十二年，封泽卜尊丹巴胡图克图为大喇嘛，于喀尔喀地方，立为库伦，广演黄教。

四十九年，封前藏伊西札穆苏为六世达赖喇嘛，给金印册，后废。

五十二年议准，班陈（禅）胡图克图勤修释教，敬谨纳贡。应照达赖喇嘛之例，给与金册、金印、敕书，封班陈（禅）额尔德尼。

五十八年议准，拉牙、察木道（多）两处首领喇嘛罗卜藏纳木扎尔胡图克图、帕克巴拉丹拜尼玛胡图克图，从前因遣往雪山之使，预备乌拉，敬谨奉行，呈请名号，赐拉牙胡图克图为阐扬黄教诺门汗，察木道（多）胡图克图为大阐黄教额尔德尼诺门汗，均给与封号、敕印。

五十九年，封前藏噶尔藏坚错为兴教度众六世达赖喇嘛，给金印册。

雍正元年议准，达赖喇嘛印册，照五世达赖喇嘛之衔换给，并增蒙古字，别给敕书，令其办理噶卜伦事务。

又覆准，泽卜尊丹巴胡图克图，应照班陈（禅）、达赖喇嘛之例，给与封号，赐金印敕，授为启法泽卜尊丹巴喇嘛。

又议准，多尔济万楚克给以掌管泽卜尊丹巴胡图克图徒众、办理库伦事务额尔德尼商卓忒巴之号，堪布诺门汗给以掌管泽卜尊丹巴胡图克图经坛、总理番僧事务堪布诺门汗之号，均与敕印。

五年具奏，达锡吹品尔托音奉使西域，赍回班陈（禅）、达赖喇嘛之文，称泽卜尊丹巴胡图克图再生，众喀尔喀遣使请封，应将额驸敦多卜多尔济之子，准为泽卜尊丹巴胡图克图之胡毕尔汗。奉旨：理藩院奏请敕封泽卜尊丹巴胡图克图之后身。泽卜尊丹巴胡图克图其钟灵原有根源，乃与达赖喇嘛、班陈（禅）额尔德尼相等之大喇嘛也，众喀尔喀皆尊敬供奉。且其所居库伦弟子甚众，著动用帑银十万两修建大刹，封伊后身。

九年谕：泽卜尊丹巴胡图克图之胡毕尔汗年幼，达锡吹品尔托音又甚年老，今当准噶尔贼人骚扰之际，令在库伦居住，甚不妥协，库伦地方庙宇尚未完工，多伦诺尔所修庙宇，业已告竣，应俟明年春草萌时，将胡毕尔汗同达锡吹品尔托音等，移至多伦诺尔庙内居住，俟军务平定，再回库伦。钦此。

乾隆三年谕：泽卜尊丹巴胡图克图前身，乃众喀尔喀汗王等以师礼供养有名之大喇嘛也，皇祖、皇考皆特恩轸恤，皇考命锡册印，封为启法泽卜尊丹巴喇嘛。今看此胡毕尔汗，赋性聪明，举止端重，仪表甚好，曾蒙皇考睿鉴，降旨云：此实系泽卜尊丹巴喇嘛之后身。今胡图克图既奏请来京，其颁给册印敕封之处，著理藩院察例议奏。钦此。遵旨议准，将泽卜尊丹巴胡图克图之后身，仍照前身锡号册封，前赐启法泽卜尊丹巴喇嘛之印，照常存留外，别制新册颁给。

四年议准，泽卜尊丹巴胡图克图之师东科尔满珠西里胡图克图，给与封号印信。

五年议准，班陈（禅）额尔德尼之胡毕尔汗，经达赖喇嘛等验明是实，应送往后藏坐床。

又议准，现今准噶尔军务平定，泽卜尊丹巴胡图克图仍应移往喀尔喀库伦地方居住，遣本院司官一人，会同照看胡图克图之侍卫等送往。奉旨：胡图克图今岁迁移，计文到彼处，束装起程，将届暑热。著俟明岁青草发萌，再行迁移。临行时，著赐银万两。

六年谕：从前恐准噶尔人等，潜入喀尔喀地方，窥伺泽卜尊丹巴胡图克图之胡毕尔汗，曾蒙皇考特降谕旨，将胡图克图移至多伦诺尔地方居住。今因军务已竣，将胡图克图仍移于喀尔喀之库伦地方居住。但准噶尔向来狡诈，反复无常，今虽敬顺求和，犹恐一时改变，别启衅端，又发兵前来窥伺胡图克图，亦未可定。其保护防备之处，若不预为筹画，似属可虑。著行文额驸策凌等，如何将泽卜尊丹巴胡图克图所在库伦地方保护防备，若遇有警，如何将胡图克图移往内地，务计万全办理，并会同喀尔喀四部落之副将军、大札萨克等，及管理胡图克图库伦事务之土谢图汗敦丹多尔济、额驸敦多卜多尔济等，商酌详悉议奏。从前胡图克图在多伦诺尔地方居住时，曾差侍卫二人轮班照管，今胡图克图初移徙前去，仍照前例，差侍卫二人，每年一换，令在胡图克图处照管。胡图克图处有朕之侍卫照管，不但诸事有益，其胡图克图在彼安居身体康泰之处，朕亦不时得闻。钦此。遵旨议准后，库伦庙建于衣奔寺地方，与边界相近，应令泽卜尊丹巴胡图克图在现驻之库伦居住，拨喀尔喀四部落兵三百名，胡图克图之沙毕纳尔兵二百名，令札萨克一人、官二人驻扎管辖。如遇有警，由军营即速驰报，著额驸敦多卜多尔济，率此官兵，保护胡图克图，移进多伦诺尔地方居住。钦差之侍卫二人，亦著一同护送。

六年议准，胡毕尔汗坐床未久，正在年幼，勤学经典，专心务业之时，不便遽议换给册书，俟过数年，通晓经典，再议换给。

十三年覆准，瀚海地方，连年亢旱，喀尔喀生计不足，请将照看泽卜尊丹巴胡图克图之喀尔喀兵三百名撤回，其胡图克图之沙毕纳尔兵二百名，令亲王额林沁多尔济，会同商卓忒巴，定议报院。

又奏准，胡图克图之沙毕纳尔兵二百名，亦令撤去，若遇调遣，即刻齐集，仍著亲王额林沁多尔济，将此情由晓谕。

一、喇嘛进贡

达赖喇嘛、班陈（禅）额尔德尼，间年轮班遣使进贡，贡道由西宁，至京寓居西黄寺。贡物有寿帕、铜佛、舍利子、珊瑚、琥珀、数珠、藏香、氆氇之属。来使各附进佛、寿帕、藏香、氆氇有差。又贡庆祝礼（番名丹舒克），有五色帕、银满达、七珍、八宝、八吉祥、佛像、金字经、银塔、红花诸物。除照例折赏外，回时均奉旨慰问，加赐达赖喇嘛：重六十两镀金银茶筒一，金银瓶一，银钟一，各色缎三十，大寿帕五，小寿帕四十，五色寿帕十。正使：二等雕鞍一，重三十两银茶筒一，茶盆一，缎三十，毛青布四百，豹皮一，虎皮三，江獭皮五。副使：三等蟒缎一，方补缎一，大缎一，三梭布二十四。从人：彭缎各一，三梭布各八。加赐班陈（禅）额尔德尼：重三十两银茶筒一，瓶一，钟一，各色大缎二十，大小寿帕各十。来使：金黄蟒袍一，重三十两银茶筒一，缎一，毛青布六十二。从人：缎各二，毛青布各二十。从役：缎各一，毛青布各十。日给正使银二钱，副使银一钱五分，从人各一钱，核给四十日路费，送至西宁。

康熙二十三年覆准，达赖喇嘛来使从人，多至数百名，嗣后使人至西宁关口时，令西宁总兵官，察明人数，造册报院。至奉使差往喇嘛人役，亦应裁减。倘有隐瞒数目，多带人来往者，罪之。

雍正三年议准，达赖喇嘛、班陈（禅）额尔德尼向例每年遣人在打箭炉等处征收番人贸易税银，应永行停止。按其年得之份加赠，每年折给达赖喇嘛茶叶五千斤，班陈（禅）额尔德尼二千五百斤，均由四川雅州荥经县，办运至打箭炉赏给。

四年议准，达赖喇嘛来使，令在西安候旨，其所奏事件，著驻扎西宁办理青海事务之大臣承接转奏，奉旨后再行遣回。

六年议准，从前班陈（禅）额尔德尼遣人来贡，至西宁地方，由院差官迎接，驰驿来京。今班陈（禅）额尔德尼遣人请安，驻扎西宁办理蒙古事务处，见〔现〕有司官笔贴式，本院勿庸别差人员。应令司官笔贴式就近迎接，雇觅骑驮，由关口进京，不必动用驿站。

乾隆二年议准，恭按雍正六年谕：达赖喇嘛、班陈（禅）额尔德尼来使堪布，著间年一次。贝勒颇罗鼐之囊素，著每年一次。钦此。今年班陈（禅）额尔德尼圆寂，暂不遣人，应令颇罗鼐与达赖喇嘛，间年一次遣使前来。

三年谕：闻西藏大小寺庙约有千数，各寺庙费用，养赡众喇嘛及往来行走喇嘛，并送布施人等费用，皆达赖喇嘛给与，所费甚多，用度不敷。从前皇祖、皇考，皆眷顾达赖喇嘛，不时加恩赏赉。今达赖喇嘛费用不敷，著于打箭炉所收税银内，每年拨给五千两，于达赖喇嘛遣人至打箭炉领取茶叶之便，将此项银一并带往。钦此。

五年奏准，自康熙年间至雍正六年，西藏达赖喇嘛等遣使进贡，均令驰驿。后因军兴，值班陈（禅）额尔德尼遣使进贡，由院奏准，停止驰驿，照依时价雇骡在案。今应将累年所给骡数奏闻。奉旨：知道了。嗣后骡数，著详细核减，不得过二百。

七年谕：从前达赖喇嘛、班陈（禅）额尔德尼，每年轮班遣使请安，进献方物，郡王颇罗鼐亦遣使相伴同来。嗣因班陈（禅）额尔德尼圆寂，朕念达赖喇嘛。颇罗鼐每年遣使，殊属劳苦，曾经降旨，定为间年一次。去年适值达赖喇嘛、颇罗鼐遣使之班，班陈（禅）额尔德尼胡毕尔汗因伊坐床亦遣使进献丹舒克请安前来。若照前例轮班遣使，则今年又值班陈（禅）额尔德尼遣使之班，如屡次遣使，其办理牲畜口粮起程等事，唐古忒民人未免劳苦。班陈（禅）额尔德尼胡毕尔汗之使甫经前来，今年不必按班差遣，下次再照从前轮班遣使。再，郡王颇罗鼐之使，原系每年相伴同来，嗣后达赖喇嘛遣使之班，著照旧相伴同来，班陈（禅）额尔德尼胡毕尔汗之班，颇罗鼐不必遣使同来。钦此。

八年奏准，西藏公班第达等七人隔年进贡，向例贡物均交达赖喇嘛等来使，赴京代进。今达赖喇嘛等遣使入京，骑驮之骡，已定额数，公班第达等贡物，难以附进，应增给驮骡三十头，著为定例。

十六年奏准，向例达赖喇嘛正副使入贡，续因颇罗鼐进贡，将副使改为伊遣之使。今仍照旧例，堪布囊素，均由达赖喇嘛差遣。所有前定二百骑驮骡内，应减去四十。

又议准，察木道（多）帕克巴拉丹拜尼玛胡图克图遣使来朝，进贡金碗、黄连，照例折赏外，赐帕克巴拉丹拜尼玛胡图克图：重三十两银茶筒一，各色大缎十有二，大小素帕各七；正使：三等蟒缎一，缎二，布二十四。副使：缎二，布十有二；从人：布六。回时，本院差领催一名照看，照例雇给骑驮之骡。正使日给银二钱，副使一钱五分，从人一钱，核给四十日路费，由西安一路送至四川，至四川界，由总督遣人伴送至打箭炉，令其自回。嗣后帕克巴拉胡图克图遣使来朝，该督即照例办给骑驮之骡。如私带贸易货物，令其自办，不在官给之例。至京后，照泽卜尊丹巴胡图克图来使之例，给与廪给四十日，事竣即令起程。

一、京师番僧

札萨克大喇嘛一人，其徒众格隆六人，班第六人。副札萨克大喇嘛一人，其徒众格隆五人，班第六人。札萨克喇嘛四人，其徒众格隆各四人，班第各六人。各寺庙大喇嘛十八人，其徒众格隆各二人，班第各六人。副大喇嘛七人，其徒众格隆各二人，班第各四人。闲散喇嘛十人，其徒众班第各二人。德木齐二十九人，其徒众班第各一人。格思规四十九人，其徒众班第各一人。各寺庙格隆、班第共千二百七十有三人（自札萨克大喇嘛以下，格隆、班第等，共千七百五十二人）。

雍和宫灌顶普善广慈大国师章嘉胡图克图，其徒众格隆六人，班第六人，属下格隆班第二十人。又闲散喇嘛三人，其徒班第各二人（共四十有一人)。慧悟禅师噶尔丹锡勒图胡图克图，慧通禅师吉隆胡图克图，其徒众均与大国师同。学习经义闲散喇嘛、格隆、班第五百人。

一、后黄寺

顺治八年创建后黄寺，剃度番僧百有八人，均以内府三旗管领下及五旗王、贝勒、贝子、公府属管领下人披剃（内府三旗二十四人，五旗各府属八十四人)。如上三旗有阙，移咨礼部，行文内务府，于本旗管领下选一人顶补。下五旗有阙，移咨礼都，行文各该王公，于府属管领下送一人顶补。

九年题准，每岁正月八日至十五日，后黄寺集喇嘛、格隆、班第诵经，凡需用之物，均由该部支给。

十四年题准，后黄寺每年诵经喇嘛、格隆、班第定为四百人。

又题准，后黄寺诵经喇嘛、格隆每年赏银千两，由户都支领。

康熙十一年题准，在内王等取充后黄寺班第百有八人，额缺，将默尔根绰尔济额外册内有名之班第顶补。若无顶补之人，仍行（文）礼部，于各原主名下，取人充补。逃走自归者，革退班第，交还原主。

四十六年议准，本院现已设立银库，将后黄寺每年诵经应用香供等费银八十二两七钱四分五厘，及赏给喇嘛、格隆、班第等银千两，均改于本院库内支给。

一、分驻番僧

盛京，实胜寺大喇嘛一人，永安寺（即御花园）大喇嘛一人，玛哈噶喇楼大喇嘛二人。东西南北四塔，大喇嘛各一人。

西勒图库伦，札萨克大喇嘛一人，札萨克喇嘛四人。

西宁西勒图，达赖诺门汗大喇嘛一人。

五台山，札萨克喇嘛一人。射虎川台麓寺大喇嘛一人（属五台山札萨克喇嘛管辖)。

外藩四十九旗，大喇嘛各一人。

归化城，札萨克大喇嘛一人，副札萨克大喇嘛一人，札萨克喇嘛六人。

多伦诺尔会宗、善因二寺，札萨克大喇嘛一人，大喇嘛二人，副大喇嘛二人。

康熙十四年题准，盛京、西勒图库伦、归化城等处大喇嘛以下，各设德木齐一人。

一、喇嘛服色

顺治十二年题准，喇嘛格隆服用黄红色，非奉上赐，不许用五爪团龙。班第用黄帽、红衣。

康熙六年题准，喇嘛等许服金黄、明黄、大红等色，班第等许服大红色，其余不得擅服。曾蒙恩赏赐者，各色均准服用，违者，大喇嘛罚牲畜一九，班第以下鞭一百。

一、喇嘛册牒

顺治十四年题准，喇嘛徒众除院册有名外，不准增设。

十八年，给喀尔喀丹津喇嘛敕印。

康熙十八年题准，札萨克大喇嘛，给与印信；其余格隆、班第等，给与禁条、度牒，不给印信。

三十七年，封札萨克大喇嘛默尔根绰尔济为灌顶普惠弘善大国师，给以诰（命）敕印。

五十七年覆准，西宁衮布庙喇嘛达赖诺门汗，奏请封号，授为西勒图达赖诺门汗，给以敕印。

五十九年覆准，西宁衮布庙阿旺喇嘛，奏请封号，授为扶佑黄教额尔德尼诺门汗，给以敕印。

又覆准，青海亲王罗卜藏丹晋，奏请廓隆庙垂卜藏胡图克图封号，授为黄教额尔德尼诺门汗，给以敕印。

六十年覆准，西宁衮布庙西勒图达赖诺门汗，照伊封号，给与敕印。

雍正元年覆准，甘珠尔巴噶卜楚、额尔济格特诺门汗，均系大喇嘛，应封甘珠尔巴噶卜楚为述教甘珠尔巴默尔根诺门汗，额尔济格特诺门汗为兴教善知识诺门汗，均给与敕印。

又议准，里业乌齐庙喇嘛阿汪札布陈勒胡图克图，嘉喇庙喇嘛阿旺胡图克图，均给与胡图克图封号、敕印。

十二年覆准，封土官胡图克图为静修禅师，给敕印。

又覆准，封西藏达赖喇嘛之师道都温都孙堪布为阐扬黄教阿齐图诺门汗，给以敕印。

又覆准，封噶尔旦西勒图胡图克图为慧悟禅师，给以敕印。

又覆准，封布鲁克巴胡毕尔汗喇嘛札尔西里布鲁克顾济为掌管布鲁克巴黄教札尔西里胡毕尔汗，诺颜林沁齐雷喇卜济为额尔德尼第巴，噶毕冬洛卜为掌管地方噶毕冬洛卜喇嘛，均给与敕印。

又覆准，章嘉胡图克图胡毕尔汗，来历甚明，于经典性宗皆能通晓，不昧前生，实为喇嘛内特出之人。应照前身，册封国师之号。其原赐灌顶普善广慈大国师印，现系其徒众收贮，无庸颁给外，办给诰命敕书。

乾隆元年议准，京城各寺庙内，原有度牒之喇嘛、格隆、班第等，共九百五十九名。后续增福佑寺等庙食粮之格隆班第共三百十有四名，皆未得度牒，应按名补给。再札萨克大喇嘛以下，德木齐、格思规以上，均有随分食粮之徒弟，倘不给度牒，难以稽察约束。除章嘉胡图克图等自藏带来之徒众不给度牒外，其随分食粮之喇嘛徒众，应一并给与度牒。至并未食粮又无度牒之六百七十五人，系额外所收之徒，不给与度牒。但伊等既习经典，请于各寺庙每食粮徒众十名，酌留一名，作为额外僧徒，给与度牒。其余暂行注册，遇食粮者有缺，即将额外之人充补。其额外之缺，即于注册人内选取，仍令每年二季，该管大喇嘛将并无额外多收及私为班第之处，具结报院察核。

二年议准，喀尔喀额尔德尼班第达胡图克图、匝雅班第达胡图克图等，徒众甚多，一应官差出兵，皆与札萨克佐领下人一同行走，应各给与管理徒众印信。

十六年议准，喀尔喀额尔德尼诺颜绰永济罗布藏诺尔布属下徒众甚多，照额尔德尼班第达胡图克图等之例，给与印信。

十八年议准，封吉隆胡图克图为慧通禅师，给以敕印。

一、喇嘛禁例

顺治十四年题准，格隆、班第等如为人治病，必告知大喇嘛，即定日期。若有私往违限，并擅宿人家，或借端留妇女于寺庙者，均依律治罪。再，游方之徒不得擅留，违者亦治罪。

十七年题准，归化城喇嘛，有事往厄鲁特、喀尔喀地方者，均令具题请往，都统不时稽察，毋许妄为。厄鲁特、喀尔喀往来人〔等〕，及格隆、班第等，亦不许擅留，违者治罪。

康熙元年题准，外藩蒙古、八旗游牧察哈尔蒙古等，欲送家人为番僧徒弟，及留住外来之格隆、班第，皆令开具姓名，送院注册，违者坐以隐丁之罪。

五年题准，在京喇嘛等奉使达赖喇嘛地方，擅带彼处班第等回来者，罪之。

十年题难，唐古忒处喇嘛徒众，非奉旨不许私来。

又题准，凡喇嘛，将自己家奴及受他姓送到之人作为班第，并容留无籍之格隆、班第者，将该管之大喇嘛革退，罚牲畜三九，格隆、班第等各罚三九。如内地家人作为班第送至喇嘛处，或隐匿在家，及容留无籍游方之格隆、班第者，将都统以下、领催以上，同本人一并交部，分别议处治罪。再，外藩蒙古地方，除册籍有名之番僧外，其游方之番僧班第，皆著驱逐。倘不行驱逐，或隐匿容留，及将各该属家奴私为班第者事发，王、贝勒、贝子、公、札萨克台吉等各罚俸一年。无俸之台吉罚马五十匹入官。均革职。闲散，鞭一百。该管之王、贝勒、贝子、公、台吉等，各罚俸九月，都统、副都统等各罚牲畜一九，佐领、骁骑校各罚二九，领催、什长各鞭一百。所罚牲畜，给首告之人三分之一。如经属下家奴首出，即准开户，将私为班第及收留之番僧班第勒令还俗，拨回本旗，给还本主。其八旗游牧察哈尔马场人等有犯，亦照此例。

又定，凡蒙古地方骁骑壮丁，不准私为五巴什，违者，照私为格隆、班第例治罪。其年老残废、丁册除名之人，愿为五巴什者听。

又定，蒙古妇女，不准私为齐巴罕察（即尼僧），违者，亦照私为班第例罪之。

四十二年谕：以民田展修庙宇，有关民生，嗣后凡修庙有碍民地者，著永行禁止。钦此。

雍正三年题准，洮岷地方番僧，以治病禳灾为名，诓骗蒙古，应令札萨克严禁。如果治病有益，分别保留，其余一概逐回原籍。嗣后有隐藏者，发觉，将札萨克等一并议处。

六年议准，五台山乃系名山清净佛地，若埋葬尸骨，有污净土。嗣后，凡喇嘛、僧道、旗民、蒙古人等骨殖，禁止送往五台山埋葬。如外藩蒙古大喇嘛有愿将骨殖送往五台山埋葬者，该部请旨具奏。其本处喇嘛僧尸骨，亦令其远离寺庙埋葬。

一、西番各寺

顺治七年题准，河州弘化等寺总理国师韩禅巴遣徒交明时所给敕书一道、铜印一颗，均准换给。

八年题准，显庆寺灌顶大国师丹巴坚错交明时所给镶金银印一颗、都纲铜印一颗，诰命、敕谕各一道。又，弘化寺普应禅师诺尔布坚错交明时所给银印一颗、都纲司铜印一颗，又，红山堡报恩寺番僧庐志藏灵珍交明时所给札付一张。一并换给。

十年，番僧庐志藏灵珍交明时所给都纲敕印，照旧换给。

又，西宁瞿昙等寺国师、禅师、喇嘛等，各将明时所给诰、敕、印、札交还，恳请换给。瞿昙寺国师公葛丹净封为灌顶净觉弘济大国师，给镀金银印，济恩欢卓尔封为灌顶广济弘善国师，给慈光普照象牙图书，各给诰敕一道，其都纲拉恩俄卓尔给铜印敕谕一道。净宁菩提寺国师拉索南封为妙胜惠济灌顶大国师，给镀金银印，诰、敕各一道，札付一张。净觉寺国师班珠儿坚错封为净慈优善国师，给银印，诰、敕各一道。国师所属喇嘛查西坚错给弘修善道象牙图书，灵珍坚错给心性了无象牙图书，丹巴舍拉给坚修梵性象牙图书，各给敕谕一道。慈利寺国师札思巴统绪封为弘善演教国师，给银印，敕谕一道，札付一张。禅师毛错南宫哈封为妙胜禅师，给银印，敕谕一道，札付一张。延寿寺张舍拉朋错封为广济弘修国师，给银印，诰、敕各一道。普法寺国师丹进坚错封为妙善通惠国师，给银印，诰、敕各一道。国师所属喇嘛索南巴尔丹给妙静弘修象牙图书，敕谕一道。吉祥寺禅师洛藏喇旦封为福教禅师，给银印，诰、敕各一道。伊儿给寺喇嘛格拉坚错给弘演宗尚象牙图书。

又，西纳演教寺喇嘛班珠儿盆错交明时所给敕印、执照，封班珠儿盆错为国师，换给诰、敕各一道，又赐给通慧净觉银印。

又，端严寺喇嘛山丹屯柱交明时所给敕书、札付、图书，换给敕书一道、札付一张、靖敕法戒象牙图书一方。

十七年题准，岷州卫二十六寺内圆觉寺、大崇教寺番僧后只即丹子交明时所给诰命一道、敕书二十一道、肃谨戒行图书一方，换给敕书一道，铜印二颗，授为护印僧纲司，令钤束岷州各寺番僧。其交送敕书二十一道，均应换给，惟成化年间所封弘济兴教大国师一敕，不准换给。

康熙二年题准，岷州圆觉寺、大崇教寺、讲堂寺、刹藏寺、弘教寺、洪福寺、法藏寺、朝定寺、石崖寺、鲁班寺、永安寺、广善寺、照慈寺、洪济寺、广德寺、羊圈寺、崇隆寺、宝净寺、写儿朵寺、赞林寺、永宁寺诸番僧交送旧敕，一例换给。

五年题准，三竹、裕童、藏经三寺，既经修葺，应给发敕书。其荔川、工布二寺，俟修理告竣，再行请给。

十一年，延寿寺广济弘修国师张哈完卜承袭，换给诰敕。

十四年题准，据甘肃提督奏称，圆觉寺番僧后只即丹子恪守敕印，纠兵攻贼，其前所请弘济兴教大国师之职，准其承袭，应给诰命，并给与镀金银印。其番僧纲司敕印，仍令掣交送部。

十五年题准，法藏寺僧丁桑节落旦应授为法藏寺番纲司，洮州著落寺番僧杨多刚应授为僧正，均给与敕书。

二十一年题准，圆觉等寺番僧后只即丹子等谢恩进贡，并请给国师顶帽及番僧俸禄。给高顶僧帽一具，拨赐岷州卫属官地五顷，免其纳粮。

三十年覆准，圆觉寺国师后只即丹子亲侄、首徒后丹子达节，袭封岷州卫弘济兴教大国师。

三十六年覆准，瞿昙寺灌顶净觉弘济大国师，以公葛丹净之孙官著图恩多荣进承袭。

又，西纳演教寺通慧净觉国师，以班珠儿盆错之孙达尔吉承袭。

三十七年覆准，嵩山来之达克隆胡图克图奏请封典，给与敕印。

三十八年覆准，法藏寺番僧丁桑节落旦前以军功议叙，给与僧纲司敕书，原无世袭字样。今该僧据报病故，著交送内阁，换给护敕。

四十三年题难，西宁教化寺僧罗卜藏钦琫，宝贝寺僧罗卜藏纳木查，交明时所给诰命、敕书，并交旧印。又，肃州归化寺僧恭阿札木苏奏请承袭，均换给诰命、敕印。

四十六年奏准，达克隆胡图克图病故，换给伊佳蓝占巴罗雷丹达尔敕书，令约束僧众。

四十九年覆准，国师名爵甚大，非有功绩不得滥授。岷州国师后丹子达节，其师后只即丹子，初授为护印番僧纲司，后因攻贼有功，升授国师，给与镀金银印，业已承袭一代。今后丹子达节以年老辞职，其徒后尖采宁布并无功绩，不得仍袭国师，著照初封之职，授为护印番僧纲司，给与铜印、敕书，旧给国师印信、诰命，著交送内阁。

五十二年题准，洮州阐定寺喇嘛杨昂望交明时所给崇梵静觉国师敕印，准其换给。

雍正四年议准，西宁所属百里外，约共僧寺九十有四处，河州所属仅止三处。此内有名国师、禅师而有敕印者，有名国师而无敕印者，有名为寺庙实无寺庙者，有不名为寺庙而名为部落者。其各处喇嘛，或百二三名以至百六七十名不等。此等处所，原系土人番人杂处，明初颁给敕印之后，我朝亦曾颁有敕印。缘边居之人，野性难化，故令其信任有名之喇嘛，承袭管辖。若因循旧制，不酌量更定，恐相沿日久，竟恃为世守，所关匪细。应令各寺族佃归并内地为民，所给敕印，尽行收取，不令管辖番众。其如何给与喇嘛空衔俸禄之处，令该督详议具奏，到日再议。

乾隆八年题准，洮州阐定寺崇梵静觉国师，以杨昂望之侄杨琢璪珞瓒承袭。

又奏准，朝鲜、琉球、南掌、安南、暹罗、苏禄等国封恤事宜，俱系礼部办理。其蒙古王公台吉、内外番夷喇嘛等封恤事宜，均系理藩院承办。惟会典内，载有陕西、甘肃洮岷喇嘛承袭国师、禅师、都纲，并给与敕印等事，由礼部具题等语，累年有礼部专办者，有理藩院会同办理者。伏思蒙古内外喇嘛既属理落院所辖，则陕、甘、洮岷三处喇嘛，嗣后承袭国师、禅师、都纲等事，均应归并理藩院承办。至请给敕印之事，仍令理藩院会同礼部办理。

九年奏准，河州弘化、显庆两寺国师兼都纲章珞柱坚错之侄章敦柱坚错请袭前来，从前议收国师、禅师一应敕印，其作何酌给空衔俸禄尚未议定。今章敦柱坚错请袭国师，应俟该督议覆到日再办。其都纲印信，原为办理事务、管束属人而设，应令国师章珞柱坚错之侄章敦柱坚错暂行管理都纲印务。

又奏准，换给嵩山报恩寺达克隆胡图克图胡毕尔汗敕书。

十二年议准，甘肃所属各寺庙喇嘛自收国师、禅师印信以来，各自焚守静修，其属下众僧虽多设有法台，但约束不无涣散。自应照依地方之大小、喇嘛之多寡，定为职衔，以备稽察。河州普纲寺、灵庆寺、弘化寺，应各设都纲一人。西宁县之西那寺、塔尔寺、札藏寺、元觉寺、沙冲寺，仙密寺、佑宁寺，碾伯县之瞿昙寺、弘通寺、羊尔贯寺、普化寺、大通卫之广化寺，归德所之二碟阐寺，洮州卫之垂巴寺、马尼寺，应各设僧纲一人。洮州卫之阎家寺、龙元寺、圆成寺，应各设僧正一人，均由院给与札付。其嵩山报恩寺喇嘛达克隆胡图克图胡毕尔汗，红山堡报恩寺都纲阎南木加，岷州圆觉寺僧纲侯章杨思柱，河州弘化寺都纲章敦柱坚错，皆有都纲、僧纲印信，毋庸再给。此次所授僧纲僧正，既皆议给札付，其从前所给岷州圆觉寺僧纲侯章杨思柱之敕书，著撤回，换给札付。嗣后国师之号，均不准承袭。所有洮州阐定寺国师杨琢瑑珞瓒之印敕，暂准存留，俟阙出停止复袭，令将原领印敕，交礼那察销。又杨松罗布架木灿，年力富强，才具明晰，应授为僧纲，令该督将杨松罗布架木灿年貌，并住持何庙之处，询明送院，填给扎付。

十三年核准，杨松罗布架木灿并无居住寺庙，原居住著落族，应照原议，将杨松罗布架木灿授为僧纲，给与札付。

（乾隆朝内府抄本《理藩院则例》）

嘉庆朝

凡黄教行于蒙古、唐古特者曰“喇嘛”。（唐古特僧宗喀巴，始以黄教授其弟子达赖、班禅，后其教遂盛，蒙古番族无不崇奉。）凡喇嘛，有驻京喇嘛，（驻京喇嘛，大者曰掌印扎萨克大喇嘛，曰副掌印扎萨克大喇嘛，其次曰扎萨克喇嘛，其次曰达喇嘛，曰副达喇嘛，其次曰闲散喇嘛，其次曰德木齐，曰格思规，其徒众曰格隆，曰班第。热河、盛京、多伦诺尔、五台山各庙，皆分驻喇嘛，定有额缺，按等升转，与驻京喇嘛一例。又伊犁之掌教堪布一人，四川懋功之广法寺堪布一人，系由驻京喇嘛内派往，三年一更代。驻京喇嘛中，历辈阐扬黄教，如章嘉呼图克图、噶勒丹锡呼图呼图克图、敏珠尔呼图克图、济隆呼图克图，或在京掌教，或赴藏办事，俱曾加国师、阐师等名号。乾隆五十一年，高宗纯皇帝钦定喇嘛班次，左翼头班章嘉呼图克图，二班敏珠尔呼图克图；右翼头班噶勒丹锡呼图呼图克图，二班济隆呼图克图。皆列于雍和宫总堪布、避暑山庄普宁寺总堪布之上。其余驻京之呼图克图，有东科尔呼图克图、果蟒呼图克图、那木喀呼图克图、鄂萨尔呼图克图、阿嘉呼图克图、喇果呼图克图、贡唐呼图克图、土观呼图克图，多伦诺尔有锡库尔锡呼图诺颜绰尔济呼图克图，皆出呼毕勒罕入于院册。）有藏喇嘛，（西藏喇嘛，自达赖喇嘛、班禅额尔德尼外，尚有第穆呼图克图、噶喇木巴呼图克图、色木巴呼图克图、布鲁克巴呼图克图、嘉拉萨赖呼图克图、鄂朗济永呼图克图、朋多江达笼庙之呼图克图、摩珠巩之志巩呼图克图、贡噶尔之嘉克桑呼图克图、奈囊保呼图克图、朗呼仔之萨木觉多尔济奈觉尔女呼图克图、觉尔隆阿里呼图克图、楚尔普嘉尔察普呼图克图、多尔吉推灵沁呼图克图、伦色之觉尔泽呼图克图、协布隆呼图克图、摩珠巩之志巩小呼图克图、达拉冈布呼图克图，凡十八人，及沙布隆十二人，皆出呼毕勒罕，入于院册。呼征呼图克图，原系沙布隆，今为呼图克图。）**有番喇嘛，**（甘肃之庄浪、河州、循化、西宁、岷州，四川之木里，及将入藏境之乍雅、察木多、类乌齐各番寺，皆喇嘛居之。其出呼毕勒罕入院册者，庄浪二人，西宁三十三人，木里一人，乍雅、察木多、类乌齐四人。）**有游牧喇嘛。**（归化城土默特、察哈尔、锡呼图库伦、内扎萨克四十九族、喀尔喀、阿拉善各游牧，皆有喇嘛居之。其出呼毕勒罕入院册者，归化城十二人、察哈尔九人、锡呼图库伦二人、科尔沁三人、郭尔罗斯一人、土默特六人、乌珠穆沁六人、浩齐特一人、阿巴噶一人、阿巴哈纳尔五人、苏尼特二人、四子部落一人、乌喇特五人、鄂尔多斯一人、喀尔喀十九人、阿拉善二人。）**凡喇嘛有行者，能以神识转生于世曰呼毕勒罕，皆入名于奔巴金瓶而掣定焉。**（呼图克图转生，向由达赖喇嘛所属之拉穆吹忠作法，降神其体，指出呼毕勒罕所在，访求迎归供养。乾隆五十七年，高宗纯皇帝平定廓尔喀后，整饬藏务，斥拉穆吹忠之妄，特颁奔巴金瓶一于布达拉大昭，凡达赖喇嘛、班禅额尔德尼、哲布尊丹巴呼图克图，及西藏、蒙古各处已出数辈之呼图克图大喇嘛圆寂后，将报出之呼毕勒罕数人名字生辰，缮签入奔巴金瓶内，令喇嘛等唪经，驻藏大臣监看，掣出一人以为呼毕勒罕。复设奔巴金瓶一于雍和宫，其内外扎萨克等所奉之呼图克图，如力不能赴藏识认者，即令盟长拟定报院，缮签入雍和宫奔巴金瓶内，令掌印扎萨克大喇嘛等唪经，理藩院大臣监掣。其王公扎萨克等子弟指为呼毕勒罕，及呼毕勒罕复出于达赖喇嘛、班禅额尔德尼本族者，概行禁止。惟青海察汉诺们罕拟〔寻认〕呼毕勒罕时，无论系察汉诺们罕亲族，有为沙华那尔等贴服者，准其一体入签掣定。其寻常喇嘛，不准寻〔认〕呼毕勒罕。）**有证，则疏闻以候钦定。**（嘉庆十三年，达赖喇嘛呼毕勒罕寻得时灵征昭著，由驻藏大臣具奏，不复入奔巴金瓶掣定。）**颁喇嘛之禁令。**（喇嘛等服黄红色，班第等服红色，并用黄帽，余色不得服用。乌巴什乌巴三察停其服黄红色。违者，喇嘛论罚，班第以下鞭责，喇嘛、班第不告知大喇嘛私出为人看病念经及擅宿人家，或留妇女于寺庙，若齐巴察汗犯奸者，并治罪，该管大喇嘛论罚。喇嘛徒众，除院册有名外，不准增设。禁以民田展修庙宇。唐古特喇嘛徒众，非奉旨不准私来。在京喇嘛奉使赴藏，不准擅带彼处班第回来。非达赖喇嘛、班禅额尔德尼，凡告白于人，不准用噶舒克字样。喇嘛因事涉讼，先革退喇嘛，如讯系无罪，再复喇嘛。喇嘛犯罪抄出财物，送院存贮，作赏给各寺庙喇嘛之用。）

（嘉庆《大清会典·理藩院》）

附　道光朝“口外喇嘛章程酌议条例”

道光二年（1822）二月甲辰

谕内阁：“理藩院请定口外喇嘛章程酌议条例具奏。内如蒙古汗、亲王、郡王、贝勒、贝子、公、扎萨克、台吉之子孙承袭受职后，复愿充当喇嘛及孤子充当喇嘛均系蒙古旧俗，相沿已久，自应仍听其便，毋庸明立禁令。至每年呈进丹书克，由中正殿运进，亦系向来旧制，著仍遵循办理。其所议赏给诺们汗职衔之达尔汗喇嘛等未经转世者，不准给予名号印敕。其呼图克图诺们汗涅槃后，徒众过五百名者，择人分别赏给职衔督率，又赏有名号印敕及徒众多者方准其补行入档。至认获呼毕勒罕时，该旗加具印结报理藩院，方准入瓶掣签。其四川广法寺堪布喇嘛三年换班由藏就近更换各条，均著照所议办理。惟呼图克图湼槃后择人给与扎萨克喇嘛职衔、诺们汗湼槃后择人给与达喇嘛职衔，原为督率徒众起见，若该呼图克图、诺们汗转世成立，则督办有人，著将扎萨克喇嘛、达喇嘛各职衔即行撤销，以昭覈实。”

（《宣宗实录》卷三〇）

光绪朝

（编者按：光绪《大清会典》的相关内容，与嘉庆《大清会典》基本相同，仅将增添的部分罗列于后，供研究参考）

凡喇嘛，有驻京喇嘛，（驻京喇嘛……仁宗睿皇帝时定额，设札萨克喇嘛四，雍和宫一，作为唐古特专缺，以呼图克图堪布充。其余三缺，蒙古达喇嘛充其一，未受职之呼图克图充其一，由藏调京之堪布等俱以达喇嘛用。道光年间，以章嘉呼图克图、噶勒丹锡呼图呼图克图、敏珠尔呼图克图、那木喀呼图克图、阿嘉呼图克图，历经驻京掌印务，诏各设商卓特巴札萨克喇嘛一。）

有证，则疏闻以候钦定。（……道光二年定，寻获呼毕勒罕时，由该旗加其印结报院，方准入瓶掣签。呼图克图涅槃后，如徒众过五百名，而庙宇距该旗在五百里以内者，由盟长于徒众内择一人给札萨克喇嘛衔，其在五百里以外者，并给印信，诺们罕涅槃后，徒众过五百名者，由札萨克于徒众内择一人给达喇嘛衔，俾资督率，俟该呼图克图诺们汗转世成立后，仍将各衔撤销。应给印信，由盟长报院，咨行附近之将军、大臣等，查复相符，奏闻颁赏。）

颁喇嘛之禁令。（……凡呼图克图等，除封国师、禅师名号者，准其兼授外，其余概不得以呼图克图兼诺们汗、班第达、堪布、绰尔济等职衔，亦不得以国师兼禅师名号。无职衔名号喇嘛概不得呈请在印务处学习行走。台吉不领度牒私自出家者，勒令还俗，失察之盟长、札萨克论罚。喇嘛、班第等私自逃走者，分初犯、再犯及自首、被获者，革有差。喇嘛与蒙古有交涉事件，呼图克图止许将人证送旗转解，不许转认取供。喇嘛容留犯罪盗者治罪。徒众更名，漏不报者，达喇嘛等论罚。外寺升到之达喇嘛不许将徒众带赴新任，违者论革。）

（光绪《大清会典·理藩院》）

光绪《钦定理藩部则例》喇嘛事例

喇嘛事例一

增纂

京城及各处职任喇嘛定额

一、京城各庙额设掌印扎萨克达喇嘛一缺，副扎萨克达喇嘛一缺，扎萨克喇嘛四缺，达喇嘛十四缺，副达喇嘛三缺，画佛副达喇嘛一缺。额设苏拉喇嘛十缺，教习苏拉喇嘛六缺，额外教习苏拉喇嘛四缺，仓苏拉喇嘛九缺，公缺德木齐三十一缺，格斯贵五十缺。

一、画佛副达喇嘛一缺，系随该喇嘛出身寺庙。

一、仓苏拉喇嘛九缺，系嵩祝寺、弘仁寺、东黄寺每寺各三缺。

一、额设苏拉喇嘛十缺内西黄寺专设一缺，其余九缺均随该喇嘛出身寺庙。

一、热河堪布达喇嘛二缺，系普陀宗乘之庙一缺，须弥福寿之庙一缺；达喇嘛四缺，系普陀宗乘之庙、溥仁寺、普宁寺、殊像寺，每庙各一缺；副达喇嘛十一缺，系普陀宗乘之庙教习副达喇嘛三缺，须弥福寿之庙办事副达喇嘛一缺，殊像寺办事副达喇嘛一缺，普宁寺教习副达喇嘛三缺，办事副达喇嘛一缺，安远庙教习副达喇嘛一缺，办事副达喇嘛一缺；苏拉喇嘛八缺，系普陀宗乘之庙办事苏拉喇嘛一缺，须弥福寿之庙办事苏拉喇嘛一缺，普宁寺教习苏拉喇嘛三缺，安远寺（庙）教习苏拉喇嘛一缺，广缘寺专缺苏拉喇嘛一缺，普（溥）善寺办事苏拉喇嘛一缺。

一、盛京实胜寺达喇嘛一缺，永安寺达喇嘛一缺，玛哈噶喇楼达喇嘛二缺，东西南北四塔达喇嘛各一缺，锡埒图库伦扎萨克达喇嘛一缺，扎萨克喇嘛四缺。

一、西安广仁寺达喇嘛一缺。

一、五台山菩萨顶扎萨克喇嘛一缺，射虎川台麓寺达喇嘛一缺，属五台山扎萨克喇嘛管辖。

一、归化城扎萨克达喇嘛一缺，副扎萨克达喇嘛一缺，扎萨克喇嘛六缺。

一、多伦诺尔会宗、善因二寺扎萨克达喇嘛一缺，达喇嘛二缺，副达喇嘛二缺。

修改

一、扎萨克喇嘛四缺内，雍和宫专设一缺，其余扎萨克喇嘛三缺并京城公缺达喇嘛十四缺，共十七缺，系阐福寺、嵩祝寺、福佑寺、隆福寺、普胜寺、大隆善护国寺、妙应寺、净住寺、三佛寺、长泰寺、慈度寺、达赖喇嘛庙、察罕喇嘛庙、圣化寺、大正觉寺、慈佑寺、永慕寺等十七寺庙。如普度寺达喇嘛、同福寺达喇嘛升补扎萨克喇嘛，仍占本庙达喇嘛之缺，其原出缺之扎萨克喇嘛、本庙内所遗达喇嘛缺，归入十七寺庙内公中补放，以全原额。

一、公缺副达喇嘛三缺，系慧照寺、慈佑寺、弘仁寺每寺各一缺。

一、教习苏拉喇嘛六缺，系雍和宫擦呢特学二缺，扎年阿克学二缺，巨特巴学一缺，曼巴学一缺。

一、额外教习苏拉喇嘛四缺，系雍和宫擦呢特学三缺，巨特巴学一缺。

增纂

包衣喇嘛定额

一、包衣三旗额设达喇嘛三缺，副达喇嘛一缺。苏拉喇嘛三缺，系宝谛寺、功德寺、新正觉寺达喇嘛各一缺。苏拉喇嘛各一缺，副达喇嘛一缺系在宝谛寺。

一、东陵隆福寺额设达喇嘛一缺，德木齐、格斯贵各一缺，教习三缺，班第二十缺。

一、西陵永福寺额设达喇嘛一缺，德木齐、格斯贵各一缺，教习二缺，班第二十缺。

以上二寺喇嘛钱粮等项，均由该处总管内务府大臣办理，报部核销。

增纂

甘肃所属各庙喇嘛职衔定制

一、甘肃所属河州之普纲寺、灵庆寺、宏化寺，各设都纲一缺。西宁县之西那寺、塔尔寺、扎藏寺、元觉寺、沙冲寺、仙密寺、佑宁寺，碾伯县之瞿昙寺、宏通寺、羊尔贯寺、普化寺，大通县之广化寺、贵德厅之二叠阐寺、垂巴寺、玛呢寺，各设僧纲一缺。洮州厅之阎家寺、龙元寺、圆成寺，各设僧正一缺。均照松山报恩寺一体由部给与札付，其国师之号不准承袭。

增纂

京城及各处各寺庙喇嘛定额

一、弘仁寺

二两钱粮喇嘛五十五缺。

一两钱粮喇嘛十四缺。

折色班第钱粮七缺。

德木齐四名、格斯贵二名，在二两钱粮缺内。德木齐、格斯贵等随缺跟役徒弟共六名，在折色班第钱粮缺内。

一、嵩祝寺

折色格隆钱粮二十七缺。

折色班第钱粮三十二缺。

德木齐一名、格斯贵二名，在折色格隆钱粮缺内。

德木齐、格斯贵等随缺跟役徒弟共三名，在折色班第钱粮缺内。

一、福佑寺

折色格隆钱粮十二缺。

折色班第钱粮丨缺。

德木齐一名、格斯贵一名，在折色格隆钱粮缺内。

德木齐、格斯贵等随缺跟役徒弟共二名，在折色班第钱粮缺内。

一、妙应寺

二两钱粮喇嘛三十缺。

一两钱粮喇嘛五缺。

折色班第钱粮四缺。

德木齐一名、格斯贵二名，在二两钱粮缺内。

德木齐、格斯贵等随缺跟役徒弟共三名，在折色班第钱粮缺内。

一、梵香寺

折色格隆钱粮三十一缺。

折色班第钱粮十四缺。

德木齐一名、格斯贵二名，在折色格隆钱粮缺内。

德木齐、格斯贵等随缺跟役徒弟共三名，在折色班第钱粮缺内。

一、大隆善护国寺

二两钱粮喇嘛二十五缺。

一两钱粮喇嘛二十八缺。

折色格隆钱粮三十一缺。

折色班第钱粮四缺。

德木齐一名、格斯贵一名，在二两、一两钱粮缺内。

德木齐、格斯贵等随缺跟役徒弟共三名，在折色班第钱粮缺内。

一、嘛哈噶喇寺

二两格斯贵钱粮一缺。

一两钱粮喇嘛一缺。

折色格隆钱粮三缺。

折色班第钱粮三缺。

格斯贵随缺跟役徒弟一名，在折色班第钱粮缺内。

一、长泰寺

折色格隆钱粮二十九缺。

折色班第钱粮四缺。

德木齐一名、格斯贵二名，在折色格隆钱粮缺内。

德木齐、格斯贵等随缺跟役徒弟共三名，在折色班第钱粮缺内。

一、慈度寺

二两钱粮喇嘛一缺。

一两钱粮喇嘛一百四缺。

折色格隆钱粮六缺。

折色班第钱粮四缺。

德木齐一名、格斯贵二名，在二两、一两钱粮缺内。

德木齐、格斯贵等随缺跟役徒弟共三名，在折色班第钱粮缺内。

一、大清古刹（即察罕喇嘛庙）

二两钱粮喇嘛十五缺。

一两钱粮喇嘛二百五十缺。

折色格隆钱粮三缺。

折色班第钱粮八缺。

德木齐一名、格斯贵二名，在二两、一两钱粮缺内。

德木齐、格斯贵等随缺跟役徒弟共三名，在折色班第钱粮缺内。

一、资福院

德木齐折色格隆钱粮四缺。

格斯贵折色班第钱粮二缺。

德木齐四名随缺跟役徒弟折色班第钱粮共四缺。此庙格斯贵无随缺跟役徒弟。

一、清静化城（即西黄寺）

一两钱粮喇嘛五缺。

折色格隆钱粮十缺。

折色班第钱粮二十七缺。

德木齐一名、格斯贵一名，在一两钱粮缺内。

德木齐、格斯贵等随缺跟役徒弟共二名，在折色班第钱粮缺内。

一、汇宗梵宇（即达赖喇嘛庙）

一两钱粮喇嘛十八缺。

折色格隆钱粮四缺。

折色班第钱粮九缺。

德木齐一名、格斯贵二名，在一两钱粮缺内。

德木齐、格斯贵等随缺跟役徒弟共三名，在折色班第粮钱缺内。

一、普静禅林（即东黄寺）

一两钱粮喇嘛十缺。

折色格隆钱粮十六缺。

折色班第钱粮七十九缺。

德木齐一名、格斯贵二名，在折色格隆钱粮缺内。

德木齐、格斯贵等随缺跟役徒弟共三名，在折色班第钱粮缺内。

一、普度寺

二两钱粮喇嘛二十缺。

德木齐一名、格斯贵二名，在二两钱粮缺内。

德木齐、格斯贵等随缺跟役徒弟折色班第钱粮共三缺。

一、普胜寺

一两钱粮喇嘛十二缺。

折色格隆钱粮五缺。

折色班第钱粮五缺。

德木齐一名、格斯贵二名，在一两钱粮缺内。

德木齐、格斯贵等随缺跟役徒弟共三名，在折色班第钱粮缺内。

一、慧照寺

折色格隆钱粮七缺。

折色班第粮钱二十一缺。

德木齐一名、格斯贵二名，在折色格隆钱粮缺内。

德木齐、格斯贵等随缺跟役徒弟共三名，在折色班第钱粮缺内。

一、化成寺

折色格隆钱粮三十缺。

德木齐一名、格斯贵二名，在折色格隆钱粮缺内。

德木齐、格斯贵等随缺跟役徒弟折色班第钱粮共三缺。

一、隆福寺

折色格隆钱粮十六缺。

折色班第钱粮四十缺。

德木齐一名、格斯贵二名，在折色格隆钱粮缺内。

德木齐、格斯贵等随缺跟役徒弟共三名，在折色班第钱粮缺内。

一、净住寺

一两钱粮喇嘛七十五缺。

折色格隆钱粮一缺。

德木齐一名、格斯贵二名，在一两钱粮缺内。

德木齐、格斯贵等随缺跟役徒弟折色班第钱粮共三缺。

一、三宝寺（即新寺）

一两钱粮喇嘛二十六缺。

德木齐一名、格斯贵二名，在一两钱粮缺内。

德木齐、格斯贵等随缺跟役徒弟折色班第钱粮共三缺。

一、三佛寺

一两钱粮喇嘛十缺。

折色格隆钱粮五缺。

折色班第钱粮十六缺。

德木齐一名、格斯贵二名，在一两钱粮缺内。

德木齐、格斯贵等随缺跟役徒弟共三名，在折色班第钱粮缺内。

一、圣化寺

二两钱粮喇嘛二十三缺。

折色格隆钱粮二缺。

折色班第钱粮五缺。

德木齐一名、格斯贵二名，在二两钱粮缺内。

德木齐、格斯贵等随缺跟役徒弟共三名，在折色班第钱粮缺内。

一、慈佑寺

二两钱粮喇嘛八缺。

折色格隆钱粮五缺。

折色班第钱粮六缺。

德木齐一名、格斯贵二名，在二两钱粮缺内。

德木齐、格斯贵等随缺跟役徒弟共四名，在折色班第钱粮缺内。

一、永慕寺

折色格隆钱粮十五缺。

德木齐一名、格斯贵二名，在折色格隆钱粮缺内。

德木齐、格斯贵等随缺跟役徒弟折色班第钱粮共三缺。

一、大正觉寺（即正觉寺）

一两钱粮喇嘛十二缺。

折色格隆钱粮六缺。

折色班第钱粮二十五缺。

德木齐一名、格斯贵二名，在一两钱粮缺内。

德木齐、格斯贵等随缺跟役徒弟共三名，在折色班第钱粮缺内。

一、阐福寺

二两钱粮喇嘛四缺。

一两钱粮喇嘛六缺。

折色格隆钱粮七缺。

折色班第钱粮十四缺。

德木齐一名、格斯贵一名，在二两、一两钱粮缺内。

德木齐、格斯贵等随缺跟役徒弟共二名，在折色班第钱粮缺内。

一、同福寺

无钱粮额缺。

一、雍和宫

二两德木齐钱粮四缺。

二两钱粮喇嘛二百四十六缺。

一两五钱钱粮喇嘛二百五十四缺。

格斯贵二名，在二两、一两五钱钱粮缺内。

格斯贵随缺跟役徒弟折色班第钱粮共二缺。此庙德木齐无随缺跟役徒弟。

一、宝谛寺

二两德木齐钱粮一缺。

二两格斯贵钱粮二缺。

二两教习钱粮十八缺。

一两五钱钱粮喇嘛一百八十四缺。

德木齐、格斯贵等随缺跟役徒弟折色班第钱粮共三缺（此庙各项喇嘛均系内务府三旗包衣额缺）。

一、正觉寺（即新正觉寺）

一两五钱钱粮喇嘛三十缺。

德木齐一名、格斯贵一名，在一两五钱钱粮缺内。

德木齐、格斯贵等随缺跟役徒弟折色班第钱粮共二缺。（此庙各项喇嘛均系内务府三旗包衣额缺）

一、功德寺

一两五钱钱粮喇嘛三十二缺。

德木齐一名、格斯贵一名，在一两五钱钱粮缺内。

德木齐、格斯贵等随缺跟役徒弟折色班第钱粮共二缺。（此庙各项喇嘛均系内务府三旗包衣额缺）

一、普陀宗乘之庙（即布达拉庙）

二两德木齐钱粮四缺。

二两格斯贵钱粮二缺。

二两钱粮喇嘛一百缺。

一两五钱钱粮喇嘛二百缺。

德木齐、格斯贵等随缺跟役徒弟折色班第钱粮共六缺。

一、须弥福寿之庙（即扎什伦布庙）

二两德木齐钱粮二缺。

二两格斯贵钱粮二缺。

二两钱粮喇嘛六十缺。

一两五钱钱粮喇嘛一百四十缺。

德木齐、格斯贵等随缺跟役徒弟折色班第钱粮共四缺。

一、普宁寺

二两德木齐钱粮五缺（内分住安远庙一缺）。

二两格斯贵钱粮二缺（内分住安远庙一缺）。

二两钱粮喇嘛一百十缺（内分住安远庙十三缺、广缘寺十缺）。

一两五钱钱粮喇嘛二百缺。

德木齐、格斯贵等随缺跟役徒弟折色班第钱粮共七缺。

一、殊像寺

二两德木齐钱粮二缺。

二两格斯贵钱粮二缺。

二两教习钱粮五缺。

二两钱粮喇嘛二十缺。

一两五钱钱粮喇嘛三十缺。

德木齐、格斯贵等随缺跟役徒弟折色班第钱粮共四缺。

一、溥仁寺

二两钱粮喇嘛二十缺。

德木齐一名，在二两钱粮缺内。

一两五钱钱粮喇嘛三十缺。

德木齐随缺跟役徒弟折色班第钱粮一缺。

一、溥善寺

二两钱粮喇嘛十六缺。

折色格隆钱粮六缺。

折色班第钱粮二十七缺。

德木齐一名，在二两钱粮缺内。

德木齐随缺跟役徒弟一名，在折色班第钱粮缺内。

续纂

五台山所属啰睺寺等九庙设立虚衔达喇嘛

一、五台山菩萨顶所属之啰睺寺设虚衔达喇嘛一名，缺出由五台山菩萨顶扎萨克喇嘛处于本寺大众内拣选保送喇嘛印务处拟定正陪，照台麓寺达喇嘛例报部奏请补放。其余所属之玉花池、寿宁寺、金刚窟、涌泉寺、七佛寺、三泉寺、善财洞、普安寺等八庙，亦各设虚衔达喇嘛一名，缺出由五台山菩萨顶扎萨克喇嘛处拣选充补，均开列职名，呈报喇嘛印务处，报部给与札付。以上各达喇嘛均系虚衔，不支钱粮。

续纂

呼图克图职衔名号定制

一、凡呼图克图、诺们汗、班第达、堪布、绰尔济，系属职衔。国师、禅师，系属名号。该呼图克图等除恩封国师、禅师名号者，准其兼授外，概不得以呼图克图兼诺们汗、班第达、堪布、绰尔济等职衔，亦不得以国师兼禅师名号。

续纂

呼图克图等印信册命敕命定制

一、达赖喇嘛、班禅额尔德尼、哲布尊丹巴呼图克图，如蒙恩赏给印、册，其印、册均用金。其达赖喇嘛历世所得玉印、玉册，只准敬谨尊藏，非特旨不准擅用。其余各呼图克图等，如恩封国师名号者，印、册，均用银镀金。恩封禅师名号者，印用银，颁给敕书。

续纂

专设喇嘛印务处

一、喇嘛印务处专设弘仁寺，另择清静严密处所作为印库收贮印信，责成印务德木齐四人轮流值宿看守。

该掌印呼图克图兼行章京，按期到印务处会同办事。

其用印时，由该呼图克图等眼同钤用。印钥交正掌印扎萨克达喇嘛佩带，无论该掌印呼图克图住持何庙，不得将印信擅贮本庙。

续纂

喇嘛印务处月支公费银两

一、喇嘛印务处月支公费银六十五两四钱，按月由本部银库存贮项下动支发给。

续纂

喇嘛印务处设立帮办呼图克图

一、喇嘛印务处除掌印正、副扎萨克达喇嘛外，如驻京呼图克图中有驻京年分较久，当差勤慎，经卷熟习者，准该印务处报部具奏，作为学习行走呼图克图。其无职衔名号之喇嘛，概不准呈请在印务处学习。倘不得其人，任缺毋滥。

增纂

会宗寺设立印房并添设德木齐一缺

一、多伦诺尔会宗寺设立印房，并添设印务德木齐一缺，与原设印务德木齐一缺，共二缺，责成在印房轮流住班，看守印信。

附　会宗、善因两寺拣补达喇嘛等章程

会宗、善因两寺，原设达喇嘛二人，缺出由副达喇嘛内拣选升补。副达喇嘛二人缺出，由印务德木齐拣选升补。印务德木齐一人暨新设印务德木齐一人缺出，由德木齐内拣选充补。德木齐四人缺出，由格斯贵内拣选挑补。格斯贵四人缺出，由小格斯贵、呢尔巴、乌木匝特、苏尔噶克齐四项，分为四班，挨班补用。

续纂

呼图克图等裁撤呼弼勒罕字样

一、达赖喇嘛、班禅额尔德尼为西藏阐教正宗，哲布尊丹巴呼图克图，国初创始投诚，著有劳绩。以上三人转世后，均由该大臣奏请特旨钦差大臣前往照料坐床，即于坐床之日裁撤弼勒罕字样。章嘉呼图克图、噶勒丹锡哷图呼图克图、敏珠尔呼图克图、济咙呼图克图、那木喀呼图克图、阿嘉呼图克图、喇果呼图克图。察罕达尔汗呼图克图，历世驻京掌印，以上八人并情愿呈请驻京之呼图克图等，均于转世后来京瞻仰天颜之日，裁撤呼弼勒罕字样。其驻扎各游牧处所之呼图克图、诺们汗、班第达、堪布、绰尔济等转世后，均俟年至十八岁，由该管大臣、盟长等核实，报部裁撤呼弼勒罕字样，概不准私自裁撤。倘有违例私自裁撤者，一经查出，由部严行参处。

续纂

达赖喇嘛等圆寂转世后印信册敕分别办理

一、达赖喇嘛、班禅额尔德尼圆寂时，其印、信由驻藏大臣奏闻，派人护理，俟达赖喇嘛、班禅额尔德尼转世，特旨钦差大臣等赴藏照料坐床之日，会同该大臣奏闻，移授其册，册命即由钦差大臣等带回，呈览后交广储司熔化贮库。至应行换赏金册，由军机处奏交内阁撰拟册文，恭候钦定。达赖喇嘛缮写满、汉、蒙古、唐古忒四体，班禅额尔德尼缮写满、汉、唐古忒三体，仍填写第几辈达赖喇嘛、班禅额尔德尼字样，其随赏物件一并叙入。册式进呈交农、工、商部等衙门照依旧式錾成金册，办理完竣，奏派大臣一员、呼图克图一人、侍卫一员赴藏赍送。其哲布尊丹巴呼图克图圆寂时并转世后印、册由驻扎库伦办事大臣照达赖喇嘛、班禅额尔德尼例办理，其余各呼图克图等如恩封国师者，圆寂时其印信、册命交该商卓特巴于本庙敬谨尊藏，俟该呼图克图转世后裁撤呼弼勒罕之日报部奏闻移授，并将册命呈送理藩部奏交各该衙门填写。如恩封禅师者，圆寂时其印信照国师例办理。如未设有商卓特巴，交该徒众中达喇嘛于本庙敬谨尊藏。授印后，其敕书在京由喇嘛印务处、在外由该管大臣、盟长备文报部奏交内阁更换，仍各填写第几辈某呼图克图字样。凡有未裁撤呼弼勒罕以前呈请得给印、敕者，概行由部饬驳。

增纂

迎接哲布尊丹巴呼图克图之呼弼勒罕

一、哲布尊丹巴呼图克图圆寂转世后，由库伦大臣等拣选喀尔喀扎萨克郡王二员，拟定正、陪报部，由部缮单请旨，简派一员，带领库伦堪布、诺们汗、达喇嘛、喀尔喀台吉四员及各执事跟役人等，由库择期起程赴西宁，会同钦差大臣及部委各员前进。其派往之堪布、诺们汗等，由库起程应取道三眼井地方。赴藏路引由部咨行兵部办给转发。至在藏熬茶等事所需款项，应由该呼图克图仓上拨给银两，并四部落扎萨克各汗王等协济备用。其留于青海之夫役驼马等事由钦差王等酌量办理。奉请呼弼勒罕选择吉日，并该呼弼勒罕受戒，应否即从达赖喇嘛抑从班禅额尔德尼承受之处，由钦差大臣会同驻藏大臣妥为办理。至该呼弼勒罕之父母，准其随行来库，以资照看。所有奉委迎接该呼弼勒罕各员弁沿途经过地方，由陕甘总督、西宁办事大臣于此项要差过境时，务须饬属多派官兵妥为护送，并由四川总督、驻藏大臣一体派兵护送，俾利专行。

续纂

呼图克图等圆寂转世后前辈恩赏物件不得擅用

一、凡各呼图克图前辈所得恩赏物件，除达赖喇嘛、班禅额尔德尼、哲布尊丹巴呼图克图之黄布城，系例准支搭。黄车、黄轿，并章嘉呼图克图紫禁城内赏用黄车系历世乘坐，应于坐床及裁撤呼弼勒罕之日，准其分别支用外，至章嘉呼图克图等历蒙钦赐各件，系属特恩，不得擅用，均俟裁撤呼弼勒罕后，请旨遵行。倘有违例擅用者，一经查出，由部严行参处。

（卷五六）

喇嘛事例二

增纂

元旦分别递佛、哈达

一、恭遇元旦，皇上临幸弘仁寺，凡驻京外来呼图克图等均在庙门外祗跪接驾。拈香毕，驻京呼图克图准递佛，其余呼图克图等均递哈达，哲布尊丹巴呼图克图之正、副使准在庙门外递哈达。

增纂

呼图克图喇嘛等在庙瞻觐

一、呼图克图呼弼勒罕、绰尔济喇嘛并扎萨克喇嘛等，凡年班暨谢恩来京请安后，恭遇皇上临幸喇嘛庙宇，俱在庙门外东侧由奏蒙古事侍卫带领，祗跪瞻觐。品秩较大者，准递佛，其余均递哈达，按品秩排列。

增纂

内外扎萨克各等处呼图克图来京朝觐

一、内外扎萨克等处呼图克图呼弼勒罕、绰尔济喇嘛、达喇嘛等年已及岁、已出痘者，准其来京朝觐。经卷熟习者，准其编入洞礼经班次。其洞礼经班定为六班，按年轮流于十一月中旬来京。其未及岁、未出痘及不值班者，准其照蒙古王公例差人进贡请安。如轮值本班有患病等故者，据情报明该盟长，该盟长查实报部，准其次年补班。倘无故旷班暨屡年托故不来者，将该呼图克图、喇嘛等革除名号字样，并将该盟长、扎萨克等照失察例议处。

续纂

前后藏各间二年一次遣使入贡

一、前藏达赖喇嘛、后藏班禅额尔德尼各间二年遣使堪布来京入贡，均于每年十二月念洞礼经以前到京，恭候次年新正呈递丹书克。

续纂

哲布尊丹巴呼图克图来京瞻觐典礼

一、哲布尊丹巴呼图克图来京瞻觐，豫期由驻扎库伦办事大臣等奏请。奉旨俞允后，由该大臣于该处办事大臣内奏派一员，专司照料。于喀尔喀四部落蒙古贝勒、贝子、公、扎萨克台吉、闲散台吉内，每部落各拟派二员，共八员，沿途护送行走。一面将该呼图克图启程日期、行走道里、随带人数花名、呈进贡物清单先行造册报部。其贡物清单用清、汉字缮写。行抵多伦诺尔地方，由照料大臣先行咨报军机处、理藩部具奏。奏下，如奉旨派御前乾清门侍卫往迎，赍有赏件并由部出派司员一员同往。

一、哲布尊丹巴呼图克图到京，恭遇皇上驻跸圆明园时，于圆明园慈佑寺迤西一带支搭黄布城、蒙古包，率领徒众驻扎。恭遇皇上还宫之后，于安定门外西黄寺前宽阔处所支搭黄布城、蒙古包，率领徒众驻扎。遇有内城差使，该呼图克图豫〔期〕一日酌带徒众数名进城，在嵩祝寺住宿。其应用黄布城由部移咨农工商部行取长二十丈、宽十丈旧黄布城一分〔份〕。支搭时，南、北各设一门，东首亦设一门，内设横隔断。行知景运门护军统领衙门，出派护军支搭。应用蒙古包，由该呼图克图自行备带五合〔座〕蒙古包支搭。其未支搭黄布城以前，仍豫期知照步军统领衙门，于该呼图克图驻扎处所平垫地面，派拨营汛官兵常川照料。

一、哲布尊丹巴呼图克图到京，由部咨报军机处，奏请初次瞻觐日期。奉旨示有定期，由部代奏请安，并豫期恭进初次瞻觐仪注，所有应行事宜由军机处奏明办理。

一、哲布尊丹巴呼图克图到京行初次瞻觐礼，该呼图克图并同来之呼图克图随来之徒众喇嘛等，咸蟒服，并由部奏派驻京呼图克图二人，亦蟒服，带同入内瞻觐。是日，该呼图克图等呈进贡物。赏收者，由部行知内务府折赏。所有自哲布尊丹巴呼图克图以及同来之呼图克图、徒众喇嘛人等，并派出之驻京呼图克图，俱恩赏物件有差，其赏项由军机处具奏赏给。

附载：哲布尊丹巴呼图克图行初次瞻觐礼仪注

哲布尊丹巴呼图克图到京行初次瞻觐礼，届期由理藩部代奏请安。理藩部堂官等率哲布尊丹巴呼图克图等齐集于乾清宫后，俟皇上升座，召御前大臣并御前侍卫暨值年班之御前行走蒙古王公等至西暖阁侍立。理藩部堂官等引哲布尊丹巴呼图克图等进殿恭请圣安。御座前正中豫设备哲布尊丹巴呼图克图跪坐矮床一，稍后左右豫设备奉旨派出之驻京呼图克图二人跪坐矮床二，床后另设备随来之商卓特巴等跪毡垫一排。该呼图克图等请圣安后，引至御座前，令各依次跪坐。哲布尊丹巴呼图克图呈递哈达等物暨驻京之呼图克图呈递哈达，均诣御座前，敬谨手递。皇上接受，分别亲赐赏件。回赏哈达，各赐坐。其随来之商卓特巴、额尔德尼绰尔济等呈递哈达，各于原跪次跪递，御前侍卫接受，各回赏哈达，赏茶。礼毕，引出。

一、哲布尊丹巴呼图克图到京恭递丹书克，由部咨报军机处，奏请日期。奉旨示有定期，豫期由部恭进递丹书克仪注。其仪注并贡单俱用黄折片，豫期令驻京呼图克图带同哲布尊丹巴呼图克图诣中正殿演礼一次，咸蟒服藏帽。次日由理藩部堂官带领进乾清宫恭递丹书克，由部行知各该处敬谨豫备。是日，该呼图克图呈进丹书克贡并其余贡件。赏收者，由部行知内务府折赏，所有进丹书克之呼图克图等，俱恩赏物件有差。其赏项由军机处具奏赏给。

附载：哲布尊丹巴呼图克图恭递丹书克仪注

哲布尊丹巴呼图克图恭递丹书克，豫期理藩部将呈递丹书克贡物先行交进，恭设于乾清宫，在中正殿演礼一次，届期理藩部堂官等率哲布尊丹巴呼图克图等集于乾清宫后，俟皇上升座召御前大臣并御前侍卫暨值年班之御前行走蒙古王公等至西暖阁侍立，豫设呈进丹书克之靠背坐褥于御座，陈诸物于案上。御座前正中豫设备哲布尊丹巴呼图克图跪坐矮床一，稍后左右豫设备奉旨派出之驻京呼图克图二人跪坐矮床二，后另设其余各呼图克图并扎萨克喇嘛等跪坐毡垫二排。届时理藩部堂官等引哲布尊丹巴呼图克图等进殿至御座前，令各依次跪坐，其余各呼图克图喇嘛等俱在床后毡垫以次排跪。太监喇嘛自案上捧丹书克物件，以次授。哲布尊丹巴呼图克图恭捧，呼图克图喇嘛等讽丹书克经一次，哲布尊丹巴呼图克图捧丹书克物件呈进。

皇上亲受授侍立之御前大臣，转授太监喇嘛，仍陈案上，逐件呈递毕，该呼图克图等恭递哈达，皇上回赏哈达，赐坐，赏茶。礼毕，引出。

一、哲布尊丹巴呼图克图到京，如在年班期内，恭遇勤政殿、紫光阁赐饭，正大光明殿山高水长筵宴，与年班呼图克图一体入座，毋庸另行筵宴。由部按照品级排列次序，札行喇嘛印务处，遵照其各等处筵宴赏项，由军机处酌拟具奏。如到京不值班期内，由部将应否另行筵宴之处具奏，请旨遵行。

一、哲布尊丹巴呼图克图到京，无论在年班期内、期外，所有应得供给廪饩，俱照定例办给。

一、哲布尊丹巴呼图克图到京，恭遇皇上临幸处所，停止跪迎。

一、哲布尊丹巴呼图克图来京瞻觐，事毕旋回，由部代奏请安。恭遇皇上临幸处所，理藩部堂官带领该呼图克图道傍跪安，陛辞。

一、随同哲布尊丹巴呼图克图来京之徒众喇嘛，俱准其各进马匹、氆氇等物，由部代奏，赏收者，行知内务府折赏。

一、照料护送哲布尊丹巴呼图克图来京之库伦大臣并蒙古贝子、公、扎萨克、台吉等，俱由部代奏请安，亦准其各进马匹。旋回时，扎萨克、台吉以上，由部代奏请安，陛辞。

增纂

入念洞礼经日期

一、呼图克图呼弼勒罕、绰尔济喇嘛、扎萨克喇嘛、达喇嘛、副达喇嘛，均札喇嘛印务处造册，入中正殿念洞礼经。倘请安在十二月初三日以后者，均不准入。

修改

呼图克图等入坐

一、驻京及外来呼图克图、扎萨克喇嘛、堪布、绰尔济、呼弼勒罕等恭遇中正殿西场子或德昌门内勤政殿、紫光阁或山高水长、大蒙古包、正大光明殿等处筵宴，及山高水长看放烟火，均应入坐，由部按照品级排列，扎喇嘛印务处遵照办理。其章嘉呼图克图、噶勒丹锡哷图呼图克图、敏珠勒呼图克图应坐之矮床系特旨赏坐，由武备院备办。

增纂

外来呼图克图等宴毕请安

一、年班来京朝觐之呼图克图喇嘛等，于正月十五日筵宴。事毕后，由部代奏恭请圣安，令其各归游牧处所，仍令该扎萨克等将该呼图克图喇嘛等于何日回抵游牧处所具文报部。

修改

达赖喇嘛等朝贡赏赍

一、达赖喇嘛、班禅额尔德尼各每间二年轮班遣使朝贡，由西宁至京，寓居西黄寺，由部奏到带领瞻觐，恭进哈达、铜佛、舍利、珊瑚、琥珀、数珠、藏香、氆氇等物。其来使亦准附进哈达、铜佛、藏香、氆氇等物。元旦次日进丹书克，系五色哈达银曼达、七珍、八宝、八吉祥佛像、金字经、银塔、银轮杵瓶、红花诸物，均予折赏外，回藏时皆降敕慰问并赏达赖喇嘛重六十两镀金银茶桶一，镀金银瓶一，银钟一，蟒缎二疋，龙缎二疋，缎二疋，片金二疋，闪缎四疋，字缎四疋，大卷八丝缎十四疋，大哈达五个，小哈达四十个，五色哈达十个；正使二等雕鞍一，重三十两银茶桶一，银执盂一，缎三十疋，毛青布四百疋，豹皮五张，虎皮三张，獭皮五张；跟役喇嘛十八人，每人各给缎二疋，毛青布各二十疋；跟役一名，缎一疋，毛青布十疋；副使三等蟒缎一疋，方补缎一疋，大缎一疋，梭布二十四疋；跟役喇嘛十二人，每人各给彭缎一疋，毛青布十疋；赏班禅额尔德尼重三十两银茶桶一，银瓶一，银钟一，各色大缎二十疋，大、小哈达各十个；来使金黄色蟒袍一，重三十两银执盂一，缎二疋，毛青布六十二疋；跟役喇嘛二十八人，每人各给缎二疋，毛青布二十疋；跟役一名，缎一疋，毛青布十疋。俱系会同内务府颁给。

续纂

前后藏达赖喇嘛、班禅额尔德尼等差来使堪布呈递丹书克贡物

一、前藏达赖喇嘛、后藏班禅额尔德尼遣堪布等呈递贡物，恭递丹书克，由部将呈进贡物先期恭设于乾清宫，并带领该堪布等暨住京之各呼图克图、乌穆咱特喇嘛十人，豫〔期〕在中正殿演礼一次，豫设呈递丹书克之靠背坐褥于御座，分陈诸物于案上。是日，届时齐集伺候，俟皇上幸临升座，召御前大臣暨御前侍卫等侍立。理藩部堂官等引前、后藏来使堪布进内，令该堪布跪于御座前，住京掌印之呼图克图等跪于稍后照料，其乌穆咱特喇嘛等以次跪。太监喇嘛自案上捧丹书克物件授堪布等恭捧。呼图克图喇嘛等捧诵丹书克经，令堪布等先后同进丹书克物件。皇上亲受，授侍立之御前大臣，转授太监喇嘛，仍陈案上，逐件呈递毕，该堪布等恭送哈达，皇上各赐哈达，赏茶。礼毕，引出。如遇皇上临幸各处，应于何处呈递，何处陈设演礼，由部临行请旨遵行。

修改

达赖喇嘛来使附进西藏公等例贡

一、西藏公等七员应进贡物，交达赖喇嘛来使赴京附进，于达赖喇嘛来使应用骡头定额外，增给公等贡物驮骡三十头。

增纂

护送西藏堪布

一、西藏堪布来京进贡，凡经过各省，遴派明干道、府、副将弹压出境，仍将各省交替出境、入境日期声明报部，至京交理藩部接管。出京之日，仍交直隶原派官员照料前往。

增纂

西藏来使应用骡头数目

一、达赖喇嘛所进贡物及堪布等乘骑驮载骡头，应给一百六十头。其堪布等自带货物，官为代雇之骡不得过一百头。班禅额尔德尼所进贡物及堪布等乘骑驮载骡头，应给一百二十头。其堪布等自带货物，官为代雇之骡不得过八十头。每骡一头驮二百斤。至堪布等所带跟役徒众，不得过四十名。到西宁时，照定数给与，咨行经过省分督抚一体遵办。

增纂

西藏来使骡价数目

一、堪布喇嘛等年班来京，到西宁时，除骑骡照例给与外，其驮载正贡及携带货物，照定例数目发给骡价，每头给与脚价银三钱，驮轿之骡价加倍给发，交护送道员，按站交给。其例价不敷银两，于甘肃、陕西、山西、直隶等省督抚藩臬养廉内均匀摊扣。

增纂

骡价银两按站放给

一、堪布喇嘛应用骡价银两，由部库照数发交直隶所派护送之道员，按站放给。至山西交界，即交山西所派道员接管。至陕西、甘肃交界均同。

增纂

前藏年班增给骡头

一、衍宗禅师之呼弼勒罕遣使同达赖喇嘛来使等赴京进贡，增给骑驮骡三头。

增纂

古竹巴喇嘛代进前藏贡物由藏办给骡价路引

一、古竹巴喇嘛代进前藏贡物，由部咨行内务府，照所进贡物折给赏项，并照进贡堪布之跟役喇嘛例办给口粮。回藏时，由部银库支给骡价路费，咨行陆军部办给路引，并知照沿途地方妥为照料。

增纂

西藏来使不得滥行应付

一、西藏达赖喇嘛、班禅额尔德尼年班来使进京经过地方，各督抚派委妥实道员沿途护送行走，并严饬各州、县照例供给，不得滥行应付。

续纂

西藏喇嘛来往差使所带箱包发给印单木牌注明号数斤数照单支应

一、喇嘛来往，应由部与四川总督先期行知一班人役箱包车马数目，填写印票，令其自执，每至州、县，验票支应。如无印票，概不支应。通事伴送人员如有通同舞弊，立即惩处。

一、喇嘛行抵成都，由四川总督给予长印单，应支各项，均照驻藏大臣开写数目单点验支应前进。如无印单，概不支应。至所给封条，应查照该大臣原报包装与所系木牌数目给予，如有不符，不给封条。

一、喇嘛由藏起程，应将所进贡物箱包斤重数目报明驻藏大臣，按包发给烙印木牌，编列字号，沿途逐号点验。如有浮报，即详督抚咨部，照数令其呈缴。

一、喇嘛由藏起身，行李等项示以限制，不得过五千斤之数。其箱包斤数，亦照贡物给予编号木牌，如有浮冒，概不支应。

一、喇嘛回藏，由京起程，由陆军部给予勘合，由部给予印单，沿途传示州县。其得赏物及行李等项、悉照来时川督印单办理，注明箱包斤数，用木牌编号，分别赏物行李，沿途察验。如有浮冒，概不支应。

一、喇嘛回藏，由京起程时，首站州县用传单照钞印单各项数目，传之下站。如用差信，听从通事人等勒索浮冒者，即将该州县查参。

一、喇嘛所用夫骡，定给折价数目，不准多报勒索。其贡物行李等项，不准分起行走。如人多，必须分起者，各给印单，以便沿途查验。至伯克、土司来往支差，一并比照办理。

一、官员等赴藏，各项差使，经过各省地方，遵照定例支应。如有滥支滥应情事，应由各督抚大臣查参。

增纂

来使途次失物不得私赔

一、西藏喇嘛每年来使进京，沿途各督抚严饬地方官用心防护。倘途次有遗失物件，准其呈明，代为缉获，不得私赔。如喇嘛等有贪诈妄为等情，照例治罪。

增纂

与堪布同行商货不得逾额

一、堪布等进京、回藏，携带货物除照例给与骑驮骡头及代雇骡头外，其同行商货不得过二十驮。如违例包揽多带，不准放行。偶遇遗失物件，毋庸官为查缉。

增纂

班禅额尔德尼来使牧放牲畜处所

一、扎萨克班第所遗柴达木巴颜托辉岳和磊等旧游牧地方赏给班禅额尔德尼，为每年来京进贡来使人等牧放牲畜之处。

增纂

帕克巴拉呼图克图等朝贡赏赍

一、察木多帕克巴拉呼图克图遣使恭进金碗、黄连均予折赏外，降敕慰问并赏帕克巴拉呼图克图重三十两银茶桶一，各色大缎十二疋，大、小哈达各七个。嘉喇呼图克图恭进铜佛、藏香、哈达等物均予折赏外，并赏各色大缎四疋，大、小哈达各四个。正使三等蟒缎一疋、缎二疋、布二十四疋。副使缎二疋，布十二疋。从人六人，每名各给布六疋。

增纂

帕克巴拉呼图克图等来使应用骡头

一、帕克巴拉呼图克图、嘉喇呼图克图隔五年遣使来朝一次，事竣即令起程。照例雇给骑驮之骡二十头，由西安一路至四川界，由总督派员护送至打箭炉，令其自行回归。如私带贸易货物，毋庸官为办理。

续纂

驻京堪布达喇嘛身故骨殖回藏付给骡头路费

一、凡由藏调来之堪布达喇嘛在京病故，经该堪布徒众呈请扶柩回藏者，由部奏请，赏给该已故堪布达喇嘛驮载灵柩行李驮骡五头。该徒众等每名骑骡一头，每名每日支给路费银一钱，共支给四十日路费。其骡价直照应付西藏来使定例办理，移付本部银库放给，并咨行兵部办给路引。至该徒众等护柩起程之日，照例知照喇嘛印务处，将每月应关口粮钱粮全行裁汰，仍行文知照沿途经过省分督抚，并西宁办事大臣、驻藏大臣遵办。

续纂

换班堪布身故骨殖回藏办给路引路费

一、凡由藏调来换班堪布，如在差所及途次身故，经该徒众呈请扶柩回藏者，由部具奏，准其比照住京堪布身故骨殖回藏例办理。

修改

岷州喇嘛进贡赏赍

一、岷州圆觉寺二十六寺喇嘛分为四班，三年一次由驿来京进贡。圆觉、大崇教、讲堂、刹藏、宏教、洪福等寺为一班，法藏、朝定、藏经、裕童、三竹、石崖等寺为一班，鲁班、羊圈、永安、广善、昭慈、洪济、广德等寺为一班，崇隆、写儿朵、赞林、永宁等寺为一班，每寺贡马一匹，交上驷院，青木香二桶，交内务府。到京时，由部知照崇文门免税。每马给表缎一疋，里绸一疋，绢一疋。赏为首达喇嘛表缎三疋，里绸一疋、红缎袷衣一件，袷袈裟一件，单裙一件，靴袜各一双，玲珑泡子什件，鞦辔连腿胸漆鞍一副。其余达喇嘛等各赏表缎二疋，里绸一疋，红缎袷衣一件，袈裟一件，单裙一件，靴袜各一双，玲珑泡子什件，鞦辔连腿胸漆鞍一副。赏小番僧表缎各一疋，里绸各一疋，红布袷衣各一件，靴袜各一双。仆从布各四疋。在部赐宴一次，仍由驿遣回。

增纂

一、筵宴达喇嘛桌一张，小喇嘛三人桌一张，番人共桌一张，陪筵官桌一张。大蒙古羊二只，奶茶三桶，熬茶木柴十斤，大布幕二架，煮肉大铁锅一口，铁杓一把，砖砌锅腔一座，肉叉子一把，刷帚一把，红布大单一块，铺垫席二块。以上桌张由光禄司预备，其布幕器具等物由农工商部备办，送理藩部听用，宴毕领回。

增纂

庄浪喇嘛进贡赏赍

一、庄浪卫红山堡报恩寺达喇嘛五年一次，自备资斧来京，进贡青木香二桶，延寿果二包，咨交内务府。贡马二匹，咨交上驷院。每马给表缎一疋，里绸一疋，绢一疋。赏达喇嘛表缎三疋，里绸一疋、红缎袷衣一件，袷袈裟一件，单裙一件，靴袜各一双，玲珑泡子什件，鞦辔连腿胸漆鞍一副。赏小喇嘛表缎各一疋，里绸各一疋，红布袷衣各一件，靴袜各一双。仆从布各四疋。在部赐宴一次，仍自备资斧遣回。

一、筵宴达喇嘛桌一张，小喇嘛三人桌一张，番人共桌一张，陪宴官桌一张。大蒙古羊二只，奶茶三桶，熬茶木柴十斤，布幕二架，煮肉大铁锅一口，铁杓一把，砖砌锅腔一座，肉叉子一把，刷帚一把，红布单一块，铺垫席二块。以上桌张由光禄司预备，其布幕器具等物由农工商部备办，送理藩部听用，宴毕领回。

增纂

庄浪喇嘛进贡准交地方官转进

一、庄浪报恩寺喇嘛进贡之期定为五年一次，贡物听其备办。或力不能来，即交地方官转进。赏赐与岷州诸寺喇嘛同。

增纂

大婚典礼驻京呼图克图等呈递如意

一、凡历世驻京呼图克图及掌喇嘛印务之呼图克图等恭遇大婚典礼，叩贺天喜，准其援照蒙古王公呈递如意，具呈报部，由部具奏请旨。

增纂

岷州喇嘛来京住所

一、岷州喇嘛来京进贡，由理藩部委派笔帖式一员、领催一名，照料并行知喇嘛印务处，转饬化成寺预备房间，令进贡之喇嘛等居住。

增纂

呼弼勒罕喇嘛等不准僭越请安

一、蒙古各部落等处之呼弼勒罕、绰尔济喇嘛等，系乾隆五十八年设立金本巴瓶以前出世，奏准有案者，准其报部代奏请安。如在设立金本巴瓶以后出世并无奏案者，不准请安。倘滥行报部，即予饬驳，并将该盟长、扎萨克等劾参。

（卷五七）

喇嘛事例三

增纂

指认呼弼勒罕定制

一、蒙古番子部落呈报呼图克图大喇嘛之呼弼勒罕出世，准于闲散台吉或属下人等及唐古忒平人之子嗣内指认。其达赖喇嘛、班禅额尔德尼之亲族及各蒙古汗王、贝勒、贝子、公、扎萨克、台吉等子孙内均禁止指认呼弼勒罕。

一、各处之呼图克图及旧有之大喇嘛等圆寂后，均准寻认呼弼勒罕。其无名小庙坐床，从前并未出有呼弼勒罕之寻常喇嘛已故后，均不准寻认呼弼勒罕。

一、西藏所属各地方及西宁所属青海番子等处所出之呼弼勒罕，均咨行驻藏大臣会同达赖喇嘛缮写名签，入于大昭供奉金本巴瓶内，公同掣定。其蒙古各部落所出之呼弼勒罕呈报理藩部，理藩部堂官会同掌喇嘛印之呼图克图缮写名签，入于雍和宫供奉金本巴瓶内，公同掣定。

一、青海察罕诺们汗系扎萨克，有管理游牧之责。其拟掣呼弼勒罕时，无论亲族，惟视属下人等众情悦服者入于金本巴瓶内掣定，不与各呼弼勒罕一例办理。

增纂

章嘉呼图克图圆寂所管内外各寺庙及仓上一切事宜分交各处照管

一、章嘉呼图克图圆寂，其所管嵩祝寺、法渊寺、智珠寺、法海寺等四庙，即交该呼图克图商卓特巴扎萨克喇嘛照管。西宁之廓隆寺、广济寺两庙，咨行西宁办事大臣转饬吹布藏呼图克图照管。五台山普乐院、镇海寺两庙，咨行山西巡抚转饬五台山扎萨克喇嘛照管。多伦诺尔会宗寺、善因寺两庙，即交多伦诺尔扎萨克达喇嘛照管。其各处仓上一切事宜，亦交该呼图克图之商卓特巴扎萨克喇嘛经理。

增纂

喇嘛缺分升替品秩坐次

一、京城额设扎萨克喇嘛四缺，雍和宫扎萨克喇嘛一缺，有坐床教习众喇嘛经卷之责，作为唐古忒专缺，以呼图克图堪布等充补。其余三缺于蒙古达喇嘛内择其年陈经卷好者充补一缺，于汉人达喇嘛内择其年陈明白能事者充补一缺，余一缺先将未受职之呼图克图充补。如无呼图克图，于唐古忒、蒙古、汉人达喇嘛内拣选充补。

一、由藏调来之堪布等，俱以达喇嘛补用。遇有达喇嘛缺出，应于达赖喇嘛庙、慈度寺、察罕喇嘛庙达喇嘛内签掣一人调补。所遗之缺，先将堪布坐补。如堪布无人，再于副达喇嘛内拣选升用。

一、副达喇嘛三名，遇有缺出，于额设苏拉喇嘛十名、教习苏拉喇嘛六名、增设额外教习苏拉喇嘛四名内论其当差年陈者拣选，轮流升用。

一、苏拉喇嘛十名，遇有缺出，用德木齐二人，用乌穆匝特一人，再用德木齐二人，用固什喇嘛一人后，仍由德木齐班次轮用。

一、雍和宫四学教习苏拉喇嘛六名，遇有缺出，于本学考取名号喇嘛遴补。其擦呢特学噶布楚内有考中莫罗木兰占巴者，补放苏拉喇嘛时，先尽莫罗木兰占巴补用，如莫罗木兰占巴无人，再用噶布楚。

一、雍和宫之德木齐四名，遇有缺出，用汉人呢尔巴二人，用蒙古喇嘛经卷好者二人，不得滥用。

一、各寺庙之德木齐、格斯贵缺出，由该管达喇嘛将格斯贵、呢尔巴内经卷好、人明白、能办事者保送二三名，送掌印呼图克图验放，报部记档。

一、资福院系洮岷喇嘛，普度寺系诵蒙古经喇嘛，同福寺系本庙专缺。此三庙之达喇嘛、德木齐缺出，仍由各本庙升用。其德木齐等，不准升用公缺。

一、扎萨克喇嘛起，至德木齐止，若因患病不能当差呈请告假者，交掌印呼图克图派人验看。属实报部，给假六个月调养。如限满不能痊愈者，开缺，另行拣放。

一、东陵隆福寺、西陵永福寺、香山宝谛寺、圆明园正觉寺。功德寺等五庙诵满洲经卷达喇嘛、副达喇嘛、苏拉喇嘛缺出，应于五庙德木齐内，按年陈公同遴选升用。

一、扎萨克喇嘛起至德木齐止，如遇御前差使及中正殿等处道场，贻误一次者，罚钱粮六个月。寻常道场，贻误一次者，罚钱粮三个月。

一、各寺庙之班第内，如有素不安分之人，一经本庙逐出，别庙不得瞻询收留。如有隐留者，交掌印呼图克图鞭责四十。失察之达喇嘛、德木齐等，罚钱粮三个月。

一、年班外来之呼图克图等，视其品秩之大小，坐于驻京呼图克图之次。五台山之扎萨克喇嘛、京城扎萨克喇嘛、热河总理堪布，坐于外来噶布楚、兰占巴、绰尔济、固什之上，不得僭越。若有任意越分争兢者，参奏议处。

修改

一、嵩祝寺、资福院、普度寺、同福寺四庙达喇嘛缺出，均由本庙应升喇嘛内拣补。其余各寺庙达喇嘛十六缺，应于额设副达喇嘛三名、画佛副达喇嘛一名内拣补。将额设副达喇嘛升用六人后，再用画佛副达喇嘛一人。

一、京城扎萨克喇嘛、达喇嘛内年老有疾不能当差者，如从前当差效力年久，并无劣迹，准以苏拉喇嘛降补支食苏拉喇嘛钱粮。其副达喇嘛、苏拉喇嘛内年老有疾及情愿告退者，准以本庙格隆、班第降补支食格隆、班第钱粮，以资教授经卷。

一、盛京掌印达喇嘛缺出，由京城掌印呼图克图于京城扎萨克喇嘛、达喇嘛内拣选，报部奏放。其各塔达喇嘛、满洲达喇嘛缺出，由该处掌印扎萨克衔达喇嘛会同将军、礼部侍郎拣选，报部奏放。其多伦诺尔扎萨克达喇嘛缺出，由京城掌印呼图克图于驻京呼图克图内拣选，报部奏放。如驻京呼图克图内不敷拣选，于驻扎多伦诺尔各寺庙诺们汗内拣选，报部奏放。其多伦诺尔各寺庙达喇嘛缺出，由该扎萨克达喇嘛处拣选咨送京城喇嘛印务处，由掌印呼图克图考验，报部奏放。五台山扎萨克喇嘛缺出，于由藏调京堪布内拣选，报部奏放。五台山所属各寺庙之达喇嘛缺出，由该扎萨克喇嘛处拣选，咨送京城喇嘛印务处，由掌印呼图克图考验，报部奏放。

一、各庙达喇嘛、德木齐等每届三年，由该掌印呼图克图甄别一次。如查有人品不端、差使懒惰及笃疾残废者，核实报部，奏请开缺，另行拣选奏放。

续纂

简放京城掌印扎萨克达喇嘛

一、凡京城掌印扎萨克达喇嘛兼管弘仁寺事务暨管理唐古忒学事务缺出，除未经转世及未裁撤呼弼勒罕之呼图克图等毋庸开列外，应将副扎萨克达喇嘛并驻京呼图克图等，均按其品秩注明年岁，缮写清单，附折进呈，请旨简放。

增纂

补放京城副扎萨克达喇嘛

一、京城副扎萨克达喇嘛缺出，除已经转世未经裁撤呼弼勒罕字样之呼图克图及并未驻京之呼图克图等勿庸开列外，应将驻京应放副札萨克达喇嘛之呼图克图等衔名开单，注明年岁事故，请旨简放。

续纂

扎萨克喇嘛管理庙务

一、扎萨克喇嘛四缺，除雍和宫扎萨克喇嘛一缺，有坐床教习众喇嘛经卷之责，系唐古忒专缺，以呼图克图堪布等充补。其余三缺，遇有缺出，如补放充当大格斯贵之达喇嘛，于补放扎萨克喇嘛后，原系何庙达喇嘛，仍管何庙事务，所遗达喇嘛之缺，仍放原出扎萨克喇嘛庙之达喇嘛。如充当大格斯贵之城外等寺庙之达喇嘛尚未调补城内寺庙者，遇有扎萨克喇嘛缺出，于补放时即行调管城内原出扎萨克喇嘛之庙，所遗城外达喇嘛之缺，另行照例补放。

续纂

城外各寺庙达喇嘛充当大格斯贵者调补京内各寺庙达喇嘛

一、各寺庙达喇嘛有充当大格斯贵差使二名，缺出，由掌印呼图克图派充。如城外各寺庙达喇嘛有派充大格斯贵者，遇有京内各寺庙达喇嘛缺出，由该印务处呈请，即行调补。

续纂

调管西黄寺事务喇嘛

一、西黄寺管理事务遇有缺出，于额设苏拉喇嘛、教习苏拉喇嘛内轮流调管。

续纂

热河各庙达喇嘛等选补专条

一、热河各寺庙除堪布达喇嘛三人外，达喇嘛四缺、教习副达喇嘛七缺、办事副达喇嘛四缺、教习苏拉喇嘛四缺、办事苏拉喇嘛三缺。广缘寺专缺苏拉喇嘛一缺、德木齐十五缺。内除殊像寺一庙，自达喇嘛至德木齐俱系专习满洲经之人。又广缘寺苏拉喇嘛一缺，系该庙专缺，应由本庙以应升之人升用，其余达喇嘛三缺，遇有缺出，由教习副达喇嘛七人、办事副达喇嘛三人内较比年分，拣选升用。教习副达喇嘛缺出，由各该学教习苏拉喇嘛并有名号之僧人内较比年分，拣选升用。办事副达喇嘛缺出，由办事苏拉喇嘛三人内较比年分，拣选升用。教习苏拉喇嘛缺出，由各该学应升人内拣选升用。办事苏拉喇嘛缺出，由德木齐内十三人较比年分，拣选升用。德木齐缺出，由各该庙应升人内挑补。

增纂

补放锡呼图库伦掌印扎萨克达喇嘛

一、锡呼图库伦掌印扎萨克达喇嘛缺出，应将莫尔根绰尔济之孙补放，或于徒众内择其才堪胜任者，保送到部补放。

增纂

补放归化城扎萨克达喇嘛

一、归化城扎萨克达喇嘛缺出，由绥远城将军于驻扎该处之转世呼图克图各呼弼勒罕内拣选，拟定正陪，报部奏请补放。

续纂

补放台麓寺达喇嘛

一、五台山所属之台麓寺达喇嘛一缺，作为菩萨顶、台麓寺两庙公缺，遇有缺出，即由五台山堪布将该二庙堪胜达喇嘛之德木齐全行造册，注明年岁及当差年分，出具切实考语，咨送京城喇嘛印务处，查核报部，由部按照充当德木齐年分开单请旨简放。

续纂

补放多伦诺尔各寺庙副达喇嘛

一、多伦诺尔各寺庙副达喇嘛缺出，由该扎萨克达喇嘛于印务德木齐内拣定，呈送京城掌印呼图克图等验看后，报部奏请简放。

增纂

东陵隆福寺满洲喇嘛由包衣人内挑取

一、隆福寺额设喇嘛二十缺，派满洲达喇嘛一人，拣选德木齐、格斯贵各一名，教习喇嘛三名，教训管辖。

遇有缺出，由京包衣佐领下人内挑补。若陵寝居住之包衣人等有可挑取者，亦准拣补。

增纂

西陵永福寺满洲喇嘛由包衣人内挑取

一、永福寺额设喇嘛二十缺，派满洲达喇嘛一人，拣选德木齐、格斯贵各一名，教习喇嘛三名，教训管辖。遇有缺出，由京包衣佐领下人内挑补。若陵寝居住之包衣人等有可挑取者，亦准拣补。

增纂

热河满洲兵丁子嗣挑补喇嘛

一、殊像寺喇嘛缺出，如热河满洲兵丁子嗣内有愿当喇嘛者，准挑取学习清字经卷。其不愿者，毋庸勒令挑取。

增纂

殊像寺讽诵清字经卷

一、热河殊像寺专习清字经文，设喇嘛五十缺，由妙应寺清字经喇嘛内拣选德木齐、格斯贵各二缺，教习喇嘛五缺，专令教授清字经卷。

（卷五八）

喇嘛事例四

增纂

呼图克图等坐褥车帏

一、住京之呼图克图呼弼勒罕及外来之呼图克图呼弼勒罕喇嘛等，转世多次，来京三次以上者，坐褥冬用狼皮，夏用红褐，乘坐绿帏车。转世次数较少，来京一二次者，坐褥冬用貛皮，夏用红褐缘青褐，乘坐青帏车。扎萨克、堪布喇嘛等，坐褥冬用貂皮，夏用青褐缘红褐，乘坐青帏车。

修改

喇嘛服色

一、喇嘛等例服金黄、明黄、大红等色，其余颜色不准擅服。其扎萨克喇嘛并由藏调来之堪布等，并准其服用貂皮、海龙皮褂外，其余达喇嘛以下及呼图克图喇嘛等之跟役徒众，不准僭服。此外，一切服饰均不得滥用，违者照违制例治罪，并将失查之呼图克图喇嘛等一并随案拟议。

增纂

蒙古各旗呈请庙名

一、凡内外扎萨克等旗地方，有建立庙宇过五十间者，请赐庙名，由部撰拟具奏，奉旨圈出后，交内阁懋勤殿敬谨缮写，用宝发给。

增纂

喇嘛请领度碟

一、凡内外扎萨克等旗喇嘛等呈请札付度牒者，由部给与，年终汇奏。

增纂

民地建造庙宇

一、建造庙宇有碍民地者，永行禁止。

修改

念经治病报明该管喇嘛

一、凡延请喇嘛、班第等治病念经，报明该管喇嘛，准其带往，事毕，仍令带往之人送回该庙。倘未经报明该管喇嘛，私请私行者，各罚一九牲畜，失察之该管喇嘛罚五牲畜。如擅行住宿，将擅宿、留宿之人，各罚三九牲畜；失察之该管喇嘛罚一九牲畜。但宿于无夫之妇人家，无论是否犯奸，喇嘛剥黄鞭一百，勒令还俗；系齐巴罕察，鞭一百，勒令还俗。系蒙古妇女，鞭一百；系内地妇女，交该管官治罪。失察之该管喇嘛，罚二九牲畜，存公。至盛京锡呼图库伦、内外扎萨克各旗所属喇嘛，如遇治病念经前往他处，以及朝觐进贡，除报明该管喇嘛外，并报明该管扎萨克，方准行走。

修改

喇嘛与额鲁特人等私相往来

一、归化城喇嘛如有事故赴喀尔喀、额鲁特等处者，均令报明该将军详细稽察，毋许妄为。至额鲁特、喀尔喀往来之人，格隆、班第等亦不得擅行留住，违者比照喇嘛私请私行例，各罚一九牲畜。

增纂

洮岷喇嘛诓骗蒙古

一、洮岷地方喇嘛以治病禳灾为名诓骗蒙古者，扎萨克严行禁止。如系治病，有益，准令容留，其余不得借词诓骗。有违例隐藏者，发觉时，除喇嘛等逐回原籍，仍将扎萨克等一并议处。

增纂

增设徒众

一、喇嘛徒众除部册有名者，不准增设。

修改

擅留游方喇嘛

一、格隆、班第等不得将游方喇嘛擅行收留，违者，比照喇嘛私请私行例，各罚一九牲畜。

修改

私带班第

一、在京喇嘛等奉使西藏，有擅带彼处班第来京者，除将该班第遇便仍递回籍外，该喇嘛罚钱粮一年。

增纂

唐古忒喇嘛徒众私行

一、唐古忒喇嘛徒众非奉旨调取，不准私来。

修改

不准将家奴作为班第

一、凡喇嘛，不准将本身家奴及外人家奴容留作为班第，倘有隐匿容留者，将该喇嘛罚三九牲畜。其私送家奴作为班第者，系管旗之王、贝勒、贝子、公、台吉、塔布囊，各罚扎萨克俸一年。不管旗之王、贝勒、贝子、公、台吉、塔布囊以及无俸官员、平人，均折罚二九牲畜。仍将私充班第之人立即驱逐递籍。其察哈尔八旗及牧群人等有犯，亦照此例办理。

修改

不准容留无籍喇嘛

一、蒙古地方除领有札付度牒、册籍有名之格隆、班第外，遇有游食无籍之喇嘛，立即驱逐，不准容留，违者照私将家奴充当班第例办理。

修改

私为乌巴什

一、凡蒙古地方骁骑壮丁，不准私为乌巴什，违者照私为格隆、班第例办理。其年老残废、丁册除名之人愿为乌巴什者，听其自使。

修改

蒙古妇女私为齐巴罕察

一、蒙古妇女不准私为齐巴罕察，违者亦照私为班第例办理。

修改

喇嘛庙内容留妇人

一、喇嘛所住庙宇内不准妇人行走。若喇嘛等住房内令妇人行走者，容留之大喇嘛罚二九牲畜，德木齐罚一九牲畜，格隆、班第等罚五牲畜，存公。所住妇人之夫，若系内地官员、民人，一并交该部治罪。

修改

喇嘛容留盗贼

一、凡喇嘛容留犯罪盗贼者，与犯人一律科罪。其犯人罪名至死者，该喇嘛减一等办理。

增纂

喇嘛逃走

一、凡喇嘛、班第等私自逃走自行投回者，初次鞭六十，二次鞭八十，三次鞭一百，革退。如拿获者，鞭一百，革退。该管之德木齐等隐匿不报者，初次罚钱粮一个月，二次罚钱粮两个月，三次以上俱罚钱粮半年。

修改

喇嘛等犯罪先行还俗

一、凡喇嘛等因事拘审，先行革退喇嘛。犯应抄财物者，将所抄财物送部收存，作为赏给各寺庙喇嘛等项之用。如讯明无罪，仍复其喇嘛。

增纂

五台山埋葬骨殖

一、凡喇嘛、僧、道、旗民、蒙古人等之骨殖，不准送往五台山埋葬。如蒙古达喇嘛等有愿将骨殖送往五台山埋葬者，由部具奏，请旨遵行。其本处喇嘛、僧、道尸骨，令其远离寺庙埋葬。

续纂

西藏堪布来使在京病故

一、凡西藏年班堪布在京病故，由部咨行度支、农工商二部，照依台吉病故例办给棺木、缎布，并畀抬人夫。除该堪布故后应得恩赏银两哈达临时请旨外，所有该已故堪布及随从人等应得例赏，仍照例赏给。起程时，于该堪布例给骡头内给驮载灵柩骡十头，该徒众每名各给骑骡一头，每行李二百斤给驮骡一头。照例支给四十日路费。其路费并骡价均由本部银库照数给发，交护送该堪布地方官员，沿途陆续支放。其例带回藏之达赖喇嘛等应得赏项由部行咨各该衙门暂存，俟下届西藏来使旋回时，由部行知交令带往颁给。如遇前藏年班有囊素同来年分，一切典礼由囊素恭代。其例带回藏赏项，交囊素带回颁给。

（卷五九）

喇嘛事例五

修改

呼图克图堪布喇嘛等钱粮徒众分别数目

一、章嘉呼图克图、噶勒丹锡呼图呼图克图、敏珠勒呼图克图、济咙呼图克图等四人，前辈俱曾驻京，品秩较大，其月廪向照扎萨克达喇嘛例支给本身钱粮一分，随带噶布楚兰占巴二十名、格隆六名、班第六名、苏拉喇嘛三名，随带徒众六名，其应食钱粮及喂养牛马草豆等项，一体照前支给。至其余呼图克图等，如授为正、副（掌）印扎萨克达喇嘛，方准照章嘉呼图克图等例支给，否则按照所授职分支领，止准各带徒众二十名，每名每月各支食钱粮二两，作为分例，不入正额。

一、调来驻京之呼图克图，跟役徒众不得过二十名。诺们汗及有名号堪布、总理堪布，徒众不得过十五名。其余堪布，徒众不得过十名。乌穆匝特徒众不得过五名。诺们汗以上徒众支食二两钱粮，有名号堪布以下徒众支食一两五钱钱粮，均俟雍和宫唐古忒喇嘛缺出，按新旧名次坐补、裁汰。倘该呼图克图等于定额外情愿多带数人，由该大臣查验明确，于报部文内声明，俟到京，或去或留，听其自便，均不准支食钱粮。

一、在京呼图克图等圆寂后，如曾经封为国师名号者，由部奏留二两钱粮二十分；封为禅师名号者，留二两钱粮十五分；未得国师、禅师名号者，留二两钱粮十分。其原设有苏拉喇嘛者，仍留苏拉喇嘛三名。至总理堪布等身故后，其徒众均令扶柩回藏。如驻京年久，未能全数带回，应由该掌印呼图克图查明报部，酌减支食一两五钱钱粮五分，准其驻京，俟缺出，即行裁汰。

修改

四川广法寺堪布换班

一、四川广法寺住持堪布喇嘛三年一次换班。该堪布三年期满，由四川总督、将军预先咨行驻藏大臣，于该处堪布内拣选经卷精通一人，支给治装银三百两，派往更换。其年满之堪布，由四川就近饬令回藏。如该堪布三年期满，果能驭服番众，经该总督、将军奏请奖励者，奉旨准行后，由理藩部咨行驻藏大臣，量予奖励，不得奏请加衔。所有该堪布由藏带往之徒众，仍不得逾例定名数。

修改

咨取学艺班第

一、雍和宫四学设学艺喇嘛八十缺，每缺每月支食钱粮二两。此项额缺咨取内扎萨克六盟，每盟各十名；外扎萨克四部落，每部落各五名。均遇有本旗缺出坐补，不得逾旗滥补。其呈送之班第，由各该扎萨克拣选十五岁以上十八岁以下已出痘者，于每年年终派员呈送到京，一面赴部投文，一面赴该庙守候验收，限次年开印日由掌印呼图克图验看。岁数合式者，交该扎萨克喇嘛收留。倘以年老有疾并无籍匪徒滥行呈送，立予饬驳，交原呈送官带回，仍将该扎萨克报部议处。

修改

呈送学艺班第钱粮定限

一、雍和宫四学考中名号班第及食二两钱粮班第，由本旗扎萨克处每年每人给厨役银十五两，三年每人给衣服银三十两。学艺班第八十名，由本旗扎萨克处每年每名给口粮银四十两，厨役银十五两，三年每名给衣服银三十两。其呈送银两由各该扎萨克汇交该盟长处，年终作为一次，派员呈送到京，一面报部，一面赴该庙守候交纳。其内扎萨克限次年开印之次日，外扎萨克限次年开印之又次日，随该德木齐赴喇嘛印务处，听该掌印呼图克图验收，由该印各处分别已交、未交，造册报部。其未交者，一年不到，该扎萨克罚俸三个月；两年不到者，罚俸六个月；三年不到者，罚俸一年，仍将应交银两由该盟长处饬催该旗送部。

修改

后黄寺念经

一、后黄寺每年自正月初八日起至十五日止，由该呼图克图率领喇嘛、格隆、班第四百名，讽诵《伊鲁格勒经》。

修改

后黄寺念经支领赏银

一、后黄寺每年讽诵《伊鲁格勒经》，应用香灯供品等费银八十二两七钱四分五厘，及赏给呼图克图、喇嘛、格隆、班第等银一千两，均由理藩部库贮项下支给。

增纂

额设喇嘛钱粮

一、扎萨克达喇嘛本身每日给银一钱五分一厘一毫八丝一忽，米二升五合。随带徒弟格隆六名，每日各给银二分九厘九毫七丝二忽，米各二升五合；班第六名，每名每日各给银二分八厘八毫四丝二忽四微，米各二升五合。每日共给银五钱零四厘六丝七忽四微，米三斗二升五合。应拴马四匹，牛三头，每日给黑豆一斗一升，谷、羊草各七束。

一、副扎萨克达喇嘛本身每日给银一钱五分一厘一毫八丝一忽，米二升五合。随带徒弟格隆五名，每日各给银二分九厘九毫七丝二忽，米各二升五合；班第六名，每日各给银二分八厘八毫四丝二忽四微，米各二升五合。每日共给银四钱六分三厘三毫二丝二忽四微，米三斗。应拴马二匹，牛二头，每日给黑豆六升，谷、羊草各四束。

一、扎萨克喇嘛本身每日给银一钱四分四毫八忽，米二升五合。随带徒弟格隆四名，每日各给银二分九厘九毫七丝二忽，米各二升五合；班第六名，每日各给银二分八厘八毫四丝二忽四微，米各二升五合。每日共给银四钱三分三厘三毫五丝四微，米二斗七升五合。应拴马二匹，牛二头，每日给黑豆六升，谷、羊草各四束。

一、达喇嘛本身每日给银一钱四分四毫八忽，米二升五合。随带徒弟格隆二名，每日各给银二分九厘九毫七丝二忽，米各二升五合；班第六名，每日各给银二分八厘八毫四丝二忽四微，米各二升五合。每日共给银三钱七分三厘四毫八忽四微，米二斗二升五合。应拴马二匹，牛二头，每日给黑豆六升，谷、羊草各四束。

一、副达喇嘛本身每日给银一钱四分四毫八忽，米二升五合。随带徒弟格隆二名，每日各给银二分九厘九毫七丝二忽，米各二升五合。班第四名，每日各给银二分八厘八毫四丝二忽四微，米各二升五合。每日共给银三钱一分五厘七毫二丝一忽六微，米一斗七升五合。应拴马二匹，牛二头，每日给黑豆六升，谷、羊草各四束。

一、苏拉喇嘛本身每日给银六分六厘六毫六丝六忽六微六纤六沙六尘，米二升五合。随带徒弟班第二名，每日各给银二分八厘八毫四丝二忽四微，米各二升五合。每日共给银一钱二分四厘三毫五丝一忽四微六纤六沙六尘，米七升五合。应拴马一匹，每日给黑豆二升，谷、羊草各一束。

一、德木齐本身每日给银六分六厘六毫六丝六忽六微六纤六沙六尘，米二升五合。随带徒弟班第一名，每日给银二分八厘八毫四丝二忽四微，米二升五合。每日共给银九分五厘五毫九忽六纤六沙六尘，米五升。

一、每月食二两格隆、班第，其米按日支给，每日二升五合。

一、每月食一两五钱格隆、班第，其米按日支给，每日二升五合。

一、每月食一两格隆、班第，其米按日支给，每日一升三勺七抄五撮。

一、食折色格隆，每日银二分九厘九毫七丝二忽。

一、食折色班第，每日银二分八厘八毫四丝二忽四微。

增纂

调京当差副教习喇嘛及通事喇嘛支给钱粮调补各缺

一、凡由藏调京当差副教习喇嘛及翻话通事喇嘛，于到京后交雍和宫拨给房间住址，授为副达喇嘛。遇有副达喇嘛缺出，三缺后补用一人。除支给本身钱粮外，其随带徒众每月每名给钱粮一两五钱，并准其一体充当一切道场差使。

修改

察罕喇嘛达尔汗绰尔济撤销绰尔济衔授为呼图克图

一、察罕喇嘛系国初投效来京，嗣因在西藏军前效力，顺治十三年，蒙恩赏给达尔汗绰尔济诰敕并黄敕，并由镶黄旗蒙古都统支给俸银米石。其庙宇系由该察罕喇嘛于钦赏地方自行创建，庙内徒众均食养赡钱粮。至第六辈察罕喇嘛，于道光十四年奉旨：因其驻京有年，从前著有军功，撤销绰尔济，赏给呼图克图职衔，换给黄敕，圆寂后，并准其作为呼图克图转世。其俸银米石仍由镶黄旗蒙古都统办理。

增纂

烤炭银两

一、各寺庙喇嘛每年十一月、十二月、正月，每日每人各给烤炭三斤，由农工商部折价。

增纂

京城喇嘛等找领回缴钱粮

一、京城喇嘛阿咱尔喇嘛等遇升迁、病故等事，均按整月找领回缴银、米、烤炭、草、豆等项。告病假者，系按日裁缴钱粮。

增纂

西番喇嘛找领回缴钱粮

一、西番喇嘛遇升迁、病故等事，均系按日找领回缴银、米、烤炭、草、豆。

增纂

堪布达喇嘛钱粮计日领缴

一、由藏咨调来京补放达喇嘛之堪布等，准其自奉旨日起支领钱粮外，遇有事故者，令其按日回缴。

增纂

堪布喇嘛出差

一、各寺庙堪布喇嘛等，如奉旨派往各处出差者，所有应支钱、粮、米石等项，毋庸裁汰。

增纂

过犯议罚钱粮

一、喇嘛因过犯议罚钱粮者，公罪裁缴本身银、米，私罪并随缺徒弟银、米、烤炭、草、豆，均行裁缴。

增纂

呼图克图喇嘛等圆寂裁汰钱粮

一、凡呼图克图达喇嘛等圆寂，其本人所食钱粮停止给发，其徒众所食钱粮，俟伊师骨殖起程之日，再行裁汰。

增纂

米石出口

一、热河普宁等寺庙喇嘛，每月俱由内仓开领口粮。春夏两季雨水较多，道路难行，俱存贮京城，俟冬季运回，由部将车辆米石数目开写详明，咨行陆军部办给口票方准出口。

修改

曾经驻京之呼图克图等本游牧处所徒众设商卓特巴管辖

一、章嘉呼图克图、噶勒丹锡哷图呼图克图、敏珠勒呼图克图、那木喀呼图克图、阿嘉呼图克图，历经驻京，掌办喇嘛印务，京城、多伦诺尔、西宁该游牧处所徒众甚多，准各设商卓特巴扎萨克喇嘛一名，以资管辖，不支钱粮，遇有缺出，由该呼图克图拣选报部。如缺出在该呼图克图圆寂后，由京城喇嘛印务处拣选报部补放。

续加修改

伊犁等处堪布换班

一、伊犁地方掌教喇嘛由京城掌印呼图克图拣派堪布一员往驻，每届三年，奏请更换。其员缺交掌印呼图克图于京城及热河堪布内另行拣选更换，所遗之缺即著年满回京之人调补。至年满之人果能驭服番众，经该将军奏请奖励者，交掌印呼图克图量予升用，不得奏请加衔。所有该堪布等由藏带来之徒众，未经补入额内者，遇该堪布奉差外出，即交掌印呼图克图查明，裁去钱粮，均令随往，俟期满来京再行支领。其五台山扎萨克喇嘛一缺，亦由唐古忒喇嘛内拣选补授，所有徒众即于选补时裁去钱粮，饬令全数带往。倘私自逗留，一经查出，严行究治，并将该管之扎萨克喇嘛等一并议处。

续纂

失查偷窃供器分别示罚

一、凡各寺庙供器什物如被班第等偷窃，除将该犯僧送部治罪外，若系本管之喇嘛等自行查出，咎止，先事疏防达喇嘛罚钱粮三个月，得木奇罚钱粮六个月。若该管之喇嘛并未查出，别经告发者，该喇嘛等革职，呼图克图罚钱粮六个月，知情隐匿者连坐，掌印之呼图克图各罚钱粮一年。

续纂

班第不守清规须有实迹方准驱逐

一、凡各寺庙班第等不守清规，该师呈请驱逐，必须该管之达喇嘛等讯明果有实迹，方准驱逐。如有屈抑之处，概不准行。倘该喇嘛等知情徇庇，故意容留，该达喇嘛降二级调用，得木奇随同隐匿降一级调用。

续纂

喇嘛降调过三缺后方准补缺

一、凡扎萨克喇嘛以下等职缘事降调者，过三缺后，方准坐补实缺。

续纂

喇嘛因公记过视其次数分别随带开复

一、凡达喇嘛以下等职，因公记过一次及罚钱粮半年者，遇有应升之处，准其随带处分升迁。其罚钱粮一年，记过至二次者，俟限满开复后方准升迁。

续纂

喇嘛病痊仍准给予原职遇缺即补

一、凡扎萨克喇嘛以下等职因病呈请开缺者，病痊后，准其呈明印务处，报部奏请在原庙原职上额外行走，遇缺即补。

修改

固什喇嘛停止特保

一、唐古忒学兼行之固什喇嘛，本有应升班次，其由该学特保之处，永行停止。

续纂

告假定期

一、凡扎萨克喇嘛以下等职，如有告假出口者，除去往返程途，止准给假六个月为限。如逾限一月不到者，罚钱粮半年。两个月不到者，罚钱粮一年。三个月不到者，革职。蒙古班第等告假出口者，委人署理，准其支食空缺钱粮。

续纂

喇嘛告病开缺准其回藏

一、五台山掌印扎萨克喇嘛告病开缺者，准其随带徒众归回西藏养病，赏给该扎萨克喇嘛驮骡五头。徒众十名，每名骑骡一头。该堪布及徒众每名每日各给盘费银一钱，共给四十日，由部银库放给，并咨陆军部及沿途经过各省督抚、驻藏大臣查照。

续纂

教习唐古忒之喇嘛准其告退回藏

一、教习唐古忒字、话之喇嘛，在京不服水土，情愿告退回藏者，准其办给驮骡五头。其随带徒众五名，每名给骑骡一头，每骡一头折给价银十三两七钱。该喇嘛及徒众每名每日给盘费银一钱，共给四十日，由本部库放给，咨行陆军部办给路引，并行文沿途经过省分督抚查照。

修改

咨取班第未到以别旗班第代署

一、雍和宫额外学艺班第缺出，行文该旗，咨取未到以前，准以别旗班第暂署，代为诵习，支食空缺钱粮。

续纂

四学西番缺择经卷精通者坐补

一、雍和宫四学旧有西番钱粮八十四分，后因西番僧人到京不服水土，缺浮于人，因于西藏调来堪布徒众内坐补。但堪布徒众无非执鞭随侍之人，素不谙习经典文义，遽令其入学学艺，实属扞格难通。嗣后，遇有西番钱粮缺出，不论西番、蒙古、汉人，但择其经卷精通者坐补。其堪布在京病故者，将其徒众拨回原籍，其派往伊犁等处驻扎者，亦令其徒众随同前往，钱粮归公。

续纂

诺们汗请领名号印敕分别转世未转世

一、凡口外达尔汗、班第达、绰尔济、堪布喇嘛等有因其经卷精通，特恩加赏诺们汗职衔者，有因其庙宇僧众过多，由该大臣奏请赏给诺们汗职衔者，凡赏给诺们汗职衔之达尔汗喇嘛等，如曾经转世者，准其奏请给予名号、印敕。其未经转世者，一概不准请领名号、印敕。

续纂

扎萨克喇嘛加给名号颁发印敕

一、后藏班禅额尔德尼圆寂后，未经转世时，其扎萨克喇嘛如系经典通悉，人所倾服，经驻藏大臣奏明，请旨令其代办后藏一切事宜。如蒙特恩赏给名号者，其应发印敕由部咨行内阁、礼部遵照办理，交派出送布彦司员及回藏堪布等赍往颁给。

续纂

蒙古各庙呼图克图诺们汗涅槃后徒众过五百名于徒众内分别给予职衔

一、蒙古地方辽阔，向无村落乡保。各庙呼图克图、诺们汗，黑黄徒众或聚积千人，或数百人不等。该呼图克图涅槃后，如徒众过五百名者，饬令该扎萨克于徒众内择其贤能一人，给予达喇嘛职衔，俾得督率，毋庸给予印、信，俟该呼图克图诺们汗转世成立后，督率有人，仍将扎萨克喇嘛各职衔撤销，以昭核实。

续纂

呼图克图、诺们汗无名号印敕不准入档

一、凡口外各呼图克图、诺们汗有赏过名号印敕者，载在册档。其有因该呼图克图、诺们汗涅槃后，徒众无人约束，分散各处，及相距该旗较远，未经呈请入档者，如查系赏过名号、印敕及徒众过五百名者，仍准其补行入档。其无名号、印敕及徒众少者，一概不准补入。

续纂

指认呼弼勒罕取具扎萨克印结

一、凡口外各呼图克图、诺们汗、班第达、达尔汗、绰尔济喇嘛等涅槃后，由该徒众认获呼弼勒罕者。如认获时先行报明该旗，饬令该扎萨克验明果有灵异，加具印结报部，方准入瓶签掣。如无该扎萨克印结，并自行赴部呈请入瓶者，概不准行。

续纂

驻京各呼图克图出口躲热

一、驻京各呼图克图准其于每年夏季请假出口躲热，秋季回京当差。至所管京城扎萨克达喇嘛印务及各寺庙事务，准由该印务处声明报部，由部奏闻交扎萨克喇嘛分别护理。

续纂

口外各呼图克图分别徒众名数相距里数给予印信

一、口外各呼图克图有徒众过八百名，距该旗五百里以外，应请领印、信者，由该盟长确查报部后，先由部咨行附近之将军大臣等委员查核，如果名数、地数相符，方准奏明颁赏印、信。如该呼图克图将徒众名数以少报多，相距里数以近报远，除不准给予印、信外，仍罚三九牲畜。其随同捏报之盟长，并罚扎萨克俸一年。

修改

失察属下台吉私当喇嘛该盟长等分别察议议处

一、凡台吉愿当喇嘛，照例报部请领度牒者，准其充当喇嘛。如有未领度牒私自出家者，将失察之盟长罚俸三个月，扎萨克罚俸一年，协理台吉罚二九牲畜。其未领度牒之喇嘛，勒令还俗。

续纂

各寺庙漏报徒众更名该达喇嘛等酌罚钱粮

一、各寺庙所留徒众内有更名者，即时呈报喇嘛印务处。若遗漏不报，将该达喇嘛、副达喇嘛、德木齐等各罚本身钱粮一个月。

续纂

达喇嘛本身徒众不准带赴新任

一、凡各寺庙钱粮均有定额。外寺升到之达喇嘛等，不得将本身徒众带赴新任，侵占庙内额缺，违者革退，领过钱粮俱于该喇嘛名下按数著追入官。德木齐隐匿不报，革退，鞭责。呼图克图失察，罚钱粮六个月。

续纂

喇嘛等降革议罚处分分别题奏

一、凡扎萨克喇嘛、达喇嘛、苏拉喇嘛有犯降革者，俱由本部具奏。若仅止议罚钱粮，于该掌印呼图克图呈报到部时，随时照例查核准驳，先行饬核注册，统俟年终汇题。

续纂

喇嘛商卓特巴承缉赏罚均折牲畜

一、哲布尊丹巴呼图克图之商卓特巴，青海察罕诺们汗，锡呼图库伦扎萨克喇嘛，均有承缉盗贼之责。如遇承缉，四参限内，人犯就获，应加一级者，折赏二九牲畜。四参限满，人犯无获，应罚俸一年者，折罚二九牲畜。

续纂

哲布尊丹巴呼图克图之牧场徒众三年一次查报

一、哲布尊丹巴呼图克图之牧场、牲畜数目、黑黄徒众户口数目，每届三年一次，由该商卓特巴呈报驻扎库伦办事大臣，由该大臣复查造册，报部备查。

（卷六〇）

《钦定大清会典事例》有关喇嘛事务规章

喇嘛封号

驻京喇嘛

设掌印札萨克大喇嘛一人，副札萨克大喇嘛一人，札萨克喇嘛四人，达喇嘛十七人，副达喇嘛四人，苏拉喇嘛十九人，教习苏拉喇嘛六人，额外教习苏拉喇嘛四人，德木齐三十一人，格斯贵五十人。其徒众曰格隆、曰班第。内务府三旗设达喇嘛三人，副达喇嘛一人，苏拉喇嘛三人。

东陵隆福寺设达喇嘛一人，德木齐、格斯贵各一人，教习三人，班第二十人。

西陵永福寺设达喇嘛一人，德木齐、格斯贵各一人，教习三人，班第二十人。

又由驻京喇嘛派往伊犁之掌教堪布一人，派往四川懋功之广法寺堪布二人。

其热河堪布达喇嘛二人，达喇嘛四人，副达喇嘛十一人，闲散喇嘛八人。

盛京达喇嘛八人，锡呼图库伦札萨克达喇嘛一人、札萨克喇嘛四人，西安广仁寺达喇嘛一人。

五台山札萨克喇嘛二人，达喇嘛一人。

归化城札萨克达喇嘛一人，副札萨克达喇嘛一人，札萨克喇嘛六人；多伦诺尔札萨克达喇嘛一人，达喇嘛二人，副达喇嘛二人，额缺升转，皆照驻京喇嘛之例。

驻京呼图克图曾加国师、禅师封号者，左翼头班章嘉呼图克图，二班敏珠尔呼图克图，右翼头班噶勒丹锡呼图呼图克图，二班济隆呼图克图，皆列于雍和宫总堪布、避暑山庄普宁寺总堪布之上。其余有洞科尔呼图克图、果蟒呼图克图、那木喀呼图克图、鄂萨尔呼图克图、阿嘉呼图克图、喇果呼图克图、贡唐呼图克图、土观呼图克图，多伦诺尔有锡库尔锡呼图诺颜绰尔济，皆出呼毕勒罕，入于院册。

顺治八年，创建后黄寺，剃度喇嘛百有八人，均以内府三旗内管领下及五旗王公府属管领下人披剃（内府三旗二十四人，五旗各府属八十四人）。如上三旗有缺，移咨礼部行文内务府，于本旗内管领下选一人顶补，下五旗有缺，移咨礼部行文各该王公，于府属管领下送一人顶补。

十四年题准：后黄寺每年诵经喇嘛格隆、班第定为四百人。

康熙十一年题准，在内王等取充后黄寺班第百有八人，额缺，将墨尔根绰尔济额外册内有名之班第顶补，若无顶补之人，仍行礼部于各原主名下取人充补，逃走自归者，革退班第，交还原主。

乾隆元年议准：在京各寺庙原有度牒之喇嘛、格隆、班第共九百五十九名，后增福佑等寺食钱粮之格隆、班第共三百十四名，皆未得度牒，应按名补给。再，札萨克大喇嘛以下，德木齐、格斯贵以上，皆有随分食粮之徒弟，若无度牒，难以稽察约束，除章嘉呼图克图等自藏带来之徒众不给度牒外，其随分食粮之徒众，一并给予度牒。至并未食粮又无度牒之六百七十五人，系额外所收之徒，不给度牒，但伊等既习经典，即于各寺庙每食粮徒众十名酌留一名，作为额外僧徒，给予度牒，其余暂行注册，遇食粮者有缺，即将额外之人充补。额外之人缺，即于注册人内选补。仍令该管大喇嘛每年二季，将并无额外多收及私为班第之处，具结报院察核。

三十五年奏定：避暑山庄新造成布达拉寺，于寺内居住喇嘛共拟定三百额数，设立博第穆尔、温都逊二喇藏，令札萨克喇嘛堪布桑齐鄂特布尔为总教。于博第穆尔喇藏内学习喇嘛，作为一百一十名，令副达喇嘛格布什沙布隆阿旺吹喇克督教，副达喇嘛乌穆匝特阿旺林沁帮教。于温都逊喇藏内学习喇嘛，作为一百一十名，令副达喇嘛格布什罗布藏格勒克督教，副达喇嘛乌穆匝特阿旺噶尔丹帮教。其余八十名喇嘛，委任看殿供献等事，又出派德木齐四名、格斯贵二名管事，仍就近交普宁寺旧居之堪布达喇嘛兼理，其所管辖，另派一副达喇嘛。此寺内居住之三百喇嘛内，拣选五十名喇嘛食银二两，其一百名喇嘛食银一两五钱，又一百五十名喇嘛食银一两。

三十六年奏：避暑山庄新建布达拉寺，请派出专辖副达喇嘛。奉旨：将雍和宫之擦尼特喇藏教习闲散喇嘛阿旺朋楚克噶布楚补教。又奏准：热河普善寺增设德木齐一名，普仁寺增设格斯贵一名，仍食原饷，不准出缺，令其弹压众喇嘛。

三十九年奏定：热河建立殊像寺，设喇嘛五十名，支领二两银米喇嘛二十名，一两五钱银米喇嘛三十名，由妙应寺清字经喇嘛内选补达喇嘛、副达喇嘛各一名，德木齐、格斯贵各二名，教习喇嘛五名，令专管教。

四十年奉旨：嗣后，无论内札萨克、喀尔喀、额鲁特、土尔扈特台吉内，有情愿当喇嘛者，即著照所请，准当喇嘛。

四十八年奉旨：嗣后殊像寺喇嘛缺出，于热河满兵子嗣内，将愿为喇嘛者即行挑取，学习满洲经卷。若不愿为喇嘛者，亦勿庸勒令挑取。将此著为例，永远遵照办理。

五十一年奏定：东陵隆福寺、西陵永福寺各额设满洲喇嘛二十名，派满洲达喇嘛一名，拣选德木齐、格斯贵各一名，教习喇嘛三名，教训管辖。遇有缺出，由在京包衣佐领下人内挑取。凡陵寝居住之包衣人等，嗣后如果生齿繁众，有可挑取之人，准再顶缺挑取。

嘉庆二十二年定：京城额设札萨克喇嘛四缺，雍和宫一缺作为唐古特专缺，以呼图克图堪布充补。其三缺：蒙古达喇嘛充补一缺，汉人达喇嘛充补一缺。余一缺，先将未受职之呼图克图充补，如无呼图克图，于唐古特、蒙古、汉人达喇嘛内拣选充补。

又定，由藏调来之堪布等，俱以达喇嘛补用。遇有达喇嘛缺出，应于达赖喇嘛庙、慈度寺、察罕喇嘛庙达喇嘛内，签掣一人调补。所遗之缺，先将堪布坐补，如堪布无人，再于副达喇嘛内拣选升用。

道光十九年定，呼图克图等，除封国师、禅师名号准其兼授外，概不得以呼图克图兼诺们汗、班第达、堪布、绰尔济等职衔，亦不得以国师兼禅师名号。

又定，喇嘛印务处专设宏仁寺，责成印务德木齐四人值宿看守，设掌印呼图克图兼行章京，按期会同办事，印钥交正掌印札萨克达喇嘛佩带。

二十三年定，喇嘛印务处，除掌印正副札萨克达喇嘛外，如驻京呼图克图中，有驻京年分较久，当差勤慎，经卷熟习者，准印务处报院具奏，作为学习行走呼图克图。其无职衔名号之喇嘛，概不准呈请在印务处学习行走。

又定，章嘉呼图克图、噶勒丹锡哷图呼图克图、敏珠勒呼图克图、那木喀呼图克图、阿嘉呼图克图，历经驻京掌办印务，准各设商卓特巴札萨克喇嘛一名，以资管辖。

二十五年定，台吉当喇嘛，照例报院请领度牒。如未领度牒私自出家者，勒令还俗，失察之盟长札萨克罚俸。

又定，五台山唠睺寺，设虚衔达喇嘛一名，玉花池、寿宁寺、金刚窟、涌泉寺、七佛寺、三泉寺、善财洞、普安寺八庙，各设虚衔达喇嘛一名。缺出，由五台山菩萨顶札萨克喇嘛处拣选充补，报院给予札付。

光绪四年议准：多伦诺尔会宗寺设立印房，并添设印务得木奇一员与原设印务得木奇一员，在印房轮流住班。

西藏及蒙古各部落游牧喇嘛

前藏曰“达赖喇嘛”，后藏曰“班禅额尔德尼”。其外有第穆呼图克图、噶喇木巴呼图克图、色木巴呼图克图、布鲁克巴呼图克图、嘉拉萨赖呼图克图、鄂朗济永呼图克图、朋多江达笼庙之呼图克图、摩珠巩之志巩呼图克图、贡噶尔之嘉克桑呼图克图、奈囊保呼图克图、朗呼仔之萨木觉多尔济奈觉尔女呼图克图、觉尔隆阿里呼图克图、楚尔普嘉尔察普呼图克图、多尔吉雅灵沁呼图克图、伦色之觉尔泽呼图克图、协布隆呼图克图、摩珠巩之志巩小呼图克图、达拉冈布呼图克图，凡十八人，及沙布隆十二人，皆出呼毕勒罕，入于院册。四川之木里，及将入藏境之乍雅、察木多、类乌齐番寺喇嘛，其出呼毕勒罕入院册者，木里一人、乍雅、察木多、类乌齐四人。归化城、土默特、察哈尔、锡呼图库伦、内札萨克四十九旗，喀尔喀、阿拉善、额鲁特各游牧，皆有喇嘛居之。其出呼毕勒罕入院册者，归化城十二人，察哈尔九人，锡呼图库伦二人，科尔沁三人，郭尔罗斯一人，土默特六人，乌珠穆沁六人，浩齐特一人，阿巴噶一人，阿巴哈纳尔五人，苏尼特二人，四子部落一人，乌喇特五人，鄂尔多斯一人，喀尔喀十九人，阿拉善二人。

顺治十年，前藏五世达赖喇嘛来朝，赐以金册、金印，授为西天大善自在佛（所）领天下释教普通瓦齐喇怛喇达赖喇嘛。

十八年，给喀尔喀丹津喇嘛敕印。

康熙十八年题准：札萨克大喇嘛给予印信，其余格隆、班第等给予禁条、度牒，不给印。

三十二年，封哲布尊丹巴呼图克图为大喇嘛，于喀尔喀地方立为库伦，广演黄教。

三十七年，封札萨克大喇嘛墨尔根绰尔济为灌顶普惠宏善大国师，给予敕印。

四十四年，封章嘉呼图克图为灌顶普善广慈大国师，给予敕印。

四十九年，封前藏伊西札穆苏为六世达赖喇嘛，给予金册金印（后废）。

五十二年议准：班禅呼图克图勤修释教，敬谨纳贡，照达赖喇嘛之例，给予金册、金印、敕书，锡封班禅额尔德尼。

五十八年议准：乍雅、察木多两处首领喇嘛，罗卜藏纳木札尔呼图克图，济瓦帕克巴拉丹拜尼玛呼图克图，从前因有遣往雪山之使，预备乌拉，敬谨奉行，今呈请封号。赏乍雅呼图克图为阐扬黄教诺们汗，察木多呼图克图为大阐黄教额尔德尼诺们汗，均给予敕印。

五十九年，封前藏噶勒藏嘉木磋为兴教度众六世达赖喇嘛，给金册、金印。

又覆准：青海罗卜藏丹津奏请垂卜藏呼图克图封号，授为资教额尔德尼诺们汗，给予敕印。

雍正元年议准：六世达赖喇嘛册印，照五世达赖喇嘛之衔换给，并增蒙古字，别给敕书，令其办理噶布伦事务。

又覆准：哲布尊丹巴呼图克图，照班禅、达赖喇嘛之例，给予封号，给予金印、敕书，授为启法哲布尊丹巴喇嘛。

又议准：多尔济旺楚克，给以掌管哲布尊丹巴呼图克图徒众办理库伦事务额尔德尼商卓特巴之号，堪布诺们汗给以掌管哲布尊丹巴呼图克图经坛总理喇嘛事务堪布诺们汗之号。各给予敕印。

又覆准：甘珠尔巴噶卜楚、额尔济格特诺们汗，均系大喇嘛，应封甘珠尔巴噶卜楚为述教甘珠尔巴墨尔根诺们汗，额尔济格特诺们汗为兴教善知识诺们汗，各给予敕印。

又议准：类乌齐庙喇嘛阿旺札布辰勒呼图克图、嘉喇喇嘛阿旺呼图克图，均给予呼图克图封号、敕印。

五年奏：达什吹木丕勒托音奉使西域，赍回班禅、达赖喇嘛之文，称哲布尊丹巴呼图克图再生，众喀尔喀遣使请封，应将额驸敦多布多尔济之子，准为哲布尊丹巴呼图克图之呼毕勒罕。奉旨：理藩院奏请敕封哲布尊丹巴呼图克图之后身，哲布尊丹巴呼图克图其钟灵大有根源，乃与达赖喇嘛、班禅额尔德尼相等之大喇嘛也。众喀尔喀皆尊敬供奉，且其所居库伦，弟子甚众，著动用帑银十万两，修建大刹，封伊后身。

七年定，锡呼图库伦掌印札萨克达喇嘛缺出，应将墨尔根绰尔济之孙补放，或于徒众内择其才堪胜任者，保送到院补放。

九年谕：哲布尊丹巴呼图克图之呼毕勒罕年幼，达什吹木丕勒托音又甚年老，今当准噶尔贼人骚扰之际，令在库伦居住，甚不妥协。库伦地方庙宇尚未完工，多伦诺尔所修庙宇业已告竣，应俟明春草萌时，将呼毕勒罕同达什吹木丕勒托音等，移至多伦诺尔庙内居住。俟军务平定，再回库伦。

十二年覆准，封土观呼图克图为静修禅师，给予敕印。

又封西藏达赖喇嘛之师道都温都逊堪布为阐扬黄教阿齐图诺们汗，给予敕印。

又封噶勒丹锡呼图为慧悟禅师，给予敕印。

又封布鲁克巴呼毕勒罕喇嘛札尔西里布鲁克顾济为掌管布鲁克巴黄教札尔西里呼毕勒罕，诺颜林沁齐雷喇卜济为额尔德尼，第巴噶毕冬鲁卜为掌管地方噶毕冬鲁卜喇嘛，各给予敕印。

又覆准：章嘉呼图克图呼毕勒罕，来历甚明，于经典性宗皆能通晓，不昧前因，实为喇嘛内特出之人，应照前身锡封国师之号，其原有灌顶普善广慈大国师印，现在其徒收储，勿庸颁给外，应给予诰命、敕书。

乾隆二年议准：喀尔喀额尔德尼班第达呼图克图、乍雅班第达呼图克图，各徒众甚多，凡官差出兵，皆与札萨克佐领下人等一同行走，应各给予管理徒众印信。

三年谕：哲布尊丹巴呼图克图前身，乃众喀尔喀汗王等以师礼供养有名之大喇嘛也。皇祖皇考皆特恩轸恤，皇考命锡册印，封为启法哲布尊丹巴喇嘛。今看此呼毕勒罕赋性聪明，举止端重，仪表甚好，曾蒙皇考睿鉴降旨云：此实系哲布尊丹巴喇嘛之后身。今呼图克图既奏请来京，其颁给册印敕封之处，著理藩院察例议奏，钦此。遵旨议定：将哲布尊丹巴呼图克图之后身，仍照前身锡号给封。前赐启法哲布尊丹巴喇嘛之印照常存留外，别制新册颁给。

四年议准：哲布尊丹巴呼图克图之师东果尔曼珠什里呼图克图，给予封号、印信。

五年议准：班禅额尔德尼之呼毕勒罕，经达赖喇嘛等验明是实，即送往后藏坐床。

六年议准：班禅额尔德尼之呼毕勒罕，坐床未久，正在年幼，勤学经典，专心务业之时，不便遽议换给册书，俟过数年，通晓经典再行换给。

十六年议准：喀尔喀额尔德尼诺颜绰尔济罗卜藏诺尔布属下徒众甚多，照额尔德尼班第达呼图克图之例，给予印信。

十八年，封济隆呼图克图为慧通禅师，给予敕印。

二十年，封喀尔喀额尔德尼诺颜绰尔济罗卜藏诺尔布为青素珠克图诺们汗，换给总管喀尔喀青素珠克图额尔德尼诺颜绰尔济徒众之印，分镌满洲、蒙古、唐古特三体字。

又奏准：章嘉呼图克图属下徒众甚多，照喀尔喀多尔济旺舒克托音给以总管哲布尊丹巴呼图克图属下徒众额尔德尼商卓特巴印信之例，给予罗卜藏吹木丕勒总管章嘉呼图克图属下徒众札萨克喇嘛商卓特巴印信。

二十一年，加封喀尔喀哲布尊丹巴呼图克图为隆教安众哲布尊丹巴呼图克图，给予册印。

又议奏：雍正元年，甘珠尔巴噶卜楚封为述教甘珠尔巴墨尔根诺们汗，给予敕印。后经圆寂，交伊徒大喇嘛额尔克绰尔济阿旺颜品尔收存。至乾隆五年，呼毕勒罕出世，经院奏明，令其师徒见面。今甘珠尔巴墨尔根诺们汗之呼毕勒罕，现年二十三岁，前给敕印应否仍行赏给。奉旨：准给。

二十二年奏准：给青素珠克图诺们汗敕一道。

又奉旨：达赖喇嘛圆寂，令第穆呼图克图管理达赖喇嘛商上僧俗事务。

二十三年，赏给第穆呼图克图管理黄教巴勒丹诺们汗名号。

又，赏给济隆呼图克图札萨克名号，给予印信。

二十四年奏，达赖喇嘛圆寂之后，西藏事务不可无总办之人，奉旨：第穆呼图克图封为秉持黄教大德诺们汗，管理西藏事务，钦此。旋给册一道、银印一颗。

又议奏：慧通禅师济隆呼图克图圆寂，所有敕印交伊徒收存。其所属噶木巴庙宇徒众甚多，且唐古特人等亦其所辖，现今虽系济隆呼图克图之弟阿旺诺尔布暂行管理，未经奏明，不足以资弹压。奉旨：济隆呼图克图之弟阿旺诺尔布，著赏给关防，钦此。遵旨，议给统辖济隆呼图克图属下巴克硕特等十八庙宇生徒唐古特等札萨克喇嘛之关防。

又奏准，喀尔喀诺彦呼图克图罗卜藏札木杨丹津属下徒众，别编一佐领，令其管辖，仍附入本部落当差，并给予总管喀尔喀诺彦呼图克图之印，分镌满洲、蒙古、西番三体字。

二十六年覆准：噶尔丹锡呼图呼图克图之徒弟昆楚克敦珠布，赐总管噶尔丹锡呼图呼图克图属下徒众札萨克喇嘛商卓特巴印信。

二十七年奏，达赖喇嘛之呼毕勒罕转世，所有达赖喇嘛册印，或即行换给，或俟数年后再行换给。奉旨：再待数年。

三十年，阿旺楚勒提木来朝，赏额尔德尼诺们汗名号，给予敕印。

三十五年奏准：勒正呼图克图，照前辈呼图克图之例，赏阿齐图诺们汗名号。

三十七年议准：那噜班禅呼图克图徒众一百余名，沙毕纳尔一百余户，给予印信，以资弹压。

四十二年奏准：第穆呼图克图徒众中，拣选一人，赏札萨克职衔，给予管理第穆呼图克图属下徒众札萨克喇嘛商卓特巴印信，分镌满洲、蒙古、唐古特三体字。

四十三年，赏噶勒丹锡呼图名号，补授巴克什缺。

四十五年，赏班禅额尔德尼玉册、玉印。

四十九年，赏达赖喇嘛玉册、玉印。

五十一年谕：诺们汗阿旺楚勒提木，人谨慎，勤于经卷，于藏内噶勒丹锡呼图坐床时，帮助达赖喇嘛办事，广敷黄教，多历年所，著管理札萨克达喇嘛印务，封为敷教萨玛第巴克什。所有应给敕印，交理藩院照例给予，钦此。旋赏给衍宗禅师名号，给予敕书、银印。

五十四年谕：自藏内有巴尔布之事，诸务纷繁。此后务得晓事之达喇嘛，帮助达赖喇嘛办事，始有裨益。济隆呼图克图人明白，经卷亦好，伊之根器本大，著赏给毕理克图诺们汗名号，作为札萨克达喇嘛，遣往藏内，率领各噶布伦等帮助达赖喇嘛办事。

又谕：班禅额尔德尼之师喇嘛运丹嘉木灿于班禅额尔德尼前承教经艺，尽力勤勉；喇嘛噶布伦噶勒藏纳木占平素管理札萨克事务甚好，此次军需亦甚效力，著加恩赏给运丹嘉木灿班第达诺们汗号，赏给噶勒藏纳木占墨尔根额尔德木图堪布号，以示鼓励。

五十六年谕：帕克巴拉呼图克图经卷既好，因朕八旬万寿，贺建一寺，请赏给寺名。帕克巴拉呼图克图近年以来，备办一切往还乌拉，均属妥善，毫无贻误，著加恩将从前所给铜印换给银印，所建新庙，著赐名祝釐寺。

嘉庆二年，赏班禅额尔德尼巴克什喇嘛罗布藏敦珠卜诺们汗名号。

八年，赏札什伦布商卓特巴罗布藏达尔结达尔汗名号。

十一年谕：现在章嘉呼图克图之呼毕勒罕转世，著仍赏给香山法海寺、五台山普乐院等寺居住。所有国师印信，及金顶黄轿、九龙黄坐褥、黄伞等项，著在松竹（嵩祝）寺妥为供贮，俟转世之呼毕勒罕勤习经卷后，能维持黄教时，再加恩赐。

道光元年，给予讲巴伊什札萨克喇嘛职衔印信，帮办事务。

又给予札萨克喇嘛罗卜桑噶勒藏印信，办理事务。

二年奏准：将噶勒丹锡呼图萨玛第巴克什，作为阿旺札木巴勒粗勒齐木本身之号，其从前所交萨玛第巴克什名号旧印，仍行赏给，并颁发敕书。

又议定：给予诺们汗职衔之达尔汗喇嘛等曾经转世者，准其奏请给予名号、印敕，未转世者一概不准。

又议准：蒙古各庙呼图克图涅槃后，如徒众过五百名，而庙宇距该旗在五百里以内者，该盟长于徒众内择一人，赏给札萨克喇嘛职衔；庙宇距该旗在五百里以外者，并给予印信。其诺们汗涅槃后，徒众过五百名者，该札萨克于徒众内择一人，给予达喇嘛职衔，俾得督率。俟该呼图克图诺们汗转世成立后，督率有人，仍将各职衔撤销。

又议准：呼图克图诺们汗未经入档，如系赏过名号印敕，及徒众过五百名者，仍准其补行入档。

三年，以班第庄头人众，盟长地面窎远，添给札萨克达喇嘛印信。

四年谕：达赖喇嘛（副师傅）嘉木巴勒依喜丹贝嘉木磋，传授达赖喇嘛经典，著有成效，著加恩赏给诺们汗名号。

五年，赏士观呼图克图之呼毕勒罕班第静修禅师名号，及副札萨克达喇嘛职衔。

八年谕：章嘉呼图克图经艺纯熟，且所办捐输事件，均属妥协，著将伊所得印信敕书，仍旧赏用。

十三年，赏哲布尊丹巴呼图克图之教经师傅喇嘛罗布桑扎木延诺们汗名号，伊什格勒克绰尔济名号。

十四年谕：达赖喇嘛正师傅萨玛第巴克什前已得衍宗禅师名号，著再加翊教二字。副师傅嘉木巴勒伊什丹贝嘉木磋著赏给诺们汗敕印；副师傅噶勒丹旧池巴阿旺念札著赏给班第达，以示鼓励。

又谕：察罕喇嘛绰尔济，系由国初投效来京，且在西藏军前效力，现在之察罕喇嘛，著撤销绰尔济，赏给呼图克图职衔。至该察罕喇嘛转世之后，并准其作为呼图克图。

又定，察罕喇嘛达尔汗绰尔济撤销绰尔济，赏给呼图克图职衔，换给黄敕，圆寂后并准作为呼图克图转世。

十五年谕：达赖喇嘛现已及岁，受戒坐床，与早经受戒坐床之班禅额尔德尼，均止有金印，未给金册，著赏给金册。该衙门照例颁给。

十七年谕：嗣后颁赏达赖喇嘛、班禅额尔德尼金册，著仍照旧制办理，其新纂则例内定于旧册后添錾第几辈字样，著即销除。

十八年谕：达赖喇嘛（正师傅）萨玛第巴克什，著加恩于原得衍宗翊教禅师名号内，赏加靖远二字。乍雅大呼图克图图布丹济墨吹济加木参加恩赏给敕书。

十九年定，口外各呼图克图徒众过八百名，距该旗五百里以外，应领印信者，由该盟长确查报院，由院咨行附近之将军、大臣等，查核相符，奏明颁赏印信。

又定：达赖喇嘛、班禅额尔德尼、哲布尊丹巴呼图克图转世后，即于坐床之日，裁撤呼毕勒罕字样。章嘉呼图克图、噶勒丹锡呼图呼图克图、敏珠尔呼图克图、济咙呼图克图、那木喀呼图克图、阿嘉呼图克图、喇果呼图克图、察罕达尔汗呼图克图，并呈请驻京之呼图克图等，均于转世后来京瞻仰天颜之日，裁撤呼毕勒罕字样。其各游牧之呼图克图、诺们汗、班第达、堪布、绰尔济等转世后，均俟年至十八岁，裁撤呼毕勒罕字样。

又定：达赖喇嘛、班禅额尔德尼圆寂，其印信派人护理，俟转世坐床之日，奏闻移授换赏金册。哲布尊丹巴呼图克图圆寂并转世后印册，照达赖喇嘛、班禅额尔德尼例办理。其余各呼图克图等封国师者圆寂时，其印册于本庙尊藏，俟转世后裁撤呼毕勒罕之日，奏闻移授，并将册命送院奏交各衙门填写。封禅师者，圆寂时其印信照国师办理。

咸丰三年谕：此次查办番务出力之阿齐图诺们汗，著加恩作为呼征阿齐图呼图克图，并准其转世。帕克巴拉呼图克图额尔德尼诺们汗之呼毕勒罕，虽在幼龄，即能督饬属下，拿获凶犯多名，著赏加敉远禅师名号，以示优异。

又，赏朗结曲丕色勒本诺们汗名号，给予敕印。

又谕：呼征阿齐图呼图克图，应得广衍黄法阿齐图呼图克图敕书印信，著照案颁给。该呼图克图属下管事达喇嘛噶勒藏热布觉尔，并赏给札萨克喇嘛名号。

八年谕：札什伦布之札萨克喇嘛朗结曲丕，因病请休，著仍留色勒本诺们汗名号，以终其身。所遗札什伦布之札萨克喇嘛缺，著四品曲琫堪布罗布藏郎结补授，所放札萨克喇嘛，亦著加恩赏给印敕。

十一年，赏哲布尊丹巴呼图克图教经师傅那旺鄂特色尔诺们汗名号。

又奏准，噶青罗布藏丹巴坚参作为班禅额尔德尼之巴喀什喇嘛，并赏诺们汗名号。

同治元年，赏汪结曲布诺们汗名号。

二年，赏土观呼图克图静修禅师名号，副札萨克达喇嘛职衔、印敕。

三年谕：罗布藏青饶汪曲办事谨慎，为合藏僧众所推服，著办理商上事务，并赏给诺们汗名号。

四年谕：罗布藏青饶汪曲协理商上事务，为僧俗等所深服，所有商上承办藏务，掌管黄教额尔德蒙诺们汗印信，即著赏给祗领掌管，以符旧制。

六年，给予伊犁喇嘛棍噶札勒参呼图克图印信。

七年，赏伊勒固克森呼图克图罗布桑三都普通善禅师名号。

八年，给予罗布藏青饶汪曲呼图克图札萨克喇嘛印信。光绪九年，赏给罗布藏顿柱苏时诺们汗名号，给予印敕

甘肃庄浪等处番寺喇嘛

甘肃省庄浪、河州、循化、西宁、岷州、洮州各番寺喇嘛，设僧纲十九人、僧正三人。其出呼毕勒罕入院册者，庄浪二人、西宁三十三人。

顺治七年题准：河州宏化等寺总理国师韩禅巴遣徒缴明时所给敕书一道、铜印一颗，均行换给。

八年题准：显庆寺灌顶大国师丹巴坚错，缴明时所给镀金银印一颗，诰命、敕谕各一道。又，宏化寺普应禅师诺尔布坚错缴明时所给银印一颗、都纲司铜印一颗。又红山堡报恩寺喇嘛卢老藏灵珍缴明时所给札付一纸。一并换给。

十年，喇嘛阎老藏灵珍缴明时所给都纲敕印，照旧换给。

又，西宁瞿昙等寺国师、禅师、都纲等，各将明时所给诰敕印札缴还，一并换给。瞿昙寺国师公葛丹净封为灌顶净觉宏济大国师，给镀金银印；渣思欢卓尔封为灌顶广济宏禅国师，给慈光普照象牙图书，各给诰敕一道。其都纲拉思俄卓尔给铜印、敕谕一道。又，净宁菩提寺国师沙拉索南封为妙胜惠济灌顶大国师，给镀金银印、诰敕各一道，札付一纸。净觉寺国师班珠儿坚错封为净慈优善国师，给银印、诰敕各一道。国师所属喇

嘛查西坚错给宏修善道象牙图书，灵珍坚错给心性了无象牙图书，丹巴舍拉给坚修梵性象牙图书，各给敕谕一道。慈利寺国师札思巴统诸封为宏善演教国师，给银印、敕谕一道，札付一纸。禅师毛错南宫哈封为妙胜禅师，给银印、敕谕一道，札付一纸。延寿寺张舍拉朋错封为广济宏修国师，给银印、诰敕一道。普法寺国师丹进坚错封为妙善通惠国师，给银印、诰敕一道。国师所属喇嘛索南巴尔丹给妙静宏修象牙图书、敕谕一道。吉祥寺禅师洛藏拉旦封为福教禅师，给银印、诰敕一道。伊儿结寺喇嘛格拉坚错给宏演宗尚象牙图书。又，西纳演教寺喇嘛班珠儿盆错缴明时所给敕印执照，封班珠儿盆错为国师，换给诰敕各一道，又赐给通慧净觉银印。又，端严寺喇嘛山丹屯柱缴明时所给敕书、札付、图书，换给敕书一道，札付一纸，靖敕法界象牙图书一方。

十七年题准：岷州卫二十六寺内圆觉寺大崇教寺喇嘛后只即丹子缴明时所给诰命一道、敕书二十一道、肃谨戒行图书一方，换给敕书一道、铜印一颗，授为护印僧纲司，命钤束岷州各寺喇嘛。其缴送敕书二十一道，均行换给。惟成化年间所封宏济兴教大国师一敕，不准换给。

康熙二年题准：岷州圆觉寺、大崇教寺、讲堂寺、刹藏寺、宏教寺、洪福寺、法藏寺、朝定寺、石崖寺、鲁班寺、永安寺、广善寺、照慈寺、洪济寺、广德寺、羊圈寺、崇隆寺、照慈寺、写儿朵寺、赞林寺、永宁寺，诸喇嘛缴送旧敕，一例换给。

五年题准：修葺三竹、裕童、藏经三寺，给发敕书。其荔川、工布二寺俟修理告竣，再行请给。

十一年，延寿寺广济宏修国师张哈完卜承袭，换给诰敕。

十四年题准：甘肃省圆觉寺喇嘛后只即丹子恪守敕印，纠兵攻贼，其宏济光教大国师之职，仍准承袭，并给予诰命暨镀金银印，其僧纲司敕印，仍令掣缴送部。

十五年题准：法藏寺僧丁桑节落旦接为法藏寺僧纲司，洮州著落寺喇杨多刚授为僧正，均给予敕书。

二十一年题准：圆觉寺喇嘛后只即丹子等谢恩进贡，并请给国师顶帽及喇嘛俸禄，给高顶僧帽一具。拨给岷州卫属官地五顷，免其纳粮。

三十年覆准，圆觉寺国师后只即丹子亲侄首徒后丹子达节袭封岷州卫宏济兴教大国师。

三十六年覆准：瞿昙寺灌顶净觉宏济大国师，以公葛丹净之孙观著圆思多荣进承袭。又，西纳演教寺通慧净觉国师，以班珠儿盆错之孙达尔吉承袭。

三十七年覆准：松山报恩寺达克隆呼图克图奏请封典给予敕印。

三十八年覆准：法藏寺僧丁桑节落旦前以军功议叙，给予僧纲司敕书，原无世袭字样，今据报病故，即缴送内阁换给护敕。

四十三年题准：西宁教化寺僧罗卜藏钦臻，宝贝寺僧罗卜藏纳木查，缴明时所给诰命、敕书，并缴旧印。又，肃州归化寺僧恭阿札木苏奏请承袭。均换给诰命、敕印。

四十六年奏准：达克隆呼图克图病故，换给伊侄蓝占巴罗雷丹达尔敕书，令约束僧众。

四十九年核准：国师名爵甚大，非有功绩，不得滥授。岷州国师后丹子达节其师后只即丹子初授为护印僧纲司，后因攻贼有功，升授国师，给予镀金银印，业已承袭一次。今后丹子达节以年老辞职，其徒后尖采宁布并无功绩，不得仍袭国师。令照初封之职，授为护印僧纲司，给予铜印、敕书，旧给国师印信、诰命，即缴送内阁。

五十二年题准：洮州阐定寺喇嘛杨昂望缴明时所给崇梵净觉国师敕印，准其换给。

五十七年覆准：西宁衮布庙喇嘛达赖诺们汗奏请封号，授为锡勒图达赖诺们汗，给予敕印。

五十九年覆准：西宁衮布庙阿旺喇嘛奏请封号，授为扶佑黄教额尔德尼诺们汗，给予敕印。

雍正四年议准：西宁所属百里外僧寺九十四处，河州所属仅止三处，此内有名国师、禅师而曾颁有敕印者，有国师而并未颁给者，有名为寺庙实无寺庙者，有不名为寺庙而名为部落者，其各处喇嘛或自二三名以至百六七十名不等，此等处所原系土番杂处，明初颁给敕印之后，我朝亦曾颁有敕印，缘边居之人，野性难化，故令其信任有名之喇嘛承袭管辖，若因循旧制，不酌量更定，恐相沿日久，竟恃为世守，所关匪细。嗣后，令各寺族佃归内地为民，所给敕印尽行收取，不令管辖番众。其如何给予喇嘛空衔俸禄之处，俟该督详议具奏，到日再议。

乾隆八年题准：洮州阐定寺崇梵静觉国师，以杨昂望之侄杨琢璞珞瓒承袭。

又奏准：朝鲜、琉球、南掌、安南、暹罗、苏禄等国封恤事宜，均由礼部办理。其蒙古王公、台吉、喇嘛等封恤事宜，均由理藩院承办。惟《会典》内载有陕西、甘肃二省洮州喇嘛承袭国师、禅师、都纲，并给予敕印等事，由礼部具题，累年有礼部专办者，有理藩院会同办理者。蒙古内外喇嘛既属理藩院所辖，则陕西省洮岷等处喇嘛，嗣后承袭国师、禅师、都纲等事，均应归并理藩院承办。至请给敕印之事，仍令理藩院会同礼部办理。

九年奏准：河州宏化、显庆两寺国师兼都纲章珞柱坚错之侄章敦柱坚错请袭。从前议收国师、禅师一应敕书，其作何酌给空衔俸禄，尚未议定。今章敦柱坚错请袭国师，俟该督议覆到日再办。其都纲印信，原为办理事务管束属人而设，应令国师章珞柱坚错之侄章敦柱坚错暂行管理都纲印务。

又奏准：换给松山报恩寺达克隆呼图克图呼毕勒罕敕书。

十二年议准：甘肃省所属各寺庙喇嘛，自收国师、禅师印信以来，各自焚守静修，其属下众僧虽各设有法台，但约束不无涣散，自应照依地方之大小，喇嘛之多寡，定为职衔，以备稽察。河州普纲寺、灵庆寺、宏化寺，各设都纲一人。西宁县之西那寺、塔尔寺、札藏寺、圆觉寺、沙冲寺、仙密寺、佑宁寺，碾伯县之瞿昙寺、定通寺、羊尔贯寺、普化寺，大通卫之广化寺，贵德所之二叠阐寺、垂巴寺、马尼寺，各设僧纲一人。洮州卫之阎家寺、龙元寺、圆成寺，各设僧正一人，均由院给予札付。其松山报恩寺喇嘛达克隆呼图克图呼毕勒罕、红山堡报恩寺都纲阎南木加，岷州圆觉寺僧纲侯章杨恩柱，河州宏化寺都纲章敦柱坚错，皆有都纲、僧纲印信，勿庸再给。此次所授僧纲、僧正，既皆议给札付，其从前所给岷州圆觉寺僧纲侯章杨恩柱之敕书，即撤回换给札付。嗣后，国师之号均不准承袭。所有洮州阐定寺国师杨琢璞珞瓒之印敕，暂行存留，俟缺出停止承袭。将原领印敕，交礼部察销。又，杨松罗布迦木灿年力富强，才具明晰，今授为僧纲，令该督将杨松罗布迦木灿年貌，并住持何庙，询明送院填给札付。

十三年覆准：杨松罗布迦木灿并无居住寺庙，仍照原议，将杨松罗布迦木灿授为僧纲，给予札付。

二十七年奏：按康熙五十九年西宁衮布庙阿旺喇嘛奏请封号，授为扶佑黄教额尔德尼诺们汗，给予敕印。今章嘉呼图克图呈报阿旺喇嘛之呼毕勒罕来历甚明，在藏学习经典甚好，各蒙古吁请将前给扶佑黄教额尔德尼诺们汗敕印，仍行换给。奉旨：仍赏给。

（卷九七四——九七五）

喇嘛年班

内札萨克四十九旗、归化城、察哈尔、阿拉善、喀尔喀及库伦锡呼图库伦各处大喇嘛，除哲布尊丹巴呼图克图不列年班外，其余分编为六班：以喀尔喀那噜班禅呼图克图一人、阿拉善达克布呼图克图一人、科尔沁诺颜呼图克图一人、土默特迈达尔呼图克图一人、浩齐特毕里克图诺们罕一人、阿巴哈纳尔班第达喇嘛一人、鄂尔多斯那旺端多布呼图克图一人、归化城额尔德尼达彦齐呼图克图一人、彦察尔齐喇嘛一人、乌喇特罗布藏达木巴喇布齐喇嘛一人、喀尔喀墨尔根班第达呼图克图一人，为第一班。

以察哈尔额尔德尼诺木齐罗本绰尔济大喇嘛一人、喀尔喀额尔德尼伊拉古克散喇嘛一人、土默特喇克巴鄂杂尔大喇嘛一人、阿巴哈纳尔喇木札木巴锡喇布札木苏喇嘛一人、乌喇特巴尔多尔济喇嘛一人、归化城垂斯哈布达彦齐呼图克图一人、吹齐托音呼图克图一人、察哈尔叶固则尔呼图克图一人、阿拉善托布桑喇嘛一人、乌珠穆沁罗布藏多布丹喇嘛一人，为第二班。

以察哈尔岱青绰尔济罗布藏丹达尔喇嘛一人、喀尔喀西瓦锡勒图呼图克图一人、库伦章楚布多尔济喇嘛一人、郭尔罗斯沙布陇云端札木苏喇嘛一人、乌珠穆沁固沙哩绰尔济那旺索特巴喇嘛一人、阿巴哈纳尔固锡罗布藏垂珠尔喇嘛一人、乌喇特东廓尔班第达喇嘛一人、归化城宁宁呼图克图一人、那旺达木巴大喇嘛一人、察哈尔固什敏珠尔绰尔济喇嘛一人，为第三班。

以喀尔喀青苏珠克图诺们罕一人、罗布藏札木禅诺们罕一人、土默特阿裕什墨尔根绰尔济喇嘛一人、苏尼特罗布藏喇什大喇嘛一人、乌珠穆沁阿旺罗布藏彭楚克喇嘛一人、阿巴哈纳尔玛依寺罗布藏尼玛喇嘛一人、乌喇特喇木札木巴格图彭楚克喇嘛一人、归化城锡勒图呼图克图一人、达彦齐呼图克图一人、察哈尔喇木札木巴罗布藏丹木巴喇嘛一人，为第四班。

以喀尔喀额尔德尼班第达呼图克图一人、札雅班第达呼图克图一人、土默特苏苏克图绰尔济阿旺锡喇布喇嘛一人、乌珠穆沁莫罗木喇木扎木巴罗布桑里瓦喇嘛一人、阿巴哈纳尔拜札奢布东喇嘛一人、锡呼图库伦萨木鲁阿旺扎木扬呼图克图一人、乌喇特固什罗布藏达木辟勒喇嘛一人、归化城达尔漠绰尔济呼图克图一人、察汉第彦齐呼图克图一人、察哈尔达赉呼图克图一人，为第五班。

以土默特察汉第彦齐呼图克图一人、苏尼特干珠尔巴额尔德尼堪布喇嘛一人、乌珠穆沁莫罗木喇木札木巴衮楚克喇什喇嘛一人、阿巴哈纳尔德尼墨尔根喇嘛一人、乌喇特墨尔根第彦齐喇嘛一人、归化城札彦班第达呼图克图一人、鄂木布扎木散大喇嘛一人、察哈尔额木齐达尔汉绰尔济喇嘛一人、固什札木张雍噜依喇嘛一人，为第六班。每年各以一班来京。

岷州二十六寺，除荔川寺、工布寺喇嘛不入班外，其余分为四班：以圆觉寺、大崇教寺、刹藏寺、宏教寺、洪福寺、讲堂寺喇嘛为第一班；以法藏寺、朝定寺、三竹寺、藏经寺、裕童寺、石崖寺喇嘛为第二班；以鲁班寺、永安寺、广德寺、昭慈寺、洪济寺、广善寺、羊圈寺喇嘛为第三班；以崇隆寺、永宁寺、写儿朵寺、赞林寺、宝净寺喇嘛为第四班。间三年以一班来京。庄浪红山堡报恩寺喇嘛，间五年来京一次。

嘉庆二十二年定，内外札萨克等处呼图克图呼毕勒罕绰尔济喇嘛、达喇嘛等，年已及岁、已出痘者，准其来京朝觐。经卷熟习者，准其编入洞礼经。其洞礼经班定为六班，按年轮流，于十一月中旬来京。如轮值本班有患病等故者，报明该盟长查实报院，准其次年补班。

又定，年班来京之呼图克图喇嘛等，事毕各归游牧，该札萨克等将何日回抵游牧处所，具文报院。

咸丰三年谕：本年内外札萨克年班均著暂行停止一年。其回子伯克、后藏堪布，如已启程即著折回，毋庸来京。

四年谕：本年轮应年班之呼图克图喇嘛等，俱著停班一年。

（卷九八四）

驻京喇嘛钱粮

原定：扎萨克达喇嘛，每日给银一钱五分一厘一毫八丝一忽、米二升五合；随带徒弟格隆六名，每日各给银二分九厘九毫七丝二忽、米各二升五合；班第六名，每日各给银二分八厘八毫四丝二忽四微、米各二升五合，每日共给银五钱四厘六丝七忽四微、米三斗二升五合，应拴马四匹、牛三头，每日给黑豆一斗一升，谷草、羊草各七束。

副札萨克达喇嘛，每日给银一钱五分一厘一毫八丝一忽、米二升五合；随带徒弟格隆五名，每日各给银二分九厘九毫七丝二忽、米各二升五合；班第六名，每日各给银二分八厘八毫四丝二忽四微、米各二升五合，每日共给银四钱六分三厘三毫二丝二忽四微、米三斗。应拴马二匹、牛二头，每日给黑豆六升，谷草、羊草各四束。

札萨克喇嘛，每日给银一钱四分四毫八忽、米二升五合；随带徒弟格隆四名，每日各给银二分九厘九毫七丝二忽、米各二升五合；班第六名，每日各给银二分八厘八毫四丝二忽四微、米各二升五合。每日共给银四钱三分三厘三毫五丝四微、米二斗七升五合，应拴马二匹、牛二头。每日给黑豆大升，谷草、羊草各四束。

达喇嘛，每日给银一钱四分四毫八忽，米二升五合，随带徒弟格隆二名，每日各给银二分九厘九毫七丝二忽、米二升五合；班第六名，每日各给银二分八厘八毫四丝二忽四微、米各二升五合，每日共给银三钱七分三厘四毫六忽四微、米二斗二升五合，应拴马二匹、牛二头，每日给黑豆六升，谷草、羊草各四束。

副达喇嘛，每日给银一钱四分四毫八忽、米二升五合，随带徒弟格隆二名，每日各给银二分九厘九毫七丝二忽、米二升五合，班第四名，每日各给银二分八厘八毫四丝二忽四微、米各二升五合，每日共给银三钱一分五厘七毫二丝一忽六微、米一斗七升五合，应拴马二匹、牛二头，每日给黑豆六升，谷草、羊草各四束。

闲散喇嘛，每日给银六分六厘六毫六丝六忽六微六纤六沙六尘、米二升五合；随带徒第班第二名，每日各给银二分八厘八毫四丝二忽四微、米二升五合，每日共给银一钱二分四厘三毫五丝一忽四微六纤六沙六尘、米七升五合，应拴马一匹，每日给黑豆二升，谷草、羊草各一束。

德木齐，每日给银六分六厘六毫六丝六忽六微六纤六沙六尘、米二升五合。随带徒第班第一名，每日给银二分八厘八毫四丝二忽四微，米二升五合，每日共给银九分五厘五毫九忽六纤六沙六尘、米五升。

每月食二两、一两五钱之格隆、班第，其米按日支给二升五合；每月食一两之格隆、班第，其米按日支给一升三勺七抄五撮；食折色格隆，每日给银二分九厘九毫七丝二忽；食折色班第，每日给银二分八厘八毫四丝二忽四微。

雍正八年定：雍和宫四学设学艺喇嘛八十缺，每人月支钱粮二两。此项额缺，咨取内札萨克六盟，每盟各十名，外札萨克四部落，每部落各五名，遇有本旗缺出坐补。

乾隆二十七年奏准：凡呼图克图、达喇嘛等圆寂，本人所食钱粮停止给发，其徒众所食钱粮，俟伊师骨殖起程之日，再行裁汰。

嘉庆三年定：由藏咨调来京补放达喇嘛之堪布等，准其自奉旨之日起，支领钱粮，遇有事故，按日回缴。

九年议准：所有来京居住之喇嘛，未经补授札萨克喇嘛之呼图克图等，不准照章嘉呼图克图等之例支给全分廪给，均照其本身所得品秩支给，其带来徒众不准过二十名。诺们汗及大堪布徒众不得过十五名。其寻常堪布等徒众不得过十名。乌木咱特准带五名，通晓廓尔喀字僧人准带三名。诺们汗以上徒众，准照例支给钱粮二两，堪布以下所带徒众，均照例核减支给钱粮一两五钱，其额外带来人众，概不准支给钱粮及往返路费。

如呼图克图及总理堪布等在京圆寂后，其徒众概令回藏，如有他故留京者，由掌印呼图克图查明报部，支给钱粮一两五钱五分。其余堪布以下，概不准奏留。至派往各处分驻之唐古特喇嘛堪布等徒众，遇该堪布出差时，即行裁去钱粮，俟该堪布更换来京时，再行查明支给。其派往四川边外广法寺及伊犁地方掌教之堪市等差满来京，奏请加札萨克职衔，额外支领钱粮之处，概行停止。

二十二年定：喇嘛因过犯议罚钱粮者，公罪裁缴本身银米，私罪并随缺徒弟银米均行裁缴。

又定：京城喇嘛阿咱尔喇嘛等遇升迁病故等事，均按月找领回缴银米烤炭草豆等项，告病假者按日裁缴钱粮。

又定，西番喇嘛遇升迁病故等事，均按日找领回缴银米烤炭草豆。

道光十九年定：章嘉呼图克图、噶勒丹锡呼图呼图克图、敏珠勒呼图克图、济咙呼图克图，四人前辈俱曾驻京，品秩较大，其月廪向照札萨克达喇嘛例，支给本身钱粮一分，随带噶布楚兰占巴二十名、格隆六名、班第六名、苏拉喇嘛三名、随带徒众六名，其应食钱粮等项，一体照前支给。至其余呼图克图等，如授为正副印札萨克达喇嘛，方准照章嘉呼图克图等例支给。否则按照所授职分支领，止准各带徒众二十名，每月各支食钱粮二两，作为分例，不入正额。

又定，在京呼图克图等圆寂后，曾经封为国师名号者，由院奏留二两钱粮二十分，封禅师名号者，留十五分，未得国师、禅师名号者留十分。其原设有苏拉喇嘛者，仍留三名。至总理堪布等身故，其徒众均令扶柩回藏。如未能全数带回，由院酌支食一两五钱钱粮五分，准其驻京，缺出即行裁汰。

光绪三年议准。调京当差副教习喇嘛及番话通事喇嘛到京后，交雍和宫拨给房间住址，授为副达喇嘛，除支给本身钱粮外，其随带徒众，每月每名给钱粮一两五钱。

（卷九八七）

喇嘛服色

顺治十二年题准：喇嘛格隆服用黄红色，非奉上赐，不许用五爪团龙。班第用黄帽、黄衣。

康熙六年题准：喇嘛等许服金黄、明黄、大红等色。班第等许服大红色。其余不得擅服。曾蒙恩赏赐者，各色均准服用。违者，达喇嘛罚牲畜一九，班第以下鞭一百。

嘉庆十五年奏定：住京之呼图克图呼毕勒罕及外来之呼图克图呼毕勒罕等，转世多次，来京三次以上者，坐褥冬用狼皮，夏用红褐，乘坐绿帏车。转世次数较少，来京一、二次者，坐褥冬用獾皮，夏用红褐缘青褐，乘坐青帏车。札萨克堪布等，坐褥冬用貂皮，夏用青褐缘红褐，乘坐青帏车。

道光十九年定：札萨克喇嘛并由藏调来之堪布等，准服貂皮海龙皮褂，其余不准僭服。

又定，呼图克图前辈所得恩赏物件，除达赖喇嘛、班禅额尔德尼、哲布尊丹巴呼图克图之黄布城，系例准支搭，黄车、黄轿并章嘉呼图克图紫禁城内赏用黄车，系历世乘坐，应于坐床及裁撤呼毕勒罕之日，分别支用外，章嘉呼图克图等历蒙钦赐各件，不得擅用，均俟裁呼毕勒罕后，请旨遵行。

咸丰三年谕：前世哲布尊丹巴呼图克图所用黄布围墙、黄色车轿，例应坐床后方准需用，惟念哲布尊丹巴呼图克图，乃累世推广黄教，护持蒙古，而又喀尔喀四部落共奉之呼图克图也，加恩迎接哲布尊丹巴呼图克图呼毕勒罕，著准其沿途即用黄布围墙、黄色车轿，至伊所用黄纛蓝旗，亦著照用。

（卷九九二）

唐古特学

顺治十四年题准：每旗各选人学习唐古特字义，给教习人六品俸。

乾隆五年议准：唐古特学助教，原为教训学生及繙译所降达赖喇嘛之旨，并西藏所到一应文书而设。八旗满洲、蒙古各学舍，皆有额设助教。嗣后唐古特学助教，亦定为额设之官。

五十年议准：唐古特学生，连往返之期，定限五年期满，由达赖喇嘛考试后，再行保题更换。若所学平常，停止保题，令其再学一二年，务令学习精熟，方准更换。

道光十九年定：唐古特学额设承办学务司业一缺，由本学助教升授。助教一缺，由本学教习及内阁唐古特中书补放。学生二十四名、额外学生十六名，缺出，咨取咸安宫国子监蒙古官学生拣补，令其学习唐古特文义。

（卷九九二）

喇嘛禁令

顺治十四年题准：格隆、班第等，如为人治病，必告知达喇嘛，限定日期，方许前往。若有私往违限，并擅宿人家，或藉端留妇女于寺庙者，皆依律治罪。再，游方之徒，不得擅留，违者亦治罪。

十五年题准：喇嘛徒众，除院册有名外，不得增设。

十七年题准：归化城喇嘛有事往额鲁特、喀尔喀地方者，均令具题请往，都统不时稽查，毋许妄为。额鲁特、喀尔喀往来之格隆、班第等，亦不许擅留，违者治罪。

康熙元年题准：外藩蒙古八旗游牧、察哈尔蒙古等，欲送家人为喇嘛徒弟，及留住外来之格隆、班第，皆令开具姓名，送院注册。违者坐以隐丁之罪。

五年题准：在京喇嘛等奉使达赖喇嘛地方，擅带彼处班第等回来者，罪之。

十年定，唐古特喇嘛徒众非奉旨不许私来。

又题准；凡喇嘛将自己家奴及受他姓送到之人，作为班第，并容留无籍之格隆、班第者，将该管之达喇嘛革退，罚牲畜三九。格隆、班第等各罚三九。如内地家人，作为班第，送至喇嘛处，或隐匿在家，及容留无籍游方之格隆、班第者，将都统以下、领催以上，同本人一并交部分别议处治罪。再，外番蒙古地方，除册籍有名之喇嘛外，其游牧之喇嘛、班第，皆令驱逐。倘不行驱逐，或隐匿容留，及将各该属家奴私为班第者，事发，王、贝勒、贝子、公、札萨克、台吉等各罚俸一年。无俸之台吉罚马五十匹入官，仍革职。闲散鞭一百。该管之王、贝勒、贝子、公、台吉等，各罚俸九月。都统、副都统等，各罚牲畜一九。佐领骁骑校各罚二九。领催、什长各鞭一百。所罚牲畜，给首告人三分之一。如经属下家奴首出，即准开户。将私为班第及收留之喇嘛、班第，勒令还俗，拨回本旗，给还原主。其八旗游牧察哈尔马厂人等有犯，亦照此例。

又定，凡蒙古地方骁骑壮丁，不准私为乌巴什，违者照私为格隆、班第例治罪。其年老残废丁册除名之人，愿为乌巴什者听。

又定，蒙古妇女，不准私为齐巴罕察（即尼僧）。违者，亦照私为班第例罪之。

四十二年谕：以民田展修庙宇，有关民生，嗣后凡修庙有碍民地者，著永行禁止。

雍正三年题准：洮岷地方喇嘛，以治病禳灾为名，诓骗蒙古，即令札萨克严禁。如果治病有益，分别保留。其余一概逐回原籍，嗣后有隐藏者，发觉，将札萨克等一并议处。

六年议准：五台山乃名山清净佛地，若埋葬尸骨，有污净土，嗣后喇嘛、僧道、旗民、蒙古人等骨殖，禁止送往五台山埋葬。如外藩蒙古达喇嘛等，有愿将骨殖送往五台山埋葬者，该部具奏请旨。其本处喇嘛僧道尸骨，亦令其在远处埋葬。

乾隆四十年奉旨：向来台吉等不准私当喇嘛，但蒙古等素敬佛教，若台吉中有愿当喇嘛者，亦可不必禁止。嗣后无论内札萨克、喀尔喀、额鲁特、土尔扈特台吉内，有以愿当喇嘛报院者，即照所请，准其充当喇嘛，俟年终汇齐奏闻。

嘉庆二十二年定：蒙古各部落呼毕勒罕、绰尔济喇嘛等，系乾隆五十八年设立金奔巴瓶以前出世，奏准有案者，准其报院代奏请安。如在设立金奔巴瓶以后出世，并无奏案者，不准请安。

又定，喇嘛呈请劄付度牒者，由院给予，年终汇奏。

又定，喇嘛班第等私自逃走，自行投回者，初次鞭六十、二次鞭八十，三次鞭一百，革退。拿获者鞭一百，革退。

又定，喇嘛寺院，不准开设棚厂、店口。

道光十年奏定：西藏喇嘛世家，与番民一体当差纳赋，其实有劳绩，应免徭役者，由驻藏大臣给票准免。严禁各商上私给免票。

十一年谕：呼图克图、喇嘛等，与随从阿哥之谙达太监交结，殊属不合。著理藩院转饬该呼图克图、喇嘛等，嗣后倘有此等事件，一经查出，除将该谙达太监等严行加罪外，定将该呼图克图、喇嘛一并治罪，决不宽贷。

十七年谕：呼图克图嗣后除喇嘛事务仍准管理外，所有喇嘛、蒙古交涉事件，止应将人证送旗转解，不准传讯取供，以符定制而杜侵越。

十九年定：内外札萨克汗王、贝勒、贝子、公、台吉、塔布囊，及闲散王、贝勒、贝子、公之子，有未及岁充当喇嘛者，将系第几子充当，随时报院。

又定，喇嘛、班第等，但宿于无夫之妇人家，无论是否犯奸，均剥黄鞭一百，勒令还俗。

又定，盛京锡勒图库伦内外札萨克各旗所属喇嘛，如遇治病念经，前往他处，以及朝贡，除报明该管喇嘛外，并报明该管札萨克，方准行走。

又定，喇嘛所住庙宇内，不准妇人行走，若住房内令妇人行走者，容留之大喇嘛罚二九，德木齐罚一九，格隆、班第等罚五牲畜。

又定，喇嘛容留犯罪盗贼者，与犯人一律科罪，至死者减一等办理。

又定，喇嘛等因事拘审，先行革退，讯明无罪仍复其喇嘛。

又定，各寺庙班第等不守清规，该师呈请驱逐，须该管达喇嘛等讯明果有实迹，方准驱逐。如有屈抑之处，概不准行。

又定，各寺庙徒众更名，即时呈报。若遗漏不报，该达喇嘛等罚钱粮一月。

又定，外寺升到之达喇嘛等，不准将本身徒众带赴新任侵占庙内额缺，违者革退。

二十五年奏定，嗣后领有度牒之喇嘛，概不准其承袭爵职。

（卷九九三）

惩处危害国家安全的犯罪喇嘛

乾隆五十六年（1791）十二月二十六日

鄂辉奏言：窃臣节次钦奉谕旨，廓尔喀贼匪侵扰扎什伦布，有济仲喇嘛、四学堪布喇嘛，在吉祥天母前占卦，妄称不可与贼打仗，惑乱众心，以致僧俗涣散。饬令臣等确切查明，将该喇嘛等唤至前藏，分别首从，正法解京，等因。先经成德密饬总兵穆克登阿，前往访察，复经臣札知雅满泰会同查拿。兹据穆克登阿等查明，该喇嘛等实有五人，押解前来，于十一月二十七日解到。臣即率同盐茶道林俊严加讯究，据罗布藏丹巴供称，该喇嘛庙内原供吉祥天母，于贼匪未至之前，起意占卜，写作"打仗好"、"不打仗好"两条，将糌粑裹和为丸，放人瓷碗内求卜，占得"不打仗好"一丸。一面禀知仲巴呼图克图，一面即令小喇嘛吹伊丹，将占卦缘由，告知众人，毋庸打仗。众皆听信，随将派出堵御各喇嘛全行撤散。罗布藏策登等四人又复起意与贼讲和，复至吉祥天母前占卜，占得讲和为好，即令诺聂尔前往贼营说和。诺聂尔在途一闻贼至，随即潜逃。迨贼匪来至扎什伦布，罗布藏策登等四人亦俱躲匿。惟罗布藏丹巴带同小喇嘛数人在寺居住，被贼人捆打搜索物件，及至贼去，该喇嘛查点物件，见前辈班禅塔上物件已被起去，佛前供器亦已无存等语。臣复于二十八日会同济咙呼图克图复加讯问，所供俱各相同。据济咙呼图克图回称此等惑众之人应请一并严办。臣随向告知，大皇帝保护黄教，从不肯将喇嘛尽法治罪。叠奉谕旨，只令将为首之人查出正法，其余解送进京。自应遵旨办理。随即传集众噶布伦及各寺大喇嘛等眼同将罗布藏丹巴剥黄押赴市曹处斩讫。臣随至布达拉面见达赖喇嘛、班禅，将该喇嘛等以占卜为词，悖教惑众，不特王法所难宥，抑且佛法所不容，本应将五人一并正法，今钦遵谕旨，只令将为首者正法，仰见大皇帝保护黄教之心无微不至。达赖喇嘛、班禅随即合掌谢恩，口称大皇帝为佛门除此悖教之徒，护持实为不小。臣随将叠次奉到谕旨，用唐古忒字敬谨译出，于各寺内给发一张，俾僧俗人等咸喻圣主查办缘由，共知凛畏。臣察看众心无不感服。所有罗布藏策登等四名，应行解京请旨办理。臣昨接雅满泰札令仲巴呼图克图俟岁琫堪布一到，交代后，即可自后藏起程。臣谕知噶布伦等，将罗布藏策登等四人，暂行羁禁，俟仲巴呼图克图到日，即交与雅满泰一并押解进京。罗布藏丹巴庙内徒弟本未随同占卜，罗卜藏策登等占卜之时随往看视者甚多，未便再行纷纷根究。诺聂尔虽奉差遣，但未至贼营，先已逃回。

吹伊丹系罗布藏丹巴令往传告僧众，业经罪坐主使之人，应请一并免议。

奏入，上命军机大臣传谕福康安、鄂辉、成德、舒濂曰："鄂辉奏，查明后藏占卜惑众之喇嘛罗布藏丹巴等，分别办理一折。罗布藏丹巴等，妄托占词，摇惑众心，众人一闻不打仗之语，即纷纷涣散，不复堵御。罗布藏策登等四人起意讲和，即擅自差人前往贼营讲说。可见藏内诸事俱系伊等主持，而鄂辉于办理罗布藏丹巴一事，既令噶布伦眼看处决，又将罗布藏策登等四人交噶布伦羁禁，是鄂辉办理藏务，无事不商之噶布伦，殊属非是。……"

上谕内阁曰："前因保泰奏，廓尔喀滋扰后藏时，扎什伦布庙内有济仲喇嘛，及四学堪布喇嘛，在吉祥天母像前，假托占词，妄称不可与贼打仗，以致喇嘛众番等，皆无固志，相率散去，贼匪得乘虚占据。夫扎什伦布为历辈班禅额尔德尼驻锡建塔之地，该喇嘛等不思竭力保护；乃竟妄托神言，涣散众心，是扎什伦布并非贼匪所能攻陷，竟系该喇嘛等委之于贼。此等喇嘛自叛其教，为王法所难宥，即为佛法所不容。节经降旨，令鄂辉等查明为首之喇嘛，明指其罪，即行剥黄正法，其随同占卜之喇嘛亦应查明解京。兹据鄂辉奏，查明该喇嘛等占卜者共有五人，内罗布藏丹巴一名，讯取确供，实系起意占卜妄言惑众之人，于审明后，传集众噶布伦及各寺大喇嘛等眼同将罗布藏丹巴剥黄处决。其罗布藏策登等四名遵旨解京，而达赖喇嘛、班禅额尔德尼及济咙呼图克图等皆感激凛畏等语。朕于黄教素虽爱护，但必奉教守法之喇嘛等，方加以恩遇，若为教中败类，罪在不赦者，即当明正典刑，断不稍为袒护。设如元季之供养喇嘛，一意崇奉，漫无区别，致有詈骂者割舌，殴打者截手之事，令喇嘛等无所忌惮，尚复成何政体？此次办理占卜惑众之罗布藏丹巴一事，即于卫护黄教之中，示以彰明宪典之意，著将办理缘由通谕知之"。

（《钦定廓尔喀纪略》卷一四）

乾隆五十六年（1791）十二月丙寅

谕军机大臣曰："鄂辉奏查明后藏占卜惑众之喇嘛罗卜藏丹巴等分别办理一摺。罗卜藏丹巴等妄托占词，摇惑众心，众人闻不可打仗之语，即纷纷涣散，不复守御。罗卜藏策登等遂起意讲和，即擅自差人前往贼营讲说。可见藏内诸事，俱系伊等主持，而鄂辉于办理罗卜藏丹巴一事，既令噶布伦眼看处决，又将罗卜藏策登等四人交噶布伦羁禁。是鄂辉办理藏务，无事不商之噶布伦，殊属非是。"

（《高宗实录》卷一三九三）

乾隆五十七年（1792）正月乙亥

谕军机大臣曰："鄂辉奏：'审讯喇嘛来藏，或系沙玛尔巴令其探听信息。现将格哩及跟役等均交噶布伦看守'等语，虽亦牵缀贼匪之一法，但格哩既系沙玛尔巴徒弟，今令充当扎萨克喇嘛通事到藏，必系沙玛尔巴自知罪重，暗令前来探听消息。鄂辉既知其形迹可疑，即应交驻藏官员看守，乃将格哩等竟交噶布伦看管，噶布伦岂能自行管束，仍不过转交唐古忒人等，岂能保其不将内地情形透漏乎？又据奏到译出各书信内，丹津班珠尔寄达赖喇嘛禀及寄伊家信并噶布伦等信称：'我们与廓尔喀两家债帐事情，孜仲第巴带信出来，把这事说坏了，如今红帽喇嘛要与我们和好'等语。孜仲第巴系何时、何人遣去，保泰等从未奏过，鄂辉等摺内亦未提及，著交福康安一并查明具奏。若其人可疑，即行解京，又译出各信曾否交达赖喇嘛、噶布伦等阅看，俾伊等知廓尔喀近日情事。其丹津班珠尔等在彼情形，亦应令班第达等知悉，以安其心。乃鄂辉并不给看，不但班第达等及玉陀噶布伦家属无由知伊等消息，即达赖喇嘛亦不免心存疑惑。鄂辉并不计及此，糊涂已极。著传旨严行申饬。其格哩一犯，著福康安即行审讯，如尚有备用之处，不妨暂留藏内，若无可留用，即派员迅速解京，以备讯问。再阅各信内称，伊等在彼经红帽呼图克图时常照应，廓尔喀王子每日给与养赡，并称红帽喇嘛诚心出力，要与我两家永远和好，及廓尔喀现在发信各卡撤兵等语，全系为廓尔喀饰词开脱，以为说和地步，殊不足凭。贼匪素为狡诈，此项译出各信，必系廓尔喀逼勒丹津班珠尔等书写，以见廓尔喀本欲卫藏和好，转似天朝不听息事，以致藏中遭罹兵火，为离间藏内人心之计，此等狡猾伎俩，岂可堕其术中？但达赖喇嘛恐亦不免为其所惑，著将原信发交福康安，如鄂辉已将各信交达赖喇嘛、班第达、噶布伦等阅过则已，如未经给阅，即著福康安分给阅看。并传集达赖喇嘛、济咙呼图克图、大喇嘛、噶布伦等谕以'上次贼匪滋事，即因巴忠令丹津班珠尔等前往讲论，私与说和。今丹津班珠尔等又系达赖喇嘛遣令前往，亦不关白驻藏大臣，辄欲讲和完事。若撤兵后，贼匪故智复萌，又须烦我兵力，是天朝兵马粮饷，竟为卫藏疲于支应。况贼匪复来，必致扰及前藏，更将如何办理？为此明白宣谕，若达赖喇嘛之意，必欲与廓尔喀和息完事，大皇帝即听从尔等所为，将大兵撤回，此后藏内一切事务，概置不问。若尔等以卫藏地方凭仗天朝保护，则须同心合力，悉听区处，不得再私遣人与贼来往。’如此明白断定，俾喇嘛及唐古忒人等咸喻此意，方可协力同仇，克期蒇事。”

（《高宗实录》卷一三九四）

乾隆五十七年（1792）正月丙子

谕：“前因廓尔喀侵扰后藏，派令鄂辉、成德、巴忠前往办理。巴忠自恃御前侍卫，率意专擅，欲图草率完事，且因通晓唐古忒语言，辄向噶布伦丹津班珠尔等私自计议，与廓尔喀说和，令其退回侵占之聂拉木、济咙、宗喀三处，每岁议给元宝三百个，作为地租。嗣因丹津班珠尔以事已完毕，未照前议给银，致廓尔喀复行滋扰。去年起事之时，巴忠自知罪重，即投河自尽，若其身尚在，必当正法。今已倖免刑诛，伊子蒙古奏事处三等侍卫僧额布，著降为蓝翎侍卫，在大门上行走，以示惩儆。”

又谕：“昨据鄂辉奏询问扎萨克喇嘛由廓尔喀回藏情形，已将一切机宜，详悉指示矣。此事构衅之由，总缘前次巴忠办理不善所致。伊业经自毙，倖免刑诛，保泰、雅满泰系驻藏大臣，于巴忠前在藏内，私向贼匪许银和息之处，亦并无一字奏及，业经节次降旨责处，永远枷号。至班第达在藏年久，于前次巴忠与伊子丹津班珠尔私许廓尔喀银两一事，岂得诿为不知？乃并未告知驻藏大臣，亦难辞咎。第念班第年老，早经退闲，伊于现又被贼拘留，姑免深究。但该处噶布伦四人，除丹津班珠尔现留藏地、扎什纳木扎勒已经身故外，其扎什敦珠布、噶勒藏纳木扎勒二人，俱系前次随同办理之人，著福康安到藏后，即查明治罪。行军之道，全在赏罚严明，令噶布伦等扶同一气，贻误事机，若不加以惩治，何以使卫藏人等知所儆畏耶?”

（《高宗实录》卷一三九四）

乾隆五十七年（1792）四月二十九日

上命军机大臣传谕鄂辉、和琳曰：昨朕亲览仲巴呼图克图携来达赖喇嘛、班禅额尔德尼呼毕尔罕所给噶尔丹锡勒图呼图克图等书，犹望令仲巴回藏。仲巴乃前辈班禅之兄，非他人可比。贼匪侵扰札什伦布时，伊正当率领众喇嘛看守庙宇，乃于贼匪到时，济仲喇嘛等求乞龙单，即向伊告知，伊反倡率众人逃避，其罪比济仲尤重。盖札什伦布地方，有班禅额尔德尼数辈塔座在彼，皆因伊首先逃避，以致塔上镶嵌物件，俱被贼匪劫掠，此其忘背祖师，即为悖乱佛法，贤愚因缘经第一卷内即载，佛舍身割肉喂鸟一节，况于前辈世代塔座庙宇之重，尤应不惜躯命，加意护持。乃仲巴只为身谋，弃舍逃避，实为佛法之所不容。本应即予正法，姑念伊系前辈班禅之兄，特加宽宥，但令解送来京，著在从前班禅额尔德尼所住德寿寺居住，实为法外之恩，又何得再令其回藏。从前达赖喇嘛之弟罗布藏根敦扎克巴之罪，比伊本轻，现因达赖喇嘛奋勉军务，加恩令其回藏。适堪布囊素来朝，令其面见，特降谕旨，讵伊福薄身故。今仲巴之罪较为重大，恐班禅额尔德尼年幼，众喇嘛不识大道，未必不仍望其回藏。著鄂辉、和琳接奉此旨，亲到布达拉传集达赖喇嘛、班禅额尔德尼，及前后藏众呼图克图、喇嘛人等，告以大兵进剿廓尔喀贼匪，特为护卫黄教起见，并将仲巴、济仲分别治罪，亦欲使众喇嘛通知大义尊持黄教之故。明白晓喻，俾伊等咸知联意。

（《钦定廓尔喀纪略》卷三〇）

乾隆五十七年（1792）八月壬申

又谕："昨因福康安等奏，贼匪呈递禀帖内称沙玛尔巴已于五月十五日病毙，恐贼匪诡诈多端，藉口掩饰，已有旨令福康安等留心查察。如竟属假捏，务须设法生致解京，尽法处治。如果伏冥诛，究属倖逃显戮。藏内羊八井地方，有伊旧住庙宇，未便仍令红教徒众在彼安居。著传谕福康安等于事定后，无论其病毙与否，总应将庙宇改给黄教喇嘛居住，徒众概勒令还俗，分发闽、粤、浙江、江西等处安插，以抒众愤。再，撒迦沟红帽喇嘛，于上年贼匪路过时递送哈达，尤属可恶。若仍令在彼处居住，恐复煽惑滋事。莫若趁大兵撤回之便，慑以军威，将该喇嘛等移至内地，酌量安插。并著福康安等一并留心酌办。"

（《高宗实录》卷一四一〇）

乾隆五十七年（1792）九月己亥

又谕"……至此次廓尔咯滋扰后藏，沙玛尔巴挑唆起衅，实为罪魁。现据贼酋将该犯骨殖送出，著福康安等不必送京，分悬前藏之布达拉、后藏之扎什伦布并前后藏及察木多、打箭炉一带大寺庙，一一悬挂，并将起衅犯事缘由逐一开写，号令示众，用示儆戒。"

乾隆五十七年（1792）九月辛丑

谕军机大臣曰："和琳奏：'查办沙玛尔巴家产及依什甲木参物件，变价银两，或归军需项下抵销，或入藏库充公备用'等语。沙玛尔巴为此案罪魁，现在抄出资财什物，自当全数归公。其所毁镀金铜像，即按照现令新铸宝藏字样，鼓铸钱文，给兵丁通行使用。又据奏：'请将阳八井庙宇，赏与济咙呼图克图，派委喇嘛管理，俟济咙呼图克图离藏后，请旨定夺'等语。即照所请行。附庙番民，著交一并管辖。庙内红教喇嘛一百三名，和琳以若概令还俗恐滋事端，请改为黄教，分于前藏各大寺堪布等严加管束，所见亦是。此项红帽喇嘛，经和琳派营官等先押赴前藏，和琳回藏时，当传集该喇嘛等，谕以'沙玛尔巴构衅，业将骨殖号令，尔等不应仍袭其教。若尔等情愿改归黄教，仍可在藏焚修。如不愿改归，即解京听候安插。'如此晓谕，伊等自必愿留藏地，可以听受黄教堪布等约束。"

（《高宗实录》卷一四一二）

乾隆五十七年（1792）十月十六日

臣福康安、孙士毅、惠龄、和琳跪奏，为查封沙玛尔巴亲侄三人名下庙宇、寨落、庄田、什物，请旨办理事。

窃臣和琳前经将沙玛尔巴亲侄乐伞建本弟兄三名及沙玛尔巴堂侄男女二名口拿获，分别定拟具奏在案。兹委后藏粮务试用州同徐念高、把总马泉，带领岁琫堪布，将乐伞建本等庙宇及其新旧两庄物产，查明造报前来。臣等逐一确核，乐伞建本庙内，有箱二十只，询系仲巴呼图克图之物。查仲巴呼图克图当贼人抢掠后藏之时，首先逃匿，经皇上格外恩施，未即加以重罪，伊之物件，自应一体充公。其沙玛尔巴老家新家庄田五处、什物亦应一并查抄变价。现在虽已查封，臣等未敢擅便，谨开具简明清单呈览，恭候命下遵行。

至乐伞建本所住庙宇一所，查系前辈班禅额尔德尼盖造，扎喜泽住房一所，计三十余间，寨子二层，庄田一处，询系班禅额尔德尼弟兄生长之地。虽沙玛尔巴罪大恶极，例应抄没，但思前辈班禅额尔德尼生身故宅，若将其财物入官，似非皇上轸念前辈班禅额尔德尼至意。相应请旨，将乐伞建本所住庙宇及扎喜泽房屋、庄田，应否赏与现在班禅额尔德尼（朱批：自当）管理之处，伏候谕旨遵行。

再，查臣和琳前此查抄阳八井庙宇时，奏请将阳八井庙宇、佛像赏给济咙呼图克图，派喇嘛焚修，荷蒙俞允在案。今思该喇嘛等日食糌粑、念经熬茶之费，不能自藏运往，臣和琳彼时未经为之核算，今济咙呼图克图派拨喇嘛四十余名前往，无资糊口。臣等公同商酌，查沙玛尔巴阳八井地方前已查有庄田五处，今续抄得新旧庄田四处，统共九处，合无仰恳皇上天恩，即于前次查抄阳八井任田内，地名江洛井一处，每年应收青稞八百克，按六克一石，共一百三十三石零，就近赏给济咙呼图克图，以为各喇嘛养赡之费。是否有当，伏候皇上训示。谨奏。

朱批：军机大臣议奏。

（一史馆藏宫中朱批奏折）

乾隆五十七年（1792）十月丙戌

又谕曰："又据和琳奏，查办沙玛尔巴亲属，请将其亲侄乐伞建本等三犯照大逆缘坐律拟斩，其堂侄阿里等男女大小七名口，应否发往烟瘴地方安插，抑赏给功臣为奴'等语。藏内人等，不谙缘坐条例，所有沙玛尔巴亲侄乐伞建本等三犯，竟著解京交部治罪。其阿里等七名口即交四川总督分发两广、福建烟瘴地方安插，不必解京。"

（《高宗实录》卷一四一五）

乾隆五十八年（1793）二月十三日

臣福康安、孙士毅、和琳、惠龄跪奏，为班禅额尔德尼、济咙呼图克图恭谢天恩，仰祈圣鉴事。

窃臣等前查沙玛尔巴亲侄乐伞建本等资产，内有前辈班禅额尔德尼盖造庙宇一所及其生身故宅一所、庄田一处，可否免其抄没，奏请训示。兹准军机大臣议复，奉旨即赏给现在班禅额尔德尼管理。臣等敬宣恩命，据班禅额尔德尼差人特来前藏告称：仰蒙大皇帝转念前辈班禅额尔德尼至意，以乐伞建本所住庙宇及札喜泽房田，虽为沙玛尔巴亲侄经管，究系前辈班禅额尔德尼所遗，大皇帝法外施仁，免其抄没，降旨赏我管理，鸿慈优渥，感激难名，惟有率领众僧，虔诵万寿经，祝延圣寿。等语。

又，抄出沙玛尔巴产业内，将江洛井庄田一处，蒙恩准赏济咙呼图克图，以为羊八井住持喇嘛养赡之用。兹据济咙呼图克图称：小喇嘛奉旨在藏帮同达赖喇嘛办事，此次遵照中堂大人指示，办理军兴事宜，毫无出力，乃蒙大皇帝稠迭施恩，有加无已。前因小喇嘛在藏内并无庙宇，将羊八井庙宇赏给，兹复以派往住持喇嘛养赡无出，奉旨以江洛井庄田恩赏管业。小喇嘛受大皇帝种种厚恩，实属感深五内，无可图报，惟有谨遵新定章程，协同达赖喇嘛实力奉行，仰报高厚鸿恩。等语。

所有班禅额尔德尼等顶感情形，理合恭折具奏。班禅额尔德尼呈递佛一尊、哈达一方；济咙呼图克图呈递佛一尊、哈达一方，恭谢天恩，谨一并随报进呈，伏乞皇上睿鉴。谨奏。

乾隆五十八年三月十八日奉朱批：览。钦此。

（一史馆藏军机处录副奏折）

乾隆五十八年（1793）七月癸巳

谕军机大臣曰："和琳奏：'查抄沙玛尔巴等赀产，估变银六万四千余两。又，各处庄田，每年应得租银七千一百余两，遵旨赏给达赖喇嘛，足敷每年如绷、甲绷番兵等养赡之用，无需再从商上增补'等语。已批该部知道矣。此项查抄物产赏给达赖喇嘛以为贴补如绷等口食，实属以公济公，但每年动用若干，余剩若干，均应由驻藏大臣核明，分报户部、理藩院以备稽核。现在藏内值甫经整顿之后，是以仍留和琳在彼办理，以资驾驭，将来系松筠前往接办，亦属可信之人。使松筠亦不能久驻藏内，嗣后接手者，岂能尽如伊二人之足资倚任。设再有如俘习浑者，见此项抄变存公银两无所考核，任令达赖喇嘛左右之人从中浮开冒销，甚至通同染指，更属不成事体。至达赖喇嘛商上出入，前亦有旨交驻藏大臣一体稽察。但恐商卓特巴等因官为查察，不能任意侵渔，藉称商上用度不敷，此则不可。现在所添番兵，将抄产赏给，支用尚有宽余。至达赖喇嘛用度，藏内本有赋税，且各蒙古番众布施亦复不少，即有进益稍少之年，亦可裒多益寡，如经理得宜，自必有盈无绌，不至缺乏，和琳等惟当留心稽核也。总之，藏内诸事节经朕详悉指示，和琳俱能认真遵办，已有端绪，仍宜趁此斟酌尽善，永远可遵，再交与松筠接办数年，实力奉行，俾积习尽消，庶将来更换之人，即循谨自守，亦可率由旧章，不至仍前废弛，方为妥善。又，另奏俘习浑等在藏起程一摺。俘习浑，雅满泰、鄂辉俱因在藏办理不善，致获重咎。伊三人现已省释来京，藏内番俗人等如是赏罚办理以为何如，达赖喇嘛更有何言，于此三人中去取若何，有无议论，并孰为优劣之处，亦著访询明确，秉公据实覆奏，勿稍回护。将此谕令知之。"寻奏："前将沙玛尔巴等赀产估变银两，及每年各处庄田租息，遵旨赏给达赖喇嘛后，随即造册，将变产各物备文点交商上，并谕令商卓特巴将开除余剩数目，呈报驻藏大臣衙门查核。诚恐商卓特巴等从中侵蚀，不无弊窦，令于每年报部。惟查开垦地亩，须俟明春至八、九月间始能刈获，应请自明年秋收后每年于十一月造册报部。”下部知之。

（《高宗实录》卷一四三二）

七、创立金瓶掣签制度

金瓶掣签制度建立的经过

乾隆如是说

其呼图克图之相袭，乃以僧家无子，授之徒，与子何异，故必觅一聪慧有福相者，俾为呼必勒罕（即汉语转世化生人之义）。幼而习之，长成，乃称呼图克图，此亦无可如何中之权巧方便耳，其来已久，不可殚述。孰意近世其风日下，所生之呼必勒罕，率出一族，斯则与世袭爵禄何异。予意以为大不然。盖佛本无生，岂有转世？但使今无转世之呼图克图，则数万番僧，无所皈依，不得不如此耳。（从前达赖喇嘛示寂后，转生为呼必勒罕，一世在后藏沙卜多特地方，二世在后藏大那特多尔济丹地方，三世在前藏对陇地方，四世在蒙古阿勒坦汗家，五世在前藏崇寨地方，六世在里塘地方，现在之七世达赖喇嘛，在后藏托卜札勒拉里岗地方。其出世且非一地，何况一族乎。自前辈班禅额尔德尼示寂后，现在之达赖喇嘛与班禅额尔德尼之呼必勒罕，及喀尔喀四部落供奉之哲布尊丹巴呼图克图，皆以兄弟叔侄姻娅递相传袭，似此掌教之大喇嘛呼必勒罕，皆出一家亲族，几与封爵世职无异。即蒙古内外各札萨克供奉之大呼必勒罕，近亦有各就王公家子弟内转世化身者，即如锡呼图呼图克图，即系喀尔喀亲王固伦额驸拉旺多尔济之叔；达克巴呼图克图，即系阿拉善亲王罗卜藏多尔济之子；诺尹绰尔济呼图克图，即系四子部落郡王拉什燕丕勒之子；堪布诺们汗札木巴勒多尔济之呼必勒罕，即系图舍图汗车登多尔济之子，似此者难以枚举。又从前哲布尊丹巴呼图克图圆寂后，因图舍图汗之福晋有娠，众即指以为哲布尊丹巴呼图克图之呼必勒罕，及弥月，竟生一女，更属可笑，蒙古资为谈柄，以致物议沸腾，不能诚心皈信。甚至红帽喇嘛沙玛尔巴垂涎扎什伦布财产，自谓与前辈班禅额尔德尼及仲巴呼图克图同系弟兄，皆属有分，唆使廓尔喀滋扰边界，抢掠后藏。今虽大振兵威，廓尔喀畏罪降顺，匍匐乞命，若不为之剔除积弊，将来私相授受，必致黄教不能振兴，蒙古番众猜疑轻视，或致生事。是以降旨藏中，如有大喇嘛出呼必勒罕之事，仍随其俗，令拉穆吹忠四人降神诵经，将各行指出呼必勒罕之名，书签贮于由京发去之金奔巴瓶内，对佛念经，令达赖喇嘛或班禅额尔德尼同驻藏大臣公同掣签一人，定为呼必勒罕，虽不能尽除其弊，较之从前各任私意指定者，大有间矣。又各蒙古之大呼必勒军，亦令理藩院行文，如新定藏中之例，将所报呼必勒罕之名，贮于雍和宫佛前，理藩院堂官会同掌印之札萨克达喇嘛等公同签掣，或得真传，以息纷竞。）去岁廓尔喀之听沙玛尔巴之语，劫掠藏地，已其明验，虽兴兵进剿，彼即畏罪请降，藏地以安。然转生之呼必勒罕出于一族，是乃为私，佛岂有私，故不可不禁。兹余制一金瓶，送往西藏，于凡转世之呼必勒罕，众所举数人，各书其名置瓶中，掣签以定，虽不能尽去其弊，较之从前一人之授意者，或略公矣。

（节录乾隆《喇嘛说》，全文见前）

《卫藏通志》有关建立金瓶掣签制度的记述

乾隆五十七年十月二十三日，福康安等会奏，为遵旨设立金本巴瓶拈定呼毕勒罕以兴黄教事。

查达赖喇嘛、班禅额尔德尼为黄教之宗，自宗喀巴流传至今，凡达赖、班禅圆寂后，不迷本性，俱有呼毕勒罕出世以衍其教，向系令吹忠等作法降神，秉公指认，是以化身示现，僧俗人等悉皆信以为真。历辈以来，仰蒙天朝卫法兴教，恩礼优隆，各蒙古部落以及大小番族，俱凭吹忠作法指定，诚心敬奉，远近皈依，是达赖喇嘛、班禅额尔德尼转世之后，其实在根基，向来远近番民数万众总以吹忠作法降神为敬信，竟有牢不可破之势。然行之既久，其中妄指之弊定所不免。即如藏内各呼图克图内仲巴为前辈班禅之兄、哲卜尊丹巴呼图克图为达赖喇嘛之侄，而丹津班珠尔之子即系三巴呼图克图之呼毕勒罕，族属姻娅递相传袭，诚如圣谕，竟与世职无异。各呼毕勒罕既出于一家亲族，不能使人无疑。恐将来达赖喇嘛、班禅额尔德尼之呼毕勒罕若亦指认未真，于事殊有关系。仰蒙圣主振兴黄教，颁发金本巴瓶一件，令将吹忠四人所指之呼毕勒罕姓名及生年月日，各写一签，贮于瓶内，对众拈定，实足以防弊窦，而惬众心。奉到节次谕旨，仰见我皇上厘定正教，抚驭外番，于因势利导之中，寓循名责实之意。臣等实深敬佩，并敬向达赖喇嘛、班禅额尔德尼、济咙呼图克图、大喇嘛及吹忠等，宣示圣谕，无不感激悦服。兹复钦遵训示，公同筹议，嗣后拉穆吹忠、内〔冲〕、噶瓦东、萨穆叶等四人俱令其熟习经典试演降神之法，设遇达赖喇嘛、班禅额尔德尼示寂后，令吹忠等四人认真作法，降神寻觅实有根气之呼毕勒罕指出者若干，将其名姓生年月日各写一签，贮于钦颁金本巴瓶内，拣选熟习经典喇嘛虔诚诵经七日，传知各呼图克图、喇嘛等齐集佛前，驻藏大臣亲往监视，凡达赖喇嘛、班禅额尔德尼之呼毕勒罕即仿互为师弟之义，令其互相指定。如吹忠四人所指皆同有一呼毕勒罕出世者，拟写名签一枝另加空签一枝，入于瓶内如法诵经，若对众掣出空签，则名签之呼毕勒罕并非确实，是以不为佛佑，即别寻呼毕勒罕，另行签掣，以杜吹忠等串通妄指之弊。签上须写清、汉、唐古忒三样字，使大众一望而知，不致为所蒙混。至前后藏各大呼图克图之呼毕勒罕，亦令驻藏大臣监同达赖喇嘛照例掣签方可定准。其余如察木多、类乌齐等处呼毕勒罕距藏较远，所出之呼毕勒罕非大呼图克图可比，向来不由藏地吹忠指认，仍照旧令其徒众自行寻觅。再，藏内向来讽诵伊罗尔经之处即系大昭，臣等已亲至大昭拣择宽敞经堂，扫除洁净，俟御前侍卫惠伦、乾清门侍卫阿尔塔锡第恭赍金本巴瓶到时，臣等即行送往大昭内宗喀巴前供奉，并选派诚实喇嘛专司看守，以昭诚肃。等因，具奏。奉朱批：另有旨。钦此。

十二月初一日，福康安等具奏：为御前侍卫惠伦、乾清门侍卫阿尔塔锡第恭赍金本巴瓶来藏，于十一月二十日敬谨赍到，臣等率同官员、官兵及济咙呼图克图率领各寺呼图克图、大喇嘛，及噶布伦以下番目，远出祇迎。达赖喇嘛感激圣恩，先期下山在大昭等候，派喇嘛等各执香花幡幢导引，臣等与惠伦等恭送金本巴瓶于向来讽诵伊罗尔经之大昭佛楼上宗喀巴〔像〕前敬谨供奉。达赖喇嘛率领僧众梵呗齐宣，极为诚肃。并据达赖喇嘛称，呼毕勒罕转世递衍禅宗，关系郑重，今蒙大皇帝振兴黄教，惟恐吹忠等降神作法指认未真，致有流弊，特颁金本巴瓶，卫护佛门，实已无微不至，我实感戴难名，嗣后惟有钦遵圣训，指认呼毕勒罕时，虔诵经于大众前，秉公拈定，庶使化身真确，宣扬正法，远近信心，阖藏僧俗顶戴天恩，无不感激等语。察看达赖喇嘛等欢忭感颂情形见于词色，呈递谢恩哈达一方、佛一尊，济咙呼图克图呈递谢恩哈达一方、佛一尊，等因，具奏。于次年正月二十四日奉到朱批：好事，知道了。钦此。

五十八年二月十三日，和琳等具奏为西宁及科尔沁等处送到各呼毕勒罕遵旨入瓶签掣事。

窃臣等前奉谕旨，遇有大小呼毕勒罕，即在金本巴瓶先行试掣。兹有西宁送到逊巴呼图克图之呼毕勒罕，并年班回藏堪布囊素带有科尔沁地方达喇嘛四人之呼毕勒罕四人，兹有一人送到呼毕勒罕三名，又有三人每一人各送到一名，现在送到之呼毕勒罕共计九名。所有各呼毕勒罕俱非大呼图克图，向来转世并不报明理藩院具奏，亦不由吹忠指认，惟将本处所出之呼毕勒罕名字送交达赖喇嘛、班禅额尔德尼诵经指定，历来俱系如此办理。臣等伏思，钦颁金本巴瓶今既供奉在藏，自应将送到之呼毕勒罕各按名字人数，分别入瓶试掣。因先期令济咙呼图克图等带同喇嘛于大昭宗喀巴〔像〕前虔诚诵经。二月十一日达赖喇嘛下山前至大昭，臣等亲往监视写签入瓶，公同抽掣。查，逊巴呼图克图之呼毕勒罕送来者共有三名，掣得策旺哲布丹之子；又达喇嘛罗卜藏多布丹之呼毕勒罕送来者亦有三名，掣得乌珠穆沁地方第巴克之子；又达喇嘛罗卜藏丹津、罗卜藏达布凯、伦珠布班珠尔三人之呼毕勒罕送来者，每人只各一名，是以写名签三枝，各配空签一枝，分三次入瓶抽掣。其达喇嘛罗卜藏丹津及罗卜藏达布凯之呼毕勒罕俱系掣得名签，准其指认，惟伦珠布班珠尔之呼毕勒罕掣空签，自非确实，应令该地方另行寻觅。是日掣签之时，自达赖喇嘛以下僧俗环观，皆称大皇帝护卫黄教，将设立金本巴瓶办〔极〕为公允。臣等察看众情甚属感激喜悦，倾心信奉。嗣后，藏内吹忠指认之大小呼毕勒罕，俱照此签掣，永远遵奉。再查，前奉谕旨，各蒙古地方所出之呼毕勒罕俱于雍和宫设立之金本巴瓶内抽掣。此数呼毕勒罕既送到藏内，臣等遵即试掣。嗣后西宁地方距藏较近将所出之呼毕勒罕就近送藏入瓶抽掣。此外各蒙古地方所出之呼毕勒罕，俱应由理藩院行文，令其将名字送京在雍和宫金本巴瓶内签掣，以别真伪。等因，具奏。于本年五月初三日奉到朱批：该部议奏。钦此。

三月初八日，奉上谕："西宁及科尔沁等处地方送到各呼毕勒罕入金本巴瓶试掣一摺，亦批交该部议奏矣。钦此。”

五月二十六日，奉上谕：“据和琳奏，吹忠等屡次试验，实已计穷力竭，将来遇有应出之呼毕勒罕，遵旨择有福相聪慧幼孩归入金本巴瓶掣定为准，等语。前因喀尔喀三音诺彦部落额尔德尼班弟达呼图克图圆寂后，其商卓特巴那旺札什赴藏恳求降神批示，原令于中等人家找寻，讵那旺札什私送吹忠银物，因而即指图谢图汗之子为呼毕勒罕，因命奎舒同札萨克喇嘛格勒克那木喀赴喀尔喀地方另行找寻，奎舒等于该处属下人户找得聪慧幼孩五名具奏，随交雍和宫喇嘛念经，并派八阿哥及理藩院堂官监同将其姓名生年月日入瓶签掣，掣得第五名之齐旺札布。奎舒来至热河复命，回奏，自找得五名幼孩后，俱令住在庙内，其余四名俱各归家，惟居末之齐旺札布不肯回去。又掣定后，那旺札什前制衣服坐褥一分〔份〕与齐旺札布，不肯穿坐，另制一分〔份〕给与始行穿坐，等语。可见呼毕勒罕原有根基。吹忠降神实为妄诞不足凭信，此一事殊为奇异，甚惬朕怀。著将复讯那旺札什及奎舒奏摺，并昨降谕旨，俱抄录发交和琳等阅着。将来藏内遇有应出之呼毕勒罕，和琳等当照此办理，则从前听从吹忠之积习，自无难永远革除。钦此。”

四月十九日，奉上谕：“前因喀尔喀三音诺彦部落额尔德尼班第达呼图克图圆寂后，其商卓特巴那旺札什有意营谋汗王子弟为呼毕勒罕，代求达赖喇嘛、拉穆吹忠附会妄指，已分别治罪，并明降谕旨，通饬各蒙古番众矣。本日据和琳奏：‘询达赖喇嘛称：那旺札什到藏时，向我问额尔德尼班第达的呼毕勒罕出在何处，我令他去问拉穆吹忠，他就赴吹忠处问过，吹忠批说图谢图汗属鸡的儿子就是，我向来总据吹忠所说为凭，就照向例凭吹忠龙单上的话，给他批了。并讯据吹忠尼尔巴敦珠卜达尔结供，那旺札什于五十七年复至拉穆庙内求向呼毕勒罕竟在于何处，吹忠降神龙单批令于东方中等人家找寻，过了几日，那旺札什来寺又送银五十两、缎一疋、哈达一个，向吹忠告称图谢图汗车登多尔济之子暨公凌沁多尔济之子俱是属鸡的，此二人内是否真实，并开伊等父母年岁求其降神，吹忠即于那旺札什所递字上批说，车登多尔济之子属鸡的是真呼毕勒罕，’等语。是即该商卓特巴欲营求汗王子弟为呼毕勒罕之明证，益可见此事之不可不彻底查办矣。朕自乾隆八年以后，即诵习蒙古及西番字经典，于今五十余年，几余究心讨论，深识真诠，况本朝之维持黄教，原因众蒙古素所皈依，用示尊崇，为从宜从俗之计，初非如元人佞佛优礼喇嘛，致有詈骂者割舌、殴打者断手之事。近因黄教之习愈趋愈下，蒙古番民等失其旧时淳朴之风，惟知牟利，罔识佛教正宗，不得不亟加整顿，是以制一金本巴瓶，派员赍往，设于前藏大昭，俟将来藏内或出达赖喇嘛、班禅额尔德尼及大呼图克图呼毕勒罕时，将报出幼孩内择选数名，将其生年月日名姓，各写一签入于瓶内，交达赖喇嘛念经会同驻藏大臣公同签掣，并于京城雍和宫内亦设一金本巴瓶，如蒙古地方出呼毕勒罕，即报明理藩院，将年月姓名缮写签上，入于瓶内，一体掣签。其从前王公子弟内私自作为呼毕勒罕陋习，永行停止。朕之此旨，原因各蒙古汗王、贝勒等，既有世爵可以承袭罔替，已极尊荣，何必又占一呼毕勒罕，又谋喇嘛之利？如此见小，罔知大义，将来必致谋夺财产，启争肇衅，滋生事端。方今国家威棱远播，各蒙古札萨克咸隶理藩院管理，遇有田产细故，俱为之秉公剖断，若任伊等牟利不已，久而或致争夺相寻，成何事体？是朕之整饬流弊，正所以护卫黄教，厚爱蒙古人等，使其各辟愚蒙，永除争竞。至佛法以虚寂为宗，无来无去，故释迦涅槃后，并未出世，即宗喀巴阐演黄教亦未出呼毕勒罕。达赖喇嘛、班禅额尔德尼系宗喀巴之二大弟子，始世世出有呼毕勒罕转世，共掌黄教，相沿已久。从前五辈达赖喇嘛及来京之前辈班禅额尔德尼，谙习经典，或尚能具有真慧，现在达赖喇嘛年纪尚轻，姿质诚朴，甫学经卷，岂能直参上乘，先知一切，凡有求其指示呼毕勒罕者，惟凭拉穆吹忠之降神定夺。而吹忠不过如内地师巫之类。且内地师巫尚有用刀自扎及舐刀吞剑掩人耳目法术，今吹忠经和琳等面加演试，授以刀剑，俱各战慄，并师巫之不如，是其所指呼毕勒罕荒唐更属显然。乃番众人等崇信已久，以其妄言休咎，小有效验，遂传神一时，竟有牢不可破之势，此亦习俗使然，自不必急于禁止。前已颁发金本巴瓶于大昭供奉之宗喀巴〔像〕前掣签，所有找寻呼毕勒罕一事，永远不准吹忠指认。其番民推问吉凶等事，暂听仍旧，日久吹忠法术不行，亦将自败。总之大端既得，默化潜移一切积弊，亦无难逐渐革除。至藏地出产较少，布达拉商上给与众喇嘛养赡及番兵口粮等项需用繁多，所入不敷支给，向赖各蒙古番众布施以资用度，嗣后惟不准私指呼毕勒罕，其余熬茶瞻礼皆在所不禁。朕方鼓励蒙古等使之布施，但不可如那旺札什之用财营求将汗王之幼子附会妄指作为呼毕勒罕，并如年前噶尔丹锡勒图呼图克图之私遣徒弟到土尔扈特地方向人索取耳。从此，各蒙古番众等益当恍然于朕之扫除积弊，无非欲力挽颓风，振兴黄教，保全伊等，俾安乐利，永息争端，并非不令其尊崇佛教，不许布施达赖喇嘛、班禅额尔德尼也。所有办理此事缘由，著再行晓谕各处蒙古番众等，咸使闻知，共喻朕意。钦此。”

五十九年正月二十六日，和琳具奏：“访得未出世之呼毕勒罕，遵旨派人寻找事。

查自前年整顿藏务以来，皇上为各呼毕勒罕皆出自达赖、班禅二喇嘛亲族及世家子内，积习相沿，致有逆僧沙玛尔巴之事。颁赐金本巴瓶供于大昭，入瓶签掣，立法极为尽善。臣等留心体察。并行文各处访问，有无呼毕勒罕以便遵旨试掣，总未见有呈报。缘卫藏地方虽皆属达赖喇嘛管辖，如察本多、类乌齐、乍丫、萨喀等处各有呼图克图管理，一切事件从不关白藏中，而各呼图克图中又有红、黄、黑三种，各行其教，各子其民。自去年臣等行文各处，令将所有呼图克图无论大小有名无名，俱著将转世辈数开列呈报，以凭咨明理藩院立案。去后。昨据陆续报到，臣等查，有察木多所属甲拉呼图克图、咙色所属觉喇泽小呼图克图，又藏咙借结呼图克图三名，皆已圆寂一二年尚未出世，虽皆系极小呼图克图，如俟各该处自行呈送到日再入金本巴瓶签掣，设其所报即系该呼图克图之亲族世家子弟，妄指一二人，皆不可定，彼时方始驳饬，不但徒事周章，而是否系伊亲族，亦无从查察。今臣等公同商酌，应即遵旨照认识额尔德尼班第达之例，会同彼处汉官于圆寂地方之一二年所生之有福相聪俊幼孩内，各拣选四五名来藏，如法念经，入于金本巴瓶内签掣，俟找寻到日，掣得何名，另行具奏外，并一体传知各处，嗣后遇有呼图克图圆寂，即令随时呈报，不必俟其出世以凭一体办理，等因，具奏。”于本年四月十七日奉到清字朱批：且如此试为之，余有旨。钦此。

（《卫藏通志》卷五，原题为“喇嘛”）

史书及档案有关金瓶掣签制度的记述

乾隆五十七年（1792）九月初十日

谕军机大臣曰：……再，前经降旨由京城发去金本巴瓶一个，令达赖喇嘛等会同驻藏大臣将呼毕勒罕名姓并生年月日各写一签，贮于瓶内，对众拈定，作为呼毕勒罕。是此项金瓶为将来呼毕勒罕所出，关系郑重，若由驿发去，恐途中或有损坏，现派御前侍卫惠伦、乾清门侍卫阿尔塔锡第将金本巴瓶敬谨赍往，并亲解身佩小荷包二个，亦著惠伦等带往，于迎见福康安、海兰察时即行传旨赏给，以示酬庸之意。

（《钦定廓尔喀纪略》卷四一）

乾隆五十七年（1792）十月二十三日

臣福康安、孙士毅、惠龄、和琳跪奏，为遵旨设立金本巴瓶，拈定呼毕勒罕，以兴黄教事。

查达赖喇嘛、班禅额尔德尼为黄教之宗，自宗喀巴流传至今，凡达赖喇嘛、班禅额尔德尼圆寂后，不迷本性，俱有呼毕勒罕出世，以衍其教，向系令吹忠等作法降神，秉公指认，是以化身示现，僧俗人等皆信以为真。历辈以来，仰蒙天朝卫法兴教，恩礼优隆，各蒙古部落以及各处大小番族，俱凭吹忠作法指定，诚心敬奉，远近皈依，是达赖喇嘛、班禅额尔德尼转世后，必有实在根基。向来远近番民数万众，总以作法降神为敬信，竟成相沿不改之习。然行之既久，其中妄指之弊，（朱批：竟多）定所不免。即如藏内各呼图克图内，仲巴为前辈班禅额尔德尼之兄，哲卜尊丹巴呼图克图为达赖喇嘛之侄，而丹津班珠尔之于即系三巴呼图克图之呼毕勒罕，族属姻娅，递相传袭，诚如圣谕，竟与世职无异。各呼毕勒罕既出于一家亲族，不能使人无疑，恐将来达赖喇嘛、班禅额尔德尼之呼毕勒罕，若亦指认未真，于事殊有关系。仰蒙圣主振兴黄教，颁发金本巴瓶一件，令将吹忠四人所指之呼毕勒罕姓名及生年月日，各写一签，贮于瓶内，对众拈定，实足以防弊窦而惬众心。奉到节次谕旨，仰见我皇上厘定正教，抚驭外番，于因势利导之中，寓循名责实之意，臣等实深钦佩。并敬向达赖喇嘛、班禅额尔德尼、济咙呼图克图、大喇嘛及吹忠等宣示圣谕，无不感激悦服。

兹复钦遵训示，公同筹议，嗣后藏内吹忠拉穆、内冲、噶瓦东、萨穆叶等四人，俱令其熟习经典，诚演降神之法，设遇达赖喇嘛、班禅额尔德尼示寂后，令吹忠等四人认真作法降神，寻觅实在根基之呼毕勒罕，（朱批：目前只可如此定。另有旨。令汝等公同试看吹忠等，若当众前试出其不足信，成笑话，更当永不用，用断去葛藤。汝等勉之。）指出若干，将其姓名、生年月日，各写一签，贮于钦颁金本巴瓶内，拣选熟习经典喇嘛，虔诚诵经七日，传知各呼图克图喇嘛等，齐集佛前，驻藏大臣亲往监视。凡达赖喇嘛、班禅额尔德尼之呼毕勒罕，即仿互为师弟之义，令其互相拈定。如吹忠四人所指皆同，只有一呼毕勒罕出世者，（朱批：亦不能无弊）拟写名签一支，另加空签一支入于瓶内，如法诵经，若对众掣出空签，则名签之呼毕勒罕并非确实，是以不为佛佑，即别寻呼毕勒罕，另行签掣，以杜吹忠等串通妄指之弊。签上须兼写清、汉、唐古特三样字，使大众一望而知，不致为所朦混。至前后藏各大呼图克图之呼毕勒罕，亦令驻藏大臣监同达赖喇嘛照例掣签，方可定准。其余如察木多、类乌齐等处呼图克图庙宇，距藏较远，所出之呼毕勒罕，非大呼图克图可比，向来不由藏地吹忠指认，仍应照旧令其徒众自行寻觅。

再，藏内向来讽诵伊鲁尔经之处，即系大昭，臣等已亲至大昭拣择宽敞经堂，扫除洁净，俟御前侍卫惠伦、乾清门侍卫阿尔塔锡第恭赍金本巴瓶到时，臣等即行送往大昭内宗喀巴〔像〕前供奉，（朱批：是）并选派诚实喇嘛专司看守，以昭诚肃。

所有臣等酌议缘由，除俟奉到谕旨再行传知达赖喇嘛等遵照外，敬谨缮折具奏，伏乞皇上睿鉴训示。谨奏。

朱批：另有旨。

（一史馆藏宫中朱批奏折）

乾隆五十七年（1792）十一月丙午

又谕：“……又，前发去金奔巴瓶，原为签掣呼毕勒罕之用，但不必俟该处大呼图克图转世，方行试用。或现在藏内不拘何呼图克图应出呼毕勒罕，即可将金奔巴瓶先行签掣，如此办理数次，定为章程后，该处僧俗人等共相遵奉。将来遇有大呼图克图转世，照此签掣，更可坚众人崇信之心。而从前私相传袭积弊，亦可不动声色，藉以革除。”

（《高宗实录》卷一四一六）

乾隆五丨七年（1792）十　月壬子

谕军机大臣曰：“福康安等奏称：‘行抵前藏，将善后章程大意告知达赖喇嘛，察看达赖喇嘛感戴出于至诚，一切惟命是听，断不敢稍形格碍’等语。朕节次所示条款内，如严禁达赖喇嘛左右近侍亲族及噶布伦等干与滋事，并发去金奔巴瓶签掣呼毕勒罕各款，皆系保护黄教，去彼世袭嘱托私弊，达赖喇嘛自当一一遵奉。此系极好机会，皆赖上天所赐，福康安等当趁此将藏中积习湔除，一切事权，俱归驻藏大臣管理，俾经久无弊，永靖边隅，方为妥善。又据奏：'达赖喇嘛告称，此次官兵进剿廓尔喀，收复边境，卫藏得以宁辑，实深欢感，即日专差喇嘛赴京，进表谢恩'等语。前据福康安等奏，班禅额尔德尼感激朕恩，恳请差人赴京，赍进表贡。今达赖喇嘛亦有此请，自可与班禅额尔德尼所遣喇嘛一同来京。计此旨到日，福康安恐已在前藏起程。著传谕和琳，于班禅额尔德尼贡使到前藏时，即令与达赖喇嘛所遣之人一同赴京，不必分作两起，亦不必多派喇嘛，只须前后藏各差堪布一人，赍送表贡，沿途行走较为便捷。再，向来藏内出呼毕勒罕，俱令拉穆吹忠降神附体，指明地方人家寻觅，其所指呼毕勒罕不止一人。找寻之人各将所出呼毕勒罕生年及伊父母姓名一一记明，复令拉穆吹忠降神祷问，指定真呼毕勒罕，积习相沿，由来已久。朕思其事，近于荒唐，不足凭信。拉穆吹忠往往受人嘱托，假托神言，任意妄指。而藏中人等因其迹涉神异，多为所愚，殊属可笑。此等拉穆吹忠，即系内地师巫，多以邪术惑人耳目。闻拉穆吹忠降神时，舞刀自扎，身体无害，是以人皆信之。此等幻术，原属常有。但即使其法果真，在佛教中已最为下乘。若使虚假，则更不值一噱。其妄诞不经，岂可仍前信奉？福康安等现在整饬藏务，正应趁此破其积弊，莫若在藏即令拉穆吹忠，各将其法试演，如用刀自扎等项，果能有验，则藏中相沿日久，亦姑听之。若福康安亲加面试，其法不灵，即当将吹忠降神荒唐不可信之处，对众晓谕，俾僧俗人等，共知其妄，勿为所愚。嗣后出呼毕勒罕，竟可禁止吹忠降神，将所生年月相仿数人之名，专用金奔巴瓶，令达赖喇嘛掣签指定，以昭公允。……"

（《高宗实录》卷一四一七）

乾隆五十七年（1792）十二月初一日

臣福康安、孙士毅、惠龄、和琳跪奏，为奏闻事。

窃臣等前奉谕旨，令御前侍卫惠伦、乾清门侍卫阿尔塔锡第恭赍金本巴瓶来藏。惠伦等于十一月二十日敬谨赍到，臣等率同官员、官兵，及济咙呼图克图率领各寺呼图克图、大喇嘛及噶布伦以下番目，远出祗迎；达赖喇嘛感激圣恩，先期下山在大昭等候，派喇嘛等各执番花幡幢导引。臣等与惠伦等恭送金本巴瓶于向来讽诵伊罗尔经之大昭佛楼上宗喀巴〔像〕前，敬谨供奉。达赖喇嘛率领僧众，梵呗齐宣，极为诚肃。并据达赖喇嘛称：呼毕勒罕转世，递衍禅宗，关系郑重，今蒙大皇帝振兴黄教，惟恐吹忠等降神作法指认未真，致有流弊，特颁金本巴瓶，钦差御前侍卫等赍送，卫护佛门，实已无微不至，我实感戴难名，嗣后惟有钦遵圣训，指认呼毕勒罕时虔诚诵经，于大众前秉公拈定，庶使化身真确，宣扬正法，远近信心，阖藏僧俗顶戴天恩，无不感激。等语。察看达赖喇嘛等欢欣感颂情形，见于辞色。

所有供奉金本巴瓶缘由，除惠伦等自行具奏，达赖喇嘛呈递谢恩哈达一方、佛一尊，济咙呼图克图呈递谢恩哈达一方、佛一尊，面交惠伦等回京恭进外，达赖喇嘛另有交臣等随折恭进谢恩哈达一方、佛一尊，理合附报进呈，伏乞皇上睿鉴。谨奏。

朱批：好事。知道了。

（一史馆藏宫中朱批奏折）

乾隆五十七年（1792）十二月二十九日

臣福康安、孙士毅、和琳、惠龄、成德跪奏，为钦奉谕旨，恭折复奏事。

窃臣等钦奉谕旨："吹忠多以邪术惑人，降神时舞刀自扎，而于身体无害。此等幻术，即使其法果真，在佛教中已最为下乘；若系虚假，则更不值一噱，岂可仍前信奉。福康安等应即令吹忠四人各将其法试演，用刀自扎，若其法不灵，即当将吹忠降神荒唐不可信之处对众晓谕，俾僧俗人等共知其妄，勿为所愚。嗣后出呼毕勒罕竟可禁止吹忠降神，将所生年月相仿数人之名，专用金本巴瓶，令达赖喇嘛掣签指定，以昭公允。等因。钦此。"仰见我皇上秉正黜邪，永隆黄教至意。臣等跪诵圣训，剀切详明，实可警悟愚蒙，祛除蔽惑。

窃查达赖喇嘛、班禅额尔德尼及大呼图克图转世，当其立教之初，前数辈或尚不迷本性，此后出世之呼毕勒罕是否实有根气，其事原属渺茫，未必确有征验，亦未闻有真能记忆前生来历、认取前辈物件者。然无此转世之呼毕勒罕，则众喇嘛等无所统属皈依，转难安辑。仰维圣主振兴黄教之意，亦因各部蒙古、番族崇信佛法，因势利导，以便方俗而安外藩，是以向来每遇吹忠指出之人，一经奏明，奉旨作为呼毕勒罕后，远近蒙古、番众数十万人，悉皆信以为真，一心供奉。其吹忠所作之法，不过扮作神装，诵经祷祝，忽称神已附体，持刀跳舞，摇首嘘气，判断年岁丰歉，有无痘症，间有小验，及神去后，吹忠倏若苏醒，问以前语，懵然不知，番民等遂尔深信不疑。其事原属影响，不足为凭，至于用刀自扎，皆系向来神奇其说，传闻不确，其实并无此事。论其幻术，不值一噱，尚不及内地巫师稍有障眼邪法，可以欺哄愚蒙。

臣等先后到藏，俱曾亲见吹忠降神驱祟，一至街市，万众拥观，有长跪递送哈达者，有免冠叩求摩顶者，排比竞进，奔走若狂。或被吹忠舞刀时误行划伤，其人即口诵佛号，欣喜过望，皆谓身受此伤，永无灾病，其愚诞一至于此。臣等以其过于信奉，当传大喇嘛及番目等，将吹忠荒唐之处详切开导，而喇嘛番目等相视咋舌，不敢答言，惟恐罪过。观其如此倾心信奉，（朱批：可笑）意非言语所能譬解。

兹臣等复遵旨传集吹忠，令其在大昭搬演幻术，皆称向来只系降神附体，宣达神语，此外并无别术。试令降神，仍与臣等从前见闻相似。因以藏内现在有何休咎，试举一二事以作征验。遂据吹忠托为神言，以现值春气发生，番民将有痘症，此外并无别事。查藏内僧俗人等最忌出痘，（朱批：不当问此事）臣等姑视为妄言妄听，而降神之后，甫阅旬余，番民出痘者已有二百余人，此亦其术之小验者。总之，此等妄诞不经之事，本不可信，无如唐古特僧俗人等，赋性甚愚，终日礼佛诵经，无非为福田利益起见，求其能通上乘，不信虚妄者，竟不可得，（朱批：亦属确论）锢习相沿，骤难破其愚惑。

现蒙圣主振兴黄教，颁发金本巴瓶供奉大昭，凡有吹忠认出之各呼毕勒罕，总以入瓶签掣为准，既可坚番民信奉之心，又可潜杜从前彼此授意私相传袭之弊，实属法良意美。虽吹忠之指认呼毕勒罕不甚可凭信，但不由吹忠指认，不特签上无凭开写，转准入瓶备掣，尤恐各呼毕勒罕之徒弟众多，纷纷冒认，弊窦丛生，更属毫无实据，且吹忠不过四名，即降神所指之呼毕勒罕，亦不过数人而止。臣等敬译圣谕，以指认呼毕勒罕与吏部掣签相比，实为此事切喻。窃以吏部掣签本系堂官亲掣，即使书吏指缺撞骗，偶尔符合，亦系其人应得此缺，并非书吏有权，可见一命之荣有关命数，何况达赖喇嘛、班禅额尔德尼等总领黄教，管辖卫藏，上受圣主优渥恩施，下为众蒙古番民信奉，纵非实有根气，其福命亦自不凡。今既专用钦颁金本巴瓶掣签，即吹忠所指不尽可信，而于瓶内掣出，承嗣衣钵，（朱批：仍应防弊）自可令僧俗人等同心悦服，从前弊窦似可革除。现在如有应出之呼毕勒罕，不拘大小呼图克图，即遵旨先行试掣，以垂法制。

所有臣等悉心酌议缘由，理合遵旨复奏，伏乞皇上睿鉴。谨奏。

朱批：另有旨。

（一史馆藏宫中朱批奏折）

乾隆五十八年（1793）正月初八日

臣福康安、孙士毅、和琳、惠龄、成德跪奏，为恭折复奏，仰祈圣鉴事。

窃臣等钦奉谕旨："前因吹忠降神作法，其事近于荒唐，业经降旨令福康安等试验，如其法不灵，即可向众晓谕永行禁止。嗣后应出呼毕勒罕时，在所生幼孩内择其稍能有符验智慧数人，于发去签上书其姓名，贮入金本巴瓶内，公同拈定。察木多等处呼图克图所出之呼毕勒罕，仍令其徒众寻觅，所办亦未允协。现在蒙古内外札萨克供奉之呼毕勒罕，已于雍和宫所贮金本巴瓶内签掣，察木多等处竟应送交驻藏大臣，一体公同签掣。等因。钦此。"

又奉谕旨："昨据福康安等奏，察木多、类乌齐所出之呼毕勒罕，应仍令其徒众自行寻觅一节，朕思察木多等处系属番地，与蒙古各札萨克不同，该处至前藏三千余里，距成都亦属遥远，驻藏大臣与四川总督皆属鞭长莫及，福康安等察看情形，如能遵照昨降谕旨，固属甚善；若有碍难办理之处，即仍其旧，以免更张而从方俗，究亦不致为大弊有害国政，亦无不可。等因。钦此。"

又奉谕旨："察木多、类乌齐所出之呼毕勒罕，福康安等前请仍令伊徒众自行寻觅，所想亦是，总在福康安等因地制宜，不必稍存迁就。或者问彼处众情，如藏中办理，情愿与否亦可，总不必勉强滋事也。等因。钦此。"

查藏内吹忠演法降神，原难凭信，业经臣等遵旨询问，亲加试验，俱不能用刀自扎、以舌舐刀。（朱批：原属可笑无妄之事）论其幻术，尚不及内地巫师。惟是转世之呼毕勒罕，必皆生而智慧、能识前辈物件者，亦不过神奇其说，其实并无其事。若竟革去吹忠，势不能将前后藏略具聪明之幼孩遍加试验，必致远近纷纷冒认，一时竟出呼毕勒罕数十百人，转属不成事体。甚或串通前辈徒众，预将前辈物件令所报之呼毕勒罕认熟，以便临时识认，此亦弊所必有。是以臣等再四筹画，莫若因势利导，仍遵前奉谕旨，令番民敬信之吹忠等各皆降神指认，总以钦颁金本巴瓶为准，入瓶掣得者，始作为真正呼毕勒罕，似足以除积弊而服人心。（朱批：亦不过权宜而已）前经臣等酌议具奏，伏候圣明训示。

至察木多、类乌齐等处各呼图克图所出之呼毕勒罕，因该处距藏三千余里，向来并不送至前藏，亦不由吹忠指认，俱系伊等徒众在附近地方自行寻觅。窃思该处呼图克图，本非达赖喇嘛等可比，诚如圣谕，察木多等处番地与蒙古各札萨克不同，若将所出之呼毕勒罕皆强令远送至藏，恐非番情所愿。臣等公同筹议，体察情形，如各该处闻藏中现有钦颁金本巴瓶，将所出之呼毕勒罕送至前藏签掣，原所不禁。倘不欲远送到藏签掣者，似应仍循其旧，（朱批：是）免致更张。如此办理，庶番众均各相安，亦不致有关政务。

所有遵旨酌议缘由，理合恭折具奏，伏乞皇上睿鉴。谨奏。

朱批：余有旨。

（一史馆藏宫中朱批奏折）

乾隆五十八年（1793）正月二十七日[①]

再，惠伦等来藏时，赍到恩赐班禅额尔德尼哈达，因岁琫堪布现在前藏，即令岁琫堪布敬谨差人送至后藏，交班禅额尔德尼祗领。兹据特差堪布喇嘛前来，敬递谢恩佛一尊、哈达一方，并据该喇嘛面禀：班禅额尔德尼称，我蒙大皇帝高厚隆恩，有加无已。此次钦差大人远送金本巴瓶来藏，全为保护黄教，又蒙特赏哈达，传旨赐问，实在感激天恩，无可图报，惟有率领众喇嘛，虔诵万寿经，祝延圣寿。等语。理合附片奏闻，并将所进佛像、哈达随报进呈，谨奏。

朱批：览。

（一史馆藏军机处录副奏折）

乾隆五十八年（1793）二月初四日

福康安、孙士毅、和琳、惠龄、成德奏言："臣等钦奉谕旨，'嗣后出有呼毕勒罕竟可禁止吹忠降神，将所生年月相仿数人之名，专用金本巴瓶，令达赖喇嘛掣签指定，以昭公允。钦此。'仰见我皇上秉正黜邪，永隆黄教至意。臣等跪诵圣训，剀切详明，实可警悟愚蒙，祛除蔽惑。查达

① 朱批时间。

赖喇嘛、班禅额尔德尼及大呼图克图转世，当其立教之初，前数辈或尚不迷本性，此后出世之呼毕勒罕，是否实有根气，其事原属渺茫，未必确有微验。亦未闻有真能记忆前生来历，认取前辈物件者。然无此转世之呼毕勒罕则众喇嘛等无所统属皈依，转难安辑。仰惟圣主振兴黄教之意，亦因各部蒙古番俗崇信佛法，因势利导，以便方俗，而安外藩。是以向来每遇吹忠指出之人，一经奏明，奉旨作为呼毕勒罕后，远近蒙古番众数十万人悉皆信以为真，一心供奉。其吹忠所作之法，不过扮作神装，诵经祝祷，忽称神已附体，持刀跳舞，摇首嘘气。判断年岁丰歉有无痘症，间有小验，及神去后，吹忠倏若苏醒，问以前语，懵然不知。番民等遂尔深信不疑。至于用刀自扎，皆系向来神奇其说，传闻不确，其实并无此事。臣等先后到藏，俱曾亲见吹忠降神驱祟，一至街市，万众拥观，有长跪递送哈达者，有免冠叩求摩顶者，排比竞进，奔走若狂。或被吹忠舞刀时误行划伤，其人即口诵佛号，欣喜过望，皆谓身受此伤，永无灾病，其愚诞一至于此。臣等以其过于信奉，当传大喇嘛及番目等将吹忠荒唐之处，详切开导，而喇嘛番目等相视咋舌，不敢答言，惟恐罪过。观其如此倾心信奉，竟非言语所能譬解。兹臣等复遵旨，传集吹忠，令在大昭搬演幻术，皆称向来只系降神附体宣达神语，此外并无别术。试令降神，仍与臣等从前见闻相似。总之，此等妄诞不经之事，本不可信，无如唐古忒僧俗人等赋性甚愚，终日礼佛诵经，无非为福田利益起见，求其能通上乘，不信虚妄者，竟不可得，锢习相沿，骤难破其愚惑。现蒙圣主振兴黄教，颁发金本巴瓶供奉大昭，凡有吹忠认出之各呼毕勒罕，总以入瓶签掣为准。既可坚番民信奉之心，又可潜杜从前彼此授意私相传袭之弊，实为法良意美。虽吹忠之指认呼毕勒罕不甚可凭信，但不由吹忠指认，不特签上无凭开写，转难入瓶备掣，尤恐各呼毕勒罕之徒弟众多，纷纷冒认，弊窦丛生，更属毫无实据。且吹忠不过四名，即降神所指之呼毕勒罕，亦不过数人而止。今既专用钦颁金本巴瓶掣签，即吹忠所指不尽可信，而于瓶内掣出承嗣衣钵，自可令僧俗人等同心悦服。从前弊窦，似可革除，现在如有应出之呼毕勒罕不拘大小呼图克图即遵旨先行试掣，以垂法制。”奏入，上命军机大臣传谕福康安、和琳、成德曰：“前因吹忠向来所指呼毕勒罕虽不止一人，但人人向其嘱托，总有一人指得，与吏部掣签堂吏指缺撞骗相等，是以发给金本巴瓶，令将吹忠认出之呼毕勒罕总以入瓶掣签为准。即吹忠所指不尽可信，而于瓶内掣出令其承嗣衣钵，较前自属公允，惟当随时稽察防其流弊，不使任意妄指。至吹忠降神一事，虽番众相沿日久，一时骤难革除，但当此整饬藏务之事，总当传来面试，即不以吞刀剜肉等事令其搬演，亦应将难试之事，穷其伎俩，俾番众等共知其妄，积弊自可渐除。此时福康安如尚在藏内，仍当公同试验。若福康安接奉前旨业已起程，即令和琳等遵照谕旨，再为面试。务令吹忠不能行其幻术，番众不为所愚，方为妥善。”

（《钦定廓尔喀纪略》卷五〇）

乾隆五十八年（1793）二月丁卯

谕军机大臣等：“前因吹忠从前所指呼毕勒罕，虽不止一人，但人人向其嘱托，总有一人报得，与吏部掣签堂吏指缺撞骗相等，是以发给金奔巴瓶，令将吹忠认出之呼毕勒罕总以入瓶签掣为准。即吹忠所指，不尽可信，而于瓶内掣出，令其承嗣衣钵，较前自属公允。惟当随时稽察，防其流弊，不使任意妄指。至吹忠降神一事，虽番众相沿日久，一时骤难革除，但当此整饬藏务之时，总当传来面试。即不以吞刀、剜肉等事，令其搬演，亦应将难试之事，穷其伎俩，俾番众等共知其妄，积弊自可渐除。此时福康安如尚在藏内，仍当公同试验。若福康安接奉前旨，业已起程，即令和琳等遵照谕旨，再为面试，务令吹忠不能行其幻术，番众不为所愚，方为妥善。将此传谕福康安、和琳、成德知之。”

（《高宗实录》卷一四二二）

乾隆五十八年（1793）二月十三日

臣福康安、孙士毅、和琳、惠龄、成德跪奏，为西宁及科尔沁等处地方送到各呼毕勒罕，遵旨入瓶试掣，恭折具奏，仰祈圣鉴事。

窃臣等前奉谕旨，遇有大小呼毕勒罕，即在金本巴瓶先行试掣。兹有西宁送来逊巴呼图克图之呼毕勒罕，并年班回藏堪布囊素带来科尔沁地方达喇嘛四人之呼毕勒罕，查有一人送到呼毕勒罕三名者，又有每一人各送到一名者，现在送到之呼毕勒罕共计九名。所有各呼毕勒罕，俱非大呼图克图，向来转世，并不报明理藩院具奏，亦不由藏内吹忠指认，惟将本处所出之呼毕勒罕名字送交达赖喇嘛、班禅额尔德尼，诵经指定，历来俱系如此办理。臣等伏思，钦颁金本巴瓶今既供奉在藏，自应将送到之呼毕勒罕各按名字人数，分别入瓶试掣。因先期令济咙呼图克图等带同喇嘛于大昭宗喀巴〔像〕前虔诚诵经，二月十一日，达赖喇嘛下山至大昭，臣等亲往监视写签入瓶，公同抽掣。查逊巴呼图克图之呼毕勒罕，送来者共有三名，掣得策旺哲克增之子；又达喇嘛罗卜藏多布丹之呼毕勒罕，送来者亦有三名，掣得乌珠穆沁地方策巴克之子；又喇嘛罗卜藏丹津、罗布藏达布凯、敦珠布班珠尔三人之呼毕勒罕，送来者每人只各一名，是以写名签三只，各配空签一只，分作三次入瓶抽掣。其达喇嘛罗卜藏丹津及罗卜藏达布凯之呼毕勒罕，俱系掣得名签，准其指认。惟敦珠布班珠尔之呼毕勒罕，掣得空签，自非确实，应令该地方另行寻觅。是日掣签之时，自达赖喇嘛以下僧俗环观，皆称大皇帝护卫黄教，特设金本巴瓶，办理极为公允。臣等察看众情，甚属感激悦服，倾心信奉。嗣后藏内吹忠指认之大小呼毕勒罕，俱即照此签掣，永远遵奉。

再，查前奉谕旨，各蒙古地方所出之呼毕勒罕，俱于雍和宫设立之金本巴瓶内抽掣。今此数呼毕勒罕既已送到藏内，臣等遵即试掣。嗣后西宁地方距藏较近，将所出之呼毕勒罕，仍就近送藏入瓶抽掣，此外，各蒙古地方所出之呼毕勒罕，俱应由理藩院行文，令其将名字送京，在雍和宫金本巴瓶内签掣，以别真伪。

谨将现在所出之呼毕勒罕，开列清单，注明掣得之人，恭呈御览，伏乞皇上睿鉴。谨奏。

朱批：该部议奏。

（一史馆藏宫中朱批奏折）

乾隆五十八年（1793）三月初八日

上命军机大臣传谕福康安、孙士毅、和琳、惠龄曰：“……至藏内拉穆吹忠一事，前据福康安等续奏，亲加试验，俱不能用刀自扎、以舌舐刀。但若竟革去吹忠，势不能将前后藏略具聪明之幼孩遍加试验，等语。所奏尚属未当。吹忠等所习幻术，尚不及内地之师巫。积习相沿，最为可笑。若仍由该吹忠等降神指认，伊等皆可听受嘱托，假托神言，任意妄指。虽由金本巴瓶内签掣，而所掣之人，仍不能无徇情等弊。不过系一二权势之人主谋，而吹忠四人内，大约即系拉穆一人主持，其弊已可概见。嗣后，如遇应出呼毕勒罕时，原不必将前后藏所有报出幼孩尽皆试验，只须由驻藏大臣就所报之人，查其略有家世，及素有声望之户所报幼孩，择其有福相聪慧数人生年月日归瓶签掣。微贱户属及相貌陋劣者，原可量加删汰，毋庸一并签掣。此事惟在驻藏大臣主持，秉公办理，本无格碍。现在达赖喇嘛、班禅额尔德尼年俱少壮，尚无应出呼毕勒罕之事，将来如遇有此等事，和琳等总当遵照办理一二次后，该处僧俗人等，掣签指定公平允协，自必共相信服，渐知从前吹忠等之妄诞无稽，其吹忠作法降神之处，自可渐行革除。”

（《钦定廓尔喀纪略》卷五一）

乾隆五十八年（1793）三月戊申

谕曰：“达赖喇嘛、班禅额尔德尼系宗喀巴大弟子，世为黄教宗主，众蒙古番民，素相崇奉。近年因指认呼毕勒罕之古尔登巴等，法术无灵，不能降神，且徇情妄指，或出自族属姻娅，或出自蒙古汗王公等家，竟与蒙古王公、八旗世职官袭替相似，论以佛法，必无此理，甚且至噶布伦丹津班珠尔之子，亦出有呼毕勒罕，以致众心不服。沙玛尔巴遂乘机起意，谋占班禅遗产，唆使廓尔喀抢掠扎什伦布，远烦大兵声罪致讨。朕护卫黄教，欲整饬流弊，因制一金奔巴瓶，派员赍往，设于前藏大昭，仍从其俗，俟将来藏内或出达赖喇嘛、班禅额尔德尼及大呼图克图等呼毕勒罕时，将报出幼孩内择选数名，将其生年月日、名姓，各写一签，入于瓶内，交达赖喇嘛念经，会同驻藏大臣，在众前签掣，以昭公当。又，众蒙古地方，旧有各旗部落供奉之呼图克图甚多，此内大小不等，如概令赴藏，交达赖喇嘛会同驻藏大臣掣签，不免烦扰，且路途遥远。轸念众蒙古力量维艰，因于京城雍和宫内亦设一金奔巴瓶，如蒙古地方出呼毕勒罕，即报明理藩院，将年月、名姓，缮写签上，入于瓶内，交掌印扎萨克达喇嘛、呼图克图等，在佛前念经，并交理藩院堂官，公同掣签。其从前王公子弟内私自作为呼毕勒罕之陋习，永行停止。朕之此旨，原为近来蒙古番民等，失其旧时淳朴之风，不思佛法，但知图利，必至谋夺财产，求为呼毕勒罕。久之，亦如沙玛尔巴之唆讼肇衅滋事，朕甚悯焉。是以如此扫除积弊，潜移默化，各蒙古自当共知感激，副朕护卫黄教至意。……著将此旨发交驻藏大臣，传知达赖喇嘛、班禅额尔德尼，并通行晓谕各处蒙古番众等，咸使闻知，共喻朕意。”

（《高宗实录》卷一四二四）

乾隆五十八年（1793）三月十五日

上谕内阁曰："达赖喇嘛、班禅额尔德尼系宗喀巴大弟子，世为黄教宗主，众蒙古番民素相崇奉。近年因指认呼毕勒罕之古尔登巴等法术无灵，不能降神，且徇情妄指，或出自族属姻娅，或出自蒙古汗王公等家，竟与蒙古王公、八旗世职官承袭相似。论以佛法，必无此理。甚至噶布伦丹津班珠尔之子亦出有呼毕勒罕，以致众心不服。沙玛尔巴遂乘机起意谋占班禅遗产，唆使廓尔喀抢掠扎什伦布，远烦大兵声罪致讨。朕护卫黄教，欲整饬流弊，因制一金本巴瓶，派员赍往，设于前藏大昭，仍从其俗，俟将来藏内或出达赖喇嘛、班禅额尔德尼及大呼图克图等呼毕勒罕时，将报出幼孩内择选数名，将其生年月日名姓，各写一签，入于瓶内，交达赖喇嘛念经，会同驻藏大臣在众前签掣，以昭公当。又，众蒙古地方，旧有各旗部落供奉之呼图克图其多，此内大小不等，如概令赴藏，交达赖喇嘛会同驻藏大臣掣签，不免烦扰，且路途遥远。轸念众蒙古力量维艰，因于京城雍和宫内亦设一金本巴瓶。如蒙古地方出呼毕勒罕，即报明理藩院，将年月名姓缮写签上，入于瓶内，交掌印扎萨克达喇嘛、呼图克图等，在佛前念经，并交理藩院堂官公同掣签。其从前王公子弟内私自作为呼毕勒罕之习，永行停止。朕之此旨，原为近来蒙古番民等失其旧时淳朴之风，不思佛法，但知图利，必致谋夺财产，求为呼毕勒罕。久之，亦如沙玛尔巴之唆讼肇衅滋事，朕甚悯焉。是以为此扫除积弊，潜移默化，各蒙古自当共知感激，副朕卫护黄教至意。乃喀尔喀三音诺彦部落额尔德尼班第达呼图克图圆寂后，其商卓忒巴那旺达什寻觅呼毕勒罕，赴藏恳（求）达赖喇嘛、班禅额尔德尼、拉穆吹忠指示。达赖喇嘛等原不能先知，无从确切指认，反向商卓忒巴询问名字。而商卓忒巴遂私指出图谢图汗之子，呈报理藩院具奏。朕以此事可疑，其中必有弊窦，因一面派令松筠前往喀尔喀查询车登多尔济等，一面派令奎舒带同扎萨克喇嘛格勒克那木喀前赴额尔德尼班第达呼图克图游牧附近，无论台吉属下人等，于其圆寂后一年内所生俊秀端方幼孩，逐加询访数人，并令军机大臣询之商卓忒巴那旺达什。彼即供伊师圆寂后，为寻呼毕勒罕，至哲布尊丹巴呼图克图庙内行礼，在额尔德尼昭庙地方，遇见图谢图汗车登多尔济。据伊告称，伊生一幼子，生时有一点微光。那旺达什即问明此子年庚，及父母岁数，又回至公额林沁多尔济家，问及伊子年庚及父母岁数，前往藏内向拉穆吹忠求其指认。而拉穆吹忠初次、二次所指不明。那旺达什虑及再往多费，复求切实指示。拉穆吹忠看出情形，用言试探，那旺达什遂指车登多尔济暨额林沁多尔济二人之子向其告知。拉穆吹忠遂指车登多尔济之子是呼毕勒罕，等语。并据松筠奏，讯明车登多尔济酉年生子，生时有一点微光，曾告知那旺达什。又额尔德尼昭庙年久未修，欲行粘补，恐有违碍，令那旺达什赴藏之便，在达赖喇嘛处请示。所有呈递哈达、满达、银两一并带去。达赖喇嘛以额尔德尼昭庙修理无妨回覆。据所奏情形，此即车登多尔济贿嘱将伊子指为呼毕勒罕之明证。岂能逃朕洞鉴乎。此事适当朕降旨立法之初，车登多尔济辄巧为尝试，若各蒙古相率效尤，成何政体。此端渐〔断〕不可长，且佛法以虚寂为宗，无来无去，故释迦涅槃后并未出世。即宗喀巴阐演黄教，亦未出呼毕勒罕。达赖喇嘛、班禅额尔德尼系宗喀巴之二弟子，始世世出有呼毕勒罕转世，共享黄教有年。从前指认呼毕勒罕尚无情弊，且藏内亦必须有统摄之人，是以循照旧例，相沿办理。即如康熙年间有一丹巴呼图克图呼毕勒罕出世时能自述前世之事，故封以清修禅师，后复授为五台山扎萨克喇嘛，乃竟因贪酒渔色，滋事妄为，即行革退。似此能言前事之真呼毕勒罕尚不免改弦易辙，况拉穆吹忠行私所指之呼毕勒罕转可信以为实乎。且佛经秘密戒内能先知一切者必须能定心运气，观想正法，直参上乘，方能梦中预知是非空色。今之达赖喇嘛甫学经卷，并未克臻极诣，岂能有此法力，况为吹忠之古尔登巴又不能降神，用言试探，所指更属荒唐，又焉能知真呼毕勒罕耶。车登多尔济从前因私给乌拉票一案即当从重治罪，经朕曲赐矜全，复令在乾清门御前行走，仍赏给花翎、黄褂，授为副盟长。伊应如何感激思奋，今转如此有心尝试图占便宜，本当重治其罪，姑念其不待到京质讯，即行据实供出，尚知畏法，可以量从末减。车登多尔济著革去汗爵花翎、黄褂，加恩赏给顶戴，令其即由张家口回赴游牧，安分自悔。其汗爵仍施恩令伊嫡子敏珠尔多尔济承袭。蒙古汗王、贝勒、贝子、公、台吉等爵，世袭罔替，已属尊荣。即如车登多尔济获罪革爵，仍得以伊子承袭。又何必欲占一呼毕勒罕，复谋喇嘛之利。在伊等私认呼毕勒罕之意，不过欲使一子袭爵，又使一子为呼毕勒罕，可得喇嘛财产，遂不问真伪，妄相援引，殊属见小。可谓知有利而不知有义矣。商卓忒巴有意营谋汗王子弟为呼毕勒罕，代求达赖喇嘛、拉穆吹忠附会妄指，其罪甚重，著剥去黄衣，发往河南地方安置。萨木丕尔多尔济等不审察是非，辄行瞻徇情面，转为咨报，俱属非是，著交理藩院严加议处。朕办理庶务，一秉大公，惟视其人之自取。盖此事之不得不彻底究办者，原为近年黄教之习愈趋愈下，若不亟加整饬，必致众蒙古惟知牟利，罔识佛教正宗，复被坏法之吹忠古尔登巴等所愚陷于罪戾，良用恻然。特示创惩为保卫之计，是以不准蒙古王公子弟为呼毕勒罕，从此各蒙古番众等益当共喻朕维持黄教，正所以厚爱伊等，并非不令其尊崇佛教，不许布施达赖喇嘛及班禅也。经义中本以布施为上，六般若亦以施舍为首。达赖喇嘛、各呼图克图等积财既多，亦应散济贫苦，不得少存吝啬。朕方鼓励蒙古等，令其布施，但不可如噶勒丹锡勒图呼图克图私遣徒众往各处募化耳。嗣后各蒙古番民僧俗人众，务当仰体朕意，各辟愚蒙，永除争竞，以期共安乐利。伊等虽不能深悉精微，但即以那旺达什前赴西藏所费而论，其呈递达赖喇嘛、班禅额尔德尼、拉穆吹忠礼物及各庙熬茶，途中往返盘费，已逾万金。若赴京在雍和宫所设金本巴瓶内签掣，不特程途甚近，即一切礼物熬茶等费，概可无需，即此省费一节伊等岂亦不知之耶。著将此旨发交驻藏大臣，传知达赖喇嘛、班禅额尔德尼，并通行晓谕各处蒙古番众等，咸使闻知。”

（《钦定廓尔喀纪略》卷五一）

乾隆五十八年（1793）四月辛未

谕军机大臣等：“此次福康安带兵远讨，廓尔喀畏罪投诚，所有善后事宜又遵照朕旨，逐一清厘整顿，从此边隅永靖，卫藏敉宁，是以福康安自藏起程时，达赖喇嘛等先期下山于十里外恭设方幄，跪递哈达，恭请朕安。此极好事。且其真心感激，恳福康安代奏，至于泣下，尤为可怜可嘉。又据另片奏：‘吹忠法术原属不堪’等语。此事更有办法，已降旨嗣后前后藏暨各蒙古应出呼毕勒罕时，俱令各自寻找，呈报理藩院，驻藏大臣选择数名入瓶签掣，则吹忠积弊可渐革除，此时亦不必过急。”

（《高宗实录）卷一四二六）

乾隆五十八年（1793）四月辛巳

谕：“前因喀尔喀三音诺彦部落额尔德尼班第达呼图克图圆寂后，其商卓特巴那旺达什有意营谋汗王子弟为呼毕勒罕，代求达赖喇嘛、拉穆吹忠附会妄指，已分别治罪，并明降谕旨，通饬各蒙古番众等矣。本日据和琳奏：‘询之达赖喇嘛称，那旺达什到藏时，向我问额尔德尼班第达的呼毕勒罕出在何方，我令他去问拉穆吹忠。他就赴吹忠处问过，吹忠批说，土谢图汗属鸡的儿子就是。我向来总据吹忠所说为凭，就照向例凭吹忠龙单上的语，给他批了。并讯据吹忠之尼尔巴敦珠卜达尔结供，那旺达什于五十七年复至拉穆庙内，求问呼毕勒罕究竟在于何处。吹忠降神龙单内，批令于东方中等人家找寻。过了几日，那旺达什来寺，又送银五十两、缎一匹、哈达一个，向吹忠告称，土谢图汗车登多尔济之子暨公林沁多尔济之子，俱是属鸡的，此二人内是否真实，并开伊等父母年岁，求其降神。吹忠即于那旺达什所递字上批说，车登多尔济之子属鸡的，是真呼毕勒罕’等语。是即该商卓特巴欲营求汗王子弟为呼毕勒罕之明证，益可见此事之不可不彻底查办矣。朕自乾隆八年以后，即诵习蒙古及西番字经典，于今五十余年，几余究心讨论，深识真诠。况本朝之维持黄教，原因众蒙古素所皈依，用示尊崇，为从宜从俗之计，初非如元人佞佛、优礼喇嘛，致有詈骂者割舌、殴打者断手之事。近因黄教之习，愈趋愈下，蒙古番民等失其旧时淳朴之风，惟知牟利，罔识佛教正宗，不得不亟加整顿，是以制一金奔巴瓶，派员赍往，设于前藏大昭。俟将来藏内或出达赖喇嘛、班禅额尔德尼及大呼图克图呼毕勒罕时，将报出幼孩内择选数名，将其生年月日、名姓，各写一签入于瓶内，交达赖喇嘛念经，会同驻藏大臣公同签掣。并于京城雍和宫内亦设一金奔巴瓶，如蒙古地方出呼毕勒罕，即报明理藩院，将年月、名姓缮写签上，入于瓶内，一体掣签。其从前王公子弟内私自作为呼毕勒罕之陋习，永行停止。朕之此旨，原因各蒙古汗王、贝勒等既有世爵，可以承袭罔替，已极尊荣，何必复占一呼毕勒罕，又谋喇嘛之利。似此见小罔知大义，将来必致谋夺财产，启争肇衅，滋生事端。方今国家威棱远播，各蒙古扎萨克咸隶理藩院管理，遇有田产细故，俱为之秉公剖断。若任伊等牟利不已，久而或致争夺相寻，成何事体。是朕之整饬流弊，正所以护卫黄教，厚爱蒙古人等，使其各辟愚蒙，永除争竞。至佛法以虚寂为宗，无来无去，故释迦涅槃后，并未出世，即宗喀巴辟演黄教，亦未出呼毕勒罕。达赖喇嘛、班禅额尔德尼系宗喀巴之二大弟子，始世世出有呼毕勒罕转世，共掌黄教，相沿已久。从前五辈达赖喇嘛及来京之前辈班禅额尔德尼，谙习经典，或尚能具有真慧。现在达赖喇嘛年纪尚轻，资质诚朴，甫学经卷，岂能直参上乘，先知一切。凡有求其指示呼毕勒罕者，惟凭拉穆吹忠之降神定夺，而吹忠不过如内地师巫之类。且内地师巫，尚有用刀自扎及舐刀吞剑掩人耳目法术，今吹忠经和琳等面加演试，授以刀剑，俱各恐惧战慄，并师巫之不如。是其所指呼毕勒罕，荒唐更属显然。乃番众人等崇信已久，以其妄言休咎，小有效验，遂传为神奇，一时竟有牢不可破之势。此亦习俗使然，自不必急于禁止。前已颁发金奔巴瓶，于大昭供奉之宗喀巴〔像〕前掣签，所有找寻呼毕勒罕一事，永远不准吹忠指认。其番民推问吉凶等语，暂听仍旧。日久吹忠法术不行，亦将自败。总之大端既得，默化潜移，一切积弊亦无难逐渐革除。至藏内出产较少，布达拉商上给与众喇嘛养赡及番兵口粮等项，需用繁多，所入不敷支给，向赖各蒙古番众布施，以资用度。嗣后惟不准私指呼毕勒罕，其余熬茶瞻礼，皆在所不禁。朕方鼓励蒙古等使之布施，但不可如那旺达什之用财营求将汗王之子附会妄指作为呼毕勒罕，并如年前噶尔丹锡勒图呼图克图之私遣徒弟到土尔扈特地方向人索取耳。从此各蒙古番众等，益当恍然于朕之扫除积弊，无非欲力挽颓风，振兴黄教，保全伊等，俾安乐利，永息争端，并非不令其尊崇佛教，不许布施达赖喇嘛、班禅额尔德尼也。所有办理此事缘由，著再通行晓谕各处蒙古番众等，咸使闻知，共喻朕意。”

（《高宗实录》卷一四二七）

乾隆五十八年（1793）四月十九日

和琳、成德奏言：“臣等遵奉谕旨，再于大昭公所，会同达赖喇嘛、济咙呼图克图并喇嘛番目人等，传齐吹忠四人，再令其各将法术演试，并告以内地亦有如尔等托言降神预言人家休咎者，其人皆能吞刀割肉，以示神奇，然俱系障眼小术，不足为异，当官尚且严禁，若并此不能，其为藉词惑众无疑，当重治其罪。臣等向众人宣示毕，当即授以刀剑。吹忠等俱各恐惧战慄，环跪叩头，佥云：刀剑乃戕人之具，不敢以性命为戏。察其惶惧形状，实堪大噱。因诘以闻尔等前此托言福降，将刀向人乱扎，既能扎人何以不能自扎？严加诘问。据称，闻得前数辈吹忠有将刀自扎之事，或者实系神降，故能如此，我等实在不能。因复诘以尔等既无法术，即不能降神，何得妄言休咎。复据吹忠等回称：凡番民向问年岁丰歉及本年有无痘症，不过依着经典照例答之，或有时凑巧偶中，番民等即传以为奇。今大人们如此严加穷诘，屡次试验，不敢不据实供明等语。其自认实无法术，全凭空言惑众，惶愧之状几于无地自容。凡僧俗人众，从旁观看，亦有掩口而笑者。臣等随将吹忠之全属虚假、钦定金本巴瓶之公正可信，嘱令达赖喇嘛等对众明白宣导。据达赖喇嘛亦言，吹忠等托言降神，我等从前信以为真，今日才知其竟不足信，惟唐古忒习俗相沿，不能家喻户晓。今现已对众节次试演毫无法术。蒙大皇帝颁赐金本巴瓶于宗喀巴〔像〕前，掣签为定，实属至公至正，僧俗无不悦服，等语。臣等看来吹忠之不足信，经此番节次试演，不独达赖喇嘛等明知其妄，即当场僧俗人众亦复见其诈。从此可逐渐省悟，不致再为所欺。将来遇有呼毕勒罕出世，现奉旨颁发金本巴瓶，总以掣签为准，自可永除从前积弊。惟前后藏地方辽阔，臣等现在虽用唐古忒字出示，遍加晓谕，恐僻远番民一时不能尽知。除呼毕勒罕一事永远不准吹忠指认外，其余番民患病向吹忠推问吉凶等事，只可暂听土俗，以仍其旧。然经此一番揭破之后，其风亦必渐次革除。现在臣孙士毅、惠龄尚在藏内办理军需奏销，会同试演，商酌意见相同。”

奏入，上谕内阁曰：“前因喀尔喀三音诺彦部落额尔德尼班第达呼图克图圆寂后，其商卓忒巴那旺达什有意营谋汗王子弟为呼毕勒罕，代求达赖喇嘛，拉穆吹忠附会妄指，已分别治罪，并明降谕旨，通饬各蒙古番众等矣。朕自乾隆八年以后，即诵习蒙古及西番字经典，于今五十余年，几余究心讨论，深识真诠。况本朝之维持黄教，原因众蒙古素所皈依，用示尊崇，为从宜从俗之计。初非如元人佞佛，优礼喇嘛，致有詈骂者割舌，殴打者断手之事。近因黄教之习愈趋愈下，蒙古番民等失其旧时淳朴之风，惟知牟利，罔识佛教正宗，不得不亟加整顿，是以制一金本巴瓶，派员赍往，设于前藏大昭。俟将来藏内或出达赖喇嘛、班禅额尔德尼，及大呼图克图呼毕勒罕时，将报出幼孩内择选数名，将其生年月日、名姓，各写一签入于瓶内，交达赖喇嘛念经，会同驻藏大臣公同签掣，并于京城雍和宫内，亦设一金本巴瓶，如蒙古地方出呼毕勒罕，即报明理藩院一体掣签。其从前王公子弟内私自作为呼毕勒罕之陋习，永行停止。朕之此旨，原因各蒙古汗、王、贝勒等既有世爵承袭罔替，已极尊荣，何必复占一呼毕勒罕，又谋喇嘛之利。似此见小罔知大义，将来必致谋夺财产，启争肇衅，滋生事端。方今国家威棱远播，各蒙古札萨克咸隶理藩院管理。遇有田产细故，俱为之秉公剖断，若任伊等牟利不已，久而或致争夺相寻，成何事体。是朕之整饬流弊，正所以护卫黄教，厚爱蒙古人等，使其各辟愚蒙，永除争竞。至从前五辈达赖喇嘛及来京之前辈班禅额尔德尼谙习经典，或尚能具有真慧。现在达赖喇嘛年纪尚轻，资质诚朴，甫学经卷，岂能直参上乘，先知一切。凡有求其指示呼毕勒罕者，惟凭拉穆吹忠之降神定夺，而吹忠不过如内地师巫之类。且内地师巫尚有用刀自扎及舐刀吞剑掩人耳目法术，今吹忠经和琳等面加演试，授以刀剑，俱备恐惧战栗，并师巫之不如，是其所指呼毕勒罕荒唐更属显然。乃番众人等崇信已久，以其妄言休咎，小有效验，遂传为神奇。一时竟有牢不可破之势，此亦习俗使然，自不必急于禁止。前已颁发金本巴瓶于大昭供奉之宗喀巴〔像〕前掣签。所有找寻呼毕勒罕一事，永远不准吹忠指认。其番民推问吉凶等事，暂听仍旧。日久吹忠法术不行，亦将自败。总之，大端既得，默化潜移，一切积弊亦无难逐渐革除。至藏地出产较少，布达拉商上给与众喇嘛养赡及番兵口粮等项，需用繁多，所入不敷支给，向赖各蒙古番众布施以资用度。嗣后，惟不准私指呼毕勒罕，其余熬茶瞻礼，皆在所不禁。从此各蒙古番众等益当恍然于朕之扫除积弊，无非欲力挽颓风，振兴黄教，保全伊等，俾安乐利，永息争端，并非不令其尊崇佛教、不许布施达赖喇嘛、班禅额尔德尼。所有办理此事缘由，著再通行晓谕各处蒙古番众等共喻朕意。”

（《钦定廓尔喀纪略》卷五二）

乾隆五十八年（1793）五月丁巳

谕军机大臣曰：“……又据奏：‘吹忠等屡次试演，实已计穷力竭。将来遇有应出呼毕勒罕，遵旨择有福相聪慧幼孩，归入金奔巴瓶内掣定为准’等语。前因额尔德尼班第达呼图克图圆寂后，命奎舒同扎萨克喇嘛格勒克那木喀赴喀尔喀地方另行找寻，曾经找得聪慧幼孩五名具奏，随交雍和宫喇嘛念经，并派八阿哥及理藩院堂官监同，将其名姓、生年月日入瓶签掣，掣得第五名之齐旺扎布。昨奎舒来至热河复命面奏：‘自找得五名幼孩后，俱令住在庙内，其余四名俱各归家。惟居末之齐旺扎布，不肯回去。又掣定后那旺达什前制衣服坐褥一分，给与齐旺扎布，不肯穿坐，另制一分给与，始行穿坐’等语。可见呼毕勒罕原有根基，吹忠降神实为诞妄，不足凭信。此一事殊为奇异，甚惬朕怀。著将复讯那旺达什及奎舒奏招，并昨降谕旨，俱钞录发交和琳等阅看。将来藏内遇有应出之各呼毕勒罕，和琳当照此办理，则从前听信吹忠之积习，自无难永远革除。”

（《高宗实录》卷一四二九）

乾隆六十年（1795）六月二十九日

奴才松筠、和宁谨奏，为遵旨查明，据实奏闻事。

顷奉谕旨：此前大凡呼图克图呼毕勒罕转世，俱令拉穆吹忠降法作神，竟生种种弊端，故降旨免由拉穆吹忠作法，设立金奔巴瓶签掣。继而和琳又查出拉穆吹忠舞弊之处，所出呼毕勒罕，概行遵旨入瓶掣定。拉穆吹忠之假，虽为众所周知，然属下愚众有否仍信拉穆吹忠私自作法指定呼毕勒罕者？著寄知松筠，查明据实奏闻，断不可加以隐饰，钦此。钦遵。

经奴才留心访查，自钦颁金奔巴瓶以来，唐古特人等无一私令作法指定呼毕勒罕者。缘在金瓶设置后，和琳等即行恭遵训谕，偕同济咙呼图克图稽查藏地所有大小呼图克图、沙布隆等之名数报部外，在奴才等之印房亦备档一份，此后凡呼图克图、沙布隆之呼毕勒罕转世，其各该寺访获幼童，均行报出，在大昭寺念经掣定。若系大呼图克图之呼毕勒罕，专行奏闻，小呼图克图、沙布隆等之呼毕勒罕则报部。因皆有实可查，属下愚众已再不能私令拉穆吹忠作法。今春时值达赖喇嘛出布达拉在大昭寺念经，为确定唐古特伊德地方一名小沙布隆之呼毕勒罕，奴才等亲往验视，将该徒众访获具报幼子三人之名姓、年龄，写签入瓶，在宗喀巴佛前念经，与达赖喇嘛共同看视，拈定一名为呼毕勒罕之处，业经报部。奴才等如此遵旨签掣确定，该徒众皆以为荣，欢感不已。

此前唐古特等敬信吹忠作法，不得不破费给吹忠送礼，钦颁金奔巴瓶后，据签掣定，不仅节省彼等费用，又因系文殊菩萨大皇帝钦定，甚属荣耀，故此间人众皆倾心悦服。据报观之，唐古特等尚无完全为吹忠所惑之处，先前之敬信吹忠，乃呼毕勒罕转世之事无所依托，不得已以吹忠之言为凭而已。现有钦颁金奔巴瓶，又在宗喀巴佛前念经掣定呼毕勒军，唐古特等亦乐于为凭信服，故此私令作法者荡然无存。

如今藏地仅有拉穆、乃穹、桑鸢、噶东四大吹忠，唐古特等之信服，亦不过系愚昧，为区区私事，占卜福祸，因其指示很不明了，信服者日渐稀少。适以四吹忠之一乃穹吹忠擅自强占民田，奴才等严加惩处，因禁办理。乃穹吹忠系达赖喇嘛、哲蚌寺众喇嘛及百姓信奉者，肆意强占贡噶尔等地唐古特人等数顷农田达三年之久，本年六月十六日该地百姓前来具结控告，奴才等当即解来乃穹吹忠质审。因其侵占民田属实，鞭笞三十，（朱批：应该）抽出地亩，连其本年所种粮谷，概行交还该百姓外，另罚粮百石，赏给贫民。乃穹吹忠则禁于寺内，（朱批：好）不令外出。乃穹吹忠占地后，向达赖喇嘛求取噶舒克[1]一份，作为田契。查得此情，奴才等当即索取噶舒克销毁，（朱批：亦极应该）并晓示达赖喇嘛停发噶舒克。

又查得达赖喇嘛印信之钥匙，向由笔齐齐[2]等佩戴，从古到今有何弊端，并无查实之人，凡有达赖喇嘛吩咐即行钤用，殊属非是。奴才等晓示情理于达赖喇嘛，令笔齐齐交回印信钥匙，由济咙呼图克图佩戴。嗣后理应钤印之事，由济咙呼图克图、噶伦等共同验看钤用，事由各档，一月汇总一次，报知奴才等衙门查核，以绝弊端。（朱批：甚善）

达赖喇嘛只知念经，并不知事之如何。而今如此办理之外，经加晓示，达赖喇嘛甚以为是，向奴才等致谢，言称再不发给噶舒克。唐古特民人敢陈己之冤屈之处，控告吹忠，即为不信吹忠之明证。此皆仰赖圣上训导，指出吹忠之弊端，遍加晓谕之故。唐古特渐已明晓，诚永裨于事。奴才等唯遵训谕，善为诱导，将唐古特之陋俗，必加修正。

所有奴才等奉到谕旨遵办缘由，据实奏闻，伏乞圣鉴。

乾隆六十年七月二十七日奉朱批：已有旨。钦此。

（一史馆藏军机处满文录副奏折）

有关金瓶掣签的制度与法规

二十九条章程的有关规定

（一）关于寻找活佛及呼图克图的灵童问题，依照藏人例俗，确认灵童必问卜于四大护法，这样就难免发生弊端。大皇帝为求黄教得到兴隆，特赐一金瓶，今后遇到寻认灵童时，邀集四大护法，将灵童的名字及出生年月，用满、汉、藏三种文字写于签牌上，放进瓶内，选派真正有学问的活佛，祈祷七日，然后由各呼图克图和驻藏大臣在大昭寺释迦佛像前正式认定。假若找到灵童仅只一名，亦须将一个有灵童名字的签牌，和一个没有名字的签牌，共同放进瓶内，假若抽出没有名字的签牌，就不能认定已寻得的儿童，而要另外寻找。达赖喇嘛和班禅额尔德尼象父子一样，认定他们的灵童时，亦须将他们的名字用满、汉、藏三种文字写在签牌上，同样进行，这些都是大皇帝为了黄教的兴隆，和不使护法弄假作弊。这个金

① 噶舒克，系满文音译。
② 笔齐齐，系满文音译。

瓶平时放在宗喀巴佛像前，需要保护净洁，并进行供养。

（参见本书“订立章程”）

嘉庆《大清会典》的有关规定

凡喇嘛有行者，能以神识转生于世曰呼毕勒罕，皆入名于奔巴金瓶而掣定焉。（呼图克图转生，向由达赖喇嘛所属之拉穆吹忠作法，降神其体，指出呼毕勒罕所在，访求迎归供养。乾隆五十七年，高宗纯皇帝平定廓尔喀后，整饬藏务，斥拉穆吹忠之妄，特颁奔巴金瓶一于布达拉大昭，凡达赖喇嘛、班禅额尔德尼、哲布尊丹巴呼图克图，及西藏、蒙古各处已出数辈之呼图克图大喇嘛圆寂后，将报出之呼毕勒罕数人名字生辰，缮签入奔巴金瓶内，令喇嘛等唪经，驻藏大臣监看，掣出一人以为呼毕勒罕。复设奔巴金瓶一于雍和宫，其内外扎萨克等所奉之呼图克图，如力不能赴藏识认者，即令盟长拟定报院，缮签入雍和宫奔巴金瓶内，令掌印扎萨克大喇嘛等唪经，理藩院大臣监掣。其王公扎萨克等子弟指为呼毕勒罕，及呼毕勒罕复出于达赖喇嘛、班禅额尔德尼本族者，概行禁止。惟青海察汉诺们罕拟（寻认）呼华勒罕时，无论系察汉诺们罕亲族，有为沙华那尔等贴服者，准其一体入签掣定。其寻常喇嘛，不准寻呼毕勒罕。）有证，则疏闻以候钦定。（嘉庆十三年，达赖喇嘛呼毕勒罕寻得对灵征众著，由驻藏大臣具奏，不复入奔巴金瓶掣定。）

（嘉庆《大清会典·理藩院》）

光绪《大清会典》的有关规定

凡喇嘛有行者，能以神识转生于世曰呼毕勒罕，皆入名于奔巴金瓶而掣定焉。（呼图克图转生，向由达赖喇嘛所属之拉穆吹忠作法，降神其体，指出呼毕勒罕所在，访求迎归供养。乾隆五十七年，高宗纯皇帝平定廓尔喀后。整饬藏务，斥拉穆吹忠之妄，特颁奔巴金瓶一于布达拉大昭，凡达赖喇嘛、班禅额尔德尼、哲布尊丹巴呼图克图，及西藏、蒙古各处已出数辈之呼图克图大喇嘛圆寂后，将报出之呼毕勒罕数人名字、生辰缮签入奔巴金瓶内，令喇嘛等唪经，驻藏大臣监看，掣出一人以为呼毕勒罕。复设奔巴金瓶一于雍和宫，其内外扎萨克等所奉之呼图克图，如力不能赴藏识认者，即令盟长拟定报院，缮签入雍和宫奔巴金瓶内，令掌印扎萨克大喇嘛等唪经，理藩院大臣监掣。其王公扎萨克等子弟指为呼毕勒罕及呼毕勒罕复出于达赖嘛嘛、班禅额尔德尼本族者，概行禁止。惟青海察汉诺们罕拟（寻认）呼毕勒罕时，无论系察汉诺们罕亲族，有为沙毕那尔等帖服者，准其一体入签掣定。其寻常喇嘛，不准寻呼毕勒罕，亦不准在民人幼孩内寻访。）有证，则疏闻以候钦定。（嘉庆十三年，达赖喇嘛呼毕勒罕寻得时灵征众著，由驻藏大臣具奏，不复入奔巴金瓶掣定。道光二年定，寻获呼毕勒罕时，由该旗加其印结报院，方准入瓶掣签。呼图克图涅槃后，如徒众过五百名，而庙宇距该旗在五百里以内者，由盟长于徒众内择一人给札萨克喇嘛衔，其在五百里以外者，并给印信，诺们罕涅槃后，徒众过五百名者，由札萨克于徒众内择一人给达喇嘛衔，俾资督率，俟该呼图克图诺们汗转世成立后，仍将各衔撤销。应给印信，由盟长报院，咨行附近之将军、大臣等，查复相符，奏闻颁赏。）

（光绪《大清会典·理藩院》）

《钦定大清会典事例》
所载“指认呼毕勒罕定制”

乾隆五十七年谕：西藏为达赖喇嘛、班禅额尔德尼驻锡之地，各蒙古及番众人等前往熬茶瞻拜皈依佛法，必其化身的确，方足以衍禅教而惬众心。今藏内达赖喇嘛、班禅额尔德尼等呼毕勒罕圆寂后，俱令拉穆吹忠作法降神，俟神附伊体，指明呼毕勒罕所在。拉穆吹忠既不能认真降神，往往受人嘱求，任意妄指，是以达赖喇嘛、班禅额尔德尼、哲布尊丹巴呼图克图等，以亲族姻娅递相传袭。近数十年来，总出一家，竟与蒙古之世职无异，以致蒙古番众物议沸腾。嗣后，应令拉穆吹忠认真作法降神指出，务寻实在根基呼毕勒罕名姓若干，将其生年月日各写一签，贮于由京发去奔巴金瓶内，令达赖喇嘛等会同驻藏大臣公同念经，对众拈定具奏，作为呼毕勒罕，不得听其仍前任意妄指，私相传袭，以除积弊而服人心。

又谕：嗣后出有呼毕勒罕，禁止吹忠降神，将所生年月相仿数人之名，专用奔巴金瓶，令达赖喇嘛掣签指定，以昭公允。

又谕：达赖喇嘛、班禅额尔德尼，系宗喀巴之大徒弟，职掌佛教，乃西藏之要人。众蒙古、番子等，尊崇佛教，是以达赖喇嘛、班禅额尔德尼之呼毕勒罕，必须真实，方能倾服众心，兴隆黄教。向来识认呼毕勒罕，唯在拉穆吹忠之隆丹，凭其所指，即为呼毕勒罕。因近年来古尔德木巴等本领平常，不能降神，或且受人嘱托，妄行指示，至达赖喇嘛、班禅额尔德尼、哲布尊丹巴呼图克图等之呼毕勒罕，皆出于一族及其近亲中，竟与各蒙古王公、八旗官员世袭无异。朕心实所不许，乃果因丹津班珠尔之子中亦出呼毕勒罕，众心不服，致有沙玛尔巴图谋班禅额尔德尼遗产，遂往廓尔喀勾引贼匪抢掠扎什伦布之事。朕前于识认达赖喇嘛、班禅额尔德尼、哲布尊丹巴呼图克图之呼毕勒罕时，曾降旨令四吹忠诚心祈祷，俾真神降临，指出呼毕勒罕几人，将伊等名字生辰缮签入于自京赏发之奔巴金瓶内。达赖喇嘛与驻藏大臣等公同看视唪经，于大众前掣出一人，以为呼毕勒罕。如此办理，特为保卫黄教之意，藏内既已如此，内外札萨克地方，亦各原有素所敬信之呼图克图，如圆寂后，其呼毕勒罕亦应照此例办理，不可仍前，以致某部落所奉之呼图克图，其呼毕勒罕必出于本部落札萨克王公之子弟中。此朕保护黄教之意，将此通谕内外札萨克等知之。钦此。遵旨议定：凡蒙古番子部落呈报呼图克图大喇嘛之呼毕勒罕出世，准于闲散台吉或属下人等及唐古特平人之子嗣内指认。其达赖喇嘛、班禅额尔德尼之亲族，及各蒙古汗王、贝勒、贝子、公、札萨克台吉之子孙，均禁止指认呼毕勒罕。凡各处之呼图克图及旧有之大喇嘛等圆寂后，均准寻认呼毕勒罕。其无名小庙坐床，从前并未出有呼毕勒罕之寻常喇嘛已故后，均不准寻认呼毕勒罕。

五十八年谕：各蒙古等所奉之呼图克图甚多，若悉令赴藏识认呼毕勒罕，未免过繁，且道途亦远，蒙古等力所不能。嗣后，识认各札萨克等所奉呼图克图之呼毕勒罕，著各盟长拟定，其情愿赴藏识认者，仍照例前往外，其余径报理藩院，缮签入于雍和宫所供金瓶内，令掌印札萨克达喇嘛呼图克图等唪经，与理藩院大臣公同监掣，可省远路浮费。将此通谕内外札萨克永远遵行。将伊等私指王公子弟为呼毕勒罕之事，严行禁止。

又议准：嗣后各大寺坐床堪布喇嘛缺出，达赖喇嘛知会驻藏大臣、济隆呼图克图公同拣放，给予合印执照，派往住持，以昭慎重。其小寺堪布喇嘛缺出，令达赖喇嘛自行补放。

五十九年谕：青海之察汉诺们汗，系一札萨克，有管理游牧之责，伊之呼毕勒罕，必须伊属下心服，方于事有益。嗣后，察汉诺们汗圆寂后，拟呼毕勒罕时，无论伊族人亲戚，按伊属下人等众情贴服者，入于奔巴金瓶掣定，勿庸固执新例。

嘉庆十三年奏准：达赖喇嘛呼毕勒罕寻得时，灵征众著，不复入奔巴金瓶掣定。

二十四年谕：玉麟等奏藏中僧俗人等求定达赖喇嘛呼毕勒罕一折，甚属非是。从前各处呈报呼毕勒罕出世，每多附会，争端渐起，弊窦丛生，皇考高宗纯皇帝洞烛其情，设金奔巴瓶缄名掣定之制。睿谟深远，自当万世遵行。今里塘所报幼孩，其所述灵异何足征信，若遽听其言，与从前指定一人者何异，玉麟等不严行驳饬，实为错误。著传旨申饬。此次里塘幼孩，即作为入瓶签掣之一，俟续有报者，再得其二，方可将三人之名，一同缄封入瓶，照定制对众讽经掣签。著将此旨明白传谕第穆呼图克图，勿许再渎，若来京求请，即查拿治罪。

道光二年议准：认获呼毕勒罕时，该旗加具印结报院，方准入瓶掣签。

三年谕：嗣后，呼毕勒罕不准在民人幼孩内寻访。

《钦定大清会典事例》卷九七五）

《钦定理藩部则例》的有关规定

指认呼弼勒罕定制

一、蒙古番子部落呈报胡图克图大喇嘛之呼弼勒罕出世，准于闲散台吉或属下人等及唐古忒平人之子嗣内指认，其达赖喇嘛、班禅额尔德尼之亲族及各蒙古汗王、贝勒、贝子、公、扎萨克台吉等子孙内，均禁止指认呼弼勒罕。

一、各处之胡图克图及旧有之大喇嘛等圆寂后，均准寻认呼弼勒罕。其无名小庙坐床，从前并未出有呼弼勒罕之寻常喇嘛已故后，均不准寻认呼弼勒罕。

一、西藏所属各地方及西宁所属青海番子等处所出之呼弼勒罕，均咨行驻藏大臣会同达赖喇嘛缮写名签，入于大昭供奉金本巴瓶内公同掣定。其蒙古各部落所出之呼弼勒罕，呈报理藩院，理藩院堂官会同掌喇嘛印之胡图克图缮写名签，入于雍和宫供奉金本巴瓶内公同掣定。

一、青海察罕诺们汗系扎萨克，有管理游牧之责，其拟掣呼弼勒罕时，无论亲族，惟视属下人等众情悦服者，入于金本巴瓶内掣定，不与各呼弼勒罕一例办理。

（卷五八，喇嘛事例三）

胡图克图等裁撤呼弼勒罕字样

达赖喇嘛、班禅额尔德尼为西藏阐教正宗，哲布尊丹巴胡图克图国初创始投诚著有劳绩，以上三人转世后，均由该大臣奏请特旨，钦派大臣前往照料坐床，即于坐床之日裁撤呼弼勒罕字样。章嘉胡图克图、噶勒丹锡埒图胡图克图、敏珠尔胡图克图、济咙胡图克图、那木喀胡图克图、阿嘉胡图克图、喇果胡图克图、察罕达尔汗胡图克图，历世驻京掌印，以上八人并情愿呈请驻京之胡图克图等，均于转世后来京瞻仰天颜之日裁撤呼弼勒罕字样。其驻札各游牧处所之胡图克图、诺们汗、班第达、堪布、绰尔济等转世后，均俟年至十八岁，由该管大臣盟长等核实报院，裁撤呼弼勒罕字样，概不准私自裁撤。倘有违例私自裁撤者，一经查出，由院严行参处。

达赖喇嘛圆寂转世后印信册敕分别办理

达赖喇嘛、班禅额尔德尼圆寂时，其印信由驻藏大臣奏闻派人护理。俟达赖喇嘛、班禅额尔德尼转世，特旨钦差大臣等赴藏照料坐床之日，会同该大臣奏闻移授。其册命即由钦差大臣等带回呈览后，交广储司熔化贮库。至应行换赏金册，由军机处奏交内阁，撰拟册文，恭候钦定。达赖喇嘛缮写满、汉、蒙古、唐古忒四体，班禅额尔德尼缮写满、汉、唐古忒三体，仍填写第几辈达赖喇嘛、班禅额尔德尼字样，其随赏物件一并叙入册式进呈。交农、工、商部等衙门，照依旧式錾成金册。办理完竣，奏派大臣一员、胡图克图一人、侍卫一员赴藏赍送。

其哲布尊丹巴胡图克图圆寂时并转世后，印册由驻札库伦办事大臣照达赖喇嘛、班禅额尔德尼例办理。

其余各胡图克图等，如恩封国师者圆寂时，其印信册命交该商卓特巴于本庙敬谨尊藏。俟该胡图克图转世后，裁撤呼弼勒罕之日报院奏闻移授，并将册命呈送理藩院，奏交各该衙门填写。如恩封禅师者圆寂时，其印信照国师例办理。如未设有商卓特巴，交该徒众中之达喇嘛于本庙敬谨尊藏。授印后，其敕书，在京由喇嘛印务处，在外由该管大臣盟长各文报院，奏交内阁更换，仍各填写第几辈某胡图克图字样。凡有未裁撤呼弼勒罕以前呈请得给印敕者，概行由院饬驳。

（卷五六，喇嘛事例一）

国务院发展研究中心民族发展研究所系列丛书

元代至民国治藏政策法规汇要

下

学术顾问　赵曙青　张　皓　张羽新

张双智　编著

學苑出版社

八、改革行政管理体制，整顿并法定官制

废除封授郡王制度，建立驻藏大臣与达赖喇嘛共理藏政行政体制

策楞奏钦奉不设藏王谕旨当恪遵办理折

乾隆十六年（1751）正月十八日

四川总督臣策楞谨奏，为钦奉上谕事。

乾隆十六年正月十六日臣途次洛龙宗地方，接到廷寄，奉上谕："据策楞、岳钟琪折奏，抵炉之后，有后藏喋巴禀称，珠尔默特那木扎尔暴虐肆行，若不照从前将藏王另安一个，众百姓都要逃散。等语。前于珠尔默特那木扎尔伏诛之后，已屡经传谕策楞等，抵藏之日，会同达赖喇嘛酌设格〔噶〕隆二三人，以分其势，庶不致事权太重，易生事端。策楞等接奉谕旨，自当遵循筹办，若仍照从前颇罗鼐故事议设藏王，是去一珠尔默特那木扎尔而又立一珠尔默特那木扎尔矣。喋巴所禀，或因平时怀怨已久，倡为是说，不可稍为摇惑，且安知非班第达图得藏王，令其散布谣言者。并谕策楞等，务宜留心详慎，遵旨酌量办理。钦此。"

臣捧读之下，仰见我皇上睿虑深远，训示周详。臣惟有恪遵敬体，俟抵藏后，会同达赖喇嘛，并钦差臣兆惠等遵旨详慎妥办，断不致为浮言摇惑，有负圣主委任至意。除到后会同办理，再行具奏外，所有臣奉到谕旨缘由，合先恭折奏复，伏乞皇上睿鉴。谨奏。

朱批：览。

（一史馆藏宫中朱批奏折）

乾隆十六年（1751）二月丁酉

四川总督策楞奏："到藏详看达赖喇嘛，意甚感悦，公班第达并各番情形恭顺。现在实转关一大机会。随与班第酌议，先令公班第达将振兴黄教之处，与老噶隆、众卓呢尔秉公拟开阅看，再与达赖喇嘛商办。其除应

查办各事件，仍与班第次第料理。俟兆惠等到后，公酌妥办。务期达赖喇嘛得以专主，钦差有所操纵，噶隆不致擅权。”得旨：“览奏俱悉。”又批：“甚是。汝四人和衷从长计议。”

（《高宗实录》卷三八三）

敕谕班第达与增设噶伦和衷共济

乾隆十六年（1751）正月二十七日

敕谕公班智达：

据尔奏书内称，两位驻藏大臣将奸宄珠尔默特那木扎勒诛戮，安抚藏地人众，尔感激朕加恩宽免尔未能救护之罪，擒获贼匪罗布藏扎什等人，严加防守关隘，恭敬达赖喇嘛，与新设噶伦同心协力，尽诚尽职。等因。

珠尔默特辜负朕恩，与达赖喇嘛为仇，肆意妄行，故两位大臣未及候奉谕旨，相机将其正法。其属下罗布藏札什等妄滋事端，尔班智达理应前去阻拦，彼时尔势单力薄，朕亦明鉴，故宽免尔罪，仍赏给噶伦职衔。尔感激朕恩，意欲查缉恶贼罗布藏扎什等，严加防守关隘，会同新设噶论同心恭敬达赖喇嘛，虔诚效力。所办甚是，朕极欣慰。

尔班智达尚年轻，藏地极为重要，关系兴广黄教，一人办理商上事务，难以周全，朕特降旨给四川总督策楞，侍郎兆惠、那木扎尔，副都统衔班第，命彼等与达赖喇嘛商酌，由藏地大族内，拣选晓事安分，为番众所信服者，奏准与尔办理噶伦事务。尔惟当感激朕恩，同新设噶伦等和睦相处，恭敬达赖喇嘛，爱惜下属唐古特人众，办理事务，严防关隘，以绥靖地方。倘有难办不明之事，彼处驻有大臣，可陈情问询。尔诚能遵行朕旨，照尔所奏效力，将承恩不尽。特谕。

（一史馆藏军机处满文西藏档）

敕谕达赖喇嘛与策楞商办增设噶伦事

乾隆丨六年（1751）正月二丨八日

敕谕达赖喇嘛：

尔之奏书，朕皆览之。所称嗣后凡有具奏事项，与驻藏大臣等商酌，相继具奏等语，朕极欣悦。

前因奸宄珠尔默特那木扎勒不抵福分，辜负朕恩，肆意妄行，两位朝臣未及具奏，相机讨伐，彼等亦遭杀害。朕念彼等为国捐躯，于其家室皆施以重恩。

尔僧乃承佛教之大喇嘛，藏地对振兴黄教，至关重要，朕极挂念安定地方，以利尔僧，故朕特降谕旨，命四川总督策楞，侍郎兆惠、那木扎尔，副都统班第，凡事与尔商办。噶伦公班智达年轻，独自一人办理藏务，难以周全，故令彼等与尔僧商酌，议奏由藏地大族内，择其晓事安分，为番众所信服者数名，会同班智达办理噶伦事务，以期永无事端。等因。班第不及接此谕旨，已抵藏地，伊本系派驻西藏办事大臣，理应办理彼处诸务。再，抵藏所办数项事务，经奏宜行，故朕允准施行。现策楞等均已抵藏，相应将拣补噶伦等一应事务，尔僧与彼等商办，务期永远宁谧，议定具奏。朕定便利尔僧及所有唐古特等办理。特谕。

（一史馆藏军机处满文西藏档）

策楞等奏商酌添设喇嘛噶伦情由折

乾隆十六年（1751）二月二十一日

臣策楞、那穆扎尔、兆惠、班第谨奏，为钦奉上谕事。

窃臣等接准廷寄，乾隆十五年十一月二十日奉上谕："前经降旨，令班第达管理噶隆事务，再分立噶隆一人，协同办理，原欲使彼此钤制，则事权不致太专，乃安辑藏地之要。著策楞等到藏，或告知达赖喇嘛，令伊秉公举出，或博采舆论，就彼处大族内为番众素所信服者，择其晓事安分之人，俾任噶隆之事，断不可出自班第达之意，使得树其党羽。将此传谕该督等，令其留心。钦此。"仰见我皇上睿虑周详，实属安辑藏地之要务。

臣等沿途留心密访，博采舆论。缘旧例，噶隆系属四人。一系公班第达，余系彻凌汪扎尔、色耀特塞布腾、布隆簪三人，俱系藏内大族，根基深厚，素为番众所信服者。内布隆簪双目失明，久为珠尔默特那木扎尔革除；其彻凌汪扎尔，人老成明白，善于办事；色耀特塞布腾亦系老实安分之人。然珠尔默特那木扎尔平日均不信用，屡欲加害，种种凌辱难堪。即当罗布藏扎什变乱之时，彻凌汪扎尔、色耀特塞布腾均被珠尔默特那木扎尔故为差遣草地，并未在藏。臣等到后，接见彻凌汪扎尔、色耀特塞布腾二人，留心察看，人果明白老成，并深感此番皇恩。复遵旨密询达赖喇嘛，令伊举出自行可信之人。据称：番众内向无深知者，若论根基，办事为番众素所信服，惟现任噶隆彻凌汪扎尔一人。至将来是否始终如一，我亦不能深信。但喇嘛中尚有可信之人，若得选派一人，与噶隆一同办事，于我甚属有益。惟是向无此例，未识可否，统惟大人等裁酌。臣等窥达赖喇嘛情形，亟欲添一喇嘛，方可深信不能掩其耳目。但不肯出自伊口，致启番众滋怨之意。随公同会商得，此际仍应查照旧例，设立噶隆四人。除班第达业已钦奉谕旨，勿庸另议外，其现有之旧噶隆彻凌汪扎尔、色耀特塞布腾，平日既为番众信服，而又并无过犯，未便舍此另选。至瞽目之布隆簪遗缺，尚未补放，即以番众不能深晓黄教，此缺放一喇嘛，协同办理，于佛地有益，并晓谕僧众，事属可行。且我皇上几番睿虑，无非为尔喇嘛。我等即照此议定，入于章程案内奏闻，并传知各噶隆遵照办理。达赖喇嘛闻之，甚为欣喜，遂用手加额，回称：果能如此办理，则有我徒弟卓呢尔呢吗坚参，人明白可信，恳即奏明，不啻我一人受大皇帝之恩于无穷，即藏卫僧俗人等均可保永享宁谧之福矣。臣等复将此事作臣等意见，与班第达商酌，而班第达亦甚情愿。惟是现任之噶隆，一系公爵，其余俱有扎萨克、台吉名色。今添设喇嘛，若不加以名号，似与体制不符。臣等谬拟奏请赏给扎萨克喇嘛职衔，以便公同办理。

除遵旨将一切善后事宜，彻底熟筹，一一酌定章程，饬遵办理，再详细汇案具奏外，所有商酌添设噶隆情由，理合先行奏闻，优乞皇上睿鉴。为此谨奏。

朱批：好。知道了。

（一史馆藏宫中朱批奏折）

乾隆十六年（1751）三月初四日

臣策楞、那穆扎尔、兆惠、班第谨奏，为善后章程已定，据实奏请睿裁事。

窃照臣等奉命来藏，公同办理善后事宜。奉有上谕，内开："西藏经此一番举动，正措置转关一大机会，若办理得当，则可保永远宁谧；如其稍有渗漏，则数十年后又滋事端。钦此。"复节次钦奉圣明指示绥辑番地永远宁谧之要旨，令臣等随宜调度，详悉逐一奏闻。钦此。钦遵。

臣等陆续抵藏后，留心察访，博采舆情。不但珠尔默特那木扎尔暴虐性成，乖张用事，即自颇罗鼐以来，一切旧例废弛，已属权在下而不在上矣。为今之计，欲期永远安宁，总不出圣明洞照指示之内。而全藏僧俗，自达赖喇嘛以至番众人等，引领望复旧例，不欲设立王爵之情形，更与我皇上先事预筹之睿虑，暗相符合。不特此番皇恩宽大，出于各番意想之外，咸庆光天化日，且从来恩威远播，久孚要荒，蛮服之俦共为感戴欢欣。即班第达于珠尔默特那木扎尔诛后，暂理藏务，虽闻有无知僭越之行，然自我皇上开诚训谕，免其不救护大臣之罪，仍以公爵办理噶隆事务以来，感激之诚，不但情词恳切，竟时至言出泪随，事无大小，必向臣等请示遵行，凡所交办之事，亦无不尽力黾勉。留心察看，其人尚系明白晓事，即禀赋亦属醇良，并无诡谲假饰之状，兼之僧俗欢畅，藏卫敉宁，因此而臣等诸事易于办理。随一一凛遵节次圣训，矢公矢慎，彻底熟筹，公同酌定十三条。先与达赖喇嘛、公班第达商定，继复传集阖藏噶隆、代奔，喋巴。中科尔大小头目，并各寺之堪布、擢尔吉、喇嘛人等，按条逐一共加斟酌。臣等并将皇上轸念西藏僧俗，期于永远宁谧之圣意，一一宣布："即今日所定章程，亦并非夺尔西藏之权，实为防范将来无知不守法度者，且无非为尔等坐享升平，共保身家性命，俾尔子孙等世世永受大皇帝之厚恩并达赖喇嘛庇佑之意。"是日僧俗人等闻之，俱为欢欣愿从，复向臣等回称：我西藏数十年来，前后几次扰乱，均荷大皇帝天恩拯救。今珠尔默特那木扎尔之凶恶，又复蒙恩剪除；至钦差大臣被害后，即停止遣发大兵，番地毫无惊扰；又恐累及无辜，免追钱粮；并钦差各位大人来藏代为筹画万全。我等虽属无知，各具有良心。大皇帝有何所图于西藏，而如此操费圣心，并远劳官兵，縻费帑项，即聋瞽亦咸知无非疼爱达赖喇嘛，并为我僧俗人等永享太平之恩耳。现在所定章程，实属久远有益。等语。臣等即率领众番，再至布达拉，将众情告知达赖喇嘛。据称：此番所定章程，实为我达赖喇嘛并僧俗人等永垂裨益，而众人异口同声感激庆幸，亦具征各有天良。惟是大皇帝为我西藏上廑宸衷，一一出自睿虑指示，而各大人即能仰体圣心，如此周详办理，我大小僧俗人等实万难报答，容我等另行恭折奏谢天恩。臣等连日察看大小番众欢感情形，将来守此章程不失，则可期达赖喇嘛有所主持，钦差大臣得以操纵，而噶隆等不致擅作威福，僧俗共享宁谧，以仰副圣天子柔远绥众之天心于万一耳。

除将所定章程抄发诸噶隆、代奔等暂为查照办理，仍候谕旨到日，一体钦遵，并另缮清单，恭呈御览外，是否有当，理合奏请睿裁，伏乞皇上睿鉴施行。为此谨奏。

朱批：览奏俱悉。著照所定行。该部知道。

（一史馆藏宫中朱批奏折）

“西藏善后章程十三条”中有关西藏地方官制条款

一、应查照旧例，添放噶隆。查西藏向例，办事噶隆原系四人。内除噶隆布隆簪双目失明，又被珠尔默特那木扎勒革退，现存者系班第达、策楞旺札勒、色裕特塞布腾三人。班第达业已钦奉特旨，仍以公职办噶隆事务，毋庸另议外，其策楞旺札勒、色裕特塞布腾，于逆党变乱之前，均为珠尔默特那木札勒故为调遣他处，并未在藏。不但平日并无过犯，不知叛逆情形，且原系奉旨所放之噶隆，仍应照旧留办噶隆事务。所有布隆簪一缺，应选放深晓黄教一人，公同办理一切，庶于僧俗均有裨益。但查得现在噶隆内，班第达系公爵，其余均系奉旨赏有札萨克头等台吉职衔。今添设喇嘛一名，若不赏给名号，似于体制未符。应奏恳天恩，一体赏给扎萨克大喇嘛名色，庶得以公同办理。

一、噶隆办理事务，应在公所。查旧例噶隆会办事件，原有噶沙之公所衙门，自颇罗鼐后，各噶隆竟不赴公所，俱于私宅办事。又舍官放之卓呢尔、笔七格齐等员不用，各将私人任意添放卓呢尔等种种官员，故致罗布藏札什等得以专擅，任意纠合。今噶隆业已照例补放，自应遵照旧例，遇有应办事件，俱赴公所会办。所有私行添放之官，尽行裁革，仍应用官放之卓呢尔等员办事。凡地方之些小事务，众噶隆秉公会商，妥协办理外，其具折奏事重务，并驿站紧要事件，务须遵旨请示达赖喇嘛并驻藏大臣酌定办理，钤用达赖喇嘛印信、钦差大臣关防遵行。倘嗣后噶隆内，仍有各怀私见，并不遵照章程办理者，准各噶隆公同举出，以凭参奏治罪。

一、补放碟巴头目等官，不得任意私放。查各处碟巴等官，有管理地方、教养百姓之责。自珠尔默特那木札勒乖张用事以来，各将私人指名，混行补放，并不前往，仅差一家奴，赴彼代办，扰害地方者甚多，于民生大属无益。嗣后凡遇补放碟巴头目等官，噶隆等务须秉公查办，公同禀报达赖喇嘛并驻藏大臣酌定，俟奉有达赖喇嘛并钦差大臣印信文书遵行。其现任内，如有家奴代办者，概为撤回，另行补放。至珠尔默特那木札勒被诛后，凡属逆党，均经公班第达遣人换回，但系一时仓猝，暂行补放。如有人地不宜，应行调换者，亦秉公举出，禀明达赖喇嘛并驻藏大臣，另为选放。

一、官员革除治罪，应酌定章程。查旧例，凡选放碟巴等官，均系择其根基深厚、明白妥协之人，如有不能办理事务，或任意犯法者，自应秉公治罪。乃珠尔默特那木札勒，妄作威福，不论贤愚，擅将无辜之旧人，抄没革除，以致是非颠倒，怨声载道。嗣后凡碟巴头目等官，遇有犯法，或应抄没，或应革除，噶隆、代奔等务须秉公查明，分别定拟，请示达赖喇嘛并驻藏大臣指示遵行。

一、冗员宜行沙汰。查旧例，达赖喇嘛前始有卓呢尔、商卓特巴、曾本、随本各官名色。续因颇罗鼐封王以后，亦照达赖喇嘛，添设各官名色。今噶隆并非王爵，若仍照此添放多官，不但非分，亦属僭越不合，应查明革除，只应于公所设立卓呢尔二人率领原设之仲意、笔七格齐等办理公务。

一、代奔应添设一员。查旧例，噶隆办理地方事务，代奔管理兵马，防范卡隘，今应仍旧，各专责成。但后藏地方甚小，而原设代奔三名；卫地甚大，而仅设代奔一人；一遇差遣病假，则地方各兵，无人管束。即如代奔达里札达什，被珠尔默特那木札勒差往哈拉乌苏，去后卫地无管兵之人，以致逆党罗布藏札什，得以畅肆纠合，扰乱地方。今应再行添设一员，共为管理，即或遇有差遣，卫地尚可存留一人，弹压地方，护卫达赖喇嘛。嗣后凡遇调遣兵马，防御卡隘，均应遵旨，听候达赖喇嘛并驻藏大臣印信文书遵行。代奔等仍不时留心地方，如遇有应行防范事宜，亦即禀明钦差大臣指示遵行。至后藏之原代奔章罗金巴，查系无辜，被珠尔默特那木札勒意欲侵害，私行革除之人，应仍调取管理后藏代奔事务，以示昭雪。

一、噶隆、代奔应请颁给敕书。查噶隆、代奔，均系护卫达赖喇嘛、办理兵马之大员，责任甚重，应各请颁敕书一道，以昭信守，以重体统。除现有并添设之噶隆、代奔，均查取花名，造册送部，奏请颁发外，嗣后遇有缺出，驻藏大臣商同达赖喇嘛拣选应放之人，请旨补放，仍报部一并颁给敕书。将来或有不遵奉达赖喇嘛，并犯法不能办理地方，应行革除者，亦由达赖喇嘛会同驻藏大臣参奏，革除后，原颁之敕书，一体撤回缴部。

（《清代藏事辑要》卷二。按：此为四川总督策楞等奏“西藏善后章程”的一部分，经乾隆皇帝批准施行。本书前录全文，可参阅。）

四川总督策楞奏报分设噶论情形及有关上谕

乾隆十六年（1751）四月戊寅

四川总督策楞奏："臣等奉旨，令将藏地噶隆多立数人，以分其势，随就本地方密加访察，知旧例噶隆本属四人。一系公班第达，余系扎萨克台吉策凌旺扎勒、色玉特色布腾、布隆簪三人，俱藏内大族，素为番众所服。内布隆簪双目失明，难以复加录用。其策楞旺扎勒、色玉特色布腾，皆老成明白，可胜此任，应请仍放为噶隆。至布隆簪所遗之缺，据达赖喇嘛以番众不能深晓黄教，保举喇嘛呢玛嘉木灿，明白可信，臣等拟请给予扎萨克喇嘛职衔，放为噶隆，公同办事。"报可。

谕噶隆公班第达、扎萨克台吉策凌旺扎勒、色玉特色布腾。札萨克喇嘛呢玛嘉木灿等曰："西藏广兴黄教，为清净善地，达赖喇嘛掌管西方佛教，广演经法。从前供养喇嘛一切事务，原系噶隆四人，至珠尔默特那木扎勒诸事专擅，不与众噶隆商议，负恩任性，潜怀异图，因此驻藏大臣将伊正法。今藏内已经平静，噶隆事务，不可一人专办，特令总督策楞，拣选贤能，仍旧照例，分设噶隆四员，公同办事。尔等当感戴朕恩，尊敬达赖喇嘛，和衷协力，黾勉供职，勿存私意，致生猜疑，勿分彼此，互相瞻顾。遇有紧要事务，禀知达赖喇嘛与驻藏大臣，遵其指示而行。尔等其感恩宣力，副朕兴黄教安群生之至意。"

（《高宗实录》卷三八六）

创立摄政制度

乾隆二十二年（1757）三月癸卯

又谕："适据伍弥泰等奏称'噶隆与众堪布共议，迪穆呼图克图熟习经卷，达赉〔赖〕喇嘛在日，曾分外优待，藏内亦皆敬服，请将迪穆呼图克图掌办喇嘛事务'等语。前此伍弥泰等奏到达赉喇嘛圆寂，朕念卫藏地方紧要，曾于摺内批谕遣章嘉呼图克图前往。此特因卫藏不可无为首办事之人，原系抚恤伊等之意。今噶隆与众堪布等既同推迪穆呼图克图为首办事，即毋庸遣章嘉呼图克图前往。但伊等接奉朕前批谕旨，或已向噶隆、众堪布等宣告，均未可定。今发去谕旨二道，若前批发之旨已向噶隆等告知，即将停止章嘉呼图克图，另准迪穆呼图克图为首之旨，向噶隆等宣谕。若前旨尚未向众告知，即毋庸言及，只照伊等所请，著迪穆呼图克图为首。伍弥泰等接奉此旨后，将用何旨宣谕之处，务须据实奏闻。”

（《高宗实录》卷五三四）

乾隆二十二年（1757）三月壬子

谕军机大臣等：“前因卫藏之人，性好擅权滋事。颇罗鼐故后，办理珠尔默特那木扎勒时，曾经降旨，将卫藏一切事件，俱告知达赍〔赖〕喇嘛办理，噶隆等惟令遵办达赍喇嘛所交事件，是以数年以来，甚属安静无事。兹达赍〔赖〕喇嘛圆寂，览噶隆等请将迪穆呼图克图为首之奏，只称请掌办喇嘛事务，所奏殊属含混。噶隆等颇有擅办喇嘛事务之心，日久恐不免妄擅权柄，是以朕赏迪穆呼图克图诺门汗之号，俾令如达赍喇嘛在日，一体掌办喇嘛事务①。除明降谕旨外，再谕伍弥泰、萨喇善务宜留心，遇有一切事务，俱照达赍〔赖〕喇嘛在时之例，与迪穆呼图克图商办，毋令噶隆等擅权滋事。将此情节，已降旨交章嘉呼图克图，命其写信，由赴藏之扎萨克喇嘛，亲身密交迪穆呼图克图矣。”

（《高宗实录》卷五三五）

两次反击廓尔喀入侵战争中改革和完善西藏地方官制

第一次反击廓尔喀入侵战争中，鄂辉有关西藏地方官制问题的奏折和军机大臣的议覆

乾隆五十四年（1789）六月辛巳

军机大臣等议覆四川成都将军鄂辉等条奏收复巴勒布侵占藏地设站定界事宜

……

一、西藏所属寨落，设立第巴管理，缺分甚多，其间美恶不齐，然皆有应办事件。请令噶布伦等，嗣后无论缺分美恶，一体补放，务令该第巴亲往照料，不许擅差家丁代理。至差遣堪布囊苏，赴京进贡，并赴打箭炉

---

① 从此，达赖喇嘛圆寂后而转世灵童未及成年时，由清中央政府选定之大呼图克图代行达剌喇嘛职权，成为定例。藏文文献一般称之为“掌办商上事务”，汉文文献也称之为“摄政”。

办茶，皆系经行内地，往返需时，请嗣后均由驻藏大臣，会同达赖喇嘛及噶布伦等，拣选妥人，给予护牌，将需用夫马酌定数目注明牌内，沿途照给，以杜需索。……

一、西藏贸易外番，必须老成谨慎之第巴协同该处头目专管卡契回民①及巴勒布，平日悉心抚驭。不许互相欺压争竞，以便秉公调处。仍责令噶布伦等，随时访察，倘有第巴头人，及官弁兵役，倚势勒买，苦累外番，即禀驻藏大臣拿究。……

一、西藏噶布伦、戴绷、第巴等缺，办理地方，管束兵丁，均关紧要。遇有缺出，应于诚实勤妥之子弟中，慎选承充。至第巴、营官、商卓特巴等，不下二三百缺，逐一奏补，未免过繁，应请将大处紧要地方缺出调验补放。其偏远第巴缺出，仍令达赖喇嘛自行选择。……

一、宗喀、济咙、聂拉木等处，为巴勒布往来门户，收税、行盐等事，均关紧要。现在噶布伦等，拣派第巴三人，分头安设，又选老成能事戴绷，驻劄胁噶尔地方，统辖宗喀、济咙、聂拉木三处，就近稽查，其缺较为繁重。请照阿哩第巴之例，由部发给号纸，以专责成。

（《高宗实录》卷一三三三）

乾隆五十四年（1789）六月二十七日

和珅等遵旨议覆藏地善后事宜十九条折（节略）

一、驻藏大臣与达赖喇嘛公办事件宜酌定章程，并补放第巴无论缺之美恶均当亲往办事以杜规避一款。

据称，西藏所属寨落，设立第巴管理，缺分甚多，其间美恶不齐，然皆有地方应办之事。请饬令噶布伦等，嗣后无论缺分美恶，一经补放之后，即令该第巴务须亲往管事，毋许逗遛不前，更不许擅自差派家丁代理。至差遣堪布囊素赴京进贡，并赴打箭炉购办茶包，皆系经行内地，往返需时。嗣后凡遇差使进京及赴内地购办物件，均由驻藏大臣会同达赖喇嘛暨噶布伦等，拣选体面妥人，给与护牌，将需用夫马，酌定数目，注明牌内，沿途照牌支给，以杜需索骚扰。等语。

查，西藏旧规，凡补放堪布喇嘛，向系在于众喇嘛中挑取熟习经典者补放，原可不必与驻藏大臣商办。至差遣堪布囊素，由驻藏大臣会同达赖

① 卡契：即克什米尔地区来藏商人，因信奉伊斯兰教，故当时内地驻藏军民称其为回民。

喇嘛等拣选。给与护牌之处，应如该将军等所奏，拣选体面妥当者，给予护牌，以杜沿途需索骚扰之弊。再，西藏所属寨落设立第巴管理，访询从前陋弊，若遇好缺，则所放之人亲往办理；若其地苦寒，或系偏僻之处，则令家丁代往照料，而本人竟自安居在藏。此等规避积习，实为误事之由。今据该将军等所奏，嗣后无论美恶缺分，一经补放，该第巴即须亲往管事，毋许逗遛，自为整理公务，革除积习，均应如所奏办理。仍令驻藏大臣随时查访，倘有复蹈前辙规避误公者，立即斥革，另行补放；若该噶布伦等有徇情弊混者，亦一并治罪。

一、噶布伦、戴绷暨第巴等缺应慎选承充一款。

据称，西藏噶布伦、戴绷、第巴等缺，办理地方，管束兵民，均关紧要，必须明白晓事者方克胜任。遇有缺出，亦应于诚实勤妥之子弟中慎选承充。至第巴、营官、商卓特巴等，不下二三百缺，若逐一拣拔奏补，未免过繁。应请将大处紧要地方缺出调验补放，其偏僻远处第巴等缺出，仍令达赖喇嘛自行选择。等语。

查，西藏向设噶布伦四人，总理全藏事务，戴绷系管领番兵，第巴为守土之官，皆属紧要之缺。今既据该将军等奏称，令驻藏大臣慎选端正勤能、明白晓事者，会同达赖喇嘛酌定奏补，并查出缺之子弟中果系诚实勤妥之人，方准补放。若年幼无能，亦当令其先行学习，然后酌补，不得因父兄所遗之缺，遽令承充，以致误事。等语。系为慎重藏地起见，应如所奏办理。嗣后该驻藏大臣务须会同达赖喇嘛虚衷衡量，取具众噶布伦暨各戴绷等悦服保结存案，仍留心查访，如有始勤终怠、行止不端者，立即革退惩治，另为拣补。至西藏第巴、营官、商卓特巴等缺甚多，驻藏大臣亦不能尽知其优劣，而于远途纷纷调取查验，徒致伊等跋涉之累。亦应如该将军等所奏，嗣后凡于大处紧要地方第巴等项缺出，令驻藏大臣于噶布伦等保送人内，核其才具，商之达赖喇嘛拣选补放；其偏僻窎远地方第巴等缺出，仍令达赖喇嘛自行选择妥人，令噶布伦等出具保结补放，以省调取之繁，而于紧要之缺，亦昭慎重。

一、胁噶尔新设戴绷缺甚紧要请援例赏给号纸一款。

据称，宗喀、济咙、聂拉木等处，地处极边，为巴勒布往来门户，收税、行盐等事均关紧要。现在噶布伦等拣派第巴三人分头安设，又选老成能事戴绷驻扎胁噶尔地方，统辖宗喀、济咙、聂拉木三处，就近稽查，其缺较为繁重，请照阿哩第巴之例，由部发给号纸，以专责成。等语。

查，宗喀、济咙、聂拉木三处，在胁噶尔数百里以外，地处边远，一切收税、行盐等事，在在均关紧要，既拣派第巴三人，分头安设，又选戴绷一人统辖三处，就近稽查，其缺实属紧要。从前西藏阿哩第巴之缺，经班第奏准部颁号纸给领收执。今该将军等请照此例，由部给发号纸，亦为慎重地方起见，应如所奏，给发该戴绷收执，以重责成。三年之内如果勤慎办公，边防安贴，准令驻藏大臣遇有噶布伦缺出，奏请升用，以示优奖；所有给发号纸，即应缴回驻藏大臣，交于新调戴绷收执，以重职守。

（一史馆藏宫中朱批奏折，全文见前）

乾隆五十五年（1790）九月乙酉

军机大臣会同理藩院议覆鄂辉等酌议藏中各事宜。

一、藏中旧例，凡唐古忒事务，俱系噶布伦等查办，禀知达赖喇嘛裁定。自噶勒丹锡呼图禅师进京后，诸务交噶布伦办理者甚少。以致唐古忒生怨。嗣后凡补放戴绷、第巴头目，俱令四噶布伦拣选保送，达赖喇嘛、驻藏大臣验看后，仍由达赖喇嘛处发给执照。其一切应得田产，及入官抄产，并因公免差，每年佥差征收钱粮等事，俱令四噶布伦缮备执照，噶勒丹锡呼图禅师亲用钤记，再用达赖喇嘛印信。如有需用驻藏大臣印信之处，亦令一体印用发行。

一、凡第巴内，如有办理地方事务，扰害属下者，噶布伦等查出，即禀明驻藏大臣、济咙呼图克图黜革，仍禀达赖喇嘛外，其所遗员缺，俱交噶布伦等，拣选人品端方、办事妥协者保送，与济咙呼图克图商定人数，先送驻藏大臣验看，再禀达赖喇嘛验放。此虽系慎重地方起见，但应行拣放之人，其贤否，恐驻藏大臣究难深知。嗣后噶布伦等保送之人，先令驻藏大臣与噶勒丹锡呼图禅师，公同酌定，再送达赖喇嘛验放，其执照仍旧办给。

一、凡拣放庙内堪布，请济咙呼图克图，会同罗布藏根敦，遴选熟悉经卷喇嘛二三人，送达赖喇嘛验放，仍禀知驻藏大臣，其应给执照，令济咙呼图克图，于达赖喇嘛印照纸尾，亲用钤记发给。

……

一、跟随达赖喇嘛之孜仲，旧例一百五十余名，今近三百名，恐一时碍难褫革，请陆续裁汰至一百六十名而止。所奏虽属可行，但三百人内，难保无奸诈之人，著交驻藏大臣，俟噶勒丹锡呼图禅师抵藏后，噶布伦等公同详察，如有奸恶之徒，即行褫革。

一、商卓特巴、孜仲、绥绷等，人数过多，最易生弊，罗布藏根敦为人公正诚实，现管达赖喇嘛私事。请嗣后自商卓特巴以下，俱令罗布藏根敦管辖。

一、凡藏中公事，请令噶布伦等俱向济咙呼图克图公商，再禀达赖喇嘛酌定，济咙呼图克图私谒达赖喇嘛，请执师弟礼，其行礼会集坐位，与臣等对面，令其退逊一席。布达拉、大昭二处，自商卓特巴以下，内而令罗布藏根敦管辖，外而令济咙呼图克图管辖。如有滋弊，令内外公同查察，禀知达赖喇嘛严办。若事有关系，令济咙呼图克图与臣等面商。济咙呼图克图现在令其来京，已遣噶勒丹锡呼图禅师赴藏。其济咙呼图克图坐次，与谒见达赖喇嘛之处，俱毋庸议外，噶勒丹锡呼图禅师坐次，谒见达赖喇嘛仪注，俱照从前驻藏时行。

从之。

（《高宗实录》卷一三六二）

第二次反击廓尔喀入侵战争胜利前后，
福康安等遵旨酌议善后章程和有关
西藏地方官制奏折及乾隆谕旨

乾隆五十七年（1792）正月二十六日

臣福康安跪奏，为钦奉谕旨，恭折复奏事。

窃臣奉到谕旨："卫藏一切事务，由达赖喇嘛与噶布伦商同办理，不复关白驻藏大臣，相沿已非一日。但达赖喇嘛系出世之人，岂复经理俗务，噶布伦等因达赖喇嘛不复措意，遂尔从中舞弊，以至屡次滋衅。鄂辉办理藏务，仍事事令噶布伦干预，积习相沿，不可不大为整顿。嗣后遇有应办事件，驻藏大臣与达赖喇嘛商同办理，噶布伦等应与在藏章京会办，不得稍有专擅。或驻藏大臣办事偏私，达赖喇嘛原可据实参奏，朕必当严行惩治。若达赖喇嘛虑及参劾驻藏大臣，派出审办大臣不免袒护，此尤事之必无。朕办理庶务，一秉至公，达赖喇嘛更可毋庸过虑。著福康安告知达赖喇嘛等，咸喻此意，遵照办理。等因。钦此。"仰见皇上绥辑远人，大公至正，于卫藏疲玩积习，洞烛无遗，训诫周详，永垂法制。跪诵之下，钦佩难名。

臣查藏地例设噶布伦四人，管理一切事务，设有噶厦公所，办理事件。其分管地方之第巴、营官、头人等，俱听噶布伦指挥。遇有应办事件，皆由噶布伦转禀达赖喇嘛办理。间有禀知驻藏大臣之事，驻藏大臣亦不能每事与闻。而达赖喇嘛深居习静，外事未能周悉。诚如圣谕，离尘出世之人，岂复经理俗务，因此，噶布伦等乘机干预，多至擅专。从前又有达赖喇嘛弟兄及管事喇嘛等串通舞弊，遇有事务，徇私偏袒，办理不公，番众不免苦累。积弊相沿，已非一日。驻藏大臣诸事只总大纲，于噶布伦滋弊之处，未能彻底查究。即有力思整顿之人，而事权不专，情形不熟，仍不免为其朦混。即如上次巴勒布滋事时，噶布伦丹津班珠尔等前往说合，巴忠通晓番语，屡次催和。所有私许贼匪银两之事，自系与丹津班珠尔通同定议。巴忠系奉旨来藏办理此事之人，于外夷交涉事件如此失体，核其情罪，甚为重大。鄂辉、成德二人随同附和，均有应得之咎。而丹津班珠尔以派往之噶布伦，辄敢私议给银，并不回明达赖喇嘛办理，是噶布伦专擅径行，即此可见。将来事定后，自应另立章程，申明约束。

臣于奉到谕旨后，即详细告知达赖喇嘛及济咙呼图克图、各呼图克图、大喇嘛等。据达赖喇嘛称：藏内素习疲玩，噶布伦等办事未妥，多有冒昧专擅之处，我在庙讽诵经典，不能严行查核，以致累滋事端，仰烦圣虑，我亦难辞失察之咎。今蒙大皇帝训示详明，为藏地筹计久远，僧俗人等感激愧悔，断不敢复蹈故辙。嗣后遇有公务，我当与驻藏大臣会商，噶布伦等与在藏章京同办，事事悉听裁酌，总期有益地方。大皇帝抚驭万国，一视同仁。兹因爱护唐古特人众，特命驻藏大臣主持督察，力除积弊。大臣等倘涉偏私，断难逃圣明洞鉴，我惟有遵奉谕旨，诸事与驻藏大臣酌商妥办，无可过虑。等语。臣察看达赖喇嘛等感戴情形，实能敬喻圣意。臣现在办理诸事，即令暂署驻藏事务侍卫额尔登保督率办理，不许令噶布伦等滋弊。（朱批：恐其不能得要，当令鄂辉速回管事。）将来办理善后事宜时，再当另立章程，永远遵守。

至驻藏大臣总理卫藏事务，最关紧要，因循日久，尤宜大加振作。舒濂办事精细，熟悉番情，到藏旋即病故，殊为可惜。鄂辉人甚安详，心思细密，遇事虽间有稍软之处，然于藏地情形尚为熟悉，现蒙圣恩弃瑕录用，应更倍加奋勉。其舒濂所遗员缺，自已奉旨简放有人，（朱批：此可略后）面承训示来藏与鄂辉商同办理，谅能诸事妥办。（朱批：责成彼一人，亦不致误。）臣再查奎林现系成都将军，事竣后或令在藏暂驻数月，同鄂辉等办定章程，再行赴任，于藏地似有裨益。奎林在台湾数年，办理事务，尚属认真出力，其居官操守才具，亦久在圣鉴之中。卫藏番人见小贪利，玩愒成风，令奎林暂行在藏整饬一切，可望改观。虽奎林向不信佛，偶有偏执之处，然藏地政治宜严，僧俗人等方知畏服。臣因卫藏需人起见，不揣冒昧，附折具奏，伏祈皇上睿鉴。谨奏。

朱批：即有旨。

（一史馆藏宫中朱批奏折）

乾隆五十七年（1792）五月丙辰

又谕："……又据和琳奏：'自班第达病故后，只有妇女、仆从数人，俱极安静'等语。前以班第达在藏年久，族分较大，伊子丹津班珠尔现留贼巢，应行留心防范。今班第达业经病故，伊孙又属年幼，自可无事。但班第达家道素为殷实，今伊病故后，家中只有妇女、仆从数人，其幼孙自不能管理家事，将来丹津班珠尔应行解京，所有赀财必致下人任意侵用，暗中消耗。丹津班珠尔本系达赖喇嘛之妹夫，藏中风俗凡遇疾病身故者，原有将家财布施喇嘛之事，现在达赖喇嘛商上正在匮乏，和琳等或设法晓谕伊家，令将家赀酌量递给达赖喇嘛，于班第达身后既资冥福，而商上亦可藉资接济，岂不两得其便。设有难以措置之处，亦即奏明，不可过于勉强，致滋疑畏也。又据和琳等奏：'现在噶布伦遗缺，已咨明福康安，先尽随赴大营及分派各路办粮之署噶布伦及戴绷等，择其奋勉出力者，知会拨补'等语。所办甚当。向来蒙古本重世家，逢前代已然，即我满洲，向亦以此为重。但世家子弟，贤否不一，若专取家世，不论其才干之能否办事，岂不可笑。至藏中办理诸事，从前总由噶布伦专擅辄行，并不关白驻藏大臣，以致任意妄为，屡构衅端。今和琳等如此办理，将来该处噶布伦，俱可由驻藏大臣与达赖喇嘛商定，奏请补放。黜陟从公，事权归一，藏务更易整饬，实属得当。"

（《高宗实录》卷一四〇五）

乾隆五十七年（1792）七月十九日

臣孙士毅、臣和琳、臣鄂辉跪奏，为准咨会放噶布伦四缺，仰祈睿鉴事。

窃查前藏向设噶布伦四缺，为达赖喇嘛办事，自上年以来，全行出缺，经臣和琳具奏，嗣后达赖喇嘛会同驻藏大臣拣员补放，方为公允，仰邀恩准在案。查委署之噶布伦及戴琫并札萨克喇嘛等，现有数员，随同大将军福康安在军营办事，经臣和琳咨请选择补放。接福康安咨复，现在军营署噶布伦工噶班觉、戴琫丹津朗结、札萨克喇嘛坚巴多布丹三员，办事认真，均堪补放，尚应藏内再拣一员。等因。查藏内现署噶布伦敦珠泽旺，随臣和琳办事已有数月，诚实勤慎，可以胜任。臣和琳因赴后藏催趱粮饷，一面知会臣鄂辉，一面令臣孙士毅咨商达赖喇嘛。据达赖喇嘛复称，以上四员，均能办事，可以补放。等因。随即会札饬委工噶班觉等补授噶布伦四缺，以便将一切事宜，责成赶紧办理，理合缮折具奏。

再，查向来藏内陈奏事件，例用清字，臣和琳、臣鄂辉现在后藏及宗喀一带，此折系臣孙士毅主稿，是以用汉字缮写，合并声明，伏乞皇上睿鉴。谨奏。

乾隆五十七年九月初三日奉朱批：即有旨，钦此。

（一史馆藏军机处录副奏折）

乾隆五十七年（1792）十一月二十一日

福康安等奏酌拟卫藏善后章程六款折（节略）

一、藏内大小番目缺出应行定立等级，统归驻藏大臣会同达赖喇嘛秉公拣选也。

查噶布伦、戴琫等缺，向虽由驻藏大臣奏补，然只系达赖喇嘛酌量补放，交驻藏大臣具奏。至其余商上仔琫、商卓特巴、业尔仓、协尔帮、希约第巴、朗仔辖、密本第巴，噶厦中译、小中译卓尼尔，及各寨落大小营官，系噶布伦等酌拟数人，由达赖喇嘛挑定，驻藏大臣并不过问。大缺营官，尚由达赖喇嘛与驻藏大臣发给执照，小缺营官，并无驻藏大臣给照之例。是以向来大小番目迁转补放，毫无等级。即如商卓特巴、营官等缺出，或于布达拉商上及噶厦公所当差之人挑补，或以并未当差之闲散人等补放。至噶布伦之缺，本应以戴琫升补，或有径由大族子弟补放者。戴琫之缺，本应以营官升补，亦有将戴琫年齿幼小之子弟径行补放者。杂乱参差，不成体制，甚或营求贿嘱，其弊无穷。查噶布伦办理一切事务，戴琫管领番兵，商上仔琫、商卓特巴系总司出纳，以上各缺，尤关紧要，不可越次补放，启躐等幸进之弊。即大缺、边缺营官，管理地方番民，事务较繁，亦不应以未经历练之人充补。今请核定等级层次：遇有噶布伦缺出，于戴琫及商上仔琫、商卓特巴内，择其才具优长、著有劳绩者，驻藏大臣会同达赖喇嘛拣选二员，拟定正陪，奏请补用，内有喇嘛噶布伦一缺，于大堪布喇嘛内拣选正陪奏补；戴琫缺出，先尽新设管领番兵之如琫内拣选，如一时不得其人，再以边缺营官内拣选，亦会同拟定正陪二员，奏请补用，候旨遵行，不得仍沿旧习，率用本不管兵之番目，致误操防；商上仔琫、商卓特巴缺出，以管放众番目口粮业尔仓、管理刑名之协尔帮、噶厦办事之大中译及济仲喇嘛升补；其业尔仓、协尔帮缺出，以管理布达拉一带番民之希约第巴、管理拉撒番民之朗仔辖密本、管达赖喇嘛马厂之达本升补；其希约第巴、密本、达本缺出，以大缺、边缺营官及噶厦卓尼尔升补，查业尔仓、希约第巴两项，向有喇嘛者，亦准挑选喇嘛补用；大中译缺出，以小中译、噶厦卓尼尔升补；大缺、边缺营官缺出，以小缺营官调补及小中译补放；其管兵甲琫番目，亦准调补边缺营官，惟小缺各营官，始准于东科尔及喇嘛内拣选补用。所有营官缺分，应行详悉查明大缺、边缺、小缺，写立册档存案，以便遵守。其喇嘛补放营官者，多系达赖喇嘛随侍之人，因其勤劳年久，不能远离左右，酌量派管地方，借资养赡，虽难一概禁绝，然亦须由驻藏大臣另派妥干之人前往署理，该喇嘛营官不得私行派人前往代办，致滋弊端。噶厦小中译、卓尼尔虽系小番目，但随同噶布伦办理事务，亦关紧要，应拣选东科尔心地明敏者挑补。现在前藏商上新铸银钱，应专派铸钱仔琫二名，济仲喇嘛二名，以专责成。以上各缺，均由驻藏大臣会同达赖喇嘛挑选。如达赖喇嘛徇私不公，准驻藏大臣驳正，秉公拣补。除噶布伦、戴琫奏明补用外，其余若一一请旨，不免繁琐，应请由驻藏大臣会同达赖喇嘛，发给清汉字、番字印照为据。所有噶布伦、戴琫以下管事各头目，管地方各营官，均系会同按等补放，已足以杜绝弊端。此外若管草、管门、管糌粑、管帐房第巴及管牛羊厂头人等缺，俱属无关紧要，应听达赖喇嘛自行拣补。至札什伦布管事者，皆系喇嘛，向来升转亦无等级。嗣后商卓特巴缺出，以岁琫喇嘛、森本喇嘛升补；岁琫缺出，以济仲喇嘛升补；森本缺出，以传事之卓尼尔升补，不准越次补放。札什伦布所属寨落较少，并无边界紧要之缺，俱仍照向例挑补。所有后藏之商卓特巴、岁琫、森本各大缺，及管地方营官，均照前藏之例，由驻藏大臣会同班禅额尔德尼补放给照。其余各缺，不过管理茶叶、柴草等事，极为琐屑，俱非紧要，应听自行补放。如此明定等差，秉公拔补，以次升转，庶大小番目皆能得人，营求贿嘱之弊，均可不杜自绝。

一、达赖喇嘛、班禅额尔德尼族属一概不准管事以杜弊端也。

向来达赖喇嘛等亲属人等，每多亲近管事。即如前此达赖喇嘛之叔阿古拉，班禅额尔德尼之父巴勒丹敦珠布，私行定议说和。而达赖喇嘛弟兄罗布藏根敦札克巴等，倚借声势，妄为滋事，均属不安本分，弊窦丛生。嗣后大小番目及前后藏管事喇嘛需人，均不得以达赖喇嘛、班禅额尔德尼族属挑补，搀越管事。应俟达赖喇嘛、班禅额尔德尼转世后，仍准将前辈亲族量材录用，以杜弊端，以昭公允。

（一史馆藏宫中朱批奏折，全文见前。）

乾隆五十七年（1792）十一月二十二日

上命军机大臣传谕福康安、孙士毅、和琳、惠龄曰："昨据侍卫安禄等将丹津班珠尔等解到，当令军机大臣详悉询问，其所供许银说和各情节大略俱已明悉。前此藏内两次滋事，皆由达赖喇嘛诸事惟听左右近侍亲族及噶布伦等专擅，率意径行，以致屡生事端。向来噶布伦缺出，达赖喇嘛皆于东科尔家道殷实内挑补，往往遗〔贻〕误公事。噶布伦系承办藏务之人，必须论其才干能否办事方可拔补，岂得专取世族及家赀丰裕者滥行补用？若不论其贤否，而辄以世家富户充补，是犹内地世族、盐商、大贾俱可擢用显秩，有是理乎？前已节次降旨，遇有噶布伦缺出，令驻藏大臣与达赖喇嘛秉公拣选奏请补放，惟视其才具之优长，不在世族家道之贫富，方为公当。但此项噶布伦，现在询之丹津班珠尔，据称每年并无得项，惟商上给与糌粑、酥油等项，亦无定额。其噶布伦内有官爵职衔者，向由理藩院发给银两、俸缎。等语。噶布伦等既在藏办事，岂无用度。其有官爵职衔者，每年只藉商上酌给糌粑、酥油，该噶布伦等或藉称用度不敷，借端婪索，皆所不免，立法未为允协。福康安等当商之达赖喇嘛，或于商上空闲地亩内酌量拨给所收稞麦，分给若干，作为定额，如回疆阿奇木伯克之例，俾该噶布伦办公有资，无可藉口。自酌定得项后，如噶布伦等再有借端婪索之事，即可将伊治罪示惩，办理方为妥善。再，藏内设立噶布伦四缺，原俱系从民人内挑补，嗣经班第奏明参用喇嘛一人，由商上毕七克齐四人内择其有才具者充补。但此等喇嘛噶布伦，讯据丹津班珠尔称，不过管理达赖喇嘛零星事件，其藏内应办事件俱系番民挑补之噶布伦管理。等语。是噶布伦喇嘛一缺，并不得力。而该喇嘛与达赖喇嘛亲近，易于进言。若达赖喇嘛能知大体，尚不致为其所惑；如系庸懦无识者，惟其言是听，遇有缺出，即可将伊亲族徇私充补，诸弊丛生，似与藏务无益。现在喇嘛噶布伦一缺，已据孙士毅、和琳奏明，照例将扎萨克喇嘛坚巴多布丹补授，此时亦无庸更换，俟将来该喇嘛噶布伦出缺时，竟当于番民内挑补，将喇嘛充当噶布伦之处永远停止。以上二条，著福康安等于办理善后章程内一并议入。若此旨到时，福康安已启程，即交驻藏大臣遵办。”

（《钦定廓尔喀纪略》卷四六）

乾隆五十七年（1792）十二月二十八日

阿桂等遵旨议奏福康安等酌定善后事宜各条折（节略）

一、藏内大小番目缺出应定立等级，统归驻藏大臣会同达赖喇嘛秉公拣放一款。

据福康安等称：“向来大小番目迁转补放，毫无等级，弊窦丛生。请嗣后噶布伦缺出，于戴琫及商上仔琫、商卓特巴内择其才具优长、著有劳绩者，驻藏大臣会同达赖喇嘛拣选二员，拟定正陪，奏请补用；其喇嘛噶布伦一缺，于大堪布喇嘛内拣选正陪奏补；戴琫缺出，先尽新设管领番兵之如琫内拣选，如一时不得其人，再以边缺营官内拣选奏补；其商上仔琫商卓特巴缺出，以业尔仓、协尔帮、大中译及济仲喇嘛升补；业尔仓、协尔帮缺出，以希约第巴、朗仔辖密本、达本升补；其希约第巴、密本、达本缺出，以大缺、边缺营官及噶厦卓尼尔升补；查业尔仓、希约第巴两项向有喇嘛者，亦准挑选喇嘛补用；大中译缺出，以小中译、噶厦卓尼尔升补；大缺、边缺营官缺出，以小缺营官调补及小中译补放；其管兵甲琫番目，亦准调补边缺营官，惟小缺各营官始准于东科尔及喇嘛内拣选补用。”等语。

查，藏内设立噶布伦四缺，原俱系从黑人内挑补，嗣经班第奏明添用喇嘛一人，由商上毕七克齐四人内择其有才具者充补，此后俱相沿办理。本年十一月内钦奉谕旨，此等喇嘛噶布伦，讯据丹津班珠尔称，不过管理达赖喇嘛跟前零星事件，其藏内应办事务俱系黑人噶布伦管理，是噶布伦内喇嘛一缺并不得力，而该喇嘛与达赖喇嘛亲近，易于怂恿，遇有缺出，即可将伊亲族徇私充补，诸弊丛生，于藏务无益。现在喇嘛噶布伦一缺，前已据孙士毅、和琳奏明，照例将扎萨克喇嘛坚巴多布丹补授，此时无庸更换，俟将来该喇嘛噶布伦出缺时，当于黑人内挑补，将喇嘛充当噶布伦之例停止，并著福康安等于善后章程内一并议入。现在福康安等具奏时尚未接到前奉谕旨，是以奏请将喇嘛噶布伦一缺于大堪布喇嘛内拣选奏补，今应令其遵前奉谕旨办理。所有福康安等奏请将喇嘛补用噶布伦之处，应毋庸议。其余大小番目缺出，定立等级，统归驻藏大臣会同达赖喇嘛秉公拣选、奏请补放之处，均应如福康安等所奏办理。又据福康安等奏："营官缺分，应令驻藏大臣详悉查明大缺、边缺、小缺，写立册档存案，以便遵守。其喇嘛补放营官者，多系达赖喇嘛随侍之人，因其勤劳年久，不能远离左右，酌量派管地方，藉资养赡，仍须由驻藏大臣另派妥干之人前往署理，该喇嘛营官不得私行派人前往代办。噶厦小中译卓尼尔随同噶布伦办事，亦关紧要，应拣选东科尔心地明白者挑补。现在前藏商上新铸银钱，应专派铸钱仔琫二名，济仲喇嘛二名，以专责成。"等语。亦应如福康安等所奏办理。其大小各缺，均应由驻藏大臣会同达赖喇嘛挑选。如达赖喇嘛徇私不公，准驻藏大臣驳正，秉公拣补。除噶布伦、戴琫奏明补用外，其余各缺，应由驻藏大臣会同达赖喇嘛发给清汉字、番字印照为据。至管草、管门、管糌粑、管帐房第巴及管牛羊草厂头人等缺，应听达赖喇嘛自行拣补。又，札什伦布管事者，皆系喇嘛，向来升转亦无等级。嗣后商卓特巴缺出，以岁琫喇嘛、森本喇嘛升补；岁琫缺出，以济仲喇嘛升补；森本缺出，以传事之卓尼尔升补，不准越次补放。札什伦布所属寨落较少，并无边界紧要之缺，俱仍照向例挑补。所有后藏之商卓特巴、岁琫、森本各大缺，及管地方营官，均照前藏之例，由驻藏大臣会同班禅额尔德尼补放给照，其余各缺不过管理茶叶、柴草等事，并非紧要，应听自行补放，仍禀知驻藏大臣注册存档，以凭考核。均应如所奏办理。

一、达赖喇嘛、班禅额尔德尼族属一概不准管事一款。

据福康安等奏："向来达赖喇嘛、班禅额尔德尼亲属人等，每多亲近管事，倚势妄为，均属不安本分，弊窦丛生。嗣后大小番目及前后藏管事喇嘛需人，均不得以达赖喇嘛、班禅额尔德尼族属挑补，搀越管事。"等语。

查，大小番目及前后藏管事喇嘛，均有弹压稽查之责，若听达赖喇嘛、班禅额尔德尼族属挑补，难保无倚势妄为情事。从前阿古拉、巴勒丹敦珠布及罗布藏根敦札克巴等滋生事端，即其明证。应如所奏，嗣后大小番目及管事喇嘛，均不得于达赖喇嘛、班禅额尔德尼族属内挑补，以杜弊端。至所称达赖喇嘛、班禅额尔德尼转世后仍准将前辈亲族量材录用之处，亦应如所奏办理，临时再交驻藏大臣看其才具酌量录用，以昭平允。

（一史馆藏宫中朱批奏折。全文见前。）

乾隆五十七年（1792）十二月辛卯

军机大臣等议复，大学士两广总督福康安等奏《筹酌善后章程》：……

一、大小番目，应立定等级拣放。查噶布伦办理一切事务，戴绷管领番兵，商上孜绷、商卓特巴总司出纳，缺关紧要，不可越次补放。即各缺营官，管理番民，亦应拣选充补。请嗣后噶布伦缺出，于戴绷及商上孜绷、商卓特巴内，由驻藏大臣会同达赖喇嘛拣选正陪奏补。商上孜绷、商卓特巴缺出，以管放口粮之业尔仓、管理刑名之协尔帮、噶厦办事之大中译及孜仲喇嘛升补。业尔仓、协尔帮缺出，以管理布达拉番民希约第巴、管拉撒番民朗仔辖密本、管达赖喇嘛马厂达本升补。希约第巴、密本、达本缺出，以大缺、边缺及噶厦卓尼尔升补。大中译缺出，以小中译、噶厦卓尼尔升补。大缺、边缺营官，以小缺营官调补及小中译补放。唯小缺各营官，始准于东科尔及喇嘛内拣补。其业尔仓、希约第巴两项，向有喇嘛者，仍准挑补。前藏商上铸钱，应专派铸钱孜绷、孜仲喇嘛各二名办理。均由驻藏大臣会同达赖喇嘛挑选，发给清汉字、番字印照。至扎什伦布管事皆系喇嘛，其商卓特巴缺出，以绥绷喇嘛、森本喇嘛升补。绥绷缺出，以孜仲喇嘛升补。森本缺出，以传事卓尼尔升补。其余寨落小缺，仍照向例。所有后藏商卓特巴缺出、森本各大缺及管地方营官，均照前藏例，由驻藏大臣会同班禅额尔德尼补放。

一、大小番目及前后藏管事喇嘛，均不得以达赖喇嘛、班禅额尔德尼族属挑补。

（《高宗实录》卷一四一九）

乾隆五十八年（1793）正月初八日

臣福康安、孙士毅、和琳、惠龄跪奏，为钦奉上谕，恭折复奏事。

窃臣等钦奉谕旨：向来噶布伦缺出，皆于仲科尔家道殷实内挑补，往往贻误公事。前已降旨，遇有噶布伦缺出，令驻藏大臣与达赖喇嘛秉公拣选奏补。惟视其才具之优长，不在世族家道之贫富，方为公当。但此项噶布伦，每年只藉商上酌给糌粑、酥油，又无定额，或借称用度不敷，借端婪索。福康安等当商之达赖喇嘛，于商上空闲地亩内酌量拨给。

再，噶布伦四缺，原俱系黑人挑补，嗣经班第等奏明，参用喇嘛一人，由商上毕七克齐内充补。但此等喇嘛噶布伦，讯据丹津班珠尔称，不过管理达赖喇嘛前零星事件，藏内应办之事俱系黑人，是喇嘛一缺并不得力，而该喇嘛与达赖喇嘛相近，易于进言，似与藏务无益。现在喇嘛噶布伦一缺，已据孙士毅、和琳奏明，将坚巴多布丹补授，此时毋庸更换，俟将来缺出时，竟当于黑人内挑补，将喇嘛噶布伦之处永行停止。等因。钦此。

查，藏内番目，向来迁转毫无等级，噶布伦缺出，或径由世族子弟未当差之仲科尔袭充此职，甚或殷实之户任意营求贿嘱，（朱批：可笑）其弊无穷。前经臣等奏明，定立等级，由驻藏大臣会同达赖喇嘛量才拔补，不准超越，不准袭充，从此积弊一清，自可收得人之效。（朱批：自当如此）至充当噶布伦之人，向来多由达赖喇嘛给与房屋田产，并非仅支糌粑、酥油，殷实之户不复拨给，丹津班珠尔充当噶布伦时，亦未另给房产。

臣等查办善后章程案内，因噶布伦、戴琫多将官拨房户据为己有，每遇出缺，亦不交还接手之人。是以臣等于应议条款折内奏明，由臣和琳与济咙呼图克图确切查明，凡前任噶布伦、戴琫等，因补放噶布伦、戴琫时，例得达赖喇嘛拨给寨落庄田，俱令交出，俾现任之人办公有资，以杜借端婪索之弊。嗣后随任交代，永为定例。

再，噶布伦等四缺内，喇嘛一缺向来补放亦无等级。商上毕七克齐，藏内番语称为中译，虽在商上办事，职分尚不甚大，径放噶布伦，实属躐等。是以臣等奏定章程内，凡喇嘛噶布伦缺出，须以大堪布喇嘛先补，不得超越倖进，亦经奏明在案。

查，喇嘛噶布伦同众噶布伦一体办理公事，所有达赖喇嘛前零星事件，另系堪布、岁琫、森本等喇嘛管理，并非喇嘛噶布伦职任。但该喇嘛与达赖喇嘛，平日究属声息相通，易于进言，日久未免滋弊。现在喇嘛噶布伦坚巴多布丹，人颇明白，早经臣孙士毅、臣和琳循例奏补，应遵旨毋庸更换，仍交驻藏大臣衙门存记。（朱批：是）俟将来坚巴多布丹出缺时，即于番目内拣选充补，毋庸参用喇嘛。所有布达拉喇嘛等，除业尔仓、希约第巴、营官向有喇嘛充补数缺，仍照前奏按次补用外，其余只准在布达拉及大小寺庙循照向例充当大小职事喇嘛，将拣补噶布伦之例永行停止。

所有遵议缘由，理合恭折具奏，伏乞皇上睿鉴。谨奏。

（一史馆藏宫中朱批奏折）

整顿和法定官制

二十九条章程的有关规定

（十）驻藏大臣督办藏内事务，应与达赖喇嘛、班禅额尔德尼平等，共同协商处理政事，所有噶论以下的首脑及办事人员以至活佛，皆是隶属关系，无论大小都得服从驻藏大臣。扎什伦布的一切事务，在班禅额尔德尼年幼时，由索本堪布负责处理，但为求得公平合理，应将一切特殊事务，事先呈报驻藏大臣，以便驻藏大臣出巡到该地时加以处理。

（十一）噶伦发生缺额需要补任时，从代本、孜本、强佐中考察各人的技能及工作成绩，由驻藏大臣和达赖喇嘛共同提出两个名单，呈报大皇帝选择任命。噶伦喇嘛之缺额，从大堪布中提名呈请委任。代本之缺额从如本中升迁，或从边界宗本中提出两个名单，呈请选择委任。孜本和强佐之缺额，由业仓巴、协邦（管理刑事者）、噶厦大秘书、孜仲喇嘛（僧官）中选任。业仓巴和协邦之缺额，由雪第巴、拉萨米本、达本中选任。雪第巴、拉萨米本、达本之缺额，由各地宗本及噶厦仲尼（交际人员）中委任。业仓巴和雪第日之僧官缺额，从各大寺喇嘛中挑选委任。大秘书之缺额，由小秘书及噶厦仲尼中委任。大宗及边宗宗本之缺额，由小宗宗本中委任。小秘书之缺额，由武官甲本及其他适当人员中委任。各边宗及小宗宗本之缺额，由普通职员中委任。过去各宗之僧官宗本，都由达赖喇嘛的随从中委任，他们多不能亲自到宗任职，而派代理人前往，这些代理人难免不发生贪污敲诈情事，因此今后所有代理人均由驻藏大臣选派，不能由孜仲喇嘛私自委派。噶厦的小秘书及仲尼，其职位虽小，但经常和噶伦一处工作，不谓不重要，所以须从俗官中挑选能力较强者充任之。最近改组造币厂，委任两个孜本和两个孜仲为管理人，如该人员发生缺额时，须由达赖喇嘛和驻藏大臣协商选任。所有以上人员，除噶伦和代本须呈请大皇帝任命外，其余人员可由驻藏大臣和达赖喇嘛委任，并发给满、汉、藏三种文字的执照。噶伦、代本以下人员和各个宗本，今后均按上述规定逐级升迁，不得逾规乱为。至于草官、卫士、糌粑管理人、帐篷管理人等，无关重要，可由达赖喇嘛自行委派。

扎什伦布的工作人员，都是僧人，过去没有规定品级，多少也不一定。今后强佐出缺时，须由索本喇嘛（管饮食者）和森本喇嘛（管寝室者）中补任，索本出缺时，从孜仲中补任，森本出缺时，从仲尼中补任，不得随意升迁。扎什伦布辖区内村落较少，各边地亦无重要之宗、谿。所有强佐、索本、森本及家本等，须依前藏之制度，由班禅额尔德尼和驻藏大臣协商委任。至于管理酥油、糌粑、柴火等零碎事务之无关重要人员，可依其技能之优劣，由班禅额尔德尼自行选任。关于乌拉等之派遣可依照旧例行之。

（十二）达赖喇嘛和班禅额尔德尼周围的随从官员，过去都是他们的亲属，如达赖喇嘛的叔父和班禅额尔德尼的父亲班丹团主，都是私人升任，又如达赖喇嘛之胞兄洛桑格登主巴，依仗势力多行不法。今后应依西藏各阶层及扎什伦布僧俗人民之愿望，在达赖喇嘛和班禅额尔德尼在世时，其亲属人员不准参预政事。达赖、班禅圆寂后，如果还有亲属，可以根据他们的技能给予适当的职务。

（十六）边界地区与外方连接，对于当地人民之管理，来往行人之检查，都属重要事务。过去知能较强之宗本多留拉萨供职，而派知能较弱之宗本前去边界，难免耽误事情。今后边宗宗本均由小宗本及军队头目中选派，任满三年后考查成绩，如果办理妥善，驾驭得宜，记名以代本等缺升用；倘办理不善，立即革退。

（十七）西藏过去委任大小职务，均在贵族中选任，平民完全无份。自今新立规章，凡普通士兵如有知能较强并有战斗能力者，虽非贵族亦得升任定本甚至逐级升至代本。其他一切官职，可依旧例从贵族中派任，但如年龄过幼，亦不宜担任官职。因此，规定小秘书、噶厦仲尼、小宗本等，年满十八岁之贵族子弟始可派任。

（十八）堪布为各寺院之主脑，应选学问渊博、品德良好者充任之，近查各大寺之活佛，拥有很多庄园，并因享有群众信仰，所献贡物者很多，再加经商谋利，贪财好货，甚不称职。现规定今后各大寺堪布活佛人选，得由达赖喇嘛、驻藏大臣及济咙呼图克图等协商决定，并发给加盖以上三人印章的执照。至于各小寺堪布活佛之人选，可依原例由达赖喇嘛决定。

（全文见前）

历朝《大清会典》的有关规定

凡封爵……西藏：辅国公三人、一等台吉一人、噶卜伦四人（内一人即以辅国公为之）、代赉五人、第巴三人、堪布一人。

（乾隆《大清会典·理藩院》）

西藏，有札萨克衔辅国公一人。

西藏，有札萨克衔一等台吉一人

其非札萨克及加衔之一、二、三、四等台吉不具列。受封者按等给以册、诰、章服、仪卫，及有爵者之子弟分别给衔。札萨克一等台吉以上分别生身、熟身引见，闲散台吉皆具题给爵如内札萨克。

外札萨克之爵，旧例不世袭，出缺时或降袭或否，奏闻定夺。唯雍正九年封唐古特闲散辅国公一人，世袭罔替。乾隆四十六、四十七、四十八年，高宗纯皇帝令追考勋勤，覃敷恩锡，于是袭爵之制，一如内札萨克。

唐古特札萨克衔一等台吉，于雍正六年封今爵。唐古特札萨克衔辅国公，先于雍正八年封札萨克一等台吉，九年晋封今爵。

西藏札萨克衔辅国公一人，始封曰珠尔墨特策布登，为颇罗鼐子；又札萨克衔台吉一人，始封曰诺颜和硕齐，为颇罗鼐弟，又闲散辅国公一人，始封曰噶锡巴纳木札勒色布腾，为康济鼐从子，皆唐古特人，其世系均未详。每届十年奏修家谱一次，撤旧册进新册，如内札萨克。

（嘉庆《大清会典·理藩院》）

前后藏唐古特官、喇嘛官，初由达赖喇嘛、班禅额尔德尼自署。其大者如噶布伦，亦由达赖喇嘛选定后，始移交驻藏大臣具奏。乾隆五十九年乃定官制，自三品至七品给与顶戴，前藏官缺出，驻藏大臣会同达赖喇嘛选补，后藏官缺出，会同班禅额尔德尼选补。

前藏唐古特官：三品噶布伦四人；四品仔琫三人，商卓特巴二人；五品业尔仓巴二人，朗仔辖二人，协尔帮二人，硕第巴二人；六品达琫一人，大中译二人，卓尼尔三人；七品小中译三人，司门第巴三人，司糌粑第巴二人，司草第巴一人，司薪第巴二人，司帐第巴二人，司牛羊第巴三人。噶布伦为总办藏务之官，仔琫、商卓特巴为商上办事之官，凡喇嘛谓库藏出纳之所曰“商上”。业尔仓巴为管粮之官，朗仔辖为管街道之官，协尔帮为管刑名之官，硕第巴为管理布达拉一带番民之官，达琫为司马厂之官，大中译、卓尼尔、小中译为噶厦办事之官，噶布伦议事之所曰“噶厦”；又，管兵之官，四品戴琫六人，五品如琫十二人，六品甲琫二十四人，七品定琫一百二十人；又，分理地方之官，五品边营官二十三人，大营官十九人，六品中营官五十九人，七品小营官二十五人。

后藏唐古特官：有五品大营官四人，六品中营官十七人，七品小营官十六人。

以上各唐古特官内，亦有以喇嘛充补者，则不给顶戴。喇嘛官，前藏有商上及噶厦办事之济仲喇嘛，后藏有岁琫喇嘛。森本喇嘛、济仲喇嘛、卓尼尔喇嘛等缺，皆不给顶戴。

西藏称唐古特世家子弟曰东科尔。先是唐古特官皆用东科尔，率以稚齿躐等登进，其余唐古特除拔补定琫之外，不能再有升转。乾隆五十八年乃定制，非东科尔出身者，亦准由定琫升至戴琫。其东科尔年十八以上，始准选用卓尼尔、小中译、小营官等缺，视其才能再加擢用。道光年间，赏给业尔仓巴四品顶戴，达琫五品顶戴，著为定额。又增设曲木多寺等处四品番目营官一人，六品番目营官、七品番目营官各三人。

前藏：乃东营、琼结营、贡噶尔营、仑孜营、桑昂曲宗营、工布则冈营、江孜营、昔孜营、协噶尔营、纳仓营，凡十营，为大营；洛隆宗营、角木宗营、打孜营、桑叶营、巴浪营、仁本营、仁孜营、朗岭营、宗喀营、撒噶营、作冈营、达尔宗营、江达营、古浪营、沃卡营、冷竹宗营、曲水营、突宗营、僧宗营、杂仁营、茹拖营、锁庄子营、夺营、结登营、直谷营、硕般多营、拉里营、朗营、沃隆营、墨竹宫营、卡尔孜营、文扎卡营、辖鲁营、策堆得营、达尔玛营、聂母营、拉噶孜营、岭营、纳布营、岭喀尔营、错朗营、羊八井营、麻尔江营，凡四十三营，为中营；雅尔堆营、金东营、拉岁营、撒拉营、浪荡营、颇章营、扎溪营、色营、堆冲营、汪垫营、甲错营、拉康营、琼科尔结营、蔡里营、曲隆营、扎称营、折布岭营、扎什营、洛美营、嘉尔布营、朗茹营、里乌营、降营、业党营、工布塘营，凡二十五营，为小营；江卡营、堆噶尔本营、喀喇乌苏营、错拉营、帕克里营、定结营、聂拉木营、济咙营、官觉营、补人营、博窝营、工布硕卡营、绒辖尔营、达巴喀尔营，凡十四营，为边营。

后藏：拉孜营、练营、金龙营，凡三营，为大营；昂忍营、仁侵孜营、结侵孜营、帕克仲营、翁贡营、干殿热布结营、托布甲营、里卜营、德庆热布结营、央营、绒错营、葱堆营、胁营、干坝营，凡十四营，为中营；彭错岭营、伦珠子营、拉耳塘营、达尔结营、甲冲营、哲宗营、擦耳营、晤欲营、碌洞营、科朗营、扎喜孜营、波多营、达木牛厂营、冻噶尔营、扎苦营，凡十五营，为小营。

每营设营官或一人或二人，以分理各寨番民。

（光绪《大清会典·理藩院》）

光绪《钦定理藩部则例》有关条款

增纂

噶布伦、戴琫颁给敕书

西藏噶布伦、戴琫缺出，奉旨补授者，令其将旧领敕书送院查销，另行办给敕书。

修改

噶布伦以下各官给与顶戴

噶布伦准其戴用三品顶戴，毋庸给与扎萨克名号。四品戴琫以下各官，均按品级给与顶戴。其翎枝除恩赏外，不准戴用，非有军功，该大臣等亦不得滥行奏请。

续纂

后藏扎什伦布增设业尔仓巴等官

后藏扎什伦布旧设商卓特巴一人，增设四品虚衔业尔仓巴一人，四品虚衔小商卓特巴一人，五品虚衔管马达琫一人，作为定额，由驻藏大臣发给执照。出缺时，查照旧章拣选补放，不准私行挑补。

增纂

噶布伦等官房庄田随任交代

藏内噶布伦等拨给房屋庄田，照内地衙署廉俸之例，给现充之人居住管理。一经缺出，即行交代新任，不许稽迟。

增纂

达赖喇嘛、班禅额尔德尼族属不得搀越管事

大小番目及前后藏管事喇嘛，均不得以达赖喇嘛、班禅额尔德尼族属挑补，搀越管事。俟达赖喇嘛、班禅额尔德尼转世后，方准将前辈亲族量材录用，以昭公允。

（卷六一）

修改唐古忒属额设噶布伦以下各官

唐古忒属设：三品总理大小事务噶布伦四人。四品总理兵丁戴琫六人，稽查商上出纳仔琫三人，总理库务商卓特巴一人。五品管理兵丁如琫十二人，管理粮储业尔仓巴一人，管理拉撒番民朗仔辖二人，管理刑名协尔帮二人，管理布达拉番民希约第巴二人。六品管理兵丁甲琫二十四人，管理马匹达琫二人，噶厦办事大中译二人，卓尼尔三人。七品管理兵丁定琫一百二十人，噶厦办事小中译三人。管理门户第巴三人，管理糌粑第巴二人，管理草束第巴一人，管理柴斤第巴二人，管理帐房第巴二人，管理牛羊厂第巴三人。

五品边缺：江卡营官一人，堆噶尔本营官二人，哈拉乌苏营官一人、喇嘛营官一人，喇嘛营官不给顶戴，错拉营官二人，帕克哩营官二人，定结营官二人，聂拉木营官二人，济咙营官二人，官觉营官一人，补仁营官一人，博窝营官二人，工布硕卡营官一人，绒辖尔营官一人，达霸喀尔营官二人。

五品大缺：乃东营官二人，琼结营官二人，贡噶尔营官二人，仓孜营官二人，桑昂曲宗营官一人，喇嘛营官一人，工布则岗营官一人，江孜营官二人，昔孜营官一人、喇嘛营官一人，协噶尔营官一人、喇嘛营官一人，纳仓营官一人、喇嘛营官一人。

六品中缺：洛隆宗营官二人，角木宗营官一人，打孜营官一人，桑叶喇嘛营官一人，巴浪营官二人，仁本营官二人，仁孜营官二人，朗岭营官二人，宗喀营官二人，撒喀营官二人，作岗营官一人、喇嘛营官一人，达尔宗营官二人，江达营官一人，古浪营官一人，沃卡营官一人，冷竹宗喇嘛营官一人，曲水营官一人，夺宗营官一人，僧宗营官一人，杂仁营官一人，茹拖喇嘛营官一人，锁庄子营官一人、喇嘛营官一人，夺营官一人、喇嘛营官一人，结登喇嘛营官一人，直谷营官一人、喇嘛营官一人，硕板多营官二人，拉里喇嘛营官一人，朗营官一人，沃隆喇嘛营官一人，墨竹宫营官一人，卡尔孜营官一人，文扎卡营官一人、喇嘛营官一人，辖鲁喇嘛营官一人，策堆得喇嘛营官一人，达尔玛营官一人，聂母营官一人，拉噶孜营官一人、喇嘛营官一人，岭营官一人、喇嘛营官一人，纳布喇嘛营官一人，岭喀尔营官一人，朗错喇嘛营官一人，羊八井喇嘛营官一人，麻尔江喇嘛营官一人。

七品小缺：雅尔堆营官一人，金东喇嘛营官一人，拉岁营官一人，撒拉喇嘛营官一人，浪荡喇嘛营官一人，颇章营官一人，扎溪营官一人，色营官一人，堆冲营官一人，汪垫营官一人，甲错营官一人，拉康喇嘛营官一人，琼科尔结营官一人，蔡里营官一人，曲隆喇嘛营官一人，扎称营官一人，折布岭营官一人，扎什营官一人，洛美营官一人，嘉尔布营官一人，朗茹喇嘛营官一人，哩乌喇嘛营官一人，降喇嘛营官一人，业党喇嘛营官一人，工布塘喇嘛营官一人。

修改

补放噶布伦以下各缺

噶布伦缺出，驻藏大臣会同达赖喇嘛，于戴琫及商上仔琫商卓特巴内择其才具优长、著有劳绩者，拟定正陪，奏请补放。戴琫缺出，先尽新设管领番兵之如琫内拣选，如一时不得其人，再以边缺营官内拣选奏补。商上仔琫商卓特巴缺出，以业尔仓、协尔帮、大中译及济仲喇嘛升补。希约第巴、密本、达琫缺出，以大缺、边缺营官及噶厦卓尼尔升补。其业尔仓、希约第巴两项向有喇嘛者，亦准挑选喇嘛补用。大中译缺出，以小中译、噶厦卓尼尔升补。大缺、边缺营官缺出，以小缺营官调补及小中译补放。其管理兵丁甲琫番目，亦准调补边缺营官，惟小缺营官，始准于东科尔及喇嘛内拣选补用。所有营官缺分，详细分别大缺、边缺、小缺，造具册档，驻藏大臣存案办理。其喇嘛补放营官者，多系达赖喇嘛随侍之人，因其勤劳年久，不能远离左右，酌量派管地方，藉资养赡，由驻藏大臣另派妥协明干之人前往署理，该喇嘛营官不得私行派人代办。噶厦小中译、卓尼尔随同噶布伦办事，关系紧要，由东科尔拣选心地明白者挑补。至前藏商上铸造银钱，专派铸钱仔琫二名，济仲喇嘛二名，责成办理。

凡大小各缺，均由驻藏大臣会同达赖喇嘛挑选。如达赖喇嘛徇私不公，准驻藏大臣驳正，秉公拣补。除噶布伦、戴琫奏明补用外，其余各缺，由驻藏大臣会同达赖喇嘛发给清、汉、西番字印照为据。至管理柴草、门户、糌粑、帐房第巴及管理牛羊草厂头人等缺，悉听达赖喇嘛自行拣补。

增纂

增设戴琫以下各缺均按等第递开

藏内管兵番目，向设戴琫五人。于乾隆五十七年，添设戴琫一人，仍照旧制设立大小番目，逐层管束。于戴琫之下设立如琫十二人，每人管兵二百五十名。如琫之下设立甲琫二十四人，每人管兵一百二十五名。甲琫之下设立定琫一百二十人，每人管兵二十五名。与绿营兵丁一例，均由驻藏大臣会同达赖喇嘛，拣选年力精壮之人充补，给发委牌。倘敢废弛军律即行革退，并将本管番目从严惩治。遇有戴琫缺出，以如琫拔补，其余各缺，均择技艺娴熟、操防认真者，以次递升。至世家东科尔有情愿充当番兵及定琫兵目者，准其充伍，按次升用，不许躐等超越。番兵中如有材技出众之人，亦准按次擢用，升至戴琫，不得以非东科尔世家，阻其上进之路。

增纂

边缺营官三年更换

补放边缺营官，于小缺营官及管理兵马之甲琫番目内，择其干练者调补。如到任三年，果能办理妥善，驾驭得宜，即行更换调回记名，以戴琫等缺升用。如有办理不善者，即行革退。

增纂

东科尔及岁方准当差

几挑取办事番目，于东科尔内择其端详历练之人拔补，不准袭充伊祖、父职分。即挑取小中译、噶厦卓尼尔小缺营官等番目，亦必须年至十八岁以上者，方准当差，不得以幼小之人冒滥充数。

（卷六二）

《卫藏通志》有关记载

“番目”条

（原编者）谨案：卫藏番目，向例惟办事之噶布伦暨管兵之戴琫等，系由驻藏大臣拟定正陪，请旨补放，其余管辖地方之营官、职掌事务之第巴等，俱听商上自行拣用。自乾隆五十七年议定章程，并赏给顶带，分隶职司，俱由驻藏大臣主持升调，其品级考铨选法实与内地官阶无异。谨查明编纂，以昭遵守。

乾隆五十七年十一月，大学士、公福康安、大学士孙士毅、工部尚书和琳、四川总督惠龄等具奏，筹议卫藏章程内开：

一、藏内大小番目缺出，应行定立等级，统归驻藏大臣会同达赖喇嘛拣放也。查，噶布伦、戴琫等，向虽由驻藏大臣具奏，其余商上仔琫、商卓特巴、业尔仓巴、协尔帮、希约第巴、朗仔辖、密本第巴、噶厦中译、小中译、卓尼尔、各寨落大小营官，系噶布伦等酌拟数人，由达赖喇嘛挑定，驻藏大臣并不过问。大缺营官尚由达赖喇嘛与驻藏大臣发给执照，小缺营官并无驻藏大臣给照之例，是以向来大小番目迁转补放，毫无等级，即如商卓特巴、营官等缺出，或于布达拉商上、噶厦公所当差之人挑补，或以并未当差之人闲散人等放补。至噶布伦之缺，本应以戴琫升补，或有径由大族子弟补放者。戴琫之缺本应以营官升补，亦有以戴琫年齿幼小之子弟补放者，杂乱参差，不成体制。甚或营求贿嘱，其弊无穷。查，噶布伦等办理一切事务，戴琫管理番兵，商上仔琫、商卓特巴系总司出纳，以上各缺尤关紧要，不可越次补放。启躐等幸进之弊。即大缺、边缺营官管理地方番民事务较繁，亦不应以未经历练之人充补。今请核定品级层次，遇有噶布伦缺出，于戴琫及商卓特巴、仔琫内，择其才具优长者、著有劳绩者，驻藏大臣会同达赖喇嘛拣选二员，拟定正陪，奏请补用。戴琫缺出，先尽新设管领番兵之如琫内拣选，如一时不得其人，再以边缺营官内拣选，亦会同达赖喇嘛拟定正陪二员，具奏请补，候旨遵行，不得仍前旧习，率用本不管兵之番目，致误操防。商上仔琫、商卓特巴缺出，以管放众番目口粮之业尔仓巴、管理刑名之协尔帮、噶厦办事之大中译及济仲喇嘛升补。其业尔仓巴、协尔帮缺出，以管理布达拉一带番民希约第巴、管理拉撒番民之朗仔辖密本、管达赖喇嘛马厂之达本升补。其希约第巴密本缺出，以大缺边缺营官调补，及噶厦卓尼尔升补。查业尔仓、希约第巴两项内有喇嘛者，亦准挑选喇嘛补用。大中译缺出，以小中译、噶厦卓尼尔升补。大缺营官缺出，以小缺营官调补，及小中译补放。其管兵甲琫亦准调补边缺官。惟小缺各营官，始准于东科尔及喇嘛内拣选补用。所有营官缺分，应行详悉查明大缺、边缺、小缺，写立册档存案，以便遵守。其喇嘛补放营官者多系达赖喇嘛随侍之人，因其勤劳年久，不能远离左右，酌量派管地方，藉资养赡，虽难一概禁绝，然亦须由驻藏大臣另派妥干之员前往，该喇嘛营官不得私行派人前往，致滋弊端。噶厦小中译、卓尼尔虽系小番目，随同噶布伦办理事务亦关紧要，应拣选东科尔心地明敏者挑补。以上各缺，均由驻藏大臣会同达赖喇嘛挑选。如达赖喇嘛徇私不公，准驻藏大臣驳正，秉公拣补。除噶布伦、戴琫奏明补用外。其余若一一请旨，不免烦琐，应请由驻藏大臣会同达赖喇嘛给发清汉字、番字印照为据。所有噶布伦、戴琫以下管事各头目，管地方各营官，均系按等补放，已足杜绝弊端。此外，如管门、管草、管糌粑、管帐房、管牛羊厂头人等缺，均无关紧要，应听达赖喇嘛自行拣补。至札什伦布管事者，皆系喇嘛，向来升补调转，亦无等级。嗣后，商卓特巴缺出，以岁琫喇嘛、森本喇嘛升补。岁琫缺出，以济仲喇嘛升补。森本缺出，以传事卓尼尔升补。不准越次补放。至札什伦布所属寨落较少，并无边界要紧之缺，俱仍照向例挑补。所有后藏之商卓特巴、岁琫、森本各大缺及管地方营官，均照前藏之例，由驻藏大臣会同班禅额尔德尼补放给照。其余各缺，不过管茶叶、柴草等事，极为琐屑，俱非紧要，应听班禅额尔德尼自行补放。如此明定等差，秉公拔补，以次升转，庶大小番目皆能得人，营求贿嘱之弊，自可不杜自绝。

十二月　又具奏：

边界营官，向俱用庸劣营官充补，是以办理均未妥协。嗣后，应拣选妥干之员补放，并应用内地边俸之例，酌定年限升擢，以示鼓励也。查边界地方与外番接壤，约束番民，稽查出入，最关紧要，必须精明强干之员，方足胜任。向来稍能办事营官，因边界气候恶劣，冰雪较早，皆愿在前藏当差，惮于远涉，将冗阘无能者滥行派往，以致办理诸事，每多弊窦。嗣后，补放边缺营官，于小缺营官及管兵之甲琫番目内，择其干练者调补。如果到任三年，办理妥善，驾驭得宜，即行更换、调回，记名以戴琫等缺升用。倘有办理不善之处，立即革退，不可稍事姑容。如此惩劝有方，番目皆知奋勉，亦永资绥靖矣。

一、严禁袭充番目之弊，以励人材也。查西藏世家子弟称为东科尔，凡遇挑取大小番目，必于东科尔中通书算者补放，其余番民中即有妥干之人并无进身之路，间或拔补定琫小头目，亦不能再有升转。虽番民积习相沿，悉皆推重世家，各安本分，尚无觖望，而若辈以门第相高，彼此接引，躐等超迁，势将无所底止。臣等查核东科尔子弟不下数千人，势难一时更张旧制，转致人心未协，前已酌定章程，如充当兵丁之番民果能奋勇出力、技艺娴熟，即非东科尔出身，亦准由定琫洊擢至戴琫。其余办事之番目等，仍于东科尔内拣其端谨历练之人，按等补用，但不准袭充伊祖、父职分，以致冒滥过甚。即按取小中译、卓尼尔、小缺营官等番目，亦须年至十八岁以上方准当差，不得以幼小之人应名充数，致滋冒滥。

（卷七）

番目

一、噶布伦四名，每名每年支俸银一百两，大缎四匹。戴琫六名，每年支俸银五十两，大缎二匹。由驻藏大臣衙门造具名册，咨送理藩院移咨户部支领。如有升革事故，一并咨报理藩院查核。

一、噶布伦、戴琫等例得达赖喇嘛拨给寨落庄田，一经缺出，即查明交代与新任接手之人收管，以资办公，毋得据为已有。

一、噶布伦系三品顶带，戴琫、仔琫、商卓特巴系四品顶带，边缺营官、大缺营官、如琫、业尔仓巴、协尔帮、朗仔辖、希约第巴系五品项带，中缺营官、甲琫、达琫、噶厦大中译、卓尼尔系六品顶带，小缺营官、定琫、噶厦小中译、管门、管草料、管糌粑、管帐房、管柴薪、管牛羊厂之各第巴系七品顶带。

一、应赏顶带缺内，有喇嘛缺出，以喇嘛补放。俗人缺出，以俗人补放。每届年终，将升革喇嘛俗人各名数造册，咨报理藩院备查。

一、噶布伦缺出，在管番兵之戴琫、商上管账目之仔琫、管事之商卓特巴内拣选，拟定正陪，请旨补放。

一、戴琫缺出，在新设管番兵之如琫内拣选，如不得人，再于边缺营官内拣选，拟定正陪，请旨补放。不得以并未管兵之人充补。

一、四品仔琫、商卓特巴缺出，在五品管口粮之业尔仓巴、五品管刑名之协尔帮、六品噶厦办事之大中译升补，或济仲喇嘛内练选升补。

一、五品业尔仓巴、协尔帮缺出，在外管事五品之希约第巴，管地方五品之朗仔辖、密本调补，管马厂之六品达本升补。如系喇嘛缺出，仍以喇嘛坐补。

一、五品希约第巴、密本、达本缺出，在五品之大缺营官、五品之边缺营官内调补，及六品之噶厦卓尼尔内拣选升补。

一、五品边缺营官缺出，以五品之大缺营官调补，或以六品之中缺营官，六品之甲琫、六品之噶厦大中译升补。

一、五品大缺营官缺出，以七品小缺营官，七品小中译升补。

一、六品大中译缺出，以六品之噶厦卓尼尔调补，或以七品小中译升补。

一、七品小缺营官缺出，准于东科尔及喇嘛内选用。

一、六品卓尼尔、七品小中译缺出，选东科尔内心地明白者挑补。

一、挑取六品卓尼尔、七品小中译。七品小缺营官，须年至十八岁以上，方准当差，不得以幼小之人，应名充数。

一、布达拉管门、管糌粑、管草料、管帐房、管牛羊厂之各第巴，听达赖喇嘛自行拣补。

一、布达拉喇嘛等除业尔仓巴、希约第巴，向有喇嘛充补数缺，仍照旧例，按次补用外，其余只准在布达拉及大小寺庙充当大小执事，将喇嘛拣选噶布伦之例，永行停止，

一、边缺营官与外番接壤，约束番民，稽查出入，最关紧要。如果到任三年，办理妥善，驾驭得宜，即行更换，记名以戴琫等缺升用。倘办理不善，立即革退。

一、喇嘛补放营官，仍在达赖喇嘛前服役者，由驻藏大臣另派妥员，前往该管地方代理。该喇嘛营官，不得私行派人前往。

一、札什伦布商卓特巴缺出，以岁本、森本喇嘛升用，岁琫缺出，以济仲喇嘛升用，森本缺出，以传事之卓尼尔升用，俱会同驻藏大臣给与印照，其该处营官各缺，仍照定例拣选充补。

一、札什伦布管茶叶、管柴草等喇嘛，听班禅自行拣补。

一、察木多、乍丫、类乌齐三处呼图克图管事之商卓特巴缺出，由该呼图克图拣选二三名，禀明驻藏大臣会同达赖喇嘛补放。

一、补放各缺，均由驻藏大臣会同达赖喇嘛选定后，会发清、汉、唐古忒三样字印照，给与该番目收执。

营官缺分

一、边缺营官十四缺，共二十三名（黑人二十二名、喇嘛一名）：

江卡（与巴塘土司交界）、堆噶尔本（与纳达交界）、哈拉乌苏（与三十九族交界）、错拉（与布鲁克巴交界）、帕克里（与布鲁克巴交界）、定结（与哲孟雄交界）、聂拉木（与廓尔喀交界）、济咙（与廓尔喀交界）、官觉（与三暗巴交界）、补仁（与宗郎所属奔阿交界）、博窝（与波密交

界）、工布硕卡（与波密交界）、绒辖尔（与廓尔喀交界）、达坝喀尔（与作木朗交界）。

一、大缺营官十缺，共十九名（黑人十五名、喇嘛四名）：

乃东、琼结、贡噶尔、仑孜、桑昂曲宗、工布则冈、江孜、昔孜、胁噶尔、纳仓。

一、中缺营官四十二缺，共五十九名（黑人四十名、喇嘛十九名）：

洛隆宗、角木宗、打孜、桑萨、巴浪、仁本、仁孜、朗岭、宗喀、撒噶、作冈、达尔宗、江达、古浪、沃卡、冷竹宗、曲水、夺宗、杂仁、茹拖、锁庄子、夺、结登、直谷、硕板多、拉里、朗、沃隆、墨竹工、卡尔孜、文札卡、辖鲁、策堆得、达尔玛、聂母、拉噶孜、岭、纳布、岭喀尔、朗错、羊八井、麻尔江。

一、小缺营官二十四缺，共二十四名（黑人十四名、喇嘛十名）：

金东、拉载、撒拉、浪荡、颇章、扎溪、色、堆冲、汪垫、甲错、拉康、琼科尔结、蔡里、曲隆、札称、折布岭、扎什、洛美、嘉尔布、朗茹、哩乌、降、业党、工布塘。

（卷一二）

《清史稿》有关记载

西藏有爵五：辅国公三，一由贝子降袭，一由镇国公降袭，一定世袭；一等台吉扎萨克一，一等台吉一，而达赖、班禅之亲以恩封者不与。

凡前后藏官，均由驻藏大臣分别会同达赖、班禅选补。前藏唐古特官：喀（噶）布伦四人、三品，为总办藏务之官，其俗称之曰四相，议事之所曰噶厦。其次，仔琫及商卓特巴各二人，皆四品；业尔仓巴二人、朗仔辖二人、协尔帮二人、硕第巴二人，皆五品；达琫二人、大中译二人、卓尼尔三人，皆六品。仔琫、商卓特巴为商上办事之官。凡喇嘛谓库藏出纳之所曰商上。业尔仓巴为管粮之官，朗仔辖为管街道之官。协尔帮为管刑名之官，硕第巴为管理布达拉一带齐民之官，达琫为管马厂之官，大中译、卓尼尔等为噶厦办事之官。管兵者曰戴琫六人，四品；如琫十二人，五品；甲琫二十四人，六品；定琫一百二十人，七品；多东科尔族任之。

其治理地方者曰营官。前藏大营十，（营寨名略），后藏中营十四，（营寨名略）。前藏小营二十五：后藏小营十五（营寨名略）。而前藏边营十四（营寨名略）。

喇嘛之有游牧者，东起乍丫呼图克图，与四川打箭炉所属土司接。其西为察木多吧克巴拉呼图克图，又西为硕般多喇嘛，又西为类乌齐呼图克图，硕般多、类乌齐之北皆与西藏大臣所属土司接，硕般多之南为八所喇嘛，又南为工布什卡喇嘛，类乌齐之西为墨竹宫喇嘛，又西为噶勒丹喇嘛，类乌齐之西北为赞垫喇嘛，介居西藏大臣所属各土司之间。其西为埒征喇嘛，噶勒丹又西为色拉喇嘛，西与布达拉接。噶勒丹之南为琼科尔结喇嘛，其西为文扎卡喇嘛，又西为松热岭喇嘛。又西为那仁曲第喇嘛，又西南为乃东喇嘛，北与布达拉接。乃东之西为琼结喇嘛，布达拉之西北为布勒绷喇嘛，又西北为羊八井喇嘛，其西为朗岭喇嘛，西与扎什伦布接。朗岭之南为仁本喇嘛，其西南为江孜喇嘛，又西南为冈坚喇嘛。冈坚之西为协噶尔喇嘛。协噶尔之西为聂拉木喇嘛。朗岭之西为撒噶喇嘛，又西为杂仁喇嘛。

（《清史稿》卷五二五，藩部八）

九、建立朝贡与赏赐制度

历朝《大清会典》有关西藏贡制规定

康熙朝

（顺治）十三年题准：厄鲁忒达赖汗①等使人还者，给驿马二十五匹、马车十二辆，其带来马驼，每宿处给予草料，至西宁止。

（康熙《大清会典·理藩院》）

雍正朝

（顺治）十三年题准：厄鲁特达赖汗等使人还者，给驿马二十五匹、马车十二辆，其带来马驼，每宿处给与草料，至西宁止。

（康熙）三十二年覆准：达赖喇嘛历年来使从人多至数百名，嗣后使

① 当时，青海厄鲁特和硕特部固始汗（时已逝世）之子达赖汗掌握军政实权，与五世达赖共同统治西藏，因有厄鲁忒达赖汗之称。这是清初典章未备时一种不规范的说法。

人至西宁关口时，令西宁总兵官查明人数，注册报部，其本处差往喇嘛人役亦应裁减。倘有隐瞒数目多带人来往者治罪。

（雍正《大清会典·理藩院》）

乾隆朝

柔远清吏司：

国家声教所被，无远弗届，大漠以北，流沙以西，诸部君长，稽首偕来，画疆置吏，有如郡县。其来朝述职诸政事，分隶本司。

凡朝觐：都尔伯特、西藏不分班，阅数年奏请，得旨，则来觐。

凡贡期：喀尔喀、厄鲁特、土尔古特、青海，各如其朝觐之班；西藏间年一贡，附达赖喇嘛以进；贡道：喀尔喀、厄鲁特、土尔古特由张家口、独石口、喜峰口；青海由西宁；西藏由四川之打箭炉。贡物，喀尔喀、厄鲁特，以驼、马、汤羊；土尔古特、青海以藏香、氆氇、马；西藏贡与达赖喇嘛同。

（乾隆《大清会典·理藩院》）

嘉庆朝

凡西藏之贡以期至，（西藏每年遣使入贡一次，前藏、后藏各间一年轮值，所贡哈达、铜佛、舍利、珊瑚、琥珀、数珠、藏香、氆氇。其附前藏达赖喇嘛之使入贡者，有由京派往西藏办事之呼图克图，曾恩赐名号之呼图克图，及噶布伦四人，闲散辅国公一人，闲散扎萨克一等台吉一人，闲散台吉四人。附后藏班禅额尔德尼入贡者，有曾恩赐名号之诺们罕及商卓特巴一人，其贡使堪布亦附贡，各贡哈达、铜佛，或益以数珠、红花、藏香、氆氇。其前藏达赖喇嘛，及由京派往西藏办事之呼图克图、四噶布伦、后藏班禅额尔德尼，各呈进庆祝之礼曰丹书克，所贡吉祥哈达、银曼达、吉祥佛、金字经、银塔、七宝八珍。察木多帕克巴拉呼图克图，四年遣使入贡一次，所贡金碗、黄连。嘉喇呼图克图间随帕克巴拉呼图克图入贡，无定时。）各优其赉予而遣焉。（达赖喇嘛、班禅额尔德尼贡使回时，皆降敕慰问。赐达赖喇嘛镀金银茶筒一，镀金银瓶一，银钟一，各色缎二十，大哈达五，小哈达四十，五色哈达十；正使二等雕鞍一，银茶筒一，银茶盆一，缎三十，毛青布四百，豹皮一，虎皮三，江獭皮五；副使三等蟒缎一，方补缎一，大缎一，三梭布二十四；从人彭缎各一、三梭布各八。赐班禅额尔德尼银茶筒一，银瓶一，银钟一，各色大缎二十，大小哈达各十；来使金黄蟒缎一，银茶盆一，缎一，毛青布六十二；从人缎各二，毛青布各二十；从役缎各一，毛青布各十。赐察木多帕克巴拉呼图克图银茶筒一，各色大缎十二，大小哈达各七；正使三等蟒缎一，缎二，布二十四；副使缎二，布十二；从人布六。）廓尔喀亦如之。（廓尔喀额尔德尼王，五年遣使入贡一次，所贡象、马、孔雀、厮帀、象牙、犀角、孔雀尾无定物，赐廓尔喀额尔德尼王及来使人等，事隶内务府。）凡贡使堪布，入境出境皆卫。（前后藏贡使，皆以堪布充之。堪布等来京回藏，例派理藩院郎中、员外郎一人，经过省分道员一人、副将一人，带领兵役，来时自西宁起，回时至西宁止，沿途弹压护送。各按本省程站，催令前进，报明入境出境日期。前藏堪布准给骡一百六十，后藏堪布准给骡一百二十，官为雇办开销例价。其堪布等自带货物。官为代雇脚力者，前藏堪布准代雇骡一百，后藏堪布准代雇骡八十，堪布徒众跟役不得过四十人。其同行商货自备脚力者，亦不得过二十驮，违例多带者不准放行。如堪布等中途不遵法度，〔护〕送之员具奏惩办。）

（嘉庆《大清会典·理藩院》）

说明：光绪《大清会典·理藩院》有关西藏贡制与嘉庆朝相同（唯“前藏、后藏各间一年轮值”一句，改为“前藏、后藏各间二年入贡一次”。）不俱录。

《钦定大清会典事例》有关西藏贡制、赏赐等的记载

西藏贡制

原定达赖喇嘛、班禅额尔德尼间年遣使进贡，贡道由西宁至京，寓居西黄寺。贡物有哈达、铜佛、舍利、珊瑚、琥珀、数珠、藏香、氆氇之属，来使各附进哈达、铜佛、藏香、氆氇。其附前藏贡使入贡者有由京派往西藏办事之呼图克图．曾恩赐名号之呼图克图，及噶布伦四人，闲散辅国公一人、札萨克衔一等台吉一人，闲散台吉四人。附后藏入贡者，有曾恩赐名号之诺们罕及商卓特巴一人。

达赖喇嘛、班禅额尔德尼，及由京派往办事之呼图克图、四噶布伦，各呈进庆祝之礼曰“丹舒克”；所贡吉祥佛、金字经、银塔、七宝八珍。又，察木多帕克巴拉呼图克图四年一贡，所贡金碗、黄连。嘉拉呼图克图

入贡无定时。五台山札萨克喇嘛堪布、台麓寺达喇嘛，每年端午节、年节、各贡蘑菇二匣。

雍正六年谕：达赖喇嘛、班禅额尔德尼来使堪布，著间年一次；贝勒颇罗鼐之囊素，著每年一次。

乾隆二年议准：班禅额尔德尼圆寂，暂不遣人。令颇罗鼐与达赖喇嘛间年一次遣使前来。

七年谕：从前达赖喇嘛、班禅额尔德尼每年轮班遣使请安，进献方物。郡王颇罗鼐，亦遣使相伴同来，嗣因班禅额尔德尼圆寂，朕念达赖喇嘛、颇罗鼐每年遣使，殊属劳苦，曾经降旨定为间年一次。去年适值达赖喇嘛、郡王颇罗鼐遣使之班，班禅额尔德尼呼毕勒罕因伊坐床，亦遣使进献丹书克，请安前来。若照前例轮班遣使，则今年又值班禅额尔德尼遣使之班。如屡次遣使，其办理牲畜、口粮起程等事，唐古特民人未免劳苦。班禅额尔德尼呼毕勒罕之使，甫经前来，今年不必按班，下次再照从前轮班遣使。再，郡王颇罗鼐之使原系每年相伴同来，嗣后达赖喇嘛遣使之班，著照旧相伴同来；班禅额尔德尼呼毕勒罕之班，颇罗鼐不必遣使同来。

嘉庆二十三年谕：嗣后西藏堪布进贡来京，除正贡包物外，多带货物，听其自备夫马，所过驿概不准应付。

道光三年谕：嗣后堪布等进京，由驻藏大臣饬将正余各包及货物照例造册，仍将同行喇嘛及跟役并商上人等，先期咨会陕甘总督及西宁办事大臣，俟到丹噶尔时，委员按册查点，方准进口。回藏时，亦饬令造册查点出口，不准逗遛夹带。该堪布到藏，由驻藏大臣照册查点，如有汉奸蒙混，即照无票出口例办理。

十九年定：达赖喇嘛、班禅额尔德尼各间二年遣使堪布来京入贡。

二十年谕：前后藏距京万里，每年轮班入贡，跋涉间关，更增劳勚，殊非优体喇嘛之意。所有前藏堪布业已来京，其后藏著于道光二十二年入贡，轮至二十五年，前藏再行入贡。此后每间二年一次，以次递推。

又谕：向来帕克巴拉呼图克图每逾三年遣使进贡一次。惟念察木多地方，距京较远，嗣后著改为间五年一次，即自道光十九年为始，至二十五年，再行遣使进贡，以后照此递推，用示体恤。

同治十三年奏定：古竹巴喇嘛代进前藏贡物，内务府折给赏项，并照进贡堪布之跟役喇嘛例办给口粮，回藏时由院支给骡价路费。

（光绪《钦定大清会典事例》卷九八六）

西藏进贡回赏定例

（康熙五十四年覆准）西藏、青海额鲁特等外藩朝贡，照伊来使品级赏给诸物，交与内务府武备院制造。俟起程时颁给。……

（康熙）五十二年定：达赖喇嘛、班禅额尔德尼遣使进贡，除例赏外，回时皆奉旨慰问，加赐达赖喇嘛重六十两镀金银茶筒一、镀金银瓶一、银钟一、各色缎三十、大哈达五、小哈达四十、五色哈达十；正使二等雕鞍一、重三十两银茶筒一、茶盆一、缎三十、毛青布四百豹皮五、虎皮三、江獭皮五；副使三等蟒缎一、方补缎一、大缎一、三梭布二十四；正使从人彭缎各一、毛青布各十。

加赐班禅额尔德尼重三十两银茶筒一、瓶一、钟一、各色大缎二十、大小哈达各十；来使金黄蟒袍一、重三十两银茶盆一、缎一、毛青布六十二；从人缎各二、毛青布各二十；从役缎各一、毛青布各十。日给正使银二钱、副使银各一钱五分。从人各一钱，复给四十日路费。送至西宁。

乾隆十六年议准：察木多帕克巴拉丹拜尼玛呼图克图遣使来朝进贡，照例折赏外，赐帕克巴拉丹拜尼玛呼图克图重三十两银茶筒一、各色大缎十二、大小哈达各七；正使三等蟒缎一、缎二、布二十四；副使缎二、布十二；从人布六。回时由院差领催一照看，照例雇给骑驮之骡。正使日给银二钱、副使一钱五分，从人一钱。复给四十日路费。由西安一路送至四川。至四川界，由总督遣人伴送至打箭炉自回。

二十七年奏准：嘉喇呼图克图遣使来朝进贡，除照例折赏外，仍降旨慰问，赐嘉喇呼图克图大缎六、彭缎四；来使大缎、彭缎各一、布二十；从人三名，每人布五。回时由院遣员照看。照例雇给骑驮之骡，给四十日路费。由西安一带送至西宁口外，令其自回。

（光绪《钦定大清会典事例》卷九九〇）

护送西藏贡使

康熙二十三年覆准：达赖喇嘛来使从人多至数百名。嗣后，使人至西宁关口时，令西宁总兵官查明人数，造册报院。至奉使差往喇嘛人役，亦应裁减，倘有隐瞒数目、多带人来往者罪之。

雍正四年议准：达赖喇嘛来使，令在西安候旨。其所奏事件，由驻扎西宁办理青海事务之大臣承接转奏，奉旨后再行遣回。

六年议准：班禅额尔德尼遣人进贡至西宁地方，定例由院差官迎接，驰驿行走。今班禅额尔德尼遣人来京，驻扎西宁办理蒙古事务处，现有司官笔贴式，毋庸另差人员，即令司官笔贴式就近迎接，雇觅骑驮，由关口进京，不必动用驿站。

乾隆五年奏准：自康熙年间至雍正六年，西藏达赖喇嘛等遣使进贡，均令驰驿。后因军兴，值班禅额尔德尼遣使进贡由院奏准停止驰驿，照依时价雇骡。嗣后不得过二百。

八年奏准：西藏公班第达等七人，间年进贡。向例贡物，均交达赖喇嘛等来使赴京附进。今达赖喇嘛等遣使入京，骑驮之骡已定额数，公班第达等贡物，难以附进，增给骡驮三十，著为定例。

十六年奏准：向例达赖喇嘛遣正副使人贡，续因颇罗鼐进贡，将副使改为伊遣之使，今仍照旧例，堪布囊素均由达赖喇嘛差遣，所有前定二百骑驮骡内，减去四十。

又定：察木多帕克巴拉丹拜尼玛呼图克图遣使来朝，至京后给予廪给四十日，事竣即令起程，由院差领催一名照看，照例雇给骑驮之骡。正使日给银二钱，副使一钱五分，从人一钱，复给四十日路费。由西安一路送至四川。至四川界，由总督遣人伴送至打箭炉，令其自回。嗣后：帕克巴拉呼图克图遣使来朝，该督即照例办给骑驮之骡，如私带贸易货物，令其自办，不在官给之例。至京后给予廪给四十日。事竣即令起程。

二十七年奏准：嘉拉呼图克图遣使来朝，至京后照帕克巴拉丹拜尼玛呼图克图之例，给予廪给。回时由院遣员照看，照例雇给骑驮之骡。给四十日路费。由西安一带送至西宁口外，令其自回。

五十年议奏：西藏来使往还，派理藩院主事沿途照料，经过各省，派文职同知、通判，武职都司、守备等官各一员，带领兵役弹压护送。各按本境程站，催令前进，仍报明出境入境日期，以备查核。如中途不遵法度，滋扰地方，即著护送来使之主事，会同地方官酌办示惩。至由京回藏驮送包裹，由理落院发五城雇骡应付。其骡价银两，交护送之笔贴式沿途接站支给。如中途长骡疲乏，该笔贴式知会护送之地方官，临时雇换，仍由该笔贴式给价，毋许派累。倘有遗失包裹等事，地方官勒限缉获，仍作速交给来使。如不能寻获，将护送官员并地方官一体察议。奉旨：主事、同知等官，职分尚小，不足以资弹压。著改派理藩院郎中或员外郎一员照料护送。其经过地方，著该督抚拣派道员一员，会同武职沿途防护。

又谕：向来前后藏喇嘛年班来使进京，途中偶有遗失物件，地方官往往厚为赔偿，以致来使人等屡报失物，不成事体。嗣后，沿途各督抚，凡遇前后藏喇嘛进京经过，惟当严饬地方官照例防护，若来使等途次有遗失物件，止准其呈明代为缉获付给，不得私相赔补，致启弊端。若喇嘛等不知自爱，仍有此贪诈妄为之事，朕不难将伊等治罪。若各督抚因有此旨，一切不顾，纵令盗贼行窃来使之物，则其罪更属不恕。其善体朕怀，以副朕德威绥辑之至意。

五十五年议准：年班进贡之达赖喇嘛、班禅额尔德尼来使堪布等骡只，其应官给者，按照定例数目给予外，达赖喇嘛之堪布，准私雇骡一百只，班禅额尔德尼之堪布，准私雇骡八十只，不许逾此额数。

又谕：从前因前后藏达赖喇嘛、班禅年班来使进京，经过地方，多有扰累，各督抚等不能约束，屡经降旨晓谕，特命军机大臣会同理藩院将应付各事宜，酌定章程，通行遵照，并令各省拣派道员同武职沿途防护。该督抚等理宜严行稽查，照例办理，乃本年卫藏喇嘛来使人贡，行李包件车载夫送，络绎道路，数日不绝，并无派出官员稽查护送。若任其骚扰驿站，不为饬禁，又恐如从前捏报遗失物件，责令赔偿，致启讹索诈冒之渐，更属不成事体。且伊等经过各省，止有例给骡头，如运送多余包件，俱系自行雇备，并无官给车辆夫马之例。其沿途伴送大员，专为照料喇嘛不准滋事而设，亦应随同行走。今甘肃、陕西、山西、直隶等省，既无官员护送，又复滥应夫马，喇嘛等见沿途无人管束，携带私包过多，任意需索，地方官员遂以例给骡头不敷，违例供应。各督抚等漫不经心，而委出之道员等，又不亲身弹压，惟以过境无事，一奏塞责，实难辞怠玩之咎。嗣后、各省督抚认真稽查，凡喇嘛来使过境，严饬州县照例应付，并各派妥当道员递行护送行走。若敢仍前滥应差使，即行劾参。该督抚如有徇隐，一经发觉，必当从重治罪，决不姑贷。

又议奏：每年达赖喇嘛所进之物，及堪布等骑乘骡只、著给一百六十只。其堪布等自带货物，代雇骡只，不得过一百只，班禅额尔德尼所进之物，及堪布等骑乘骡只，不得过八十只，每骑一头，驮二百斤，至堪布等所带跟役徒众不得过三四十名等因。奉旨：由藏前来之堪布等俟到西宁时，照依所定数目给予骡只。令经过之该省督抚等，派委妥当道员、副将照料行走，豫行奏闻。所有出入该省境界，沿途有无事故妥速行走之处，即著派出之道员、副将公同具奏。

五十六年奏准：嗣后，将雇骡价银，由理藩院银库内照数开放，交直隶省派出护送道员、副将按站放给。至山西、陕西、甘肃等省时，递交该省护送道员放给。

嘉庆四年议准：嗣后堪布喇嘛等年班到西宁时，除骑乘骡只照例给予外，其驮载正贡及额外携带货物，照依前定骡只数目发给骡价。每只给予脚价银三钱，驮轿骡只，加倍给价，交护送道员按站支给。其例价不敷银两，即于陕甘、山西、直隶等省督抚藩臬养廉内均匀摊扣。

八年定：衍宗禅师之呼毕勒罕遣使同达赖喇嘛来使等赴京进贡，增给骑驮骡三头。

十三年覆准：堪布等进京回藏携带货物，除旧例给予骑驮骡只及代雇驮骡外，其同行商货，不得过二十驮。如违例包揽多带，不准放行。偶遗失物件，毋庸官为查缉，以免堪布等藉词搅混。

十七年奏准：西藏堪布来京进贡，凡经过各省，选派明干道员、副将弹压出境。仍将各省交替出境、入境日期，声明报院。至京交理藩院接管，出京之日，仍交直隶原派官员照料前往。

道光十四年奏定：前后藏贡使往返行走，派察罕托洛亥防所官兵一百员名，护送至札素拉青海界外，以防抢劫。驻藏大臣豫期密会，以便派兵在通天河等候接送。

十九年奏定：嗣后前后藏进京堪布与回藏堪布一律由柴达木行走，由青海大臣派兵一百名护送，其向派之察罕城防兵，暨各旗摊派之蒙古兵，并玉舒番兵，均免派往。

光绪五年奏定：嗣后，喇嘛来往，令各按箱包，自备木牌由院与四川总督派员查验，证明号数斤数，办给印单，以备经过州县点验支应。其行李等项，不得过五千斤之数。

（光绪《钦定大清会典事例》卷九八六）

光绪《钦定理藩部则例》有关条款

前后藏各间二年一次遣使入贡。

一、前藏达赖喇嘛、后藏班禅额尔德尼各间二年遣堪布来京入贡，均于每年十二月念洞礼经以前到京，恭候次年新正呈递丹书克。

达赖喇嘛等朝贡赏赉

达赖喇嘛、班禅额尔德尼各每间二年轮班遣使朝贡。由西宁至京，寓居西黄寺，由院奏到，带领瞻觐。恭进哈达、铜佛、舍利、珊瑚、琥珀、数珠、藏香、氆氇等物。其来使亦准附进哈达、铜佛、藏香、氆氇等物。元旦次日进丹书克，系五色哈达、银曼达、七珍八宝、八吉祥、佛像、金字经、银塔、银轮、杵、瓶、红花诸物。均予折赏外，回藏时皆降敕慰问。并赏达赖喇嘛重六十两镀金银茶桶一、镀金银瓶一、银钟一、蟒缎二匹、龙缎二匹、妆缎二匹、片金二匹、闪缎四匹、字缎四匹、大卷八丝缎十四匹、大哈达五个、小哈达四十个、五色哈达十个。正使，二等雕鞍一、重三十两银茶桶一、银执盂一、缎三十匹、毛青布四百匹、豹皮五张、虎皮三张、獭皮五张。跟役喇嘛十八人，每人各给缎二匹、毛青布各二十匹。跟役一名，缎一匹、毛青布十匹。副使，三等蟒缎一匹、方补缎一匹、大缎一匹、梭布二十四匹。跟役喇嘛十二人，每人各给彭缎一匹、毛青布十匹；赏班禅额尔德尼，重三十两银茶桶一、银瓶一、银钟一、各色大缎二十匹、大小哈达各十个。来使，金黄色蟒袍一、重三十两银执盂一、缎二匹、毛青布六十二匹。跟役喇嘛二十八人，每人各给缎二匹、毛青布二十匹。跟役一名，缎一匹、毛青布十匹。俱系会同内务府颁给。

前后藏达赖喇嘛、班禅额尔德尼等差来使堪布呈递丹书克贡物

前藏达赖喇嘛、后藏班禅额尔德尼遣堪布等呈递贡物、恭递丹书克，由部将呈进贡物先期恭设于乾清宫，并带领该堪布等暨驻京之各胡图克图、乌穆咱特喇嘛十人，豫〔期〕在中正殿演礼一次，豫设呈递丹书克之靠背坐褥放御座，分陈诸物于案上。是日，届时齐集伺候，俟皇上幸临升座，召御前大臣暨御前侍卫等侍立，理藩部堂官等引前后藏来使堪布进内，令该堪布跪于御座前，驻京掌印之胡图克图等跪于稍后照料，其乌穆咱特喇嘛等以次序跪，太监喇嘛自案上捧丹书克物件，授堪布等恭捧，胡图克图喇嘛等讽诵丹书克经。令堪布等先后同进丹书克物件，皇帝亲受，授侍立之御前大臣，转授太监喇嘛，仍陈案上，逐件呈递毕，该堪布等恭递哈达，皇上各回赐哈达，赏茶礼毕引出。如遇皇上临幸各处，应于何处呈递，何处陈设演礼，由部临行请旨遵行。

达赖喇嘛来使附进西藏公等例贡

西藏公等七员应进贡物，交达赖喇嘛来使赴京附进，于达赖喇嘛来使应用骡头定额外，增给公等贡物驮骡三十头。

护送西藏堪布

西藏堪布来京进贡，凡经过各省，遴派明干道、府、副将弹压出境，仍将各省交替出境、入境日期声明报部，至京交理藩部接管，出京之日，

仍交直隶原派官员照料前往。

西藏来使应用骡头数目

达赖喇嘛所进贡物及堪布等乘骑驮载骡头，应给一百六十头。其堪布等自带货物，官为代雇之骡不得过一百头，班禅额尔德尼所进贡物及堪布等乘骑驮载骡头，应给一百二十头，其堪布等自带货物，官为代雇之骡不得过八十头，每骡一头驮二百斤。至堪布等所带跟役徒众不得过四十名。到西宁时，照定数给与。咨行经过省分督抚一体遵办。

西藏来使骡价数目

堪布喇嘛等年班来京到西宁时，除骑骡照例给与外，其驮载正贡及携带货物，照定例数目发给骡价，每头给与脚价银三钱，驮轿之骡价加倍给发，交护送道员按站支给。其例价不敷银两，于甘肃、陕西、山西、直隶等省督抚、藩臬养廉内，均匀摊扣。

骡价银两按站放给

堪布喇嘛应用骡价银两、由部库照数发交直隶所派护送之道员，按站放给。至山西交界，即交山西所派道员接管，至陕西、甘肃交界，均同。

前藏年班增给骡头

衍宗禅师之呼弼勒罕遣使同达赖喇嘛来使等赴京进贡，增给骑驮骡三头。

古竹巴喇嘛代进前藏贡物回藏办给骡价路引

古竹巴喇嘛代进前藏贡物，由部咨行内务府照所进贡物折给赏项，并照进贡堪布之跟役喇嘛例办给口粮。回藏时，由部银库支给骡价路费，咨行陆军部办给路引，并知照沿途地方要为照料。

西藏来使不得滥行应付

西藏达赖喇嘛、班禅额尔德尼年班来使进京经过地方，各督抚派委妥实道员沿途护送行走，并严饬各州县照例供给，不得滥行应付。

西藏喇嘛来往差使所带箱包发给印单木牌注明号数斤数照单支应

喇嘛来往，应由部与四川总督先期行知一班人役，箱包车马数目填写印票，令其自执，每至州县，验票支应，如无印票，概不支应。通事伴送人员，如有通同舞弊，立即惩处。

喇嘛行抵成都，由四川总督给予长印单。应支各项，应照驻藏大臣开写数目，照单点验支应前进，如无印单，概不支应。至所给封条，应查照该大臣原报包数与所系木牌数目给予，如有不符，不给封条。

喇嘛由藏起程，应将所进贡物箱包斤重数目报明驻藏大臣，按包发给烙印木牌，编列字号，沿途逐号点验，如有浮报，即详督抚咨部，照数令其呈缴。

喇嘛由藏起身，行李等项示以限制，不得过五千斤之数，其箱包斤数亦照贡物给予编号木牌，如有浮冒概不支应。

喇嘛回藏由京起程，由陆军部给予勘合，由部给予印单，沿途传示州县。其得赏物及行李等项，悉照来时川督印单办理。注明箱包斤数，用木牌编号，分别赏物、行李，沿途察验，如有浮冒概不支应。

喇嘛回藏由京起程时，首站州县用传单照钞印单各项数目，传之下站。如用差信听从通事人等勒索浮冒者，即将该州县查参。

喇嘛所用夫骡，定给折价数目，不准多报勒索，其贡物行李等项，不准分起行走，如人多必须分起者，各给印单，以便沿途查验。至伯克、土司来往支差，一并比照办理。

官员等赴藏各项差使经过各省地方，遵照定例支应，如有滥支滥应情事，应由各督抚大臣查参。

来使途次失物不得私赔

西藏喇嘛每年来使进京，沿途各督抚严饬地方官用心防护。倘途次有遗失物件。准其呈明代为缉获，不得私赔。如喇嘛等有贪诈妄为等情，照例治罪。

与堪布同行商货不得逾额

堪布等进京、回藏携带货物，除照例给与骑驮骡头及代雇骡头外，其同行商货不得过二十驮。如违例包揽多带，不准放行。偶遇遗失物件，毋庸官为查缉。

班禅额尔德尼来使牧放牲畜处所

扎萨克班第所遗柴达木、巴颜托辉、岳和磊等旧游牧地方，赏给班禅额尔德尼，为每年来京进贡来使人等牧放牲畜之处。

帕克巴拉胡图克图等朝贡常赉

察木多帕克巴拉胡图克图遣使恭进金碗、黄连，均予折赏外，降敕慰问，并赏帕克巴拉胡图克图重三十两银茶桶一、各色大缎十二匹、大小哈达各七个。嘉喇胡图克图恭进铜佛、藏香、哈达等物，均予折赏外，并赏各色大缎四匹、大小哈达各四个。正使，三等蟒缎一匹、缎二匹、布二十四匹。副使，缎二匹、布十二匹。从人六人，每名各给布六匹。

帕克巴拉胡图克图等来使应用骡头

帕克巴拉胡图克图、嘉喇胡图克图隔五年遣使来朝一次，事竣，即令起程。照例雇给骑驮之骡二十头。由西安一路至四川界，由总督派员护送。至打箭炉，令其自行回归。如私带贸易货物，毋庸官为办理。

（《钦定理藩部则例》卷五七）

西藏贡使廪给的有关规定

《钦定大清会典事例》关于西藏贡使廪给的条款

喇嘛廪给

原定：凡朝贡来京之呼图克图呼毕勒罕、札萨克达喇嘛，各日给银八钱五分、米一斗五升、坐马三匹、养马十四匹；副札萨克达喇嘛，日给银七钱三分、米一斗三升、坐马三匹、养马十二匹；札萨克喇嘛，日给银六钱二分、米一斗二升、坐马二匹、养马十匹；达喇嘛、副达喇嘛，各日给银四钱七分、米九升、坐马一匹、养马七匹；嘎布楚、兰占巴，各日给银三钱七分、米七升、坐马一匹、养马六匹；德木齐、格思规、格隆日给银三钱、米六升、坐马一匹、养马五匹；格素尔班第日给银五分、米一升、坐马一匹；斋桑喇嘛，日给银五钱、米二升、坐马一匹。均核定五日廪给，如居住诵经者无定例。

又定：西藏来使堪布并随来之兰占巴等，各日给米二升；跟役每日给米一升；正使每十日给蒙古羊十只、黄茶二十包、面二十斤、乳油五斤、牛乳十五斤、盐十两、黄蜡烛十枝；兰占巴等，日给羊肉二斤、间日给羊肉一盘、黄茶一包、面一斤、乳油灯油各二两；跟役日给羊肉一斤八两。均各给盐一两。间四日筵宴一次。正使日给木柴二十斤，兰占巴等，每人给木柴十斤，跟役每日给木柴四斤。各例给九十日，如事竣在九十日内；即于事峻日裁除。遇年节除夕，在京来使等各给汉羊一。回程路费：正使日给银二钱，副使给银一钱五分，跟役各给银一钱，共支结四十日。

又定：庄浪达喇嘛进贡来京，日给米二升、羊肉一斤、盐五钱、木柴七斤八两；应带小喇嘛七名、番人二名，每名日给米一升、羊肉一斤、盐五钱、木柴三斤。未进马匹之前，每马日给黑豆四升，谷草、羊草各七束、木柴十斤。岷州各庙四班达喇嘛进贡来使，日给米二升、羊肉一斤、盐五钱、木柴七斤八两。每人应带小喇嘛一名，每班番人四名，日各给米一升、盐五钱、木柴三斤。未进马匹之前，每马日给黑豆四升、草一束、木柴十斤。

乾隆二十七年定：察木多帕克巴拉呼图克图等遣使来京，正使日给银五钱，副使日给银三钱，米各二升；从人日给银五分、米一升。回时路费：正使日给银二钱、副使一钱五分；从人各给银一钱。共支给四十日。

四十七年奏准：年班来京之库伦商卓特巴达木吹喇布寨等。给予四十日廪给，所带之人给予七日廪给外，所有库伦之堪布诺们罕等，年班携带之人，均不得过八九名。

嘉庆二十二年定：恭贺万寿、岁贡九白、年节请安之喀尔喀哲布尊丹巴呼图克图差人作为正使，商卓特巴堪布诺们汗、洞阔尔呼图克图差人俱作为副使，正使每日给银五钱、米二升、拴马二匹、入馆马四十匹；副使每日给银三钱、米二升、拴马一匹、入馆马十匹，跟役每日给银各五分、米一升。回程路费：正使给银三两。副使给银一两五钱；米照住京原额支给四十日。

又定；哲布尊丹巴呼图克图来京，每日给蒙古羊一只、鹅二只、鸡三只、牛乳七镟，每十日给牛一只、二两重黄茶一百五十包、乳油五斤、棉花八两、盐十八斤、二两重黄蜡烛五十枝、白蜡烛十枝、灯油十斤、酱五斤八两、醋一斤、苹果柿各一百枚、槟子梨各一百五十枚、栗子乾枣各十斤、葡萄十五斤、核桃三百个。回日路费：给牛一只半、天池茶一百包、乳油五斤、二两重黄蜡烛五十枝、盐二十四斤；跟来喇嘛、台吉、斋桑、护卫等，照例各按品级给予银两。

二十三年定：喀尔喀图什业图汗、车臣汗、哲布尊丹巴呼图克图差人庆贺万寿并进九白、年终请安，俱支给四十日廪饩；其商卓特巴、堪布诺们罕、洞阔尔呼图克图带来达喇嘛等，亦一体支给。

二十四年定：喀尔喀四部落年班之呼图克图呼毕勒罕喇嘛等来京，支给二十八日廪饩，本身并差人请安进马来京，各支给七日廪饩。

又定：内札萨克等处年班之呼图克图呼毕勒罕喇嘛等来京，支给二十六日廪饩，本身并差人请安进马来京，各支给五日廪饩。

又定达赖喇嘛、班禅额尔德尼之来使，支给九十日廪饩。

同治十三年奏定：教习唐古特字话之喇嘛告退回藏，给驮骡五头；其徒众五名，每名给骡一头，每骡折给价银十三两七钱。该喇嘛及徒众每日给盘费银各一钱。共给四十日。

（《钦定大清会典事例》卷九八九）

《钦定理藩部则例》关于西藏贡使廪给的规定

达赖喇嘛、班禅额尔德尼之来使，各给九十日廪饩。

（《钦定理藩部则例》卷一四）

西藏来使供给定额

一、西藏来使堪布本身并随来之兰占巴等，每日各支给米二升，跟役每名每日各给米一升，由户部支领。其应领食物桌张，正使每十日一次，给蒙古羊十只，黄茶二十包，面二十斤，乳油五斤，牛乳十五斤，盐十两，黄蜡烛十枝。兰占巴、噶布楚等，每日各给羊肉二斤，隔一日，各给羊肉一盘，黄茶一包，面一斤，乳油、灯油各二两。跟役等每日各给羊肉一斤八两，均各给盐一两。隔四日第五日筵宴一次。正使席一，余每五人给席一，每十五人茶一桶，每七席用蒙古羊一只，正使桌内小猪一口、鹅一只。副使每日给羊一只，二日给黄茶一包，面二斤，乳油四两，灯油八两。兰占巴、噶布楚、跟役等应给食物及第五日设席，均与正使同。正使每日给木柴二十斤，兰占巴、噶布楚每名每日各给木柴十斤，跟役每名每日各给木柴四斤。以上食物木柴例给九十日，如事竣在九十日内，即照事竣日裁除。遇年节除夕，在京来使等，各给汉羊一只。其食物及汉羊，由院咨行礼部札光录寺供备；蒙古羊，由院咨行礼部札两翼税务衙门供备；

木柴，由院咨行工部供备。回程路费：每日正使给银二钱，副使给银一钱五分，跟役各给银一钱，共支给四十日。

（《钦定理藩部则例》卷一五）

喇嘛等廪饩定额

一、胡图克图、呼弼勒罕、扎萨克达喇嘛本身，每日给银二钱、米二升。应带徒弟格隆四名，每日各给银一钱、米二升；班第三名、跟役二名，每日各给银五分、米一升。每日共合银八钱五分，米一斗五升。拴马三匹。

一、副扎萨克达喇嘛本身，每日给银一钱八分，米二升。应带徒弟格隆三名，每日各给银一钱、米二升；班第三名、跟役二名，每日各给银五分、米一升。每日共合银七钱三分，米一斗五升。拴马三匹。

一、扎萨克喇嘛本身，每日给银一钱二分，米二升。应带徒弟格隆三名，每日各给银一钱、米二升；班第二名、跟役二名，每日各给银五分、米一升。每日共合银六钱二分，米一斗二升。拴马二匹。

一、达喇嘛、副达喇嘛本身，每日给银一钱二分，米二升。应带徒弟格隆二名，每日各给银一钱、米二升；班第二名、跟役一名，每日各给银五分、米一升。每日共合银四钱七分，米九升。拴马一匹。

一、噶布楚、兰占巴本身，每日给银一钱二分，米二升。应带徒弟格隆一名，每日给银一钱、米二升；班第二名、跟役一名，每日各给银五分、米一升。每日共合银三钱七分，米七升。拴马一匹。

一、德木齐、格斯贵、格隆本身，每日给银一钱，米二升。应带徒弟二名、跟役二名，每日各给银五分、米一升。每日共合银三钱，米六升。拴马一匹。

一、格素尔班第本身，每日给银七分、米一升，拴马一匹。

一、斋桑喇嘛本身，每日给银五钱、米二升，拴马一匹。

（《钦定理藩部则例》卷一五）

十、派驻官兵

康熙末年清朝开始在西藏驻兵

康熙五十八年（1719）十二月丙辰

议政大臣、军前召至大臣、九卿等公同议奏进藏一事。得旨："……额驸阿宝所属厄鲁特兵五百名、察哈尔兵四百名，令带往取藏，此柴旦木所有之兵，亦令前往取藏。大将军留驻穆鲁乌苏三千兵内，令派兵一千前进。大将军处之兵若少，将京师每佐领下派出护军二名、马兵一名，于二月内起程前往西宁。今新胡必尔汗奏称，'各处俱有禅床，皆可安设，若为我兴兵，实关系众生。'此或是新胡必尔汗之意，或是青海台吉等畏惧策妄阿喇布坦，密嘱新胡必尔汗奏，亦难预知。倘新胡必尔汗与青海台吉等意同，此新胡必尔汗不可送往。青海台吉等若无此意，必将新胡必尔汗送往，安设禅床，广施法教，令土伯特之众诚心归向，则策零敦多卜自畏势逃遁。我师进藏定立法教之后，或留兵一二千，暂行看守，或久住，则土伯特之众，即如我兵。纵策妄阿喇布坦、策零敦多卜发兵前来，伊系劳苦之兵，我则安逸之兵，即可剿灭。朕意如此，事关重大，不可急迫，从容周详定议为是。今若照众大臣议，惟行看守，自西宁至四川、云南内外土番杂居一处，西藏之人皆系土番，伊等俱是一类，倘藏地被策零敦多卜占据，则藏兵即是彼之兵丁，而边疆土番岂能保全！尔等暂且看守之议，不合，著另行周详定议具奏。"

（《圣祖实录》卷二八六）

康熙五十九年（1720）三月已丑

云南提督张谷贞疏言："驻扎云南满洲兵及鹤丽、永北二镇绿旗兵，现经都统武格等挑选三千名率领进藏。臣查云南之丽江、中甸一带地方为西藏通衢，最系紧要，臣请亲率官兵于丽江、中甸适中之处，驻扎防守。"从之。

（《圣祖实录》卷二八七）

康熙六十年（1721）正月二十二日

抚远大将军允禵奏，为分布驻防事。正月二十一日总督年羹尧禀称："定藏将军噶尔弼咨称：'我与平逆将军延信共同商禀大将军王转奏在藏办理留兵事宜。贼车凌端多布败走，退回他们原处，我们额驸阿保五百兵、察哈尔四百兵，并满洲旗兵二千、青海兵二千，留守住此，致使粮运地远，难于驻守，大臣即由喀木、藏、卫三省地方酌取，止领给一年口粮'等语。令延信与青海王、贝勒、贝子、公、台吉等议，你们如何留住，我们内兵或住不住等处。青海王、贝勒、台吉等告称；'今仗圣主威福、大将军王之力，击败贼兵，此皆将军大臣等众同心奋力所致，此非我们青海兄弟们所能，惟准噶尔贼极为奸猾，现虽远遁，明年可能遣兵复来，地方新定，唐古忒人等意尚未安，我们青海兵力单薄，无济于事，酌留内兵，圣主天威，准噶尔闻之，不敢再来，众唐古忒人等得有倚靠，太平安生'等语。达赖喇嘛差伊卓呢尔噶布楚告称：'我原德尔格特地方一唐古忒人，蒙圣主高厚之恩，令我安住古木布木庙，今又赏我印册，封为达赖喇嘛。大将军王不辞劳苦，亲领兵来临木鲁乌苏，筹谋一切事宜。沿路大雨雪雹，大兵不分昼夜严加防设，众兵围绕，由将军、大臣等推及奴仆，劳苦之处，不胜其数。今我小子，仰托圣主威福，安善来藏，遂得坐床。惟准噶尔贼极奸猾，现虽被大兵击退远去，闻撤大兵之信，遣兵复来，实不可测。若惟止留青海之兵，力单势弱，唐古忒人等，极怕准噶尔贼，恐不得太平安生。圣主拯救阖藏，解倒悬之苦，复得见天日。小子我自始至终，仰望惟圣主大将军王外，再无其他倚靠。伏乞将军、大臣等共同商议，酌留内兵，圣主天威，准噶尔贼不敢来，我与唐古忒人喇嘛等，皆得共享太平，达赖喇嘛属噶隆尚功第巴达他等，亦照此再三请求。是以延信同商议，照先商议内兵三千驻此，满洲兵不宜停住。延信之队，扎萨克兵五百、察哈尔兵四百，此兵兼男丁内好汉，多选看旗仗好，一百穿甲作五百兵，额驸阿保厄鲁特兵五百、松潘绿旗兵五百、蒙古绿旗兵共二千、将军噶尔弼所率四川绿旗兵六百、云南绿旗兵三百，共三千。贝勒额驸阿保、公策旺诺尔布、副都统常凌等，除各管理所驻蒙古兵外，延信所率绿旗兵官内，副将杨晋新管好汉军行动极合机宜，提督马鉴、总兵官李林、王云台、副都统常凌等，亦保奏杨晋新，是以奖励杨晋新，颁总兵官札付留管绿旗兵，令遇事商同将军噶尔弼所派绿旗兵总兵官赵昆共同管理。蒙古绿旗兵不可无统领大臣，令公策旺诺尔布为总管，延信所率兵丁们应于形势重要之处建立营盘，在菩提山藏穆伦河边近水扎十二营，皆砌墙挖沟，巩固要紧。立营地方，设立关口，扎萨克察哈尔兵、额驸阿保厄鲁特兵、绿旗兵、唐古忒人等一并派出，令守杨嘎拉克、杨八井、刚公扎萨木等要紧关口。除设置外，又此外住阿拉坦诺尔、腾格哩诺尔、大那克产林楚等处，达赖喇嘛所属唐古忒西拉棍达他等，你们各有分住之处，准噶尔贼如来，由你们派妥人探信方向，登高看望，妥为防守。若闻贼来之信，见其形迹，一面告知住哨，一面速报军营大臣等，若怠情不报，则治以军法。缮写唐古忒文，处处严行交代。留住大臣等、官员等、兵丁等，每月口粮、钱粮、马草料，皆在内地照例给与管理。达赖喇嘛之噶隆、第巴等专议办理，妥协禀报。”为此恭摺谨具奏闻。

（《抚远大将军允禵奏稿》）

康熙六十年（1721）二月己未

抚远大将军允禵疏言：西藏虽已平定，驻防尤属紧要。现今留驻彼处者，扎萨克蒙古兵五百名，额驸阿宝兵五百名、察哈尔兵五百名、云南兵三百名、四川兵一千二百名，以公策旺诺尔布总统管辖。

（《圣祖实录》卷二九一）

康熙六十年（1721）三月己丑

谕议政大臣等：“藏地甚属紧要，现在虽有蒙古、绿旗兵三千名驻彼，但延信已将将军印信带回，并无将军统管兵马，又无满兵驻扎，不可不加筹画。云南有副部统噶什所领满兵一千，著派五百名，并四川歇息之绿旗兵五百名发往。速行文延信，令其前往藏地。延信及云南、四川兵到藏后，如彼地食物米粮稀少，可将喀喇沁，翁牛特兵撤回。西宁公策旺诺尔布仍驻彼处。著议奏。”寻议政大臣等议覆：“留驻云南之江宁、杭州满兵，应令都统武格、副部统吴纳哈领兵五百名，仍从云南进藏之路前进。四川歇息之绿旗兵，应令总督年羹尧、将军噶尔弼派总兵官、副将二员，领五百名，仍从打箭炉前进。将军延信俾其前往西宁，令带将军印回至四川，带领四川兵进藏，总统驻扎。”得旨：“依议。前令原任云南总督蒋陈锡、巡抚甘国壁接应进藏兵粮饷赎罪效力，若尚未去，令与此兵同往；如已赴藏地，令应付此兵粮饷效力。”

（《圣祖实录》卷二九一）

康熙六十年（1721）九月甲午

四川陕西总督年羹尧疏报："定西将军噶尔弼领兵赴藏，行至泸定桥地方，患病不能前进。"得旨："噶尔弼患病，调养尚需时日，其将军印，著赍付公策旺诺尔布署理。额驸阿宝、都统武格，俱著参赞军务。"

（《圣祖实录》卷二九四）

康熙六十一年（1722）七月壬寅

议政大臣等议覆："四川陕西总督年羹尧疏言：'据西藏驻扎之喇嘛楚尔齐木臧布及西藏办事之知府石如金等呈称，在藏官兵不睦，因公策旺诺尔布软弱，副都统常龄、侍读学士满都、员外郎巴特麻等任意生事。除将原文缄封呈览外，若大兵不可即撤，应令满都、巴特麻自备行粮，由西宁口外撤回。若大兵撤回，应将官员留藏，侦探信息，沿途仍安设驿站递送公文，并于叉木多设兵声援，以安达赖喇嘛等众。'查西藏被贼扰害，蒙圣主独断，发兵征剿，今藏地已定，土伯特、唐古特等俱得拯救，留兵防守。乃年羹尧听信喇嘛及知府微员捏造之语，阻挠毁谤将军大人、官员，擅奏撤兵，冒昧已极，应将年羹尧严加议处。"得旨："侍读学士满都、员外郎巴特麻，与知府石如金、喇嘛楚尔齐木臧布，俱著由西宁一路前来。满都员缺，著署理西安布政使事塔林往藏，跟随将军印务效力。其在藏驻扎之四川绿旗兵丁，恐其生事，著署理巡抚事务色尔图进藏管辖，在彼驻扎。色尔图、塔林，著年羹尧速行文令其驰驿前往。四川巡抚员缺，朕另行补授。至西安布政使事务著年羹尧举伊所知之人，令其署理。员外郎巴特麻员缺，行文大将军，将彼处章京拨派一员即令速行进藏，与公策旺诺尔布一同办事。"

（《圣祖实录》卷二九八）

雍正时期在西藏派驻官兵制度化

雍正元年（1723）三月甲申

谕总理事务王大臣等："在藏之兵，或撤回，或于通藏之路驻扎，及西宁所余官兵撤回之处，集议以闻。"寻议："西藏地方，因策妄阿喇布坦妄行扰乱，用申天讨，平藏之后，留兵防护。恐屯扎日久，唐古特等供应繁费，应将驻藏官兵尽行撤回。察哈尔及额驸阿宝之兵丁，应令公策旺诺尔布、都统武格、阿宝等统领，由西宁路遣回。阿宝在军营年久，应令伊与策旺诺尔布等一并来京。其江宁、杭州兵丁，令副都统吴纳哈带领，由云南遣回。四川绿旗兵丁，令副将李现光带领，由打箭炉遣回。至两路适中之叉木多，系通藏大路，应于四川绿旗兵内，挑选一千驻防，应令总督年羹尧于川陕总兵副将内，拣选管辖。再，阿里地方，甚属紧要，今康济鼐亲身赴藏，同隆布奈等料理藏地，其阿里地方，无人办事，应交康济鼐派出效力之人，奏闻赏与职衔，协助防守。再，查西宁有绿旗兵六千，防守地方，已属足用，其都统汪悟礼带领京师之兵，应尽行撤回。”得旨："额驸阿宝，令其带领兵马，前往游牧地方，休息数日，再令来京。"

（《世宗实录》卷五）

雍正六年（1728）八月十二日

陕西总督臣岳钟琪谨奏，为遵旨恭奏，仰请圣鉴事。

雍正六年七月二十九日，臣前差赍折外委把总罗有印回陕，蒙皇上发交周瑛奏折二件，又奉朱笔谕旨："周瑛为人心术好，汉仗去得，但甚孟浪冒戆，识见甚平常。今览伊奏，朕心神皆为之战栗，几乎未至大误大事。此事用此人大错矣，实朕之过也。今将伊奏发来卿看。幸卿见机示咨，朕心少慰，尚恐藏内倘少有变动，犹属不协当，但不知卿文到，伊又如何行为也。今兵既未能全数到藏，驻藏之兵当作如何数？驻藏统领之人只得迈禄、周瑛耳。原拟用周开捷三人，今周开捷既有许多对质之事，不便令留藏也。预与卿商酌，俟查郎阿至藏奏到，以便发旨。钦此。"

仰见睿思慎重，圣虑周详。臣跪读之余，实深惊悚。臣查周瑛两次进藏，又复驻藏经年，彼地情形乃其熟悉。况此次大兵进藏，必须谙练之员前往，方属有益。我皇上令周瑛领兵行走，是诚驾轻就熟，因事任用。即臣亦曾经具奏，以为周瑛可以任此远役。惟其才识平常，所以临事孟浪。

臣正在缮折回奏，今于八月初三日又奉朱批谕旨："卿意与朕意一般，前已有谕。今有査郎阿奏到，朕放心矣，料理甚属妥协，此人用着了。不料颇罗鼐拿二千总竟是实举，朕亦疑此。伊等既将朕意宣明，颇罗鼐为何又急进兵取藏，原来有许多情节。此番事更见上天之赐佑所致矣。将原来奏折全录来与卿看。钦此。"

臣跪读谕旨，并细阅查郎阿具奏事宜，办理实属妥协，是皆由我皇上睿谟广运，庙算周详，虽万里之外，一切机宜亦皆了如指掌。今以西藏远域番民，上廑宸衷，怀柔备至，不使一夫不得其所，特遣官兵安戢藏地，是以德合天祖，仰承上天叶应，圣祖默佑，遂使功成意外。又，查郎阿能仰遵圣训，料理妥协，臣心实为欢庆。

惟查驻藏官兵数目，臣遵旨酌拟，似应留兵三千名。内川省兵丁周瑛止带领一千名前进，当于陕省兵于内派留二千，以足三千名之数。臣复查藏地数年以来收成稍歉，若驻兵太多，其所需口粮食物购买颇难。且颇罗鼐赤心报效，实出忠诚，今又蒙圣主加恩赏赉，自必益加感奋。凡通谆〔准〕噶尔之各处要隘，颇罗鼐已派遣阿里等处番兵悉力守御。臣愚以为留兵二千，川陕各居其半，可以资弹压。倘蒙圣明鉴允，仰恳特降谕旨，令查郎阿照数派留。仍令查郎阿于陕省满、汉官兵内挑选精兵一千名，（朱批：所议甚是。另有旨谕。）将达赖喇嘛沿途防护，由四川一路前来，庶属妥便。

至于领兵驻藏大员，已有迈禄、周瑛二人。若周开捷私折粮价业已承认，惟将粮运骡头统行带去，迹属可疑。臣现在密饬各标领兵将备，将此骡头备细确查作何驱用，据实具报。如于到藏之后，将此骡头照数交出，则周开捷别无质对之事。倘将骡头任意私用，或致侵隐不吐，自当另案讯追。然周开捷性情骄妄，行事刚愎，即无过犯，亦不便留驻藏地。（朱批：是。此人可以备用谆噶儿之举。）臣查花马池协副将惠延祖、永昌协副将马纪师，俱备熟悉边情，才识练达，仰恳圣恩于此二员中简派一员，（朱批：马纪师好。惠延祖人草率冒戇，此等处使不得。）协同迈禄、周瑛二人领兵驻藏，尚堪胜任。

所有派留驻藏兵数缘由，臣谨遵旨密奏。但臣知识短浅，是否合宜，伏乞圣裁。

谨将原奉朱笔谕旨二道并周瑛奏折二件，一并恭缴，伏祈皇上睿鉴。为此谨奏。

朱批：览。

（《雍正朝汉文朱批奏折汇编》第十三册）

雍正六年（1728）八月己亥

谕王大臣等：“从前降旨，令留兵三千名驻藏，今闻藏地收成歉薄，若多驻兵丁，未免粮谷不敷。著将川陕兵丁各留一千名驻藏。共成二千之数，令正蓝旗满洲副都统迈禄、銮仪使周瑛总统管领，并令永昌协副将马纪师一同驻藏料理。”

（《世宗实录》卷七二）

雍正六年（1728）十一月初一日

散秩大臣品级銮仪卫使左都督世袭拜他喇布勒哈番带余功三次纪录一次加一级仍降三级留任臣周瑛谨奏，为钦奉上谕事。

雍正六年十月二十四日准川陕总督臣岳钟琪咨：准兵部咨，职方清吏司案呈。雍正六年八月二十一日怡亲王等奉上谕，从前降旨令留兵三千名驻藏，今闻藏地收成稍觉歉薄，若多驻兵丁，未免多用地方粮谷，著将川陕兵丁各留一千名驻藏，共成二千之数，今迈禄、周瑛总统管领，并令永昌协副将马纪师一同驻扎料理。著即行文查朗阿、岳钟琪遵奉施行。等因。转咨到臣。钦此。钦遵。

窃臣边末介士，知识庸愚。上年带兵驻藏，不惟寸长无〔未〕效，而且负咎恒多。仰蒙圣主曲赐矜全，叠沛隆恩，授臣四川提督，旋拔置近御大臣之列，得以侍从辇毂，时觐无颜，旷典殊恩，有加无已，臣即竭厥驽骀，亦不能仰报高深于万万一。今复荷圣恩，命臣统兵西靖，出口以来，仰仗天威，毫无报效之处，正悚尸素之惭，乃蒙谕旨，留臣驻藏。臣闻命下，感激弥深。但臣才识短浅，膺兹重寄，扪心自问，愈切冰兢。惟有益加黾勉，同副都统臣迈禄等，抚绥番部，严束官兵，以期仰副我皇上宁戢边氓之至意。

其应撤官兵，俟起程之日另疏恭奏外，所有微臣钦奉恩旨驻藏缘由，理合缮折奏闻，伏乞皇上睿鉴施行。

（一史馆藏宫中朱批奏折）

雍正六年（1728）十一月己巳

办理藏务吏部尚书查郎阿等遵旨覆奏：“查陕省进藏兵丁共八千名，此内除留于木鲁乌苏之东蒿沁察罕哈达兵二千名，坐站兵一千八十名，现至藏兵四千九百二十名；四川进藏兵共四千名，此内除留于黎乌齐兵二千名，坐站兵五百名，现至藏兵一千五百名；云南进藏兵三千名，于罗隆宗留兵二千名，叉木多留兵一千名。臣等谨遵谕旨，拣选陕西兵一千名、四川兵一千名，交与驻扎西藏之大臣迈禄、周瑛、副将马纪师，并酌量派出陕西、四川游击、守备、千、把等官，令其驻扎，以备差遣。达赖喇嘛于二十三日自藏起程。所撤兵丁，分作五队：第一队，副将惠延祖带领宁夏兵一千五十名；第二队，臣查郎阿、马喇带领西安满洲兵四百名、固原兵五百名、四川兵一百名，副将周起凤将达赖喇嘛在臣队内防护，令副将杨大力带领四川兵四百名前行；第三队，参将王有循带领督标兵四百九十名、凉州兵二百三十名；第四队，守备戴义雄、潘世喜带领固原兵七百五十名；第五队，总兵官周开捷带领西宁兵八百名殿后，以次起程。其云南总兵官南天祥，原率领兵一千名驻扎叉木多，今西藏事方平定，且将达赖喇嘛移往里塘，请将叉木多兵丁于藏兵未撤之先，暂令驻扎，以便应援。”奏入，报闻。

（《世宗实录》卷七五）

雍正七年（1729）四月十八日

陕西总督臣岳钟琪谨奏，为遵旨议奏事。

雍正七年四月十二日，奉到朱笔谕旨："朕意闰七月大兵进巴里坤时，达赖喇嘛又已到里塘。驻藏之兵，似应撤回。今噶儿丹策零闻两路进取伊里〔犁〕，料伊断不能分势扰藏。卿意如何？或仍令在藏弹压为是，或令回汛为当，与卿商定。若防噶儿丹策零穷竭投西藏，或阿尔布巴羽孽未必尽净，则可不必撤也。若卿意以撤回为是，应于何时从藏起行，应于何路回来，议奏以闻，不可便以朕意为是，详细斟酌可也。钦此。”仰见我皇上睿思广远，计事周详。又蒙谕旨垂询，臣敢不敬体圣怀，熟思斟酌，以期军机妥协之至计。

臣思大兵已进巴里坤，达赖喇嘛又已至里塘，藏地底定，诚无他虑。况噶儿丹策零虽属奸顽，今闻大兵两路进取，则其自顾不暇，势不能妄窥西藏。然臣仰思圣谕，或噶儿丹策零因计穷力竭，窜投藏地；或阿尔布巴之余孽尚未尽除，是诚事之所亦有。况附近西藏之克里叶等处，皆噶儿丹策零所属之回子，将来噶儿丹策零被我兵战败之后，臣思西北一带，皆系伊之仇敌，必不敢向彼处逃遁。若由克里叶一路潜遁进藏，则西藏现驻大兵，加之得胜之师从后追袭，使逆彝前后受敌，不难成擒。所有进藏之师与进剿大兵遥为声势，更属紧要，不便撤回。更请皇上密饬驻藏之迈禄及颇罗鼐等，俟明年七八月间，令颇罗鼐带领阿里番兵在那克禅一带，凡通谆〔准〕噶尔要路，预为严守，更属有益。

但臣知识短浅，所议是否允协，理合遵旨斟酌具奏，伏祈皇上睿鉴施行。为此谨奏。

朱批：朕偶有此意，廷臣皆以为然。惟怡亲王与卿论同，所以谕问。卿所议甚是。

（《雍正朝汉文朱批奏折汇编》第十五册）

雍正八年（1730）三月初六日

命西藏办事内阁学士僧格统兵一千五百名，至腾格里脑儿驻防。

（《世宗实录》卷九二）

雍正八年（1730）七月十一日

议政王大臣等议奏："学士僧格、贝子颇罗鼐所领巡防兵，应令于降雪后撤回，俟明岁进兵时仍往腾格里脑儿驻扎。"

得旨："今年大兵既停进发，著行文与僧格等，令伊等酌量于未降雪之前撤回，明年著僧格仍旧带往。其绿旗官兵照今年赏给之例赏给。再发银一万两，著颇罗鼐明年酌量赏给唐古特等之兵。"

（《世宗实录》卷九六）

雍正九年（1731）二月十二日

谕大学士等："驻藏之官弁兵丁等已经数年未曾更换，朕心深为轸念。查从前派往之兵，系陕西一千名、四川一千名，今陕西兵丁现有征剿准噶尔之事，难以派往西藏；四川新募充伍之兵甚多，著提督黄廷桂、巡抚宪德酌量于新旧兵丁内拣选二千名前往西藏，将从前驻藏之兵换回。其弁员等，自总兵以至千把亦应更换。若大员内一时不得职衔相当之人，可拣选干员加衔委署前往。"

（《世宗实录》卷一〇三）

雍正九年（1731）八月二十五日

谕大学士等："叉木多驻扎之云南兵一千名，令其前往西藏备用，尔等已行文与总督鄂尔泰及西藏办事大臣等。但云南省城转行叉木多，路途纡远，可行文与驻扎叉木多之大员，此旨到日，该员即将兵丁应用之马匹、衣装等项料理齐备，将弁等统领即速起身，按程前进，不必候云南文书。其一应马匹、衣装、口粮，俱著宽裕应付，毋得迟误。"

（《世宗实录》卷一〇九）

雍正十年（1732）四月初四日

升湖广宝庆副将周起凤为陕西西宁总兵官，统领四川兵丁驻扎西藏。赏银五百两。

（《世宗实录》卷一一七）

雍正十一年（1733）三月初一日

谕办理军机大臣等："西藏驻扎弁兵，本为保护唐古特人等，以防准噶尔贼夷侵犯而设。比来贼夷大败，徒步奔逃，力蹙势穷，不能远涉藏地，则其无力进兵可知。且颇罗鼐输诚效力，唐古特之兵亦较前气壮。现今藏地无事，兵丁多集，则米谷钱粮一切费用等项，虽给自内地，而唐古特人等不免解送之劳。朕意量其足以防守藏地，留兵数百名，余者尽行撤回。其留藏之兵，著总兵官周起凤带领驻扎。青保、马喇、苗寿著总理藏务。至此项兵应撤若干，应否将驻扎叉木多之云南兵丁一并撤回，著详议具奏。"

寻议："西藏居住之四川二千兵内应留兵五百名，以为该地守护之用，余俱撤回原处。所留之兵，俟三年后仍于四川官兵内派换。其叉木多居住之云南兵一千名，原为救援藏兵而设，今驻藏之兵既已酌减，则此项兵亦应撤回五百名。照四川兵丁之例，三年更换。"

从之。

（《世宗实录》卷一二九）

雍正十一年（1733）七月十九日

（青保等奏折，前残）……雍正十一年三月初三日奏入，奉旨：依议。钦此钦遵。为此咨行。

奴才等钦遵会议得：亲选兵五百驻藏，趁水草旺季，从所撤一千五百名兵内，派守备何石君、许元功、把总三人，率马步兵二百名，随都统僧格、前锋统领迈禄前往外，因时值有田禾季节，编一千三百名兵丁为三队，照例官兵各给四个月钱粮。第一队兵丁四百，派游击辛永巍，千总、把总五员率领，七月初三日起程；第二队兵丁四百，派游击张元济、守备周大、千总把总五员率领，七月初九日起程；第三队兵丁五百，派副将张可才、游击李英正、千总把总五员率领。副将张可才统帅督察三队官兵，七月十九日起程。

又，将训练唐古特人众，使臻精锐，隘口要冲，如何设兵防守、放哨巡查之处，与颇罗鼐详议。颇罗鼐言："喀喇乌苏兵丁有二千名，每年由诺彦和硕齐管束操练，在噶斯以南要口，阿哈雅克、绷阿里玛尔二哨所，各驻兵三十名，以蹑踪探信。再将达木、腾格里脑儿地方千名兵丁，由我子朱尔默特那木扎勒四月前往安营练兵，在要口穆色扎干、僧根鄂淖尔二哨所，各驻兵二十名，以蹑踪探信，俟降大雪撤回招地。至阿里三处兵五千，由我子公珠尔默特车布登管束操练，四月率兵二千，安营驻守阿里、噶尔、杜克地方，在要口张噶尔沙哨所，驻兵三十名，以蹑踪探信，每年降雪后，将哨所内移撤兵。而今我子公珠尔默特策布登虽在藏养病，但其缺已饬图尔根哈希哈、青特古断、卓里克图巴图鲁、墨尔根诺彦等，带兵操练，驻守哨所。承蒙大皇帝隆恩，奴才尽心效力，唐古特兵士气较前益昂。为操练精锐，驻兵隘口要塞，设哨防守等处，降旨训诲，英明至极。卑职颇罗鼐拟增派纳克树兵五百，由公那木扎勒色布腾管带操练。那木扎勒色布腾虽年轻，可派尼尔巴达瓦、仲依果达尔协助练兵，在要口扎拉商、奴穆库隆，岗石壁三哨所蹑踪探信。再，各哨要道，遣贤能斋桑，增派兵丁，矢慎矢勤。藏、卫、达克布、古木布之兵丁四千，由戴本罗卜藏达尔扎、章鲁扎木巴等管带操练，仍由颇罗鼐验试，撤兵之时，就近调来操演，请大臣等检阅。"等语。

奴才等议得：纳克树、阿哈雅克、拜杜三处，极为重要，仍派官兵，待青草出，偕同颇罗鼐兵设哨，蹑踪探信，降大雪时，将哨所内移，由颇罗鼐兵坚守，再行撤回。训练唐古特兵时，奴才等开示皇上仁德，检阅兵伍。

又运送军需粮饷等务，不劳沿途所居唐古特等之力，由喀木、布木、蓝敦直至招，分别设台，接连运送，每驿设人几何、需牛马几多，即与颇罗鼐详议。据告称："由布木、蓝敦至乍丫、察木多、玛里库车等地，人口稠密，牲畜亦多，洛隆宗、硕板多、拉里等地居民虽少，然数年来往官差，不曾有误，现仅为运送粮饷，不过需乌拉百余。再者，驻藏兵三年方更换，此间并无他事。卑职颇罗鼐仰承皇恩至优极渥，焉敢知而枉费国饷，乞禁自布木、蓝敦至招地增设驿站。"等语。

奴才等伏思，兹在藏驻兵五百，查所有饷银，尚足二三年之需。仰赖皇恩，每月赏兵丁饷银四两九钱，由藏购食，不需输运，兵器、帐房、弹药等物，则由撤兵留足，至三年换防时，兵仅五百，所需乌拉亦少，不致烦劳沿途居民。而况近二年换防兵出入，以拉里、硕板多、洛隆宗等地居民稀少，恐多苦累，奴才等对新隶纳克树等部，就近派乌拉，按定价付工银，彼皆恭顺相助，妥送过境。颇罗鼐所告之言，实出至诚，故照其所请，由布木、蓝敦至招，暂免增设驿站。

奴才等会同颇罗鼐照军机大臣等所议，前往查看色拉、招之间所有第巴先前建房之扎什塘地方，宽旷平坦，毗近水源，远离农田，距招五里，地势极好，相应按官兵之数，建城方圆二百丈，南东西三门，城基宽一丈、高一丈三尺，垛墙三尺，共一丈六尺，均以石砌，城上宽五尺，三门，每门阶梯一。总兵官住房，计大门在内十五间；游击、守备各一员，每人计住房大门在内七间；千总、把总十员，每人住房三间；办理粮饷同知住房计大门在内七间，米仓六间，其下守仓兵丁住房七间；兵五百，每二人合住一间；三座城门上，每门一间，三门守兵住房六间，北城上火药炮弹等物库三间在内，共应建房三百四十一间，扣除喇齐地方原有旧房二十一间，应增盖房三百二十间。

建城所需工料，匠役如何付给工银之处，经与颇罗鼐商议，据颇罗鼐言称："大皇帝准建城池房屋供兵丁居住，特系护卫我土伯特众生之至意，卑职颇罗鼐焉敢动支国饷，甘愿自力修建，供官兵居住。"等语。奴才等言称："圣上赏修建城堡之匠役以工银，意在仁爱尔等唐古特人众，业经奉旨，尔但遵照施行，我等亦未敢具奏。"言毕，彼称："兹听大臣等训谕，业经奉旨，令我遵照施行，焉敢违命。本处工项，难以预定，感谢皇恩，多召匠工，加紧修建。我已与噶伦、东科尔料估，每日需采石砌墙匠二百人。木匠一百人、铁匠二十人，每匠人按本地价付银一钱。再每日需工二千三百，每工按本地价付银五分。若加紧建造，两月内或可竣工。至所需木石水坯，皆出自皇域。料木产自工布加木达山，倘伐木建房，则湿且不坚，又迟延时日，在工布地方罪人阿尔布巴入官房屋，无人居住，拆运至此，用之足矣。"言毕，奴才等交付颇罗鼐，召总管工布地方第巴奈定本、郎卡尔定本等八人至，问阿尔布巴入官房屋今住人与否，拆之运来，与尔等有无关系。彼等欢悦，同跪告称："我等均系皇帝臣仆，大皇帝将阿尔布巴正法，勘定地方，抚佑我等，豢养数年，兹又另建城堡，安置官兵，彼此相安，乃眷爱我土伯特众生之至意。此项房屋现皆空虚，年久徒致残破。请准我等自行拆毁，运送至藏，建造营房。"等语。奴才等看得，工布诸头目极为恭顺。工布距藏十日路程，每运一间房木，以六工计，折银各三两，三百二十间房料木，共付银九百六十两，八头目每人赏绸绫各一匹，令其运送。

查得唐古特地方修建房屋，难以估算，修建城堡，所需物件又不必采买。由工布输运三百二十间房料木，需银九百六十两外，照颇罗鼐之估算，仅匠工共需银八千八百二十两计。奴才等亲率监工官员查看，修建牢固，记录每日所用匠工数目，尽速于五月二十八日起兴工。工竣之时，颇罗鼐估算匠工雇银有余则开除，不足则核算具奏增拨。

城堡、官兵住房，谨绘图一并恭呈御览。为此谨奏。

（一史馆藏军机处满文录副奏折）

雍正十一年（1733）十二月十八日

兵部为咨明事。

职方清吏司案呈，准川督黄〔廷桂〕咨称：钦奉恩旨，将驻藏官兵撤回一千五百名，拣留五百名，另建城堡居住。钦遵在案。今城工告竣，于本年九月初四日官兵移驻新城。所有移驻日期，相应咨明。等因前来。相应知照军机处可也。

为此，合咨前去，查照施行。须至咨者

右咨办理军机处。

（一史馆藏军机处来文）

乾隆时期在西藏派驻绿营官兵形成历史定制

乾隆二年（1737）闰九月初一日

副都统纳苏泰奏：前工部左侍郎杭奕禄请撤驻藏兵丁，奉谕曰："观杭奕禄所奏，贝勒颇罗鼐等深以内地之兵在藏驻扎，于伊等有益。前皇考特悯念唐古忒人众，恐内地之兵久经驻藏，或有累伊等，思欲撤回。若果有益，数百兵丁所费粮饷几何？著将此驻防与台站兵丁暂停撤回，照旧轮班驻扎，俟过一二年后再定。副部统纳苏泰在彼年久，令其回京，著杭奕禄留藏，与总兵官周起凤一同驻扎办事。其应换部院章京、笔帖式等，著该部派遣更替。"谨遵旨交代印信，即日起程。

报闻。

（《高宗实录》卷五二）

乾隆十四年（1749）十二月三十日

四川总督策楞奏："西藏原驻兵五百名，自炉至藏复层次设立台站，虽以数而论，兵止五百，然数年来安静无事，未始不赖乎此。今甫经奏裁，而珠尔默特那木扎勒不数月而即有此一番举动，且现又添驻大臣，爪牙不过百名，不特当有事之际实不足资其调遣，即平常无事之时亦恐无以重体统而联声势。臣愚以为虽甫经议裁，但设兵驻防有益于藏地之事为大，人多米贵之事为小，可否即藉此番珠尔默特车布登之举，特降谕旨，令照原额设兵，以资该郡王之声援，亦属随时酌办，既不致启其揣测，亦可无前后互异之嫌。"

得旨："如此反恐启彼之疑也。"

（《高宗实录》卷三五六）

乾隆十五年（1750）正月十一日。

谕军机大臣等；"据川督策楞奏称，接到纪山来札知珠尔默特那木扎勒兄弟构衅一折。按其时日，在未经接到屡次谕旨之前。傅清到川，必已面商，数日内当即奏到。拉布敦到日，所有经朕指示之处，必已详悉告知，诸事俱能商酌妥协。其所奏原设官兵五百名仍请驻藏之处，自朕观之，藏地数十万众，官兵仅五百名，何足以资防范？著传谕拉布敦，令其于抵藏时，就现在情形，与傅清公同悉心详酌，是否于地方有济，或稍藉以联络声援，尚应添驻，即以伊一人己意明告珠尔默特那木扎勒，以从前驻有官兵数虽无多，足以助尔声势，地方甚为安静，今甫撤兵，伊兄即有此举动，莫若代为奏请，不惜为尔多费粮饷，以靖地方。若不行告知，则已撤之兵复往驻守，势必动彼之疑，或致滋事。拉布敦到藏，务秉公酌办，更不必因添驻官兵近于畏怯，稍存避嫌之意。如其于事无济，亦即据实陈奏。俟奏到之日，另降谕旨。策楞折俱著钞寄阅看。"

（《高宗实录》卷三五六）

乾隆十六年（1751）四月癸未

（四川总督策楞等）又奏："臣等奉旨，藏内仍须驻兵五百，其沿途台站亦应照数安设妥协。现将所带进藏官兵内，照数挑选驻藏。其台站各官兵，向系游击一员、守备一员、千把总十员、兵一千名。查旧设塘汛，视地之简要，定兵之多寡，声气尚属联络。惟兵半老弱，由向例三年之内遇有缺出，该管官就近招募滥充所致。今酌议拉里以西，离藏尚近，如有缺出，驻藏大臣将藏地可拔之余丁验补。其拉里以东，距藏较远，驻藏大臣不能挑验，遇有缺出，不准就近招募，即于下台现兵内，挨站递行拨补。将所遗粮缺，趱至打箭炉，令阜和营游击于内地余丁选拔。”从之。

（《高宗实录》卷三八七）

乾隆十六年（1751）四月丙申

四川总督策楞等奏：“西藏粮务台员驻扎番地，三年一次更换。自打箭炉至西藏，共计六处。惟打箭炉与西藏粮务，例系遴委同知、通判，其余里塘、巴塘、察木多、拉里四处，俱系于县丞、州同等杂职内派委。此辈出身微末，识见卑鄙，殊与公务无益。臣等查川省现任同知、通判共一十九员，除松潘、叙永、水利同知三员均系紧要，未便差委外，其余十五员，尽足委用。请嗣后台员即于同知、通判内遴选，其杂职等官，概不准派。”得旨：“是。”

（《高宗实录》卷三八七）

乾隆五十四年（1789）六月辛巳

（军机大臣等议覆四川成都将军鄂辉等条奏收复巴勒布侵占藏地设站定界事宜）

一、前藏向驻绿营官兵五百十员名，现有驻藏大臣管辖。其札什伦布地方，亦应酌拨绿营官兵分驻，请于察木多抽拨外委一员、兵六十名，江卡抽拨兵三十名，硕板多抽拨都司一员、兵二十名，前藏抽拨兵四十名。以上四处共抽拨兵一百五十名，即令抽撤之都司、外委管领，移驻后藏。再，于马兵内挑拨二人，作为军功外委，管束兵丁。再后藏既移驻官兵，由后藏至前藏一路，应分立塘汛十二处，以唐古忒番兵安设，每塘挑选附近番兵四五名，并交噶布伦等办给口粮，均令驻防后藏部司随时稽查管束。……

一、请于今岁秋收后，查明稞麦时值，动项发交该噶布伦等，在附近各处买米稞麦三千石，交驻藏粮员于扎什伦布城内建仓收贮。俟采买二年后，按年出陈易新，以六千石常贮为额，至拉里、察木多、巴塘、里塘四处粮台，皆有粮员，而察木多尤为川藏适中之地，亦请一体储备。……

一、从前解赴打箭炉口外兵饷，皆系元宝，迨后只解碎银。但自省至藏，万里崎岖，倘有碰失，各站易于推卸。况番地买卖交易，均以元宝成色为足，请嗣后仍照旧以元宝起运。

一、西藏向有赏需一项，系蒙皇上轸念达木官兵素无钱粮，将三十九族每年所交例马银三百九十余两，买办缎、布、烟、茶、银牌，按年奖赏一次，此外并无别款，今既添设唐古忒番兵，按期操演，经驻藏大臣亲查，自当照例奖赏。请于川省闲款内加给银五百两，饬办缎、布、烟、茶、银牌等项备赏。

（《高宗实录》卷一三三三）

乾隆五十四年（1789）六月二十七日

和珅等遵旨议覆藏地善后事宜十九条折（节略）

后藏应酌拨绿营官兵以资防御一款。

据称，前藏向驻绿营官兵本有五百十员名，该处人烟辐辏，且有驻藏大臣弹压稽查，尽足以资镇守。若于扎什伦布地方，酌派官兵分驻，不惟足资保障，而于前藏声势益昭联络。请于察木多抽拨外委一员，兵丁六十名；江卡抽拨兵丁三十名；硕板多抽拨都司一员，兵丁二十名；前藏抽拨兵丁四十名，以上四处，共抽拨兵丁一百五十名，即令抽撤之都司、外委管领，移驻后藏。再于马兵内挑拨二人，作为军功外委，管束兵丁。所有官兵应得各项，俱令照西藏官兵一例支给。至官兵钱粮，请在西藏粮员处按月支领，饬令该都司分散。再，后藏既经移驻官兵，由后藏至前藏一路，亦应添设塘汛。请分安塘汛十二处，以唐古忒番兵安设，每塘挑选附近番兵四五名，并交噶布伦等办给口粮。均令驻防后藏都司随时稽查管束。等语。

查，扎什伦布为班禅额尔德尼住锡之地，其西南一带，毗连巴勒布等外番部落，相距前藏千有余里，道路遥远，声气不甚联络，自应因时制宜，量移官兵驻扎。该将军等所奏，东台察木多及江卡、硕板多三处，原设之兵本不过防范地方，接送文报之用，原可无需多兵，致令闲旷。自系该处实在情形。应准其按处抽拨兵丁共一百五十名，即令抽撤之都司、外委管领，移驻后藏，以归实用。其官兵钱粮，即在西藏粮员处按月支领，饬令该都司分散，统归西藏台费项下造报。至添设塘汛，以达邮传，安设番兵，以省繁费，自为保护藏地起见，均应如所奏办理。所有官兵移驻之处需用房屋，该将军等奏，扎什伦布现有空闲寨落一处，极为宽厂〔敞〕，足敷驻用。亦应照所请，即令官兵驻用，毋庸另为添建。

……

台藏官兵应酌定听差应役数目并严禁弁兵雇役番妇一款。

据称，驻藏大臣衙门向来挑取官兵应役均无定额，而将备以下亦皆从而效尤，应公同酌定名数按期更换。至驻藏大臣差遣官兵赴省制办赏号之事，亦属有旷操防，应咨明本省总督饬司代为制办，遇便带藏。并饬禁兵丁雇役番妇，以肃营伍。等语。

查西藏防兵本为镇守番地而设，若各衙门皆令其听差服役，则兵丁等托故偷安，何以慎操防而肃营制。今既据该将军等酌定额数，驻藏大臣衙门每处官役字识人等不得过四十名；游击不得过二十名；都司不得过十五名；守备不得过十名；司员衙门酌定兵丁八名；笔帖式酌定六名；千总每员兵丁四名；把总每员二名；粮员衙门看库酌定十名，按期更替，轮流操演。亦应如所奏，作为定额，毋许滥行挑取，庶弁兵等得以随时练习，而营伍益资整肃。至驻藏大臣向有差遣官兵赴省制办赏号之例，往返动需数月，不但有旷操防，而不肖官兵往往多索乌拉，夹带货物，易滋弊混。应如该将军等所奏，嗣后驻藏大臣毋庸专差赴省，只须按年咨明本省总督饬司代为制办，遇有解饷之便，顺带赴藏。既可省弁兵往返之劳，而于操防事务亦不致有贻误。至西藏唐古忒番妇，向以服役谋生，兵民多有雇倩喂马樵汲缝补之事，相沿已久。该番俗男番为僧者多，妇女闲旷者不少，若一经严禁，该番妇等乏人养赡，穷蹙无归，不能不与兵丁私相往来，是明为禁革而暗中仍行雇觅，转恐从此有奸情等事。一经犯出，奸妇奸民均当从重问拟，是欲惠番而转添一治罪之条，于番俗殊多未便。嗣后仍准其照旧雇觅服役，但必须该管将备晓谕严明，随时稽察，止准服役，毋许有奸情等事。倘被犯出，应将该兵丁斥革惩治，并将不能查察之将备一并议处。庶番妇不至艰于谋生，而兵丁亦务知所儆畏矣。……

（一史馆藏宫中朱批奏折，全文见前）

乾隆五十七年（1792）十二月初六日

福康安、孙士毅、惠龄、和琳又奏言：查藏地向未设有汛防，其外番人等往来自便，毫无稽查，实属不成事体。现查扼要总路惟江孜、定日两处为各部落来藏咽喉，应请于江孜添设一汛，派守备一员、外委一员，带兵二十名驻扎。又于定日添设一汛，派守备一员。把总一员、外委一员，带兵四十名驻扎。所有添设巡查官弁兵丁，应遵旨于藏内及台站兵丁内抽拨。查前藏驻扎游击一员、守备一员、千总二员、外委五员，兵四百五十五名；后藏驻扎都司一员、外委一员、兵一百五十名；打箭炉以外各台站共设游击一员、守备三员、千总二员、把总七员、外委九员，兵八百三十二名。应于东路台站内，查无夹坝出没之地，及后藏兵丁尚可酌量抽拨。臣等公同筹议，拟于察木多抽拨兵四十名，拉里抽拨兵十名，后藏抽拨兵十名，以上共抽拨兵六十名。应得之项，俱照西藏防兵定例支给。其应拨调之守备二员、把总一员、外委二员，照例由川省派出。所有官员、兵丁俱于现在随征官兵内挑派前往。仍照前后藏驻防之例，班满更换。所需房屋，查明于定日、江孜营官寨之旁，各拨数十间，用资栖止，毋庸动项添盖。至藏内防兵，不必另议增添，统交驻藏大臣督率将弁勤加操演。新添之定日、江孜汛兵，亦即于驻藏大臣巡查之便，就近查验操演，以肃营伍。均奏入。

上命军机大臣议奏。旋经核议，均应如所奏办理。上从之。

（《钦定廓尔喀纪略》卷四七）

乾隆五十七年（1792）十二月十一日

福康安等奏藏内善后条款除遵旨议复者外尚有应行办理章程十八条折（节略）

西藏官兵所需火药应就地配造以节縻费也。

查，驻藏官兵每年操演共需火药二千余斤，向由内地各营配造，运送来藏，虽工料自有定价，而自打箭炉运至前藏需用脚价甚多，经过番地亦不免有偷窃情弊。臣福康安到藏时，查得工布地方产磺，布达拉现存火药即系该处配造，随即差弁前往制造。曾经奏明，将来操演火药，如藏地可以就近制办，即不必由川省远道解来，致费脚价。兹查工布制造火药每百斤共工价银二十三两有零。所有工料，虽较内地定例昂贵，而所用脚价较之内地运来节省至三十余倍之多。两相比较，仍系在藏配制大有节省。所有军需案内运来火药已到西藏者，除军营用去外，尚有余存，现在饬查斤数，令各粮员运回，分贮前后藏，择其高燥地方收贮，尽足供数年操演之用，尚可毋庸配制。应俟将现存火药将次用竣，只敷两年备用之时，再行在藏配造。若由驻藏游击派人前往工布，恐所遣之人未妥，或致扰累番民，并虑有私造透漏之弊。应核定每年操演火药数目，由驻藏大臣衙门给发印票，交噶布伦差派诚实番目，前赴工布地方制造，解送来藏。至藏地产铅甚少，现有军营存剩铅丸堪以备用。俟将次用完时，再由川省运送。操演火绳，亦照向例由川省运解。又，内地解来弓箭，除军营应用外，亦有盈余，应并留存前后藏拨给官兵作为操防之用。又，后藏向无炮位，现于臣福康安进兵时所铸铜炮十三尊内，拨给二尊，令于操演时试演准头，其余俱交布达拉存贮。

（一史馆藏宫中朱批奏折，全文见前）

乾隆五十八年（1793）正月乙卯

（军机大臣会同大学士九卿议复福康安等奏酌筹藏内善后章程）

西藏官兵所需火药，工布地方产磺，制造火药，较运从内地费省。请就近制运。其铅丸、火绳由川省运解。

（《高宗实录》卷一四二一）

“二十九条章程”（节略）

每年操演军队所需用之弹药，由噶厦派妥员携带驻藏大臣衙门之公文，前去工布地方制造，运至拉萨发给部队，以前后藏番兵没有火炮，现从新造十四〔三〕门火炮中调两门给后藏，以便在军队操演时试验射击，其余都交给达赖喇嘛。

（全文见前）

绿营

一、驻扎前藏游击一员、守备一员、千总二员、把总二员、外委五员，汉兵四百五十名；后藏都司一员、把总一员、外委一员，汉兵一百四十名。

一、驻扎江孜守备一员、外委一员、汉兵二十名；定日守备一员、把总一员、外委一员，汉兵四十名。

一、驻扎察木多游击一员、千总一员、把总一员、外委一员；江卡汛守备一员、把总一员；梨树汛外委一员；石板沟汛把总一员、外委一员；昂地汛把总一员；硕板多汛千总一员、外委一员；拉里汛把总一员、外委一员；江达汛外委一员。共兵六百八十名。

一、驻藏大臣衙门应差兵丁，每处三十名，游击八名、都司六名，守备二员每员四名，驻藏司员四名，笔帖式二名，千总、把总每员一名。前藏粮员看库兵丁八名，每遇操演日期操演，勿许藉口应差致有旷废。

（《卫藏通志》卷一二）

嘉庆以后关于驻藏官兵的更换及饷银等问题

嘉庆六年（1801）十一月壬辰

又谕："英善、福宁奏：'川省应拨前后藏饷银未经解到，现向前藏达赖喇嘛、后藏班禅借银支发'等语。所办殊不成事。前后藏应支兵饷银两，由川省拨解，系属经费，岂容稍有迟误。如果逾期不到，驻藏大臣等即当上紧咨催。倘再催而不应，即应据实参奏。岂有任听迟延，转私向〔达赖〕喇嘛、班禅等借用，甚至向其再借即有难色，尚复成何事体乎？此事在和宁起身以后，福宁未到之前，系英善任内之事。办理实属错误。现在军需支用虽多，无不源源接济，何至缺此数万例饷。川省督藩等办理不善，实难辞咎。已有旨申饬勒保、杨揆，并令其上紧拨解矣。此项银两解到后，所有英善向前藏达赖等所借银一万四千两，向后藏班禅所借银六千两，俱即如数拨还。并当谕知伊等，以此次解藏饷银，前因途路遥远，雨雪难行，偶尔迟误，今已解到，立即拨还。令其一体知道。将此谕令知之。"

（《仁宗实录》卷九一）

嘉庆十年（1805）七月己未

谕军机大臣等："策拔克等奏驻防前后藏班满官兵酌拟分起间年更换一摺。据称：'前后藏江孜、定日、察木多、拉里等处驻防官兵，以及台站兵弁，自嘉庆元年以后，因内地军务未竣，未能接班更换。兹据德楞泰咨令派拨更换，恐一时概易生手，难资弹压。请分二次更换。'等语。西藏驻防官兵，必须熟悉夷情，练习营制，方足以资弹压。若一时概行更换，尽属生手，殊非慎重边防之道。所有现在应行换班兵丁，著照策拔克等所请，仍作二次更换。初次官兵，于嘉庆十一年五月起程，其余一半间隔一年，至十三年五月起程。并著谕知勒保，于派拨官兵时，留心选择，总须于陈兵内调派前往。其新由乡勇充补各兵丁，既不甚谙营规，且伊等甫由军营撤回，恐到彼后妄有谈论，外番地方紧要，殊非所宜，著无庸派往驻藏。至所请台站官兵俟至来年随同头次换防员弁一体换撤之处，亦著照所请行。”

（《仁宗实录》卷一四七）

嘉庆十五年（1810）四月癸卯

又谕：“文弼等奏请豫支粮库银两采办驻藏官兵食米一摺。据称：‘向来驻藏官兵所食之米，俱系先将米价银两交商上噶布伦，由帕克哩、错拉二处营官采办。秋、冬二季兵米，随时采买支放。其米价即由各兵盐折银内扣除。惟春、夏米价昂贵，须于每年秋成后豫为购买存贮，以备支放。约需用银一千八百余两。该营向无公项可动，皆借用粮库银两通融办理’等语。驻藏官兵食米，动借粮库银两采买，始自乾隆五十九年，相沿已久，究系私自挪用。兹既据文弼等奏，实因官兵办米需用，著照所请。嗣后采买驻藏官兵春、夏两季食米。准其由粮库豫发银一千八百两，交该营守备承领，转交商上采办米石运贮。该守备衙门俟按月支放后，仍将各兵盐折银两扣存归款，以清库项而裕兵食。”

又渝：“文弼等奏审明西藏粮员盗用库项一摺。蒋作梅专司口外军饷，理应洁己奉公，胆敢私挪库项，交商生息，已属藐法。甚至将恩赏喇嘛银两及后藏兵饷，易换低潮搀发，侵渔肥己。而于喇嘛与汉人口角争衅，又不秉公听断，意存袒护。事关边情，设或激成衅端，尤属不成事体。蒋作梅著照所拟即于西藏正法，以昭炯戒。所有该员原籍资产，前已降旨与任所资财一并查封，著即查抄入官。至文弼等于此案虽失察于前，但既经查出审办，所有自请严议之处，著加恩改为议处。”

（《仁宗实录》卷二二八）

嘉庆二十年（1815）十一月乙酉

谕军机大臣等：“常明等会议前后藏需用火药均由川省制运一摺，已降旨依议行矣。藏中需用火药原额本止二千余斤。嗣经松筠条奏添设行操、合操，每年需用火药四千八百余斤，加增至一倍有余。此时前后藏应用火药，统归川省采办，工料、脚价费用较繁。著喜明等查明西藏旧例，每年各营共操演若干次，自松筠奏添行操、合操，每年共操演若干次，悉心筹酌，将后添之行操、合操次数，量为核减，较之旧例次数仍属加增，其每年动用火药约计以三千斤内外为率，于制运略为节省，而钱粮亦归核实。将此谕令知之。”

（《仁宗实录》卷三一二）

道光十七年（1837）八月甲戌

又谕：“关圣保等奏：‘请暂缓查阅后藏营伍边界。据称后藏江孜、定日二汛营伍边界，每年秋季，例应驻藏大臣轮班前往查阅一次。惟道光十三年查阅届期，因筹办博窝军务，曾经奏准暂缓’等语。现在博窝番民又复滋事，该大臣等自应在藏会同筹办，以期妥速。所有本年应行查边阅伍，准其援照成案，缓至来年秋季，再行前往。至饬委该管将备就近校阅，并赴各边隘周历巡查，往返脚价盘费暨例赏各等项，俱著照所议办理。将此谕令知之。”

（《宣宗实录》卷三〇〇）

道光二十一年（1841）五月壬申

添设西藏抬炮二十二位。从驻藏大臣孟保等请也。

（《宣宗实录》卷三五二）

道光二十四年（1844）七月丙寅

谕军机大臣等：“据琦善等奏：‘西藏驻防弁兵，原系三年一换，例准雇役番妇代司缝纫樵汲。迨后留防过多，更换日少，该弁兵奸生之子，在营食粮者，现已十居二三。兼之因差来藏之弁兵，并无留防之例，亦难留藏候补。竟有待至二、三年，方得轮补缺粮。各弁兵日形苦累’等语。内地赴藏驻防弁兵，原以备缓急之用，此时若照例查办，自必骤加厉禁，恐难相安，然仍旧因循，年复一年，不但帑项有亏，且恐在营弁兵，渐成唐古特族类。傥偶有事端，难资得力，此事甚有关系，自当渐次裁革。著该大臣等嗣后遇换防之期，即行照例更换，少难留防。其有欠项者，酌量给发，俾令糊口有资，余均尽数扣还。如有兵粮缺出，即著慎加遴择。凡身家不清者，概不准其挑入。并著拣择兵丁若干名，暂留琦善署中，勤加教练，以收实效而杜弊端。总之有亏帑项其弊小，成其族类其患大。凛勉为之。将此谕令知之。”

（《宣宗实录》卷四〇七）

道光二十四年（1844）八月丙辰

谕内阁："琦善等奏前藏应存火药、铅子等项，因滥行借支，不敷操演一摺。西藏为极边要地，操防最关紧要。每年前后藏应用火药，向由四川制造运解，统交前藏分拨。自应妥为收贮，以期有备无患。兹据琦善等查明，前驻藏大臣文蔚等各任内，并未奏明请旨，辄取私行借给诺门汗火药、火绳、铅子、炮子等项，仅据收还一次，尽系灰渣，不堪应用。此外尚欠未还火药四千一百六十斤、火绳一千六百盘、铅子三万三千粒、炮子二百颗，总未催饬交还，以致营中不敷操演。总缘历任驻藏大臣不肯实心任事，以致诸务如此弊坏。天良何在！著工部即查明历欠药斤等项，照数估计价值银两，饬令前驻藏大臣文蔚、庆禄、关圣保、鄂顺安、孟保、海朴将应赔银两，统于四个月内，如数解交工部。仍均著交部议处。傥限满不完，著该部严参具奏。其现在不敷操演之火药、铅子等项，著宝兴速饬照数制造，委员解交前藏应用，以实军储而重武备。"

（《宣宗实录》卷四〇八）

光绪二年（1876）闰五月乙亥

又谕："松溎奏通筹藏务，请按年预拨饷项一摺。西藏壤接诸番，戍守操防，均关紧要。该处兵饷向由四川拨解，自应预行筹拨，以济兵食。著文格即将本年应解之饷迅速解齐；并将光绪三年额饷银六万两，于年前全数解藏。嗣后即作为定章，按年递推，预为筹办，毋误要需。另片奏：'酌量领饷情形并给予委员优奖'等语。著文格即照松溎所筹办理。原片著钞给阅看。将此由四百里各谕令知之。"

（《德宗实录》卷三三）

光绪八年（1882）三月己亥

又谕："色楞额奏慎重边防，请饬四川仍照定章拨饷一折。据称；'西藏官兵饷项于同治十一年奏定每年拨银六万两应用。现经丁宝桢奏明，自光绪八年起改为三年拨银十三万两，如有不敷，即照原案酌拨。查西藏地处极边，每年额饷六万两，仅资敷衍，况遇有闰之年，并无额外筹拨。近来夷案叠出，派员查办，即需筹备行粮饷项，用款益繁。若至需用之时，再行咨拨，往返一万余里，实属缓不济急。拟请仍照定章，每年拨银六万两'等语。西藏饷需关系紧要，色楞额所奏各节自系实在情形，著丁宝桢督饬藩司，每年仍行筹解银六万两，以应要需。将此谕令知之。”

（《德宗实录》卷一四四）

宣统三年（1911）三月丙午

驻藏大臣联豫奏：“驻藏绿营官弁制兵共计尚存一千余名，现拟一律裁撤。凡游击以下各员，拟请悉予开缺，分别回藏、回川，酌加录用。此项制兵从前系由川省委派粮员经理饷项，每年通计领饷银九万三千两。以后粮员缺，即改为地方理事官。所有弹压、缉捕及边防要隘，必须添练陆军，责成认真办理。至各塘汛传递摺奏、公文，事关紧要。制兵既裁，拟改为邮夫，即归地方理事官经理，以期毋误文报。以上数端需款甚钜，其川省每年原解饷银仍应按年如数解交，以资应用。”下部议。

（《宣统政纪》卷五〇）

十一、整编藏军，将其纳入国家正规军序列

二十九条章程关于藏军整编的规定

（四）以前前后藏都没有正规军队，用时临时征调，不仅缺乏作战能力，并且造扰人民，为害很大。这次呈请大皇帝批准，成立三千名正规军队：前后藏各驻一千名，江孜驻五百名，定日驻五百名，以上兵员由各主要地区征调，每五百名兵员委一代本管理。以前西藏只有五个代本职位，这次增加兵额，应依新增人数，增加代本名额。前藏代本即由驻拉萨游击统辖，日喀则、江孜、定日各地代本，由日喀则都司统辖。所有征调的兵员，应填造两份名册，一份存驻藏大臣衙门，一份存噶厦，以后如果发生缺额，即依名册补充。以上兵员统为达赖喇嘛和班禅额尔德尼的警卫。

（五）关于军官的职位，按照这次的编制，代本以下设十二个如本，每一如本管二百五十名兵员，如本以下设二十四名甲本，每一甲本管一百二十五名兵员，甲本以下设五名定本，每一定本管二十五名兵员。以上人员由驻藏大臣和达赖喇嘛挑选年轻有为者充任，并发给执照。代本出缺

时，由如本中升补；如本出缺时，从甲本中升补，以下类推。贵族出身的军职人员，也要从定本、甲本逐级提升，不得任意升迁。按照旧例，平民只能升任定本，（再）不能上升，今后应依照其学识技能及战功逐级升迁，不得歧视。如有违犯军纪的事情发生，即予严惩。

（六）以前征调兵丁，不发粮饷武器，系由各兵丁自备，所带的东西一旦用完，即行潜逃。今后每年每人应发粮食二石五斗，总共为七千五百石，上述粮食仅靠前后藏的田赋收入不够支付，故以沙玛尔巴、仲巴呼图克图的田产，以及丹津班珠尔之子目居索南班觉所呈缴的五个庄园，总共收入青稞三千一百七十石，做为补充。如还不够支付，即将抄玛尔巴桑坚班的什物尽行变卖，以补不足，这样每年就可收入青稞七千五百石，用以发给各兵员应发的粮饷。另外受征调的兵员，由达赖喇嘛发给减免差役的执照，这样更可使各兵员知道对他们的照顾，以增进他们的战斗情绪。各代本因为已经有了达赖喇嘛拨给他们的庄园，就无须另发薪饷。各如本每年应发三十六两银子，各甲本二十两，各定本十四两八钱，总共二千六百八十八两银子，由藏政府交给驻藏大臣，分春秋两季发给。兵员的粮饷也分春秋两季发给，由甲本和代本负责，不得短少。

（七）关于军队装备：十分之五用火枪，十分之三用弓箭，十分之二用刀矛。前后藏各寺院如有剩余武器，给价予以收买，其费用由前被没收的沙玛尔巴牧场收入的酥油价值五百五十两中开支。弓箭、火药由政府每年派人前往工布及边坝制造。各兵丁也要经常操演。

（全文见前）

《卫藏通志》的有关记载

番　营

一、戴琫六名，由达赖喇嘛处每名各拨给庄田一分，俾资办公。如琫每名每年酌给银三十两，甲琫每名每年酌给银二十两，定琫每名每年酌给银十四两八钱，俱由商上支给。此项银两，令商上于春秋两季备文送交驻藏大臣衙门转发该管将备，会同戴琫传齐番目支领，如有侵渔尅扣情弊，一经查出，即行严参治罪。

一、额设番兵三千名，每名每年给与青稞二石五斗，分为两季，由该管将备，会同戴琫等按名散给。如有侵渔尅扣，一经查出，即行严参治罪。遇有征调，再照征兵之例，每名每日由商上支给糌粑一觔。

一、如琫十二名，每名管兵二百五十名；甲琫二十四名，每名管兵一百二十五名；定琫一百二十名，每名管兵二十五名。以上大小番目俱由驻藏大臣会同达赖喇嘛拣选年力精壮之人充补，发给委牌，倘有废弛军律者，即行革退。

一、番兵三千名，内驻扎前藏一千名，驻扎后藏一千名，驻扎定日五百名，驻扎江孜五百名。

一、番兵三千名，每一千名定以五分鸟枪，三分弓箭，二分刀矛，按期操演。

一、番兵服色，鸟枪兵穿红褐背心，弓箭兵穿白褐背心，刀矛兵穿红边白褐背心，各书“番兵”二字。

一、番民挑定额兵者，俱由达赖喇嘛发给执照，免其一家充当乌拉徭役，以示体恤。如有事故革退，仍将执照缴回。

一、番兵三千名，俱系定额实数，该管将备及戴琫等，不得擅行役占。若例外私令跟随服役，以致操防乏人，一经查出，即行从严治罪。

一、东科尔中如有情愿充当番兵及定琫兵目者，准其充伍，按次升用，不许躐等超拔。番兵中如有材技出众者，不但拔补定琫，仍一体按次升擢至戴琫，不得以非东科尔世家，阻其上进之路。

一、唐古忒兵丁，责令该管将备，督同番目，常川操演。驻藏大臣亲为较阅，技艺纯熟者，酌加奖赏，并将该管之番目记名升擢，技艺生疏者严加责惩，屡教不悛，即行斥革。该管之番目，亦分别责降示惩。

一、驻防将备，俱以所管番兵优劣为等，由驻藏大臣于伊等年满时，查优等者，咨送本省总督、将军、提督，准予保题，仍照旧例升用。次等者，咨部议叙；劣等者，即行参革。

一、前后藏定日、江孜驻防官员，由四川总督遵旨拣选头等出色员弁，派来分驻。驻藏大臣秉公验看，如系以平庸之员充数，立即驳回，不得稍有徇隐。

一、驻防将备弁兵，如有营私舞弊，欺凌唐古忒兵丁等事，许戴琫等禀知驻藏大臣，随时严办。如该戴琫番目等，操防怠惰，苦累番民，亦许将备等禀明究办。

一、现存火药，俟将次用竣，约敷两年备用之时，照例在藏酌造，核计每年应需火药数目，由驻藏大臣衙门发给印票，交噶布伦差派诚实番目，前赴工布地方制造，运解来藏。倘有私造透漏，及扰累该处番民等弊，一经查出，从严究办。

一、铅丸火绳，仍照向例，由川省运解到藏，以备操演。

（卷一二）

光绪《大清会典》和《钦定理藩部则例》的有关规定

西藏额设番兵三千，前藏后藏各驻一千，定日、江孜各驻五百，制以十之五习鸟枪，十之三习弓箭，十之二习刀矛。兵皆剃发。鸟枪兵服红褐背心，弓箭兵服白褐背心，刀矛兵服红镶白褐背心，各书“番兵”二字。每兵二十五人辖以定琫，五定琫辖以甲琫一人，二甲琫辖以如琫一人，二如琫辖以戴琫一人，各按期操演。驻藏大臣，每岁于五六月农隙之时，亲巡查阅一次。其操演所用火药，由驻藏大臣委千总、把总等，并令噶布伦派出番目，同赴工布地方制配，铅丸、火绳由四川省解送，并于前藏贮炮十三位，后藏贮炮二位。

（光绪《大清会典·理藩院》）

增设戴琫以下各缺均按等第递升

藏内管兵番目，向设戴琫五人。于乾隆五十七年，添设戴琫一人，仍照旧制设立大小番目，逐层管束。于戴琫之下设立如琫十二人，每人管兵二百五十名。如琫之下设立甲琫二十四人，每人管兵一百二十五名。甲琫之下设立定琫一百二十人，每人管兵二十五名。与绿营兵丁一例，均由驻藏大臣会同达赖喇嘛，拣选年力精壮之人充补，给发委牌。倘敢废弛军律即行革退，并将本管番目从严惩治。遇有戴琫缺出，以如琫拔补，其余各缺，均择技艺娴熟、操防认真者，以次递升。至世家东科尔有情愿充当番兵及定琫兵目者，准其充伍，按次升用，不许躐等超越。番兵中如有材技出众之人，亦准按次擢用，升至戴琫，不得以非东科尔世家，阻其上进之路。

设立番兵定额

前后藏各设番兵一千名，此外冲途要隘之定日、江孜地方，安设番兵各五百名，共额设番兵三千名。此项番兵，即于安设处所就近挑补，以省调戍之烦。设立戴琫四人，以二人驻扎后藏，以一人分驻定日，一人分驻江孜，管理所设兵丁，即令各处驻防将弁督率管束，教演技艺。前藏番兵归游击统辖，后藏及江孜、定日番兵归后藏都司统辖。所有挑补番兵，造具花名清册，交该管游击、都司及戴琫稽查外，另缮名册二本，一呈驻藏大臣衙门；一交噶厦公所。遇有事故，核实挑补，随时呈报，以资考察。

番兵军器定制

额设番兵三千名，每一千名定为五分鸟枪，三分弓箭，二分刀矛。所需鸟枪、刀矛，将查抄沙玛尔巴等家产内及前后藏大小寺庙中收存器械分给。所需弓箭，即照番民习用之木弓竹箭制备。所需火药，由商上差人赴贡布制办。其铅丸，于边霸等处例交商上铅斤内发给。

唐古忒兵丁号衣

挑取唐古忒兵丁，均令剃发，以示区别。鸟枪兵丁穿红褐背心，弓箭兵丁穿白褐背心，刀矛兵丁穿红边白褐背心，前后各书“番兵”二字。

校阅番兵技艺

唐古忒兵丁，令各处驻防将备，就近督率大小番目，按期认真教演。驻藏大臣于巡查之便，亲行校阅。其练习纯熟者，酌加奖赏，并将该管之番目记名升擢。如有技艺生疏者，严行惩责，屡教不悛即予斥革，番目等亦分别责降示惩。驻防将备，均以所管番兵优劣，由驻藏大臣分别等第，于驻班期满时具咨报部。其优等者，咨送本省将军、总督、提督，准予保举，照例升用；次等者，咨部议叙，毋庸升用；劣等者，即行参革。

番目番兵应支银米于春秋二季散给

额设番兵三千名，每名每年给与青稞二石五斗。遇有征调，准照征兵之例，每日每名商上支给糌粑一斤。

共设戴琫六名，各给庄田一分，作为钱粮。其如琫番目，照川省马兵月俸米折之例，每名每年给银三十六两。甲琫照战兵之例，每名每年给银二十两。定琫照守兵之例，每名每年给银十四两八钱。均由前藏商上支领。此项银两，由商上于春秋二季，备文送交驻藏大臣衙门转发，该管将备会同戴琫等，传齐番目支领。如有侵渔克扣，一经查出，即行严参治罪。其番兵应支青稞，亦分两季，令该管将备会同戴琫等，按名散给。

驻防员弁及戴琫等不得滋扰兵丁

前后藏及定日、江孜官员兵丁，均由四川总督拣选才技出色员弁，派往分驻。如内地拨派驻藏官兵，有营私舞弊、欺凌唐古忒兵丁等事，准该戴琫禀知驻藏大臣，随时严办。倘该戴琫等操防怠惰、苦累番兵，亦准将备等禀明究办。所设番兵三千名，该管将备及戴琫等不得擅行役使。若于例外私行服役者，一经查出，照例治罪。

（光绪《钦定理藩部则例》卷六二）

《钦定大清会典事例》和《卫藏通志》所记藏军整编经过

《钦定大清会典事例》所记藏军整编与定制（原目作“西藏兵制”）

乾隆五十七年奏准：前后藏各设番兵一千名，此外冲途要隘之定日、江孜地方，安设番兵各五百名，共额设三千名。此项番兵，即在安设处所就近挑补，以省调戍之烦。后藏原设戴琫三人，以二人驻扎后藏，以一人分驻定日，均各管该处新设兵五百名。再，添设戴琫一人，分驻江孜，亦管新设兵五百名。各处俱有原设、新设之驻防将弁，即令督率管束，教演技艺。前藏番兵，归游击统辖。后藏及江孜、定日番兵，归后藏都司统辖。所有挑补番兵，造具花名清册，交该管游击、都司及戴琫稽查外，另缮名册二本，一交驻藏大臣衙门，一交噶厦公所，遇有事故，核实挑补，随时呈报，以资考察。

又议准：嗣后前后藏及定日、江孜官员兵丁，俱交四川总督拣选出色头等员弁，派往分驻。如内地赴藏官兵，有营私舞弊欺凌唐古特兵丁等事，令该戴琫禀知驻藏大臣，随时严办。倘该戴琫等操防怠惰，苦累番民，亦令将备等禀明究办。如此互相钤制，庶彼此各知顾忌，不敢徇私犯法，日久弊生。至新设之番兵三千名，俱系定额实数，该管将备及戴琫等，不得擅行役占，若于例外跟随服役，转致差防乏人，一经查出，即从严治罪。

又议准：额设番兵三千名，每名每年给予青稞二石五斗。遇有征调，再照征兵之例，每日每名商上支给糌粑一斤。所有番民挑定额兵者，俱由达赖喇嘛发给执照，免其一家充当乌拉徭役，以示体恤。如有事故革退，仍将执照撤回。至管兵大小番目，自当酌予养赡，俾资办公。原设戴琫五名，例各给庄田一份。新设戴琫一名，亦令达赖喇嘛拨给庄田一处，毋庸再给钱粮。其如琫番目，照川省马兵月饷米折之例，每名每年酌给银三十六两。甲琫照战兵之例，每名每年酌给银十四两八钱。均由前藏商上支领。此项银两，令商上于春秋两季备文送交驻藏大臣衙门转发，该管将备会同戴琫等传齐番目支领。如有侵渔克扣，一经查出，即行严参治罪。其番兵应支青稞，亦分两季，令该管将备会同戴琫等按名散给。

又议准：唐古特兵令各处驻防将备，就近督同大小番目，按期认真教演。驻藏大臣于巡查之便，亲为校阅。练习纯熟者，酌加奖赏，并将该管之番目记名升擢、如有技艺生疏者，严行惩责。屡教不悛，即予褫革。番目等亦分别责降示惩。驻防将备，俱以所管番兵优劣，由驻藏大臣分别等第，于班满时咨部，优等者咨送本省将军都统提督，准予保举，仍照旧例升用。次等者，咨部议叙，毋庸升用。劣等者，即行参革。至新设额兵三千名，每一千名定为五分鸟枪、三分弓箭、二分刀矛。所需鸟枪刀矛，将查抄沙玛尔巴等家产内，及前后藏大小寺庙中收存器械分给。所需弓箭，即照番民习用之木弓、竹箭制备。所需火药铅丸，将商上每年差人赴工布制办火药及边坝等处例交商上铅斤，发给番兵以重操防。

五十八年奏准：唐古特兵民向无分别，今新挑额设之兵，常川训练，与绿营兵丁无异，即令剃头以示区别。至兵丁衣帽，令鸟枪兵丁穿红褐背心，弓箭兵丁穿白褐背心，刀矛兵丁穿红边白褐背心，前后各书“番兵”二字，以便稽查。

（《钦定大清会典事例》卷九八一）

《卫藏通志》所记藏军整编（原目作“兵制”）

（原编者）谨案：唐古忒番兵向来分派各寨农民，有事则调集为伍，既无统率，又少操娴，虽有数万之名，仅为虚设。自乾隆五十七年定议，额设差操与驻防绿营兵丁一体训练，洵足为卫藏保障也。谨照原议编纂，以重巡防。

乾隆五十七年十一月，大学士公福康安等会奏，为酌定唐古忒番兵训练事宜，缕陈条例，恭请圣训事：

一、唐古忒兵丁分设前后藏地方，应酌定数目以肃兵制也。查唐古忒番兵原设有五千一百六十五名之数，其实兵民不分，系按各寨番民定以派兵数目，并非额设番兵可比。戴琫平日无兵可管，遇事调遣，衹在各寨抽派，与派乌拉人夫无异，充数应名，多不使用军器，以猝然调集之番民，责令打仗御贼，无怪其毫无纪律，怯懦不堪。今请额定数目，于前后藏各设番兵一千名。此外，冲途要隘之定日、江孜地方安设番兵各五百名，共额设三千名番兵。此项番兵即在安设地方就近挑补，以省调戍之繁。前藏原设戴琫二人，即令各管新设兵五百名；后藏原设戴琫三人，以二人驻劄后藏，以一人分驻定日，均各管该处新设兵五百名。再添戴琫一名，分驻江孜，亦管新设兵五百名。各处俱有原设、新设之驻防将备弁兵，即令督率管束，教演技艺。前藏番兵归游击统辖，后藏及江孜、定日番兵归后藏都司统辖。所有挑补番兵，造具花名清册，交该管游击、都司及戴琫稽查外，仍另缮名册二本，一呈驻藏大臣衙门、一交噶厦公所，遇有事故核实挑补，随时呈报，以资考察。

一、核定管兵番目，以专责成也。查藏内管兵番目，不但戴琫一员徒为虚设，即戴琫以下之如琫、甲琫、定琫等头目亦衹空有其名，无裨实用，每遇出兵另派第巴数人管领。其头目、兵丁彼此各不相识，安望其协力齐心，奋勇出力。今于原设戴琫五名外，添设戴琫一名，自应仍照旧制设立大小番目，逐层管束。于戴琫之下设立如琫十二名，每名管兵二百五十名，如琫之下设立甲琫二十四名，每名管兵一百二十五名；甲琫之下设立定琫一百二十名，每名管兵二十五名，与绿营兵目相似。以上大小番目，俱由驻藏大臣会同达赖喇嘛拣选年力精壮之人充补，发给委牌，倘敢虚应故事，废弛军律，即行革退，并将本管番目从严惩治。至戴琫之缺，向俱由营官升补，亦有戴琫子弟及东科尔径行补放者。充补既无等级，人皆不知劝励。嗣后，总应按照等差，遇有戴琫缺出，即以如琫拔补。其余各缺，皆择技艺娴熟、操防认真者，以次递升。其有世家东科尔升转俱属过优，不由东科尔出身者拔至定琫而止。嗣后，东科尔情愿充当番兵及定琫兵目者，准其充伍，按次升用，不准躐等超越。番兵中如有材技出众之人，不但拔补定琫，仍一体按次升擢至戴琫，如内地营制，果有出色兵丁即可由行伍出身，以次擢用至提镇。番兵亦当仿照此例，不得以非东科尔世家，阻其上进之路。如此定立营制，明示劝惩，庶可武备修明，人知奋励。

一、唐古忒番兵及管兵番目应分别酌给钱粮口粮，以资养赡也。查，藏内调派番兵，从不给与口粮，即出兵之时，亦不免其徭役。番民被调后，自行备带口粮前往，粮尽而逃，势所必至。此次调派番兵，经鄂辉奏明，令商上给与口粮，虽该兵积习相沿间有逃逸，而臣福康安派守后路热索桥等处番兵，及成德带往聂拉木番兵，驻劄数月，逃者甚少。固由严行约束，亦缘口食有资。是唐古忒兵非不可振作，兹蒙训示，以既用其力若不给与口粮，自必愈生退缩，令商上给与口粮。如须添补，即于阳八井沙玛尔巴家资田产内酌量拨给添补口粮，并将廓尔喀缴出札什伦布银两留给防兵。今既不设官兵，即可为添补番兵之用。仰见圣主体恤恩慈，昭垂经制，实属法良意美，应请将此项额设番兵三千名，每年每名给与青稞二石五斗，遇有征调，再照征兵之例，每名每日商上支给糌把一斤。每年口粮共需青稞七千五百石。所有此项青稞，平价采买须银一万数千两，原应前后藏商上给与。但商上除每年额用外，少有赢余，不能支给，自应遵旨于沙玛尔巴庄田所出青稞内拨给。而核沙玛尔巴庄田稞麦为数亦有不敷，现据丹津班珠尔之子呈缴归公庄田五处，又有仲巴田地四块，合之沙玛尔巴庄田，每年统共收青稞三千一百七十石，所少青稞四千三百二十余石，祇须于廓尔喀交出札什伦布银两，及沙玛尔巴各物变价内，酌拨银两，作为开垦地亩之费，耕种即敷支给。如此办理，各兵既不至枵腹从事，而以各处归公之庄田、银两为唐古忒兵丁口食之用，天朝并不利其所有，既可赡给兵食，兼可折服番民，于事实为两得。所有番民挑定额兵者，俱由达赖喇嘛发给执照，免其一家充当乌拉徭役，以示体恤。如有事故革退，仍将执照缴回。至月饷一项，若照屯兵之例，每名每月给银五钱计算，三千名番兵每年即需银一万九千两。达赖喇嘛商上及大招库内布施较少，每年攒招及念经赏项，即需银十一万两有零，此虽无益之费，但藏内习俗信佛，亦不便径尔裁减。再加以一切日用置买物价，核算出入实少赢余，不能再给番兵月饷。况此等番兵前此从无给以养赡之事，今既每名每年给青稞二石五斗，免其徭役，又复给以糌粑，较之从前一无所得，相去悬殊，即不给以月饷，已觉欣喜过望，断不敢再萌奢望。惟管兵大小番目，自当酌予养赡，俾资办公。除原设戴琫五名，例各给庄田一分，新设戴琫一名，亦令达赖喇嘛照例拨给庄田一处，毋庸再给钱粮外，其如琫番目照川省马兵月饷米折之例，每名每年酌给银三十六两；甲琫照战兵之例，每名每年酌给银二十两；定琫照守兵之例，每名每年酌给银十四两八钱，共需银二千六百零八两，为数无多。即由前藏商上支发此项银两，令商上于春秋两季备文送交驻藏大臣衙门，转发该管将备，会同戴琫等传齐番目支领，如有侵渔剋扣，一经查出，即行严参治罪。其番兵应支青稞，亦分两季，令该管将备会同戴琫等按名散给。

一、唐古忒兵丁应给与军器火药，认真操演，明示赏罚，以肃军纪也。查，额设唐古忒兵丁业已议给口粮，并免其徭役，即与官兵无异，自当遵旨常川训练，并令各处驻防将备，就近督同大小番目，按期认真教演。驻藏大臣每于巡查之便，亲为较阅。练习纯熟者，酌加奖赏，并将该管之番目记名升擢。如有技艺生疏者，严行责惩，屡教不悛，即予斥革，番目等亦分别责降示惩。驻防将备俱以所管番兵优劣，由驻藏大臣分别等第，于年班满时咨部。优等者咨送本省将军。总督、提督准予保题，仍照旧例升用；次等者衹准咨部议叙，毋庸升用；劣等者即行参革。赏罚既明，军纪自昭整肃，汛防可资得力。至向来调派番兵器械铅火，皆令自备，本属不成事体，今已设立额兵三千名，每一千名定以五分鸟枪、三分弓箭、二分刀矛、将查抄沙玛尔巴等家产内器械分给。如有不敷，查向来前后藏大小寺庙中收存较多，俱系番民受戒所缴，应择其坚利者，商上略加修整，按名分给。所需弓箭，查番民习射者甚多，俱用木弓竹箭，弓力颇劲，尚堪使用，制办亦属省便。查沙玛尔巴赀产内，除每年青稞支给番兵外，所余牛厂，征收酥油尚可值银五百五十余两，足敷将来制办弓箭之用。操演所需之铅丸火药，查商上每年差人赴工布制办火药，边霸等处有例交商上铅觔，存贮布达拉，本属无用，应即将每年商上所收之铅弹火药发给番兵，以重操防。

一、济咙、聂拉木等处边界，毋庸另派番兵驻守也。查，从前训练章程，衹系托诸空言，并未详定规制。今廓尔喀经官兵大加惩创之后，革心革面，悔罪投诚，断不虞再有反复。臣等查看情形，公同酌议，现在定日、江孜为各边界来藏要路，已于各该处酌设备弁兵丁稽查出入。又于每处各额设唐古忒兵共五百名，随同操演，果能实力奉行，数年之后，渐成劲旅，自足慑服番夷。所有各边界，以及札木地方，竟无庸安设番兵防守。

一、严禁将备弁兵欺凌番兵，并役占番兵之弊，以实营伍也。窃臣前奉谕旨，令臣惠龄慎选出色头等员弁，派驻西藏，并准驻藏大臣验看驳换，务使派驻官员与唐古忒兵丁联为一体，实为永靖边隅之道。现在应换将备，臣等即于随征满汉营员内挑选充补。嗣后，换前后藏及定日、江孜官员兵丁，总令四川总督遵旨拣选出色头等员弁派来驻藏，不得以平庸之员充数。驻藏大臣亦当公同验看，不得稍有徇隐。如有营私舞弊，欺凌唐古忒兵丁等事，令戴琫等禀知驻藏大臣，随时严办。设该戴琫等操防怠惰，苦累番民，亦令将备等禀明究办。如此互相钤制，庶彼此各知顾忌，不致徇私骫法，日久弊生。至新设之番兵三千名，俱系定额实数，该管将备及戴琫等不得擅行占役，若于例外私令跟随服役，转致差防乏人，一经查出，即行从严治罪。

又具奏：臣等筹议在边界设兵控御，或于各台驻藏换班兵内，以及打箭炉以外台站官兵，量为抽拨，圣训周详，无微不至。惟是藏地向来设有汛防，其外番人等往来自便，毫无稽查，实属不成事体。现在扼要总路，共有两处：一、系江孜地方，与定结、帕克哩、噶尔达相通，为布噜克巴、哲孟雄、宗木等处部落来藏要路，且自江孜至萨迦沟行走，又可绕往聂拉木一带边界；一、系定日地方，为聂拉木、济咙、绒辖要路，又可通往萨喀等处，途经纷歧，惟定日、江孜两处为各部落来藏咽喉必经之路，应于江孜添设一汛，派守备一员、外委一员，带兵三十名驻劄。又于定日添设一汛，派守备一员、把总一员、外委一员，带兵四十名驻劄。所有添设巡查官弁兵丁，应遵旨于藏内及台站兵丁内抽拨。查，前藏驻劄游击一员、守备一员、千总二员、把总三员、外委五员、兵四百五十五名；后藏驻劄都司一员、外委一员、兵一百五十名；打箭炉以外，共设游击一员、都司一员、守备三员、千总二员、把总七员、外委九员、兵八百三十二名，应于东台站内查无夹霸出没之地，及后藏兵丁内尚可酌量抽拨。臣等公同筹议，拟于察木多抽拨兵四十名、拉里抽拨十名、后藏抽拨十名，以上共抽拨兵六十名。应得之项，俱西藏防兵定例支给。其应拨调之守备二员、把总一员、外委二员，照例由川省派出。所有官员兵丁，俱于现在随征官兵内挑派前往，仍照前后藏驻防之例，班满更换。所需房屋，查明于定日、江孜营官寨之旁各拨数十间，用资棲止，毋庸动项添盖。至藏内不必另议增添，统交驻藏大臣督率将弁勤加操演，新添之定日、江孜汛兵，亦即于驻藏大臣巡查之便，就近查验操防，以肃营伍等因。经军机大臣议覆具奏，奉朱批：依议，钦此。

又会奏章程内开：

一、驻藏大臣每年应亲身巡查边境，以重地方也。查驻藏大臣同在前藏，其驻扎相近之处尚易稽查，而前藏迤西直至边界一带地方辽阔，耳目难周，后藏江孜、定日又有新设番兵与该二汛绿营官兵，均应驻藏大臣亲加较阅，核其勤惰，以示劝惩。济咙、聂拉木等处边界现已定立界址，亦须周遍巡查方可谙习情形，遇事庶有把握。本拟驻藏大臣二人按季轮流前往，但藏地入夏以后农事正忙，甫交冬令冰雪已盛，且边界距前藏甚远，往返约需两月有余，若驻藏大臣四季轮往未免诸多窒碍，应请于春秋两季奏明轮流前往后藏巡视边界，顺便操演番兵。经过地方如有驻防官弁等苦累兵丁番民者，准其呈控驻藏大臣随地查办惩治。至驻藏大臣所用乌拉人夫俱令自行给价，不得扰累番民，以示体恤。……

五十八年四月，工部尚书和琳、副都统成德具奏：为前藏新设番兵挑选足额，一律操演，并赴后藏较阅，各缘由，恭摺奏闻事。窃臣等奏请添设唐古忒兵丁三千名，分设前后藏定日、江孜等处驻防，前经军机大臣议奏，奉旨依议，钦此钦遵，在案。查，藏中旧例，一切兵役总系按户口分派，番民愚蠢，若不将皇上格外恩施令商上给与口粮，及免其徭役，如有人材出众之人，一体按次升拔之处明白晓谕，番民等必不能踊跃从事，是以臣等逐条颁发告示，遍悬村落去后，一月之间，纷纷投首，情愿充当兵丁者甚多。兹据前藏游击逐一拣选年富力强者一千名，造具花名清册呈报。臣等公同点验，俱属年轻壮健，堪以充伍，且各番兵皆自备有鸟枪、弓箭、刀矛，虽与绿营样式不一，但番民习用既惯，自可毋庸更换，以节糜费。今照奏定五分鸟枪、三分弓箭、二分刀矛之例，令与驻藏兵丁一齐操演。臣等频加验阅，已觉渐次可观。现在，选派绿营熟手数名作为教习，每日试演。臣等察其熟习者，酌加赏赉，生疏者量予责惩。再过数月，可望均成劲旅。臣等伏思，唐古忒兵民，向无分别，今新挑额设之兵常川操练，即与绿营兵丁无异。若与番民无有区别，诚恐日久复有逃匿等事，兵民杂处难以稽查，因趁立法之初，谕令剃头，番兵无不乐从，目下皆已剃发。再查，绿营例有号衣、号帽、旗帜等件，所以肃观瞻而昭区别。今唐古忒兵民装束如一，未为妥协。如为之另制号衣、号帽，所费未免过多，莫如因地制宜，衣帽仍照唐古忒式样，拟令鸟枪兵穿红褐背心，弓箭兵穿白褐背心，刀矛兵穿白褐红边背心，各书“番兵”二字，以为分别。计所需红、白、褐物价无多，臣和琳现在已于养廉内照数捐办。再，后藏及江孜、定日应设番兵二千名，据都司、守备等呈禀，已挑有十分之七，均可足额，等语。查，新定章程，驻藏大臣于春秋二季轮流前往阅边察看，设立鄂博，顺道较阅营伍，在案。今臣成德现无别事应即起程前赴各边界，巡查鄂博，点验江孜、定日新挑番兵，统俟臣成德查明另行具奏。再据各营官具禀，济咙、聂拉木官寨陆续兴修，已有十之七八。臣成德巡查之便，应即逐一履勘。务使坚固完善，以期经久等因，具奏。奉朱批：诸凡皆妥，知道了。钦此。

六月又会奏：为查阅后藏各边界新设番兵及履勘鄂博情形，臣成德前与和琳通盘计议，江孜为前后藏往来通衢，新设汉官、番兵驻防，足资稽查，毋庸设卡。惟定日地方辽阔，为聂拉木、宗喀、绒辖三处总汇之地，实为紧要。查，所通绒辖之小路辖尔多、通宗喀之小路擦木达杏岭，通聂拉木之小路古喇噶木炯，并宗喀，共计五处，均为要隘，每处设定琫一名，番兵二十五名，即于定日现设番兵五百名内就近派拨安设，似于声势更为联络，亦不妨其随时操演。臣于派拨后，量加奖赏。随赴交界处所，逐一挨查。被兵后新修寨落均已完竣，尚属坚固，足资棲止，守御各边界外所立鄂博，亦俱堆立齐整等因，具奏，奉朱批：欣慰览之，钦此。

七月又会奏，为查阅帕克哩、定结各卡隘情形。查，噶尔达地方卡隘二处，一名撒迦岭，一名春堆。此二处均与廓尔喀相通。又，定结地方卡隘一处，地名擢拉山，此处与廓尔喀、哲孟雄两路相通。又，帕克哩地方卡隘三处：一名哲孟山，与布鲁克巴相通，一名哈尔山与布鲁克巴小路相通，一名宗木山与宗木相连，以上卡隘六处，均归江孜前后藏大道，为总汇要隘。前臣等会同福康安于江孜奏添守备一员，驻防之时，随公同商酌，于此六处设立卡隘，派拨番兵，分防巡守。今臣成德亲赴各处逐一查勘，点验番兵，极其严密，等因，具奏。奉朱批：知道了，钦此。

五十九年五月，工部尚书和琳、内阁学士和宁会奏，查阅过前后藏汉番官兵及地方宁谧情形夹片，内开：查五十七年福康安等奏定章程，每年春秋二季，驻藏大臣分往各边界巡阅一次，顺道阅兵等因，军机大臣议准在案。彼时臣和琳系会办之人，缘廓藩初服，边疆甫定，须得大臣前往巡阅，藉以弹压起见。现今二载有余，托赖皇上洪福天威，廓藩极其小心恭顺，其余边外如哲孟雄各小部落，仰息于人，断无他虑。又经臣和琳各处堆立鄂博，境界分明，可期无事。更查卫藏地方较冷，三四月间方始播种，八九月内收割，凡巡阅之期，正番民农忙之候，虽减从轻骑，一切照例发与价值，而所用乌拉人夫在所不免。况边境俱极宁谧，卫藏凛奉约束，臣等公同商酌，似应请旨，嗣后驻藏大臣每年于五六月间农闲之时阅边看兵一次，既不致营伍废弛，亦不致有妨农业，是否有当，伏祈圣训，等因，具奏。奉朱批：是，知道了，钦此。

（《卫藏通志》卷八）

十二、辟治交通和加强台站建设

康熙、雍正时期平定西藏进军途中设置兵站、塘汛

康熙五十七年（1718）二月庚寅

议政大臣等议覆："据拉藏奏称：'臣世受圣主洪恩，不意恶逆策妄阿喇布坦发兵六千，与我土伯特兵交战两月，虽并无胜负，而敌兵复又入招。臣现在率兵守护招地，但土伯特兵少，甚属可虑。若将喀木、危、藏之地被伊踞去，将使黄教殄灭。为此恳求皇上圣鉴，速发救兵并青海之兵，即来策应'等语。查拉藏系顾实汗后裔，维持黄教。今恳求救援，应令西宁、松潘、打箭炉、噶斯等处各预备兵马，并土司杨如松属下兵丁，一同前往。现今青海王、台吉等派兵六千，在正月初十日起程，但非有满洲兵丁不可。应令侍卫色楞、侍读学士查礼浑在西宁满洲兵内选二百名，绿旗兵内选二百名，及土司之兵一千，带至青海地方，会同青海王、台吉等商酌行事。其青海王、台吉等发兵去后，伊等家口无人看守，应行文公策旺诺尔布、总督额伦特与青海王、台吉等妥议，于屯兵形胜之处，用心守护。"从之。

（《圣祖实录》卷二七七）

康熙五十七年（1718）三月辛酉

谕议政大臣等："侍卫色楞等既统兵进征西藏，沿路汛守、防护哨探以及单身行走、认识路径等事甚有关系。曾令侍卫打克巴藏布将侍卫等酌量派往，再于都统胡锡图所带兵丁内，将惯习行走、汉仗好之新满洲及乌拉齐、索伦拣选几名，即于彼处发往色楞军前。"

（《圣祖实录》卷二七八）

康熙五十九年（1720）二月癸丑

寻年羹尧复奏："四川总督印务，一时无可署理之人。定西将军之印，请交与噶尔弼管理，授为将军，率领兵丁进藏。并调都统法喇于打箭炉地方驻扎防守。"从之。

（《圣祖实录》卷二八七）

康熙五十九年（1720）三月己丑

云南提督张谷贞疏言："……。臣查云南之丽江、中甸一带地方为西藏通衢，最系紧要，臣请亲率官兵于丽江、中甸适中之处，驻扎防守。"从之。

（《圣祖实录》卷二八一）

康熙六十年（1721）正月初二日

抚远大将军允禵奏为久未得藏讯派员探询事。前臣得西藏之信，即行奏闻等因，今至二月由西藏未报一事。适木鲁乌苏住第六站把总李子催禀称：先平逆将军等丹锺贝子下蒙古等派三十六站，每站各住五名。十一月初二日，丹锺贝子行文，驻站蒙古等皆陆续撤回。大将军行文到后，我亲领四兵咨送至第九站，住站兵一名，亦回，无藏讯。来时遇六蒙古询问，据称：平逆将军早已领大兵向四川而去，我回来由督标第五站撤兵，十一月二十七日至木鲁乌苏等语。又总督年羹尧咨文内称：闻进藏二将军，大约十一月初头一齐回来，由巴尔喀木路向四川来，我具奏请派员预备米、口粮等语。查住原时臣共商议，自木鲁乌苏这边站臣住，自木鲁乌苏那边站将军延信等住。在木鲁乌苏那边站办理，派员外郎阿拉善陆续经办。臣又差人由木鲁乌苏这边办理。今年羹尧咨文内称：二将军由巴尔喀木路而去，此处将军等并未来报。臣看把总李子催所报站，断那边未致误事，亦不可测。皇父急欲闻信，西藏之事日久不至躭误，又并未得实信，臣甚着急。一面派员外郎常明珠、云骑尉沙木巴扎布等办给马口粮，臣问将军延信西藏情形，办理驿站咨文，由木鲁乌苏路至藏去路上遇西藏所报之事，即令速咨。正月初二日由西宁起行，一面派回子通事等办给马口粮。臣咨行将军延信、噶尔弼由巴尔喀木路回归。请令将军等去，必能面见将军，我令交文书。去年十二月二十九日，由西宁起行，一面总督年羹尧处差人顺巴尔喀木探取将军延信等信，何日至打箭炉之处，令速报我。再由打箭炉至藏所驻之站，断不可撤，留备驻藏大臣等奏报交由彼路行递。为此恭摺谨具奏闻。

（《抚远大将军允禵奏稿》）

康熙六十年（1721）二月二十三日

抚远大将军允禵奏为据报转奏撤驿改设事：藏地之事，久未禀报，臣甚急虑。将军延信曾报达赖喇嘛坐床后并未继报，或报文路上躭延未至，令查明速报。自四川顺打箭炉由巴尔喀木路迎送咨文。今二月二十一日将军延信禀称："康熙六十年正月二十三日，延信兵来至姜喀尔地方安营，大将军王沿打箭炉路咨文，已递驻驿把总尧士杰咨明，延信一一照数收到。大将军王十一月初三日咨文云：'你报达赖喇嘛坐床后并未将办藏之事续报，至二月尚未到达，或在路躭延，亦未可知，故由此处按驿查明咨文外，饬令将未报事声明情由。若报事在路躭延未至，则照先报缮复报明。再，此路冬冷，驿马难以生存，由西宁至木鲁乌苏屡次增添军马，由木鲁乌苏前至藏驻驿，不知你们如何办理？你所报之处，台吉额尔德尼济农尾随驻驿运米，转移好路。额尔德尼济农应加奋勉。此驿迁移何路何名，共设几站之处，至今未报，速行查报'等语。谨遵。窃延信领兵上年九月十四日至藏，十五日达赖喇嘛坐床，已于十九日由藏缮摺具禀大将王在案，紧接我们将所办之事陆续当缮摺禀闻。延信在藏时，准噶尔贼败逃，确信不可不探，令厄鲁特侍卫歪朵等至那克产探查信息。歪朵等十月十九日至藏，又驻藏派辅黄教之人，蒙令延信与青海王等共商，你们兄弟之间，谁可驻守之处，尽所欲言，钤印缮文禀告。他们屡次会议，各存私见，彼此推诿，月余不决，迭经催促，始于二月二十九日陆续咨送，因此旷日。又闻由青海来蒙古等告称：本年雪大而冷，由木鲁乌苏驻驿马匹，多有损伤，许多地方住驿皆断等语。是以令延信共商，由藏至西宁，其间地极远，格尔侧郭洛特等唐古忒人等妄行夺取马匹，致驿站中断。我们陆续咨行在路躭延。我们特派领催霍尚呈摺，皆交明领催霍尚令沿途妥防，行由阿里地方，顺青海往西宁去。上年十一月二十九日起身咨行外，又领催霍尚在路贻误不可测，我们照禀闻摺抄写三本，由准噶尔随来人等送去，交护军参领明泰等禀告。再由西宁顺索罗木路至藏驻驿仍留，正遇冬时大雪，人马皆有损伤，此路断难驻驿。我与将军噶尔弼商议，将我来路撤驿，将军噶尔弼来路驻驿，由藏至打箭炉，此路居人不断，而烧柴丰富。唐古忒人等又帮送递，并无躭误。是以令延信同议定，一面禀闻大将军王，一面撤驿之事，交护军参领明泰保收沿路驻驿撤回马匹，妥为喂养。至西宁查明驻驿绿旗兵马之数，西宁办理粮饷之事，咨令巡抚噶什图办理。此处行文巡抚噶什图知道外，由藏至打箭炉留驻驿文，行文四川总督年羹尧知道。此等处皆缮摺咨交领催霍尚在案。再，我由藏起身时，迁驿去，额尔德尼济农仍尚未至藏。此间我们共议撤驿之处，皆交明泰由何驿迁何处，至何处未查所驻地方。延信上年十一月十一日由藏起身，本年正月初十日来至察木多之日，木鲁乌苏驻驿甘州把总刘永等追我来禀文，'我们甘州、凉州、固原三处兵，由第十驿至十七驿，驻八驿，正冬冷时，雪极大，草被压，马不得食，马皆损伤，无烧柴，惟取雪和面而食。我们住驿兵受疫病死，我们在二边驿皆断，虽事来到，无接连之驿，前后送事甚难。唐古忒人等仍来我们驿，妄行窃取。正如此时，闻由藏回来往青海去之蒙古等告称，大兵击败准噶尔贼，他们逃到原处，请达赖喇嘛坐床。将军领大兵由打箭炉退去，你们驿皆撤，你们无马牲口，而又不得柴烧，当此大雪，如何能住。将军去路暖，而烧柴丰厚，理应准此设驿。我们共商若仍住此处，难免死亡。除病故外，现共一百三十七人'等语。查此驿已撤，我不收则难至成都，是以连把总共一百三十七人皆办给口粮，令随我军营至成都后，各遣各地。此八驿官兵请我来之处，具文咨令护军参领明泰等知道。再先领催霍尚、护军参领明泰等照一次、二次咨行外，今又照样抄写，由四川路驻驿禀咨"等语。为此恭摺谨具奏闻。

（《抚远大将军允禵奏稿》）

雍正二年（1724）五月戊辰

总理王大臣遵旨议奏年羹尧奏青海善后事宜十三条（节略）：

奏称，"打箭炉等处亦宜添设官弁也。查青海既已平定，应将巴尔喀木处人等悉行收集，除罗隆宗之东叉木多、乍丫地方俱隶胡土克图管辖外，其余番众头目等俱应给与印信执照，与内地土司一体保障。打箭炉之外，木雅吉达地方应设总兵，游、守、千、把等官，兵二千名；雅龙江中渡处设守备一员、千总二员，兵五百名；里塘、巴塘之吹音等处设守备一员、兵二百名；里塘地处四冲，应设副将一员、都司一员、兵一千二百名；鄂洛地方，各路咽喉，应设参将一员、兵六百名；巴塘系形胜要地，应设游击一员、兵五百名；宗都地当云南孔道，应设参将一员、兵一千名。俱令新设之总兵统辖，以为云南、四川两省声援。又，青海所属左格等处番人，应亟移于内地；再，阿巴之土司头目墨丹住等，带兵进剿，屡次建功，应给与安抚司职衔，不隶青海管辖；又，黄胜关外潘州旧城，应设游击一员，兵六百名；河巴地方，山河围绕，应设副将一员，都司一员，兵一千五百名；黄河两边渡口应设守备一员，兵三百名。悉隶松潘总兵统辖。里塘添设同知一员，令其管理兵粮，收纳番民贡赋，则南至滇省，北至陕省，俱可援助。"均应如所请。

（《清代藏事辑要》卷一）

雍正九年（1731）十月甲辰

大学士等议复："四川总督黄廷桂等奏称：'达赖喇嘛移座泰宁，故泰宁协原驻兵五百名以为防护。查泰宁至打箭炉道路险阻，请再拨兵五百名，添防泰宁协，则军威震叠，与里塘、巴塘、西藏声势联络。'应如所请。"从之。

（《世宗实录》卷一一一）

乾隆时期台站添设兵丁和定期稽查

乾隆元年（1736）二月辛卯

兵部议复："四川巡抚杨馝疏称："里塘、巴塘等处，久经向化，请裁打箭炉至雅龙江前设陆战马六十匹。'应如所请。"从之。

（《高宗实录》卷一三）

乾隆二年（1737）闰九月丙辰

副都统纳苏泰奏："前工部左侍郎杭奕禄请撤驻藏兵丁。奉谕旨：'观杭奕禄所奏，贝勒颇罗鼐等深以内地之兵在藏驻扎，于伊等有益。前皇考特悯念唐古忒人众恐内地之兵，久经驻藏，或有累伊等，思欲撤回。若果有益，数百兵丁，所费粮饷几何！著将此驻防与台站兵丁暂停撤回，照旧轮班驻扎。俟过一二年后再定。"报闻。

（《高宗实录》卷五二）

乾隆四年（1739）九月癸酉

四川松潘镇总兵官潘绍周奏："松潘额兵二千名，除驻防郭罗克及各塘汛外，实存止一千二百有余。松潘为蜀西藩篱，统辖土司一百一十六处、一千九百二十七寨，反复无常，不得不为之长虑。节经前镇臣路振扬、张元佐奏请添兵，未蒙准行。仰惟皇上加意边防，不拘成例，应请添兵一千名，庶要地得宜，而边防永固。”得旨：“督臣意见若同，具题可也。”

（《高宗实录》卷一〇一）

乾隆十年（1745）三月乙巳

（军机大臣）又议覆：“四川巡抚纪山奏：‘打箭炉至蓝墩一带塘站，令打箭炉同知、阜和营游击每年春、秋二季，轮流稽察。’查川省文武大员，各有职守，未便远离，自应就近责成该同知、游击，但定以春、秋二季轮流稽察，亦虑旷时废事。今酌令初次照依所请，嗣后每年秋季，轮流稽察一次。”从之。

（《高宗实录》卷二三四）

乾隆十一年（1746）二月壬子

军机大臣等议奏：“驻藏副都统傅清奏称：‘西藏自撤台站官兵后，抢劫杀伤，各案累累，而里塘一带，夹坝更甚于昔。西藏既隶内地，驻有官兵，岂无往来人员，焉能逐起护送！汉夷商贩岂可尽使隔绝！数月内往来公文，遗误擦损之事甚多。仍请照旧安设官兵’等语。应如所奏。自藏至炉一带台站，照旧设兵，总在一千数内酌量派拨。至所请‘将巴塘守备移驻乍丫、江达千总移驻拉里、拉里外委移驻江达、乍丫粮务移驻拉里，并沿途塘汛官兵与藏内官兵折色口粮等项，不敷者酌增，浮多者量减’等语。查从前驻扎员弁，原酌地方情形安设。今若移驻，其营房、衙署等项，俱须重新建葺。且兵丁月支折色、口粮等银，均属当日酌给，今所议应增之数，浮于应减数目，事关营制，应详慎举行。请交总督庆复，就近详察情形，所有应行事宜，会同巡抚纪山妥议请旨。”从之。

（《高宗实录》卷二五九）

乾隆十一年（1746）九月丁酉

大学士等议覆：“川陕总督庆复等奏：‘西藏复设台站官兵案内，除里塘业经酌设土兵三百名毋庸更添外，其巴塘向驻守备一员。今既移驻乍丫，即请以乍丫之把总移驻巴塘。至从前赏给蛮兵牛羊滋生银两，今蛮塘既撤，自应将前项追缴。但蛮兵安设两年，颇为出力，恳请宽免。’均应如所请。”得旨：“从前赏给蛮兵牛羊滋生银两，著免其追缴。余依议。”

（《高宗实录》卷二七四）

乾隆十三年（1748）二月乙亥

四川副都统卓鼐奏：“打箭炉系各番要隘，宜豫为固守。请于从前派备满兵八百名内，酌带五百名赴炉驻守。”谕军机大臣等曰：“卓鼐且不必带兵前往。著将伊所管之兵，立即豫备妥协，俟张广泗调取时，伊再带领前去。此时亦不必行文知会张广泗。”

（《高宗实录》卷三〇九）

乾隆十五年（1750）九月戊辰

兵部议准：“四川总督策楞奏称，里塘地方邻近番部。每有夹坝出没为害。乾隆十一年，安设土兵三百名，复经改设马兵，分防一十九卡。原议三年后，地方宁谧，即裁。查里塘一带，自分卡以来，顽番向日出没为害者，均知畏惧，敛迹不出。各该处兵丁，仍应照旧安设，毋庸裁撤，以防其潜出滋扰。惟设兵地面，尚有疏密不均之处，于巡防顽番情形，仍当妥酌。所有里塘驻兵一百名，应分拨四十名，移驻东、西两路。其原安一十九卡，并为一十四卡，就地远近，定数多寡。”从之。

（《高宗实录》卷三七三）

乾隆十六年（1751）二月丁酉

（四川总督策楞等）又奏：“提督岳钟琪前奉旨带兵五百驻打箭炉，并命臣抵藏后量度情形，移会撤归。遵察藏众情形，安静宁帖，无需驻兵声援，随飞咨该提督撤归。”得旨：“好。知道了。”

又奏：“赴藏沿途各汛兵，查多老弱，缘向例缺出，该管官就地募招。番地无余丁，失业商贾、内地流民，甚至夫役并粮务之亲戚、长随，俱应募滥充。请嗣后近藏之拉里汛以西，缺出，报驻藏大臣亲验补；距藏较远之拉里以东，缺出，不准就地招募，于下台现兵内挨站递补。将所遗粮缺，趱至打箭炉底台，著落阜和营游击于内地余丁内选补，仍报明驻藏大臣并通报督提衙门查考。所选非人，指参治罪。又，藏内向议官兵时，止一游击统辖。今奉旨复设，须干练大员统率。副将杨刚，曾任总兵，现领兵到藏，公酌留驻。”得旨：“甚好。知道了。”

（《高宗实录》卷三八三）

乾隆十六年（1751）四月戊寅

又谕：“前因珠尔默特那木扎勒将西藏驿站禁止往来，并称如不早散，必尽行诛戮，遂致文书断绝。至伊被诛后班第达传令，台站始通。此事甚有关系，屡经降旨，何以策楞、兆惠等并未查明具奏，而即匆匆就道？著传谕策楞、兆惠等，将珠尔默特那木札勒断绝站路之处始于何时？所有耽搁文书曾否俱行查出？逐一查明具奏。如伊等未过察木多地方，著沿途挨查；如已过察木多，仍著回程，驻于察木多，查讯明悉，一面奏闻，一面就道。其应在藏地挨查之处，著伊等行文班第、那木札勒查明具奏，伊等不必再往藏地。再，此事不过欲悉其情节，不可又致番众之疑虑。”寻奏：“臣等挨塘查察，自打箭炉至拉里，奏摺公文，均随到随接，并无遗失。惟逼近西藏之占达、墨竹工卡、乌苏江、堆达、鹿马岭五塘，系罗布藏扎什所管，信字一到，声言不许汉人文书往来，并欲戮汛兵，以致塘兵回奔，台站断绝。外委陈世庚处有耽搁前项火票递到公文等件。事定后，俱送交粮务通判常明查收。至始于何时一节，查十月十三日，珠尔默特那木札勒被诛之后，罗布藏扎什与白隆沙格巴商图报复，围通司冈，令各喋巴阻往来文书，并戮塘兵。嗣达赖喇嘛、公班第达差人传示各番，不得惊扰汉人，断绝站路仅一、两日。因各塘远近不一，故具报参差。臣等已行抵打箭炉地方，去察木多二千五百余里，甫经到口。又复转回，恐番性多疑，造言惊扰，请即驻炉地，委泰宁协副将前往察木多一带挨查，并咨会班第等一体查察。”得旨：“览奏俱悉。”

（《高宗实录》卷三八六）

乾隆十六年（1751）五月丁酉

四川总督策楞等奏：“前酌议西藏一切章程，奉旨允行。惟未将设立台站并喋巴等官所管事务、地方详议，蒙旨指问。查打箭炉至里塘、巴塘，均内地所辖。巴塘所属蟒里以西至江卡尔所属石板沟，皆西藏所辖，江卡尔设有喋巴管理。石板沟以西至巴贡，系乍丫地方。巴贡以西至恩达，系察木多地方。恩达以西到嘉玉桥，系类乌齐地方。均各有呼图克图管理，受内地节制调遣，不归西藏统辖。自嘉玉桥抵西藏，共一千九百六十余里，均系藏属。按地方大小，各设喋巴一二名不等，管理地方人民一切事务与内地州县同。内设台站，共二十五塘三汛。台站官兵，所需各项，俱由各喋巴办应。番地之操纵，权在喋巴。喋巴去取，议归达赖喇嘛、驻藏大臣主持。台站一切无庸更办，故未专款另议。然未声明情节，实属疏忽。”得旨：“非疏忽而何?”

谕军机大臣等：“策楞、兆惠复奏西藏台站一摺，虽称‘善后事宜摺内，定有补放喋巴头目等官，统以达赖喇嘛并驻藏大臣印信为凭。治罪革除，亦禀请达赖喇嘛指示遵行。两条台站等事，毋庸办理’等语，台站一事，于内地外番往来关键，最为紧要。伊等所定善后事宜内，但云喋巴等官有管理地方、教养百姓之责，并无一语关涉台站。其巴塘、蟒里等处台站，分属内外，及上年阻占达等塘之处，亦于此番奉旨后，方得分晰查明。此等关系紧要情节，何以疏忽若此？今既查明，此时自可毋庸更张另办。然迟一二年后，究应令驻藏大臣便中办妥为是。著将此传谕策楞、兆惠知之。军机处俟一二年后，将此旨题奏。”

（《高宗实录》卷三八八）

乾隆十七年（1752）九月戊辰

军机大臣等议准：“四川总督策楞、提督岳钟琪奏：‘松潘口外诸番，劫掠时行。自雍正十年定例，每岁镇臣出口化诲，清理一切盗贼案件，并支领赏项，于番部适中之地，分别劝惩。但行之既久，官弁视为年例，不免虚应故事。即如郭罗克肆行抢劫，当镇臣马良柱出巡之日，再三调遣不至。是有名无实，兼恐与体统有关。且番众年年接应官兵，裹粮驰候，殊滋劳费。臣等公同商酌，若将此事竟行停止，固非所宜，而频年来往，不特未革其不驯之性，仰且渐启其玩视之心。请照内地出巡之例，三年举行一次。’应如所奏。行令该督提一体遵照，转饬该镇将等嗣后每届出口化诲年分，一切妥协办理。”从之。

（《高宗实录》卷四二二）

乾隆十八年（1753）五月甲申

署四川总督黄廷桂奏：“现在藏兵前后换防，臣饬乍丫、昌都、巴塘、说板多、拉里等处粮台各官，以换访需备供支为辞，采买青稞二千石，存贮站所。如有需用，免致临时周章。”得旨：“好。”

（《高宗实录》卷四三九）

乾隆十九年（1754）七月丁未

吏部尚书管四川总督黄廷桂等奏：“松潘镇总兵曩例三年一次，拟带赏银，赴番部化导。查口外各土司，彼此从不往还，今因化导调集一方，互相猜疑，转启控争之渐。且来者大都附近土司，贪图赏项；其远者，则以往返口粮较多，所得不偿所费，往往藉病不来。化导一事，有名无实，应停。”得旨：“所见是。”

（《高宗实录》卷四六九）

乾隆二十年（1755）十月丁巳

又奏：“打箭炉为西藏门户，向设阜和营游击，辖马步兵五百名。该营毗连化林、里塘多隘口。又，甘孜番地，须分差游巡，兵少不足资弹压。查普安、安阜二营，管辖雷波、黄螂，虽系蛮地，倮民皆向化。普安原设马步兵八百，请裁一百五十名、千总一员；安阜马步兵四百，请裁五十名、把总一员；添阜和营内，仍令游击管辖。”得旨：“如所议行。”

（《高宗实录》卷四九九）

乾隆二十二年（1757）二月辛卯

四川总督开泰、提督岳钟琪奏：“川省口内外土司番蛮，素皆崇奉达赖喇嘛。今闻其于本年二月身故，将来赴藏熬茶者必多。恐其间良顽不一，现谕沿途台汛各官，加意查察约束，毋令在途滋事。”得旨：“固属先事豫防，然不可因此而致番子等疑惧生事，莫若视之如无事为美。”

（《高宗实录》卷五三三）

乾隆二十七年（1762）正月辛酉

驻藏办事大臣集福等奏：“卫藏北沿边一带，西自阿哩起，东至喀喇乌苏，安设十三台站，乾隆二十三年将军伯伍弥泰奏裁。经军机大臣等议，以现值进兵叶尔羌、喀什噶尔、防逆匪窜越，令照旧设，俟应撤时再奏。今大功告蒇，外夷宁谧，实与内地无异。复据噶隆公班第达等呈称：‘准噶尔、叶尔羌等俱蒙德化，安享太平，卫藏台站，可无庸设。但撤后，各处边界，仍合稽查。今酌议，嗣后噜托克、齐木、纳克藏、腾格哩诺尔等处，交本处第巴、头目等每年派人巡察，穆什哲尔根、琫噶哩玛尔、阿哈雅克等处，每年于栋科尔、达木之蒙古官，各派一员巡察。俱令于草萌时往，大雪后回。将原设台站裁〔撤〕,仍令照所议办理。”得旨:“嘉奖。”

（《高宗实录》卷六五三）

乾隆三十二年（1767）七月戊辰

军机大臣等议准：“四川总督阿尔泰奏称，驻扎嘉木达、拉哩兵，与察木多之游击相去甚远。请移驻西藏游击管辖。”从之。

（《高宗实录》卷七八八）

乾隆三十四年（1769）三月已酉

四川总督阿尔泰奏：“现遵旨挑选瓦寺、杂谷土兵二千赴滇，并派妥协土目头人管押。其应赏行装、银两及安家坐饷米折等项，均照雍正十三年出师黔省、乾隆十二年出师金川案内旧例支给。每土兵十名，雇给驮马一匹，亦照例每站给银一钱二分，以资添补驮运。倘黔、滇各站雇马不敷，应听各该省酌拨夫役应用。其沿途至军营后，口粮、盐菜银按绿营兵例支给，土司官员减半。程站应由川东永宁入黔赴滇，每起以二百名为率。现已豫拨银两，分拨附近该管文武。俟选派一定，即行分赏。仍令将素习军械，整备练习。俟总兵本进忠到川，迅速料理前往。”得旨：“嘉奖。”

（《高宗实录》卷八三一）

乾隆四十年（1775）正月庚申

军机大臣等议覆：“西藏办事大臣宗室恒秀奏称：‘加木喀尔所属石板沟、梨树山等十一隘口，皆通桑干坝大路。原派唐古忒兵八十名，设卡驻防。卡多人少，巡察未能周遍。请于狄巴布赖库特所辖作岗、衮珠等处兵丁内，拣选五十名，分驻紧要隘口，严行防范。又，查管理桑干坝地方头目巴赛喇嘛上年四月病故。该处因无人管束，不肖之徒，往往藉端生事。应于桑干坝地方人等素所心服之达尔汗绰尔济呼图克图、阿错二人内，补放一人，以资弹压。但达尔汗绰尔济呼图克图年幼，阿错现在患病，请俟阿错病痊后，令往加木喀尔，与狄巴布赖库特等公同商议，定拟办理。’

均应如所谓。'又自打箭炉至西藏一路，地方辽阔，驿站驻防官员，未能周察。请于硕板多、石板沟、巴塘、里塘四处各添设委把总一员，协同办事。'查委把总并非正官，即正千、把总，亦俱系未弁，管辖兵丁，诚恐未能得力。现在征剿金川，蜀省官多，应饬令四川总督富勒浑俟大功告成后，于绿营官员内，或游击，或守备，简派四员，分驻硕板多等处，管理驿务。"从之。

（《高宗实录》卷九七四）

乾隆四十七年（1782）八月壬辰

军机大臣、兵部会议各省裁扣各营名粮、添补实兵事宜："……又四川省该督请以松潘镇要隘处所加增十一塘，建昌镇添设三塘。……"从之。

（《高宗实录》卷一一六九）

乾隆五十一年（1786）九月丁亥

西藏办事大臣普福奏："黄河北岸奎屯西哩克等五卡，为巡防贵德、循化、河州、洮州、松潘等处番众偷渡而设，向不论远近，均派纳罕达尔济等五旗兵驻守。今据扎萨克郡王。台吉等请将纳罕达尔济、察罕诺们汗、隆本等三旗就近驻奎屯西哩克等卡。罗布藏丹津、衮楚克等二旗，就近驻郭罗克等卡。既免兵丁换班往返，且于熟悉之地，防范易周。仍饬纳罕达尔济统辖，不时稽察。"报闻。

（《高宗实录》卷一二六五）

乾隆五十六年（1791）九月庚寅

又谕："现在廓尔喀与唐古忒因帐目不清在后藏边境有滋扰之事，经鄂辉等带兵前往剿捕。所有自京至后藏一带，沿途驿站驰递文报，关系紧要，必得大员专司经理，方无贻误。直隶著派张诚基，山西著派蒋兆奎，陕西著派和宁，四川著派英善，务各督饬所属，实心料理，毋致迟误。"

（《高宗实录》卷一三八七）

乾隆五十七年（1792）正月辛卯

又谕："此次派出索伦、达呼尔兵丁前赴卫藏进剿廓尔喀，所有带兵官员及兵丁等，业经加恩分别赏赉，但该兵丁等冲寒远涉，均堪轸念，著勒保于该官兵行抵西宁时，加恩每兵每名各赏给银二两，以资用度。至青海一带新设台站，该处道里遥远，所有坐台之蒙古兵丁等在彼常川伺候，亦属劳苦，亦著交勒保每兵每名一体各赏给银二两，以示体恤。”

（《高宗实录》卷一三九五）

乾隆五十七年（1792）正月癸巳

谕军机大臣等：“西宁至藏一带新设台站，原以利军行而速驿递，昨据福康安奏，经过青海地方军台，其台站兵丁口粮按月裹带，并无敷余，已飞咨勒保速筹接济’等语。可见该处道远站遥，诸多未便，前因打箭炉一带本有台站，文报往来，向无迟滞，是以谕令福康安与勒保札商，将西宁至藏新设台站即行撤去。今思该处情形万难持久，著传谕勒保、鄂辉即将新设台站于索伦、达呼尔兵过竣后，以次撤回。其藏地新设台站亦以次随撤，福康安竟不必与勒保往返札商，致稽时日。”

（《高宗实录》卷一三九五）

乾隆时期加强台站管理的主要措施

乾隆十一年（1746）七月二十五日

太子少保大学士领侍卫内大臣承恩公管川陕总督臣庆复、四川巡抚臣纪山谨奏，为遵旨议奏事。

乾隆十一年三月初十日，兵部火票递到办理军机处议复驻藏副都统傅清奏复设台站官兵一折，恭请圣训。本年二月十六日，奉朱批：依议。钦此。内开：据称，臣伏查西藏地处边末，远隔川省。其中番蛮种种赋性愚顽，罔识礼义，反复无常，兼以西北界连准噶尔，北通草地青海，为蜀疆西南一带之外廓，打箭炉之门户，自雍正十二年减撤、酌留、安设塘汛，不特专为传送公文，原以联络声势，沿途遇有大小事件，蛮番不法之处，驻藏大臣皆得所闻，立法原属周详。至改设夷塘后，即抢劫杀伤各案累累，而里塘一带夹坝更甚于昔，且有罗卜藏丹怎于赴京之时无故潜逃，正值卷撤台站之后，沿途虚实为其所窥。诚如军机所议，边防最宜慎重，夷情狡诈难知，准噶尔不惜重费赴藏熬茶，或萌觊觎西藏之意，亦未可知。等语。此虽事所未必，而情实可疑，且抚臣纪山原折内奉到建昌镇臣袁士弼面传谕旨：尔到成都时，可向巡抚纪山传知，郭罗克之事办理不甚妥协。从前已有数件，今藏里撤回四川兵丁，又被夹坝抢去兵丁之衣服等物，殊非体统。前差傅清前往西藏更换索拜，据纪山折奏拨兵四十名护送前往，若是暂时差遣犹可，藏里洛笼宗一路，时常有人来往，岂能常为拨兵护送。况西藏一带，久归版图，似此均关国体。尔传谕纪山，令其留心妥办。钦此。仰见我皇上圣虑渊深，睿谟远照。

西藏既隶内地，驻有官兵，岂无往来人员，焉得逐起护送，汉夷商贩岂可尽使阻绝。臣抵藏以来，沿途情形一无所闻，数月之间，往来公文，遗误擦损之事累累。况蛮塘初设，递送即不妥协，倘因循日久，而遇有紧要事件，难保无误。

今臣等会议得：查自藏至炉，旧设塘汛官兵一千余员名，里塘旧设把总一员，巴塘旧设守备一员，江卡旧设把总一员，乍丫旧设把总一员，昂地旧设把总一员。但乍丫蛮民刁顽，迥非他处夷人易驯，若照旧安设把总微员，势必不能弹压。请将巴塘守备移驻乍丫，不时宣布皇仁，抚循化导，庶得弹压恶习，而夷性刁风，亦易渐改矣。

查，槎木多为藏炉适中之区，南达滇省，北通草地、类五齐、西海等处。应照旧驻设游击一员、千总一员，把总二员，以防冲要。所有槎木多以西之说板多，旧设有把总一员、拉里旧设有外委一员，江达旧设有千总一员，今既将乍丫粮务移驻拉里，不可无官兵防护。应将江达千总一员带兵移驻拉里，将拉里外委移驻江达。沿途汛官，仍系照旧无增，如此一转移间，于地方实有裨益。惟是塘汛兵丁虽仍照旧数安设，但派拨之时不无稍异，第视其塘汛之冲僻，道路之远近，冲者当增，僻者酌减。至于塘递里数远近不一，亦当酌量地势布置，总在一千兵数之内派拨。俟奉准谕旨之日，臣等再为酌度安设。

伏查，沿途粮务，亦须均匀，以便支领。除炉、藏二处现有粮务不议外，查自炉至槎木多仅有二千二三百里，其间里、巴、乍、槎俱设有粮务，似属过密。惟槎木多至藏，亦相距二千余里，其间并无粮务，一切支领兵饷，往返跋涉维艰。似应将乍丫粮务移设槎、藏适中之拉里地方，道里均平，不致悬殊，而支领亦便于昔矣。除沿途粮务文员旧支折色口粮银两尽足敷用无庸另议外，惟塘汛官兵与藏内官兵折色口粮等项银两，支领不一，大相悬殊，臣等应请推广皇仁，于有不敷者酌议添增，其浮多者量为裁减。查驻藏游击每月应支银四十两零，守备应支银三十两零，千总应支银十八两零，把总应支银十七两零；旧设槎木多游击月支银十八两零，巴塘守备月支银八两零，千把总月支银八两以至四两不等。同一出口驻防异域，而支食多寡不同，未免有不均之叹。游、守、千、把弹压蛮地，务宜体统观瞻，凡应赏蛮夷之处，此亦势所必需，且有管兵之责，赏勤儆惰亦所不免，兼之口外食物等项无一不贵，支领不敷，日用尚且拮据，岂能傍及仪文，仰祈皇恩垂念极边远戍寒员，俯照西藏官弁一例支给。

再查，西藏马步兵丁，俱每月关支折色银四两九钱，盖因步兵俱有拴喂驮载马匹，故一例支给。其自西藏以至拉里，向照藏兵之例支给；自拉里以至槎木多，向月支折色银二两四钱畸〔奇〕；自槎木多以至打箭炉，向支折色银一两五钱畸〔奇〕。不但折色畸重畸轻，抑且多寡悬殊，苦乐不均。如自炉至藏。每塘塘马一匹，月支草干银三两六钱；拉里以西至藏，每塘兵又月支银四两九钱；拉里以东至槎木多，每塘兵月支银二两四钱，均属过多。相应请将自藏至槎，除马干照旧例支给外，惟每塘兵丁一名，月支折色银二两，自槎至炉，仍照旧例，月支银一两五钱。至于汛兵，查旧例，拉里以西，照藏例支给，拉里以东至槎，月支银二两四钱有零，自槎至炉，月支银一两五钱有零。凡此汛兵内有马兵拴养骑马，而步兵亦俱喂养驮载马匹，倘不拴养，不但遇有紧要事件有误，且护送来往差使，动经月余，是步兵之马亦断不可缺也。今若均照旧例支给，则自拉至炉，似属不敷。远戍寒兵，告贷无门，甚属可悯，请将自拉至藏汛兵，仍照旧例支给；自拉里至乍丫，较之赴藏又觉稍近，照驻藏四两九钱之例，减银九钱，每兵月支银四两；自乍至炉，较搓又近，酌减银五钱，每兵月支银三两五钱。

查，上年安设管台汉兵，查办公文，所需灯油纸笔之费，每名月支银一两。今既照旧安设，其一塘有四五人不等，若每名月支银一两，甚觉过多，似应每一塘月支银一两五钱，尽敷所用。

再查，上年改设夷塘，经军机处复准，奉旨：每年令打箭炉同知、阜和营游击轮流出口巡查。自应钦遵办理。但今既复设台站，沿途俱设有专管之员不时巡查，仍交驻藏大臣每年派员总查，以别勤惰。似应将原议打箭炉同知、阜和协游击轮流出口巡查之处，相应停止。

再查，自炉至藏，旧设五十八塘，塘马共三百二十七匹。卷撤汉塘之时，将马摘给夷塘。今仍复设汉塘，应将马照旧摘回。再，从前安设蛮塘兵丁，俱赏给牛羊滋生银两。今既撤裁，原给滋生银两，或应蠲免，或应追缴，出自圣恩。

再，沿途衙署、营房、塘房，虽卷撤官兵未久，但蛮夷之地不无倾损。其应作何苫补修理之处，交抚臣委员查明办理。

再，抚臣纪山会稿内称，从前自炉至槎，沿途安设台兵五百名，俱由抚标派拨，但抚标额兵一千余名，屡年以来轮替更换，兵马殊觉疲惫。此次复设台站，于通省抚提各标镇协营均匀派拨，俾抚标兵丁得以训练憩息，而派拨亦不致偏枯不齐。等语。应俟奉准谕旨之日，应交川督抚提均匀派拨办理。

再查，里、巴二处，乃瞻对之门户，现今大兵惩创，臣等未敢预为议定，俟凯旋之后，应否于里、巴二处作何添兵派员防范之处，仍听督抚具折奏闻，另请添设。

以上复设台站情形，相应合同恭折具奏，伏祈皇上睿鉴，训示施行。等语。

查，乾隆十年三月内四川巡抚纪山奏请复设自藏至炉台站官兵。臣等议以自藏至炉安设台站兵丁一千余名，原不过为递送公文，有事则令其通报信息之意，所以杭奕禄等先后奏请撤回，议政处议复准行。但边防最宜慎重，夷情狡诈难知，准噶尔素性嗜利，而赴藏熬茶不惜重费，所请喇嘛未经给与，或萌觊觎西藏之心，亦未可定。今纪山既请复设台站，而近日庆复折内亦有将来或仍设台站之语，应请密交傅清查看现在安设台站情形，会同该督抚妥议具奏。等因。奉朱批：依议。钦此。

今据傅清奏称，自卷撤台站官兵以后，即抢劫杀伤各案累累，而里塘一带夹坝更甚于昔，且有罗卜藏丹怎赴京之时无故潜逃，沿途虚实为其所窥。西藏既隶内地，驻有官兵，岂无往来人员，焉能逐起护送，汉夷商贩岂可尽使隔绝。臣抵藏以来，数月之间，往来公文遗误擦损之事多有，倘因循日久，遇有紧要事件，难保无虞，仍请照旧安设官兵，并与督抚会商，意见相同。等语。应如所奏，自藏至炉一带台站，照旧安设，官兵总在一千兵数之内，酌量派拨。

至该副都统奏请将巴塘守备移驻乍丫，江达千总移驻拉里，拉里外委移驻江达，乍丫粮务移驻拉里，并沿途塘汛官兵与藏内官兵折色口粮等项，不敷者配量添增，浮多者量为裁减。等语。查从前各该处驻扎员弁，原系酌看地方情形，安设布置。今若移驻，其营房衙署等项俱须重新建葺，且兵丁月支折色口粮等银均属当日酌议支给。今该副都统虽称酌量增减，大概应增之数浮于应减数目，事关营制，理应详慎举行。现在总督庆复驻扎东俄洛，与安设台站地方一带相近，应请敕交总督庆复，就近详察情形，所有应行事宜，会同巡抚纪山逐一妥议，到日请旨施行。等因。

臣等伏查，自炉至藏，中多野番，每行劫窃，里塘一带尤甚。道路既不容阻梗，边防尤宜慎重，屡廑圣怀，训谕肫切。先经臣纪山奏请照旧安设台站官兵，军机处议交副都统傅清查看现在情形，会商该督抚妥议。嗣经傅清悉心查议，更与臣等往来咨商，缮折陈奏。兹军机处复准应如所奏，自炉至藏照旧安设官兵，总在一千兵数之内酌量派拨，臣等自当恪遵妥办。惟移驻员弁及兵丁折色酌量增减二条，事关营制，且恐多糜经费，理应详慎。臣等复加查察，乍丫番人刁顽倍于他处，势须守备大员弹压，粮务既移拉里以便两路支领，即原设之外委亦不足以资防护。所以均商移驻。其该处衙署营房，乍丫粮务旧署，守备即可移居，无庸重建，惟拉里应设粮务之所。但口外地方，凡官弁驻扎，或赁碉房，或盖土屋，与内地迥别，即照旧安设，亦须苫补，所费不甚相悬，应请仍如原奏移驻，以资控驭。官兵折色，虽称酌量增减，其实应增之数几至二万两，军机处指驳甚明，帑项难容过糜，相应仍照旧例支给。惟严饬该管各官弁，时时约束，不许混行花销。换撤回营时，臣等照前酌量设法料理起程。

再，原奏里、巴二处，乃瞻对之门户，现今大兵惩创，俟凯旋之后，应否作何添兵派员防范之处，仍听督抚奏请添设。等语。臣庆复在军营就近相度，里塘酌设土兵三百名，已于恳恩优擢土弁事内恭折陈明，并会疏具题在案。俟钦奉谕旨，遵照施行，无庸更请添兵，致滋多费。其巴塘向驻守备一员，原奏请将守备移驻乍丫，而未议及巴塘之应设何员，缘彼时该处添兵设员，尚在未定。今添兵既无庸议，即可以乍丫之把总移驻，通融酌派。至从前赏给蛮塘兵丁牛羊滋生银两，蛮塘既撤，自应将前项追缴。但蛮兵已安设二年，颇为效力，应否宽免，出自圣恩。

至原奏请停止同知、游击巡查之处，臣等查瞻对初平，巡查宜密，若只听驻藏大臣派员总查，恐有未协。请将蓝墩以西交驻藏大臣派员巡查，其蓝墩以东，臣庆复议瞻对善后事内，请照郭罗克之例，每年秋巡一次，分别惩劝。现交议政王大臣议奏，应俟议复奉旨后，臣等遵行可也。

其余所有应行事宜，照原奏商酌办理，期于妥协，以仰副圣主慎重边陲至意。理合恭折奏复，伏祈皇上睿鉴。臣等谨奏。

朱批：原议之大臣等议奏。

（一史馆藏宫中朱批奏折）

乾隆四十一年（1776）六月初六日①

大学士臣舒赫德等谨奏，为遵旨议奏事。

成都将军明亮奏添设通藏要路营员，并请酌复土兵一折，乾隆四十一年五月二十六奉朱批：军机大臣议奏。钦此。

据称：上年驻藏都统恒秀奏，于西藏大路之硕版多、石版沟、巴塘、里塘四处添设外委，协同汛弁管理。经军机大臣议以该处俱系番人巢穴，恐末弁不能得力，请交四川总督俟大功告竣，派出都司、守备四员分驻。等因。奉旨依议。钦此。钦遵在案。今军务蒇功，应照原议办理。现在饬派顺庆营守备李天福驻里塘，永宁协都司福成驻巴塘，大坝营都司李景善驻硕版多，并请以江卡汛之把总移驻石版沟，添派督标左营守备郑元文驻扎江卡。等语。

查里塘至西藏一带，道路辽阔，间有夹坝，虽与内地强劫之案无异，然必须明干弁员稽查弹压，方可肃清，自应照从前原议，派出都司、守备四员分驻管理。今该将军等既称守备李天福等办事妥协，熟谙夷务，应如所请，派守备李天福驻里塘，都司福成驻巴塘，都司李景善驻硕版多。惟石版沟一汛，原设兵额止十三名，若令都司驻扎，兵数未免过少，其附近石版沟之江卡一汛，地处要隘，原设把总一员，驻兵二十八名，应令添设之守备，即驻江卡，较之石版沟兵数既多，且距石版沟止二塘，并可就近稽察，而令江卡总〔把〕总移驻石版沟，一转移间，体制均为相称，亦应如该将军等所请添派守备郑文元驻扎江卡，并饬各该员等督同汛弁，约束兵丁，防范站路，庶要险得人，而通藏大路亦为严禁。仍一面咨明驻扎副都统恒秀等一体遵照办理。

又据称：通藏台站，凡有递驰文报、护送粮饷及往来差使、商民并巡哨、缉捕等事，兼用汉土兵丁。里塘境内从前原设土马兵三百名，又另派土步兵七十名，分布巡防。至三十三年前督臣阿尔泰以里塘颇见宁谧，而巴塘地方时有夹坝，奏明将里塘土马兵内裁减一百名移于巴塘，其里塘另安之土步兵七十名，又以公费不敷，一并裁汰，自后里塘地方渐有夹坝，今请添复土马兵一百名，以资巡哨、追捕、护送一切之用，其土步兵六十名毋庸复添。等语。查里塘通藏站路，东西长四百余里，南界滇夷，北通

① 奉旨时间。

瞻对、瓦述、毛丫诸番，控制非易，必须兵数足敷调用，方为周密。今以裁彻〔撤〕兵额之后，遂致番贼间有夹坝，自应如该将军等所请，添复土马兵一百名，则防范既周，贼匪自无敢复逞。其土步兵七十名可无庸复添，以节靡〔縻〕费。并饬管理里塘之守备等督令该土司留心稽察，实力巡防，倘仍夹坝迭见，即严行参罚，分别查办。

臣等谨缮折具奏，俟命下即行知该将军明亮等遵照办理。谨奏。

乾隆四十一年六月初六日奉旨：依议。钦此。

（一史馆藏军机处上谕档）

乾隆四十四年（1779）十二月二十四日

暂署四川总督印务成都将军臣特成额谨题，为请销屯防第十三案，为口外安设塘马土兵酌定章程等事。

据四川屯防经费所布政使李承邺、川东道陈燮、护松茂道林守鹿详，案奉总督文部堂札开，准兵部咨车驾司案呈，乾隆四十一年七月十四日，内阁抄出：成都将军明亮等具奏称，两金川地方查办善后事宜，驰递文报需用塘马等情一案，于乾隆四十一年六月十七日奉朱批：军机大臣会同该部议奏。钦此。钦遵到部。

臣等伏查，两金川全境荡平，疆圉式廓，留驻官弁办理屯防事务，口内口外一切文报往来驰递，自应酌定章程，安塘设马，以为边站久远之计。今该将军明亮等奏称，川省口内郫县、灌县、映秀湾、桃关四站，照内地驿站之例，归地方官经管。等语。查郫县、灌县、映秀湾、桃关等四处，向未设有驿站，今因路通金川，议请添设四站。该地方本属口内州县，所辖自应照内地驿站之例，归地方官经管，以归画一。但该四处本无额设之马，平定两金川以来，暂留台马六匹，今新设马数如何定额，原奏内并未声明。查口外各塘，现据奏请安马四匹，则口内四站，亦应一律安马四匹，归入驿站奏销案内造报兵部查核。至所称桃关口外草坡起至噶喇依，共计二十五塘，原留站马六匹，再减二匹，各安站马四匹。等语。查口外各塘，自应按照道里远近，均匀安设。本年正月内据该省于粮运奏销案内送到粮站图式内开。自草坡起至美诺止，共设过二十一站。今至草坡起至噶喇依止，道途较远，该将军等议安二十五塘之处，查与该省军需台站稍为酌更，自应如所奏办理。仍令将各塘地名及每塘各相距里数，查明造册报部立案。其每塘安马既于留站马六匹内复加裁减，应准其每塘安马四匹。至应需草干等项，准其照打箭炉口外塘马之例，每匹日支草干银八分，月给马掌一副、笼缰一副。至经管口外各塘事务，亦应如所奏，派令桃关、卧龙关两处汛弁，分段管辖，以专责成。其一切草干、倒马等项银两，俱由汶川县承领，分交汛弁给发应用，按年奏销。至经过瓦寺、鄂克什两土司番地，各塘护送巡哨，驰递文报等项差使，请照西藏派拨里塘、巴塘土兵之例，每塘酌拨土兵五名当差之处。声势既属联络，于番地情形相宜，亦应准其每塘酌拨土兵五名，以供差使。至该番地共设几塘及相距里数，亦应一并查明报部。其应给茶、面、羊折等项，准其照打箭炉口外安设土兵之例，每名日支炒面一斤、茶叶八钱，每十名每月合赏羊一只，折银五钱，一并造入奏销册内题销。等因。咨院行所。

当将各塘地名及每塘各相距里数造册送部，并查明白桃关起至噶喇依止，实共有二十九塘半。从前进攻金川，运送一切，即称为站。此次平定金川，安镇设屯，驰递文报，应改站为塘，将从前二十九站半改为二十九塘半。内又有小牛厂至大牛厂，历来虽系半站，该处风雪冰雹，无分冬夏，且道路险峻，应一体安马四匹，以资驰递。

又查屯田事竣，将军、参赞、提督各大人旋省，重庆高镇即驻扎勒乌围。自噶喇依至勒乌围三塘，原奏内并未议及，应请一体安设。又番地各塘，应需护送巡哨驰递文报等项差使土兵。查自桃关出口，大邑坪塘起至大石仓塘止，共十四塘，系瓦寺土司地方，每塘安设内地汉兵五名，瓦寺土兵五名。又自松林口塘起至沃日塘止，共五塘，系沃日土司地方。每塘于驻兵内，挑安汉兵五名，沃日土兵五名。其猛固塘至大牛厂塘止，共五塘半，每塘于驻防兵内挑安汉兵五名；该处无有土兵可拨，已于前安杂谷闹五寨，赞拉降番内调回一百名内，每塘拨安降番五名。又自空卡塘起，至阿尔古塘止，共八塘，每塘于驻防兵内挑安汉兵五名；该各处亦无土兵可拨，即于按插附近塘汛降番内每塘拨安降番五名。均于造送各塘地名及每塘各相距里数案内，分析登明，咨送大部在案。

嗣奉准兵部驳查，自桃关口外草坡起，至噶喇依止，安设二十九塘半，与军机大臣等原议二十五塘之数不符。又噶喇依以外，自独松甲咱至勒乌围三塘，从前将军等原奏内并未议及，应否如此添安奏明请旨，饬交总督文绶会同成都将军等查明报部核办。等因。于乾隆四十二年四月十八日，蒙总督文部堂会同成都明将军、署四川舒提督查明口外实在应安马塘确数具折奏咨，奉准兵部咨车驾司案呈，乾隆四十二年五月初六日内阁抄

出：成都将军明亮等具奏前事一折，钦奉朱批：该部知道。钦此。钦遵。（下略）

（一史馆藏内阁户科题本）

乾隆四十五年（1780）六月初四日

奴才特成额、奴才保泰跪奏，为酌筹一切事宜，以期肃清通藏道路事。

窃查三暗巴贼番一案，皆赖皇上几先指示，烛照靡遗，遂尔克期蒇事。奴才等自钦奉谕旨，迅速严办，毋致该番得以乘间砌筑碉楼，为抗拒延喘之计。等因。随即凛遵圣训，决策攻捕，业将攻毁贼巢，全获安错等首伙，审明办理缘由，奏明在案。

数日以来，江卡一带，枭悬贼首，累累载途，各番众固已触目胆寒，甚至还有遥望悬竿即绕道远避不敢经由其下者。第虑阅时懈生，一切经久防维之道不厌周详。兹奴才等体察现在目击情形，悉心擘画，谨将应办各事，逐一胪陈，仰祈睿鉴。

一、江卡驻防汉兵宜于察木多驻兵内抽拨加添也。

查江卡境壤南界滇省，边番且在在与三暗巴毗连，如所属之梨树、阿拉、石板沟、阿足、洛加宗等处，皆素为贼匪出没之区。现在江卡仅驻兵四十九名，除安塘外，存汛止二十三名，实属不敷防范，而察木多则现设游击一员，千、把、外委共六员，驻兵三百三十一名，查察木多为自炉城赴藏适中之地，从前建置多兵，原为控扼两头以备声援，且所辖地方只属辽阔起见。今西藏敉宁已久，而该处亦从无贼匪抢劫之事，兹抽出兵丁一百名，把总、外委各一员，拨归江卡守备管领驻防，固于江卡一带分布周防大有裨益。其察木多尚存弁兵二百三十余员名，于巡哨缉捕分安卡隘以及驰递文报、护送粮饷各差使，仍属尽敷调遣，毫无顾彼失此之虞。

一、江卡既添兵百名，所需住房宜相度地势，即为筑造也。

查，蛮荒雪大风高，自应因地制宜，照筑碉座平房，方为坚实耐久。而建筑处所，更应相其高下，使之井井罗罗，声息联络，既可以资栖止，更足以资瞭望稽防，设遇立需追捕等事，皆可呼吸会集，迅速直前，庶为妥善。现经奴才等挑出番民内素娴工作者数人，令其指教架砌铺漫之法，并派驻藏届满之游击讷奇督率该兵丁等，各遵照相度之处，就地砍运木石，上紧筑造。所需木石，皆系该兵丁等习勤就地自行砍运，自行成造，并无开销物料工匠之项。而奴才等因见各兵丁甚为勇往，现已按名捐赏银二两。虽为数甚少，然察其心情，弥觉踊跃欢欣。约计不日便可一律完竣，各有安居。

一、江卡汉番驻防员弁土目宜更换熟手以资经理也。

江卡素为多事之地，今又添兵百名，一切督率巡防，洵非内地新派人员所可胜任。前此参革守备郑元文，稽察稍未周悉，即致辗转生端，已其明验。兹查有千总胡世杰，久在口外，熟练番情，此次随总兵成德出口办理诸务，亦颇合宜。现经奴才等奏请升补参〔守〕备郑元文遗缺，以之驻防江卡，实为于公有济。所有新派来江（卡）更替之守备哈得功，年力虽甚精壮，其于要地番情未能骤期谙习，自应撤归该备本营，以供差防。至该营官东纳，前此拘泥番例，私截安错茶包，因彼并无入己情弊，且维时安错尚未就获，未便遽予革退。今罪人已得，若再长留江卡，不无转启衅之虞。查有江卡旧营官朗卡夺尔结，从前管理江卡尚颇勤慎，而目下剿捕安错亦为出力。奴才等业与班第达公同商酌，将东纳撤带回藏，即令朗卡夺尔结仍充江卡营官办事讫。

旧因江卡一带抢夺频仍，类系支巴等寨番人所为，是以每岁恩赏巴庶喇嘛银二百四十两，如此段道途内一有夹坝，皆责令缉拿在案。嗣巴庶喇嘛故后，即为安错支领。今此项银两固未便遽行裁汰，亦不值徒滋虚糜。前据班第达面称，查有白马汪结喇嘛者，早经支巴等寨番众称为巴庶喇嘛转世，久欲延入供奉，因该喇嘛素恶安错凶暴，不肯就延，目下安错已诛，各该寨番众现即恭迎前往崇奉。等语。奴才等查达罕绰吉，人虽谨悫，素被安错挟制无为，然久为该寨落番民共相崇信。今安错已诛，本拟将前项银两即给达罕绰吉收领，令其照例协捕。但据班第达既称白马汪结现已为该番众倾诚迎奉，自应著江卡营官每岁具领前项，转给达罕绰吉并白马汪结两喇嘛查收，即照向例，如遇夹坝，责令缉拿，洵为有裨。其安错缴出尊奉黄教谕旨，亦即赍文该喇嘛，令其敬谨尊藏巴庶喇嘛庙内，永行遵奉。再，安错加倍赔偿物件，已交班第达带回西藏。其南墩截留物件，并经商同班第达照数点归巴庶喇嘛庙充用，以昭平允矣。

一、上、中、下三暗巴地方辽阔，宜分别酌归管束也。

查，三暗巴全境，原系达赖喇嘛之土，因远驻西隅，鞭长莫及，遂致该头目等各据一偏，或彼此各谋，或朋比为匪。其间良莠杂出，要须各有所钤制，庶不致滋蔓堪虞。兹三暗巴所有番众，于剿平肯本，安错就擒后，业已争先尽出投诚。因思就中如节齿、朗改等寨落，皆与德尔格、巴塘两土司壤接，若竟将其地拨归该土司，是适为土司等廓其疆宇。揆诸限制防微之道，转多未宜。奴才等率同班第达再四确筹，惟将各附近寨落，拨令该土司、该营官等就近暂为管束。如有作奸通匪，应行缉捕等事，惟该管之土司、营官是问。其土地、人民仍概为达赖喇嘛所有。现已分给委牌并酌设头目，将各等详晰谕明，以沙拉、节齿、下鲁达喜等处，著交德尔格土司；郎改、宗巴、东达则达等处，著交巴塘土司；其罕错喇嘛所属并索古笼一带，著交官角营官，均行就近管束。至支巴、肯本，郭木三处，即准该番众所延之白马汪结喇嘛及达罕绰吉、白马四朗在彼经理，仍归江卡营官就近管束。如此分别责成，似觉相制相维，于隐为控驭之方更见周密。

一、剩余兵精宜拨归旧台充用也。

查，自炉城赴藏一带，旧设台站，每年皆须由炉仓拨运，以充坐藏暨换藏官兵口食之需。奴才等一获安错等首伙时，即经飞札炉厅停止起运。其在途米石，并经饬令分别相距近远，酌运前途收贮。至江卡向未设有台员，所需口粮历系回赴巴塘支领。今江卡既添兵百名，而核计支剩米面只仅可供本汛年余之需，现令即交该驻防守备收存，无庸运回巴塘，转致脚价虚糜，且免兵丁徒劳往返。兹据沿台粮务复称，现在截贮米石，核计皆不过二年内外即已支食全完，是此项截存剩余米石，即可无虑红朽，而乌拉脚价只皆尽归实用矣。

以上各条，奴才等均已层次查办，至汉土弁兵，多留一日即多耗一日之费，并经全行撤出，分别速令回省回巢。奴才等拟将一切事件复加体察，数日当即分道起程，断不敢稍涉闲旷。

再，查班第达自前此恭承谕旨，作为奴才等已意严加询诘教训后，深知皇上护荫达赖喇嘛之德，至渥极优。今见安错等全就歼诛，众番莫不望风震慑，每一叙及，即神气恪恭，合掌北面叩头，呼颂天恩无量不已。

奴才保泰抵藏，见达赖喇嘛时，传旨存问而外，自当将此案汪洋帝眷备细宣扬，以期无负圣主怀柔之至意。

除将达赖喇嘛如何感激形神，奴才保泰另行奏闻外，所有现在会同酌办一切事宜，理合恭折具奏，伏乞皇上训示。谨奏。

朱批：军机大臣速议具奏。

（一史馆藏宫中朱批奏折）

乾隆五十四年（1789）六月二十七日

和珅等遵旨议覆藏地善后事宜十九条折（节略）

一、东西台站划分内外经理一款。

据称，口外至西藏一切事务，向归驻藏大臣管理，但里塘、巴塘与川省较近，皆有土司管理，原非西藏所属，应划分综理，以免耽延。请自南墩迤西一路，凡属西藏所管之地，照旧仍归驻藏大臣管理；其巴塘迤东土司地方，均归川省将军、督提衙门就近管理。至江卡、乍丫、察木多并移驻后藏各营汛台站，统归驻藏大臣总理。其巴、里二塘，安设塘汛官兵，就近归川省阜和协副将兼辖。等语。

查，打箭炉出口至西藏，地方辽远，里塘、巴塘距省较近，而于西藏甚远，遇有事件，若于驻藏大臣处往返批行，实属鞭长莫及，自当酌量划分内外综理，两有便益。亦应如该将军所奏，嗣后以南墩分别程途，其自南墩迤西一路，凡有地方事件，均令禀报驻藏大臣，听候核办；其自南墩以东地方事件，由打箭炉文武禀报川省将军、督提衙门办理。如此划分内外，各有攸司，一切事件咸归妥速矣。

一、派驻台站文武官员三年期满，请援两金川屯员边俸之例量予升擢，并拣干练官兵换班驻防一款。

据称，打箭炉出口以至西藏，向于文职内派委州、县、丞、倅，武职内派拨游击、都司、守备、千总，分驻巡防，办理事务，均按三年一次更换。该文武等官远役三年，往返几及四载，向来期满并无保题升转之途，请嗣后驻防文武等官照金川营屯各员三年期满更换回任时，由驻藏大臣出具考语奏明，咨送本省将军、督提，考察保题，仿照边俸报满之例一体升用；其驻防官兵遇应换之期，亦须选派妥干，以资防守。等语。

查，打箭炉出口以至西藏，文武各员，分驻地方，俱有弹压番民、巡防夹坝之责，职守綦重。该员弁等三年远役期满，例不升转，似于鼓励之道缺如。查两金川营屯各员三年报满，均蒙恩准保题升用，况打箭炉沿边各缺，亦有五年推升之例。今西藏台站文武各官驻守地方，远倍金川，经理尤关紧要，自当量予升迁，以示奖励。应如该将军等所奏，照金川营屯各员，有能抚辑番民、勤慎操防、急公任事者，于三年期满更换回任时，由驻藏大臣奏明，咨送本省将军、督提保题，一体升用。至把总、外委微末员弁，亦须量加奖拔。其应换官兵，届期自应拣派干练并勇健之人换班驻守，毋得以庸劣老弱充数。如此则各员及弁兵等倍知奋勉，益加整饬，于台藏边防均收实效。

朱批：依议速行。

（一史馆藏宫中朱批奏折，全文见前）

乾隆五十六年（1791）十一月二十九日

臣福康安、臣勒保跪奏，为安设台站情形，恭折奏闻事。

窃臣等钦奉谕旨：前因福康安由青海行走，所有文报，俱令由青海一路驰递，是以谕令勒保在彼安设台站，以便接递。今福康安既已改道，所有青海一路安设台站之处，此时更可不必。俟明春再行遵旨安设台站，妥为筹备。等因。钦此。

查口外各处台站，臣勒保前奉谕旨，当经遣人踩探道路，妥为安设。若臣福康安改道赴川，自应暂行撤回。今已定计由西宁出口，自应仍前安设。查西宁至藏，道路遥远，与其到藏后再行逐站安至西宁，莫若查照雍正年间旧例，自西宁以次安设。令鄂辉等酌派在藏之理藩院明干章京，于藏内管辖地方按站设台，直接青海交界。但恐西藏现在需兵剿贼，不能派拨赴台，以致兵分力薄。万一各台安设未齐，声息仍不相通。臣等详悉熟商，臣勒保不敢因畛域区分，稍存推诿，现已会同酌派将备弁兵，裹带口粮前往。如西藏地方安台尚未齐全，即令随处安站，庶使文报往来不致中途阻隔，可以早邀圣鉴。其应需马匹口粮豆草，俱已先期运往，断不致稍有短缺。臣福康安仍沿途察看情形，令随往之藩司景安逐处稽查。如西藏业已安台，即可毋庸派拨。总期邮置传送，无误遄行。

所有臣等通盘筹画，从长计议安设军台缘由，理合恭折具奏，伏祈皇上圣鉴。谨奏。

乾隆五十六年十二月初十日奉朱批：可嘉之至。即有旨。钦此。

（一史馆藏军机处录副奏折）

马 政

一、前藏听差营马六十匹，后藏听差营马二十匹。

一、自南墩迤西百里之江卡起，至江达底塘止，四十三塘，共塘马二百二十匹。

一、前藏迤西底塘起，至后藏定日止，新设番塘二十四处，共番马九十八匹。

（《卫藏通志》卷一二）

十三、整顿和加强财政经济管理，减轻乌拉与租赋

改革币制

乾隆五十六年（1791）九月二十八日

上命军机大臣传谕鄂辉、成德曰："廓尔喀所铸钱文向〔在〕卫藏行使，原为贪图利息起见，后又欲将旧钱停止，专用新钱，每银一两只肯易钱六个，固属贪得无厌，而噶布伦番众人等与彼交易亦不免图占便宜，彼此唯利是图，各不相下，以致复滋事端。但卫藏地方行使廓尔喀钱文，总缘唐古忒人等向与廓尔喀交易买卖，是以不得不从其便。今该贼匪反复无常，肆行抢掠，昨已降旨，令将在前藏贸易之巴勒布概行逐去，将来廓尔喀即使震慑兵威，恳求纳款亦断不准其再通贸易。是廓尔喀所铸钱文，卫藏竟可毋须行用。我国家中外一统，同轨同文，官铸制钱，通行无滞，区区藏地，何必转用外番币货？况伊将所铸之钱易回银两又复掺铜铸钱，向藏内交易，源源换给，是卫藏银两转被廓尔喀逐渐易换，尤属不成事体。若于内地铸钱运往，程站遥远。口外又多夹坝，运送维艰，莫若于西藏地方照内地之例，安设炉座，派拨官匠，即在彼鼓铸。驻藏大臣督同员役监制经理，自可不虞缺乏。将来剿办事竣，鄂辉当传齐达赖喇嘛、噶布伦等，明白宣谕，以唐古忒人等懦怯无能，又复固执贪利，此次因伊等与廓尔喀换易钱文纷争滋事，是以大皇帝为保护卫藏，派调大兵前来剿办，俾僧俗番众俱赖安全，所有廓尔喀贸易人等，自后不准其复来交易，永断葛藤，特于藏内鼓铸官钱，令其行用。伊等旧存廓尔喀钱文，概行销作银两，一律使用官钱。伊等当感激大皇帝爱护深恩，敬谨遵行，即可永资乐利。若狃于积习，不知感悟，仍欲与巴勒布彼此交易行使所铸钱文，则伊等竟系冥顽不灵，自贻伊戚，必将驻藏大臣一并撤回，任听伊等所为，即使贼匪再来滋扰，亦不复过问矣。如此明白谕知，该处僧俗番众自当各知醒悟，遵照办理。

（《钦定廓尔喀纪略》卷三）

乾隆五十七年（1792）十月戊子

谕军机大臣曰："……至福康安等奏，接到拉特纳巴都尔禀称，从前因银钱启衅，嗣后不再提一个当两个、个半行使之语，以表其诚心改悔。廓尔喀与唐古忒人等交通贸易，由来已久，前因此事易启争端，是以有旨令福康安等谕知廓尔喀，竟应停止贸易，以杜葛藤。今闻廓尔喀地方，需用食盐、酥油等项，断不可缺，与俄罗斯之需用大黄相同，藏内亦需彼处米石。今廓尔喀业经归命投诚，若停止贸易，转非怀柔绥辑之意。但从前廓尔喀与藏内交易，俱系伊等自行说合，并无官为经理，以致噶布伦等从中牟利，丛滋弊端。今因俯示体恤，准其仍通买卖，所有贸易等事，竟应官为办理，不准噶布伦等复行私自讲说。一切事宜，应比恰克图之办理俄罗斯交易，更为严密。或于一岁中酌定两次、四次，准其通市，于抚辑之中予以限制。驻藏大臣仍不时稽查，亲加督察，令彼此公平交易，毋得稍有偏枯，既可遂其恭顺之心，又可免噶布伦等从中滋弊。至廓尔喀与藏地交易，自不能不行使银钱，现据廓尔喀呈禀此后不敢再提一个当两个、个半之说，是该处银钱，亦可公平定价，不敢再有争执，此事着交福康安等四人，会同详定章程，并明白晓谕廓尔喀及唐古忒人等，永远遵奉"。

（《高宗实录》卷一四一五）

乾隆五十七年（1792）十二月初六日

福康安、孙士毅、惠龄、和琳又奏言：伏思卫藏久隶版图，原应通行国宝，若有铜矿可开，无难就近来办，设炉鼓铸。惟是藏地素不产铜，向来成造佛像，俱用巴勒布商人贩来铜器销毁铸造，每斤价银六钱零。若有不敷，再赴里塘西南云南所属之吉当番地收买熟铜，每铜一斤，值价银八钱零。每年铸佛收买熟铜四五千斤即须价银三四千两，脚价仍不在内。藏地山上，并无林木，偶有些小柴枝，炭质脆薄，不能烧炼生铜。若设炉鼓铸宝藏钱文，铜斤必须运自滇省。而滇铜开采日久，近来矿苗渐欠旺盛。仅敷京局及各省采办，恐难兼供西藏鼓铸。且自滇至藏一路崇山峻岭，不能水运，脚价实属不赀。计算采办铜价，并柴炭人工脚价等项，较之内地加至数十倍，更须由内地拨运帑项，添设官员匠役，烦费滋多。即使通行使用，成本已难合算。况藏地东至拉里，西通各部落，番民习使银钱，骤难更易。即内地铜钱，亦只行至打箭炉而止。自打箭炉直至拉里，全系使用碎银。藏内铸出铜钱，仍恐不能行使，糜费更为不值。查从前商上并不铸造银钱，专赖廓尔喀运来易换。因所铸新钱成色较高，遂尔居奇抬价，欲以一圆当作两圆行使。上年经成德奏明，以军兴需用，由商上铸造银钱，一律通行，番民称便。今廓尔喀畏威悔罪，经臣福康安严明约束，不敢再提一圆当作两圆之语，已可永无异议。若藏内自铸银钱行用，廓尔喀无可居奇，即将来仰蒙恩准，复通贸易，商民交易公平，更可经久无弊。至于银钱成色，向来每钱一圆重一钱五分，总系掺铜，成色过于低潮。今若勒令全无掺杂，按照轻重对换银两，则工匠炭火等项赔贴太多，不免大亏成本。如准其酌量掺铜，即严定限制，而日久弊生，更难于稽察。应请嗣后商上铸造银钱纯用纹银成造，不得丝毫掺杂，每圆仍重一钱五分，纹银一两只易银钱六圆。是银钱计重九钱，易银一两，以多出一钱作为铸钱工本，并另铸重一钱之银钱一种，每两易换九圆，重五分之银钱一种，每两易换十八圆。均有一钱余剩。成色既无高下之殊，鼓铸亦免赔贴之累，可期永远通行。即廓尔喀所铸钱文同系纹银，彼此均无所借口。所有巴勒布旧钱与商上原铸钱文，每圆总有铜二三分在内，成色较低，所有商上从前原铸钱文，及巴勒布旧钱，若令概行缴销，势所不能。议令每纹银一两，易换八圆，与嗣后鼓铸足色银钱示以区别，用昭平允。至商上铸钱工匠物料，俱由商上备办。将易换银两所余之一钱，作为工本，自行经理，毋庸动用官项。仍交驻藏大臣派员督同噶布伦等监造，验看成色，不许稍有掺杂。钱上正面轮廓内用唐古忒字模铸乾隆通宝字样，背面用唐古忒字模铸宝藏字样，以昭我国家同轨同文之盛。并于正面中间逐年铸出造钱年分，用资查考。设有掺铜情弊，即行按年查出，将监造之员及该管之噶布伦、铸钱之仔琫济仲，并匠役等，一体从严究问，罚赔治罪。则弊源既可杜绝，泉货亦复通行，于法制、番情两有裨益。

（《钦定廓尔喀纪略》卷四七）

乾隆五十七年（1792）十二月初六日

（上命军机大臣传谕福康安等：）

再，所定藏内鼓铸银钱章程，亦只可如此办理。藏内既不产铜，所需鼓铸钱文铜斤，仍须向滇省采买。自滇至藏，一路崇山峻岭，购运维艰，自不若仍铸银钱较为省便。但阅所进钱模，正面铸乾隆通宝四字，背面铸宝藏二字，俱用唐古忒字模印，并无汉字，于同文规制尚为未协。所铸银钱其正面用汉字铸“乾隆宝藏”四字，背面用唐古忒字亦铸“乾隆宝藏”四字，以昭同文而符体制。已另行模绘钱式发去遵办。

（《钦定廓尔喀纪略》卷四七）

乾隆五十七年（1792）十二月庚午

又议复：“福康安等奏称，‘藏地素不产铜，由内地拨运，不免糜费，应照上年奏准，由商上铸造银钱，一律通行，成色纯用纹银，每圆照旧重一钱五分，纹银一两，易钱大圆，余银一钱，作为鼓铸工本。另铸一钱重银钱一种，每两易换九圆；五分重银钱一种，每两易换十八圆。其巴勒布及商上原铸旧钱低潮，定为每两易换八圆，所有鼓铸工料，令商上经理，仍交驻藏大臣派员督同监造，如有搀杂，将该管噶布伦及孜绷、孜仲等，与监造之员，一并治罪。’应如所请。”从之。

（《高宗实录》卷一四一八）

乾隆五十八年（1793）二月

西藏章卡（市场所流行的一种硬币）历来掺假很多，今后政府应以纯粹汉银铸造，不得掺假。并依旧制，每一章卡重一钱五分，以纯银的六枚章卡换一两汉银。本来六枚章卡只等于九钱银子，所差一钱银子即算为铸造费用。章卡正面铸“乾隆宝藏’字样，边缘铸年号，背面铸藏文。驻藏大臣派汉官会同噶伦对所铸造之章卡进行检查，以求质量纯真。以前尼泊尔铸有假章卡，藏政府也铸有假章卡，现规定其比价一律为汉银一两换一百〔疑为“十八”之误〕枚，并决定以后不得再私自铸造。凡尼泊尔及西藏所铸章卡之没有掺假者，一律以上述比价为标准，以后不得非议。所铸新章卡如掺杂锡、铁等假料而被发觉时，所有汉官及噶伦委派之孜本、孜仲（僧官）等管理人员及工匠人等，一律依法应受严厉处分，并依所铸假币数目加倍罚款。

（“二十九条章程”，全文见前。）

乾隆五十八年（1793）十月辛未

驻藏大臣尚书和琳、副都统衔成德奏：“前藏自改铸乾隆宝藏十足银钱后，于廓尔喀贸易人甚便。惟唐古忒僧俗番民及克什米尔、巴勒布商人并内地汉商、兵丁等，愚民无知，不论银色高低，只较换钱多寡，见

〔现〕新铸一钱五分重银钱，每银一两只换六圆，遂至停积，应请停铸，专铸一钱重及五分重者，每银一两仍旧换九圆、十八圆不等。其搀铜旧钱，虽系一钱五分重者，每两亦止准换九圆。”……得旨：“和琳等奏，藏地僧俗番民不知银色高低、分量轻重，因一钱五分重新钱，所换圆数较少，停积难行，今和琳等将此项银钱停铸，只铸一钱及五分重两种，照原定之数易换。而巴勒布旧钱，亦一例准换九圆。新旧通行，上下称便，所办甚好，可谓留心。自应如此办理……”。

（《高宗实录》卷一四三八）

（《卫藏通志》编者）谨案：卫藏地方向系由廓尔喀铸造番钱，运来行使，仍兑换银两运回。自乾隆五十七年钦奉谕旨，在藏安设炉座，派员监造乾隆宝藏银钱。其廓尔喀番钱，永远停止。今照依编纂。

乾隆五十七年十一月，大学士福康安等会奏：……

又会奏，前藏鼓铸银钱，最关紧要。应请于前藏内再添粮务一员，于同知、知州、知县内派来，专管监造银钱事务。由四川总督拣明白勤慎之人，赴藏佐理。以到藏之日起，一年一换，以便按年稽查银钱成色。如果勤慎出力，由驻藏大臣保奏。倘敢徇私舞弊，即行严参办理。又专派铸钱仔本二名、济仲喇嘛二名，以专责成。又查，商上新铸银钱，不准丝毫搀杂，成色较高，通行使用，商民称便。惟查番寨租赋，有以银钱折交物件者，若商上收纳不公，势必苦累番民。嗣后商上收纳银钱数目，及采买各物，亦照所定兑换之数，按新铸旧铸分别折收，不得稍有浮多，以致人心不服等因，经军机大臣议准在案。

五十八年九月，工部尚书和琳、副都统成德具奏：为新造乾隆宝藏银钱，酌量变通、以利番民，仰祈圣鉴事。查，从前藏内纯用廓尔喀银钱。以致为成色高低，滋生事端。去年办理善后事宜，臣和琳同福康安等遵奉圣明指示，改铸乾隆宝藏十足银钱。每银一两，换一钱五分重六圆，换一钱重九圆，换五分重十八圆。余银一钱，作为人工火食。其搀铜旧钱，每银一两，准换八圆，俱经军机大臣议复，奉旨允行在案。臣等初议，原恐廓尔喀商人到藏，唐古特到廓尔喀，彼此交易，皆系足色纹银，断不致再有龃龉起见。现在已行一年有余，廓尔喀贸易之人，在藏买卖，未尝不用银钱，临行皆系易银而往。即唐古特贸易之人回藏，亦系易银前来。是两处银钱，彼此皆不出境。亦属甚便。藏中僧俗番民及克什米尔、巴勒布商人，并内地汉商兵丁等，下愚无知，不论银之成色高低，单论钱之兑换多寡。自去年迄今，搀铜旧钱与新铸之一钱重及五分重者，畅行无滞。惟一钱五分重新钱，因换六圆之故，竟觉停积。臣等再四思维，钱法原以通商便民，不敢因系臣和琳议奏在前，稍存回护。试令监造银钱局员，暂将一钱五分重银钱停铸。一面出示，每银一两，仍准兑换一钱重新钱九圆、五分重新银钱十八圆。旧钱虽系一钱五分重，亦一例准换九圆。试行一月有余，现在上下称便，新旧通行。相应奏明，嗣后毋庸再铸一钱五分重银钱，庶商上成本有盈无亏，源源接济，可以永远奉行等因具奏。奉朱批：知道了。钦此。

（《卫藏通志》卷一〇）

钱法

一、铸造银钱，正面用汉字铸“乾隆宝藏”四字，背面用唐古忒字铸“乾隆宝藏”四字。

一、银钱以重一钱、重五分两项搭配铸造，每纹银一两，准兑换一钱重新钱九圆，五分重新钱十八圆，其旧钱系一钱五分重者，亦一例兑换九圆，作为定价。

一、铸钱银两由商上支发，该局铸出钱文，易换银两，即将所换之银，改铸银钱，每钱九圆，易银一两，所余一钱，作为炭火倾销之费。

一、番寨租赋，有以银钱折交物件者，商上收纳时，即照所定兑换之数，按新铸旧铸分别折收，不得稍有浮多，至采买各物，亦须公平交易，不得苦累商民。

一、铸钱局内专派仔琫二名，济仲喇嘛二名，以专责成。

一、监铸局员，如果勤慎出力，由驻藏大臣保奏，倘敢徇私舞弊，即行严参办理。

（《卫藏通志》卷一二）

（《钦定大清会典事例》记西藏币制改革）

乾隆五十六年奏：廓尔喀新铸银钱，因唐古特未照定议行用，以致构怨滋事。奉旨：廓尔喀以所铸钱文，向〔在〕卫藏行使，原为贪图利息起见，后又欲将旧钱停止，专用新钱，每银一两，止肯易钱六个，固属贪得无厌，而噶布伦番众人等与彼交易，亦不免图占便宜，彼此惟利是图，各不相下，以致复滋事端。但卫藏地方行使廓尔喀钱文，总由唐古特人等向与廓尔喀交易买卖，是以不得不从其使。今该贼匪反复无常，肆行抢掠，著将在藏贸易之巴勒布概行逐去，不准再通贸易。廓尔喀所铸钱文，卫藏竟可无须行用。我国家中外一统，同轨同文，官铸制钱，通行无滞。区区藏地，何必转用外番币货。况伊将所铸之钱，易回银两，又复搀铜铸钱，向藏内交易。源源换给，是卫藏银两，转被廓尔喀逐渐易换，尤属不成事体，若于内地铸钱运往，程站遥远，口外又多夹坝，运送维难。莫若于西藏地方，照内地之例，安设炉座，派拨官匠，即在彼鼓铸，驻藏大臣督同员役监制经理，自可不虞缺乏。所有廓尔喀贸易人等，嗣后不准复来交易，永断葛藤，特于藏内鼓铸官钱，令其行用。伊等旧存廓尔喀钱文，概行销作银两，一律使用官钱。伊等当感激爱护深恩，敬谨遵行，即可永资乐利。

又谕：成德奏请暂铸银钱以资兵丁换易行使。已据成德谕令商上暂为铸造。此系为目前兵丁需用起见，亦止可如此办理。其将来在藏安设炉座官铸钱文之处，统俟事竣后归入善后事宜内办理。

五十七年，谕："藏内行使钱文，著设炉改铸宝藏字样。所有巴勒布银钱，嗣后不许再行使用。"

又奏：卫藏久隶版图，原应通行国宝，惟素不产铜，若设炉鼓铸，必须运自滇省。自滇至藏，计算采办铜价并柴炭人工脚价，较内地加至数十倍，又藏地番民习使杂银，骤难更易。故内地铜钱止行至打箭炉而止。从前商上并不铸造银钱，专赖廓尔喀运米易换。因廓尔喀新钱成色较高，欲以一圆当作两圆行使。始据奏明由商上暂铸银钱，番民称便。惟所铸银钱，成色过于低潮，恐日久弊生，难于稽察。嗣后商上铸造银钱，纯用纹银成造，不得丝毫搀铜。每圆重一钱五分，纹银一两止换银钱六圆，以多出一钱作为铸钱工本，并另铸重一钱之银钱，每银一两换九圆；重五分之银钱，每银一两换十八圆。成色既无高下之殊，鼓铸亦免赔贴之累，可期永远通行。其所有巴勒布旧钱与商上旧铸钱文，酌令每纹银一两易换八圆，以示区别。至商上新铸钱文，交驻藏大臣派员督同噶布伦等监造。钱上正面轮廓内用唐古特字模，铸乾隆通宝字样。背面用唐古特字模，铸宝藏字样。并于正面中间逐年铸出造钱年分。如有搀铜情弊，即按年查出，将监造之员及该管之噶布伦、铸钱之仔琫、济仲，并匠役等一体从严究问、罚赔治罪等因。奉旨："所奏藏内鼓铸银钱章程，亦止可如此办理。

藏内既不产铜，所需鼓铸钱文铜斤，仍须向滇省采买。自滇至藏。一路崇山峻岭，购运维难，自不若仍铸银钱较为省便。但阅所进钱模，正面铸‘乾隆通宝’四字，背面铸宝藏二字，俱用唐古特字模印，并无汉字，于同文规制尚为未协。所铸银钱，正面用汉字铸‘乾隆宝藏’四字，背面用唐古特字亦铸‘乾隆宝藏’四字，以昭同文而符体制。另行模绘钱式，发去遵办。”

五十八年奏准：藏内兑换银钱，每银一两，换一钱重新钱九圆，五分重新钱十八圆，番民称便。惟一钱五分重新钱，实形停积，嗣后毋庸再铸一钱五分银钱，庶商上成本有盈无亏，源源接济，永远通行。

又奏准：嗣后商上收纳银钱数目，及采买各物，俱照所定兑换银钱之数，按照新铸旧铸分别折收办理，庶货币流通，可期经久无弊。仍令驻藏大臣随时稽察商上公平收放，不得稍有浮冒。

（《钦定大清会典事例》卷九八〇）

整顿对外贸易

福康安等有关西藏对外贸易的奏折

乾隆五十七年（1792）十月二十三日

臣福康安、孙士毅、惠龄、和琳跪奏，为详察西藏贸易情形，立法稽查，恭折具奏，仰祈圣训事。

窃查西藏地方贸易商民，巴勒布及克什米尔回人居住年久，多有在藏生长者，营运货物，系差店伙往来。该番回等安土重迁，多不愿回归本地。巴勒布与廓尔喀本非一种，克什米尔则另系缠头回人，别为部落，与廓尔喀无涉。此次大兵进剿，在藏贸易番民，安静居住，随时查察，从未与廓尔喀私通信息。经臣福康安到藏时奏明，蒙恩俯鉴情形，谕令不必提及驱逐出境之语。今若即编入户册，作为藏内民人，禁止往来，绝其衣食生计，转恐易滋事端。

查，上次廓尔喀滋扰边界，全由沙玛尔巴从中唆使，贼匪深知唐古特懦弱，明肆欺凌，称兵犯界。而巴忠等所奏，唐古特多收税课，贸易私债不清，致启衅端之处，竟系饰词，不过欲归过藏番，以便准其和息。臣等到藏后，随时体察，实非因贸易启衅，亦无未清私债。贼酋屡次向臣福康安具禀，惟自认听信沙玛尔巴唆使之罪，从未禀诉交易不公之事，其实情即此可见。今廓尔喀慑服天威，倾心向化，业已十分震慑，仰荷圣主好生之德，准其投诚。今既查明起衅根由不因贸易，若复绝之太甚，转恐无知外番心怀疑惧。且西藏距内地甚远，距外番较近，藏内出产本少，一切日用所需，如布匹、米石、铜铁、纸张、药材、海螺、果品、蔗糖、及藏番戴用之珊瑚、蜜腊、珠子等物，皆系自阳布等处贩运而来，若一概禁止贸易，实于藏番不便。而廓尔喀所需盐斤，只系与藏连界地方，就近以米易盐，其阳布以南，俱系买食甲噶尔所产盐斤，并非全资藏地：臣福康安等进剿时，严禁各边界出售盐斤，数月以来，未闻贼匪有食淡之虞。而藏地物价，业已加至数倍，现在尚未平减。

臣等再四思筹，固不便遽停贸易，亦不得任听往来毫无稽察，必需立定章程，以期经久无弊。查在藏贸易巴勒布商民四百三十名，商头三名，克什米尔商民一百九十七名，商头三名，向俱任其常川兴贩，往来不绝，驻藏大臣衙门及达赖喇嘛处，并无查考。五十四年定立章程案内，虽议派第巴一人管理，仍属有名无实。嗣后应请查明贸易番回，造具名册，交驻藏大臣衙门存案。每年巴勒布止准贸易三次，克什米尔止准贸易一次。（朱批：此语亦有矛盾处。）于前赴外番营贩货物时，令商头呈明驻藏大臣，由何路行走，给与印照。现在拟于紧要冲途江孜、定日两处，酌议驻扎官员，稽查出入，续行具奏。嗣后应令该处官员，认真查察，及营官、第巴等验照放行。其有自外番来藏商民，亦由江孜、定日官员查明人数，禀报驻藏大臣。到藏后，一体按名注册，仍令驻藏大臣留心查察。如江孜、定日官员暨驻藏衙门之章京、笔帖式以及书吏、通事人等，藉端需索，即行从严参究治罪。自臣和琳到藏，因值军兴之际，恐有奸细混入边界，不可不严行防范，屡经饬行各营官实力稽查，不许外藩人等潜来藏地。半载以来，边防极为严密。如近日布鲁克巴之额尔德尼第巴，闻大兵凯旋，欲差人来藏禀贺，不敢擅过边界，先行禀请发给照票，始敢遣人前来，是即边界营官遵奉查察之明验。嗣后布鲁克巴及哲孟雄、宗木等部落，有欲来藏瞻礼者，均应一体办理。惟外番接壤各处，边界番民就近赴边外零星兴贩者，驻藏大臣远在前藏，既不能纷纷给照，亦不可漫无稽查，应令该管营官，就近管束，严行查核。

至藏内僧俗人等，向多前赴阳布朝礼神塔，达赖喇嘛亦每年遣人前往刷塔一次，难保其不奸良混杂，向亦毫无稽查。但僧俗人等，总以阳布神塔最为灵应，朝礼必可获福；达赖喇嘛刷塔，亦系数百年相传旧例，若即一概禁止，番民素性奉佛，转恐不无偷越之弊。嗣后凡遇达赖喇嘛差人刷塔及朝塔番民，俱应由驻藏大臣发给印票，限以回往之期，回藏之日将照票缴销，不许逗留边外。现在廓尔喀业已诚心内附，如有逾限不回者，驻藏大臣即可行文廓尔喀部长查催，以昭严密。

所有臣等酌议缘由，谨缮折具奏，伏乞皇上睿鉴圳示。谨奏。

朱批：军机大臣议奏。

（一史馆藏宫中朱批奏折）

乾隆五十七年（1792）十二月三十日①

臣福、孙、惠、和跪奏，为钦奉谕旨，恭折复奏事。

窃臣等钦奉谕旨，廓尔喀业经归命投诚，准其仍通买卖，所有贸易等事，竟应官为办理，不准噶布伦等私自讲说，或□〔于〕一岁中约定四次，予以限制，驻藏大臣仍不时稽查，亲加督察该处银钱，亦可公平定价，□〔不〕致再有争执，□〔着〕交福康安等会同详定章程。□□□□□□□□□十五年廓尔□〔喀〕呈递禀帖内有寄呈大学士和禀帖□□□□□□亦知和为天朝办事阁臣。今和琳应谕知廓尔喀坚明约束，边境更可永期宁谧〔谧〕。等因。钦此。

查西藏□外番贸易通商若一概严行禁绝，本于藏番不便；银钱为藏内通行财货，亦难全行销除，臣等体察番情，业已定立章程，缕晰奏请训示。乃臣等前折尚未递到，已蒙圣明洞烛情形，预为指示。以廓尔喀需用食（盐），藏内亦需用彼处米石，仍令通市交易，行使银钱，仰见我皇上加惠番黎，永绥番服。跪诵圣训，钦服难名。查藏内贸易之巴勒布、（克）什米尔商民，多系在藏居住，只差店伙往来，营贩货物，运至藏内，自行零星发卖，唐古忒向无承揽开行之人，与内地行头总收外来货物、代议价值者不同，是以商民贸易，并不由噶布伦等说合，无从牟利。至五十三年鄂辉等议派第巴一人管理商民贸易，诚属有名无实，至今并无藏番头目管理贸易之事。臣等公同酌核，与其派出官员搀越滋弊，莫若示以限制，立法稽查。臣等前奏折内，定以巴勒布番民每年止准贸易三次，克什米尔回民每年止准贸易一次，并令定日、江孜汛官稽查出入，报明驻藏大臣察核，不许私相往来。立法似已周密，若再另派官员经理，转恐不肖官弁人

① 朱批日期。

等借端索诈，日久转滋流弊。至巴勒布商民与唐古忒贸易，除以货物易换外，其货物银钱并不带回原处，仍将所卖银钱换兑银两带去。从前廓尔喀屡向藏内讲论银钱，以一个当二个及一个当一个半行使，并非将银钱买物，其意以藏地向使巴□〔勒〕布银钱，不能自行铸造，欲将该处新钱行至藏地，加倍兑换金银，图占便宜。今廓尔喀震慑天威，遵奉臣福康安约束，具禀服罪，已自认令藏内加倍行使该处新钱之非，永不敢再题前语，情愿按照成色，公平交易，察看情形，断不敢再有争论。况现在藏内已铸造足色银钱，不赖廓尔喀银钱行使。嗣后即有廓尔喀新钱来藏，成色虽高，不能较藏内新钱更好，公平交易，彼此亦可通行，似不便议定廓尔喀新钱价值明谕该酋长，转向〔似〕藏内必须该部落钱文行用，未免启其贪心。据臣等愚昧之见，嗣后通商交易，惟以藏内新铸银钱为准。即廓尔喀新钱间有行至藏地者，比较成色，按个行使，天朝不加禁绝；不〔已〕足见圣主抚驭中外一视□〔同〕仁至意。若此时明令该部落铸造钱文，来藏易换银两，或行之日久，该部落新钱成色渐次低潮，仍执原定价值盘剥藏内银两，更与唐古忒无益。应俟臣等前奏稽查贸易、铸造银钱章程各折奉到批回，再由臣和琳谕知廓尔喀，一体敬谨遵照。至臣和琳蒙恩钦派在藏办事，遵奉训谕，力加整饬，随时奏闻。臣福康安上次发给廓尔喀檄谕内，业以臣和琳系大皇帝钦差亲信大臣来藏整顿，绥辑外番，非若从前驻藏大臣颟顸阘冗者可比，详细谕知拉特纳巴都尔等，并谕以嗣后如有驻藏大臣晓谕事件，总当一一遵照，以期永受圣恩。臣和琳将来发给檄文，谕知互市通商及藏内铸钱各事宜，即将臣和琳系大学士和珅之弟，钦派来藏镇抚各缘由，遵旨逾知，坚明约束，使之倍加感畏，以副我皇上绥靖边隅至意。

再，臣福康安前经奏明，济咙、聂拉木官寨被官兵攻破，应行修葺，各该处例交租赋，应行蠲免，钦□〔奉〕谕旨，恐达赖喇嘛□〔意〕存见小，未必遵行妥办，令臣和琳查明办理。查济咙、聂拉木官寨，业经达赖喇嘛派番目前往勘估修葺，臣和琳俟其修竣时，派员验看收工。其被廓尔喀侵扰各番寨，达赖喇嘛亦俱情愿蠲免租赋，业经臣等具奏，臣和琳自当认真察核，俾番民共沾实惠。合并声明，伏乞皇上睿鉴。谨奏。

乾隆五十七年十二月三十日奉朱批：军机大臣议奏。钦此。钦遵。

（《明清史料》庚编）

乾隆五十八年（1793）正月十七日

（军机大臣等遵旨议复福康安等奏“除谕旨指出条款外尚有应行办理章程十八条折”）

一、济咙、聂拉木边界抽收税课毋庸酌减也。

查，边界地方，惟济咙、聂拉木抽收税课，尚属无多。向来收税则例，凡巴勒布商民运米在边界售卖者，每米一包抽取一木碗，每年约收税米一百数十石，俱运交大昭以备攒昭念经之用。唐古特番民零星贩出边界盐斤，每包亦抽取一木碗。该营官复将所收盐斤，向巴勒布商人易换制办藏香之香料及纸张果品等物，运交商上。巴勒布商民贩运来藏各物，除米石外，其余并不在边界纳税，只由该营官记明包数，禀知商上，货物到藏，不论粗细，每包只纳银钱一圆。即金花、缎疋、珊瑚、珠子、蜜蜡、细软之物，皆系按包纳税。惟红花不计包数，每克纳银钱一圆。详核所收税课，为数有限，日久相安，并无争论。今查明贸易向无争竞，实非起衅根由，蒙恩仍准通市。所有抽收税课一项，若将往例议减，转似市惠外番，有意裁抑唐古特，于体制殊有关系。应请将济咙、聂拉木两处抽收米石、盐斤及货物到藏投包纳税之处，悉照向例办理。但须告知驻藏大臣稽核，商上不得稍有加增，以示平允。

（《钦定廓尔喀纪略》卷四九，全文见前“订立章程”）

乾隆五十八年（1793）二月庚辰

军机大臣等议准，钦差大学士公管两广总督福康安奏：“前此廓尔喀滋扰，系沙玛尔巴主持，欺凌唐古忒，非因贸易启衅。贸易商民，系巴勒布、克什米尔二种，无廓尔喀本地人。廓尔喀所需藏物无多，而藏番日用多仗外番，应仍准唐古忒与通市。惟从前任其常川兴贩，驻藏大臣衙门并无查考。请嗣后除边界番民就近与巴勒布番民易换盐米，为数无多，无庸限定次数外，其贸易番回，均按名造册，存驻藏大臣衙门。每年巴勒布准贸易三次，克什米尔准贸易一次，赴外番营贩时，商头呈明驻藏大臣给照，令驻劄江孜、定日二汛备弁等验放。自外番来藏商民，亦令该二汛备弁查禀驻藏大臣，到藏后按名注册。布鲁克巴、哲孟雄、宗木等部落，来藏瞻礼者，均令一体稽查，需索纵容者严究。至济咙、聂拉木课税，前据福康安等奏请毋庸酌减。经臣等议，俟藏内贸易酌定后覈办。今贸易已定，该二处抽收米盐及货物到藏纳税，应如前奏，仍照向例办理。又藏内贸易，向使用廓尔喀银钱，每至居奇。今奉旨颁式，就藏并铸，定价通用，廓尔喀银钱，不禁自销，无庸另议价值，令铸新钱来藏。”从之。

（《高宗实录》卷一四二三）

《卫藏通志》和《大清会典》所记西藏对外贸易的有关规定

（《卫藏通志》编者）谨案：卫藏地方为外番往来贸易人等荟萃之所，南通布噜克巴，东南通云南属之番子，东通四川属之打箭炉以外各土司，北通青海、蒙古，直达西宁。惟西通巴勒布及克什米尔，缠头番民常川在藏居住，设廛兴贩者最多。自乾隆五十七年廓番底定，酌议稽查约束章程，统归驻藏大臣经理。谨照依编纂。

乾隆五十七年十二月，大学士、公福康安等会奏，唐古特与外番贸易情形：查，上次廓尔喀滋扰，全系沙玛尔巴主持，实非因贸易启衅。向来贸易商民，全系巴勒布、克什米尔二种，并无廓尔喀本地之人。藏内一切食用物件，全赖外番，一旦严禁商贩，实于藏番不便。倘由官为经理，将货物等项汇齐运至交界，派员监察，又恐派去员弁藉辞索诈，转启弊端。且藏中贸易，俱由巴勒布商夥自行贩货零卖，唐古特又无开行承揽之人，无从代为经理。前经臣等再四筹划，请将外番商人来藏者，酌定次数。由驻藏大臣给照往来，江孜、定日两汛官弁稽查人数。其边界零星交易，彼此常有，令该营官就近随时约束，毋许私越。似已可便番情，而示限制。至边界番民与接壤居住之巴勒布番民就近易换盐米，至多不过数包，少至升合，未便定以次数限期。此等穷番零星市易，藉谋口食，实与到藏商民兴贩货物者不同，不得不分别办理等因，经军机大臣议复具奏。臣等查唐古特与外番贸易一事，前因番民等彼此争利，易起争端。

节经奉旨，令福康安等会同详议，或竟行停止，或于一岁中酌定两次，或四次，准其通市，仍当官为经理等因在案。嗣经福康安等节次奏到善后事宜折内，所定贸易次数及稽查边界出入、抽收税课章程各条，均经臣等议以贸易一事，尚未议定。请俟福康安等接奉谕旨，复奏到日，再行核议，亦在案。今据福康安等奏称，贸易一事，廓尔喀资于藏地之物无多，而藏番日用，必需边外物件，如米石、布疋、果品、香料、铜铁等物，均需向外番购买，似有难于禁绝之势。臣福康安系办此事之人，臣和琳系驻藏大臣，必不肯只顾目前，稍贻后患等语。是唐古特与外番贸易一事，势难禁绝，自应照旧通商交市，所有福康安等先后奏到贸易事宜各条，一并核议。据称，查明在藏贸易巴勒布商民四十名、商头三名、克什米尔商民一百九十七名、商头三名，向俱任其常川兴贩，往来不绝。驻藏大臣衙门及达赖喇嘛处并无查考，虽经议派第巴一人管理，仍属有名无实。嗣后应请查明贸易番回，造具名册，交驻藏大臣衙门存案。每年巴勒布止准贸易三次，克什米尔止准贸易一次。于前赴外番营贩货时，令商头呈明驻藏大臣，由何路行走，给与印照，稽查出入等语，均如所奏办理。又据称，请于紧要总路江孜、定日二处，设立营汛，各添设备弁驻扎。嗣后贸易出口商民，应令该二汛备弁及营官第巴等验照放行。其有自外番来藏商民，亦由该二汛官员查明人数，禀报驻藏大臣。到藏后，一体按名注册。立法已为周密，仍应令驻藏大臣随时查察。如该等或有争占便宜，不安本分，并江孜、定日备弁暨驻藏大臣衙门章京笔帖式，以及该处营官书吏通事人等，有藉端需索，及得钱纵容出入等弊，即行严参究治，以昭惩戒。其布噜克巴及哲孟雄、宗木等处部落，有欲来藏瞻礼者，往来出入，均应一体查察。至所称边界番民与接壤居住之巴勒布番民就近易换盐米，不过数包至升合不等，未便定以次数限期等语，此等穷番，居住边界，邻近外番，不过零星市易，藉谋口食，与出口及到藏兴贩者不同，若一概定以次数、限期，该番等即不免生理无资。我皇上加惠番黎，一视同仁，自应如福康安等所奏，毋庸定立次数、限期，准其照常市易。但此等零星贸易，即在交界处所互相市贩，未免漫无稽查。驻藏大臣远在前藏，又不能纷纷给照。嗣后应令驻藏大臣饬知该管营官。就近约束，严行查核，毋许私越。如此酌定章程，既不致经理非人，藉端扰累，亦不致听商民营私牟利，于藏内贸易一事，实有裨益。又据称，济咙、聂拉木轴收税课，毋庸酌减也。查，边界地方，惟济咙、聂拉木抽收税课，尚属无多。向来收税则例，凡巴勒布商民运米在边界售卖者，每米一包，抽取一木碗，每年约收税米一百数十石，俱运交大昭，以备攒昭念经之用。唐古特番民零星贩出盐斤，每包亦抽取一木碗，该营官复将所收盐斤，向巴勒布易换制办藏香之料，及纸张果品等物，运交商上。至巴勒布商民运米来藏，各物除米石外，其余并不在边界纳税，只由该营官记明包数，禀知商上。货物到藏后，不论粗细，每包纳银钱一圆。即金花、缎疋、珊瑚、珍珠、细软之物，亦皆系按包收税。惟红花不以包计算，每一克即纳银钱一圆。详核所收税课，为数本属有限，日久相安，并无争论。今既蒙恩准通贸易，所有抽收税课一项，并非从前起衅根由，若将往例议减，转似示恩外番，裁抑唐古特，于体制殊有关系。应请济咙、聂拉木两处抽收米石盐斤及货物到藏按包纳税之处，悉照向例办理等语。臣等酌议、应如所奏办理，毋庸另议裁减，仍令驻藏大臣随时稽核商上，毋得稍有加增，以昭平允等因具奏。奉旨：依议。钦此！

（《卫藏通志》卷一一）

贸易

一、在藏居住贸易之巴勒布、克什米尔等，准其常川兴贩，查明该番回商头等名数若干，造具清册，交驻藏衙门存案备查。

一、巴勒布每年准贸易三次，克什米尔每年准贸易一次，于前赴外番营贩货物时，该商头呈明驻藏大臣，由何路行走，发给执照，以便稽查出入。

一、凡在藏贸易之外番商民，请领驻藏大臣照票出口，过江孜、定日，由该备弁查验明确，始准放行；其自外番来藏者，亦由该备弁查明人数，报明驻藏大臣，一体按名注册，以备查考。

一、唐古忒边界番民与接壤居住之巴勒布番民，就近易换盐米，饬令各该管地方备弁营官，就近约束稽查，毋许私越。

一、济咙、聂拉木两处抽收米石、盐觔及货物到藏后按包纳税，俱照旧例办理，毋得稍有加增。

一、在藏商民等，或有争占便宜，不安本分等事，听驻藏大臣随时查办，如驻藏大臣衙门及各文武员并衙门书吏通事人等，有借端需索等弊，一经查出，即行从严参究惩治。

一、江孜、定日驻防备弁，如有借端需索外番，及扰累商民，并或得钱纵容出入等弊，一经查出，立即从严参革治罪。

（《卫藏通志》卷一二）

西藏商上初不铸钱，番民易换廓尔喀银钱行用。乾隆五十八年定制，于前藏商上铸藏钱，皆铸以银，大钱重一钱，小钱半之，每银一两，易大钱九文，小钱十八文。济咙、聂拉木税课，入口之米，每一包抽税米一木碗，出口之盐，每一包抽税盐一木碗。其巴勒布各货，皆于入口时营官报知商上，及运货到藏之时，不论精粗，每货一包纳藏钱一文。

（光绪《大清会典·理藩院》）

减轻乌拉、租赋以及稽查户口，加强财政管理

有关奏折及谕旨

乾隆十六年（1751）三月乙丑

（策楞等奏）

一、藏属人民，应禁止私占。查旧例，全藏人民，均属达赖喇嘛所属，按地方之大小，人户之多寡，各有一定差徭，以供黄教佛事，并备众僧熬茶之用。自颇罗鼐、珠尔默特那木札勒父子办事以来，不但任意私为侵占，又复市恩于私人，滥行赏赉者甚多。遇有偏爱者，竟擅给免差文书；偏憎者，则种种加派；以致百姓苦乐不均。噶隆、代奔等，应即公同查照旧档，如实因有功于地方而劝赏者毋庸撤回外，其自珠尔默特那木札勒办事以来，任意无故私赏之人民，均应秉公查出，禀明达赖喇嘛，撤回仍归公用。其滥行给发之免差文书，亦应查明撤回，仍令其照旧当差。凡一切加派之差徭，亦应禀明达赖，概行减免，俾百姓苦乐得均。倘遇有出力有功，应行酌赏之人，噶隆、代奔等，即秉公禀明达赖喇嘛并驻藏大臣，酌定赏给遵行。

一、乌拉牌票，应禀请达赖喇嘛颁给。查旧例，所有达赖喇嘛差务，均由地方百姓供应。自颇罗鼐、珠尔默特那木札勒任事以来，旧例废弛。凡噶隆、代奔人等，差人前往西宁、打箭炉、巴尔喀马、阿里等处地方买卖交易，均私出牌票，一切食用乌拉，均取资于各该地方。以致百姓差徭加倍，苦累不堪，因此而致流离失所者甚多。此风亟应革除。嗣后噶布伦、代奔等买卖差遣，不得擅行私出牌票，即遇公事有必需乌拉之处，务禀明达赖喇嘛发给印信遵行。其随时在附近处应役者，仍著噶隆出票办理。

（张其勤辑：《清代藏事辑要》卷二。按：此为四川总督策楞等奏“西藏善后章程”的一部分，经乾隆皇帝批准施行。参见“订立章程”）

乾隆五十七年（1792）九月初四日

臣福康安、海兰察、惠龄跪奏，为济咙番民复业，欢欣感激情形，恭折具奏，仰祈圣鉴事。

窃查济咙地方，久被贼匪占据，番民逃散，多致失业。官兵克复济咙后，招回番民，充当背夫，受雇运粮。其老弱妇女藏匿山内者，亦俱招徕复业。前在军营时，屡饬在济咙办运之游击额尔亨额、知县常发祥，同噶布伦恭格班珠尔等，妥为抚绥，并令按察使衔道员林俊，往来稽查。数月以来，全已归寨，赶种粮食，又得受雇运脚价，藉资糊口，番民人等俱各绥辑宁居。（朱批：好）兹臣等撤兵回至济咙，番民等扶老携幼，夹道欢迎，口称：我等居住西藏边地，与廓尔喀接界，两次被其侵扰，不能抵御，仰蒙大皇帝天恩，远发大兵，前来进剿，克期收复，奋勇直前，深入贼境，贼匪畏惧军威，叩恳投降，不敢再犯边界。我等番民，仰赖大皇帝威德远临，从此得以安居乐业，永享太平。感戴大皇帝恩慈，无可图报，惟有称诵佛号，祝延圣寿。等语。臣等令通事逐加慰谕。察看番情，感悦实出诚悃。惟兵灾之后，元气未能骤复。

查济咙每年应交达赖喇嘛钱粮，不过六百余两；聂拉木、绒辖地方亦小，所交钱粮自必无多。此次用兵，全为保护卫藏，军粮乌拉，皆蒙特发帑金，优给价值，并未丝毫累及商上。所有被贼侵扰地方，钱粮有限，即令免收数年，亦于商上无损。拟于回藏时面告达赖喇嘛，将济咙一带番寨及聂拉木、绒辖各番寨应纳钱粮，酌免一两年，稍纾民力，（朱批：甚是，交和琳办理。）仰副我皇上轸念番黎至意。

再，查济咙官寨，层碉高耸，被官兵攻破后，全已坍塌，与聂拉木官寨，均应修葺。应一并告知达赖喇嘛，（朱批：亦和琳之事也。）于明岁春融时，修葺完整，以资防守而肃观瞻。

所有济咙一带番民复业情形，理合恭折具奏，伏乞皇上睿鉴。谨奏。

乾隆五十七年十月十一日奉朱批：知道了。余有旨。钦此。

（一史馆藏军机处录副奏折）

乾隆五十七年（1792）十一月初二日

臣福康安、孙士毅、惠龄、和琳跪奏，为酌定稽查商上收支，并劝谕达赖喇嘛酌蠲赋纳，普惠番众缘由，恭折具奏事。

窃臣等钦奉谕旨：布达拉、扎什伦布两处商上蓄积，商卓特巴、噶布伦等任意侵蚀，嗣后商上收支一切，应令驻藏大臣总核。福康安等向达赖喇嘛等劝谕，当知六波罗蜜中施舍为第一，商上若有羡余，不可作为己有，并不得专给喇嘛，务须普给番众，或亦免卫藏赋纳，人心更为悦服。等因。钦此。又奉谕旨：布达拉、扎什伦布两处商上，令隶驻藏大臣总理，不过代其稽查出纳，不至如从前侵渔，至达赖喇嘛、班禅额尔德尼自用公用各项，仍照旧听其自行支用，不可管束太过。等因。钦此。仰见我皇上爱育番众，一视同仁，惠泽务使及民，利权毋容旁贷，又恐管束太过，优加体恤，所以为达赖喇嘛、班禅额尔德尼计者，至周极备，至深且远。

今臣等公同查核，达赖喇嘛所属前后藏地方，较为宽广，每年番民交纳，系各以粮石或氆氇、藏香、木棉、盐斤、酥油、奶渣、羊腔、茶叶等项作为租赋。其远处寨落难以运送者，各以银钱折交。惟番民家有牛群、羊群者，系每牛二头，每年交银钱一圆；每羊十只，每年亦交银钱一圆。其随时布施物件银两，并无定数。除交各项本色物件外，约计每年所入银两共有十二万七千有零。凡有交来物件、银两、银钱，俱系收存大昭库内，有商卓特巴三名管理。其氆氇、藏香及税课罚赎之项，各处布施之物，并番民故后例交一半服饰物件，俱交商上库内，另有商卓特巴二名管理，所有达赖喇嘛公用日用等项，悉皆取给于此。计算用项，每年正月内，布达拉与各处大寺庙大小众喇嘛，及前后藏各处喇嘛数万人，会集大昭念经八日，谓之默朗穆勒布；二月内复集大昭念经二十日，谓之错曲勒布，藏内俗语，统名为攒昭，按喇嘛名数，赏给银钱、哈达，支给酥油、茶叶、糌粑，需银七万九百余两。又，每日念经，需用酥油、茶叶及各项赏赉，共需银三万九千二百余两。又，每年采买布达拉众喇嘛食用，及各种物料，并酬答布施物件，共需银二万四千四百余两。所入尚不敷所出。又，色拉等大寺喇嘛，均须养赡，若青稞丰收之年，并布施较多年分，始有赢余。商上又有小库一处，另派商卓特巴一名经管，每年出入，如有余剩物件、银两，归入小库存贮；如遇不敷支用之年，即将小库内银物使用。一切用度，商卓特巴总司出纳，亦向噶布伦等呈报。前此驻藏大臣从不过问，而达赖喇嘛亲族及商卓特巴等侵渔舞弊，在所不免。现在噶布伦、商卓特巴等缺，议归驻藏大臣会同达赖喇嘛秉公拣选，不许达赖喇嘛亲族管事；所有商上一切公用。又奉旨令驻藏大臣总核，实可杜绝弊源。敬惟圣意以达赖喇嘛系出世之人，不谙俗务，疏于查察，左右用事之人或致串通商卓特巴等，乘机舞弊。现在商上本非丰裕之时，若再为人侵蚀，达赖喇嘛出入用度更形竭蹶，是以仰廑圣怀，特命代为查核，使其管事之人，知所顾忌。达赖喇嘛受此恩慈，自深钦感。臣等查济咙呼图克图居住布达拉，耳目更近，一切弊窦无难就近确查，应请交驻藏大臣与济咙呼图克图随时稽核出纳，如有侵渔舞弊之人，济咙呼图克图即告之驻藏大臣查办治罪。

至扎什伦布所管番民，较前藏为少，所交商上粮赋，多系交纳物件，统计折色、本色，约合银六万六千九百余两。而每年所用，约须七万四千六百余两。从前各处布施较多，每年总有赢余。近年以来，布施甚少，又经廓尔喀抢掠，核计每年出入，连布施计算，仅敷用度。班禅额尔德尼年在幼龄，恐为左右朦蔽，亦当交驻藏大臣及济咙呼图克图实力稽核，以归划一。

所有达赖喇嘛、班禅额尔德尼平素自奉，以及例应需用各项，自应钦遵谕旨，照旧听其自便，不致过于严切，以仰副圣慈体恤。

再，达赖喇嘛商上每年入项及各处布施，若有赢余，自应发心施舍，惠及番众。前经臣福康安奏明，济咙、聂拉木、绒辖等处边界，被贼侵扰日久，应告知达赖喇嘛酌免各处租赋一两年，以纾民力。臣福康安到前藏时告知达赖喇嘛，深以为然。兹奉谕旨，以佛法空寂为宗，施舍为重，令臣等明白规劝。当即面见达赖喇嘛，并传到后藏之岁琫堪布，敬宣圣训，剀切开导，并告以圣主统驭万方，爱民勤政，每年赏给官员廉俸，兵丁钱粮，为数不可胜计；遇有遍灾，赈恤蠲贷兼施；建筑海塘河堤，为民捍患，所费不下亿万；又普免天下钱粮四次、漕粮二次，亦不下亿万。此皆大皇帝勤恤民隐，惠及普天，是以人资乐利，户庆盈宁。凡薄海内外，一介小民，无不均沾汪泽。达赖喇嘛管理卫藏，虽不敢窃比天朝，但即小喻大，达赖喇嘛亦当仰体大皇帝仁慈广被、抚育中外之圣心，不可稍存靳惜。即如每年各处喇嘛齐集大昭诵经，达赖喇嘛例加赏赉，喇嘛等既蒙施济，亦当惠及番众，以示公溥，并告以仲巴等悭守货币，聚而不散，致为沙玛尔巴生心，唆使廓尔喀抢掠一空。多藏厚亡，即此可为切戒。据达赖喇嘛回称：大皇帝恩泽覃敷，众生仰赖，不但于内地民人博施广济，大沛恩慈；凡属外番各部落，以及蠢动含灵，无不仰蒙覆帱。即如廓尔喀侵扰后藏，渥荷大皇帝高厚鸿施，保卫西方僧俗，不惜于百万帑项，发兵进剿，丝毫不累藏地，番民顶感，众口同声。前蒙大将军仰体大皇帝惠爱边氓之意，令将廓尔喀所占之济咙等处，酌免钱粮，此系必应办理之事。亦复蒙告知大皇帝种种惠民实政，悉动帑金，尤为钦佩悦服。我仰仗大皇帝恩威，抚绥卫藏，何敢妄行比拟。但我系出家人，自当兼爱存心，施舍为本。我既受番民等租赋布施，若有赢余，原应济其穷乏，造福消灾，况佛法平等，毋论僧俗人众皆应使之各遂其生，不可稍存歧视。现在查明上年被扰地方，除济咙、聂拉木、绒辖三处酌免两年租赋外，其余若宗喀、定日、喀尔达、春堆等处，亦拟酌免租赋一年，休养民力。再，阖藏每年俱有欠交租赋，拟将五十六年以前积欠全行蠲免，俾番民交纳从容，于生计更为有益。嗣后仰赖大皇帝洪福，黄教振兴，商上一有羡余，随时酌量，或予缓征，或免卫藏赋纳，普惠番众。等语。臣等告以达赖喇嘛愿普免从前积欠，甚能上体大皇帝惠爱番黎之意。惟番目、营官、第巴等与番民不同，如有欠交之项，只须减半蠲免，以昭平允。臣等详加察看，不独达赖喇嘛经此一番规劝，极知钦仰圣主恩慈，情愿将被扰地方赋纳酌加蠲免，即岁琫堪布等，亦属颇能领会。若达赖喇嘛等嗣后竟能常存此心，使僧俗联为一体，同心保护卫藏，自必改观，番民等皆称颂皇仁于无既矣。

所有钦奉谕旨，遵办缘由，理合恭折具奏，伏乞皇上睿鉴。谨奏。

乾隆五十七年十二月初七日奉朱批：欣悦览之。余有旨谕。钦此。

（一史馆藏军机处录副奏折）

乾隆五十八年（1793）正月十七日

（军机大臣等遵旨议复福康安等奏“除谕旨指出条款外尚有应行办理章程十八条折”）

一、严禁私给免差照票以均徭役也。

查，藏内各寨番众供应乌拉人夫牛马，穷民最为苦累，而富族大户每恳求达赖喇嘛、班禅额尔德尼给与免差照票，不令当差。即从前达赖喇嘛等用事亲族及大呼图克图等，亦多听从嘱托，率行给票。又有噶布伦、戴琫及大喇嘛等所管之庄佃人户，多恳求达赖喇嘛牌票，或免差徭，或免租赋，毫无限制。贫者力役不遑，富者借有声势转得安享坐视，所办实属不公。臣等到藏后，仰体皇上抚育番黎之意，一应乌拉人夫饬行粮员等优给雇值。凡大族人户及大寺喇嘛，皆令各出牛马，受雇应差，不得以原有免差照票规避不前。嗣后应请将各处免票撤销，（朱批：此系第一要务。）务使阖藏徭役均平，不得专派穷番，致滋苦累。如实有劳绩者，达赖喇嘛告知驻藏大臣，方准给票。惟新设番兵，均应由驻藏大臣及达赖喇嘛于挑兵时发给照票，填写住址、名字，免其门户差使，俾得专心操演。该兵如有事故，仍将原票缴销。……

一、严禁私用乌拉以恤番民也。

查旧例，乌拉牌票系由达赖喇嘛给发，日久渐已废弛。凡噶布伦、戴琫等及从前达赖喇嘛用事族属竟有私用乌拉之事，一切供应食用又多取给番民。嗣后喇嘛番目人等私事往来，一概不得擅用乌拉，亦不许私发信票。即遇公事差遣有必须乌拉之处，须禀明驻藏大臣及达赖喇嘛，发给用印乌拉牌票，编定号数，沿途始准应付。……

一、达赖喇嘛赏给噶布伦、戴琫等房屋、庄田不得私行占据也。

查，藏内噶布伦、戴琫向由达赖喇嘛拨给房屋、庄田，为养家办公之费；如有事故出缺，自应交与接任者管理，乃该噶布伦、戴琫等竟私行据为已有。商上庄田、房屋有限，岂能更换一人即须另拨。现在臣和琳与济咙呼图克图确切查明，嗣后凡噶布伦、戴琫等应得官房、官田，随任交代接替，毋许私占。

一、商上喇嘛透支钱粮之弊应行禁绝也。

查，喇嘛等支食钱粮，例应按期领支。近年以来每多先期透领，易致浮支弊混。嗣后应令按期支食，均不许丝毫预领，交济咙呼图克图随时查核。若因严禁预领支放，或致短少克扣，即将支放之人查明究治。

一、各寨租赋应按年征收清交商上，并查明逃亡绝户随时豁免，以恤番民也。

查，藏地各寨应交租赋物件，距前藏较近者系派济仲第巴往征，远处寨落均由各该营官征收，送交商上。而不肖之济仲第巴、营官等将收来租赋拖延不交，致启浸渔之弊；甚或将本年租赋收清，复将明年租赋开征，逃亡人户亦不豁免，番民颇形苦累。嗣后应令商卓特巴立限严催征收之济仲第巴、营官等，年清年款，不得违限拖延，亦不许先一年预征租赋。其各寨逃亡绝户，实在田亩抛荒，即将该户租赋豁免，俟有佃种之人，再行照例升科。如此则经手征收之人无从侵蚀，而番民等输纳从容，得免追呼之扰矣。……

一、卫藏僧俗户口应行造册稽查也。

查，各寨落地方虽统属于达赖喇嘛，而各呼图克图、堪布喇嘛、营官、第巴等官多系各食其他，故户口作何增减，人民曾否流亡，达赖喇嘛无从查核，驻藏大臣更难过问。而于各部落有无私来藏地藏匿之人，亦不能得其踪迹。恭查前奉谕旨：嗣后往来人众，皆须于驻藏大臣衙门给与路票。臣和琳现即遵旨办理，颇有效验。应请嗣后令达赖喇嘛将所管大小庙宇内喇嘛各数，开造清册，并令噶布伦将卫藏所管地方及各呼图克图等所管寨落入户，一体造具花名清册，于驻藏大臣衙门及达赖喇嘛处各存一份，以备稽查。设有未请路票私往各处者，一经查出，将该管之番目等，从严究治。

（《钦定廓尔喀纪略》卷四九）

乾隆五十八年（1793）正月乙卯

军机大臣会同大学士九卿议复福康安等奏酌筹藏内善后章程（节略）

一、藏内各寨番众供应乌拉夫马，达赖喇嘛等向多滥给免差照票。又噶布伦、戴绷及大喇嘛等住户，亦多求免差税牌票。请嗣后概行撤销，惟实著劳绩者，令达赖喇嘛告知驻藏大臣给票。其番民挑定额兵，亦由驻藏大臣及达赖喇嘛给票免差，事故革退缴销。

一、卫藏各寨地方，虽统于达赖喇嘛，而户民增减去留，无从稽核。请嗣后令达赖喇嘛将所管大小庙喇嘛造册，并令噶布伦将卫藏所管地方及呼图克图等所管寨落户口，一体造册，于驻藏大臣衙门及达赖喇嘛处，各存一分备查。……

一、喇嘛番目人等，向多私用乌拉，请嗣后惟公事差遣，准禀明驻藏大臣及达赖喇嘛，给以印票，标定号数，沿途照用。

一、卫藏旧制，犯罪罚赎，近年噶布伦等意为高下，倍罚肥私，甚至挟嫌捏耸达赖喇嘛，抄没番目人等家产。请嗣后择写罚赎旧例一本，交驻藏大臣酌核拟办。……

一、达赖喇嘛赏给噶布伦、戴绷等官房庄田，向有事故缺出，不交后任者。请查明随任交代，不准私占。

一、喇嘛支领钱粮，向多先期透领。请嗣后按期支放，违者究治。

一、各寨征收租赋，向多牵混。请嗣后令商卓特巴按年立限严催，清交商上，并查实绝户荒田，随时豁赋。

（《高宗实录》卷一四二一）

乾隆五十八年（1793）三月庚申

又谕曰："恩达、硕板多一带地方二十九族番民，前于大兵进剿廓尔喀时，经福康安等派员前往，雇办乌拉牛马，押赴各站，协济兵差，甚为急公出力。所有该番民应纳五十七年分马价银三百九十一两零，著加恩豁免，以示体恤远番，奖励勤劳至意。”

（《高宗实录》卷一四二五）

二十九条章程的有关规定

（九）此次廓尔喀侵犯藏地，西藏许多村落夷为废墟，人民饱尝痛苦，因此对于所属人民应大发慈悲，予以爱护，最近决定济咙、绒夏、聂拉木等三个地方免去两年的一切大小差徭，宗喀、定日、喀达、丛堆等地方各免去一年的一切差徭。并免去前后藏所有人民铁猪年以前所欠的一切税收。政府僧俗官员、各宗豁负责人等，所有欠交税收也都减免一半。以上各项措施符合大皇帝爱护西藏众生的意志，对于前后藏人民造福不浅。

（十九）政府之所有税收，有以银两折交物品者，即照所定新旧章卡兑换之数，按新铸旧铸，分别折收，不得稍有浮多。至采买各物，亦须公平交易，不得苦累商民。

（二十一）西藏之税收、乌拉等各种差役，一般贫苦人民负担苛重，富有人家向达赖喇嘛和班禅额尔德尼领得免役执照，达赖喇嘛之亲属及各大呼图克图亦领有免役执照。各噶伦、代本、大活佛之庄民也多领得免役执照。今后所有免役执照一律收回，使所有差役平均负担。其因实有劳绩，需要优待者，由达赖喇嘛和驻藏大臣协商发给免役执照。对新成立之兵员，由驻藏大臣和达赖喇嘛依照名册一律发给免役执照。兵员出缺时，须将所发免役执照收回。

（二十四）依照旧例，来往派遣人伕乌拉，皆由达赖喇嘛发给执照，流弊很大，噶伦、代本以及达赖喇嘛之亲属，都有私派乌拉用以运输粮食用物，今后各活佛头目等因私外出时，一律不得派用乌拉。因公外出时，由驻藏大臣和达赖喇嘛发给加盖印章之执照，沿途按照执照派用乌拉。

（二十七）过去噶伦及代本上任时，达赖喇嘛照例拨给公馆及庄园，卸任时交回。近查有噶伦及代本已经卸任，而公馆及庄园仍由家属承受不交，政府又另外拨给。今后所有卸任之噶伦及代本，应将公馆及庄园移交新任，不得据为私有。

（二十九）西藏各村落应交政府之赋税、地租以及物品，邻近各地多派僧官催缴，较远者多派俗官催缴，近查僧俗官员和宗本中有少数坏人，将所收赋税地租不交政府而入私囊，致逐年积欠者甚多。甚有催收本年各项赋税时，预将明年各项赋税提前催收情事。还有逃亡户应该负担之赋税，强加给住地户负担者，以致苛捐繁重，民不聊生。以后强佐派人催缴赋税时，应按规定期限办理。僧俗官员及宗本等只准催清当年赋税，不得提前催收来年赋税。各村逃亡户之负担应予减免，俟该逃亡户还乡后照旧负担。

（全文见前“订立章程”）

《卫藏通志》和《钦定理藩部则例》等有关条款

租赋

一、前后藏所出租赋，悉归达赖喇嘛、班禅额尔德尼收用，至商上一切出纳，应统归驻藏大臣稽查总核，以杜商卓特巴等侵渔之弊。凡驻藏大臣衙门官用，以及换班官兵，皆不得于商上稍有侵挪。

一、各寨租赋，应按年征收，清交商上。该商卓特巴立限严催，经征之济仲、营官、第巴等，年清年款，不得违限拖延，亦不许先一年预征租赋，如各寨有逃亡绝户，实在田亩抛荒者，即将该户租赋豁免，俟有佃种之人，再行照例升科。

差徭

一、藏内凡大族人户及大寺喇嘛各处免差照票，一概停止，务使阖藏徭役均平，不致穷番苦累。如实有劳绩者，达赖喇嘛告知驻藏大臣，方准给票。至新设番兵，于挑补兵缺时，仍准发给照票免差，出缺缴销。

一、喇嘛番目人等私事往来，不得擅用乌拉，亦不得私发信票，如遇因公差遣，有必须乌拉之处，须禀明驻藏大臣及达赖喇嘛，发给用印照票，编定号数，始准应付。

（《卫藏通志》卷一三）

禁止私给照票免差

藏内各寨番众供应乌拉、人夫、马匹，达赖喇嘛、班禅额尔德尼及伊等用事亲族、大胡图克图等，并噶布伦、戴琫及大喇嘛所管之庄佃人户，不准私给牌票，或免差徭，或免税赋。如实有劳绩者，达赖喇嘛告知驻藏大臣，方准给与照票。至番民挑定额兵，由驻藏大臣及达赖喇嘛，于挑兵时发给照票，填写住址名字，免其门户差使。如有事故革退，即将原票缴销。

（《钦定理藩部则例》卷六一）

各寺庙喇嘛名数、寨落人户及各营户口，均造名册，于驻藏大臣、达赖喇嘛处各存一册，其喇嘛番民往来，皆令请领路票，如无路票私行往来者，交各该管番官究治。达赖喇嘛、班禅额尔德尼及噶布伦、戴琫、各大呼图克图等，均不准擅给番户免差照票。如实有劳绩者，令达赖喇嘛告知驻藏大臣，方准给票。惟挑充番兵者，给与照票，免其门户差使，事故革退仍令缴销。喇嘛、番官私自往来，不准擅用乌拉私发信票，如公事差遣，呈明驻藏大臣、达赖喇嘛给发印票，沿途始准应付。

（光绪《大清会典·理藩院》）

西藏租赋

乾隆五十七年谕：前后藏所出租赋，向归达赖喇嘛、班禅收用。又众蒙古平素崇信佛教，乐施喜捨，是以布达拉、札什伦布两处商上蓄积饶裕。驻藏大臣向不过问，其商卓特巴、噶布伦等任意侵渔。嗣后商上收支一切，应令驻藏大臣综核。凡换班官兵及驻藏大臣官用已用，皆不得于商上稍有侵挪。其两处商上出息，除养赡喇嘛番众外，或有赢余，不妨为唐古特兵丁添补养赡之用。

又谕：布达拉、札什伦布两处商上租赋，归驻藏大臣经管，达赖喇嘛、班禅额尔德尼平素自奉，以及例需应用各项，俱听其自便，驻藏大臣毋得过于严切，不过代其稽查出纳，不至如从前为达赖喇嘛、班禅额尔德尼亲族暨噶布伦、商卓特巴等藉端侵渔。至达赖喇嘛、班禅额尔德尼自用以及公用各项，仍照旧听其自行支用，不可管束太过，以示体恤。

又奏准：达赖喇嘛所属前藏地方较为宽广，每年番民交纳系各以粮石或氆氇、藏香、棉盐、酥油、奶渣、羊腔、茶叶等项，作为租赋。其远处寨落难以运送者，各以银钱折交，惟番民家有牛群、羊群者，系每牛二头每年交银钱一圆，每羊十只亦每年交银钱一圆。其随时布施物件银两，并无定数。除交各项本色物件外，约计每年所入银两，共十二万七千有零。凡有交来物件银两银钱，俱系收存大昭库内，有商卓特巴三名管理。其氆氇、藏香及税课罚赎等项，各处布施之物，并番民故后例交一半服饰物件，俱交商上库内，另有商卓特巴二名管理。所有达赖喇嘛公用日用等项，悉皆取给于此。计算用项，每年正月内，布达拉与各处大寺庙大小众喇嘛及前后藏各处喇嘛数万人，会集大昭念经二十日，谓之默郎穆勒布。二月内复集大昭念经八日，谓之错曲勒布，藏内俗语统名为攒昭。按喇嘛名数赏给银钱哈达，支给酥油、茶叶、糌粑，需银七万九百余两。又每日念经需用酥油、茶叶及各项赏赉，共需银三万九千二百余两。又每年采买布达拉众喇嘛食用及各种物料，并酬答布施物件，共需银二万四千四百余两，所入尚不敷所出。又，色拉等大寺喇嘛均须养赡，若青稞丰收之年，并布施较多年分，始有赢余。商上又有小库一处，另派商卓特巴一名管理。每年出入，如有剩余物件银两，归入小库存储。如遇不敷支用之年，即将小库银物使用。一切用度，商卓特巴总司出纳，驻藏大臣向不过问。达赖喇嘛亲族及商卓特巴侵渔舞弊，在所不免。现在噶布伦、商卓特巴等缺，议归驻藏大臣会同达赖喇嘛秉公拣选，不许达赖喇嘛亲族管事，所有商上一切公用，令驻藏大臣总核，实可杜绝弊源。查济隆呼图克图居住布达拉，耳目更近，一切弊窦，无难就近确查。嗣后交驻藏大臣与济隆呼图克图随时稽核出纳，如有侵渔舞弊之人，济隆呼图克图即告知驻藏大臣查办治罪。至札什伦布所管番民较前藏为少，所交商上粮赋，多系交纳物件。统计折色本色，约合银六万六千九百余两。而每年所用，约需银七万四千六百余两。从前各处布施较多，每年总有赢余，近年布施较少，又经廓尔喀抢掠，核计每年出入连布施计算，仅敷用度。班禅额尔德尼年在幼龄，恐为左右蒙蔽，亦交驻藏大臣及济隆呼图克图实力稽核，以归画一。所有达赖喇嘛、班禅额尔德尼平素自奉及例应需用各项，照旧听其自便。

（《钦定大清会典事例》卷九八〇）

有关抚恤事宜及额定赋税

抚恤（上）

奴才松筠、和宁跪奏：为敬陈达赖喇嘛、班禅额尔德尼同心仰体皇上子惠黎元之鸿慈，于所属唐古忒百姓分别抚恤蠲免粮石缘由，仰乞圣鉴事。奴才等恭阅叠奉谕旨，今岁普免天下漕粮，复豁免各省节年民欠，仰见我皇上慈恩浩荡，有加无已至意。奴才等因见达赖喇嘛，言及我皇上临御六十年来，屡次普免天下钱粮漕粮，不下亿万万；间遇地方水旱遍灾，赈恤蠲贷，并建筑海塘河堤，工程所费，亦不下亿万万。今岁复奉恩旨，普免天下漕粮，又豁免各省节年民欠，是大皇帝恩泽如天，所以如此大福大寿。达赖喇嘛听闻之下，恍然觉悟，向奴才等言，唐古忒百姓即系大皇帝之百姓，我受大皇帝栽培覆育之恩，至优极渥，意欲推广大皇帝普惠百姓之皇仁，将所属唐古忒百姓本年应纳粮石，及旧欠各项钱粮，概行豁免，以期恭祝大皇帝圣寿无疆。再，唐古忒百姓尚有穷苦失业者，亦应一体分别抚恤，俾安生业。我住所现有积存布施银三万余两，今情愿发出银三万两，交商上查明各处穷苦百姓，按户散给口粮籽种，令其各勤农业，如有房间坍坏者，酌给银两修补，俾各穷民有所栖止，以副大皇帝子惠天下百姓之鸿慈，且小僧亦得稍申报答高厚之诚心。惟是分别蠲免粮石，及散给失业百姓口粮籽种，修理坍坏房间等事，务求大人们代为酌定章程，遍行晓谕，众百姓方能均沾实惠。此外，恐有苦累百姓旧习革除未尽之处，尚祈大人们带同济咙胡图克图、众噶布伦等，查明严禁。奴才等听闻达赖喇嘛仰体皇仁、极力普惠所属番民之言，不胜忻忭，当即剀切奖励，并告知达赖喇嘛，如此慈悲所属百姓，我等自应据实奏闻大皇帝，定蒙恩谕嘉奖。达赖喇嘛欣悦之情，形于辞色。奴才等随传集济咙胡图克图及众噶布伦等，查明商上旧存银米、绸缎、物件，及各庄头一年所交青稞、麦豆，足敷达赖喇嘛本年一切需用，及各寺庙香灯之费，皆属有盈无绌。复公同熟筹，除众番民应交达赖喇嘛商上岁需之草料柴薪不免外，所有唐古忒百姓应交本年粮石，约计值银五万余两，及节年所欠各色粮银四万余两，自应照依达赖喇嘛仰体皇仁、恭祝万寿之诚心，准其概行豁免。至达赖喇嘛发出旧存银三万两，暂交商上存贮。奴才等随即饬令远近各处营官第巴等，招集失业百姓，按大小名口，酌给三个月口粮糌粑，并按户散给青稞籽种，二共需银若干；又修理坍坏房屋，需银若干，查明据实呈报，即由商上照数发给。奴才等仍派妥实官弁，及晓事之喇嘛。戴本、第巴等，分投查访，务期无遗无弊，不致一夫失所。正在查办间，班禅额尔德尼闻知达赖喇嘛普免粮石之信，即遣商卓特巴具禀，将后藏所属百姓本年应交粮石，豁免一半，旧欠粮银，概行豁免。间有失业番民及坍坏房间，亦同达赖喇嘛一体资养修理，以期敬副大皇帝惠爱群黎之殊恩，且得稍尽恭祝万寿之微忱等语。查后藏所属番民，本不比前藏之多，一年所交粮石，除班禅额尔德尼一切需用外，其百姓本年应交粮石，止可缓免一半，班禅额尔德尼之岁本莫尔根堪布等，现在尽心筹画，既属可行。所有后藏番民，于本年豁免一半粮石，并蠲免旧欠粮银，资养失业百姓，修补房屋等事，自应均如所禀办理，以遂其恭祝万寿诚恳之意，所有达赖喇嘛、班禅额尔德尼仰体皇仁，分别豁免唐古忒百姓粮石数目，即于前后藏各处通行晓谕。奴才等复以达赖喇嘛所言，恐有苦累百姓之处，公同悉心密访，如唐古忒世家人等，或私用乌拉者，或散给茶叶勒买粮石者，又商上专派收差之第巴番目等额外索取者，似此苦累百姓等弊，皆难保其必无，自应出示严行禁止。并将达赖喇嘛发银抚恤失业番民各事宜，奴才等分晰酌定章程，分列条款，兼缮汉字、唐古忒字告示数百张，遍行晓谕，使唐古忒百姓咸知达赖喇嘛推广皇仁、惠爱众番之意。时届新春，适达赖喇嘛下山，于大招庙内恭讽我皇上万寿无量真经，远近各处番民僧众，齐集招庙，正遇粘贴告示，众番民知悉，无不以手加额，欢声感颂。此皆我皇上保护卫藏，多方训诫，是以达赖喇嘛、班禅额尔德尼有所感发，同心仰体大皇帝普惠圣慈，俾番民得资休养，永安乐利。再，此次办理一切，济咙胡图克图、众噶布伦等颇为尽心，奴才等惟有凛遵训谕，随时随事，整饬驾驭，以期番民益臻宁谧，上慰慈怀。所有分别蠲免唐古忒百姓新旧粮石、及抚恤失业番民各缘由，理合恭折奏闻，伏乞皇上圣鉴。谨奏。乾隆六十年二月初十日奏，本年三月初九日奉到朱批：好事，即有旨。钦此！

为通行晓谕事。照得达赖喇嘛、班禅额尔德尼同心仰体大皇帝慈爱番黎之鸿慈，于所属唐古忒百姓本年应交粮石，及旧欠钱粮，分别豁免，并捐银抚恤失业穷民各事宜，前经本部堂、阁部恭折奏闻大皇帝在案。兹于本月初九日接奉大皇帝谕：据松筠等奏，达赖喇嘛、班禅额尔德尼情愿将所属唐古忒百姓本年应交粮石，及旧欠各项钱粮，一律分别豁免。散给贫民口粮籽种，补修破坏房屋等语。达赖喇嘛、斑禅额尔德尼闻朕普免天下钱粮之旨，亦将唐古忒百姓抚恤办理，殊属好事，朕甚嘉悦。著赏给达赖喇嘛、班禅额尔德尼哈达各一方、紫金琍玛无量寿佛各一尊、碧玉朝珠各一盘、大荷包各一对、小荷包各三对，松筠等接奉转行赏给外，前藏地方宽大，应纳之项较多，达赖喇嘛既愿豁免一年钱粮，即照所请办理；后藏地方偏小，应纳之项较少，恐班禅额尔德尼一年用度不敷，著豁免一半。所有赈恤贫民、修补破坏房间等，虽达赖喇嘛商上出银三万两，而班禅额尔德尼商上出银若干，未据声明。但达赖喇嘛等既能仰体德意，抚恤唐古忒百姓，竟可毋庸出其己资，著加恩动用该处正项，赏给前藏银三万两，后藏银一万两，交松筠等务须尽心妥办，勿使一夫失所，以副朕一体惠爱番民至意，钦此钦遵。仰见大皇帝疼爱尔等番民，与内地百姓无异。既蒙大皇帝嘉奖达赖喇嘛、班禅额尔德尼推广皇仁、惠爱番黎，降旨赏赐哈达、古佛、朝珠、荷包，复蒙赏银四万两，以三万两抚恤前藏所属各处穷苦番民，以一万两抚恤后藏所属各处穷苦番民。且谕令本部堂、阁部尽心妥办，勿使一夫失所。尔众番民，自当感激大皇帝浩荡鸿恩，及达赖喇嘛、班禅额尔德尼推广皇仁、普惠慈悲，各宜勤奋务农，以期永安乐利。所有分别蠲免粮石、及抚恤穷民各事宜，前经本部堂、阁部分别条款遍行出示晓谕，现在钦遵大皇帝恩旨，尽心查办抚恤，俾尔穷苦番民，均沾皇恩，不致一夫失所，查前藏所属百姓，各处设有大小营官管理者，共有九十三处。其田地大小人户多寡不同，自应查明。谨将大皇帝所赏银两，分路先行发往，交各营官按照所发告示内开赏给，各安本业。并饬令即于各该处查明，所有失业极贫番民，虽衣食全无，如因有田地，仍旧当差纳粮者，著每户赏给银钱十五圆，仍著酌量赏给籽种，令其速为耕作。其虽属极贫，衣食全无，如并无田地，向不当差纳粮者，著每户赏给银钱八圆，令其佣工，著落有田之家照管，勿致失所。其次贫番民，查明有田当差纳粮者，每户著赏银钱六圆。此项次贫番民内，如无田地，向不当差纳粮者，每户著赏银钱二圆，以资生计。至修理房屋，前次达赖喇嘛所赏银两，或有不敷，著该营官查明，核计足敷应用之数，将发去银两，一一加赏，赶紧修理，以资栖止。其黑帐房游牧穷苦番民，亦著查明，照依前项极次贫番民，一体分别照数赏给银钱，普沾实惠。各营官等务须尽心办理，勿致一夫失所。其余不至失业番民，及黑帐房百姓，从前遇有大差，均能踊跃各出乌拉应付，亦应仰体大皇帝浩荡鸿恩，每户各赏银钱一圆，以示体恤。各营官查明此项人户数目，呈报到日，即行照数发往，按户赏给，令其均沾慈惠。并通行晓谕番民，今大皇帝已准达赖喇嘛、班禅额尔德尼所请，前藏所属者，应交本年粮石，及旧欠各项钱粮，概行豁免；后藏所属者，其应交本年粮石，豁免一半，旧欠钱粮，亦令概行豁免，众番民自此得以休养生息。所有一切乌拉等项，均比从前减定数目，不致过往差使任意苦累，各得安居乐业，皆系大皇帝慈恩，及达赖喇嘛、班禅额尔德尼之慈悲也。所有前藏所属营官所管地方，除自前藏至后藏傍临大路处所以及沿边一带，应行抚恤银两，本部堂松于四月初二日起身查边阅兵时，亲身带往，传旨分赏。再，大皇帝恩赏后藏银一万两，本部堂松一并亲身带往分赏外，其前藏本处尚有穷苦失业番民，本部堂、阁部谨遵大皇帝恩旨，查明尽心办理。此内如有情愿回归本处者，即按户口赏银，差人送归本处，并该营官照前谕安插，修理房屋，令伊等有所栖止，各勤农业，勿致一夫失所；其不愿回归本处番民，及疲癃残疾不能耕作者，俱于藏内修补房间，以资栖止，并酌量赏给糌粑酥茶，以资糊口。所有发往各处抚恤银两，该营官等接到时，即应照谕一一分赏，并将办理缘由，及分赏各项番民细数，明白开单，飞行具禀前来，本部堂、阁部即差汉官前往，核对查察，倘有遗漏，或致穷民失所者，即系该营官并未尽心抚恤，定行从重究治；如果办理妥善，亦必分别奖赏，以示鼓励。所有前次晓谕十条各事宜，俱系奏明大皇帝应办之件，各营官一一遵照办理。此次发往某处银若干，俱于告示后面明白开写，各营官接奉到日，即行粘贴晓谕，使众番民咸知皇恩，随即实心查明，照谕办理，勿致遗漏一人。务须妥为分赏，不可稍有疏懈。营官等各宜凛遵毋违，特示。

乾隆六十年，办理抚恤款项节目。

为通行晓谕事。照得据噶布伦等禀称，奉达赖喇嘛吩示济咙呼图克图并四家噶伦：达赖喇嘛世受大皇帝鸿恩高厚，叠蒙慈训周详，无微不至，达赖喇嘛每以不能报答为念。今因大皇帝圣寿无疆，而又闻知大皇帝疼爱内地百姓，屡次普免天下钱粮。达赖喇嘛仰体皇仁，于所属唐古忒百姓，除商上必需之草料柴薪及牛羊猪等项照旧交纳外，所有应交各项粮石本色折色钱粮，普免一年，并将所有百姓，自乾隆五十六年至五十九年之旧欠粮石及牛羊猪各项钱粮四万余两，概行豁免，业经出示各处，通行晓谕讫。再，唐古忒百姓本来穷苦，百姓内除出花亡故外，又因差事繁多，逃散甚众，倘若不行查办优加抚恤，不但商上百姓日渐逃亡，且百姓缺乏衣食，所住房屋，必然破坏，今欲招回百姓人等，给与银两，补修房屋。再有投入世家人户之百姓，亦当令归本处安置，商上给与口粮籽种，各务农业，三年之内，免其交纳钱粮，不派各项乌拉差事，用示体恤。查百姓逃散之故，原因乌拉、牛马、人夫、柴草、饭食费用繁多，以致逃散。今当晓谕远近各处营官第巴、大小头目人等遵照，除各处朝佛熬茶来藏人等，及达赖喇嘛有事往各处人等，所需乌拉若干之处，商上报明钦差大人衙门，仍由达赖喇嘛、济咙呼图克图发给印照外，其余一切差使，如无钦差大人衙门汉番字样印票，不得滥行应付乌拉。再有各处营官属下世家人等，有不当差者，往后听从营官派拨，如有丝毫抗违者，一经查出，定行重处。所有各项乌拉，自应不分世家穷民，均各一体当差，将此情由，回明钦差大人，严行出示晓谕等因，具禀前来。本部堂、阁部甚为喜悦，达赖喇嘛如此仰体大皇帝高厚鸿慈，疼爱所属百姓，普免一年钱粮，仍将所有旧欠钱粮，概行豁免，复谕令修整各处房间，将前次逃散之唐古忒众百姓招回，各归本处，散给籽种口粮，安居耕作，三年内不纳钱粮，真是达赖喇嘛再造之恩。众百姓自应感激达赖喇嘛恩典，安分乐业，所有办理抚恤各条，开列于后：

一、达赖喇嘛所属地方，自江卡起至前藏，由前藏至札什伦布、聂拉木、济咙一带大路，乡村房间，及各远近村庄房间内，均有坍坏者，著交各处营官、第巴、大小番目，一体清查。某处坍坏房间若干，某处逃散人口若干，核计招回逃散百姓足敷居住，应行修补房屋若干间，该营官第巴、大小番目等，各于本管地方，即速分别查明。估计修补应需番钱若干，据实飞行呈报达赖喇嘛，由商上照数发给各该营官等，迅速雇觅人夫，修补齐整，以备招回百姓及本处无房间之百姓居住。此系达赖喇嘛疼爱众百姓之菩提慈心，该营官第巴、大小番目自应仰体达赖喇嘛之心，各于所管地方，实心办理；倘有冒销侵蚀等弊，不但天佛不容，于房间修理完竣时，本部堂、阁部差人查出情弊，定行从重治罪；如果办理妥善，实在于苦寒百姓有益，亦必优加奖赏鼓励也。

一、乾隆四十二年以后，各乡村逃亡他处百姓，及投入世家百姓，著交各该处营官第巴、大小番目等，即时分别查明，招回本处，每人散给三个月口粮糌粑，仍按人分给籽种，分地耕作。（出示之后，前后藏安插百姓，共千有一百余户。第恐营官等日久藉端勒索，于嘉庆二年春，照依第五条内开，复出告示，饬令各营官，嗣后如有情愿回归本处者，令其归业。不愿者，毋庸逼迫办理，晓谕在案。）及各本处无力穷民，亦著散给两个月口粮糌粑，量给籽种，一体赶紧耕作，毋致失业。大口每一个月口粮糌粑三克，小口每一个月口粮糌粑一克半，务须均匀散给。分地耕种，毋致一夫失所。各处所需口粮糌粑籽种等项，约需番钱若干，该营官迅速呈报前来，以便商上照数发给，并着各该营官等，即将该处现有荒田若干，一面呈报本部堂、阁部，一面明白晓谕此项招回百姓知悉，仍谕以达赖喇嘛慈悲，如此抚恤尔等。此时耕作，并不令尔等交纳钱粮充当乌拉差事，俟过三年，再行照例纳粮当差，尔等自应感激达赖喇嘛活命之恩，安居乐业，各勤农作，无为懒惰。再闻得各处田亩，多有灌溉耕作者，因豪势、营官第巴希图需索钱文，及世家等霸占水渠，以致穷民不得按时灌溉，因之废农失业者，不一而足，著通行晓谕知悉。嗣后如有此等情弊，或经查出，或被告发，将勒索钱文之营官、第巴及霸占水渠之世家，一一讯明，从重治罪。各营官第巴、世家等自应各顾体面，毋干重究也。

一、近年唐古忒众百姓穷苦之故，原因乌拉、牛马、人夫、柴草、差事繁多所致，今达赖喇嘛慈悲，所属百姓，查明每户各赏番钱一圆，以示体恤。著交远近各处营官第巴、大小头目等，于该管地方人户若干，即速查明呈报前来，以备商上照数给发，按户分赏，该营官等不得以少报多，致干重究也。

一、江卡、观角、作岗、桑阿、吹忠、博（窝）、罗隆宗、硕板多、边坝、甲拉墩、工布等处地方唐古忒旧例，或十三四年，或二十年，达赖喇嘛差人，于每处百姓现有骡马内，十里抽一，交商上应用，如不愿交骡马者，准其折交银钱。今达赖喇嘛深悉百姓寒苦，谕令现在虽已十三四年，未收此项骡马，但众百姓近年生计实属拮据，暂且停止抽收，俟过十数年后，百姓生计从容时节，再行酌量抽收一次，以缓民力，此特达赖喇嘛慈悲江卡等处百姓之意。著交江卡等处各营官，谕知该数处百姓，自应感激达赖喇嘛委曲慈悲之意，各宜安分，力勤农作，以裕生计，毋致懒惰，有负达赖喇嘛之菩提慈心也。

一、唐古忒众百姓与达赖喇嘛商上交差，原有定额，离藏远者，准交折色，附近地方，例交本色，间有情愿折交银钱者，亦准其折交。查旧例，上等地下籽种一克者，交粮十克；中等地下籽种一克者，交粮七克；下等地下籽种一克者，交粮五克。众百姓敬重达赖喇嘛，每遇丰年，亦断不敢稍有违抗不纳之事。倘遇旱潦霜雹歉收之年，该管营官第巴等查明，据实禀报噶布伦，请示达赖喇嘛，亦必慈悲，酌量分别宽免钱粮，并无以歉收之年仍行照数催交之理。今达赖喇嘛如此疼爱百姓，如再有苦累百姓之事，即系营官第巴等辜负达赖喇嘛菩提慈心。除噶布伦各世家所属百姓，差事稍轻者，自应照旧当差，毋庸办理外，著交远近各营官第巴、大小头目等，于所管商上百姓，概行晓谕。所在每年近处交纳青稞，虽向例分给众百姓磨面，每户十二克，令其交糌粑十五克。现在达赖喇嘛慈悲，所属百姓差事苦累，谕令每户百姓分给青稞八克，磨交糌粑十克，以抒民力。三年内众百姓如能勤谨磨面，照数交纳，即永远著为定例，每年每户分给八克、磨交十克之数办理。如有故意少交者，于次年仍交十二克，令其磨交十五克糌粑。至每年所派收差孜仲、第巴、及该管营官、番目内，倘有从中多收糌粑，及远近各处折收本色钱粮，任意多索等弊，或经查出，或被告发，定行从重治罪，决不宽贷。

一、达赖喇嘛所属百姓及各庄头，每年按所种地亩交纳青稞麦豆折色银钱，亦有定额。旧例，此三项粮食，每三克折交银钱二两，应交番钱十三个零五分；其应交粮食一克者，止折番钱一个零五分。又有应交草料、柴薪者，旧例：系夥种十三克籽种地亩为一户，每户每年应折交草料银钱五钱、柴薪银钱八钱；牛一头，二年交银钱半个；绵羊十只，二年交银钱一个；山羊二十只，二年交银钱一个；工布地方百姓养猪者，每二十口猪，一年交猪一口，是各项钱粮皆有一定之数。今达赖喇嘛慈悲，又将草料银五钱内豁免一钱，嗣后百姓每年止交草料价银四钱，永为定例。如果营官第巴等按照定数征收，众百姓何致如此苦累耶。惟是每户所种地亩，多寡不一，于征收各色钱粮时，自应令其照依每户实种地亩若干，应纳钱粮若干，按数交纳，不可率行多征，以致苦累百姓、著交各该营官第巴、大小头目等，将此应交各项本色折色钱粮实在数目，于所管众百姓遍行晓谕，俾知钱粮原有定额，以免任听多索之累。并谕以达赖喇嘛仰承大皇帝恩训，慈悲众生，于今岁已卯年，所有达赖喇嘛属下各处百姓，除商上必需之草料、柴薪、及牛羊猪等项，照数交纳外，所有应交本年各项粮石本色折色钱粮，概行豁免。并将各处百姓，自乾隆五十六年至五十九年，所有旧欠粮石、及牛羊猪各色钱粮四万余两，概行豁免缘由，达赖喇嘛业经出示遍行晓谕矣。此系达赖喇嘛洞照众生寒苦情形，逾格慈悲，是以如此疼爱所属百姓，于所属各处，新旧钱粮，概行豁免，用示体恤，众百姓自应感激达赖喇嘛慈悲再造之恩，各安生业。此内如有他处逃荒来者，问其情由，应即遣回本处，著该营官等，即酌量给与途间日需口粮糌粑，令其各回本处，请领口粮籽种，力勤耕作。该营官等所有发给糌粑数目，值银若干，呈报前来，即由商上照数发还。其逃荒百姓，如不愿回本处，欲就近耕作者，该营官等照前第二条所谕拨给地亩，并两月口粮籽种，即令于该处耕作，戒令毋得懒惰废农。各营官第巴、大小番目等仍将所管地方逃荒百姓，就近耕作者几户，回归本处者几户，开单呈报，以便查核。该营官第巴、大小番目等，倘不尽心妥办，查出一定分别重罚示惩，所罚银钱，即分赏该处贫民。如果办理妥善，达赖喇嘛自必另外奖赏也。

一、达赖喇嘛商上每年派往各处收差孜仲第巴，所收钱粮交商（上）

时，原有比较功过之例，惟查此项专差孜仲第巴，未免贪功，无论百姓能与不能，一律严催，因此百姓受累者，亦难保其必无。各该处既设有营官第巴、大小番目，自应会同商上专差之孜仲第巴，体察百姓生计，及年成丰歉，留心核实征收，著交各该营官等。嗣后每年公同商上所差孜仲第巴，于百姓内能交者，按例全数征收，其不能全数完纳者，短收若干数目，据实呈报，仍于专差第巴回程后，该处营官即将所管百姓，每户完粮若干之数，按名开单本人名下，令其自印图记，营官加结，呈报商上，以便与孜仲第巴所交钱粮数目核对。如果查对相符，所差第巴自然有功无过，商上回明达赖喇嘛，自必慈悲量加奖赏，而于该处营官，达赖喇嘛亦必慈悲赏赐阿第素章嘎，以示鼓励。倘或专差孜仲第巴，与各该处营官第巴等通同舞弊，征多报少，侵蚀入已，一经查出，务必从重治罪。尔等各宜感激达赖喇嘛慈悲，一体实心秉公证收钱粮，毋致苦累百姓也。

一、达赖喇嘛商上每年所需柴薪，派有第巴，以众百姓一年所交柴薪折色银钱采买，第巴等如于近处采买不敷，间或差人到德庆沟、德陇、喇岗、达克则四处地方采买，驮运至藏应用。惟柴薪一项，所需乌拉牛马人夫甚多，今达赖喇嘛慈悲，谕令办柴第巴差人采买柴薪，沿途每用乌拉牛一头，每日赏雇价银一钱，驴骡每匹亦赏雇价银一钱，每背夫一名，一日赏雇价银五分，在于采买柴薪银内发给，以裕民力，此达赖喇嘛格外体恤慈悲之意。所有办柴第巴等，务须仰体遵行，每用乌拉，一定按数内公平发价，如有从中克扣不发者，或经查出，或被告发，定将该第巴及所差采买人等，询明从重治罪。达赖喇嘛如此疼爱百姓，尔众百姓自应感激，尽心与达赖喇嘛当差，无为懒惰也。

一、现在达赖喇嘛谕令商上所管众百姓内，如有新投各世家者，令其即行退出，使回本处农作，亦照第一条所谕，达赖喇嘛赏给口粮糌粑籽种，各安生业，此特达赖喇嘛惟恐小民日渐失所，故不惜多费，优加体恤，所有各世家，自当仰体达赖喇嘛慈悲遵行。如有遣回者，该世家亦应酌量给发路费，以资途间糊口。所需路费若干，据实报明，即由商上发还。再，各世家本身属下百姓，及噶布伦、戴本、营官第巴各人属下百姓，及各寺庙种香火地者，名为初息百姓，此三项百姓，虽较之达赖喇嘛属下百姓差事稍轻，其内寒苦之人，亦难保其必无。各世家、噶布伦及各寺庙管事喇嘛等，亦应体察捐资抚恤，如果实在无力出资者，由噶布伦禀请达赖喇嘛，一体赏给银钱，以安生业。倘有能以自行出资，而捏报无力者，查出定行从重议罚。各世家、噶布伦等，自应仰体达赖喇嘛慈悲众生之意，激发天良，实心办理，以期子孙世代永获天佛保佑，共享升平之福，是本部堂、阁部与尔众同心共愿者也。

一、唐古忒大家人户，遇有应当乌拉差事，不但藉有噶舒克（即执照）仗势得以免派，而私用之乌拉，尚俱累于穷民，迥与达赖喇嘛慈悲众生之意不合。今达赖喇嘛谕令不分世家、贫民，均应一体出当乌拉差事，以示平允。各处大家人户属下之人，如有应当差事，故违不当差者，嗣后听从各该处营官秉公派拨，毋得偏苦穷民。再，各大家人户，如有差人向各处买卖者，应于本钦差衙门报明请票，照依达赖喇嘛所发驮运柴薪价银数目，沿途发给雇觅乌拉应用，毋致苦累百姓。如无本部堂、阁部印票，无论汉番，概不准百姓私行应付乌拉。将此通行各处大家人户，及达赖喇嘛所属众百姓知悉，永远遵行外，众百姓遇有应行预备达赖喇嘛各项乌拉差事，亦不得稍有违误。再，查世家人等，于众百姓散茶收买青稞之事，在世家无大便宜，而在百姓则大有苦累，嗣后各世家自应仰体达赖喇嘛疼爱百姓之心，停止散茶收买青稞，应照市价平买应用，倘有违犯者，定行重罚示惩，决不宽贷也。

以上十条，兼写汉番字样，刊刻刷印，于达赖喇嘛所属各处，通行发给，晓谕知悉，一体遵行。现在春作已近，各处营官第巴、大小头目及商上专派之戴本等，务须查照十条内所开各项应办事件，赶紧尽心办理。总之，先期雇觅人夫、补修房间为急，速令招回之百姓及各本处无业之百姓，早得栖身之所，赶紧耕种，无误本年农作，即系该营官第巴、大小头目及专派戴本等众人之功，临时查明，自应分别奖赏；如有潦草完事，并不实心妥办者，即或达赖喇嘛所差之人不能查出，本部堂、阁部亦必差人查明，将潦草完事之人，定行从重治罪，以示惩儆。本部堂、阁部言出法随，决不姑贷。仍著各营官第巴及专派戴本等各人，遵奉十条所谕事宜，赶紧办理缘由，陆续明白呈报本部堂、阁部及噶布伦处，以备查核，随时指示，妥为办理，以期速救众生可也。为此通谕知悉，毋违凛遵。特示！

为晓谕事：今班禅额尔德尼推广大皇帝惠爱番民之圣慈，将后藏所属唐古忒百姓本年应交粮石，豁免一半，并旧欠各项粮银，概行都免。仍于所属地方，察有失业番民，分别散给口粮糌粑、青稞籽种，咸使得以资养耕作。复将坍坏房间，渐次修补，使穷苦番民，得有栖止之所，永远安业。此特班禅额尔德尼敬谨恭祝大皇帝万寿无疆，是以疼爱所属百姓，如此慈悲办理。其总办札什伦布事务之岁本莫尔根堪布、札萨克喇嘛，亦颇能体贴班禅额尔德尼慈悲，于此等资养百姓之处，尤能尽心妥办。所有后藏所属唐古忒百姓，自应感激班禅额尔德尼疼爱尔等之意，及岁本莫尔根堪布、札萨克喇嘛竭力筹办资养尔等之苦心，各宜躬耕农业，毋致稍有懒惰，有负班禅额尔德尼慈悲。现在达赖喇嘛资养所属百姓，业经开列十条，通行晓谕，其后藏所属百姓内，有应行仿照十条办理之处，岁本莫尔根堪布一定妥办晓谕，俾尔等安居乐业，永享升乎之福。班禅额尔德尼如此疼爱尔等，于应当一切差事，务须尽心无误。如营官第巴、大小番目内，倘有从中勒索，及私用乌拉等弊，尔等自应亲赴岁本莫尔根堪布处，据实控告，以便秉公查办示惩。尔等亦不可假捏诬告，妄生事端，自讨罪戾。为此，晓谕后藏所属唐古忒百姓知悉，凛遵毋违。特示！

奴才松筠、和宁跪奏：为钦遵恩旨抚恤番民办理缘由仰祈圣鉴事。奉上谕：达赖喇嘛、班禅额尔德尼闻朕普免天下钱粮恩旨，请将唐古忒百姓应交本年粮石，及旧欠钱粮，分别豁免，并抚恤贫民办理，殊属好事，即照所请办理。达赖喇嘛、班禅额尔德尼既能仰体朕意，抚恤唐古忒百姓，竟可毋庸出其已资，著加恩动用该处正项，赏给前藏银三万两，后藏银一万两，交松筠等尽心妥办，勿使一夫失所，以副朕一体惠爱番民至意，钦此钦遵。奴才等谨将恩准豁免钱粮缘由，通行晓谕外。查，前藏所属唐古忒百姓，各处设有营官管理，共九十三处，在在皆有穷民，按其地方大小，人户多寡，分别极贫、次贫，其应行抚恤、赏给籽种，及修补房间各事宜，奴才等逐一酌定章程，缮写告示，谨以恩赏银两分拨，一并发往，饬交各营官，遍行晓谕恩旨，妥为分赏办理，务期番民均沾实惠。奴才等仍派妥实员弁，分路详细稽查，倘有遗漏，或致穷民失所者，即系该营官并未尽心抚恤，查明从严惩治。如果办理妥善，即行分别奖赏以示鼓励。奴才等督率众噶布伦及各营官，妥为分赏抚恤后，再行恭折具奏。至布达拉近处穷苦番民甚多，其内各乡来者，昼则乞食，夜则露处，奴才等谨将恩旨粘贴告示，随传集此项贫民，面为晓谕：尔等皆系失业百姓，今大皇帝普惠番民，恩赏银两抚恤，俾尔等得资休养，各安生业。众番民听闻之下，齐声欢感，跪叩皇恩，咸称我等番民得以活命，实赖大皇帝再造慈恩，惟愿大皇帝圣寿无疆，无不额手感颂。奴才等一一面询，其情愿回归本处者，即按户口赏银，差人送回，交该营官照依告示安插，各令务农复业。其内疲癃残疾，不愿回归本处者，俱于藏内补修房间，以资栖止，并酌量赏给糌粑酥茶，得以糊口，自能各谋生计，不致失所。所有卫藏番民，既蒙皇恩赏银抚恤，自奉到恩旨后，复得时雨，大田渐次播种，番情实属宁帖。再，恩赏后藏银一万两，奴才松筠于本日拜折后，即行起程前赴后藏一带，查阅营伍，自应亲身带往，恭宣皇上恩旨，妥为抚恤办理，以期仰副圣主惠爱番黎有加无已至意。俟到后藏，谨遵旨尽心查明分赏，另行恭折奏闻。所有奴才等接奉恩旨抚恤办理缘由，谨缮折先行覆奏，伏乞皇上圣鉴。谨奏。乾隆六十年四月初二日奏。五月二十七日，奉朱批：知道了。钦此！

再，奴才等查有近藏之三十九族地方番民，每年应纳贡马银三百九十一两一钱二分，向由驻藏办理夷情事务之理藩院司员征收，汇交前藏粮务，归入正项应用。今蒙恩准达赖喇嘛、班禅额尔德尼所请，将卫藏唐古忒百姓新旧钱粮，分别豁免，此三十九族番民应纳本年贡马银三百九十一两一钱二分，应否特降谕旨，一律豁免，出自皇上天恩，伏候训示。谨奏。乾隆六十年四月初二日奏。五月二十七日，奉朱批：自当豁免。钦此！

再，前藏所属东南北各处抚恤事宜，现经和宁督率办理。其自前藏至后藏、定日、西南大路一带应行抚恤处所，奴才松筠亲赍赏银，经过地方，传集番民，恭宣皇上恩旨，分别抚恤。今至后藏沿途分赏番民，查有抛荒田地，均已询明散给籽种银两，令其补种荞麦，尚可不误耕作。其有坍坏房屋，已酌给银补修，众番民生计顿舒，齐向东叩头，咸称大皇帝圣寿无疆，无不欢声感颂。奴才途次贡噶地方，分赏抚恤后，有该处营官巴素多尔济，胆敢私向众贫民抽取赏银二十余两入已，随经千总李臻、把总胥耀宗访出，禀知奴才，当即审明，追出银两，分赏原人外，将巴索多尔济退革营官，对众重责枷号示惩，并通行晓谕，以为营官不法者戒。现在千总李臻、把总胥耀宗稽查一切，实属尽心出力，合无仰恳圣恩，将千总李臻给守备顶带，把总胥耀宗赏给千总顶带，如始终奋勉，遇有该省缺出，再行升补之处，出自皇上天恩。谨奏。乾隆六十年四月十六日，自札什伦布具奏。本年六月二十九日奉到朱批：览。钦此！

奴才和宁跪奏：为恩赏前藏抚恤银两、办理完竣缘由仰祈圣鉴事。窃照松筠起程以前，与奴才细心商酌，凡前藏迤西至后藏所属地方，俱系松筠于查阅营伍之便，携带银两，带同知州刘印全、游击什格，分途散给。其前藏所属之东南北三路，交与奴才和宁督率经理。查，前藏附近东南北三路，大小寨落，共四十七处，按照噶布伦等所查户口数目，每处约计银钱自三四千圆至五六百圆不等，派委营弁三员，带同诚实仔仲、卓尼尔等赍往，眼同各该处营官，秉公散放。并饬委员外郎钟琦、知县杨卿云、守备卫觐光等，于就近处所，分路抽查，毋任丝毫克扣，务使无业穷番，溥沐皇仁，均沾实惠。至东北大路，如拉里、硕板多、罗隆宗、江卡等处毗连寨落，程途较远，均酌定银两数目，由驿递交该管地方文武员弁，督同该处营官散给，毋致稍滋弊端。松筠路过前藏西路洞噶尔关口，为外番往来必由之径，见其墙垣坍塌，行知奴才，饬噶布伦赶紧修砌，兹于四月二十五日，委员外郎钟琦查验，均已一律完整，颇肃观瞻。奴才不时亲往附近寺庙乡村巡查，见阖藏僧俗人等，无不感颂大皇帝普惠鸿慈，至优极渥，番情甚属欢忻。所有前藏东南北三路实用银两数目，统俟松筠办理西路后藏完竣时，再行汇齐，会折具奏，造册咨送理藩院备查。奴才谨将办理前藏抚恤事宜完竣缘由，理合恭折具奏；伏乞皇上睿鉴。谨奏。乾隆六十年四月三十日，具奏。本年八月初四日奉到朱批：知道了。钦此！

奴才松筠跪奏：为阅边抚恤番民酌减赋役缘由，仰祈圣鉴事。奴才于四月十六日，由札什伦布拜折后起程，带同噶布伦及后藏商卓特巴等，于沿途前后藏两属番民，已随处查看情形，分别抚恤；间有坍坏房间，已皆赏银修补。其前藏所属最苦之协噶尔、萨喀等处番民，俱已加倍恤赏。奴才于二十四日行抵定日汛，校阅汉番官兵。事毕，询得聂拉木、宗喀、济咙一带番民，生计尤为竭蹶，因即轻骑减从，由定日汛先到聂拉木，次到宗喀，又次济咙，查看情形，随处敬宣恩旨。亦如协噶尔等处，于极贫者每户三两，次贫者每户二两五钱，再次者二两，逐一分赏抚恤。并查有应修房屋，当即赏银饬令修补。其无田产之贫民，均已安插恤赏，众番民欢欣顶感，跪叩皇恩，无不虔祝圣上万寿无疆，番情极为欢忭。伏查聂拉木、宗喀、济咙及沿边一带，俱系达赖喇嘛所属，为藏地极边保障，自应轻其赋纳，优示体恤。今面询此数处百姓，每年应纳钱粮之外，尚有别项折色，而济咙番民赋税尤重。奴才前此曾向达赖喇嘛言及番民穷苦情形，据云，若查有苦累之处，即恳随时调济〔剂〕。奴才因向边民等皆谕以达赖喇嘛之意，每年止令交纳正项钱粮，其余赋税，概行豁免。其聂拉木百姓钱粮过重，已量为减定额数交纳。尚有沿边之萨喀、阿哩、帕克哩、定结、喀达、绒辖六处边民，赋纳皆属较重，查明均为减免晓谕，并示体恤。再途次有番民禀诉，每年达赖喇嘛商上及大寺庙差人赴聂拉木等处贸易者，边地百姓应付乌拉，实为苦累等情。奴才复查属实，已严行出示晓谕，嗣后此项贸易者，于边地所需乌拉人夫，俱著发价雇觅应用，其唐古忒各世家及达赖喇嘛亲属人等，概不准私用乌拉，以期永抒民力。惟查前藏所属番民，穷苦者甚众，奴才于沿边体访，复面询百姓穷苦根由，缘达赖喇嘛商上每年差派杂役繁多，所属百姓内，除边远游牧者，尚无从摊派，其余所有种地番民，一年交纳各项钱粮外，每户仍摊出银三两至六两不等，名为帮贴夫役盘费。查，此项差役，系洒扫布达拉等处寺院，及秋季割草交商上应用而派，因循年久，遂为定例，其苦累番民者，莫此为甚。况询问后藏，向无如此差派，札什伦布各寺庙，皆系僧众自行洒扫，是以后藏百姓，十分穷苦者尚少。此项差派，既无关于商上钱粮，实属浮费，自应严行禁止，以广皇仁，而除积弊。奴才因即通行晓谕，此项差徭，永行禁止，并严饬噶布伦、各营官，倘有违禁私派者，定行严参重治其罪。至商上日需之草束，原有百姓一年所交折色银一万余两，不但足敷应用，尚有盈余，尽可雇募应役。此在达赖喇嘛不过微减浮费，于商上用度无虑缺乏，而众百姓每户一年省银数两，生计自能宽裕。奴才松筠仰蒙圣主委任，于一切事务，惟有凛遵训旨，恪守章程，留心整饬办理，以期敬副教诫谆谆至意。今蒙我皇上恩泽隆施，于前后藏赏银遍行抚恤，继以达赖喇嘛减免赋役，众番民生计立见宽舒，实足以永安乐利，上慰慈怀。所有奴才阅边抚恤番民及减免赋役各缘由，谨缮折据实陈奏，伏祈皇上圣鉴。谨奏。乾隆六十年五月二十五日，自札什伦布具奏。本年八月初四日，奉到朱批：览奏俱悉。钦此！

再，奴才松筠现已回至札什伦布，所有后藏所属西路百姓，业经奴才带同商卓特巴，于沿途分别抚恤。其余各处应行恤赏者，曾交粮务刘印全等，督同岁琫堪布分赏，办理已经完竣。今复查询番民，并无遗漏，尚属尽心妥办。至和宁经理前藏东南北路抚恤，亦将就绪，所有恩赏银四万两，于前后藏分别抚恤数目，容俟奴才回到前藏，与和宁会折陈奏。本年卫藏地方雨水霑足，各处稞麦长发茂盛，可期有收，实堪上慰圣怀。奴才于本日拜折后起程，由后藏阳八井一带，稽查已赏地方，顺道即回前藏。谨奏。乾隆六十年五月二十五日，自札什伦布具奏。本年八月初四日，奉到朱批：知道了。钦此！

为晓谕事：照得本年正月二十七日，据噶布伦等禀称，今将众百姓应交木兔年粮石，概行豁免。所有散给各寺喇嘛并各处营官及办事头目等口粮，在商卓特巴处，将所存各物取出，折算价值发给，禀请酌定前来。本部堂、阁部查商上每年散给各寺喇嘛并营官头目，向系散给糌粑、酥油、茶叶，并无折给绸缎布疋等物之例，但本年众百姓应纳粮石，已蒙达赖喇嘛慈悲，概行豁免，是商上所入无多，所出亦应酌减。所有各寺喇嘛并各营官头目，平日均受达赖喇嘛覆庇之恩，自应仰体达赖喇嘛爱民之德，其本年额给口粮，暂准给与绸缎布疋等物折算，以节费用，俟来年仍照旧给与本色。倘商上所发绸缎布疋内，或有霉烂破坏者，许该喇嘛、营官、头目据实回禀，以凭饬令更换。设若该喇嘛、头目等，领出此项绸缎布疋等物，另行售卖，不能如折算之价，稍有不敷者，惟当仰体达赖喇嘛慈悲众僧之意，毋生怨尤也。本部堂、阁部细查噶布伦所开各物价值，皆系比照市价从减核定，尚不能有致苦累尔等，为此，出示晓谕。并将各物折算价值数目，开列于后，仰即遵照，须至告示者。

计开：

大缎一疋，合算银钱四十两；蟒缎一疋，合算银钱二十五两；锦缎一疋，合算银钱十八两；小缎一疋，合算银钱七两；片金一疋，合算银钱七两。头等哈达一疋，合算银钱三两；二等哈达一疋，合算银钱八钱；三等哈达一疋，合算银钱五钱；小哈达一连，合算银钱七钱五分；八个头哈达一连，合算银钱二钱二分半。花绸一疋，合算银钱八两；台镇布一疋，合算银钱一两二钱；板折布一对，合算银钱八钱；口袋布一疋，合算银钱一两。锅焙茶一甑，合算银钱二两五钱；邛州茶一甑，合算银钱二两五钱；线茶一甑，合算银钱一两五钱。烟一包，合算银钱四两。纳达绸一疋，合算银钱一钱五分。好氆氇一个，合算银钱五两；中等氆氇一个，合算银钱三两五钱；下等氆氇一个，合算银钱一两五钱。靛一克，合算银钱二两五钱；黄丹一包，合算银钱七钱五分；树果一包，合算银钱四两。红绫一疋，合算银钱六钱。葡桃一包，合算银钱三两。铁一克，合算银钱三钱。

铜一克，合算银钱八钱。枪一杆，合算银钱五两五钱。

此件，据噶布伦等议定：商上所属各处百姓，每年应交草粮折色银两，约有一万，所有达赖喇嘛之上等马骡五十余匹、次等马骡五十余匹、奶牛四十只，所需草料，除附近属下供应外，其有不敷，即以前项折色银两，采买添补，今核计：

一、达赖喇嘛之每马一匹，日需草二克；每牛一只，日需草一克。每日共需草二百四十克，一年共计用草八万六千四百克。

一、割芦草雇夫一名，需钱二圆。一日尽可割草五十克，每日雇夫一百名，用钱二百圆，可割芦草五千克，以六十日计，尽割草三十万克，用钱一万二千圆。

一、运草交商上，每雇夫一名，日需钱二圆以上，一年计共用钱一万二千圆。

以上割草三十万克，内达赖喇嘛骡马五十余头匹、又次等马骡五十余头匹、奶牛四十只，每马一匹，日需草二克，奶牛一只，日需草一克，一年共用去草八万六千四百克。下剩草二十一万三千六百克，并外收附近庄头纳草束，支应各衙门马匹，及济咙呼图克图马牛，并各处来藏熬茶瞻礼人等马骡之用。

一、布达拉每日扫地背水等项夫役六十名，足以敷用。日给煮粥一次，每名给钱五分，共钱二十圆，一年共用钱七千二百圆。

一、色拉、别蚌、干殿（噶丹）、大小昭五寺，一年以二千三百七十六圆钱，分给自雇。

一、大小衙门使用乌拉及通事乃心巴等乌拉，一年共用银钱四千二百圆。

一、背运柴草及念经需用各物，并零星补修房屋，向用乌拉八十余名，今减用四十名，每名日给银钱五分，共用钱四千八百圆。

以上，一年所用乌拉，共钱一万八千五百七十六圆。

一、夏天疏通水沟，雇夫挖淘，一年约用钱一千圆。

一、铸佛处所雇乌拉，用钱一万圆，合蛮银一千五百两，一年陆续雇用。

一、痘厂补筑房屋及病人养赡，共用钱三千圆，合蛮银四百五十两。

以上各项，通共用钱四万八千一百五十二圆，合蛮银七千二百二十二两八钱。

一、下剩银二千七百余两，即以此项剩银，作为买料应用。今查割草，扫地二项差事，可以永远豁免，奏明大皇帝，严查禁革等因。据此，业已奏闻，奉旨允准，遍发告示，晓谕遵行。其噶布伦等定议原字，著存案备查。再，此项草料折色，每户百姓一年应交蛮银四钱，向来商上每年共收一万余两。至前藏所属充当番兵之二千六百二十五户，照例免交草料折色，亦不过一年短收蛮银一千有零。是商上每年仍收折色银九千八百余两，除每年雇募割草夫役，及各项扫地、背水等乌拉，并天花痘子厂等处一切应用，共需蛮银七千余两，尚盈余二千余两，以为添买料豆应用，并无缺乏。况此项折色，系从前颇罗鼐为岳大人官兵养马摊派之项，实非达赖喇嘛商上应收者。今算明如此应用，甚为允当。且凡有种地百姓，以此每户一年省银数两，其益良非浅鲜。又，达木兵丁口粮，原有班大人任内奏明奉旨准赏之田地甚多，乃年久，致将口粮田地归商上一半，一半赏与公班第达，率由萨喀、哈喇乌苏、拉仓等处黑帐房百姓，攒派羊只，作为口粮散给，殊属不合。其班第达田产业已入官，以充番兵口粮，无庸另议，而商上既有一半田地，收租人称年久碍难清查。所有达木兵丁口粮银钱九千五百一十六圆，自应照依噶布伦等所议，每年届期，由商上发给。从前滥行摊派之萨喀等三处羊只，一概即行豁免，以抒民力，并此声明备查，庶免久而蒙混舞弊，藉辞摊派百姓也。

（《卫藏通志》卷一四上）

抚恤（下）

为晓谕事：照得商上所属各处庄田，派有庄头经理，复派有孜本、硕第巴总司其事。每处庄田，有散籽种一克收回五克者，间有因某处田地肥润，散给籽种一克，收回七克、九克、至十克之多者，此系商上成规，本有定额。惟是此项庄田，皆由各庄头就近招集乌拉人等，耕种灌溉，收成后，庄头按照定额，交纳商上外，余剩粮石，原准庄头自收食用，于乌拉人等，从不分给颗粒；且百姓充当此项乌拉，宁误本身农作，而断不敢有误庄田，此苦累一也。又，所派庄头内，不能亲身照料者，伊复派其手下番目，从中渔利，往往多发籽种，勒令乌拉耕种，希图多收肥己，此苦累二也。又不肖番目等，以庄田紧要为名，肆意多招乌拉，索钱卖放，此苦累三也。又，各处种田，无不同时耕作，番民既充乌拉，耕作庄田，其本身田地，不无有误，应纳商上钱粮，复被差目逼迫，此苦累四也。又，商上原给耕牛，往往庄头领去，或卖钱受用，或作为已有，并不用于庄田；其庄田所需耕牛，亦勒令乌拉帮给，此苦累五也。每年充当此项乌拉番民，有如此种种苦累，是以日益贫穷，以致逃亡失业，殊堪悯恻。盖因远处乌拉人等，不知商上原有籽种定额、并例给耕牛数目，是以庄头等所派手下番目，得以从中滋弊。除已往姑宽不究外，今达赖喇嘛深悉百姓种种苦累，大发慈悲，将所有耕种庄田乌拉人等，自明岁丙辰年起，每年所用乌拉一名，即免其本家应交粮石二克十升，以抒民力。其不应纳粮石之贫民，充当乌拉、耕种庄田者，收成后，即由该处营官所收百姓额粮内，每一名赏给青稞二克十升，以资养赡，并通行晓谕，以达赖喇嘛慈悲，永远以此著为定例。仍将商上原定各处庄田发给籽种数目、耕牛数目，遍贴告示，使众番民得知商上皆有定额，可免各庄头所派番目等从中渔利。此特达赖喇嘛疼爱所属番民，亲同济咙胡图克图，教谕噶布伦等办理，以安百姓。众噶布伦亦颇为百姓尽心筹画，具禀前来，合亟出示晓谕。为此，示仰孜本、硕第巴、各庄头及耕种庄田之乌拉番民等知悉：

嗣后各庄头务须按照后开商上原定籽种耕牛数目，实领实发，不得少给耕牛，多发籽种，亦不得额外多索乌拉，私种已田，以致苦累百姓。倘敢仍蹈旧习，任意苦累番民，许该管营官及受害乌拉番民，或赴本钦差衙门，或赴噶布伦等处具禀，定行尽法究治不贷。其总管之孜本、硕第巴，倘有勒掯庄头、额外多收情弊，许该庄头即据实指禀，以凭革究。此系达赖喇嘛因本年概行豁免租粮，意及尔等充当此项乌拉百姓种种苦累，是以如此曲为筹画，体恤办理，复恐各庄头及总管人等，私行多发多收，及短给耕牛，并有不肖之徒，将自己私买田地，假称商上庄田，擅用乌拉，苦累百姓。是以商同本钦差大人，将原定某处庄田籽种额数若干，发给耕牛若干头，每年耕种一克籽种，止用乌拉一名，又每名免其本家应交额粮二克十升；其内间有无力纳粮之贫民，又赏给青稞二克十升各缘由，通行详晰示知，实于尔等百姓有益。尔等更当认真耕种，以邀达赖喇嘛福庇。各庄头及总管人等，均宜仰体达赖喇嘛爱民之意，毋得苦累农民，致干查究。今将各处庄田籽种额数，及商上原给耕牛数目，开列于后，明白晓谕，并令凡有庄田之各处营官第巴、大小番目等，即速会同该处大小庄头，将该管地方，按照商上一年例发籽种数目，应种之庄田数目若干，按每年下一克籽种，止用乌拉一名之数，各造清册二本，呈报本钦差衙门一本备查。呈报商上一本，以凭自明年起，永远按照人数，每一名免其本家额粮二克十升。再，招集此项乌拉人夫，亦应查明，每一户能出一人，或二三人者，自可量其力能而招之。其人少之家，断不可勒派使种庄田，以致误其本身农业。各该营官庄头等，务须敬体达赖喇嘛惠爱百姓之慈心，一一尽心妥办。一经告发，定将该庄头及营官一并从重治罪，决不姑贷，各宜凛遵毋违。须至告示者。

呈开。

商上所需各处营官、庄头，每处应下籽种，及收回各数目内：

一、协噶尔所管庄头六处，共下籽种二千一百六十四克九批二格，每籽种一克，收回五克，用耕牛五十四只。

一、定结所管庄头三处，共下籽种九百四十九克一批二格，每籽种一克，收回五克，用耕牛二十四只。

一、昔孜所管庄头十三处，共下籽种二千七百三十五克零二格，每籽种一克，收回五克，用耕牛六十八只。

一、仁孜所管庄头十一处，共下籽种一千一百八十二克十五批二格，每籽种一克，收回五克，用耕牛三十只。

一、拉布庄头一处，共下籽种四百二十克六批二格，每籽种一克，收回五克，用耕牛十一只。

一、甲错庄头一处，下籽种三百六十克九批二格，每籽种一克，收回五克，用耕牛九只。

一、纳木岭庄头一处，下籽种六百一十六克十九批一格，每籽种一克，收回五克，用耕牛十六只。

一、仁本庄头三处，共下籽种六百六十八克十一批一格，每籽种一克，收回七克，用耕牛十七只。

一、巴浪所管庄头六处，共下籽种一千五百九十七克八批二格，每籽种一克，收回七克，用耕牛四十只。

一、汪垫庄头一处，下籽种二百八十二克十七批二格，每籽种一克，收回五克，用耕牛七只。

一、堆冲庄头一处，下籽种四百十六克十四批一格，每粒种一克，收回五克，用耕牛十只。

一、江孜所管庄头十九处，共下籽种二千三百九十五克十九批二格，每籽种一克，收回五克，用耕牛六十只。

一、拉噶子所管庄头七处，共下籽种五百六十八克十六批二格，每籽种一克，收回五克，用耕牛十四只。

一、岭所管庄头九处，共下籽种二百一十八克五批一格，每籽种一克，收回五克，用耕牛六只。

一、夺宗所管庄头十四处，共下籽种六百五十九克十一批一格，每籽种一克，收回七克，用耕牛十六只。

一、乃东所管庄头三处，共下籽种四百零一克十二批，每籽种一克，收回九克，用耕牛十只。

一、琼结所管庄头四处，共下籽种二百零六克二批二格，每籽种一克，收回七克，用耕牛五只。

一、贡噶尔所管庄头六处，共下籽种三百四十五克四批，每籽种一克，收回七克，用耕牛九只。

一、聂母庄头一处，下籽种九十四克十九批二格，每籽种一克，收回九克，用耕牛二只。

一、沃卡所管庄头四处，共下种一百九十三克十批二格，每籽种一克，收回七克，用耕牛五只。

一、拉岁庄头一处，下籽种一百九十七克十一批，每籽种一克，收回五克，用耕牛五只。

一、古浪所管庄头三处，共下籽种四百九十二克五批，每籽种一克，收回五克，用耕牛十二只。

一、金东庄头一处，下籽种二百零六克十三批，每粒种一克，收回五克，用耕牛五只。

一、僧宗所管庄头十处，共下籽种二百二十七克十三批，每籽种一克，收回五克，用耕牛六只。

一、拉康庄头一处，下籽种四十克六批一格，每籽种一克，收回五克，用耕牛十二只。

一、仑孜庄头一处，下籽种二十五克十一批一格，每籽种一克，收回十克，用耕牛三只。

一、角木宗所管庄头五处，共下籽种二百八十九克三批二格，每籽种一克，收回七克，用耕牛八只。

一、工布则岗庄头一处，用籽种三百三十四克十三批四格，每籽种一克，收回七克，用耕牛八只。

一、江达所管庄头七处，共下籽种一百五十二克四批，每籽种一克，收回七克，用耕牛四只。

一、工布硕卡所管庄头十处，共下籽种二百四十八克五批一格，每籽种一克，收回七克，用耕牛六只。

一、折布岭庄头一处，下籽种二百九十五克二批二格，每籽种一克，收回十克，用耕牛七只。

一、朗茹庄头一处，下籽种七十克十七批一格，每籽种一克，收回十克，用耕牛二只。

一、札什所管庄头二处，共下籽种一百二十六克十三批二格，每籽种一克，收回十克，用耕牛三只。

一、洛美庄头一处，下籽种一百三十一克四批一格，每籽种一克，收回十克，用耕牛三只。

一、哩乌庄头一处，下籽种二百五十一克十五批二格，每籽种一克，收回七克，用耕牛六只。

一、郎结岗庄头一处，下籽种一百七十一克十四批二格，每籽种一克，收回七克，用耕牛四只。

一、岗庄头一处，下籽种九十四克八批，每籽种一克，收回七克，用耕牛二只。

一、曲隆庄头一处，下籽种七十八克七批，每籽种一克，收回十克，用耕牛二只。

一、浪荡庄头一处，下籽种一百三十三克十七批一格，每籽种一克，收回七克，用耕牛四只。

一、业党庄头一处，下籽种一百七十四克十二批一格，每籽种一克，收回七克，用耕牛五只。

一、博地庄头一处，下籽种四十一克十三批，每籽种一克，收回十克，用耕牛二只。

一、撒拉庄头一处，下籽种二百七十二克十二批，每籽种一克，收回七克，用耕牛七只。

一、札什孜庄头一处，下籽种七十九克十批，每粒种一克，收回七克，用耕牛二只。

一、降庄头一处，下籽种一百二十一克十七批，每籽种一克，收回七克，用耕牛三只。

一、协中庄头一处，下籽三十七克一批一格，每籽种一克，收回五克，用耕牛二只。

一、蔡里庄头一处，下籽种四百一十九克十六批二格，每籽种一克，收回七克，用耕牛十只。

一、咙称庄头一处，下籽种一百三十四克十三批一格，每籽种一格，收回七克，用耕牛四只。

一、然巴庄头一处，下籽种一百零五克十批，每籽种一克，收回五克，用耕牛三只。

一、工布庄头一处，下籽种四十八克，每籽种一克，收回七克，用耕牛三只。

一、布桑庄头一处，下籽种四十八克，每籽种一克，收回七克，用耕牛二只。

一、打孜所管庄头八处，共下籽种八百五十八克，每籽种一克，收回七克，用耕牛二十一只。

一、冷竹宗庄头一处，下籽种二百六十五克六批二格，每籽种一克，收回七克，用耕牛七只。

一、墨竹工（庄头）一处，下籽种七十八克，每籽种一克，收回十克，用耕牛二只。

一、策堆得所管庄头五处，共下籽种三百八十克，每籽种一克，收回七克，用耕牛一只。

一、达赖喇嘛将宗喀、济咙两处，互相抽收牛粮杂税，永行停止。并将宗喀百姓应交之莫罗木糌粑银五百两、麝香银九十五两，一概豁免。其济咙、宗喀百姓应交正项钱粮，及二年抽交一次之牛羊税，仍著照例交纳。至达赖喇嘛每逢差人前往阳布刷塔贸易，所有济咙、宗喀应付乌拉，每牛一只，每日给脚价银一钱；人夫一名，每日给口粮五分，发给印照为凭。

一、据萨喀、桑萨游牧番民禀称，早年虽然人户众多，牛羊牲畜蕃孳，后因赋纳过重，人口日渐逃亡，现在萨喀、桑萨、偏溪等处，百姓止有二百九十六户，牛羊较前剩有十分之二，是以数年来仅能交纳酥油，其余各项银两，总未能全数交纳，百姓苦累已极等语，因谕以达赖喇嘛慈悲，将萨喀地方孳生之奶牛一千只，每牛一只折收银钱二十圆，以为牛价交商上外，此项牛只，准该百姓所请，永远豁免。并将萨喀百姓前有淘金之人，应交金税银钱（元）宝八个，现在人户既少，久未淘采，其税银亦行豁免。又，从前阿哩地方，因有防备准噶尔之汛兵，派令萨喀百姓，每年帮贴银钱元宝三十六个，其准噶尔早经天兵扫灭，故将此项无用之费，一并豁免。又，每年由萨喀拨给达木兵丁口粮、羊只，商上另有班大人任内奉旨准赏之项，其萨喀百姓之摊出羊只，及拉仓等处摊出羊只，应即一并豁免。所有萨喀百姓每年应交酥油六千余克，每年仍行照数交纳，并每二年抽收一次之牛羊税银，交该处营官，照现有牛羊数目，秉公抽收，永为定例，各发给印照为凭。

一、查，聂拉木边地百姓，每年差赋繁多，因谕以达赖喇嘛慈悲，将该处并所属巴都尔、收达尔、结岭、沃拉等处百姓每年应交粮石，分为三等：头等每户每年止准交粮十批；二等者交粮七批；三等者交粮四批。其每二年抽收一次之牛羊税银，照旧交纳外，其余杂差，永行免派，并发给印照为凭。

一、查，绒辖边隘，与廓尔喀地界相连，其边外廓尔喀百姓，每年止交银钱半圆，是伊之赋纳最轻。而唐古忒边地百姓，每年赋纳，反为繁重。因谕以达赖喇嘛慈悲，将该处百姓每年应交大米，头等百姓止准交米三筒，二等者止准交米二筒，三等者止准交米一筒，照数交纳外，其例外应交皮张、蜂糖等项，永行豁免，发给印照为凭。

一、查，喀达边地百姓，每年应交青稞、清油、肉、竹子、茜草、麂皮、纸、铁、木条，共折交元宝二十个，甚为苦累。是以廓尔喀从前经由此地，亦无阻挡者。因谕以达赖喇嘛慈悲，将该处有田地之百姓，共九十一户，分为三等，头等三十八户，每户每年止准交银三两；二等二十二户，每户止准交银二两；三等三十一户，每户止准交银一两。其青稞、清油、各项折色之元宝，永行豁免，发给印照为凭。

一、查，定结边地百姓，每年差赋繁多，此地外通廓尔喀，俱为紧要。因谕以达赖喇嘛慈悲，将该处百姓，除每年应交正项钱粮，及每二年抽收一次之牛羊税银照旧交纳外，其余杂税银两，及赴藏充当各项乌拉差使，概行永远豁免，发给印照为凭。

一、查，帕克哩边地不产稞麦，皆与边外布噜克巴易米度日。该处百姓二十户，每年应交红糖六十克，为数过多，因谕达赖喇嘛慈悲，减免一半。又将帕克哩所属之白哩百姓十八户，每年折交羊毛银钱二十圆，概行豁免。其每年所交黑毛毡，照旧交纳。又将所属之格哩百姓二十四户，应交铁斤豁免。其余酥油等项，照旧交纳。以上三处百姓，生计竭蹶，其有交牛羊税银者，概行豁免。又将所属之噶哩、仲买等四处百姓，及阿桑等六处百姓，二年抽收一次之牛羊税，及噶哩、仲买等四处百姓应交之竹子、木条，概行豁免。其茜草、青稞、荞子、药材、酥油等项，照旧交纳。至格哷拉巴世家属下百姓四十户，每年既与格哷拉巴交纳青稞、酥油，自不应与商上重复交纳。所有该处每年应交商上之青稞草钱，及羊税银钱，概行豁免；止令该处同帕克哩百姓一律充当乌拉差使，以示体恤，并各发给印照为凭。

一、查，阿里所属达巴卡尔百姓，每年应交布价，折算银八百一十一两九钱；如妥百姓每年应交布价一百八十五两五钱；策忍百姓每年应交布价一百五十两；布陵百姓每年应交市价四十七两八钱二分半。又所属黑帐房、牛厂、披尔充、如妥、上下必鲁，每年抽收公母牛二百零五只、公母绵羊二千零五只、公母山羊一千六百九十七只。似此边地百姓，差赋过重，实非体恤之道，因谕以达赖喇嘛慈悲，以上各项赋税，均免三分之一，以抒其力。至阿哩防边番兵八十三名口粮，每年共用牛一百六十六只、山羊二千零七十五只，为数无多。其营官一年照依减定之数所收牛只，虽稍有不敷，羊只既多，可以补足，口粮发给，并无短绌。如此减免，可以稍抒民力，并发给印照为凭，可免日久营官舞弊。

一、据罗罗地方当差百姓等呈称，从前蒙派波绒巴送差至甲错岭，后来波绒巴私讨印票，竟不应付乌拉，一带百姓，日渐逃亡，苦累已极等语。据此，谕以达赖喇嘛慈悲，将该处百姓应交正项钱粮，照旧交纳外，其例外摊出之糌粑，及噶尔归乌拉，并割芦草乌拉，永行宽免。并自罗罗起，至聂拉木一带，遇有前后藏各寺院差往边界贸易人等，每用牛一只，给脚价银一钱，人夫一名，给银五分。其噶布伦、公、扎萨克、戴本及各世家，俱遵照一体发价，毋得苦累番民。至接换乌拉地界，难以分断，遇有差使，罗罗百姓止可出牛三十只，领价应付，如过三十只，仍著波绒巴领价应付，各发给印照为凭。

一、查，哈拉乌苏甲琫诺尔错交属下百姓，逃走十三户，当差噶厦卓呢（尔）班角楞布索诺木札什前往查办。嗣据该卓呢（尔）旋藏禀称：查明逃走之百姓，因穷苦已极，不能交差，所以逃走，现将在逃之百姓，已俱招回。再，查哈拉乌苏地方，去年雨水稀少，牛只多遭瘟病，死者甚多，百姓渐致穷寒，恳将该处六十余户穷苦百姓差使减免，百姓等方能居住等语。该卓呢（尔）前往查明所逃之百姓，实因穷苦所致，随即招回，又请减免六十余户穷苦百姓差事，殊为能干晓事，即将该卓呢尔补放哈拉乌苏营官，随时调剂，以安百姓。所有哈拉乌苏牛羊厂内，从前有奶牛三千只、羊一万余只，达赖喇嘛慈悲，悯念该处百姓穷苦，将牛一千、羊五千只应纳酥油、牛毛、羊毛，永远豁免，以抒民力。至招回百姓十三户，给每户奶牛一只、羊三只，在牛羊厂内拨给孳生以资度日。该营官到彼，明白晓谕众百姓，各安住牧。其该处百姓应当差事，如上等之家，照旧承当，其内有极贫之户，酌量抚恤，赏给牛羊，俟过三五年，其牛羊孳生，能以当差时，再令当差。至现在微有牛羊之家，著分为中下两等，其中等百姓之差事，作何承当，下等百姓之差事，又应作何支应，即交新放营官，会同该处堪布，询明百姓，分别酌议、具禀备查。嗣后如有十分穷苦不能当差者，许其禀明该处营官查明，即照依新定章程抚恤，具禀存案。至哈拉乌苏营官之小娃子，竟自常向该处百姓勒索牛羊，甚为苦累。所有旧日苦累百姓之小娃子等，著该营官查明，令其各归本业，不得再向百姓需索牛羊，致滋苦累。如现任营官之小娃子，尚有需索扰累者，许该百姓赴藏禀究。再，堪布进京，并商上差往西宁贸易之人，向来往回经过哈拉乌苏，在彼憩息二十余日，所需之酥油等项，俱系该处百姓供给。今该处百姓陆续逃散，现有人户无多，又加牛羊遭灾倒毙，生计实为竭蹶。达赖喇嘛现在恻念豁免一切，而仍加抚恤，是大慈悲之意，该堪布等往回俱有盘费，自今不得再向该处百姓需索食物等项，仍前扰累。晓谕哈拉乌苏堪布、营官、百姓等遵照。

一、查，硕板多百姓穷苦，兼之逃亡过多，前曾将应交商上钱粮，五停内减免过一停，兹因穷寒，自应再予减免。今达赖喇嘛著照现有百姓户数，应将钱粮仍旧交纳外，其逃亡百姓，并荒芜田地，自丁巳年起，免其摊派现在百姓钱粮七年。嗣后逃亡百姓，如有情愿回归本业者，总以其归业三年后，再行查明，增添交纳。所有逃亡百姓，如有情愿回归本业之人，商上给予籽种，豁免三年钱粮差事。其现在百姓，每年应交牛屉一百块、宽皮条一百五十根、细皮条二百二十根、短皮条四十八根、黑帐房四顶；隔一年，堪布囊素进京，在哈拉乌苏应付牛屉一百块，嗣后每年减免牛屉五十块、宽皮条一百根、细皮条一百二十根、短皮条四十根、黑帐房二顶，应付哈拉乌苏牛屉五十块。此系达赖喇嘛慈悲，应即出示晓谕，以抒民力。又据噶布伦等禀称，博窝曲宗原是商上所属，凡遇驻藏大臣并廓尔喀贡使往回，应帮硕板多乌拉马二十五匹，因路途遥远，一时不能赶到，折给马价银六十两。今减去银十两，只帮硕板多马价银五十两等语。查，安过曲宗既驻藏大臣更换及廓尔喀贡使经过地方，俱有赏项，其博窝距硕板多过远，自不应援例摊派，致有苦累。嗣后更换驻藏大臣经过硕板多，自京来时，即随时发给银五十两；自藏赴京，亦随时如数发给。至廓尔喀贡使经过，由驻藏大臣衙门发银五十两，以免派于博窝曲宗，致滋扰累。出示晓谕硕板多、博窝曲宗等处营官、第巴僧俗人等遵照。

一、据噶布伦等禀称，差卓呢（尔）二名，赴拉仓查减百姓差事。今据该卓呢（尔）等禀称：查，拉仓除减免差事，赏过执照外，今又查得拉仓八处百姓，每年应纳商上酥油二百五十克，因牛只倒毙已尽，百姓无力交纳，请自嘉庆二年起，将此项油斤永行豁免，发给印照为凭。

一、据噶布伦等禀称，差卓呢（尔）二名，赴朗茹查减百姓差事。今据该卓呢尔等禀称：查，朗茹所属江茹、三巴、忍巴、江拉，并朗茹五处百姓，共应交酥油三百五十克内，减免三十四克。又德庆巴地方百姓，应交酥油七十五克内，减免二十五克，以上豁免五年。又朗茹等六处百姓，应交毡子、牛尾、牛毛、皮条，请豁免五年：又堪布囊素进京，此六处百姓，隔一年应帮哈拉乌苏驮牛三十六只，今请永远豁免二十四只，隔一年只帮十二只连鞍。又巴尔诵噶噶折结百姓，应交商上酥油五十八克十压内，今请免八克零十压，准免三年。又应交白土十六克，请减免五年。又巴尔诵噶牲百姓，应交酥油五十一克十压、白土十四克，准免五年，发给印照为凭。

又遵照原奏，分别议定割草等项章程。

一、商上所属百姓二万余纲，内除充当番兵之二千余纲，及早年免交杂差之六百余纲，不纳草料银两外，现据噶布伦等查算，以交柴纲数统计之，尚有一万八千二百六十二纲，照例俱交草料银两。查，此项银两，本系早年商上为官兵喂养五百匹官马而派，并非正项钱粮，已于乾隆六十年抚恤之际奏明，此项作为割草扫地乌拉工食，遍行告示，永远免派百姓出纳割草扫地乌拉银两，以抒民力，有案可稽。每纲百姓，一年应交草料银钱三圆，其内世家之六千八百纲，各照旧例，每纲俱交银钱三圆零五分，通合算每年共交银钱五万七千零五十二圆一钱。

一、大小衙门官兵，及各行人役，每年应交草料商价银钱六千五百八十六圆外，又交纹银六百七十六两八钱，合市价每两十一圆，共银钱七千四百四十四圆。是大小衙门官兵，及各行人役，一年通共发给草料商价银钱一万四千零三十圆，另有清单。

以上二款，每年共收银钱七万一千八十二圆一钱。此每年所入之数，其每年所出之数，另为分晰开列于后：

一、布达拉、大小招、噶厦、象房、硕里及济咙胡土克图处，每月所需乌拉工食，银钱一千三百七十二圆，共一年所需乌拉工食，银钱一万六千四百六十四圆。另有清单。

一、大小衙门及各行人役，每月所需当差乌拉工食，银钱六百一十八圆零七分半，通共一年所需乌拉工食，银钱七千四百二十一圆，另有清单。所有此项应役乌拉，于乾隆六十年，大小衙门欲自行发价雇觅应用，时经噶布伦等议以所收草料银两，本有盈余，尽可雇觅，况各衙门背水扫地等项乌拉，俱系达赖喇嘛早年定例，由商（上）发给工食等因。据此，遂将各项乌拉，饬令俱为减半，酌定额数，今复通查所收草料银两，既属敷用，自应仍照原议办理。

一、本年所收芦草一十六万二千一百五十克，若以每夫一日水塘割草而算，每日一人可割一百五六十克。以其随割随运至岸上晒乾而计之，每夫一日割草二十克，共用夫役八千一百零八名，每名钱一圆零五分，通共用钱一万零八百十个。

一、割山草二万三千五百七十克，每日每人割十五克而算，用夫一千五百七十二名。每名每日工食银钱一钱，共需银钱一千零四十八个。

一、本年所割芦草，十五克一背者，才二千背，余皆十克一背。所割芦草山草，共一万七千一百一十六背，皆需背运商上，约计路近者一半，每夫每日背五背，共用夫一千七百一十三名；路稍远者一半，每夫每日背四背，共用夫二千一百四十一名。通计之，共用背夫三千八百五十四名，每名日给工钱一钱，共用工钱二十五百六十九圆。

一、大小衙门及官兵各行马匹，每日用料四百三十六克，一年用料五千二百三十二克。向来草第巴办料，多系春借秋收，每料一克，约值银钱二圆，今宽为定价，统以三圆零五分银钱买料一克，通共止用银钱一万七千四百四十圆。而钦差两衙门，仍每克料豆发价四钱五分，并无苦累。

一、合算本年七月起，至明年七月止，各处应用芦草、青稞草，共一万九千五百六十一背，又山草二千四百背。其本年所收芦草较少，据称添买不敷。青稞草五千九百七十一背，每背合钱一圆，共用钱五千九百七十一圆。

以上割草买草及扫地各项乌拉工食，一年通共用钱六万一千七百二十三圆，以所入七万一千零八十二圆一钱而计之，除使（用）下剩银钱九千三百五十九圆一钱。此项余剩银钱，酌量分给草第巴二名，每人银钱一千圆，再赏噶布伦所派照料人等一千圆，仍属有余。其所定各款，倘有不敷，尽可以此余剩银钱办理。每年如芦草多收一背，则青稞草即可少买一背，如芦草短收之年，其割草所省工食银钱，即可补买青稞草，实毋庸另行补领价银。

一、每年春季，大招两次穆罗木，传集各处喇嘛念经，名曰攒招。两次所有熬茶柴钱，竟至开销达赖喇嘛内商纹银一千数百两之多，而本年正月，经噶布伦等令以各处来藏熬茶之人，自出柴钱，其人原为行善，无不愿从。而一季仅于达赖喇嘛内商领用纹银一百数十两，已为节省一千余两。询及明年新正亦可如此节省办理，是噶布伦等于此事办理殊为妥协，达赖喇嘛自必鼓励奖赏。嗣后永为定例遵办，毋得仍前藉端冒销，以节浮费。

一、远来朝佛人等，俱有布施，而于达赖喇嘛亦必各尽诚心。虽其呈递金银物件，多寡不一，其人在藏之日所需喂马草料，及乌拉工食，应于所递布施内酌量拨出，交噶布伦等，分给各行市买供给，以免动支商库银两。至其所需食物，虽云由硕第巴与大招商卓特巴、糌粑第巴供给，然非不敷，即系不堪食用之物。此项从前曾有大皇帝训旨，饬令查察者，原期以绥远怀来之意，应交噶布伦等留心稽查。倘有任听下人肥己，并不好为供给，查出从重予罚，并将肥己之人，严行惩治。如果硕内、大招等处，实在缺少食物，应于所递布施内，酌量提出，市买供给，是则既得瞻礼人等欢心，而大皇帝闻知，自必嘉悦。其达赖喇嘛慈悲，更可远播，必皆顶感，来之络绎耳。此条，噶布伦、大招商卓特巴、硕第巴、糌粑第巴等，咸宜知悉遵奉。

一、攒招之际，每遇达赖喇嘛下山，暂住大招，无论远近瞻礼人等，所递丹书克、金银、绸缎等项，俱宜一半交入内商，以一半分为三分，以二分存贮布达拉外商，以一分交大招商库注册，以便各项使用。仍著每月以所出所入各项，缮写清单，呈报济咙胡土克图查对，方于商上有益。著自新春起，交噶布伦等，会同布达拉、大招、商卓特巴、中译等，总办其事，并著随时禀知驻藏大臣，以便稽查。至平日各处所递金银、绸缎等项，仍照旧例，布达拉商卓特巴总理，每年仍应撙节金银、绸缎若干交入内商，达赖喇嘛、济咙胡土克图自必鼓励奖赏。其所入之数，应著噶布伦等，于驻藏大臣衙门具禀存案。其所存物件，遇有出力之人，以及近侍人等，达赖喇嘛间或零星颁赏，应听自便。总以现有之物赏之，则免动支银两另为采买，更为省费。其应给瞻礼人等回礼，不拘多少，固宜鲜明，以示达赖喇嘛慈悲。此项著堪布、第巴、噶布伦、商卓特巴及能蒙古语之堪布、吹札木、索罗、咱娃、中译等留心经理，临时务宜禀请达赖喇嘛、济咙胡土克图定夺，勿稍懈怠。

一、达赖喇嘛内商所贮金银诸样物件，原为念经及官事应行使用之处，方准动用。而达赖喇嘛谕念何经之际，噶布伦等果能尽心合算，呈明所用物件确数，亦断不如前毫无考核，致费蛮银二万数千之多也。嗣后达赖喇嘛欲于某寺念某经，著噶布伦等会同布达拉商卓特巴合算用金若干，用银若干，及应用缎匹、酥油、茶叶等项，总以现成有者，酌量拟出。定拟开单三分，回明达赖喇嘛、济咙胡土克图，一存内商，一存济咙胡土克图，一存噶厦备查。遇有公事应动内商之项，以广慈悲者，如每年鼓励前后藏各汛汉番官兵，通共赏银不过四百五六十两。此外如有公事应用若干，著噶布伦等随时禀请本部堂、阁部准用者，再为回明达赖喇嘛、济咙胡土克图，由〔内〕商支领应用。其割草扫地两项乌拉，业已算明，每年所收草料银两，足敷应用，嗣后不许率由内商滥行支用。倘遇水旱遍灾，实在不敷之年，准其回明达赖喇嘛、济咙胡土克图，通融办理，勿致稍滋糜费。

一、达木兵丁钱粮，原有班大人奏定以抄产地亩归入商上，每年所收租息二万四千余两，酌量分给，本多盈余，后经前辈达赖喇嘛，因班第达公出力有年，遂将抄产地亩一半赏予，班第达率于边地萨喀、那克藏、哈喇乌苏游牧等处，派羊四千余只，分给达木，以致游牧百姓不堪苦累，日渐逃亡。其萨喀百姓，止剩十分之三，而那克藏、哈喇乌苏百姓逃亡者，盖有十分之三四，是本年招回哈喇乌苏百姓若干户，即其明验。乾隆六十年，办理抚恤之际，曾经查明，原赏班第达田亩，业经伊子丹津班珠尔，于乾隆五十七年呈出，作为新设番兵钱粮。其商上此项一半田亩，询之，早经统归商田总册，年久实难分晰。因谕原田既在商上，其达木兵丁银粮，仍应由商上支领，遂将萨喀等处加派羊只，谕以达赖喇嘛慈悲，概行豁免，边民乃得稍苏。查，每年各庄头所种田亩，应交一半折色银两，俱交布达拉外商存贮，其达木钱粮，由布达拉外商发给，此则不独与班大人原奏相符，且免率由达赖喇嘛内商滥行支领，应交噶布伦及布达拉商卓特巴等，每年由布达拉外商发给达木钱粮数目，随时具禀存查，勿得仍前率由内商支领。倘敢不遵，定行重究。倘遇实在不敷之年，尽可于硕第巴所存好青稞内，通融添补足数支给，勿致冒滥。

一、达赖喇嘛所属百姓，硕内所管者，其稞麦等项，及各处应交牛羊毛及牛皮等项，俱交硕第巴收贮应用；至百姓所交折色银两，俱系布达拉商卓特巴收贮应用；所有百姓例交酥油、羊腔等项，有大招收贮者，有布达拉外商收贮者。此外隔一年抽收牛羊税银，名曰噶齐，此项早年原有三万两，今止收得二万两，俱交大招外商存贮应用。又布达拉、大招两处，俱有业尔仓巴，收贮百姓碾交糌粑，不过仅足成作佛供巴，令各项当差人役日食之用。其莫罗糌粑第巴应收百姓碾交糌粑极多，断不可捏称不足应用，其应行供给各项，自宜照数给予，而于每月大昭等处成作佛供，名曰栋曲明干塔奇勒，尤供给上好糌粑，不可稍有亏短。以上各处，收贮一切，各商卓特巴、第巴等，均宜留心核实支用，勿得任听手下人等滥用，以致正项亏短。譬如某处实在缺乏某项物体，应即商同噶布伦等，回明济咙胡图克图，于别处存贮现存者，暂为借用，统俟有余之时，仍著回明济咙胡图克图，照数归还，如此互相通融办理，断不致因少某项物件，即为领价，致滋縻费。此等各项处收支一切，著交噶布伦随时稽查，务须实收实用。而各商卓特巴、硕第巴、糌粑第巴、囊赛等，各宜严管手下之人，每遇应收一切，不可多索，苦累百姓，有碍达赖喇嘛慈悲。至于应发各项钱粮，必须给予，无致有名无实。其硕内于乾隆六十年责令丹津班珠尔管理以来，乃能稍有余积，嗣后一切支发各项，尤宜留心，按照定数发给，以广达赖喇嘛慈悲。所有布达拉存贮之庄头所交上好青稞五千余克，仍照前谕，如有必用之处，著噶布伦等回明驻藏大臣，再行动用，勿得私行支领滥用。其各营官收贮此项青稞，名曰格藏，尚有自本年起交各营官存贮料豆，亦照前谕，著噶布伦等留心稽查，每于年终，将实数开单呈报驻藏大臣衙门备查，勿得年久霉烂，致干重究。

以上十五条，著噶布伦、堪布、中译、商卓特巴、硕第巴、业尔仓巴、糌粑第巴、草第巴、乌拉第巴、以及众囊赛，一体尽心遵办。况噶布伦皆系奏请大皇帝奉旨补放之人，尤宜诸事留心办理，以期上报大皇帝鸿恩，及达赖喇嘛慈悲，自必倍邀天佛保佑也。为此，会同达赖喇嘛、济咙胡图克图、率噶布伦等，逐条妥议，缮发执照，饬遵毋违。

为通行晓谕事：照得商上所属各处百姓，穷苦者多，而乐业者少。访查其故，皆因差事繁多，而钱粮间有加倍征收所致。如大家人户，遇有应当商上差事，不但藉其势力，得以免派，而私用之乌拉，尚俱派于穷民，以致力不能支，日渐寒苦，殊非体恤之道。今本部堂、阁部酌定：嗣后凡有应派乌拉牛马、人夫等项差事，先于大家人户内多为派拨，至穷苦百姓，量为减派。无论汉官弁兵，及噶布伦、仲科尔、大小营官第巴，凡有因公赴各处者，所有应需乌拉牛马、人夫等项数目，先由大小各衙门及噶布伦等禀明本部堂、阁部核定，发给印照，始准照数应付。若无本钦差衙门印照，概不准滥行应付，倘有私派及数外多索银钱物件者，许该处番目、番民立即禀究；倘该番目、番民私行应付者，查出一并治罪。不拘大家人户，于远近地方，自行贸易，私用乌拉之事，应行严禁。或有大家人户，以强压弱，霸占他人田亩，及有力喇嘛，于青稞贱时囤积，贵时售卖，以致街市青稞糌粑昂贵，穷民度日艰难，此等情弊，尤应严禁，嗣后倘有违犯者，定行重究治罪。至商上所属地方，应征钱粮，例有定额，近闻营官第巴内，间有不肖者，于定例征收之外，加倍私行索取；并商上差往催取钱粮之番目内，亦有私自需索饭食使费，种种积弊，滋〔实〕堪痛恨。姑宽已往不究外，嗣后各营官等，均照定额征收，不得私毫苛派苦累百姓，致干革究。各番民亦均按例当差交纳，勿得抛荒田地，躲避差事，致干重处。合行出示遍贴晓谕。为此，示仰商上所属营官第巴、番目、番民人等，一体遵照毋违，特示！

为晓谕事：兹奉大皇帝恩旨，抚恤尔众番民，业已分赏银钱，所有豁免新旧钱粮，已经出示晓谕。至近处番民应纳本年房租银两，达赖喇嘛慈悲，亦著一律免其交纳矣。尔众番民应知大皇帝天恩，及达赖喇嘛慈悲。遇有应当一切乌拉差事，自应照旧应付，不得抗违。惟查打扫街道一事，向来出人夫者，不出银钱；其不出人夫之家，即以银钱折给，此事达赖喇嘛已经慈悲，谕令免其折交银钱。此后打扫街道，尔番民各按就近地面，分段轮班打扫洁净，永远不令尔众出钱，亦应感激达赖喇嘛慈悲，不可稍有懒惰。合行出示晓谕。为此，示仰近处番民知悉，一体凛遵，分段轮班打扫街道，不可推倭差事，各宜永远奉行毋违，特示！

（《卫藏通志》卷一四下）

附 改革司法制度，终审权归于驻藏大臣

乾隆五十四年（1789）六月辛巳

（军机大臣等议覆四川成都将军鄂辉等条奏收复巴勒布侵占藏地设站定界事宜）

一、向来西藏遇有讼事，系归管理刑法头人郎仔辖①听断，俱照夷例，分别重轻，罚以金银牛羊减免完结，恐有高下等弊。现在告知达赖喇嘛及噶布伦等，凡有关涉汉、回、外番等事，均令郎仔辖呈报，拣员会同审理。

（《高宗实录》卷一三三三）

乾隆五十四年（1789）六月二十七日

（和珅等遵旨议覆藏地善后事宜十九条折）

一、汉番争讼应酌定条规，不得仍听朗仔辖议罚一款。

据称，向来西藏遇有争讼之事，系归管理刑法头人朗仔辖听断，俱照夷例分别重轻，罚以金银牛羊减免完结，恐有偏护高下等弊。现在告知达赖喇嘛暨噶布伦等，凡有关涉汉、回、外番等事，均令朗仔辖呈报，拣员会同审理。等语。

查，唐古忒番人自相构讼，原不妨听其循照夷例罚赎完案。但有番人与汉民、外番及西宁等处回民争讼之事，自应秉公剖断，方为平允。若概交朗仔辖照本处番例议以罚赎，其中难保无偏袒情弊。应如该将军等所奏，嗣后除唐古忒番人所犯私罪，仍照旧发交朗仔辖照夷例办理外，至有关涉汉、回及外番情事，无论大小轻重，均令朗仔辖呈报驻藏大臣，拣派干员，会同秉公审理，俾听断不致枉纵，而讼狱悉归平允。

（一史馆藏宫中朱批奏折。全文见前）

① 郎仔辖是管理拉萨地方诉讼的机构。

乾隆五十八年（1793）正月十七日

（军机大臣等遵旨议复福康安等奏“除谕旨指出条款外尚有应行办理章程十八条折”）

一、罚赎不公及私行抄没家产之弊应行严禁也。

查唐古特番民争讼及犯人命窃盗等事，多系罚赎减免。虽卫藏番俗相沿，一切案件不能按照内地律例，原不妨听其仍照旧制。但罚赎多少，番俗自有定例，亦应按其罪名轻重议罚若干，方可以服人心而平狱讼。近年以来，该管之噶布伦、朗仔辖密本等剖断不公，并将向来番例意为高下，遇有家道殷实之人，于议罚本例之外加至数倍，而所罚金银牛羊本无一定，亦未全数归公，侵渔肥橐，弊所必至。又，噶布伦等每多怀挟私嫌，擅作威福，或竟将偶犯小过之番目人等，捏词回明达赖喇嘛，辄行抄没家产，尤属贻害无穷。嗣后应请将罚赎多寡，按照向来旧例译写一本，交驻藏大臣衙门存案，以归划一。如有应议罪名，总须回明驻藏大臣核拟办理，其查抄家产之例，除婪索赃数过多者应回明驻藏大臣酌办外，其余公私罪犯俱令其凭公处治，严禁私议查抄。如噶布伦等胆敢无故私抄家产者，即行革退，仍抄没该噶布伦家产给与被害之人，以示惩儆。

（《钦定廓尔喀纪略》卷四九）

（二十五）对于打架，命案及偷盗等案件之处理，可以缘依旧规，但须分清罪行之大小轻重，秉公办理。近年来噶伦及郎仔辖密本（拉萨市长）等，对案件之处理不唯不公，并额外罚款，还将所罚金银牛羊等不交政府，而纳入私囊。噶伦中还有利用权势，对于地位低下之人，随便加以罪名，呈报达赖喇嘛，没收其财产者屡见不鲜。今后规定对犯人所罚款项，必须登记，呈缴驻藏大臣衙门。对犯罪者的处罚，都须经过驻藏大臣审批。没收财产者，亦应呈报驻藏大臣，经过批准始能处理。今后无论公私人员，如有诉讼事务，均须依法公平处理，噶伦中如有依仗权势，无端侵占人民财产者，一经查出，除将噶伦职务革除及没收其财产外，并将所侵占的财产，全部退还本人，以儆效尤。

（“二十九条章程”）

番民犯罪，仍依其俗论罚，按罪名轻重，以定纳赎多寡，译写定例，存驻藏大臣处。凡罪经协尔帮、朗仔辖、噶布伦剖断后，皆呈驻藏大臣核定。除婪赃至多者，仍籍家产示惩，其余犯公私罪者，不准辄议查抄。

（光绪《大清会典·理藩院》）

十四、严守国门与加强边政建设

第二次反击廓尔喀入侵战争胜利后查勘边界、厘定疆域

《卫藏通志》有关记载

乾隆五十七年（1792）九月，奉上谕：立定地界一事，已有旨令福康安等，应于藏内边界，一一设立鄂博，毋许私行偷越，现在大兵将撤，此事最关紧要，福康安等宜趁此时详细晓谕，申明约束。以热索桥迤西，如协布鲁、雍雅、东觉、堆补木、帕朗古等处，皆经大兵攻克，本应即以为后藏边界，今念尔悔罪投诚，仍行赏还；其热索桥以内济咙、聂拉木、宗喀等处，本属藏地，前此虽经汝侵占，现经大兵收复，非如上次讲和退还者可比。嗣后以济咙、聂拉木以外为界。尔部落人等，不得尺寸擅越，如有私行偷越者，一经拿获，即行正法。尔部落遇有遣使进贡献表等事，亦当先行禀明边界将领，听候知照，方准进口。如此明白晓谕，立定鄂博章程，庶可永断葛藤，肃治边界。钦此！

十二月，大学士公福康安等会奏章程内开：查西藏边界，如济咙、聂拉木、绒辖、噶尔达、萨喀、昂布等处，均与廓尔喀道路相通，臣福康安等于济咙外之热索桥，聂拉木外札木地方之铁锁桥，及绒辖边界，均已设立鄂博，厘定疆域，将巴勒布贸易之人，及唐古忒番民零星商贩，已奏请立法稽查，不许私相往来，应交与驻藏大臣，于巡视之便，认真查察，随时派人堆砌，不得日久废弛，致有偷越等因具奏。奉旨：依议。钦此！

五十八年（1793）正月，大学士公福康安、工部尚书都统和琳等具奏：为接据廓尔喀王拉特纳巴都尔禀称：蒙公中堂大将军差穆大人前来聂拉木、札木一带分立地界，小的即差头人前往，穆大人已经分定，办理甚

妥，小的悦服，即照穆大人所立地界，永远遵奉，不敢丝毫有违，自取罪戾。还望公中堂大将军在大皇帝前，将小的一片诚心奏闻，常常施恩，感激不尽等语。随檄该王，宣示大皇帝天恩，赦尔等前罪，尔等复将凛遵约束，永矢恭顺，冀受大皇帝天恩等因具禀，足见尔等一片诚心。本大将军回京时，必将尔与尔叔感畏大皇帝恩威永为藩服诚悃，代为陈奏，自蒙圣明俯鉴，渥施恩眷。现在驻藏大臣工部尚书都统和大人为大皇帝亲信大臣，特命来藏整饬镇抚。嗣后尔等如有禀呈事件，当在和大人前禀明，听候指示。即将来更换之驻藏大人，凡有应行晓谕事件，尔等惟当一一遵奉，毋稍违误等因具奏。奉朱批：好，知道了。钦此！

三月，驻藏大臣工部尚书都统和琳奏：为接据廓尔喀王拉特纳巴都尔禀称：前差穆大人定立地界，极为公道，惟有廓尔喀东边多罗卡界内拉结、撒倪两处地方，原系廓尔喀所管，此时该处营官不许小的管理，恳求查明赏给等因。又译看寄班禅信内云：从此以后，两家照旧和好，永远不敢滋事。所有底玛宗地方，原系给了你们的，可即差人前来管理，各等语。臣当即饬令噶布伦详细确查。多罗卡边界拉结、撒倪两处，本系廓尔喀地方，前经福康安差穆克登阿、第巴前往定界时，在热咙桥设立鄂博为界，其多罗卡地界拉结、撒倪两处，系在热咙桥以外，相距四五程途，自应归廓尔喀管理。臣一面饬令绒辖营官遵照，将热咙桥以外之多罗卡拉结、撒倪两处地方，仍听廓尔喀管理，不许占越滋事。再查，底玛尔宗地方系廓尔喀所管，因五十三年彼此说合，廓尔喀愿将此地方送与萨迦呼图克图作为酬谢，当时虽有此议，并未收管。臣伏思上次唐古忒许银讲和，及廓尔喀许地酬谢，俱属不成事体。廓尔喀既经悔罪投诚，将上次合同业已缴销，永不敢再提一字。今该部长改悔前非，虽欲与卫藏修好，仍将前许之地，让还管理，自属恭顺之意。但思该部落既附藩封，归入版图，即与唐古忒无异，未便仍照前次私议，令萨迦呼图克图收受。查岁本堪布现在前藏，臣面谕毋得差人前去收管，并传知班禅，札饬萨迦呼图克图遵照。一面檄谕廓尔喀部长，今将底玛尔宗既在鄂博之外，自应仰副皇上柔远之意，赏与该部长管理，等因具奏。奉朱批：诸凡皆妥，欣慰览之。钦此！

六月，驻藏大臣副都统成德自定结具奏：查阅后藏各边界新设番兵及履勘鄂博情形，惟定日地方辽阔，为聂拉木、宗喀、绒辖三处总汇之地，实为紧要。查所通绒辖之小路、辖木多通宗喀大路、擦木达杏通聂拉木之小路、古喇噶木烔，并宗喀共计五处，均为要隘，每处设定本一名、番兵二十五名，即于定日现设番兵五百名内，就近派拨安设，似于声势更为联络，亦不妨其随时操演等因具奏。奉朱批：欣慰览之。钦此！

七月，驻藏大臣工部尚书都统和琳、副都统成德具奏：查阅帕克哩、定结各卡隘情形，有噶尔达地方卡隘二处，一名萨迦岭，一名春堆，此二处均与廓尔喀相通，又定结地方卡隘一处，名擢拉山，此处与廓尔喀、哲孟雄相通。又帕克哩地方卡隘三处，一名哲孟山，与布噜克巴相通，一名哈尔山，与布噜克巴小路相通，一名宗木山，与宗木相通。以上卡隘六处，均归江孜前后藏大道，为总汇要隘。臣成德亲赴各处，逐一查勘，俱极严密。所有臣成德回藏日期，及查阅情形，理合会衔具奏。奉朱批：知道了。钦此！

九月，驻藏大臣工部尚书都统和琳、副都统成德等具奏：哲孟雄、作木郎二部落，在藏边界外，不过每年与达赖喇嘛、班禅额尔德尼通问书信，不听藏中调遣，被廓尔喀侵占，已有十年，去岁经福康安檄令协剿，又复藉称天热，畏懦不前。迨闻廓尔喀归顺，复思藉天朝威势，请断还六辈达赖喇嘛所定旧界，并请添设番兵，由商上给与钱粮，代为守御。经福康安及臣和琳等窥其情伪，将懦弱无能、贪得便宜隐衷，逐一指驳。一面檄谕令廓尔喀约束手下人，毋许欺凌弱小，一面将边外极边小部落即可置之不问等情具奏。奉到朱批：所议皆妥，知道了。钦此！又旁批：可恶之见，不可从。钦此！

自去年至今，一年有余，该二部落自知理短辞曲，未敢复来恳乞。查，廓尔喀王公叔侄，自归化以来，诸事禀命而行，实为小心恭顺。昨于六月初，特遣头人哈斯达尔萨野等至界，称有面禀事件，据聂拉木营官禀报前来，臣等因发给路票，差人护送到藏。据哈斯达尔萨野等将其国王请安禀帖、及土仪枪刀各一件呈递，禀称该国王及其叔巴都尔萨野，凛遵大皇帝谕旨，并将军大人们教导，爱惜百姓。和睦邻封，从未多滋事端。惟作木朗、哲孟雄二部落之人，素来不安本分，往往造言生事，诚恐他们在大人们面前架说是非，又争地界，那时大人听信一面之辞，小的国王就担不是，所以差小的等前来回明。哲孟雄营官寨并喇嘛庙及其余各寨落，俱被我们占了，已有十年，现在哲孟雄只剩了日尼杵及岗多二处。我们现系天朝子民，固不敢妄自动兵，亦不肯令其覆灭，目下皆系各守境土。又作木朗亦系廓尔喀占了多年，只剩该部长之叔苏班色一名，本系坏人，现在闻他往各部落借兵，希图恢复，各部落皆未曾帮助，我们亦未穷追。诚恐苏班色造言来告，小的国王求大人们都不要听他的话。并请差官定立交界等语。臣久知哲孟雄、作木朗二处并非藏属，为廓尔喀侵占已久，且该处番民穷苦，贪占便宜，较唐古忒为尤甚。随传噶布伦等详细查问，委系被廓尔喀侵占已有十年。噶布伦所知情形，亦与哈斯达尔所说无异，是该二部落与藏中毫无关涉。而噶布伦及无知僧人，转称此二处虽不属藏内管理，向来与达赖喇嘛相好，彼处庙宇，俱是经典上有的，今廓尔喀畏惧天朝，既来请示，求大人们趁此机会，仍照六辈达赖喇嘛所定地界剖断，岂不两便等语。臣等因唐古忒人本糊涂，贪得便宜，不知事理轻重，固不值深加责备。当即告以该二部落既系经典上有的，当初廓尔喀侵占之时，你们不去帮助，今廓尔喀既已恭顺天朝，即属大皇帝臣民，与唐古忒一样。况该国王侵占哲孟雄、作木朗地方，在归顺天朝以前，本钦差焉有不为属国，反断还不属藏内管辖部落之理。反复穷诘，俱各俯首。臣等公同商酌，廓尔喀恭顺小心，既来请示，固不可令其欺凌弱小，亦不值代为分定疆界，自当遵照前奏，置之不问。随于次日，传集哈斯达尔等面谕：哲孟雄、作木朗二部落虽非藏内统辖，究属与达赖、班禅二喇嘛从前相好，既称尔国侵占已有十余年之久，本钦差断不肯仍然令尔退还。但哲孟雄现在仅有日尼杵、岗多二处栖身，作木朗亦仅有苏班色一人，尔等当体大皇帝好生之心，不可过于追迫，各安本分。归告尔王，总以凛遵大皇帝谕旨，和睦邻封，爱惜百姓，方不负大皇帝成全尔国至意。至于边外地方，本钦差亦不值差官代定交界。当据哈斯达尔伏地叩头，感激悦服之情，形于颜色。臣等随酌量赏与盘费，派员护送起行，并与拉特纳巴都尔缎锦等件，以为酬答，一面严饬各边界头人，亦不得容留该部落之人，致滋事端也，等因。具奏。奉朱批：所办得理，好。钦此！

十一月初五日，奉上谕：和琳等奏廓尔喀差头人哈斯达尔萨野到藏请安递禀一折，所办得理，已于折内批示矣。廓尔喀因侵占邻近部落地方，惟恐其希图恢复，差人赴藏禀明，并又渎请差官定界，设遇胸无定见之人，又必听从所请，率为剖断边界，又致生事端。即如藏中噶布伦及僧人等，俱以该二处虽不属藏内管理，向与达赖喇嘛相好，彼处庙宇，俱系经典所有，请仍照六辈达赖喇嘛所定地界，为之剖断。此等愚昧无知之人，经该部落侵凌，即懦弱无能，纷纷逃散，及仰仗天朝兵威平定之后，又复藉势贪占便宜，妄求定界，今和琳并不听信噶布伦等浮辞，实属可嘉，即向廓尔喀头人明谕，既不准其欺凌弱小，亦不复更为分定疆界；既不听藏中觊觎之言，亦足以悦服廓尔喀之心。而哲孟雄等部落，闻知天朝剖断公允，亦必益加感畏，实为得当。嗣后接任之员，遇有此等事件，俱当坚持定见，仿照办理，切勿为浮言所惑，边界自可永远宁谧也。将此谕令知之。钦此！

五十九年（1794）正月，驻藏大臣工部尚书都统和琳、副都统成德等具奏：为筹办藏界、补立鄂博、以期久远事。查，有藏属萨喀边外，作木朗以东，洛敏汤地方一处，人户三四百家，向来头人系其自立自废，既非藏属，又不属作木朗管理，间尝差人与达赖喇嘛呈递哈达，或送银钱五六十圆，以为布施，五十三年以前，亦被廓尔喀侵占，每年即与廓尔喀当差，仍送商上银钱五六十圆不等，自五十七年大兵进剿时，洛敏汤便不与廓尔喀交纳钱粮，去年，廓藩贡使到藏面禀，应归于何处管理。臣等详细查明，委系另有一小部落，与藏中毫无关涉，但离萨喀边界止有三天路程，恐唐古忒退有后言。臣等曾面与达赖喇嘛、噶布伦等商议，洛敏汤一处，固非藏内地方，然离边界较近，尔等如以地方紧要，本钦差即不许廓尔喀侵占，廓尔喀亦必不敢不从，但既归藏内管理，其头人出缺，自应归驻藏大人及达赖喇嘛拣放，钱粮亦应交纳商上，未有三四百户只交银钱五六十圆者之理。且属朋情布施，亦难向廓尔喀启齿。据达赖喇嘛、噶布伦等佥称，洛敏汤头人向来俱系其自立，不属藏中管辖，彼处百姓，亦皆桀骜难驯，断不服管，商上亦不藉伊五六十圆银钱用度等语。臣等仍遵前旨，仿照办理哲孟雄、作木朗之例，面谕该贡使以洛敏汤系边外极边小部落，并非藏内管辖，应听尔自行办理，归告尔王。总以凛遵谕旨，和睦邻封，爱惜百姓，毋得稍有越占，致负天恩等语。该贡使叩头，感于辞色。臣等因思济咙、聂拉木、绒辖各边界，业经臣福康安俱已派员酌中立有鄂博，而藏界西南通外番地方，如萨喀、定结、帕克哩等处，均未定有鄂博，难保日久不无争端。查，游击张志林熟于边务，令其带领营官先行前往各边，会同各营官，自萨喀起，酌于紧要处所，将应立鄂博地方，绘图贴说，毋得草率从事。三月间，即应驻藏大臣巡边操演汉番官兵，臣和琳于二月底起身到彼，计张志林可以办竣，统俟臣亲自酌定，眼同堆立鄂博，实为一劳永逸之计。是藏中皆有定略，嗣后边外各部落，设与廓尔喀少有争竞，总与藏中无涉，廓尔喀亦断不敢妄逾一步，唐古忒人虽糊涂，亦有遵循，可期永远无事，等因具奏。奉朱批：好，知道了。钦此！

五月，驻藏大臣工部尚书都统和琳奏：为定日阅兵完竣，随带游击张志林、噶布伦丹津那木结、戴琫拉旺策卜丹等，携带噶厦底案，由萨迦、宗喀、聂拉木、绒辖、定结、帕克哩沿边一带，率同该处营官，悉心讲求，查对底册，张志林所拟应立鄂博处所，均与噶厦底册及年老番民禀告相符。查，各处路径崎岖，雪山重叠，臣分派营弁，眼同各该处营官，将旧有玛尼堆者，加高添砌；其全无形迹者，一律堆设整齐。所有唐古忒西南，与外番布噜克巴、哲孟雄、作木朗、洛敏汤、廓尔喀各交界，均已划然清楚。再查，定结属下有噶尔达一处，亦系通廓尔喀小道，向属阿哩公管理，而阿哩公驻扎前藏，每年遣一人前往收取租息。臣查五十三年，廓尔喀即由此回巢，原不属营官管辖，是以毫无阻滞。今臣饬噶布伦将商上非属紧要庄田，核其所得租息，拨与阿哩公一处兑换，将噶尔达归于定结营官管辖，以重边防等因。

（《卫藏通志》卷二）

加强边政的主要措施

西藏边政和涉外事宜统由驻藏大臣主政

乾隆五十八年（1793）正月十七日

（军机大臣等遵旨议复福康安等奏“除谕旨指出条款外尚有应行办理章程十八条折”）

一、达赖喇嘛、班禅额尔德尼与外番通信，应告知驻藏大臣详细商酌也。

查，西藏地方与外番之廓尔喀、布鲁克巴、哲孟雄、宗木等处部落，皆系接壤，向来外番人等，或系来藏布施，或系讲论事务，达赖喇嘛等发给书信，原无禁例。但立言不能得体，易为外番所轻。即如廓尔喀上次滋事之前，曾寄信与达赖喇嘛讲论银钱，办理不能妥协，致使借词寻衅。今廓尔喀业已悔罪归诚，将来遇有禀请之事，均应由驻藏大臣主持，与达赖喇嘛等商同妥办。即将来廓尔喀部长欲专人来藏，于达赖喇嘛、班禅额尔德尼前呈送土物谢过，亦应令驻藏大臣代为酌定回谕，方可发给，以昭体制。平日如有关系地方事件，俱应听驻藏大臣办理。其余通问布施书信，亦应报明驻藏大臣查验。又，布鲁克巴曾受天朝封号，该部落素信红教，每年遣人来藏，向达赖喇嘛等呈递布施。哲孟雄、宗木、洛敏达等小部落，半属外番，半属藏内羁縻。各外番部落差人赴藏，至达赖喇嘛、班禅额尔德尼处布施通问，虽不必概为禁绝，仍应立法稽查，嗣后各外番部落差人来藏者，由边界营官查明人数，禀报驻藏大臣验放进口，并令江孜、定日驻扎备弁实力稽查。到藏瞻礼后，所有各该部落禀达驻藏大臣者，由驻藏大臣给谕；其呈达赖喇嘛等禀帖，俱应呈送驻藏大臣译出查验，由驻藏大臣与达赖喇嘛将谕帖酌定发给，查点人数，再行遣回。至噶布伦系达赖喇嘛管事之人，不准与各部落私行通信。即各部落有寄信噶布伦者，亦会呈送驻藏大臣与达赖喇嘛商同给谕，噶布伦等不准私行发信，庶内外之防益昭严密。

一、廓尔喀贡使往来应酌派文武官员护送也。

廓尔喀震慑天威，倾心向化，自请五年一贡，差大头目赍表赴京瞻觐，仰蒙圣恩允准。嗣后每遇贡期，廓尔喀酋长将贡使跟役人数由何路进口之处，预先禀报，驻藏大臣即委粮务文职一员会同定日守备，亲赴边界点明人数，预备乌拉，送至前藏，驻藏大臣酌加赏犒，一面奏明，一面飞咨四川总督差派文武在打箭炉等候。贡使自前藏起身时，即于前藏游击及前藏粮务内差委一员，护送至察木多，即令察木多游击及该处粮务轮派一员接护前进，行至打箭炉，再交川省所派文武护送赴京。如此逐段护送有人，而藏内官员送至察木多即可回藏，于本任公事亦可无虞贻误。……

一、各处边境均应设立鄂博以清疆界也。

查西藏边界，如济咙、聂拉木、绒辖等处，向无界址，各该处均与廓尔喀道路相通。臣福康安等于济咙外之热索桥、聂拉木外扎木地方之铁索桥及绒辖边界，均已设立鄂博，厘定疆域。将来巴勒布贸易之人及边界唐古特番民零星负贩，现已奏明，立法稽查出入，不许私相往来。应交与驻藏大臣于巡视之便，认真查察所立鄂博，随时派人堆砌石块，不得日久懈弛，致有偷越。

（《钦定廓尔喀纪略》卷四九）

乾隆五十八年（1793）正月乙卯

（军机大臣会同大学士九卿议覆福康安等奏酌筹藏内善后章程）

一、接壤藏地各番部落差人来藏，令边界营官禀明驻藏大臣验放。有禀驻藏大臣者，由驻藏大臣给谕。有呈达赖喇嘛者，俱禀送驻藏大臣译验，商发谕帖。其寄信噶布伦等，亦令呈驻藏大臣与达赖喇嘛商给回谕，不准噶布伦等私通信息，违者革退。

一、藏地边界，如济咙、聂拉木、绒辖等处，道通廓尔喀，向无界址，现各设鄂博，厘定疆域，不准私越。

一、边界地方向能办事营官，因该处气候恶劣，俱愿在前藏当差，滥派无能冗员往办，致滋弊端。请嗣后择干练之小缺营官及管兵之甲绷番目调补，三年换回，记名以戴绷等缺升用，不胜任者革退。……

一、廓尔喀贡使进京道长，请每遇贡期，令该酋长预禀驻藏大臣，以便驻藏大臣及四川总督派员接替护送。

（《高宗实录》卷一四二一）

乾隆五十九年（1794）六月庚午

又谕曰："和琳奏设立唐古忒各边界鄂博及查阅前后藏汉、番官兵各摺。唐古忒地方毗连外番，向因界址不甚分明，易致争扰。此次经和琳带同游击张志林等由沿边一带亲自履勘，悉心讲求，一律堆设鄂博。所有唐古忒西南外番布鲁克巴、哲孟雄、作木朗、洛敏汤、廓尔喀各交界，均已画然清楚，边界可期永远宁谧。至前后藏汉、番官兵，向来最为懦弱，今经和琳等严饬训练，亲加查阅，分别奖惩，使新设番兵皆成劲旅，实为卫藏所未有。和琳办理一切，均为妥协。著赏给御用大荷包一对、小荷包四个，以示优眷。"

（《高宗实录》卷一四五四）

二十九条章程等有关加强边政的规定

（二）为求西藏永远安乐计，今后由邻近各国来西藏的旅客和商人，需要进行管理，如果他们安分守己，遵守地方例俗，可以准其照旧经营商业，但是所有来往商人，必须进行登记，造具名册呈报驻藏大臣衙门备案。准许尼泊尔商人每年来藏三次，克什米尔商人每年来藏一次，各该商人无论前往何地，须由该管主脑呈报驻藏大臣衙门，按照该商人所经过的路线签发路证，并在江孜和定日两地新派官兵驻扎，各该商人经过时，须将路证拿出检验。如有外人要求到拉萨者，须向各边境宗本进行呈报，并由驻江孜和定日的汉官进行调查，将人数呈报驻藏大臣衙门批准，该外人到拉萨后，需要进行登记并受检查。派驻各地的汉官及文书等人员，如有贪污受贿等行为，一经发现即予惩办。由不丹、哲孟雄前来拉萨办理朝佛等事的人员，也同样需要呈报。外人返回本国时，也由各地宗本加以管理并进行检查。达赖喇嘛派往尼泊尔修建佛像或去朝塔的人员，由驻藏大臣签发路证，如逾期不能返回，由驻藏大臣另外行文给廓尔喀王。这样办理既可澄清边务，也对西藏有利。……

（十四）西藏和廓尔喀、不丹、锡金等疆界相连，以前这些地方来人呈献贡物和处理公务，达赖喇嘛写回信时，曾因格式不合及其他原因而发生纠葛，例如廓尔喀前此行文交涉章卡一事，西藏方面没有谨慎从事，以致引起战争。现廓尔喀方面虽然表示悔改前非，归顺投降，但以后无论何种行文，都须以驻藏大臣为主，和达赖喇嘛协商处理。今后廓尔喀派人来见达赖喇嘛和驻藏大臣，其回文必须按照驻藏大臣之指示缮写，关于边界的重大事务，更要根据驻藏大臣的指示处理。外方所献的贡物，也须请驻藏大臣查阅。不丹，以前皇帝曾加过封号，其宗教虽然不同，但每年派人向达赖喇嘛呈献贡物；同时锡金、宗巴、孟唐等藩属，每年也派人向达赖喇嘛和班禅额尔德尼献贡，均不要加以阻挠，而应详细检查。外方人员来藏时，各边宗宗本须将人数登记，报告驻藏大臣，由江孜和定日的汉官进行检查后，准其前往拉萨。各藩属给达赖喇嘛等人的来文，须译呈驻藏大臣查看，并代为酌定回书，交来人带回。所有噶伦都不得私自向外方藩属通信，即或由外方藩邦行文给噶伦时，也得呈交驻藏大臣和达赖喇嘛审阅处理，不得由噶伦私自缮写回信。以上有关涉外事务的规定，应严格遵守。

（十五）西藏的济咙、聂拉木、绒夏、喀达、萨噶、昆布等地区和廓尔喀疆土相连，又为交通要道，须在济咙的日班桥，聂拉木的潘瞻铁桥，绒夏的边界等处树立界碑，阻止廓商和藏人随意越界出入。驻藏大臣出巡时必须予以检查。所有尚未树立界碑之处，亦须迅速树立，不得因迟延而引起纠葛。

（十六）边界地区与外方连接，对于当地人民之管理，来往行人之检查，都属重要事务。过去知能较强之宗本多留拉萨供职，而派知能较弱之宗本前去边界，难免耽误事情。今后边宗宗本均由小宗本及军队头目中选派，任满三年后考查成绩，如果办理妥善，驾驭得宜，记名以代本等缺升用；倘办理不善，立即革退。

（全文见前）

边防

一、济咙、聂拉木、绒辖、喀尔达、萨喀、昆布、定结、帕克哩沿边一带均已设立鄂博，驻藏大臣于巡查边界之便，随时派人堆砌石块，不得日久废弛，致有偷越。

一、江孜地方与定结、帕克哩、喀尔达相通，为布鲁克巴、哲孟雄等处部落来藏要路，且由江孜至萨迦沟行走，又可绕往聂拉木一带边界，其唐古忒营官，即令该处驻防备弁管束。

一、定日地方为聂拉木、济咙、绒辖要路，又可通萨喀等处，其唐古忒营官，即令该处驻防备弁管束。

一、定日地方辽阔，通绒辖之小路辖尔多，通宗喀之小路擦木达杏岭，通聂拉木之小路古喇噶木炯并宗喀，共计五处，每处设定琫一名、番兵二十五名，即于定日现设番兵五百名内，就近派拨安设，一律随时操演。

一、喀尔达地方卡隘二处，一名撒甲岭、一名春堆，均与廓尔喀相通。又定结地方卡隘一处，名擢拉山，与廓尔喀、哲孟雄两路相通。又帕克哩地方卡隘三处，一名哲孟山，与布鲁克巴相通。一名哈尔山，与布鲁克巴小路相通。一名宗木山，与宗木相通。以上卡隘六处，均归江孜守备，派拨番兵，分防巡守。

（《卫藏通志》卷一二）

西藏西南，与布鲁克巴、哲孟雄、作木朗、洛敏汤、廓尔喀各部落接界，自萨迦、宗喀、聂拉木、绒辖、定结、帕克里一带，皆堆设鄂博。定日、江孜二处，为外番各部落来藏要隘，皆特设汛防。驻藏大臣每岁于阅兵之便亲加巡察。

（光绪《大清会典·理藩院》）

“申严边禁”，禁阻洋人入藏并严加防范

嘉庆十六年（1812）十二月戊午

谕军机大臣等：“阳春等奏，噶哩噶达部落夷人马吝，带同通事汉人赵金秀到藏朝佛。该大臣等察看马吝面貌光景，与西洋人相似，恐其素习天主教，假借朝佛之名，希图暗中传教等语。所虑甚是。近来西洋夷人散布各处传习天主邪教，意图煽惑，甚不安分，必应加意严防。夷人马吝据称系噶哩噶达部落，其地滨海，路通西洋，向不信奉佛教。今迂道远赴西藏，显系托名朝佛，潜来窥伺。或有隙可乘，即渐图传教惑众，断不可任其久留藏中，著瑚图礼等即将该夷人驱逐出境，并通饬藏卫各卡伦于该夷人出境后，随时防范，勿令再行混入。嗣后如有西洋一带夷人以朝佛为名，前来藏地，即概行阻回，毋令入境，以杜奸萌。其汉奸赵金秀，以内地民人，由京师至广东，度越重洋，随夷人深入藏地，甚属可恶。著解交常明严审，从重定拟具奏。将此各传谕知之。”

（《仁宗实录》卷二五一）

同治二年（1863）十月甲申

谕议政王、军机大臣等：“……至所称：‘东路法国罗勒拿、肖法日等于今春派无赖刘姓，由炉城运来茶包，在巴、里一带散给汉兵，要结人心，并捏造谣言，诱惑巴塘正副土司投赴瞻逆。’是否有此情事，著崇实。骆秉章查奏。又罗勒拿等声言：‘景纹奉有谕旨，将前藏所属之擦瓦博木噶地方赏交伊等永远管理，凡有天主教之人进藏者，不准阻止’等语。如果属实，是该教士假传诏旨，殊属可恶。除谕令总理衙门向法国住京公使据理驳斥外，著崇实、骆秉章严饬沿边各属认真查察。如有内地传教之人潜赴藏地者，概行截回，毋令乘间偷越。披楞因法国有入藏传教之信，亦欲来藏通商，其意实属叵测。廓尔喀于去冬遣人来藏，复修旧好。其西北各小部落亦愿与藏永作藩篱。著福济等乘势利导，饬令廓尔喀等永敦旧好，严密防范，以杜披楞窥伺之心。粮员严清荣有无与罗勒拿暗中勾结情事，是否将由藏截回川省之教民吴姓留住江达署中，擅将由藏发出摺报停压六个时辰，捏称有蛮子二人来抢此摺，种种纰缪，不可不严切根究。著骆秉章即将严清荣撤回，秉公查办。另选贤能之员前往接管粮务。…”

又谕：“……至罗勒拿等意欲入藏传教，西藏官民力阻其行，具见悃忱。本日已谕知崇实、骆秉章等遵照条约，设法拦阻矣。其披楞西人之

语，尤宜先事豫防。现在廓尔喀虽已修好，其西北各小部落，亦甘与藏永作藩篱，而边备仍不可一日懈弛。著满庆等督饬汪曲结布等妥筹防范，不得稍涉大意。……将此由六百里谕令知之。”

（《穆宗实录》卷八二）

光绪五年（1879）闰三月乙未

又谕：“丁宝祯等奏会筹藏中应办事宜一摺。藏中事务关系紧要，必须该处汉、番各官合而为一，方能提纲挈领，操纵咸宜。近来各国洋人请入藏游历者甚多，又哲孟雄地方界在印度、西藏之中，该番往往以披楞欺占彼地为言，希图生事，全在该督与驻藏大臣等妥慎筹画，方期彼此相安。丁宝祯等拟于藏中及各路交界之处，择要增设文委员二人，归驻藏大臣统属，专司稽查、护送游历洋人各事，并分一员驻江孜，与哲孟雄毗邻，俾得探访该处番情就近稽查弹压，所筹尚妥。惟洋人行踪无定，防不胜防，丁宝祯、松溎、色楞额务当饬令该员认真防范。遇有入藏游历洋人，设法阻止；傥不能阻，则加意防护，勿稍疏玩，以免滋生事端。至委员仅有二人，尚须分一员专驻江孜，设有缓急，势恐不能兼顾，官职过卑，亦难期得力，著丁宝祯等悉心筹画，应如何实事求是，有裨大局之处，即行妥速会商，奏明办理。色楞额到任后，著与松溎悉心筹商，力图整顿，以期消患未萌，是为至要。将此由五百里各谕令知之。”

（《德宗实录》卷九二）

光绪五年（1879）六月庚戌

西宁办事大臣喜昌奏：“马加国世袭伯爵摄政义等拟由青海至西藏游历，请饬总理各国事务衙门照会阻止。”下所司知之。

（《德宗实录》卷九六）

第四章　民国时期（1912—1949.9）

民国时期在中国历史上具有划时代意义。它结束了二千余年的君主专制制度，开辟了通向新中国的历史道路。

当然，和任何新生事物一样，它是通过痛苦的挣扎为历史前进开辟道路的。社会动荡，自然灾害不断，人民生活在水深火热之中；政权更替频繁，战乱频仍。外患不止，边疆危机严重，更有八年抗日战争血与火的考验。总的来看，民国38年的历史，是充满血泪与硝烟，而最终获得新生的民族灾难史、奋斗史。这些，就是我们研究民国治藏政策法规的历史背景。

为了研究方便，我们按史学界惯例，将民国时期的历史分为两个时期：1911年辛亥革命成功，1912年1月正式建立中华民国，孙中山任临时大总统，算是民国初创阶段；1912年3月，袁世凯成为临时大总统后，依仗其掌控的北洋军，培植亲信党羽，形成控制中央和地方的北洋军阀集团。1916年，袁世凯死后，北洋军阀分化成直、皖、奉三系，轮流掌控中央政府，直到1927年直系军阀被国民革命军消灭。这十几年，通常被称为北洋政府（也有的称为“北京政府”）时期；1927年7月，国民党在南京成立国民政府，并逐步掌控中央政权，直到1949年败退台湾。这二十多年，通常称为国民政府（或称“南京国民政府”）时期。我们将根据这样的历史轨迹，考察民国治藏政策法规，并了解其时代特点。

刚刚从清代封建君主专制制度桎梏中挣脱出来的北洋政府，连年混战，无暇顾及边疆，遑论边远的西藏，只是将清朝治理西藏的一些政策措施，稍加改头换面，应对西藏乱局以维系中央政府对西藏地方的主权，难以形成一套自己的治藏政策法规。只是到了国民政府时期，才初步形成颇具时代特色的治藏政策。所以，本书根据这些历史特点，以两个历史时期的时间为序，根据问题大体分类，纂述民国时期的治藏政策法规。内容主要包括十个方面：

一、宣布五族共和，制订相应法律法规。

辛亥革命，推翻了清朝君主专制制度。中国向何处去，将建立一个什么样的国家？这是全国各族人民关心、全世界各国关注的大问题。对此，刚刚被推选为临时大总统的孙中山，在其就职演说中，代表新生的民国政府，向全国各族人民和全世界各国庄严宣布：中华民国是“民族之统一”，“国土之统一”的满、汉、蒙、回、藏五族共和国。这就明确回答了清朝灭亡之后，中国建立一个什么样的国家、中国向何处去的问题。从政治上来说，这对于稳定政局、安定人心具有重要意义。辛亥革命是以推翻满洲贵族建立的清王朝为政治号召的，这也难免引起满族广大人民群众的惶恐不安，所以，提出包括满族在内的五族共和，对他们无疑是一种安神剂。对于居处边疆地区的蒙古族、回族、藏族来说，不仅有稳定社会和人心的作用，更重要的是，昭示蒙古、新疆、西藏等边疆地区都是中华民国领土，即“领土之统一”。

从思想渊源来说，它是继承了 18 世纪乾隆时期开始形成的满、汉、蒙、维、藏五族一统的国家理念和治国安邦思想（汉族是主体民族，而满族则是当时的统治民族，也代表东北地区。以蒙古族、维吾尔族、藏族生活的地区作为国家北部、西部和西南地区的地理坐标。）直到清朝行将灭亡，与民国政府谈判时，仍将待遇蒙藏、回疆（清代对新疆维吾尔族地区的别称）作为宣布皇帝退位的重要条件。新生的民国政府接受了这些条件和相应的国家观念，并与建立资产阶级共和国的政治理念融会贯通，也就从政治上形成了五族（“五族”中的回族也泛指信奉伊斯兰教的各民族）共和国的“民族之统一”和“领土之统一”观念。这成为民国的立国之本。从这个意义上来说，民国治藏政策法规的首倡者和奠基者是孙中山先生。

虽然从北洋政府到国民政府，政权曾多次更替，但五族共和的国家观念始终如一，并且成为民国历届中央政府制订治藏政策法规的指导方针和理论基础，例如，北洋政府时期制订的《临时约法》、《约法》、《宪法》；国民政府时期制订的《训政时期约法》、《宪法》等，都贯穿了五族共和、西藏是中国领土不可分割的组成部分这个基本政治原则，有关的法律条款也都是如此。

二、任命驻藏办事长官，设置管理藏务的中央机构。

这是针对西藏局势严重动乱，民国历届中央政府加强对西藏地方实施主权管理的重要政策措施。1911 年 10 月，武昌起义成功。1912 年 1 月 1 日孙中山先生在南京宣誓就任临时大总统。2 月 12 日，清帝宣布退位。翌日，孙中山先生践约辞职，荐袁世凯代。2 月 15 日，参议院推选袁世凯继任临时大总统，并于 3 月 10 日在北京宣布就职。4 月 1 日孙中山正式辞职，南京临时政府为北京政府所取代。

这时，民国政府才正式履行中央政府的职权，着手解决边疆民族问题，并视为巩固襁褓中的民国政府的重要关键。4 月 22 日，袁世凯即以临时大总统的身份发布命令，重申五族共和，蒙、藏、回疆事宜由内务部管理，“仍照向例（即清朝颁行的规章制度）办理”，为北洋政府处理西藏问题提出了一个总的原则。

清朝灭亡、民国成立的消息传到边城拉萨，已是 1912 年的春天。拉萨城里一片混乱。当时，十三世达赖已逃亡印度。随着清朝的灭亡，其任命的驻藏大臣联豫，权威自然消失，躲在喇嘛庙内以求自保。陆军统领钟颖统率的入藏川军内部的会党乘机起事，与藏族发生冲突。英国则趁火打劫，以保护商务利益为名，扬言进兵西藏。为挽救西藏危机，袁世凯于 5 月 9 日发布命令，任命钟颖为西藏办事长官。当时交通困难，通讯手段落后，任命传到拉萨已经是秋风送爽的九月，西藏地方政局混乱已极，钟颖无力掌控。噶厦迎十三世达赖回藏（6 月 24 日，十三世达赖由印度噶伦堡正式起身，12 月 16 日回到拉萨）。11 月，钟颖被西藏地方当局“礼送”出藏。为恢复中央政府对西藏的权威，1913 年 4 月 12 日，袁世凯再任命旅印华侨陆兴祺为护理驻藏长官，但英印政府采取种种手段阻止陆兴祺赴藏履职。所以，他只能起到中央政府联络员的作用，无法行使职权。

为维护中央政府对西藏地方的固有隶属关系，1912 年 12 月，袁世凯又多次派遣劝慰员和册封十三世达赖专使，但都因英印政府阻挠未能入藏。后又派遣温宗尧和王人文为西藏宣抚使，但因他们拒绝出席非法的西姆拉会议而辞职。1913 年 6 月再派陈贻范、胡汉民为西藏宣抚使，作为出席西姆拉会议的中国政府代表赴印，1914 年 7 月任务结束即返回，未能进藏履行宣抚任务。

随着西藏地方当局与中央政府关系的恶化，北洋政府和后来的国民政府，没有（也不可能）继续委派驻藏办事长官。

即使在这多难之秋，无论是北洋政府或国民政府，都极为重视对西藏主权管理，先后成立了管理藏务的中央机构。1912 年 7 月，成立蒙藏事务局，直隶于国务总理，管理蒙藏事务。由于有关事务繁重，1914 年 5 月，改为蒙藏院，直隶于大总统。国民政府成立后，1928 年裁撤蒙藏院，筹设新机构。1929 年初正式成立蒙藏委员会，直属于国民政府，1940 年设立蒙藏委员会驻藏办事处。

以上这些，都是在极为艰难的历史条件下，历届民国政府为维护对西藏的主权采取的重大政策措施。

三、选举立法，西藏代表参加国会和国家权力机关。

民国初建，参照西方国家体制，实行立法、行政、司法三权分立。议会（也称国会，分参议院、众议院，即所谓上议院、下议院）选举总统。议会由当时的二十二行省、西藏、蒙古、青海以及华侨和各界人士选举产生。

1912 年颁发的《国会组织法》，1918 年颁发的《修正国会组织法》，1914 年颁发的《约法会议组织条例》和《立法院组织条例》，1925 年颁发的《临时参政院条例》和《国民代表会议条例》，以及国民政府时期于 1931 年颁发的《国民会议代表选举法》等，都通过立法，规定了西藏地区的代表名额和选举条例、办法，并给予经费补助。我们还从历史档案中选录了民国各个时期议会、国民会议，以及立法院等国家权力机构中的西藏代表资料，供研究参考。

四、制订管理西藏事务的条例和办法。

民国时期，为了维护中央政府与西藏地方的隶属关系，加强对西藏的行政管理，曾经制订了一系列管理西藏地方的规章制度，以保证治藏方针政策的贯彻执行。

民国初建，百废待举，为了稳固刚刚建立的政权，争取蒙藏等边疆少数民族王公的倾心拥戴，北洋政府尽快制订了礼遇条例、办法。例如，1913 年公布《蒙藏王公等爵章条例》、《喇嘛印信定式》、《蒙藏王公等服制条例》、《民国成立初次来京蒙回藏王公等特别川资条例》等。其政治用心，是显而易见的。

1927 年国民政府成立之后，仍然期望通过礼遇上层僧俗人物，恢复、改善和加强中央政府与西藏地方政府的关系，在北洋政府的基础上，也制订一系列礼遇蒙藏王公的条例、办法。例如《蒙藏公文程式》（1930）、《招待蒙藏来京领袖办法》（1931）、《达赖班禅代表来京展觐办法》、《边疆宗教领袖来京展觐办法》、《蒙藏新疆回部来京展觐人员招待规则》（均为

1934年公布、1943年修正)、《蒙藏回疆各地方长官及各宗教领袖人员来京晋谒颁赠办法》(1935年、1943年、1948年多次修订)；对于西藏等边疆地区官员任用及投效国民政府人员和失业人员救济也制订了一系列条例和办法。例如，《边疆武职人员叙授官衔暂行条例》(1934年公布、1936年修正)、《蒙藏边区人员派赴各机关服务暂行办法》(1936)、《边疆武职人员叙授官衔暂行条例施行细则》(1936)、《蒙藏边区人员任用条例》(1937)、《修正救济蒙藏失业人员暂行办法》(1942)、《修正蒙藏失业人员登记办法》(1942)等，同时，对于达赖、班禅驻京（南京)、平（北平，即北京)、康（西康）办事处给予经费支持和各种优待，意在争取达赖、班禅对国民政府的倾心拥戴。

五、建立藏传佛教管理制度和办法。

藏族全民信奉藏传佛教，它关系到西藏的社会安定和人心向背，所以元、明、清历代都非常重视这个问题，在尊崇、扶植的同时，也依法对藏传佛教加强管理。同样，民国政府也将此作为治理西藏的一个重要问题，借鉴清朝的历史经验，颁行了一系列关于加强藏传佛教管理的制度和办法。例如，《管理喇嘛寺庙条例》(1935)、《喇嘛转世办法》(1936年公布、1938年修正)、《喇嘛任用办法》(1936)、《喇嘛奖惩办法》(1936)、《喇嘛登记办法》(1936)、《征认班禅呼毕勒罕办法》(1942)。

还有一些具体的，但主要的就是这些。其目的就是借以稳定西藏局势，维护藏传佛教秩序和中央政府对西藏宗教管理的权威。

六、优礼达赖、班禅，主持其转世事宜。

册封达赖、班禅，并主持其转世事宜，是清朝治藏的重要政策，并且取得了历史的成功。民国政府继承了这项传统政策。

民国肇建，中央政府即派员赴藏，劝慰十三世达赖拥护民国，阐明民国政府对西藏的政策，照旧支给达赖俸饷，恢复其封号。后来，又命甘督张广建派员入藏，联络感情，达赖同意派喇嘛驻京。国民政府蒙藏委员会成立伊始，即派员入藏慰问达赖喇嘛，祛除其与中央政府之间隔膜。后来又派刘曼卿、谢国梁等入藏劝勉，进一步加强国民政府与达赖的关系。十三世达赖圆寂，国民政府追赠名号，派黄慕松为专使入藏致祭；颁布国民政府命令，十三世达赖转世灵童免予掣签，又派蒙藏委员会委员长吴忠信入藏主持十四世达赖坐床典礼。

册封九世班禅，并任命为专使，护送回藏；其圆寂后，追赠封号，举行隆重祭礼，派员主持其转世事宜。这是民国筹藏的重要政策之一。袁世凯任临时大总统不久，即致电九世班禅表示慰问，九世班禅当即表示“实赞共和，效忠民国”。民国政府迅即晋封名号。后来，达赖、班禅失和，班禅于1923年出走内地。民国政府仍予优礼。1928年成立蒙藏委员会任命其为委员，又晋升国民政府委员。1931年，又特命为西陲宣化使，组织行辕，给予优厚俸饷，加封名号。1936年，根据形势和本人请求，国民政府派专使及仪仗队护送九世班禅回藏，但其不幸于1937年12月圆寂于青海。国民政府立即明令褒扬，追赠名号，发给巨额治丧费，特派考试院院长戴传贤前往致祭，并在战时陪都比照国葬举行隆重祭典。其后，国民政府又根据历史定制，主持九世班禅转世事宜，并派蒙藏委员会委员长关吉玉为专使，于1949年8月赴青海主持十世班禅坐床典礼。

七、坚持中央政府对西藏摄政册封权。

摄政制度，(即达赖十八岁亲政以前，由中央政府任命一位藏族高僧代行其职权。)是清朝乾隆时期创立的一项重要制度，历史上曾对稳定西藏政局、维护中央政府权威，起过重要作用。民国政府借鉴了这项重要的历史经验，坚持对西藏摄政的册封任命权。

1933年12月，西藏噶厦报请国民政府(在十三世达赖已圆寂，十四辈达赖未亲政执掌西藏政教前)，由热振呼图克图出任摄政，行政院报请国民政府批准，于1934年1月复电噶厦，同意“以热振呼图克图代摄达赖佛职权”。1935年5月，国民政府以热振呼图克图“综摄全藏政权，翊赞中央，抚绥地方，丕绩懋昭”，明令嘉奖，并加封“辅国普化禅师”名号。

由于西藏地方当局矛盾斗争激烈，热振被迫辞职，推举达札活佛继任，1941年4月国民政府核准并予以备案，使之合法化。

国民政府坚持对西藏摄政的册封权，不仅仅是遵行历史定制，更重要的是维护中央政府的权威。

八、兴办蒙藏教育，优待蒙藏学生。

这是民国时期首创的治藏政策，元、明、清各朝不曾有过。从历史发展的角度来说，这是将近代治国理念引进了筹藏政策。

民国初建，北洋政府时期曾经在北京开办蒙藏学校，安置清代官学蒙藏生员，同时招收一些蒙藏地区的青年，既没有形成规模和在全国推广，因而还不能称之为具有全国意义的政策。

真正形成为一项治藏政策的是在国民政府时期。根据我们现在能够查到的文献，1929 年 6 月国民党三届二中全会通过的蒙藏决议案中，教育是其中一项重要内容，并从国家战略的高度，说明其重大意义："关于蒙古、西藏经济与文化之振兴，应以实行发展教育为入手办法"，蒙藏学校"为储备蒙藏训政人员及建设人才之机关"。其要点是：在蒙藏地区创办各级学校并编译书籍及教材。国家资助经费，由行政院负责制订详细计划。这就为兴办蒙藏教育确定了基本方针。

据此，国民政府教育部于 1930 年制订了"蒙藏教育实施方案"，第二年又制定了"实施蒙藏教育计划"。1934 年颁发了蒙藏地区《捐资兴学褒奖条例补充办法》，1935 年又公布《蒙藏回教育补助费补助规则》，以及蒙藏地区学生入学办法和经费补助办法，又按年度制订了实施计划。后来，1940 年又制订《改进边疆寺庙教育暂行办法》等。因此，兴办蒙藏教育形成了系统的配套政策。

兴办教育的重点是办校和培养学生。北洋政府开办北京蒙藏学校，也制订了学校章程，但没有向全国推广。国民政府除陆续兴办北京蒙藏学校外，还在全国范围内开办了各级各类学校，例如，国立丽江康藏师资养成所、中央政治学校附设西康学生训练班、国立康定蒙藏学校、国立中央大学和北平大学蒙藏班、蒙藏委员会蒙藏训练班、国民党中央政治学校附设蒙藏班和西康班、国立南京蒙藏学校。同时，制订了一系列优待蒙藏学生的政策和办法，初步形成了一个草创时期的蒙藏教育体系。

九、抵制英国干涉侵略，维护国家主权和领土完整。

民国期间，国势衰微，外敌乘机大规模武装入侵，给中华民族造成了巨大灾难。如果从 1931 年的九·一八事变算起，到 1945 年日本宣布无条件投降，日本侵略者的铁蹄践踏神州十几年，几乎占去了民国历史的一半。从中华民族的角度来说，这是中华各族人民反抗外国侵略的历史。就西藏而言，则是反对英国侵略的历史。

清朝晚期，英国两次大规模武装侵略我国西藏，包括西藏爱国僧俗在内的我国广大军民，理所当然地进行了顽强抵抗。但是，英国图谋侵占西藏的野心不死，继续加紧煽动、唆使西藏地方少数上层分裂分子搞分裂独立活动，以及公然侵占我藏东南等等，对我国主权和领土完整造成严重威胁。因此应对英国的干涉侵略，保护国家主权和领土完整，就成了民国历届政府筹藏的重大课题。

辛亥革命期间，国内政局动荡。英国乘中国政权交替之机，唆使西藏地方当局制造分裂，阴谋层出不穷，手法不断翻新。例如，阻挠册封达赖专使绕道印度前往西藏，新生的民国政府多次与之交涉，但英国视中国软弱可欺，态度蛮横。更为严重的是，英印高级官员潜入西藏，为西藏地方当局制造分裂搞“独立”出谋划策，用阴谋手段策划有关西藏问题的所谓“三方会议”（即英国作为一方，又居心险恶的将西藏地方当局作为与中国代表团“对等”一方的会议。会议在印度西姆拉地方召开，一般称为“西姆拉会议”）。中国政府提出了严正交涉和抗议，揭露其险恶政治用心。但当时的民国总统袁世凯为巩固权位，有求于英国（主要是期望得到英国外交承认），屈服于要挟，派员出席了西姆拉会议。英方和西藏地方当局代表，合谋抛出“藏独”方案，草拟旨在将西藏从中国分裂出去的《西姆拉条约》，并背着中国代表，采取秘密换文的方式，将中国九万多平方公里的土地，利用划线（即所谓“麦克马洪线”）的方法，从地图上切割给英印。对此，中国政府多次提出严重抗议，中国代表拒绝在条约上正式签字。之后，中国的北洋政府和国民政府又多次发表外交声明，重申“西藏是中国领土的组成部分”的基本政治原则，所谓《西姆拉条约》是非法无效的，中国坚决不予承认。

国民政府与英国粗暴干涉中国内政的斗争，还突出表现在关于班禅回藏问题上。1935 年底，国民政府决定派卫队、仪仗队护送九世班禅返回西藏，这本来是中国的内政，与英国无关。但英国通过各种外交途径和手段，极力阻挠，同时又蛮横要求卫队蒙汉官兵不能进藏，只能护送到青海与西藏交界处为止。后来因为九世班禅返藏途中圆寂于青海，中英之间的这场斗争才停下来。

国民政府与英国阻挠西藏代表参加国民代表大会的斗争，算是反对英国分裂我西藏图谋的一个历史插曲。1946 年春，西藏代表拟参加国民代表大会时，英国多方阻挠，先是提出所谓“抗议”，要求西藏地方当局撤回代表。当西藏代表途经印度时，英印当局又以代表患病应予逮捕相恫吓。后又以战争为由要求西藏召回代表，手法卑劣，不一而足。经过国民政府交涉与斗争，终使英国的图谋落空。

最重要的是抵制英国侵犯我国主权、强占我国领土等侵略行径，以维护国家主权和领土完整。20 世纪三四十年代，当我国正处于抗日战争的艰难岁月，英国乘我之危，公然明目张胆供给西藏地方当局军火，在拉萨购地设办事机构和电台，办藏文报纸煽动西藏独立。这些，理所当然地遭到中国政府的反对和有力抵制。更为严重的是，英印军队武装侵入我藏南，强占村庄，侵占我察隅、科麦、门达旺等部分领土，更狂妄地向中国政府提出割地驻兵的无理要求。国民政府多次通过外交途径进行交涉和严重抗议，也采取了一些相应的抵制措施。在反对西藏地方当局搞分裂的同时，也支持其反对英国要求割地驻兵的侵略行径，在维护国家主权和领土完整的前提下，共同对付英国的侵略。

虽然国民政府当时已是危机四伏，面临倾覆，不可能也无力对英国的侵略行径做出更有效的强硬反击。但是，其反对英国干涉、侵略西藏的一些政策措施和实际行动，还是值得给予历史地肯定的。

十、坚持国家统一，谴责、制止西藏地方当局的分裂活动。

民国期间，西藏地方动荡不安的主要根源是英国的干涉侵略。西藏地方当局中一些上层僧俗分子，在英国的唆使和支持下，不断制造事端，分裂国家，妄图在英国保护下“独立”。在这种特定的历史条件下，国民政府一方面坚持加强对西藏的行政管理和搞好与西藏僧俗上层的关系，加强中央政府权威和维护对西藏的主权。另一方面，就是坚持国家统一，谴责、制止西藏地方当局的分裂活动。这是民国治藏政策中相辅相成不可或缺的两个方面。

北洋政府时期，由于中央政权更替频繁，内部矛盾激烈等原因，在西藏问题上，主要是利用外交手段对付英国，对于西藏地方当局在英国唆使下搞的一些分裂活动，只是就具体问题进行应对处理，还没有将其提升到国家战略高度，制订相应方针政策和采取重大应对措施。国民政府时期，英国的干涉侵略和西藏地方当局分裂活动不断加剧，严重影响西藏的安定和国家的统一。因此，在抵制英国干涉、侵略的同时，制止西藏地方当局分裂活动就成了治藏政策中的重中之重。

首先，是多次宣布维护国家统一，坚持西藏事务纯属国家内政，绝不允许外人插手的方针。

1932 年 12 月，国民政府主席蒋中正两次致电十三世达赖，郑重声明“汉藏事务纯属内部事务”，“绝不允他人插手干涉”，向西藏地方当局公开宣布这一重大方针和基本原则。

此前，1929 年，蒙藏委员会成立不久，即向国民政府提出了“西藏与中央之关系恢复如前（指清朝）”的治藏方针。后来 1934 年，黄慕松奉国民政府之命作册封并致祭达赖专使入藏，行政院给予的指令是，处理一切问题必须坚持“西藏是整个中国之一部”的基本政治原则。黄慕松多次口头和书面告知噶厦，申明：“西藏当然为中华民国领土之一部分”和“西藏服从中央”两条政治原则，并在一切公务活动中始终坚持。1936年，国民政府决定派大员护送九世班禅回藏时，给予特派专使的训条，仍然是重申西藏“为中华民国领土之一部”的原则。1939年，国民政府决定委派蒙藏委员会委员长吴忠信作为特派专使入藏主持十四世达赖坐床等事宜，行前，行政院颁发训令，又着重指示，一切言行必须坚持“西藏为中国领土之一部”的基本政治原则。可见，国民政府时期始终把这条基本政治原则，作为处理有关西藏一切问题的总方针。

20世纪30年代，西藏地方当局在英国的教唆和支持下，派藏军强占川边和青海藏区的一些地方，企图以武力实现英国阴谋策划的大藏区梦想。国民政府一方面命当地驻军阻挡，一方面居间调停，促成双方签约停战，使西藏地方当局的图谋未能得逞。

针对西藏与康区（川边藏区）和青海停战休兵条款，国民政府指示，“嗣后沿边地方长官如互订地方条款，只能用规约，不能擅用条约字样”，而且必须呈中央政府核准。西藏地方当局还仰承英国鼻息，将有关公文托英使转交，无视中央政府权威和国家尊严，国民政府严令制止。

西藏地方当局错误地认为，日寇侵华和国民政府行将倾覆，是搞分裂的大好时机，于是明目张胆地大搞“独立”活动。国民政府针锋相对，公开谴责，并采取措施加以制止，因而使得民国后期，分裂与反分裂的斗争空前激烈。

1941年，抗日战争危难之机，西藏地方当局公然阻挡修建具有战略意义的中印公路，国民政府严厉斥责，明令指示“势在必修”，不许阻挡破坏。1942年西藏地方当局为加快“独立”步伐，擅自成立所谓“外交局”，对此，国民政府严令，对外事务“必须秉承中央意旨办理”，不得经由其擅设的外事机构办理。

1947年，国民政府明令禁止西藏地方当局擅派代表出席泛亚会议。同时，严查西藏地方当局派出的商务代表团在欧美的非法活动。也是在这一年，西藏地方当局借选派代表出席国民代表大会之机，在有关公函中擅称“自治自主之国”，被国民政府发觉后，采取断然措施予以揭露和处置。

最为严重的是，国民党掌控的国民政府即将败退台湾的前夕，1949

年7月8日，西藏地方当局假借“防止共产党混迹西藏”为理由，捣毁蒙藏委员会办事机构和无线电台，限令国民政府所有驻藏人员，以及汉族教师、医生、商人，甚至和尚，一律两星期内离藏，史称“驱汉事件”。即将败退台湾的国民政府，仍然指斥西藏地方当局“自失立场，违法悖理”，同时严厉要求“迅自纠正此项措施”，“以免召（招）致不良之后果”。虽然，这样的政令不会产生实效，但它毕竟表明了其坚持国家统一、反对西藏地方当局分裂图谋的基本原则并没有因为时局的变化而改变。

最后，附录国民政府有关藏事文献选辑，计十八件。史料是以时间为序编排的，内容涉及的时间是从1927年国民政府成立直至1949年撤离大陆。从一定意义上来说，它反映了国民政府经营西藏的历史过程。也可以说，这是国民政府治藏政策的历史记录。这对于民国治藏政策法规的研究来说，其重要意义是不言而喻的。

国民政府是国民党建立和掌控的。国民党中央关于蒙藏的决议，自然是国民政府制订治藏政策的指导方针，因此，我们选编了有关文献数种，内容涉及治藏指导思想和基本政策，以及中央政府管理蒙藏事务的机构等。行政院作为国民政府管理国家行政事务的中枢机构，蒙藏事务的大政，是其应负的职责，所以我们编选了它向国民参政会所作工作报告数种（节录其中蒙藏部分）。蒙藏委员会是国民政府管理蒙藏事务的职能部门，负责蒙藏政策的草拟，以及国民政府蒙藏政策的贯彻执行和处理相关的日常事务。我们选编了蒙藏委员会向国民政府、国民参政会所作工作报告（包括工作计划等）十余件，这对于国民政府时期筹藏政策的研究，无疑是重要的第一手史料。总之，我们考虑，附录的这些文献，与前面所记述的治藏政策法规参照研究，是十分有益的。人所共知，这些文献曾被历史尘封数十年，今天能够整理出来提供使用，对于藏学研究来说，无疑是一件值得庆幸的大好事。

总的来说，民国期间虽然社会动荡、战乱不止、政权更替频繁，但历届中央政府的治藏政策具有历史的连续性，没有因为各自政治利益的冲突而造成政策的反复或抵触，这对国家的统一当然是有利的。借鉴、继承清代治藏经验教训，是民国治藏政策法规的重要历史特点，例如，派驻西藏行政长官，设置管理藏务的中央机构，优礼达赖、班禅并主持其转世事宜，以及掌握西藏摄政的册封权等，其基本精神和做法，都是对历史的传承，这对于维护中央政府和西藏地方固有的隶属关系，是有重要意义的。

特别应该说明的是，英国乘我之危，一如既往，加紧对我西藏的干涉、侵略，并没有因为与我为第二次世界大战的盟国而有所收敛。民国历届中央政府无一例外都对英国的侵略行径进行了抵制，原则立场坚定鲜明，并有一定的应对政策措施。虽然因为国力衰微，这种抵制不够有力，但还是基本上维护了国家主权和领土完整。当时，西藏地方当局中少数分裂分子，在英国的唆使、扶植下曾进行了一系列破坏国家统一的分裂活动，国民政府都予以严厉谴责和力所能及的制止。虽然因为国民政府行将倾覆，不可能有力地、彻底地粉碎其图谋，但毕竟使其分裂图谋未能得逞，为后来新中国彻底解决这个问题打下了历史基础。我们应该从历史的角度看问题，给予历史的肯定。当然，全面地深入地研究、总结民国时期的治藏得失与经验教训是一个重大课题，需要藏学专家学者长期艰苦努力，本书只是提供了一些相关的重要史料，贡献了一得之见。

一、宣布五族共和，制订相应法律法规

民国建立，宣布五族共和

临时大总统孙中山宣言书

（1912年1月）

国家之本，在于人民，合汉、满、蒙、回、藏诸地为一国，则合汉、满、蒙、回、藏诸族为一人，是曰“民族之统一”。武汉首义，十数行省先后独立，所谓“独立”，对于清廷为脱离，对于各省为联合。蒙古、西藏，意亦同此，行动既一，决无歧趋，枢机成于中央，斯经纬周于四至，是曰“领土之统一”。

（《东方杂志》第八卷第十号）

附一　孙中山致贡桑诺尔布等蒙古各王公电

（1912年1月28日）

北京。喀尔沁亲王①、喀尔喀扎萨克和硕亲王（名彦图）那、科尔沁辅国公（迪苏）博暨蒙古诸王公、各台吉钧鉴：汉、蒙本属同种，人权原自天赋，自宜结合团体，共谋幸福。况世界潮流所趋，几于大同，若以芸芸众生，长听安危于一人，既非人道之平，抑亦放弃天职。今全国同胞见及于此，群起解除专制，并非仇满，实欲合全国人民，无分汉、满、蒙、回、藏，相与共享人类之自由。究之政体虽更，国犹是国。故稍有知识之满人，亦莫不赞同恐后。谅诸公明达，必表同情。文以薄德，谬膺临时总统之举，上述各意，已一再宣布，蒙地辽远，或未尽悉。而俄人野心勃勃，乘机待发，蒙古情形，尤为艰险，非群策群力，奚以图存。夙仰贵王公等关怀时局，眷念桑梓，际兹国势阽危，浮言四煽，西北秩序，端赖维

① 喀尔沁亲王：名贡桑诺尔布。

持。祈将区区之意，遍告蒙古同胞，戮力一心，共图大计，务坚忍以底成，勿误会而偾事；并请速举代表来宁，参议政要，不胜厚望。中华民国大总统孙文。勘。

（据《临时政府公报》第四号）

附二　孙中山致何宗莲电

（1912年2月3日）

大同府何都统鉴：寒电悉。卓识伟论，不胜钦佩。文始终主义，在救同胞于水火，毫无私意于其间。共和民国，系结合汉、满、蒙、回、藏五大种族，同谋幸福，安有自分南北之理，更安有苛遇满族之理。来电指摘各节，实无其事，想系反对共和民国者造谣诬蔑之语，万不可信。若赖公等之力，令共和国家早日成立，文当即避贤路。国家之事，由全国五族人共组织之，文何私焉？请释疑念，并希即图进行为祷。孙文。江。

（据《临时政府公报》第九号，南京1912年2月6日）

附三　孙大总统布告国民消融意见蠲除畛域文

（1912年2月18日）

各省都督、将军、巡抚、报馆：

大总统孙文布告：今中华民国已完全统一矣。中华民国之建设，专为拥护亿兆国民之自由权利，合汉、满、蒙、回、藏为一家，相与和衷共济，丕兴实业，促进教育，推广东球之商务，维持世界之和平，俾五洲列国益敦亲睦，于我视为唇齿兄弟之邦。因此敢告我国民，而今而后，务当消融意见，蠲除畛域，以营私为无利，以公益为当谋，增祖国之荣光，造后〔国〕民之幸福，文谨惓惓焉。

中华民国元年二月十八日

（据上海《民立报》1912年2月20日号外，《孙大总统布告天下电》）

附四　孙中山在北京蒙藏统一政治改良会欢迎会的演说

（1912年9月1日）

今日此会，聚蒙、藏同胞于一堂，实为亘古以来未有之盛举，至足感佩！我国民以自由、平等、博爱三主义造成共和国家。凡我蒙、藏同胞，首即当知共和国家异于专制国家之要点。专制国家，其利益全属于君主，共和国家，其利益尽归于国民，此即共和与专制之特异点。前清极盛时代，合并蒙古、西藏、青海、回疆为亚洲东部一大部，然国民实无丝毫之利益，其利益尽为皇帝一人所占有。即如今之俄国，其政府之强固，国力之充实，正如前清盛时，且或过之。然而俄国人民不惟不能享受国家何等之利益，于政治上且感受种种之苦痛。盖专制国通例，国愈强者，其人民之苦亦愈甚。共和国则反之。在共和国度中，其国民利益之增减，视国家之强弱为正比例。国家强盛，其国民之利益日日增多，国家衰弱，其国民之利益日日减少。盖共和国以国民为国家之主体故也。

今我共和成立，凡属蒙、藏、青海、回疆同胞，在昔之受压制于一部者，今皆得为国家主体，皆得为共和国之主人翁，即皆能取得国家参政权。方今共和初建，各种政治条理，尚未发生，将来国家立法，凡有利于己者，我同胞皆得赞同之，有不利于己者，同胞皆得反对之。非如前清之于蒙、藏，部落视之；俄国之于人民，奴隶视之；日本之于高丽，牛马视之。日本虽强，高丽人乃日即于苦痛，无丝毫利益之可言。凡我蒙、藏同胞，亦当知所以审择矣。惟以蒙、藏同胞目前未知此理，日受外人挑弄，乃发生种种背谬之行为。吾辈丁此时艰，所当力为劝导，俾了解共和之真理，与吾地同胞一致进行，以共享共和之幸福。则贵会诸君之责任，亦即鄙人所希望于诸君者也。

（据上海《民立报》1912年9月8日
《九月一日孙先生欢迎会记》）

临时大总统袁世凯重申五族共和蒙、藏、回疆事务归内务部管理令

（1912年4月22日）

现在五族共和，凡蒙、藏、回疆各地方，同为我中华民国领土，则蒙、藏、回疆各民族，即同为我中华民国国民，自不能如帝政时代再有藩属名称。此后，蒙、藏、回疆等处，自应统筹规画，以谋内政之统一，而冀民族之大同。民国政府于理藩不设专部，原系视蒙、藏、回疆与内地各省平等，将来各该地方一切政治，俱属内务行政范围。现在统一政府业已

成立，其理藩院事务，著即归并内务部接管。其隶于各部之事，仍归划各部管理。在地方制度未经划一规定以前，蒙、藏、回疆应办事宜，均各仍照向例办理。

（《东方杂志》第八卷第十二号）

附一　民国待遇蒙藏各族条件
（民国待遇清皇室条件有关条款）

（丙）关于满、蒙、回、藏各族待遇之条件。

今因满、蒙、回、藏各民族赞同共和，中华民国所有待遇者如左（下）：

一、与汉人平等。

二、保护其原有之私产。

三、王公世爵概仍其旧。

四、王公中有生计过艰者，设法代筹生计。

五、先筹八旗生计，于未筹定之前，八旗兵弁俸饷仍旧支放。

六、从前营业、居住等限制一律蠲除，各州、县听其自由入籍。

七、满、蒙、回、藏原有之宗教，听其自由信仰。

（《宣统政纪》卷七〇，宣统三年十二月）

附二　蒙藏联合会为请将待遇蒙藏条例交约法会议公决增入专条事致国务总理呈

（1914 年 4 月 7 日）

为呈请事。

（前略）

查蒙藏为中国边屏，虽历数百年之久，而历史、风俗、制度、习惯、语言、文字，均与腹地不同，故约法规定人民平等，蒙藏则未废封建；约法规定信教自由，蒙藏则崇奉黄教。民国成立三载于兹，大总统于晋爵、崇教虽均按照旧制施行，而规之约法条文，不无扞格，似非明定专例，不足以定大政设施之标准，即不足以固边氓倾向之精神。查前此特颁之待遇满、蒙、回、藏七条件，暨前临时参议院规定之蒙古待遇九条，例文法固极周详，恩遇至为优渥，然不于增修约法之中妥为厘订，无以垂永久而便遵从。拟请比照英治坎拿大、俄治芬兰之先例，在此次约法内增定专条，凡于蒙藏有特别情形者，参照前次所颁待遇蒙藏各条件，以特别法规定之，词旨则取其浑括，法令则利其推行。如是则蒙藏特别制度均由特别法发生，于约法规定既不至冲突，于蒙藏观听亦不致混淆。本会以边计政纲所关者大，特具崖略，伏乞速为代呈大总统，特交约法会议公决，增入专条，民国幸甚，蒙藏幸甚。等语。为此，据情呈请国务总理鉴核，转呈大总统钧鉴施行。谨呈。

总务处主任　陈毅

（蒙藏院档案）

附三　西藏代表呈询西藏待遇条件是否取销

（1924 年 11 月 27 日）

西藏特派驻京堪布等为呈请事，窃堪布等奉达赖喇嘛之命来京当差，凡民国与西藏之关系自应注意，近闻政府将大清皇帝之优待条件业已取销，查此条件与蒙、回、藏待遇条件同时宣布，今以何理由而取销，至其同时宣布之条件是否一并取销，堪布等连日探询未得真相，为此呈请钧院转请政府明示，如约法所载之条件一律取销，堪布等即应回藏销差，如尚未取销，亦请明白批示以便报告达赖喇嘛，免致远道传闻失实转生误会。为此呈请蒙藏院俯予转呈，堪布等敬候办理，谨呈蒙藏院总裁

西藏堪布雍和宫住持札萨克　棍却仲尼①
西藏特派驻京教习堪布　顿柱旺结
西藏特派驻京卓尼尔　降巴曲旺
西藏特派驻京洛藏娃　楚称丹增
西藏堪布五台山札萨克　罗桑巴桑
西藏堪布达赖庙达喇嘛　罗桑仁增
中华民国十三年十一月二十七日谨呈

（蒙藏院档案）

① 棍却仲尼后任西藏驻京总代表，并于 1931 年底正式将原名汉译字改为贡觉仲尼。

附四　蒙藏院为西藏待遇条件请明白批示事致段祺瑞呈

（1924年11月27日）

为据情代呈事

据西藏特派驻京堪布等呈称：窃堪布等奉达赖喇嘛之命来京，凡民国与西藏之关系自应注意。近闻政府将大清皇帝之优待条件业已取销，查此条件与蒙、回、藏待遇条件同时宣布，今以何理由而取销，至其同时宣布之条件，是否一并取销，堪布等连日探询，未得真相。为此，呈请钧院转请政府明示，如约法所载之条件一律取销，堪布等即应回藏销差，如尚未取销，亦请明白批示，以便报告达赖喇嘛，免致远道传闻失实，转生误会。为此，呈请蒙藏院俯予转呈，堪布等敬候办理。等因到院。

本院未便壅于上闻，理合据情代呈，伏乞钧鉴。谨呈

临时执政。

（蒙藏院档案）

附五　蒙藏院训令

（1924年12月3日）

令西藏驻京堪布

（前略）兹于本年十二月二日奉临时执政指令：呈悉，满、蒙、回、藏各族待遇条件暨蒙古王公待遇条件，历经颁布，大信昭然，效力确定，允无疑义。应由该院明白宣示以慰群情，并转行蒙古王公及西藏驻京堪布等一体知照，此令。奉此，合亟令仰该堪布等遵照可也。此令。

（蒙藏院档案）

关于国家领土、国民和有关制度的立法（涉藏部分）

中华民国临时约法（摘录）

（1912年3月11日公布）

第一章　总　纲

第三条　中华民国领土，为二十二行省，内外蒙古、西藏、青海。

第二章　人　民

第五条　中华民国人民，一律平等，无种族、阶级、宗教之区别。

第三章　参议院

第十八条　参议员，每行省、内蒙古、外蒙古、西藏，各选派五人，青海选派一人；其选派方法，由各地方自定之。参议院会议时，每参议员有一表决权。

（《中国宪法类编》下编）

中华民国约法（摘录）

（1914年5月1日公布）

第一章　国　家

第三条　中华民国之领土，依从前帝国所有之疆域。

第二章　人　民

第四条　中华民国人民，无种族、阶级、宗教之区别，法律上均为平等。

第十章　附　则

第六十四条　中华民国宪法未施行以前，本约法之效力与宪法等。约法施行前之现行法令与本约法不相抵触者，保有其效力。

第六十五条　中华民国元年二月十二日所宣布之大清皇帝辞位后优待条件，清皇室待遇条件，满、蒙、回、藏各族待遇条件，永不变更其效力。

其与待遇条件有关系之蒙古待遇条件，仍继续保有其效力；非依法律，不得变更之。

（《中国宪法类编》下编）

国是会议宪法草案（摘录）

（1922年8月中华民国八团体国是会议拟定）

（甲种）

第一章　总　则

第一条　中华民国为联省共和国。

第二条　中华民国之主权，依本宪法之规定行使之。

第三条 中华民国之国土如左下：

一、二十二省：直隶 奉天 吉林 黑龙江 江苏 安徽 江西 浙江 福建 湖北 湖南 山东 河南 山西 陕西 甘肃 新疆 四川 广东 广西 云南 贵州

二、特别区：绥远 热河 察哈尔

三、蒙古 西藏 青海

各省领土，非得其关系省之同意不得变更之，新省之设置或其他区域之变更，以联省法律定之。

第二章 联省及各省权限之划分

第七条 各省宪法应规定以下各项：

六、各省行政机关中之文官，应定考试、任用及保障之法，不因一省内政治状况而更动。

特别区及蒙古、西藏、青海之政治组织，另以法律定之。

第三章 参议院

第十一条 立法权暂以参议院一院行使之。

第十二条 参议院以下列议员组织之：

一、各省省议会每省选举五人。

二、每特别区选举二人。

三、内外蒙古、西藏各选举五人，其方法另定之。

四、青海选举一人，其方法另定之。

（《东方杂志》第十九卷 宪法研究号）

（乙种）

第一章 总 则

第一条 中华民国为联省共和国。

第二条 中华民国之主权，依本宪法之规定行使之。

第三条 中华民国之国土如左下：

一、二十二省：直隶 奉天 吉林 黑龙江 江苏 安徽 江西 浙江 福建 湖北 湖南 山东 河南 山西 陕西 甘肃 新疆 四川 广东 广西 云南 贵州

二、特别区：绥远 热河 察哈尔

三、蒙古 西藏 青海

各省领土，非得其关系省之同意不得变更之，新省之设置或其他区域之变更，以法律定之。

第四条 凡具有中华民国国籍者，为中华民国人民。

第二章 联省及各省权限之划分

第七条 各省宪法应规定以下各项：

六、各省行政机关中之文官，应定考试、任用及保障之法，不因一省内政治状况而更动。

特别区及蒙古、西藏、青海之政治组织，另以法律定之。

（《东方杂志》第十九卷 宪法研究号）

中华民国宪法（摘录）

（1923年10月10日公布）

第一章 国 体

第一条 中华民国永远为统一民主国。

第三章 国 土

第三条 中华民国国土，依其固有之疆域。

国土及其区划，非以法律，不得变更之。

第四章 国 民

第五条 中华民国人民于法律上无种族、阶级、宗教之别，均为平等。

第十二章 地方制度

第一三五条 内外蒙古、西藏、青海，因地方人民之公意，得划分为省、县两级，适用本章各规定。但未设省县以前，其行政制度，以法律定之。

（《中国宪法类编》下编）

《中华民国训政时期约法》（摘录）

（1931年6月1日公布）

第一章 总 纲

第一条 中华民国领土为各省及蒙古、西藏。

第三条 中华民国永为统一共和国。

第二章 人民之权利义务

第六条 中华民国国民，无男女、种族、宗教、阶级之区别，在法律上一律平等。

第七章 政府之组织

第八十条 蒙古、西藏之地方制度，就地方情形，另以法律定之。

（《中国宪法类编》下编）

中华民国宪法（摘录）

（1946年12月25日国民大会通过，1947年1月1日国民政府公布，同年12月25日施行）

第一章 总 纲

第四条 中华民国领土，依其固有之疆域，非经国民大会之决议，不得变更之。

第五条 中华民国各族一律平等。

第二章 人民之权利义务

第七条 中华民国人民，无分男女、宗教、种族、阶级、党派，在法律上一律平等。

第三章 国民大会

第二六条 国民大会以左列（下）代表组织之：

二、蒙古选出代表，每盟四人，每特别旗一人。

三、西藏选出代表，其名额以法律定之。

第六章 立 法

第六四条 立法院立法委员依左（下）列规定选出之。

二、蒙古各蒙旗选出者。

三、西藏选出者。

四、各民族在边疆地区选出者。

第九章 监 察

第九一条 监察院设监察委员，由各省市议会、蒙古、西藏地方议会及华侨团体选举之。其名额分配依左（下）列之规定：

三、蒙古各盟旗共八人。

四、西藏八人。

第十一章　地方制度

第一二十条　西藏自治制度，应予以保障。

（《中国宪法类编》下编）

附　有关具体条法

1. 司法院指令司法行政部《理藩院则例》对于蒙番人民仍准援用文

（1929年8月23日）

呈悉：当经发交最高法院解释，兹据拟具解答呈核前来。内开，查《理藩院则例》及《番例》条款，原为特别法之一种，在未经颁布新特别法令以前，自应按照民国十六年八月十二日国民政府通令就各该地方隶属国民政府前所适用者，酌予援用等语，本院长审核无异，合行令仰转饬遵照。此令！

附原呈

呈为呈请事：案据甘肃高等法院敬代电称：查甘肃蒙番人民，多沿旧习，普通法律，向不适用，以故民国以来，对于此项人民诉讼案件，仍适用《理藩院则例》及《番例》条款。现值百度维新，法律普及之期，国内民族，似不宜有所歧异，所有现行法律，对于蒙番人民，可否一律适用处，伏乞鉴核示遵等情到部，查民国十六年八月十二日国民政府通令内开，国民政府一应法律，待用孔亟，在未制定颁行以前，凡从前施行之各种实体法，诉讼法及其他一切法令，除与中国国民党党纲主义或与国民政府法令抵触各条外，一律暂准援用等语。该《理藩院则例》及《番例》条款，是否仍准援用，事关法令解释，理合具文呈请钧院鉴核示遵，实为公便！谨呈。

（蒙藏委员会档案）

2. 蒙藏行政制度未经确定以前所有名称官职暂准照旧令

（1929年5月23日行政院训令）

为令遵事；案准

国民政府文官处函开奉主席发下

中央政治会议咨复蒙藏委员会，以乌梁海左翼镇国公吐鲁巴图病故，其子策凌请袭镇国公爵职。经决议“在蒙藏行政制度未经确定以前，所有名称官职暂准照旧”，请查照一案，奉谕交行政院查照办理！等因；相应抄同原件函达查照办理，等由；准此，合行抄发原咨令仰该会即便查照办理。此令！

附要咨一件

为咨复事：准国民政府文官处函开“国民政府第二十六次国务会议，关于行政院呈，据蒙藏委员会呈称：乌梁海左翼镇国公吐鲁巴图病故，其子策凌请袭镇国公爵职，似应照准，经院议决请在未定具体办法以前，暂准照办一案，经决议送中央政治会议，等因；相应照抄原件，函请审议”，等情；到会，经提出本月十五日本会议第一百八十一次会议讨论，并经决议“在蒙藏行政制度未经确定以前，所有名称官职暂准照旧”，等语；相应录案咨复，请烦查照，此咨

国民政府　中央执行委员会政治会议

（国民政府行政院档案）

3. 以后对于西藏民族不得再沿用番蛮等称谓以符中华民族一律平等之旨

（1929年10月5日国民政府训令）

为令遵事，案据行政院呈称：据蒙藏委员会呈称，案据职会委员格桑泽仁提案称；“为提议事，查我国专制时代，对于蒙藏民族，视同化外，故于称谓之间，已表现轻鄙之态，相沿至今，不幸犹然。考西藏民族，散处于康藏卫，及青海之泰半。内地同胞，多以在康藏者，称曰‘藏番’，或蛮子，或夷人；在青海者，则又专称番人。不知同一血统，同一文语，同一宗教之整个西藏民族，而因地势关系，名称迥别。殊于将来建设上有所滞碍，且因此多误以在青海之番人，是另一民族。在康藏之蛮夷，亦非纯粹藏族，此于西藏民族历史上，不惟径庭，抑多矛盾，且番蛮等称谓，含有粗野横蛮之意，故呼之者，易启藐视之心，而听之者，又何尝不感愧恧之想。今本党统一全国，训政伊始，对于国内任何民族，无论在形式上，精神上，当遵总理遗教一律平等，似前此对于西藏民族，加以猥亵轻鄙之称，自应明令废止。乃今沿边各省，多数人民，仍习以为常，而青康

川滇各省政府，亦狃于积习，虽在公文布告之中，仍滥用蛮番等名辞，此实于名不正则言不顺之旨不无违反。因是提议呈请政府，通令全国禁止，从新规定称谓。若以民族别之，则无论康藏青海，均可称为藏人，犹之汉人、满人、蒙人、回人者是。若以地方名之，即可称为前藏人，后藏人，西康人，青海人，犹之内蒙人，外蒙人，浙江人，河北人者是。是否有当，敬请公决”等语，经职会第二十七次常会讨论，佥以民族称谓，亟应平等，对于藏人，不容稍有歧视。该委员所提各节，不为无见，已决议通过。理合据情呈请鉴核，准予转请国民政府，通令禁止，以正称谓，而示平等等情。据此。查西藏民族，与汉、满、蒙、回各族，同为中华民族，揆诸党义，自不应加以歧视。该会请由钧府通令禁止。沿用番蛮等称谓，系为矫正陋习，昭示平等起见，似应准予照办。是否有当，理合具文呈请鉴核施行，指令祗遵，等情。据此，除指令呈悉，所请应准照办，候通令禁止可也。仰即转饬知照此令，印发并分令外，合行命仰该会遵照，转饬所属一体遵照，以后对于西藏民族，不得再沿用番蛮等称谓，以符中华民族一律平等之旨。切切此令。

（国民政府行政院档案）

4. 厘订蒙藏地方暂行法制案

（1930年4月）

决议　通过。

附内政部提案　理由：

中华民国之成立，已阅十九年，政府颁行一切法典，无论行政司法，俱不能适用于蒙藏地方，以现行解释例，蒙藏地方适用法典，除与党纲主义或国民政府法令抵触者外，暂准酌用《理藩院则例》及《番例》条款（十八年八月二十三日司法院院字第一四三号指令）。以是蒙藏民众，虽同隶于中华民国版图，实际上仍受帝王专制时遗留法制之捆缚。故为团结民族计，为训政前途计，对于蒙藏法制之亟应颁行及整理，实有不可稍缓者。

办法：

一、《理藩院则例》及《番例》条款名称，亟应废除。

二、《理藩院则例》及《番例》条款，应以左（下）例标准，由主管机关分别厘定：

甲、与现制绝对抵触者全删。

乙、与现制相对抵触者删修。

丙、与现制并无抵触者暂留。

三、由各主管机关起草蒙藏地方适用新法典，但在蒙藏新法典未颁行以前，所有旧有蒙藏法规，应准适用。

（民国十九年四月全国教育会议决议案之一）

5. 修订现行蒙藏司法法令之准备

（1930年）

西北各边省，处理蒙人诉讼，现尚酌用前清《理藩院则例》及《番例》条款，其中条文，既与本党党纲不无抵触，按之世界思潮，尤多背驰，自非迅谋救济，将有失民族平等之原旨。惟若径与内地人民，等量齐观，一律令其适用国民政府新颁之民刑各种法律，又恐与蒙地风俗习惯龃龉，扞格难行。西藏地方情形，亦复略同。第二五三次政治会议，认为各该地现行司法法令，实有修订之必要，爰令司法行政部会同蒙藏委员会，先行调查实况，搜集资料，以为立法时之参考。

（注：原件未注明年月，民国十九年系本书编者考订）

（蒙藏委员会档案）

二、任命驻藏办事长官，设置管理藏务中央机构

任命驻藏办事长官

临时大总统任命钟颖为西藏办事长官

（1912年5月22日）

内务部咨西藏办事长官：为咨行事，中华民国元年五月初九日临时大总

统任命钟颖为西藏办事长官。此令。等因。应相应咨行贵长官遵照可也。

（蒙藏院档案）

（按：《东方杂志》九卷一号《中国大事记》载：去年九月，西藏拉萨兵变，钟颖时为陆军统领，竭力维持，得以安谧，经四川都督从权委任为西藏行政使。本年四月，华兵〔按：指清末驻藏之新军〕在拉萨开会，与藏人冲突，酿成激战。英人以保护该国在藏商务为言，进兵藏中，藏事日亟，故任钟为办事长官，以资应付。）

钟颖为出任西藏办事长官并已到任事给代理商上札

（1912年9月8日）

西藏办事长官钟为译行事。

照得本年九月初三日，案准驻藏办事大臣联移送接准内务部咨开：中华民国元年五月初九日临时大总统令，任命钟颖为西藏办事长官。此令。等因。相应咨行贵长官遵照可也。等因。准此，本大臣自应将驻藏大臣铜质关防一颗及文案、卷宗，备文移送贵长官查照验收，并希移复。计移送驻藏大臣关防一颗及文案、卷宗。等因。准此，本长官即于是日接印视事，除分咨外，相应译行该代理商上，即便知照。再，办事长官关防未到以前，暂用驻藏大臣关防，合并饬知。须至译行者。

右译行代理商上。准此。

（西藏档案馆藏）

钟颖为奉命驻藏决不出藏事致代理商上札

（1912年9月17日）

西藏办事长官钟为译行事。

照得和局既成，陆军已实行退伍，枪支俱交存，乃番边近日行为，殊无情理可言，前已知会，不复再叙。本长官既奉命驻藏办事，决无复行出藏之理，且无兵无枪而又无粮，亦不能战，只有任番边所为，本长官候死而已。相应译行代理商上，即便知照。须至译行者。

右译行代理商上。准此。

（西藏档案馆藏）

任命陆兴祺为护理驻藏办事长官

（1913年）四月二日遂任命陆兴祺为护理驻藏办事长官。

（《西藏纪要》）

陆兴祺为受命履职事致噶伦电

（1913年4月21日）[①]

诸噶伦鉴：

诸电奉读。彭日升一案，已电呈政府。以兴祺之见，藏乱概因驻藏汉官不明实情，彼此猜疑所致。达赖喇嘛及噶伦效忠中央政府，实为可嘉。彼汉官不明于此，故生疑致误，陆军借此侵扰，西藏无太平之望。青康驻军，只为守边，藏人生疑，并非意在背弃中央，诸噶伦自当保护，以求和解。是非利害，前已呈明，祈望深思。近大总统命吾为驻藏办事长官，已电呈达赖喇嘛，祈请派员前来迎迓护卫。待兴祺到藏后，定查明缘由实情，电呈中央训示，以期共图五族共和。

驻藏办事长官陆兴祺。印

（原件藏文，西藏档案馆藏）

陆兴祺为英印政府不承认护理驻藏长官并不允与藏人通信请示如何办理致袁世凯等电

（1913年8月16日）

大总统　国务院　外交部钧鉴：

兴密。兴祺前奉护理驻藏长官之令，即电明藏路不通，不能进藏，请辞。奉复现时不能进藏，不妨暂在印京护理。等因。迨六月钟颖将印信及文卷送来时，以办事多人，地方湫隘，故电请经费，另租洋房开办，奉复照准，已交财政部核办。旋准财政部电，月限支银二千元。遵即开办，宣布藏中，并照会印督，亦已电请大总统照会驻京英使知照印督在案。今忽接印警察递到印外参赞函称：奉印督令，去年八月十七英使已咨中国外交部，声明藏约未议结期内，中国不能由印与藏交通。来文宣布护理驻藏长

① 本件月分原缺，四月为编者考订。

官一节，英政府不能承认，原文退回。并切戒君不得与藏人通信，倘必抗办，印政府惟有令君离印。等语。查前迭奉电示及转达赖各电，有经与驻京英使议结之语，今彼如此强词，实属无理。乞即与英使妥议，电照印督，俾兴祺不为所困，以保国体。并兴祺应如何办理之处，急盼电示祗遵。

陆兴祺叩。铣。印

（蒙藏院档案）

陆兴祺以“护理驻藏办事长官”名义复达赖喇嘛电

（1913年　月16日）①

诚顺赞化西天大善自在佛达赖喇嘛鉴：

顷奉歌电，即代转呈大总统鉴察矣。我大总统慈爱为怀，黄教在念，偶闻藏乱，心旌忧思，深恐班禅等各不相安为忧。今执事呈电表白，自能解释嫌疑，全藏和好、汉番相安可立待矣。兴祺前上执事各电，已否达览，急盼电复。

护理驻藏办事长官陆兴祺。铣

（西藏档案馆藏）

任命陈贻范为西藏宣抚使

一九一三年六月十四日，任命陈贻范为西藏宣抚使（胡汉民为副使）。

（《辛亥以后十七年职官年表》）

袁世凯为派陈贻范、胡汉民为西藏宣抚使赴大吉岭商议善后事宜并切望勿再议及界事致达赖喇嘛电

（1913年8月20日）

印度。陆兴祺转诚顺赞化西天大善自在佛达赖喇嘛鉴：

铣电悉，具稔。切盼和平，殊深嘉慰。岭议一节，现与英商粗有端绪，已派陈贻范、胡汉民为西藏宣抚使，取海道由印赴大吉岭，即可启行。至察木多一带地界，关系川省领土，碍难更议。已令尹经略等饬该处

① 月份原缺，似应在九月以前。

行政各官振兴黄教，抚辑僧俗，务使人民得所，以副执事崇重教法、爱护生灵之心。切望勿再议及界事，免致重滋汉番嫌疑，于息兵安民之旨转增窒碍，是所至嘱。

大总统。号。印

（蒙藏院档案）

设置管理藏务中央机构

设立蒙藏事务局

（1912年7月19日）中华民国政府设蒙藏事务局，隶属于国务院。

（《辛亥以后十七年职官年表》）

蒙藏事务局官制

（1912年7月24日公布）

第一条　蒙藏事务局直隶于国务总理，管理蒙藏事务。

第二条　蒙藏事务局置职员如左（下）：

总　裁　简任　　副总裁　简任

参　事　荐任　　秘　书　荐任

佥　事　荐任　　主　事　委任

执事官　委任

第三条　总裁一人，综理局务，监督所属职员。

第四条　副总裁一人，辅助总裁整（综?）理局务。

第五条　参事二人，承总裁之命，掌拟订及审议法律、命令案事务。

第六条　秘书二人，承总裁之命，掌理机要事务。

第七条　佥事八人，承总裁之命，分掌局务。

第八条　主事十二人，承长官之命，辅助佥事，分掌局务及编译事务。

第九条　执事官四人，承长官之命，掌接待及传译语言事务。

第十条　蒙藏事务局得商承国务总理，酌设顾问，作为名誉职员。

第十一条　蒙藏事务局为缮写文件及其他庶务，得酌用雇员。

第十二条　蒙藏事务局附设蒙藏研究会掌研究调查蒙藏一切事宜，其组织法另定之。

第十三条　本制自公布日施行。

（《藏文白话报》民国二年第一期）

蒙藏事务局改为蒙藏院

一九一四年五月，改设蒙藏院。

（《辛亥以后十七年职官年表》）

蒙藏院官制

第一条　蒙藏院直隶于大总统，管理蒙藏事务。

第二条　蒙藏院置左列各司：

第一司

第二司

第三条　蒙藏院置职员如左：

总　裁

副总裁

参　事

司　长

秘　书

佥　事

编　纂

翻译官

主　事

第四条　总裁一人，总理院务，监督所属职员。

第五条　副总裁一人，辅助总裁整（综?）理院务。

第六条　参事二人，承长官之命，掌拟订关于本院主管之法律、命令案事务。

第七条　司长二人，承长官之命，分掌各司事务。

第八条　秘书二人，承总裁之命，掌机要事务。

第九条　佥事十二人，承长官之命，分理各司事务。

第十条　编纂四人，承长官之命，掌编纂事务。

第十一条　翻译官十人，承长官之命，掌理翻译事务。

第十二条　主事二十四人，承长官之命，助理各司事务。

第十三条　蒙藏院因缮写文件，及其他庶务得酌用雇员。

第十四条　蒙藏院各司之分科职掌，由总裁定之。

第十五条　本官制自公布日施行。

（《政府公报》第七百二十九号，民国三年五月十八日）

附：修正蒙藏院官制第五条（教令第六号）

（1920 年 2 月 26 日公布）

第五条中副总裁一人，修正为副总裁二人。

（《东方杂志》第十七卷第六号）

裁撤蒙藏院成立蒙藏委员会

国民政府任命阎锡山为蒙藏委员会委员长令

（1928 年 12 月 27 日）

中华民国国民政府令

任命阎锡山、恩克巴图、班禅额尔德尼、李培天、诺那呼图克图为国民政府蒙藏委员会委员。此令。

特任阎锡山为国民政府蒙藏委员会委员长。此令。

中华民国十七年十二月二十七日

（《国民政府公报》1928 年 12 月 27 日）

国民政府准蒙藏委员会成立启用印信开始办公备案指令

（1929 年 2 月 13 日）

国民政府指令　　　　字第 300 号

令蒙藏委员会委员长阎锡山

呈为遵于一月五日宣誓就职，兹于二月一日启用印信开始办公，请鉴核备案由。呈悉，准予备案。此令。

中华民国十八年二月十三日

主　　席　蒋中正
行政院院长　谭延闿
立法院院长　胡汉民
司法院院长　王宠惠
考试院院长　戴传贤
监察院院长　蔡元培

（蒙藏委员会档案）

蒙藏委员会为本会成立事给蒙藏及各台站训令

（1929年3月13日）

训令　　　第　号

令知蒙古各盟旗、西藏、各台站管理处处长

为令知事。十七年十二月案奉国民政府令开：将任阎〇〇为国民政府行政院蒙藏委员会委员长。等因。奉此，本委员长遵于十八年一月五日宣誓就职在案。查本会曾于去年七月在南京首都设处筹备，现在会内组织均已就绪，即于二月一日举行成立典礼，并同日启用印信，开始办公。所有从前北京之蒙藏院当然早经消灭，此后关于蒙藏一切政治兴革及行政事宜，均由本会依照本党政纲统筹继续办理。除分呈及函咨外，合行令仰该即便遵照。此令。

（蒙藏委员会档案）

蒙藏委员会组织法

民国十八年（1929）二月十七日府令公布
民国二十一年（1932）八月十二日修正公布
民国三十一年（1942）四月二十七日第四次修正公布
民国三十三年（1944）十二月二日修正公布
民国三十六年（1947）七月十六日修正府令公布
民国三十六年（1947）十月四日再修正公布

第一条　蒙藏委员会依国民政府组织法第二十条之规定组织之。

第二条　蒙藏委员会掌理事务如左（下）：

一、关于蒙古、西藏之行政事项；

二、关于蒙古、西藏之各种兴革事项。

第三条　蒙藏委员会置委员长一人、副委员长二人、委员二十七人至三十五人。

第四条　蒙藏委员会委员每月举行会议一次，必要时得召集临时会议。

前项会议以委员长为主席，委员长因事故不能执行职务时，指定副委员长一人代理之。

第五条　蒙藏委员会委员长执行前条会议之决议，并综理会务、监督所属职员及各机关；副委员长辅助委员长处理会务。

第六条　蒙藏委员会会议事项与各部会有关系时，得通知各部会派员列席。

第七条　蒙藏委员会委员应每年轮流往蒙藏各地视察。

第八条　蒙藏委员会置左（下）列各处：

一、总务处；

二、蒙事处；

三、藏事处。

第九条　总务处掌理文书及庶务等事项。

第十条　蒙事处掌理关于蒙古事务。

第十一条　藏事处掌理关于西藏事务。

第十二条　蒙藏委员会设参事二人至四人，撰拟审核本会之法案命令。

第十三条　蒙藏委员会置秘书二人至六人，分掌机要文稿、会议记录及长官交办事宜。

第十四条　蒙藏委员会设处长三人分掌各处事务。

第十五条　蒙藏委员会设科长九人至十二人、科员五十人至七十人、助理员二十人至四十人，承长官之命办理事务。

第十六条　蒙藏委员会设调查主任一人、调查员十人至二十人，编译主任一人，编译员十人至十五人，分掌调查、编译事项。

第十七条　蒙藏委员会委员长特任；副委员长、委员、参事、处长、秘书二人简任；其余秘书及科长、调查主任、编译主任、编译员六人、调查员四人荐任；其余编译员、调查员及科员、助理员委任。

第十八条　蒙藏委员会必要时得呈准行政院于蒙藏或其他适当地方设置办事处，每处置处长一人，简任；副处长一人，简派。其组织规程由行政院定之。

第十九条　蒙藏委员会必要时得呈准行政院于蒙藏或其他适当地方分置调查组，每组设组长一人，荐任；调查员六人至十二人，委任，其调查规则由蒙藏委员会定之。

第二十条　蒙藏委员会必要时得呈准行政院于蒙古盟部旗设置协赞专员，荐任。

前项协赞专员之名额及派遣办法，由行政院定之。

第二十一条　蒙藏委员会必要时得聘用顾问七人至九人，专门委员八人至十二人，专员十五人至二十人。

第二十二条　蒙藏委员会因事务上之必要，得酌用雇员四十人至五十人。

第二十三条　蒙藏委员会设会计室，置会计主任一人，荐任；科员五人至七人、助理员三人至五人，均委任；并置统计员一人、佐理员二人至三人，均委任。依法律之规定办理岁计、会计与统计事务。

第二十四条　蒙藏委员会设人事室，置主任一人，荐任，依人事管理条例之规定掌理人事，管理事务。人事室需用人员名额，由蒙藏委员会就本法所定委任人员及雇员名额中与铨叙部会同决定之。

第二十五条　蒙藏委员会得设招待所。

第二十六条　蒙藏委员会会议规则由蒙藏委员会拟订呈请行政院核定之。

第二十七条　蒙藏委员会处务规程以会令定之。

第二十八条　本法自公布日施行。

（蒙藏委员会档案）

行政院为设立蒙藏委员会驻藏办事处事致国民政府呈

（1940年4月4日）

行政院呈　　　　阳字6738号

案据蒙藏委员会委员长吴忠信拉萨艳电称：现决定设立蒙藏委员会驻

藏办事处，于四月一日组织成立，并派随同入藏之本会藏事处处长孔庆宗兼任该办事处处长，本会驻藏咨议张威白为副处长，先行到差。至以前之留藏人员等项组织及名义，即行撤销。除关于该办事处之组织及经费概算，另电由重庆本会专案呈核外，理合电请鉴察。等情。据此，应准照办。除报告本院第四五九次会议外，理合呈请鉴核备案。谨呈
国民政府

行政院院长　蒋中正

（国民政府行政院档案）

国民政府为蒙藏委员会驻藏办事处成立准予备案指令

（1940年4月6日）

指令　　114

令行政院

二十九年四月四日阳字六七三八号密呈一件，内据蒙藏委员会委员长吴忠信电陈：现决定设立蒙藏委员会驻藏办事处，于四月一日成立，并派孔庆宗兼任该办事处处长，张威白为副处长，先行到差。至以前之留藏人员等项组织及名义，即行撤销，转请鉴核备案由。呈悉。准予备案。此令。

（国民政府行政院档案）

蒙藏委员会驻藏办事处组织规程

（1940年5月13日呈行政院核准备案）

第一条　蒙藏委员会驻藏办事处（以下简称本处）依据蒙藏委员组织法第十九条第二项之规定组织之。

第二条　本办事处设处长一人，秉承蒙藏委员会综理处务；设副处长一人襄助之。处长、副处长均简派。

第三条　本办事处暂设第一、第二两科，其职掌如左（下）：

第一科掌理文书、印信、出纳、庶务、人事等项；

第二科掌理政治、宗教、教育、建设、调查、宣传等事项；

每科设科长一人（荐派），承处长之命综理各该科事务。

第四条　本办事处设科员四人（委派）、办事员四人（委派），并得用

雇员若干人。

第五条　本办事处设汉文秘书一人、藏文秘书一人（均荐派），承处长之命办理机要及不属于各科之事件。

第六条　本办事处设会计员一人，办理岁计、会计事项，受处长之指挥、监督，依法由主计处设置之。

第七条　本办事处设医师一人，办理诊疗、医药等项。

第八条　本办事处得派员分驻札什伦布、江孜、昌都及其他重要地方。

第九条　本办事处得成立卫队。

第十条　本办事处于必要时得聘请专门技术人员。

第十一条　本规程如有未尽事宜，得随时呈准修正之。

第十二条　本规程自呈准公布之日施行。

（蒙藏委员会档案）

附一　中央派驻西藏职官（1912.3—1928.6）

民国初建，中央政府宣布实行“五族共和”，坚持国家对西藏地方拥有的主权立场。《中华民国临时约法》规定：“中华民国领土，为二十二行省，内外蒙古、西藏、青海与各省一样”，在西藏地方设立“西藏办事长官”，1920年9月改称“驻藏办事长官”。

西藏（驻藏办事长官）

西藏办事长官

钟　颖（1912.5.9. 任；1913.1.6. 离藏；1915.3.22. 处死）

陆兴祺（1913.4.2. 任）

李嘉喜（1916.3.2. 代）

驻藏办事长官　陆兴祺（1920.9. 任，李嘉喜代）

中央遣藏代表使团（1912—1928）

（民国伊始，北京中央政府为维护与西藏地方的关系，曾多次派员入藏）

劝慰员

（1912年12月派遣。因英国阻挠，滞留印度）

杨　芬

册封专使

（1912年12月派遣。前往册封十三世达赖喇嘛，因英国阻挠未能入藏）

马吉符　姚宝来

西藏宣抚使

（1912年12月派遣。因拒绝出席“西姆拉会议”而辞职）

温家尧　王人文

西藏宣抚使

（1913年6月派遣，1914年7月结束。为出席“西姆拉会议”的中央政府代表）

陈贻范　胡汉民

甘肃代表团

（1919年8月派遣，1920年7月结束。为民国政府国务院电咨甘肃督军张广建所派。李仲莲为督军署咨议，朱绣为军事参事，古浪仓为红教喇嘛，拉卜尖贡仓为管理玉树36族佛僧）

李仲莲　朱　绣　古浪仓　拉卜尖贡仓

附二　中央政府驻藏机构（1928—1949）

1929年5月4日，国民政府决定将设在印度的驻藏办事长官公署改设于川边巴塘，然终未实现，该公署名存实亡。1934年11月，致祭十三世达赖喇嘛专使黄慕松离藏时，留专使行署于拉萨，是为蒙藏委员会驻藏办事处前身。

驻藏办事长官公署（1929.5—1940.4）

驻藏办事长官

陆兴祺（1928—1930.任）

专使行署留藏负责人

刘朴忱（1934，11—1935.1.任）

蒋致余（1935.1—1938.7.任）

蒙藏委员会驻藏咨议

张威白（1938.8—1940.3.代理）

蒙藏委员会驻藏办事处（1940.4—1949）

1940年4月1日，国民政府蒙藏委员会驻藏办事处在拉萨正式成立。该处设正副处长各1人（均为简派），秉承蒙藏委员会旨意综理处务。下设两科（后增设第三科及主任秘书）。

处　长　　　孔庆宗
副处长　　　张威白
第一科科长　华寄天
第二科科长　孔庆宗（兼）
藏文秘书　　李国霖
翻　译　　　张　旺

1943年10月18日，蒙藏委员会准驻藏办事处处长孔庆宗辞职，由沈宗濂继任。1944年8月6日，沈宗濂一行抵达拉萨。蒙藏委员会驻藏办事处人员变动如下：

处长　沈宗濂（1943.10.18.任）

陈锡璋（1946.1.代理，1947.7.任副处长兼代处长，1949.7.20.离藏）

熊耀文（1948.继任，迄未到职）

主任秘书　　陈锡璋
第一科科长　陈锡璋（兼）
第二科科长　李有义
第三科科长　左仁极
藏文秘书　　李国霖
英文秘书　　柳升祺
专　　员　　李茂郁　李唐晏　刘桂楠　余敬德　刘毓珙　廖鲁芗

（据《中华民国时期军政职官志》，
甘肃人民出版社1999年版）

三、选举立法，西藏代表参加国会及国家权力机构

中华民国国会组织法（摘录）

（1912年8月10日公布）

第一条　民国议会，以左（下）列两院构成之：

参议院

众议院

第二条　参议院以左（下）列各议员组织之：

一、由各省省议会选出者每省十名。

二、由蒙古选举会选出者二十七名。

三、由西藏选举会选出者十名。

四、由青海选举会选出者三名。

五、由中央学会选出者八名。

六、由华侨选举会选出者六名。

第三条　众议院以各地方人民所选举之议员组织之。

第五条　蒙古、西藏、青海选出众议院议员之名额如左（下）：

蒙古二十七名　　西藏十名　　青海三名。

（《政府公报》民国元年八月十一日第一百三号）

修正中华民国国会组织法（摘录）

（1918年2月17日公布）

第一条　民国议会。以左（下）列两院构成之：

参议院

众议院

第五条　蒙古、西藏、青海选出众议院议员之名额如左（下）：

蒙古　十九名

西藏 七名

青海 二名

（《东方杂志》第十五卷第三号）

西藏第一届国会议员选举法

（1913年4月10日）

第一条 西藏第一届参议院及众议院议员之选举，得于政府所在地行之。

第二条 西藏之选举监督以蒙藏事务局总裁充之。

第三条 选举细则由选举监督定之。

第四条 本法自公布日施行。

（《东方杂志》第九卷十一号）

约法会议组织条例（摘录）

（1914年1月26日公布）

第一条 约法会议，以议决增修约法案，及附属于约法之重要法案，为其职权。

第二条 约法会议，以左（下）列各选举会选出之议员组织之：

一、京师选举会选出四人。

二、各省选举会每省选出二人。

三、蒙、藏、青海联合选举会选出八人。

四、全国商会联合会选举会选出四人。

第三条 选举会之选举监督，依左（下）列之规定：

一、京师选举会选举监督，内务总长。

二、各省选举会选举监督，各省民政长。

三、蒙、藏、青海联合选举会选举监督，蒙藏事务局总裁。

四、全国商会联合会选举会选举监督，农商总长。

第四条 选举监督，调查有中华民国国籍年满三十岁以上之男子，而认定其有左（下）列资格之一者。列入选举人名册。

一、曾任或现任高等官吏而通达治术者。

二、曾由举人以上出身而夙著闻望者。

三、在高等专门以上学校三年以上毕业而研精科学者。

四、有万元以上之财产而热心公益者。

前项选举人之调查，选举监督得因便宜，以现住于该选举监督驻在地方者为限。

第五条　蒙、藏、青海，得以在京之王公世爵世职及其他相当人员；全国商会联合会，得以在京之职员及其他殷实会员，由选举监督认定其为通达治术或热心公益者，列入选举人名册，不适用前条第一款至第四款之规定。

第九条　选举会非选举人满被选举人定额十倍以上时，不得开会，但蒙、藏、青海及全国商会联合会选举会，得因便宜以五倍以上为限。

（《东方杂志》第十卷第九号）

立法院组织法（摘录）

（1914年）

第一章　议　员

第一条　立法院为民国议会，以左（下）列各议员组织之：

一　中央特别选举会选出者四十人。

二　各省选举会，依左（下）列定额选出者二百零二人。

（略）

三　各特别行政区域选举会，依左（下）列定额选出者九人：

京兆四人

热河二人

绥远一人

察哈尔一人

川边一人

四　蒙古、西藏、青海各选举会，依左（下）列定额选出者二十四人：

内外蒙古十六人

西藏六人

青海二人

第二条　立法院议员，任期四年。

第三条　立法院议员，不得兼任参政院参政及行政官吏，但行政官吏系由蒙、藏、青海选出者，不在此限。

（《东方杂志》第十一卷第六号）

立法院议员选举法（摘录）

（1914年）

第一章　选举及被选举资格

第一条　中央特别选举会，以有中华民国国籍之男子，年满三十岁以上，于调查选举人名时，现住京师，具有左（下）列资格之一者，为选举人。

第三条　蒙、藏、青海选举会，以年满三十岁以上之王公世爵世职，及其他相当人员为选举人。不以前二条所列各款资格为限。

第五章　选举资格调查会及审查会

第三十一条　初选区设选举资格调查会，由初选监督就左（下）列各员委任组织之。

一　各县公署所属职员。

二　有本法所定选举资格之一者。

三　办理地方公益事务满一年以上者。

前项调查会调查员，以名次在前者一人为之长，调查员人数，由初选监督，酌量地方情形核定之。

第三十二条　复选区设选举资格调查会，除各县知事兼任调查员外，由复选监督，就左（下）列各员委任组织之。

一　各监督公署所属职员。

二　有本法所定选举及被选举资格之一者。

三　办理地方公益事务满二年以上者。

前项调查会调查员，以名次在前者一人为之长。调查员人数，由复选监督，酌量地方情形核定之。

第三十三条　中央特别选举会及蒙、藏、青海选举会，其选举资格调查会之组织。参用前条之规定行之。

第八章　单选举

第八十七条　中央特别选举会选举监督，应令选举资格调查会，依法调查选举人。除八旗华侨各为一调查名册外。其各省各地方人民，于著手调查时，系现住京师者，均应列册。但调查被选举人，不以现住京师者为限。前项之选举人及被选举人调查名册。由选举监督经由筹备立法院事务局送交全国选举资格审查会审查后，仍送还筹备立法院事务局，转由选举监督召集选举人，组织选举会。依法选举。

第八十八条　蒙、藏、青海之选举资格。除由选举监督组织调查会依法调查外，并委托各该地方长官兼任调查事宜。分别造具调查名册。报由选举监督汇报于筹备立法院事务局。

送交全国选举资格审查会审查之。

前项名册审查后，仍送还筹备立法院事务局。转行选举监督，召集选举人，组织选举会。依法选举。

第八十九条　蒙、藏、青海选举监督，得委托各该地方长官，于所在地组织选举分会，并分设投票所，就近投票，投票完毕后。即日将投票匭封送于选举监督。汇总开票。

第九十条　蒙、藏、青海选举监督。因地方有特别情形或办理选举之便利，得就近在京联合组织选举会。依法分别选举。

第九十一条　中央特别选举会及蒙、藏、青海选举会之选举。除本法别有规定外，准用初复选举各条之规定行之。

（《东方杂志》第十一卷第六号）

众议院议员选举法（摘录）

（1912年）

第一编　总　则

第四条　凡有中华民国国籍之男子，年满二十一岁以上，于编制选举人名册以前，在选举区内住居满二年以上，具左（下）列资格之一者，有选举众议院议员之权：一、年纳直接税二元以上者；二、有值五百元以上之不动产者，但于蒙、藏、青海，得就动产计算之；三、在小学校以上毕业者；四、有与小学校以上毕业相当之资格者。

第五条　凡有中华民国国籍之男子，年满二十五岁以上者，得被选举为众议院议员。

于蒙、藏、青海，具有前项资格，并通晓汉语者，得被选举为众议院议员。

第三编　蒙古、西藏、青海议员之选举

第九十六条　蒙古、西藏、青海选举区划及议员名额之分配如左：

（蒙古略）前藏五名　后藏五名　青海三名。

（《东方杂志》第九卷第三号）

临时大总统令

（1912年10月5日）

兹按照众议院议员选举法第一百二十条，制定蒙古、西藏、青海众议院议员选举施行令，公布之。此令。

蒙古、西藏、青海众议院议员选举施行令

第一条　蒙古、西藏、青海之议员选举，除本令特有规定外，均适用众议院议员选举法施行细则。

第二条　每届选举，由选举监督于法定关于选举事项之最初日期以前，设办理选举事务所。

第三条　各选举区之本管各地行政长官，得依前条之规定，设办理选举事务分所，但须呈报于选举监督，办理选举事务分所办事细则，由选举监督定之。

第四条　依众议院议员选举法施行细则第三十三条至三十五条规定之旅费、经费、公费，适用国会省议会第一届选举费用补助之。

第五条　选举资格调查表、选举人名册、投票簿、投票纸，及封简、投票匭、投票录、开票录、选举录及当选证书，别以表式定之。前项选举资格调查表得由选举监督临时自定之。

第六条　投票纸依式制定时，除用汉字外，并以各该地通用文字，译印于投票纸之里面。

第七条　依法颁发选举通告时，除用汉字外，并以各该地通用文字译书于该通告之后方。

第八条　本令自公布日施行。

中华民国元年十月初五日

（《政府公报》民国元年十月初六日，第一百五十九号）

国会省议会第一届选举费用补助令（摘录）

第一条　第一届国会选举费用，除众议院议员选举法施行细则规定者依左（下）列各款行之：一、蒙古、西藏、青海选举会、中央学会、华侨选举会之参议院议员选举费用，由国家经费支出；二、蒙古、西藏、青海之众议院议员选举费用，由国家经费支出。

中华民国元年十月初五日

（《藏文白话报》第七期）

西藏第一届国会议员选举法

（中华民国二年四月十日法律第五号）

第一条　西藏第一届参议院及众议院议员之选举，得于政府所在地行之。

第二条　西藏之选举监督，以蒙藏事务局总裁充之。

第三条　选举细则，由选举监督定之。

第四条　本法自公布日施行。

西藏第一届参议院、众议院议员选举法施行细则

第一条　西藏选举，按照参议院议决办法就政府所在□□□选举一切事宜。

第二条　本届西藏选举事宜，由选举监督临时设筹办选举事务所组织之。

第三条　筹办选举事务所应设各员，由选举监督选员分别派充。

第四条　筹办选举事务所于本届选举事宜完毕后裁撤。

第五条　本届仅就政府所在地点选举，国会即开，时期紧迫，所有参议员选众应□□后藏合适一选举人名册，其众议员之选举调查，应适用众议院议员选举法第九十九条之规定。其第一百条之规定不适用之。

第六条　此次选举调查，以西藏人在京之西藏同乡会为机关，责成该会确实审查填送表册。

第七条　调查完竣时，应依本年四月十二日第二十七号教令第一条第二条之规定，报由内务总长核定投票各日期，由监督依法办理。

第八条　按法定西藏参议院、众议院议员应选出前藏各五名、后藏各

五名。此届选举人名额本居少数，不必限定区域，但当选及候补人数继以选足法定名额为准。

第九条　关于选举投票管理员、监察员、开票管理员、监察员及票纸册簿并投票、开票、检票一切手续，凡本法所未规定者准用各项选举法令之规定。

第十条　本届选举时间甚迫，如遇有碍难依据法定办理时，由监督确时商明内务部核办。

第十一条　本施行细则自公布日施行。

（《政府公报》民国二年四月二十三日第三百四十五号）

修正众议院议员选举法（摘录）

（1918 年 2 月 17 日公布）

第一编　总　则

第二条　众议院议员总选举日期，以教令定之。但改选及补选日期，得由复选监督或蒙、藏、青海选举监督定之，并报由内务部呈报大总统。

第三条　有中华民国国籍之男子，年满二十五岁以上，于编造选举人名册以前，在选举区内住居满二年以上，具有左（下）列资格之一者，得为众议院议员之选举人：一、（略）；二、有值一千圆以上之不动产者。但蒙、藏、青海，得就动产计算。

第四条　有中华民国国籍之男子，年满三十岁以上者，得被选为众议院议员。但蒙、藏、青海之被选举人，以通晓汉语汉字为限。

第三编　蒙古、西藏、青海议员之选举

第九十八条　蒙古、西藏、青海选举区划及议员名额之分配如左（下）：

（蒙古略）前藏四人；后藏三人；青海二人。

第九十九条　选举监督以各该选举区之行政长官充之，监督该管区域内一切选举事宜，选举监督得酌派办理选举人员并定其职务。

第一百条　选举监督应分派调查员，按照选举资格调查合格者，造具选举人名册。选举人名册应载事项，准用第二十二条之规定。

第一百一条　前条之调查，选举监督若认为不能进行时，得专就其驻在地行之。

第一百二条　选举监督专就其驻在地为调查时，对于驻在地以外之本管区域，应先期详列选举事由选举资格，并限定日期，令各地之行政长官，宣示公众。所选举人合格者，自行呈报，各地行政长官于呈报期满时，应即查实汇报选举监督。

第一百三条　选举监督，应将前条呈报之选举人，一并列入选举人名册。

第一百四条　关于选举人名册之宣示及更正，准用第二十四条、第二十五条、第二十六条第一项之规定。

第一百五条　选举监督，应于选举期前颁发选举通告，令本管各地之行政长官宣示。

前项选举通告应载事项如左（下）：

一、选举日期。

二、选举投票所及开票所地址。

三、投票方法。

第一百六条　投票所及开票所，设于选举监督驻在地，选举监督得依便宜分划本选举区为若干投票区。每投票区设投票所一处。

第一百七条　关于投票所及开票所事项，准用第三十二条至第三十六条之规定。

第一百八条　投票纸、投票簿及投票匦，准用第三十七条至第四十条之规定。

投票纸除汉字外，得书各该地通用文字。

第一百九条　投票、开票及检票，准用第四十一条至第五十二条第一款至第四款及第五十三条之规定。

第一百十条　选举按照本区选出议员名额，以得票较多者为当选。当选不足额时，应就原投票所再行投票，至足额为止。

第一百十一条　当选人足额后，以得票次多数者为候补当选人，其名额与议员名额同。

候补当选人不足额时，准用前条之规定选举之。

第一百十二条　当选人及候补当选人名次，准用第五十七条之规定。

第一百十三条　当选通知及证书之给与，准用第七十六条、第七十八条之规定。

第一百十四条　议员证书给与后，选举监督应将选举情形详细记载，连同投票簿并有效、无效之投票纸，及议员名册，于本届选举年限内保存之。并造具该区议员名册，报告内务部。

议员名册，适用第八十条第三项之规定。

第一百十五条　关于当选人不愿应选及议员出缺时候补当选人之递补，准用第七十七条、第八十一条、第八十二条、第八十三条之规定。

第一百十六条　关于选举无效及当选无效，适用第八十四条、第八十六条、第八十七条、第八十八条之规定。

第一百十七条　改选及补选，适用第九十条、第九十一条之规定。改选及补选之选举事项，均依本编之规定行之。

第一百十八条　选举人确认办理选举人员有舞弊及其他违背法令行为时，得自选举日起五日内，向受理诉讼之官署起诉。

第一百十九条　选举人确认当选人资格不符或票数不实者，得依前条之规定起诉。

第一百二十条　落选人确认所得票数应当选而未当选，或候补当选人确认名次有错误者，得依第一百十八条之规定起诉。

第一百二十一条　选举诉讼之审判及上诉，准用第九十六条、第九十七条规定。

（下略）

（《东方杂志》第十五卷第三号）

修正众议院议员选举法施行细则（摘录）

（1918年3月2日公布）

第二章　蒙古、西藏、青海议员之选举

第六十三条　每届选举，由选举监督于法定选举事项最初日期以前，设办理选举事务所。

第六十四条　各选举区之本管各地行政长官，得依前条之规定，设办理选举事务分所，但须呈报于选举监督。

第六十五条　办理选举事务所及办理选举事务分所之办事细则，由选举监督定之。

第六十六条　投票所、投票纸、投票匦、投票、开票、检票各事项，除本章有规定者外，均准用第一章之规定。

第六十七条　选举人名册、投票簿、投票纸、投票封筒、投票匦、投票录、开票录、选举录、议员当选证书及议员递补证书式，依附表所定。（附表略）

选举资格调查表，由选举监督定之。

第六十八条　投票纸依式制定时，除用汉字外，并以各该地通用文字，译印于投票纸之里面。

第六十九条　颁发选举通告时，除用汉字外，并以各该地通用文字，译书于该通告之后方。

附则

第七十条　自本细则施行日起，民国元年公布之众议院议员选举法施行细则，蒙古、西藏、青海众议院议员选举施行令、众议院议员选举投票纸投票匦管理规则，众议院议员选举开票规则，众议院议员初选举同姓名者被选决定令，众议院议员复选举选举票施行令，废止之。

（《东方杂志》第十五卷第四号）

蒙古四部、西藏第二届众议院议员选举施行法

（1918年2月17日公布）

第一条　蒙古四部、西藏第二届众议院议员之选举，得于政府所在地行之。

第二条　蒙古四部、西藏之选举监督，以蒙藏院总裁充之。

第三条　选举细则，由选举监督定之。

第四条　本法自公布日施行。

（《东方杂志》第十五卷第三号）

众议院议员第二届总选举日期令

（教令第九号　民国七年三月六日公布）

第一条　各省区众议院议员初选举，于民国七年五月二十日举行。

第二条　省区众议院议员复选举，暨蒙古、西藏、青海众议院议员选举，于民国七年六月十日举行。

第三条　前二条规定，遇有必要情形，得由初复选监督或本管地方行政长官，呈报选举总监督或特别行政区复选监督或选举监督，得酌量延期

五日。

前项延期届满各地方，确因办理困难，至不能依限举行选举时，得酌量再行延期，但不得延至本令所定日期十五日以外。

选举总监督或特别行政区复选监督或选举监督决定延期后，须报告内务部。

第四条　筹备日期与选举日期有关系者，以内务部令定之。

第五条　本令自公布日施行。

（《东方杂志》第十五卷第四号）

国会省议会第二届选举费用补助令（摘录）

（教令第十号　民国七年三月十九日公布）

第一条　第二届国会选举费用，依左（下）列各款行之：

一　中央选举会及蒙古、西藏、青海地方选举会之参议院议员选举费用，由国家经费支出。

二　蒙古、西藏、青海之众议院议员选举费用，由国家经费支出。

（《东方杂志》第十五卷第四号）

众议院议员选举日期令

（教令第三十五号　民国九年十一月二十三日公布）

第一条　各省众议院议员初选举，于民国十年三月一日举行。

第二条　各省众议院议员复选举，于民国十年四月一日举行。

第三条　前二条规定，遇有必要情形，得由初复选监督呈报选举总监督，为十日以内之延期。

选举总监督决定延期后，报告于内务总长。

第四条　蒙古、西藏、青海众议院议员选举，于民国十年四月十日举行。

第五条　前项规定，遇有必要情形，得由选举监督为十日以内之延期，报告于内务总长。

第六条　如延期已满十日，各地方确因办理困难，致不能依期举行选举时，选举总监督或选举监督，得声明理由，报告内务总长，再行延期，其日期由内务总长分别核定之。

第七条　筹备日期，与选举日期有关系者，以内务部令定之。

第八条　本令自公布日施行。

（《东方杂志》第十七卷第二十四号）

参议院议员选举法（摘录）

（1912年）

第一章　总　则

第十六条　第一届选出之参议员，于开会后，依左（下）列规定，分为二十七部。每部以抽签法均分为三班。第一班满二年改选，第二班满四年改选，第三班任满改选，嗣后每二年就任满之议员改选之。

各省省议会选出者每省为一部，蒙古选举会选出者为一部。

西藏选举会选出者为一部，青海选举会选出者为一部，中央会选出者为一部，华侨选举会选出者为一部。议员名额，不能三分时，以较多或较少之数，为第三班。

第三章　蒙古及青海

选举时间及场所，选举监督定之。

第四章　西　藏

第二十九条　西藏选出参议院议员之名额，依国会组织法第二条第三款之规定。

第三十条　西藏之选举区划及议员名额之分配如左（下）：

前藏五名　后藏五名。

第三十一条　选举人以西藏选举会会员为之。

第三十二条　西藏选举会，依第三十条规定之区划，由达赖喇嘛及班禅喇嘛，会同驻藏办事长官，遴选相当人员，分别于拉萨及札什伦布组织之。

前项人员名额，各以该区应出议员名额之五倍为率。

第三十三条　选举监督，以驻藏办事长官充之，但得委托相当之官吏代理。

选举时间及场所，选举监督定之。

（《东方杂志》第九卷第三号）

参议院参议员选举法实施细则（摘录）

（1912年12月8日公布）

第四章　西　藏

第二十条　依本法三十二条组织选举会时，选举监督应分别前藏、后藏，各造一选举人名册。

（《东方杂志》第九卷第七号）

修正参议院议员选举法（摘录）

（1918年2月17日公布）

第四十一条　西藏地方选举会，由驻藏办事长官会同达赖喇嘛及班禅喇嘛遴选相当人员组织之。

前项选举会，得依便宜于中央政府所在地组织之。

第四十二条　西藏地方选举会选出议员之名额六名。

第四十三条　西藏地方选举会之选举监督，以驻藏办事长官或蒙藏院总裁充之。选举场所，由选举监督定之。

（《东方杂志》第十五卷第三号）

修正参议院议员选举法施行细则（摘录）

（1918年3月3日公布）

第十六条　西藏地方选举会之选举监督，应将本法第四十一条之人员，造成选举人名册。

（《东方杂志》第十五卷第四号）

参议院议员第二届选举日期令（摘录）

（1918年3月6日公布）

第一条　各省区地方选举会之参议院议员复选举，暨蒙古、西藏、青海地方选举会之参议院议员选举，于民国七年六月二十日举行。

（《东方杂志》第十五卷第四号）

临时参政院条例（摘录）

（1925年4月13日公布）

第一条 临时参政院辅佐临时执政，设于临时政府所在地，以左（下）列各员组织之：

（一）各省军民长官各派代表一人。

（二）京兆、热河、察哈尔、绥远、西康长官各派代表一人。

（三）边防督办及中央直辖或指定之总司令，各派代表一人。

（四）内外蒙古、西藏、青海，满籍各旗，回部及华侨，由临时执政共派十六人，但以各该地方旗部人为限。

（五）各省省议会议长一人，各区有议会者亦同。

（六）各省区法定各团体之会长互选一人。

（七）由临时执政派充者十人至二十人。

前项各员，均为参政。

（《东方杂志》第二十二卷第九号）

修正临时参政院条例各条（摘录）

（1925年5月1日临时执政公布）

第一条第二款修正如左（下）：

（二）京兆、热河、察哈尔、绥远、西康及蒙、藏、青海长官，各派代表一人。

第一条第三款修正如左（下）：

（三）边防督办、宣抚使、各总司令，及指定之各总司令，或各军最高将领各派代表一人。

（《东方杂志》第二十二卷第十二号）

国民代表会议条例（摘录）

（善后会议议决·民国十四年四月二十四日临时执政公布）

第一条 中华民国临时政府为制定宪法及其施行附则，召集国民代表会议。

第二条 中华民国宪法案及其施行附则之起草，由国宪起草委员会行之。

宪法案起草期间，不得逾三个月。草案完成后，咨由临时执政提出于国民代表会议。国宪起草委员会由每省军民长官各推举一人；每区长官各推举一人；临时执政选聘二十人；内外蒙古、西藏各二人，青海一人，仍由临时执政分别选聘；并定期召集之。

第八条 国民代表会议以左（下）列各款选出之议员组织之：

（一）（略）

（二）由京兆、热河、察哈尔、绥远、西康各区选出者每区八人。

（三）由内外蒙古选出者三十人，其名额分配另定之。

（四）由西藏选出者，前后藏各八人。

（五）由青海选出者五人。

（六）由华侨选出者十六人。

第十八条 各省区议员之选举，以复选制行之；蒙古、西藏、青海、华侨之选举，以单选制行之。

第二十九条 蒙、藏、青海之选举，于各该盟部行之；被选举人以各本盟部人为限。

（《东方杂志》第二十二卷第十一号）

国民会议代表选举法（摘录）

（1931年1月1日公布）

第一条 国民会议代表总额为五百二十名，各地方选出之总额，依左（下）列各款分配之：

一、由各省选出者四百五十名。

二、由各市选出者二十二名。

三、由蒙古选出者十二名。

四、由西藏选出者十名。

五、由在外华侨选出者二十六名。

第七条 蒙古、西藏及在外华侨选举国民会议代表之团体，另定之。

第九条 国民会议代表之选举，应分别设置选举总监督及选举监督。各省以民政厅长为总监督，各县以县长为监督，各市以市长为监督。

蒙古、西藏之选举，以蒙藏委员会为总监督，其选举监督由蒙藏委员会就该地方高级长官中派充之。

在外华侨之选举，以侨务委员会为选举总监督。

（《东方杂志》第二十八卷第二号）

国民会议代表选举法施行法（摘录）

（1931年1月20日公布）

第三条　国民会议代表选举法第二条所定四川代表名额内，应有二名为西康人，由西康各团体混合选举之。

第十条　蒙古、西藏选举国民会议代表之团体及其资格，由地方选举监督调查其合法组织者，依左（下）列各款造册呈报选举总监督核定：

一、团体之类别及其设立之经过。

二、团体之组织及其职员。

三、会员姓名、年龄、籍贯、住所。

四、会员有同时为其他团体会员时，其他团体之名称及依国民会议代表选举法第十五条之规定该会员所选定之团体。

前项调查，各地方选举监督于选举日期已届仍未造册呈报时，得由该地方人民之侨居首都者分别组织团体，呈经选举总监督核定，就近选举之。

前项之规定，于本施行法第三条规定关于西康之选举，准用之。

第二十三条　各省市及蒙古、西藏各团体之选举，于各该团体事务所行之；但于必要时，得由选举监督指定选举场所。

（《东方杂志》第二十八卷第二号）

西藏会议代表推选办法（摘录）

（1939年11月8日蒙藏委员会第三五次常会通过）

一、前藏、后藏、西康最高行政长官，依照本办法对蒙藏委员会负责办理推选代表事宜。

二、达赖、班禅代表，由达赖、班禅指定之。

三、前藏、后藏、西康长官代表，由各该地方最高行政长官规定办法，通令所属有行政权之寺院，堪布，呼图克图，营官，土司等各推代表，齐集该管最高行政长官公署互选之。

四、前藏、后藏、西康民众代表，由各该地方最高行政长官规定办法，通令所属有行政权之寺院，堪布，呼图克图，营官，土司等分别召集所辖民众推选代表，齐集该管最高行政长官公署互选之。

五、前藏、后藏、西康代表推定后，须由各该地方最高行政长官每人发给证明书一件，书内注明长官代表或民众代表字样。

六、前藏、后藏、西康推选代表，统限于二十九年二月底办竣，不得迟误。

七、前藏、后藏、西康官民代表推定后，由各该地方最高行政长官限令其最初开会期前到京，不得延误。

附　西藏会议代表产生标准及分配名额表

一、达赖、班禅各派代表十人。

二、前藏、后藏、西康各地方各推派代表三十人，官民各半。

三、前藏、后藏、西康各地方代表，由各该地方最高长官，按照所属地方之区域，酌量分配推派之。

四、达赖、班禅所派之代表，须由达赖、班禅发给证明书，前藏、后藏、西康地方代表，须由各该地方最高长官发给证明书，方为有效。

附一　北洋政府时期西藏代表参选国会档案

民国政府筹办西藏选举事务所
榜示西藏两院候补当选议员名单

（1913 年 5 月 15 日）

为榜示事。本届西藏选举参众议员，业经公同监视开匭，所有得票多数之当选人，及得票次多数之候补当选人，合行依法榜示如左（下）：

计开

前藏当选参议院议员五名

顿柱罗布　札希土噶　王　赓　厦札噶布伦　孙毓筠

候补当选五名

白马认钦　于宝轩　孙江东　刘文通　李安陆

后藏当选参议院议员五名

江赞桑布　付　谐　厦仲阿旺益喜　龚焕辰　程　克

候补当选五名

王泽邠　阿旺曲扎　汪有龄　胡　钧　高鹭鼎

前藏当选众议院议员五名

一喜讬美　王　壹　康士铎　薛大可　罗桑班爵

候补当选五名

萧必达　霍椿森　王庆云　饶孟任　乌勒吉

后藏当选众议院议员五名

方　贞　江天铎　阿旺根敦　恩　华　苏麻的

候补当选五名

江　聪　汤　睿　吴蜀尤　方　表　罗桑工爵

（蒙藏院档案）

西藏喇嘛谒见总统

（1913年6月26日）

谒见员名列下：西藏默尔根诺门罕札萨克喇嘛阿（?）江赞桑布，西藏达赖委派驻京代表罗布桑车珠尔，达喇嘛阿望根敦，参议院议员札希土噶，众议院议员一喜讬美，西藏拣派翻译江西达结。

（《东方杂志》第十卷第二号）

一九一七年十一月十四日，召集临时参议院，西藏议员计有：罗桑班觉、厦仲阿旺益喜、罗卜桑车珠尔、巫怀清。

（《辛亥以后十七年职官年表》）

蒙藏院请奖西藏驻京之参议院议员罗桑班爵等五人勋章呈文

（1917年12月29日）

呈为请奖给驻京藏员勋章，以昭激劝事。窃查在京西藏人员为数无多，驻京日久，办事均著有劳勩，中央待遇亦极从优，现在已届年终，似应分别奖给勋章，以示荣誉。兹查有前众议院议员、现临时参议院议员罗桑班爵，系记名遇缺即补札萨克喇嘛，核其宗教阶级，实具有简任资格，拟请奖给三等嘉禾章；前参议院议员、现临时参议员巫怀清原奖有三等嘉禾章，拟请晋给二等嘉禾章；前参议院议员、现临时参议院议员厦仲阿旺益喜，前参议院议员江赞桑布，现参议院议员罗卜桑车珠尔，以上三员均原奖有四等嘉禾章，此次拟请晋给三等嘉禾章。以示优异而彰劳勤，是否有当，理合呈请

大总统核示施行，谨呈

大总统

（蒙藏院档案）

西藏代表参加善后会议名单

（1925年2月1日开幕）

西藏会员	达赖喇嘛	代表	顿柱旺结
	班禅额尔德尼	代表	罗　桑
	陆兴祺	代表	朱清华

（《辛亥以后十七年职官年表》）

附二　国民政府时期西藏代表参选国大代表及参加立法、监察各委档案

蒙藏委员会为西藏国大代表求见献礼事致蒋介石代电

（1946年10月13日）

代电　　　京藏字第1603号

国民政府主席蒋钧鉴：

西藏出席国民大会代表前次来京曾经觐见钧座致敬，并呈献藏政府礼品，庆贺中央抗战胜利。该代表等旋即赴平避暑，兹已于昨日返京，要求再见钧座，其意义为：（一）此次西藏新派驻京代表三人呈献藏政府上呈中央之礼品；（二）国民大会西藏代表私人呈献钧座礼品；（三）首席代表二人呈递藏政府公文。拟请钧座准予约订时间赐见。其时间除星期六外（藏俗星期六日不吉利），星期日至星期五均可。谨电呈请鉴核。

蒙藏委员会委员长罗〇〇。元。印

附 西藏出席国民大会代表简历表

职衔	姓名	备考
僧总代表	图丹桑批	
俗总代表	索朗汪堆	
代表	策汪顿珠	
代表	土丹参烈	卸任驻京代表
代表	图登生格	卸任驻京代表
代表	土丹桑布	新任驻京代表
代表	土丹策丹	新任驻京代表
代表	绛巴阿汪	新任驻京代表
代表	益喜达结	
代表	多给欧珠	

（蒙藏委员会档案）

国大宪法草案各审查委员会西藏委员名单（其余略）

（1946 年 11 月）

主席团报告：宪法草案各审查委员会之召集人，依审查委员会组织通则第六条之规定，应各设召集人五人至九人，由主席团就委员中指定之。兹经主席团就各审查委员会委员中分别指定。（名单附后）

第一审查委员会名单（审查关于前言、总纲、人民之权利义务及选举）：

黄正清、土丹参烈、土丹策丹、计晋美、拉敏益西楚臣（余略）

第二审查委员会名单（审查关于国民大会及宪法之施行修正及解释）：

益西达结、拉敏益西楚臣、蔡仁团珠（余略）

第三审查委员会名单（审查关于总统行政及立法）：

滇增坚赞（余略）

第六审查委员会名单（审查关于省县制度）：

绛巴阿汪、多吉欧珠、图登生格（余略）

第七审查委员会名单（审查关于基本国策）：

刘家驹、土丹桑布、策汪顿珠、蔡仁团珠、宋之枢（余略）

第八审查委员会名单（审查关于蒙藏地方制度）：

黄正清、土丹桑布、策汪顿珠、土丹参烈、土丹策丹、图登生格、绛巴阿汪、益西达结、多吉欧珠、计晋美、何巴敦、滇增坚赞、喜饶嘉错（余略）

（蒙藏委员会档案）

蒋介石夫妇邀宴国大西藏代表名单

（1946年11月28日）

西藏代表名单①

姓名	别号	年龄	代表区别	籍贯	简历	现在通讯处
计晋美		37	西藏	西藏达纳	西藏班禅驻京办事处处长	建康路二九三号电话二四四九六
何巴敦		37	西藏	西藏江孜	勒赞巴	建康路二九三号
滇增坚赞		68	西藏	西藏后藏	班禅堪布会议厅大卓尼	建康路二九三号
宋之枢		34	西藏	青海西宁	班禅堪布会议厅任巴细巴	建康路二九三号
拉敏益西楚臣		35	西藏	西藏后藏	参政员	建康路二九三号
蔡仁团柱		43	西藏	西藏敦噶	班禅大师教下昂囊	建康路二九三号
黄正清	子才	43	西藏	甘肃夏河	拉卜楞保安司令	蒙藏委员会电话二二六一三
益喜达结		29	西藏	西藏拉萨	西藏罗札来参	西藏代表招待所电话二二六四五
多吉欧珠		31	西藏	西藏拉萨	西藏来参巴	西藏代表招待所
绛巴阿汪		27	西藏	西藏拉萨	西藏罗札来参	西藏代表招待所
图登生格		40	西藏	西藏拉萨	西藏罗札来参	西藏代表招待所

① 该表眉批：宴会时间“十一月二十八日星期四下午一时”，“外加达赖佛之兄嘉乐登珠，姊袓吉惠，姊丈多吉尼玛。吴礼卿、蒋经国陪客。译员意希博真，共二十二人。”

（接前）

图丹桑批		45	西藏	西藏拉萨	西藏财政局长	西藏代表招待所
土丹参烈		39	西藏	西藏拉萨	西藏尊专	西藏代表招待所
土丹策丹		40	西藏	西藏拉萨	西藏尊专	西藏代表招待所
策旺顿珠		42	西藏	西藏拉萨	西藏四品官	西藏代表招待所
土丹桑布		35	西藏	西藏拉萨	西藏堪穹	西藏代表招待所
索朗汪堆		47	西藏	西藏拉萨	西藏盐茶局长	西藏代表招待所

（蒙藏委员会档案）

蒙藏选举事务所为催报暂时旅居内地西藏人民选举人总数事致暂时旅居内地西藏人民选举事务所代电

（1947年10月9日）

代电　　　　选字第296号

急。班禅驻京办事处转暂时旅居内地西藏人民选举事务所公鉴：

查国民大会代表选举进行程序，前准总所重新规定颁发到所，业经于十月四日以选字第二七〇号酉支代电转发在案。兹查该程序第三项规定，自八月二十七日至八月三十一日，各主管选举机关办理选举人名册之公告更正及呈报事项，与原程序并无变更。现逾期已久，蒙藏各区选所均已将选举人总数电报到所，急待汇转，尚希贵所即将所有选举人数先行电告，以凭转报为荷。

蒙藏选举事务所（36）酉。佳。

（蒙藏委员会档案）

班禅堪布会议厅报暂时旅居内地西藏人民选举民数事致蒙藏事务所电

（1947年10月12日）

急。南京。蒙藏选举事务所钧鉴：

查暂时旅居内地西藏人民选举总数，共有三千八百五十二人，理合肃电呈报，敬乞核备转报为祷。

国大立委暂时旅居内地西藏人民选举监督

班禅堪布会议厅叩。酉文。印

（蒙藏委员会档案）

蒙藏选举事务所为深望有代表参加并拟派机迎接事致噶厦电

（1947年11月27日）

电　　　选字第574号

特急。拉萨。噶厦公所勋鉴：

〇密。国民大会准于十二月二十五日举行，绝不延期。深望西藏方面能有参加盛典之代表，敬希设法如期到京。行期若定，并祈电示，以便洽派空中霸王号飞机由加尔各答迎接。伫候电复。

许〇〇。戌宥。印

（蒙藏委员会档案）

国民大会暂时旅居内地西藏人民国大代表当选人及候补人名册

（1947年12月4日）

国民大会暂时旅居内地西藏人民国大代表当选人名册

姓名	性别	年龄	籍贯	学历	经历	住所
滇增坚赞	男	六八	后藏伯昂	后藏孜洛札学院毕业	曾任札什伦布寺诺青海塔云即（总管）国民大尔寺会代表，现任宪政促进会考察委员会委员，班禅大师教下森吉堪布	青海塔尔寺
拉敏益喜楚臣	男	三五	后藏拉孜	拉萨孜洛札学院毕业	前国民大会代表，现任班禅堪布会议厅秘书长，后藏政府任巴细巴，国民参政会参政员	青海塔尔寺
计晋美	男	三八	后藏达那	拉萨学洛札学院毕业	前国民大会代表，现任后藏政府任巴细巴，班禅驻京办事处处长，立法院立法委员，宪政促进会常务委员	南京班禅驻京办事处

（接前页）

宋之枢	男	三五	青海西宁	青海省立第一中学校毕业	前国民大会代表，现任后藏政府任巴细巴，宪政促进会考察委员	西宁先觉街七号
洛桑喜饶	男	四一	后藏拉孜	后藏孜洛札学院毕业	前班禅行辕军务处副处长，现任后藏政府卓尼	青海塔尔寺
罗图丹	男	四四	后藏拉孜	山西北方军官学校毕业	前班禅行辕军务处副处长，现任后藏政府昂囊兼班禅堪布会议厅科长	青海塔尔寺
高洛桑	男	四六	后藏歇巴	青海军官教导团毕业	曾任班禅行辕高级副官，现任班禅堪布会议厅典礼处科长	青海塔尔寺
罗　桑	男	四一	后藏日喀则	兰州西北训练团毕业	曾任班禅行辕军务处科长，现任后藏政府列赞巴，藏民干部大队中队长	兰州下西园十七号
明慈仁	男	四四	后藏瓦龙	印度大吉岭英文学校毕业	曾任西宁中学校英文教员，现任班禅大师教下夏得巴兼英文翻译员	西宁先觉街七号
丹　巴	男	二八	后藏江孜	中央政治学校毕业	曾任西藏补习学校教员，现任班禅堪布会议厅典礼处科长	青海塔尔寺
计罗秀英	女	二七	后藏达那	康定女子师范学校肄业	曾任西藏补习学校教员	南京建康路二九三号

国民大会暂时旅居内地西藏人民国大代表候补人名册

姓名	性别	年龄	籍贯	学历	经历	住所
洛巴珠固佛	男	三七	后藏江孜	后藏札什伦布大格细	曾任札什伦布寺夏孜法台，现任迎接第十世班佛入藏僧众代表	青海塔尔寺
班麻加保	男	四五	后藏庄孜	后藏孜洛札学院毕业	曾任班禅行辕军务处科长，现任后藏政府列赞巴	同前
王含道	男	三七	后藏日喀则	山西北方军官学校毕业	曾任班禅卫士队总队长，现任后藏政府列赞巴	南京建康路二九三号
商图册	男	二九	后藏香巴	兰州中央警官分校毕业	曾任班禅驻青办事处主任，现任班禅堪布会议厅总务处科长	青海塔尔寺
噶青错尼	男	四二	后藏香巴	后藏札什伦布寺格细	曾任后藏政府列赞巴，现任班禅堪布会议厅教务处科长	同前
森康巴官	男	三二	后藏德勒	后藏日喀则学院毕业	曾任后藏政府夏得巴，现任班禅堪布会议厅秘书	同前
普　赞	男	五十	后藏拉孜	山西北方军官学校毕	曾任班禅行辕军务处副官，现任班禅堪布会议厅典礼处科长	同前
罗　旺	男	三九	后藏日喀则	后藏日喀则学院毕业	曾任班禅行辕军务处军需官，现任班禅堪布会议厅科长	同前
巴　登	男	五十	后藏单茂	拉萨学洛札学院毕业	曾任班禅驻青海办事处秘书，现任班禅堪布会议厅政务处科长	同前
登　佳	男	四四	后藏东噶	后藏日喀则学院毕业	曾任班禅驻平办事处科长，现任后藏政府夏得巴	青海塔尔寺
拉唐春明	女	二四	后藏拉孜	西宁女子师范学校肄业	曾任西宁女子初级小学校教员，现任班禅堪布会议厅秘书处科员	同前

中华民国三十六年十二月四日

（蒙藏委员会档案）

班禅堪布会议厅为报拉敏益西楚臣等当选监察委员事致蒙藏委员会电

（1948年1月8日）

南京。蒙藏委员会钧鉴：

东电计邀鉴察，兹于本月四日依法举行选举结果，拉敏益喜楚臣、计宇结、何巴敦等三人当选为监察委员。除公告外，理合先行电呈肃乞备查。

班禅堪布会议厅叩。子鱼。印

（蒙藏委员会档案）

班禅堪布会议厅呈报立法委员当选人计晋美等名单

（1948年1月27）

蒙藏选举事务所钧鉴：

子马电奉悉。查本所立委选举已依法如期选竣。计当选人为计晋美、蔡仁团柱、图丹尼麻、洛桑坚赞、纳汪金巴等五人，候补人为王团柱、唐曲雅丕、滇尊嘉楚、汪德、普旺等五人。除公告并将名册续报外，谨电备查。

班禅堪厅叩。子感。印

（蒙藏委员会档案）

蒙藏选举事务所为转送暂时旅居内地藏民国大代表名册致选举总所代电

（1948年2月2日）

代电　　　选发字第219号

选举总所公鉴：

据暂时旅居内地藏民选所依式造送国大代表当选人及候补人名册二份到所，除抽存外，谨检同原册一份，送请鉴核示遵。

蒙藏选所。（37）子冬

附呈原名册一份

国民大会暂时旅居内地西藏人民国大代表当选人名册

姓名	性别	年龄	籍贯	学历	经历	住所
滇增坚赞	男	68	后藏伯昂	后藏孜洛札学院毕业	曾任札什伦布寺诺云即（总管），国民大会代表。现任宪政促进会考察委员会委员，班禅大师教下森吉堪布	青海塔尔寺
拉敏益西楚臣	男	35	后藏拉孜	拉萨学洛札学院毕业	前国民大会代表，现任班禅堪布会议厅秘书长，后藏政府任巴细巴，国民参政会参政员	青海塔尔寺
计晋美	男	38	后藏达那	拉萨学洛札学院毕业	前国民大会代表，现任后藏政府任巴细巴，班禅驻京办事处处长，立法院立法委员，宪政促进会常务委员	南京班禅驻京办事处
宋之枢	男	35	青海西宁	青海省立第一中学校毕业	前国民大会代表，现任后藏政府任巴细巴，宪政促进会考察委员。	西宁先觉街7号
洛桑喜饶	男	41	后藏拉孜	后藏孜洛札学院毕业	前班禅行辕军务处副处长，现任后藏政府卓尼	青海塔尔寺
罗图丹	男	44	后藏拉孜	山西北方军官学校毕业	前班禅行辕军务处副处长，现任后藏政府昂囊兼班禅堪厅科长	
高洛桑	男	46	后藏歇巴	青海军官教导团毕业	曾任班禅行辕高级副官，现任班禅堪布会议厅典礼处科长	
罗　桑	男	41	后藏日喀则	兰州西北训练团毕业	曾任班禅行辕军务所科长，现任后藏政府列赞巴，藏民干部大队中队长	
明慈仁	男	44	后藏瓦龙	印度大吉岭英文学校毕业	曾任西宁中学校英文教员，现任班禅大师教下夏得巴兼英文翻译员。	西宁先觉街7号
丹　巴	男	28	后藏江孜	中央政治学校毕业	曾任西藏补习学校教员，现任班禅堪布会厅典礼处科长	青梅塔尔寺
计罗秀英	女	27	后藏达那	康定女子师范学校毕业	曾任西藏补习学校教员	南京建康路293号

国民大会暂时旅居内地西藏人民国大代表候补人名册

姓名	性别	年龄	籍贯	学历	经历	住所
洛巴珠固佛	男	37	后藏江孜	后藏札什伦布寺大格西	曾任札什伦布寺夏孜法台，现任迎接第十世班佛入藏僧众代表	青海塔尔寺
班麻加保	男	45	后藏庄孜	后藏孜洛札学院毕业	曾任班禅行辕军务处科长，现任后藏政府列赞巴	同上
王含道	男	37	后藏日喀则	山西北方军官学校毕业	曾任班禅卫士队总队长，现任后藏政府列赞巴	南京建康路293号
商图丹	男	29	后藏香巴	兰州中央警官学校毕业	曾任班禅驻青办事处主任，现任班禅堪布会议厅总务处科长	青海塔尔寺
噶青错尼	男	42	后藏香巴	后藏札什伦布寺格西	曾任后藏政府列赞巴，现任班禅堪布会议厅教务处科长	同上
森康巴官	男	32	后藏德勒	后藏日喀则学院毕业	曾任后藏政府夏得巴，现任班禅堪布会议厅秘书	同上
普　贤	男	50	后藏拉孜	山西北方军官学校毕业	曾任班禅行辕军务处副官，现任班禅堪布会议厅典礼处科长	同上
罗　旺	男	39	后藏日喀则	后藏日喀则学院毕业	曾任班禅行辕军务处军需官，现任班禅堪布会议厅科长	同上
巴　登	男	50	后藏卓茂	拉萨学洛札学院毕业	曾任班禅驻青办事处秘书，现任班禅堪布会议厅政务处科长	同上
登　佳	男	44	后藏东噶	后藏日喀则学院毕业	曾任班禅驻平办事处科长，现任后藏政府夏得巴	青海塔尔寺
拉唐春明	女	24	后藏拉孜	西宁女子师范学校肄业	曾任西宁女子初级小学校教员，现任班禅堪布会议厅秘书处科员	同上

中华民国三十六年十二月四日

（蒙藏委员会档案）

蒙藏委员会为呈报西藏国大代表名单事致国民政府行政院代电

（1948年3月24日）

代电　　　京秘机584

国民政府主席　蒋
行政院院长　张　钧鉴：

查西藏地方选举迭经催办，本月二十三日准西藏驻京办事处开送西藏国民大会代表名单，计代表土丹桑布等十三人。查西藏地方依法额定代表十四名，其中应有妇女一名，未据送到，谨抄同原名单奉电恭呈敬请钧鉴。

蒙藏委员会委员长许〇〇叩。（37）寅迥

附抄呈西藏地方国大代表名单一份

附　国民大会西藏代表名单

堪穹：土丹桑布；尊专：土丹策丹；罗扎：绛巴阿汪、丹巴彭错、丹增唐恪、绛巴扎喜、来希嘉错、琐朗汪堆、班觉陈列、贡布策林、恪登班巴、凯卓坦丹、生格达给。以上共十三人。

翻译：叶肱、尼玛、但丹。以上共三人。

（蒙藏委员会档案）

蒙藏选举事务所为呈报西藏地方国大代表年籍学经历事致选举总所代电

（1948年4月12日）

选举总所公鉴：

前奉选字第一四二五九号（37）寅俭代电，饬将西藏地方国大代表当选人等之年籍、学经历、证书字号报核。等因。除证书字号业以选发第五五五号（37）卯微代电呈报外，兹将已来京报到之代表土丹桑布等六人年籍、学经历先行造表送请核备。至来希嘉错等七人尚未来京，容再续报，并乞察核。

蒙藏选所。（37）卯

附呈西藏地方国大代表履历表一份

西藏地方国大代表履历表

姓名	年龄	籍贯	学历	经历	证书字号	备注
土丹桑布	37	拉萨	达赖山大学	历任特宗宗本及后藏粮台，现任堪穷及西藏政府驻京代表	藏国字 25	
土丹策丹	40	同	同前	历任甲隅及工布宗本，现任达赖佛卓尼及西藏政府驻京代表	同 26	
绛巴阿汪	29	同	同前	历任羌宗及江宗各宗本，现任罗札及西藏政府驻京代表	同 27	
丹巴彭错	24	同	大布岭学校	西藏驻京办事处科长	同 28	
丹增唐恪	32	同	同前	西藏驻京办事处藏文秘书	同 29	
绛巴扎嘉	41	同	攀布学校	西藏驻京办事处科长	同 30	
来希嘉错					同 31	尚未来京报到履历未详
琐朗汪堆					同 32	同前
班觉陈列					同 33	同前
贡布策林					同 34	同前
恪登班巴					同 35	同前
凯卓坦巴					同 36	同前
生格达结					同 37	同前

（蒙藏委员会档案）

陈锡璋为选派西藏立法委员和监察委员出席会议事致噶厦函

（1948 年 4 月 24 日）

蒙藏委员会驻藏办事处公函　　　　（卅七）字第 199 号

顷奉蒙藏委员会许委员长电开：立法委员行使最高立法权，监察委员行使同意弹劾纠察权。西藏应有立法委员及监察委员各五名，早经电达噶厦在案。现均开会在即，依法国大代表可以兼任，希转达噶厦，务请早日选派来京出席会议。等因。相应函达，即希查照办理，并见复为荷。此致
噶厦公所

附藏文（略）

蒙藏委员会驻藏办事处副处长兼代处长职务　陈锡璋

（西藏档案馆藏）

陈锡璋为选定西藏立法委员和监察委员赴京出席会议事致噶厦函

（1948年5月4日）

蒙藏委员会驻藏办事处公函　　（卅七）字第215号

顷奉蒙藏委员会许委员长电开：首届立法院会议依法于国民大会闭幕后七日即须召集。现国民大会即将闭幕，监察院会议亦随即举行。立法院会议法定每年两次，监察院会议未定期。西藏立监委员如能常川驻京出席会议，益显情感亲密，精诚团结。希转达噶厦，即将立监委员如额选定，来京与会。等因。相应函请查照办理，并见复为荷。此致
噶厦公所

附译文（略）

蒙藏委员会驻藏办事处副处长兼代处长职务　陈锡璋

（西藏档案馆藏）

西藏驻京办事处呈送在京立法监察委员名单

（1948年7月6日）

代电　　京戊字第024号

蒙藏选举监督许钧鉴：

七九〇号钧电奉悉。兹遵将西藏在京立法及监察委员各三名，开具名单先行呈送。至其余立、监各委名单，容俟将来续送。肃电呈复，伏乞鉴察。

西藏驻京办事处处长　土丹桑布叩。午鱼。印

附名单一件

（蒙藏委员会档案）

蒙藏选举事务所呈报西藏地方立法委员名单致选举总所代电

（1948年7月7日）

代电　　　选发字第707号

选举总所公鉴：

查西藏地方应选立法委员五名，迭经电催。兹据西藏驻京办事处处长土丹桑布午鱼代电称：兹遵将云云，伏乞鉴察。等情。除监察委员已移送蒙藏委员会办理外，所有立法委员土丹桑布等三名当经填发证书。兹谨将证书字号列表呈报，敬乞核备。

蒙藏选所（37）午〇

附　西藏地方立法委员姓名及证书字号表

姓　　名	证书字号
土丹桑布	藏立字第一一号
绛巴阿汪	藏立字第一二号
丹增当却	藏立字第一三号

（蒙藏委员会档案）

蒙藏选举事务所为呈报西藏地方立监委选出经过及名单事致国民政府行政院代电

（1948年7月8日）

代电　　　选发字第711号

总　统　蒋
行政院院长翁　钧鉴：

查西藏地方应选立法及监察委员各五名，以情形特殊，未能如期选出，迭经令催，并予督促，兹准西藏驻京办事处京戊字第零二四号午鱼代电开：遵将在京立法及监察委员各三名，开具名单，先行呈送，余俟续报。等由。附立、监委名单一纸，当经转报选举总事务所，并填发当选证书，除监委姓名已由蒙藏委员会呈报外，理合再将经过情形暨立法委员名单，报请鉴核。

蒙藏选举监督许〇〇叩。午阳

附　呈西藏地方立法委员名单一纸

计开　西藏地方立法委员名单

土丹桑布、降巴阿旺、丹增当却

（蒙藏委员会档案）

西藏驻京办事处奉饬呈送西藏地方立监委履历及照片事致蒙藏选举事务所代电

（1948年7月10日）

代电　　　京戊字第025号

蒙藏选举事务所钧鉴：

选发字第712号午齐代电奉悉。兹遵将西藏立、监各委员照片六张及履历表一份，具电补送，伏祈鉴核。

西藏驻京办事处叩。午灰。印

附照片六张、履历一份

中华民国三十七年七月十日

附　西藏地方立法委员履历表

姓名	年龄	籍贯	学历	经历	证书字号
土丹桑布	37	拉萨	达赖山大学	历任特宗宗本、后藏粮台及国大代表，现任堪穷及西藏政府驻京代表	藏立字一一号
绛巴阿旺	29	同上	同上	历任羌宗、江宗各宗本及国大代表，现任罗札及西藏政府驻京代表	藏立字一二号
丹增唐恪	32	同上	大布岭学校	曾任西藏驻京办事处藏文秘书及国大代表	藏立字一三号

附　西藏地方监察委员履历表

姓名	年龄	籍贯	学历	经历	证书字号
土丹策丹	40	拉萨	达赖山大学	历任甲隅、工布各宗本及国大代表，现任达赖佛卓尼及西藏政府驻京代表	藏监字七号
绛巴扎西	41	同上	攀布学校	曾任西藏驻京办事处科长及国大代表	藏监字四号
丹巴彭错	24	同上	大布岭学校	曾任西藏驻京办事处科长及国大代表	藏监字五号

（蒙藏委员会档案）

附三　历届国会、参政会等西藏代表

（一）第一届国会

（1913—1924.11）

中华民国第一届国会，于1913年4月8日正式在北京成立。此届国会前后存在12年，几遭解散，几经恢复，共开三期常会。1917年8月至1922年6月在广州建立的“非常国会”（“护法国会”）是第一届国会的继续。1922年10月“非常国会”的“民八议员”与第二期常会没有南下的“民六议员”举行了第三期常会。1924年11月24日，段祺瑞临时执政府建立后，第一届国会终遭解散。

1. 第一届国会第一期常会　（1913.4—1914.1）

1913年4月8日成立于北京，参议院议员274人，众议院议员596人。11月13日被迫中止议事；翌年1月10日，袁世凯下令解散。

参议院

（西　藏）　傅　谐　龚焕辰　厦仲阿旺益喜
　　　　　　顿住罗布　札希土噶　王　赓
　　　　　　厦札噶布伦　孙毓筠　江赞桑布
　　　　　　程　克

众议院

（西　藏）　王　壹　江天铎　康士铎　恩　华
　　　　　　一喜讬美　罗桑班爵　阿旺根敦

方　贞　薛大可　苏麻的

2. 第一届国会第二期常会　（1916.8—1917.6）

1916 年 6 月 29 日，黎元洪申令恢复元年《约法》，续行召集国会，8 月 1 日正式复会。翌年 6 月 12 日复遭黎下令解散。

参议院

（西　藏）　傅　谐　龚焕辰　厦仲阿旺益喜
巫怀清　刘文通　孙江东
巴达玛林沁　王泽沁　江赞桑布
（缺一）

众议院

（西　藏）王　壹　江天铎　康士铎　恩　华
一喜讬美　罗桑班爵　阿旺根敦
方　贞　石凤歧　肖必达

3. 护法国会（非常国会）　（1917.8—1922.6）

1917 年 6 月国会被第二次解散后，国会议员纷纷南下护法，8 月 25 日复会于广州，称"护法国会"；因不足法定出席人数又称"非常国会"，或"国会非常会议"，为第一届国会之继续。是月 30 日，议决《军政府组织大纲》，选举孙中山为大元帅，建立军政府。1920 年 7 月后，相继迁移昆明、重庆，1921 年 1 月 12 日，复会于广州，4 月 7 日议决《中华民国政府组织大纲》七条，选举孙中山为大总统（5 月 5 日就职）。翌年 6 月 16 日陈炯明叛变，护法国会事实上宣告结束。

参议院

（西　藏）　傅　谐　龚焕辰　巴达玛林沁
（缺七）

众议院

（西　藏）　王庆云　江　聪　乌勒吉　石凤歧
（缺六）

4. 第一届国会第三期常会　（1922.10—1924.11）

1922 年 8 月 1 日第一届国会复会，10 月 11 日举行第三期常会于北京。翌年 10 月 5 日曹锟贿选大总统，10 日公布《中华民国宪法》。1924 年 11 月 24 日，中华民国临时执政府建立，段祺瑞废弃《中华民国宪法》，

12月13日，第一届国会宣告正式撤销。

参议院

（西　藏）　龚焕辰　巫怀清　刘文通
巴达玛林沁　王泽沁　胡　钧
李安陆

众仪院

（西　藏）　王　壹　江天铎　康士铎　恩　华
霍椿森　饶孟任　江　聪　方　贞
石凤岐　肖必达

（二）其他议院国会组织

（1913.12—1926.4）

在北洋政府时期，除临时参议院、第一届国会外，还曾建立过政治会议、约法会议、参政院、临时参议院、第二届国会（安福国会）、善后会议、临时参政院等所谓“立法”、“造法”机构或其代理机关。这些议、院组织是北洋军阀的御用统治工具，在历史上曾起过某些作用，以此目志之。

1. 政治会议　（1913.12—1914.6）

1913年12月15日，袁世凯令将行政会议改称政治会议于北京团城。作为咨询机关，议员76名。是月29日，议决停止国会两院议员职务案，翌年1月10日与24日，相继议决《增修约法案》与《约法会议组织条例》。据此，袁世凯于1月10日与2月9日相继下令停止国会议员职务，解散各省省议会。是年6月20日，参政院成立，政治会议撤销。

蒙藏事务局选派

阿穆尔灵圭　那彦图　江赞桑布　贡桑诺尔布
塔望布尔克　厦仲阿吐益喜　札尔顿丹增尔布

2. 约法会议　（1914.3—1915.3）

据《约法会议组织条例》建立的袁世凯御用“造法机关”，议员60人。1914年3月18日于北京开会；5月1日公布《中华民国约法》；12月28日通过《修正大总统选举法》；翌年3月12日公布《国民会议组织法》；18日约法会议闭幕。

蒙藏青选出者

那彦图　齐默特色木丕勒　阿旺根敦

棍布札布　噶拉增　江曲达结

许世英　钱能训　恩　华　巴哈布

3. 参政院　（1914.6—1916.6）

据《参政院组织法》建立，代行立法院职权。1914年6月20日开院，参政76人举行第一届会议；翌年2月4日召开第二届会议；10月6日通过《国民大会组织法》，28日国会投票，12月11日受托为国民代表大会总代表，推戴袁世凯为皇帝。1916年6月29日黎元洪继任总统，宣告恢复元年约法，续行国会，裁撤参政院。

（西　藏）　阿穆尔灵圭（5.26. 任）

塔旺布鲁克札勒（5.26. 任）

4. 临时参议院　（1917.11—1918.8）

1917年6月第一届国会被第二次解散后，段祺瑞相继炮制了两个御用工具——临时参议院与新国会，以与南方的“护法国会”对抗。1917年11月10日，临时参议院由24个省区行政长官选派的议员成立于北京。翌年2月17日公布《修正中华民国国会组织法》；3月10日成立安福俱乐部；8月12日新国会成立，该院裁撤。

（西　藏）　罗桑班觉　厦仲阿旺益喜

罗卜桑车珠尔　巫怀清

5. 新国会（安福国会）　（1918.8—1920.8）

1918年8月12日成立于北京，全称第二届国会。因系段祺瑞操纵安福俱乐部所包办，又称安福国会。9月4日选徐世昌为大总统，翌年8月12日议决《中华民国宪法草案》，1920年8月30日闭会。

参议院

（西　藏）　阿旺曲札　格勒索巴

众议院

（西　藏）　巫怀清　刘朝望

6. 善后会议　（1925.2—4）

1925年2月1日在段祺瑞策划、操纵下召开于北京，以与孙中山的国民会议对抗。4月21日闭会。

会　员（166名）

（西　藏）　章嘉呼图克图

达赖喇嘛　班禅额尔德尼　陆兴祺

7. 临时参政院　（1925.7—1926.4）

段祺瑞临时执政府的咨询机构。1925年4月13日公布《临时参政院条例》，7月30日正式开院于北京。翌年4月20日随段的下野而告终。

（西　藏）　阿木尔沁格勒图

顿柱汪结　楚称丹增　罗桑坚赞

陈兴贵　林沁旺济勒　（余略）

8. 国宪起草委员会　（1925.8—12）

1925年8月3日正式成立于北京。12月12日通过《中华民国宪法案》五编十四章一百六十条，遂即裁撤。

临时执政选聘　（西藏）棍却仲呢　林沁旺济勒

（三）国民参政会、政治协商会议暨国民大会

（1938.6—1948.5）

1. 国民参政会　（1938.6—1947.5）

1938年3月31日中国国民党临时全国代表大会通过《组织非常时期国民参政会以统一国民意志增加抗战力量案》；4月7日国民党五届四中全会通过《国民参政会组织条例》（12日由国民政府公布）。依《条例》规定，国民参政会为政府咨询机关，有听取国民政府施政报告、询问、建议之权；参政员人选由国民党中央决定后由国民政府公布；参政会设议长与副议长各1人，由国民党中央执委会决定；在闭会期间，由参政员互选15～20人为驻会委员。在抗日战争时期，国民参政会先后举行过四届会议，1947年11月24日国民政府宣告参政会正式结束。

第一届国民参政会　（1938.6—1940.12）

1938年6月21日国民政府公布名单，7月6日正式开会于武汉。参政员总额为200名，其中共产党以“经济团体与文化团体”名义参加，占有7个席应。

①参政会议长暨参政员

依照国民参政会组织条例第三条乙项遴选者：

西　藏　喜饶嘉错　丁杰呼图克图

②驻会委员

一届一次大会休会期间驻会委员（1938年7月15日选出）

（略）

一届二次大会休会期间驻会委员（1938年11月6日选出）

喜饶嘉错　（余略）

一届三次大会休会期间驻会委员（1939年2月20日选出）

喜饶嘉错　（余略）

一届四次大会休会期间驻会委员（1939年9月17日选出）

喜饶嘉错　（余略）

一届五次大会休会期间驻会委员（1940年4月9日选出）

（略）

第二届国民参政会　（1940.12—1942.7）

（1940年12月23日国民政府公布）

主席团暨参政员

依照国民参政会组织条例第三条乙项遴选者：

（西　藏）　罗桑札喜　丁　杰

驻会委员

二届一次大会休会期间驻会委员（1941年3月9日选出）

喜饶嘉错　（余略）

二届二次大会休会期间驻会委员（1941年11月25日选出）

（略）

第三届国民参政会　（1942.7—1945.4）

（1942年7月27日国民政府公布）

主席团暨参政员

依照国民参政会组织条例第三条乙项遴选者：

（西　藏）　罗桑札喜　丁　杰　喜饶嘉错

依照国民参政会组织条例第三条丁项遴选者：

（西　藏）　阿旺坚赞

驻会委员

三届一次大会休会期间驻会委员（1942年10月31日选出）

（西　藏）　阿旺坚赞　（余略）

喜饶嘉措

3. 行宪国民大会　（1948.3.29—1948.5.1）

1947年4月1日国民政府修正公布《国民大会组织法》47条。1948年3月29日，国民大会于南京正式召开。5月1日结束。这次国民大会依《中华民国宪法》选举蒋介石为总统，实行总统制，通称“行宪国大”。

西藏代表

滇增坚赞　拉益楚敏喜臣

计晋美　宋之枢　罗图丹　洛桑喜饶　计罗秀英　高洛桑

罗　桑　明慈仁　丹　巴　陈强立　贾孟康　邓珠娜姆

吴香兰　章　嘉　喜饶嘉措　古嘉宾　韩树兰　杨复兴

黄正清　杨世杰　多　吉　华崇俊　土丹桑布　土丹策丹

绛巴河汪　丹巴彭错　丹增唐格　绛巴扎喜　张化初

妇女代表

（西　藏）　玉珍拉母

（据《中华民国时期军政职官志》）

四、制订管理西藏事务的规章制度

蒙藏王公和宗教领袖爵章、服制、印信定式、公文程式的规定

蒙回藏王公等爵章条例

（1913年1月19日）

第一条　本条例所订分质地、形式规定之。

第二条　爵章用景泰蓝质。

甲　汗、亲王黄地。

乙　郡王红地。

丙　贝勒白地。

丁　贝子绿地。

戊　公蓝地。

第三条　爵章圆径，形式如一等嘉禾章上层所配者。

第四条　蒙藏爵章得依其宗教上之惯例，中绘三宝纹样；回爵章得依其宗教上之惯例，中绘日月合璧、五联珠纹样。

第五条　中间隔道白圈内，分别用汉、蒙、回、藏合璧文字，汉文用篆体书亲王之章或郡王之章。

第六条　蒙、回、藏爵章于中心微点嵌宝石，里面用针，以便佩戴。

第七条　爵章均由蒙藏事务局制造、颁发，以归划一。

第八条　本条例自公布日施行。

（《藏文白话报》第三期）

喇嘛印信定式

（1913年3月1日）

一、达赖喇嘛、班禅额尔德尼等印：金质，方，径三寸，厚六分，云纽，高三寸，汉、藏、蒙三体篆，汉文居中，用小篆，左列藏文，右列蒙文。

一、国师印：银质镀金，方，径二寸八分、厚六分，云纽，高二寸八分，汉、藏、蒙三体篆，汉文居中，用小篆，左列藏文，右列蒙文（禅师印银质，余同）。

一、呼图克图银印，方，径二寸五分，厚六分，直纽，高二寸五分，汉、藏、蒙三体书，汉文用小篆，左列藏文，右列蒙文。

一、札萨克达喇嘛、札萨克喇嘛，及商卓特巴印：铜质，方，径三寸，厚五分，直纽，高二寸五分，余同呼图克图印。

（《藏文白话报》第四期）

蒙藏王公等服制条例

（1913年6月26日公布）

一、蒙藏王公等礼服分两种。

甲　大礼服依民国大礼服，并参酌外交官服制。其等级以花纹之多寡分之，其花纹用宝相花。

子　汗亲王　如第一图

丑　郡王　　如第二图

寅　贝勒　　如第三图

卯　贝子　　如第四图

辰　公　　　如第五图（扎萨克台吉视此）

乙　公服如民国陆军外套式，色用黑，其等级以金线多寡分之。

子　汗、亲王、郡王　围金线五道

丑　贝勒贝子　围金线四道

寅　公　围金线三道

卯　头二等台吉　围金线一道（管旗章京、梅楞章京等视此）

辰　三四等台吉　围金线一道（佐领以下视此）

二、蒙藏王公等礼帽亦分两种。

甲　大礼帽王公札萨克台吉用军帽式，中围宝相花，色用黑，帽章与公服帽同式（如图）。但闲散台吉及职员等不适用之。

乙　公服帽式如陆军常帽式，色用黑，其等级以帽章分之。

子　汗亲王　如第一图

丑　郡王　如第二图

寅　贝勒　如第三图

卯　贝子　如第四图

辰　公　如第五图

巳　头等台吉　如第六图

午　二等台吉　如第七图（管旗章京视此）

未　三等台吉　如第八图（梅楞头等护卫长史视此）

申　四等台吉　如第九图（扎兰二等护卫视此）

酉　佐领　如第十图（三等护卫视此）

戌　骁骑校　如第十一图

亥　领催　如第十二图（笔且齐视此）

三、蒙藏王公等礼裤亦分两种。

甲　大礼服裤，依民国大礼服裤式。

乙　公服裤式，亦如大礼服裤式。惟须于夹缝间系以各项长条，以别等级。

子　王贝勒贝子公　金条宽六分

丑　各等台吉　金条宽三分

寅 职员（如佐领章京等）红条宽三分

（图略）

（《政府公报》民国二年六月二十七日第四百十号）

蒙藏等边疆僧俗领袖人物晋京展觐等招待规则

民国成立初次来京蒙回藏王公等特别川资条例（摘录）

（1913年3月29日）

（前略）

第四项 西藏王公等川资。

第1目 西藏办事长官属唐古忒等旗王公等川资：

（1）亲王川资共给洋二千元。

（2）郡王川资共给洋一千四百元。

（3）贝勒川资共给洋一千二百元。

（4）贝子川资共给洋一千元。

（5）镇国公、辅国公川资共给洋八百元。

（6）扎萨克台吉、塔布囊川资共给洋六百元。

（7）协理台吉、塔布囊川资共给洋四百元。

（《藏文白话报》第四期）

蒙藏院送拟订招待班禅事宜处职掌章程备案事致国务院函

（1924年7月21日）

蒙藏院函　　　　高字第46号

径复者，准贵院函开：奉大总统发下贵院拟订组织招待班禅事宜处条例，陈请鉴核。等因到院。查此次招待班禅事宜，本系临时任务，拟订办事规则原无不可，但定名条例，有同经制事例，似有未合，应改称招待班禅事宜处职掌暂行章程。至部定招待经费有限，尤未便稍事铺张，并应酌量缩小范围，另拟办法，以资撙节。等因到院。兹经本院酌量情形，将该处范围缩小，拟订招待班禅事宜处职掌暂行章程，函请贵院查照备案可也。此复

国务院

附 蒙藏院招待班禅事宜处职掌暂行章程

第一条 班禅来京奉令招待，遵于本院设立专处，名曰蒙藏院招待班禅事宜处。

第二条 本处设处务主任一人，由本院副总裁中指定一人充之，常川到处办事。

第三条 本处置左（下）列各股：

一、总务股 管理招待及机要事宜；

二、文牍股 管理公牍函电事宜；

三、会计股 管理经费收支事宜；

四、庶务股 管理购置物品及杂项事宜。

第四条 本处各股酌设股长、副股长、事务员，均于本院职员内选派充。

第五条 本处设招待员若干人，承长官之命助理招待事宜。

第六条 本处得酌设翻译员，专司翻译事宜。

第七条 本处缮录文件，得酌用雇员。

第八条 本处办事细则另定之。

第九条 本章程自呈报启用关防之日施行。

（蒙藏院档案）

国民政府公布蒙藏公文程式令及附件

（1930年1月21日）

国民政府训令

令文官处

为令行事，案据行政院呈据蒙藏委员会呈称，查中央各机关与蒙藏地方长官应用之公文程式，迄无明文规定，以致往来文件式样纷歧，殊不一致。兹由属会参考旧卷，根据各处情形拟具蒙藏公文程式十条，提交第三十四次常会决议通过，呈请行政院定为暂行公文程式，理合检同程式草案并附具说明，备文呈请，仰祈钧院签核，指令祗遵。附呈蒙藏公文程式草案，等情。据此，当经职院第五十三次会议决议照准，由本院公布。除公布暨分别指令通饬外，理合缮具程式呈报钧府鉴核备案，并请分行各院暨其他直辖各机关知照，实为公便等情。附呈蒙藏公文程式一份，据此除指令备案并分令外，合亟抄同程式令仰该处即便知照，并转饬所属一体知照。此令。

计抄发蒙藏公文程式一份

主　　席	蒋中正	司法院院长	王宠惠
行政院院长	谭延闿	考试院院长	戴传贤
立法院院长	胡汉民	监察院院长	赵戴文

中华民国十九年一月二十一日

附　蒙藏公文程式

一、国民政府及五院对盟旗用令，盟旗对国民政府及五院用呈。

二、各部会与盟互用咨或公函。

三、各部会对旗用令，旗对各部会用呈。

四、盟对旗用令，旗对盟用呈。

五、盟旗与省县一律互用公函。

六、其他机关与盟旗，除有特别规定外，一律互用公函。

七、国民政府对达赖、班禅用令，达赖、班禅对国民政府用呈。

八、各院部会与达赖、班禅一律互用公函。

九、各省与达赖、班禅一律互用公函。

十、其他机关与达赖、班禅除有特别规定外，一律互用公函。

（国民政府行政院档案）

行政院训令内政部、蒙藏委员会拟具招待蒙藏来京领袖办法文

（1931年7月13日公布）

为令行事：案准国民政府文官处第五四七七号函开：中央政治会议函开：

本月一日本会议第二七八次会议，戴委员传贤提议，蒙藏及边省各地领袖人士来京者日多，政府自应分别予以招待，以示优异。惟此项招待办

法，拟请先行交由各该主管机关会商拟定，以期妥洽等由：当经决议，交内政部、蒙藏委员会，会同妥慎拟定统一招待办法，相应录案函达查照，即希分别转饬遵照办理具复为荷，等因到府，奉主席谕交行政院照办等因，除函复外，相应函达查照办理见复等由准此：除函复并分令外，合行令仰该部/会即便会同蒙藏委员会/内政部拟具办法呈复，以凭核转。此令！

（蒙藏委员会档案）

达赖、班禅代表来京展觐办法

（蒙藏委员会1934年1月8日公布　1943年9月8日修正会令公布）

第一条　达赖喇嘛、班禅额尔德尼，为报告西藏政情起见，应每年轮派代表一人来京展觐，其展觐之程序，依本办法之规定。

第二条　展觐代表，应于每年十二月二十日携带委任文件及衔名履历，向蒙藏委员会报到。于二十一日起，开始招待。

第三条　展觐程序如左（下）：

（一）十二月二十四日，由蒙藏委员会委员长、副委员长引导谒总理陵；

（二）十二月二十五日，由蒙藏委员会委员长、副委员长引导谒见行政院院长；

（三）十二月二十六日至二十七日，由蒙藏委员会派员引导谒各院、部、会长官；

（四）十二月二十八日至三十日，由蒙藏委员会召集会议，宣布中央施政方针，并由该员报告边政情形；

（五）新年一月一日，由蒙藏委员会委员长、副委员长引导觐见国民政府主席，其仪注另定之；

（六）一月二日至五日，国民政府主席定期筵宴一次，并颁给赉品，其仪注及办法另定之；

（七）一月六日至十一日，由蒙藏委员会派员引导赴各处参观或游览名胜；

（八）一月二日至十五日，由蒙藏委员会委员长、副委员长引导晋谒国民政府主席辞行，并接受训词；

（九）一月十六日至十九日，向蒙藏委员会辞行，准备回籍，一月二十一日起，停止招待。

第四条　展觐代表得带随行秘书及翻译各一人、随侍二人至四人。

第五条　展觐代表到京后，依照招待规则发给招待费及旅费，其规则另定之。

第六条　本办法自公布日施行。

（蒙藏委员会档案）

边疆宗教领袖来京展觐办法

（1934年1月8日会令公布　1943年9月8日修正会令公布）

第一条　凡蒙藏及其他各地之呼图克图、诺们汗、绰尔济、班第达、呼毕勒罕，及新疆回部之伊斯兰教加提凯朗，为报告边地宗教情形起见，均须分班来京展觐，其分班及展觐之程序，依本办法之规定。

第二条　分班之程序如左（下）：

（一）在蒙藏及其他各地之呼图克图、诺们汗、绰尔济、班第达、呼毕勒罕，共分为六班，每年召集一班来京展觐，周而复始，但在民国三年后圆寂至今未转世者，经该管官署咨明，即予除名，其有未编入年班，现时确为当地人民所尊崇者，经该管官署咨请，仍得编入年班，依班展觐；

（二）在新疆各县之加提凯朗，由蒙藏委员会先期编定各册，分为十二班，每年召集一班来京展觐，周而复始。

第三条　各展觐人员遇值班之年，应于十二月二十日到京，持具各地官署印文，并缮具衔名履历，呼图克图等并应开具历辈源流，向蒙藏委员会报到，于二十一日起开始招待。

第四条　各展觐人员因疾病或未出痘不能来京展觐时，应先行经由本地官署转报蒙藏委员会核准，移入下班来京补行展觐。

第五条　展觐之程序如左（下）：

（一）十二月二十四日，由蒙藏委员会委员长、副委员长引导谒总理陵；

（二）十二月二十五日，由蒙藏委员会委员长、副委员长引导谒见行政院院长；

（三）十二月二十六日起至十二月三十一日止，各展觐人员在蒙藏委员会指定之坛场，分别诵经；

（四）新年一月一日，由蒙藏委员会委员长、副委员长引导觐见国民政府主席，其仪注及办法另定之；

（五）一月二日至五日，国民政府主席定期筵宴一次，并分别颁发赉品，其仪注及办法另定之；

（六）一月六日至十一日，由蒙藏委员会派员引导赴各处参观或游览名胜；

（七）一月十二日至十五日，由蒙藏委员会委员长、副委员长引导晋谒国民政府主席辞行，并接受训词；

（八）一月六日至十五日间，由蒙藏委员会定期召集各展觐人员，出席边事研究会，报告当地宗教情形，如有条陈意见应呈由蒙藏委员会核办之；

（九）一月十六日至十九日，向蒙藏委员会辞行，准备回籍，一月二十一日起，停止招待。

第六条　各展觐人员，得带随行徒众一人、翻译一人及随侍二人。

第七条　各展觐人员到京后，均依招待规则发给招待费及旅费，其规则另定之。

第八条　本办法自公布日施行。

（蒙藏委员会档案）

蒙藏回疆各地方长官及各宗教领袖人员来京展觐礼节单

（1934 年 1 月 8 日会令公布）

一、凡蒙藏、回疆各地方长官及各宗教领袖人员，按照展觐办法到京后，由蒙藏委员会呈请，行政院转呈国民政府主席批示谒见日期及时间，蒙藏委员会奉批后，分别转知各该员等知照。

一、各该员于谒见之日，先时齐集蒙藏委员会，由委员长、副委员长率领赴国民政府，到达后，在指定之处静候，由蒙藏委员会委员长、副委员长会同文官长、参军长入启主席莅临。

一、主席出临时奏乐，展觐人员全体肃立，由蒙藏委员会委员长、副委员长趋前报告展觐人员人数，恭呈名单及礼柬于主席，并引导展觐人员向主席行三鞠躬，礼毕，主席赐展觐人员坐。

一、主席向展觐人员问话，展觐人员应起立对答，答毕仍就坐。

一、主席问话毕，由蒙藏委员会委员长、副委员长率领各展觐人员，再向主席行一鞠躬。礼毕引导出府。礼成。

（蒙藏委员会档案）

蒙藏新疆回部来京展觐人员招待规则

（1934年1月8日会令公布　1943年9月8日修正会令公布）

第一条　凡蒙藏回各部长官及宗教领袖人员，按照展觐办法来京展觐时，均由蒙藏委员会依照本规则招待之。

第二条　招待费用，由蒙藏委员会按照规定数目发给之。

第三条　驻京招待费，依照规定招待日期，自开始日起至停止日止，按日计算，每三日发给一次，其标准如左（下）：

（一）蒙古之盟长、副盟长、备兵扎萨克、副都统、保安长官，西藏达赖喇嘛、班禅额尔德尼之代表，新疆回部领袖，每日二十四元；

（二）蒙古之帮办盟务、扎萨克、总管，每日十八元；

（三）蒙古之管旗协领及新疆回部领袖之代表，每日十二元；

（四）边疆宗教领袖、前驻京呼图克图，每日二十四元；

（五）呼图克图、诺们汗，每日十八元；

（六）绰尔济、班第达，每日十二元；

（七）呼毕勒罕、加提凯朗，每日十元。

第四条　各展觐人员回籍时，由中央赠给旅费，其标准如左（下）：

（一）蒙古盟长、副盟长、帮办盟务、备兵扎萨克、副都统、保安长官，西藏达赖喇嘛、班禅额尔德尼之代表，及新疆回部领袖等应领旅费，依第一附表所规定之数目发给之；

（二）蒙古各旗扎萨克、总管、管旗协领，及新疆回部领袖之代表等应领旅费，依第二附表所规定之数目发给之；

（三）新疆宗教领袖应领旅费，依第三附表所规定之数目发给之。

第五条　凡受招待者之随从人等，概不另给食宿旅费。

第六条　达赖喇嘛、班禅额尔德尼到京后，其招待办法另定之。

第七条　本规则所定招待各费，均由国库支给之。

第八条　本规则自公布之日施行。

（附旅费标准表1—3）：

蒙藏新疆回部来京展觐人员旅费第一表

名　称	旅费数目	备考
呼伦贝尔部	五百元	
哲里木盟	四百元	
卓索图盟	三百元	
昭乌达盟	四百元	
锡林果勒盟	四百元	
察哈尔部	四百元	
乌兰察布盟	四百元	
伊克昭盟	四百元	
青海左翼盟	一千元	
青海右翼盟	八百元	
旧土尔扈特霍硕特五路盟	一千四百元	
青塞特奇勒图盟	一千四百元	
三音济雅图左右翼盟	八百元	
唐努乌梁海部	七百元	
毕都哩雅诺尔盟	七百元	
齐齐尔哩克盟	六百元	
汗山盟	六百元	
克鲁伦巴尔城盟	七百元	
西藏	一千四百元	
新疆回部	一千四百元	

蒙藏新疆回部来京展觐人员旅费第二表

名　称	旅费数目	备考
呼伦贝尔部	三百元	
哲里木盟	二百元	
依克明安旗	三百元	
卓索图盟	二百元	
昭乌达盟	二百元	
锡林果勒盟	二百元	
察哈尔部	二百元	
乌兰察布盟	二百元	
归化土默特旗	二百元	
伊克昭盟	二百元	
阿拉善霍硕特旗	四百元	
额济纳旧土尔扈特旗	五百元	
青海左翼盟	五百元	
青海右翼盟	四百元	
旧土尔扈特霍硕特五路盟	七百元	
青塞特奇勒图部	七百元	
三音济雅图左右翼盟	四百元	
唐努乌梁海部	四百元	
毕都哩雅诺尔盟	四百元	
齐齐尔哩克盟	三百元	
汗山盟	三百元	
克鲁伦巴尔城盟	四百二十元	
西康	五百元	
新疆回部	七百元	
西藏	七百元	

蒙藏新疆回部来京展觐人员旅费第三表

名　　称	旅费数目	备考
呼伦贝尔部	三百元	
哲里木盟	二百元	
依克明安旗	三百元	
卓索图盟	二百元	
昭乌达盟	二百元	
锡林果勒盟	二百元	
察哈尔部	二百元	
乌兰察布盟	二百元	
归化土默特旗	二百元	
伊克昭盟	二百元	
阿拉善霍硕特旗	四百元	
额济纳旧土尔扈特旗	五百元	
青海左翼盟	五百元	
青海右翼盟	四百元	
旧土尔扈特霍硕特五路盟	七百元	
青塞特奇勒图部	七百元	
三音济雅图左右翼盟	四百元	
唐努乌梁海部	四百元	
毕都哩雅诺尔盟	四百元	
齐齐尔哩克盟	三百元	
汗山盟	三百元	
克鲁伦巴尔城盟	四百二十元	
西康	五百元	
新疆回部	七百元	
甘肃	三百元	

（蒙藏委员会档案）

蒙藏回疆各地方长官
及各宗教领袖人员来京晋谒颁赠办法

民国二十四年（1935）一月十四日行政院核准备案
民国三十二年（1943）九月八日修正会令公布
三十七年（1948）五月十九日国民政府核准修正[①]

第一条　凡蒙藏回疆各地方长官及各宗教领袖人员，按照展觐办法到京展觐时，依左（下）列所定，分别给予赉品；

一、蒙古盟长、副盟长、帮办盟务、备兵札萨克、保安长官、副都统，西藏达赖喇嘛、班禅额尔德尼之代表，及回疆各部各简任阶级之 地方长官，又蒙藏之呼图克图、诺们罕、班第达、绰尔济，及回疆之师海、伊斯拉穆，及各部道行较高之穆天替。以上各员各给花瓶二对、锦缎四匣、茶叶八桶、总统玉照乙帧。

二、蒙古札萨克、总管、管旗协领，藏回各部荐任相当阶级之地方长官以上各员，各给花瓶一对、锦缎二匣、茶叶四桶、总统玉照乙帧。

三、蒙古各盟旗、藏回各部高级佐治人员，又蒙藏回各宗教领袖人员所派阶级较高之徒众。以上各员，各给绵缎一匣、茶叶二桶、总统玉照乙帧。

第二条　各项赉品，分别由总统府颁发，或发交蒙藏委员会转发各该员敬谨具领，其手续另定之。

第三条　本办法自公布日施行。

（蒙藏委员会档案）

---

① 此前该办法称《来京展觐赏赉办法》。民国三十七年五月十七日蒙藏委员会呈请将“展觐赏赉”四字更改为“晋谒颁赠”。五月十九日国民政府核准照办。

西藏等边疆官员任用及投效国民政府人员失业救济等办法

边疆武职人员叙授官衔暂行条例

（1934年12月5日院令公布
1936年2月8日行政院修正公布）

第一条　凡在边疆（按：指蒙古、康藏、新疆等处）现任武职人员，除服役于国军建制部队者外，凡有戍守地方担任保安之官长，得考核其资历与成绩，依本条例叙授官衔。

第二条　边疆武职人员之审核转呈授衔等事宜，由军事委员会铨叙厅主管之，并会商蒙藏委员会共同办理。

第三条　边疆武职官衔分三等九级如左（下）：

一等一级都统；

一等二级副（都）统；

一等三级协统；

二等一级都领；

二等二级副（都）领；

二等三级协领；

三等一级都卫；

三等二级副卫；

三等三级协卫；

三等以下并设准卫一级。

第四条　前条官衔之叙授，由铨叙厅会同蒙藏委员会依据本条例拟定衔级，由军事委员会函行政院转呈国民政府核准令行。

第五条　边疆武职人员叙授官衔施行细则，由铨叙厅会同蒙藏委员会拟定之。

第六条　已受官衔有左（下）列情形之一者，应即取销。

一、死亡；

二、丧失国籍者；

三、判处徒刑者。

第七条　已受官衔有左（下）列情事之一者，明令褫夺，并依法查办：

一、背叛民国者；

二、扰害地方者；

三、不遵国家法令应予免官者。

第八条　本条例自公布日施行。

（国民政府行政院档案）

边疆武职人员叙授官衔暂行条例施行细则

（1936年2月8日行政院公布）

第一条　本细则依照边疆武职人员叙授官衔暂行条例（以下简称本条例）第五条规定之。

第二条　具有左（下）列资格之一者，得按其成绩叙授一等各级官衔：

一、蒙古盟长、副盟长及保安长官；

二、蒙古各旗扎萨克及总管；

三、西藏马基。

第三条　具有左（下）列资格之一者，得按其成绩叙授二等各级官衔；

一、蒙古各旗协理、管旗章京及保安总队长；

二、蒙古各旗副章京、协领、参领及保安副队长；

三、西藏代本。

第四条　具有左（下）列资格之一，得按其成绩叙授三等各级官衔：

一、蒙古各旗佐领、保安中队长及保安分队长；

二、西藏如本、甲本。

第五条　具有左（下）列资格之一者，得按其成绩，叙授准卫官衔：

一、蒙古各旗保安分队长；

二、西藏定本。

第六条　边疆武职为本细则第二、第三、第四、第五各条未列举者，由蒙藏委员会临时审定，报请军事委员会核办。

第七条　本条例第一条所称成绩，应以左（下）列各项为准：

一、巩固边疆保全国土者；

二、协助国军平定边患者；

三、剿除盗匪绥靖地方者；

四、维持治安卓著成绩者。

第八条　本条例第三条所列各等级官衔之叙授，按左（下）列规定分别办理：

一、一等各级官衔，经铨叙厅会同蒙藏委员会审定后，由军事委员会函行政院转请国民政府叙授之；

二、二等各级官衔，由蒙古各盟部旗政府、西藏噶厦及沿边各省政府核保，经铨叙厅会同蒙藏委员会审定后，由军事委员会同行政院转请国民政府叙授；

三、三等各级官衔及准卫官衔，由蒙古各盟部旗政府、西藏噶厦及沿边各省政府核保，经铨叙厅会同蒙藏委员会审定后，由军事委员会函行政院转请国民政府叙授之。

第九条　应叙官衔人员，须先由核保机关检取该员详细履历六份。最近二寸半身相片六张，如具考语，送蒙藏委员会审核，成绩及格，报请军事委员会照前条规定办理。

第十条　叙授官衔，国民政府按其第级颁给执照（执照如附式）。

第十一条　官衔执照由军事委员会转送蒙藏委员会分别转发，并由铨叙厅登记。

第十二条　已授官衔人员，除一等一级外，得递晋叙授。

第十三条　已授官衔人员，有本条例第六条情形之一者，经蒙藏委员会审明后，报请军事委员会函行政院转请注销其官衔。

第十四条　已受官衔人员，有本条例第七条情形之一者，经蒙藏委员会审明后，报请军事委员会函行政院转请褫夺其官衔，并依法查办。

第十五条　本细则自公布日施行。

边疆武职人员叙授官衔执照式样

边疆武职人员叙授官衔执照 兹依边疆武职人员叙授官衔暂行条例之规定叙授（或衔名）为（都统等）合行发给执照以资证明 国民政府主席（署名） 军事委员会委员长（署名） 蒙藏委员会委员长（署名） 中华民国　　年　　月　　日

字第　　　　　　　　　　号

存　　根
（职衔姓名）叙授（都统等）除填给执照外合填存根备查 中国民国　　年　　月　　日

执照模式说明：

执照除存根外，长六十公分，宽四十公分，其上方绘党国旗及总理遗像，其周绘宽边三道，一等各级官衔三道全印金色，二等各级官衔则以外面二道印金色，里面一道印蓝色，三等各级官衔则以外面一道印金色，里面二道印蓝色，藉示等差。又文中有括弧之处，皆不刊印，仅留空白，以备填发。

（国民政府行政院档案）

蒙藏边区人员派赴各机关服务暂行办法

（1936 年 10 月 23 日国民政府通饬施行）

第一条　蒙藏边区人员派赴各机关服务，暂照本办法之规定行之。

第二条　派赴各机关服务之蒙藏边区人员，应先由各该地方最高机关就土著人员能通晓国文、国语，并具有左（下）列资格之一者，向蒙藏委员会保送之：

一、在中等以上学校毕业者；

二、曾任或现任各该地方公务员者；

三、曾在各该地方办理公益事业具有成绩者；

四、曾于国家或地方有勋劳者。

保送办法及书表格式另定之。

第三条 蒙藏委员会接到前条保送文件，应即加以审核，其合格者，即送由铨叙部复核会呈转请国民政府分派各机关，视其学职能力及经验，以聘用、雇用或学习名义，酌派职务。

第四条 前条服务人员之服务期间，以二年为限，期满即由服务机关转请蒙藏委员会送回原保机关服务，其成绩优良者，得分别由服务机关或转请国民政府予以奖励，遗缺另以新保人员递补。

第五条 其他边区土著人员之保送服务，得援照前第二条至第四条之规定办理。

第六条 蒙藏及其他边区保送人员总额，每学年以二十八人为限。

第七条 本暂行办法自公布日施行。

（蒙藏委员会档案）

蒙藏边区人员任用条例

（1937年1月12日会令公布 1937年4月1日施行）

第一条 蒙藏边区人员，得依本条例之规定，任用为简任、荐任、委任职公务员。

前项任用人员，应以蒙藏边区土著人民通晓国文、国语者优先任用。

第二条 具有左列资格之一者，得以简任职任用：

一、曾任简任职一年以上者；

二、曾任荐任职三年以上，并叙至最高级者；

三、在教育部认可之专科以上学校毕业，并曾任荐任职或与荐任职相当之职务一年以上者；

四、曾任蒙古盟长、副盟长、帮办盟务、备兵扎萨克、副都统、保安长官或其他盟部长官一年以上者；

五、曾任蒙旗扎萨克总管或其他蒙旗长官一年以上者；

六、曾任蒙古盟公署处长、保安长官公署督察长、旗务委员、旗协理、管旗章京、副章京或其他盟部旗荐任佐治人员三年以上者；

七、曾任西藏地方与简任职相当之职务一年以上，或与荐任职相当之职务三年以上者；

八、有特殊勋劳于国家或地方，经国民政府特准叙用者。

第三条　具有左（下）列资格之一者，得以荐任职任用：

一、经边区行政人员考试，高级考试及格者；

二、曾任荐任职一年以上者；

三、曾任委任职三年以上，并叙至最高级者；

四、在经主管官署认可之旧制中学或高级中学毕业，曾任委任职或与委任职相当之职务一年以上者；

五、曾任蒙藏地方荐任职或与荐任职相当之职务一年以上者；

六、曾任蒙古盟公署科长、秘书或各旗参领、掌稿笔帖式或其他与委任职相当之职务三年以上者；

七、曾任西藏地方与委任职相当之职务三年以上者；

八、曾任蒙藏地方与荐任职相当之军用文官一年以上者；

九、在经主管官署认可之中等以上学校曾任校长、教务主任、训育主任或专任教员二年以上者；

十、经蒙藏地方最高行政机关以荐任职甄录合格者；

十一、有勋劳于国家或地方，经国民政府核准叙用者。

第四条　具有左（下）列资格之一者，得以委任职任用：

一、经边区行政人员考试初级考试及格者；

二、曾任委任职一年以上者；

三、曾任蒙藏地方委任职或与委任职相当之职务一年以上者；

四、曾任蒙藏地方与委任职相当之军用文官一年以上者；

五、在经主管官署认可之小学以上学校曾任校长或专任教职员二年以上者；

六、在经主管官署认可之初级中学以上学校毕业者；

七、曾充雇员或与雇员相当之职务三年以上者；

八、曾办地方公益事项三年以上而有成绩者；

九、经蒙藏地方最高行政机关以委任职甄录合格者。

第五条　前三条各款所称曾任蒙藏地方与简任、荐任、委任职相当之各职务，由蒙藏委员会拟定官等后咨由铨叙部审定之。

第六条　拟任之蒙藏人员，于送请任用审查时，其学历、经历应提出证明文件，如不能提出时，得由蒙藏委员会查核证明之。

第七条　第三条第十款、第四条第九款所称甄录，其办法由行政院考试院会同订定之。

第八条　本条例未规定事项，适用公务员任用法之规定。

第九条　本条例之规定，于其他边区人员之任用准用之。

第十条　本条例施行日期以命令定之。

（蒙藏委员会档案）

修正救济蒙藏失业人员暂行办法

（1942 年 5 月 18 日奉行政院令核准施行）

一、凡来中央投效之蒙藏人员，其失业者或生活确系特别艰窘及遭遇重大事故者，蒙藏委员会得依照本办法救济之。

二、前项人员审核及登记由蒙藏委员会办理之。

三、凡经登记审查合格之前项人员，由蒙藏委员会衡量情形酌予救济。

四、救济前项人员费用，已经核定每月之五千元为限，由蒙藏委员会核发按月实报实销。

五、凡经救济之前项人员，蒙藏委员会得斟酌实际情形，呈请行政院酌核分发中央及各省市政府机关见习。

六、本办法自呈奉行政院核准公布之日施行。

（蒙藏委员会档案）

修正蒙藏失业人员登记办法

（1942 年 6 月 5 日呈院核准公布）

第一条　本办法依修正救济蒙藏失业人员暂行办法规定之。

第二条　依修正救济蒙藏失业人员暂行办法第一条规定，应予救济蒙藏人员之审核，由本会总务处会同蒙藏两处办理之。

第三条　向本会声请救济之蒙藏人员，须填具声请登记表二份，连同曾任职务或学历之证明文件送由本会审核。

前项人员，经本会审核合于救济办法第一条之规定时，依声请之先后登记之，但其情形较其迫切者，得提前予以登记。

第四条　前项人员，如有左（下）列情形之一，经本会查明属实者，不予登记，已登记者，应取销其登记：

一、曾参加反动行为，经控告判决有案或尚在通缉中者；

二、曾服公务而有贪污行为，经控告判决有案者；

三、褫夺公权尚未复权或受惩戒处分尚在停止任用期间者；

四、有不正当之思想行为者。

第五条　凡经审核登记合格人员之救济费，依照救济办法第四条之规定酌给之。

第六条　前项人员之籍贯，如本会认为有疑义时，得令蒙古及西藏驻京办事处证明之。如有假冒情事，经证明属实者，除取销其登记外，并追缴其已领之救济费。

第七条　本办法自公布之日施行。

（蒙藏委员会档案）

由国民政府核准，蒙藏委员会监督、指导达赖和班禅驻京、平、康办事处，并核拨经费

达赖驻京、平、康办事处

内政部、蒙藏委员会为西藏设立驻京、平、康办公处及其经费预算事致行政院呈

（1930年12月）

内政部、蒙藏委员会会呈　总字第239号

为会呈事。

窃查职会前据达赖代表棍却仲尼函询，关于设立驻京、驻平、驻康办公处经费如何拨给一案，当经据情呈请钧院鉴核转陈国民政府核示。旋准钧院秘书处函开：奉谕，此案经提出本院第九十次会议决议，交内政部与蒙藏委员会会商。等因。奉此。遵由职部、职会派员会商，佥以西藏设立驻京办公处，系去岁蒋主席派棍却仲尼赴藏时携去八款之一。本年八月间，根却仲尼回京复命，携有达赖答复蒋主席书，对于设立驻京办公处一件，表示赞同；并请同时成立驻平、驻康二办公处。迨棍却仲尼复归得谒见蒋主席时，又蒙面谕迅速组织成立。所有西藏驻京办公处，自应准其及

早组织，以资办公。至北平，寺庙林立，向为喇嘛汇集之地，与西藏关系甚多；康定为川藏往来要道，将来该处事务势必日见纷繁，所请同时成立驻平、驻康二办公处一节，似应一并照准。究应如何办理之处，敬请钧院核转饬遵。

又据棍却仲尼呈称：伏思设处一节，云云，实为公便。等情。并附预算书五册前来。当经职部、职会共同审核，尚无不合，拟请钧院将该三处十九年度预算书，专案转送中央政治会议提前核办，并饬令财政部准予先行借给该三处经费，俾其早日开办，以利藏事进行。

所有会商西藏设立办公处及审核预算经费缘由，理合检同原预算书三册，具文会呈，仰祈鉴核指令祇遵。谨呈
行政院

计呈送西藏驻京，驻平、驻康办公处十九年度预算书三册①

内政部部长　蒙藏委员会委员长

（蒙藏委员会档案）

西藏驻京办事处为遵令修正西藏驻京、平、康办事处组织大纲事致蒙藏委员会呈

（1935年10月19日）

案奉钧会总字第四六七号训令，以西藏驻京、平、康各办事处组织大纲，令仰遵照二十年五月间本会总字第九一四号训令，分别修正具报核办。等因。兹经遵照钧会二十年总字第九一四号训令内开行政院指饬各节，并根据西藏驻京、平、康各办事处最近预算案，分别酌拟修改。是否有当，理合缮具修正各组织大纲，备文呈请钧会鉴核。谨呈
蒙藏委员会

西藏驻京办事处处长　贡觉仲尼

附呈修正西藏驻京、平、康三办事处组织大纲各一份。（全文见后，此处从略）

（蒙藏委员会档案）

① 附件原缺。

附1　修正西藏驻京办事处组织大纲

（二十四年十一月二十七日呈奉行政院备案）

第一条　西藏驻京办事处，由国民政府核准设于首都。

第二条　本处秉承达赖大师意旨，受蒙藏委员会之监督指导，办理关于西藏在京应行接洽事宜。

第三条　本处置处长、副处长各一人，由达赖大师选任，呈由蒙藏委员会核转备案。

第四条　处长综理本处全体事务，并指挥监督所属职员；副处长辅助处长执行职务。处长有事故时，副处长代理之。

第五条　本处遇必要时，得由处长或副处长召集秘书、科长开处务会议。

第六条　本处设左（下）列各室科：

一、秘书室；

二、总务科；

三、会计科；

四、宣传科；

五、交际科。

第七条　秘书室职掌如左（下）：

一、撰拟机要文电；

二、翻译汉藏文件；

三、审核各科稿件；

四、处务会议记录及整理议案事项；

五、处长交办事件。

第八条　总务科职掌如左（下）：

一、典守印信；

二、收发及配达文件；

三、本处职员进退事项；

四、本处庶务事项；

五、各项统计登记及保管公有物事项；

六、其他不属于各室科事项。

第九条　会计科职掌如左（下）：

一、本处预算决算事项；

二、出纳公款及支配本处经费事项；

三、关于会计之簿记表册；

四、稽核并整理一切收支单据。

第十条　宣传科职掌如左（下）：

一、撰著一切宣传文字或图画；

二、编辑汉藏文字刊物；

三、翻译有关藏事之书报；

四、关于刊物或宣传品印刷及发行事项。

第十一条　交际科职掌如左（下）：

一、本处对外接洽或联络事项；

二、接待来宾及新闻记者；

三、西藏派京公务员、留学生或传教过京之西藏喇嘛临时招待及指导事项；

四、调查及报告事项；

五、其他关于一切交际事项。

第十二条　本处置主任秘书一人、汉文秘书一人、藏文秘书二人，秉承处长掌理秘书室事务。

第十三条　本处各科置科长一人，秉承处长分掌各科事务。

第十四条　本处置科员六人，秉承长官分任各科事务，其人数分配，按各科事务繁简定之。

第十五条　本处因缮写文件、保管案卷等事，雇用书记六人。

第十六条　本处办事细则另定之。

第十七条　本大纲如有未尽事宜，及应行修改之处，由处务会议修正，呈报蒙藏委员会核转备案。

第十八条　本大纲自呈报核准之日施行。

（二史馆藏国家总动员会议档案）

附 2　西藏驻京办事处组织概况

（1948 年）

一、组织　该处为西藏达赖喇嘛驻京办事机关。呈奉核准，设正副处长各一人。下设秘书室，置汉文秘书一人，藏文秘书二人；总务、会计、宣传、交际四科，各置科长一人，共置科员六人，书记六人。

二、沿革　鼎革以还，西藏与中央关系之隔绝垂十余年。国民政府北伐成功，奠都南京后，逐渐好转。中央于民国十八年夏派雍和宫堪布贡觉仲尼赴藏慰问达赖。达赖感怀中央，复派贡觉仲尼、阿汪坚赞、曲批土丹等三人为驻京代表，于十九年秋到达南京，随即呈准设立西藏驻京办事处。其代表五年交换一次，现任代表为第四届。

三、现况　现由西藏代表土丹桑布任处长，下有职员十六人，工作照常推进。

四、经费　三十六年度核列经常费共五百六十三万元。

五、业务概况　该处组织简单，人员甚少，主要业务即系代表西藏驻京，承转公文及接洽有关事项。

六、现任主管人员及重要职员名册：处长土丹桑布，主任秘书罗桑，藏文秘书罗桑土丹，汉文秘书刘受饴，总务科长韩柏增，会计科长扎西彭错，宣传科长袁鹏飞，交际科长曲批。

七、现行重要单行法规　西藏驻京办事处组织大纲（附抄）。

八、机关所在地址　南京建康路二九三号。

（蒙藏委员会档案）

附3　修正西藏驻平办事处组织大纲

（1935年11月27日呈奉行政院备案）

第一条　西藏驻平办事处，由国民政府核准设立之。

第二条　本处秉承达赖大师意旨，受蒙藏委员会之监督指导，办理关于西藏在平应行接洽事宜。

第三条　本处置处长、副处长各一人，由达赖大师选任，呈由蒙藏委员会核转备案。

第四条　处长综理本处全体事务，并指挥监督所属职员，副处长辅助处长执行职务；处长有事故时，副处长代理之。

第五条　本处于必要时，得由处长或副处长召集秘书开处务会议。

第六条　本处设左（下）列各室科：

一、秘书室；

二、总务科；

三、会计科。

第七条 秘书室职掌如左（下）：

一、撰拟机要文电；

二、翻译汉藏文件；

三、处务会议记录及整理议案事项；

四、处长交办事件。

第八条 总务科职掌如左（下）：

一、典守印信；

二、收发文件及保管案卷、图书、公有物；

三、本处职员进退事项；

四、宣传、交际、调查及传递京藏信息报告等事；

五、西藏喇嘛往来蒙古各地传教经过北平时之招待及指导事项。

六、其他不属于各室科事项。

第九条 会计科职掌如左（下）：

一、本处预算决算事项；

二、出纳公款及支配本处经费事项；

三、关于本处庶务事项；

四、关于会计庶务各项簿记表册；

五、稽核并整理一切收支单据。

第十条 本处置主任秘书一人、汉藏文秘书各一人，秉承处长掌理秘书室事务。

第十一条 各科主任由处长指定秘书兼充。

第十二条 本处置办事员四人，秉承长官分任各室科事务。

第十三条 本处因缮写文件、保管案卷，雇用书记三人。

第十四条 本处办事细则另定之。

第十五条 本大纲如有未尽事宜及应行修改之处，由处务会议修正，并函报西藏驻京办事处呈由蒙藏委员会核转备案。

第十六条 本大纲自呈报核准之日施行。

（蒙藏委员会档案）

附4　修正西藏驻康办事处组织大纲

（1935年11月27日呈奉行政院备案）

第一条　西藏驻康办事处由国民政府核准设立之。

第二条　本处秉承达赖大师意旨，受蒙藏委员会之监督指导，办理关于西藏在康应行接洽事宜。

第三条　本处置处长、副处长各一人，由达赖大师选任，呈由蒙藏委员会核转备案。

第四条　处长综理本处全体事务，并指挥监督所属职员，副处长辅助处长执行职务；处长有事故时，副处长代理之。

第五条　本处于必要时，得由处长或副处长召集秘书开处务会议。

第六条　本处设左（下）列各室科：

一、秘书室；

二、总务科；

三、会计科。

第七条　秘书室职掌如左（下）：

一、撰拟机要文电；

二、翻译汉藏文件；

三、处务会议记录及整理议案事项；

四、处长交办事项。

第八条　总务科职掌如左（下）：

一、典守印信；

二、收发文件及保管案卷、图书、公有物；

三、本处职员进退事项；

四、宣传、交际、调查及传递京藏信息报告等事；

五、其他不属于各室科事项。

第九条　会计科职掌如左（下）：

一、本处预算决算事项；

二、出纳公款及支配本处经费事项；

三、关于本处庶务事项；

四、关于会计庶务各项簿记表册；

五、稽核并整理一切收支单据。

第十条　本处置汉藏文秘书各一人，秉承处长掌理秘书事务。

第十一条　各科主任由处长指定秘书兼充。

第十二条　本处置办事员四人，秉承长官分任务室科事务。

第十三条　本处因缮写文件、保管案卷，雇用书记三人。

第十四条　本处办事细则另定之。

第十五条　本大纲如有未尽事宜及应行修改之处，由处务会议修正，并函报西藏驻京办事处呈由蒙藏委员会核转备案。

第十六条　本大纲目呈报核准之日施行。

（蒙藏委员会档案）

班禅驻京、平、康、青办事处

西藏班禅驻京办公处为组织成立备案事致蒙藏委员会呈

（1929年1月18日）

呈为呈报事。

窃班禅因鉴于国防之颠危，藏民之疾苦，特联合革命立场上之同志，以求西藏民族之解决。近以吾藏同志来京呼号者日益加多，非成立驻京办公处，实不足以资团结，共策进行。兹特赁定本京奇望街十三号为西藏班禅驻京办公处，于本月二十日成立。理合具文，呈请钧会俯予转呈国民政府备案，并通行各机关一体知照。谨呈

国民政府蒙藏委员会

西藏班禅驻京办公处处长　罗桑坚赞呈

中华民国二十九年一月十八日

（蒙藏委员会档案）

西藏班禅驻京办公处组织成立并检呈宣言致阎锡山函

（1929年1月24日）

敬陈者：

班禅因鉴于国防之颠危，藏民之疾苦，特联合革命立场上之同志，以求西藏民族之解放。近以吾藏同志来京呼号者日益加多，非成立驻京办公

处，实不足以资团结，共策进行。兹特赁定首都奇望街十三号房屋为西藏班禅驻京办公处，爰于本月二十日组织成立。除呈报国民政府外，理合检同宣言，陈报钧鉴，并乞时锡训言，指导一切，不胜企祷之至。谨呈
总司令阎

检呈宣言一份

西藏班禅驻京办公处谨启

附1 班禅驻京办公处成立宣言

最亲爱之中华民国五族同胞钧鉴：

中华民国，分崩扰乱十七年，内受军阀之蹂躏，外遭列强之压迫，使五族同胞各不相顾，甚至情形隔膜，痛痒莫关，西藏远处西陲，所受影响尤深。今赖全国统一，寰宇重光，青天白日旗帜之下，尚有重行相聚之日，亦为幸矣。原西藏之于中国，自汉唐以还，关系日深，清季更置官兵戍守，征诸历史与地理上之关系，西藏欲舍中国而谋自主，实不可能；反之，中国失去西藏，亦犹车之失辅，故中藏关亲，合则两益，分则俱伤，此一定之道也。

当清末民初之际，汉藏两方少数人为个人之利害关系，不顾大局，互相斗争，结果达赖逃亡于印度，同时产生亲英派结党操政，致予强邻以侵略之机会。辛亥之役，尽逐在藏之中国官兵，从此中藏感情日趋恶化，帝国主义者更从事其经济、文化之侵略，一方面又怂恿西藏独立，嗾使进兵占领西康，侵犯所及，几抵川境，对于人民则苛虐蹂躏，奸淫掳掠，哀声遍野，饿殍载道。此皆由于少数亲英派之作祟！彼辈既磨灭中藏之关系，且不顾西藏本身之利益，盲目妄行，神人共怒；且常以武力压迫僧民，勒索重捐，康藏人民处此淫威之下，敢怒而不敢言。班禅睹此情形，悲痛已极，乃容纳全藏僧民之公议，牺牲一切，代表东下，所抱宗旨，简单言之，不外三点：

（一）西藏始终与中国合作，贯彻五族共和，共同抵制强邻之侵略；

（二）希望中国以民族平等之观念，扶助及领导西藏人民，使之能自决自治；

（三）继续保护维持西藏之宗教，再进而求光大佛学之真精神，以谋世界之和平。

抵内地以后，转瞬六年，只因内乱绵延、中枢无主，班禅满腹苦衷，

无门告述。今幸统一告成，训政伊始，内部既已平靖，宜尽力于国防之巩固。

中华民国既为整个之国家，则孙中山先生所遗留之主义及政纲、政策，须力求实现于整个之国土。且藏、康、青海，地广人稀，芸畴万里，蕴藏丰富，若依中山先生之实业计划，则大有裨于国计民生。假使国人视线及政府眼光只周旋于珠江、长江、黄河三流域之间，对于边疆仍旧漠视，则内地纵由训政而宪政，亦非国家长治久安之计，即中国之国民革命，亦不能谓为成功也。

爰是本处在京筹备成立，本班禅东下宗旨，向政府报告、接洽一切，更希全国同胞群起注意藏事，不胜企祷之至。

谨以至诚作此宣言。

南京奇望街班禅办公处启

（蒙藏委员会档案）

附2　丁兰泽为班禅驻平办事处请拨福佑寺永作办公地址事致蒙藏委员会呈

（1929年2月6日）

呈为转呈事。

据班禅驻平办公处函开：敬启者，窃敝佛班禅久居平邸，蒙国家恩遇优隆，莫名感激。近年并指定北平福佑寺为班禅办公处之用。查该寺年久失修，难以持久。敝佛意旨，如荷国家别赐佳房，无任感激；倘无相当处所，即请贵处转达蒙藏委员会，呈明国民政府将福佑寺永远拨给班禅办公处管理，俾便处置一切，实为德便。此致。等因。据此，应如何办理之处，理会呈请钧会鉴核，批示祇遵。谨呈

国民政府行政院蒙藏委员会

驻北平临时办事处处长　丁兰泽（印）

（蒙藏委员会档案）

附3　蒙藏委员会为准予更名备案事复青海班禅办公处函

（1929年6月15日）

径启者：

接读来呈，以奉班禅电开，现值西宁改省之际，该处原有名称应即更为青海班禅办公处；至于从前组织，一律取消；至关防一事，本拟由邮颁发，但以路途遥远，又恐迁延时日，并仰该处长等照刻长方形蒙汉番文木质关防一颗，即于三月十六日遵刊木质关防一颗，文曰青海班禅办公处，敬谨启用。除将遵办情形分别呈报并咨函令行外，理合具文呈请钧会鉴核备案，实为公便。等情。除准予备案外，相应函达，即希查照为荷。此致
青海班禅办公处

中华民国十八年六月十五日

（蒙藏委员会档案）

班禅驻京办公处为更名并报送办事细则组织条例事致蒙藏委员会呈

（1932 年 6 月 8 日）

西藏班禅驻京办事处呈　　　常字第 407 号

呈为呈报事。

查本办公处现奉班禅大师令改称办事处，并颁发铜质印信一颗，文曰西藏班禅驻京办事处印。业于六月十八日遵照实行，并启用新印。除分别呈报函咨外，理合检同组织条例暨办事细则各一份，备文呈报，仰祈鉴核备案指令祇遵，实为公便。谨呈
蒙藏委员会委员长石

计呈送条例、细则各一份

西藏班禅驻京办事处处长　罗桑坚赞

中华民国二十一年六月十八日

附 1　西藏班禅驻京办事处组织条例

第一条　本处为西藏班禅大师驻京办事机关，定名为西藏班禅驻京办事处。

第二条　本处直属于班禅大师，受蒙藏委员会之监督指导。

第三条　本处设处长、副处长各一人，由班禅大师直接委派，呈报蒙藏委员会备案。

第四条　处长综理全处事务，以副处长襄助之。

第五条 本处设汉、藏文秘书各一人，承处长、副处长之命办理机要事务暨总核各科文稿。

第六条 本处设左（下）列各科：

一、总务科

二、政务科

三、教务科

第七条 总务科分文书、会计、庶务三股，其职掌如左（下）：

一、关于选拟例行文稿及收发、缮写并保管印信事项。

二、关于经费出纳及编制预计算事项。

三、关于公用物品购置、保管及交际事项。

四、关于不属其他各科事项。

第八条 政务科分设计、调查、统计三股，其职掌如左（下）：

一、关于政治兴革建设之建议事项。

二、关于编制各种调查表册及实地调查事项。

三、关于搜集统计材料及绘制统计图表事项。

四、其他有关政务事项。

第九条 教务科分指导、编译、宣传三股，其职掌如左（下）：

一、关于改善宗教及一切指导事项。

二、关于翻译汉藏文及编辑刊物事项。

三、关于宣传党义、教义及撰拟宣传品事项。

四、其他有关宣传事项。

第十条 本处设科长三人、主任九人，股员、书记各若干人，秉承长官命令，分别办理各科股事务。

第十一条 本处遇必要时得聘用顾问咨询。

第十二条 本处办事细则另定之。

第十三条 本条例如有未尽事宜，得随时呈请修正之。

第十四条 本条例自呈奉班禅大师核准公布之日施行。

附 2 班禅驻京办事处组织概况

（1948 年）

一、组织 该处为西藏班禅驻京办事机关，直属班禅大师，受蒙藏委员会之指导监督。内分总务、政务、教务三科。设正副处长各一人，汉藏文秘书各一人，科长三人，主任、股员各九人，书记五人，办理班禅在京有关事项。

二、沿革　班禅于民国十四年自藏前来内地，倾诚中枢，周历蒙疆，宏扬佛法。国府奠都南京后，即派代表来京，表示拥护。旋于十七年冬，呈准设立西藏班禅驻京办事处。

三、现状　现任处长计晋美，因公前赴青海，处务暂由秘书高扬华代理，重要事项商承前班禅行辕秘书长刘家驹办理。

四、经费　三十六年度经常费，共核到四百六十五万元。

五、业务概况　第九世班禅圆寂后，前班禅行辕现已改为班禅堪布会议厅，留驻青海，办理寻访转世灵童及征认事项。该处即秉承堪布会议厅之意旨，与中央各机关接洽有关事项。

六、现任主管人员及重要职员名册　处长计晋美，副处长诺布慈仁，主任秘书赵哲西，秘书高扬华。

七、现行重要单行法规　西藏班禅驻京办事处组织大纲（同前“组织条例”，此处从略）。

八、机关所在地址　南京建康路二九三号。

（蒙藏委员会档案）

五、建立藏传佛教管理制度和办法

藏传佛教寺庙管理

管理喇嘛寺庙条例

（1935年12月9日国民政府公布）

第一条　喇嘛寺庙及喇嘛，向由当地官署管理者，仍由各该官署管理之，并受蒙藏委员会之监督。北平等处喇嘛寺庙，向由中央主管机关管理者，由蒙藏委员会设专管机关管理之，其他各地喇嘛寺庙，如经该会认为有管理之必要时，得另设专办机关。

第二条 喇嘛之转世，以从前曾经转世为限，其向不转世之喇嘛，非经中央政府核许，不认为转世。

第三条 喇嘛寺庙所设各项职任喇嘛，仍照惯例，酌予设置。

第四条 喇嘛之道行高深或有功劳于党国者，得由蒙藏委员会分别呈请奖励之，其有违反教律或法令者，由蒙藏委员会分别呈请惩处之。

第五条 喇嘛寺庙及喇嘛，应向蒙藏委员会声请登记。

第六条 喇嘛之札付及度牒，由蒙藏委员会核给之。

第七条 喇嘛之转世、任用、奖惩、登记办法，由蒙藏委员会拟订，呈请行政院核定之。

第八条 本条例自公布日施行。

（蒙藏委员会档案）

活佛转世和喇嘛管理办法

喇嘛转世办法

（1936年2月10日会令公布 1938年9月24日会令修正公布）

第一条 本办法依据管理喇嘛寺庙条例第二条及第七条规定之。

第二条 达赖喇嘛、班禅额尔德尼、哲布尊丹巴呼图克图，暨各处向来转世之呼图克图、诺们汗、班第达、堪布、绰尔济、呼毕勒罕喇嘛等圆寂后，均准寻认呼毕勒罕，其向不转世之寻常喇嘛圆寂后，均不准寻认呼毕勒罕。

第三条 达赖喇嘛、班禅额尔德尼、哲布尊丹巴呼图克图，既各处向来转世之呼图克图、诺们汗、班第达、堪布、绰尔济、呼毕勒罕喇嘛等圆寂后，应报由该管地方最高行政机关转报蒙藏委员会备案，由其高级徒众寻找具有灵异之同年龄幼童二人，以为各该喇嘛之呼毕勒罕候补人，报由该管地方最高行政机关转报蒙藏委员会查核，分别掣签。

第四条 前条寻认之呼毕勒罕候补人，其在蒙古、新疆、青海、西康境内者，由蒙藏委员会会令行该会驻平办事处处长与北平喇嘛寺庙整理委员会主任委员，会同北平雍和宫札萨克喇嘛缮写名签，入于雍和宫供奉之金本巴瓶内，公同掣定；其在西藏境内者，由蒙藏委员会咨行驻藏办事长官，会同达赖喇嘛缮写名签，入于拉萨大招供奉之金本巴瓶内，公同掣定。

前项掣签时，如达赖喇嘛未经转世，应由驻藏办事长官会同班禅额尔德尼，或护理达赖喇嘛印务人员行之，关于掣签之仪注，依照向来惯例办理之。

第五条　依照前条规定掣定之一人，即为某某喇嘛之呼毕勒罕，由掣签人员报请蒙藏委员会查核转呈备案，并咨行该管长官转饬知。

第六条　前条所称某某喇嘛呼毕勒罕，应依照左（下）列手续将呼毕勒罕字样裁撤，始为次辈某某喇嘛：一、达赖喇嘛、班禅额尔德尼、哲布等丹巴呼图克图之呼毕勒罕掣定后，由该地方最高行政机关呈请中央特派大员前往照料坐床，即于坐床之日，将其呼毕勒罕字样裁撤；二、章嘉呼图克图、噶勒丹锡埒图呼图克图、敏珠尔呼图克图、济咙呼图克图、那木喀呼图克图、阿嘉呼图克图、喇果呼图克图、察罕达尔汉呼图克图，及其他驻京各呼图克图之呼毕勒罕掣定后，均于各该喇嘛到京觐见国民政府主席由蒙藏委员会呈奉核准之日，将其呼毕勒罕字样裁撤；三、驻扎蒙藏等处之呼图克图、诺们汗、班第达、堪布、绰尔济之呼毕勒罕掣定后，非俟各该喇嘛年至十八岁，经该管地方最高行政机关或盟长查明属实，报请蒙藏委员会呈奉核准后，不得将其呼毕勒罕字样裁撤。

第七条　凡呼毕勒罕候补人，禁止在达赖喇嘛、班禅额尔德尼、哲布尊丹巴呼图克图之亲族中及蒙古各盟旗现任长官之家属内寻认。

第八条　指认青海察罕诺们汗之呼毕勒罕之候补人，应就其属下人等众情悦服者指认之，不受前条之限制。

第九条　达赖喇嘛、班禅额尔德尼、哲布尊丹巴呼图克图圆寂时，其印信由该各地方长官咨报蒙藏委员会呈请派员护理，俟由中央特派大员会同该管地方长官照料坐床之日，呈明移授。

第十条　各呼图克图喇嘛等得有封号者圆寂时，其印信交由该呼图克图喇嘛等之商卓特巴，于本庙内敬谨尊藏，如未设有商卓特巴者，交由呼图克图、喇嘛等徒众中之达喇嘛，于本庙内敬谨尊藏，俟其转世裁撤呼毕勒罕之日，由该管地方最高行政机关咨报蒙藏委员会呈明移授。

第十一条　喇嘛转世后，应换给印册者，由蒙藏委员会参照旧例，呈明办理。

第十二条　凡转世喇嘛，其前辈所得中央特给物品，除旧例可以使用者外，其余非经蒙藏委员会呈奉核准后，不准擅用。

第十三条　本办法自呈奉行政院核定后施行。

（蒙藏委员会档案）

征认班禅呼毕勒罕办法

（1942年3月）

三十一年三月三日呈奉行政院三月二十六日顺贰字第五三七七号指令提经第五五五次会议通过及国防最高委员会第60次会议备案。

一、班禅转世灵童由班禅徒属寻访。

二、班禅呼毕勒罕候选人，准由西藏宗教首领就班禅徒属所报灵童中负责认定三名。

三、呼毕勒罕候选人三名决定后，由西藏政府呈报中央派员在拉萨大昭举行掣签，掣定一名为呼毕勒罕。

（蒙藏委员会档案）

喇嘛任用办法

（1936年2月10日会令公布）

第一条　本办法依据管理喇嘛寺庙条例第三条及第七条规定之。

第二条　职任喇嘛之设置与任用，除另有专案规定者外，依本办法行之。

第三条　凡依惯例设置之职任喇嘛缺额，照旧设置，但有左（下）列情形之一者，应由直属监督机关查明裁撤之，其在本办法公布以前业已任用有人者，俟该喇嘛出缺后裁撤之，所属喇嘛，归并他庙管辖：一、原任职机关业经取销，或已改变为他种组织者；二、所管寺庙之殿宇、僧舍、佛像、法器一无存留者；三、所管寺庙已全部出买，或租赁与私人营业者；四、所管寺庙已被侵占收没，或改作他用，原有喇嘛移住他庙者；五、所管寺庙贵重部分皆被焚毁倾圮，仅存少数僧房及喇嘛徒众者；六、所管寺庙经监督机关查明认为应行裁并者。

第四条　凡职任喇嘛之名称及缺额，如为惯例所无者，非经蒙藏委员会核准不得任用。

第五条　职任喇嘛之升补班次及公缺、专缺等限制，照惯例办理，非经蒙藏委员会核准，不得变更。

第六条　凡由西藏调来内地服务之堪布，以应补之达喇嘛缺，尽先补用。

第七条　北平各官庙札萨克喇嘛、多伦诺尔札萨克达喇嘛、五台山菩萨顶札萨克喇嘛，承德布达拉寺堪布达喇嘛、沈阳实胜寺札萨克衔达喇嘛、伊犁掌教堪布、西安广仁寺达喇嘛等职任喇嘛，由北平喇嘛寺庙整理委员会查明应补之人，开具清单，呈请蒙藏委员会遴选派充之，并呈行政院备案，咨各该地方省市政府查明。

第八条　北平、承德、东陵、西陵各官庙达喇嘛、副达喇嘛、苏拉喇嘛等职任喇嘛，由北平喇嘛寺庙整理委员会查明应补之人，呈请蒙藏委员会查核派充之；其德木奇、格斯贵等，由各本寺最高级职任喇嘛查明应补之人，报请北平喇嘛寺庙整理委员会查核派充之，并呈报蒙藏委员会；其德不奇以次各职务，由各本寺就所属格隆、班第中选择派充之，并呈报北平喇嘛寺庙整理委员会备案。

第九条　四川懋功广法寺堪布，任期三年，每届更换之年，由该寺先期报请四川省政府咨行西藏地方长官拣选相当之人，派往更换，并咨蒙藏委员会转呈行政院备案。

第十条　沈阳各寺达喇嘛，由该处札萨克衔达喇嘛查明应补之人，开具姓名资历，报请蒙藏委员会查核派充之。

第十一条　多伦诺尔汇宗寺、善因寺达喇嘛、副达喇嘛，由该处札萨克达喇嘛拣选应补之人，报由北平喇嘛寺庙整理委员会查明，转呈蒙藏委员会派充之。

第十二条　五台山台麓寺达喇嘛、罗睺寺虚衔达喇嘛，由该处札萨克喇嘛查明应补之人，开单报由北平喇嘛寺庙整理委员会拟定正陪，转呈蒙藏委员会查核派充之；其玉花池、寿宁寺、金刚窟、涌泉寺、七佛寺、三泉寺、善财洞、普安寺等八寺虚衔达喇嘛，均由该处札萨克喇嘛遴选补放之，并开列姓名资历，报北平喇嘛寺庙整理委员会备案。

第十三条　沈阳、多伦、五台、长安、伊犁、懋功各官庙达喇嘛以次各职任喇嘛之任用，由各该地方最高职任喇嘛，比照北平、承德各寺之例，分别补放之。

第十四条　驻平呼图克图所设商卓特巴、札萨克喇嘛等职任喇嘛，由各该呼图克图拣选补放之，并报由北平喇嘛寺庙整理委员会转呈蒙藏委员会备案，如该商卓特巴、札萨克达喇嘛等出缺，在呼图克图圆寂时，由北平喇嘛寺庙整理委员会拣选应补之人，呈请蒙藏委员会补放之。

第十五条 归化城札萨克达喇嘛、副札萨克达喇嘛等职任喇嘛，由绥远省政府拣选应补人员，拟定正陪，咨请蒙藏委员会查核派充之，并呈行政院备案。

其札萨克喇嘛，由各本寺呼图克图、呼毕勒罕查明应补之人，报请该处札萨克达喇嘛考核升补之，并报蒙藏委员会、绥远省政府备案；其达喇嘛以次职任喇嘛，由各本寺呼图克图、呼毕勒罕等查明应补之人，报请札萨克达喇嘛派充之。

第十六条 蒙古地方喇嘛寺庙之领袖喇嘛，如徒众过八百名，寺址距旗署五百里以外者，经由该旗呈请盟长转报蒙藏委员会咨行关系省政府或该管最高行政长官查核相符，呈请行政院核准后，得由蒙藏委员会派为札萨克达喇嘛，颁给印信，并呈行政院备案。

第十七条 蒙古地方各喇嘛寺庙领袖喇嘛，如系呼图克图，其徒众过五百名，而庙宇距旗署在五百里以内者，圆寂后由该管盟长于其徒众内择一人赏给札萨克职衔，其庙宇在五百里以外者，并给予印信；如系诺们汗，其徒众过五百名者，圆寂后由该管旗公署于其徒众内择一人赏给达喇嘛职衔，代行管理所属寺庙事务，俟该呼图克图、诺们汗转世后，上项赏给职衔，即予撤销。

第十八条 青海、甘肃地方喇嘛寺庙都纲、僧纲、僧正等职任喇嘛，由该管省县政府拣选年富力强、才具明敏、众心悦服者派充之，并咨报蒙藏委员会备案。

第十九条 喇嘛游牧部落职任喇嘛，及外蒙、西藏等处喇嘛寺庙职任喇嘛之任用另定之。

第二十条 本办法自呈奉行政院核定后施行。

（蒙藏委员会档案）

喇嘛奖惩办法

（1936年2月10日会令公布）

第一条 本办法依据管理喇嘛寺庙条例第四条及第七条规定之。

第二条 喇嘛奖惩分左（下）列各种：

一、晋给名号（如呼图克图、诺们汗等名号）

二、给予封号（如禅师、法师等封号）

三、加给字样（如辅国、阐化等字样）

四、职任喇嘛得以应升之阶级尽先叙用（职任喇嘛，如札萨克喇嘛、达喇嘛之类）

五、酌给奖金或奖品；

六、加衔；

七、记大功；

八、记功；

九、传令嘉奖或题给匾额。

第三条　喇嘛名号分左（下）列各种：

一、呼图克图；

二、诺们汗；

三、班第达；

四、堪布；

五、绰尔济。

喇嘛晋给名号，应依前项级次叙晋，不得超越其原有名号，除堪布外，应以受自中央政府者为准，其受自前清政府者亦同。

喇嘛受至最高级名号无可晋给者，得以前条第二款至第四款之规定，酌量办理。

第四条　喇嘛加给字样之办法如左（下）：

一、呼图克图得于其名号上加给四字或二字（字样）并得叠加之。

二、诺们汗以下名号喇嘛，得酌给相当字样，但不得重叠。

第五条　名号喇嘛及达喇嘛以上职任喇嘛有左（下）列事迹之一者，得视其身份，依第二条前二款分别奖励之：

一、著有大勋劳于国家者；

二、著有功绩在一地方者；

三、道行高深，为多数徒众及地方所崇信确有可徵者；

四、经典精通，坐床教经三年以上卓著成绩，或开会说法确得多数人之皈依者。

五、领有多数庙宇、庙产及徒众逾五百名，而管理有方者。

曾得前项奖励，非经过三年后，不得再奖，但奉中央政府特奖者，不在此限。

第六条　喇嘛有左（下）列事迹之一者，得视其身份，依第二条第四款至第七款分别奖励之：

一、曾受前条奖励三年内复著有前条一二两款之功绩者；

二、遵照展觐办法，初次晋觐及连续来京三次以上者；

三、辅助地方公益事项出力者；

四、对于应行参加之道场，三年内未经请假及贻误一次者。

第七条　喇嘛有左（下）列事迹之一者，依第二条第七款至第九款分别奖励之：

一、钤束所属徒众教管有方者；

二、阐扬教化为黄黑徒众所信仰者；

三、办理教务或整顿庙务或管庙产有异常成绩者。

前项各款奖励，非经过三年后，不得以同一事实请奖。

第八条　凡受第二条第一款之奖励者，不因转世而生变动，但受同条第二款、第三款之奖励者，以本身为限，转世后非呈奉核准，不得享用。

第九条　办理喇嘛奖励程序，应由主管宗教机关或地方行政机关，胪列该喇嘛事迹，并开明庙址及详细履历或源流，呈报地方最高行政机关转咨蒙藏委员会核请明令奖励，但关于第二条第八款及第九款之奖励，由蒙藏委员会核定行之。

第十条　喇嘛惩处分列各种：

一、剥黄还俗；

二、褫除名号；

三、取消封号；

四、取消字样；

五、免职或降调；

六、罚钱粮；

六、取消加衔；

七、记大过；

八、记过；

九、传令申斥。

第十一条　喇嘛应受罚钱粮处分时，其无钱粮者，得折罚牲畜。

第十二条　喇嘛有左（下）列行为之一者，除涉及刑事范围送法院审理外，得各依其身份照第十条前四款之规定分别惩处：

一、违背教律或戒律情节重大者；

二、违反关于宗教行政法令情节较重者；

三、受刑法制裁者；

四、因案逮审者；

五、对妇女有猥亵行为者；

六、领得钱粮而不如数发放者；

七、未遵喇嘛登记办法私自出家者；

八、班第私逃至三次者。

前项第四款之处分，如审判无罪时，应开复之。

前项第六款之处分，并追缴其侵占之钱粮。

第十三条　喇嘛受第十条第一款、第二款及第五款之处分者，如曾得第二条第一款至第三款之奖励，得撤销之。

第十四条　职任以下喇嘛有左（下）列情事之一者免职：

一、利用职任地位营私舞弊者；

二、怠于职务因而遗误者；

三、有废疾或笃疾不能执行职务者；

四、管庙喇嘛及得木奇失察、寺僧偷窃法物、经他人告发或经察觉者；

五、得木奇容隐外庙喇嘛侵占庙内钱粮名额者；

六、请假期满，除去往返程限，过三个月不销假者；

八、因病请假调治至六个月仍不能痊愈者。

前项第四款之情事，如该管喇嘛等知情者，与犯僧同罪。

前项第七款处分之原因消灭时，得复其职。

第十五条　喇嘛犯有第十二条第一款之规定，该管札萨克喇嘛或达喇嘛故意容隐者，降二级调用，其得木奇隐匿者，降一级调用。

前项降调，非经过三缺，不得叙补。

第十六条　喇嘛有左（下）列行为之一者，罚钱粮一年：

一、名号喇嘛容隐所管寺僧盗窃法物者；

二、私收班第者；

三、失察属下喇嘛对于妇女有猥亵行为者；

四、容留未经合法登记之喇嘛者；

五、僭用上级制服或擅服金黄、明黄、大红以外之服色者；

六、因公赴藏私带该处班第前来者；

七、未报明本管喇嘛，私行为人念经并在外住宿者；

八、请假期满，除去往返程限，逾两个月始销假者。

前项第六款之处分，并责令其遇便将该班第送回原籍。

第十七条　喇嘛有左（下）列行为之一者，罚钱粮六个月：

一、名号喇嘛失察所管寺僧盗窃法物，经他人告发或经察觉者；

二、得木奇于寺僧盗窃法物，事后查出，而事前疏于防范者；

三、失察属下喇嘛在外住宿者；

四、遗误重要道场者；

五、容留远方喇嘛者；

六、班第继续私逃三次以上，该庙得木奇容隐不报者；

七、未报明本管喇嘛，私行为人念经治病者；

八、请假期满，除去往返程限，逾一个月始销假者。

第十八条　应受第十四条第六款、第十六条第八款及第十七条第八款之处分者，如能提出确因故而延期之证明时，得酌予减免。

第十九条　喇嘛有左（下）列行为之一者，罚钱粮一个月至三个月，或取消加衔：

一、对于寻常道场贻误一次者；

二、管庙喇嘛于寺僧盗窃法物，事后查出，而事前疏于防范者；

三、失察属下喇嘛容留他庙革除之班第者；

四、失察属下喇嘛私行为人念经治病者；

五、得木奇对于应裁汰回缴之钱粮，故不裁缴者；

六、班第私逃继续二次，该得木奇不报者；

七、班第私逃一次，该得木奇不报者；

八、管庙喇嘛及得木奇等，对于徒众不遵照喇嘛登记办法呈请登记者。

前项第一款至第四款之处分，罚钱粮三个月。

前项第五款、第六款之处分，罚钱粮两个月，其第五款应回缴之钱粮，并追缴之。

前项第七款及第八款之处分，罚本身钱粮一个月。

第二十条　喇嘛有左（下）列行为之一者，依其情节之轻重，分别申斥、记过或记大过：

一、其过失不至议罚钱粮之程度者；

二、教务上或职务上有轻微过失者。

第二十一条　喇嘛因公记过一次及罚钱粮食半年以下者，遇有应升之处，得随带处分升迁，其罚钱粮一年或记过至二次者，非俟期满或开复后，不得升迁。

第二十二条　喇嘛功过，得互相抵销。

第二十三条　办理喇嘛惩处程序，应由主管宗教机关或地方行政机关检举该喇嘛过犯事实，呈请地方最高行政机关转咨蒙藏委员会，或由蒙藏委员会进行查明核请处分之，但关于第十条第八款至第十款之处分，由蒙藏委员会核定后行之。

第二十四条　本办法于达赖喇嘛、班禅额尔德尼、哲布尊丹巴呼图克图不适用之。

第二十五条　本办法自呈奉行政院核定后施行。

（蒙藏委员会档案）

喇嘛登记办法

民国二十五年（1936）二月十日公布
民国二十五年（1936）三月二日会令修正公布

第一条　本办法依据管理喇嘛寺庙条例第五条及第七条规定之。

第二条　应登记之职衔喇嘛如左（下）：

一、转世呼图克图；

二、转世诺们汗；

三、呼图克图；

四、诺们汗；

五、班第达；

六、堪布；

七、绰尔济；

八、呼弼勒罕

第三条　应登记之职任喇嘛如左（下）：

一、札萨克达喇嘛；
二、札萨克副达喇嘛；
三、札萨克喇嘛；
四、达喇嘛；
五、虚衔达喇嘛；
六、副达喇嘛；
七、苏拉喇嘛；
八、商卓特巴；
九、都纲；
十、僧纲；
十一、僧正；
十二、得木奇；
十三、格斯贵；
十四、其他职任喇嘛。

第四条　应登记之普通喇嘛如左（下）

一、格隆；
二、班第；
三、学艺班第；
四、台吉愿充喇嘛者；
五、官私各庙职衔或职任喇嘛之随带徒弟；
六、齐巴察罕；
七、其他普通喇嘛。

第五条　本办法第二条各款职衔喇嘛声请登记时，须填具职衔喇嘛声请登记表，开列全衔、姓名、年龄、籍贯及庙名、庙址，连同封册暨本身最近二寸半身光头像片一张，呈由本庙所属该管官署转送蒙藏委员会核办。

第六条　本办法第三条第一款至第十一款各喇嘛声请登记时，须填具职任喇嘛声请表，开列职别、姓名、年龄、籍贯、现在住庙名、地址及曾任经历，与受戒、受职年月，连同原领札付或度牒，暨本人最近二寸半身光头像片一张，呈由本庙所属该管官署转送蒙藏委员会核办。

第七条　本办法第三条第十二款至十四款，及第四条各款喇嘛声请登记时，须由各寺庙领袖喇嘛造具某地某寺庙得木奇以次各喇嘛声请登记名册，依次开列所属喇嘛职别、姓名、年龄、籍贯以及过去经历等项，连同原领度牒，呈由本庙所属该管官署转送蒙藏委员会核办。

第八条　职衔喇嘛经核准登记后，由蒙藏委员会填给登记证，并于其封册上注明登记年月，钤盖会印，发还收执。

第九条　职任喇嘛或普通喇嘛经核准登记后，由蒙藏委员会填给登记证，并于其札付或度牒上，注明登记年月，钤盖会印，发还收执。

第十条　登记证分甲乙丙三种，填发标准如左（下），其格式另定之：

一、甲种登记证　本办法第二条各款喇嘛用之；

二、乙种登记证　本办法第三条第一款至十一款各喇嘛用之；

三、丙种登记证　本办法第三条第十二款至十四款及第四条各款之喇嘛用之。

第十一条　职衔喇嘛登记后，如有变更时，除不转世者、因圆寂、逃亡或还俗应由其商卓特巴或达喇嘛或本庙报请撤销登记外，均应依照本办法第五条之规定，并检同前领登记证声请为变更登记。

第十二条　职任喇嘛或普通喇嘛登记后，如有变更，除圆寂、逃亡还俗应由其寺庙报请撤销登记外，均应依照本办法第六条、第七条之规定，并检同原领登记证分别声请为变更之登记。

第十三条　凡声请为变更之登记者，经核准后，分别换给登记，并于其换发之新札付或度牒上，注明变更登记年月，钤盖会印，发还收执。

其因转世而变更之职衔喇嘛，毋庸换给登记证，即于其原领之登记证及封册上，注明转世掣瓶年月，钤盖会印，发还收执。

第十四条　凡领有登记证之喇嘛，如有左（下）列情事之一者，得由蒙藏委员会撤销其登记证：

一、违反喇嘛戒律者；

二、法院判处徒刑者。

第十五条　职衔喇嘛未经合法登记者，不得享受职衔喇嘛权利，非职衔喇嘛未经合法登记者，经查出时，勒令还俗。

第十六条　各庙喇嘛徒众除登记有名者外，不得增设。

第十七条　各庙对于外来游方或游食喇嘛，须查明曾否经过合法之登记，凡不能缴验登记证者，不准容留。

第十八条　违反本办法第十六条之规定者，处其领袖喇嘛以六个月之停职处分，并予该管官署以失察处分，在领袖喇嘛停职期间，该管官署应另派资格相当之喇嘛，代行该庙领袖喇嘛职务。

第十九条　违反本办法第十七条之规定者，其领袖喇嘛及执事喇嘛，均记大过一次，并由该管官署将游方或游食之喇嘛驱逐出境。

第二十条　冒用他人登记证者，或诈称职衔、职任喇嘛资格者，经查出或被人告发后，撤销其登记证，勒令还俗，并按其情节，依法治罪。

第二十一条　达赖喇嘛、班禅额尔德尼、哲布尊丹巴呼图克图，不适用本办法之规定，由蒙藏委员会于其转世时专案办理。

第二十二条　喇嘛登记，应制备左（下）列各薄，其格式另定之：

一、喇嘛登记总簿；

二、职衔喇嘛登记簿；

三、职任喇嘛登记簿；

四、普通喇嘛登记簿。

第二十三条　本办法第五、六、七各条应用之声请登记表及名册之格式另定之。

第二十四条　本办法如有未尽事宜，得随时修正之。

第二十五条　本办法自呈奉行政院核定后施行。

附　喇嘛声请登记填写表须知及实例

一、喇嘛声请登记，应照后开实例之格式，分别填具声请登记表，或声请登记名册。

二、喇嘛登记办法第二条所载，呼图克图、诺们汗、班第达、绰尔济、呼毕勒罕及曾经正式封赠手续认为各该喇嘛本身永久职衔之堪布等，声请登记时，均适用职衔喇嘛声请登记表。

三、喇嘛登记办法第三条所载第一至十一各款之职任喇嘛，及前款以外不能认为本身永久职衔之堪布等，声请登记时，均适用职任喇嘛声请登记表。

四、各寺得木奇、格斯贵、乌木匝特、尼尔巴等执事喇嘛及考取噶布楚、兰占巴等名号喇嘛，及格隆、班第等普通喇嘛，声请登记时，均适用声请登记名册。

五、各喇嘛职衔、职任及其他职务名称，凡未经喇嘛登记办法第二、三、四各条明文列载者，应于备考栏内详细注明所任事务之项目，及在本寺之地位相当于何种喇嘛。

六、填列寺庙名称，应以颁赐之正名为主，其原有之蒙藏文名称及各种俗名，均分别列填于备考栏内，如未奉颁给正名，即填列最近惯用之庙名，并于备考栏内注明其他名称。

七、填列寺庙所在地地名及喇嘛之籍贯，如在蒙古者，填某盟某旗，如不设盟之地方，即填写某某旗；如在西藏者，填前藏、后藏某某地方；如在内地者，填某省某县，或某某市。

八、凡本身曾奉颁发各项荣典，及所受奖惩等事项，均于“本身或过去”经历一栏内，分别详细注明。

九、呈缴证明文件，应于证明文件栏内，载明件数。

十、职衔喇嘛声请登记表所载职衔一栏，应详细开列现辈所有之名号、职衔及职任；其姓名、年龄、籍贯各栏，均照现辈之实在情形填列；历辈源流一栏，须自第一辈起，依次叙述其姓名与出生年月及地方，至最近之上一辈，并须注明圆寂年月及地方，但不转世者，此栏可以不填；现在驻锡地方一栏，如该喇嘛定期分驻于两个以上之寺庙者，应分别列注；所管寺庙一栏，系概由该喇嘛本身直接管理之寺庙而言，其以札萨克、达喇嘛等资格而管辖之寺庙，不得填入。

十一、职任喇嘛声请登记表所载任职处所一栏，应填列某某地方某某寺庙，不得仅列寺庙名称，而漏列该寺庙所在地之地名；职任名称一栏，除填现在所任之职务名称以外，如另有兼职者，亦于此栏注明“兼任某某庙某项职务”。

十二、喇嘛声请登记名册，应以每一寺庙为一册，如该寺为某某寺庙之下院或属于某某管辖者，应将名称改为“某某地方某某寺庙所属某地某寺得木奇以次各喇嘛声请登记名册”。其名册次序，应照各该喇嘛在本寺庙地位之高下，依次排列，如用纸一页，不敷填列，应续增为若干页，至敷用为止，装订成册，并将备考一栏，移至最后一页之末尾。

十三、凡不能入于各栏，而又必须填注之事项，均于备考栏内载明之。

十四、填表时之年月日，应照实填列，不得遗漏，并须于年月之上，加盖印章。

喇嘛声请登记实例一

职衔喇嘛声请登记表

职　衔	某某职衔
姓　名	某姓名
年　龄	现年几岁
籍　贯	某省某县或某盟某旗或某某地方
历辈源流	第一辈某姓名，于某年某月转生于某地方；第二辈某姓名，于某年某月转生于某地；第三辈……第几辈某姓名，于某年某月转生于某地方，某年在某地圆寂。
本身经历	现辈为第几辈，于某年某月在某地转生，某年某月呈奉掣定，某年月入庙坐床，某年月裁撤呼毕勒罕字样，某年月曾到京展觐，或曾任某职办理某事
现在驻锡地	某地某某寺。
所管寺庙	某地某某寺，某地某某寺
证明文件	某年月颁发封册一件或敕书件
备　考	本表应照填二份，除由转报机关抽存一份外，其余一份送蒙藏委员会审核

中华民国　　年　　月　　日填

喇嘛声请登记实例二

职任喇嘛声请登记表

任职处所	某地某寺
任职名称	某职任
姓　　名	某姓名
年　　龄	现年几岁
籍　　贯	某省某县或某盟某旗或某某地方
过去经历	某年月出家，某年月受班第戒，任某职务若干年，某年月受格隆戒，任某职务若干年，某年升任某职务，某年调任某职务，某年月升任现职
证明文件	某年月领札付一件
备　　考	本表应照填二份，除由转报机关抽存一份外，其余一份送蒙藏委员会审核

中华民国　　年　　月　　日填

喇嘛声请登记实例三

（某某地方）（某某寺庙）得木奇以次各喇嘛声请登记表名册

职名别	姓名	年龄	籍贯	过去经历	附记
某职务	某姓名	几岁	某省某县	某年月出家，某年月受班第戒，曾任某职若干年，某年月升任今职	
某职务	某姓名	几岁	其盟某旗	同	
某职务	某姓名	几岁	某地某地	某年月出家。某年月受某某戒，某年月任今职	
格　隆	某姓名	几岁	某地某地	某年月出家。某年月受格隆戒，曾任其职若干年	
班　第	某姓名	几岁	某地某地	某年月出家，某年月受班第戒，某年月考取某某名号	
备　考	如项名册，应照填二份，除由转报机关抽存一份外，其余一份送蒙藏委员会审核				

中华民国　　年　　月　　日填

甲乙丙三种喇嘛登记证书格式（藏文略）

民国二十五年（1936）四月十日蒙藏委员会制定

一、甲种登记证书：

蒙藏委员会喇嘛登记甲种证书

字第　　号

职衔		相　片
姓名		
籍贯		
年龄		
现住寺庙		
地址		

右（上）声请登记之职衔喇嘛经本会审查其所开事实及证件，认为合于喇嘛登记办法第二条之规定，除准予登记外合行给发甲种证书，以资证明。

印花　　　　委员长

中华民国　　年　　月　　日

二、乙种登记证书：

蒙藏委员会喇嘛登记乙种证书 字第　　号

职任		相　片
姓名		
籍贯		
年龄		
现住寺庙		
地址		
受戒年月		

右（上）声请登记之喇嘛经本会审查其所开事实及证件，认为合于喇嘛登记办法第三条之规定，准予登记外合行发给乙种证书，以资证明。

印花　　　　委员长

中华民国　　年　　月　　日

三、丙种登记证书：

蒙藏委员会喇嘛登记丙种证书 字第　　号

职任		相　片
姓名		
籍贯		
年龄		
现住寺庙		
地址		
受戒年月		

右（上）声请登记之喇嘛经本会审查其所开事实及证件，认为合于喇嘛登记办法第三条之规定，准予登记外合行发给丙种证书，以资证明。

印花　　委员长

中华民国　　年　　月　　日

六、优礼达赖、班禅，主持其转世事宜

优礼十三世达赖，主持其转世事宜

民国肇建，中央政府即派员赴藏，劝慰十三世达赖拥护民国，阐明民国政府对西藏政策，恢复达赖封号，增给俸饷，特加优待

临时大总统袁世凯劝谕蒙藏令

（1912年3月25日）

令曰：达赖喇嘛、班禅额尔德尼、哲布尊丹巴呼图克图，分驻蒙藏，

为黄教宗主。历辈相传，咸深信仰。凡我蒙藏人民，率循旧俗，作西北屏藩，安心内向。近年边疆大吏，措施未善，每多压制，甚至有一任官吏敲诈剥削，以致恶感丛生，人心涣散。言念及此，不禁慨然。现在政体改革，连共和五大民族，均归平等。本大总统坚心毅力，誓将一切旧日专制弊政恶行禁革。蒙藏地方，尤应体察舆情，保守治安。兹据驻京札萨克喇嘛等，公恳组织蒙藏统一政治改良会。核其宗旨，系为宣布五族平等，伸我蒙藏人权起见，应准其先行立会。自兹以往，内外札萨克蒙古各盟旗，暨两藏地方，原来疾苦之事，应俟查明次第革除。并望各王公呼图克图喇嘛等，于中央大政，及各该地方应兴应革事宜，各抒所见，随时报告，用图采择，务使蒙藏人民，一切公权私权，均与内地平等。以期大同而享幸福。是所至望。

（《东方杂志》第八卷第十一号）

联豫、钟颖力主和平并望迅速返藏事致十三世达赖喇嘛咨

(1912年7月26日)

驻藏办事大臣联、驻藏陆军统领钟为译咨事。

窃照汉番肇衅，历经半年之久，苍生涂炭，骸骨纵横，诵经崇佛之区，化作战斗死伤之地，虽曰人事，岂非天意，每一念及，咏叹实深。而贵达赖心尚慈悲，亦极力主持和议，言归于好，足见深明大义，具识大体。本大臣、统领亦力主和平，顾全大局，与贵达赖垂念生民之意如出一辙，彼此相同。所拟三条，当即照办，用挽残局而苏生灵，汉番之间遂辑和如初。其间虽不免有好事之徒小有作祟，而本大臣、统领业已出示严行禁止，一经觉察，定加惩办。想贵达赖亦已饬令番官等从严禁止，免生事故。目下藏中自和议成后，僧俗兵民莫不流涕感慰，同戴贵达赖好生之德。而本大臣、统领犹有悄然以忧，不释于心，不能不为贵达赖剀切告语者。缘自停战之后，内地消息渐次灵通，京、川两处文电频来，除最要文电未便抄阅外，其余文电，另单抄粘寄阅，必能释悉底蕴。惟本大臣、统领始终主持和平，现在川、滇、甘肃三路进兵，锐不可当。虽确定宗旨未能径度，倘贵达赖亦愿和平了处，本大臣、统领必能力任调停，设法转圜。应祈转饬番官遵照，一面迅速具复，以便电劝京、川。盖我大总统袁亦非欲穷兵黩武，只以贵达赖心怀疑惧，始而力劝法驾到京谒见，当面开

诚劝导。内地政治改革日臻完善，原为富强起见，贵达赖游外多年，深明新学，洞竞争之现象，知优胜劣败之公理，必能力赞共和，不稍反背。而贵达赖徜徉泊地，迟不到京，故万不得已出此，非不念番族生灵也。刻袁大总统又特电令本大臣、统领，力劝贵达赖屏除疑惑，和睦如前。嗣后诸事自能和平了处。本大臣、统领驻藏多年，僧俗官民盛情素笃，岂忍使锦绣山河久作干戈之地，故极力望贵达赖迅速回藏。本大臣、统领既能担任调停，遇事自可当面筹商。一面电劝政府罢兵修好，相应备文咨劝。

为此合咨贵达赖查照，即请迅速定期回藏，以便派员前来迎迓，并希见复。须至咨者

右（上）咨达赖喇嘛

计抄阅文电一纸

壬子年七月二十六日

（蒙藏院档案）

赴藏宣慰员杨芬为奉委赴藏宣慰事致达赖喇嘛电

（1912年8月20日）

诚顺赞化西天大善自在佛达赖佛爷鉴：

民国初建，兵民鲜悉其和美意，藉端营私焚掠，是事各省有闻。而边疆远地尤烈。今内地渐平，民国底定，西望藏番，虽示逆抗，然番民受害较深，佛爷受累实重，殊与五族平等公例不符，政府人员颇为怜悯，是以政府委派芬等特来慰问佛爷，一切惨状并请应如何妥办善后及抚恤事宜，当即电京呈报办理。昨已抵噶伦堡，候复前往。

（蒙藏院档案）

蒙藏局为恢复达赖喇嘛名号赏加封号廪金并派员赴藏宣慰事致袁世凯呈

（1912年9月12日）

呈　　　　元字第29号

为呈请事。

窃查西藏达赖喇嘛，承宗喀巴衣钵，为黄教首领，蒙藏人民素所崇拜。前清宣统元年，因川兵入藏，疑惧出亡，率其亲信噶布伦等逃往印度所属之大吉岭。尔时政府不知挽回，将达赖喇嘛封号褫革，随从藏官亦均

革职。去秋各省光复，疲于兵事，亦无暇顾及边疆，致使彼此误会，汉藏渐生恶感。查达赖主持黄教，传演数百年，为蒙藏之教宗，系边民之信仰。若非特加优待，必不足以服其心志，而消其反抗。且褫革达赖系前清已往之事，与民国本无嫌怨。拟请将达赖名号及原有封号悉予开复，并由民国另加封号，仍于上年所加每岁廪金外，再酌加廪金，以示优异；其随从各员，亦一律开复原官，借以解散党羽，消除阻梗，并示大总统绥靖边陲、维持宗教之盛衰。如蒙允准，并请派员赍封，赴藏宣慰，以期解释前嫌，联络情意。惟赴藏之选，贵在得人，查有本局佥事马吉符，在藏多年，情形熟悉，才具精敏，与藏人感情素洽，拟请任命该员为赴藏专使，籍〔藉〕收驾轻就熟之效。

再，班禅额尔德尼向与□□〔达赖〕并重，亦应一律优待，以免向隅。拟请加给封号，并照达赖例加给每岁廪金，即就便由该员一并办理。

是否可行，理合呈请大总统鉴核，批示祇遵。谨呈

大总统

（蒙藏院档案）

大总统恢复达赖喇嘛封号令

（1912 年 10 月 28 日）

据前达赖喇嘛阿旺罗布藏吐布丹甲错济寨旺曲却勒朗结致蒙藏事务局总裁贡桑诺尔布函称：前因教务由京回藏，振兴藏务，竭力整顿。嗣以革去名号，暂居大吉岭。去冬川省事起，藏中至今未靖，意欲维持佛教，请转呈妥商等语。现在共和成立，五族一家，前达赖喇嘛诚心内向，从前误解自应捐释，应即复封为诚顺赞化西天大善自在佛，以期维持黄教，赞翊民国，同我太平，此令。

（蒙藏院档案）

蒙藏局奉发袁世凯恢复达赖喇嘛封号令给钟颖与达赖喇嘛咨行及照会

（1912 年 10 月 31 日）

蒙藏局　　　　元字第 103 号

为咨行/照会事

中华民国元年十月二十八日奉大总统令：据前达赖喇嘛阿旺罗布藏吐布丹甲错济寨旺曲却勒朗结致蒙藏事务局总裁贡桑诺尔布函称：前因教务，由京回藏，振兴藏务，竭力整顿。嗣以革去名号，暂居大吉岭。去冬川省事起，藏中至今未靖，意欲维持佛教，请转呈妥商。等语。现在共和成立，五族一家，前达赖喇嘛诚心内向，从前误解自应捐释，应即复封为诚顺赞化西天大善自在佛，以期维持黄教，赞翊民国，同我太平。此令。等因。奉此，现在西藏不靖，文报多艰，除由本局照会达赖喇嘛外，相应咨行，相〔应〕用汉藏合璧，备文照会贵长官查/达赖喇嘛遵照可也。此咨/照会西藏办事长官/达赖喇嘛

（蒙藏院档案）

杨芬为从速解决藏局以保和平事复达赖喇嘛电

（1912年11月29日）

来文谨悉。所有藏局开衅情形，芬已调查清晰，据实呈报大总统，请派全权大员前来查办，判明是非，陆军官兵应惩罚者重罚，番族生民应赈恤者厚赏抚恤，之后再将钟颖留藏官兵概行撤川，另派驯良，按照从前旧制安设，以资保护。反此，则西征军已过察台，藏地又何能保其安静，与中华同享平等自由幸福乎？如愚所料，佛爷本慈善为怀，必不忍坐视生灵重遭涂炭，究竟如何方允结息，以免藏地久为战场，想必有妙策见示。芬此次来藏，专意解和，万无恶念，以达劝慰之目的，而保华藏之和平。望祈善体鄙意，从速决志，以便早为结果，则五族早享一日幸福，彼列强难逞鬼蜮之谋矣，请速复电言。

（杨芬署名原缺。蒙藏院档案）

袁世凯为派员赴藏平息藏乱事致十三世达赖喇嘛电

（1912年）

诚顺赞化西天大善自在佛达赖喇嘛鉴：

贵喇嘛情怀五族共和，睦邻统一，甚慰。政府与贵喇嘛相距遥远，然有关汉藏事宜，自书信电讯通往以来，所念相同，乃汉藏之福也。前已电

饬贵喇嘛，务请下令所属休战，以期宏扬佛法。其善后事宜待派员赴藏面商解决。望贵喇嘛下令所属互相维持汉藏双方安宁，则贵喇嘛功德无量。赴藏官员取道何方为宜，望告。

大总统。印

（西藏档案馆藏　原件藏文）

陆兴祺为达赖喇嘛假事议和驱逐川军务乞设法拯救事致袁世凯电

（1912年[①] 11月30日）

大总统　国务院钧鉴：

符□。沁电敬悉，敬谨奉命。窃自达赖私逃来印，阿附英人，谋复权势，此次川军变乱，彼请英干涉藏事。英暗示以中国暂不敢进兵，促其即行回藏，收复主权。后印报盛传川军出发，达赖畏惧，复欲归顺我国，又恐英怒，不得已冒险进藏，假与钟、联议和，驱川军，缴枪炮，皆为外人策画，政府对于藏事认真注意，驻藏官兵必择其精明强壮者，以冀办事得手，否则藏事必难久安，影响牵动全局，他日驻防兵费千倍于前，川滇亦无安枕之日矣。兴祺忧心藏事，迭向藏人痛论世界竞争大势，并证明川军进藏实由英人进据拉萨之后，我国负完全保护西藏之责任。不幸达赖党羽反对中国，将藏中人民财产□□。闻英使阻我进兵，达赖党羽气焰益盛，威迫藏民，协〔胁〕从仇汉，凡事必先请命于英后办。班禅党与达赖党本有夙恨，此次势迫附逆，一切举动亦必请命于英，以求自保，则英人谋藏之志已运行于保护之中矣。今我国办理藏务，必先联络其两人，宜用灵敏手段笼络其左右，乘英藏两面信行尚浅，善为收束，尚有可望。愿我于危亡之地□论痛切，冀其激发义愤，回藏演说，以息战争。惟虑个人资格难收实效，今闻竟有藏人出而助钟者，但钟孤军无援，难堪久困，务乞设法拯救。兴祺于藏事有可为力之处，必竭尽愚诚，禀候祇遵。临电惶悚。

陆兴祺呈。陷

（蒙藏院档案）

① 时间为编者考订。

杨芬为达赖喇嘛悔约驱汉不认钟颖为驻藏长官事致国务院电

（1912年12月15日）

国务院钧鉴：

自陆军退伍，达赖悔约，不认钟为长官，率色拉、干垫（噶丹）两寺僧众挹攻钟暨第穆佛〔寺〕、蜊〔哲〕蚌寺，意图扫尽汉人，责〔造〕成独立基础，外人似此主谋，俾乘机藉口进兵干涉，藏势危至极矣。月前政府来电致联、钟转达赖复其封号，并慰言解释，实为目前划〔唯〕一良策。但达赖识鲜，只认联、钟为仇雠，波及政府，电文出自不测，故未复电。而且驱逐汉人日甚一日，汉人有迫入番籍者，值此久延，汉人绝迹。英人措〔借〕词进兵，东藏救兵尚远，且有阻力，情何以堪。请速英文电达赖于江孜，并专员前来办理，殊〔始〕克有济。

杨芬 叩

（蒙藏院档案）

杨芬为劝慰达赖喇嘛等速息战争听候政府安抚致达赖喇嘛等函

（1912年12月1日）

达赖佛爷、萧噶布伦、厦噶布伦钧鉴：

芬奉委调查藏事，行抵印境，闻汉番开仗，道路梗塞，阻止前进，不得面述来藏情形，殊深抱歉。

启者：藏乱情形，芬已调查清晰。番民受害，深属堪怜等情，前已报告政府，急宜拯救万民。拟就专人回京详陈大总统，请派全权大员来藏抚恤，就早办理善后，使百姓复业，免致久荒农亩，地方饥馑。今总统暨政府大员已悉藏乱实情，议决办法，深咎前清派藏官吏，重责陆军，恢复佛爷封号，抚恤受害番黎，不久即将施行。当俟民国对藏政策，究竟优胜前代与否，自有知日。请勿与现在留藏官军为难以趋其小，而误重大冤忿无从伸泄为要。

（杨芬署名原缺。蒙藏院档案）

杨芬为慰复并陈明政府对藏实策致达赖喇嘛函

（1912年12月2日）

诚顺赞化西天大善自在佛达赖佛爷鉴：

窃因前代压制弊政日炽一日，派出大吏亦日近骄横，以致汉番恶感历年增积。虽经设法融和，迄未恒心实行，前芬已将前清联大臣所派之陆军变乱，扰害地方，一切情形，详陈北京政府，以期早日改革从前流弊，为将来汉番情洽如故。去年汉番冲突，人民遭难，凡内地仕宦僧俗稍有公心者，莫不代佛爷伤心泪涕，各抒直言，呈报政府。

今政府已议决提倡和平主义。兹将政府对藏实策略陈慈鉴：

一、咎联豫蒙弊〔蔽〕办事致起汉番隔阂。

一、咎联豫不发军饷致起兵变。

一、查究不归统率之陆军官兵。

一、重惩倡立公议局破坏旧制之无知官长。

一、更换驻藏官员。

一、伸理番族冤枉。

一、抚恤受害番民。

一、恢复佛爷封号，仍为释教宗主。此经大总统命令，并派专使赴藏册封。

一、派全权大员来藏，与佛爷面商改良事宜。

一、再办应兴应革之善后。

以上系略述政府对藏政策，请佛爷衡夺，并请速发至诚，直接电京。

（杨芬署名原缺。蒙藏院档案）

杨芬为慰促达赖喇嘛速电大总统承认共和事致达赖喇嘛函

（1912年12月16日）

诚顺赞化西天大善自在佛达赖佛爷鉴：

前将政府对藏政策，咎汉恤番，以昭公允，暨客岁变政原因，民国施政方策，已陈慈鉴。更溯流扬源，愿五族同声，共颂光大，厥本而振将来。其本谓谁？曰嘉潘阳①也。嘉潘阳，神圣也，无不以拯救国民为己

① “嘉潘阳”，似为皇帝的佛教称谓，即文殊菩萨之意。

任，主持人道为天职。客岁各国因我专制不化，来京津及大埠，试欲瓜分中华大地。皇帝审机下诏，改建共和，未几日南北统一，约法条件，对内对外，瞬定施行。各国虽有妙法神术，断难背公法，施其奸谋。我五族大地免祸瓜分，脱弃奴隶，称雄海上，道霸全球，得享平等平权于列强国之间，抑非嘉潘阳审机观变，我五族同胞将坠地狱，同蹈印、韩之旧辙，永牢奴隶之卑籍矣。

默者不察，谓革命乱道，置皇帝于权外，视蒙藏为寇仇。是徒知嘉潘阳而未知嘉潘阳之所以为嘉潘阳者，在普度群生于苦恼，拯诸庶民于水火而登衽席也，试观湖北之役，南京政府之组织，皆不过掩外人之耳目，施完土之良策。彼时皇帝已任袁项城为中国全权筹办立宪一切事宜，命唐绍仪、伍廷芳赴南京假意媾和。虽全国兵民摇动，并未闻有血战肉争。皇帝以五族民命为念，特改专制为共和，免致外国瓜分。若出自乱道，自客岁八月十九日起，未及两月，而各行省之众齐声响应共和耶，而嘉潘阳遂凭乱道恣为耶？欧美革命有鉴于先，曾闻有若是之速者耶？且共和告成，外人无所藉口而远见扬。皇帝欲归万寿山享无上清福，遂下逊位诏旨（诏旨另呈），斟定临时约法（临时约法另呈），优待皇族条件（条件另呈），优待蒙藏条件（条件另呈）。皇室经费四百万两，按每年由民国政府取用，并谕汉、蒙、藏、满、回五族平等平权法，与美、法、瑞士诸共和国略同。更谕五族同心戮力，谋群幸福，树五族之威，免起列强觊觎，邻邦虎视，是故共和者，假之于革命，成之以嘉潘阳，尊崇共和者，即嘉潘阳也。联合五族、互相爱睦如兄弟者，是不忘嘉潘阳之本义也。书曰：顺天者存，逆天者亡。每族之盛衰兴亡，固在于背嘉潘阳与否，亦即在乎背共和与否而断。彼默者讵可否不思而任造谣惑哉？

库伦暗于天理，不加细察，冒树独立，弃五族而引狼俄，私结协约，拒绝共和，未及半载，俄人侵虐手段居然显露，次第摄权敛赋。而外蒙世爵王公及呼图克图之有识者，纷纷赴京，投诚告急，近来内蒙全境及外蒙数十旗皆倾心内服，并约同内地同胞数万人义务征库，力图脱离俄人羁绊而享共和幸福。库佛知势不敌，悔惨交激，但势成骑虎，无以为计。况俄蒙协约为公法所不容，故法、美、德、意诸国公使出而调停，大概将认库蒙无知以恕之。何陋之甚！此不知饮水思源，违抗共和而遭巨辱，前车不远，后辙可鉴。

藏为五族之一，又为嘉潘阳赐二佛居善地，固知概梗，虽有陆军乱藏，掳掠烧杀，仍不忘主国本义，始终一致，未拟库佛引俄自残。大总统不□嘉许，著国务院议就恢复佛爷封号，抚恤遭害藏民，一切曾数电知，佛爷迄未答复，想明敏如佛爷，不能不审机度势，即刻发京大总统共和电，以期五族完全，共臻美善，则中国幸甚，五族幸甚。是即颂扬本源，尊前振后，为完全无上之策也。

附呈　皇帝退位谕诏、临时约法、待遇皇室条件、优待蒙藏条件各一纸。[①]

（杨芬署名原缺。蒙藏院档案）

国务院为照旧支给达赖喇嘛俸饷等事复史悠明电

（1913年4月25日）

腾越。史悠明：

兴密。虞电悉。已告达赖俸饷薪水等一切照旧支给，并赉拉萨各大寺银一千两矣。所请朝喜汪底带去各翻译助银三百两，应准照给，前电请拨款之处，已送财政部矣。

国务院。有。印

（蒙藏院档案）

北洋政府命甘督张广建派员入藏，达赖遣喇嘛驻京

张广建为派员赴藏事致大总统电

（1920年7月1日）

甘省遵令派员赴藏一案，曾于本年二月有艳等日将该员等漾日电报各节分别电陈，并电令该员等妥为接洽去后，顷据汉员李仲莲、朱绣及佛僧古朗仓、拉布尖等四员庚日由拉萨函称，莲等前由江孜所发漾电计早呈鉴，旋见达赖暨藏王噶布伦等磋商派人赴京解决川藏各事，以释嫌疑而联感情。达赖等以事关重要，非得三大寺及大众商议，不能解决。以故迁延多日，未能决定。复由达赖暨藏王噶厦等饬令大众公所由三大寺及大众特派代表僧俗五人与莲等磋商一切，在大众公所连开会议三次，感情颇好，

① 附件略。

前嫌尽释，该代表等均形欢悦。并谓中藏交情，从此断而复续，甚愿照旧和好……同时，据宁海镇守使马麒函称，西藏达赖喇嘛委派驻皇（湟）噶尔琫洛桑更登于旧历三月间来至皇（湟）源，赍有达赖送呈宪台信函礼物。本拟即日晋省，因该噶尔琫不服水土，卧病旅舍，兹由职使专差将达赖函物及该噶尔琫禀件赍呈。窃维西藏本中国属藩，关系至深，因前清末季不善抚绥，致生猜贰，然其眷念宗国之意，始终未忘，特劫于外力，无可如何。……此次达赖遣使报聘不为无意。达赖与职使书内称洛桑更登是渠心服〔腹〕，遇事可靠，如有机密要件，不妨告知，必能达到目的。嗣后关于藏内一切事件，仍望始终维持，以飨倾向之念。但藏地要情千万勿令外人窥知，免生他患等语。观此则达赖倾向之诚，及畏某国如虎之说，不为无因等情。并据转到达赖派委噶尔琫洛桑更登禀称，窃噶琫仰蒙达佛派为驻皇（湟）噶琫，由藏起身，于旧历三月间驰至皇皓，临行时达佛委呈督帅番官安禀一纸，本藏土仪数件，封交噶琫亲身晋省面投，以伸倾向，噶琫远番进口，不服内地水土，兼之天时炎热，以致成疾，深恐迁延时日，负误委托，因赴宁乞宁海马镇守使派弁先将函物赍省，俟病痊再行趋谒。噶琫不揣冒昧，用敢直陈。伏乞大施怀柔，曲予赏收，并赐回笺。以便赍归而慰远念等语。并连同达赖礼物函件一并转到。其函译文曰：甘肃督军鉴；远劳遣使，损辱手书，并赐隆仪，殷殷垂问拜登之下，惭感交深。贵督军肝胆照人，不遗在远，荩筹周密，景佩莫名。达赖喇嘛身体粗安堪慰存注。藏事一切平稳。兹派洛桑更登送呈缎哈达一条，以通款曲，净哈达一条，以保平安，佛像一尊，藏香七把，以资供养。又附氆氇四匹，缎子贰匹，辟瘟药四包，请一并笑纳。如遇机密要文，请即告知洛桑更登可也等语。查李仲莲等函称各情与达赖所发札文均相吻合。……汉员李仲莲、朱绣二员尚属肆应有方。仰赖德威，致令达赖幡然憬悟，遣使来甘，藉还款曲，倾向之忱，溢于言表。其为某国牵制，未能派人赴京，概可想见。……

（蒙藏院档案）

蒙藏院为查照成案办理西藏驻京堪布任差待遇事给喇嘛印务处训令

（1919年2月18日）

蒙藏院训令　　第12号

令喇嘛印务处

案据西藏旅京同乡会呈称，奉达赖饬开：查雍和宫四学堪布，向章应由西藏三大寺派往，从前所派驻京堪布，均皆先后病故，以致教授经卷各事不无遗误，兹拣选经卷纯熟之别蚌寺堪布罗桑巴桑、色拉寺堪布罗桑策殿、噶丹寺堪布罗桑仁增等，均派为驻京堪布。该堪布等抵京时，仰该前由藏拣派驻京人员呈请蒙藏院办理。等因。该堪布等各随带徒众十名，已于二月十一日到京，呈报鉴核等情。并据该堪布等报到前来。

查阅旧卷，西藏堪布到京，应交掌印呼图克图考验，令其任差，拨给房间住址，酌给钱粮，历办有案。为此令仰该印务处查照成案办理，迅即复院核办。此令。

（蒙藏院档案）

大总统为核给西藏三大寺驻京堪布钱粮指令

（1919 年 3 月 13 日）

大总统指令　　　　第 784 号

令蒙藏院总裁贡桑诺尔布

呈明西藏堪布来京由院照例分别核给钱粮由。呈悉，应准照给。此令。

（蒙藏院档案）

蒙藏院为复核西藏驻京堪布派差及支给钱粮事给喇嘛印务处指令

（1919 年 3 月 18 日）

蒙藏院指令　　　　第 10 号

令喇嘛印务处

呈一件，西藏来京堪布罗桑巴桑等，业经考验派差，并拨给住房，请照例支给该堪布等及随带徒众钱粮由。呈悉，业经复核转呈，本月十三日奉大总统令：呈悉，应准照给。此令。奉此，合行令仰知照。此令。

（蒙藏院档案）

甘督张广建致达赖函

（1919年8月）

窃谓西藏与清朝历史沦肌浃髓，固结最深。民国改建以来，首标五族共和为立国宗旨。国旗五色，以表五族合欢。……迩闻川边与藏境因细故龃龉，致动兵革，现虽停战，而双方仍然戒备，此必有不得已之故。……但以为我佛宜主张正义，劝息兵争，遣派左右侍从前往北京觐见，各事悉听大总统主裁。大总统协和五族至公无私，自必准情酌理，嘉惠边陲，何忍使藏民稍受屈抑。较之为一时小愤，同室斗争，背世界之潮流，遗无穷之后患，岂不霄壤悬殊。此区区之诚，出自肝膈。不能不掬之以奉献者也。……故不嫌冒昧敬奉此函，并特派管理甘肃青海红教佛僧古朗仓、管理玉树三十六族佛僧拉卜尖贡仓、本署军事咨议李仲莲、军事参事朱锈前赴台端，代陈悃款。……所派各员均系广建信用之人，请赐接见，俾得详陈一切。如有咨商事件，不妨备细告知，以便转呈大总统鉴核。若尊处有遣派赴京人员，亦可与彼等同回，由青、甘入都，沿途当为照料保护也。专此布肃，敬请法安。

（蒙藏院档案）

李朱二员呈报抵藏情形文（摘录）

（1920年9月）

（前略）莲等抵藏后，极力解释嫌疑，联络感情，疏通意见。达赖颇示内向之忱，对于莲等格外优待，殊深喜慰。旋经莲等宣慰一切，达赖即选派代表五人与莲等会议连开会数次……惟查各方面情形，藏番对汉甚愿照旧和好，不过因人挑剔，借口陈使草约，空言抵制耳。中央若能派员议和，藏番必形让步，万不至以陈使草约坚持到底破坏和议也，况西藏内部本系新旧两派，旧派居十分之七，新派祇居十之二三，旧派以藏王及总堪布三大寺为最有势力者，多数尚有思念故国之意。新派以四噶布伦为最，常受英人愚弄，藉为护符。而此四人中又以现驻昌都统兵官降巴丹达为最，现在降巴丹达颇知英人阴毒，甚愿内向，又恐我国不能保护。祇持保守主义，以俟将来。……为今之计，亡羊补牢尚未为晚。况最近英使在京所提各条，莲等面询达赖，达赖并不明情。足征英人从中作祟，殊非藏人本心反抗中国也。以上各节，系莲等抵藏调查该番实在情形，颇有挽回之

机。伏乞转呈

大总统设法补救，收我故有之土地，不惟川滇甘新之幸，实为全国人民之幸也。

（蒙藏院档案）

迄十一年（一九二二年）正月，达赖派敦柱汪结来京陈述归服中央之意，至于十一月，敦氏又代表喇嘛来京见黎总统，然以英人之挑拨，卒未有结果。

（王勤堉：《西藏问题》）

西藏堪布棍却仲尼呈报到京任职

（1924年1月26日）

呈为呈报到京日期，并附呈履历，伏乞鉴核备案事。窃棍却仲尼于十二年（1923）八月间在西藏奉达赖佛爷谕，因前派驻京堪布雍和宫住持札萨克喇嘛罗桑策殿既经免职，遗缺特派棍却仲尼赴京充补，等因。奉此，棍却仲尼遵即循例偕徒十名由藏起程，现于十三年一月十三日到京。谨具履历一份附呈。除据情呈报喇嘛印务处备案外，理合呈请

钧院鉴核备案。为此谨呈　　　　附履历一份

蒙藏院总裁

西藏堪布棍却仲尼

中华民国十三年一月一十六日

（蒙藏院档案）

民国政府蒙藏院关于西藏来京堪布补充喇嘛缺额的指令

（1924年4月18日）

令喇嘛印务处

呈一件。西藏来京堪布棍却仲尼应以何项喇嘛充补，罗桑策殿坐床差使及钱粮是否取销，请核示由。

呈悉。查西藏来京堪布补充喇嘛缺额，自应查照例案办理，惟该堪布棍却仲尼既奉达赖喇嘛谕，指明请补扎萨克喇嘛之缺，应即量为变通，准予请补。此系一时权宜之计，以后不得援以为例。至罗桑策殿坐床差使及

钱粮各节，应俟该喇嘛假期满后，再行核办。合亟令仰遵照。此令。

（蒙藏院档案）

蒙藏委员会成立伊始，即派员入藏，慰问达赖喇嘛，祛除其与中央政府之间隔膜

国民政府行政院报告（摘录）

（前略）迨至北伐告成，国府于（民国）十八年（三月）成立蒙藏委员会。对藏第一要务即在如何祛除中央与西藏之隔膜。爰于十九年派北平雍和宫扎萨（克）喇嘛贡觉仲尼携蒋主席亲笔函件赴藏慰问达赖，达赖因受感召，乃有驻京代表之派遣。时尼泊尔与西藏发生战事，中央顾念西陲，复派蒙藏委员会参事巴文峻前往宣慰，借以调解。战事既息，西藏当局曾函呈中央表示感激之意，藏事至此始有转机。二十年蒙藏委员会复派该会专门委员谢□〔国〕梁父子入藏，宣达中央德意。

（国民政府行政院档案）

蒋介石经由罗桑巴桑覆函达赖喇嘛[①]

（1929年1月）

（前略）西藏为我中华民族之一，政府正督饬蒙藏委员会调查实际，用资建设。

执事适派代表罗桑巴桑到京备述一切，藉悉法座高瞻远瞩，倾诚党国之决心。遥望西陲，至为佩慰。昔我总理创行三民主义深有鉴于帝国主义者侵略吾国，非合全国之力一致奋斗，则不能与之争存，而民族主义之精神，即所以求中华民族自由平等之路也。藏卫接壤强邻，帝国主义者所压迫久矣，幸赖法座深明大义，内向情殷，此后愈当并力一心，修内政而御外侮，自不难相与造成民有、民治、民享之中国，以屹立于世界进而扶助弱小民族跻于大同，普度众生，实我佛之弘愿也，兹托大堪布罗桑巴桑略布一二。……

（蒙藏委员会档案）

---

① 1928年冬，五台山堪布罗桑巴桑奉达赖喇嘛指示到南京见蒋介石，这是蒋介石让罗桑巴桑带回之信的摘要。

棍却仲尼代达赖声明三事[①]

（1929年8月16日）

顷据达赖派住雍和宫堪布棍却仲尼、楚称丹增来并面称，近接达赖函，令伊声明三事：（一）达赖并无联英之事，其与英国发生关系，不过系因英藏壤地毗连，不能不与不略事敷衍耳；（二）达赖仇华亦属误传，民六、民九、民十三达赖均有派员来华，并发有护照，内中言明中藏亲睦，现有护照可证；（三）达赖、班禅感情素惬，其始之发生误会……并非达赖所逼等语。该棍、楚等不久赴京。

（蒙藏委员会档案）

达赖代表声明不背中央

（前略）一、棍等向主席声明达赖不亲英人，不背中央，愿迎班禅回藏。主席谓此事自当实现，中央应本总理宽大之主义、许藏人完成自治。[②]

（蒙藏委员会档案）

棍楚仲尼向蒋介石面陈达赖输诚之内因[③]

（前略）下午再偕棍楚等赴主席宴。所有条呈解决西藏各办法，主席均认可，惟诺那、格桑两委员之去留及班禅成立卫队两事，须于棍等回藏，达赖有派正式代表之电文后再办。棍等复面陈达赖渴欲输诚之内因有五：一、藏人吃茶，全用中国品，中藏绝交，茶价贵至十倍；二、藏边驻兵不能购用中粮，边民困苦，时生怨言；三、……若英俄相争，藏地糜烂；四、藏币重三钱余，英币重七钱余，惟藏币十四五元方能兑得英币一元，出口必用英币，经济损失太大；五、前者有廿余俄人潜入藏地，借名学佛，实则阴传赤化。藏预言者言，汉人来好；俄人来藏地大乱。此言藏人甚相信。

（蒙藏委员会档案）

---

① 摘自蒙藏委员会委员长阎锡山发往南京蒙藏委员会的电报。

② 摘自1929年9月9日蒙藏委员会致阎锡山电稿，电文是通报蒋介石会见棍却仲尼的情况。

③ 摘自民国十八年九月十五日蒙藏委员会致阎锡山的电稿。

国民政府向西藏地方当局提出解决中央政府与西藏地方关系的八个问题①

（1929年9月）

政府派棍却仲尼入藏，与棍等商定办法，并经政府认可交棍，以非公式之名义带回，作达赖派大员来京时之责任范围，办法如下：一、中央与西藏关系应如何恢复；二、中央对西藏之统治权如何行使；三、西藏地方自治权如何规定，范围如何；四、达赖、班禅加入中国国民党；五、达赖、班禅在西藏政教上之地位与权限一律照旧，抑或另有规定；六、班禅回藏，达赖如何欢迎，中央如何护送；七、达赖是否在京设立办公处，以便随时接洽，至于经费，可由中央发给；八、西藏对于中央有无其他希望。

（蒙藏委员会档案）

棍楚仲尼领取入藏特派状及蒋介石致达赖书

（1929年9月）

兹领到
国府特派状一件
蒋主席致达赖书一件
蒋主席玉照一张
国府发密码一本
非正式的手摺一件
此上
蒙藏委员会存查外，另缮一份附上，应请转呈
国民政府存查

西藏驻平堪布棍却仲尼（印）楚称丹增（印）谨具
繙译　巫怀清（印）谨具

（蒙藏委员会档案）

---

①　摘自1929年9月22日发给阎锡山的电报。

蒋介石致达赖书

（1929年9月23日）

达赖大师法座：

前以统一告成，中外禔福。特致两函[①]询问起居，并示中央惓念西陲之至意，谅达座右。顷棍、楚二堪布来京，转陈一切，备见法座倾诚内向，爱护共和，至为佩慰。自先总理领导革命，创立民国，一切力求中华民族自由平等为职志。政府秉承遗训，奠定寰区，对于藏卫人民无时不思以至诚博爱之心，为谋安定。前因道途辽远，致法座维持地方，皈依主义之真诚无由悉达。兹幸具闻宗旨，如拨重云，五族振兴，也可觇其朕兆。政府必本先总理亲爱精诚之教诲，与以扶持。际此赤白帝国主义鲸吞蚕蚀之秋，我中华民族务必团结一致，共同对外以争存。法眼精详，必能远瞩高瞻，则外人拓殖之阴谋，当无所施其狡矣。兹特派雍和宫堪布棍却仲尼赴藏慰问，并宣布中央意旨，希与接洽，并选派负责大员来京商洽一切，是所盼望，专此布达。顺颂

法绥

蒋中正

（蒙藏委员会档案）

蒋介石致噶布伦查戎书

（1929年9月23日）

格布伦查戎法鉴：

（前略）顷者雍和宫堪布棍却仲尼来京，备述执事拥护共和，倾诚内向，良深佩慰。我先总理领导革命，刱立民国，原以结合四万万人民谋中华民族福利为职志。政府秉承遗教，一视同仁，藏卫虽遥，其地为中华民国之领土，其人为中华民国之国民，无不尽力扶植地方自治之基以争存于世界，方今帝国主义日以侵略弱小民族为急务。如印度、缅甸、安南、朝鲜均被其蚕食鲸吞，可为殷鉴，能不寒心。执事匡扶藏族，威望夙孚，必能远瞩遐观，深明时势。现在中央政府励精图治，欧美各国已另定条约，

① 指1929年1月，罗桑巴桑和刘曼卿分别带藏的两封信。

尊我主权，藏卫服从中央，外人何敢轻于窥伺。此则政府所昕夕企望，而亦执事所夙昔明瞭者也。兹特派棍却仲尼赴藏慰问兴居，并开谕藏民咸知五族共和之真谛。执事所有提议，并望随时见告，以便商酌进行，共图幸福也。耑此布达，即颂

法绥

蒋中正

（蒙藏委员会档案）

达赖电促棍却仲尼进藏

（1939年2月9日）

敬肃者：棍堪布由噶伦铺来函：于十二月二十一日行抵噶伦铺时，接奉达赖佛电谕，内开：电札萨克棍却仲尼，尔奉国民政府委派，自应从速来藏，行抵靖西一带时，随即电呈等因，现拟兼程进藏等语。……知关绮注，特此奉闻。

巫怀清上

（蒙藏委员会档案）

蒋介石复达赖喇嘛函

（1930年9月18日）

达赖大国师法鉴：

径覆者，罗藏瓦楚称丹增来京面陈棍专员此次赴藏，荷

大国师不时延见，礼遇优渥，具见倾诚内向，尊重中央之盛意，闻之曷胜钦慰。中央政府誓遵总理扶植国内民族之遗教，以力谋藏民今后之福利。现在棍专员业已到京，所有西藏问题已令蒙藏委员会马委员长妥为商办矣。先此布覆。顺颂慧祺。

蒋中正

（蒙藏委员会档案）

棍却仲尼抵拉萨后受到隆重接待

（1930年3月19日）

顷接西藏堪布楚称丹增、繙译巫怀清函称，顷接棍堪布由西藏来函

云，于一月十六日行抵西藏拉萨，当日达赖佛命西藏文武官员率领马步军队到坚赞鲁顶[①]迎接，列队进藏云云。

（蒙藏委员会档案）

棍却仲尼报告会见十三世达赖情形[②]

阎总司令钧鉴：……仲尼于国历二月十六日安抵拉萨，当将尊函及各项赠品敬谨赍呈达赖佛爷及察绒沙北（人名译音），俱以（已）分别收受，并甚欣悦，仲尼即将中央德意力为宣传，并再三婉陈吾藏应仍与中央力谋联络，以收唇齿辅车之效，颇蒙佛爷及察绒采纳。刻正预备覆书，并遴派大员随时同仲尼来京报聘并面陈一切，一俟筹备妥当，即由仲尼先行电报启程日期，藉释钧注。所有详细情形仍当面陈，以防泄漏。……

1930 年 3 月 15 日拉萨察绒府

（蒙藏委员会档案）

戴传贤请准授达赖喇嘛班禅名号事致国民政府会议函

（1931 年 6 月 12 日）

敬呈者，顷据本院秘书处呈称：顷准蒙藏委员会函开："敬启者，查西藏达赖喇嘛通达教理，了澈世务，班禅额尔德尼通达教理，行持精严，此次国民会议，均选派代表参加，其拥护热诚，洵堪嘉尚，拟请中央给予达赖以护国弘化普慈大师名号，给予班禅以护国宣化广慧大师名号，以示褒荣，而彰诚悃。是否有当，相应函达，即希贵处转呈院长鉴核办理，至纫公谊。"等情。据此。查该会所称达赖、班禅均精通教理，了澈世谛，在国民会议期中，并皆各派代表列席参加，拥护中央，矢忠民国，确属实情。前日贤曾与班禅详细问对，居心仁厚，陈义忠贞；而对于教理、教义、尤能阐发精微。至于达赖喇嘛，贤虽未见其人，然据班禅所述，修持精严，义理洞澈，亦属不可多得。现在全国统一，允宜各予崇褒，期以赞敷至化，嘉惠黎元。该蒙藏委员会所请达赖给予护国弘化普慈大师、班禅给予护国宣化广慧大师各名号之处，似宜如所请照给。是否有当，理合具文呈国民政府会议议决批行。谨呈

---

① 拉萨西郊地名，是历来拉萨官员举行隆重欢迎仪式的地点。
② 这是致阎锡山英文电报的译文摘录。

国民政府会议

考试院院长　戴传贤

中华民国二十年六月十二日

（国民政府行政院档案）

派刘曼卿、谢国梁赴藏劝勉，化解尼藏战争危机进一步加强国民政府与达赖的关系

刘曼卿奉使见达赖记

（一九三〇年）五月念五日午余一时，仍往罗布冷哈宫候见达赖，憩于竹英晴室者凡两句钟，传入在旧晤对处接谈。佛问予行期定否。答不敢自定期，待佛指示，但客居已三数月，辱荷优待，感何可言！惟向中央复命亦不可违，久留荒废职务，将受重惩，愿早日得归。谕云："汝之好意吾早领之，吾不敢背中央前已言之，累汝久待者，实因汝等远来劳顿，应稍加休养。方可言归。非有留难之意，今吾书牍已具，凡楮墨所不能尽者，将口头告君，俾得私达于蒋主席，望归寓记之于书册，以免遗忘。

"……吾所最希求者即中国之真正和平统一，前偶闻某某先后叛变，吾日诵经持咒以祝其平复，君等此次亦在三大寺念经礼佛，于中国不无益处。至于西康事件，请转告政府，勿遣暴厉军人，重苦吾民，可派一清廉文官接收。吾随时可以撤回防军，都是中国领土，何分尔我，倘武力相持，藏军素彪悍，吾决无法制止其冲突。兄弟阋墙，甚为不值。"又言"印度人民近来因反对英国受极度之压迫，有难言之痛苦，中国在扶助弱小民族之立场上，应予以切实之帮助"。

佛言时态度异常沉痛，渠不愿印度受英人之压榨，谅自己亦无入瓮之念。

又云："英国人对吾确有诱惑之念，但吾知主权不可失。性质习惯不两容，故彼来均虚与周旋，未尝与以分厘权利。中国只须内部巩固，康藏问题，不难定于樽俎。"

（刘曼卿：《康藏轺征》）

阎锡山等为拟派员调解尼藏冲突事致蒋介石密呈

（1930年2月17日）

呈为密呈尼藏交哄，拟请派员调解，乘机规复西藏计画，请予鉴核事。

顷据职会专门委员谢国梁密呈，前派赴藏宣慰专员棍却仲尼自江孜发来英文电一通，译曰："中国南京鼓楼保泰街三十六号刘星屏先生转谢庭树先生鉴：因藏尼居民发生小纠纷，尼泊尔政府于一月二十六日派兵九千人入藏，西藏政府亦预备开拔军队巩固前线，制止尼兵行动。此事之发生，乃尼泊尔妒忌中国与西藏之和好。余暂留此所，向中央请示对付方针，并速复电江孜尼沙普古学转拉萨棍却仲尼。"等语。当经职会重要职员密议，咸认为吾政府收复西藏之良好机会。机会不图，后将无及。爰议派专门委员谢国梁前往西藏，巫怀情（棍却仲尼之翻译官）前往尼泊尔，分任调解，并即相机常川居驻该处，联络感情，宣传德意，以为逐渐收复西藏之张目，查谢国梁前在西藏任土兵统领，熟悉藏情，并与达赖、班禅俱有交谊。巫怀清虽属舌人而颇有才具，可为我用，且该员原系尼泊尔资送来京（前北京）学习汉文，故与尼人情感特厚，若以重任委之，必能无负使命。原电既有尼泊尔嫉妒中藏和好之言，且以此促成交哄之因，足征西藏方面实已倾心内向，若不乘机派员前往调解，一者无以慰藏人来顺之情，一者亦无由宣中央之德意。惟藏尼地俱穹远，跋涉维艰，此次复含有秘密使命，则一切旅费、交际费自应从丰筹发，庶足以资展布而利进行。拟请俯念规复边疆事体重大，立饬财政部迅拨壹万元，以供该二员之旅杂各费，仍责成该员等于事后实报实交。如将来能令该员等常川居驻藏地或另派他人前往，所需费用当再另案呈请核发。

所有拟派员调解尼藏纠纷，并请发旅杂费用各缘〔由〕，是否有当，理合密呈，候令祇遵。谨呈

国民政府主席蒋

蒙藏委员会委员长　阎锡山

副委员长　马福祥

中华民国十九年二月十七日

（蒙藏委员会档案）

附一　谢国梁关于解决及研究藏事几点意见致阎锡山呈

（1929年9月11日）

敬呈者：

国梁此次奉命赴平与棍、楚两堪布接洽藏事，已将大概情形具折报告，谅蒙垂察。兹尚有应行陈明者，谨录陈如次：

一、中央解决藏事如取和平办法，则棍却仲尼来京最为重要。以职分论，彼为札萨克堪布，较普通呼图克图为优，以关系论，彼有亲弟彭错热垫最为达赖所亲信，现任察戎噶不伦，英人极端笼络，曾为亲英首领。现达赖有意亲华，彭欲迎合达赖意旨，又愿居亲华首领，屡函棍设法向中央政府疏通。政府对于棍如特别优遇，将来解决西藏事可期顺利。

二、班禅方面宣传达赖亲英叛华，希望政府用武力解决藏事，庶得攫取全藏政权，故反对和平，忌达赖与中央接近。日来于报纸上极力诋毁，谓国梁勾结达赖亲英叛国，作种种宣传。

三、中央对达赖先取和平解决一切，然后调停班禅与达赖之误会，使班禅得以回藏。一致团结，对付外交，庶可保全领土，恢复主权。

四、拟请中央设立高等藏事研究会，聘请张荫棠、唐绍仪（张、唐两人前清曾充修订中英藏条约大臣）、颜惠庆、沈瑞麟、吴廷燮（三人均研究藏事有素）为高等顾问，以蒙藏委员会正副委员长，内政、外交部长组织之，慎重研究。否则人多议杂，意见纷歧，政府不易取决。

以上管见，是否有当，敬请钧裁。

职谢国梁谨呈　九月十一日

附二　谢国梁条陈调解西藏地方与尼泊尔纠纷办法致阎锡山等呈

（1930年2月17日）

谨密呈者，职对于藏事有应行报告者如左（下）：

一、去岁政府派棍却仲尼回藏，职已先行函达赖。兹于一月十日接到察戎噶不伦来函，云俟棍抵藏后中藏如何恢复旧好，当详细函知，并嘱职从中帮助。

二、本月十六日接棍却仲尼由江孜等电，谓尼泊尔与藏商因小事纠纷，于一月二十六日已派兵九千进藏，意似忌中藏和好，藏亦准备，祈请职转呈中央请示办法，速电复云。查尼泊尔自清乾隆归顺后历称恭顺，惟以民国成立以来不遑顾及，朝贡始绝。欲复西藏，先扶尼邦，亦一良策也。如此时中国置不过问，则西藏必借英兵以抗尼，达赖内向之心恐仍归乌有，藏事愈不堪设想矣。

谨拟办法数则：

一、由政府速电尼泊尔国王停止军事行动，所有关于尼藏交涉，我国政府当设法调解。

一、由职电复藏人，嘱其力持镇静，严行准备，中央已电谕尼王停止军事行动，并派员前往晓谕，万一决裂，中央当力予援助。

一、政府宜速派设驻印度领事，以便传达消息而利藏事进行。

一、政府速派员慰问尼泊尔国王，并任疏解尼藏争端，藉以招其归来。

一、政府速派员进藏，援助藏人解决尼泊尔交涉，并乘此商洽中藏善后办法，解决藏事正是事机。

以上各节是否有当，伏候钧裁。谨呈

委员长

职　谢国梁谨呈　二月十七日

（蒙藏委员会档案）

蒙藏委员会就派巴文峻、谢国梁调解西藏地方与尼泊尔纠纷汇案具文复国民政府呈

（1930年4月29日）

总字第167号

呈为呈复事。

案奉钧院第一六七零号密令内开：为令行事，案查前奉国民政府转奉中央交办上海特别市执委会转呈，为报载廓尔喀派遣大军侵犯西藏，请速派兵防堵，并对英严重抗议一案，下院云云至合行令仰该会即便遵照，此令。等因。奉此，查此案前据赴藏宣慰专员棍却仲尼自江孜来电称，藏尼居民发生纠纷，尼泊尔政府于一月二十六日派兵九千入藏；西藏亦预备开拔军队，巩固前线，祈向中央请示对付方针。等情，当以尼藏发生战事，关系吾国边防至为重要，即经属令拟具解决中藏、尼藏问题各办法，并请派属会参事巴文峻、专门委员谢国梁前往调解，密呈国民政府核示。旋奉

府令，经提出本府第六十九次国务会议决议照办，并令财政部拨款五万元各在案。该员等刻正摒挡行装，候款出发，惟财政部现仅拨发三万元，一俟款项如数领齐，即可成行。所有此次尼藏发生战事原因及内中有无英人指使各节，均已密令该员等详细调查，随时具报。奉令前因，理合将此案报告经过及派员前往调解各情形汇案具文呈复，仰祈钧院察核。谨呈

行政院

蒙藏委员会副委员长　　马〇〇

中华民国十九年四月廿九日

（蒙藏委员会档案）

蒋介石为西藏地方与尼泊尔交涉由中央负责解决并派谢国梁入藏事致达赖喇嘛函

（1930年5月）

达赖大师法座：

中藏以道路穹远，过从久疏。上年将派棍却仲尼堪布持函赴藏慰问，谅达左右。国民政府秉承先总理孙中山先生遗训，以维持和平为职志。前闻藏尼稍有纠纷，本主席眷怀西陲，系念至深。前曾致函尼泊尔国王，劝其停止军事行动，所有尼藏交涉由中央负责解决，藉维双方安宁。除特派蒙藏委员会参事巴文峻赴尼接洽外，兹派行政院参议谢国梁赴藏商办一切。附赠不腆土物，藉表微忱，即希查收接洽是盼。专此布达。顺颂

法绥

蒋〇〇

中华民国十九年五月　日

（蒙藏委员会档案）

巴文峻谢国梁为密陈藏中内情及入藏行程事致蒙藏委员会呈

（1930年8月3日）

为密呈事。

职等此次奉派赴藏赴尼，已于前月十九日抵印，奉到钧会养电，得悉棍却仲尼亦已抵印。因彼住陆兴祺家，无法得见。日昨陆奉政府电，始带

棍至领事馆一面。因知达赖已陆续派员来京，该员亦不久起程。兹有应行密陈者，谨分别如下：

一、达赖派棍却仲尼及降巴曲汪等（随后尚有二员）来京，虽非藏中重要人员，亦可征达赖确有倾向中央之诚意。我政府似宜特别招待，予以位置。

一、去岁政府原拟派棍却仲尼、楚称丹增二人回藏，嗣棍向国梁表示，谓伊与察戎噶不伦系弟兄，拟请主席密与察戎一函，以促达赖信任。国梁素知察戎系亲英首领，前年受英人贿使，欲加不利于达赖，遂被削去总司令及总噶不伦职位。因与英人亲密，故得仍留现职。去岁察戎屡次函托国梁援助棍却仲尼，想以亲华之功迎合达赖，恢复旧职，职国梁密陈政府将计就计，遂改派棍一人回藏，以促藏事之进行。惟藏中党派甚多，意见复杂，政府对于此次棍等来京所陈意见，似宜俟职等抵藏详察真相，据实呈报后再确定办法。

一、尼藏纠纷现已解决，其详细情形，俟抵尼后再行呈报。

一、职等拟由尼泊尔或不丹潜行入藏，以省时日。万一不能通过，即由云南进藏。

以上各情，理合报告，伏乞鉴核。谨呈

马委员长

职巴文峻、谢国梁谨呈

（蒙藏委员会档案）

西藏驻京办事处为达赖喇嘛礼葬赴藏特派员谢国梁事致蒙藏委员会呈

（1931年3月27日）

呈为呈报事。

案奉达赖佛谕开：前由南京派来谢委员国梁，行经印度噶伦铺，抵西藏边界帕克里，途次染病，缓行至浪地方，因病身故。事前曾据谢委员由曲水地方电称：到藏后拟不住拉萨，即在附近之落布岭冈居住。等语。此间因中藏和好，关系重要，故表示同意。旋得谢委员噩耗，即饬办全套衣衾棺木等，依照汉人丧制，妥为盛殓。并令谢委员旧友察绒札萨克经理丧事，复由汉头目王林培率领拉萨汉人百余名，齐集吊祭，帮理一切，均用最高汉礼办理。一面查照委员临终之言，派守卫队五十人排队将灵柩运至拉萨，于藏历十月二十九日暂停于落布岭冈城北门外守卫营中，即命小昭比丘喇嘛五人当夜诵经。十一月初二日，余亲临守卫营中为谢委员诵经。是日早八时出殡，守卫全体兵士举枪致敬。并派守卫官如琫一员、甲琫一员，率马队四十名，排队围绕落布岭冈，由正路到大昭大门举行祝祷。后随顺大街经茂中桥送至西藏新坟园中安厝。

至帮办谭玉〔云〕山，已在落布岭冈办公处招待，现在□〔居〕住此处，其所需各物均供给无缺。业由此间将此情形电达蒙藏委员会马委员长查照。谭帮办亦迭电委员会，详报先后情形。彼于十二月初八日业经回籍矣。

再，彼等带来礼物八箱，现经收到，一俟查点，开具详单，另邮寄知。即着西藏驻京代表等将以上各节，明白面陈当局查照。若有如何复文，应从速密电陈藏为要。等因。奉此，理合具文呈报均会鉴核转呈施行。谨呈

蒙藏委员会委员长马

西藏驻京办事处处长　棍却仲尼

（蒙藏委员会档案）

十三世达赖圆寂，国民政府追赠名号，派大员致祭，褒崇典礼

国民政府为追赐达赖喇嘛封号等事给行政院指令

（1933年12月22日）

指令　　　　第2344号

令行政院

呈据蒙藏委员会报告，达赖喇嘛于本月十七日圆寂，拟请追赐封号，并饬妥议优礼隆施办法，呈请核示由。

呈悉。达赖喇嘛已有明令追赠护国弘化普慈圆觉大师封号，并饬议定褒崇典礼，呈候施行矣。仰即转饬知照。此令。

中华民国二十二年十二月二十二日

（国民政府行政院档案）

达赖大师圆寂褒崇典礼

(1934年2月1日)①

甲 国民政府特派大员赴藏致祭

清例，凡蒙古汗、亲王、郡王等，应派散秩大臣一员致祭。乾隆年间第六辈班禅在北京圆寂，即派亲王致祭。

(一) 颁给玉册、玉印

即追封大师之玉册、玉印。大员到藏后，应先举行授册、授印典礼，再举行致祭典礼。

(二) 颁给祭文

清例，蒙古汗、亲王、郡王等，均由内阁撰拟满蒙祭文，交致祭大员赍往。现颁给达赖祭文，应用汉藏合璧文字。

(三) 颁给祭品

清例，蒙古汗、亲王，用牛犊一头、羊八只、酒九瓶；郡王用牛犊一头、羊六只、酒七瓶。现在达赖祭品，似应比照亲王例从优办理。

(四) 发给治丧费

乙 在本京为达赖大师开追悼大会

按乾隆年间第六辈班禅在北京圆寂，上谕辍朝一日，除派亲王致祭外，并令近畿敕建各寺庙喇嘛讽经四十九天，以昭隆重。

(一) 组织追悼会筹备处

拟请由院令派各关系部、会编制预算，共同组织。

(二) 届时国民政府特派大员代表致祭。

(子) 本京各机关各派代表致祭。

(丑) 京内外各团体、各寺庙准其推派代表致祭，但边远地方不及来京者得自行追悼。

(三) 唪经二十一天

汉经，请道行高尚之法师主坛。

藏经，请班禅大师主坛。

(四) 颁给祭文祭品如前例，用国民政府名义。

(蒙藏委员会档案)

① 此为内政部、蒙藏委员会为十三世达赖圆寂举行褒崇典礼而制定，经由国民政府核准执行。

追赠十三世达赖喇嘛护国弘化普慈圆觉大师封号册文

（1934年3月1日）

雪山肇迹，作狮吼于三空；若水诞灵，与鹫峰为一脉。达赖喇嘛护持正教，翊戴中华，溥化乌斯，宏敷象教，宜追赠护国弘化普慈圆觉大师封号。於戏！德音渐被，共伊克昭庙以常新；法统绵延，并阿耨达山而永峙。式颁册命，用示荣褒。

（蒙藏委员会档案）

国民政府特派黄慕松为致祭专使令①

（1934年1月12日）

国民政府令　　　第23号

特派黄慕松为致祭护国弘化普慈圆觉大师达赖喇嘛专使。此令。

中华民国二十三年一月十二日

（国民政府档案）

国民政府主席祭达赖喇嘛文

（1934年1月27日）

中华民国二十三年　月　日，国民政府主席林○遣专使黄慕松敬荐馨香致祭于护国弘化普慈圆觉达赖大师之灵曰：

宏维大师，诞生西土。不昧慧因，早传法乳。乘愿济民，象教爰主。式阐宗风，宏敷法雨。妙乘自在，世谛圆融。教思翔洽，僧俗钦崇。证回禅天，入三摩地。甘露同沾，慈云普被。倾心枢会，命使参加。绥安边圉，翊赞中华。显密同彰，实权双立。法性真常，精诚不息。崇坛敷座，妙果遽圆。震旦惊悼，法号追颁。狮驭翔空，鸡园辍讲。三昧难闻，众生悲仰。性真不灭，教义长存。庶回宝筏，再转金轮。若水长流，雪山峻极。敬奠瑟芬，灵其来格。尚飨。

中华民国二十三年一月二十七日

（国民政府档案）

---

① 蒙藏委员会奉到此令后，于一月十七日电告司伦、噶厦、译仓。

行政院为请鉴核褒崇典礼事致国民政府呈

（1934年2月1日）

行政院呈　　　　呈字第183号

案查前据蒙藏委员会呈报，西藏达赖喇嘛于上年十二月十七日圆寂，应如何褒恤以示优礼之处，请鉴核施行。等情到院。当以达赖喇嘛护持正法，卫国安民，功绩昭著，宜特予褒恤，以示优异。经呈奉钧府明令追赠护国弘化普慈圆觉大师封号，一切褒崇典礼，务极优隆。著由院饬主管部会会同议定，呈候施行。并经本院令饬内政部及蒙藏委员会会同议定呈核在案。兹据该部、会等呈为拟具褒崇达赖大师典礼，请核转。等情前来。经提出本院第一四五次会议，决议通过。除指令外，理合抄同原件，备文呈请钧府鉴核实行。谨呈

国民政府主席林

计抄呈原呈一件、褒崇典礼一份（略）

行政院院长　汪兆铭

中华民国二十三年二月一日

（蒙藏委员会档案）

追悼会筹备处为追荐班次秩序并分别派员参加事致国民政府文官处函

（1934年2月12日）

兹送上达赖大师追悼会追荐班次及追悼秩序各一件，即希查照规定时间及人数，分别派员参加为荷。此致

国民政府文官处

附送追荐班次及追悼秩序各一纸

达赖大师追悼会筹备处启二、十二

附一　达赖大师追悼会追荐班次

机关名称	时间	备考
一、国民政府主席代表	上午八时	
二、中央党部代表	上午八时三十分	
三、班禅大师	上午八时五十分	率领随员
四、国民政府	上午九时二十分	拟请每处各派代表二十人以上参加致祭
子　文官处		
丑　参军处		着军服
寅　主计处		
卯　政务官惩戒委员会		
辰　导淮委员会		
巳　赈务委员会		
午　建设委员会		
五、行政院及所属各部会	上午九时四十分	拟请每机关各派代表五人以上参加
子　内政部		
丑　外交部		
寅　军政部		着军服
卯　海军部		着海军服
辰　财政部		
巳　实业部		
午　教育部		
未　交通部		
申　铁道部		
酉　司法行政部		
戌　禁烟委员会		
亥　侨务委员会		

（接前）

六、立法院	上午十时	拟请全体委员及高级职员参加致祭
七、司法院及所属各机关	上午十时二十分	拟请每机关各派代表二十人以上参加致祭
子　最高法院		
丑　行政法院		
寅　公务人员惩戒委员会		
八、考试院	上午十时四十分	拟请每机关各派代表四十人以上参加致祭
子　铨叙部		
丑　考选委员会		
九、监察院	上午十一时	拟请全体监察委员会及高级职员参加致祭
子　审计部		
十、国民政府直属各军事机关	上午十一时二十分	拟请每处派二十人至三十人参加致祭（着军服）
子　军事委员会		
丑　军事参议部		
寅　参谋本部		
卯　训练总监部		
十一、南京市党部代表	上午十一时四十分	
十二、南京市政府所属各机关	正午十二时	拟请每处派二十人至三十人参加致祭
子　社会局		
丑　财政局		
寅　工务局		
十三、各省市党部代表	下午一时	
十四、各省政府各军师旅团及京外各团体代表	下午一时二十分	
十五、南京警备司令部、南京宪兵司令部	下午一时四十分	拟请共派职员四十人以上参加致祭（着军服）

（接前）

十六、首都警察厅	下午二时	拟请派职员四十人以上参加致祭（着制服）
十七、本京各军事学校	下午二时二十分	拟请每校各派代表三十人参加致祭（着军服）
子　中央军官学校		
丑　步兵专门学校		
寅　炮兵专门学校		
卯　骑兵专门学校		
辰　工兵专门学校		
巳　军需学校		
十八、本京各大学	下午二时四十分	拟请每校派四十人参加致祭（着学校制服）
子　中央大学		
丑　金陵大学		
寅　中央政治学校		
十九、蒙古各盟旗代表、蒙藏、青、康各驻京办事处	下午三时	
子　蒙古各盟旗代表		
丑　章嘉办事处		
寅　诺那办事处		
卯　敏珠尔办事处		
辰　西康民众办事处		
巳　蒙古各盟旗联合办事处		
二十、本京各团体	下午三时二十分	拟请每团体各派十人参加致祭
二十一、蒙藏委员会	下午三时四十分	全体参加
二十二、达赖大师追悼会筹备处全体	下午四时	全体参加
以上参加致祭各机关人员制服，除另有规定外，一律着蓝袍、短马褂，以期划一而肃观瞻。		

附二　追悼秩序

一、就位

二、肃立

三、奏乐

四、主祭者诣大师座前行献礼

子　上香

丑　献花

寅　献帛（哈达）

五、主祭者复位

六、行三鞠躬礼

一鞠躬　再鞠躬　三鞠躬

七、奏乐

八、礼成

大师代表还礼

（国民政府档案）

国民政府派员主持十三世达赖转世灵童掣签，以及十四世达赖坐床典礼

蒙藏委员会为拟定达赖喇嘛转世掣签征认办法事致行政院呈（节略）

（1938年10月8日）

呈　　　密藏字221号

呈为据西藏政府电呈达赖喇嘛转世，已寻选灵异幼童三人，拟请决定办法照例掣签，以符定制而抚西陲事。……

又，向例在西藏大招举行掣签典礼指认呼毕勒罕时，应由驻藏大臣亲往监视，以昭郑重。按照现行喇嘛转世办法之规定，亦应由驻藏办事长官行之。现驻藏办事长官尚未设置，驻藏办事张咨议之地位资望，又未便由国府径令办理其事，故不得不另筹补救之法。本会详加考虑，酌拟办法如下：

（一）国民政府特派大员前往拉萨，会同热振呼图克图主持第十四辈达赖喇嘛掣签事宜；

（二）国民政府特派大员会同热振呼图克图主持第十四辈达赖喇嘛掣签事宜，并得由该员指派代表就近办理之；

（三）国民政府特派蒙藏委员会委员长会同热振呼图克图主持第十四辈达赖喇嘛掣签事宜，并得由该委员长指派代表就近办理之。

以上三种办法，虽于维护体制之中隐寓权变之意，而皆以达到中央实施对藏固有之达赖转世掣签权为主旨。第一种办法，在表示中央重视此事，依法办理，但派员前往，至少需费二三十万元，且恐被拒前往，转成僵局。第二种办法，既表郑重，兼顾法制，费用较省。第三种办法，在未设驻藏办事长官以前，以中央主管长官负责处理，藏方无可致疑，指派代表参加，亦可省费。

惟所拟三法，究以何者为宜，抑尚有其他较善办法。事关重大，本会未敢擅断，拟请钧院核夺，并呈请最高国防会议决定训示，以便遵向藏方商洽进行。是否有当，理合抄附参考文件达赖世系、指认呼毕勒罕定制、清高宗御制喇嘛说及现行喇嘛转世办法四种①，呈请鉴核示遵。谨呈
行政院院长孔

中华民国〈二十七〉年〈十〉月〈八〉日

（蒙藏委员会档案）

国民政府特派吴忠信会同热振主持十四世达赖喇嘛转世事宜令

（1938年12月28日）

国民政府令

特派蒙藏委员会委员长吴忠信会同热振呼图克图主持第十四辈达赖喇嘛转世事宜。此令。

中华民国二十七年十二月二十八日

（国民政府行政院档案）

---

① 附件略。

蒙藏委员会为国民政府特派吴忠信会同热振主持十四世达赖喇嘛转世事致热振电

（1939年1月5日）

电　　　　藏字第17号

拉萨。西藏摄政热振呼图克图慧鉴，并转司伦、噶厦钧鉴：

祭密。案奉国民政府二十七年十二月二十八日令开：特派蒙藏委员会委员长吴忠信会同热振呼图克图主持第十四辈达赖喇嘛转世事宜。此令。等因。特此电达。

蒙藏委员会委员长　吴〇〇。微。水。印

（蒙藏委员会档案）

孔庆宗为中央拟派吴忠信亲自入藏会同热振主持达赖喇嘛转世事致张威白电

（1939年4月5日）

电　　　　第304号

急。拉萨。张咨议威白兄勋鉴：

委座致兄支电谅达。亲译。祭密。关于中央派员参加达赖掣签事宜，曾经本会拟具办法，呈奉核准，正催送青海灵儿及早到藏在案。近因国民参政会开会，主张应由政府所派大员妥速前往处理，以示中央重视达赖转世盛典之意。藏情特殊，解释罔效，中央拟即派委座亲自入藏，会同热振主持办理。委座以职责所在，惟有从命，业将此事面告西藏驻京代表等，并令藏事处备函送达该代表等，以便转电西藏当局。委座此行使命单纯，随从简少。特电参考，以资应付。藏方态度，并希随时密探电告为盼。

弟孔庆宗叩。歌

（蒙藏委员会档案）

西藏驻京办事处为奉转噶厦对吴忠信亲莅拉萨主持掣签事宜极表欢迎事致蒙藏委员会代电

（1939年4月22日）

蒙藏委员会吴委员长钧鉴：

顷奉藏政府来电开：主持十四辈达赖掣签事宜，前由代表等转来中央所提三项办法，由藏方选择其一，藏中曾决定选择三项中之第三项办法，由蒙藏委员会吴委员长指派张咨议威白代表就近办理，电令代表等转呈中央在案。现吴委员长既拟亲莅拉萨，藏方因中藏情感日益融洽起见，极表欢迎，祈速转请吴委员长由海道入藏。但在未动身以前，务恳中央电知西宁纪仓佛等速送灵儿起程入藏，并请吴委员长决定首途日期，先为电告。等情。据此，肃电奉陈，仰祈鉴核示遵。

西藏代表　阿旺桑丹、格敦恪典、图丹桑结。梗。叩

（蒙藏委员会档案）

行政院为请发布明令特准拉木登珠继任十四世达赖喇嘛并发给坐床典礼经费事致国民政府呈

（1940年1月31日）

行政院呈　　　　阳字2101号

案据蒙藏委员会吴忠信拉萨感电称：据西藏摄政热振呼图克图来函略称，第十三辈达赖喇嘛转世一案，迭经观海降神及僧俗官员公认，青海觅得之灵童拉木登珠种种灵异，实系第十三辈达赖喇嘛化身，应请免予抽签，并照旧例剃发受戒，兹拟择期夏历正月十四日（即国历二月二十一日）举行坐床典礼，请转呈中央核夺。等情。忠信复查所述灵异各节，均属确实，拟请转呈国民政府颁布明令，特准以该灵童拉木登珠继任第十四辈达赖喇嘛，并发给坐床大典经费四十万元，以示优异。等情。据此，当经提出本院第四五〇次会议，决议：通过，转呈国民政府颁发明令。理合呈请鉴核施行。谨呈

国民政府

行政院院长　蒋中正

中华民国二十九年一月三十一日

（国民政府档案）

吴忠信察看转世灵童拉木登珠经过情形

（1940年1月31日）

午前十一时，须应罗布岭喀之约。九时许，孔处长、华秘书先往部

署。余于十一时偕张咨议、单医官、张国书、朱章及摄影师徐、陈二人等同往。乘舆抵门前时，卫兵列队奏乐致敬，直至达赖大殿门前下舆。顾加总堪布偕苏本、却本、森本三堪布，大卓尼等，趋至舆前递哈达，导余入花亭。亭为一小室，四面纱窗，有石铺小道可通外界，道上绕以石槛，曲折有趣。时灵儿已先至就主位坐，右手上座置绣花坐褥，盖为余特设。余先以哈达送之，灵儿起立接受，并另以哈达答余。随员旋各以哈达致送，退出。斯时亭中仅余及灵儿、顾加总堪布、苏本堪布等七人。余数以语试灵儿，均能含笑作答，如有领会。又握其手，亦毫无畏缩。谈约十数分钟，余招摄影师为之摄照，灵儿颔其首，乃就亭前共摄影。又致送灵儿福州漆佛一尊、藏银五千两、黄缎一匹、座表一只，复一一为之说明用途。其后复与随员及各堪布、赖兴巴等合摄一照。灵儿现仅四龄有余，其举止行动均极沉着安闲，洵为殊异。尤难者，能通汉语，故对汉人备加亲切。总堪布等复导余参观达赖马厩，及第十三辈达赖所建之四喜班巴尔殿。顾加总堪布即于殿之上层达赖卧室内邀余便饭，以藏银千两赏之。饭后，复至灵儿父母所居小坐，告以灵儿兄弟将来稍长，可至内地留学，余当照料一切。伊父母均久习汉化，其内向之诚溢于言表。迨返抵行辕，已近下午三时矣。是日，热振复派马秘书询余赴宴日期，答以本月二十六日。又接赵芷青来电，报告感日两电所请均经政院通过，甚慰。

（《吴忠信入藏日记》）

国民政府特准拉木登珠免予掣签继任为第十四世达赖喇嘛及拨发坐床大典经费令

（1940年2月5日）

国民政府令　　　　府字第898号

青海灵童拉木登珠，慧性湛深，灵异特著，查系第十三辈达赖喇嘛转世，应即免予抽签，特准继任为第十四辈达赖喇嘛。此令。

拉木登珠业经明令特准继任为第十四辈达赖喇嘛，其坐床大典所需经费，着由行政院转饬财政部拨发四十万元，以示优异。此令

中华民国二十九年二月五日

（国民政府行政院档案）

加封九世班禅，并任命为专使，护送回藏；其圆寂后，追赠封号，举行隆重祭礼，派员主持其转世事宜

北洋政府加封班禅名号

国务院秘书厅奉发班禅倾心内向电致藏蒙事务局公函

（1913年3月29日）

国务院秘书厅公函　　　二年蒙字第150号

径启者：奉大总统发下印度班禅额尔德尼电陈，倾心内向，惟唐古忒蚕食各地蓄心已久，现见我向汉，意图他举，若不以武力解决，势将肆其所为，恳祈电示。等因。除遵令电饬陆兴祺转复外，相应抄录来往电文，送交贵局查照可也。此致

蒙藏事务局总裁

附抄电文

印度钟颖转班禅来电　三月二十五日

大总统钧鉴：

兴密。我班禅久仰中朝，实沾德惠，凡在我属汉边官军民等，无不力加保护，借饷筹食，无微不至。今唐古忒见我向汉情切，意图他举。贵大总统新创民国，自应以保全属土为重，俾向中原者，皆得所荫护，背中央者亦皆得所生心。仰跂年余，尚未见示，究竟要此土地人民与否，好定意向。唐古忒蚕食各地，蓄心已久，现正在得势，意将肆其所为，若不以武力解决，凡未属彼者，将无一日宁矣。迫切陈词，望祈电示。班禅额尔德尼。回电乞陆兴祺转雇妥人，面交驻靖札什伦布如琫加噶册旺朗皆。

颖转。敬

致印度陆兴祺电　三月二十八日发

印度。陆兴祺转雇妥人面交驻靖札什伦布如琫加噶册旺郎皆转班禅额尔德尼：

顷接来电，具征效忠民国，维持藏事，援助军民，备彰勤苦。披诵一再，本大总统嘉慰之忱，莫可言喻。前闻执事实赞共和，归重中央，倡导忠义，屡于艰阻之中救济在藏军民，西顾边徼，不胜敬念。当电令委员陆兴祺致电慰问，想经达览。兹特加封执事致忠阐化班禅额尔德尼，以彰民

国优待忠勋，振兴黄教之意。执事住锡后藏，该处官兵僧俗人等，皆深信仰。如唐族有阻兵害民破坏大局者，尽可用力解决；其襄同执事助顺出力人等，并可呈请奖赉，用励忠诚。现拟派员宣抚藏中，弭乱安民，总不令领土主权有所损失，亦必使忠顺者皆得其所。总之，中央以尊重人道为重，不忍轻用兵威，重酿生灵之祸。刻已电饬陆兴祺与执事随时接洽，务望翊助民国，同维大局，藉副倚望，仍盼见复。

大总统。勘。印

（蒙藏院档案）

国务院秘书厅奉发加封班禅致忠阐化名号令致蒙藏事务局公函

（1913年4月1日）

国务院秘书厅公函　　　　二年蒙字第157号

径启者。奉大总统令：据班禅额尔德尼电称，“久仰中邦，实沾德惠，凡在我属汉边官军民等，借饷筹食，无微不至。”等语。该额尔德尼实赞共和，效忠民国，维持藏事，倍著勤劳。本大总统实深嘉慰，应即加封致忠阐化名号，以彰民国优待忠勋、尊崇黄教之意。此令。等因。除是项命令毋庸公布外，相应函知贵局查照可也。此致

蒙藏事务局总裁

（蒙藏院档案）

九世班禅为谢加封致忠阐化名号致袁世凯呈

藏历水牛年（1913）五月一日

癸丑年三月二十五日，陆委员兴祺专人至招，蒙大总统加封致忠阐化名号，谨在扎什伦布寺内恭设香案，敬叩祇领跪谢。

致忠阐化班禅额尔德尼谨呈

（蒙藏院档案）

袁世凯为班禅输诚民国尊重中央饬陆兴祺转致嘉慰电

（1913年6月22日）

印度。陆兴祺：

兴密。转扎什伦布致忠阐化班禅额尔德尼：现接陆兴祺转呈谢电，具征输忱民国，尊重中央，殊深嘉慰。务望振兴黄教，扶辑所属僧俗，保持藏地和平，以副倚望。嗣后如有呈报事件，即交陆兴祺转寄，藉期接洽。并问住锡安好。

大总统。养。印

（蒙藏院档案）

蒙藏院为临时执政令加宣诚济世封号事致班禅大师公函

（1925年8月）

蒙藏院公函　　　　第156号

径启者，本月一日奉临时执政令：班禅额尔德尼远道来京，赞筹统一，精忠翊国，嘉慰良深，著加给宣诚济世封号，用示优异。其加封仪节，著内务部、蒙藏院会同具报，以重令典。此令。等因。奉此，除遵令会同内务部办理外，相应先行函达查照。此致

班禅额尔德尼

（蒙藏院档案）

附　班禅大师离藏出走内地①

班禅大师为陈述藏情，巩固中藏密切关系，于民国十二年十一月十五日携带堪布等及随从人员取道北路甘藏路线，移锡中土。此道多荒野僻径，人烟稀少，披风冒寒，备受辛劳，经青海、甘洲、凉洲而抵皋兰。次年往北京，道经太原，备受阎百川先生及段芝泉先生先期派来之代表热烈欢迎。及到旧京，谒当局报告藏政，此时适值内讧方殷，未有结果。其后段芝泉先生出任临时执政，以大师为宗教领袖，不辞艰辛，万里跋涉，莅临中土，倾心祖国，甚为敬佩，即令蒙藏院组织招待班禅事务处，隆重招待，并册封“宣诚济世”名号，颁发金册、金印，以示笃念勋劳之至意。大师在京，驻锡南海瀛台，历经年余。

（蒙藏院档案）

---

① 摘自《九世班禅大师事略》第四节。

国民政府特派九世班禅为西陲宣化使

特派班禅为青康宣化使办法

(1931年6月15日)①

一、国民政府为宣传三民主义、中央政令，及抚慰青海、西康等处喇嘛、寺院、信仰佛教之民众起见，特派班禅额尔德尼为西陲宣化使。

一、宣化使除对于喇嘛、寺院及信仰佛教之民众宣布教化，及执行国民政府所特许之慰抚事宜外，对于青、康两省之行政有意见时，须建议于国民政府或两省省政府，请求决定办法，宣化使不得直接干涉。

一、西陲宣化使得在青海、西康两省境内选择适宜地点，组织行署，内设参赞二人，由中央简派，辅助宣化使办理一切宣化使事务。

一、西陲宣化使行署内，得设秘书、宣传、教务三处。其职员名额及任用办法另定之。

一、西陲宣化使得派宣传员分往青、康各地，慰抚寺院，教化人民。

一、西陲宣化使得成立警卫队，任保卫宣化使之责。队长由宣化使遴员呈请派充，教练官由中央派充。所需枪械、子弹、无线电台及长途汽车等，均由中央酌给。

前项卫队队员，须按学校办法教练，以期成为善良而有用之国民。

一、西陲宣化使行署经费每月定为一万五千，警卫队经费每月定为一万五千，均由中央发给。

一、班禅额尔德尼年俸定为十二万元，由中央按月发给。其个人费用及随从、僧徒等之生活等费，均由年俸内开支。所有招待各费，一律停止。

一、以上办法，自国民政府核准之日施行，至班禅额尔德尼回藏之日为止。

(国民政府行政院档案)

① 此“办法”已由蒙藏委员会呈报国民政府核准。

行政院秘书处为抄送特派九世班禅为西陲宣化使办法请审查事致刘尚清等函

（1931年6月24日）

密函　　　　第2422号

敬密启者，奉兼院长蒋谕：查前据蒙藏委员会呈请，特派班禅额尔德尼为西陲宣化使，并拟具详细办法，乞予核准一案到院。经提出第二十七次国务会议决议，交马委员长福祥、刘部长尚清、王部长正廷、孔部长祥熙审查，由马委员长召集。等因。除分函外，相应抄同原件函达查照。右（上）

刘部长

孔部长

王部长

马委员长

行政院秘书处谨启

计抄送原呈一件，原办法一件。

附　蒙藏委员会原呈及办法

呈为密呈事。

查班禅额尔德尼此次来京觐见，面陈藏事，并参加国民会议，其拥护中央热诚，深堪嘉尚。且班禅通达教理，行持精严，康、藏各处喇嘛僧众信仰至深。兹为对于各地喇嘛、寺庙宣传中央政令及抚慰信仰佛教民众起见，拟请中央特派班禅额尔德尼为西陲宣化使，并得设立宣化使行署。其内部组织，拟设参赞二人，及秘书、宣传、教务三处。所有人员，应由班禅咨报本会转呈派充。该署经费，拟请每月定为一万五千元，并准成立警卫队，按学校性质训练，每月饷项拟定为一万五千元，教练官请由中央选派。所需枪械子弹及无线电机、长途汽车等，亦请由中央酌量发给，以资应用。至班禅年俸，向例为十万元，拟请改定为十二万元，按月发给。所有个人费用，及其徒众生活等费，均在年俸内开支。以上办法，至班禅回藏之日为止。所有请派班禅为西陲宣化使，及拟具行署经费、卫队饷项、班禅年俸各缘由，是否有当，理合开具办法，备文呈送。仰祈钧院鉴核，并提出国务会议赐予照准，实为公便。

再，此项办法关系重要，在未曾发表以前，请饬严守秘密，以昭慎重，合并附陈。谨呈

行政院

附呈办法一件（略。全文见前）

蒙藏委员会委员长　马福祥（印）

中华民国二十年六月十五日

附　文官处为抄送班禅拟具解决藏事内政外交意见书致行政院公函

（1931 年 6 月 3 日）

国民政府文官处公函　　　　字第 4511 号

径启者：奉主席交下班禅额尔德尼请于最短期间通盘筹划解决藏事，俾得早日归藏宣示威德，谨具关于西藏内政、外交意见二则，祈采择施行一案。奉谕：交蒙藏委员会。等因。除函蒙藏委员会并函复外，相应抄同原意见书函达查照。此致

行政院

计抄送原意见书一件

文官长　古应芬

中华民国二十年六月三日

附　抄意见书

敬陈者，窃班禅忝司黄教，辈住西陲，万里来归，倾诚内向，盖祖国观念既深，而于先总理信教自由及扶助弱小民族之主义尤佩仰无既也。前者边疆多事，国防领土在在堪虞，西藏民众痛苦尤亟。本拟即向政府陈述一是，只以时局未宁，不遑启请，遂漫游各省，远及蒙疆，忽忽光阴，弹指九载。今幸我主席制定约法，力谋全国统一，是以应命修觐，面贡愚忱。

中藏关系之深，自唐、宋、元、明、清以来，叠蒙戡乱护法之嘉惠，故民元汉藏交哄之役，班禅不避嫌怨，救济旅藏遇难之汉人，冀报祖国于万一。不图异己交攻，艰难内涉，旷日持久，呼吁无门。近年以来，中藏信使往还不绝，前藏已派代表到京表示服从，仰见我主席威信交孚，远人畏服。兹值双方在京之际，机会难得，务请垂念藏民，于最短期间通盘筹划解决藏事，俾班禅得以早日归藏宣示威德，则不惟西藏僧民之幸，抑亦

国家无疆之休也。谨具意见，附列于后，伏乞主席采择施行。

计开：

（一）查新定约法第八十条蒙古、西藏之地方制度，得就地方情形另以法律定之。西藏所谓地方情形者，即前后藏划分与藏务行政由办事长官掌理是也。前藏曰卫，后藏曰藏，卫藏图志灼然可稽，又有冈巴拉山为界，人情、风俗、言语截然不同，实难合而为一。至长官之设，起于清乾隆间，相沿二百余载，中藏相安无事。民国成立，虽亦有驻藏办事长官，然承〔自〕川军败衄之后，权势陵替，长官至累年不至拉萨一次，迁延既久，中国声威扫地殆尽。今既重订西藏地方制度，自宜参照前清成案，特派熟习边情、著有声望之大员二人，一驻前藏，一驻后藏，凡练兵、制械与夫用人行政，均须与长官会商而行，有大事则请命于政府。权限既明，西藏自无侵欺之患。此关于内政之意见者一也。

（二）查中英藏印条约始于前清光绪十六年，其重要者，在定藏哲界限及通商、游牧交涉各节。嗣于十九年续议藏印条款，计通商六款、交涉二款、游牧一款、续款三款。逮光绪三十二年中英续订藏印条约四款，即承认英藏所立之约为附约，其要义即英国国家允不占并藏境及不干涉西藏一切政治，中国国家亦允不准外国干涉藏境及其一切政治。至光绪三十三年，英、俄两国成立协约，其重要条件：一、两缔盟国为保全西藏领土，各不干涉其一切内政；二、英、俄两国承认西藏为中国所有，自后非经中国，不得与西藏为何等交涉；三、两缔盟国无论为自己、为国家，相约不要获西藏之铁路、道路、电信、矿山及其他权利。至民国三年，陈贻范与英人所议之西姆拉草约，未经正式签字。及此后英藏擅定之密约，未经中国与闻者，均不可与承认。今政府既拟解决藏务，但确守中英条约，不准其他外国干涉藏政。至中藏主权、领土之关系，则由政府依法订定地方行政制度，英国实无过问之权。而此后西藏对内对外交涉，当然由国民政府办理，更不待言。此关于外交意见者二也。

以上所述二则，乃藏务之重要关键，其他若交通、若实业、若税则、若司法，均有彻底兴革之必要，俟西藏地方行政制度规定，方能次第议及。是否有当，还候钧裁。

班禅额尔德尼谨上

二十年五月十六日

（国民政府行政院案档）

国民政府封授班禅额尔德尼护国宣化广慧大师名号令

（1931年6月24日）

国民政府令

班禅额尔德尼志行精诚，翊赞和平统一，此次远道来京，眷念勋劳，良深嘉慰，著加给护国宣化广慧大师名号，用示优异。此令。

（国民政府行政院档案）

班禅陈谢国民政府赐授名号呈

（1931年6月24日）

呈　为呈明事。

窃班禅内款以来，瞬经九载，躬逢主席奉行先总理遗教，召集国民会议，制定训政约法，统一华夏，绥靖边陲。凡属远人，罔不企望和平，沾濡德泽。班禅忝司黄教，未效寸能，日夕虔心，默申祈祷。兹于本年本月恭承政府颁锡嘉号，曰护国宣化广慧大师。祗领之余，弥深悚惕。惟有求国基之永固，为化治之宏宣，本广舌与慧心，阐宗师之大法，涓埃矢报，肝膈摅诚，以上答主席眷顾之隆，下祝藏境无疆之福。谨陈谢悃，敬贡芜辞。谨呈

国民政府蒋主席

班禅额尔德尼（印）

（国民政府行政院档案）

蒙藏委员会为修正待遇班禅办法及册授名号举行事致蒋介石电

（1931年6月29日）

特急。南昌。主席蒋钧鉴：

云密。前奉钧座批准待遇班禅各办法，遵于养日提出国务会议。比因达赖代表等不无误会，议决交内、外、实三部会同本会审查，略有修正，俟报告下次会议后，即由国府发表。经过详情，已于本日飞航电呈。至册授班禅名号，拟于七月一日在国府举行，知关廑系，谨电奉闻。

蒙藏委员会委员长马○○叩。沁。印

中华民国二十年六月〈二十九〉日

（蒙藏委员会档案）

国民政府参军处典礼局为举行册授班禅大师名号典礼仪式事致文官处函

（1931年6月30日）

径启者，奉谕七月一日上午十时在本府大礼堂举行册授护国宣化广慧大师班禅额尔德尼典礼，文官荐任以上、军官校官以上届时参加。等因。奉此，相应函达，即希查照为荷。此致

文官处

附典礼仪式一份

国民政府参军处典礼局启

六月三十日

附一　册授护国宣化广慧大师班禅额尔德尼仪式

一　册授仪式定于七月一日上午十时在国府大礼堂举行之。

一　册授日参加人员：本府文官荐任以上、军官校官以上；各机关文官简任以上、军官上校以上。

一　参加册授典礼人员均着礼服，护国宣化广慧大师班禅额尔德尼及其随从堪布着藏礼服。

一　举行册授典礼应有各执事人员，由典礼局指派之。

一　护国宣化广慧大师班禅额尔德尼率堪布二人及参加人员，于规定时间之前齐集国府接待室，届时由典礼局长引导入大礼堂，按照规定秩序举行册授。

一　礼成摄影后，由典礼局长引导护国宣化广慧大师班禅额尔德尼入延见室，文官长、参军长、内政部长、蒙藏〔委员会〕委员长陪见，护国宣化广慧大师班禅额尔德尼向主席〔行〕一鞠躬礼，礼毕就坐。

主席中坐，文官长、参军长、内政部长、蒙藏委员长分左、右坐，护国宣化广慧大师班禅额尔德尼对坐。

主席询话毕，护国宣化广慧大师班禅额尔德尼向主席行一鞠躬

礼，退。

附二 册授典礼秩序

一 全体肃立。
二 主席就位。
三 护国宣化广慧大师班禅额尔德尼就任。
四 奏乐。
五 唱党歌。
六 向国旗、党旗及总理遗像行三鞠躬礼。
七 主席恭读总理遗嘱。
八 行授印礼。
九 护国宣化广慧大师班禅额尔德尼向主席行三鞠躬礼。
十 捧册印官恭捧册印呈主席，主席宣读册文。
十一 主席亲授册印，护国宣化广慧大师班禅额尔德尼敬谨祇受。
十二 护国宣化广慧大师班禅额尔德尼向主席行三鞠躬礼。
十三 护国宣化广慧大师班禅额尔德尼恭递哈达。
十四 主席回授哈达。
十五 主席训词。
十六 护国宣化广慧大师班禅额尔德尼答词。
十七 奏乐。
十八 礼成。
十九 摄影。

附三　礼堂位置图

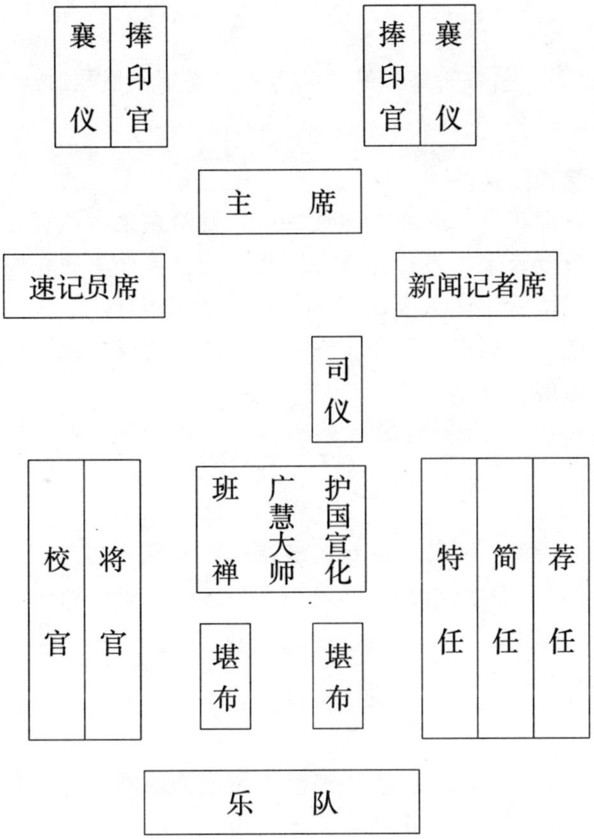

（国民政府档案）

国民政府明令册封班禅护国宣化广慧大师名号之册文

（1931年7月1日）

广纳赤宙，知微亦复知彰；溥化黔毗，有德斯能有众。班禅额尔德尼抚辑藏服，翊戴中央，敷教元黎，效忠党国，实阐党国之妙谛，懋膺无上之殊荣，允宜授予护国宣化广慧大师称号。朗烛意珠，奉扬休命。德音普遍，布三民五权之宏规；法铎昭垂，章六度万行之妙用。祗服懋典，益鬯宗风。

国民政府主席　蒋中正

中华民国二十年七月一日

（《东方杂志》第37卷第24号）

班禅请颁西陲宣化使名义文件以资信守事致行政院电

（1932年3月19日）

南京。行政院长汪钧鉴：

支电谅邀青睐矣。班禅以西藏垂危，冒险东来，原冀政府拯救，何期内忧外患，纷至沓来，忽忽九稔，内蒙五载，人地虽属相安，水土终有未宜。自抵吐呢特后，青海代表相继来请，已允西行。惟客岁晋京，政府优遇班禅，另饬西陲宣化，迄今文件各项，留中待发。此行应恳给领，以资信守。是所切祷。

班禅额尔德尼叩。效。印

（国民政府行政院档案）

国民政府特派班禅为西陲宣化使
并照准香尔德驻锡办公致行政院指令

（1932年4月14日）

国民政府指令　　　洛字第354号

令行政院

呈据蒙藏委员会呈请特派班禅额尔德尼为西陲宣化使并指定青海香尔德驻锡办公，除指令外，转请鉴核施行由。

呈悉。班禅额尔德尼一员，已有明令照准特派为西陲宣化使矣。所请指定青海香尔德驻锡办公一节，并予照准。仰即转饬遵照。此令。

国民政府主席　林森

中华民国二十一年四月十四日

（蒙藏委员会档案）

国民政府文官处为特派班禅为西陲宣化使致行政院公函

（1932年4月18日）

国民政府文官处公函　　　洛字第1373号

径启者，案奉国民政府令：特派班禅额尔德尼为西陲宣化使。此令。除填发特派状外，相应录令函达查照，并转行知照为荷。此致

行政院

文官长　魏怀

（蒙藏委员会档案）

国民政府文官处为颁发护国宣化广慧大师班禅玉印事致行政院公函

（1931年11月5日）

国民政府文官处公函　　　　第8908

径启者，现奉国民政府颁发班禅玉印一颗，文曰“护国宣化广慧大师班禅之印。”等因。相应送请查收发交蒙藏委员会转送，并将启用日期呈府备查为荷。此致

行政院

附送玉印一颗

中华民国二十年十一月五日

（蒙藏委员会档案）

行政院为转知国民政府特派班禅为西陲宣化使事致蒙藏委员会训令

（1932年4月19日）

行政院训令　　　　字第998号

令蒙藏委员会

为令知事。

案奉国民政府令开：特派班禅额尔德尼为西陲宣化使。此令。等因。奉此，合行令仰该会知照。此令。

院长　汪兆铭

中华民国二十一年四月十九日

（蒙藏委员会档案）

班禅为报启用护国宣化广慧大师玉印日期事致国民政府呈①

（1932年5月5日）

呈为呈报启用印信日期并请备案事。

窃前准蒙藏委员会派藏事处长罗桑坚赞于二月二十四日来蒙，赍到护国宣化广慧大师玉质印信一颗，文曰“护国宣化广慧大师班禅之印”，业已敬谨接受，遵于是日启用。除已电呈外，理合备文呈请钧府准予备案。谨呈

国民政府

护国宣化广慧大师班禅额尔德尼谨呈

中华民国二十一年五月五日

（国民政府行政院档案）

班禅在西陲宣化使就职典礼上之誓词及答辞

（1932年12月24日）

班禅宣誓词：

余敬宣誓：余恪遵总理遗嘱，服从党义，奉行法令，忠心及努力于本职；余决不妄费一钱，妄用一人，并决不营私舞弊及收受贿赂。如违背誓言，愿受最严厉之处罚。此誓。

答辞：

班禅自来中土，已及十年，无补时艰，深滋内愧。本年春季，政府任命为西陲宣化使，才惭樗栎，义切苞桑，顷者入京展觐，于本日宣誓就职，恭聆训词。嗣后当竭尽忠诚，宣扬德意，冀以宗教之力，上辅中枢，振导人心，挽回末劫，边陲康乐，僧俗咸欢。仅此致答。

（《蒙藏旬刊》第12期）

① 班禅于同日又致函行政院，内容同，略。

国民政府特派专员护送九世班禅回藏

行政院为准诚允辞职特派赵守钰接任护送专使事致蒙藏委员会训令

（1936年8月20日）

行政院训令　　　字第4976号

令蒙藏委员会

案准国民政府文官处本年八月十五日第四六四九号公函开；案奉八月十四日国民政府令开，护送西陲宣化使护国宣化广慧大师班禅额尔德尼回藏专使诚允呈请辞职，诚允准免本职。此令。又奉令开，特派赵守钰为护送西陲宣化使护国宣化广慧大师班禅额尔德尼回藏专使。此令。各等因。奉此，除由府公布，并填发特派状外，相应录案，函达查照转行遵照。等由。准此。合行令仰该会知照，并转饬遵照。此令。

院长　蒋中正

中华民国二十五年八月二十日

（蒙藏委员会档案）

蒙藏委员会委员长吴忠信召见西藏代表就护送班禅及仪仗队事谈话要点

（1937年3月9日下午三时）

一、事由

西藏办事处转呈噶厦电，请制止护送班禅官员及仪仗队越入藏境。奉院长谕：应由该会召该办事处长到会，告以中央意旨，嘱其自行电复噶厦。

二、谈话要点

护送班禅官员及仪仗队事，贵代表等日前又据噶厦来电呈院请示。贵代表日前晋谒蒋院长，想亦有所陈述，但仓猝之间，恐未得详闻训示。本委员长现奉院长谕特接见贵代表等，将中央对此案之意见，再行说明两点如下：

（一）官员及仪仗队之派遣，首系尊重西藏佛教，再则人数有限，纪律极好，饷糈亦优，又有专使同行约束，绝不致发生不良影响，早经明令派遣在道，碍难中途变更。本委员长曾迭向贵代表等开诚相告，并电噶厦明白解释，现在中央意旨照前不变。

（二）中央为贯彻和平处理藏事之宗旨，故甚嘉纳噶厦提议，欢迎派噶伦来京商洽一切问题，因中央与西藏间问题决非简单函电所能商决，派噶伦面商，实为必要之方法。现班禅尚留中途，而噶伦迟迟未派，不知何故。若能早来，则藏方对各问题之一切意见有何疑虑，均可从长商议，公平解决，则仪仗队等小问题自易处理。若因此小事而误大计，反有失藏方之诚意。蒋院长亦颇注意此事，望勿观望迟疑，致误时机。

以上两点，系噶厦电请核示者，因前已迭电复之，今仍系此意，而时机日迫，特由本委员长代表政府面告贵代表等，请即自行电复噶厦，勿再疑虑，从速派员来京，以免迟误。

（蒙藏委员会档案）

九世班禅圆寂，国民政府追赠封号，举行隆重祭礼

西陲宣化使公署为告九世班禅圆寂致蒙藏委员会电

（1937年12月1日）

蒙藏委员会吴委员长勋鉴：

德密。班禅大师近感国难严重，回藏使命复生障碍，奉命转康，隐优成疾，医药罔效，遽于国历十二月一日上午二时五十分（即藏历十月二十九日）在青海玉树行辕甲拉普章内圆寂。谨电奉闻。善后事宜，静候示遵。

西陲宣化使公署叩。东（一日）。印

（蒙藏委员会档案）

赵守钰为告班禅遗嘱致蒙藏委员会电

（1937年12月2日）

南京、重庆。探投蒙藏委员会吴委员长礼卿兄、赵副委员长芷青兄勋鉴：

东电计达。班禅大师圆寂时曾留遗嘱，有古教堪布二人侍侧签字，谨将遗嘱原文译陈如下：“余生平所发宏愿，为拥护中央，宣扬佛化，促成五族团结，共保国运昌隆。近十五年来，遍游内地，渥蒙中央优遇，得见

中央确对佛教尊崇，对藏族平等，余心滋慰，余念益坚。此次奉派宣化西陲，拟回藏土，不意所志未成，中道圆寂。今有数事切嘱如下：后藏政务，前已委定罗桑坚赞为扎萨喇嘛，所有宣化使职，亦着由彼暂代。在未到职前，印信暂交丁杰佛，并由堪布会议厅及回藏设计委员六人共同负责，仍宜请示中央，听候处置。至宣化使署枪支，除卫士队及员役自卫者外，其余献与中央，共济国难，俟余转生，再请发还。又关于历代班禅所享权利，应早图恢复。最后望吾藏官民僧俗，本中央五族建国精神，努力中藏和好。札萨喇嘛及各堪布，尤宜善继余志，以促实现。此嘱。”

弟赵守钰叩。冬

（蒙藏委员会档案）

国民政府追赠班禅封号令

（1937年12月23日）

国民政府委员、西陲宣化使护国宣化广慧大师班禅额尔德尼，觉性圆明，志行精卓。早岁翊赞统一，懋著功勋。比年阐教西陲，勤宣德化，边民感戴，称颂翕然。方期兼程回藏，振导祥和，永资矜式。乃以忧国积劳，遽尔圆寂。眷怀勋勤，震悼弥深，应予特令褒扬，追赠护国宣化广慧圆觉大师封号，并著给治丧费一万元，特派考试院院长戴传贤前往康定致祭，用示国家笃念殊勋之至意。此令。

（蒙藏委员会档案）

文官处为政府决定褒恤班禅五项办法事致蒙藏委员会公函①

（1937年12月24日）

国民政府文官处公函　　　　渝字第262号

径启者：奉主席交下行政院祃电，以马日本院第三四二次会议议决褒恤班禅大师办法五项：一、呈请钧府明令褒扬；二、追赠护国宣化广慧圆觉大师封号；三、发给治丧费一万元；四、特派考试院院长戴传贤前往康定致祭；五、在重庆择期追荐。谨电呈鉴核施行。等语一案。奉谕：第

① 政府决定褒恤班禅五项办法及国民政府追赠班禅封号令，蒙藏委员会在1938年1月2日以代电告知西藏办事处转达噶厦。

一、第二、第三、第四各项，由府明令办理，第五项交蒙藏委员会照办。等因。

除已由府明令褒扬追赠封号，著给治丧费、特派考试院戴院长致祭，并由处录令分函照办外，关于第五项在重庆择期追荐一节，相应函达。此致

蒙藏委员会

文官长　魏怀

中华民国二十六年十二月二十四日

（蒙藏委员会档案）

蒙藏委员会为在渝举行班禅大师追荐会通电

（1938年2月19日）

电　　　藏字第639号

中央党部，国民政府，军事委员会，行政、立法、司法、考试、监察院钧鉴：

各部会、各省党部，各省政府，各绥靖公署，广州、汉口、成都、重庆市政府，西藏噶厦公所、西康建省委员会、绥境蒙政会、西陲宣化使公署、蒙旗宣化使公署、护送班禅大师回藏专使行署、拉卜楞保安司令部、蒙藏各办事处、中国佛教总会、菩提学会重庆佛教会、汉藏教理院并转各佛教团体公鉴：

本会奉令在重庆筹备举行班禅大师追荐会，曾经邀请关系机关组织班禅大师追荐会筹备处，并经第一次筹备会议决议，追荐会定三月八日假重庆市商会举行。除呈报备案外，谨此电达。如蒙惠赠礼品，请先期寄交重庆张家花园本会代收，以备届时陈列。至礼品性质，以银盾、银鼎、花圈及丝质软料匾额等为宜。依照藏俗，不收挽联祭幛，合并附陈。

蒙藏委员会。铣。印

中华民国二十七年二月丨九口

（蒙藏委员会档案）

国民政府致祭班禅大师祭文

（1938年3月8日）

维中华民国二十七年三月八日，国民政府主席林森特派参军长吕超敬

荐馨香致祭于国民政府委员、西陲宣化使护国宣化广慧圆觉大师班禅额尔德尼之灵曰：

昆仑天柱，品物昭融。笃生大师，蔚为法雄。符采俊迈，声入心通。勤宣教义，丕振宗风。河悬川注，滔滔罔穷。拥锡来游，道广愿宏。宝筏度众，法炬烛盲。内弼中枢，外喻边疆。随方汲引，三乘再扬。痛心国难，飞书捐资。慈心制暴，慧力觉痴。仁寿可登，顶踵奚私。六尘非有，五蕴皆空。大师达观，与佛齐功。行不住法，运无量心。水月镜像，超忽莫寻。木铎绍响，佛灯重燃。宣化护国，亿万斯年。备礼追荐，式展虔襟。精灵仿佛，来格来歆。

（蒙藏委员会档案）

国民党中执会、中监会致祭班禅祭文

（1938年3月8日）

维中华民国二十七年三月八日，中国国民党中央执行、监察委员会敬致祭于护国宣化广慧圆觉大师班禅额尔德尼大师之灵曰：

雍雍至德，肃肃元规。智通无累，神测靡遗。教垂奕世，道积成基，西陲溥化，东域流慈。二十年来，神州多故。或溺三途，或迷歧路。溺惟大师，中央是护。正义微言，振蒙起痼。躬趋玉趾，跋涉山川。风轮远届，月指遐宣。载启法会，遍覆大千。暂拯含类，永释鞬櫜。有众见思，言旋西域。胡不慭遗，中途圆寂。太冲莫朕，金容掩色。惟菩提心，为天下式。尚飨。

（蒙藏委员会档案）

戴传贤奉命前往甘孜代表国民政府主席林森宣读祭文

（1938年8月）

祭班禅大师文

维中华民国二十六年①　　月　　日，国民政府主席林〔森〕，特派考试院院长戴〔传贤〕，敬荐馨香，致祭于国民政府委员、西陲宣化使护

① 此为撰稿时间，戴传贤奉命前往甘孜致祭九世班禅于民国二十七年八月八日正式宣读此祭文。

国宣化广慧圆觉大师班禅额尔德尼之灵曰：

呜呼，雪山高矗，丽水流长。笃生灵异，象教宏昌。繄维大师，来自佛国。悯念群生，现身尘域。遥遥西徼，炎胄之遗。屏藩攸赖，中土是毗。五族共和，新元启运。惟我大师，天人顺应。憬兹外力，内向中原。驰驱关塞，席不遑安。国军奠京，南北统一。飞锡来归，爱国弥切。会开蒙藏，边事借筹。訏谟辰告，卓尔远猷。宣化边氓，爰持使节。瞻谒灵光，舆情翕服。秉兹正谊，翊赞中枢。藏人渴望，拉萨回舆。衅启东邻，修罗恣纵。毒焰凶锋，人天悲恫。和平祈祷，一贯仁衷。如何一旦，示寂颛蒙。月黯金坛，风悲玉树。舍利含光，花香何处。饰终有礼，国典褒崇。降神西土，福佑尧封。民族复兴，期诸旦暮。式荐馨香，精灵永护。尚飨。

（摘自《戴传贤奉命前往甘孜致祭班禅经过报告及康行日记》）

戴传贤奉命前往甘孜致祭班禅任务完毕致国民政府呈（摘录）

（1938年11月23日）

五、致祭典礼　致祭班禅大师，事关国家大典，○○督率在事人员，恪恭将事，经过各县，地方有司均能克尽职分；西康建省委员会先事绸缪，临事周洽，诚恳备至。自康定北进，二十四军师长唐英率队同行，长途警戒，一切平安。二十四军军部副官处处长周文藻自○○行抵泸定，即奉派来迎，由康定至甘孜，由甘孜返成都，来去三千里，沿途照料，辛勤周至。而西康省立医院院长谭祖烈加入行辕，往返甘、康，协助施医施药，工作至为热心。○○到达甘孜，即择吉于八月八日为代表国民政府（钧府）致祭班禅大师之期。先期相度地点，布置甘孜寺大殿为礼堂。当定陪祭人员为护送班禅大师回藏专使赵守钰、二十四军师长唐英、行辕总参赞、秘书长四人，与祭人员为行辕简任人员及当地县长、军队长官。致祭典礼必诚必敬，礼成之后，继以布施。官民僧俗人等虔肃至诚，敬瞻大典，莫不欢悦，感激中央敬教怀远之至意。

（摘自《戴传贤奉命前往甘孜致祭班禅经过报告及康行日记》）

行政院为通过班辕善后办法抄发遵行事致蒙藏委员会指令

（1941年5月5日）

行政院指令　　　勇贰字第8812号

令蒙藏委员会

三十年四月〈二〉十二日永水字第一〇〔六〕二六号呈转赵专使守钰班辕善后办法请核示由。呈件均悉。班辕善后经拟具办法八项提出本院第五一五次会议，决议修正通过。除电饬赵专使迅速遵办，并函达国防最高委员会秘书厅及军事委员会暨令知财政部外，仰即遵照办理。办法抄发。此令。

计抄发班禅行辕善后办法一份

院长　蒋中正

中华民国三十年五月五日

附　班禅行辕善后办法

三十年五月二十日行政院第五一五次会议通过

（一）班禅行辕善后与寻访灵童分别办理。

（二）班禅行辕及其驻外各办事处一律裁撤，惟驻京办事处暂予保留。该辕所有人员予以遣散或设法安置，其具体办法即照赵专使折呈所称由前拨之班灵回藏费三十万元内撙节动用实报实销。①

（三）班辕裁撤后，所有卫队及武器，由军事委员会派员接收。

（四）寻访灵童，责由罗桑坚赞办理。

（五）俟灵童寻获坐床后，如有必要，再行考虑组织类似行辕之机构。至坐床典礼，另行考虑具体办法。

（六）建塔费用可酌予补助，责由罗桑坚赞拟具具体办法，并造具预算呈核。

（七）班禅行辕所提办法八项，无庸批示。

（八）上项办法报请国防最高委员会备案。

（蒙藏委员会档案）

---

① 班禅行辕裁撤后，组设班禅诵经堂一所，月拨经费一万元，安置行辕有关人员。

国民政府依成例主持班禅转世事宜，派员主持十世班禅坐床典礼

蒙藏委员会为选定班禅呼毕勒罕候选人办法事致达赖喇嘛电①

（1942年4月29日）

电　　　　仁字1746号

拉萨。

达赖大师法鉴；

奉行政院令：第十辈班禅佛呼毕勒罕之候选人，准先由西藏宗教首领负责选定身、口、意化身三名后，呈报中央核办。等因。特电查照。

蒙藏委员会委员长　吴〇〇。艳仁。印

（蒙藏委员会档案）

附　罗桑坚赞为请中央依成例主持班禅转世事致蒙藏委员会代电

（1943年5月6日）

代电　　　　第85号

重庆。蒙藏委员会吴委员长钧鉴：

窃坚赞等自上年奉命访佛以来，在青、康各区域明密详细寻访后，惟青海寻获之灵童数名，迭经甄别，灵异特著，当即推选恩久佛等携带访灵〔童〕报告书赴藏办理确定班佛转世正身事宜，并电呈钧会鉴核在案。旋奉钧会皓仁及灰仁两电略开：关于班佛真正化身之征认，应电嘱恩久佛等请西藏当局就灵童名册中先行卜定心、口、意化身三名后，呈报中央派员在拉萨大昭举行掣签，签定一名为呼毕勒罕。等因。遵即电转恩〔久〕佛等遵办在案。嗣该佛等接奉藏方当局复称：班辕在青、康各区对于寻访事宜至为详尽，惟于西藏东部之塘泊、贡泊等处及距西藏东部之远近地方均应去访。等语。是以恩久佛等为秉承藏方意旨及避免蜚语起见，已就近请札什伦布当局派员分为南、北二组从事寻访。恩久佛及森格巴为南组访员，比伦佛及龙仲堪布为北组访员，分别前往前藏所属之西康区域普遍去

① 同一内容电报于同日还电致达札摄政、拉萨转扎什伦布札萨。

访。一面由坚赞等推请策觉林佛前赴西康再度寻访，以期周密。复经于上年八月十八日电呈钧会备查在案。近接该佛等电称：所有寻访事宜，已告完成，行将遄返拉萨复命。等语。复由坚赞等电达恩佛等对于灵童决定事与藏方当局妥为商洽，遵照中央电令选定最灵异特著灵童二三名连同姓名一并详报前来，以便转呈中央核夺在案。

伏查关于访灵事宜，经先后两度详密之寻访，坚赞等揆度情形，藏方此次接到该佛等报告后，对确定正身事宜，自当顺利办理，毫无问题。然藏方处心积虑，诡谲莫测，难保不借端藉口发生意外阻碍，或者迁延时日故意捣乱，或者妄作主张自行决定，致我佛转世前途横生波折时，则非惟无以对国家，且无以对先佛，更无以对各方僧俗之信仰。万一将来如果发生此项事实，坚赞等决不甘心承认，有负使命。

窃惟历代班佛转世事宜，向由国家主持决定，代有成例，有案可稽，矧值此抗建时期，班佛正身之确定，不仅关系黄教兴替问题，实关系于西南国防者至重且巨，钧座负蒙藏之重寄，任国防之干城，应请转呈中央主持办理，以顺舆情而昭大信。且忆上年钧座莅青时，坚赞等曾奉面谕，关于班佛灵童确定事，应由中央主持办理。等因。仰见垂注逾恒，自匆庸鳃鳃过虑。惟为防患未然起见，心所谓危，不敢缄默。伏祈钧座电鉴下情，赐予主持，俾班佛正身今年确定，不胜感祷之至。

除将恩久佛到达拉萨后藏方办理灵童情况及策觉林佛在康访佛各详情一俟该佛等具报前来再行陆续转呈鉴核外，并恳指示今后坚赞等对进行决定灵童之一切机宜，以资遵循而免分歧，尤为企盼。肃电奉恳，伏祈垂察。

罗桑坚赞叩。鱼。印

（蒙藏委员会档案）

蒙藏委员会为坚持由中央派员
主持掣签决定班禅正身事致沈宗濂电

（1944年10月17日）

电　　　汉字3269号

拉萨。沈处长：

胜密。查班禅转世事，藏当局原欲规避中央干预，故对行政院核定办法两年不复，嗣受罗桑坚赞等西宁事件之威胁，态度比较好转。但据恩久等藏历卯蒸电，内有将所选三灵童姓名置于三糌粑丸内拈出一名，即为班禅真身之语，似仍有避免中央派员主持掣签之意。兹希注意下列各点：（一）维持中央核定办法，必须达到派员掣签目的；（二）藏方同意掣签后，中央拟颁布特派执事会同达扎主持班禅转世事宜之明令；（三）一二两项商妥后，中央当饬罗桑坚赞等护送班禅西宁灵童赴藏，由执事定期代表中央举行掣签典礼。希与噶厦及恩久等作具体商议，电复为盼。

罗良〇[1]。酉篠。汉。印

（蒙藏委员会档案）

行政院为院会决议并呈奉总统明令公布官保慈丹为十世班禅并在塔尔寺坐床事致蒙藏委员会指令

（1949年6月11日）

行政院指令　　　　卅八穗四字第4469号

令蒙藏委员会

三十八年五月五日穗字第363号呈，以据蒙藏地方各大活佛电请明令公布灵童官保慈丹为第十世班禅正身，并请隆重护送入藏，或援例先在青海塔尔寺坐床，派遣大员主持坐床典礼，等情，拟具办法转请核示由。呈件均悉。案经提出本院第六十次会议决议：呈请总统明令公布官保慈丹为第十辈班禅额尔德尼呼毕勒罕，并准在青海塔尔寺先行坐床，由中央派员前往主持办理。除已呈奉明令公布并分行外，仰即遵照。此令。

院长　何应钦

中华民国三十八年六月十一日

（蒙藏委员会档案）

行政院为奉令准派关吉玉、马步芳为主持十世班禅坐床典礼专、副使事致蒙藏委员会函

（1949年7月30日）

行政院秘书处公函　　　　卅八穗四字第6397号

奉交下总统府邱秘书长本年七月二十三日穗统（一）字第七八三号公

---

① 罗良〇，罗良鉴，时任蒙藏委员会委员长。

函，为前请特派关吉玉等二员主持班禅坐床一案，已明令公布。等由。并奉谕：函知蒙藏委员会。等因。相应抄件函达查照。此致

蒙藏委员会

附抄总统府秘书长原函一件

行政院秘书长 贾景德

中华民国三十八年七月三十日

附 抄总统府秘书长公函原文

贵院三十八年七月十六日（38）穗四字第五九九五号呈，请明令特派蒙藏委员会委员长关吉玉为主持第十辈班禅额尔德尼坐床典礼专使、青海省政府主席马步芳为主持第十辈班禅额尔德尼坐床典礼副使一案，经已奉总统分别明令特派。除刊登公报公布及特派状二件已由蒙藏委员会总务处处长傅广泽代领转送外，相应函达查照转知。此致

行政院

秘书长 邱昌渭

（蒙藏委员会档案）

行政院抄送关吉玉呈报十辈班禅坐床典礼情形电事致蒙藏委员会通知

（1949年8月20日）

行政院交办案件通知单 A—字第61286号

案由：关吉玉未真电呈报会同青海省政府主持班禅坐床典礼经过情形案。右案奉院长谕：抄交内政、国防二部及蒙藏委员会。等因。除分行外，相应通知

蒙藏委员会

行政院秘书长 贾景德

中华民国三十八年八月二十日

附 抄关吉玉真电

……第十辈班禅坐庆典礼未蒸上午十一时在塔尔寺普观文殊殿前大讲经院隆重举行，由职与马长官代办马继融厅长会同主持，并代表总统宣读

明令，颁赐礼品，当由班禅敬谨接受。是时风日晴和，人天欢畅，到有青省府官员及蒙藏各大活佛暨青、康、甘千百户、头人等共五千余人，仪式庄严和穆，至下午三时典礼观成，同深赞叹。谨充电陈，余容续报。

（蒙藏委员会档案）

附 国民政府遣藏代表（团）（1929.7—1949）

国民政府成立后，数次派员入藏，加强与西藏地方政府之联系。

赴藏专使

刘曼卿（1929.7. 派任；女，藏族，国民政府文官处书记官）

谢国梁（1930.5. 派任；蒙藏委员会委员）

赴藏慰问专员

贡觉仲尼（1929.12. 任，1930.8. 结束，藏族，雍和宫堪布）

致祭护国弘化普慈圆觉大师达赖喇嘛专使

黄慕松（1934.1.12—1934.11.28. 任）

青海巡礼团团长

黎　丹（1934.6.20. 任）

护送西陲宣化使护国宣化广慧大师九世班禅额尔德尼回藏大使

诚　允（1935.7.23. 任；1936.8.12. 辞）

赵守钰（1936.8.12. 任；未到职）

马鹤天（1936.8—1937.7.17. 代）

中央代表团

（1938 年 12 月 28 日国民政府特派蒙藏委员会委员长吴忠信会同热振呼图克图主持十四世达赖喇嘛转世事宜。1940 年 1 月 15 日吴率代表团抵达拉萨，2 月 22 日主持达赖坐床大典，5 月 14 日离藏）

团　长　吴忠信（1938.12.28. 任）

秘书长　罗良鉴

顾　问　曹经原　奚　伦

总务组长　周昆田

文书组长　孔庆宗

交通组长　奚　伦（兼）

（据《中华民国时期军政职官志》）

七、坚持中央政府对西藏摄政册封权

国民政府核准热振出任摄政

噶厦为热振出任摄政暨司伦等照旧奉职事循例呈报中央政府致西藏办事处电

藏历水鸡年（1933）十二月①

南京　西藏办事处雍和宫堪、扎等：

至上怙主达赖喇嘛之灵童业已认定，但在其未坐床执掌西藏政教前，经西藏僧俗民众同意，并通过在布达拉宫自在观音菩萨面前占卜，由热振呼图克图出任摄政，司伦、噶厦等文武诸事照旧。此情循例呈报汉政府。

噶厦

（西藏档案馆藏　原件藏文）

行政院为核准热振总摄全藏政教大权事致国民政府呈

（1934年1月31日）

案据西藏代表贡觉仲尼等宥代电称：代表等昨晚接奉西藏司伦、噶厦、译仓及僧俗官民全体大会电开：至尊无上达赖佛之职权，在佛未转世及转世后未登座期间，现经大会公举热振呼图克图代理。热振呼图克图自幼灵异昭著，智慧第一，道行学问，全藏信仰。此次大会一致推举，并向布达拉宫帕却洛格学瑞菩萨像前虔诚占卜，最为吉祥。所有全藏政教大权，决定迎请结泽②热振呼图克图总摄。至军事政治一切事宜，仍由司伦、噶厦负责办理。特此电知，并即转报中央为要。等因。肃电呈报，伏乞鉴察。等情。据此，经提出本院第一四五次会议决议："复电核准。"除

① 月份系编者考订增补。
② 结泽，藏文音译，义为代理藏王

照案电复并分行外，理合备文呈请钧府鉴核备案。谨呈
国民政府主席林

行政院院长　汪兆铭

（国民政府档案）

行政院为核准热振代摄达赖喇嘛职权复西藏驻京办事处转司伦、噶厦等电

（1934年1月31日）

西藏驻京办事处贡觉仲尼处长及诸代表，并转西藏司伦、噶厦、译仓及官民全体钧鉴：

三十日行政院会议决议，即日呈请国民政府以热振呼图克图代摄达赖佛职权，深信热振呼图克图必能益宏智慧，敷施教化，巩固中央，以副翊教保民之至意，特电知照。

（《武汉夜报》民国二十四年一月三十一日）

国民政府册封热振命令

（1935年5月29日）

热振呼图克图阐扬道化，世著令名，自达赖圆寂，综摄全藏政教，翊赞中央，抚绥地方，丕绩懋昭，深感嘉尚。着给予辅国普化禅师名号，用示优隆。此令。

（《申报》民国二十四年五月三十日）

国民政府加封热振辅国普化禅师名号册文

（1935年11日）

宏法利生，为行持之本愿；敦教导俗，洵治世之良规。热振呼图克图妙契玄微，广旁正觉，扇宗风于宝树，化溥乌斯，沛法雨于珠林，德弘鹿苑，风声所树。厥德懋昭，着加给辅国普化禅师名号。於戏！布中枢之德意，涣汗遥颁；永西土之教思，边陲长奠。式颁册命，尚其祇承。

（国民政府档案）

吴忠信为报告册封热振及授给勋章典礼事致行政院电

（1940年2月8日）

重庆。行政院院长蒋钧鉴：

〇密。册封热振及授给热振勋章典礼，已定于国历二月十五日在热振驻锡之细德寺正殿举行。谨闻，并请转报国府。

吴忠信叩。齐。印

（蒙藏委员会档案）

国民政府册封热振及授给噶伦勋章

（1940年2月）

中央于二十四年十一月锡封热振辅国普化禅师名号，颁给册印，交由护送班禅回藏专使赍往，迄以班禅回藏未成，册印缴存本会。此次忠信欲乘入藏之便，完成此项手续。同时，中央以热振及噶伦等绥抚西藏，久著劳绩，特授给热振二等采玉勋章，噶伦等三等采玉勋章各一枚，由忠信携往办理。经与藏方商洽结果，册封热振并授勋，订于二月十五日上午十时在拉萨锡德寺正殿举行，授勋四噶伦则于同日下午。届十五日上午前去，热振已先在。礼堂中设一案，陈列金印、金册及勋章，忠信代表国府主席立案左，随行人员依次排列，热振立案右，其所属僧官亦依次而立。典礼开始后，热振先向主席献哈达致敬，由忠信代表收受，忠信随将册、印、勋章等递由热振亲受。礼成，热振亲送至殿外，乃回坐殿中受藏官之贺。下午，授给四噶伦勋章。热振及噶伦等比于十七日分别电呈主席林暨委员长蒋申谢，并祝国泰民安，政躬康健。

（《吴忠信奉使入藏主持第十四世达赖喇嘛坐床典礼报告》）

热振为谢颁授册印勋章事致国民政府电

（1940年2月17日）

特急。重庆。国民政府主席林钧鉴：

兹奉国府明令，青海灵童拉木登珠特准继任为第十四辈达赖喇嘛，并赏赐拨发坐床大典经费四十万元；又蒙国府颁赐册封金印及采玉二等勋章，已于国历二月十五日由蒙藏委员会吴委员长亲授。敬领之余，肃电叩谢，并祝国泰民安，中藏亲洽。谨电。

西藏摄政云蒸热振呼图克图叩。篠印

（蒙藏委员会档案）

达札继任摄政，国民政府准予备案

热振为辞卸摄政由达札继任事致蒋介石电

（1941年1月16日）

重庆转呈委员长蒋钧鉴：

祭密。兹以本衲摄理藏政七载有余，仰承钧座维护，诸事甚为顺利。本衲任内唯一大事，为寻访达赖之转生，现已蒇事。兹以本衲身体精神诸多羸弱，政务殷繁，更兼才疏学浅，深感不胜，乃向达赖喇嘛及三大寺、藏政府大会辞职，已经大会决议通过，准卸仔肩。继任人选，亦已由大会公推现任达赖云蒸打札佛继任。谨电呈报。并候

钧安

西藏摄政云蒸热振呼图克图叩。铣（十六日）印

（蒙藏委员会档案）

行政院为西藏新任摄政达札电告就职日期准予备案事致蒙藏委员会训令

（1941年4月17日）

行政院训令　　　勇贰字第6049号

令蒙藏委员会

该会三十年二月二十五日未列号密呈，转西藏新任摄政打札佛电，报告就职日期一案，经呈奉国民政府渝文密字第一八号指令开：准了备案。合行令仰知照。此令。

院长　蒋中正

中华民国三十年四月十七日

（蒙藏委员会档案）

蒙藏委员会为转达新任摄政就职准予备案事致达札、噶厦电

（1941年4月23日）

拉萨。荣尊打札佛慧
噶　厦　公鉴：

奉行政院勇贰字6049号训令，拟转呈西藏新任摄政打札佛电报就职日期一案，经呈奉国府令备案，等因。特达。

蒙藏委员会。敬。印

（蒙藏委员会档案）

八、兴办蒙藏教育，优待蒙藏学生

有关蒙藏教育文件

国民党三届二中全会通过的蒙藏决议案中有关教育部分

（1929年6月17日）

（前略）

（三）于首都设立蒙藏学校，为储备蒙藏训政人员及建设人才之机关。由蒙藏各地选送优秀青年应试入学，并附设蒙藏研究班，指导促进关于蒙藏事情之专门研究。

（四）关于蒙古、西藏经济与文化之振兴，应以实行发展教育为入手办法，其要点如下：

1. 通令各盟旗及西藏、西康等地主管官厅，迅速创办各级学校，编译各种书籍及本党党义之宣传品；实行普及国民教育，励行识字运动，改善礼俗，使其人民能受三民主义之训育，具备自治之能力。

2. 确定蒙藏教育经费。

3. 在教育部内特设专管蒙藏教育之司科。

4. 在首都及其他适宜之地点，设立收容蒙藏青年之预备学校。特定国立及省立之学校，优遇蒙、藏、新疆、西康等地学生之办法。

上列各项事宜由行政院负责制定详细计划，迅速实行。（下略）

（国民党中央执行委员会秘书处档案）

教育部蒙藏教育实施方案要目

（1930 年）①

蒙藏各地语言、文字、风俗、习惯既与内地不同，故第二次全国教育会议通过实施蒙藏教育计划，注重实际事实，定为变通办法。兹录本部实施方案要目，列于左（下）方：

一、教育行政

甲　蒙古各盟部由各该长官组织盟或部教育行政委员会，筹划并掌管各该盟部教育事宜（限于十九年内一律成立）。

乙　蒙古各旗由各该长官组织旗教育行政委员会，筹划并掌管各该旗教育事宜（限于十九年内一律成立）。

丙　西藏各宗（即西藏等于蒙旗之行政区域）及等于宗之行政区域，由各该长官组织教育行政委员会，筹划并掌管各该地方教育事宜（限于十九年内一律成立）。

丁　规定倡办或捐资兴办蒙藏教育褒奖办法。

戊　规定奖励蒙藏人士学术上作品办法。

二、教育经费

甲　蒙藏中等以上学校之经费，应由国库支给。

乙　蒙藏小学教育及社会教育经费，均由各旗各宗及等于宗之地方，就本地方所有之荒价地租、矿产、森林、盐地、碱田、草场、水利及其他一切税收项下按成提拨之（限自十九年起实行）。

丙　蒙藏在内地及国外专科以上学校肄业之学生，应由国家指拨款项补助，并组织经理委员会经理之。

丁　蒙藏人士所组织之教育学术考察团费用，应由国库支给。

三、教育图书

甲　根据三民主义按照蒙藏情形，编印蒙汉文及藏汉文合璧之各级学校教科书，及有教科性质或补充教科之民众读物。

① 原件未标明时间，大致形成于 1931 年前后。

乙　筹办蒙汉文及藏汉文合璧之报章杂志等读物，尽量散发蒙藏各地。

丙　编印蒙汉文及藏汉文合璧之标准字典、辞典。

四、高等教育

甲　于最近期内将新颁之待遇蒙藏学生章程，完全实行于全国各校。

乙　于最近期内在中央、北平两大学内成立蒙藏班。

丙　于最近期内规定资送蒙藏学生出国留学名额及办法。

丁　在相当时期分设农、工、商业等专科学校及独立学院、大学，于蒙藏适宜地点。

戊　国内各大学酌设蒙、藏、回文学系或讲座。

己　提倡蒙藏人士组织教育学术考察团，特来内地考察。

五、普通教育

甲　于最近期内成立南京蒙藏学校。

乙　于最近期内在蒙古各盟部及西藏重要各地或蒙藏邻近各地，各设一中学校，或先设初中，或初高并设，应按地方情形办理（限自十九年起实行）。

丙　于蒙古各盟部及西藏重要各地或蒙藏邻近各地，各设一乡村师范学校，并附设师范讲习班，或附设于中学内（限自十九年起实行。）

丁　于蒙古各盟部及西藏重要各地或蒙藏邻近各地，按其社会之需要各设一职业学校，或附设于中学内（限自十九年起实行）。

戊　于蒙古各旗、西藏各宗及等于宗之地方，按其学龄儿童之多寡，酌设小学若干校，至少各先设模范小学校（限自十九年起实行）。

六、社会教育

甲　责令蒙古各旗、西藏各宗及等于宗之地方，励行识字运动（限自十九年起实行）。

乙　蒙古各旗、西藏各宗及等于宗之地方，各先组织一巡回讲演团（限自十九年起实行）。

丙　蒙古各旗、西藏各宗之地方，各先设一民众学校，再按地方情形随时增设之（限自十九年起实行）。

丁　蒙古各旗、西藏各宗及等于宗之地方，各酌设民众教育馆、图书馆、讲演所、阅报室、体育场等机关（限自十九年起实行）。

戊　蒙古各盟部及西藏重要各地，各酌设图书馆、博物馆、美术馆、古物保存文献征集处等机关（限十九年起实行）。

己　调查蒙藏地方流行之戏剧、评书、歌曲等项，并拟定改良办法。

（国民党中央民众训练部档案）

教育部订定边疆教育实施原则

（1931）[①]

一、目标

1. 依遵中华民国教育宗旨及其实施方针，力谋边疆教育之普及与发展。

2. 根据边疆各民族之特殊环境，以谋边境人民智识之增高，生活之改善，并注意其民族意识之养成，自治能力之训练及生产智识之增进。

3. 依遵总理民族平等之原则，由教育力量力图边疆人民语言意志之统一，以期五族共和之大民族主义国家之完成。

4. 依遵总理三民主义即救国主义之原则，力谋边疆各民族抵御各帝国主义侵略意识之增高。

二、计划

1. 成立主管委员会主持边疆教育。

2. 主管委员会调查边疆人口暨学龄儿童之数量。

3. 主管委员会调查各级学校学生数、教职员数及失学学生数等。

4. 主管委员会调查社会教育及文化事业之状况。

5. 派员视察文化机关暨学校的组织、设备、经费、课程、训育等实际状况，注意其特点与缺点，加以指导与纠止。

6. 各级学校或其他文化机关，如受帝国主义者之压迫时立即向党部及政府报告，设法处理。

7. 注意师资之培养。

---

① 原件未标明时间，大致形成于1931年前后。

8. 边疆青年之优秀者，考送在内地求学。

9. 编订适合于边疆情形的教育法令。

10. 各种教育之兴办，应详定方式次第推行。

三、组织

1. 为集中各方对于边疆教育的意见，成立边疆教育设计委员会。

2. 教育部已有之蒙藏教育司，应积极负责主持边疆教育。

3. 应健全边疆教育厅之组织，随时将所在地之教育情形呈报中央主管教育机关。

四、经费

1. 中央在国库中或庚子赔款中提出若干万元，作为发展边疆教育之用途。

2. 确定与增加边疆省教育行政机关之经费。

3. 筹措边疆各地方之民众教育及义务教育经费。

4. 各县区地方教育经费之增加。

五、设备

1. 各级学校之设备，应以合于三民主义的精神及边疆各地之特殊环境为原则。

2. 各级学校之设备应特别注意下列各点：

（一）多备与边疆各地有关之各项书籍及图表；

（二）多陈列内地各种文物。

六、课程

1. 各级学校之课程，应根据内地各级学校课程之标准，并斟酌边疆各民族情形编订之。

2. 小学校之教科图书，用蒙藏文、汉文合编之。

中等以上学校之教材图书，以用汉文编订为原则。

3. 各级学校之教材应特别注意下列各点：

（一）中国民族之融合的历史；

（二）边疆和内地之地理的关系；

（三）帝国主义侵略中国边疆各民族之历史及事实；

（四）帝国主义侵略世界各弱小民族之残酷的历史及事实；

（五）边疆各民族人民和国民革命的关系；

（六）边疆各民族人民地方自治和民权主义的关系；

（七）边疆各民族人民经济事业和民生主义的关系；

（八）其他有关边疆各民族人民特殊环境之教材。

七、训育

1. 各级学生之训育应根据边疆民众之生活情形，参照内地各级学校之训育标准实施之。

2. 各级学校训育之实施应特别注意下列各点：

（一）以科学的常识破除其对自然界的迷信（专指蒙藏民族而言）。

（二）唤起民族精神以破除其部落思想。

（三）由国际时事之讲解和团体生活之训练，养成爱国家、爱民族之精神。

（国民政府教育部档案）

教育部实施蒙藏教育计划（摘录）

（1931年3月）

全国教育应当统一，但为推行便利计，也有因地制宜的必要。蒙藏地方的语言、文字、风俗、习惯、地势、交通、经济需要，处处与内地不同，若把适宜于内地的办法，〔搬〕到蒙藏地方去办，一定费力多而成功少，有的竟办不通也难说。本计划一面顾到全国教育统一的宗旨，一面也注意蒙藏地方实际的事实。新疆回民中，有不能完全适用内地教育办法的，也（要）有相当的变通办法。

一　实施教育行政办法

第一，蒙古各盟部由各该长官秉承各主管教育行政机关，组织盟或部教育行政委员会，筹划并掌管各该盟部内教育事宜。

第二，蒙古各旗由各该长官秉承该管盟部长官，组织旗教育行政委员会，筹划并掌管各该旗内教育事宜。

第三，西藏各宗（即西藏地方等于蒙旗的行政区域）及等于宗的地方，由各该长官秉承各主管教育行政机关组织教育委员会，筹画并掌管各该地方教育事宜。

第四，前三条教育行政委员会的办法，大要如下：

甲　蒙古各盟部及旗的教育行政委员会，定名为某盟某部或某旗教育行政委员会，西藏各宗及等于宗地方的教育行政委员会，定名为某宗或某地方教育行政委员会。

乙　凡教育行政委员会应设委员长一人，副委员长一人，委员无定额；均由各该盟、部、旗、宗及等于宗地方的长官遴选任用，分组或分科办事，组织章程另行规定。

丙　各教育行政委员会分别秉承该管盟、旗、宗及等于宗地方的长官，掌理该管盟、部、旗、宗及等于宗地方的一切教育行政事宜。

丁　各教育行政委员会经费，都由该管盟、部、旗、宗及等于宗地方的行政经费项下开支。

戊　凡已设省的蒙藏地方，关于蒙藏教育事宜，其上级教育行政长官也负有监督指导之责。

第五，蒙藏各地教育行政委员会除有特别情形者外，都应限于民国二十六年六月底以前成立，由各该盟、部、旗、宗及等于宗地方的长官负责办理。

第六，凡私人或团体倡办或捐资兴办蒙藏教育的，均应特别奖励，以昭激劝。办法大要如下：

甲　倡办或捐资兴办蒙藏教育事业的褒奖，除本计画特别规定者外，都照现行捐资兴学褒奖条例办理。

乙　凡募集款项兴办蒙藏教育事业，其款额达于捐资兴学褒奖条例第二条各项款额的五倍以上者，应比照捐资兴学的规定，核给奖状。

丙　凡倡办蒙藏教育事业，经过相当期间确有成绩的，应按其成绩核给奖状。

丁　蒙藏教育奖状应由教育部另定形式。

戊　凡倡办或捐资兴办蒙藏教育者的褒奖手续，都由该管盟、部、旗、宗等教育行政委员会呈由该管盟、部、旗、宗等长官，转请教育部蒙藏委员会会同核办。

第七，凡以蒙藏文编译关于党义或科学的图书的，应特别奖励，以资劝勉。办法大要如下：

甲　凡以蒙藏文翻译或编纂各种学术上作品，送请教育部和蒙藏委员会审查合格的，除照著作权法规定办理外，并依本办法给奖。

乙　奖励分列三等，由教育部和蒙藏委员会会同核定：

1. 给与奖金，并由教育部和蒙藏委员会会呈国民政府明令嘉奖；

2. 给与奖金；

3. 给与奖状。

丙 本办法未施行以前的著述，业经出版者不给奖。

第八，由教育部、蒙藏委员会在首都设立蒙藏回学生管理委员会，办理学生的招送、指导和经费的保管支给等事项，其组织另行规定。

二 实施普通教育办法

第一，蒙古各旗、西藏各宗及等于宗的地方，按其学龄儿童的多少，酌设小学若干所；在民国二十年以前，至少须各成立一处，以后逐渐推广。

第二，蒙古各盟部及西□〔藏〕重要各地，照社会的需要，各设一职业学校，限六年内完全成立；新疆回民繁庶之区亦应酌设；但依事实上的便利，得附设在中学或师范学校内。

第三，蒙古各盟部，西藏重要各地，及新疆回民繁庶之区，各设一中学；限于六年内一律成立。设置地点和招生区域大要如下（节略）：

设置地点	招生区域
都兰	青海左右翼两盟
拉卜楞	附近各藏族
昌都	西康
太昭	西康

（蒙古、新疆等地略）

第四，蒙古各盟部、西藏重要各地和新疆回民繁庶之区，各设一乡村师范学校，限于六年内一律成立。设置地点和招生区域，大要如下：

设置地点	招生区域
西宁或湟源	青海左右翼两盟
结古	玉树等旗
巴安	西康
理化	西康

（蒙古、新疆等地略）

第五，在首都、康定二处，各设一国立蒙藏学校，应在两年内完全成立；原有的北平蒙藏学校也应整理而使之充实。

第六，蒙藏各学校的组织、训练、课程、待遇，均应以适用现行教育法令为原则，但应注意下列各点：

甲　蒙古中学、师范、职业学校，都应冠以所在地的地名，并在地名下加以蒙旗字样，以免与其他同地学校相混；西藏所设各校也宜冠以地名，如该地已有同样学校，即用所在地的古名。小学宜称为某旗旗立或某宗宗立小学，并于小学二字上加以所在地的地名。

乙　蒙藏各项中等学校招生，原则上应以在小学六年毕业者为合格，实际上得酌量地方情形，收容与有等学力者入学。

丙　蒙藏各项中等学校及小学校的课本，除应采用全国统一的教材外，并宜酌量蒙藏社会情况与其需要，另选适用教材编入；中等以下学校的课本，尤应译印汉蒙文及汉藏文合璧本。

丁　蒙藏地方各学校学生，得由学校酌量供给膳宿图书等费。

新疆回生得适用乙丁两项的规定。

三　实施高等教育办法

第一，新近颁行的待遇蒙藏学生的章程，应切实完全实行。办法大要如下：

甲　每到春季、秋季招生时期，由教育部先行通令全国各学校，按照待遇蒙藏学生章程实行收录蒙藏学生。

乙　每到春季、秋季招生时期，由蒙藏委员会预先通行蒙古各盟旗，西藏各宗及等于宗的地方，责令按照待遇蒙藏学生章程多送蒙藏学生来内地求学。新疆学生按教育部第一一八五号训令，适用待遇蒙藏学生章程办理，甲乙两项也都适用。

第二，应遵照十八年春间国务会议议决：交教育部办理的办法，在本年秋季开学前成立大学蒙藏班。办法大要如下：

甲　由教育部限令中央、北平两大学，务于本年秋季分别成立蒙藏班。

乙　在本年五月以前，由教育部、蒙藏委员会会订招生办法，由会通行蒙古各盟、西藏各宗及等于宗的地方，令其如期保送蒙藏学生前来入学。

第三，在八年内分年资送蒙藏学生出洋留学，办法大要如下：

甲　选派区域及额数：内蒙十名，外蒙八名，青海二名，西藏八名、新疆四名，共计三十六名。

乙 资格 高级中学以上学校毕业，或具有同等学力者。

丙 留学年限 三年到七年，学医及学工程的得酌量延长。

丁 选派期限 每两年考选九名，日本四名，欧美五名，保送及考选规则由教育部另定。

戊 待遇 留学经费由中央支结。

第四，在相当时期分设农工商业等专科学校及独立学院，或大学于蒙藏适宜地点。

在此等学校未设以前，所有应求高深学术的蒙藏学生，可由中央、北平两大学的蒙藏班与首都蒙藏学校收容，并可依照待遇蒙藏学生章程分送内地大学或专科学校肄业。

第五，前条蒙藏学生在各专科学校或大学肄业的，中央应拨款补助。(新疆学生造用第四第五两项的规定)

第六，国立各大学应酌设蒙、藏、回文学系或讲座，中央、北京两大学在一年内必须设立。

第七，在一年内应由教育部和蒙藏委员会，会拟蒙藏教育学术考察团组织章程，公布施行。拟定此项章程时，应注意机会均等、每年次数及易于实行各要点。

第八，前条章程公布后，即由部、会会同督促成立第一次蒙藏教育学术考察团，并由部会各派指导员数人前往内地教育实业发达各处考察。

第九，蒙藏教育学术考察团所需费用，由中央补助，其预算由教育部、蒙藏委员会会同编造。

四 编印教育图书杂志报章办法

第一，根据三民主义，按照蒙藏情形编印蒙汉文和藏汉文合璧的各级学校教科图书，并兼有教科性质或补充性质的民众读物。办法大要如下：

甲 由教育部编审处聘请精通汉蒙文和汉藏文而又熟习蒙藏情形的人员，以内地中小学现用的教材为蓝本，积极编译蒙藏中等以下学校的课本和补充读物。

乙 由教育部奖励编译蒙藏文中小学应用的教材和民众读物，送部审定。

丙 教育部译印的和审定的中小学教材及民众读物。应设法鼓励书店印行。

第二，在最近期内，由蒙藏委员会办一规模较备的蒙古时报及西藏时报，蒙古时报应汉蒙文合刊，西藏时报应汉藏文合刊，三日或五日或一星期出版一次，一方（面）登载国内外新闻及教育消息、科学常识等，一方（面）并载蒙藏地方一切情况及文献歌谣。

第三，由教育部编辑月刊或季刊，也是汉蒙文或汉藏文合刊的。

第四，蒙藏私人或团体办理的报章杂志，如宗旨正大、成绩优良的，应由政府奖励或给津贴。

第五，教育部应编印蒙汉文及藏汉文合璧的标准字典、辞典。

五　实现社会教育办法

第一，责令蒙古各旗、西藏各宗及等于宗的地方，励行识字运动。

第二，蒙古各旗、西藏各宗及等于宗的地方，应尽先组织巡回讲演团。

第三，蒙古各旗、西藏各宗及等于宗的地方，应各尽先设立民众学校一所，以后再按照地方情形随时增设。

第四，蒙古各旗、西藏各宗及等于宗的地方，酌量经济能力，设立民众教育馆、图书馆、讲演所、阅报室、体育场等。

第五，蒙古各盟部及西藏重要各地酌量经济能力，设立图书馆、博物馆、艺术馆、古物保存所、文献征集处等。

第六，调查蒙藏地方流行的戏剧、评书、歌曲等，并定改良办法。

上列各条中第一、第二及第三条，应在各地教育行政委员会成立后即积极推行；第一步应先成立旗宗巡回讲演团，第二步励行识字运动，民众学校以附设于旗宗各小学为原则。

六　经费预算

第一，小学经费及社会教育经费应由本地方负担，各就所得的荒价、地租、矿产、森林、盐池、碱田、草场、水利及其他一切税收项下支给，其不足之数由各该省政府补助。

第二，前条教育经费至少应占各旗宗岁入的百分之三十，应由教育行政委员会妥慎保管经理。

第三，职业学校、中学、师范以及蒙藏学校，专科以上学校，留学补助、学术考察团等经费应由中央支给。

第四，职业学校及初中每所开办费各约一万元，经常费每年约二万元。

第五，高级中学每所开办费约九万元，经常费每年约四万元。

第六，乡村师范每所开办费约四万元，经常费每年约二万元。

第七，蒙藏学校开办费约四万元，经常费每年约二万元。

第八，留学日本出国回国川资，每人每次二百元，欧美一千元，学费日本每人每月一百三十五元，欧美每人每月三百元。

第九，补助高中以上学校肄业生定额五百名，每名每年平均补助费三百元计每年十五万元，其蒙藏回名额的分配另行规定。

第十，学术考察团补助费每年约二万元。

第十一，编译奖金每年约一万元。

（国民党中央民众训练部档案）

国民党中央秘书处关于创办蒙藏教育设施函

（1931年7月1日）

查蒙古、西藏民智未开，欲使本党主义及政策普及于蒙藏，自应以提高蒙藏文化为入手办法。爰经中央第一四七次常会议决急要之设施加左（下）：

（甲）蒙藏学校　中央政治学校应速附设蒙藏预备学校，并予以优待；（一）入学及修业予以便利；（二）酌量减免学宿等费。此项预备学校将来于北平、成都次第设立；

（乙）蒙藏学校　由中央迅速筹办。

（丙）蒙藏宣传事业　在中央设蒙藏宣传机关，迅速从事翻译事业；（一）将总理著作、约法及中央重要法令译为蒙藏文；（二）将蒙藏重要书籍译成汉文。前项翻译事业以编印汉藏字典为重要基本工作。

并经决议：以上第一项交中央政治学校迅速筹办，第二项交教育部，第三项交中央宣传部、中央政治学校会商进行办法在案。

除公函外，特录案函达，即希查照办理见复为荷。此致

中央政治学校

中央宣传部

教育部

中华民国二十七年七月一日

中央秘书处　印

（国民党中央执行委员会秘书处档案）

教育部民国二十年度蒙藏教育经费分配办法

（1931年）

一、左（下）列各国立蒙藏学校经常费共九万元，其不足之数及开办费、临时费等均由教育部、蒙藏委员会另案呈请行政院转饬财政部筹拨，或于下年度预算内再为增加。

1. 国立西宁回藏学校；

2. 国立宁夏蒙回学校；

3. 国立甘肃蒙回藏学校。

二、蒙藏地方及新疆回民繁庶之区所设之中等学校补助费共卅万元，依左（下）列标准分配之：

甲　按照蒙藏教育实施计划所定招生区域，每区以补助中学校，乡村师范学校、职业学校等中等学校二处为限。

乙　各校补助费数目，依各该校学生之多寡定之，但每校至多以一万八千元为限，其不足之数由各该地方〔补助之〕。

丙　本年度所补助之中等学校，以在蒙藏教育实施计划内指定之地点，或其他适宜地方现已成立或已有相当基础者为限。

丁　现尚无中等学校或相当基础之处，应酌给补助费，责令各该地方在蒙藏教育实施计划内指定之地点或其他适宜地方，克期筹设模范小学二处，补助小学每处至多以六千元为限，俟有学生毕业即改为中等学校，再照中等学校例补助。

三、肄业内地高中以上学生之蒙藏及新疆回部学生补助费共三万元，其补助规则另定之。

四、留学国外之蒙藏及新疆回部学生补助费共二万元，其补助规则另定之。

五、蒙藏地方中等以下学校适用之教科书印刷费共三万元，其种类及办法另定之。

六、蒙藏地方中等以下学校适用之教科书及民众读物编译奖金一万元。

七、蒙藏教育学术考察团补助费一万元。

八、蒙藏教育特别补助费一万元。

（国民党中央民众训练部档案）

捐资兴学褒奖条例补充办法

教育部第九二九九号训令（1934 年 7 月 30 日）

一、凡在蒙古、西藏及新疆、西康、宁夏、青海、甘肃等地方捐资兴学之褒奖，除依照条例第一、二、六、七、八各条办理外，其余适用本办法之规定。

二、应授予四等以下奖状者，由各该地方教育行政机关，或监督教育机关核明授予，仍于年终汇案分报教育部、蒙藏委员会备案。应授三等以上奖状者，由各该地方教育行政机关，或监督教育机关，开列事实表册及捐资实证，呈由蒙藏委员会核明，咨请教育部查酌授予。

但蒙藏委员会查有上项应授予三等以上奖状者，亦得自行咨请教育部授予。

三、捐资三千元以上者，除授予三等奖状外，并由教育部、蒙藏委员会会同呈请行政院颁令嘉奖。

捐资五千元以上者，除授予二等奖状外，并由教育部、蒙藏委员会会同呈请行政院题给匾额。

捐资一万元以上者，除授予一等奖状外，并由教育部、蒙藏委员会会同呈请行政院转呈国民政府明令嘉奖，并题给匾额。

四、本办法自呈准之日施行。

附　捐资兴学褒奖条例（1930 年 1 月 29 日公布）

第一条　凡以私有财产创立或捐助学校、图书馆、博物馆、美术馆及其他教育机关者，得依本条例请给褒奖。

第二条　凡捐资者，无论用个人名义，或用私人团体名义，一律按照其捐资多少依下列规定，分别授予各等奖状：

一、捐资五百元以上者，授予五等奖状；

二、捐资一千元以上者，授予四等奖状；

三、捐资三千元以上者，授予三等奖状；

四、捐资五千元以上者，授予二等奖状；

五、捐资一万元以上者，授予一等奖状。

第三条　应授予四等以下奖状者，由大学区大学，或省教育厅或特别市教育局开列事实表册，呈请省政府、特别市政府核明授予，仍于年终汇报教育部备案；

第四条 应授予三等以上奖状者，由大学区大学，或省教育厅或特别市教育局开列事实表册，呈明教育部核明授予；

第五条 捐资至三万元以上者，除给予一等奖状外，并于年终由教育部汇案呈请国民政府明令嘉奖；捐资至十万以上者，除授予一等奖状外，由教育部专案呈请国民政府明令嘉奖。

第六条 凡已受有奖状者，如续行捐资，得并计先后数目，按等或超等晋授奖状。

第六条 凡经募捐资至第二条所列各数者，得比照该条分别授予奖状。

第八条 凡以动产或不动产捐助者，准折合银元计算。

第九条 华侨在国外以私财创立或捐助学校及其他机关，以培育本国子弟者，其请奖手续，由各驻外领事馆开列事实表册，呈请教育部核办。

第十条 本条例自公布日施行。

附 奖状图样

奖　　状

某人
某团体

照捐资兴学褒奖条例之规定特授予　　　　等奖状　此证
授予者署名

中华民国　　　年　　　月　　　日

说明：

（一）奖状内某人字样，系填写捐资者之姓名，其下空行，应详记其捐资之事实。某团体字样，系填写捐资团体之名称，其下空行，所记同上。

（二）奖状内授予兴学者署名字样，系填写授予者之职衔姓名，凡四等以下奖状，应由省政府主席或特别市市长及主管教育行政长官分别署名。

捐资兴学事实格式（教育部第七二九号训令颁发——（1929 年 5 月 24 日）

团体名称或个人名称	所在地或籍贯	事　　实	应得褒奖	备　　考

（国民政府教育部档案）

蒙藏回教育补助费补助规则

（1935年7月23日会令公布）

第一条　关于蒙藏回（指新疆缠回）各民族之学校与学生，及文化事业各项补助费之给予及停止，均依本规则办理之。

第二条　本规则各项补助费，以国家总预算内所列蒙藏回教育补助费之金额为限。

第三条　凡蒙藏回各族所成立之公私立各级学校，经该管教育行政机关及蒙藏委员会核准立案，并由本会查实认为办有成绩者，得酌予补助。

第四条　已受本会补助之学校，须遵照教育部所定规程，于每学期前后，将应行报告之件分报本会。

第五条　凡受补助之学校有左（下）列各事之一者，本会得随时停止其补助费，并得加以纠正：

一、办理成绩不良者；

二、违反教育法令者；

三、因受取缔或自动停办者；

四、不按照教育部所定规程，将应行报告之件分报本会者。

第六条　凡蒙藏回各族学生，在首都、北平经教育部立案之中等以上学校肄业之自费生，经本会调查考核后，得酌予补助。

第七条　声请补助之学生，须呈交下列各件：

一、原籍地方官署之证明文件，但有特殊情形者，得由各该地方驻京办事处证明之；

二、现在肄业学校之证明书，且开具该生之姓名、年龄、籍贯学历、科别年级、考试成绩、所通语言文字。

第八条　前经证明领费之学生，经本会查有伪冒者，其所领补助费，应由原证明机关负责赔偿。

第九条　学生补助费之发给，以现在肄业学校之修业期间为限，其有由甲校转入乙校者，须根据第七条之规定，另行声请，非经核准不得继续领费。

第十条　学生补助名额，暂定为一百名，其分配如左（下）：

一、蒙族五十名；

二、藏族三十名；

三、回族二十名；

四、其补助次序，以入学之先后为序，倘名额届满时，俟有缺额，再行依次递补，如名额不敷分配时，则以学校之高低或成绩之优劣，为补助之先后。

第十一条　正式生如有缺额时，旁听生亦得准补其缺，其补助费次序，仍照第十条第四款之规定办理。

第十二条　已受补助之学生，有左（下）列情事之一者，本会得随时停止其补助费：

一、休学或退学者；

二、学年考试不及格者；

三、品行不良经学校严重惩罚者；

四、学期终了不呈验成绩报告单者；

五、旁听生一年期满，不能取得正式生资格者。

第十三条　凡蒙藏回各族所在地之文化事业，经中央或地方政府核准立案，办理一年以上，其标准合于左（下）列各款之一，经本会查实认可者，得酌予补助：

一、图书馆已自有馆址，并公开设有各种阅览室，藏书五千册以上者；

二、博物馆已自有馆址，并公开设有各种陈列室，其不同物品在二千件以上者；

三、民众教育馆，已自有馆址，并公开设有各种展览室、研究会、传习班者；

四、学术团体已有固定馆址，并发行有关边疆之刊物，如丛书、杂志、调查报告、专门著作可资考核，并不以营利为目的者。

第十四条　已受补助之文化事业，每半年须将其发展情形报告本会，必要时本会并得派员考查其成绩。

第十五条　已受补助之文化事业，本会认为办理无成绩者，得停止其补助。

第十六条　凡蒙藏回各族所成立之学校，有合于本规则之规定，经本会查核，认为应须补助者，其补助金额，不得超过该校经常费三分之一。

第十七条　本规则各项补助费各单位应领金额，及领费手续之详细办法另定之。

第十八条　本规则所补助之学校及文化事业，其校址或馆址，须在蒙藏回各族所在地内，否则不予补助，但在本规则施行以前，已经核准补助，而合于本规则者，仍照原案补助之。

第十九条　本规则如有未尽事宜，本会得随时修改之。

第二十条　本规则自公布日施行。

附　孙乐山关于西康地方教育状况的考察报告

（1935年2月13日）

总　论

西康人民，蛮众占十分之八强、汉民十分之一不足，汉人与土人之混血种（俗称扯盖娃）约占十分之一。土民体格强健，似苗族而性驯，仅仁慈异之，汉民多系流徒兵役罪徒等，忠厚者少，狡猾者多；混血种全似汉人。其地文化甚低，阶级最严，人分僧、俗两种。俗人以土司为最高级，大头人次级，小头人又次级。农民与牧民皆当差，称为差民，最低级。低级对高级绝对服从，生命财产、牛马子女，盖受高级之支配，赴汤蹈火，唯命是从。僧人以佛都督（呼图克图）为最高级，大喇嘛（管事之僧与熟习经典之喇嘛）为次级，扎坝（沙弥）为最低级。康民信奉喇嘛甚诚，教育、医药、祈祷、占卜、艺术、珍玩皆归于喇嘛。喇嘛衣食仕各费概由俗民供给，且皆出于自愿，无强取者。汉人在康原属最上阶级，昔蛮人见汉人之骑马者，皆下马致敬。民国以来，惟汉官能受敬礼，近则汉官亦不能受其礼貌矣。蛮民好斗，各身佩长刀，作保身之用；蛮匪（土名觉巴）残酷，每行盗时，必先将被盗者杀死，而后盗其财物。至于教育，则不明教育为何物。除西康之泸定县、康定县较为发达，关外教育几付于零，一般土民仍视读书为差徭。昔赵尔丰治边时代，曾实行强迫教育，蛮民竟出金钱，雇用混血种之贫寒者代读，社会教育毫无推行。地方当轴恒以蛮民性驯之可欺，虐待压迫，力求私人之中饱与安适，不求社会之改进，教育之推行，谋边区之开化，富源之开垦。兹考察西康社会教育，仅将管见建议钧部，以供推行西康教育之参考。

（一）设立西康民众教育馆由

理　由

西康地处边陲，教育落后，加之佛教在康之盛行，人民多以充当喇嘛为荣，视读书为差徭。推其原因，概由宣传力太薄，政府与人民相隔太远，最近考察康区各学校，均属汉籍学子，以及最少数之混血种，蛮民子弟无一向学者。欲振兴西康教育，势必设立民众教育馆，从事宣传政府策略、教育宗旨，改换康民思想，诚有补于西康之一切也。

办　法

民众教育馆不必由西康当局派员创办，因西康现在教育界人士大半为西康军政界分任。至其成绩，则因掌校者之精神不能整个供给于学校，且经费困难，若令西康当道主办，恐染前习，图设虚名，最好由教育部确定经费，选派社教专家前赴康定创办，或可实地走到民间工作也。

（二）优厚西康夷民入学待遇由

理　由

西康夷民视读书为差徭，以读书差非经十余年不能解脱，因在此十余年内，不特不能生产，且负担年重一年，因有出资代读之习。欲普及西康教育，非增厚夷民入学待遇，不克挽救。

办　法

优厚西康夷民入学待遇，系指西康本省所办学校之学生，确系汉民在初小、高小、初中、高中、师范各级学校之优待及毕业后之优待，明白规定宣传于西康民间，打破视读书为差徭之观念，促进教育之发展。

（三）西康各县喇嘛寺附设简易学校由

理　由

西康人民信佛，家有三子，则以二子习喇嘛，五子者则以三子或四子习喇嘛。在喇嘛寺所习之经典，以口传者最多，甚至一寺中有喇嘛数十人，竟无一人可以执管，似宜遵照二十二年三月十八日教育部公布之小学规程第一章第五条简易小学规程办理之。使喇嘛先知汉语汉文，而后同化其思想，为推行西康教育之一法也。

办　法

西康各县喇嘛寺附设简易学校，应先由各该政府召集喇嘛寺之呼图克图详为解释中央对边地之重视，简易学校之意义，而后派教师入寺教学。

（四）整理各县官话学校为小学由

理　由

西康关外各县学校，尚为赵尔丰治边时所设官话学校，迄今仍未改换名称，与教育部所定之小学法第四条相反，似有整理之必要。

办　法

由教育部令西康行政督察专员执行。

（五）确定西康省教育经费、县教育经费由

理　由

西康省政府未成立，各事均由驻军管理，经费混乱。现西康师范学校月支四百十七元，该校经费系向西康财务统筹处支拨，可认为省款。但该校欠薪时有发现，关外各县未筹经费，未设学校者不下二十外县，其已筹经费者，有少至每年藏洋贰佰元者（藏洋壹佰元合大洋四十四元八角）。夫金钱为成事之母，推进西康教育，当以确定经费为急务也。

办　法

确定西康教育经费，宜先组织委员会详为调查，然后由教育部规定之。

（六）编辑汉藏课本由

理　由

西康夷汉杂处，语言不统一，康定小学在初小三年级即加教藏语，每周二三小时不等，俟高小毕业，学生读藏文四本仍无所得，推其原因，乃教授藏文之教师均无课本，作无系统之教学。当今政府开发西陲，发展边地教育，编辑汉藏教本，当为目前必要之工作也。

办　法

编辑汉藏教本，当由教育部聘请专家编辑之，并可征集目前西康藏文教师所用材料审核之。

（七）编撰汉藏字典由

理　由

康藏通用藏文，但各地语言不同，文字亦有差别，在数十里之距离，曾发现双方文字不解之苦。康区研究藏文者，先用印藏字典，而后再用印英字典，再转用英汉字典，如此情形实有碍康藏教育之发展，藏汉字典之重〔要〕不言可知也。

办　法

编辑汉藏字典，当由教育部聘请专家编辑之。

西康最近各县教育状况表

校　名	校长或主任及教职员数	班　次	经　费	校　址
中国国民党中央政治学校西康分校简易师范部	主任杨倬孙 教职员七人	一班	二万元	川王宫内
西康师范学校	校长汪仲夔 教职员十五人	三班	每月四佰十七元，由西康财务统筹处拨	明正街
县立小学校	校长陈文瀚 教职员十人	高小二、初小三班	每月二百元由康定教育科统收统支	南门大街
县立女子小学校	校长王逸萍 教职员十一人	同前	同前	明正街
中区初小	主任胡思谦 教职员二人	初级二班	每月大洋肆拾元，由康定教育科统收统支	营盘街
东区初小	主任金殿耀 教职员二人	同前	同前	瓦斯沟
北区初小	主任李茹忠 教职员二人	同前	同前	三道桥
康化小学	校长何伯康 教职员九人	高小二、初小二班	每月二百元上下由天主堂出款	兴隆街
中阿小学	校长贾雨三 教职员四人	高、初小各一班	回教公会私立学校款由清真寺出，现正在增加尚无确数	南门大街

西康关外各县教育状况表

路别	县名	教育状况	经费状况
北路	丹巴　道孚　炉霍　甘孜　瞻化　白玉	县治均有小学一所　乡间有官话学校二三所	由各县粮税项下划拨
	德格　邓科　石渠	县治民二十一年恢复学校　正在筹办	正在筹划
南路	九龙　雅江　理化　巴安	县治均有学校一所　乡村多未设校	多由各县粮税项下划拨
	义敦　稻城　定乡　得荣	复治未久正在筹划	正在筹划
西路	盐井　宁静　武城　察雅	未设学校	未筹经费
	昌都　贡县　恩达　科麦		
	察隅　同普　硕督　嘉黎		
	太昭		

附注：由康定南北两路而西统称关外。

（国民政府教育部档案）

蒙藏委员会致教育部公函（摘录）

（1935 年 3 月 14 日）

蒙藏委员会　公函总字第八三号

案准贵部廿四年发蒙总壹 8 第二五零七号函送二十四年度边疆教育经费概算提要、概算书暨推广边疆教育实施办法各五份，请会印分别抽存送还，以便汇编等由。准此。经已将原件会印，并各抽留一份存卷，相应检同其余四份，函请贵部查收办理。此致

教育部

附　廿四年度边疆教育经费概算提要、概算书暨推广边疆教育实施办法各四份〔提要、概算书略〕

委员长　石青阳

副委员长　赵丕堂（代）

中华民国廿四年三月十四日

附　教育部、蒙藏委员会会订推广边疆教育实施办法

（甲）编辑民族适用之小学教科书

一、要点：其内容要点，注意民族生活之状况，灌输科学智识，并间以政治材料，捍卫国家之历史人物，以启迪知识，养成国家观念为鹄的。

二、办法：先编国语、公民、常识（包括历史、地理、自然等科）三种，均以国话为主，旁注蒙、回、藏、苗等文字。

（乙）广设小学

（1）要点：应于边地文化最落后处，尽先设立。一方（面）训练儿童基本教育，一方（面）并以学校为中心，灌输一般民众普通常识，养成其爱国思想与观念。

（2）办法：先设小学三十六所，其设立区域如左：

青海藏族　一所

西康藏族　四所

（丙）创设师范学校

（余略）

（1）要点：查师资之训练为一切设施基础，苟无相当人材，即难得良好成绩。宜于各边地适当地点筹设师范学校，招本地汉人及各族之优秀青年施以严格训练，养成坚（艰）苦卓绝、思想纯正之师资。

（2）办法：先设师范学校五所，其设立地点如下：

百灵庙　一所　　西　宁　一所

迪　化　一所　　康　定　一所

镇康或德钦　一所

（丁）经费

（1）以上三种工作，计教科书编辑翻译与印刷（第一年国语、公民、常识暂各先印五万册，共十五万册）等费六万二千元，小学三十六所，每年经常费十万八千元（每所每年三千元），师范学校五所，每年经费共十八万元（每年每所三万六千元），总共每年三十五万元。

（2）建议政府列入二十四年度中央预算。

（戊）办理与考核

（1）设在各地师范学校由教育部、蒙藏委员会会同办理之。

（2）设在蒙古之小学由教育部、蒙藏委员会会同委托当地盟旗政

府办理之，设在其他各地之小学由教育部、蒙藏委员会会同委托当地省政府办理之。

(3) 各地之师范学校及小学，由教育部、蒙藏委员会会同指导考核之。

(己) 筹备与开办

(1) 师范及小学之筹备期间，均以六个月为限。其筹备及开办费，即以该六个月内应拨给各该校之经费充之。

(2) 师范及小学均于二十四年七月起开始筹备，务期二十五年一月起一律开学。

(庚) 组织与课程

师范学校及小学之组织与课程，均根据现行学制并参酌当地情形另定之。

(辛) 班次与待遇

(1) 师范学校以先办简易乡村师范学校为原则，第一年每校招收学生一班，同时并附设简易师范科一班，每班学额以四十人为准；小学第一年每校先开一班，每班学额亦以四十人为准。

(2) 师范学校膳宿费用一律免缴，小学生亦暂定为公费；如经费不足时，由当地政府酌量分担之。

〔附注〕本办法经呈奉行政院指令照准。

(国民政府教育部档案)

中央大学关于蒙藏及边远省份学生入学办法决议案

(1935年8月2日)

径启者，兹经校务会议决议：

关于蒙藏及边远省份学生入学，决定四项办法如次：

(一) 凡蒙藏学生及边省学生，合于修正待遇蒙藏学生章程之规定，而经规定机关保送来校听课者，必须经过本大学之编级试验，其程度如本大学认为不能在大学本科随班旁听者，应令其在实验学校补习，俟其补习期满后，经编级试验及格后方得在本大学为旁听生。

(二) 前项学生编级试验由本大学于开学前举行之，该项试验应以笔试为主体。

（三）凡前项旁听及补习学生，不参加所选修及应补习课程之规定试验者，即取消其在该校旁听及补习资格，令其离校。

（四）“凡经两届规定之试验，其不及格学分逾学则规定数目者，应即令其离校”等语。纪录在案。相应录案函达，即希查照办理为荷。致此教务处、注册组

校长办公室

布告第四十五号

为布告事，兹经校务会议决议：

录全案

特此布告周知　此布

校长　罗○○

中华民国二十四年八月二日

（国立中央大学档案）

教育部致行政院呈

（1936年6月　日）

呈窃查冯委员玉祥函陈蒙藏回各民族之待遇意见案内，关于教育一项，前经本会将补充意见函请钧院秘书处转呈鉴核。旋准二十五年二月四日第八九一号复函，略开：奉院长谕：“第二项关于蒙藏教育者应准照办，由教育部于编造二十五年度概算时注意，并与该会会拟实施办法。”等因。除由院分令教育部遵照外，相应函达查照等由。准此，本部会遵即参酌推广边疆教育各案。往复磋商，并于二十五年三月二十日分别派员，综合审议，决定办法要点如下

（一）设置蒙藏地方留学内地专科以上学校学生官费名额。

甲　在学总额　　暂定为十五名。

乙　经费预算　　每名每年三百元。

（二）设立蒙藏地方喇嘛寺庙民众学校。

甲　校数　先行试办六所，康、藏、青、察、绥、宁各一所。

乙　经费预算

经常费　每所每年一千八百元。

开办费　每所二百元。

丙　办法　由蒙藏委员会令各调查组负责劝办，务期成立，并由教育部令该管教育厅派员会同办理。

（三）以上办法不包含二十五年度蒙藏教育整个计划。所需经费一万六千五百元，由教育部于二十五年度边疆教育补助费中酌量支拨之。所有会商决定办法情形是否有当，现合呈请钧院鉴核示遵。谨呈

行政院院长蒋

列全衔　王〇〇

列全衔　黄〇〇

中华民国廿五年六月　日

（国民政府教育部档案）

教育部检发二十五年度推行蒙藏回苗教育计划指令（摘录）

（1936年7月）

教育部训令

令　新疆　青海　甘肃　贵州　云南　宁夏　绥远　察哈尔　四川　湖南　省教育厅

查本年度边疆教育补助费及指定办理蒙、藏、回、苗教育事业费数目，业经本部决定分配，并分别电知在案。兹制定教育部二十五年度推行蒙、藏、回、苗教育计划，合亟检发一份，令仰遵照办理。并先期拟具实施办法，连同概算，限本年八月底呈复到部，以凭核夺。此令。

附计划一份

部长　王〇〇

分缮：咨西康建省委员会

中华民国廿五年七月　日

附　教育部二十五年度推行蒙、藏、回、苗教育计划

甲　训练师资

（一二略）

三、甘肃省应在兰州乡村师范附设回藏师范班。

四、青海省西宁蒙藏师范学校应予充实，班级亦应酌量扩充。

五、新疆省会迪化师范附设回蒙师范速成班三班，简易师范二班，阿克苏回民简易师范学校一校，本学年均应酌增班级，充实内容，其正在计划中之伊犁、塔城两师范学校，如经费困难可暂缓筹设。

六、西康省康定师范学校附设藏民师资训练班，须兼顾夷民师资之训练，其他简易师范科及师范科，对于藏文藏语及康藏史地等课程，亦须认真训练，本年度并应增加学额。

七、云南省除省立腾越、双江、车里等简易师范三校，业经依限成立，本年度增加学级外，其德钦、开化两简易师范学校应于本年九月间成立。

乙　增设小学

（前略）

四、甘肃省

1. 临夏等县除二十四年度已设回民小学五所外，本年度应增设三所至五所。

2. 夏河及拉布楞等处筹设藏小三所至五所。

五、青海

1. 蒙古二十九旗设立小学二所。（分归左右两盟）

2. 补助青海回教促进会所办小学及海南司令部所设蒙藏小学。

3. 民和县朱福南所办之小学七所，继续予以补助。

六、西康

1. 除巴安、雅江、两藏小业已成立外，其尚未成立之四校应于本年九月间成立。

2. 康定、泸定、九龙、雅江、丹巴、理化、巴安、道孚、炉霍、甘孜、瞻化、白玉、石渠等十三县已设有小学，各县酌予补助，由义教经费拨给之。人口较多之县，应酌量增设小学。

七、云南

上年度所增设之省立小学三十四校，本年度应予以扩充。

（略）

十一、四川

在宁、雷、马、屏、松、理、懋、汶等地夷番民集中区域酌设普通小学若干所。

十二、西藏

1. 在拉萨设国语讲习所一所。

2. 在后藏札什伦布、江孜、亚东、济戎、聂拉木等处设小学五所。

3. 拉萨清真小学照原案补助。

丙　社会教育

一、在边区各地择定相当地点，装干电池无线电收音机，本年度暂定为十一架，其经费完全由本部担任之。

二、边区各喇嘛寺庙筹设民众学校六所。

三、补助蒙古文化馆一所。

丁　生产教育

补助中央党部在宁夏阿拉善旗定远营、青海、西宁、西康、巴安等处分设初级职业学校三所。

戊　编印蒙、藏、回、苗合璧教科书及平民识字课本。

己　中等教育

一、补助归化土默特特别旗旗立中学经费，使其扩充。

二、补助青海回教促进会附设中学经常费，使其扩充，改为省立。

庚　国内留学补助费

设置蒙、藏、回、苗留学内地专科以上学校学生公费名额十五名。

辛　筹办与督导

以上各项事业，以由中央主管机关筹办为原则，必要时得分别委托各省教育厅或所在地之地方行政机关办理之。

壬　经费

一、师范经费：

甘肃兰州乡师附设回藏师范班	一万元
青海蒙藏师范补助费	一万元
新疆各师范学校经费	三万元
西康康定师范	一万八千元
云南腾越等师范	二万五千元

甘肃省回藏小学	一万五千元
青海省蒙藏回小学	二万一千元
新疆省藏回维哈各小学	二万元
西康省藏小	一万二千元

西藏五小学一万二千元，国语讲习所五千元，共一万七千元。

（余略）

三、社会教育经费：一万七千元。

1. 无线电收音机十架，每架一百七十元，又大号收音机一架，一千六百元，连同加购电池及旅运费等共五千元。

2. 喇嘛寺庙筹设民众学校六所，每校开办费二百元，经常费一千八百元，共一万二千元（除西藏外，其余各省均指定上年度边疆教育经费积余项下指拨）。

四、生产教育经费：三千九百五十元。

照中央党部原计划，本部与卫生署各半分担，计补助三校经费三千九百五十元。

五、中等教育经费：二千四百元。

（略）

癸　筹办注意事项

一、边疆各地设立之各族小学，应照小学规程规定，以地名为校名，不得冠以蒙、回、藏、苗、夷等字样。

二、本年新设学校统限于二十六年一月成立，其本年七月至十二月六个月经费，准拨作开办费之用。

三、如系各族杂处地方，中小学师范所招学生不限定招收何族学生。

四、师范及中小学之组织课程等，均须遵照本部法规之规定办理，如有所变更，须呈候本部核准。

五、未能按照限期成立之学校，本部即停发经费，另行指定用途。

六、本办法未经规定事项或须临时变更者，以部令定之。

七、上年度办理边疆教育工作报告及边疆教育补助费详细收支报告，未经呈部者，本年度补助费暂缓拨发。

二十五年度边疆教育补助费分配表（摘要）

省别	廿四年度分配数	廿五年度分配数	比较增减	廿四年度指定用途	廿五年度指定用途	备　注
西康	三万	三万	无	藏小一万二千　藏师一万八千	藏小一万二千　藏师一万八千	
青海	二万八千	二万五千	无	蒙回藏小二万一千 蒙回藏师一万五千 义教一万四千	蒙回藏小二万千 蒙回藏师一万	不敷六千元由英庚款补助费内开支
西藏		一万七千			后藏五小学　拉萨国语讲习所	

编印教科书经费九千零五十元。

蒙、藏、回学生升学国内专科以学校补助五千元。

职校补助费三千九百五十元。

以上共五十万元。

（国民政府教育部档案）

教育部廿六年度推行边疆教育计划大纲（摘录）

（1937年）

甲　师范教育

四、甘肃省

1. 本年度应将兰州乡村师范附设蒙、藏、回简易师范班切实扩充。

五、青海省

1. 本年度应将西宁蒙藏简易师范学校切实扩充，并增加学级。

六、西康省

1. 康定师范附设藏族师资训练班，除上年度下学期已毕业之学生即须派往各县筹办藏族小学，本年度应续招一班，严密训练，训练期间并须酌为延长。

七、云南省

1. 本年度应按照该省二十五年度行政计划，将已成立之东川、开化、车里、腾越、双江、大姚、昆华、玉溪及附设永昌中学简易师范九校，各增加学级，其拟筹设之维西、永胜、景谷、彝良师范四校，应于本年度内完全成立。

九、四川省

1. 本年度应将屏山简易师范切实扩充，并增加学级，以招收夷番学生为主，茂县简易师范限二十六年九月间成立。

乙　小学教育

五、甘肃省

1. 临夏夏河及拉卜楞处规定设立各藏回小学，本年度应充实师资，添招学生。如尚有未成立者，统限于本年九月以前成立。

2. 卓尼土司杨积庆所办藏民小学六所，本年度酌予补助。

六、青海省

1. 蒙藏文化促进会附设西宁、都兰、玉树、朵让尔、上五庄五小学本年度应充实师资，添招学生。

2. 左右两盟除原设有小学两所外，本年度应择该两盟适当地点增设小学二所。

3. 回教促进会附设清水工、查家工两小学，本年度应充实师资，添招学生。

4. 海宁警备司令部附设蒙藏小学十所，本年度酌予补助。

5. 民和县朱福南所办藏民小学七所，本年应充实师资，添招学生。

七、西康省

1. 炉霍、道孚、甘孜、雅江、巴安等县藏民小学，应充实师资，添招学生。如有尚未成立者应于本年九月以前，切实成立报部。

2. 德格县藏民小学应于本年度内成立报部。

八、云南省

1. 本年度应将原已成立之边地小学三十四所，充实师资，添招学生。

2. 本年度应择适当县份，增设边地小学十所。

十、四川省

1. 上年度已成立之冕宁、盐边、盐源、雷波、马边、峨边、松潘、理番、懋功、茂县、靖化、金汤等县局普通小学十二所，本年度应充实师资，添招学生；昭觉、宁南、屏山三小学应于本年九月以前完成报部，并择相当地点增设小学，以招收夷番学生为主。

十四、西藏

1. 拉萨市立第一小学应于本年度增设一学级，必要时得增设第二小学一所。

2. 上年度规定在后藏之扎什伦布、江孜、亚东、济戎、聂拉木五处小学，本年度拟由驻藏办事处或班禅大师行辕派员相机筹设，所需师资由蒙藏委员会派定蒙藏政治训练班毕业学生若干人，前往担任。

丙 社会教育

四、西康建省委员会上年度计划设立喇嘛寺庙民众学校四所，本年度应切实扩充，并将办理情形报部。

五、本年度边疆各省教育行政机关得酌量当地需要，呈请筹设民众学校或喇嘛寺庙民众学校。

丁 生产教育

一、中央党部所办边区职业学校三所，本年度继续予以补助，并由本部派员或令当地教育行政机关协助筹备。

二、本年度拟酌量边疆各地生产情形，筹设职业学校，以应需要。

戊、中等教育

三、本年度拟择边疆各该人口较多，初等教育亦有相当基础之处，酌设初级中学。

己 高等教育

一、设置边疆各族学生留学国内专科以上学校公费生名额二十名，其办法另定之。

二、共续设置国立五大学西藏文化讲座。

三、继续补助中央政治学校、蒙藏学校。

庚 编印蒙藏回文教科图书

一、除上年度编印之蒙、藏、回文国语教科书及短期小学课本外，本年度仍继续编印高小及常识教科书，以应边疆各小学之用。

辛 分配边疆教育补助费

本年度奉中央政治会议核准，边疆教育补助费六十四万元，其分配如下：

（前略）

五、甘肃省：四万元

1. 兰州乡村师范附设蒙、藏、回简易师范班，补助壹万元；

2. 原有蒙、藏回小学共补助壹万五千元；

3. 本年度增设蒙、藏、回小学二、三、四所，各补助一千三百五十元，共壹万三千五百元；

4. 卓尼杨土司所办藏民小学六所，共补助壹千五百元。

六、青海省：四万元

1. 西宁蒙藏简易师范补助壹万元；

2. 回教促进会附设中学补助壹千元；

3. 蒙藏文化促进会附设五小学各补助二千四百元，共壹万贰千元；

4. 回教促进会附设清水工、查家工两小学，各补助二千四百元，共四千八百元；

5. 左右两盟原有小学二所，各补助二千四百元，共四千八百元；

6. 左右两盟本年度增设小学二所，各补助二千四百元，共四千八百元；

7. 海南警备司令部附设蒙藏小学十所，共补助壹千四百元；

8. 民和县朱福南所办藏民小学七所，共补助壹千二百元。

七、西康省：三万元

1. 康定师范补助壹万八千元；

2. 炉霍、道孚、甘孜、雅江、巴安、德格六藏民小学，各补助二千元，共一万二千元；

3. 本年度应增设藏民小学若干所，其经费在该省节余项下开支。

八、云南省：五万元（外加法庚款一万元，指定作为办理边教事业之用）

1. 原有边地师范九校，各补助三千元，共二万七千元；

2. 原有边地小学三十四所，共补助二万五千元；

3. 本年度增设边地小学十所，共补助八千元；

以上计六万元。

十、四川省：三万元

1. 屏山、茂县两简易师范各补助五千元，共壹万元；

2. 二十五年度已成立及未成立之冕宁等县普通小学（苗夷）十五所，各补助一千元，其一万五千元；

十四、西藏：二万元

1. 拉萨市立第一小学补助五千元；

2. 后藏扎什伦布等五小学其补助一万五千元。

十五、本年度补助中央政治学校、蒙藏学校二万四千元。

十六、本年度补助中央组织部所办边区职业学校三所，共三万陆千元。

十七、本年度补助边区各喇嘛寺庙民众学校八所，各二百元，共一千六百元。

十八、本年度编印蒙、藏、回文教科图书二万元。

十九、本年度专科以上蒙、藏、回等族公费生经费五千元。

二十、本年度预备费二万八千四百元。

附注：1. 以上各项算业费共计六十四万元（外法庚款二万元指定作为办理边疆教育事业之用）；2. 二十五年度补助边疆各省边教经费，如有节余时，均拨作本年度添设学校及补助之一部分，但事先应呈准本部方可备案。

壬　筹办边疆教育应注意事项

一、边疆各省教育主管机关接到本计划后，应于八月底以前拟具实施办法，连同经费分配呈报本部核定。

二、边疆各省教育主管机关所办边疆各族师范及小学，应按照本部各项规程办理，非先行呈准，不得擅自变更。

三、边疆各族小学应按照本部小学规程以地名为校名，不得冠以任何族别字样，以泯界限。

（下略）

（编者说明：原件较长，此处仅摘录与西藏及甘青川滇藏区有关内容，其余从略。阅读时请注意。）

（国民政府教育部档案）

蒙藏委员会补助汉藏僧侣游学规则

（1936年12月9日会令公布）

第一条　本会为沟通汉藏文化起见，依本规则之规定、补助汉藏僧侣，分别赴藏或前来内地游学。

第二条　补助汉藏僧侣名额，暂定每年各二名，于年度开始时行之。

第三条　游学汉藏僧侣，以年在二十五岁以上，四十岁以下，品行端正，熟习经典者为合格。

第四条　赴藏游学汉僧，由佛教总会于每年六月以前保送本会考核派遣之，其游学内地之藏僧，由西藏地方政府遴派之。

第五条　游学汉藏僧侣均应备具志愿书、保证书及详细履历、最近二寸半身相片各二份。

第六条　经本会核准游学之汉藏僧侣除每人补助往返旅费各二百五十元外，并每年补助汉僧生活费八十元，藏僧生活费一百二十元。

第七条　赴藏游学汉僧，应于到藏或离藏之日，呈报中央驻藏办事人员转报本会备案，藏僧之到京或离京，则由西藏驻京办事处转报本会备案。

第八条　汉藏僧侣游学期间、均以五年为限、期满有愿自费延长者听。

第九条　在游学期间，无论汉藏僧侣、不能无故退学回籍，倘有重病或其他特别情事必须退学回籍者，须先期呈经本会核准，否则追缴其补助费。

第十条　无论汉藏僧侣，在游学期间，均应受本会指导，并遵守各该地方及寺庙一切规律。

第十一条　本规则如有未尽事宜，随时呈请修正之。

第十二条　本规则呈奉行政院核准公布施行。

（蒙藏委员会档案）

改进边疆寺庙教育暂行办法

（1940年7月15日蒙藏委员会、教育部公布）

一、边疆各地方主管教育行政机关，应遵照本办法切实督导当地寺庙推进国民教育。

二、边疆各地喇嘛庙或清真寺，应视地方需要及该寺庙经济能力办理左（下）列各事项：

1. 附设民众教育馆或阅书报室；
2. 附设小学民众学校或各种补习学校；
3. 举行通俗讲演，并在讲经后作精神讲话及识字运动；
4. 举办壁报；
5. 装设无线电收音机；
6. 其他切合社会需要之教育。

三、寺庙举行盛大典礼时，当地主管教育行政机关应利用适当之时间与地点办理左（下）列各事项：

1. 举行联欢会或座谈会；
2. 举行通俗讲演；
3. 放映教育电影或幻灯；
4. 举办内地文物展览会；
5. 印赠总理遗像、总裁照片、画报及各种宣传品等；
6. 其他切合社会适应时宜之教育。

四、礼拜寺附设之阿文学校，每日必须增加国语、常识各一小时。

五、寺庙办理各种教育具有成绩者，得由当地主管教育行政机关酌予补助，或转呈教育部、蒙藏委员会核准补助之。

六、地方主管教育行政机关必要时，得分别邀集当地各寺庙喇嘛、阿訇等开各种问题研究会或讨论会。

七、教育部视察人员、蒙藏委员会驻外各调查组调查员、边疆各省县旗宗督学或指导员，视察边疆教育时，应考核并指导各寺庙办理教育成绩。

八、边疆各主管教育行政机关，应于每年度终了时，将当地各寺庙办理教育成绩编成报告，汇呈教育部及蒙藏委员会备案。

九、本办法由教育部及蒙藏委员会会同公布施行。

（国民政府教育部档案）

兴办各类蒙藏学校

（国立北京）蒙藏学校章程（教育部核定）

（1913年）

总章

第一条 本学校以开发蒙、藏、青海人民学识，增进蒙、藏、青海人民文化为宗旨。

第二条 本学校以旧有之咸安宫学、唐古忒学、托忒学，及前理藩部所办之蒙古学为基础，力图扩充改良。

第三条 本学校收学生本不分种族，惟因西北闭塞而办此学，故重在多收蒙、藏、青海学生。

第四条 本学校收初入学之学生，其学额划作二十分计算，内外各蒙古占二十分之十，西藏占二十分之三，青海及其左近各回部占二十分之二，其余二十分之五，专收汉、满两族学生。

第五条 本学校先设预备科，俟毕业后，另行开办专门科，其附设之补习专科毕业后不再设置。

第六条 本学校经费由蒙藏局列入预算，函请财政部按期发给。

第七条 本学校直隶于蒙藏事务局，由教育部考核。

附一 补习专科章程

第一条 旧有之咸安宫学、唐古忒学、托忒学，及前理藩部所属蒙古学之学生，惟略习普通并无专科科学，与民国教育宗旨不合，本学校特设补习科，令该学生等补习法律、政治、经济等科学，储为共和民国人才。

第二条 本科专收咸安宫学、唐古忒学、托忒学，及前理藩部所属蒙古学旧有之学生，其他蒙、藏人愿旁听者听；但以教室能收容为限。

第三条 旁听生中如有学力充足，愿与本补习科学生一体受试验，经教习评定合格者，得给与修业文凭，以资鼓励。

第四条 肄业年限，定为三学年。一年分三学期。

第五条 本科补习课目：汉文、法学通论、宪法、民法、刑法、商法、行政法、国际公法、国际私法、中国地理历史、外国地理历史、统计学、外交史、外交政策、经济原论、经济政策、政治学、财政学、交通政策、殖民政策、簿记学。其每学期分配学课，别以表定之。

第六条 本科学生无多，只开一班，合诸生一堂教授之。

第七条 本科学生不纳学费，其膳宿自备，至原有之膏火，仍照旧章办理，本校概不过问。

第八条 本补习专科学生卒业后，不再继续开办，即照本总章第五条办理。

附二 豫备科章程

第一条 本科以完足普通教育，造成健全国民为宗旨。

第二条 本科肄业年限，照教育部所定中学校章程定为四年。

第三条 本科学额至少以二百名为限。

第四条 一年分三学期，自八月一日至十二月三十一日，为第一学期；自元月一日至三月三十一日为第二学期；自四月一日至七月三十一日为第三学期。

第五条 本科入学资格，暂定以年满十五岁至二十五岁之男子，身体健全者为合格。

第六条 如所收学生程度太低，科学全未肄习者，得于入预备科之前，由校长分别程度高低，令其在校内补习小学功课一年或二年。

第七条 征集蒙、藏、青海学生时，由各盟长、将军、都统、各办事长官挑选，咨送其来京路费，由本旗酌量补助。

第八条 各地咨送学生额数，每年斟酌情形，公平派定之。

第九条 本科学生依入学前后分班教授，每班至多不得过五十人。

第十条 本科所授课目如下：汉文、汉语、蒙文、藏文、健身、本国地理历史、外国地理历史、算术、代数、几何、三角、博物、生理卫生、物理、化学、图画、体操、乐歌、手工、法制经济。其每学期功课，别以表定之。但第一学年，须多学汉语、汉文，以备后来听讲之用。

第十一条 蒙、藏、青海学生概不收纳学费，其膳宿费亦暂由公家备办，以示提倡。本学校之修业、放假及学生赏罚、试验、进级、卒业等章程及教室规则、寄宿舍规则，容后续订之。

（政府公报，民国二年三月十一日第三百三号）

国立北平蒙藏学校组织大纲

（1929年9月26日会令公布）

一、名称　国立北平蒙藏学校。

二、宗旨　培植蒙藏学生升入各级学校。

三、学科　分设左（下）列各科：

（一）中学科以升入大学及专科学校为目的，采四二制。

（二）补习科以升入中学为目的，其班次另定之。

四、特班　基于蒙藏实际上之需用酌设左（下）列各班，其办法另定之：

（一）师范速成班；

（二）自治讲习班；

（三）蒙藏文专修班（为内地学生习蒙藏文而设）；

（四）职业班。

五、资格　蒙藏学生由高小毕业及具有同等学力者，得入中学科，其学力不足者，均归补习科分别补习。

六、年龄　蒙藏学生年龄非在十五岁以上者，不得入中等补习各科肄业。

七、学额　每班学生至少须在二十人以上，至多不得过五十人，但特科学额不在此限。

八、待遇　学生膳宿、书籍等费，均由校内供给。

九、招生　每届招生，须按蒙藏区域酌定分配，以期平均发达（展?），若每年招生蒙藏任何一方面学生过少时，得呈请蒙藏委员会设法派员招集，但均须由各该区域内之官署备文保送。

十、班数　在经费可能范围内，应尽量酌设各班。

十一、职员　校长一人、教务主任一人，训育主任一人、训育二人、事务员三人、书记若干人。

十二、薪水　校长月薪二百元，教务主任一百六十元，其余职员均按实际情形由校长酌量支配。

十三、效力　本大纲公布，前次颁布之组织大纲即失其效力。

（蒙藏委员会档案）

国立丽江康藏师资养成所组织大纲

（1932 年）

一、本所定名为国立丽江康藏师资养成所。

二、本所为造就康藏师资而设，由蒙藏委员会托云南省立第三中学校办理。

三、本所直隶于蒙藏委员会，受教育部之监督指导。

四、本所设简易师范班一班，修业年限为一年；高级师范班一班，修业年限为三年。如办理有效，得呈请简易师范班每年续招一班，以办足六班为止，高级师范班每三年续招一班，以办足二班为止。

五、本简易师范班入学资格，以康藏或邻近康藏各省学生，年在十八岁以上三十岁以下，曾在高级小学毕业或具有同等学力，身体健全，并通晓康藏文者为合格；高级师范班以康藏或邻近康藏各省学生，在十八岁以上三十岁以下，曾在初级中学毕业或具有同等学力，身体健全，并通晓藏文者为合格。但邻近康藏各省学生不得超过全额三分之一。

六、本所学生免收学费，并供给膳宿图书、笔墨制服等费。

七、本所简易师范班之课程列表规定如下：

学期 / 每周时数 / 学科	第一学期	第二学期
国语	六时	四时
藏文	四时	三时
数学	四时	四时
自然	四时	四时
历史	二时	二时
地理	二时	二时
音乐	二时	二时
图画	二时	一时
工艺	二时	
党义	二时	二时

（接前）

体　育	二　时	二　时
教育入门	二　时	二　时
儿童心理	二　时	
农　业		二　时
教学法		二　时
教育行政		二　时
教育实习		四　时

高级师范班课程除每周加授藏文四时外，余悉依照教育部规定高级中学师范科应修学科教授。

八、本所各班毕业学生，应在康藏区学校服务三年以上，如有中途退学或毕业后不到康藏两区学校服务者，除向保证人责令赔偿所内供给之膳宿、图书、笔墨、制服等费外，并得向保证人责令赔偿该生平均应摊一切费用。

九、本所设所长一，由蒙藏委员会聘云南省立第三中学校校长兼充，并咨教育部备案。

十、本所教员分专任、兼任两种，由所长聘任之。

十一、本所除训育员、书记、司事另行聘任外，教务主任、训育主任、文牍员、庶务员、校医均由所长聘云南省立第三中学校原有人员兼充，不另支薪。

十二、本所经费由蒙藏委员会会同教育部呈请中央拨给。

十三、本所于每学期终了时，应将该学期办理概况及学生成绩呈报蒙藏委员会考核。

十四、本组织大纲，由蒙藏委员会会同教育部呈经行政院核准后施行。

（国民党中央民众训练部档案）

中央政治学校附设西康学生训练班组织规则

（1930年10月9日）

第一条　本校为适应西康地方需要，养成实施党治之建设人才起见，承中央训练部之托，特设西康学生训练班，训练期间暂定四月。

第二条，本班设主任一人，承本校校长之命，主持关于西康学生之一切训练事宜，副主任一人助理之，均由本校商承中央训练部聘任。

第三条　本班设教务员一人，承主任之指导，担任课务指导、小组训练及其他关于教务方面事宜，由主任呈请本校聘任之。

第四条　本班设讲师若干人，由主任呈请校长聘请各项专家担任之。

第五条　本班为实施军事训练并为便利管理学生起见，设军事训练员一人，承校长及主任之命，教务员之指导，担任各该项事务。

第六条　本班为记录讲演、参观各事及整理各项笔记起见，设速记二人，编辑二人，承主任之命，教务员之指导，担任本班速记编辑事宜。

第七条　上列两条职员均由训练班主任呈请本校校长委任之。

第八条　本班视事务之繁简，得雇用事务员书记、录事各二人，承主任之命及教务员之指导，担任本班事务，缮写本班一切文件及各种讲义之稿件。

第九条　本班预算及聘请讲师办法另定之。

第十条　本规则如有未尽事宜，得由中央政治学校商承中央训练部修正后，呈报中央执行委员会备案。

第十一条　本规则经中央训练部呈请中央执行委员会备案后送由中央政治学校实施之。

（国民政府教育部档案）

国立康定蒙藏学校组织大纲

（1930年以前）①

一、名称　本校定名为国立康定蒙藏学校。

一、宗旨　本校为专备蒙藏学生升学并造就蒙藏各项急需人才而设。

三、管辖　本校直隶于蒙藏委员会，由教育部考核。

四、校址　由西康政务委员会择定城内外公共场所或公共庙产为校址，前项场所或庙产如不敷占用时，得呈请中央拨款购置。

五、学科　本校学科编制如左（下）：

---

① 时间系编者考定。

甲　中学班；

乙　师范速成班；

丙　自治讲习班；

丁　补习班。

六、班数　中学六班，师范速成班、自治讲习班各一班，补习班二班。

七、学额　中学班学生额数，以教育部规定之额数为标准；师范速成班、自治讲习班以六十人以上八十人以下为限。

八、待遇　学生膳宿、课本、制服等费，均由学校供给。

九、学制　中学采三三制，初级高级并设，高中部得设师范科；补习班每年举行毕业一次，不及格者留级；师范速成班，自治讲习班二年举行毕业一次。

中学班课程，以教育部所定之课程为标准。师范速成班、自治讲习班、补习班课程，由学校自定，呈准后实行。

十、职员

甲　校长一人，由蒙藏委员会聘任或派充之，并咨教育部备案；

乙　教务主任、训育主任各一人，训育员二人至四人、校医一人，均由校长聘任之；

丙　文牍员、庶务员、会计员各一人，事务员四人至六人、书记六人至八人，均由校长派充之。

十一、教员　专任教员、兼任教员各若干人，均由校长聘任之。

（蒙藏委员会档案）

修正国立康定蒙藏学校组织大纲

（1930年9月23日教育部、蒙藏委员会公布）

一、本校定名为国立康定蒙藏学校。

二、本校为培养蒙藏人才及造就蒙藏地方教育师资而设。

三、本校直隶于蒙藏委员会，受教育部之监督、指导。

四、本校由西康政务委员会择定康定城内外公共场所或公共庙宇为校址。

前项场所或庙宇，如不敷应用时，得由蒙藏委员会，教育部会呈行政院拨款购置。

五、本校设左（下）列各班次；

甲、初级中学班　三班三年毕业。

乙、高中师范班　三班三年毕业。

丙、乡村师范班　一班三年毕业，但修满一半时，得先行派往乡村小学服务。

丁、自治讲习班　一班二年毕业。

戊、补习班　　　二班一年毕业。

前项乡村师范班，自治讲习班，如无设立必要时，得撤销之，以其余款筹设其他高级职业班或附属小学。

六、本校各班入学资格，依左（下）列之规定；

甲　初级中学以小学毕业，或具有同等学力者为合格。

乙　高中师范班，以初中毕业或具有同等学力者为合格。

丙　乡村师范班，以初中毕业或具有同等学力者为合格。

丁　自治讲习班，以高中毕业或具有同等学力者为合格。

七、中学及师范班学生额数，以教育部规定之额数为标准，乡村师范班，自治讲习班，以六十名以上八十名以下为限。

八、学生膳宿、课本、制服等费，均由学校供给。

九、中学采三三制，初级高级并设高中部得分普通师范等科。

初中及高中师范班课程，以教育部所定之课程为标准，乡村师范班，自治讲习班，补习班课程，呈由蒙藏委员会咨转教育部核准后施行。

十、本校为高中师范班或乡村师范班学生实习起见，得指定或特约附近小学为实习机关。

十一、本校设校长一人，由蒙藏委员会聘任或派充之，并咨教育部备案。

十二、本校教育分专任兼任两种，由校长聘任之。

十三、本校设教务主任，训育主任各一人，训育员二人至四人，校医一人，均由校长聘任之，文牍员，会计员，庶务员各一人，事务员四人至六人，书记六人至八人，均由校长任用之。

十四、本组织大纲，由蒙藏委员会，教育部会同呈经行政院核准后施行。

（国民党中央民众训练部档案）

蒙藏学生就学国立中央、北平两大学蒙藏班办法

（1929年6月9日教育部公布）

一、国民政府为奖劝蒙藏学生研究高深学术，特在国立中央大学及北平大学各设蒙藏班，专教育蒙藏学生，由蒙藏各盟旗选送入学。

二、蒙藏各盟旗选送学生时，应开列该生（一）姓名；（二）性别；（三）年岁；（四）籍贯；（五）学历；（六）品行评语；（七）所通语言文字；（八）所送入大学各项，连同其最近相片，呈由蒙藏委员会核转教育部，分饬中央、北平两大学知照。

三、蒙藏各盟旗每年选送学额，由中央、北平两大学自行酌定，呈送教育部核准。

四、蒙藏班程度相当于大学预科修业，期限暂定二年，毕业后升入大学本科，准免受入学试验。

五、蒙藏学生在该两大学蒙藏班肄业者，均免其学费。

六、蒙藏班之组织及课程由该两大学自行拟定，呈送教育部核准。

七、蒙藏班之开办费、经常费、临时费等，由两大学开列预算，呈经教育部转呈行政院，呈请国民政府饬令财政部指定专款拨付之。

八、本办法经教育部提请行政院转请国民政府核准后施行。

（国民政府教育部档案）

国立中央大学蒙藏班招生办法

（1931年9月19日教育部、蒙藏委员会会同规定）

一、宗旨　国民政府为奖励蒙藏学生，研究高深学术，特在国立中央大学开设蒙藏班，专招蒙藏学生肄业。

二、学额　定为四十名，以蒙藏各二十名为原则。

三、资格　以年在十八岁以上、三十岁以下，曾在高级中学毕业，或具有同等学力，并品行端正，身体强健之蒙藏人为合格。

四、保送手续　由蒙藏各盟、部、旗、宗等地方行政机关及蒙藏各驻京办事处，慎选合格学生，开具该生（一）姓名；（二）性别；（三）年龄；（四）籍贯；（五）现在住址；（六）已往学历；（七）体格品行；（八）蒙文、蒙语或藏文、藏语之程度等项。并连同该生最近二寸半身相片二张及毕业或修业证书，备文保送蒙藏委员会，其保送名额由蒙藏委员会另行

分配之。

五、报到期限 凡照本办法保送之学生，至迟须于本年十一月三十日以前到京，向蒙藏委员会报到，过期不收。

六、资格审查 凡照本办法被保送之学生报到后，由蒙藏委员会逐一加以审查，如有与本办法各条之规定不合者，即不准其加入测验，并停止供给其膳宿。

七、试验入学 凡照本办法被保送之学生，经审查合格后再由蒙藏委员会、教育部、中央大学分别派员会同试验，经试验合格者，依其志愿插入中央大学各科系一年级肄业，其不合格者得依其程度插入中央大学实验学校高中部相当年级肄业，俟毕业后再免试升入大学。

八、待遇 凡照本办法保送之学生到京报到以后，由蒙藏委员会酌量供给其膳宿，至入学之日为止。入学以后，除免纳学费外，并由学校供给其膳宿，制服、书籍、杂用等费，或由学校酌给费用，由各学生自理之。

九、课程 凡照本办法招收之学生，除在所入各科系随班听讲外，每周并须肄习蒙文或藏文三小时或四小时，其不肄习蒙藏文者，不得享受蒙藏班学生之待遇。

十、毕业 凡照本办法招收之学生，在何科系毕业，即发给何科系毕业证书，不另加蒙藏班字样。

十一、限制 凡照本办法被保送之学生，如系蒙人必须通晓蒙文蒙语，如系藏人必须通晓藏文藏语。否则概不收录。入学后，如发现有冒籍情事时，除将该生革退外，并向原保送机关追缴该生报到以后公家供给之一切费用。

十二、附则 本办法自教育部、蒙藏委员会会衔公布之日施行。

（国民政府教育部档案）

蒙藏委员会蒙藏政治训练班简章

（1933 年 4 月 7 日呈准备案 1939 年 12 月 26 日修正公布）

第一条 宗旨 本训练班以造就边务人才为宗旨。

第二条 入学资格 曾在高中或同等学校毕业经入学试验及格者。

第三条 修学时期 定为三年。

第四条 学额 定为六十至九十名，分为蒙文、藏文、回文三班，得视情形，一次招收或逐年轮流招收之。

第五条 学科 蒙藏回文语文，党义、国文、中国文化史、边疆史地、政治学、经济学、法学通论、筹边政策、财政学、垦植学、统治学、测绘学、社会调查、英俄日文、行政法、地方行政、国际公法、民族学、宗教问题、官厅会计、公文实习、边事问题研究、军训。

第六条 待遇 学生膳宿、制服、书籍等费，由公家供给之。

第七条 组织 设主任一人综理班务；教导主任一人，承主任之命办理教育及行政上之计划实施，并兼管训育事宜；训育员、教务员各一人，事务员三人、书记六人。

第八条 用途 学生修业期满，经毕业试验成绩及格者，由班给予毕业证书，并由会分别任用之。上项毕业学生之见习期间及任用程序，由会令规定之。

第九条 本简章自呈准之日施行。

（蒙藏委员会档案）

中央政治学校附设蒙藏班组织规则

（1930年12月4日）

第一条 本校为养成边地实用人才起见，商承中央训练部设立蒙藏班，专收蒙藏、青海、新疆各地学生，由蒙藏委员会依照该会保送蒙藏学生办法保送来校投考。

第二条 本班学额暂定六十名，分为甲乙两组，甲组修学时期二年，乙组修学时期三年。其学生入学资格：甲组须在旧制中学或同等学校毕业，乙组在初级中学肄业二年以上，并均须年在十八岁以上二十五岁以下，品行端正，身体强健，经入学试验及格者，亦得考升国内各大学或专门学校。

第三条 本班设主任一人，承本校校长之命，主持关于本班一切训练事宜，由本校商承中央训练部聘任之。

第四条 本班设专任、兼任教员若干人，由主任呈请校长聘任之。

第五条 本班设教务干事二人，事务干事一人，承主任之指导，办理教务、事务事宜；设军事训练员一人，承校长及主任之命，任管理学生与军事训练之责；书记、录事各一人，任记录缮写事项，均由主任呈请校长委任之。

第六条 本班课程除党义及必要之普通课程外，应加授关于地方自治及乡村教育、农工管理及经营常识等学科，并应对于蒙生加授蒙文蒙事。对于藏生加授藏文藏事，由本班主任根据上列原则，编订大纲，呈请校长转请中央训练部核定施行。

第七条 本班学生入学后，所有膳宿、制服、书籍等费，概由本班按照规定供给。

第八条 本规则如有未尽事宜，得由中央政治学校商承中央训练部修正后呈报中央执行委员会备案。

第九条 本规则经中央训练部呈请中央执行委员会备案后，送由中央政治学校实施之。

（国民党中央民众训练部档案）

蒙藏委员会蒙藏政治训练班毕业学生分派见习规则

（民国三十一年（1942）六月五日呈行政院核准施行）

第一条 蒙藏委员会蒙藏政治训练班毕业学生分派见习依本规则办理。

第二条 每期毕业学生，应由蒙藏委员会造具分派见习名册，呈请行政院分派有关边务机关见习。

第三条 凡经分派见习之学生，应依限至见习机关报到，非经呈由蒙藏委员会转呈行政院核准不得展缓。

第四条 见习机关于见习学生到达后应即分派工作。

第五条 见习期间定为六个月，见习费（包括旅费、治装费及生活费）由蒙藏委员会支给，如见习期满成绩不良者，得延长其见习期三个月。

第六条 凡经分派见习之学生，其见习成绩应由见习机关参照非常时期公务员考绩暂行条例之规定酌予考成。

第七条 凡经分派见习之学生，于见习期满后，应由原见习机关依法予以任用。

第八条 本规则呈奉院令核准后施行。

（国民党中央民众训练部档案）

国立南京蒙藏学校组织大纲

（1930年以前）①

一、名称　本校定名为国立南京蒙藏学校。

二、宗旨　本校为专备蒙藏学生升学造就蒙藏各项急需人才而设。

三、管辖　本校直隶于蒙藏委员会，由教育部考核。

四、学科　本校学科编制如左（下）：

甲　专修科　按蒙藏目前实际上之需要，先行开办法政、经济、教育三班，以后陆续添设农林、牧畜、工商等班，其修业年限均定为二年；

乙　中学班　采三三制，初级、高级并设，高中部得设师范科；

丙　补习班　为不能入专修班或中学班之蒙藏学生而设，先开一班或两班；

丁　训政人员养成班　为训练蒙藏现任公务人员而设，修业期限定为六个月；

戊　蒙藏事务研究班　为专门研究蒙藏事务而设，先开一班，修业年限至少二年。

五、入学资格：

甲　专修班招生，以高级中学毕业或具有同等学力者为合格；

乙　高级中学招生，以初级中学毕业或具有同等学力者为合格，初级中学以小学毕业或具有同等学力者为合格；

丙　蒙藏事务研究班招生资格，以高中以上学校毕业者为合格。

六、学额　专修班、中学班学生额数，以教育部规定之额数为标准。

补习班、训政人员养成班、蒙藏事务研究班，以六十名以上八十名以下为限。

七、待遇　学生膳宿、课本、制服等费，均由学校供给。

八、职员。

甲　校长一人，由蒙藏委员会聘任或派充之，并咨教育部备案；

乙　教育主任、总务主任、训育主任各一人，训育员三人至五人、校医一人，均由校长聘任之；

---

①　时间系编者考定。

丙 文牍员、会计员、庶务员各一人，事务员四人至八人、书记六人至十人，均由校长派充之。

九、教员 专任教员、兼任教员各若干人，均由校长聘任之。

（国民党中央民众训练部档案）

修正国立南京蒙藏学校组织大纲

（1930年9月23日教育部、蒙藏委员会公布）

一、本校定名为国立南京蒙藏学校。

二、本校为预备蒙藏学生升学并造就蒙藏各项急需人才而设。

三、本校直隶于蒙藏委员会，受教育部之监督、指导。

四、本校设左（下）列各班次：

甲 专修班 按蒙藏目前实际上之需要，先行开办法政、经济、教育三班，以后陆续添设农林、牧畜、工商等班，其修业年限，均定为二年。

乙 中学班 采三三制初级高级并设高中部，得分普通师范等科。

丙 训政人员养成班 为训练蒙藏公务人员而设，修业期限定为六个月。

丁 蒙藏事务研究班 为专门研究蒙藏事务者而设，先开一班、修业年限，至少二年，毕业后遣往蒙藏地方服务。

戊 补习班 为不能入专修班或中学班之蒙藏学生而设，先开一班或两班。

五、本校各班入学资格，依左（下）列之规定：

甲 专修班，以高级中学毕业或具有同等学力者为合格。

乙 高级中学以初级中学毕业，或具有同等学力者为合格，初级中学以小学毕业或具有同等学力者为合格。

丙 训政人员养成班，以蒙藏各地现任公务员为合格。

丁 蒙藏事务研究班，以高中以上学校毕业者为合格（不以蒙藏学生为限）。

戊 补习班，以具有甲款或乙款相当资格者为合格。

六、专修班中学班学生额数，以教育部规定之额数为标准，补习班，训政人员养成班，蒙藏事务研究班，以六十名以上八十名以下为限。

七、学生膳宿、课本、制服等费，均由学校供给。

八、本校为高中师范班或专修班学生实习起见，得指定或特约附近小学为实习机关。

九、本校设校长一人，由蒙藏委员会聘任或派充之，并咨教育部备案。

十、本校教员，分专任、兼任两种，由校长聘任之。

十一、本校设教务主任，事务主任，训育主任各一人，训育员三人至五人，校医一人，均由校长聘任，文牍员，会计员，庶务员各一人，事务员四人至八人，书记六人至十人，均由校长任用之。

十二、本组织大纲，由蒙藏委员会，教育部会同呈经行政院核准后施行。

（蒙藏委员会档案）

优待蒙藏学生

教育部公布待遇蒙藏学生章程

（1929 年 7 月 23 日）

第一条　蒙藏学生来中央及各省求学者，除有特别规定外，依本章程待遇之。

第二条　左（下）列各机关得于每年学校学期开始之前，向蒙藏委员会或其驻平办事处保送蒙藏学生，惟须开具学生之：（一）姓名；（二）性别；（三）年岁；（四）籍贯；（五）学历；（六）品行评语；（七）所通语言文字各项。并附送该生二寸半身相片二张。

一　蒙古各盟旗官署。

二　西藏各地方官署。

三　蒙藏各级学校。

四　蒙藏相连之沿边各省县政府。

第三条　蒙藏委员会或其驻平办事处，对于各机关保送之学生应核明分别转送各级学校，各校如有缺额，应收受此项学生，除资格程度相合得编入相当班级者外，一律作为旁听生，惟以能直接听讲者为限。

各学校收录蒙藏学生，无论为正式生或旁听生，均应由各该校分别径报或转报教育部备案。

第四条　各校收录之蒙藏旁听生学年考试及格者，应改为本班正式生，其不及格者仍为旁听生，旁听期满，给与旁听证明书。

第五条　各校于每学年终，应将蒙藏学生本学年成绩或毕业成绩函送蒙藏委员会，以便分别奖励，或保送国内外相当学校升学。

第六条　专门以上学校毕业之蒙藏学生，得由蒙藏委员会择优介绍各机关，或分发蒙藏地方服务。

第七条　凡经蒙藏委员会或其驻平办事处介绍之蒙藏学生，在公立学校应免全部学费，在私立学校应酌量减免。

第八条　各学校对于一般正式生，如有津贴及遣派留学等规定者，蒙藏学生之正式生应受同等待遇。

第九条　蒙藏委员会及其驻平办事处，对于初次到京、平求学之蒙藏学生证明属实者，酌予招待。

第十条　各校蒙藏学生中如发现有冒充者，除将该生斥革外，并向原送机关或其保证人追缴因该生所费之一切费用。

第十一条　本章程如有未尽事宜，得由蒙藏委员会、教育部会呈行政院转请国民政府核准修正之。

第十二条　本章程自公布之日施行。

（国民党中央民众训练部档案）

编者按：后来，对本章程进行了多次修订。1936年6月25日国民政府教育部公布《修正待遇蒙藏学生章程》，内容、文字与本章程基本相同，只是将第九条取消，将第十条改为第九条，另外增添了三条："第十条，新疆、西康两省学生来中央及各省求学者，得适用本章程之待遇，其保送机关为学生所在地之省县政府及各级学校；第十一条，青海、宁夏两省学生来中央及各省求学者，得按本章程第三、第四、第七叁条规定待遇之，其保送机关如第十条规定办理；第十二条，甘肃省学生，具有合格之毕业证书来中央及各省求学者，得按本章程第三、第四两条规定待遇之，其保送机关如第十条规定办理。"同时，将原章程的第十一、第十二条，改为第十三条、第十四条。为节约篇幅，避免重复，不再照录修正章程的全文。另外，1939年后，又对这个章程进行了几次修订，因变动较多，全文录于本节之后，请参阅。

蒙藏委员会保送蒙藏学生办法

（1930年1月15日公布）

一、本会及驻平办事处保送蒙藏学生除有特别规定外，以本办法行之。

二、对于左（下）列各项学生得保送之：

（甲）蒙古各盟旗官署保送者；

（乙）西藏各地方官署保送者；

（丙）蒙藏各级学校保送者；

（丁）与蒙藏相连之沿边各省县政府保送者；

（戊）因特别情形持有毕业证书或修业证书及具有相当学力之学生，自请保送。经蒙藏之团体或机关证明确系蒙藏人及证书并无假冒情事者。

三、上列各机关保送蒙藏学生，除有特别情形者外，须于每年学校学期开始之前三个月内行之。

四、请保送之学生，须以现居住蒙藏本地者为限。

五、请保送之学生，经本会及驻平办事处查明合格，或加以测验及格者，予以保送。

六、保送蒙藏学生，应由本会或驻平办事处发给证明书。

七、曾经保送入校之蒙藏学生，如发现假借证书或冒充籍贯等情事者，本会及驻平办事处得随时追缴其证明书，并通知所在学校。

八、本办法如有未尽事宜，得随时呈明本会修正之。

九、本办法自公布之日施行。

（蒙藏委员会档案）

收录蒙藏学生暂定办法

（民国二十一年（1932）十一月五日
国立中央大学第八一七号布告）

一、凡蒙藏学生愿入本大学肄业者，必须经过入学及编级试验。

二、康藏学生在本校肄业以不设专班为原则，视其程度分别编入大学或实验学校，如必须设补习班时，其经费应请政府拨发。

三、蒙藏学生保送机关以蒙藏委员会为限，但所送学生须经过本大学之考核，以确系隶籍蒙藏者为限，如有冒籍者，一经查明，即行开除学籍。

四、蒙藏学生免除学宿、讲义等费，但损失赔偿体育、图书等费，均须照缴。

五、蒙藏学生，本大学不给其他津贴。

六、本大学招收蒙藏学生，以学期或学年开始时为限。

（国民党中央民众训练部档案）

教育部要求蒙藏各旗宗选派学生攻读师范令

（1932年）

查蒙藏各地学校设置无多，原因虽有种种，而缺乏师资，固为主因之一，为普及蒙藏教育起见，培养师资，实为今日刻不容缓之图。本部有见于此，除于南京、西康两处积极筹备蒙藏学校，酌设师范班，训练此项人才外，其余内地或边疆各省之师范学校，办理著有成绩者，均可兼为蒙藏各地造就优良之教师。为此，令仰各该旗、宗，迅予选送优秀合格之青年学生，就学内地或边疆各地之师范学校、高中师范科、乡村师范学校，俾得养成相当师资，毕业回籍，从事地方教育工作，是为至要！此令。

（国民党中央民众训练部档案）

待遇蒙藏学生章程

（1939年6月30日教育部、蒙藏委员会会同修正公布
1942年9月28日已另呈准公布待遇边区学生暂行规则）

第一条　蒙藏学生来中央及各省求学者，除有特别规定外，依本章程待遇之。

第二条　左（下）列各机关学校，得于每年学校开始前，向蒙藏委员会保送蒙藏学生，惟须开具学生之：（一）姓名；（二）性别；（三）年龄（四）籍贯；（五）学历；（六）品行评语；（七）所通语言文字各项，并附该生二寸半身像片二张。

（一）蒙古各盟旗官署；

（二）西藏各地方官署；

（三）蒙藏各级学校；

（四）与蒙藏相连之沿边各省县政府。

第三条　蒙藏委员会对于各机关学校保送之中等学校学生，应核明转送相当学校，各校应尽量收容，除资格程度相合得编入相当班级者外，一律作旁听生，惟以能直接听讲者为限。

第四条　蒙藏委员会对于各机关学校保送之专科以上学校学生，应核明转送教育部酌照左（下）列之规定办理：

（一）专科以上学校招生时，对于蒙藏学生得从宽收录或另举行入学试验；

（二）入学试验不及格经认为合于旁听生资格者，得收作旁听生；

（三）入学试验及格但不能随班旁听者，由教育部指定学校令其补习。

前项办理情形由教育部咨蒙藏委员会备查。

第五条　各校收录之蒙藏旁听生学年考试及格者，应改为本班正式生，其不及格者仍为旁听生，旁听满一年后给予旁听生证明书。

第六条　各校收录蒙藏学生无论为正式生、旁听生，均应由各该校分别送报或转报教育部、蒙藏委员会备案。

第七条　各校于每学期终了后一个月内，应将蒙藏学生本学期成绩、毕业成绩报告蒙藏委员会及教育部，以便分别奖励补助或保送相当学校升学。

第八条　专科以上学校毕业之蒙藏学生，得由蒙藏委员会暨教育部择优介绍各机关或分发蒙藏各地方服务。

第九条　几经蒙藏委员会核送或教育部分发之蒙藏学生，在公立学校应免全部学费，在私立学校应酌予减免。

第十条　各校对于一般正式生如有津贴及遣派留学等规定者，蒙藏学生之正式生应受同等待遇。

第十一条　各校蒙藏学生中如发现有冒充者，除将该生斥革外，并向原送机关学校或其保证人追缴因该生所领之一切费用。

第十二条　新疆、西康两省学生来中央及各省求学者，得适用本章程之待遇，其保送机关为学生所在之省县政府及各级学校。

第十三条　青海、宁夏两省学生来中央及各省求学者，得适用本章程第三、第四、第五、第九各条之待遇，其保送机关如第十二条规定办理。

第十四条　甘肃省学生具有合格之毕业证书来中央及各省求学者，得适用本章程第三、第四、第五各条之待遇，保送机关如第十二条规定办理。

第十五条　西南边地学生升学中等学校者，由各该省教育厅酌予优待，升学专科以上学校者，得向教育部保送，依第四条之规定办理。

第十六条　本章程如有未尽事宜，得由蒙藏委员会、教育部呈行政院转请国民政府核准修正之。

第十七条　本章程由蒙藏委员会、教育部会同公布施行。

（国民党中央民众训练部档案）

九、抵制英国干涉侵略，维护国家主权和领土完整

英国乘中国新旧政权交替之机，唆使西藏地方当局搞分裂，民国政府与之交涉

姚锡光代赴藏劝慰员杨芬报告英人策动西藏脱离中国，并与之交涉事致袁世凯呈

（1913年7月）

取消口北宣抚使正任蒙藏事务局副总裁姚锡光为代呈事。

据赴藏劝慰员杨芬呈称：窃于去年六月初十日前赴英印大吉岭劝慰达赖，邀其来京，赞祝共和，商办善后。当驰抵印境，达赖已被番人迎回。拟即入藏劝慰，惟其时当藏战激烈之际，英人禁止汉人入藏，于大吉岭断绝我官民交通，其意在售运枪械，煽惑番人侵夺领土，本员查悉此情，殊切焦虑，且闻驻藏汉族被困危急，川援未进，排解无人，特电京请示。当接电，令本员相机谋办，能觅相当和解为妙。得复后，即谒见英巡抚吉

郎，说明赴藏宗旨与国际无关，请给护照前进。彼初则允诺，继则翻悔，托言请示印督，俟回电至，即行知照。屡经催询，愈形阻滞，如是月余，不能前进。藏中警报日至，谓陆军将困没矣，汉人几绝灭矣，蒙藏协约业发生矣，达赖已独立矣，英廷许以保护矣，印藏秘结条约矣。似此种种现象，若不设法破除，恐逐渐实行，必于民国共和前途大有妨碍，亟思弭消。嗣及八月，始闻汉番议和，陆军退伍，订立和约，由印还国。本员意谓议和后或有承认共和之心，且待时机再进。讵达赖受英愚弄，退伍军士甫经出关，而藏番复于拉萨开战。详查情由，则藏番前次诈和，乃英人秘授方略，撤退中国陆军为必胜之计，且断绝汉人粮道，以谋一网打尽，其计甚狡。本员以事关国体，迭电达赖及其噶布伦等，多方解劝。然所发函电，皆为英人扣留。复密行雇人持递两次，亦为该处英人阻回。确知侦逻四布，绝我交通，百计筹谋，无术可进。情怀郁郁，几致发狂，正焦急间，闻有札喜旺堆者，达赖派驻英印之交涉官也，并有番官策登者，亦奉达赖令由英学校召回为教练官，时皆驻噶伦堡。本员遂去大吉岭，潜赴噶伦堡。盖该两藏员皆本员之英文同学，而噶伦堡地稍偏僻，英人之侦察较疏也，遂与两藏员会于噶伦堡，告以本员赴藏宗旨，乃因民国成立，五族平等，特来劝慰，宣布共和，解释战祸，免伤生灵，不意至此，为英阻滞，不能进藏，要发电函，亦被扣留。似此不许汉人交通，其心非欲图藏而何？为藏人计，与其背华归英而受责于民国，以担战争之祸，曷若赞成共和，同享五族平等之幸福。且藏乱之因，系出三五宵小，并非汉人全体仇番。现在民国优待蒙藏具有条文，达赖及噶厦诸人何不谅察之深，而竟复围汉族，徒构衅于将来哉？该藏员等闻之，甚为歆动，允为协助，以挽中藏大局，本员因极力笼牢，由其潜遣番人绕道进藏，传递劝慰书件，该藏员等亦加呈痛言利害，乞达赖转向中华，勿受外人煽惑，致贻后悔等情。于是始得直与达赖接洽。乃于十一月二十日接得达赖专员密送印文一件，内称华军驻藏，原为保护而来，今一变为盗贼，烧杀抢掠，无恶不为，番人何辜遭此惨苦。君来南界调查已久，开衅颠末，谅皆有闻，请实报大总统处办，则我藏人之受赐幸福为已多矣。言之惨痛，确系实情。据其来意，大有转圜内向之心，遂据政府优待藏族政策分条慰复，一面会同办理藏事人员史悠明、刘廷柱等电请政府派员查办，商订善后。乃候数日，未接复示，恐失机会，因思政府前曾迭颁电令，给还达赖封号，而达赖竟无答复，今称达赖倾诚内向，政府未知虚实，因难遽信，诚不足怪。

于是会商番官，敦促达赖速发承认共和电，并具正式公文以答复我政府。旋接其噶布伦电称：蒙藏局请复封号之电，昨已递到，但不知蒙藏局系何等衙门，处若何地位，何以辄能复还封号？达赖封号乃前清皇帝所革黜，仍需由清帝复还。且皇帝为明智弘善之嘉班阳，（按：藏人称皇帝为嘉班阳，出佛经。）不敢违背，请报大总统筹划，云云。详译来辞，似未悉民国内容，又恐违背皇帝，中多隔膜。是以复将民国行政所设置各种机关并前清皇帝甘心退位诏旨，优待皇室、蒙藏等条件，逐一解释，详予答复。嗣于十二月二十九日达赖电致札喜旺堆，谓据本员前请承认共和之意，业已电致大总统矣。自此次多方劝慰，达赖已有内向之思，不似前此之疑惧固执。然就不知政府对藏实策，屡电请示，始接国务院电示：现已迭颁命令，封复达赖及厦札等名号，并电告达赖，专员宣慰，在察木多妥商善后，规复一切旧制。等因，奉此，正劝达赖派代表赴察木多会议间，又接到蒙藏局电开：藏事已有专员办理，当速回京。等语。遂将以前抚慰情节，并颁回京报告达赖密情告知陆长官兴祺，旋即起程东归。此本员赴藏劝达赖历经办理之大概情形也。窃维达赖之背叛，初不过忿陆军之扰害，因而仇视主国，缔结英人。自经本员慰解，欣然内向，承认共和。职以专员进藏无期，故虽历经表示优待，难以征信，致其疑虑环生，反复无定。现在办法，若从大吉岭会议入手，英人自必干预把持，吸攘大利。且闻现已要求在藏采矿权，推广租界，增设兵额。是专员由南路进藏，不能与达赖接洽商榷内政，必致失种种主权；若以武力解决，虽能调边藏军队直攻拉萨，然长途路险，不但糜饷劳师，且恐达赖求英保护，似皆非计之得。本员与达赖及其噶布伦等交涉已久，深悉彼等业已承认共和，现在所有疑信参半者，系待我大员到彼议订办法。若我政府善为对待，无难解决。以本员愚见，拟请大总统迅简专使轻骑减从，取道东路，驰赴拉萨，与达赖面商善后办法，必能破除前嫌，一举订定。此不惟杜绝无限要求，且免藏番因疑惧而滋反复。第专使进藏，毋须多带款项，以节经费，亦毋须多带兵卒，庶免番众滋疑，阻滞前进。如得邀大总统俯准，即可消除一切障碍，复我领土。本员若非真知灼见，语有虚浮，甘当欺国之罪，以为调查不实，劝慰不力者戒。事成以后，本员虽有劝慰微劳，乃系应尽之务，亦不敢邀奖叙，致蹈向办藏务架词邀功者之积习，除将交涉往来函电另报抄呈外，所有调查劝慰各缘由，理合据实呈报，恳祈鉴核。转呈前来。

据此，查该员于上年六月前赴印藏，于本年七月到口报告调查藏务情形。据称，达赖之背叛，不过陆军扰害所忿激，因而仇视主国，缔结英人。该员已于噶伦堡面晤达赖所派驻外交涉官扎喜旺堆、教练官策登，原系英文同学，遂将大总统德意切实宣布。该藏员等极表同情，密为赞助，并将英人所有密谋潜告，该员遂得与达赖直接函电交驰，已于上年十二月底得达赖复电政府，承认共和。惟俟专员到藏议定条件，即可消解前嫌，倾诚内向。现虽已派有陆长官兴祺由印入藏，恐英人阻止前行。且从大吉岭会议入手，英人自必干涉，要求攘我权利。若能迅派专使轻骑减从，取道东路进藏，与达赖直接面商，不难一举而定。该员在印之时，虽与扎、策两藏员预有密约，只须派有大员前赴拉萨。该藏员均系达赖左右密切之人，必能维持就绪，事有把握。该员愿效前驱，必能得当以报。布置在先，事会可惜，求为转呈，言之至为恳切，不敢壅于上闻，伏求大总统俯鉴该员诚恳。应否简派专使，由东路直截〔接〕进藏与达赖面晤会商之处，出自睿裁。谨为代呈，伏乞批示机宜，以资转饬。谨呈

大总统

中华民国二年七月　日

（蒙藏院档案）

蒙藏局为请照会英使发给赴藏册封使护照事致外交部函

（1912 年 11 月 25 日）

径启者，准国务院密字第九号函开：奉大总统令，前因达赖喇嘛阿旺罗布藏吐丹布丹甲错济寨汪曲却勒朗结诚心内向，复封为诚顺赞化西天大善自在佛，所有册封典礼亟应循例举行。兹派马吉符、姚宝来为册封使，赍□封册，前往颁给，用示优崇黄教之盛意。该达赖喇嘛，其振兴藏务，竭诚翊赞，以永保荣典于无极。此令。等因。奉此，查西藏近日情形危急万分，册封使自应迅速前往，以挽主权。该使等拟即取道英属印度大吉岭以往西藏，应由贵部察看情形，照会英使发给护照，准其通过，并照章优待，以利遄行。即盼见复为荷。此致

外交部

（蒙藏院档案）

外交部为英不允我册封
达赖喇嘛专使假道印度入藏事复蒙藏局函

(1912年11月29日)

外交部公函　　　元年国字第6号

径启者：接准函称，册封达赖喇嘛之册封使马吉符、姚宝来取道英属印度大吉岭以往西藏，请照〔会〕英使发给护照，准其通过。等因。查英使不允假道一节，业于九月十八日函达在案。兹准前因，当以今昔情形不同，此次册封达赖自应特予通融，准其通过等语，派员面告英使。而该使以西藏交涉问题前举政府训条，并无遇有特别情形可作特别办理一条，请派员假道一层，碍难照办，等语驳拒。相应函达贵局查照可也。此致
蒙藏事务局

外交部长　颜惠庆（印）

（蒙藏院档案）

史悠明报告藏官催钟颖出关及达赖喇嘛在
外人嗾使下加紧分裂活动，乞令严查等事致袁世凯等电

(1913年3月2日)

大总统、国务院、外交部次长、蒙藏局鉴：

驻藏长官携带兵民抵靖，番民屡次催走，外人暗中嗾使，婉商不允，势将决裂。已于二月五号分批出关，遣送回国。……仅留五十人决守靖西以待后命。各番官经其再三开导，令稍缓。达赖喇嘛近派世家子四名饬赴伦敦，前日过此，明则游学，暗则运动承认独立，且又多置枪炮。东路由江孜起至拉萨沿边每十里砌卡一道，以拒来兵。其规定官制分总理军事、理财、□参部，级分六品，雀顶免翎，头品珍珠、二品紫石、三品深红石、四品淡红石、五品珊瑚、六品水晶。叠出告示，近拼汉音，竟称奉天承运西藏独立国。有战争以来，军火入关不少，祈饬税务处严札代理东关事务番籍汪司巡严查，以杜再运。

江孜监督　史悠明

（蒙藏院档案）

维护国家主权，拒签非法的《西姆拉条约》

西姆拉会议前的中英外交斗争

辛亥革命后，西藏政局混乱引发的中英交涉

民国元年三月，联豫避居折蚌寺，以印信交与钟颖。钟颖既代理驻藏大臣之职，势处危急，遂求援于班禅，班禅暗令折蚌寺僧助之。

五月，靖西噶伦绷一带之番官谋变，召集僧兵万人，前往江孜后藏，包围内地之官军，逼令解除武装，退至印度，而驻扎拉西、硕般多之军官，亦被工布、江达、波密等处之番攻击，曾告急川督请援兵马。……

六月十四日，中央电令尹昌衡率师西征，惟虑英国误会，复由外交总长陆征祥面告英使，谓川兵入藏，全为平乱，至希英国严守局外中立，并提议改订西藏条约，其文如下：

一、西藏永为中国领土；

二、一切责任均由中国负担；

三、商务上利益，中英两国共享有之，惟政治不顾问英国；

四、英国不得驻兵西藏，他国亦然。

（六月）下旬，联豫出藏，由印度回北京。

七月六日，藏军在拉萨包围钟颖。行总攻击，川兵饷糈既竭，腹背受敌。延至三十日，由廓尔喀驻藏之官噶卜典居间调停，缔结媾和条约四款。其文如左（下）：

一、川军枪弹交廓人手，封藏藏中，后无汉、廓，藏三面人齐，不得擅取；

二、陆军全行退伍，由印度回国，其钦差、粮台、夷情各官，仍照旧约驻藏；

三、钦差准留枪三十支，统领准留枪六十支；

四、汉兵出关后，所有前次兵变失损财产房屋，须照实议赔。

八月，征西军先锋队二营，先在河口击败藏兵，攻下剪子湾之营垒。又降服博浪空山之喇嘛，由西俄洛进逼扎麻拉洞，由此更进七十里于火竹山口安营。巴塘、里塘之藏兵，受其影响，望风溃走，而顾、胡两军，复将里塘前面六十里喇嘛丫地方围绕，于是前藏秩序为之大乱。……

八月十七日，英政府关于西藏问题，根据一九〇六年之中英条约，提出抗议，中央政府回答其抗议中一项，云本政府已电饬征藏军司令尹昌衡停止进军，静听后命云云。至其余数条未即解决。

驻西藏之汉军多数，于九月一日，由拉萨经印度返国，印督派威洛毗骑兵中校于西（锡）金招待之。

汉兵既由拉萨赴印，从前助汉之喇嘛，亦有相随而行者，达赖甚恨，故暗杀其折蚌寺之大堪布元典喇嘛于彭多宗。九月七日，英公使朱尔典奉本国政府之训令，赴外交部，面晤外交次长颜惠庆，提出抗议。略谓如果民国政府定欲征藏，继续遣派征西军前进，则英政府微特对于中华民国不予承认，且当以实力助藏独立云。

十一月下旬，达赖逼令钟颖退出拉萨，钟颖由拉萨经江孜后，居于靖西。……又要求钟颖由靖西出境，并谓若再迁延。将以兵力从事，钟不得已，由印度回京。

（朱绣：《西藏六十年大事记）

英国政府要挟中国政府

（1912年）

清末驻藏华兵于鼎革之际，全体哗变，藏人乘机驱逐汉官。并派兵侵扰川边区域，虽经边军抵御，而英人遂借口调停，出面干涉。民国元年八月十七日；英使送本部节略一件，要求五端：（一）英政府不允中国干涉西藏内政；（二）反对华官在藏擅夺行政权，并不承认中国视西藏与内地各省平等；（三）英国不欲允准在西藏境内存留无限华兵；（四）以上各节先行立约，英方将承认之益施之于民国；（五）暂时中藏经过印度之交通应视为断绝云云。

（北洋政府外交部编：《西藏问题》）

中国政府外交部驳复英使

（1912年12月）

政府接到此文后，本日（十二月二十三日）始备文照该国提出答案，一一答复，大致如下：

（甲）中国按照一千九百零六年之中英西藏条约，除中国之外，其他国皆无干涉西藏内政之权，今谓中国无干涉西藏内政之权，理由甚无根据。至于改设行省一事，为民国必要之政务，各国既承认中华民国，即不能不承认中国改西藏为行省。况中国对于西藏，并无即时改设行省之意，此中颇有误会。惟现在中国认定不许其他一切外国干涉西藏之领土权及其内政。（乙）查中国并无派遣无限制军队驻扎西藏之事，惟按照一千九百零八年之通商条约，英国以市场之警察权及保护印藏交通，委任于中国，故中国于西藏紧要各处，当然派遣军队。（丙）中英关于西藏之交涉，已经两次订立条约，一切皆已规定明确，今日并无改定新约之必要。（丁）中国政府，从前并无有意断阻印藏交通之事，以后再当加意保护，断不阻碍印藏交通。（戊）承认中华民国，是另一问题，不能与西藏问题，并为一谈，深望英国先各国而承认中华民国。

（《东方杂志》第九卷第八号）

西姆拉会议上的阴谋和反阴谋斗争

西姆拉会议上的交涉经过情形

甲 中英藏会议缘起

（前略）民国元年八月十七日英使送本部节略一件，要求五端。（略，参见前文）当经本部分别解释驳辩，彼时民国尚未经各国承认，英人即宣言不允调停即不承认。又云若不派使会议，英藏即行订约。彼时国基初定，不能不勉如所请，于是有中英各派专员偕藏员在印度森姆拉会议之举。

乙 会议时双方争执之要点

陈专员贻范抵印开议，藏员提出中藏界线，英员又创立内外藏名目，几将川边之地及青海全境划归西藏。彼时我国以西藏为我领土，不应划分境界，惟因藏人志在自治，其前后藏地方，在前清时代已不能等于内地，遂摆出以清末赵尔丰边军兵力所及之地为限。允以江达为界，而江达以西归藏自治。几经争议，复让至丹达，最后让至怒江。至青海方面，初以当拉岭为界，继以昆仑山为界，而我所让内藏区域，如当拉岭以北，怒江以东之地，并声明得由我自由经营，巩固其地位，嗣经三方磋议，而我一意坚持，始终未肯松劲。奈英人袒藏，我虽有让步，而于我所主持界域，迄未赞同。嗣英专员又提出藏约十一款，并多方要挟，催迫成议。……政府因希冀英、藏对于界务有所让步，对于其余各端，声明可以大致赞同。乃于三年四月二十七日准陈专使来电："以英员告以所拟约稿，业与藏员画行，如贵专员不于今日画行，则约稿中之第二第四两款全行删去，即与西藏订约，不再与贵专员商议云云。目睹情形，彼甚坚决，因从权画行，免致决裂"等语。政府以此项约稿损失过巨，当即声明否认。而英人始终认为有效，并迫我签押，我未认可，会议因之中止。本部当复照会英使，以藏约不得中〔国〕政府同意。若英藏签押，万不能承认。一面并由驻英刘公使向英政府声明否认。又设法与驻京英便继续交涉，以期另筹解决办法。

丙　森姆拉会议逐日议事日程撮要

中、英、藏三面会议情形，根据陈专员电报，按照日期先后撮要胪列，以便参考。

民国二年十一月十三日藏议开始，藏专员要求计有六事。

附件一

二年十月十三日藏议开始，藏人要求条款，计有六事。一、西藏独立；二、西藏疆域欲包括青海、里塘、巴塘等处并及打箭炉；三、光绪十九年暨三十四年之印藏通商章程，由英藏修改，中国不得过问；四、中国不得派员驻藏；五、中蒙各处庙宇向认达赖为教主；均由达赖委派喇嘛主持；六、所有勒收之瞻对税款及藏人所受损失，一律缴还赔偿。

十一月一日陈专员提出驳复条件计开七事。

附件二

十一月一日提交驳复条件，计开七事：一、西藏为中国领土之一部分，其向为中国领土之关系，继续无间；二、中国可派驻藏长官驻扎拉萨，所享之权利，与前相同。并有卫队二千六百名，除一千名驻扎拉萨外，余一千六百名由该员斟酌，分驻各处。三、西藏于外交及军政事宜均应听受中国中央政府指示而后行，非经由中国中央政府不得与外国订商；四、西藏人民之以向汉之故，因而身被监禁，产业被封者，西藏允一律释放给还；五、藏员所开之第五款可以商议；六、前订之通商条款如须修改，须由中英两方面根据光绪三十二年四月初四日中英所订藏事正约第三款商议；七、中藏边界兹于附上之图内约略画明。（原注：此图内将当拉岭、江达等处一律划归川省，图与驳复条件均经邮呈，二年十一月十五日曾发电陈明在案。）

英专员以中藏两方面所争持者界线一层，相悬太甚，遂请彼此开不正式会议，谈判此事。延至十二月十八日，仍无结果。三年一月十二日，中藏两专员将讨论之意见书提交正式会议；二月十七日英专员正式答复，主张分内外藏界线。三月十一日英专员又将调停约稿交出，共针十一条。

附件三

三月十一日英专员又将调停约稿交出计共十一条。

一、本约附表内所列之条约，除为本约所更改，或与本约有相异或相背之处外，均继续有效。

二、中英各政府既认西藏为非属于中国统治权，乃属于中国宗主权之国，并认外西藏有自治权。今订定尊重该国疆界之完全，所有外西藏之内政（原注：选举达赖喇嘛事在内），应由拉萨政府掌理，中英政府均不干涉。中国政府订定不改西藏为中国行省，西藏不有代表于中国议院或类似之团体。英国政府订定不并据西藏或西藏之无论何部分。

三、中国政府现既承认英国以西藏地理上之位置有特别利益，欲西藏建有实力政府，保守附近印度边界及毗连西藏各国之治安。今订定除本约第四款所载外，中国于西藏不派军队，不驻文武官员，并不办殖民之事。如本约签押之日，外西藏尚有该项军队官员与殖民等，应于一月内撤退。英国政府今订定除一千九百零四年英藏条约所载外，不在西藏派驻文武官员；除商务委员卫队外，不派军队；并不于该国办理殖民事宜。

四、上款所述并不阻止中国代表带有相当之卫队驻扎西藏，所驻地点随后再定，惟该项卫队今订明不得逾百人。

五、中藏政府今订定，彼此不以藏务议约。除一千九百零四年九月七日英藏条约，一千九百零六年四月二十七日中英条约所载外，亦不得与他国议约。

六、一千九百零六年中英条约第三款，今订定作废。但一千九百零四年英藏条约第九款内所载外国字样，并不包括中国，英国之商务，不得较最优待国之商务受次等之看待。

七、甲　一千八百九十三年、一千九百零八年通商章程今订明作废。

乙　西藏政府今允与英国政府议订新通商章程，以实行一千九百零四年英藏条约第二、第四、第五各款，并速派相当之代表办理此事，所订新章，非经中国政府允许，不将本约有所更改。

丙　一千八百九十年中英条约第三款，所定禁阻由藏侵陵哲孟雄边界一节，中国以后不负责任。

八、按照一千九百零四年九月七日，英藏条约第二款所载之驻居商埠之英国委员，如遇有本约发生之事。查得非由通信，或别项办法所可解决，必须前往拉藏与西藏政府商议者，该员可于无论何时，随带卫队前往。

九、现以订定本约之故，所有西藏边界，以及外西藏与内西藏之分界，以红蓝线绘明于所附之地图内。西藏政府应在内西藏享有之权利，如选派寺僧、保存关系宗教之事权，缮发委任于酋目及地方官，以及征取向收之租税等事，绝不以本约有所损害。

十、在西藏之廓尔喀、拉达克人，因此次中国官兵之举动受有损失者。中国政府订定偿还卢比四十二万四千八百四十元。

十一、本约于签字日施行。中、英、藏文字，俱经详细校对。如有因解释本约字句而起之辩论，应以英文为准。

本部电令陈专员与英专员逐条磋商，英专员坚持不让，并限于一星期内以允否两字见复，否则即行决裂。经再三磋商，始允逐条开议。四月十五日开逐条会议，稍有转圜。四月二十二日开正式会议。陈专员告以中国政府不能表示同意，会议几至决裂。后经再三婉商，英专员始允展限五日。

四月二十七日接续会议，并由三方面专员，将约稿界图画行。

四月二十八日政府电陈专员否认，并以否认理由照会驻京英使。

七月二日英专员照会陈专员，定于七月三日开末次会议，陈专员告以不能签押。

七月三日晚十一时举行末次会议，约稿仅由英藏二专员签押。

丁、森姆拉会议决裂后中英对于藏案继续交涉撮要

中英藏会议草约既成，英人不允取消。三年六月六日，英使照称："本年四月二十七日，由中英藏专员在森姆拉所画行之约稿，为此次三方会议西藏问题之惟一解决。如中政府坚持反对，不愿将了解此项会议之约稿签押，则中国自不能享三方面条约内所订定之利益"等语。是月二十五日，又准英使照称："倘中〔国〕政府不曾设法将界务问题重新全行开议，而仅要求更改北面界线，以昆仑而〔山〕代阿尔丁台富；并允将别项要求，不改约稿，立予签押，本政府或可勉力劝导藏人，使之照行。"照目下情形，只有告知中〔国〕政府：倘中〔国〕政府不将约稿于本月底以前

签押，本政府只得自由单独订约。如此则三方面所订约稿，内载中国应得特权与利益自然全行失却。且本政府拟极力助藏以御中国侵伐等语。然政府始终抱定不停议宗旨，遂相机与英人提议，借图转圜。无如英政府一再拒绝。

（北洋政府外交部编：《西藏问题》）

北洋政府拒绝在《西姆拉条约》上签字，历届中国政府一致否认《西姆拉条约》

驻藏办事长官陆兴祺致民国大总统电

（1914 年 4 月 28 日）

（一）

万急。北京大总统、国务院、外交部钧鉴：院密。二十七日陈使已照英、藏要求条件暂签约稿，惟声明如政府不认，尚可作废等语。此约关系至重，万望筹议挽救之法。至盼至祷，陆兴祺叩。

（二）

大总统钧鉴：○密。昨由陈使之参赞夏廷献寄来陈使签押之英文约稿及会议情形，始惊悉印度政府外交手段之老到不可企及，其内容之酷烈，直据西藏为己有，固不仅剥尽我国主权而已。但争界固为要着，而其中各条件若不悉力磋商修改，使我徒住一官、兵三百，除糜饷坐食外，尚有何效力。应请迅饬外交部将稿详细译出，由我大总统召集会议筹谋挽救。事关领土主权，岂可因受人所逼而拱手退让。并电刘公使向英廷据理力争，以期公允，务使此约发表后不至惹起列强作同等要求及藏边之扰乱，是为至祷。再，兴祺才短识浅，难膺巨任，请准予退职，另简贤能以维大局，不胜恳切待命之至。驻藏长官陆兴祺叩。

（陆兴祺：《西藏交涉纪要》下编）

外交部关于声明否认西姆拉会议所签草约致陈贻范电

（1914 年 4 月 28 日）

英员仅许以一隅之地，划归青海，迫我承认，殊堪诧异。执事受迫画行，政府不能承认，立即声明取消。如英专员愿和平续商，仍应接议，中国固不愿遽行停议也。英专员如何答复，速电外交部。

（北洋政府政事堂档案）

国务院关于不承认陈贻范在西姆拉会议画签草约致驻藏长官陆兴祺密电

（1914年4月29日）

陆长官鉴：院密。二十八日电悉。陈贻范未奉政府训条，贸然画行，错误已极，万难承认，已由外交部电饬取消矣。国务院。艳。印

（《西藏交涉纪要》下编）

北洋政府外交部致驻英公使电

（一）

（1914年7月2日）

三十日电悉。朱使昨日到部称：同前因。当电陈使，告以中国要求界线，未能同意，万难签押。英藏双方签字，不能承认。希向英外部声明。盼复。外交部。二日。

（北洋政府政事堂档案）

（二）

（1914年7月6日）

接陈使电，藏约业于三日英、藏签押。当电陈使声明否认。应即备文向英外部声明；中国政府不能擅让领土，致不能同意签押，并不能承认中国未经承诺之英、藏所签之约或类似之文牍。中英睦谊夙敦，盼望将来另商圆满解决方法等语。希查照办理。外交部。六日。

（北洋政府政事堂档案）

北洋政府外交部向英使提出九项原则

（1921年1月19日）

中英西藏交涉，自去年停顿后，迄未开议。驻京英使奉其本国政府训

令，迭向外交部催促，重开会议。本日外交部已备文答复，请其照下列各款讨论：

一、西姆拉会议，违反光绪二十三年驻京英使换文，不能据为事实；

二、请查照民国五年中国提案进行讨论；

三、西藏为中国之完全领土，界址按自然四至，不得更动；

四、西藏外交应由中央主持；

五、中国对于西藏之交通内政，有自由主权；

六、亚东、江孜两税关税款，应由中国派员监视接收；

七、藏边乱事，中国自行派员剿办；

八、为保卫西藏治安，中国应在西藏驻兵设警；

九、驻藏之中国大员，有管辖全藏内政外交之权；

十、西藏得派代表会同讨论解决藏案之方法。

（《东方杂志》第十九卷第四号）

国民政府外交部刘司长与英大使馆秘书裨德本谈话纪要

（1935 年 11 月 27 日）

（前略）至于森姆拉条约，中国政府对此未签订之文件，向来所持之态度，当为英国政府所深知，此项未尝正式缔结之条约之援引，中国政府殊不能认为适当。

（蒙藏委员会档案）

蒙藏委员会驻藏参议蒋致余致行政院院长电

（1937 年 1 月 24 日）

行政院院长钧鉴：……英官柯尔根据英藏前订密约，要求将藏属之门听汪及嘉玉宗西南一带地方割让与英。各噶布伦答以森姆拉条约未经中国签押，刻中藏问题尚未解决。噶厦不能作主等语，无结果中止。以上消息，系托人向某噶布伦处探来，极为可靠，适与职前报之研究所得相同。

（蒙藏委员会档案）

驻藏办事处处长沈宗濂致吴忠信函及附件

（1944年7月8日）

礼公委员长钧鉴：……职于本月一日应（英驻锡金行政长官）古德之邀，前往冈多……古德与职彼此以私人资格谈论西藏问题。历数小时。职向其反复说明西藏为中华民国领土之一部分，无可置议……彼对此亦表同情，惟根据已往事实，如我国并未承认之西姆拉协定等等主张，以会议方式解决。最后吐露真意，欲在印度第二次政潮发生以前解决西藏问题，兹将谈话记录呈请鉴察。……

附　谈话节略

古德：……余以为解决西藏问题，西姆拉会议已有良好之基础，因当时三方代表，均属干练有为，头脑清晰之士也。

宗濂：所谓西姆拉协定者中国政府并未批准。

古德：该项协定之未批准。据余个人观察，其原因有三：（一）西藏与内地划界问题；（二）协定草案中词句有不妥之处；（三）当时中国无有力政府负此责任。

宗濂：康藏划界问题，是否合理，属于内政。至于西姆拉协定，既未批准，当然不能作为根据。

（蒙藏委员会档案）

附　中国政府拒绝签字的所谓"西姆拉条约"

中华民国大总统，英国君主兼五印度皇帝，西藏达赖喇嘛，亟愿共同协商解决关于其在亚洲大陆邦国利益之各种问题，并进一步调整彼此各有关政府间之关系，因而决定缔结条约。为此特派全权代表如左（下）：

中华民国大总统特派功赐佩戴嘉禾勋章陈贻范；

西藏达赖喇嘛特派伦兴夏托拉；

英国君主兼五印度皇帝特派功赐佩戴维多利亚皇家勋章印度宝星印度帝国勋章印度政府外务政务秘书麦克马洪。

各将所奉全权证书互相校阅，俱属妥善，兹同意缔结左（下）列条约共计十一款：

一、本条约附表内所列举各项旧约，除经本条约更改，或与本条约旨意有出入或径相冲突者外，一律继续有效。

二、中英两国政府，同认西藏为属于中国宗主权之国，并认外藏有自治权，今为尊重该国自治之完全，所有外藏内政（选举达赖喇嘛事在内）应由拉萨政府管理。中英两国政府均不加以干涉。①

中国政府不改西藏为行省，英国政府不兼并西藏境内任何部分。②

三、中国政府现既承认英国在西藏地理上有特殊地位，英国为欲西藏建设强有力政府保守印度附近境界，及毗连西藏各部落治安起见，今约定除本条约第四条所载外，中国对于西藏不驻军队，不设文武官员，不办殖民事宜。本条约签字之日，如外藏尚有此项军队、官员与殖民③，应在三月只内一律撤退。

英国政府亦约定除一九〇四年英藏拉萨条约所载外，不在西藏派驻文武官员，除商务委员卫队外，不派军队驻藏，并不在藏境兴办殖民事宜。

四、上款所载，并不阻止中国驻藏代表，率带相当卫队驻扎西藏。惟此项卫队不得逾三百人。

五、中藏政府今订定彼此不以藏务议约，除一九〇四年九月七日英藏拉萨条约，一九〇六年四月二十七日中英印藏续约所载外，亦不得与其他外国议约。④

六、一九〇六年⑤中英印藏续约第三款，今订定作废，但一九〇四年⑥英藏拉萨条约第九款⑦内所载外国字样，并不包括中国。

英国之商务，不得较最惠国之商务受次等待遇。

七、甲 一八九三年与一九〇八年，关于西藏之中英通商章程，今订明作废。

乙 西藏政府今允与英国政府议订新通商章程；从实行一九〇四

---

① 本条中“自治之完全”，按英文为“领土之完整”。“（选举达赖喇嘛事在内）”按英文为“（包括达赖喇嘛的选择和就职在内）”。

② 按英文本中国政府下有“保证”两字，英国政府下亦有“保证’两字。

③ 按英文本并无“与殖民”三字。

④ 第五条按照英文译为：“中藏政府约定彼此间或与任何其他国家均不进行有关西藏的任何谈判或协议，但英藏间按照一九〇四年九月七日英藏条约和一九〇六年四月二十七日中英印藏续约规定的此种谈判和协议除外。”

⑤ 按英文本为“一九〇六年四月二十七日”。

⑥ 按英文本为“一九〇四年九月七日”。

⑦ 按英文本为“第九款第四项”。

年①英藏拉萨条约之第二第四第五各款；但新章程非经中国政府允许不得变更本条约。

八、驻在江孜之英国商务委员，如关于一九〇四年九月七日英藏拉萨条约所载，遇有关系之事，查得非由通信或别项办法所能解决，必须前往拉萨与西藏政府协议者，该员无论何时，得以随带卫队前往。

九、现以订本条约之故，所有西藏境界与内藏外藏之分界，以红蓝线绘明于所附地图之中。

西藏政府在内藏权利，如选派寺僧，保存关系宗教之事权，绝不因本条约有所损害。②

十、本条构用中、英、藏三种文字，均经详细校对，如日后因解释字句有异议时，则以英文为准。

十一、本条约自签字之日施行。

中华民国三年七月三日

西历一九一四年七月三日　订于西姆拉

藏历木虎年五月十日

伦兴夏托拉（签字并盖印）

麦克马洪（签姓名首字母并盖印）

附表

一、一八九〇年三月十七日中英会议藏印条约

一、一九〇四年九月七日英藏条约

三、一九〇六年四月二十七日中英续订藏印条约

西姆拉会议之交换文书

一、缔约国承认西藏为中国领土之一部分。

二、达赖喇嘛选举就职后，由西藏政府呈明中国政府，中国政府即颁给达赖封号，由中国驻扎拉萨长官正式转授之。

三、外藏官员由西藏政府任免。

四、外藏不派代表出席中国国会及其类似机关。

---

① 按英文本为“一九〇四年九月七日”。

② 1.“所有西藏境界与内藏外藏之分界，以红蓝线绘明”应为“西藏境界及内藏外藏之分界分别以红线和蓝线绘明”；2.“寺僧”按英文本为“高级寺僧”；3.“保存关系宗教之事权”按英文本为“对有关宗教组织的一切事项，保留完全的监督”。

五、英国驻藏商务委员之卫护队，不得超过中国驻扎拉萨长官卫护队百分之七十五。

六、一八九〇年三月十七日中英印藏条约第三款所载，禁阻西藏侵犯哲孟雄边界一节，以后中国政府不负责任。

七、本条约第三款各节，由各签字国派员迅速查报办理，第四款所载中国驻藏长官可以入藏。

伦兴夏托拉（签字并盖印）

麦克马洪（签姓名首字母并盖印）

声明

英国和西藏的全权代表兹将下列声明载入记录，我们承认所附业经草签的条约对英国政府和西藏政府有拘束力，并同意：只要中国拒绝在上述条约签字，中国将被排除享受由于该条约所生的一切权利。

我们在此声明的英文本二份、藏文本二份上签字盖章，以资证明。

公元一九一四年七月三日，即藏历木虎年五月十日，订于西姆拉。

伦兴·夏托拉

亨利·麦克马洪（英国全权代表）

（本条约英文本见印度政府中央出版局出版的印度外交部次长艾奇逊编：《有关印度及其邻国的条约集》第十四卷，第35～38页，1929年版。译文与注释据《西藏地方历史资料选辑》，第302～306页。）

应对英国干涉护送班禅回藏

蒙藏委员会为拟定应对英国干涉护送班禅回藏原则和意见致行政院呈

（1935年12月19日）

密呈

案准外交部二十四年十一月十三日欧24字第一〇六〇六号公函，以驻华英大使贾德干口头提出班禅带兵回藏事件，请慎予考虑一案，函请查照，妥筹办理。等由到会。正核办间，复奉钧院二十四年十一月二日第六〇五〇号训令，案同前因。即行派员持函前往外交部商请抄送关于西藏一切外交文件，当准外交部交来《藏案交涉始末》一件在案。

查班禅回藏本为藏中官民所期望，又系班禅大师之宿志，且属西藏内部问题，英人对此亦颇具同情，故实现此事似无问题。至随带卫队一节，西藏当局虽曾一度食言反对，但自院、会去电解释后，迄今未有异议。而英使所引用之森姆拉条约，我政府从未签字承认，亦少法律根据。由此观察，仍拟依照前定办理班禅回藏事件之（一）维持中央向来对藏之惯例；（二）维护班禅尊严；（三）不妨碍藏中秩序；（四）不致引起对外纠纷等四项原则，继续进行，并拟具意见，派员前往外交部商讨。兹谨将业经商定之意见开陈如下；

一、班禅回藏，为应付西陲局势，确属需要，在目前按照已定计划实施，将来再行相机应付，以策万全。

二、因此项事件而起之对英外交，以事属我国内政问题与之委婉周旋。

以上意见，是否可行，理合呈请钧院核转外交部妥筹办理，实为公便。① 谨呈

行政院院长　蒋

中华民国二十四年十二月〈十九〉日

全衔黄〇〇

（蒙藏委员会档案）

外交部照译英驻华大使馆
反对派遣仪仗队护送班禅回藏备忘录

（1935年12月23日）

关于派遣仪仗队护送班禅喇嘛回藏事，英国政府对于外交次长之解释，认为不能满意。当一九三四年黄慕松将军提及此事时，西藏政府不论采取如何态度，然其现在之态度，则对于派遣中国官员偕同仪仗队护送班禅喇嘛回藏，极表异议。值此西藏反对之际，如中国政府仍坚持其意见，是则班禅喇嘛回藏将致无限的延宕，殊属可能；抑或引起中藏间之困难情势。兹鉴于其他某某数国在西藏之关心，及中藏边界共匪之存在，凡倾向反抗西藏之行动，此时殊不宜于实行。

① 行政院于十二月二十三日致蒙藏委员会指令，尾开“呈悉，已如请，令饬外交部遵照妥筹办理矣”。

再，西藏之于中英两国皆有切肤利益，中国对之应谋一英国政府所承认之政策，藉以维系两国之友好关系，当所企盼。西藏政府既已明白表示其希望，又中国如有与其希望相抵触之行动，将引起危机，故英国政府对于此事极为重视，并愿中国政府不致采取此种可以引起不幸纠纷之途径也。

（蒙藏委员会档案）

蒙藏委员会为阐述处理英干涉护送班禅卫队入藏事要旨致外交部公函

（1936年3月19日）

公函　　　机字144号

关于班禅大师回藏案，准贵部二十五年二月二十七日欧25字第一八二三号公函，以奉院令与本会会同慎妥处理，并准英大使贾德干面称各节，应否即令该项仪仗队仅护送至藏边为止之处，亟宜早日决策，俾便该大使回国报告，以期妥慎，函请查照。等由。……

近日班禅、拉萨，据各方情报，日趋对立，中央控制之实力益见需要，否则中央和平主张从何实现？边地窜〔穹〕远，交通阻障，治边之道，首贵威信。故此项事件，应在自主原则之下随机运用，使藏人明晓中央已经把握边政权衡，以开其日就范围之路。设若应允英人之请，消息一传，中央威信即行扫地，英人信仰更见抬头，西藏前途何堪设想?！允宜慎重。且班禅进至藏边，由今推算尚有四五月之久，彼时情势无由推测，决策定谋似属过早。

基上述种种利害，我方为整个西藏之维系计，似宜仍照所定计划实施，俟相当时期，相机应付，以不背和平安边之方针为要旨。至于对英外交，表示敦睦友谊，仍希贵部婉言应付。

是否之处，仍希贵部裁酌见复为荷。此致

外交部

委员长　黄慕〇

中华民国二十五年二月〈二十〉日

（蒙藏委员会档案）

蒙藏委员会为与外交部商定应付英干涉护送班禅仪仗队入藏办法事致行政院呈

（1936年4月22日）

案奉钧院二十五年四月十一日字第二一九二号训令，略以英大使贾德干对于班禅大师仪仗队入藏事件面述意见一案，前后据蒋参议致余电陈，分交该会及外交部，各在案。兹据外交部核复：三月三十一日英使贾德干对仪仗队入藏终难谅解，坚请郑重考虑，究竟应否仍令仪仗队开往拉萨，抑令其护送至藏边为止各节，除饬知外，合行令仰该会会同外交部核议具报。此令。等因。奉此，当即遵令派员前往外交部接洽，并经商定办法二项如下：

一、仪仗队之行动视有无妨碍和平为准，于进至藏边时决定之。

二、现对英方不作肯定答复。

以上办法，对于目前中外情势似尚可行。奉令前因，理合呈复，仰祈核示祗遵。① 谨呈

行政院院长　蒋

全衔黄〇〇

中华民国二十五年四月〈二十二〉日

（蒙藏委员会档案）

与英国图谋阻挠西藏代表参加国大会议作斗争

沈祖征报告英方恫吓阻止国大西藏代表赴会阴谋未逞致外交部电

（1946年3月23日）

重庆。外交部：

385号电计邀钧察。西藏首席代表琼登敦达扎萨一行，二十一日由加雅抵加尔各答，寓大东旅馆。该代表以天热蚊咬患皮肤病，霍布金森促入陆军医院或赴岗多，并以警察将拘捕此种有传染病者为恫吓，意在使入医

① 行政院四月二十七日指令，尾开：“应准照办，已令行外交部知照矣。”

院或至岗多后，便于阻止来华。该代表等洞悉其奸，不予允许。彼老羞成怒，表示不再负招待责任，今于半小时内迁出大东旅馆。现各代表及仆从，由本馆协助沈处长在中国旅行社招待所布置住所。谨电呈。

职　沈祖征。卯

（蒙藏委员会档案）

国民政府为英人阴谋策划西藏召回国大代表事给蒙藏委员会代电

（1946年8月29日）

国民政府代电　　　　府军（义）字第4880号

蒙藏委员会罗委员长勋鉴：

据报，八月十四日西藏政府召开大会，会议讨论撤回赴京国民大会代表问题。因英人于藏政府派定国大代表来京时，曾谴责藏方；又于西藏国大代表离印时，填写籍贯为华籍，认为自失独立之地位。现英方谓中央患于共产党，国民大会已宣布延期，如西藏代表未能开会而返，仍可挽回而求独立，并决以友善之态度尽力援助。藏官对英人建议极表赞成，通过召回赴京之国民大会代表。等情。希即召集沈处长宗濂，迅速研议处理办法具报。

中正。（三十五）未艳。府军义

中华民国三十五年八月二十九日

（蒙藏委员会档案）

蒙藏委员会为西藏代表在英人打压下借题延宕参加国大会议，请速予接见以破英方图谋事致蒋介石呈

（1946年11月2日）

呈　　　京藏字第1874号

敬呈者，据西藏出席国大代表图丹桑批等面称：代表等抵京数月，所携藏政府公文尚未呈献主席。在未奉批示以前，是否参加国民大会，尚须报请藏政府核示。等语。

查今春藏方推派国大代表时，英人曾多方阻碍而不果。嗣于代表首途后，复根据西姆拉草约西藏不派代表出席中国之〔议〕会及其类似机关之

条文，向藏方提出正式抗议，要求撤回所派代表。藏人心理固愿与中央和好，但又不敢过拂英情。经此波折，徘徊瞻顾，大感应付棘手。其所以未早作表示者，据报藏政府鉴于共军肆扰，内乱再起，推测国民大会势难短期开成，倘再展期，藏代表即以不便久候为词，转返西藏，对中央对英国，两不得罪。现会期已迫，更感踌躇，故借题延宕，提出上述表示，我则深堪注意，拟请钧座于短期内接见西藏代表，俾其呈递公文。兹代拟接见藏代表训词大意，另纸缮呈察核。谨呈

国民政府主席　蒋

蒙藏委员会委员长　罗〇〇

附　代拟主席接见藏代表训词大意

所陈公文阅悉。西藏人民希望恢复前清末年西藏与中央之关〔系〕，深为欣慰。

各项具体办法，当交关系部、会研究后，提出即将召开之国民大会决定，诸位有何高见，亦可在大会上陈述，凡可能办到者，中央一定办理。

在抗战时间，西藏与中央之关系逐渐增进，以后建国期中，仍盼精诚团结。中央允许西藏高度自治，本主席曾一再申言，今后中央对藏一切设施，必能使西藏同胞满意。

（蒙藏委员会档案）

抵制英国侵犯我主权、强占我领土罪恶行径，维护国家主权和领土完整

抗议英向西藏地方当局提供军火，应对英在拉萨购地建官署等阻谋

蒋致余为英向藏提供军火应提出抗议事致蒋介石电

（1936年9月5日）

南京。行政院长蒋钧鉴：

〇密。迭据密报，噶厦向英官提议由印购进大炮、机关枪、步枪、子弹大批军火，已得英官允诺，所有各项数量，正待议定签订契约之事，经

职一再调查属实。查关于英国供给军火一节，当民二十一康藏有纠纷时，外交部曾经向英提出抗议，责其不应供给西藏军火，助长中国内乱。英国答复，以民国初元时代虽曾由印卖与西藏军火，以后并未售与。乃民二十二印度又售与西藏步枪五千枝、子弹十一万发，今又允售与西藏军火。目前英国自顾不暇，对藏除挑拨外，当不至别生意外。似可查据民二十一英国复文原案，向英提出抗议，能收事先制止之效，亦未可料。是否可行，伏乞钧裁。

职　蒋致余叩。歌。印

（国民政府行政院档案）

附　蒋致余报告藏方密向英印定购军火事致蒋介石电

（1936年10月30）

特急。南京。行政院院长蒋钧鉴：

○密。藏方密向印度定购军火数量，兹已查明，计：钢炮八尊、小机关枪八架、轻机关枪三十架，各附子弹，均须多量，未定确数。谨电呈报，乞交外交部严为交涉。

职　蒋致余叩。卅。印

（国民政府行政院档案）

蒋致余为报英人在藏谋购地皮设驻官署等情致蒋介石电

（1936年10月5日）

特急。南京。行政院院长蒋钧鉴：

○密。（一）关于藏方与英官议及印度购办军火情形，顷由噶厦关系方面接到确息，英官称所有藏方拟购枪炮数量多寡，均可照售价允特别低廉，如步枪每支价仅二十卢比，每卢比又仅作十五藏元计算。惟此项藏元他处不能使用，须以之在拉萨购置地皮一段，作建筑设驻英官及设立医院、学校之用，噶厦以达赖在时英人曾迭次要求在拉萨购置地皮，建立机关，达赖始终未予允诺，现在噶厦更不敢应允。故该案至今仍未议妥。该报告人又云，藏局若如此下去，恐不特班禅前来拉萨将起内乱，以三大寺对于一切极不满故也。（二）另据报告江孜英国营盘中消息，英官此次活动计画以谋在拉萨设驻英官为中心，拟即将现有驻扎江孜之英国官兵组织移驻拉萨，将现有驻扎亚东之英国官兵组织移驻江孜。至亚东，则另行派驻官兵。

以上二项，据职研究，似极接近。盖自民国以来，英人为谋在拉萨租借地皮建设官署起见，不惜千回百折，利诱要挟，务求达其目的。而在藏方，深知自力不能抵抗中央，惟望英人予以实力援助。年来英人既对藏表示不能出兵助藏，故藏方亦不敢信赖英人。但因中藏及卫藏事项正在紧急关头，仍逞其虚张英国声势，藉资恫吓中央及班禅狡计耳。又间接由现充英官招待员之前来西藏驻京代表阿汪札巴传出消息，亦称英伦政府因中央〔英?〕交涉，已有电令致英官等迅即回印。又一报告，英官派员询热振此去何时回拉萨，热振答以不定，并云拉萨苦寒，卫生不及印度，每届严冬易于致疾，请加意珍摄。刻中央官兵正在护送班禅回藏中，藏内近情颇形复杂，职孤悬绝域，事必躬亲，境遇维艰，应付匪易，拟请钧座饬外交部赓续力向英国交涉，如能以外交方式促该英官等早日离藏，则藏事前途减去荆棘不少。是否有当，伏乞钧裁。

职　蒋致余叩。歌完。印

（国民政府行政院档案）

与英人在西藏设电台侵我主权事进行斗争

行政院秘书处为抄送蒋致余报告英人欲向西藏当局提议令中央驻藏官员及电台离藏电致蒙藏委员会函

（1935年10月23日）

函　　　　第4760号

奉院长谕：拉萨蒋参议致余号申电，据报英人将向藏当局提议，令中央驻藏官吏及无线电离藏，否则英国亦将援例在拉〔萨〕设置官吏、电台，请迅电噶厦严令制止一案，应交蒙藏委员会核议。等因。相应抄同原电，函达查照。此致

蒙藏委员会

计抄送原电一件

行政院秘书长　褚民谊（印）

附　抄原电

抄。南京行政院长汪、武昌行辕委员长蒋钧鉴：

祭密。据确报，英人决定破坏中藏事，计划即将向藏当局提议，设法令中央驻藏官吏及无线电离藏，否则英国亦将援例在拉〔萨〕设置官吏、电台。伏祈钧座迅电噶厦严令制止接受，届时职即送达。一俟英人提出，职即电呈，可否向英抗议，乞示。

职　蒋致余叩。号申。印

（蒙藏委员会档案）

交通部为英人携无线电机入藏碍我主权应予拒绝事致蒙藏委员会密咨

（1936年8月24日）

交通部密咨　　　　密字第1274号

案据本部拉萨电台工程师张威白寒电称：英人驻哲孟雄之政务官Gould现已到达江孜，据报该英人带有无线电机一部，电员二人，定铣（十六）日由江孜起程，敬（二十四）日可到拉萨。又续据该员巧电称：据报该英人之无线电机现忽暂存江孜，未即带藏，其意似欲与藏方商妥后再行带来。惟是否能得藏方允许，容探续报。等情。据此，该英人携带无线电机入藏，不独流弊滋多，且有碍我国主权，拟请贵会迅电藏方当局，拒其携带入境。相应咨请查照，并见复为荷。此咨

蒙藏委员会

政务次长代理部务　俞飞鹏

中华民国二十五年八月二十四日

（蒙藏委员会档案）

蒋致余为报噶厦拟拒英人设电台并陈述中央应付措施事致蒋介石电

（1936年9月5日）

特急。南京。行政院院长蒋钧鉴：

○密。关于英人此次来藏活动中心，所有预料各点业经敬电呈报在案。兹据迭报，英人已向藏方各当局作非正式之谈话，要求在拉萨开设学

校、医院，并开拉萨为商埠，设驻英官，又微闻英国运来无线电机，召来电务员一节，噶厦主意在候其电机到后再召集民众会议，以三大寺反对为词不许设置，希图将其电台购买。证以此次驼运电台马牌系由噶厦发给，似不无珠〔蛛〕丝马迹之可寻。现藏中亲华派占最大多数，亲英派势力甚微，尤以三大寺反英为最激烈。管见为有效应付计，似可由中央分别电饬热振、司伦、噶厦及三大寺，声明西藏为我领土，不得与任何外国直接交涉，如或交涉，概不承认，一则可以壮亲华派之声势，一则可以置噶厦及亲英派之死命。谨肃电呈，伏乞鉴核施行。

职 蒋致余叩。尾。印

（国民政府行政院档案）

交通部为英人携无线电机入藏情形事致蒙藏委员会咨

（1936年9月8日）

交通部咨　　　　密字第1348号

关于英人携带无线电机入藏一案，兹续据拉萨电台工程师张威白支电称：据报逗留江孜之英国电员及无线电机，前因电动机损坏，尚未运来，兹已由印运到新机，乃于日内由江孜起程入藏，预计鱼日可到拉萨。该机共分装二十二箱，用驮十四匹驮载。窃查先到藏之英人曾分赠藏方各要人枪支子弹，布施各寺院多量之金钱，以饵藏方官民，故无线电机入藏一节，似已得藏方之默许。值此中英邦交日趋敦睦之际，英人忽有此种侵犯主权之举，殊为憾事。且英人此次入藏，对外则云系应藏方之邀，对藏则云受班禅之托出任调解。然均非事实，不过以此藉口，作为进身之阶，而施其挑拨离间之诡计耳。并闻有留此以待班禅入藏之谣传，其间或另有用意，或别施伎俩，以图达到此次来藏所负之使命，均未可知。等语。据此，相应咨请查照。此咨

蒙藏委员会

政务次长代理部长　俞飞鹏

（蒙藏委员会档案）

蒋致余为报英员携电机抵拉萨事致行政院等电

（1936年9月9日）

行政院院长蒋、蒙藏委员会委员长吴钧鉴：

祭密。英电员勒毗尔鱼日携电机抵拉萨，当晚即妥设通报。藏方本日开民众会议，或当议及。英人既彰杇〔然〕侵犯我主权，究应如何对付，乞速裁夺。

职　蒋致余叩。齐。印

（蒙藏委员会档案）

蒋致余为报藏方对英人擅设电台案态度并提出中央对策建议等情致蒋介石电

（1936年9月14日）

南京。行政院院长蒋钧鉴：

〇密。队电奉悉。关于藏方拟答班禅质问意向，一俟藏方将其复文送达安钦，即可探明呈报。至英官此次来藏，除在拉萨设置电台已明显侵犯我主权，多因柯尔粗鲁，三度首撞门户，致伤罹疾经旬，噶厦昨始设公宴，未有正式交涉。前电所报英人在拉萨设置官吏、学校、医院，系在各噶布伦私宅作非正式之谈话。截至现在，关于电台一案，职已两度严催噶厦交涉，未见有何计议。惟热振曾有拒绝之表示，并谓彼在位一日，决不敢丧失主权，嘱职释念。至三大寺及大多数官民方面，痛恨英人，反对甚力，但须开会，方肯发言。若欲求如内地之民意伸张，则非所望于今日之藏民。管蠡之见，最好请中央先就英人明确侵犯我主权之电台设置案向英提出抗议，仍一面分别电饬热振、司伦、噶厦、民众会议及三大寺，严责其就近拒绝，保全主权。对于噶厦电文，不妨严厉，并以如有丧失主权之处，将来即唯该噶布伦等是问等语严词诫责。至致三大寺及全体民众会议电，拟请书明由职面交，则职一面可同三大寺详晰说明，一面可要求藏当局开全体民众会议，以凭转交。只期藏当局能将此案付会讨论，则民众会议自必极力反对，决不任一二人为所欲为。职自驻藏办事以来，应付态度虽颇强硬，但凡事均先博采周咨，不望有功，但期不败，求所以仰体慎重进行、期以实效之意旨。奉电前因，理合具复。是否有当，伏乞钧裁。

职　蒋致余叩。旱。印

（国民政府行政院档案）

蒋介石致电热振，设法拒绝英人在拉萨设置电台，以维主权①

（1936年10月3日）

拉萨。热振呼图克图、噶厦钧鉴：

致密。据报，英人近在拉萨设置无线电台，事果属实，切盼就近设法拒绝，以维主权。特电查照。

行政院院长　蒋○○。肴。院一。印

（国民政府行政院档案）

蒋介石关于外交部向英方交涉在藏设电台案情形复蒋致余电

（1936年10月6日）

电。拉萨。蒋参议致余鉴：

东电悉。致密。查此案前经外交部电令郭大使向英方交涉〔阻〕止。嗣据郭大使电告英方答复情形，内有关于此事尚未接到确报，如或属实，英方碍于英藏协定，亦无法阻止。等语。当以英方此种答复殊难认为满意，复经外交部电令郭大使向英方表示异议，各在案。又关于外交部电令郭大使交涉阻止一节，前已由院电知该参议矣。据电各书。除抄交外交部及蒙藏委员会外，特复。

蒋○○。鱼。院一。印

（国民政府行政院档案）

外交部为查明藏方拟取消中央在藏所设电局真相并劝阻制止事致蒙藏委员会代电

（1944年8月12日）

外交部代电　　　　欧33第5683号

① 蒋介石同日还以同样内容致电蒋致余转三大寺。

蒙藏委员会公鉴：

顷准交通部密函略称，据报，英人售与西藏大型无线电机在拉萨装设，并藏方拟取消我交通部在藏所设之电局。等情。如属事实，则不独国营电信事业感受重大损害，即中央与藏英两方之关系以及中央主权亦有不良影响。除由该部复请蒙藏委员会密电驻藏办事处沈处长宗濂就近密查实情，预筹妥善对策，尽速交涉撤除藏方电台，并向藏方剀切解释外，其中关于英人未得该部许可售与藏方无线电机，及在英官署架试并训练人员各节，应如何及早向英方交涉制止之处，拟请本部查核办理并见复。等由。查此案在向英方提出之前，似应先行查明真相，并先向藏方制止后再行办理。除函复交通部外，相应电请转饬驻藏沈处长密查并向藏方劝阻。结果如何，并希见复为荷。

外交部。文

中华民国三十三年八月十二日

（蒙藏委员会档案）

吴忠信为英在藏设大型电台藏方有迫令撤销中央电台企图希查明制止事致沈宗濂电

（1944年8月23日）

拉萨。沈处长：

密。据报，英方将在拉萨架设大型电台，对中央电台藏方有迫令撤销企图，交通、外交两部对此均极注意，嘱由执事探明真像，设法阻止，希相机办理。又，英人在藏设立学校事，总裁亦甚关怀，奉电示谓推广西藏教育，执事曾与教〔育〕部商有办法。嘱转催速办。特达。

忠〇。漾汉。印

（蒙藏委员会档案）

交通部为收回藏方电台由中央办理事致蒙藏委员会代电

（1944年10月23日）

交通部代电　　　第18180号

蒙藏委员会勋鉴：

准三十三年汉字第三二〇三号酉文代电祗悉。承示各节，除关于核减拉萨电报费另案办理外，其藏方所购无线电机四架将于拉萨、昌都、黑河、札什伦布设置一节，拟请贵会设法运用政治力量与藏方洽商由中央收回办理。如何之处，仍请见复为荷。

交通部。梗电。丙

（蒙藏委员会档案）

抵制英国以办报等手段煽动西藏独立

外交部为英办藏文报鼓动西藏独立
应加强对藏宣传工作事致蒙藏委员会代电

（1944年8月12日）

国民政府外交部快邮代电　　　　第5667

蒙藏委员会公鉴：

兹奉军事委员会本年八月六日第一二〇四四号东鱼侍秦代电开：据报，印度噶伦堡英教会藏文报纸，免费寄西藏拉萨、日喀则、亚东等地贵族世宦，每月二百五十份。平日对中、苏捷报甚少刊载，本年四五两月份，均有社论鼓动西藏独立等情。即希查明实情，并会同蒙藏委员会设法加强对藏宣传工作为要。等因。除令饬驻加尔各答总领事馆查报，并拟具加强对藏宣传工作办法俟据复再达外，相应电请查照，加强对西藏宣传工作之办法，开具意见为荷。

外交部。文

中华民国三十三年八月十二日

（蒙藏委员会档案）

蒙藏委员会为抵制英办报纸对藏煽动
独立开具加强对藏宣传意见复外交部代电

（1944年9月1日）

代电　　　　汉字第2732号

外交部公鉴；

准贵部欧33字第五六六七号代电，以奉军事委员会交办，为应付印度噶伦堡英教会藏文报纸对藏煽动独立之宣传，饬查明实情，并会同蒙藏委员会设法加强对藏宣传工作。等因。除饬加尔各答查报并拟具办法外，嘱即查照开具意见。等由。

查本会对藏宣传工作向即注意。关于文字方面定期刊物，则有印行之蒙藏月报，除公布有关边疆之政令外，并有国际大事、抗建志要，边政简讯等专栏，均经译为藏文与汉文对照印行，以便藏胞阅览，藉明中央政令与国内外情势，而免为人所愚。不定期刊物，则有抗战小丛刊，随时将总裁及党国名人发表之言论及重要文献，选译藏文，以供藏胞阅读。关于口头宣传者，随时由本会驻藏办事处及驻昌都调查员将中央政令及国内外大势，向西藏军政当局及僧俗民众详为讲解。关于广播宣传，本会每周派员赴中央广播电台，用藏语广播两次。另有西昌广播电台，每周均有藏语广播，专对西藏及边地播音。此外，本会曾经会同中央宣传部于本年六月间，呈奉军事委员会核准，发给印度噶伦堡藏文民新周报补助开办费国币一十万七千一百元，每月经常费三千九百二十元，结购外汇兑印。该报系藏籍中国国民党党员邦达绕干君所创办，专向西藏境内僧俗人民宣传本党主义及中央政纲政策。

总之，西藏政情特殊，交通阻梗，文字宣传无论经由西康或印度，均嫌迟缓，且遭受印度政府及西藏当局之留难。加强改进，惟有从广播方面入手，较为简捷。惟现时仅拉萨有中央架设之收音机一座，效力未宏。将来似可增购收单机十座，并附以电源设备，分运前后藏重要市镇架设，藉利宣传而资普遍。除俟加尔各答总领事馆意见到达再行会商改进办法外，特先电复，即希查照为荷。

蒙藏委员会。汉。印

（蒙藏委员会档案）

沈宗濂为报古德在藏煽动西藏独立噶厦拒绝英割地要求等情致蒙藏委员会电

（1944年12月1日）

蒙。胜密。委员长罗钧鉴：

古德在藏煽动独立，要求：（一）派外交代表常川驻印；（二）停派赴中央代表；（三）割猛达旺及翠南等地区。谨查猛达旺产米粟，为全藏唯一富庶之区；翠南距拉萨仅五日行程，若为英人占领，藏人从此不堪痛苦。关系重大，因往谒摄政，晓谕利害，促将真相呈报中央核夺，并催速定驻中央人选。顷闻噶厦答复英方，达赖年幼，噶厦不敢作主割地，请英人撤退，如英方决计征占，藏方拟将事实公布。等语。现正进行。古德又将行期展缓，一面禁止印度货物输藏，一面以重金贿主政之人。威胁诱感，藏人难免坠其术中。如何应付，以保主权，祈训示祇遵。

职　沈宗濂叩。亥先

（蒙藏委员会档案）

国民党中央组织部关于古德提出保证支持西藏独立等情致蒙藏委员会代电

（1944年12月27日）

中国国民党中央执委会组织部代电　　　元字第166号

蒙藏委员会公鉴：

据报，（一）古德在拉萨活动，据闻对藏方提出保证于将来战后和会中，英国决提出西藏独立问题讨论，并支持西藏达到此一目的。（二）印度政府在实施物资管制前，曾两度禁止物资运藏，近复开放对藏商运，惟布匹与棉纱仍在限制之列。等情。特电查照参考为荷。

中央组织部。亥感

中华民国三十三年十二月二十七日

（蒙藏委员会档案）

国民党中央组织部抄送英国嗾使西藏当局向中央要求与外蒙同样之独立情报致蒙藏委员会代电

（1945年11月30日）

中国国民党中央执行委员会组织部快邮代电　　字第17□□号

蒙藏委员会公鉴：

据报：近来英方更加紧分化中藏工作。前英代表曾向藏当局提出，英帝国向以谋西藏之自由与独立为目的，并援助西藏以大量军火及金钱。现国际战事已息，各民族皆得有平等独立之权利，西藏可向中国要求与外蒙同样之独立。他如国际会议、国际联合会均可由英方提出邀请西藏参加。

等情。特电查照参考为荷。

中央组织部。顺戌。11、30。印

中华民国三十四年十一月〈三十〉日

（蒙藏委员会档案）

就英国侵入我藏南地区进行外交交涉并加以抵制

蒋介石为查明英军到达藏南占领村镇等事致蒙藏委员会代电

（1944年4月6日）

国民政府军事委员会代电　　　　第10929号

蒙藏委员会吴委员长勋鉴：

据报，西藏南部临近不丹地方近有大批英军到达，破坏交通，现已将毗连不丹之村镇占领。藏方委派官吏均被驱逐。该地临近缅甸，距离拉萨仅半月路程。噶厦业已得到报告。等情。详情如何，即希查明具报。

中正。（卅三）卯麻。侍秦

中华民国三十三年四月六日

（蒙藏委员会档案）

蒋介石为详查英人煽动西藏脱离中央独立及英军侵入我门达旺后渐向崔南推进致蒙藏委员会代电

（1944年12月10日）

国民政府军事委员会代电　　　　第14527号

蒙藏委员会罗委员长勋鉴：

据报，（一）英驻西藏沙利文少校及驻锡金行政官果尔德最近以我桂战失利，遂在拉萨作不利于我之宣传，煽动藏人脱离中央独立。（二）英军侵入门达旺后，已渐向崔南推进，俾先在事实上占领该地，再对藏政府谈判割让。等情。希饬驻藏办事处详查具报，并切实注意为要。

中正。（卅三）亥佳。侍秦

中华民国三十三年十二月十日

（蒙藏委员会档案）

蒋介石为英军侵略我察隅、科麦，即会同军令部核议并绘图具报事致蒙藏委员会代电

(1946 年 4 月 1 日)

国民政府代电　　　　府军（义）字第 3090 号

蒙藏会罗委员长勋鉴：

据报，本年（三十五年）元月下旬英军四人越西康之察隅（杂瑜）到达科麦（桑昂曲宗）竖立界牌，并向当地藏官宗本声称，察隅、科麦两县在汉官管理时早已割让英国，现特来竖立界牌并接管。等语。宗本当即呈报昌都总管宇多扎萨、藏政府，请派员赴印度交涉。查英人前乘我抗战艰苦，无暇顾及西藏之时，派兵占我珞瑜河沿线据点，进而霸管杂瑜，近更至科麦竖立界牌。此种侵略我领土危害我国防之行动，至堪注意。等情。希即会同军令部核议，并绘图具报。

中正。（卅五）卯东。（二）府军义

中华民国三十五年四月一日

（蒙藏委员会档案）

军令部关于英驻藏代表黎吉生要求割地售藏军火及藏政府态度等情致蒙藏委员会代电

(1946 年 5 月 20 日)

国民政府军事委员会军令部代电　　　　羽发字第 878 号

蒙藏委员会公鉴：

据报，英国新任驻藏代表黎吉生于四月三十日抵拉萨后，随即向西藏提出要求：(1) 南门达旺一带地区自绒渠河以南地方割让予英；(2) 英国存印武器如机枪、平射炮等，廉价售予西藏；(3) 派遣青年赴印留学。经藏政府召开僧俗代表大会决议，对 (1) 项予以延宕；(2) 项婉言谢绝；(3) 项 A、派贵族青年僧俗各六人赴大吉岭求学，B、派平民青年二十四人赴印学习无线电，另派四人学习广播。阿旺坚赞提议将上述学生分派半数来中央及美国求学，未能通过。等情。特电请参考为荷。

军令部。二羽。辰号。印

（蒙藏委员会档案）

国民政府就英军入侵察隅、科麦希予注意事致蒙藏委员会电

（1946年5月23日）

国民政府代电　　　　府军（义）字第4205号

蒙藏委员会罗委员长勋鉴：

据报，本年（三十五）元月，英国军官四人侵入西康察隅（杂瑜）及科麦（桑昂）两县，擅立碑界，声称该两县在逊清汉官管理时曾割让英国，特往立碑接管，并在附近兴筑道路，建立营房，设置电台，不时率领印兵数十名四出测绘地图，有向盐井县侵窥模样。昌都宇妥已呈报拉萨，请派员向英方提出交涉。等情。希注意。

中正。（三十五）辰梗。府军义。

中华民国三十五年五月三十三日

（蒙藏委员会档案）

蒋介石为抄送关于西藏派员赴印与英方交涉门达旺问题报告致蒙藏委员会代电

（1946年9月1日）

国民政府代电　　　　府军（义）字第4898号

蒙藏委员会罗委员长勋鉴：

兹随电抄发西藏派员赴印与英方交涉门达旺问题报告一件。希参考。

中正。（卅五）申东

附抄报告一件

中华民国三十五年九月二日

附　抄报告

西藏政府外交局长素康札萨以其夫人患病，急须赴印诊治为名，向西藏政府请准短假，于本（八）月三日离藏赴印。据悉，素康赴印实际任务为代表藏政府向英方交涉门达旺事件。查英军于去（卅四）年占领门达旺后，西藏数次向英方驻藏代表交涉，但均无结果。本（卅五）年四月，藏政府又派藏军第二团团长素康代本往锡金，亲与英方负责人员交涉。英方以素康代本之职位不能全权代表西藏政府，未予置理。现藏政府以门达旺

问题不应久悬，乃派索康札萨以外交局长之资格亲往交涉。

（蒙藏委员会档案）

蒙藏委员会关于英人考察团在藏南活动情形并请相机交涉办理复外交部公函

（1947年6月9日）

蒙藏委员会公函　　　　京藏字第5105号

案准贵部本年五月十五日欧36字第一〇〇三三号公函，以本会驻藏办事处所呈关于英人在藏南积极活动各情，与各方前后报告颇有出入，嘱查明见复，并附抄致行政院秘书处函稿一件，请查照办理。等由。兹将见询各点函复如后：

一、请将英人进侵情形，按地区、年月列一图表说明一节。查，藏印、康印边境均为未定国界，其地多原始森林，外人足迹罕至。抗战期间，英人利用当地土人为向导，由门达旺及察隅两地入境，从事勘察工作，时来时去。旋派少数军队进驻并建房舍。因距拉萨遥远，藏政府无力阻止。虽经本会驻藏办事处劝告藏政府转报中央交涉，但以藏当局疑虑颇多，未肯将真像直陈。据传，十三辈达赖于民国二十年康藏纠纷期间，曾与英人缔结密约，以藏南门地一带割让，换取军火，惟亦未能证实。此为本案之症结。在中央与西藏关系未能调整就范以前，欲调查英人进侵实情，按地区、年月列表说明，势难办到。

二、英人显利夫及鲁德乐职衔一节。查，鲁德乐原在拉达克任职，民国三十一年为由印运输物资入藏事任驻拉萨代表。鲁德乐去职，即由显利夫接替，故其职衔虽因藏人称呼而异，其人则并无错误。

三、关于英人考察团入藏时间一节。因藏境旅行困难，信息稽迟，由印至藏时间两三月不等。本会所报十月系以该团与藏政府洽妥后由江孜出发之时而言，与各方所报尚无抵触。

四、关于该团所经路线一节。查，英人在康藏南部调查，在未获藏政府允准前即已进行，已如前述。此次考察团路线系藏政府允准后所经路线，原附略图尚属明白。原图如参阅印度出版之 Highland of Tibet and Surrounding Regions 所举地名，不难寻出。惟答古系拉加利 Lhagyari 至拉普索宗 Lhapo Qze 中途小站，普通地图未能标出。

总之，英人在康藏南部活动系因中印疆界曾未划界，而中央政令在藏未能贯彻，遂利用此种弱点制造既成事实，以为将来中印国界勘测时有利之凭藉。除西藏政治问题现正由本会秉承中央决策研议解决办法外，关于外交以及界务之勘划，拟请贵部斟酌情形，相机交涉办理。相应函复，敬希查照为荷。此致

外交部

（蒙藏委员会档案）

附一　蒋致余为报英官柯尔拟返印及要求割让藏地等情致行政院电

（1937年1月24日）

特急。南京。行政院院长钧鉴：

皓电奉悉。〇密。关于英官柯尔拟返印度，并拟留员在藏一节，经职详细调查，已探得其实在情形：柯尔定于藏历正月初旬首返印，其翻译那若巴图已于昨日先返。该二人于三四月将重来拉萨，其驻江孜商务员及无线（电）员则留藏不返，医官返印与否现尚未定。又该英官柯尔根据英藏前订密约，要求将藏属之门听〔德〕汪及嘉玉宗西南一带地方割让于英。各噶布伦答以森姆拉条约未经中国签押，刻中藏问题尚未解决，噶厦不能作主。等语。无结果而中止。以上消息系托人向某噶布伦处探来，极为可靠，适与职前报之探究所得相同。谨电呈报，伏乞鉴核。

职　蒋致余叩。敬。印

（国民政府行政院档案）

附二　军令部关于英威胁西藏地方政府承认白马岗、门达旺两地以南地方为英属地，藏方决议不割让等情致蒙藏委员会代电

（1944年12月23日）

国民政府军事委员会军令部代电　　　　二羽字第799号

蒙藏委员会公鉴：

据报，锡金英籍政治顾问B. J. Gould最近积极威胁西藏政府正式承认白马岗（位于西康省东南部）及门达旺（位于拉萨之南按〔接〕近布

丹）两地以南地方为英国属地。藏方召集僧俗大会讨论，俗官颇有主张割让者，而各大寺及僧官力表反对，辩论极为激烈。结果通过藏地决不割让英国，并全体签字，如有祸患，僧俗共之。又该 Gould 已于亥文离拉萨返锡金，藏官前往送行，并馈赠骡马及贵重土产等礼物者颇众。等情。除电外交部外，相应电达查照参考为荷。

军令部。二羽亥梗。印

（蒙藏委员会档案）

附三 外交部为抄送沈宗濂密嘱噶厦拒绝英人占地等事电致蒙藏委员会代电

（1945 年 2 月 10 日）

快邮代电　　欧 34 字一二二五号

蒙藏委员会公鉴：

密。关于英对西藏煽动独立及要求割地一案，顷据沈处长宗濂子世电称：遵将果氏所谈要求并非英政府之意各点，密向摄政、噶厦详细说明，嘱为坚决拒绝，并促其注意；以后对外事件务须呈报中央办理。据首席加伦彭须面告，关于英人拟占门达旺地区事，自应遵照中央意旨加以拒绝。等语。将来如有演变，当随时电呈，至职与果氏在藏私人酬酢，感情尚洽，但未作涉及政治之谈话。等情。除电呈委员长外，相应电请查照为荷。

外交部。灰

（蒙藏委员会档案）

附四 外交部抄转沈宗濂关于噶厦对英国要求派外交代表割地驻兵等事态度等情电致蒙藏委员会代电

（1945 年 3 月 1 日）

外交部代电　　欧字 34 第 1731 号

蒙藏委员会公鉴：

密。关于果尔德向藏方要求派外交代表及割地事，本部本年二月十日欧 34 字第一二二五号代电计达。兹复据沈处长宗濂丑灰电称：

（一）前奉钧电，遵即密向摄政、噶厦说明经过并提示三点：（甲）果

〔尔〕德所提要求应予拒绝；（乙）英人占区〔据〕达旺应予限期撤退；（丙）以后对外事件希一律呈报中央核办。噶厦首席加伦彭须之答复业于子世电呈，想邀垂察。打扎摄政复辞为中央德意甚感，西藏政事尚有噶厦及民众大会，非本人所能作主，意在推诿。

（二）英人在〔门〕达旺驻军，彭须仅承认英兵在该区时有往来；瓦谅修筑公路，则称尚未得详细报告，所修之路大致在印度境内云。上述两地，职已密派专人前往实地调查，一俟据报，当复电呈，藉作交涉之根据。

（三）至外交由中央主持，藏人亦明知智力均不能与英人抗衡，但顾虑外交归中央后将伤〔丧〕失自主之地位。西藏仍在封建制下，世家官吏对平民有生杀予夺之权，英人煽惑最有力者为此，如归中央统制，西藏统制〔治〕阶级之地位财职俱将不保。现今中央令屋盱羞去职（中有脱落，已请重电），以安其心，而使英人无从离间，乞钧裁。

（四）又三大寺前联合反对英国学校，哲邦寺之阿巴堪布已为藏政府撤换，现色拉寺之结堪布又传将撤职，引起全体僧众之反对。职迭接密告，有发生政潮之可能。

（五）英代表前日转传印外长之命，邀请职于五月间赶印一晤，并云会见地点可由职决定。经职复未奉中央训令，不便接受等语谢之。统乞鉴察，并恳密转蒙藏委员会罗委员长为感。等情。

相应电请查照为荷。

外交部。东

中华民国三十四年三月一日

（蒙藏委员会档案）

附五　国民党中央组织部关于藏当局请英撤退山南门达旺驻兵等情致蒙藏委员会代电

（1945 年 11 月 24 日）

中国国民党中央执委会组织部代电　（卅四）礼电字第 17251 号

蒙藏委员会公鉴：

据报，英方正式要求西藏当局割让山南门荡湾一案，据悉英方在去年曾以巨款活动藏王及四大噶伦，彼等贪财，未加坚拒，对民则表示被英强占。今忽否认前事，请英方撤退该地驻兵。英藏经济合作商谈结果，月由印输藏各种货物七千驮，待藏王批准即行运输。等情。特电参考为荷。

中央组织部。11、24。印

中华民国三十四年十一月〈二十四〉日

（蒙藏委员会档案）

附六 外交部为抄送驻印专员公署报告英官兵以采集标本为名，大举入藏事致蒙藏委员会函

（1946年9月21日）

外交部公函　　　欧35字第07917号

顷据驻印度专员公署九月八日电，报告英方派员入藏大举调查各情。除抄转沈处长宗濂外，相应抄附原电一件，函请查照为荷。此致

蒙藏委员会

附驻印度专员公署九月八日电抄件一件

照抄　驻印度专员公署九月八日原电

（一）本年春间，有英官兵百余人到门达旺一带查勘地势，联络土人。（二）英国前任驻藏代表显利夫本属军人兼植物学家，本年春间英方以显氏欲往江达、贡布一带采集植物标本名，向藏政府接洽，约两月前即已成行。其路线为由曲水沿雅鲁藏布江，经桑野、梓塘谷以至贡布。闻显氏此行不限于采标本，或将作多种之调查，综观以上二则，英人在西藏正向各地作有利计划的种种调查，地不限于门达旺，调查种类不限于季候。

（蒙藏委员会档案）

附七 内政部为英机侵我领空竭力谋藏事致蒙藏委员会公函

（1947年4月30日）

内政部公函　　　民字5011号

准贵会本年四月京藏字第四三三三号卯寒代电，略以据本会驻藏办事处呈，为英人在藏阴谋怂恿西藏参加亚洲会议及蚕食我国领土，企图完全控制藏布江流，并派飞机侵入我领空飞航测量及投掷给养等情，抄附略图一纸，嘱查照。等由。查英人怂恿西藏派代表参加在印召开之亚洲会议一

节，前准外交部三十六年三月二十一日条字第零五七九八号函，业经拟定对策，向印度驻华大使提出四点意见，并电我驻印大使馆阐明我国立场在案。现该会议业经闭幕，自可暂置勿论。惟英人派员入藏考察，企图完全控制藏布江流域，并累年蚕食我希马拉亚山南麓之藏属地区二百公里以上，并派飞机侵入我领空，实行航空测量及投掷给养各节，事关侵我主权，除函请外交部核办外，相应函复查照，仍请转饬驻藏办事处随时密切注意调查，供给情报，俾筹对策为荷。此致

蒙藏委员会

部长　张厉生

（蒙藏委员会档案）

附八　陈锡璋为报英军侵藏占据二千余里等情电陈蒙藏委员会

（1947年7月28日）

南京。委员长许钧鉴：

△密。午文电谅邀垂察。兹续探得英军侵入西藏，西起拉达克，东迄桑昂宗，延二千余里，占据村镇六百余处。军队数目来往无定，然控制如此长线，估计约有两万人。其远因系英人藉口西姆拉会议时，藏方允予割让与藏南土地，逐年蚕食，现更积极进行，企图造成既成事实，纵使将来正式划界，彼亦有所凭藉。除继续查探外，谨电陈报。

职陈锡璋叩。午俭

（蒙藏委员会档案）

附九　军委会委员长侍从室为抄送英人借运粮密藏武器赠与藏方情报事致蒙藏委员会函

（1948年4月19日）

敬启者：奉谕抄送英人藉运粮密藏武器运赠藏方由情报一件，即请查照参考为荷。此致

蒙藏委员会

附抄情报一件

军事委员会委员长侍从室谨启

情报　　四月十九日　　　　侍六第1174号

驻藏英人所用食粮，向系由彼等直往噶伦堡购运。最近曾在英人之食粮箱中搜得枪支甚多。据称，此等武器系赠送与西藏政府者。查目前英方在藏之活动已逾常态，其欲鼓励西藏独立之阴谋益形显明。

（蒙藏委员会档案）

附十　外交部为英国侵入桑昂及察隅向英印屡次交涉经过情形事致蒙藏委员会代电

（1948年10月28日）

蒙藏委员会公鉴：

贵会十月十六日京藏机字第一〇二三号代电暨附件均敬悉。兹将本部对贵会复监察院文中，有关本部业务两点加以说明：

（一）关于监察院询问英人由塞地亚修路至察隅，有无条约根据一项，贵会列举卷载民元间英藏以察隅作购械担保之秘密约定。查西藏既非独立国家，英藏间之私约自不能视为中英间之有效条约，惟关于民元间英藏是项密约之有关案卷及资料，拟请贵会惠予抄送全份，俾供参考。

（二）关于英人由塞地亚修筑公路至我康境事，贵会复监察院文中，谓曾商由外交部向英政府提出询问，迄未得英方明确答复。查贵会于三十五年五月二十日以京藏字第〇一二九号代电，嘱本部就英人在桑昂及察隅驻兵及建筑营房一事向英提出交涉，本部曾迭向英印两方交涉，经过颇费周章。惟关于筑路一事，贵会并未曾函嘱本部向英政府提出询问。兹将本部于三十五年至三十六年间向英印交涉英人在桑昂及察隅驻兵及建筑营房等事之经过，摘要奉告如下：本部于三十五年七月二十日照会英大使，请英国政府迭饬英国官兵即行撤回托洛岭以西，并将私立界碑、营房、电台等营造物拆除，恢复原有状态；严禁飞机侵越康藏领空，并保证今后不再发生类似事件。本部复于九月十一日拟绘该区之略图二张略〔送〕达英国大使馆。三十五年十月三十日英大使馆照会复称，已将上述照会及略图转送印度政府查明办理。印度政府查明后，当饬知该政府驻京代表转复中国政府。等语。三十五年十一月九日复照会英大使询问，关于此事印度政府已否由英国政府授予全权谈判，并处理中英间关于西藏之一切问题。三十五年十二月英大使节略复称，奉英国政府之命，此项问题不必开始概括讨论，此事应由印度政府及中国政府直接交涉。等由。本部复于三十六年一月二十八日照会英大使馆称，鉴于英国军官在此项侵入中国领土部队中之领导作用，及英国政府所处之地位，认为英国政府对于此事不能辞其责任，中国政府仍不得不再向英方提出交涉。等语。三十六年二月十四日英大使馆节略复称，此案印度政府当饬其驻京代表知照，关于此事，拟请外交部嗣后与印度大使馆洽办。三十六年四月十一日印度大使馆节略复称，英印部队之行动，完全限于业经接受逾三十年之藏印疆界内。本部叶次长嗣亦曾与印度大使梅农商谈此事。本案因此牵涉及中印疆界问题，近来英人修筑自塞地亚至察隅公路一事，自与中印东段界务有关，但三十五年五月间贵会嘱本部向英方提出询问者，尚非修路一事。

相应电复，即希查照见复为荷。

外交部。（欧）

（蒙藏委员会档案）

附十一　英人侵略康藏概要

（1947年8月15日）

一、侵略西藏之亚东、江孜、噶大克等地。

（一）清光绪十五年英藏构兵，藏败，开亚东为商埠。

（二）清光绪二十九年，第二次兵祸，英军直指拉萨，于三十年七月二十八日（即西历一九〇四年九月七日）缔结英藏条约，增开江孜、噶大克为商埠，拆毁江孜至拉萨炮台，赔英金五十五万磅，并载有西藏土地不得租让与任何国家，铁路、电线、矿山不许我国经营。

（三）英藉口保护商务和侨民，实行派兵三百名分驻亚东、江孜等地。（英兵驻噶大克确数待查）

二、侵略西藏之提郎宗、门达旺、白马岗等地。

（一）民二十七年，英派大批人员至提郎宗附近，实地调查测量道路，架设桥梁。

（二）民三十一年，派兵五十名进驻提郎宗以西之斜香买地方，建筑营房，并筑瞭望台，严密检查行人；又于兵营附近辟菜园、畜牛羊，员兵每日以平地为务，似欲建筑大规模之兵营或机场。

（三）民三十三年，复派军官率兵至门达旺调查测量，并在达旺寺布施后，即将提郎宗之行政权强夺，另由英方委派乡约，号令人民不准向提郎宗纳税，声称得藏政府许可，藏方交涉无效；并煽惑门达旺、白马岗等地人民不受藏政府管辖，更以免差役、轻赋敛相号召。久之，一部人民颇受麻醉。

（四）民三十四年，英人已将不丹塔司工至门达旺之公路修成。同年十月，英正式迫藏承认割让门达旺、白马岗于英。

（五）民三十五年十月，英军二千名分驻提郎宗门达旺、白马岗等地。同年十一月，并派机一架侦察啊萨密（属印度）至门达旺及桑昂等地航线。

三、侵略西康之瓦龙、察隅、桑昂等地。

（一）民三十二年十月，英修筑萨地亚至瓦龙公路，已完成通车。

（二）民三十三年十月，英军四十名在察隅建筑营房，修筑道路。

（三）民三十五年四月，英加紧修筑瓦龙至察隅公路。同年十一月，在察隅修筑机场一个，已完成并拟在桑昂修筑机场一个，尚未动工。

（四）民三十五年，派兵三百名分驻瓦龙、察隅、桑昂等地。

（五）民三十六年四月，有英人二十余名在波密、工布等区以采标本为名，作实地考察。

（蒙藏委员会档案）

十、坚持国家统一，谴责、制止西藏地方当局的分裂活动

维护国家统一，坚持西藏事务纯属国家内政，绝不允许外人插手干涉的方针

蒋介石为中央与西藏问题纯属国家内部事务绝不允许外人插手并允派员赴藏商讨维护国家统一事致达赖喇嘛电（二件）

（1932年12月29日）

（一）

达赖喇嘛法鉴：

十三日来电收悉。汉藏问题纯属内部事务，现为国民政府时期，绝不允他人插手干涉。吾望一如既往，热爱祖国，忠贞不渝，团结一致。

蒋中正

（二）

达赖喇嘛法鉴：

前经贡觉代表转来之达赖喇嘛、三大寺及民众大会之代电收悉。经贡觉代表转发之复电谅已收悉。汉藏早为一家，现为国民政府时期，凡属内部事务，依旧秉公协商解决，岂允外人插手。吾一向主张内部事务不允外人参与，对此达赖喇嘛熟知。吾为加强团结，一贯表示友好，已严令西康、青海不准发兵。另外，贡觉代表曾提出派大员赴藏协商之建议，吾之部僚亦认为此议甚妥，故拟派一二人与达赖喇嘛之代表一同赴藏向达赖喇嘛问候，并商讨解决汉藏之间悬而未决事宜。若汉藏能和睦如初，康藏之事则不难解决。吾派人赴藏一事，曾同诸代表议过。达赖喇嘛乃西域边陲之主宰，深信定会安内攘外。吾望将上述政府之旨意，向色拉、哲蚌、甘丹三大寺之所有僧众详细传达，务使维护祖国统一，不允外人插手，内部事务可经内部协商逐步解决。并望电复。

蒋中正

（西藏档案馆藏 原件藏文）

行政院嘱临行前送噶厦说帖申明西藏为中国之一部分事致奉命入藏册封并致祭达赖大师专使黄慕松电

（1934年10月29日）

拉萨。黄专使慕松兄勋鉴：

致密。顷与蒋委员长商定，请兄临行时送一说帖与藏方，述汉藏向来亲洽之历史，必须同心合力以应付环境，并申述西藏为整个中国之一部，日前噶厦送来复函，只能作为藏方意见条陈，当归报中央。等语。如此则否认噶厦送来复函所主张，并预留交涉地步，请查照办理并复为要。

兆铭。艳

（国民政府行政院档案）

黄慕松为婉拒噶厦十三项口头建议事致行政院电

（1934年11月6日）

南京。行政院长汪钧鉴：

支电奉悉。致密。顷由巫明远转述噶厦口头建议共十三项：（1）汉藏平等檀越关系，共同拥护内地政府；（2）汉政府不得干涉西藏内政，并不得改变西藏政教制度；（3）西藏政府对于边地邻国，为敦睦谊，仍得自由交涉，遇有重大事件，可商请汉政府协同办理；（4）汉政府有维持保护佛教之责；（5）汉政府得派员驻藏，来往均由海道，总员不得超过二十五人，并不得干涉西藏政务；（6）在藏之汉人仍归西藏管理；（7）国防军由西藏自己办理训练，遇有需要饷械时，则请汉政府协助；（8）遇有外患，由西藏自由抵御，苟需要协助时，由西藏请汉政府协助；（9）汉政府不得在西藏驻兵；（10）达赖转世坐状〔床〕均由西藏自己办理，俟受职后，再受汉政府册封；（11）噶伦以上之授职，可通知汉政府，但汉政府无干涉任命文武之权；（12）西康界务仍要求德格、瞻化、霍尔五属及上、中、下俄洛；（13）班禅由海道回藏，所有枪械由汉政府收买。征职对此之意见。职觉以上各项纯是片面义务，并于领土主权毫无是处，当即婉辞谢却，望彼此本和好和平之心，嗣后益加努力而已。蒋委员长寓未另电呈，乞酌为转报。

职黄慕松叩。鱼。印

（国民政府行政院档案）

黄慕松为重申西藏当然为中国领土之一部分及西藏服从中央事致四噶伦说帖

（1934年11月10日）

敬启者：日昨承诸公过访，一再诚挚挽请专使展缓行期，俾对中藏和好问题再作一度之商洽。查本专使入藏原为爱国、爱藏之心所驱策，个人意见苟有利于整个国家与西藏地方者，自无不乐予呈报中央采纳。为诚意商洽中藏和好问题起见，应请西藏首先认定以下两点，即：一、西藏当然为中华民国领土之一部分；二、西藏服从中央。而上列两点，本专使亦经屡次明白解释，实无防〔妨〕碍于西藏之宗教与政治。盖国家领域广大，西藏情形不同，中央对内自必因地制宜，适应西藏之民意。对西藏政教制度，本专使可郑重声明如下：一、共同尊崇佛教，予以维护及发扬；二、保持西藏原有政治之制度，可许西藏自治，于西藏自治权限范围内之行政，中央可勿干预；其在对外，则必共同一致。凡关于全国一致性质之国家行政，应归中央政府掌理，如：（一）外交应归中央主持；（二）国防应归中央筹划；（三）交通应归中央设施；（四）西藏重要官吏，经西藏自治政府选定后，应呈请经中央分别加以任命。上述种种诸大端，皆共同一致范围以内之整个国家行政也。于此须说明：所谓共同一致者，中央政府非汉政府之谓，实吾等大家之政府也。西藏同胞自可前往中央参政，外交部、军政部、交通部以及其他各院、部、会，均可选任学识相当之西藏同胞服务，其详细办法，西藏可派员赴京与各院、部、会商榷。且现时西藏驻京代表中贡觉仲尼已任立法院委员，阿旺坚赞已任蒙藏委员会委员，更可证明中央政权之早经开放，不仅可予西藏以适当之自治权限而已也。法良意美，可以深思。中央既许可西藏自治，则为完整国家之领土主权计，自应派遣大员常川驻藏，代表中央，一面执行国家行政，一面指导地方自治。盖非如此，则在中央不足以言真实扶植西藏，在西藏不足以言真实拥护中央。至驻藏大员之权限，仍照上述中央政权与地方政权之分配办法，当有明白之规定，亦非为干预西藏自治权限范围内之行政而设也。诸公诚意，并嘱本专使将此项谈话要点以书面送达尊处，俾便提交西藏民众大会征行意见，倘蒙赞同，则本使自必竭个人之能力呈请中央采择，并可商洽康藏及其他各项问题。相应函录送请查照办理，并希于七日内明确见复为荷。此致

噶伦诸先生

二十三年十一月十日

（摘自《黄慕松奉使入藏册封并致祭达赖大师报告书》）

附 噶厦复十一月十日说帖致黄慕松函

（1934 年 11 月 16 日）[①]

近接贵专使于民国二十三年十一月十日、即藏历十月四日所赐之函，当即译出详审，并呈报代理法王斯穹呼图克图暨内务执政大臣，并询商西藏民众大会之意见，全体加以考虑。来函内称：贵专使奉中国政府之命，顾念西藏而来，且为汉藏双方利益，筹谋实深，对于汉藏之佛法，愿设法发扬；对外则汉藏一致，共同甘苦，内务则由西藏政府自行照旧行政各等语。业经转报代理法王暨司伦二处外，敝噶伦等及民众大会亦皆异常欣悦，感谢不尽。其主要之点，来函谓西藏为中国政府之领土，是无疑义，须予承认一节。西藏本为大悲观世音所管领域，中国为文殊菩萨管理之区域，各自教化，佛经中亦有分别，且先后交涉有凭可述〔证〕，为众周知。再者，现在西藏之主达赖喇嘛未在位之时，此间是否为领土，仆人不敢决定主人事，无法承认。但既中国政府崇信佛教，特派贵专使临藏，并怀和好盛意，未便直率答复此话。今后汉藏各种事权能不发生争执，增进和好，得获安宁计，彼此公正〔开〕推诚，不假虚伪，故将下列十条明了易为者，一一书达贵专使，请予酌夺为荷。

第一条 对外西藏为中国之领土，中国政府须答应不将西藏改为行省。

第二条 西藏之内外大小权力暨法规等，无违害政教者，可以依从中国政府之谕。

第三条 西藏内务之政教所有例规，应如现在自权自主，所有西藏之

① 收文日期。

文武权力不由汉政府加以干预，应如先后口允者为准。

第四条 为西藏地方安宁，故边界之国家及奉行佛法之人类，应予和好如现时，然西藏与外国立约未尽之事，其重要者，由汉政府共同办理。

第五条 西藏可驻汉政府代表官一员，但主仆从人数以二十五人，此外不得另派官兵。代表请派其真正崇信佛者一员，新旧替换时，往来皆由海道，不得取道西康。

第六条 达赖喇嘛未转世认定即位、未亲政教时，代理法王斯穹登位，以及噶伦以上之官，概由藏政府任命，如现在之状况。毕后函陈汉政府驻藏之代表。

第七条 西藏所有久住之汉民等，在壬子年汉藏战争以后，即归西藏政府之农务局管理，屡经维持，将来应遵地方法律，由西藏政府管理，不能由汉政府驻藏代表约束。

第八条 西藏边界所需守土军人，由藏政府自派，如现在之状。外国或者来侵犯时、应发兵之时，方会商汉政府酌行。

第九条 汉藏和好，永久不发生纠纷，安宁边界，故东北青藏边界应遵行前年交涉，俄洛早经属于西藏，西藏与四川两地之边界德格、瞻化、大金寺以上之土地官民，应从速点交西藏政府。

第十条 西藏之僧俗人等，背叛西藏政府逃往中国地面者，中国政府不得收留，任为代表等等。

此为人众同意，贵专使若能决定，抑须由无线电请示汉政府，统祈从速明示。至于商路一节，商路阻窒者，祇须此事有明确文字到后，汉藏商人之安全问题，拟另件商议。上项等等，祈查明为荷。

（摘自《黄慕松奉使入藏册封并致祭达赖大师报告书》）

黄慕松为行前向噶伦重申西藏为中国一部分必须服从中央政府等原则事致行政院等电

（1934年11月19日）①

南京。行政院长汪
南昌。军事委员长蒋 钧鉴：

① 原电不知何故行政院未收到，此件为19日补发，故发电日期与电末韵目代日“灰（十日）”不一致。

致密。中藏政治问题曾经挚诚多方解释，彼方未能领悟，乃停止进行。于支、微两日在署欢宴各当局后，通告寒日首途回京。明灰日朝布达拉山辞行。今日噶厦既将夫马旅行券交来，突于午后四时，噶伦来访，坚留多住数日。职告以西藏若能认识为中华民国之一部分，服从中央政府，则可暂留，否则决定归京。并申言对外一致用中华民国，对内则有不必一致者，如原许西藏自治，中央不侵夺自治之权，不改变西藏政教制度；有须一致者，如外交、国防、交通、高级官吏之任命。其次则西藏既得自治权能，则中央须派一大员，代表中央监督国家行政，指导自治政府。藏方请求备一说帖，以便提交国民大会。职已允之，拟即日送去。冀仗钧座德威，藏事得有转机，则中藏之福也。谨报。

职黄慕松。灰。印

（国民政府行政院档案）

国民政府特派护送班禅大师回藏专使入藏训条

（1936年9月21日）

第一条　西藏对于中央应保持原来密切之关系，为中华民国领土之一部。（照前清乾隆五十七年以后之办法，查照《理藩院则例》并本党政策办理之）。

第二条　西藏不得与外国订立条约。

第三条　西藏与外国旧订之约，应提请中央政府处理。

第四条　中央政府在中央、地方均权原则下允许西藏自治，其自治方案另订之。

第五条　西藏之军政、外交及其他有关全国一致性质之重大事项，由中央政府处理之。

第六条　中央政府得依西藏官员之愿望，允许维持其固有之政教制度。

第七条　中央政府尊崇西藏宗教。

第八条　达赖、班禅之待遇程序，及在西藏政教上之职权，概仍旧制。

第九条　康藏驻军及行政区域，暂维现状，应即恢复交通，所有划界问题，可从长计议。

第十条　中央政府派大员常川驻藏，查照旧例并参酌自治情形执行国家行政，并指导地方自治各事宜。

第十一条　西藏得派专员在京设立办事处，并可由中央政府酌给办公费。

（蒙藏委员会档案）

行政院为抄送奉任入藏谈话要旨给蒙藏委员会委员长吴忠信训令

（1939年9月）

行政院训令　　机字745号

令蒙藏委员会委员长吴忠信

案准国防最高委员会秘书厅本年九月十六日国议字第四一五八号密函：为奉国防最高委员会第十五次常务会议议决：蒙藏委员会委员长吴忠信奉使入藏谈话要旨十一项，请密令饬遵。等由。准此，合行抄发原件，令仰遵照。此令。

附　抄发谈话要旨一份

院长　孔祥熙

中华民国二十八年九月　日

附　照抄原件

蒙藏委员会委员长吴忠信奉使入藏谈话要旨

一、中央在保持中华民国之完整之唯一条件之下，中央只求增进西藏地方人民之福利。如西藏政教领袖愿趁机谈论以后关系问题，应以极诚恳、极坦白之态度与之交换意见。

二、西藏为中国领土之一部，但中央不将西藏划为省区，可按照特种地方自治，允许西藏维持其政教制度。

三、中央应在拉萨设驻藏办事大员，代表中央宣达意旨，并体察地方情形随时具报。

四、西藏得在国民政府所在地设立办事处，负联络之责。西藏人员经中央依法遴选者，得在各院、部、会及所属机关任职。

五、西藏治安应由西藏负责维持。但如受外国侵犯或遇其他重大事变，请求中央援助时，中央当尽量予以援助。

六、西藏应服膺三民主义。

七、西藏应拥护国民政府。

八、西藏对外关系，应由中央政府依照国际条约及惯例统筹办理。

九、西藏与西康边界问题，应由西藏与西康省政府会商查勘，呈请中央核定，或径由中央根据地理及其他情况从详研讨，秉公决定之。

十、中央对于西藏宗教、卫生、经济、文化等项建设事业，可循西藏之请求，予以物质上及人才上之补助。

十一、西藏对于中央近年来建设进步之情况，应切实明了。其不准确之认识，应为剀切说明，举其大者如下：

甲　西藏僧民以为西藏为大悲观世音所管领域，中国则为文殊菩萨管理区域，各自教化，佛经中亦有分别（见噶厦上黄专使书），显分畛域。应从近世宗教自由之理论切实纠正，声明如西藏派人至各省区宣扬佛教，各省区域应竭诚欢迎。

乙　西藏僧民以为内地已变为赤化区域（见与黄专使二十三年十月二十四日谈话），应以事实证明其不确。

丙　川军哗变、第十三辈达赖出走，使藏方对于中央统治边陲之能力发生怀疑。应说明现在全国团结一致，类似事件绝无再发〔生〕可能。

（蒙藏委员会档案）

调停藏康青纠纷，制止藏军内犯

藏康青纠纷由来和简要经过

英国为藏军提供武器装备，唆使其内犯

达赖在前数年间，极信任差拢拉郎康（擦戎），其人曾游历全印度，知英印实有力可假。彼既为达赖所宠信，于是计划整顿全藏军政，派遣藏中优秀青年学生数人，至英京伦敦，学习机械、邮政、电报及军事。及学成返藏，遂兴办邮政、电报、电话，扩充拉萨兵工厂，此厂除能修理枪炮制造弹药外，现已能制造新型步枪等武器。在数年前，英人为要好达赖，曾赠步手枪三千枝，作达赖创办卫队及公安警察之用，并派大吉岭警务局

之著名警官拉丁拉至拉萨，创办警察。又于达赖之御东园（原注：藏名隆布岭卡），为达赖练英武之护卫军一千名，步骑炮工均有，一色新军器。将旧有之枪，拨发磨盘山下花园子之军队操练，西藏之有新军。即由此起。

（《川边季刊》第一卷第四期《柯羽操游藏记》
按：此据1932年9月2日藏人德本默泽的谈话）

藏康青武装冲突与藏军内犯述略

大金、白利局部之争端，掀波助浪，演成康藏空前未有之战争。……大金寺又已乞得西藏援助，于是局部纠纷演成康藏战争导火线，激战数月，死伤盈野，而弹丸之大金寺依然丝毫未动，甘孜、瞻化反被藏兵夺去矣。马骕至此自知力有未逮，乃向边防指挥刘文辉请示，刘复转请中央处理。于是唐柯三氏衔府命前往调解，无奈藏方毫无诚意，往复磋商。未得要领。……刘总指挥乃另派旅长余如海入康，负收复失地之责……并于青海省军康南民军联合进攻，不数日即收复甘、瞻，进迫大金。

……北路藏军与青军交锋于青康边境玉树一带，青军指挥为马步芳，藏军指挥为厦苏岱本；中路藏军与川军在甘瞻、德格一带激战，川方以旅长邓蟠村为指挥。藏方以穹让岱本为指挥；南路藏军侵犯巴盐一带，藏军岱本西哇冷巴率之，康南民军司令为格桑泽仁；三路战事，双方官兵总数在二万以上，历时五阅月，战线延长南北数千里，死伤在四千以上。

当战争初起时，藏方惑于往年川藏交战莫不获利。青军则驻兵极少，防务空虚，康南民兵素极散漫，且同族同教，易于威胁利诱。讵料此次大谬不然者，川康边防军鉴于前此之败；特易将换兵，拼死抗战，源源接济，军实优良；青军则森严壁垒，不能越雷池一步，尤以该省之骑兵素负盛名；康南民军自经格桑泽仁之指挥编练，已能成一铁的团结，任藏军多方威迫利诱，不为所动。至是藏方以有限之常备军，补充不易。接应不灵，同时招架三面。疲于奔命，如之何不败。

（刘曼卿：《康藏轺征》）

刘曼卿为译录达赖喇嘛告全藏官民书致石青阳呈

（1933年6月26日）

查上岁青康藏战事发生，藏军三路与四川、青海及西康民军交战，各路均极失利，于是藏中谣言日盛，皆谓川康青联军将直捣拉萨，一时大为恐慌。达赖乃下令加紧征集僧兵民兵，并向印度购运军械。殊藏中各大寺喇嘛及一部分军政人员认为与中国军队交战之非得计，颇持异议。当时西藏内部大有不能一致奉令之势，达赖手腕灵活，富有政治能力，乃立即召集全体军政官员（武官自排长以上）及各大寺喇嘛、各宗（县）村绅长，齐集拉萨行宫，恳切演说，历数小时之久，口出白沫，滔滔不绝。当时闻者莫不感动，且有落泪痛哭者。继而召集临时姆浪大法会，达赖又亲笔拟一类似宣言之文，分发全康藏地方。其内容与在拉萨行宫召集大会时所演说者略同。果然，达赖此种表示已引起全藏僧民官兵之良好感应，无不表示奉命。

此次达赖特派之排长丁曾到丽江来晤，相处旬余，甚欢。渠乃出此宣言相示，职即照藏文原件，毫未增删，译为汉文。兹欲知达赖目下在藏之地位及与人民之关系并对我之态度，此文为最切确之贵重证据。除调查报告另呈外，兹将该译件录后，谨供参考。此呈石委员长钧鉴

附译宣言一件

职　刘曼卿①谨呈六月二十六日

附　抄译达赖民国二十一年告全藏官民书

政府各大臣、各级僧俗军政职员及各寺喇嘛、全体民众钧鉴：

启者，此次拉萨特召集临时姆浪大会（按：姆浪为西藏定例，每年正月举行一次，远近寺院喇嘛全体参加，人数数万余人，为西藏宗教唯一盛大之法会），讽经驱魔，实为消灾求福之难能盛举。据大臣等奏称，法会拜请法神喃穹阙雄降临，曾为余要求延年益寿，并为全藏消灾〔除〕一切灾难。经奉法神训示，对于所请两点允予默佑，并分别指示禳灾益寿有效办法，即多种法事之举行事项，拟即遵照筹备办理。等情前来。

查法神所训示者，确切有效，自应照办。余且略有感言，特为向众一述。……

总之，要求上下一心一德，合力以赴。军政职员之言行相符，忠于职务，舍己为公者，其行为事业皆必昌顺，福寿并骈，余当默佑之，并升赏之；反此者，其事业难期昌明，余更当惩罚之。其次，今我之西藏立场政

① 刘曼卿时任蒙藏委员会康藏调查员。

策，应与相邻之中英两大国力求亲善，而对于附近地方（按：此句似指西康、青海、不丹、哲孟雄、尼泊尔等处而言），当以雄厚之兵力压制其反动。兵须求精训练，要上下贯彻，将士要不辞为维护西藏教权大业而牺牲性命，虽死亦有光荣。

凡上所示，盼万众遵守，各尽所能，恪尽职责。余亦当益加自勉，兼祈求诸佛及各护驾神之赞许默佑，俾使教政之基础日固，人民皆得福利。

兹当诸大臣奏称将为延年益寿，为全藏消灾求福举行各种法事之际，余特将余意宣告于众。

（蒙藏委员会档案）

蒙藏委员会驻印代表康福安致刘文辉函

（1931年2月）

四川成都刘主席钧鉴：达赖称兵黩武，好战成性，遂酿成大金寺与白利寺之战，致使该地生民涂炭，惨不忍闻。蒙主席本救国救民之热忱，调队援助，始将万分危急之甘孜县保全。讵意该达赖见前方兵力不支，一面申请中央，下令制止主席进兵，伪言和平解决以蒙蔽之。一面扩充队伍，调往前方备战，实行推广地盘，维持封建势力。现就职调查所得，近日由拉萨调往甘孜加入作战之兵六营，代本官六员，一路代本名□果，二路代本名客墨，三路代本名哈白，四路代本名弥脚，五路代本名弥姐诺卡，六路代本名毡通，共计六路。官兵三千五六百名，全数枪弹，概由某国暗助之，悉犀利新式枪炮也。所需搬运粮械夫役，概由拉萨武力压迫强迫乌拉。藏民怨声载道，毫不顾恤。

（《边政》1932年九期）

刘文辉致国民政府的报告

（前略）近接唐特派员（唐柯三）删篠养各电，谓藏方真相渐露，噶伦不愿来甘，和平恐无希望。甘瞻撤兵，势非此间所能解决，嘱速电钧府筹此后大计，以固国防。马委员长之电，亦谓边情变幻，会议无期。康藏纠纷，已溢出调解范围。……查此事职部始终仰体中央顾念藏局意旨，再四退让，静候唐特派员调查处理。不意藏方变诈百出，对中央貌似归诚，对唐委则饰词悬宕。即达赖来电主张之甘孜会议，撤兵回防两点，噶伦亦竟不照办。一面又增兵甘、瞻，情势日趋险恶。事关国防，万一战祸重开，川康局部之力，自难独任。除电请马委员长代陈外，伏恳钧座统筹全局，备豫不虞。

（《边政》1932 年九期）

马麟为遵照中央和平初志已饬玉树驻军爱护藏族僧民事复石青阳电

（1933 年 12 月 26 日）

蒙藏委员会石委员长勋鉴；

养电奉悉。谊密。达赖圆寂后，中央从厚优恤，关于西藏善后诸问题，政府妥为处理。等因。具见绥来远人、关怀边事之至意。青省亟应遵照中央和平初志，维护边局，借纾西顾之虑。除转饬玉树驻军对藏族僧民加意爱护，切联好感外，谨复。恭请

勋安

马麟叩。宥（二十六日）。印

（蒙藏委员会档案）

调停化解战事，签订和约

川康边防总指挥部驻京办事处抄报冈拖和约及签定经过致蒙藏委员会呈

（1934 年 3 月 20 日）

敬启者：

前奉钧会秘书处面谕，嘱电刘总指挥速将前订冈拖和约条文及呈报年月经过查明具报。等因。燕贻遵即电呈刘总指挥去后，兹奉文日复电，将冈拖和约条文及年月经过逐一开示，除和约条文谨另抄呈鉴核外，再原电并云，此项条文及当时订约经过均已电呈中央有关各院、部、会在案。独惜去岁退出省门，所有文卷损失殆尽，不能一一查明，希即代向院、会陈明。等语。合并陈明，伏祈察核。谨呈

蒙藏委员会委员长石
副委员长赵

川康边防总指挥部驻京办事处主任　沈燕贻

三、二十

附照抄来电一件

照抄来电

二十一年达白纠纷，藏方昧于事理，不问曲直，竟以大兵袒助达结寺，向我挑战，曾由中央特派唐柯三委员赴康调处，终因藏方毫无和平诚意，唐委〔员〕乃称病返京，藏军遂大举攻我，彼我开战，结果击溃藏军，收复金沙江以东各县，复与青军联络，拟会攻昌都，规复康区历届失地，扼险固防，为一劳永逸之计。缘青我两方迭奉中央电令就地停止，用示怀柔，乃与订立停战条约六条，又附件一条，全文列次：

汉藏条约

(1) 汉藏双方接受议和协定，弃嫌修好，所有汉藏历年悬案，听候中央暨达赖佛解决。

(2) 汉藏以金沙江上下流东岸为最前防线，双方军队不得再进越前方一步。

(3) 自中历二十一年十月八日至十月二十八日止，各将先头部队撤退。汉军退俄诺、德格、白玉以东，藏军退葛登、同普、武城以西，其最前线，汉军如邓柯、白玉、德格，藏军如仁达、同普、武城境内，双方每处驻兵不得过二百名，并各派员互相监视撤兵。

(4) 自停战撤兵日起，双方交通恢复原状，商民来往无阻，惟须双方官厅发给执照为凭；并本遵从佛教、维护佛法之意义，对于在康、在藏各地之寺庙及住在潜心修养与来往两地之喇嘛僧侣，双方均一律保护。

(5) 自条约签定之日起，各飞报政府共同遵守。

(6) 此条约适用于汉藏双方，如有未尽，将来中央会同达赖佛修改之。

附件一〔条〕

文曰：汉藏双方暂行停战条约立后，所有未经立入条约内之巴安县属河西地方现驻藏军，限于中历十月八日即藏历八月初九日起，九日之内撤回原防，其所驻地面交还汉方，后此接收回时，应将此稿同列正式停战约内，中间不应具结是实

出结人　西藏达赖佛派出交涉员却让

入结人　川康边防总指挥派出交涉专员邓骧

中华民国二十一年十月八号
藏历水猴年八月初九日　签于德格冈拖东岸议场

（蒙藏委员会档案）

青藏停战协定

（1933年6月15日）

青藏本属一家，和好久矣。中华民国二十一年内，即藏历岁次壬申，以朵旦寺问题，双方驻军误会，以致引起纠纷。妄开战端。事后双方军政首领，鉴于国难方殷；何遑自讧，乃各派全权代表，休战议和，重修旧好。订立和议条文，青藏两方，各执一张，以资遵守，而昭来兹。从此青藏和睦如前，西陲国防巩固，国家幸甚！边民幸甚！恐后无凭，立此合同条文，永远存照。计开和议条件：

第一条　朵旦寺管理寺院之堪布，由该寺众僧内自行推举后，准达赖大佛加委，堪布权力照旧，以宗教为范围，毫不准干涉政治。

第二条　青科、当头两寺宗教权准归作巴照旧管辖，惟该两处，双方均不得驻扎军队，以免因接壤而起纠纷。

第三条　和议条约成立后，藏方即先行撤兵，青方于藏方撤退十四日起，即继续撤兵，双方除原驻军额外，其余限一月内撤退。兹后青藏两方，各守疆土，不得侵犯。如藏兵侵略青海境界，有藏方昌都、巴宿、类乌齐二十六族头目人等担保；青海军队侵略西藏境界，有玉树二十五族头目人等担保。

第四条　藏方官兵，如有变归青方或潜逃青方者，青方不得收留袒护；青方官兵，如有变归或潜逃藏方者，藏方亦不准收留袒护。

第五条　双方对于宗教寺院一概极力保护。

第六条　青海如有坏人罪犯逃避藏方者；藏方无论长官民众，均不得袒护隐藏；藏方如有罪犯坏人，避逃青方者，青方亦援例遵守。

第七条　青海对于西藏商民，亦须极力保护，西藏对于青海商民，亦须极力保护。

第八条　所有青方俘获藏方之官兵，在条约签字成立后，青方即完全缴归藏方。

（《蒙藏半月刊》第二卷第四期）

严令规定地方互订规约必须经中央政府核准，禁止西藏地方当局通过英使向中央政府转递公文

蒙藏委员会为沿边地方长官互订条款只能用规约不得用条约并须经中央政府核准事致行政院呈

（1934年8月22日）

呈　　藏88

案准参谋本部边字第一七四八号公函：案查江卡事变一案，前准黄专使电拟办法云云，至相应函达查照见复。等因。准此，查缔结条约，为政府特权，参谋本部与黄专使主张，此后沿边地方长官互结条款，不得擅用条约字样，以示区别。本会极表赞同，嗣后地方订约，似以用规约字样较为妥适。又民二十一年，康藏订立冈拖条约，二十二年青海订立青藏和约，最近康藏订立安置达结僧民办法协定，呈报政府均在签约之后，以致中央主管机关即略有意见，亦以签订在前，无从补救。本会现拟补充意见，嗣后沿边地方长官如互订地方条款，只能用规约，不得擅用条约字样，并须将所拟条文呈奉中央政府核准后，再行签订，以免流弊。所拟是否有当，除函复外，理合具文呈请钧院鉴核，如蒙照准，并请通令沿边各省政府遵照办理，实为公便。谨呈

行政院院长汪

（全衔）石〇〇

中华民国二十三年八月二十日①

（蒙藏委员会档案）

行政院为核准沿边地方长官互订条款只准用规约不得擅用条约并须呈奉中央政府核准事致蒙藏委员会指令

（1934年9月1日）

行政院指令　　　字第263号

令蒙藏委员会

呈为嗣后沿边地方长官如互订条款，只能用规约，不得擅用条约字

① 此为拟文时间，实际盖印封发是二十二日。

样、并须将所拟条文呈奉中央政府核准后，再行签订，以免流弊，请鉴核施行由。

呈悉。案经提出本院第一七五次会议决议：通过。并通令沿边各省政府遵照办理矣。仰即知照。此令。

院长　汪兆铭

中华民国二十三年九月一日

（蒙藏委员会档案）

行政院为西藏噶伦托英使转递公文手续殊属不合事致蒙藏委员会指令

（1936年12月7日）

行政院指令　　　字第4385号

令蒙藏委员会

二十五年十一月二十七日呈，为英国驻华大使馆转交西藏噶伦等所致该会公函，经以非正式手续接受，并将原文译呈，请核示由。

呈件均悉。查此案西藏噶伦等所致该会函件，竟托由英大使转交，殊属不合。至关于藏事，业经该会与军事委员会会商拟具办法三项，由院核定，并经分别电令饬知在案，仰即知照。此令。

院长　蒋中正

中华民国二十五年十二月七日

（蒙藏委员会档案）

严斥西藏地方当局阻挡修建中印战略公路与擅设“外交局”

吴忠信为修筑中印公路饬属保护勘测队事致噶厦电

（1941年7月24日）

孔处长转噶厦公所公鉴：

中央为抗战期中便利国际运输起见，拟修筑中印公路，已得英国政府之赞同，自西昌起，经中甸、盐井、察隅至塞得亚，与印度之阿萨密省省道相接。勘测队刻已出发，其经过察隅等地时，希饬属妥为保护，并在该队工作上予以一切便利为盼。

蒙藏委员会委员长　吴忠信。马。印

附藏文译文一份（略）

（西藏档案馆藏）

孔庆宗为藏官遮梗修筑中印公路事致噶厦函

（1941年9月16日）

径启者：顷奉蒙藏委员会委员长吴蒸电略开：中印公路测勘队长袁梦鸿等，在帕郴、门工、掘罗瓦、察隅等地，被藏官拆桥毁路，并调兵遮梗。等因。奉此，查此案经本处与贵噶厦接洽妥善，并据贵噶厦称，已两度专差通知昌都噶伦，转令各该地藏官，予测量人员以便利在案。今边区藏官乃如此违令，擅敢调兵遮梗，不知是何用意？希速见复，以凭转呈为荷。此致

噶厦公鉴

蒙藏委员会驻藏办事处处长　孔庆宗

附　译藏文一纸（略）

（西藏档案馆藏）

孔庆宗为中印公路势在必修事致噶厦函

（1942年1月8日）

径启者，顷奉吴委员长急电开：奉蒋委员长元月五日手令开，中印公路势在必修，希电催罗桑札喜转电藏方，速即照办为要。等因。除切电罗代表外，仰转达噶厦遵照，迅复勿延，并先电复为要。等因。查此案本处前曾将蒋委员长交本会电令照转贵公所，迄未见复。兹奉前因。特此函达。事关急要，希迅见复，以凭转呈为荷。此致

噶厦公所

蒙藏委员会驻藏办事处处长　孔庆宗

（蒙藏委员会档案）

吴忠信为西藏设立“外交局”中央议决应付办法两项事致孔庆宗电

（1942年7月31日）

急。拉萨。孔处长亲译：

远密。关于藏方设置外交机构案，昨日院会决议办法两项：（一）由蒙藏委员会径电西藏当局，告以藏方为处理地方涉外事务而有设置机构之必要，应注意遵守下列两事：甲、有关国家利益问题必须秉承中央意旨处理；乙、中央与西藏一切往还接洽方式仍应照旧，不得径向上述外务机构办理。（二）中央与西藏间一切接洽，如藏方须经由上述外务机构承办，即令蒙藏委员会驻藏办事处暂停对藏一切接洽，该处孔处长仍留藏办理情报事务，所有中央与西藏间一切接洽，改由蒙藏委员会与噶厦及西藏驻渝代表办理。至运输事务，由外交部驻印沈专员秉承交通部意旨组织商运公司办理。等语。除俟奉到正式指令后，即将第一项电告噶厦并令饬其驻京办事处转达外，先此电达。

忠〇。世。印

（蒙藏委员会档案）

行政院为审查西藏成立“外交局”应付办法等案事致蒙藏委员会训令

（1942年8月1日）

行政院训令　　机字1596号

令蒙藏委员会

查西藏成立外交组织及由印经藏内运物资两案，经召集该会等开会并行审查后，提出本院第五七四次会议决议，除应付方案第二款改由蒙藏委员会与西藏驻渝代表办理句中在“与”字之下加“噶厦或”三字外，余照审查意见通过。除分行外，合函抄发审查会记录，令仰遵照。此令。

计抄发审查会记录一份

院长　蒋中正

西藏成立外交组织及由印经藏内运物资案审查会纪录

（一）时间：三十一年七月二十二日上午九时

（二）地点：行政院

（三）出席：

军事委员会　黎明　闵贤邦

军　政　部　余元铮

外　交　部　梁　龙

交　通　部　卢作孚

蒙藏委员会　熊耀文　周昆田

（四）主席：蒋廷黻

（五）审查意见：

蒙藏委员会呈为西藏成立外务局请示应付机宜一案，奉院、会交下研究方案，遵经详加商计，佥以中央对藏一面固应竭力保持主权，一面亦应体念地方特殊困难，从宽处置。此案酌拟应付方案如下：

（一）由蒙藏委员会径电西藏当局，告以藏方为处理地方涉外事务而有设置机构之必要，则应注意遵守下列两事：

（甲）有关国家利益问题即政治问题必须秉承中央意旨处理。

（乙）中央与西藏间一切往还接洽方式，仍应照旧，不得经由上述外务机构。

（二）中央与西藏间一切接洽，如藏方坚持须经由上述外务机构承办，即令蒙藏委员会驻藏办事处暂停对藏一切接洽，该处孔处长仍留藏办理情报事务。所有中央与西藏间一切接洽，改由蒙藏委员会与噶厦或西藏驻渝代表办理。

至由印经藏内运物资一案，经并提研讨，佥以增辟国际运输路线，固可适合目前需要，惟此线全程一千四百余英里，所经之处又复地形险峻，人烟稀少，往返约需半年，每年只能内运两次，驿运之运输量每年约在二千吨左右，沿途保护亦难期周密。现英方既有此拟议，似不妨由驻印沈专员继续洽商，酌拟办法如下：

（一）此项运输事宜应采取商业方式办理，由沈专员秉承交通部意旨，在印筹组商业运输团体承办。

（二）运输路线系自锡金经拉萨、昌都、甘孜、康定等地内运。

（三）运输物品尽先运输油类、药品、棉织品、通讯器材等。

（蒙藏委员会档案）

蒙藏委员会为转达行政院对西藏设立外事机构之训令事致噶厦电

（1942 年 8 月 5 日）

噶厦公所勋鉴：

借电台。威密。前据本会驻藏办事处处长孔庆宗七月遇电称：准贵噶厦函，藏政府新设对中国及他国办理外务人员之机关，业于藏历五月二十三日正式成立。今后汉藏间事无巨细，嘱径向该机关洽办。等语。转请鉴核到会。当经转呈行政院核示去后。兹奉八月一日训令，指示办法如下：藏方为处理地方涉外事务而有设置机构之必要，则应遵守下列两事：（甲）有关国家利益问题，即政治问题，必须秉承中央意旨办理；（乙）中央与西藏间一切往还接洽方式，仍应照旧，不得经由上述外务机构。等因。特此电达，即希查照办理，并将此电收到日期电复为荷。

蒙藏委员会委员长　吴忠信。微

（西藏档案馆藏）

附　噶厦为强辩设立外交局理由并坚持以后一切事务均须向该局接洽事复蒙藏委员会电

藏历水马年（1942）七月十六日①

5536。渝。会密。委员长吴钧鉴：

藏历七月二日接到八月五日电一件，藏政府新设外交局，系重视中国政府及各外国提出巨细事务，使不致迟缓之便利，特为和睦计，乃呈请藏王，兼征询西藏僧俗民众大会一致同意，设立办理外国事务机关。既经成立，无法变更。此为增进汉藏睦谊，决无妨害之意，谅邀洞悉者也。后一切事务，均须向该机关接洽，并请令知孔处长遵办为祷。

拉萨　噶厦

藏历壬午年七月十六日卯。印

（蒙藏委员会档案）

① 蒙藏委员会收电日期为九月二日。

明令制止西藏地方当局擅派代表出席泛亚会议

国民党中央组织部关于藏政府商讨对宪法
有关西藏部分及出席泛亚会议之对策事致蒙藏委员会代电

（1947年2月13日）

中国国民党中央执委会组织部代电　　卅六乐电字第30310号

蒙藏委员会公鉴：

关于西藏地方政府重要官员会议商讨此次国民大会所通过宪法中有关西藏之部分及出席亚洲会议之对策一节，兹续据报：藏方商讨结果，坚决反对国民大会所通过宪法中有关西藏之部分，并图联合西康藏族要求归还旧土，在亚洲会议中图联合我国民政府向印要求归还所占藏地。等情。特电查照参考为荷。

中央组织部。元。印

中华民国三十六年二月十三日

（蒙藏委员会档案）

蒙藏委员会为西藏出席泛亚会议
不宜涉及政治边界问题事致噶厦电

（1947年3月12日）

电　　京藏字第3745号

急。拉萨。△密。驻藏办事处转噶厦公所勋鉴：

据印度政府通知，最近召开之亚洲会议纯为文化性质。兹闻藏方亦已被邀参加，希转知出席人员不宜提出政治问题，以及印藏划界等事。会议期中并随时与中央所派代表取得联系，俾便协助。并盼电复。

蒙藏委员会。寅文。印

（蒙藏委员会档案）

国民政府为明令制止西藏擅派出席泛亚会议代表另制国旗事致蒙藏委员会代电

（1947年3月17日）

国民政府代电　　侍（洪）字第70147号

蒙藏委员会罗委员长勋鉴；

据陈总长（36）三月四日张翠遐字第804号及四月十二日张翠遐字第999号两呈略称，西藏政府近派代表罗桑汪吉、桑都博章等赴印参加印度召开之亚洲会议，企图（一）宣传独立，以求将来得国际间之承认，并向印要求归还所占藏方土地；（二）坚决反对国民大会所通过宪法中之有关西藏部分，并联合西康收回康藏旧土。并制成西藏国旗，白底红边，中绣云山一座，左右绣金狮各一，上空红日一枚，以备在会议时悬挂会场。查西藏擅派代表参加国际会议已属违法，竟另制国旗，其企图独立完全暴露，拟请转饬蒙藏委员会明令制止。等情。希核办具报为要。

中正。（36）寅。侍洪

中华民国三十六年三月十七日

（蒙藏委员会档案）

外交部为与印度交涉西藏出席泛亚会议情形事致蒙藏委员会公函

（1947年3月20日）

外交部公函　　条36字第5798号

案准行政院秘书处三月十四日服二字第一六一二四号通知单，以蒙藏委员会代电转致关于西藏派代表赴约参加亚洲会议一案。奉谕：交外交部会同贵会及内政部迅筹对策具报。等由。

查关于印度国际问题学会邀请我国政府派视察员参加亚洲会议，本部前以该会竟同时邀请西藏派员出席，实属蔑视我国主权，当经向印度驻华大使馆表示，在该项问题未解决前，我国政府暂不考虑派视察员列席，并复电我驻印大使馆将上述我国立场转告该亚洲会议组织委员会主席奈杜夫人。嗣据该馆电复，以奈杜夫人表示，西藏代表二人可作为西藏地方之人民团体代表。本部近复乘印度大使来华履新之便，将我国立场将〔向〕其说明，并请其将下列述各点电知奈杜夫人：（一）政府代表应作为视察员资格出席，其他学术及公共团体之代表称为出席代表。（二）出席该会之藏方二人，列为西藏地方团体代表。（三）该会中任何会议不得讨论西藏在中国新公布宪法中之地位及权利等问题。（四）奈杜夫人于会议中公开说明，政府代表之地位与其他参加会议之组织及公共团体之代表不同。

据印大使声称，上述前三点，业经奈杜夫人在德里表示同意，并允再电奈杜夫人请其来电证实。至第四点，亦允去电征求同意。嗣复据驻印大使馆来电，以该会顷发表之新闻内称：该会将不讨论各国之内政问题。我国政府派视察员出席该会，在原则方面已无问题。现我出席该会代表团人选业已决定，即将首途赴印。复查本案，本部前奉国民政府蒋主席代电嘱，核办具报，并经本部将上述办理经过呈复在案。除将上述办理情形分函行政院秘书处转陈，暨内政部查照外，相应函请查照为荷。此致

蒙藏委员会

王世杰

（蒙藏委员会档案）

外交部为西藏出席泛亚会议擅自制旗悬挂应阻止事复蒙藏委员会代电①

（1947年3月22日）

外交部代电　　欧36字第5951号

蒙藏委员会公鉴：

关于西藏政府制造旗帜以备派员出席亚洲会议时悬挂事，三月十三日京藏字第三七六八号代电敬悉。查西藏非独立国家，我方亦不承认其独立，其派往出席亚洲会议人员，经与印方交涉，已决定列在中国各团体代表名单中。西藏独立倾向，似应多方设法遏制。藏方另制旗悬挂事，拟请贵会迅在南京及拉萨分头阻止。因此例一开，以后内政、外交均将愈感困难。除另电驻印大使馆密商该会主持人设法阻止外，特电请查照办理见复为荷。

外交部。欧

（蒙藏委员会档案）

① 该件案卷“拟办”栏，写有：“呈阅。查此案拟报藏政府赶至〔制〕旗帜系交由出席泛亚会议代表带往悬挂，计时当已携往。既已由驻印大使与该会主持人该〔设〕法阻止，拟由会再电陈主任锡章〔璋〕相机向藏政府劝告；并电西藏驻京代表转知藏政府。”上盖有周昆田、黄子翼两章。“批示”栏盖有罗良鉴章。

蒙藏委员会为西藏出席泛亚会议代表
已列入我国代表团之列事复国民政府代电

(1947年3月24日)

代电　京藏字第3926号

国民政府主席蒋钧鉴：

奉（三十六）寅筱侍洪字第70147号代电，以西藏政府派代表赴印参加印度召开之亚洲会议，企图宣传独立及要求收回西康土地，并拟悬自制国旗等情，饬核办具报。等因。

查印度召开亚洲会议，西藏亦被邀参加，我外交部曾为此事向印度提抗议。据印方答复，此次邀请对象纯以文化团体为主，而非以国家为单位。等语。现在外交部已将西藏代表扎萨桑都颇章、堪琼罗桑汪杰二名列入我国出席亚洲代表之列。一面本会已电西藏政府告以此次会议纯为文化性质，不宜提出政治问题以及印藏划界等事，会议期中并应随时与中央所派代表取得联系，俾便协助。等语在案。理合电呈，仰祈鉴核。

蒙藏委员会委员长罗〇〇。敬。印

（蒙藏委员会档案）

严查西藏地方当局派出的商务代表团在欧美的非法活动

国民政府为转告驻英美大使应随时报告
西藏商务代表团活动情况事致外交部代电

(1947年8月17日)

外交部王部长勋鉴：

据报西藏地方政府近派谢高巴及邦达昌于八月中旬起程赴英美活动独立。希转饬我驻英、美两大使注意随时具报。

中〇。（三十六）未篠。侍供

（国民政府行政院档案）

行政院为查询西藏商务代表团由港赴美事致蒙藏委员会指令

（1948年8月2日）

行政院指令　　　（卅七）四防字第34873号

令蒙藏委员会

三十七年七月七日京藏机字第795号午阳代电报告西藏商务代表团夏古巴等已由港转美等情，请鉴核由代电悉。

查西藏组织商务代表团未经政府核准，前往美国有所活动，在政治上关系重大。本院前于上年十月二十四日曾以四防字第四三五三三号令指示办法，并遵奉主席蒋本年二月丑麻府交代电密饬注意各在案。查夏古巴一行前由藏印取道昆港来京，游览浙赣，勾留京沪凡六阅月。该会既均派有接应招待人员，何以返藏途中道出香港而不派人注意其行动？该会是否已与外交部切取联系？该代表团顺利达成赴美目的，何以事前毫无察觉，亦无情报，俾有关机关加以防范？其原因何在？除本案经过已据外交部呈报到院，并已饬照所拟办法办理，原案已据分行不另抄发外，所有本案详细经过及何以疏忽之处，仰该会迅予申复，以凭办理。此令。

院长　翁文灏

（国民政府行政院档案）

国民政府为西藏商务代表团赴美时如有荒谬之谈应饬我驻外使馆立予纠正事致外交部代电

（1948年10月26日）

代电　　　字第60629号

外交部王部长勋鉴：

三十七年九月十七日欧一22093号签呈函，兹核复如下：所称美驻港总领事及英驻华大使馆均对西藏代表团所有西藏自发之旅行证件并未征我政府同意，即予签证，经该部叶次长向英驻华大使馆及饬我驻英郑大使向英政府口头声明我国立场，英美两国亦均口头微表歉意一节，并无书面纪录交换存照，尚欠周妥。为将来交涉预留地步计，应相机向英美两国提出书面声明。又该代表团夏古巴飞抵旧金山时，曾对新闻界发表政治性之谈话，该代表等今后如有类似荒谬谈话，并应饬我驻外使馆立予纠正为要。

蒋中〇（三十七）酉寝。枢明

（国民政府行政院档案）

国民政府为商定要求西藏当局训令夏格巴不得
在国外作政治活动等办法督促切实办理事致蒙藏委员会代电

（1948年10月26日）

国民政府电　　　枢（明）字第60629号

蒙藏委员会许委员长勋鉴：

据外交部王部长三十七年九月十七日欧一22093号签呈节称，西藏当局擅发出国旅行证件，派遣夏古巴等赴美英活动，该夏古巴等抵美妄作政治谈话，殊属越轨，中央对西藏亟应有所表示。经与蒙藏委员会许委员长商定办法如下：（一）要求西藏政府训令该夏古巴等不得在国外作政治活动或谈话，并训令夏等今后旅行须先与中国驻〔美〕使〔馆〕商定。（二）训令西藏驻京办事处自行宣布已参加国民大会、立法院、监察院，并无独立之意。正由蒙藏委员会洽办中。等情。希切实督促办理，并将办理情形具报。

蒋中正。（卅七）酉寝。枢

中华民国三十七年十月二十六日

（蒙藏委员会档案）

驳复西藏地方当局借选举事妄称“自主之国”

蒙藏委员会委员长兼蒙藏选举事务所监督
许世英为来电拒绝派为选举监督并要求取消
喜饶嘉措蒙藏委员会副委员长职务事复噶厦电

（1947年9月20日）

电　　　选字第196号

急。拉萨。噶厦公所勋鉴：

七月二十六日电诵悉。查西藏与中央之关系素极良好，其选派代表来京参政，亦夙具热忱。即在前北京政府时代，参众两院、善后会议、国民代表会议及参政院等等，前后藏每次均经参加，相沿已久，史例具在。再近如二十年五月在京举行之国民会议、上年十一月国民大会，西藏亦先后选派代表来京出席。此次本所电请选举国大代表及立法委员，系依据国民政府颁布之法规，并参照成例办理，并非创举，况本届全国大选，为完成宪政之最后阶段，亦为保障西藏自治之最要关键，亟盼西藏代表早日选定，来京参加，共商国是，以增进团结，巩固和平，所关至大。否则，如放弃权利，实与来电所谓历史悠久之密切情感不无缺憾。至优待边疆人士，为中央一贯政策，部会属僚任免，政府自有权衡。喜饶嘉措学问、道德，久为边人推崇，亦恒为增进中央与西藏关系而努力，其就任本会副委员长后，绝无影响中藏情感之顾虑。报章所载其谈话消息，类多传闻揣测之词，不必深信，本会亦未得其报告，并已去电查询矣。至其他旅居内地藏人，如有挑拨藏事行为者，自当密切注意，诸盼释念。特此电复。

蒙藏委员会委员长许〇〇申。哿

（蒙藏委员会档案）

附一　噶厦为拒绝派为选举监督并希将喜饶嘉措之蒙藏委员会副委员长职务取消等事致许世英电

（1947年9月19日）①

南京。蒙藏委员会委员长兼蒙藏选举事务所〔监督〕许世英先生勋鉴：

前后来电内开：派贵噶厦为西藏地方选举监督，迅将选所组织成立电告。等因。查中藏系亲谊擅越法缘，历史悠久，互相感情隆深，关系密切，今尚依然。但西藏乃政教政力自主自尊之圣地佛国，今与噶厦忽颁命令，派噶厦为选举监督等语，似此不合理法专制压迫命令，根本乖误之至。如此举动，接得大为寒心，因此无法遵办，祈为原谅。嗣后若遇此等不合理法之文件函电，希决无再续发是幸。再近闻报纸所载，格西洗〔喜〕饶嘉错任蒙藏委员会副委员长之说。查该格西所作多端，悖逆藏政府之反心人〔之〕流，如此之人，中央若有尊敬时，中藏亲谊之间，庶几善〔近〕于挑拨，有关于情感正隆之际，倏生枝节之虞。请念情感益昌更加隆重增进起见，希即将格西洗饶嘉错之副委员长名义职务克日取消为祷

① 收电日期。发电日期为藏历七月二十六日。

外，将所有反对藏政府素怀不良之藏属流浪人等，恳望中央切勿与此等人补给职薪。关此盼电，是所至祷。

西藏噶厦公所叩。藏历七月二十六日。印

（蒙藏委员会档案）

附二 蒙藏委员会为噶厦电西藏代表必要时退出国大会议事致国民政府代电

（1946年12月17日）

代电　　京藏字第2524号

国民政府主席蒋钧鉴：

据本会驻藏办事处亥真电称；闻藏代表电噶厦谓，宪法草案对西藏规定与内地各省无大区别，请示如何应付，摄政与噶伦六七两日连次会商结果，电复该代表等必要时退出会议。等情。谨电转陈鉴核。

蒙藏委员会委员长罗〇〇。篠。印

（蒙藏委员会档案）

蒙藏委员会为拟驳复噶厦自称“自治自主之国”事致国民政府呈

（1948年5月25日）

呈　　京藏机字718号

查西藏国民大会代表、主席团主席土丹桑布，前对总统及副总统当选证书签署事，据告须请示噶厦方敢签署。迭经本会以辰光、豪、真、盐四电驻藏办事处陈代处长锡璋，妥向西藏噶厦宣导，望速电饬签署。兹接西藏噶厦公所藏历戊子四月初六日电称：许委员长钧鉴：陈副处长先后来噶厦，云云。特先电达查照为荷。噶厦公所叩。戊子四月初六日印。等语。

卷查前年制宪大会，西藏代表图丹桑批等所呈九项请求，内中最主要者，厥惟第四项康藏划界，当经罗前委员长奉谕答复，请西藏派遣高级负责官员来京会商在案。本月十八日下午西藏商务代表团团长夏古巴等前来辞行，世〇当告以噶厦电中所陈照现况保持平静，是英到会以来之一贯政见，现仍本此政见而谋增进汉藏之和好感情。十九日，世英赴招待所送行时，又复面告，望回藏务报告噶厦从速派员来京会商界务。代表等面诺。

世英检查旧卷九项请求，有所谓政教自治自主，又有所谓西藏乃佛法圣地自治自主之国。当时复文对于国之一字未曾表示。世英之意以为政教自主固为历史所昭垂，地方自治亦为宪法所规定；西藏乃佛法圣地，自治自主，中央决予尊重，若称之为国，则未可承认。此节并未向夏古巴等叙及，但拟本此意见电复，尚在斟酌中，未知是否有当，伏乞理合呈报鉴核，并迅赐训示祇遵。谨呈

总统 蒋

行政院院长 张

蒙藏委员会委员长 许〇〇

（蒙藏委员会档案）

蒋介石为西藏代表拒签当选证书不必再与交涉，对其自称“国”应予驳斥事致蒙藏委员会代电

（1948年6月7日）

总统府代电 府贰字第0203号

蒙藏委员会许委员长勋鉴：

五月二十五日京藏机字第718号呈悉。关于西藏代表未签证书事，因西藏代表既已出席国大，并有人参加主席团，个人签署当选证书与否，无关宏旨，不必再与交涉。至对其称“国”字之驳斥，如系对其前年所呈文书之字句予以驳复，自属可行也。

蒋中正。巳虞。府贰

中华民国三十七年六月七日

（蒙藏委员会档案）

附 噶厦为新选总统证书西藏代表不必签字事致蒙藏委员会电

（1948年5月17日）①

特急。5536南京。△密。许委员长钧鉴：

陈副处长先后来噶厦谈及大总统蒋、副总统李经选定，因要陈送证书，请令西藏代表堪琼、土丹桑布速签署。等语。关于证书，土丹桑布应

① 收电日期。

否签字盖章，已提西藏大会征询意见。据复称：中国大总统蒋，对于中藏擅越关系，双方情感深堪信赖，此次系全中国大众推选，西藏执政及大众人等喜之不尽，所以达赖、摄政、噶厦均曾有电致贺，并曾令在京代表于就职典礼时当再隆重庆祝去讫，此外驻京藏代表堪琼再不必签字。西藏乃佛法圣地自治自主之国，宜照现况保持平静。① 所有详情，前由庆贺胜利之僧俗札萨送呈中央陈辞九条、盖有印章四颗之文，亦早邀中央洞鉴，证书实无法签字盖章。等语。特先电达查照为荷。

噶厦公所叩。戊子四月初六日。印

（蒙藏委员会档案）

严厉谴责西藏地方当局制造驱汉事件

国民党中央日报对拉萨驱汉事件的报道

（1949 年）七月八号这天，拉萨发生了变乱……拉萨与外界的电讯中断，中国政府驻藏办事处全体人员限两周撤离，交通部在拉萨的无线电台被捣毁，席台长遇刺受伤……所有在拉萨的经商汉人皆遭被驱逐，连寺院里的汉籍喇嘛亦无一幸免。这消息很使人诧异，拉萨哪里来如许多的共党势力？为什么我国〔政府〕驻藏的所有机关学校人员甚至和尚皆遭驱逐出境？这是一个难解的谜。过了两天，到七月二十二日。德里各报相继发表了一些消息，知道锡金通拉萨的电讯照通。印度国防部与拉萨的无线电连络并未发生故障。印度政府正等待驻藏商务专员处关于拉萨变乱的详细报告。

（《中央日报》1949 年 8 月 19 日）

附一　噶厦为限令中央驻藏人员离藏事致国民政府电

（1949 年 7 月 9 日）

中国国民党与共产党战事正在进行，凡中国政府官员及其军队所在地

① 许世英针对此句亲笔作了如下批示："照现况保持平静，是英到会以来之一贯政见，现仍本此政见而谋增进汉藏之和好感情。政教自主因为历史所昭垂，地方自治亦为宪法所规定；在西藏乃佛法圣地，自治自主，中央决予尊重，若称之为国，则未可承认。检查前年所呈九项，业由罗前委员长奉谕答复，最关重要者为第四项，应仍请西藏政府派高级负责官员来京会商。许世英　五·十七"。

亦即产生共产主义与动乱，因此吾人不能听任中国驻拉萨代表冒此种可能发生之危险。更有许多传说形迹可疑之汉人及巴塘人，均系由中国西部来到拉萨，欲将彼等从别人当中检查出来，实属困难。如共产主义竟或走进众生幸福源泉之西藏佛法圣地，此西藏全体人民所引为忧虑者也。

为中藏两方政府利益，并为西藏佛法领域长治久安计，吾人必须遣走一切可疑之共产党秘密工作人员；为检出可疑之共产党秘密工作人员，不使彼等任何一人乔装寄迹于西藏，西藏僧俗大会特请求中国代表及其随员、无线电报员、学校教师、医院工作者及一切其他可疑之人，必须在规定期限内，各自回返其原籍，以免妨碍现存中国与西藏间之法主与檀樾关系。

吾人已通知在拉萨之中国代表及随员、无线电报员、学校教师、医院工作者及可疑之汉人与巴塘人，立即各自回返原籍，吾人将特予优给旅费、坐骑、驮畜，引导护送中国代表及随员、无线电员、学校教师及医院工作者至印度边境。其他可疑之中国人及巴塘人，将特予集体保护至印度边境。吾人希望中国政府对此为大众福利之重要举措，勿起误会，予以适当之谅解，并勿以为冒犯为祷。

（蒙藏委员会档案　原件英文）

附二　噶厦为申辩驱逐中央驻藏人员事复行政院电

藏历土牛年（1949）七月十二日

行政院长阎惠鉴：

边使噶伦转奉未齐电开，拉萨噶厦由噶伦埠具电，为防止共产〔党〕混迹起见，所有驻藏各中枢职员，一律嘱离拉萨，于法理不合，中藏关系仍应连续，并即将驻藏汉民加以保护，具复备查等由奉准一案。此事前经电详总统李暨总裁蒋在案。查西藏佛教区域，深恐传播赤匪主义，人众大为恐惧，惟〔奉〕行永久拥护中藏关系及一切权力，须先厉行肃清匪类，因是中枢各职员嘱离西藏。此事系出于全藏会议表决，职是之故，不得不从权执行，仰恳中枢当局推念苦衷，鉴而谅之。至各职员离藏时给予盘费、夫马，并派官兵优予护送，于藏历辰有日出境。我中藏关系，当此万方多难之秋，极应根据前辈法王遗训，永久保持。此举早在院长洞鉴中，幸勿见疑。吾藏始终不能以中枢人员不在藏图谋不轨也，乞我院长转呈总统勿予锦注。在藏各汉民自应加保护，与藏民一视同仁，统希垂察为祷。

拉萨。噶厦。藏。午文。印

于藏历己丑年七月十二日译于昌都噶厦

（蒙藏委员会档案）

总统府发言人关于西藏当局限令中央驻藏人员离藏事件之谈话

（1949年7月26日）

（中央社）关于西藏近情，港穗报纸迭有揭载。本社记者为明了真相起见，特走访总统府发言人。据谈：西藏当局七月九日自印度噶伦堡转来上李代总统电称，为防止共党混入西藏，经民众大会之决议，请中央驻藏办事处、电台、学校、医院等全体人员，限期离藏。同时，蒙藏委员会亦接得驻藏办事处陈代处长锡璋相同之电报，并称电台即日停止发报。等语。该发言人谓：中央派驻西藏地方工作人员，均经各主管部会慎重选择，当无共产党徒混迹其间。此次西藏地方当局事前既未电请中央核示，复无丝毫事实根据，乃遽藉口民众大会决议以防止共党活动为理由，强迫厉行剿共国策之中央政府驻藏人员全体撤退，其用意何在，殊不可知。但该项措施之自失立场，违法悖理，则昭然若揭。该发言人最后并谓：中央现正等待事态发生之真实原因判明后，再做适当之处理，云云。

（蒙藏委员会档案）

行政院为驳西藏当局限令中央驻藏人员离藏事致摄政等电

（1949年8月8日）

拉萨。打札班智达并转噶厦公所勋鉴：

奉代总统李交下加伦坝（Kalmpoug）转发七月九日噶厦来电，以欲防止共产党混迹西藏，特请求中央驻藏人员全体撤退，并已通知各该人员在规定限期内返回内地云云，业经诵悉。查厉行剿共为中央一贯国策，防止共产党渗入西藏亦为中央所注及。惟所派驻藏人员，均经审慎遴选，绝无共产党混迹其间，而各该驻藏人员，多年来加强中央与西藏之联系，并协助地方增益感情，奉公守法，从无越轨行动。此次噶厦既无事实根据，复未来电呈报，竟片面通知各该驻藏人员全体撤退，于法于理殊多未合。前议迅再通知各该驻藏人员仍回拉萨执行职务，以保持中央与西藏之固有关系，并对在藏汉民特加保护，是为至要。

（蒙藏委员会档案）

阎锡山对藏事声明

（1949年8月）

行政院阎院长顷对中央驻藏人员被迫撤退一事发表声明如下：

查中央历年对藏施政，总以扶植地方、调协民族为主旨，冀使西藏政教隆昌，人民康乐。蒋主席于民国三十四年八月即以允许西藏高度自治，昭告世界；三十五年国民大会制定之中华民国宪法，特加规定对于西藏自治制度应予以保障，可见中央对于西藏人民关怀之殷。而西藏之对于中央，素亦融洽无间，西藏向派有驻京办事代表。民国二十年制定约法之国民会议，三十五年制宪、三十七年行宪之国民大会，西藏均有代表出席。历届之立监两院，西藏亦有委员参加。乃此次西藏地方当局，乘中央正在厉行剿共时期，忽于七月八日以防止共党混迹西藏为理由，通知中央驻藏办事机关及学校、医院、电台等工作人员全体撤退，其用意何在，诚难索解。盖中央所有派赴驻藏人员，均十分注意，系经由各主管部会审慎遴选，当可保证无共产党员混迹其间。即退一步言之，如有可疑，西藏亦应事先呈报，分别留去，未可以少概全，全体撤退。故西藏地方当局此项措施，无论于理于法，实多未合。至于防止西藏之沦于赤化，中央亦责无旁贷，早经注及。所派之驻藏人员，既属忠贞可靠之士，而彼等多年在藏，奉公守法，复无越轨行为，实不容横加诬蔑。甚盼西藏地方当局，洞察当前世界情势，顾全中央与西藏之过去关系，迅自纠正此项错误措施，使所有中央驻藏人员仍回拉萨，执行职务，以免召致不良之后果。又，外传某某国家对藏抱有企图云云，以余观察，绝非事实。中央以主权所在，亦不许任何国家之从中破坏也。

（蒙藏委员会档案）

附 国民党中央和国民政府有关藏事文献选辑

训政时期蒙藏委员会施政纲领

（1929年2月23日）

- 训政时期国民政府施政纲领
  - 关于蒙藏委员会者
    - 一 规定行政系统
      1. 革新蒙藏旧行政制度
      2. 改组各盟公署旗扎萨克府及土司
    - 二 促成全民政治
      1. 废除奴隶制度
      2. 规定王公待遇
      3. 设立人民参政机关
      4. 训练蒙藏自治行政佐治人才
      5. 实施全民政治
    - 三 扩充公安设备
      1. 创办警察
      2. 整顿团防
      3. 剿办土匪
      4. 设立卫生机关
    - 四 调查外交情事
      1. 整理外交档案
      2. 调查外人之活动情况
    - 五 整理财政
      1. 整理地方税收
      2. 废除苛捐杂税
      3. 创办蒙藏实业银行
    - 六 发展交通
      1. 整理台站
      2. 修筑公路
      3. 修筑铁道
      4. 增设邮局
      5. 增设有线无线电台
    - 七 兴办教育
      1. 规定留学内地及出洋学生之优待办法
      2. 编译各种蒙藏书籍及宣传品
      3. 创办各级学校及职业学校
      4. 实行普及平民教育
      5. 厉行识字运动
      6. 改善礼俗
    - 八 整顿司法事务
      1. 规定司法机关之系统
      2. 养成司法人材
    - 九 振兴实业
      1. 调查耕地牧地
      2. 改良牧畜
      3. 奖励合作事业
      4. 开发矿产
      5. 保护奖励新业工商业
      6. 兴办林垦事业
    - 十 保护宗教
      1. 保护喇嘛庙产
      2. 优待宗教首领

（据《西藏学文献丛书别辑》，中国藏学出版社1991年版）

中国国民党第三次
全国代表大会关于蒙藏与新疆决议案

（1929年3月27日）

五、蒙藏与新疆

本党致力国民革命，既以实现三民主义为唯一目的，则吾人对于蒙古西藏及新疆边省舍实行三民主义外，实无第二要求。虽此数地人民之方言习俗，与他省不同，在国家行政上，稍呈特殊之形式，然在历史上、地理上及国民经济上则固同为中华民族之一部，而皆处于受帝国主义压迫之地位者也。辛亥以前，满洲以一民族而宰制于国内各民族之上。而列强之帝国主义，得图谋侵略而瓜分之。故辛亥革命，其意义为一方铲除满洲之宰制政策，一方为打破列强之瓜分政策。不幸满清既倒之后，国内之军阀代之而兴，列强之帝国主义，一方援助军阀以压迫国内各民族，一方变瓜分之说为共管之说，变武力的侵略为经济的压迫。其结果遂令蒙古、西藏与新疆之人民，在经济上政治上教育上所处之地位，无稍增进。今幸军阀之恶势力已被摧毁，中国境内之民族，应以互相亲爱、一致团结于三民主义之下，为达到完全排除外来帝国主义目的之唯一途径。诚以本党之三民主义，于民族主义上，乃求汉、满、蒙、回、藏人民密切的团结，成一强固有力之国族，对外争国际平等之地位。于民权主义上，乃求增进国内诸民族自治之能力与幸福，使人民能行使直接民权，参与国家之政治。于民生主义上，乃求发展国内一切人民之经济力量，完成国民经济之组织，解决自身衣、食、住、行之生活需要问题也。

大会于此，认为今后宜本此主义上之真，以全力昭示蒙、藏、新疆之人民；并根据国家生存上共同之利益，努力实现汉、满、蒙、回、藏诸民族有组织的密切团结，共谋经济上、政治上、教育上之建设。盖唯国内民族政治巩固之力量，始足以戡止国外帝国主义之政治掠夺；唯国内民族经济及教育充实之力量，始足以排除国外帝国主义之经济侵略。本党敢郑重述明：吾人今后，必力矫满清、军阀两时代愚弄蒙古西藏及漠视新疆人民利益之恶政，诚心扶植各民族经济、政治、教育之发达，务期同进于文明进步之域，造成自由统一的中华民国。必如此，庶足以保持中国永久之和平，而促进世界之大同也。

（标题为本书编者所拟。原为《中国国民党第三次全国代表大会对于政治报告决议案》的第五部分。荣孟源主编《中国国民党历次代表大会及中央全会资料（上）》第646～647页。光明日报出版社1985年版）

中国国民党三届二中全会关于蒙藏之决议案

（民国十八年六月十七日第三届中央执行委员会第二次全体会议通过）

一、举行蒙藏会议。蒙古由各盟、旗长官及人民各推出代表若干人，西藏由达赖、班禅喇嘛及西藏人民各推出代表若干人，同来中央参加会议；并由中央派定若干人一律出席。会议之任务为报告蒙、藏之实际情况，讨论关于推行训政及蒙藏地方之一切兴革建设事宜，呈请中央核定施行之。蒙藏委员会之委员，对于蒙藏会议应一律参加。此项会议于民国十九年三月前举行。

二、派员宣慰蒙、藏。由中央特派对党国有重要资望之专员十人至二十人，分赴蒙古、西藏，宣达中央扶植蒙藏民族之政策与决心，慰问并调查蒙藏人民之疾苦。

三、于首都设立蒙藏学校，为储备蒙藏训政人员及建设人才之机关。由蒙藏各地选送优秀青年应试入学。并附设蒙藏研究班，指导促进关于蒙藏事情之专门研究。

四、关于蒙古、西藏经济与文化之振兴，应以实行发展教育为入手办法，其要点如下：

1. 通令各盟旗及西藏、西康等地主管官厅，迅速筹办各级学校，编译各种书籍及本党党义之宣传品；实行普及国民教育，厉行识字运动，改善礼俗，使其人民能受三民主义之训育，具备自治之能力。
2. 确定蒙藏教育经费。
3. 在教育部内特设专管蒙藏教育之司科。
4. 在首都及其他适宜之地点，设立收容蒙藏青年之预备学校，并特定国立及省立之学校，优遇蒙、藏、新疆、西康等地学生之办法。

上列各项事宜，由行政院负责制定详细计划，迅速实行。

五、蒙藏委员会应根据施政纲领及实施程序，积极筹划，第一期内，应特别注重调查蒙藏情况，革新行政制度，兴办教育及筹备自治诸项。

六、加紧对于蒙藏之宣传，撰制各种浅显之宣传品，译成蒙藏文字，包括下列各要点：

1. 阐明蒙藏民族为整个的中华民族之一部，并释明三民主义为蒙藏民族唯一之救星。
2. 说明蒙藏民族所处地位之危险，帝国主义者侵略阴谋之恶毒，及第三国际曲解民族自决之煽动宣传。
3. 说明对于蒙藏各地教育、经济之设施与交通实业之建设，应由中央政府协助其地方政府依据本党主义、政纲尽力进行。惟军事、外交及国家行政，必须统一于中央，以整个的国家力量谋蒙藏民族之解放。
4. 说明本党训政之意义，督促蒙藏民族人民积极培养自治之能力，完成自治之组织。并优先登录蒙藏人士参加地方行政，并奖励蒙藏优秀分子来中央党政机关服务。

（荣孟源主编：《中国国民党历次代表大会及中央全会资料（上）》第765～767页）

（原编者说明：中国国民党第三届第二次中央全会于1929年6月10日至18日在南京举行。此次会议主要是讨论确立训政时期的党、政、军事建设方案，提出要在1935年之前完成“训政”，蒙藏决议案是其中之一）

国民政府抄发国民党三届二中全会关于蒙藏之决议案令并附件

（1929年6月29日）

国民政府训令

令行政院

为令遵事案，奉

中央执行委员会函开。径启者，本年六月十七日，第三届中央执行委员第二次全体会议，讨论关于蒙藏事项，经有详细之决议案，相应检同决议案全文函达政府，即希查照，并转令有关系之各部、院、会遵照办理为荷等因。附关于蒙藏之决议案一件，奉此应即遵办，除饬遵函复外，合亟抄发原决议案，令仰遵照，并转饬所属有关系各部会遵照办理，此令。

计抄发关于蒙藏之决议案一件（见前件）。

主　　席　蒋中正　　　司法院院长　王宠惠
行政院院长　谭延闿　　　考试院院长　戴传贤
立法院院长　胡汉民　　　监察院院长　蔡元培

中华民国十八年六月廿九

（国民政府行政院档案）

中国国民党四届三中、四中全会以及六届二中全会有关藏事决议案（选录）

中国国民党四届三中全会于1932年12月15日在南京开幕，22日闭幕。共举行正式会议六次，预备会议一次。会议决定1935年3月召开国民大会，制定宪法，实行“宪政”。

通过有关藏事决议案：

1. 慰勉蒙藏来京各员并团结国族以固国基案（文见后）
2. 改蒙藏委员会委员长制为常务委员制案
3. 每年拨发蒙藏教育经费案

附　慰勉蒙藏来京各员并团结国族以固国基案

（民国二十一年十二月十九日
第四届中央执行委员会第三次全体会议通过）

决议：

通过如下：

一、对于远来与会之班禅、章嘉两大师及各盟旗领袖，表示欢迎。

二、宣告汉、满、蒙、回、藏各地同胞一致团结，以御外侮而奠国基。

三、关于开发边疆地方之一切政教施设，应以尽先为各该地方土著人民谋幸福为原则。

四、以后中央各机关于可能范围内，应多任用边地各族人员。以为训练其政治能力之机会，并增加国族团结之实力。

五、令行政院赶速于首都地方为蒙藏僧俗来京供职人员设备适宜之住所，并参酌旧制，制定各项办法。

（《中国国民党历次代表大会及中央全会资料（下）》第183、189、191页）

中国国民党四届四中全会于1934年1月20日至25日在南京举行。会议中心议题是讨论反共剿共，以及西南地区改革政治、中央与西藏地方均权等事宜。

1月25日通过决议案：

选任班禅额尔德尼为国民政府委员案。

（《中国国民党历次代表大会及中央全会资料（下）》第224页）

民国三十五年三月十七日国民党第六届中央执行委员会第二次全体会议通过：一、为发展边疆党务，应根据当地人民生活情况采取各种适当之活动方式，尤应注重经济、文化、卫生及社会事业之发展。二、由中央宽筹经费，以为边疆党部兴办生产及合作事业之基金，其分配单位如下：①各蒙旗党部；②西藏党部；③新疆党部；④各直属区党部。三、派往边疆党部之工作人员，其待遇应随时按照当地生活标准，从优发给，俾专心一志（致）努力工作。四、宣传工作应利用各地语言文字在各该区域设立各该边疆文字之印刷机构，创办报纸，印发宣传品及训练教材。（余略）

（《中国国民党历次代表大会及中央全会资料（下）》第1051～1052页）

蒙藏委员会关于一九二七——一九三七蒙藏行政设施文稿摘录

（1937年4月）

国民政府建都南京以来关于蒙藏行政之设施

一国之安危，恒系其边防之虚实，蒙藏地方辽廓，袤延万里，居我国边防最前线，号称西北屏藩。近四十年来，外力骎骎侵入，门户洞开；顾蒙藏文化低落，人口稀疏，在在感觉宽虚，久已危机四伏，断未有藩篱不保而堂奥得安者；今欲建设现代国家，固属经纬万端，揆以现在国家之处境，自以整饬边防为急务，是则蒙藏行政尚焉。

一、政治

甲 行政机构之设置

（子）中央机关。国府建都南京后，即于十七年四月，公布蒙藏委员会组织法，（此为该会最初之组织法，十八年以后，曾迭加修正。）树立中央主管蒙藏行政最高机关，为发政施令之本。

（丑）地方机关。十七年九月，明令将兼管蒙藏之热、察、绥、青、康、宁各区，改建省制，除西康尚在筹备建省外，各边省政府，当经依法组织成立，以安定近边之蒙藏政治。

乙 边疆关系之调整

……

（丑）恢复西藏原有关系。政府以完成统一，西藏关系，亟应恢复，于十八年八月派贡觉仲尼为慰问专员，入藏宣达中央德意；全藏官民感动，倾诚内向，拥护中央。次年八月，贡觉仲尼回京复命，同时经达赖喇嘛派为西藏总代表，加派阿旺坚赞、曲批图丹等为代表，常川驻京，就近接洽藏事，并设立西藏驻京、驻平、驻康三办事处，从此西藏关系，日趋密切。

二十二年十二月十七日，达赖喇嘛圆寂，西藏僧俗官民会议，推举热振呼图克图摄行西藏政教大权，呈报中央核准备案，政府以达赖卫国安民，功绩昭著，明令追给护国弘化普慈圆觉大师名号，并特派黄慕松为专使，入藏致祭，兼举行册封典礼，事毕返京，留刘朴忱等在藏办理通讯事宜，自此西藏关系，遂复臻确定。

（寅）设立蒙藏康青各驻京办事处。蒙藏等处，交通不便，距首都穹远，声情难达，蒙藏委员会感于促进边政之必要，于十八年至二十二年间，先后呈准设立班禅、章嘉、诺那、蒙古代表团（后改为蒙古各盟旗联合驻京办事处）、西康民众代表、西藏、青海七呼图克图各驻京办事处，由各政教领袖自行遴员代表驻京办事，受蒙藏委员会之监督指导，此于边情之接洽，便利颇多也。

（卯）制定边疆政教领袖来京展觐办法。政府为便于各边政教领袖来京述职及请示施政方针起见，经令蒙藏委员会参酌旧例，拟具蒙古各盟部旗行政长官分班来京展觐办法，达赖、班禅代表来京展觐办法，新疆回部领袖分班来京展觐办法、边疆宗教领袖来京展觐办法，及展觐人员招待规则、展觐礼节单等件，公布施行，并编制分班展觐名册，通行知照。二十四年度国家预算核定展觐经费四万元，定自二十五年开始召集，嗣以道里、时间关系，展至二十六年办理。蒙藏委员会现正计划建筑蒙藏招待所，皆所以徕远人也。

（辰）护送班禅回藏。班禅久出思归西藏。自达赖圆寂，藏中僧俗，均渴望班禅早日回藏，二十三年，扎什伦布及拉萨方面，或推代表来京，或来电表示欢迎。政府俯顺舆情，于二十四年九月，特派诚允为护送班禅大师回藏专使，随护班禅回藏，嗣以诚允辞职，于二十五年八月，改派赵守钰充护送专使。班禅取道青海，现已行抵玉树，不久即可入藏。

（巳）调处边疆纠纷　十年来，边疆各部，时有畦畔之争，虽为局部纠纷，往往足以影响大局，政府历经调处各案，幸皆妥善解决，如十九年二月西藏、尼泊尔间，因通商发生纠纷，十九年六月西康达结、白利因庙产争执，大起纠纷。

……

三、教育

甲　振兴边疆教育。国民政府成立以来，认为振兴教育，牖钥民智，实为扶植边疆民族之根本要图。迭令蒙藏委员会商同教育部，拟具推广边疆计划，切实施行，凡师范、中学、小学等，均定有设立及推行之办法。又以边区学生程度，不能与内地学生等量齐观，难得升学机会，经蒙藏委员会会同教育部制定待遇蒙藏学生章程，大要以蒙藏学生入校，可酌予减免学费，程度稍低者，定有补救办法。又以边地情形特殊，提倡教育，须先奖励，曾由蒙藏委员会拟订蒙、藏、回教育补助规则，呈准施行，大致分为学校补助费、学生补助费及文化补助费三种，凡合于所订标准者，均经酌予补助，以示奖励。

乙　整理北平蒙藏学校。北平蒙藏学校，最初为唐古特等三学，民国初年，改组为蒙藏专门学校，为当时对于蒙藏教育之惟一设备。十八年由蒙藏委员会接收改组，更易今名，另订组织大纲，分设中学及补习各班，招收学生，按蒙藏行政区域酌量分配名额，以期平均发展。二十二年，增设高级中学班，逐年添招一班，现共有初中一年级至高中三年级学生六班。故该校二十余年来，造就蒙藏人才，其数洵不为少。现在历经整理，关于教育、训育两方，已呈显著之进步，此在蒙藏各地中学尚未普设之时，实为培植边区中学人才，最经济最合理之办法也。

丙　设立蒙藏政治训练班。此与前项蒙藏学校性质完全不同，前者为造就蒙藏中学人才而设，予蒙藏学生来内地求学之机会，此则造就内地学生，储为边事专材而设，意在将来派赴边疆服务。蒙藏委员会对于蒙藏地方之设施及翻译等事，颇感下级干部人才之缺乏，因于二十二年三月，呈准设立本班，招收各省高中毕业生，授以蒙藏语文及关于边疆政治实用各学科，专供办理边事之需用。先后办理两班，前班二年毕业，已在边事机关及边疆动用；后班三年毕业，增授应用各学科，以资深造。二十五年八月，又增设回京科一班，授以缠回语文，及边疆政治实用各学科，三年毕业，专为造就办理回疆事务及回文译才而设，亦极所需要者也。

丁　补助汉藏僧侣游学。西藏为世界惟一佛化中心地，佛学即其最高文化，蒙藏委员会为沟通汉藏文化及增进民族感情起见，曾于二十五年十二月拟订补助汉藏僧侣游学规则十二条，呈准施行。其办法规定每年由中国佛学会保送汉僧二名赴藏，及由西藏地方政府保送藏僧二名，前来内地，研究佛学，其旅费等，由会予以补助，以资鼓励，拟自二十六年度起，开始实行。

四、宗教

甲　册授宗教领袖。蒙藏民众，笃信佛教，对于宗教领袖，备极尊崇，甚至地方行政长官，亦所皈依，具见其负一地之重望。政府十年来，对于边民信仰之宗教，及宗教领袖，多所维护，其身份最高如达赖喇嘛，及其他来京抒诚展觐者，皆授以相当名号有案，如二十年六月，册授班禅“护国宣化广慧大师”，并给金册玉印；二十一年四月，加给章嘉呼图克图“净觉辅教”四字名号；二十二年十二月追赠达赖“护国弘化普慈圆觉大师”，特颁玉册玉印；二十三年三月，册授嘉木样呼图克图“辅国阐化禅师”；同年八月，册授安钦呼图克图“普静法师”；兴萨班智达“普济法师”；二十四年五月，册授热振呼图克图“辅国普化禅师”；二十五年七月，追赠诺那呼图克图“普佑法师”等名号。

（蒙藏委员会档案）

蒙藏委员会向第一届国民参政会第三次大会所作工作报告①

（1939年1月）

一、增进西藏政治联系

中央与西藏关系，经年来之努力，已有相当进步。就现状而言，藏方既派有驻京代表，中央在藏亦经设立办事机关，并装置无线电台便利通讯，重要事件随时电商办理，多年声气隔阂之藏局，已现和好融洽之曙光。卢沟桥事变发生，西藏代表适避暑在平，不甘敌人诱胁，间道南返，政府西迁，随同来渝。一年以来，西藏人民敌忾同仇之心，与内地同胞几无二致，以宗教仪式祝祷抗战胜利者，时有所闻。前次藏当局致电中枢各长官，表示敬意，措词恳切，尤见推崇拥戴之诚心。联络情感之初步工作大体完成，今后更当注意实际问题之解决。

二、处理班禅善后事务

班禅大师圆寂以后，政府笃念勋勤，曾经明令褒扬，追赠名号，给费治丧，并派考试院院长赴康致祭，饰终令典，备极优隆。所有善后事务，曾由本会拟就具体办法呈由行政院转送国防最高会议核定。其主要者为：（一）西陲宣化使公署即行裁撤。（二）班禅行辕保留，办事费依照再度紧缩案发给。（三）班禅年俸停发。（四）班禅驻京办事处保留，仍照再度紧缩案发给经费。（五）班禅驻京办事处附设补习学校，由教育部及蒙藏委员会同查明，拟具办法呈核。（六）西陲宣化使公署无线电台，其原由交通部发给者，仍由交通部处理，余由班禅行辕拟具办法呈核。（七）护送专使行署，俟戴院长赴甘孜祭后即行结束，仪仗队亦即于同时撤回，行署及仪仗队经费，均照原有核定数目统筹核发。（八）发给班禅随侍人员犒慰费二万元。以上各项均经本会分别办理就绪。至班禅灵榇回藏一节，亦经本会呈准行政院，由班禅行辕与西藏当局直接交涉中。

三、办理达赖转世事宜

第十三辈达赖喇嘛圆寂以后，西藏官民均盼早日转世。二十七年九月，本会接西藏摄政热振呼图克图来电，以关于第十四辈达赖喇嘛转世事，业经派员于西藏内部访得灵儿二人，青海西宁访得灵儿一人，请转呈

① 原报告共分十八个部分。这里只选录前五部分，六——十八因与西藏无关，从略。

鉴核等语。本会以旧例举行达赖掣签典礼，应由驻藏大臣亲临监视，目前虽未正式设置驻藏办事长官，而此事关系中央对藏主权，自应慎重处理，旋经酌拟变通办法往复电商，卒获藏方接受。现已呈由行政院转请国民政府二十七年十二月二十八日令开："特派蒙藏委员会委员长吴忠信会同热振呼图克图主持第十四辈达赖喇嘛转世事宜"在案。所有西宁访得之灵儿，亦由行政院电令青海省政府克日派员护送赴藏。此事藏方既能率由旧章，尊重中央主权，今后其他事务，当可顺利进行。

四、更替中央驻藏人员

查中央派驻西藏办事人员蒋参议致余，前曾因病一再辞职，经本会呈准行政院另派高参议长柱前往接替。旋高参议行近昌都发生滞碍，未达入藏目的，现已电令东返。而驻藏人员职务重要，未便长期中断。二十七年九月，本会复呈奉行政院核准，权委交通部驻拉萨无线电台台长张威白为本会咨议，令其暂行代理驻藏任务，嗣接藏方复电，极表欢迎，中央驻藏办事人员问题得以调整。

五、调整青藏、康藏纠纷

抗战时期边疆应求安定。西藏毗连青康，尤应力除隔阂。康藏方面因岗拖协定条款双方未能完全履行，大金悬案久延未决，青藏方面亦因二十五年藏军进占青科、当头两地，重启误会。政府移渝以后，曾由本会电嘱青康当局，对于藏军行动严密注意，并设法调整一切纠纷。现据西康省政府一月微电称：大金寺悬案业经征得藏方同意，互派代表在德格会商，另订规则〔约〕，圆满解决。后青海方面亦于二十七年秋与藏代表会商于香沟寺，签订青藏和好规约在案。现在青康边境藏军业已逐渐减少，西陲现状极为安定。

（国民参政会档案）

行政院向第二届国民参政会第二次会议所作工作报告①

（1941年10月）

拾壹　蒙藏

关于蒙古及西藏事务，由蒙藏委员会掌管，本年工作情形择要报告

---

①　原报告共分十四个部分。这里只选录与西藏有关的第十一部分中的三、四、五节。

如下：

三、处理班禅行辕善后事宜

班禅灵榇于去年十一月护送反〔返〕藏后，所有班禅行辕善后事宜，经本院电令护送班灵专使赵守钰暂留青海就近处理。本院第五一五次会议决定善后办法：（一）班禅行辕善后与寻访灵童分别办理。（二）班禅行辕及其驻外各办事处一律裁撤，惟驻京办事处暂予保留，该辕所有人员予以遣散或设法安置。（三）班辕裁撤后所有卫队及武器由军事委员会派员接收。（四）寻访灵童责由罗桑坚赞办理。（五）俟灵童寻获坐床后，如有必要再行考虑组织类似行辕之机构。以上各项业经蒙藏委员会遵照办理。随同班禅退往青海之甘、瞻各地僧俗民众，除一小部分就地设法安置外，余众均准回康安居，并由中央发给遣散及安置费，以示怀柔之意。关于寻访班禅灵童事，据蒙藏委员会呈报，罗桑坚赞业于本年六月间前往西宁，现已派员分途赴青海、西康一带正寻访中。

四、补充西藏驻京代表①

五、设置西藏司法机构

西藏司法制度，在清代遇有藏民争讼及犯人命窃盗等事，均由该管之噶布伦、郎仔厦等按照旧例回明驻藏大臣核拟办理。至在藏之汉民汉军，则分由驻藏大臣管辖下之军粮府及统领审理。民国以还，驻藏大臣既已裁撤，所有留藏汉民诉讼事件，即归郎仔厦审理。蒙藏委员会曾于拉萨成立驻藏办事处以来，办理汉回人民讼事多起，均经藏官送交该处审理圆满解决，西藏汉回人民管辖权已有逐渐收回之势，经与司法院会商，参酌地方情势习惯，订制蒙藏委员会驻藏办事处办理司法事务暂行办法。

（国民参政会档案）

行政院向国民参政会第三届第一次大会所作工作报告②

（1942年9月）

拾壹　蒙藏

四、寻访班禅转世灵童

---

① 第四节内容与后件档案件基本相同，从略。

② 原报告共十四部分。这里只选录与西藏有关的“拾壹、蒙藏”中四、五、六、七节，其余从略。

关于寻访班禅转世灵童，由罗桑坚赞办理。该员于三十年七月行抵青海西宁，亲赴贵德一带寻访，并派策觉林佛、恩久佛等分途寻访。据报先后在青海、西康各处访得灵童十五名，业经规定征认呼毕勒罕办理二项。

五、补充西藏驻京代表

西藏前任驻京代表阿旺桑丹及格敦格典相继病故，图丹桑结因事返藏，遗缺久悬。经蒙藏委员会电请西藏当局派员补充，西藏业已派罗桑扎喜、土丹参烈、图登生格为新任代表。该代表等于三十年十二月六日抵渝任事，二月初西藏复加派阿旺坚赞来京，为驻京总代表并兼西藏驻京办事处处长。自兹中央与西藏关系日臻密切。

六、举办青康藏转世喇嘛登记

清代对于颁给喇嘛封号及转世活佛之征认，定制綦严，盖所以郑重名器，防杜冒滥。民国以来，对于边疆宗教一仍旧制，以故各地喇嘛，仍得袭用从前封号，惟年代湮久，稽考困难，潜称假冒，流弊滋多。蒙藏委员会有鉴及此，业经制定喇嘛登记办法。本年度先行登记青康藏转世喇嘛。

七、救济蒙藏失业人员

前颁救济蒙藏失业人员暂行办法，限制较严，致多数生活确甚困苦，及遭遇重大事故之蒙藏同胞，未能充分予以救济。业经依据实际情形酌加修正，并将蒙藏失业人员登记办法修正公布施行。

（国民参政会档案）

蒙藏委员会卸任驻藏办事处处长孔庆宗述职报告

（1945 年 6 月 1 日）

述职报告

卸任驻藏办事处处长孔庆宗谨呈

（民国三十四年六月一日）

甲　报告要旨

（一）西藏之重要。西藏为我国西南半壁之屏藩。曩者仅具消极的国防意义，今则陆空供应线均过藏境，已显示其积极作用，战后更将成为中印民族联络互助之要道。故切实掌握西藏主权加以统治，从事开发建设西南国防，应为不易之国策。

（二）现在形势。惟中央、英、印、西藏对藏事各有立场，在现阶段中，西藏独立自主之政策适为英藏所共利，而中央在抗战期中须安定后方。外顾国际情势，致对英不能为有效之交涉，对藏不能作实力之控制，故英人乘隙，藏人思逞，形成困难之局。

（三）今后办法。对藏暂待〔持〕怀柔政策。先为军事、交通、粮秣、给养等一切准备务期切实完成，然后详审英国对世界及远东之权势政策，及藏人真实意向。如何把握良机，与英藏分别谈判，以军事为后盾，谋政治之解决，则主动在我，缓急自如，树立中央威信、解决西藏问题，端在是也。

乙　在职经过

（一）前期——好转期。自就职起至西藏承认测修中印公路案止，约两年余。

1. 好转原因。吴委员长入藏主持达赖坐床，确定中央对藏主权，国威远播，藏局开展。斯时藏方军备空虚，热振亲华，英国惨遭日寇打击，未遑顾及藏事。

2. 好转事实。本期中经办各案：如西藏摄政更易之预呈中央；日伪鼓动外蒙活佛哲布尊丹巴转世事之被阻止；宁静、盐井石油产地之允派员调查；外人对藏交涉之允报中央承认；中央在拉萨添设无线电台；欢迎班禅法体回藏；派遣西藏出席国民大会代表；默许创办拉萨古札（贵族）学校、江达、昌都两小学及收回管辖汉人之司法权等，均于是时交涉，圆满成功。

（二）后期——逆转期。自西藏拒绝测修中印路起至卸职时止亦约两年余。

1. 逆转原因。日军迫近印度，藏人意向动摇，中央提洽各要案如修路、撤侨、驿运物资等，均与藏方闭关自主之基本政策相抵触。斯时英国对藏已采进取方针，遇事挑唆，敌谍、汉奸散布谣言，中央驻藏少数人员行动纷歧。

2. 逆转事实。西藏拒路成功，认为中央在抗战期中不致武力对藏，遂擅设外交局。职奉令不与该局接洽事件，而噶厦亦以不与职处往还为抵制，两相坚持，势不得不成为僵局。此后藏方凌虐汉人、纵警扰处、停止支应等，无非欲藉以迫职就其范围之枝节作用，幸青军进驻玉树，藏局未生他变，迨沈处长入藏后情势渐佳。

丙　藏情概况

（一）西藏基本政策——独立自主

1. 原因。恃其险阻，介处中英依违利用，以期永久保存其贵族喇嘛专政之阶级制度。

2. 推行基策之方法。团结内部，集中政权，外联英印，充实军备，绝对保守旧制，坚持闭关主义，排斥新思想与新建设。

3. 藏政现状。现由独立自主派之僧俗官员执掌政权，打札摄政老迈无能，噶厦专权，偏重联络英国，抵制中央，亲英分子多为俗官，热振下野，此派日见得势。亲华派以中央势力不及，消声匿迹，至寺院喇嘛及普通民众大都对中央具有好感，惟无实力。

4. 西藏兵力。常备军约七千五百人，统于十五个代本，而以玛基总辖之。枪弹机炮均系英制，年来自印度购入械弹颇多，实力稍增，民军及枪支无确数，估计可征五万人。

（二）西藏应付中央之策略。

1. 联络。照例遣派代表联络中央，觇察内情，貌为恭顺，以示无他，对中央在藏设置机关人员，非心所欲，勉强迁就事实而已。

2. 政治方面。在中央不碍及其基本政策范围内之事件，大体可以商办，否则多予拒绝，并随时排斥中央机关人员入藏。

3. 宗教方面。认中央为施主，故可接受布施及宗教上不涉及政治之事件，并欲藉中央关系维护佛教，于不得已时抵制外教国家。

4. 对待汉人方法。严防汉人入境，免树基本势力，对已经在藏之汉人要求由藏官管辖，严刑峻法迫其同化，俾汉人势力不致发展，故对中央驻藏机关管辖汉民时加反对。如中央不察，放弃此权，则汉人在藏终难立足。

5. 对待邻省态度。西藏以青海兵力强劲及回教关系，甚惧而防之，故置重兵于青藏边境，对西康则因同为佛教，不甚疑惧，防军较少，对云南更少注意。

（三）英人对藏政策——阻挠中央统治西藏，鼓励藏人独立自主。

1. 原因。续行帝国主义之侵华政策，不肯放弃由不平等条约在藏所得特权。现如把握西藏，自可利用以为中、英、俄缓冲地区。破坏中国西南国防，将来尚可相机吞并，以广印度殖民区域，控制黄河长江上游。

2. 办法。除根据条约在藏所得各项权利外，擅在拉萨设置代表，统一办理政治、军事、交通、教育、慈善及与藏方接洽联络各事。以印度政府为主动、锡金行政官为指导、驻亚东、江孜之英员为联络，政策一贯，行动一致，积极进行。

3. 英人对藏之方法。暗助藏人应付中央，以深悉藏政之底蕴与西藏密约控制印藏交通，不令汉人商货自由出入，以博藏欢心。对西藏达官巨商免税、赠物，频施小惠，以抵制反对英人之喇嘛。为藏训兵，售藏以械，以壮藏人抵制中央之胆气。严厉管制印藏进出口贸易，在藏推行卢比，以掌握西藏之经济与金融。蚕食藏边，整顿交通，一由森姆拉进窥阿里；二由哲孟雄通前后藏；三由布丹门德旺紧逼拉萨，四由萨地亚突入察隅，四路并进，预布军事，以为后图。其侵藏之露骨、猛进，至堪惊惧。

4. 英人关于藏事对付中央之办法。一切事件均与藏人直接交涉，不问中央，如中央对藏有所措施，英人必设法并进，不落中国之后，或要求合办，以增进其在藏之权势，否则暗中破坏，支持藏人之立场，如我国根据事实提出质问，则彼托词推诿，机诈百出。

丁　今后筹藏意见——准备期与解决期

（一）准备期。解决藏事固应侧重政治，但军事准备万不可忽，否则纵遇良机亦难收效。盖建设西藏必须先掌握其统治权，使其听命方能着手，而欲掌握其统治权，即非准备用兵不可。

1. 中央机关。主办藏事之中央机关不可纷歧，应加强蒙藏委员会之职权，俾其统筹处理，以专责成。其他有关藏事机关应予蒙藏会以必要之协助，即有措施亦须商办，以免事权不一。

2. 地方机关。在地方以地势宗教利便关系，似可责成西康按照中央指示之政策，负规复西藏之专责，中央随时督促，勿使成为具文，其他邻藏各省亦处于协助地位。

3. 驻藏办事处。应有切实指导、监督中央驻藏各机关人员之权，以期行动一致，阵容严整，如有必要，并可由中央各主管机关委托该处，暂行代管其所设之机关人员。

4. 如何准备。统筹藏事之中央及地方机关应妥定计划，呈请中央预训对藏特别军队，赶办交通、粮秣、被服、给养等事，以备必要时立可发动。

5. 对藏方针。此时祇求与藏人维持现状，不放弃已得权利，如设置机关、保护汉人等，免失中央威信，联络亲汉要人，以备后用。

6. 对英方针。此时避免与英国发生摩擦，但对其侵略藏边、助藏独立、训兵、售械等阴谋，仍应竭力交涉，切实防止。

（二）解决期。抗战胜利结束，我方对藏布置完成，即彻底解决藏事。

1. 办法。详订规复计划及善后办法。

2. 对英步骤。仅在外交事件上，先行根据中英废除不平等条约及订立平等新约之事实，商请英方立即放弃其在藏驻兵、设官、置邮等特权，以排除英人在藏之势力，而不可与之谈判西藏问题，免予以干涉藏事之机会，而蹈森姆拉会议之覆辙。

3. 对藏步骤。令饬西藏当局，速即呈报其与英印直接订立之明密条约文件，以便由中央统筹调整同时，揭示中央治藏之具体意见，请其接受。

4. 中央定策。我方准备完成。如英方掩延发生枝节，或藏方不理屈〔倔〕强如故，则我方即按照既定国策及进行计划，采取对藏必要之措施，而不必过于重视英国之态度，盖历来对藏失败大半由于迁就英人超过限度，而我事先无切实准备，致事机之来不能采主动及断然之处置，亦一因也。

（蒙藏委员会档案）

蒙藏委员会向国民参政会第四届第一次大会所作工作报告①

（1945年7月）

贰　藏事部分

西藏一般局势，在过去两年由动荡而转趋安定。本年以来，更由安定而进入和谐。其关键所在，为国际形势及抗战全局均已渐入佳境之所致。本会对藏本既定之方针，首在求其安定，更于安定中谋情感之增进及意志之团结。政治方面，为促进中央与西藏关系，运用政教潜移默化，力避操

① 原报告共五部分。这里只选录“贰、藏事部分”，余从略。

切之举措。宗教方面，一切依照旧例，妥加维护，以重边民之信仰。文化方面，注意内地与西藏文化之沟通，以宏扬佛法尊崇其固有习尚，灌输科学启发其文明进步。兹将一年来工作情形略述于后：

甲 关于政治方面

子 促进中央与西藏关系

自本会派沈宗濂接替驻藏办事处长之明令发表后，西藏当局即来电表示欢迎，中央与西藏关系渐趋好转。沈处长抵藏，西藏当局隆重招待，立即恢复对该处一度停止之正常供应。西藏政府擅设之外事局，原为抵制该处接洽公务之门路，现中央与西藏间日常事务，仍由沈处长与摄政及噶厦等直接商洽，不再经过外事局。其对中央一般指示，亦尚能开诚相见，虚心接纳，如对外交之应付及国防安全等，均经遵照中央意旨，以国家民族为前提，在领土主权完整之原则下，予以适宜之处置。又如班禅转世事，西藏当局对中央核定办法两年避不答复，近则来电报告，愿照中央指示，依从旧例办理。三十三年国庆日，拉萨官民曾发起响应一县一机运动，结果捐献飞机二十五架，计国币五百万元。此就西藏政府方面言也。至于僧俗民众方面，对抗战胜利之信心及拥护元首之诚挚，亦与日俱进。前后藏各大寺庙及其所属各札仓，年来呈报中央讽经祝祷抗战胜利及元首健康者，络绎不绝；尤以拉萨三大寺中之色拉寺，自民元与驻军冲突后，素以反汉著称，近亦先后具呈中央，供献法物，表示真诚拥护之意。足征全藏同胞内向之忱，已趋一致。

丑 优遇西藏政教开明人士，并延揽其参政

中央政府对国内各宗族同胞，原本一视同仁之旨，予以爱护，而于边疆人民因其生活方式与内地略有差异，故特予优遇，以示扶植之意。西藏地方偏僻，风气未开，施政对象不能不就其政教开明人士加以联络，以收风行草偃之效。西藏宗教首领如打扎班第达、热振呼图克图，政府官员如四大噶伦等，为前岁主席蒋就职曾来电祝贺，并派其驻渝代表恭献礼品，经本会转呈后，当以主席名义电复慰勉，并赏赐拍〔迫〕击炮、机枪等物，交其代表罗桑扎喜押运返藏，刻已到达拉萨，来电申谢。对于康藏各地之大德高僧，前来内地展觐传法者，如明居活佛、甲噶活佛等，均经予以招待并引见中枢各首长。其在政教方面具有地位见识开明者，复经本会分别推荐延揽于党政军各机关及本会，俾其获有实际参与中央政治之机会，以收精诚团结之效。

寅 对藏一般设施之协助与推进

对藏一般设施，如交通、教育、畜牧、卫生、司法等，因经费及技术关系，向由各主管部署办理，本会为期其推行无阻，无不从旁协助。（一）交通方面，如本会曾令昌都调查组举办德格至昌都间公文邮便，按期雇差由两地互送公文，以与西藏驿站衔接而达拉萨，私人邮件亦可代为邮递，颇称便利。因事属邮务，现已改由西川邮务管理局委托该组代办。又如拉萨电报局，原系交通部就前致祭达赖专使行署携入拉萨电台接收管理。前因所收电费过高，西藏官民及商贾颇有怨言，并拟自行购运电台分设各地，以资抵制。经本会函商交通部，请予减低电费，另筹该台经费补济办法，准交通部函复照办，电费现已减低，业务当可推进。（二）教育方面，如本会驻藏办事处曾在拉萨设立古札学校，及昌都、江达两国语小学，旋因环境恶劣，经费支绌，无法维持，相继停办。前次沈处长入藏，曾与教育部商有推进西藏教育办法，业经本会电饬该处把握机会，切实推进。（三）畜牧方面，如本会曾商请农林部在青藏交界之玉树及黑河等地，举办兽疫防治及医疗工作，已准函复，拟查明当地实际情形，设法举办。（四）卫生方面，如本会驻藏办事处附设民众诊疗所，为拉萨市民诊治疾病。沈处长入藏时，更延有医官及护士一同前往，并在印购办药品及器材，以资充实。据报现时拉萨市民前往就诊者至为踊跃。（五）司法方面，如本会近与司法行政部会商，订有本会驻藏办事处兼理司法案件办法，以解决藏、回、汉人民诉讼纠纷。该项办法现已奉行政院核准，转送立法院审议。

乙 关于宗教方面

子 办理班禅转世事宜

中央核定征认班禅呼毕勒罕办法，为（一）班禅转世灵童由班禅高级徒众寻访；（二）由西藏宗教首领就寻获之灵童中择定呼毕勒罕候选人三名（即身、口、意化身），报候中央派员掣签，签定一名为呼毕勒罕。关于班禅转世灵童，早经其徒属在青康一带一再寻访，共寻获灵童十余人，呈报中央备案，一面派员赴藏，报请西藏宗教当局择定化身。惟西藏当局对中央核定办法，经时两载不予答复。而班禅留青徒属，急盼班禅早日转世，遂认寻获灵童中官保慈丹为班禅正身，在青海塔尔寺举行坐床典礼，一面报请本会转呈中央明令核准。而西藏当局旋亦电复本会，经就班禅徒属所访灵童中用宗教仪式卜定官保慈丹等三童为班禅身、口、意化身，拟以拈阄方式决定一名为正身。本会以此事关系重大，手续稍欠周详即易发生纠纷，刻正依照旧例与关系方面商洽妥当办法中。

丑　举办青康藏喇嘛登记

本会于二十五年曾经公布喇嘛登记办法，意在将边疆各喇嘛包括职衔喇嘛（转世活佛）、职任喇嘛（各寺庙执事）、普通喇嘛举行一次总登记，以便稽考而确定其合法身份。抗战事起，延未继续办理。旋因各地职衔喇嘛前来中央陈述边情者日众，以年代湮久，其原有之地位及历辈源流，在官府档册已不尽能稽考。乃于二十二年起先行举办青康藏各地职衔喇嘛登记，其区域暂以青、康、藏及甘、川、滇各职衔喇嘛为限，其声请登记手续及应具备之证件，仍照喇嘛登记办法办理。截至本年现时止，声请登记者共有三百一十九人，业经核准登记者二百七十六人，其中以青海及西藏方面占多数。

寅　捐修寺庙布施僧众

佛教在西藏其势力普遍而深入，寺庙僧侣为人民信仰之中心，亦社会文化之寄托。捐修寺庙，布施僧众，值兹抗战时期，顾或谓为不急之务，然在西藏特殊社会环境之中，中央发政施仁，非此莫办。近一年来，关于捐修寺庙者，计拨款捐助拉萨哲蚌寺古莽札仓居俱眉村之生活基金，色拉寺结札仓、麦札仓之修建费，西康大金寺修葺殿宇及购买法器之补助费等。关于布施僧众者，除本年西藏新年传昭，中央照例予以布施外，主席蒋就职时，前后藏寺庙诵经祷祝，曾由主席拨款分在拉萨三大寺及后藏札什伦布寺普遍布施，僧众莫不欢欣鼓舞，同声感激。

丙　关于文化方面

子　派遣与补助内地僧侣游学西藏

本会于二十五年公布补助汉藏僧侣游学办法，至三十二年复经修改规章，扩充名额、增加经费，以示提倡，而资沟通内地与西藏文化。截至本年度止，已派公费僧二十余名，并补助自费僧十余名。兹将本年度派遣与补助公费僧及自费僧法名列后：

姓名	籍贯	学法寺庙	姓名	籍贯	学法寺庙
隆果	四川	哲蚌寺	满度	四川	哲蚌寺
碧松	江苏	哲蚌寺	太空	四川	哲蚌寺
广润	山西	哲蚌寺	融通	山西	哲蚌寺
隆义	四川	哲蚌寺	圆滨	四川	哲蚌寺
通孝	山西	哲蚌寺	寂禅	四川	色拉寺
满月	四川	色拉寺	圣兴	四川	哲蚌寺
法然	河北	哲蚌寺	僧慧	山西	噶丹寺
观空	湖南	哲蚌寺	永光	四川	噶丹寺
证贤	四川	哲蚌寺	永严	四川	哲蚌寺
慈海	浙江	哲蚌寺	善化	四川	色拉寺
永灯	四川	色拉寺			

丑 鼓励西藏青年就学内地

西藏青年因无就学机会，除入寺为僧研究佛学外，不能求得近代科学知识，更无以启迪其国族观念。当班禅大师驻锡内地之时，曾带有西藏学童数十人前来内地就学。班禅圆寂后，大都陆续返藏。本会本年度工作计划业奉核准，拨有专款招致西藏青年前来就学，本会已电达沈处长设法鼓励，将来拟由本会选择适宜地方予以补习，然后介绍入国立各级学校肄〔业〕。

（蒙藏委员会档案）

国民政府行政院关于
1929—1946年对西藏问题的处理

（1946年11月）

一、恢复中央与西藏关系

子 派员入藏宣慰。清末边兵入藏，第十三辈达赖奔英，清廷既鲁莽于事前，复束手于事后，藏事糜烂，已难收拾。辛亥革命事起，驻藏军队哗变，达赖得英人援助乘机返藏，尽逐驻藏官兵及汉、回民众出境，宣布独立，中央与西藏关系至此遂告断绝。迨至北伐告成，国府于十八年成立蒙藏委员会，对藏第一要务即在如何祛除中央与西藏间之隔膜。爰于十九年派北平雍和宫扎萨（克）喇嘛贡觉仲尼，携蒋主席亲笔函件赴藏慰问达赖，达赖因受感召，乃有驻京代表之派遣。时尼泊尔与西藏发生战事，中央顾念西陲，复派蒙藏委员会参事巴文峻前往宣慰，藉以调解战事。既息，西藏当局曾函呈中央表示感激之意，藏事至此始有转机。二十年，蒙藏委员会复派该会专门委员谢国梁父子入藏，宣达中央德意，惜皆因劳致疾，同殁中途。

丑　致祭并册封第十三辈达赖。二十二年十二月，第十三辈达赖圆寂，中央特派参谋本部次长黄慕松为致祭专使入藏致祭，并加册封。西藏僧俗官民隆重欢迎，黄专使留藏期间，曾与西藏当局对解决藏事交换意见。

寅　派驻西藏办事人员及安置拉萨电台。黄专使与西藏当局会谈，当时因西藏当局尚存畛域之见，未获成果，故于离藏之后派总参议刘朴忱及参议蒋致余留藏办事，并留置无线电台一座。是项电台旋归交通部接办，向日西藏与内地消息阻隔，至此遂得畅通。

二、加强中央与西藏政教联系

子　护送班禅回藏及其中途圆寂之善后。班禅大师为西藏宗教首领之一，其地位与达赖互为师弟。因与达赖交恶。于十二年，移锡内地，中心诚頳，倾忱中央，时以恢复中央与西藏关系为志愿，当时国事蜩螗，事与愿违，遂周游南北传法祈祷。自国民政府成立，班禅始奉召来京共商国事，并膺国府委员之选，旋奉命赴内蒙一带宣化。惟班禅久客内地，怀归綦切，中央为宣化西陲计，因于二十一年春，特派班禅为西陲宣化专使，藉以入藏宣化，当以时机未熟迁延，未能成行。直至二十四年九月，始特派蒙藏委员会委员诚允为护送班禅回藏专使，组织仪仗队，首途返藏。中途几经波折，至二十五年底始抵玉树，在此旅行期中，诚专使因病辞职，改派赵守钰继任。新旧交替之间，适值青康边界交通阻塞，致未能依照原定计划前进。二十六年七月，赵专使行抵玉树，与班禅商定入藏事宜，一切就绪，行将启程而抗战事起，班禅遂有先赴西康缓图回藏之议，讵意竟在玉树甲拉普寺途次圆寂，时值南京撤守、枢府西移、日寇派员潜赴青康活动。班禅圆寂消息传出后，人心浮动，后方秩序在在可虑。经中央决定，令班禅行辕将大师灵榇暂移至西康甘孜，并派考试院院长戴传贤入康致祭，对班禅随从人员予以抚慰。嗣以二十八年班禅行辕与西康甘孜驻军发生冲突，复将班禅灵榇移往玉树，中央为防杜意外，仍派赵守钰为护送班禅灵榇专使，积极筹备回藏。是时，西藏地方当局对班禅回藏尚持异议，经蒙藏委员会吴委员长在藏善为开导，卒乃表示接受中央意旨，欢迎班灵回藏。二十九年十一月，由赵专使率领青康所派护送军队，自玉树起行，于当月二十日安抵青藏交界地方，交由藏方派来代表迎接西返。十二月间，安抚后藏扎什伦布，建塔安供，中央并颁发建塔费二十万元，此事遂告一段落。

丑　主持第十四辈达赖转世事宜。第十三辈达赖既已圆寂，其转世事宜关系西藏政教前途至重，且达赖为西藏政教之主，其呼毕勒罕之决定，历辈均由中央主持其事，以示主权之所在。西藏既已在西宁寻获灵童拉木登珠，中央因特派蒙藏委员会吴委员长入藏，主持第十四辈达赖转世事宜，一面令青海军事当局于二十八年七月，派员护送灵童赴藏。吴委员长于是年十一月由渝启行，翌年一月十五日到达拉萨，西藏摄政热振呼图克图及四噶伦、僧俗民众热烈欢迎，旋即会同热振电呈中央，决定以拉木登珠为第十四辈达赖之呼毕勒罕，关于转世及坐床事宜一切均照旧例办事。典礼告成，热振因电呈林主席，对于中央德意表示感激，中央与西藏之关系至此遂日臻密切。

寅　成立蒙藏委员会驻藏办事处。二十三年，黄专使离藏时，虽派有人留藏办事，乃刘总参议朴忱，留藏未久即病殁；拉萨蒋参议致余，亦因人地未洽，两年后内返。吴委员长于主持第十四辈达赖坐床典礼告成后，以中央与西藏间日常事务渐繁，不可无常驻机构以主持之，经商得西藏当局同意，设立蒙藏委员会驻藏办事处，此为民国以来中央设立驻藏办事机关之始。该处于二十九年四月一日正式成立，任命孔庆宗为处长，张威白为副处长，日常事务之接洽尚称顺利。迨三十一年，国际战局变化，日寇凶焰直逼南洋，我滇缅公路一时封锁，中央为支持长期抗战计，乃有开辟中印公路之筹划。此路原拟分南北两线同时勘测，北路系由西昌经中甸德钦而入西康之察隅，以达康印边境之塞的亚。因察隅一带尚为西藏势力所范围，中央遂令蒙藏委员会与西藏接洽。藏方因受某方之蛊惑，始允终拒，并擅设外务局，以杜绝该会驻藏办事处接洽之门路，继复纵警冲入该处骚扰，并断绝对该处柴草等一切正常供应，一时情形颇呈逆转。嗣经蒋总裁召见西藏驻京代表谆谆训诲，嘱其转达西藏当局。西藏当局似知觉悟，曾托嘉木样禅师大襄佐来渝，代为婉言解释，并于总裁就职国府主席时来电致贺。蒙藏委员会感于驻藏办事处之组织亟应加强，以应事势之需要，同时该处孔处长复迭电请辞职，因改派沈宗濂为处长，前往接替。西藏当局来电深表欢迎，并于沈处长抵藏时隆重接待，立即恢复对该处一切正常供应，日常事务仍由沈处长与摄政及噶厦等直接商洽，其对中央一般指示亦尚能开诚相见，虚心接纳，如对外交之应付及国防之安全等，均经遵照中央意旨，以国家民族为前提，在领土主权完整之原则下予以适宜之处置。又如三十四年八月，胜利消息传至西藏，僧俗官民一致振奋，驻藏办事处主持拉萨市民庆祝胜利大会，政府官员、寺庙大德及全市民众参加，极为踊跃，情绪热烈，与内地各处无殊。此次选派国民代表，由沈处长陪同前来出席大会，亦可见中央与西藏关系复趋好转。

卯　办理班禅转世事宜。第九辈班禅圆寂后，西藏僧民均切盼其乘愿再来，早承法统。中央对班禅转世事宜，决定依照藏例主持办理。经核定，征认班禅呼毕勒罕办法为（一）班禅转世灵童由班禅高级徒众寻访；（二）由西藏宗教首领，就寻获之灵童中择定呼毕勒罕候选人三名，报候中央派员掣签，签定一名为呼毕勒罕。一面派其高级徒众扎萨（克）喇嘛罗桑坚赞等负责寻访，该员等在青康一带共寻获灵童十余名，呈报中央备案。一面派员携带名册前往拉萨，请求宗教当局决定候选人。西藏当局旋以寻获未周，再令复访，又在金沙江两岸及西藏境内寻获多名，报送西藏。惟西藏当局对中央核定之征认办法，历时两年置不答复，班禅留青徒属焦灼异常，遂认寻获灵童中之官保慈丹为班禅化身，在青海塔尔寺举行坐床典礼，呈报中央请求核准。同时班禅属下丁杰佛，又坚认西康理化方面有一灵童最为灵异，决定为班禅化身，意见纷歧莫准一是。中央以此项问题若不早日解决，则夜长梦多，于西藏政教前途颇多不利。经一再提示西藏当局注意，惟有遵照中央核定办法，始可避免纠纷。西藏当局遂电复，呈称，业经就班禅徒属所访灵童中用宗教仪式卜定官保慈丹等三名，为班禅身、口、意化身，中央已决定即将此三名中征认班禅之呼毕勒罕。近据班禅堪布会议厅函呈，业由后藏派大卓尼王罗阶等一行前往青海，迎接灵童入藏坐床。蒙藏委员会已电据青海马主席报称，对迎接灵童人员由玉树至西宁之乌拉支应及派员保护事宜，已饬该省海南驻军照办，至主持灵童坐床典礼事宜，正由该会计划办理中。

三、消弭康藏地方纠纷

子 解决大金、白利两寺纠纷 西康甘孜县属之大金、白利两寺，于民国十八年因争产构衅，大金寺不受调解，于十九年攻占白利全部，当地驻军起而镇压，藏方亦调动部队为大金寺声援，两寺纠纷遂转而为康藏战局。其间经蒙藏委员会派员赴康调处，康藏双方先后在冈拖、倭达两地协议停战，终以种种原因延不能决。迨抗战事起，西康当局复派员与西藏代表交涉，始议定安置良善大金寺僧详细办法七条。于二十七年十二月当场公布，并由肇事双方出具切结，呈报中央备案，所有因此案影响之公私损失，依允应由大金寺赔偿。为体念僧众困苦，无力担负，悉数由中央发给，其双方交涉出力人员均经奖叙，并发给大金寺修建费贰万元，以示体恤，此迁延九载、阻隔西藏与内地关系之纷争遂告解决。

丑 调处班禅行辕与甘孜驻军之冲突。班禅行辕于民国二十六年，将班禅灵榇奉移甘孜后，始与当地驻军二十四军八一五团因细故发生磨擦，继以甘孜孔撒女土司德钦汪母与班禅伊西杰婚案而形尖锐化，终于二十八年十二月，班禅行辕与驻军正式发生冲突。甘瞻一带头人民众亦多被卷入漩涡，冲突范围延伸至炉霍一带。经蒙藏委员会及军事委员会分别电令双方停止军事行动，听候中央查处。一面派西昌行营主任张笃伦、军事委员会高级参谋陈冠群及蒙藏委员会参事赵锡昌前往康北，会同查处。在该员等到达甘孜以前，班禅行辕率同甘瞻头人民众，业已退往青海玉树，班禅灵榇亦随同运去，甘孜地方秩序旋即恢复，纠纷至此告一段落。查此次纠纷主要原因，由于班辕人员奉移灵榇，辗转未得归穴之故。蒙藏委员会遂积极筹划护送班灵回藏事宜，迨至护送班灵大计如期完成，班禅行辕在理论上及事实上均无存在之必要。复经行政院于二十九年班禅行辕善后办法依照施行：（一）班禅行辕及其驻外各办事处，以明令一律裁撤，惟驻京办事处暂予保留。（二）班禅转世与班禅善后分别办理。（三）班辕裁撤后，所有卫队及武器，由军事委员会令甘肃朱司令长官绍良派员前往接收，班辕所有人员由中央分别予以安置或遣散。其留青一部分人员，亦呈准组设班禅诵经堂，每月拨给经费以资维持，至班禅转世坐床时即行裁撤。至流落青海境内之甘瞻头人民众，亦经该会与有关方面商得同意，准其回康安居，并由中央发给遣散费，以示体恤。

寅　解决果洛隶属纠纷。果洛，清代称为野番，其驻牧地原属松潘章腊营管辖，民国以来名义上直隶松潘，实际为政令所不及。二十四年，青海省政府呈准该地设治，当因种种困难未能实行，除派员收取捐税外，向无行政机构之设置。二十七年秋，该部落劫杀青海驻军喇旅长，经青军派队进剿，余众遂退至松潘境内，其土官康克明、康万庆等前来中央请愿。经蒙藏委员会呈奉核定，安置该部落办法三项：（一）该部落与青军冲突事件应由四川省政府妥为调处，准其悔过自新，从速迁回原地照常驻牧，不究既往。（二）流落松潘、理番一带果洛难民，暂由四川省政府指定驻地，妥为安辑，在未回果洛地方前，应受四川省政府管辖。（三）关于果洛隶属问题，应俟关系各省，派员会同勘察该地情形及交通状况，加具意见，分报内政部核办。上项办法经施行后，该土官及流落民众即陆续回原牧地上庄复业，近年来该地秩序尚为安谧。

四、沟通内地与西藏文化

子　派遣与补助内地僧侣游学西藏。西藏与内地习俗文化显有差异，为求民族之团结，应作沟通之措置。蒙藏委员会早于二十五年，即经公布补助汉藏僧侣游学办法，派送汉僧入藏学法。至三十二年复经修改，扩充名额，增加经费，计先后派遣公费僧二十余名，补助自费僧十余名。此外又补助内地僧侣攻取西藏三大寺格西费用，以示提倡而资沟通彼此文化。

丑　鼓励西藏青年就学内地。西藏青年因无就学机会，除入寺院为僧研究佛典外，不能求得现代科学知识，更无以启迪其对于国家之观念。当班禅驻锡内地时，曾带有西藏学童数十人前来内地就学，自班禅圆寂，大都陆续返藏。中央对于西藏青年教育极为注意，除于西藏境内筹设学校外，并由蒙藏委员会呈准，拨有专款，招致西藏青年前来内地就学。其应招前来者，由该会选择适宜地方，先予补习，然后介绍入国立各级学校肄业。

（国民政府行政院档案）

蒙藏委员会关于订定西藏建设计划纲领问题致行政院秘书处公函

（1947年1月9日）

蒙藏委员会　公函　字　　号

案准贵处卅五年十二月十八日节京柒字第24158号公函，以国防部所送西南国防区第一期建设纲领，经审查认为其中卫生、社会、资源及藏事部分均关重要，惟尚未经主管机关拟订纲领及计划，请补拟送院等由，抄送国防部，原电及附件到会。查西藏情形特殊，凡所设施只能针对现实情况予以订定，且非一会一部所能单独办理。兹经拟就西藏建设计划纲领及第一年完成限度各一件，除应由本会办理者已列入本会卅六年度工作计划外，拟请由院核交各主管部参考，分别予以订定。相应抄附计划纲领及第一年完成限度随函送达。希即查照办理为荷。此致

行政院秘书处

附　西藏建设计划纲领及第一年完成限度各一件

蒙藏委员会西南国防区第一期西藏建设计划纲领

（说明）……今后对藏建设惟有遵照主席指示，以交通为第一，先着眼于沿边各省公路及机场之兴筑，俾西藏当局知所警惕，并注意沿边各省人民武力之整编、生计之改善、秩序之安定，使能倾心内向而免为西藏当局所利用。一面运用政教联络西藏政府中具有声望人士开诚商洽，在领土主权完整之原则下明确规定西藏政教制度，而予以保障。并在经济方面注意砖茶之运销及羊毛之收购，以资加强联系。在文化方面，注意一般平民知识水准之提高及卫生之改进，必如此始能收齐头并进、相互配合之效。至外交方面，则应视其他各部门建设成效及国际局势之变迁，或主动或被动相机与英交涉。事关通盘设计，非一部一会所能办理。本计划所列各项，除政治宗教及其他各部在计划外，余均建议性质，拟请核交各主管部参考订定。

一、第一期五年西藏建设纲领

甲　政治

（一）确定西藏政教制度并予以保障。

（二）加强蒙藏委员会驻藏办事处组织。

（三）勘划康藏界务。

（四）设置驻藏办事长官。

乙　宗教

（一）优崇西藏宗教首领。

（二）联络康藏寺庙之喇嘛。

（三）派遣内地僧侣赴藏学法并加强督导。

丙　交通

（一）修筑西藏沿边各省公路。

1. 大理——丽江——德钦线
2. 西昌——中甸——德钦线
3. 德钦——巴安——德格——甘孜线
4. 康定——理化——巴安线
5. 玉树——黑河线（先修青境内）

（二）增辟或整理西藏沿边各省飞机场。

1. 甘孜及理化飞行场重加整理。
2. 中甸飞行场即予增辟。
3. 玉树飞行场扩大为航空站。
4. 昌都飞行场柏〔泊〕机增辟。

（三）增设康藏各地电台。

1. 札什仑布（拟俟班禅灵童入藏时携往设置）
2. 昌都
3. 江孜（以上两台拟由蒙藏委员会先与西藏当局商洽）
4. 德钦
5. 中甸
6. 巴安
7. 玉树

丁　军事

（一）整编沿边各省民兵。

拟分青南、康北、康南三个整编区，由国防部会同各省军事当局派员与当地土头接洽整编事宜，并由中央补助经费。

（二）训练康藏军事人材。

拟在德钦、巴安、玉树三处设立中央军校分校，召收当地青年予以训练。

（三）设置康南调查宣抚机构。

先在德钦设立康南特派员办事处，办理康南民兵调查宣抚事宜，逐渐向察隅一带发展，以资担任国防警卫工作。

戊 经济

（一）增产茶〔藏〕销砖茶

拟由经济部令饬中国茶叶公司或滇康两省境内各大制茶厂，大量制造藏销砖茶，减轻捐税，运藏销售，并可以代替货币之用。

（二）收贮康藏出口羊毛。

拟由经济部在康藏各羊毛盛产地区收购羊毛，设站贮运，或内销或出口，并采用茶毛交相互换，以资加强联系。

己 文化

（一）增设康藏各地收音机，并由中央广播电台增加藏语广播节目。

（二）创办藏文书报社。

拟由蒙藏委员会先在康定及拉萨筹设藏文书报社，以资启迪藏胞知识。

（三）筹设西藏民教馆。

拟由蒙藏委员会先在拉萨筹设民教馆一所，内分书报、阅览、电影、体育、游艺等部。

（四）设置康藏卫生院及巡回医疗队。

拟先在青海玉树、西康巴安、云南德钦三地各设卫生院一所，并组织巡回医疗至西藏之拉萨及札什仑布，拟先由蒙藏委员会商洽西藏当局后再为设立。

二、第一期第一年完成限度

壹 关于政治者

1. 确定西藏政教制度并予以保障。

（一）拟由蒙藏委员会拟订西藏自治制度方案草案，先与西藏当局作非正式磋商，俟有成议再行呈请中央明令颁布。

（二）拟由蒙藏委员会筹开西藏会议，邀约西藏代表及沿边各省暨中央关系部会代表出席，将过去西藏各项问题开诚商讨，以谋解决。

2. 加强蒙藏委员会驻藏办事处之组织。

拟增派工作人员赴藏加以充实，并在札什仑布、江孜、亚东、黑河等地派员常驻。

3. 勘划康藏界务。

拟由蒙藏委员会研究拟订具体方案，俟召开西藏会议时商讨办法。

贰　关于宗教者

1. 优崇西藏宗教首领。

（一）完成班禅转世事宜。拟由蒙藏委员会催请西藏宗教当局择定举行班禅呼毕勒罕掣签日期，一面由中央派员护送青海灵童入藏，主持办理。

（二）西藏宗教首领德望素具者，由蒙藏委员会聘请，中央授予名号，其来京展觐者予以优礼。

2. 联络康藏寺庙之喇嘛。

（一）依照成例于藏历新年传昭时布施前藏三大寺及后藏札什仑布寺僧众。

（二）康藏寺庙请求捐助修葺，由中央酌予拨款补助。

3. 派遣内地僧侣赴藏学法并加强督导。

继续派遣内地僧侣赴藏学法，并对内地僧侣在藏考取格西者予以费用上之补助，更由该会驻藏办事处随时对留藏学僧予以切实督导。

（蒙藏委员会档案）

蒙藏委员会一九四七年度重大措施报告（藏事部分）

（1948年2月）

西藏方面：根据宪法保障其地方自治

自宪法一百二十条规定“西藏自治制度应予以保障”后，蒙藏委员会即从事西藏自治制度之研究工作，并准备所以保障之道。西藏地方现行政教合一制，盖有其历史渊源、地理环境及社会背景，推演已久，政俗相安。中央对藏政策在尊重人民之信仰及习俗，因应地方固有之政教形态，而予以合法保障，以求安定地方之秩序，及增进人民之福祉。中央历来对西藏政教当局及僧俗人民所恺切宣示者，无示〔不〕一本此旨。本年一月中，西藏选派来京出席国民大会代表，曾携来西藏僧俗官员大众全体大会呈中央文，其中陈请九项而再三致其恳切意向者有三：一为西藏系盛行佛法之地，请中央对西藏原有政教各权，准照旧由西藏达赖佛管理；二为请中央划定康藏界务；三为西藏地方如有外国欲加侵略之事发生，请中央帮助。当经蒙藏委员会呈奉府院核准，以该会名义电复，略以中央对西藏政教昌隆、僧俗福利及一般人民安居乐业负有维护之责，关于西藏政教一切旧有成规，中央历来尽力维护，绝无意加以变更，西藏达赖喇嘛之教权自应照旧维护，俾臻隆盛。关于康藏界务应如何勘划，以求合理之解决，可由西藏政府派高级负责官员前来中央，与主管机关商议。西藏地方如有外国侵略情事，中央素极密切注视，并望西藏政府遇有此类情事发生，以最迅速方法呈报中央，中央当本汉藏一体、休戚相关之义，立即负责予以保护。此项复文，系交由西藏出席国大代表带回。据报，西藏政教当局对此极表钦感，自此以后达赖佛及打扎摄政暨政府高级人员，迭有文电上呈主席及中央各长官，致敬情感诚挚如同家人，而派遣代表前来中央展觐请训者，络绎于途，较昔益为亲切。

（蒙藏委员会档案）

蒙藏委员会一九四七年度重要工作报告（藏事部分）

（一）过去一年西藏与中央关系之检讨。

西藏因地理环境之隔绝，及政教组织之特殊，地方当局与中央往往若即若离，仍未释疑虑心理。自中国国民党第六次全国代表大会通过之政纲政策中，有赋予西藏高度自治，并扶助边疆经济文化发展之决议，及主席蒋训示“如果西藏民族提出自治愿望，政府必赋予高度自治”以后，西藏僧俗官民反应极佳。上届国民大会，西藏选派代表来京出席，堪称为西藏同胞团结内向之具体表现。至宪法中规定西藏自治制度，应予以保障，所谓西藏自治制度，自系指西藏现行政教合一制而言。此种制度实际之范畴，以及与中央政府之关系应如何明确规定，以及康藏界务之划勘等问题，则尚待研究，并须与西藏当局进一步商讨。本会前于答复西藏民众大会呈中央文内九项请求事项时，曾嘱西藏当局，派高级负责官员来京洽商，尚未接得答复。

（二）维护西藏宗教，制止政教内哄。

去年四月中旬，西藏政府与前任摄政热振佛有误会，引起拉萨色拉寺及热振寺与西藏政府间军事冲突，寺庙颇有毁损，僧民亦有伤亡，热振佛旋告圆寂。中央据报后，以拉萨为佛教圣地，中央负有维护之责，当由蒙藏委员会电达西藏摄政达扎及噶厦，慎重处理，和平了解〔结〕，对旅藏汉回人民妥为保护。嗣接复电，冲突已告停止，旅藏汉回人民安谧如恒，并对中央驻藏官员妥加保护等情。复经主席蒋电令西藏摄政达扎，对热振身后事宜妥为办理。所有遗产切实保全，并对损毁寺庙迅筹修复，波及僧民善加抚慰。去后西藏政府旋于七月间，派西藏驻京代表晋见主席蒋及中枢各长官，面呈噶厦呈文，报告事变经过及了处情形，据称，业已遵照中央意旨，对事变有关人员从轻发落，且地方极为安静。

（三）办理班禅转世案。

班禅转世问题历时数载，尚未解决，其症结所在，为班禅堪布会议厅方面坚持西宁灵童官保慈丹灵异卓著，已自行在西宁塔尔寺坐床，蒙藏人民前往瞻礼者极众，呈请中央明令公布，并护送回藏。而西藏宗教当局，则仅认官保慈丹为班禅转世三灵童之一，必须将青康地方三灵童齐迎入藏，举行抽签，决定一名为班禅呼毕勒罕。中央对此案，曾训示双方应照旧例办理，即由中央派员护送灵童入藏，抽签决定，并主持坐床典礼。去年西藏出席国大代表在京时，曾邀请后藏迎接灵童代表王乐阶来京面商解决，据称因病不能前来。本会旋复接西藏达赖佛及达扎摄政电，请准迎接灵童入藏，举行掣签。经本会电复，希将举行掣签日期电告，以便由中央派员护送入藏，迄未得西藏当局电复。嗣西藏代表及班禅驻京办事处长计晋美，又先后来会商洽此事，均经告以中央决定办法系照旧例办理，俟时机成熟时当能完成愿望，此案拟待至明年相机办理。

（四）防止外人侵占国境，调查康藏南部情形。

西藏三大寺官员僧俗民众大会呈中央文内，曾有如外国侵略西藏，请中央察情协助制止。等语。本会以康藏南部与印度毗连一带地方，原以原始森林为彼此分野，惟从未实地划勘国界。迭据报告，英人时常派员，由藏南门达旺及康南察隅两地入境，至藏南翠南宗及康南桑昂曲宗一带，秘密考察。近更派遣军队，由英军官率领，侵占各地村镇，扬言该地已割让予英，并对土民施以小惠，俾能为其利用。本会已令饬驻藏办事处及驻康调查组调查，并已通知西藏政府切实注意，随时以最迅速方法具报中央核办，并由外交部曾向英国政府提出抗议，英方尚无具体答复。现在英人既已退出印度，有关西藏外交问题，将来自应以印度联邦政府为对象。本会曾将有关情报随时送达外交部，部方已拟有步骤，俟中印订定新约时，并案解决。

（五）召致藏族青年就学内地。

藏族聚居地区风气较为闭塞，当地青年颇少就学机会。为开通风气，推广教育计，必先劝导世家子弟就学内地，俾于学有成就，以后回里倡导，以收普及之效。本年度本会先后召集藏族青年来京就学者，计有：西藏达赖之兄嘉乐顿珠及达赖姊丈多吉尼玛、拉卜楞保安司令黄正清之子恭宝朗吉及陌务旗土官杨世杰等四名，经本会保送中央政治大学特设专班施教。又有洮岷路保安司令杨复兴及西藏青年军官马玉贵、陈克威等，经保送入中央陆军大学受训，其余边疆各地来京就学青年，亦均经本会按照其志愿，依章洽商教育部，保送相当学校肄业。

（蒙藏委员会档案）

国民政府一九四七年度西藏地方政治宗教文化设施的资料

西藏因地理环境之隔绝及政教组织之特殊，举凡一切政治设施，均不能与内地各省等量齐观。曩在抗战时期，中央对藏施政方针，首在求其安定，更于安定中谋情感之增进及宗旨之团结。胜利以后，中央与西藏关系更由安定而进入和谐，兹将卅六年度政治设施分述于后：

一、保障西藏地方自治制度——自中国国民党第六次全国代表大会通过之政纲政策中，有赋予西藏高度自治并扶助边疆经济文化发展之决议，及主席蒋训示："如果西藏民族提出自治愿望，政府必赋予高度自治"以后，西藏官民一致表示赞扬。第一次国民大会，西藏选派代表十名来京出席，并携来西藏僧俗官员民众大会上呈中央文件，对有关西藏过去悬未解决事件，坦率表示其愿望，此与西藏当局过去数十年对中央若即若离之态度，显有进步。大会制宪时，为符合西藏僧俗人民之愿望计，特于宪法中明定："西藏自治制度应予保障"之条文。所谓西藏自治制度，系指西藏现行政教合一制而言，此种制度由来已久，政俗相安，宪法既明定保障，则西藏同胞过去之隔阂与疑虑，当能一扫而空。同时证明，中华民国关系各民族，以平等的地位、自由的意志结合而成。

二、筹划康藏界务——康藏界务未能划勘，伪〔为〕过去十余年康藏纠纷之症结。民国二十年，康藏战事延绵数载，旋经康藏地方当局于廿三年协议停战，暂以金沙江为双方设防地带，听候中央解决。抗战军兴，未遑及此，而双方地方当局亦均能仰体时艰，相安无事，惟以康藏同属中华民国之领土，彼此防守殊无必要。故第一次国民大会，西藏代表携来西藏僧俗官员民众大会上呈中央文内，曾有请求中央对康藏界务速作决定之表示。蒙藏委员会经即与西藏国大代表数度洽商，该代表以限于任务，无权作具体决定。旋经蒙藏委员会奉准，于电复西藏民众大会文内，提明请西藏政府派高级负责官员前来中央，筹商勘画康藏界务，并列入该会卅七年度行政计划，为中心工作之一，现正商办中。

三、制止西藏内部纠纷——卅六年四月中旬，西藏政府与前任摄政热振佛发生误会，引起拉萨色拉寺及热振寺与西藏政府间之武装冲突，寺庙颇有毁损，僧民亦有伤亡，热振佛旋告圆寂。中央据报后，以拉萨为佛教圣地，中央负有维护之责，当由蒙藏委员会电达西藏摄政达扎佛及噶厦，慎重处理和平了结，对旅藏汉回人民妥为保护。嗣接复电，冲突已告停止，旅藏汉回人民安谧如恒，并对中央驻藏官员妥加保护，等情。复经主席蒋电令西藏摄政达扎佛，对热振佛身后事宜妥为办理，所有遗产切实保全，并对损毁寺庙迅筹修复，波及僧民善加抚慰。去后西藏政府于七月间，派西藏驻京代表晋见主席蒋及中枢各长官，面呈噶厦呈文，报告事变经过及了处情形，据称，业已遵照中央意旨，对事变有关人员从轻发落，地方极为安宁。

西藏与内地，佛法因缘历史悠久，西藏为佛教盛行之区，历代中朝均为西藏佛教主之护法。国民政府成立以后，为尊重藏胞信仰，对西藏佛教尤维护备至，有关西藏佛教之过去一切成规，均照旧例办理。卅六年度宗教设施略如下述：

（一）继续办理班禅转世事宜——班禅额尔德尼圆寂已逾十载，蒙藏委员会于三十年，依照旧例拟定〔征认〕班禅呼毕勒罕办法，呈奉行政院核准，转奉前国防最高委员会备案，并经该会电达西藏地方政府及班禅堪布会议厅暨关系方面查照。该项办法规定，由班禅徒属寻觅灵异幼童，报由西藏地方宗教首领，卜定三名为呼毕勒罕候选人，呈报中央派员掣签，决定一名为呼毕勒罕。早经西藏宗教当局，就班禅堪布会议厅所报灵童中，卜定官保慈丹、恪君扎西及拉玛三名为候选人。惟以班禅堪布会议厅与西藏宗教当局对征认正身一点，意见颇为纷〔分〕歧，对中央决定派员抽签之办法，亦尚未明白表示遵办，以致此案延搁未办。本年度复经蒙藏委员会许委员长数度与西藏驻京代表及班禅驻京办事处处长计晋美晤谈，告以此案应速合法合理解决，中央决定办法系依照旧例办理，即就卜定三灵童中，由中央派员举行掣签正身，此之谓合法。如果灵童官保慈丹确实灵异，西藏政府果能同意班禅属下意见，呈请中央援照特例，不经掣签手续，特予明令征定，中央届时亦可予以考虑，此之谓合理。惟必须由中央派员护送入藏，主持坐床，以昭盛典。此案延搁已久，蒙藏委员会已移至下年度继续办理。

（二）布施僧众捐修寺庙——寺庙僧侣为藏胞信仰之中心，亦社会文化之寄托，故布施僧众、捐修寺庙意义重大。关于布施，蒙藏委员会向例于西藏新年三大寺传昭时，由中央拨款汇交驻藏办事处办理。卅六年度，已经照旧施行计，除前藏寺院由该处就近布施外，并派员赴后藏扎什仑布寺散发，关于修建寺庙者，卅六年度春季，西藏国大代表为补助西康甘丹彭错林，募化修葺费国币五百万元，并由主席蒋题赠匾额一方；又捐助西藏凯墨巴夫人，为西藏贡唐古庙募化法器购置费卢比壹万盾，又捐助西藏司伦尧喜朗登公爵，募化沓补寺修建费国币贰亿元。

（三）派官员致祭并追赠嘉木样禅师名号——拉卜楞寺嘉木样呼图克图，以染天花疾于卅六年四月十四日圆寂。蒙藏委员会以嘉木样佛德性圆融、声闻馨澈，在抗战期间领导藏胞拥护中央，推行国策，卓著勋勤。经呈准，国民政府优予褒恤，除明令加给名号（在国府原赠名号之下加“正觉”二字）为辅国阐化正觉禅师外，并特派蒙藏委员会副委员长喜饶嘉措，代表中央前往拉卜楞寺致祭，并布施拉卜楞寺全体僧众以示崇隆。

（此处文字难联接，疑有漏误）

一、派遣与补助内地僧侣游学西藏——蒙藏委员会自二十五年公布补助汉藏僧侣游学办法后，至卅二年复经修改为派遣与补助内地僧侣赴藏游学办法，并扩充名额增加经费，以示提倡。截至卅六年度止，已派遣公费僧二十余名，并补助自费僧十余名。兹将卅六年度补助各僧法名及籍贯暨学法寺庙列表于后：

姓名	籍贯	学法寺庙	姓名	籍贯	学法寺庙
隆果	四川	哲邦寺	圆滨	四川	哲邦寺
满度	四川	哲邦寺	通孝	山西	哲邦寺
太空	四川	哲邦寺	寂禅	四川	色拉寺
广润	山西	哲邦寺	满日	四川	色拉寺
融通	山西	哲邦寺	圣兴	四川	哲邦寺
隆义	四川	哲邦寺	法然	河北	哲邦寺
观空	湖南	哲邦寺	永严	四川	哲邦寺
僧慧	山西	噶丹寺	慈海	浙江	哲邦寺
水光	四川	噶丹寺	善化	四川	色拉寺
证贤	四川	哲邦寺	永灯	四川	色拉寺

二、召致藏族青年就学内地——藏族青年因无就学机会，除入寺为僧外，不能求得近代科学知识，更无以启迪其国族观念，且因风气闭塞，普通人民以入校就学为畏途，故文盲占百分九十以上。蒙藏委员会以普及藏民区教育，必先召致其地方具有声望及世家子弟前来内地就学以开风气之先，始能收奖劝之效。经列入卅六年度工作计划施行以来，颇具成效，计卅六年度先后招致藏族青年来京者，有达赖之兄嘉乐顿珠、达赖之姊丈吉尼马、拉卜楞保安司令黄正清之子恭宝朗吉、陌务旗土官杨世杰等四名，经保送中央政治学校特设专班施教。又有洮岷路保安司令杨复兴及西藏青年马玉贵等多人亦由蒙藏委员会保送入陆军大学受训，至青康各省藏族前来内地求学青年，亦均经照章洽请教育部，分发适当学校肄业。

三、补助留藏汉僧应考格西——格西系西藏佛教中之学位名称，译言善知识，相当于博士之意，分头、二、三三等，头等格西称为拉然巴格西，例于每年拉萨三大寺新年法会时，以辩论方式由西藏宗教首领亲自考取之，故其地位至为崇高。蒙藏委员会为奖励内地僧侣研究高深佛学，以沟通汉藏文化起见，特对三大寺中之汉僧应考格西者，补助其应考费用，计已先后补助密悟、广润二名，据报密悟已考取拉然巴格西第七名，成绩颇优。

（摘自一九四八年度中华年鉴蒙藏部分资料）

蒙藏委员会一年来施政报告（藏事部分）

（1948年4月14日）

西藏地方政教合一制度由来已久，僧俗相安，宪法第一百二十条规定："西藏自治制度应予以保障"。本会根据宪法之精神，力求西藏地方秩序之安定及中央与地方情感之增进。上届制宪国民大会及本届国民大会，西藏均有代表来京出席，堪称为西藏同胞精诚团结之表现。本年西藏又派遣商务代表团来京，洽商发展西藏商务暨繁荣与内地之贸易，因之联系加强，情感更洽。兹将本会重要工作报告如次。

一、班禅转世灵童入藏合法合理之解决

查班禅额尔德尼圆寂至今已逾十载，本会于三十年拟定征认班禅呼毕勒罕办法，呈奉行政院核准，转奉前国防最高委员会备案，并经本会电达西藏地方政府，及班禅堪布会议厅暨关系方面查照。该项办法规定，由班禅徒属寻觅灵异幼童，报由西藏宗教首领卜定三名为呼毕勒罕候选人（即心、身、意化身），呈报中央派员掣签，决定一名为呼毕勒罕（即正身）。早经西藏宗教当局就班禅堪布会议厅所报灵童中，卜定官保慈丹、恪君扎西及拉玛三名为候选人。世英就任以后，曾经数度与西藏驻京代表及班禅驻京办事处处长计晋美晤谈，告以中央决定办法系依照旧例办理，即就卜定三灵童中由中央派员举行掣签，决定正身，此之谓合法。如果灵童官保慈丹确实灵异，西藏政府果能同意于班禅属下之意见，呈请中央援照特例不经掣签手续，特予明令征定，中央届时亦可予以考虑，此之谓合理。惟必须由中央派员护送灵童入藏，主持坐床，以昭盛典。此案延搁已久，在本年内必须有一合法合理之解决。上次晤见西藏商务代表夏古巴等，曾面告此意，该代表等谓，可转达西藏政府赞助实现。

二、商请外交部废除有关印藏不平等条约

英国撤出印度后，以常理言，其在藏所享受之特权应即放弃，然按诸事实颇不尽然。拉萨设立英国代表办事处，近虽改为印度代表办事处，并改悬印度国旗，而实际仍有英籍官员主持，目前似无放手之状态。据报，印度政府之负责者，迭有不愿因西藏事务影响中印邦交，及英国在藏设施印度政府将不坚持之表示。又据报，印度政府曾照会西藏政府，就英人退去印度后，所有英人在藏原有关系将由印度政府继承接管一点，征求西藏政府之意见，西藏政府对此避不答复，只要求从前英人侵占西藏地方，包括锡金、不丹等地应归还西藏。可知藏政府对印度政府之态度，与英人统治印度时代已大相径庭。本会曾电令驻藏办事处陈代处长锡璋转告西藏政府，如欲收复失地，必须废约，当由中央外交部先与印度政府交涉废约，约废则失地自然收复。世英前与西藏商务代表夏古巴等谈话，亦曾郑重将此事告知，彼等答称当报告西藏政府，并于回藏后赞助实现。关于英人已往在藏不合理权益，以及历年侵占藏边各地，本会均经随时研究，并通知外交部准备办法，将来应由外交部以印度政府为对象，详尽切商，必期达到目的。本会并随时与藏政府取得联系。

三、勘划康藏界务

康藏界务问题为过去十余年康藏纠纷之症结。民国二十一年，康藏双方代表曾在冈拖订约停战，暂以金沙江为双方防线，听候中央与达赖解决。惟十余年来迄未勘划界务，去年西藏出席国大代表，携带西藏民众大会请求书中提明后，中央曾嘱派高级负责人员来京会商。前次世英复向西藏商务代表夏古巴提及勘划康藏界务，应速派员会商，该代表答以回藏后，当呈报藏政府，并负责商办。

四、发展西藏商务并繁荣西藏与内地贸易

此次西藏商务代表团来京，本会曾邀集关系各部会，商讨发展西藏商务及繁荣西藏与内地贸易办法，并分别与西藏商务代表夏古巴等洽商。世英曾面告该代表等，对内地商务贸易，中央必予以帮助，惟交通商道为繁荣贸易之先着，嘱就青、康、滇三路交通以何路便利，希报告中央先修公路，并告以此纯系商务公路，望勿怀疑。西藏商务代表夏古巴表示，必从速派员调查，且或渠等共商，一人亲查，俟回藏后转报西藏政府，并设法促其实现。

（蒙藏委员会档案）

蒙藏委员会一九四九年工作计划藏事部分稿

（1948 年 10 月 26 日）

（一）研商保障西藏自治制度办法（继续办理）

宪法第一二〇条规定："西藏自治制度应予保障"。所谓西藏自治制度是否指西藏现行之政教合一制而言，以及此种制度实际上之范畴，与中央政府之关系究应如何予以明确规定，则尚待研究，并审度时机与西藏政教当局商讨。卅七年度，本会工作计划已将本案列入，并曾与西藏出席国大代表及商务代表非正式交换意见，以时机未熟，未获结果。兹拟列入卅八年度工作计划，继续相机推动。

本案经费拟俟与西藏政府正式商谈时再行专案呈请。

（二）继续办理班禅转世事宜

第十辈班禅转世灵童征认事，因班禅堪布会议厅与西藏政教当局意见不同，迄未获一解决途径。卅七年本会曾拟订合法合理两种解决办法。即遵照中央前定，依旧例由中央派员赴藏掣签决定正身，此之谓合法。如果西宁灵童灵异特著，班禅属下与西藏政教当局能商得一致意见呈报中央，援照特例予以认定，中央届时亦可考虑，此之谓合理。经通知双方后，西藏当局表示，请准将青海西宁灵童官宝慈丹迎至西藏，与西康八宿灵童拉玛一同举行拈阄决定正身，等情。本会已分电西藏当局，应将举行掣签及坐床日期呈报中央，以便由中央派员前往掣签，并派员护送西宁灵童入藏。西藏当局尚无表示，拟于卅八年内继续推动，以便早日圆满解决。

关于护送班禅灵童入藏及坐床典礼所需经费，拟届时专案呈请。

（三）繁荣西藏与内地商务

西藏与内地商务在昔原称繁盛，自英印经济势力侵入西藏后，情势逆转，复以康藏交通困难，货运不便，国产货品如茶叶、绸缎、瓷器等亦多改由海道经印运藏，而西藏土产则尽为英印垄断收购。驯至西藏与内地经济联系日渐薄弱，政治关系亦受影响。自英人势力退出印度后，印度联邦自治政府对西藏经济政策尚无明确之表示，而西藏地方当局，亦因印度对藏货出口之外汇统制綦严，亟盼藏货改经内地出口，此实繁荣内地与西藏商务之良机。本会上年度工作计划，已列有繁荣西藏与内地商务一项，嗣于西藏商务代表团来京请求时，复经数度与关系部会商讨，拟订西藏与内地往来货运免税，及出口免结外汇凭证之办法，因部会意见未趋一致。尚未决定拟，拟于本年度继续推动。

本案不列经费。

（四）筹备勘划中印东段未定国界

康藏南部（东起西康之察隅西至西藏之门达旺一带边区）中印国界未定，致近年以来，英印在该区积极活动，并修筑由印境塞地亚至西康察隅一段公路。窥其意图，显在乘我西藏问题尚未获得适当解决，以及中印国界亦未勘定之前，造成事实上之占有。除曾经会同有关机关商讨有效对策外，佥认欲杜绝英印窥伺，巩固我西南国防，必须划清中印两国国界，并积极从事经营建设，方为根本之计。本会现正会同有关机关，搜集界务资料以及有关我国主权证据，俟准备就绪，拟即会商外交部向印度政府提出交涉，先行勘划中印东段未定国界。

本案所需经费，拟俟将来与印度政府交涉有结果时，再行专案呈请核拨。

（五）派员调查康藏南部察隅及门达旺一带中印未定界地区。

本案系勘划中印东段未定国界一案之准备工作。查康藏南部一带为野番部落栖息之所，番民剽悍，仇视异族，外人罕有能深入其境者，故该区之实际情形，外间亦向极隔膜。今为勘划中印东段未定国界，以及我政府将来从事经营建设，亟需对该区政教、民俗、地理、物产等情形有概括之明了，以为我政府应行采取种种措施之参考，拟即会同有关机关，派员前往实地调查。

本案所需经费，拟俟与有关部会商定办法后，再行专案呈请核拨。

（六）筹商解决康藏界务悬案

康藏界务争执为康藏历来纠纷之症结，民国卅五年，西藏出席制宪国大代表图丹桑枇等来京，曾携来西藏三大寺僧俗民众大会呈中央文，内中提出西藏边界问题。本会曾奉令回复，藏政府应遴派高级负责官员来京商谈，拟于本年度内促请西藏政府派员来京，筹商解决办法。

本案所需经费，拟俟藏政府将来决定派员来京时，再行专案呈请核拨。

（七）派员视察各边省藏民区

滇、康、川、甘、青各省均有藏民住居，且部族庞杂，散布区域广大，或因省界未定隶属不明，以至纠纷迭起，或因毗接邻邦，外人觊觎，地位日益重要。如甘、川、青、康四省边区之果洛问题，历年纠纷均缘于省界之未能划定。近以四川省政府派员前往果洛宣慰，致遭杀害，又复酝酿纠纷，如不及早协同有关各省政府，设法谋求合理解决，则于此勘乱期间，不但影响后方安定，抑且有关边胞向背。本会拟于本年度内派员前往，视察果洛一般情形，并藉便征询果洛部族意愿以及各有关省政当局之意见，以为中央公平处理此案之参考。又康滇两省毗邻印缅，国界尚未勘定，而英印复积极图谋侵略。为采取有效对策，曾经本会会同各有关机关，拟议在康滇边区设立国防机构。在此案未核定以前，亦拟派员前往视察当地实际情形，以为进行加强康滇边防种种措施之参考，且于卅七年度呈奉行政院核准办理。

本案实施，拟派遣两组进行，每组职员四人、工役三人，视察期间暂定为两个月，每组往返旅杂、膳宿、治装、馈赠行具、寺庙布施、办公及特别费等计约需金元券三万元，两组共计金元券陆万元。

（八）充实本会驻藏办事处诊疗所

本会驻藏办事处，自三十三年度设立诊疗所以来、免费为藏人诊疗疾病，就诊者极众，于拉萨市民保健工作收效颇宏，兼可增进情感，有利政务之推进。惟以医药材料业已用罄，医师、护士多已内返，本会上年度计划曾拟予以充实，经费迄未奉准，兹拟移入本年办理。

本案经费（一）派遣医师二人赴藏，每人旅费印币四千五百盾，服装补助费每人印币一千盾，共列印币一万一千盾；（二）派遣护士三人赴藏，每人旅费印币三千盾，服装补助费每人五百盾，共列印币一万〇五百盾；（三）所派医师、、护士应支薪津：医师每人月支印币一千盾、护士每人月支五百盾，全年共列印币四万二千盾；（四）诊疗所房屋租赁及修缮费全年印币一万盾；（五）购置医药器械、药品及装运费，估列印币三万盾。以上总计共列经费拾万〇三千五百盾，折合金元券九万三千一百五十元。

（九）派员布施西藏重要寺庙

为加强对藏政教联系，蒙藏委员会驻藏办事处例于每年正月在拉萨传昭时，代表中央布施僧众。本年度并拟循例派员分赴西藏各重要寺庙布施，俾便宣达中央意旨，与各寺庙领袖切取联系。本案经费分下列两部分：

（1）传昭布施费仍照旧例，列印币五万八千盾。

（2）派员分赴各重要寺庙宣慰并主持布施，拟列印币四万盾。

以上所需印币九万八千盾，折合金元券八万八千二百元。

（十）扶助旅藏回汉贫民

旅居西藏之内地回汉人民，除少数经营商业得以维持生计者外，余皆前清戍藏流落之士兵及其后裔，为数约及二千人，大多生计困难，生活水准低于藏人远甚，每为藏人轻视。本会驻藏办事处曾筹拨小款，举办无息之小本商贷，或从事手工业之工贷等，以资扶助。经办以来颇著成效，惟感基金过少，致多向隅，本年度拟酌增基金，继续办理。

拟列印币伍万盾，折合金元券四万五千元。

（十一）优待西藏世家子弟就学内地

本会鉴于西藏无现代学校，西藏青年缺少受现代教育之机会，曾于历年招致青年就学内地。计先后有达赖佛兄及其姊丈与拉卜楞保安司令黄正清之子及其婿来京就学，成绩颇佳。本年度拟继续招致西藏世家子弟内来就学，并予以优待，以宏造就。

（1）预计十名，估列旅费及治装杂费等，印币三万盾，折合金元券二万七千元。

（2）专班授课及食宿租赁费，估列金元券四万元。

（3）已在京之嘉乐顿珠等之专班授课经费，拟列金元券二万四千元。

以上共列金元券九万一千元。

（十二）补助内地僧侣游藏学法并补助考试格西

本案经办有年，对政教联系以及沟通汉藏文化等颇著成效，故拟继续办理，并为顾及外汇困难，本年拟暂不保送由内地派遣前往，仅对原已在藏补助有案之僧侣，续予补助，以资维持，并就汉僧中之优秀者，补助其考试格西，以示奖励。

（1）补助公费及自费汉僧生活费，与公费游学期满汉僧两名之回程旅费，仍照卅七年度实际需要数目，拟列印币四万五千盾，折合金元券四万〇五百元。

（2）补助考试格西费，拟列印币一万盾，折合金元券九千元。

以上共列金元券四万九千五百元。

（十三）设置西藏拉然巴格西奖金

西藏拉然巴格西学位，例于每年正月在拉萨传昭时举行考试，每次录取七名，为西藏佛学最高学位，西藏各地寺庙之堪布大多出身于此。兹为加强对藏政教联系，拟自本年度起设置拉然巴格西奖金，以资联络西藏各级负责宗教领袖。

本案经费拟列印币七千盾，折合金元券六千三百元。

（十四）捐修康藏寺庙

康藏各地寺庙为藏民信仰之中心，亦为地方政治、文化之枢纽。过去各地寺庙派员前来中央募化捐修者，均经本会转请中枢各首长，随缘乐助，颇难集有成数，例须再由本会专案呈请中央拨款补助。嗣为免除陆续转请追加预算之款，历年均经本会编列捐修费一项，随时斟酌情形予以补助，照实报销，本年度拟照旧办理。

计列康藏寺庙捐修费金元券二万元。

（十五）补助各官庙藏缺堪布生活费

查北平雍和宫札萨克喇嘛及雍和宫特巴学堪布、五台山菩萨顶札萨克喇嘛及五台山达赖庙堪布等职，清例属于藏缺。民国以来，本会处理西藏宗教事务率由旧章，对于以上各寺庙之藏缺喇嘛，仍由西藏达赖喇嘛拣放，报由本会转呈核办备案。惟各该堪布等派来内地以后，因曩在清代寺庙产业既丰，而朝庭〔廷〕亦时有赏赐，生活颇称优裕。入民国后全恃寺庙产业，生活勉可维持，近年以来，香火田地收益减少，骎至无法维持，迭请本会予以补助。拟自本年度起，按各庙所在地实际生活所需，由本会分别酌予补助生活费，以示优惠远人，而收政教联系之效。

本案经费计划，藏缺堪布四人，每人按月补助生活费四十元，每堪布各带侍从二人，共八名，每名按月补助生活费卅元，全年共列金元券四千八百元。

（蒙藏委员会档案）

附　录

中央人民政府和西藏地方政府关于和平解放西藏办法的协议

（1951年5月23日）

西藏民族是中国境内具有悠久历史的民族之一，与其他许多民族一样，在伟大祖国的创造与发展过程中，尽了自己的光荣的责任。但在近百余年来，帝国主义势力侵入了中国，因此也就侵入了西藏地区，并进行了各种的欺骗和挑拨。国民党反动政府对于西藏民族，则和以前的反动政府一样，继续行使其民族压迫和民族离间的政策，致使西藏民族内部发生了分裂和不团结。而西藏地方政府对于帝国主义的欺骗和挑拨没有加以反对，对伟大的祖国采取了非爱国主义的态度。这些情况使西藏民族和西藏人民陷于奴役和痛苦的深渊。一九四九年中国人民解放战争在全国范围内取得了基本的胜利，打倒了各民族的共同的内部敌人——国民党反动政府，驱逐了各民族的共同的外部敌人——帝国主义侵略势力。在此基础之上，中华人民共和国和中央人民政府宣布成立。中央人民政府依据中国人民政治协商会议通过的共同纲领，宣布中华人民共和国境内各民族一律平等，实行团结互助，反对帝国主义和各民族内部的人民公敌，使中华人民共和国成为各民族友爱合作的大家庭。在中华人民共和国各民族的大家庭之内，各少数民族聚居的地区实行民族的区域自治，各少数民族均有发展其自己的语言文字，保持或改革其风俗习惯及宗教信仰的自由，中央人民政府则帮助各少数民族发展其政治、经济和文化教育的建设事业。自此以后，国内各民族除西藏及台湾区域外，均已获得解放。在中央人民政府统一领导和各上级人民政府直接领导之下，各少数民族均已充分享受民族平等的权利，并已经实行或正在实行民族的区域自治。为了顺利地清除帝国主义侵略势力在西藏的影响，完成中华人民共和国领土和主权的统一，保卫国防，使西藏民族和西藏人民获得解放，回到中华人民共和国的大家庭中来，与国内其他各民族享受同样的民族平等的权利，发展其政治、经济、文化教育事业，中央人民政府于命令人民解放军进军西藏之际，通知西藏地方政府派遣代表来中央举行谈判，以便订立和平解放西藏办法的协议。一九五一年四月下旬西藏地方政府的全权代表到达北京。中央人民政府当即指派全权代表和西藏地方政府的全权代表于友好的基础上举行了谈判。谈判结果，双方同意成立本协议，并保证其付诸实行。

一、西藏人民团结起来，驱逐帝国主义侵略势力出西藏，西藏人民回到中华人民共和国祖国大家庭中来。

二、西藏地方政府积极协助人民解放军进入西藏，巩固国防。

三、根据中国人民政治协商会议共同纲领的民族政策，在中央人民政府统一领导之下，西藏人民有实行民族区域自治的权利。

四、对于西藏的现行政治制度，中央不予变更。达赖喇嘛的固有地位及职权，中央亦不予变更。各级官员照常供职。

五、班禅额尔德尼的固有地位及职权，应予维持。

六、达赖喇嘛和班禅额尔德尼的固有地位及职权，系指十三世达赖喇嘛与九世班禅额尔德尼彼此和好相处时的地位及职权。

七、实行中国人民政治协商会议共同纲领规定的宗教信仰自由的政策，尊重西藏人民的宗教信仰和风俗习惯，保护喇嘛寺庙，寺庙的收入，中央不予变更。

八、西藏军队逐步改编为人民解放军，成为中华人民共和国国防武装的一部分。

九、依据西藏的实际情况，逐步发展西藏民族的语言、文字和学校教育。

十、依据西藏的实际情况，逐步发展西藏的农牧工商业，改善人民生活。

十一、有关西藏的各项改革事宜，中央不加强迫。西藏地方政府应自动进行改革，人民提出改革要求时，得采取与西藏领导人员协商的方法解决之。

十二、过去亲帝国主义和亲国民党的官员，只要坚决脱离与帝国主义和国民党的关系，不进行破坏和反抗，仍可继续供职，不究既往。

十三、进入西藏的人民解放军遵守上列各项政策，同时买卖公平，不妄取人民一针一线。

十四、中央人民政府统一处理西藏地区的一切涉外事宜，并在平等、互利和互相尊重领土主权的基础上，与邻邦和平相处，建立和发展公平的通商贸易关系。

十五、为保证本协议之执行，中央人民政府在西藏设立军政委员会和军区司令部，除中央人民政府派去的人员外，尽量吸收西藏地方人员参加工作。

参加军政委员会的西藏地方人员，得包括西藏地方政府及各地区、各主要寺庙的爱国分子，由中央人民政府指定的代表与有关各方面协商提出名单，报请中央人民政府任命。

十六、军政委员会、军区司令部及入藏人民解放军所需经费，由中央人民政府供给。西藏地方政府应协助人民解放军购买和运输粮秣及其他日用品。

十七、本协议于签字盖章后立即生效。

中央人民政府全权代表

首席代表：李维汉（盖字盖章）

代表：张经武（盖字盖章）

张国华（盖字盖章）

孙志远（盖字盖章）

西藏地方政府全权代表

首席代表：阿沛·阿旺晋美（盖字盖章）

代表：凯墨·索安旺堆（盖字盖章）

土丹旦达（盖字盖章）

土登列门（盖字盖章）

桑颇·登增顿珠（盖字盖章）

一九五一年五月二十三日于北京

（原载 1951 年 5 月 28 日《人民日报》）

参考和征引文献简目

《元史》　中华书局点校本

《大元圣政国朝典章》　中国书店1990年影印清刻本

《元史纪事本末》　（清）陈邦瞻著　湖南思贤书局刻本

《大元通制条格》　浙江古籍出版社1986年版

《元文类》　（元）苏天爵编　上海古籍出版社1993年影印《四库全书》本

《南村辍耕录》　（元）陶宗仪著　中华书局1959年影印《四库全书》本

《永乐大典》　（明）敕修　中华书局1960年影印辑存本

《草木子》　（元）叶子奇著　上海古籍出版社1993年影印《四库全书》本

《佛祖历代通载》　（元）释念常著　江苏广陵古籍刻印社1993年影印《大正大藏经》本

《释氏稽古略》　（元）释觉岸撰　江苏广陵古籍刻印社1992年影印《四库全书》本

《释氏稽古略续集》　释幻轮撰　江苏广陵古籍刻印社1992年影印清光绪十二年本

《西藏王臣记》　五世达赖喇嘛著　刘立千译著　西藏人民出版社1991年版

《朗氏家族史》　大司徒·绛求坚赞著　赞拉·阿旺、佘万治译　西藏人民出版社2002年版

《红史》　蔡巴·贡噶多吉著　陈庆英、周润年译　东嘎·洛桑赤列校　西藏人民出版社1988年版

《汉藏史集》　达仓宗巴·班觉桑布著　陈庆英译　西藏人民出版社1986年版

《萨迦世系史》　阿旺贡噶索南著　陈庆英等译注　西藏人民出版社 1989 年版

《萨迦世系史续编》　贡噶·罗追著　王玉平译　西藏人民出版社 2002 年版

《新红史》　班钦索南查巴著　黄颢译　西藏人民出版社 2002 年版

《青史》　廓诺·迅鲁伯著　郭和卿译　西藏人民出版社 2002 年版

《五世达赖喇嘛传》　五世达赖喇嘛著　陈庆英、马连龙、马林译　中国藏学出版社 1997 年版

《藏文历史资料译文选》　王玉平等译　中国社会科学院民族研究所 1984 年编印

《元朝帝师八思巴》　陈庆英著　中国藏学出版社 1992 年版

《明史》　中华书局点校本

《大明会典》　江苏古籍出版社 1989 年影印明万历本

《张太岳全集》　（明）张居正著　上海古籍出版社 1984 年影印本

《庆祝蔡元培先生六十五岁论文集》　中央研究院历史语言研究所中华民国二十四年印本

《明实录藏族史料》　西藏人民出版社 1982 年版

《明经世文编》　中华书局 1962 年影印崇祯本

《国朝典故》　（明）邓士龙辑　北京大学出版社 1993 年版

《皇明典故纪闻》　（明）余继登辑　书目出版社 1995 年版

《明太祖集》　黄山书社 1993 年版

《四译馆增订馆则》　（明）吕维祺撰　（清）曹溶增补　《中国少数民族古籍集成》影印清康熙刻本　四川民族出版社 2002 年版

《四夷考》　（明）叶向高撰　《中国少数民族古籍集成》影印明万历刊本　四川民族出版社 2002 年版

《皇明四夷考》　（明）郑晓撰　民国二十二年六月影印明万历刊本

《四夷馆考》　（明）汪俊撰　罗振玉光绪三十四年点勘本

《华夷译语》　（明）火原洁撰　上海书店出版社 1994 年影印本

《清实录藏族史料》　西藏人民出版社 1982 年版

《（康熙）大清会典》　线装书局 2006 年影印《大清五朝会典》本

《（雍正）大清会典》　同上

《（乾隆）大清会典》　同上

《（嘉庆）大清会典》 线装书局2006年影印《大清五朝会典》本
《（光绪）大清会典》 同上
《（光绪）大清会典事例》 同上
《（光绪）理藩院（部）则例》 中国藏学出版社1991年影印清光绪本
《清朝通典》 浙江古籍出版社1988年版
《清朝通志》 同上
《清朝文献通考》 同上
《清朝续文献通考》 刘锦藻撰 同上
《卫藏通志》 中国藏学出版社1991年影印清光绪本
《钦定巴勒布纪略》 中国藏学出版社1991年版
《钦定廓尔喀纪略》 中国藏学出版社1991年版
《清高宗（乾隆）御制诗文十全集》 中国藏学出版社1991年版
《清代藏事辑要》 张其勤辑 西藏人民出版社1983年版
《清代藏事奏牍》 吴丰培辑 中国藏学出版社1994年版
《清代藏事辑要续编》 吴丰培辑 西藏人民出版社1984年版
《清代边政通考》 边疆政教研究会编
《清朝条约全集》 田涛主编 黑龙江人民出版社1999年版
《清季外交史料》 王彦成编 书目文献出版社1987年版
《清代理藩院资料辑录》 赵云田辑 全国图书馆文献缩微中心1988年版
《年羹尧满汉奏折译编》 季永海等译编 天津古籍出版社1995年版
《清代川滇边务档案史料》 中华书局1989年版
《赵尔丰川边奏牍》 吴丰培编 四川民族出版社1984年版
《清代通史》 萧一山著 中华书局1985年重印本
《清代政区沿革综表》 牛平汉主编 中国地图出版社1990年版
《清代职官年表》 钱实甫编 中华书局1980年版
《中华民国时期军政职官志》 郭卿友主编 甘肃人民出版1990年版
《辛亥以后十七年职官年表》 刘寿林主编 中华书局1966年版
《中国宪法类编》 陈荷夫编 中国社会科学出版社1980年版
《西藏纪要》 尹扶一著 蒙藏委员会1930年版
《西藏问题》 王勤堉著 商务印书馆1941年版

《西藏六十年大事记》 朱绣著 民国十四年刊印

《西藏问题》 民国外交部刊印

《西藏交涉纪要》 陆兴祺编著

《班禅大师全集》 刘家驹著 班禅堪布会议厅 1943 年刊印

《拉萨见闻记》 朱少逸著 商务印书馆 1947 年版

《康藏轺征》 刘曼卿著 商务印书馆 1938 年版

《西藏史地大纲》 洪涤尘著 上海正中书局 1936 年版

《康藏史地大纲》 任乃强著 雅安建康日报社 1942 年版

《西藏交涉略史》 谢彬著 中华书局 1926 年版

《西藏问题》 陈健夫著 商务印书馆 1937 年版

《西藏从政纪略》 陈锡璋撰 载《文史资料选辑》第 79 辑

《回忆国民党政府对西藏政务的管理》 孔庆宗撰 载《文史资料选辑》第 93 辑

《黄慕松入藏纪实》 同上

《中国反对外国侵略干涉西藏地方斗争史》 杨公素撰 中国藏学出版社 2001 年版

《所谓“西藏独立”活动的由来》 杨公素撰 中国藏学出版社 1990 年版

《中华民国时期中央政府与西藏地方的关系》 祝启源、喜绕尼玛撰 中国藏学出版社 1991 年版

《九世班禅圆寂致祭和十世班禅转世坐床档案选编》 中国藏学出版社 1991 年版

《九世班禅内地活动及返藏受阻档案选编》 中国藏学出版社 1992 年版

《清初五世达赖喇嘛档案史料选编》 中国藏学出版社 1996 年版

《清末十三世达赖喇嘛档案史料选编》 中国藏学出版社 2002 年版

《十三世达赖圆寂致祭和十四世达赖转世坐床档案选编》 中国藏学出版社 1991 年版

《黄慕松、吴忠信、赵守钰、戴传贤奉使办理藏事报告书》 中国藏学出版社 1993 年版

《英国侵略我国西藏史略》 周伟洲著 陕西人民出版社 1984 年版

《英国、俄国与中国西藏》 周伟洲主编 中国藏学出版社 2000 年版

《英帝国与中国西南边疆（1911—1947）》　吕昭义著　中国藏学出版社 2001 年版

《抗日战争前后中英之西藏交涉》　陈谦平著　生活·读书·新知三联出版社 2003 年版

《近代康藏重大事件史料选编》（第一编）　西藏古籍出版社 2001 年版

《康藏纠纷档案选编》　中国藏学出版社 2000 年版

《中国国民党历次代表大会及中央全会资料》　荣孟源主编　光明日报出版社 1985 年版

《政府公报》　中国第二历史档案馆整理编辑　上海书店 1988 年版

《中华民国史档案资料汇编》　中国第二历史档案馆编　江苏古籍出版社 1991 年版

《中华民国史史料长编》　中国第二历史档案馆整编　南京大学出版社 1993 年版

《中华民国史料外编》　李啸风、沈友益主编　广西师范大学出版社 1997 年版

《西藏学文献丛书别辑》　陈家琎主编　中国藏学出版社 1991 年版

《蒙藏新志》　黄奋生著　中华书局 1936 年版

《达赖喇嘛传》　牙含章著　西藏人民出版社 1987 年版

《班禅额尔德尼传》　牙含章著　西藏人民出版社 1987 年版

《西藏地方历史资料选辑》　三联书店 1963 年版

《西藏是中国不可分割的一部分（史料选辑）》　西藏人民出版社 1986 年版

《元以来西藏地方与中央政府关系档案史料汇编》　中国藏学出版社 1994 年版

《西藏历史档案荟萃》　文物出版社 1995 年版

《珍宝：历代中央政府册封达赖班禅史料文物、历世达赖班禅敬献中央政府礼品精粹》　朝华出版社 1998 年版

《西藏通史——松石宝串》　恰白·次旦平措等著　西藏古籍出版社 1996 年版

《藏族史要》　王辅仁　索文清著　四川民族出版社 1981 年版

《藏族史略》　黄奋生著　民族出版社 1985 年版

《西藏佛教发展史略》 王森著 中国社会科学出版社 1987 年版

《中国西藏地方历史资料选辑》 西藏自治区社会科学院 中央民族学院藏族研究的编著 西藏人民出版社 1986 年版

《西藏社会历史藏文档案资料译文集》 中国社会科学院民族研究所 西藏自治区档案馆合编 中国藏学出版社 1997 年版

《论西藏政教合一制度》 东嘎·洛桑赤列著 民族出版社 1985 年版

《藏族大辞典》 甘肃人民出版社 2003 年版

《清政府与喇嘛教》 张羽新著 西藏人民出版社 1988 年版

《清代前期西部边政史论》 张羽新著 黑龙江教育出版社 1995 年版

《清朝治藏典章研究》 张羽新著 中国藏学出版社 2002 年版

《清代治藏要论》 张羽新著 中国藏学出版社 2004 年版

《清代朝觐制度研究》 张双智著 学苑出版社 2010 年版

《清朝治藏法规全编》 张羽新主编 学苑出版社 2002 年版

《中国西藏及甘青川滇地方志汇编》 张羽新主编 学苑出版社 2004 年版

《民国藏事史料汇编》 张羽新 张双志主编 学苑出版社 2006 年版

《民国治藏法规全编》 张双志主编 学苑出版社 2008 年版

《唐宋元明清藏事史料汇编》 张羽新 张双志主编 学苑出版社 2009 年版

《东方杂志》有关各期

《西藏文史资料选辑》有关各期

《中国藏学》有关各期

《西藏研究》有关各期

后　记

当这部厚厚的书稿清样摆到我的书案时，不由想起了古人所说“十年磨一剑”这句话，别有一番滋味涌上心头。

2000年，我在云南民族大学历史学院读硕时，专业就是中国民族史，开始收集、整理、阅读民族史料，重点当然是有关西南各民族的（其中有许多是关于藏族的），对历代中原王朝的民族政策也有了大体的了解，初窥门径，为以后的学习和研究打下了基础。

2005年，我考入中国人民大学清史研究所攻读博士，师从成崇德教授研究清代西藏、蒙古等边疆民族问题（论文《清代朝觐制度研究》修订后，已由学苑出版社2010年出版）。这使我更深刻体会到，从元朝统一全国后，中央政权的民族政策和边政措施，对边疆各民族的历史发展，乃至统一多民族国家的巩固和发展都有着重大影响。清代推行的一系列有关边疆民族的政策法规，历史影响至今仍然存在。这在西藏问题上，表现得尤为明显。

连续多年的学习为我搜集、整理这方面的史料提供了很好的机会，除了感谢各位老师的指导之外，还借助计算机等现代科技手段之力，积累了数百万字的资料。但作为初涉学术的年轻学子，只是把它作为学习的参考，并没有（也没有这样的能力）把它作为科研选题。后来，有幸参加编纂《民国藏事史料汇编》（学苑出版社2006年版），又主编了《民国治藏法规全编》（学苑出版社2008年版），所掌握的有关史料，又增加了许多。众多师友鼓励我编撰一部有关历代治藏政策法规的书稿。但是，“书到用时方恨少，事至做中才知难”。动起手来，才体会到它的难度实在太大了——时间跨越七百来年，内容涉及政治、民族、经济、军事、宗教、文化等方方面面。这时，才真正体会到什么是“心有余而力不足”的滋味。编写提纲草拟好了又推翻，反复至少七八次，最后产生暂时放弃，留待将来的想法。

幸运的是，几位师长给予了直接切实的帮助，鞭策我再接再厉，修订、充实书稿。

这首先要感谢国务院发展研究中心民族发展研究所所长赵曙青研究员和名誉所长张羽新研究员。他们审阅了我的编写提纲，诚恳地提出了重要的修改意见，允许我使用该所公开发表和尚未公开的大量资料，而且仔细审阅初稿，亲笔进行修正，从而使本书初稿有了质的飞跃。经过慎重研究，他们决定将它列入民族发展研究所研究系列丛书计划，并给予科研经费支持。

另外，这也是我参与北京师范大学历史学院张皓教授主持教育部社科基金项目《中英两国政府西藏问题交涉(1927—1947 年)》(编号 08JA7・70001) 阶段性成果之一。2009 年，我师从张皓教授从事博士后研究工作，有幸参加了该课题研究，这使我对近代西藏问题又有了更深的认识。张皓教授精心指导，审读修改，提出宝贵意见，补充了部分近代珍稀史料，并拨出部分课题经费资助出版。

没有众多师友的指导、支持和帮助，这部书稿是很难完成并出版面世的。从这个意义上说，这是一部集体著作，我只不过是一个执笔者。

还要特别说明的是，学苑出版社社长兼总编孟白先生、责编洪文雄先生，多年来对我研究工作的支持和帮助，他们在选题策划、书稿整体结构方面，都提出了建设性意见，同时，又在百忙中审读书稿，提出重要修正意见，并在经费极为困难的情况下，为本书的出版提供了许多优惠条件。

最后，对于许许多多给予指导、支持和帮助的师友，在此并致谢忱。当然，我最期望的是得到专家学者和广大读者的批评和指教。

张双智

2010 年 5 月于北京师范大学历史学院